Ralf Roth

Die Herausbildung einer modernen bürgerlichen Gesellschaft

Geschichte der Stadt Frankfurt am Main, Band 3: 1789–1866

Veröffentlichungen der
Frankfurter Historischen Kommission XXV

Ralf Roth

Die Herausbildung einer modernen bürgerlichen Gesellschaft

Geschichte der Stadt Frankfurt am Main
Band 3: 1789–1866

Herausgegeben von der
Frankfurter Historischen Kommission

THORBECKE

Schriftleitung: Dr. Evelyn Brockhoff
Bildredaktion: Tobias Picard, M. A.
Gedruckt mit Unterstützung der Stadt Frankfurt am Main: Dezernat Kultur und Wissenschaft
Frankfurter Historische Kommission, Münzgasse 9, 60311 Frankfurt am Main
www.frankhistkom.de

Für die Schwabenverlag AG ist Nachhaltigkeit ein wichtiger Maßstab ihres Handelns. Wir achten daher auf den Einsatz umweltschonender Ressourcen und Materialien. Dieses Buch wurde auf FSC®-zertifiziertem Papier gedruckt. FSC (Forest Stewardship Council®) ist eine nicht staatliche, gemeinnützige Organisation, die sich für eine ökologische und sozial verantwortliche Nutzung der Wälder unserer Erde einsetzt.

Bibliografische Information der Deutschen Nationalbibliothek
Die Deutsche Nationalbibliothek verzeichnet diese Publikation in der Deutschen Nationalbibliografie; detaillierte bibliografische Daten sind im Internet über http://dnb.d-nb.de abrufbar.

Umschlaggestaltung: Finken & Bumiller, Stuttgart
Umschlagabbildung: Der Untermainkai von Westen, im Vordergrund das Palais Rothschild, kolorierter Stahlstich um 1840
Druck: Schätzl Druck & Medien e. K., Donauwörth
Hergestellt in Deutschland
ISBN 978-3-7995-0762-2

Inhalt

Vorwort

Die Frankfurter Geschichte ist in vieler Hinsicht bemerkenswert. Besonders bemerkenswert ist jedoch das Ende der Frühen Neuzeit und der Beginn der Moderne. Hier gewinnt die Geschichte deutlich an Fahrt und ist voller Bewegung. Überall ist ein Pochen auf Freiheit, die Forderung nach Freiheit und die Verteidigung der gewonnenen Freiheiten zu spüren. So zieht sich das Thema „Freiheit" wie ein roter Faden durch diesen Band der auf mehrere Bände angelegten Geschichte der Stadt.

Der Drang nach Freiheit einer selbstbewussten Bürgerschaft äußerte sich früh in der Kontrolle einer allzu machthungrigen patrizischen Elite, die am Ende der Frühen Neuzeit mit einer gezielten und hart erkämpften Ergänzung der reichsstädtischen Verfassung in die Schranken gewiesen wurde. Das Ergebnis war eine erfolgreiche Kontrolle der Obrigkeit durch Bürgerausschüsse.

Es folgten drei Generationen, deren Freiheitsbegehren mit den mittels Kriegen Nachdruck verliehenen Forderungen des Nachbarn Frankreich konfrontiert wurde – und zwar sowohl des Frankreichs des Ancien Régime als auch der revolutionären französischen Republik und des napoleonischen Kaisertums. Wider alle Erwartungen gelang die Verteidigung der Errungenschaften und das Schifflein der Stadtrepublik ging nicht unter wie so viele andere Stadtrepubliken des Alten Reichs. Im Gegenteil, erfolgreich wurde die reichsstädtischen Verfassung ausgebaut und bei der Neukonstitution als Freie Stadt im Deutschen Bund um neue, moderne Elemente ergänzt. Zur Kontrolle der Obrigkeit trat der parlamentarisch formierte Bürgerwille.

Der souveräne Stadtstaat entwickelte sich zur Bühne einer nationalen wie liberalen und demokratischen Politik. Hier nahm der konservative Deutsche Bund seinen Sitz. Es sammelten sich aber auch seine Gegner, deren politisches Spektrum sich keineswegs auf das Husarenstück des Hauptwachensturms von 1833 reduzieren lässt. Die Vormärzbewegung mündete rund drei Jahrzehnte nach der Gründung der Freien Stadt in dem Versuch, auf städtischem Grund eine moderne bürgerliche Republik mit konsequenter Gewaltenteilung und parlamentarischer Regierungsverantwortung zu verwirklichen – und zwar zu einer Zeit, als das restliche Deutschland in der Paulskirche – also ebenfalls auf städtischem Boden – noch darum stritt, überhaupt eine Konstitution zu etablieren. Die Niederlage beider, also der Frankfurter Konstituante und der deutschen Nationalversammlung, im Jahre 1849 währte nur kurz. Bereits in den 1850er Jahren entwickelte sich Frankfurt erneut zum Zentrum der politischen Bestrebungen, einer Revolution von unten doch noch zum Durchbruch zu verhelfen, kurz bevor die Revolution von oben exekutiert wurde und das Deutsche Kaiserreich mit allen seinen Freiheitsdefiziten entstand. Die Stadtrepublik ging „einig im Recht" unter. Der Zug der Freiheit, dem Frankfurt eine Bühne geboten hatte, konnte erst wieder in Weimar fortgesetzt werden – ein halbes Jahrhundert ging verloren.

Der vorliegende dritte Band der Geschichte der Stadt Frankfurt am Main baut auf dem Forschungsertrag von Vielen in den letzten drei Jahrzehnten auf und stützt sich in seinen innovativen Neuinterpretationen der Frankfurter Geschichte auf Forschungen, die erstmals 1996 in meiner Studie *Stadt und Bürgertum in Frankfurt am Main. Ein besonderer Weg von der ständischen zur modernen Bürgergesellschaft 1760 bis 1914* publiziert worden sind. Wenn sich auch einige Überschneidungen nicht vermeiden ließen, so geht die hier vorliegende Darstellung in weiten Teilen über die damaligen Ausführungen hinaus. Neben den politischen und sozialen Herrschaftsstrukturen wird der allgemeinen wirtschaftlichen, sozialen und kulturellen Entwicklung der Freyen Reichsstadt, der Stadt im Fürstlichen Primatialstaat und im Großherzogtum Frankfurt sowie der Freien Stadt bis zu ihrem Ende im Jahre 1866 Rechnung getragen. Insgesamt wird das Bild vom spießbürgerlichen Stadtbürgertum, dem der Obrigkeitsstaat angeblich die Moderne beigebracht habe, zurechtgerückt.

Frankfurt hat das Glück, gleich mehrere Einrichtungen zu besitzen, die sich souverän und auf hohem Niveau mit der Geschichte der Stadt beschäftigen. Es handelt sich hier um die Universität, die vor rund hundert Jahren von Frankfurter Bürgern ins Leben gerufen wurde, das Institut für Stadtgeschichte, das als moderne Forschungsstätte aus einer mehrjahrhundertjährigen Einrichtung des Rats dann der Stadtgemeinde hervorging, das Historische Museum Frankfurt, ebenfalls das Werk Frankfurter Bürger, die sich in der zweiten Hälfte des 19. Jahrhunderts ihrer eigenen Geschichte versichern wollten, sowie um das Jüdische Museum Frankfurt, das gerade für diesen Zeitabschnitt wichtige Sammlungen zum jüdischen Bürgertum erschlossen hat. Jeder der Einrichtungen hat ihre eigenen Schwerpunkte, ihre eigenen inhaltlichen wie methodischen Zugriffe auf die Geschichte, und jede ihren eigenen Wert. Ohne ihre jeweils spezifischen Vorleistungen und institutionellen Möglichkeiten hätte diese Arbeit nicht geschrieben werden können.

Dass diese Arbeit jedoch überhaupt entstand, verdankt sich der Frankfurter Historischen Kommission, in der die genannten Einrichtungen sowie zahlreiche mit der Frankfurter Geschichte vertraute Einzelpersonen vertreten sind und deren Vorsitzender, Prof. Dr. Lothar Gall, seit vielen Jahren das Projekt einer zusammenfassenden Darstellung und Neuinterpretation der Geschichte der Stadt mit Beharrlichkeit verfolgt. Namentlich und stellvertrend für Viele möchte ich Dr. Evelyn Brockhoff für die engagierte und kompetente Betreuung der Reihe, Dr. Konrad Schneider für sachliche Hinweise und kollegiale Unterstützung und Tobias Picard, M.A. für seine präzise Bildredaktion nennen. Jürgen Weis vom Thorbecke Verlag danke ich für sein umsichtiges und kenntnisreiches Lektorat.

Sinntal im Januar 2013
Ralf Roth

Heranführung – Frankfurts Übergang in eine moderne bürgerliche Gesellschaft

Der dritte Band der Frankfurter Stadtgeschichte beginnt zeitlich gesehen mit der Französischen Revolution und endet mit der Besetzung der Stadt durch die preußische Armee im Jahre 1866. Beide Ereignisse sind ohne Zweifel einschneidende Zäsuren in der städtischen Geschichte. Dimension und Bedeutung erschließen sich allerdings erst, wenn zeitlich etwas ausgegriffen wird. Das Verbindende dieser Jahrzehnte ist die besondere Liberalität Frankfurts. Tatsächlich spielten „Freyheit" und bürgerliche Rechte bereits vor dem Zusammenprall der stadtbürgerlichen Gesellschaft mit den Vertretern der Französischen Revolution eine große Rolle, und diese besonderen Charaktermerkmale der Stadt gingen auch nach der preussischen Okkupation nicht verloren. Beleg dafür ist eine Reihe von steinernen Zeugen – Denkmäler, ja zum Teil komplexe Denkstätten, die genau in diesem Kontext stehen. Sie reihen sich wie Perlen auf einer Schnur entlang der Jahre und Jahrzehnte, die in diesem Band behandelt werden. Es macht deshalb Sinn, sich diese Erinnerungsmonumente ins Gedächtnis zu rufen, wenn die Geschichte Frankfurts von dem Ende der Frühen Neuzeit bis in das 19. Jahrhundert hinein dargestellt wird.

Frankfurt am Main hält zu Recht etwas auf seine liberale Tradition. Man kann sogar noch weiter gehen, und die Stadt auch im engeren politischen Verständnis als einen zentralen Erinnerungsort, wenn nicht als den Erinnerungsort der

Der Gerechtigkeitsbrunnen auf dem Römerberg

freiheitlichen Bewegung Deutschlands überhaupt bezeichnen. Die Erinnerungsmonumente dieser Epoche verweisen auf bestimmte Handlungen oder Ereignisse – durchaus auch Niederlagen – auf dem langen Weg der Verwirklichung politischer Zielsetzungen von Freiheit, Recht und Ordnung. Zu dieser Kette gehören auch die Denkmäler, die bereits vor der Entstehung einer liberalen Bewegung an zentrale Inhalte einer liberalen politischen Zielsetzung erinnerten. Tatsächlich schlug sich das Streben nach Recht und Freiheit bereits sehr früh in überraschend eindeutigen öffentlichen Erinnerungsmonumenten nieder.[1]

Zweifellos gehören Recht und eine von Rechtsnormen bestimmte Gesellschaft zu den Fundamenten liberaler Überzeugung und politischer Tradition. In diesem Zusammenhang ist als Erstes der Brunnen mit der Justitia zu nennen. Frankfurt verfügt mit diesem Gerechtigkeitsbrunnen über ein Denkmal, das an das Privileg der städtischen Gerichtsbarkeit erinnert. Mit dem Stadtschultheißenamt hatte die Stadt bereits im Mittelalter eine weitgehende Souveränität in ihrer Gerichtspraxis erhalten. Die Gerichte setzten sich aus Senatoren, Schöffen und als Vertreter des Kaisers eben dem Stadtschultheißen zusammen. Bei dem Brunnen, der zur Mitte des 16. Jahrhunderts entstand, handelt es sich um einen Figurenbrunnen mit einer Statue der Göttin Justitia, die im Gegensatz zu den meisten Darstellungen nicht die Augen verbunden hat.

Zu den Kaiserkrönungen floss roter und weißer Wein auf Kosten des neuen Kaisers aus dem achteckigen Brunnen. Dieser entstand 1611 in rotem Sandstein anstelle eines Vorläufers, der schon seit 1543 bestanden hatte. Die Brunnenfigur war von dem Bildhauer Johann Kocheisen aus Sandstein geschaffen und von dem Frankfurter Maler Philipp Uffenbach bunt bemalt worden. Im Laufe der Zeit verwitterte die Figur der Justitia zunehmend, so dass sie 1872 abgebaut werden musste. 1887 stiftete der Frankfurter Weinhändler Gustav Manskopf eine neue Justitia, diesmal in Bronze. Der Brunnen steht noch heute an seinem Platz vor dem Rathaus und erinnert an die für Jahrhunderte gültige nicht ganz unproblematische Einheit von Exekutive und Judikative, also Rat und Gericht. Die fehlende Gewaltenteilung bildete im Vormärz einen zentralen Kritikpunkt der liberalen Bewegung an der reichsstädtischen Verfassung Frankfurts. So konnte sich die liberale Bewegung nicht ungebrochen auf dieses Monument beziehen, sondern wahrte lange Zeit eine kritische Distanz. Trotz dieser Ambivalenz bildet das Symbol für Recht und Gerechtigkeit einen anhaltend starken Bezugspunkt für die liberalen Traditionen der Stadt.

Neben Gerechtigkeit bildet Freiheit einen zentralen Topos der liberalen Bewegung. Wie schnell sie bei Machtlosigkeit verloren geht, bekam Frankfurt wiederholt und nicht zuletzt im Siebenjährigen Krieg und während der Auseinandersetzungen zwischen Frankreich, Preußen und dem Habsburgerreich zu spüren, als die Stadt 1759 von den Franzosen für mehrere Jahre besetzt wurde. Die Bürger wurden mit einer Macht konfrontiert, die nicht wie zuvor der Kaiser fernab residierte, sondern vor Ort präsent war, und fügten sich nicht mit Begeisterung in die neuen Zwangsverhältnisse. Goethe hat aus der Erinnerung beschrieben, wie sehr sein Vater, der in seinem Haus den französischen Stadtkommandanten beherbergen musste, darunter litt: „Es war das traurigste, was ihm nach seiner Denkweise begegnen konnte."[2]

Die Bürger fügten sich zwar in die neuen Zwangsverhältnisse, doch äußerten sie auch einen symbolischen und subtil versteckten Protest gegen die militärischen Gewaltmaßnahmen. Eine hygienische Baumaßnahme, die Umwandlung eines Ziehbrunnens – nämlich des Freythoffbrunnens – in einen Pumpenbrunnen, bot Gelegenheit, auf die schmucklose Steinsäule eine Statue zu setzen, die mit zersprengter Kette und Hut als Symbolen der Unabhängigkeit versehen die Göttin der Freiheit darstellte. Aus dem Freythoffbrunnen wurde auf diese Weise und mit einer um eine Nuance veränderten Aussprache der Freiheitsbrunnen.[3] Das war ein mutiger Affront gegen die Besatzung.

Aus einem ganz ähnlichen Anlass entstand ein zweites Denkmal, das sich gegen den Einzug des französischen Generals Adam Philipp Custine während der Revolutionskriege im Jahre 1792 richtete. Der Besetzung folgten Kontributionsforderungen, die von dem Versuch Custines begleitet waren, die Frankfur-

Der Freiheitsbrunnen auf dem Hühnermarkt

ter Bürger in eine Aristokratie und ein zu befreiendes Volk, welches sein Haupt „unter das entehrende Joch des Despotismus" krümmt, auseinanderzudividieren. Die Handwerker wiesen jedoch unter Verweis auf die republikanische Verfassung der Stadt den Versuch des Generals energisch zurück: „Sie wollen uns für Bedrückung schützen, von der Frankfurts Bürger Gottlob! nichts wissen, und noch weniger sie fühlen; Sie wollen uns eine Freiheit versichern, die wir schon genießen."[4] Entsprechend dankbar war die Bürgerschaft, als die Besetzung der Stadt nach nur sechs Wochen am 2. Dezember 1792 mit dem Einzug der hessischen und preußischen Truppen endete.[5] An diesen Akt der Befreiung erinnert das „Hessendenkmal" vor dem Friedberger Tor, das 1793 errichtet wurde und heute im Anlagenring steht.

Das Denkmal ist vom Charakter her weniger ein Freiheits- als ein Kriegerdenkmal. Auch waren es nicht die Bürger, sondern der preußische König, der das Monument stiftete. Auf einem Würfel mit einer Einfassung von schwarzem geschliffenem Marmor wurden an den Seiten vier metallene Tafeln angebracht, auf denen an die gefallenen Hessen erinnert wurde. Auf der Oberfläche des Würfels arrangierte der Künstler Symbole des Kriegs und des Kampfes aus der griechischen Mythologie zu einem einprägsamen Arrangement. Es setzt sich aus Aries dem Sturmbock zusammen, über dem die Haut des Nemäischen Löwen mit herabhängendem Kopf ausge-

Der Freiheitsbrunnen in der Ausstellung zum 1200jährigen Stadtjubiläum 1994

breitet liegt. Schild und Helm als Sinnbilder der Verteidigung sowie die Keule des Herkules ruhen auf der Löwenhaut. Diese Skulpturengruppe und die Tafeln wurden aus eroberten französischen Kanonen und Haubitzen gegossen.[6] Der Freiheitsbezug war offenkundig und so bildete das Denkmal am Ende der Befreiungskriege einen Bezugspunkt für die frühliberale Bewegung. Johann Friedrich vom Stein, der Bruder von Heinrich Friedrich Karl, dem großen preußischen Reformer, hielt vor dem Hessendenkmal ganz passend eine Rede zur Wiedererlangung der Souveränität der Stadt am Ende der napoleonischen Kriege. Ganz im Kontext der Befreiungskriege standen dann auch die ersten Erinnerungsfeiern der frühliberalen Bewegung – und die Erinnerung, dass Freiheit unter Umständen der Wehrhaftigkeit bedarf. Dass man das Denkmal Vertretern des Ancién Regime und dann auch noch einem preußischen Prinzen zu verdanken hatte, verhinderte allerdings später seine problemfreie Einordnung in die liberale Erinnerungskultur.

Mit der neuen liberaldemokratischen Bewegung entstanden weitere Erinnerungsorte.[7] Eines ihrer Kennzeichen war eine Reihe demokratischer Feste, bei denen versucht wurde, kulturelle Großereignisse in politische Demonstrationen umzumünzen und den öffentlichen Raum mit Denkmälern einer erneuerten modernen Bürgerkultur auszustatten. Dazu gehörten das Sängerfest von 1838, die Gutenbergfeier von 1840, die Goethefeier von 1844 und schließlich die Schillerfeier von 1859 sowie das Bundesschießen von 1862.[8]

Im Juli 1838 fand ein Sängerfest statt, das als das erste große vormärzliche Nationalfest in Frankfurt bezeichnet werden kann. Die Feste waren nun, im Gegensatz zu den Feiern im Gefolge der Befreiungskriege, eindeutig Oppositionsfeste und erinnerten aus unterschiedlichen Anlässen an die ausstehende Verfassung und fehlende Einheit der Nation. Auch konterkarierten sie das Verbot von politischen Nationalfesten.[9] Heinrich Hoffmann, der Verfasser des „Struwwelpeter" und einer der Initiatoren des Sängerfests, erinnerte sich noch in hohem Alter mit großer Begeisterung an die Feier: „Dieses Fest war das erste derartig allgemeine in Deutschland." Sein Freund und Logenbruder Wilhelm Speyer hatte die Idee hierfür; zusammen überzeugten sie den Frankfurter Liederkranz und in kurzer Zeit entstand „ein Komitee von 44 Personen", dem „Sänger(n) und Nichtsänger(n)" angehörten.[10] Der Termin des Sängerfestes war nicht zufällig auf den Juli 1838 gelegt worden. Die Initiatoren wollten damit an die Julirevolution von 1830 in Frankreich erinnern. Der äußere Anlass des Festes war die Einrichtung einer Mozartstiftung zur Unterstützung musikalischer Talente. Unter dem Mantel dieses Einweihungsaktes sollte jedoch eigentlich ein nationales Fest stattfinden, was auch gelang. Allerdings führte die Feier nicht – wie etwa die Erinnerungsfeiern an die Völkerschlacht bei Leipzig – zu einem Denkmal. Es gelang jedoch die Gründung der Mozartstiftung mit dem Anspruch ewigen Gedenkens an das Musikgenie. Das verhielt sich bei der nächsten Feier anders.

„Erinnerungsblatt an die 4. Säcularfeier der Erfindung der Buchdruckerkunst am Johannis Tag 1840 zu Frankfurt am Main". Kolorierter Kupferstich von Wilhelm Hilliger

Das Gutenbergdenkmal auf dem Roßmarkt, im Hintergrund die Häuser Große Gallusstraße 1 und Roßmarkt 18

Das Gutenbergdenkmal oder besser die Gutenbergdenkmäler, die an verschiedenen Orten zur 400. Wiederkehr des Jahres der Erfindung des Buchdrucks errichtet wurden, gehörten mit ihrer ganzen Symbolik in den Kontext der bürgerlich-demokratischen Bewegung des Vormärz.[11] Die meisten Feiern hatten ein Humanitäts- und Völkerfest zum Ziel. Auch Frankfurt knüpfte an diese Zielsetzung an.[12] Es entstand das mit 48 Mitgliedern größte Vorbereitungskomitee unter allen Initiativen, welches die Breite der Bürgergesellschaft repräsentierte: Etwa die Hälfte rekrutierte sich aus Vertretern des Buchgewerbes, die andere Hälfte bildeten Kaufleute, Fabrikanten, Bankiers, Handwerksmeister, Künstler, Lehrer und Advokaten.[13] Und es fand auch die Unterstützung des Senats. Präsident des Komitees wurde Senator Eduard Souchay, einer der angesehensten Politiker der Stadt.[14]

Die Umarmung seitens der dem Deutschen Bund verpflichteten Stadtregierung konnte den Erfolg der politischen Opposition nicht mindern. Bei der öffentlichen Festveranstaltung auf dem Rossmarkt wurde der Entwurf des Gutenbergdenkmals vor etwa 30.000 Versammelten enthüllt. Nach der Festrede von Pfarrer Gerhard Friedrich, der sich nicht in allem an die Zensurauflage hielt, begann eine Druckerpresse zu arbeiten und die Rede des Pfarrers auszudrucken. Es handelte sich um einen symbolischen Akt, der unmissverständlich war: Auf dem Weg von der Rede zur

„Presse“ fand keine Zensur statt. Der Bezug zu den Forderungen der liberalen Bewegung war evident. Am anschließenden Festzug beteiligte sich die gesamte Stadt, also die Zünfte, die Frankfurter Schulen und die Geistlichkeit aller Religionen sowie Gesangs-, Kunst- und wissenschaftliche Vereine, Deputationen der Handelskammer, des Schauspiels, der Oper und Gelehrte.

Auf der Frankfurter Säkularfeier der Buchdruckkunst wurde ein von Eduard von der Launitz geschaffenes provisorisches Gutenbergdenkmal gezeigt. Das richtige Denkmal konnte erst 18 Jahre später errichtet werden. Es entstand zwischen 1854 und 1858 und wurde mit der neuen Technik der Galvanoplastik ausgeführt. Es zeigt auf einer Säule stehend die drei Figuren von Johannes Gutenberg, Peter Schöffer und Johannes Fust, an den Ecken Allegorien der vier Wissenschaften – Theologie, Philosophie, Medizin, Rechtswissenschaft – und Verkörperungen der vier ersten Druckerstädte Mainz, Venedig, Straßburg und Frankfurt am Main. Vier weibliche Personen allegorisieren Theologie, Poesie, Naturwissenschaft und Industrie. Das Frankfurter Denkmal ist also der Erfindung und ihrer die gesamte Menschheit umspannenden Bedeutung gewidmet.

Der Gutenbergfeier blieben das Bewegende und auch der Enthusiasmus des Sängerfestes von 1838 versagt.[15] Doch scheiterte die Absicht der Veranstalter und des Bundestages, die liberale Bewegung nicht zum Zuge kommen zu lassen. In Wort und Bild wurden stattdessen die Freiheitssymbole der damaligen Zeit öffentlich zur Schau gestellt. Ein Gedicht auf der Titelseite des Frankfurter Journals feierte am 24. Juni 1840 dann auch die Erfindung als Beginn einer neuen Zeit: „Der zu neuen Wahrheitstempeln/ festen Grundstein hat gelegt/ Und mit seinen heiligen Stempeln/ Neue Freiheit ausgeprägt!“, oder: „Denn das Werk ist nicht vollbracht/ und noch liegt auf deutschen Gauen/ Mancher Schatten alter Nacht.“[16] Auch der Festzug und die Festrede sowie das aus Anlass der Feier herausgegebene Erinnerungsblatt enthielten zahlreiche Anspielungen auf die damalige Freiheitsrhetorik.[17]

Bei der Errichtung des Frankfurter Goethedenkmals im Jahre 1844 gestaltete sich der Versuch, den Festakt in eine Nationalfeier umzuwandeln, dagegen als sehr schwierig. Goethe galt wie Gutenberg als Heroe des bürgerlichen Fortschritts im künstlerischen wie im allgemein kulturellen Sinne. Die Einweihungsfeiern beider Denkmäler gerieten zwar beide zu Demonstrationen des bürgerlichen Selbstbewusstseins, doch die Einweihung des zwischen 1838 und 1840 geschaffenen Goethedenkmals von Ludwig Schwanthaler im Jahre 1844 wurde nicht als Nationalfest begangen. Über Goethe gingen die Meinungen auseinander. Zum einen hatte er mit seinem von steuerlichen Erwägungen getragenen Austritt aus dem Bürgerverband im Jahre 1817 viele vor den Kopf gestoßen. Vor allem hatte die Zurückhaltung jedoch damit zu tun, dass Goethe als Minister eines kleindeutschen Staates nicht unbedingt als ein Heroe des politischen Befreiungskampfes galt. Das Verdikt des Frankfurters Ludwig Börne vom „Fürstenknecht“ belastete seine politische Vereinnah-

Enthüllung des Goethedenkmals auf dem Roßmarkt am 22. Oktober 1844

mung. Deshalb hielt sich die demokratisch-liberale Opposition, die maßgeblich am Sängerfest und an der Gutenbergfeier beteiligt gewesen war, bei der Feier zur Einweihung des Goethedenkmals zurück.

Es war überhaupt ein langer Weg, bis ein Goethedenkmal zustande kam. Am Anfang stand der Entwurf einer Erinnerungsstätte auf der Maininsel zwischen Frankfurt und Sachsenhausen in Form eines klassizistischen Tempels, den der Frankfurter Architekt Friedrich Rumpf im Jahre 1820/21 nach dem Vorbild des Vesta-Heiligtums in Rom entworfen hatte. Der Tempel sollte eine Goethebüste von Johann Heinrich Dannecker sowie ein Relief von Bertel Thorvaldsen aufnehmen. Die Dimensionen der Anlage erklären sich aus dem intendierten Doppelcharakter eines Goethe- und Nationaldenkmals. So schrieb der Bankier Simon Moritz von Bethmann, einer der wichtigsten Förderer des Projektes, an dessen eigentlichen Initiator, den Kunstforscher Sulpiz Boisserée, im Falle eines Scheiterns entginge „der freien Stadt, oder der deutschen Bundesstadt (...) die Zierde eines Nazional-Monuments, des ersten, das auf deutschem Boden errichtet und ein sichtbares Zeychen sein würde, daß die Deutschen Sinn für einen nazionalen Bund haben". Tatsächlich blieb der Spendenaufruf des Denkmalvereins drei Jahre nach Goethes Austritt aus dem Bürgerverband ohne jede Resonanz. Auch Goethe selbst äußerte Bedenken gegen „die architektonische Prachtmasse". Infolgedessen musste der Verein einsehen, wie Bethmann im November 1825 schrieb, „daß die Ausführung des Plans in der gedachten Größe untunlich war".[18]

Ende 1823 entwarf Bettina von Arnim eine monumentale Figurengruppe, die Goethe Sitzend zeigt, allerdings als Jupiter mit der kindlichen Psyche zwischen seinen Knien. Doch sollte es über 20 Jahre dauern, bis sich mit Karl Steinhäuser ein Künstler bereit fand, nach ihrem Entwurf zu arbeiten. Das Ergebnis überzeugte nicht, so dass das Frankfurter Denkmalskomitee 1837 bei dem dänischen Bildhauer Bertel Thorvaldsen Rat suchte. Der Frankfurter Maler und Kunstgelehrte Johann David Passavant unterrichtete den Bildhauer von der Idee eines lebensgroßen Standbildes von Goethe, das aus Bronze gegossen und mit drei Bronzereliefs geschmückt unter freiem Himmel stehen sollte. Diese Initiative belebte den Plan eines öffentlichen Goethedenkmals wieder.

Thorvaldsen formte daraufhin eine stehende Figur, die in der Rechten einen Griffel und in der Linken eine Tafel hielt, modern gekleidet und mit einem Lorbeerkranz gekrönt war. Doch ließ er sich dafür Zeit und präsentierte dem Denkmalskomitee erst am 12. Dezember 1840 seine Entwürfe. Über die schleppende Bearbeitung verärgert zog dieses den Auftrag zurück und betraute im Frühjahr 1841 den Münchener Bildhauer Ludwig Schwanthaler mit der Ausführung, der das Denkmal dann auch in den Jahren 1842 und 1843 fertig stellte, so dass es am 22. Oktober 1844 feierlich der Öffentlichkeit übergeben Ausdruck werden konnte. Der Aufwand, der mit dem Denkmal betrieben worden war, konnte allerdings nicht darüber hinwegtäuschen, dass sich im Vergleich zur vorangegangenen Gutenbergfeier die Enthüllungsfeierlichkeiten für Goethe in bescheidenem Rahmen hielten.[19]

Goethedenkmal von Süden, im Hintergrund Theaterplatz und Komödienhaus. Fotografie von Carl Friedrich Mylius um 1860

Das Denkmal selbst stellt Goethe in antiker Tracht dar. Er hält rechts eine Schriftenrolle und in der Linken lässig einen Lorbeerkranz. Die Reliefs am Sockel zeigen Gestalten aus Goethes Werken, darunter allegorische Figuren der Wissenschaft sowie der dramatischen und lyrischen Dichtkunst. Erst später entwickelte sich Goethe dann zu dem Nationaldichter schlechthin, dessen literarische Hinterlassenschaft wie seine Denkmäler von einem breiten Parteienspektrum vereinnahmt wurden.

Viel unbefangener trat man dem literarischen und politischen Freund Goethes, also Friedrich Schiller, entgegen. Dieser galt als der poetische Künder bürgerlicher Freiheit schlechthin, der den Widerstand der Obrigkeit herausforderte und dessen Texte wie etwa der „Don Carlos“ oder die „Hymne an die Freude“ in Preußen zum Teil verboten wurden. Wie sehr er die politische Phantasie beflügelte, zeigte sich bei den Schillerfeiern von 1859, die zehn Jahre nach der Revolution von 1848/49 de facto als erste große Erinnerungsfeiern an die verlorene Revolution begangen wurden.[20] Nach dem Verbot der politischen Vereine im Gefolge der Revolution hatte die liberaldemokratische Bewegung in den zahlreichen unpolitischen Vereinen überlebt und wuchs nun am Ende der fünfziger Jahre, gestützt auf die neu gegründeten Turn- und Schützenvereine und die verschiedenen Initiativen zu den großen nationalen Festen im Reichsgründungsjahrzehnt wie Phönix aus der Asche. Zur 100. Wiederkehr des Geburtstages von Friedrich Schiller wollten sich die Schillerstiftungen zur Deutschen Schillerstiftung vereinen. Aus diesem Kreise kamen die ersten Anregungen

Die Abteilung der Metzger im Festzug zur Schillerfeier am 10. November 1859. Lithografie von Ferdinand Carl Klimsch

für ein Nationalfest, das dann in 440 deutschen und weiteren 50 Städten des Auslands begangen wurde.[21]

In Frankfurt hatte sich bereits im Jahre 1855 auf Betreiben des Verlegers Carl Jügel ein Schillerverein als Zweigverein der in Dresden ansässigen Schillerstiftung gegründet. Mit einer groß angelegten Schillerfeier sollte die politische Bewegung über die Ehrung des Dichters hinaus einen neuen Impuls erhalten.[22]

Zur Vorbereitung des Großereignisses, das am 9. und 10. November 1859 stattfinden sollte, konstituierte sich ein Ausschuss, der in der inhaltlichen Konzeption der Feier direkt auf die Französische Revolution von 1789 Bezug nahm und darüber hinaus die Verbindung zum Sängerfest von 1838, zur Gutenbergfeier von 1840 und zur festlichen Einweihung des Goethedenkmals im Jahre 1844 herstellte. Im Zentrum der Feier stand ein großer Festumzug, an dem sich die ganze Stadt beteiligte. Die Feuerhandwerker führten als Symbol der neuen Zeit eine Dampfmaschine mit sich und die Buchdrucker und Buchbinder eine Schnellpresse samt Gießofen. Am symbolträchtigsten aber handelten die Zimmerleute, die auf einem Wagen ein unvollendetes Schweizer Fachwerkhaus mit sich zogen, unter dessen Giebel eine Schillerbüste angebracht war und darüber die Devise: „Das Werk ist angefangen und nicht vollendet, jetzt tut uns rüstiger Mut und feste Eintracht not.“[23] Das war für die Zeitverhältnisse ein vergleichsweise klarer Hinweis auf das Vorbild der angestrebten politischen Verhältnisse, die Schweizer Republik.

Das provisorische Schillermonument über dem Justitiabrunnen. Fotografie von Carl Friedrich Mylius, 1859

Der Zug hielt zuerst vor einem acht Meter hohen und fünf Meter breiten Transparentbau an der Hauptwache, dessen Segmente von den führenden Künstlern der Zeit gemalt, Schlüsselszenen und Motive aus den Werken Schillers zeigten. Dazu gehörten die Freiheitssehnsucht, der Kampf gegen Despotie, Verbrüderung: Motive aus den „Räubern", aus „Wilhelm Tell" und aus der „Wallenstein"-Trilogie. In der Abschlussrede wurde Schiller als Poet der nationalen Emanzipation und als wahrhaft volkstümlicher Dichter gefeiert.[24]

Die Schillerfeier wirkte noch lange nach und bereits 1864 konnte das Denkmal aufgestellt werden. Die Frankfurter Feier stand in der Tradition des demokratisch intendierten Humanitätsfestes und stärkte die linksliberale Bewegung. Dies galt auch für das Bundesschießen – die nationale Zusammenkunft der Schützenvereine –, das im Juli 1862 stattfand.[25] Es war die letzte große Nationalfeier vor der Reichsgründung, die jedoch ohne Erinnerungsmonument im öffentlichen Raum der Stadt blieb.

So war die Stadt bis zu ihrer Einverleibung in den preußischen Staat im Jahre 1866 und der wenige Jahre später erfolgten Reichsgründung, die nicht ganz im Sinne der demokratisch-liberalen Bewegung verlief – zumindest nicht derjenigen, die Frankfurt dominierte –, mit einer ganzen Reihe von Erinnerungsmonumenten bestückt, die an die Freiheit und Gerechtigkeit wie an den kulturellen Fortschritt und die Bildung erinnerten. In der Zeit der preußischen Stadt fand in dieser Hinsicht kein Revirement statt, keines der Denkmäler wurde entfernt. Allenfalls geriet das eine oder andere in Vergessenheit. Aber es waren nicht diese Monumente der liberalen Bewegung, die in den folgenden Jahren das politische Erbe der Demagogenzeit, des Vormärzes, der Revolution von 1848 oder der Reformen in den 1860er Jahren hochhielten, sondern neue Erinnerungsmonumente, die alle mehr oder weniger im Kontext der Revolution von 1848 standen und zu denen ja eigentlich auch das Schillerdenkmal gehört, das nicht zufällig im zehnten Jahr nach der gescheiterten Reichsverfassungskampagne in den öffentlichen Raum der Stadt gesetzt worden war.

Dem zehnten Jahrestag der Revolution folgten Revolutionsdenkmäler zum 25., 50., 75. und 100. Jubiläum dieses Ereignisses. Das erste beziehungsweise zweite Denkmal in dieser Serie, das sechs Meter hohe Denkmal „Zur Erinnerung an die am 18. September 1848 Gefallenen aus dem Volke", hatte eine mehrjährige Vorgeschichte. Nur wenige Monate nach der Besetzung der Stadt durch die Preußen im Jahre 1866 wurde im Freundeskreis um Leopold Sonnemann – dem jüdischen Bankier, Herausgeber der Frankfurter Zeitung und streitbaren Politiker für eine linksliberale Politik –, welchem der Weinhändler Eduard Fay sowie der später als Lokaldichter zu Ruhm gelangte Friedrich Stoltze angehörten, überlegt, wie dem Programm einer gegen den preußischen Staat und seine Annexionspolitik gerichteten Bewegung ein Symbol gesetzt und die Distanz zur von Preußen bestimmten Einigung Deutschlands offen zur Schau gestellt werden könne.[26] Der Freundeskreis entschied sich für ein Denkmal für die im Barrikadenkampf im September 1848 Gefallenen. Als Ausdruck ihres politischen Willens sollte ein sechs Meter hoher Steinobelisk auf dem Frankfurter Hauptfriedhof errichtet werden. Das angestrebte steinerne Mahnmal vermittelte mindestens vier Bezüge: Es erinnerte an die erste deutsche Nationalversammlung, deren 25jährigem Jubiläum man sich damals näherte. Es hob die Souveränität dieses Parlaments hervor, denn darum hatten sich die Debatten gedreht, die dann im bewaffneten Konflikt eskalierten. Das Denkmal war darüber hinaus gegen Preußen gerichtet, dessen Missachtung der Hoheit der Nationalversammlung zum Aufstand geführt hatte, und es wies darauf hin, dass es Umstände gibt, die eine gewaltsame Erhebung legitimieren können. Insofern knüpfte es auch an die Schillerfeier und das Bundesschießen von 1862 an. Das Denkmal erinnerte somit in vielerlei Hinsicht an die Gegnerschaft der Demokraten und Linksliberalen gegen den von Preußen angestrebten Weg zur nationalen Einigung.

Doch allein die Errichtung des Denkmals reichte den Demokraten zur Bekundung ihrer politischen Einstellung noch nicht aus. Aus der Initiative von Eduard Fay und Friedrich Stoltze entwickelte sich eine mehrjährige Bewegung mit großer öffentlicher Resonanz und zahlreichen Veranstaltungen, auf denen das Geld für das Denkmal zusammengetragen wurde.[27] Pünktlich zur 25. Jubiläumsfeier der Revolution von 1848 konnten die Demokraten am 9. November 1873, zugleich

Das Denkmal „Zur Erinnerung an die am 18. September 1848 Gefallenen aus dem Volke“ auf dem Hauptfriedhof

der Jahrestag der Erschießung von Robert Blum, auf dem Frankfurter Hauptfriedhof einen Obelisken mit den Namensinschriften der gefallenen Aufständischen errichten.[28] Damals schrieb die von Leopold Sonnemann herausgegebene „Frankfurter Zeitung“: „daß gerade unter den ungünstigen Verhältnissen die dazu nötige Summe zusammenkam, ist ein Beweis, daß noch nicht alle demokratische Gesinnung ausgetilgt ist in unserer Vaterstadt, wie man es so gerne haben möchte. Denn erst seit 1866 hat die demokratische Partei angefangen, bei Gleichgesinnten Beiträge zu sammeln, um nicht länger ihre Taten ohne sichtbare Zeichen der Erinnerung zu lassen.“[29] Beim Bau der Anlage wurde sorgfältig auf die axiale Ausrichtung auf das Grabmal für die während des Septemberaufstandes 1848 ermordeten Abgeordneten von Auerswald und von Lichnowsky sowie die während der Kämpfe gefallenen Soldaten geachtet. Dieses Denkmal war bereits 1850 errichtet und 1856/57 durch eine Stiftung des preußischen Kronprinzen und späteren Königs Wilhelm I. noch einmal neugotisch monumental überarbeitet worden. Der räumliche Bezug des Obelisken zu diesem Denkmal verstärkte noch einmal den Charakter als Gegendenkmal.

Es folgten dann 1898 und 1923 noch weitere Erinnerungsmonumente, bis dann nach Nationalsozialismus und Weltkrieg aus dem Gesamtensemble im Bereich der Paulskirche eine Erinnerungsstätte errichtet wurde.

Die Paulskirche am Tag der Jahrhundertfeier der Nationalversammlung und der Wiedereinweihung, 18. Mai 1948

Die Erinnerungskultur der liberalen Bewegung und das Erinnern an die zentralen Ziele und Ereignisse dieser Bewegung haben also deutliche Spuren im öffentlichen Raum der Stadt Frankfurt hinterlassen. Waren es anfangs Denkmäler für Freiheit und Gerechtigkeit, die einer republikanischen Kultur entsprangen und an die der Frühliberalismus anknüpfen und Bezug nehmen konnte, so folgte eine Zeit der Umdeutung kultureller Festakte einer im weitesten Sinne bürgerlichen Kultur in politische Demonstrationen gegen die antiliberale Ordnung des Deutschen Bundes durch die städtische demokratisch und liberale Oppositionsbewegung. Der Aufstand gegen diese Ordnung in der Revolution von 1848 und 1849 wurde dann in den darauf folgenden Jahren und Jahrzehnten der zentrale Bezugspunkt für eine liberale Erinnerungskultur, der sich im Laufe des 20. Jahrhunderts auch die Sozialdemokratie und später auch die Konservativen anschlossen.

Wie ist diese in Stein kristallisierte besondere politische Kultur der Stadt zu erklären, die in dem Zeitraum entstand, der hier im dritten Band der Frankfurter Stadtgeschichte von Interesse ist. Um diese Frage zu beantworten, reicht es nicht aus, die topographischen, demographischen und sozialen Grundlagen der Stadt in der Frühen Neu-

Die Paulskirche heute

zeit zu erläutern. Auch wenn sie gleichwohl wichtige Grundlagen zum Verständnis des Charakters dieser Stadt darstellen. Der Verfasser musste hier tiefer in das gesellschaftliche Gefüge eindringen und die Frage nach der Herrschaftsstruktur in der Zeit vor und nach der Französischen Revolution aufwerfen. Das ist deshalb von zentraler Bedeutung, weil der ausgeprägte stadtbürgerliche Republikanismus in Frankfurt mehrfach mit dem Staatsideal einer Republik, wie sie die Französische Revolution hervorbrachte, kollidierte. Dazu müssen einige grundsätzliche Vorbemerkungen vorausgeschickt werden. Die ständisch strukturierte Bürgergesellschaft der Stadt zeichnete sich in der Mitte des 18. Jahrhunderts durch eine Vielzahl von hierarchischen Strukturen aus, deren wesentliche Merkmale im Bürgerrecht fixiert wurden. Dieses Bürgerrecht schied die Einwohner in Bürger und nichtbürgerliche Minderheiten, von denen vor allem die Beisassen und Permissionisten, dann die Juden sowie die Gesellen und das Gesinde zu nennen sind. Sie partizipierten in unterschiedlichen Abstufungen am Bürgerrecht.

Aber auch die Bürger waren nicht gleich Bürger. Neben dem Bürger stand die Bürgerin, die im gesamten 19. Jahrhundert von allen politischen sowie den meisten öffentlichen Ämtern und ehrenamtlichen Funktionen ausgeschlossen blieb. Auch in sozialer Hinsicht sind verschiedene Ebenen zu unterscheiden. Die Bürger gehörten etwa verschiedenen berufsständischen Korporationen an – die Handwerker und Kaufleute, aber auch die Mediziner oder Juristen –, und es existierten erhebliche rechtliche Unterschiede zwischen den Konfessionen.

Die rechtlichen Unterschiede wurden in den Jahrzehnten nach 1800 abgebaut. In diesem Prozess spielten die Selbstverwaltungseinrichtungen eine große Rolle. Seit Beginn des 18. Jahrhunderts bildeten sich zwischen den Schichten neue organisatorische Strukturen heraus, um die Belange einer geschlossenen, aber nicht abgeschlossenen Gemeinschaft selbständig zu bewältigen. Der Strukturwandel erstreckte sich von der Regelung der wirtschaftlichen und sozialen über die rechtlichen Beziehungen bis hin zur Entfaltung der politischen Strukturen und die Ausprägung einer besonderen Kultur. Vor allem aber betraf er den sich weitenden Raum einer neuen Öffentlichkeit, also spezielle Formen der Kommunikation, der Geselligkeit und des Umgangs miteinander. Nicht selten werden diese Prozesse unter dem Begriff der Modernisierung zusammengefasst. Noch eingehender hat sich die von Jürgen Habermas geprägte Terminologie eines Strukturwandels der Öffentlichkeit dafür durchgesetzt. Um die Vorgänge zu verstehen, die sich in Frankfurt in den rund einhundert Jahren zwischen 1770 und 1870 abspielten – also der Durchsetzung der modernen bürgerlichen Gesellschaft auf lokalem Raum –, führt kein Weg daran vorbei, diesen Ansatz etwas genauer zu würdigen.

Habermas hat in seinem mehr geschichtsphilosophisch als historischen Beitrag versucht, den Prozess der Herausbildung der bürgerlichen Gesellschaft für die europäischen Gesellschaften im Vorfeld der Französischen Revolution zu fassen. Den

Ausgangspunkt bildet die wenig differenzierte Vorstellung eines kleinstädtisch und von der räumlichen Reichweite lokaler Märkte geprägten sowie in Gilden und Zünften organisierten Bürgertums. Dessen starre, ständisch strukturierten Beziehungen brachen im 17. und 18. Jahrhundert auf. Grundlage der Dynamik, die im Zeitalter des Merkantilismus begann, ist für Habermas der um sich greifende Fernhandel.[30] Handelskapitalismus, Manufakturkapitalismus und als Motor der Dynamik der Obrigkeitsstaat mit seiner immer wirksameren Verwaltung standen am Anfang einer neuen Gesellschaft. Diese drei Kräfte beendeten die feudale und mittelalterliche Hauswirtschaft. An ihre Stelle trat der Markt. In der Folge gestaltete sich die politische und soziale Ordnung vollständig um.

Das Bürgertum habe die engen Grenzen der Stadt – dem Ursprung und zentralen Ort der alten ständisch strukturierten bürgerlichen Gesellschaft – gesprengt und begonnen sich am fürstlichen oder königlichen Hof zu orientieren beziehungsweise sich dort anzubinden. Es entstand die Schicht der „Bürgerlichen", ein Konglomerat aus Beamten, Unternehmern und Bildungsbürgern, von denen jenseits der städtischen und ständischen Lebenswelt der weitere Fortschritt ausging. Zu dem zurückgebliebenen Stadtbürgertum heißt es in einer nicht begründeten, wohl aus marxistischen Versatzstücken stammenden Deutung: „Inzwischen sind nämlich die eigentlichen ‚Bürger', die alten Berufsstände der Handwerker und Krämer, sozial abgestiegen; sie haben mit den Städten selbst, auf deren Bürgerrecht ihre Stellung beruhte, an Bedeutung verloren. Gleichzeitig sind die großen Handelskaufleute aus dem engen Rahmen der Stadt herausgewachsen und haben sich über die Kompagnien unmittelbar mit dem Staat verbunden."[31] Habermas spielt im letzten Teil des Satzes auf die großen Handels- und Kolonialgesellschaften der Frühen Neuzeit an, wie die vom Staat alimentierte britische Ostindienkompagnie, oder auf den in staatliche Konzessionen gefassten portugiesischen Indienhandel. Doch lässt sich der europäische Fernhandel auf diese Beispiele reduzieren? Wohl eher nicht.

Noch weniger ergiebig erweist sich die Suche nach den Orten, an denen sich ein derartiges Bündnis von Großkaufleuten und Staat ereignet haben soll. Mit Wohlwollen könnte man nach Frankreich blicken, auf die Ausbildung der absoluten Monarchie dort, das höfische Leben in Versailles. Man könnte auch an den Hof der englischen Könige in Windsor denken. Aber fassen derartige Orte den Prozess der Entfaltung der bürgerlichen Gesellschaft, die spätestens am Ende des 18. Jahrhunderts und am Beginn des 19. Jahrhunderts auf breiter Front erfolgte? Oder handelt es sich bei dem von Habermas erwähnten Vorgang nicht eher um eine kleine Minderheit von Bürgern, um einen Nebenstrom im Gesamtvorgang der Modernisierung, der allenfalls in einigen wenigen Orten der zentralstaatlich organisierten Gesellschaften eine größere Bedeutung gehabt hatte? Aus welchem Grund auch immer, die Schicht der „Bürgerlichen" war, in den Augen von Habermas, der eigentliche Träger der Herausbildung der neuen, der bürgerlichen Öffentlichkeit.

Eine erste Folge dieses Umwandlungs- oder Modernisierungsprozesses war die Herausbildung einer bürgerlichen Öffentlichkeit, die sich zwischen die Privatsphäre der bürgerlichen Schichten und der öffentlichen Gewalt der Obrigkeit, also des Fürsten oder Monarchen, ihres Hofes und ihrer Administration schob. Deutlicher Ausdruck dieses Wandels war eine Veränderung des Kommunikationsverhaltens. Die briefliche Privat- und Geschäftskorrespondenz der Fernhändler wandelte sich zur Publizistik, wurde öffentlich. Die ersten Zeitungen erschienen und erhielten Unterstützung von der königlichen Administration, die ein Interesse daran hatte, ihre Anordnungen zu verbreiten.[32] Das betraf erst einmal nur bestimmte Schichten, die über ein gewisses Maß an Bildung verfügten, also den Stand der Gebildeten. Habermas zählt hier Beamte (Juristen), Ärzte, Pfarrer, Offiziere und Gelehrte auf und erwähnt merkwürdigerweise die Kaufleute, von denen ja in seiner eigenen Vorstellung ein Großteil der Dynamik ausging, nicht.[33] Er setzt sich damit über den damaligen Sprachgebrauch hinweg, der unter „Gebildete" in erster Linie welterfahrene Persönlichkeiten fasste und die Kaufleute deshalb ausdrücklich einschloss. Diese „Gebildeten" sind zwischen dem Ende des 17. und Ende des 18. Jahrhunderts – und zwar in Frankreich und England deutlich früher als in Preußen – das Publikum, das heißt erst einmal das Lesepublikum der Zeitungen und Zeitschriften.

Im Weiteren leitet Habermas ab, wie „die politische Öffentlichkeit aus der literarischen" hervorgegangen ist.[34] In den um die Mitte des 17. Jahrhunderts gegründeten Kaffeehäusern, Salons und Tischgesellschaften bildeten sich Kristallisationspunkte der Öffentlichkeit. Ihre Gespräche kreisten zunächst um Kunst und Literatur, erweiterten sich aber bald um ökonomische und politische Inhalte. Unter den Mitgliedern herrschte Gleichberechtigung und die Macht des Arguments. Mit der Ausweitung der bürgerlichen Öffentlichkeit vermehrte sich die Anzahl ihrer Einrichtungen und bald gehören nicht mehr nur Literatur, Presse, Kaffeehäuser, Salons und gelehrte Tischgesellschaften dazu, sondern auch Clubs, Logen, Theater, Museen, Konzerte und das große Feld der Vereinigungen. Mit diesen Institutionen entstand überhaupt erst der Bereich der bürgerlichen Kultur und Kunst, die Kultur- und Kunstproduzenten wie auch die Abnehmer, welche die auf dem öffentlichen Kunst- und Kulturmarkt zu Warenform sublimierten Produkte konsumieren, diskutieren und rezipieren. Literatur gewann ein Publikum, Theater gewann ein Publikum, Musikdarbietungen gewannen ein Publikum und die Kunst gewann ein Publikum. Es bildeten sich damit „Foren", auf denen „die zum Publikum versammelten Privatleute sich anschickten, die öffentliche Gewalt zur Legitimation vor der öffentlichen Meinung zu zwingen. Das ‚publicum' entwickelt sich zum ‚Publikum', das ‚subjectivum' zum ‚Subjekt', der Adressat der Obrigkeit zu deren Kontrahenten."[35] Die Schere zwischen der Privatsphäre der bürgerlichen Häuslichkeit und dem Raum der öffentlichen Gewalt der Obrigkeit öffnete sich weiter und es entwickelte sich ausgehend von den ersten Medien und der Vielzahl der mittlerweile etablierten Institutionen einer neuen bürgerlichen Gesellschaft eine politische Öffentlichkeit – die, so könnte man den Gedanken fortsetzen, die bestehende Ordnung in Frage stellte und zu einer Neuordnung der gesellschaftlichen Verhältnisse ansetzte.

Nach Habermas sammelten sich in diesen neuen Institutionen jenseits der alten Korporationen wie Zünfte und Gilden vor allem Beamte, Aristokraten, Bildungsbürger, Kaufleute und Unternehmer, die den engen Rahmen der Stadt hinter sich gelassen haben sollen – die „Bürgerlichen".[36] Aber was ist von dieser These zu halten? Nun, man könnte auf die erfolgreiche Forschungspraxis verweisen. Habermas' „Strukturwandel der Öffentlichkeit" bestimmte den Forschungsprozess nachhaltig. Die These von der Modernisierung der Gesellschaft durch die sogenannten „Bürgerlichen" fand breiten Eingang in die sozialgeschichtliche Interpretation der Frühen Neuzeit und diente als Schema, anhand dessen die Vorgänge bei der Herausbildung der modernen bürgerlichen Gesellschaft untersucht wurden. Aus den „Bürgerlichen" von Habermas entstand in den großen Forschungsansätzen der 1980er und 1990er Jahre die Theorie von der „Bürgerlichkeit", die die Bürgertumsforschung im Grund bis heute prägt und sich in zahllosen Studien zur Geschichte des Bürgertums in Deutschland findet. Man kann hier regelrecht von einem Sonderweg der deutschen Sozialgeschichte sprechen.[37] Gewissermaßen als Paradigma erfreuen sich insbesondere das Rheinland und das Sozialverhalten der rheinländischen Bourgeoisie einer großen Aufmerksamkeit, weshalb diese Traditionslinie bürgerlicher Erneuerungspolitik als besonders gut erforscht gelten kann.[38] Die Herausbildung der Fabrikindustrie beruhte dort auf einer engen Kooperation zwischen Großkaufleuten, Fabrikanten und Reformbürokraten. Dieser Weg wird als der Typische akzeptiert und führte mit einer gewissen Konsequenz dazu, die Beamten der staatlichen Verwaltungen und in Erweiterung dessen das Bildungsbürgertum sowie die Fabrikanten als die Modernisierungseliten anzusehen, und somit als die zentralen Kräfte der neuen Zeit. Demgegenüber hätten große Teile der Stadtbürger nicht zur modernen Marktgesellschaft gefunden und seien ins konservative Lager abgedriftet, was die zur gesellschaftlichen Erneuerung drängenden Teile des Bürgertums zwang, ein Bündnis mit den staatlichen Administrationen einzugehen.[39] Auf diese Weise sei die politische Modernisierung der deutschen Gesellschaft verhindert worden. Die vielfach beschriebenen Defizite des deutschen Bürgertums, der Zerfall der liberalen Bewegung, die autoritäre Reichsgründung durch Bismarck, die inkonsequente Verfolgung der Freiheitsforderungen, die halbherzige Parlamentarisierung und generell die Schwäche der Demokratie und eine sich ausbreitende Skepsis gegenüber dem Modell einer modernen bürgerlichen Gesellschaft am Ausgang des 19. und zum Beginn des 20. Jahrhunderts finden auf diese Weise eine Erklärung. Aus dieser in zahlreichen Studien wiederholten These von einer besonderen deutschen Entwicklung wurden weitreichende Schlussfolgerungen gezogen, die wiederum wichtige Bezugspunkte für die Interpretation der politischen Geschichte im 20. Jahrhundert bildeten.[40]

Aber hilft dieser Ansatz, die Vorgänge in Frankfurt am Main zu verstehen? Die Antwort lautet: Ja und Nein. Frankfurt war doch anders. Wir finden eine ganz andere Welt, geradezu das Gegenteil, nämlich eine Modernisierung, die sich fernab eines Hofes oder zentralstaatlicher Administration entwickelte, die ja für Habermas und die neuere Bürgertumsforschung so essentiell ist. Dieser Gegensatz hilft, das Denkschema von den „Bürgerlichen" in Zweifel zu ziehen und das typologische Konstrukt mit den Ergebnissen der stadthistorischen Forschung zu konfrontieren. Es finden sich nämlich in vielen Städten zwar genau die von Habermas beschriebenen Phänomene, die von ihm zu Recht mit der Entstehung der modernen bürgerlichen Gesellschaft in Verbindung gebracht werden, ohne dass es die in enger Verbindung mit einem Hof oder Staat stehenden „Bürgerlichen" gegeben hätte. Das legt die Vermutung nahe, dass es dieser ganzen Konstruktion eines Hinausgehens aus der Stadt und eines sich Anlehnens an die höfische Gesellschaft und den sich formierenden Zentralstaat gar nicht bedurft hatte, sondern dass das moderne Bürgertum ganz einfach aus dem alten herauswuchs und in einem jahrzehntelangen Prozess die Residuen der ständischen Gesellschaft abstreifte. Frankfurt liefert hier das Paradebeispiel, das sich auch in Köln, Aachen, Hamburg oder Bremen – also den typischen deutschen Fernhandelsstädten – findet sowie in de facto allen deutschen Städten mit Ausnahme der Residenzen und Verwaltungsstädte oder der Städte, die ihre Identität aus einer zentralstaatlichen Institution hergeleitet haben. Man findet diesen Vorgang mehr oder weniger in allen französischen Städten mit Ausnahme von Paris oder in allen englischen Städten mit Ausnahme von London. Was also war Normal- und Sonderfall bei der Herausbildung der bürgerlichen Gesellschaft?

Kehren wir nach Frankfurt zurück. Gerade bei den von Habermas angeführten Phänomenen kann Frankfurt als ein Experimentierfeld der bürgerlichen Gesellschaft begriffen werden, und gerade in diesem Bereich hat das Stadtbürgertum insgesamt den säkularen Modernisierungsprozess bestimmt – und das weitgehend unabhängig von den Einflüssen der Französischen Revolution. Gehen wir kurz die betreffenden gesellschaftlichen Sphären durch und beginnen mit der politischen Ebene. Zur politischen Selbstverwaltung gehörte der Rat. Er ist im Gegensatz zum 17. Jahrhundert im 18. Jahrhundert nicht mehr als ein abgeschlossener Personenkreis anzusehen. Im Gegenteil, er bestand aus verschiedenen sozialen Gruppen und musste sich die Macht mit den Bürgerausschüssen teilen. Die Frage nach den „Grundlagen bürgerlicher Herrschaft" ist somit differenziert darzulegen. Darüber hinaus existierte jenseits der direkten politischen Sphäre das Feld der politischen und kulturellen Öffentlichkeit mit weiteren selbstbestimmten Organisationen, die dann im Verlauf des 19. Jahrhunderts immer weiter ausgebaut wurden und sich zu einem Strukturmerkmal der modernen bürgerlichen Gesellschaft (Thomas Nipperdey) ausformten. Zu diesem Bereich sind neben wirtschaftlichen Interessenorganisationen wie den Handelskammern beziehungsweise den Vorstehern der Börse, die Freimaurerlogen oder Lesegesellschaften, aber auch die Stiftungen, Kirchengremien oder Kultureinrichtungen wie das Theater und später für lokale Zwecke gegründete Aktiengesellschaften zu rechnen. Vor allem aber gehörte natürlich das Vereinswesen dazu.[41]

Das Verhältnis von Politik und Kultur zieht sich wie ein roter Faden durch die Zeitabschnitte des vorliegenden Bandes. Staat und Gesellschaft werden entsprechend den Traditionen der europäischen Staatsphilosophie von Montesquieu über David Hume und John Locke bis zu Georg Wilhelm Friedrich Hegel und Karl Marx häufig als relativ streng geschiedene und klar definierte Komplexe behandelt. Dementsprechend konzentrierte sich die Geschichtswissenschaft lange Zeit auf die Erforschung der institutionalisierten politischen Machtorganisationen. Immer wieder werden in der stadtgeschichtlichen Literatur Rat und Bürgergemeinde gegenübergestellt. Dies ist für die historische Interpretation einer Stadtrepublik jedoch nur bedingt tauglich, denn anders als auf der nationalen Ebene kann auf der Ebene der „res publica sive societas civilis" die Herrschaftspraxis nur schwer von den allgemeinen gesellschaftlichen Vorgängen geschieden werden. Es gibt aber auch allgemeine Gründe, die Machtstrukturen im System der kommunalen Bürgergesellschaft nicht auf das Schema Staat versus Gesellschaft beziehungsweise Rat contra Bürgergemeinde zu reduzieren.[42] Die Kulturanthropologie hat den Blick dafür geschärft, dass es oftmals die außerhalb der festgefügten Machtapparate liegenden Gewalten waren, die im Modernisierungsprozess der bürgerlichen Gesellschaft als Mächte des Wandels oder der Beharrung in Erscheinung traten. Dies ist insbesondere in dem weiten Bereich der Selbstorganisation der Bürger und dem damit zusammenhängenden Wandel der kulturellen Werte und Beziehungen zu berücksichtigen. Soziale wie politische Bewegungen setzten sich oftmals nicht in eruptiven Revolutionen, sondern langfristig gegen die „Macht der Traditionen" durch und führten zu einem allmählichen Strukturwandel der Gesellschaft. Bürgerliche Gesellschaft und bürgerliche Herrschaft bildeten auf der kommunalen Ebene somit einen komplexen und in seiner Entwicklung sehr dynamischen Strukturzusammenhang.

Erst nach dieser Grundlegung werden die Auswirkungen der Französischen Revolution und die Frage einer modernen Verfassung behandelt. Frankfurt hatte in den drei Jahrzehnten zuvor keine allzu guten Erfahrungen mit Frankreich gemacht. Zwar war die Stadt lange Zeit von kriegerischen Auseinandersetzungen verschont geblieben. Im Gegensatz zum Dreißigjährigen Krieg, der wechselnde Besatzungen, Krankheit und Not gebracht hatte, und zum Pfälzischen Erbfolgekrieg, in dem Oberrad und Niederrad von umherstreifenden französischen Truppen verbrannt worden war und die Stadt sowie ihre Bürgerschaft nur knapp dem Schicksal von Worms, Speyer, Heidelberg und Mannheim entging, hat Frankfurt am Main weder im Spanischen noch im Österreichischen Erbfolgekrieg einen Feind vor seinen Mauern gesehen. Kämpfe um die Festung Frankfurt blieben der auf friedliches wirtschaftliches Wachstum bedachten Handelsstadt erspart. Doch am Karfreitag 1759 wurden in der „Schlacht bei Bergen" in unmittelbarer Nachbarschaft der Stadt die preußischen Truppen blutig geschlagen und Frankfurt besetzt. Mit dem Siebenjährigen Krieg kam die Geißel des Krieges wieder über die Reichsstadt, die ab dem erwähnten Karfreitag die französische Besatzung hinnehmen musste. Diese währte bis zum Ende des Krieges im Februar 1763 und lastete schwer auf der Stadt. Sie hinterließ deshalb bei den meisten Frankfurtern wenig Sympathie. Sie hielten es lieber mit Friedrich dem Großen.[43]

Skeptisch standen die Bürger auch Maßnahmen der Franzosen gegenüber, die aus heutiger – nicht selten etwas verklärenden – Sicht zur Modernisierung der Lebensverhältnisse beitrugen. Dazu gehörten die Hausnummerierung und auch die Pflasterung der Straßen sowie die erste Anregung zur Einführung von Mietdroschken. Eine weitere dieser Forderungen war die von den Franzosen verlangte Beleuchtung des öffentlichen Raumes mit Rüböl-Lämpchen. Zur Berechnung des Aufwandes hatte der Schreiber des „Bürgerausschusses der 51er", Anton Ritter, im Jahre 1761 in einem „Gegenschreiberbuch" sämtliche Häuser, ihre Eigentümer, die Hausfrontlängen und die Zahl der benötigten Lampen sowie die Höhe der von jedem einzelnen Bürger für den Unterhalt der Beleuchtungsanlage zu erhebenden Steuer verzeichnet.[44] Es handelt sich bei dem Ritterschen Häuserverzeichnis um einen Glücksfall für die historische Forschung. Denn das Buch lässt nicht nur Einblicke in die Besitzverhältnisse der gesamten Bürgergesellschaft zu, sondern enthält auch Angaben zu sämtlichen Gebäuden, die in Verbindung mit der zeitgleich überlieferten Stadtansicht von Merian noch an Anschaulichkeit gewinnen. Weiterhin liefert das Verzeichnis praktisches Anschauungsmaterial, wie die Selbstverwaltung der damaligen Bürgergesellschaft funktionierte. Die „Gegenschreiberei" und die Bürgerausschüsse dienten der Kontrolle des Rats. Die Erstellung des Häuserverzeichnisses und die folgende Diskussion, wie die Beleuchtung am besten zu bewerkstelligen sei, setzten nicht nur eine den Bürgern von fremden Besatzern auferlegte Verpflichtung um, sondern es wurde auch ein Vorschlag zur Realisierung erarbeitet, der insbesondere in Bezug auf die finanziellen Belastungen die Zustimmung der Bürger voraussetzte. Bedingt durch die Selbstverwaltung steckte in der Umsetzung eines fremden Willens also auch ein eigener.

Für dieses widerständige Verhalten finden sich weitere Belege, wie etwa die Reaktion auf die hygienischen Zustände in den von den Franzosen eingerichteten Militärlazaretten zeigt. „Die Franzosen halten säuisch Haus im Lazarett", urteilte der damalige Stadtphysicus Johann Christian Senckenberg und vermutete darin eine Quelle für das in der Stadt grassierende Fleckfieber, dem bereits zahlreiche Bürger zum Opfer gefallen waren.[45] Die Ausscheidungen der Kranken und die mit Blut und

Eiter verschmutzten Verbände wurden vor den Lazaretten einfach auf die Straße geworfen. Besonders störte den Stadtphysicus, dass die Franzosen mitten in der Stadt eine Anatomie eingerichtet hatten, wo sie neben Leichensektionen auch Präparate anfertigten und die abfallenden Gewebeteile der Toten in die Gosse entsorgten. Kaum waren die Besatzer abgezogen, gründete Senckenberg im Jahre 1763 seine heute weithin bekannte Stiftung, die neben einem Hospital für die Bürger, einem Altersheim, einem botanischen Garten und einer Bibliothek auch ein „theatrum anatomicum“ enthielt, in dem unter würdigen Bedingungen Leichenöffnungen zu wissenschaftlichen Zwecken und zur Ausbildung der Ärzte vorgenommen wurden. Senckenberg stellte mit seiner Stiftung öffentlich zur Schau, was er von den französischen Besatzern hielt.

Aus der Sicht der Frankfurter war es dann der gleiche Gegner, der 1792 erneut vor den Toren der Stadt erschien und umfangreiche Kontributionszahlungen verlangte. In diesem Zusammenhang versuchte General Custine, die Bürgerschaft der Stadt auseinanderzudividieren und die Lasten lediglich den Wohlhabenden aufzubürden. Doch die Frankfurter hatten in den letzten rund 30 Jahren nichts von ihrer Eigenwilligkeit und ihrem Patriotismus verloren. Es waren diesmal die Zunftvorsteher, die diesen Versuch kühn mit dem Verweis auf die Einheit und Freiheit der Bürgergemeinde zurückwiesen.[46] Auf die Freiheit hatten die Frankfurter Bürger, ihr Verhalten gegenüber den Franzosen zeigt es, schon immer großen Wert gelegt. „Wer wird nicht lieber da wohnen“, erklärte der Frankfurter Arzt Johann Adolph Behrends, „wo Freyheit, Gleichheit, Stille und Zufriedenheit herrscht, und wo jeder seyn kann, was er will?“[47] Dieses Urteil wurde von den zahlreich durchreisenden Zeitgenossen bestätigt, die Frankfurt als „freye Republicq“ bezeichneten, deren „Freyheit“ ewig „daure“.[48] Das ausgeprägte Freiheitsbewusstsein basierte vorwiegend auf den entwickelten Formen der Selbstverwaltung, von denen die erwähnte Gegenschreiberei nur ein Teil war. Dies gilt es zu berücksichtigen, wenn die Modernisierungsvorhaben des aufgeklärten Absolutismus, der Frankfurt in Gestalt des Fürsten Karl Theodor von Dalberg und seines Protektors Napoleon erreichte, vorgestellt werden.

Die Stadt verlor mit dem Ende des Heiligen Römischen Reiches ihre Reichsunmittelbarkeit und wurde 1806 in den Fürstlichen Primatialstaat Dalbergs und später in das Großherzogtum Frankfurt eingegliedert. Unter Dalberg führte man nach dessen Willen eine Reihe von Reformen durch. Dazu gehörten die Gleichstellung der Konfessionen unter den Mitgliedern der Bürgergemeinde, die Judenbefreiung und umfangreiche Verwaltungsreformen. Die meisten dieser Reformen hatten jedoch keinen langen Bestand, da sie von der Bürgerschaft abgelehnt und bei der ersten sich bietenden Gelegenheit wieder fallen gelassen wurden. Das war 1813 der Fall, als die Stadt von den Alliierten befreit wurde und zunächst ihrer Verwaltung unterstand, bevor sie am 15. Juni 1815 auf Beschluss des Wiener Kongresses ihre volle Souveränität wiedererlangte. Es ist jedoch verfehlt, das, was dann geschah, als Restauration der alten Zustände zu bezeichnen. Nach dem Untergang des Großherzogtums und der Errichtung einer freien Stadtrepublik, als Freie Stadt im Rahmen des Deutschen Bundes, setzte ein Kampf um eine moderne Verfassung ein, an dessen Ende die sogenannte Constitutions-Ergänzungs-Akte von 1816 stand, die in jedem einzelnen Paragraphen die Widersprüche des Übergangs von der ständischen Gesellschaft in die moderne bürgerliche Gesellschaft in sich trug. Für fünf Jahrzehnte bestand dieser selbständige Stadtstaat neben den drei Hansestädten Bremen, Hamburg und Lübeck. Erst im Jahre 1866 wurde er im Zuge der Reichseinigungskriege von preußischen Truppen besetzt und 1867 zusammen mit Nassau von Preußen annektiert. Frankfurt erhielt den Status einer preußischen Provinzstadt ohne nennenswerte Verwaltungsfunktionen.

Für fünf Jahrzehnte im 19. Jahrhundert war Frankfurt am Main somit eine selbständige Republik, ohne übergeordneten Souverän. Der Ältere Bürgermeister der Mainmetropole konnte sich rein rechtlich auf die gleiche Stufe wie der Kaiser von Österreich und der König von Preußen oder die übrigen 32 Dynasten des Deutschen Bundes stellen. Das war ein absolutes Novum. Die städtische Bürgergesellschaft entwickelte sich somit in großer Unabhängigkeit von den Territorialstaaten. Unabhängigkeit bedeutete dabei nicht Stagnation, im Gegenteil. Die bürgerliche Gesellschaft der Stadt Frankfurt am Main war in Bewegung und wandelte sich langfristig von der ständischen zur modernen bürgerlichen Gesellschaft.[49] Die Geburt dieser neuen Gesellschaft verlief aber nicht linear und widerspruchsfrei. Aber es lassen sich gerade bei den kommunalen Gremien und Gesellschaften zusammenhängende Entwicklungslinien feststellen: Die Bürgerkollegien von 1732 wurden von dem gleichen Wunsch nach Mitsprache und Kontrolle der Exekutive getragen wie die Gesetzgebende Versammlung von 1816 und das von Telemann im Jahre 1714 begründete „Collegium Musicum", wurzelte bereits in ähnlichen Vorstellungen einer bürgerlichen Kultur wie der Kunstverein von 1827. Die Transformationsprozesse waren also langfristig angelegt. Sie reichten bis in die erste Hälfte des 18. Jahrhunderts zurück und waren selbst in der zweiten Hälfte des 19. Jahrhunderts noch nicht abgeschlossen. Umgekehrt zeichnete sich der politische und kulturelle Wandel für gewöhnlich durch ein hohes Maß an Kontinuität aus – ohne beharrend zu sein.

Der Begriff „Modernisierung" geht auf Voltaire zurück, der zur Unterscheidung der alten von der neuen Zeit von der „temps moderne" sprach – ein großes Wort, das universellen Charakter erreicht hat. Selbst die Konservativen bezeichnen sich heute ja als modern, weil es nicht mehr vorstellbar ist, dass etwas bleibt, beständig ist, tradiert wird. Davon müssen wir etwas abrücken und etwas genauer auf den Begriff schauen, der so unmissverständlich für Erneuerung und Wandel zu stehen scheint. Modernisierung ist zunächst ein Wissenschaftsbegriff, der ausgehend von der Soziologie in den USA zu einem Schlüsselbegriff der Universalgeschichte wurde. Zeitlich umspannt er den Prozess des ökonomischen, sozialen, kulturellen und politischen Wandels in den letzten rund 200 Jahren, namentlich in der industriellen und demokratischen Revolution und ersetzte ältere universalgeschichtliche Begriffe zur Beschreibung dieser Vorgänge wie „Kapitalismus", „industrielle Revolution", „Rationalismus" oder „Säkularisierung". In diesem Zusammenhang stehen auch die Probleme seiner Verwendung. Der Begriff ist allgemein und bezieht Vorgänge der Ökonomie, Technisierung, Religion, Politik sowie Geistesgeschichte mit ein und behandelt sie als einen komplexen interdependenten Vorgang. Dabei besteht die Gefahr, die historische Wirklichkeit als Mischung von traditionalen und modernen Beziehungen aus dem Blick zu verlieren und sie auf typologische Muster zu reduzieren.[50]

Aus einer bestimmten Vorstellung von Modernisierung werden dann oftmals weitreichende Schlussfolgerungen gezogen. Wie bei allen generalisierenden Betrachtungen so bleiben auch bei diesem Ansatz die konkrete Wirklichkeit und ihre Widersprüchlichkeit namentlich des deutschen Modernisierungsprozesses im 19. Jahrhundert außen vor. Sobald die Ebene der allergröbsten Abstraktionen verlassen wird, tritt die innere Komplexität und Besonderheit in der geschichtlichen Entwicklung hervor. Dies ist zwar allgemein bekannt, wird aber dennoch gerade bei der Frage der Modernisierung vielfach nicht gebührend berücksichtigt. Alt und Neu, Tradition und Moderne existierten nicht nur zeitgleich nebeneinander, sondern trafen in jeder Region und sogar in jeder Stadt in unterschiedlichen Konstellationen aufeinander. Die Strukturen und Ereignisse auf wirtschaftlicher, politischer, sozialer und kultureller Ebene der Gesellschaft beeinflussten sich gegenseitig jeweils in einer besonderen Art und Weise, was ein pauschales Urteil fast unmöglich macht. Bürgerliche Politik basierte nicht nur auf heterogenen sozialen Gruppen mit verschiedenen Interessen und programmatischen Präferenzen, sondern auch auf sehr unterschiedlichen regionalen und lokalen Traditionslinien, in denen sich die Erfahrungen jahrzehnte- und jahrhundertelangen politischen Handelns ganz verschieden strukturierter Bürgergesellschaften in den städtischen Republiken sammelten.[51] Damit kann nicht unbesehen ein Teil für das Ganze genommen werden, und das heißt: In Deutschland ist davon auszugehen, dass es aufgrund der Vielfalt der städtischen Milieus und der besonderen Bedingungen in den Regionen verschiedene Wege in die Moderne gegeben hat. Der vielfach als typisch angesehene Modernisierungspfad etwa der Städte des Rheinlandes hat mit dem Frankfurter Weg in die Moderne wenig gemeinsam. Wenn es aber mehrere Pfade gegeben hat, reicht es nicht, einen typologisch erforscht zu haben. Die Probleme liegen jedes Mal im Detail.

Im dritten Band der Frankfurter Stadtgeschichte wird der Entfaltungs- und Umbruchsprozess des städtischen Bürgertums zwischen ständischer und moderner Gesellschaft als eine zusammenhängende lange Entwicklungslinie, als eine „longue durée" aufgefasst und dargestellt; diese reicht von der Beseitigung patrizischer Privilegien in der städtischen Selbstverwaltung und der schrittweisen Integration von

Fremden sowie von Teilen der Handwerker über die Emanzipation der von der Politik ausgeschlossenen Katholiken, Reformierten und Juden bis zu den ersten Integrationsversuchen der Arbeiter in die bürgerliche Gesellschaft modernen Typs. Darüber hinaus gab es nicht nur ein Nebeneinander von langfristigen Entwicklungsmomenten und eine Abfolge einschneidender Zäsuren und auch nicht einfach eine Verbindung zwischen alten, traditionalen und neuen, modernen Elementen in den sozialen und politischen Beziehungen der Bürger, sondern ebenso – was die Sache verkompliziert – eine Wechselbeziehung zwischen innerer Dynamik und äußeren Einflussnahmen. In welcher Relation die von außen hereingetragenen Folgen der nationalen Umwälzungen zur inneren Entwicklung der stadtbürgerlichen Gesellschaft stehen, muss jeweils im Einzelnen aus dem, was an traditionellen gesellschaftlichen Beziehungen erhalten blieb und was sich im Gefolge der Umwälzungen veränderte, dargelegt werden.

Das gilt auch für Themen wie die wirtschaftliche Modernisierung in der freistädtischen Zeit. Dazu gehören Ausführungen zur Entwicklung des Handels, der Banken und des Handwerks und zu den einschneidenden Veränderungen, die in allen drei Sektoren der Wirtschaft am Beginn des 19. Jahrhunderts zu verzeichnen sind, und dazu gehört natürlich auch der ganze Bereich des Verkehrs. Der Stadt Frankfurt drohte zu Beginn der dreißiger Jahre eine lang anhaltende wirtschaftliche Strukturkrise. Dies resultierte weniger aus den allgemeinen Veränderungen des Handelsgeschäfts, sondern ging eher von der Revolutionierung der Verkehrsnetze – Chausseebau, eine mit Dampfbooten modernisierte Flussschifffahrt – aus. Es zeichnete sich damit eine Verlagerung des Transportwesens vom Land auf den Fluss ab, und Frankfurt geriet mit dem für die Dampfschifffahrt zu flachen Main in ernsthafte Gefahr, an die Peripherie der Warenströme zu geraten. Eine Randlage in Bezug auf die neuen Verkehrsströme, wie sie sich mit der modernen Flussschifffahrt abzeichnete, musste entweder durch den Ausbau der Wasserstraßen, also eine Kanalisation des Mains, oder durch eine Modernisierung des Landverkehrs vermieden werden. Die bürgerliche Elite der Stadt entschied sich für letzteres: „Originell ist (...) das Projekt der Anlagen von Eisenbahnen in unserem zollreichen und handelsarmen deutschen Vaterlande", schrieb eine Frankfurter Zeitung Anfang der 1830er Jahre, also Jahre bevor die erste Strecke in Deutschland eröffnet werden konnte, und forderte „die patriotischen Kapitalisten Frankfurts" auf, „sich so schnell als möglich bei jenem großartigen Unternehmen umfassend zu betheiligen."[52] Kurz darauf gründete ein Kreis von Bankiers mit großem Erfolg die erste Eisenbahngesellschaft und nur sieben Jahre später fuhr der erste Zug einer von Frankfurter Bürgern betriebenen Eisenbahngesellschaft. Die Investitionen beliefen sich alles in allem auf über elf Millionen Gulden, die ungefähr zur Hälfte von privaten Aktiengesellschaften und zur Hälfte durch die Ausgabe von städtischen Anleihen finanziert worden waren. Statt abseits der zukünftigen Schienenstränge zu liegen, war es der Stadt gelungen, trotz massiver Widerstände seitens der hessischen Staaten das angestrebte Ziel innerhalb weniger Jahre zu erreichen und Knotenpunkt von fünf Bahnlinien zu werden.[53]

Aber der Verkehr war nicht der einzige Bereich, in dem sich in Frankfurt ein grundlegender Wandel vollzog. Einen weiteren Bereich, der noch viel früher in Bewegung geriet als der Verkehrssektor, stellte das öffentliche Leben dar – und zwar in fast allen seiner vielfältigen Formen. Jürgen Habermas hat in seiner Arbeit über den Strukturwandel der Öffentlichkeit des 18. und 19. Jahrhunderts die Phänomene allgemein und abstrakt dargelegt. Für Frankfurt lassen sie sich konkret und im Einzelnen sowie bis in die Veränderungen der Gestalt der Stadt hinein beschreiben. So diente bereits die Freimaurerloge „Zur Einigkeit", die 1742 gegründet worden war, früher noch als die Kölner Loge „Le Secret des trois Rois" von 1775 dem informellen Austausch des wohlhabenden städtischen Bürgertums in Frankfurt. Am Ende des 18. Jahrhunderts dominierten in jener Loge das Handelsbürgertum, Bankiers und Großkaufleute, unter ihnen insbesondere die zugewanderten Familien reformierter und katholischer Konfession. Zudem standen die Mitglieder der Loge im engen Kontakt zu den wichtigsten politischen Gremien der Stadt.[54] Die Bürger schufen sich in der Loge eine ihrer neuen Lebensform entsprechende Organisation. Doch war dies erst der Anfang. Auch das moderne Vereinswesen entwickelte sich um 1800 zusehends in Frankfurt. Einen deutlichen Bruch markiert hier die Gründung der Casino- und Museumsgesellschaft. Nach diesen ersten Initiativen setzte wie in allen größeren Städten die erste große Welle von Vereinsgründungen ein. Das Vereinswesen differenzierte sich nach 1815 erheblich aus und trat neben die traditionellen Korporationen. Beständig wurden neue Vereine zu den unterschiedlichsten Zwecken und Bildungsabsichten gegründet, die bald ein weit in die Gesellschaft hineinreichendes Aktionsfeld bildeten.[55] Aus der „Vereinsbereitschaft der Bürger" sei, so schrieb Thomas Nipperdey, „eine Art Vereinsleidenschaft geworden; alle bürgerliche Aktivität organisiert sich in Vereinen".[56] Die Motive für Vereinsgründungen waren vielfältig. Für den einen war die Vertretung seiner wirtschaftlichen Interessen im Gewerbeverein der entscheidende Anknüpfungspunkt, für den zweiten war es die Liebe zur Musik, für einen dritten vielleicht die Begeisterung für die neuen Formen der Körperertüchtigung. Darin erschöpft sich jedoch die Funktion und Wirkung der zahlreichen Vereine bei weitem nicht. Sie bildeten Netzwerke, die ihrerseits die politische Bewegung des Liberalismus vorbereiteten. Es ist unbestritten, dass diese Vereine in der Entstehungsphase der bürgerlichen Gesellschaft eine zentrale Rolle gespielt haben. Sie schufen zahlreiche Versammlungs-, Lehr- und Forschungsstätten, Spezialschulen und Bibliotheken sowie Museen und Konzerthallen, in denen ein neuer Typ des Bürgers – der „gebildete" Bürger – aus und ein ging, der die Werte und Intentionen der säkularisierten und politisierten Bildungsvorstellung der deutschen Klassik in die Tat umsetzte. Hinter der breit entfalteten Vereinsbewegung und dem Konzept der „Gebildeten" als Kern einer neuen Gesellschaft von Bürgern stand die utopische

Vision einer breit entfalteten bürgerlichen Gesellschaft. Die Vereine waren zusammen mit den Stiftungen zentraler Bestandteil eines kühn gedachten städtischen Bildungssystems, das sich dynamisch entwickeln und prinzipiell offen für emanzipatorische Integrationsprozesse sein sollte. Vom Erfolg dieser Prozesse hing letztendlich die soziale Spannbreite und erfolgreiche Durchsetzung der bürgerlichen Gesellschaft ab, und die Freie Stadt Frankfurt bildete hier wie kaum ein anderer Ort in Deutschland ein weites Experimentierfeld.

Das galt auch für das politische Verhalten der Frankfurter Bürger. Natürlich war das politische Spektrum von konservativ liberal bis radikal republikanisch weit gespannt. Aber es gab doch deutliche Schwerpunkte. Der dem Frankfurter Bürgertum gegenüber besonders kritisch eingestellte Ludwig Börne meinte in einem Brief Anfang der 1830er Jahre an Jeanette Wohl: „Frankfurt ist bestimmt, einst die Hauptstadt des deutschen Reiches und der Sitz der Nationalversammlung zu werden. Dort wo jetzt die Tyrannei auf dreißig Stühlen thront, wird in wenigen Jahren die Freiheit gekrönt werden. Den Taxisschen Palais, die deutsche Bastille, wird man niederreißen, und nachdem der Boden von allen Trümmern der Zwingburg gesäubert, wird auf dem Platz eine hohe Säule sich erheben, welche die Inschrift trägt ‚Hier liegt Deutschlands Schande'."[57] Das waren angesichts der Zeitumstände mutige Worte. Damals hatte der Deutsche Bund in Frankfurt am Main seinen Sitz, eben in dem erwähnten Taxisschen Palais in der Eschenheimer Gasse, und nichts symbolisierte mehr als der Deutsche Bundestag die Restaurationsepoche nach den Befreiungskriegen. Deutschland war seit dem Wiener Kongress von 1815 einer unfertigen Baustelle gleich ein Konglomerat souveräner Fürsten- und Königtümer sowie einiger freier Stadtrepubliken geblieben. Allen, die an diesem Status quo rütteln wollten, drohte die Verfolgung durch den Deutschen Bund. Einen Aufschwung erlebte die Freiheitsbewegung nach ihrem Niedergang infolge der Bundesbeschlüsse am Beginn der zwanziger Jahre erst wieder in den dreißiger Jahren – also genau zu der Zeit, als Börne seine Zukunftsprognose aussprach. Aus zaghaften Anfängen entwickelte sich im Vormärz bald wieder ein dichtes Netz von persönlichen Beziehungen und Geheimgesellschaften.[58] Ein Zentrum dieser Entwicklung war Frankfurt am Main, das in dieser Zeit von einer ganzen Serie von Unruhen erschüttert wurde. Es begann mit dem noch harmlosen „Sperrbatzenkrawall" gegen die Torschlusssperre, steigerte sich mit massenhaften Sympathiebekundungen für durchziehende Polen – den Resten der im Warschauer Aufstand von 1831 geschlagenen polnischen Armee – und mündete schließlich im Februar 1832 in den Preß- und Vaterlandsverein, der ersten größeren Sammlungsbewegung der liberalen und demokratischen Opposition. Aus diesem Umfeld petitionierten bereits im April zahlreiche Bürger öffentlich für die Wiederherstellung der Pressefreiheit und gegen die Verbotsgesetze des Bundestages. Insgesamt beteiligte sich fast jeder zehnte Frankfurter Bürger an den Protesten.[59]

Die Organisationsbestrebungen wurden jedoch bereits nach wenigen Wochen auf Druck der Bundesbehörden aufgelöst. Danach radikalisierte sich der Protest erst recht. Es folgten Verhaftungen von Demagogen und Protestdemonstrationen dagegen. In diesem aufgeheizten Klima eskalierte die Auseinandersetzung, und eine Gruppe von Frankfurter Literaten und Studenten schritt im April 1833 zum Aufstand gegen den Bundestag. Dieser schlug jedoch fehl, weil innerhalb der Bürgergemeinde zwar Sympathien für eine republikanische Politik bestanden, die Radikaldemokraten jedoch das Potential für einen bewaffneten Aufstand überschätzt hatten. Eine neue Welle der Verfolgung setzte ein. Viele der sogenannten „Demagogen" mussten auswandern oder emigrieren. Gegen 2.000 Personen wurde bis 1842 Klage erhoben, und einige Teilnehmer des Aufstandes wurden zu langjährigen Gefängnisstrafen verurteilt. Dennoch, obwohl sie Umsturzpläne gegen den Bundestag entworfen hatten, fanden zahlreiche Aufständische bei ihrer Flucht Rückhalt in Teilen der städtischen Bürgerschaft, und nicht zuletzt aus diesem Grund blieb die liberale Bewegung auch am Leben.[60] Mehr als dieser Voluntarismus veränderte der Kampf um Symbole und vor allem die Umgestaltung des öffentlichen Raums die damalige Gesellschaft, wie dies am Beispiel der steinernen Monumente einer freiheitlichen Kultur bereits ausgeführt worden ist.

So wie in Frankfurt am Main war es an vielen Orten: Die Einheits- und Freiheitsbewegung forderte in immer stärkerem Maße die Beseitigung der repressiven Gesetze des Deutschen Bundes, namentlich die Aufhebung der Presseverbote, Vereins- und Versammlungsfreiheit, vor allem aber ein gesamtdeutsches Parlament und eine allgemeine Verfassung. Zusammengefasst wurden diese Forderungen erstmals in den Versammlungen in Offenburg und Heppenheim im September und Oktober 1847. Das Verlangen nach einer „Vertretung des Volkes im deutschen Bunde" erhielt bald aber immensen Auftrieb durch die Ereignisse in Italien und Frankreich. In beiden Ländern erkämpfte die Volksbewegung im Januar und Anfang Februar 1848 innerhalb weniger Wochen den Sturz der Regierungen. Ende Februar erreichte dieser revolutionäre Impuls die deutschen Staaten und entlud sich in gewaltsamen Erhebungen der Wiener Studenten und Berliner Bürger.

Damit entstanden die beiden eigentlichen Machtzentren der deutschen Revolution, in denen sich der Auftakt zu einer gesamtdeutschen Revolution entschieden hat. Zwischen ihnen entwickelte sich ausgehend von der Verfassungsbewegung ein dritter Bezugspunkt in Frankfurt am Main. Frankfurts Rolle als Sitz des ersten gesamtdeutschen Parlaments und als Ort in dem die erste deutsche Verfassung geschrieben wurde, ist bekannt. Weniger bekannt sind jedoch die Gründe, warum die Bewegung zwischen den beiden Machtzentren in Wien und Berlin einen dritten Fokus benötigte und warum dabei gerade Frankfurt als Sitz des deutschen Parlaments und der provisorischen Reichsregierung ausgewählt wurde. Die Gründe hierfür liegen nur scheinbar auf der Hand. Die Stadt war bereits zuvor Sitz der einzigen gesamtdeutschen Vertretung, des mehrfach erwähnten Bundestages, der von den Gesandten der Fürsten beschickt wurde. Die Gründe, die für seine Unterbringung im Thurn und Taxisschen Palais in der Eschenheimer Gasse gegolten hatten, trafen auch auf die Standortwahl der Nationalversammlung zu. Denn Frankfurt war nahezu der einzige neutrale Boden, auf dem sich die Fürsten und Könige der 32 souveränen Staaten ohne gegenseitigen Vorbehalt treffen konnten. Die Stadt lag nicht innerhalb des Machtbereichs eines Territorialstaats und auch nicht – wie die drei nördlichen Hansestädte – an der Peripherie. Zudem verfügte sie über eine quasi hauptstädtische Tradition. Frankfurt war als Wahl- und Krönungsort der deutschen Kaiser eines der Zentren des Hl. Römischen Reiches Deutscher Nation gewesen.[61]

Dies alles sind plausible Gründe, die aber ausschließlich von den staatlichen Strukturen her bestimmt sind; als solche waren sie nicht unbedingt zwingend für die Akzeptanz dieses Ortes in der damaligen liberalen Bewegung. Es waren aber gerade die Vertreter dieser, die wie schon beim Vorparlament ganz selbstverständlich nach Frankfurt einluden. Was waren ihre Motive? Der Historiker Dahlmann, einer der führenden Köpfe des Liberalismus, erklärte in einer Sitzung des Siebzehnerausschusses, der noch vom Bundestag eingesetzt worden war, es gelte vor allem „das künftige Haupt weder in Wien, noch Berlin, noch München sein zu lassen, sondern bildlich und eindringlich zu zeigen, dass ein neues Leben angefangen werden müsse."[62] Hinter diesen etwas verklausulierten Worten verbarg sich ein tiefer liegender Grund. Es war für die liberale Bewegung vor allem ein Umstand, der Frankfurt zum Sitz der Nationalversammlung prädestinierte, und das war das seit Jahrhunderten existierende Milieu einer bürgerlichen Gesellschaft mit politischer Selbstbestimmung, in dem die Bürger mitten in Deutschland autonom über ihr Schicksal entscheiden konnten. Die Vormärzliberalen und auch viele Demokraten sahen in der gelebten republikanischen Verfassung der Stadt durchaus ein Modell. Die Stadtrepubliken, insbesondere Frankfurt, zeigten im Kleinen die große Zukunft des Konstitutionalismus.

Im Umkehrschluss bedeutet dies, dass die Ziele der Revolution in der Republik Frankfurt andere waren als in den monarchischen Territorialstaaten. In der Tat hatte die Revolution in Frankfurt einen anderen Verlauf und andere Bezugspunkte. Es ging um die Beseitigung der ständischen Residuen, die in der Verfassung von 1816 verblieben waren, und nicht darum, ob überhaupt und in welchem Grade die Obrigkeit festgelegt werden sollte. Dieses Vorhaben scheiterte im Kontext der nationalen Revolution. Über die Gründe für dieses Scheitern und warum es nicht gelang, die Constitutions-Ergänzungs-Akte von 1816 abzulösen, wird das entsprechende Kapitel Auskunft geben. Ebenso wird ausführlich auf die wirtschaftlichen, sozialen, politischen und kulturellen Entwicklungslinien nach der Revolution eingegangen, die einige Überraschungen aufweisen und Frankfurt keineswegs als ein konservativ verharrendes Provinznest zeigen, sondern als eine Stadt, deren Wirtschaftsbeziehungen weit in den europäischen Raum, ja über Europa hinaus in die transatlantische Welt hinaus wiesen. Diese internationale Verflechtung ermöglichte es der Stadt dann auch, obwohl sie von Preußen okkupiert und zur einfachen Provinzstadt herabgestuft wurde, als eine bedeutende Wirtschaftsmetropole zu überleben und viele ihrer soziokulturellen Besonderheiten zu bewahren. Darin liegt dann das Geheimnis des Aufstiegs der Stadt zu einer der modernsten Großstädte im deutschen Kaiserreich, deren Geschichte im vierten Band der Frankfurter Stadtgeschichte behandelt wird.

1. Topographie, Demographie und soziale Grundlagen

1.1 Ein Blick auf den äußeren Gestaltwandel der Stadt

Frankfurt ist eine schöne und große Stadt. Prächtigere und größere Gasthäuser als die hiesigen findet man in Deutschland nicht. Während die ehemals so mächtigen Städte Nürnberg, Augsburg und andere immer mehr verfallen, nimmt Frankfurt immer mehr zu (...). Man zählt gegen 30 Millionäre, und es mögen 200 Häuser hier sein, die beinahe 100.000 Gulden und darüber hinaus besitzen. Überall sieht man Spuren eines hohen Wohlstandes. Die Meublierung der Häuser, die Gärten, Equipagen, die Kleidungen, der Schmuck der Frauen, kurz alles übersteigt das Bürgerliche und grenzt nahe an verschwenderischer Pracht. Was den Handel betrifft, so ist Frankfurt der große Kanal, durch den alles Gold von Europa fließt. (...) Die Regierung der Stadt, die ehedem eher finster war, hat nun eine gefälligere Miene angenommen und sucht den Fremden während der Messe ihren Aufenthalt so angenehm als möglich zu machen. Man hat Schauspiele, Konzerte, einen Vauxhall, die schönsten Spazierplätze, öffentliche Tanzböden und Freudenmädchen im Ueberfluß. Die letzteren sind zudringlicher als in irgendeiner anderen Stadt Deutschlands. Kein Mannsbild kann hier in der Dämmerung auf einer öffentlichen Promenade spazieren, ohne von ihnen angefallen zu werden."[63] Diese Eindrücke von einem Aufenthalt in Frankfurt überlieferte um 1780 Johann Kaspar Riebeck und schloss dabei von der äußeren Gestalt der Stadt auf den Wohlstand ihrer Bewohner. Diese Methode ist durchaus legitim, und in ähnlicher Weise lassen sich erste Anhaltspunkte für die städtische Entwicklung im späten 18. und 19. Jahrhundert gewinnen. Die Stadt als solche ist ein räumliches Gebilde und unterliegt dem Wandel der Zeit. Perioden der Erneuerung und des Zerfalls wechseln sich im Laufe der Jahrzehnte und Jahrhunderte ab. Deshalb ist der äußere Gestaltwandel ein Kennzeichen für Dynamik oder Stagnation, die einer Stadt innewohnen.

Wenn auch nur wenige Gebäude und wenige architektonische Überreste im Frankfurter Stadtbild an die Vergangenheit erinnern, so sind doch Momentaufnahmen gleich Abbildungen, Pläne, Zeichnungen, Gemälde, später auch Photographien erhalten, die den Werdegang der Stadt dokumentieren. Einen Eindruck von ihrer äußeren Gestalt, wenige Jahre bevor Riebeck seine Beobachtungen niederschrieb, liefert der Merianplan von 1770. Er zeigt eine Stadt, die von mächtigen barocken Festungsanlagen umgeben ist. Insgesamt existierten vierzehn Bastionen und eine Unzahl von Wällen und Gräben schützten die Stadt und grenzten sie vom Umland ab. Dahinter erhob sich die Stadtmauer aus dem 14. Jahrhundert. Markant tritt auch der Hafen mit den zahlreichen, vor Anker liegenden Booten hervor.

Das äußere Stadtbild Frankfurts hatte sich, abgesehen vom Bau der Bastionen, seit dem Ende des 17. Jahrhunderts kaum verändert. Im Innern der Stadt gab es ei-

FRANCOFURTI AD MOENUM, URBIS IMPERIALIS, ELECTIONI ROM: REGUM ATQ. IMPERATORUM CO
NOBILISSIMIS,
MAGNIFICIS, AMPLISSIMIS
PRUDENTISSIMISQ. D. DNN.
PRÆTORI, CONSULIBUS, SCABINIS
ET SENATORIBUS, INCLYTÆ URBIS ET
REIPUBL. FRANCOFURTENSIS: NECNON
UNIUERSIS EIUSDEM CIUIBUS VIRIS
Matthæus Merianus.
MOENUS

Der Vogelschauplan von Matthäus Merian in einer Fassung von etwa 1770

nerseits die Neustadt mit großzügigen Plätzen, freistehenden Häusern und Gartenanlagen geteilt, andererseits erstreckte sich im Osten die gotische Altstadt mit ihren zahlreichen Fachwerkhäusern, Kirchen und Klosteranlagen.[64] Beide Stadtteile trennte die Reste der alten staufischen Stadtmauer, an deren Rand sich das Judenquartier befand.

Die Alte Brücke verband die Altstadt mit dem jenseits des Mains gelegenen Sachsenhausen, und von ihr ausgehend durchschnitt die Fahrgasse die Altstadt von Süd nach Nord. An deren Ende wiederum teilten sich die Straßen in vier Richtungen, die zu den großen Handelsrouten führten, welche an der Bockenheimer, Eschenheimer, Friedberger und Allerheiligen Pforte ihren Anfang nahmen. Das Zentrum der Stadt bildete ein Ensemble aus der Bartholomäus- und Nikolaikirche sowie aus dem Samstagsberg und dem Römer. Jahrhundertelang war „der Dom oder die St. Bartholomäus-Stiftskirche, im ältesten Theil der Stadt und in der Umgebung von unregelmäßigen Straßen gelegen“, das zentrale Wahrzeichen der Stadt.[65] Zudem war er ein bedeutender Ort im Zusammenhang mit dem Wahl- und Krönungsritual der deutschen Kaiser.

In der Stadt selbst war das soziale Gefüge keineswegs statisch, sondern in Bewegung. Dafür sprechen wiederum topographische Veränderungen. So war die in ihrem Erscheinungsbild noch gotische Altstadt mit der Zeit unansehnlich geworden. Große Brände, die am Anfang des 18. Jahrhunderts ganze Viertel eingeäschert hatten, stellten bei aller Tragik eine Gelegenheit für Modernisierungen dar, die einen großzügigeren Wiederaufbau ermöglichten und damit mehr Licht und Luft in die Altstadtwohnungen brachten. In der langen Friedenszeit nach dem Siebenjährigen Krieg hatte eine rege Bautätigkeit eingesetzt, die rasch die modernen Baustile von Barock über Rokoko und Louis-seize bis hin zum Klassizismus adaptierte. Allein in den sechzig Jahren von 1740 bis 1800 wurden 730 Neubauten errichtet. In dem halben Jahrhundert zwischen 1760 und 1810 hatte sich der Gebäudebestand um 20 Prozent vermehrt.[66]

Um 1790 entstand im Osten der Stadt mit dem Fischerfeldviertel sogar ein neuer Stadtteil – der erste seit der Stadterweiterung von 1333. Das neue Viertel fällt durch seine Gleichmäßigkeit und seine rechtwinkeligen Straßenmuster auf mit geschlossener Häuserzeilenbebauung. Der Bau des neuen Quartiers fiel noch in die Reichszeit und ging auf Planungen der achtziger Jahre zurück.[67] Es wurde mit seinen klassizistischen Fassaden und seinen tiefen, für Weinhandel gleichermaßen günstigen Kellern östlich der Alten Brücke auf einer über sechs Meter hohen Aufschüttung errichtet.

Rund sechzig Jahre nach dem Merianplan später zeigt der Ulrich-Plan von 1822 eine gänzlich andere Stadt. Im Grunde bestand zwar die Dreiteilung in Alt- und Neustadt sowie Sachsenhausen fort, doch der imposante Festungsgürtel war verschwun-

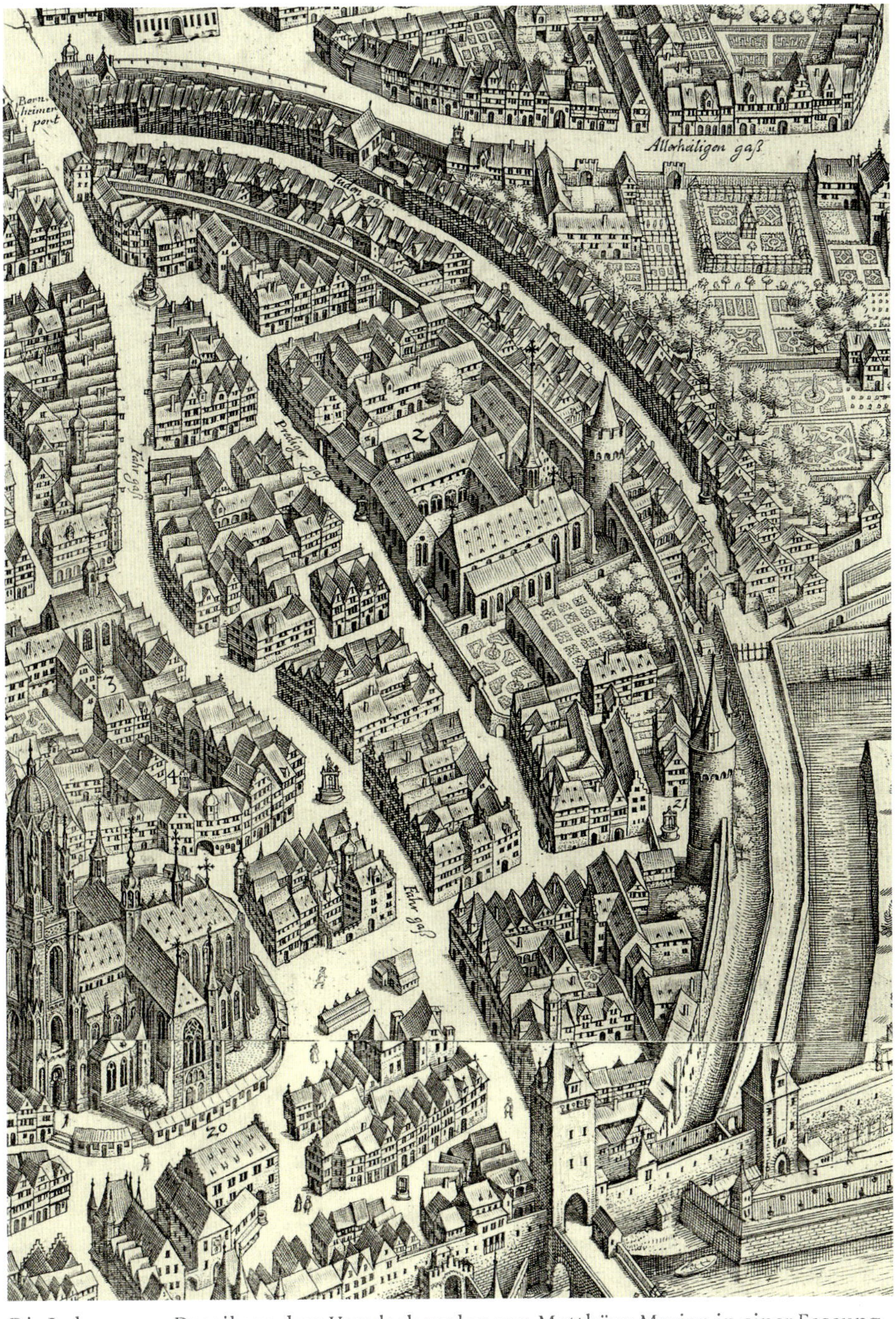

Die Judengasse. Detail aus dem Vogelschauplan von Matthäus Merian in einer Fassung von etwa 1770

den. Die Festungswerke, größtenteils noch aus der Zeit des Dreißigjährigen Krieges, hatten sich bereits am Ende des 18. Jahrhunderts überlebt. Die Mauern verfielen, die Gräben führten kein Wasser mehr und auf den Wällen selbst hatte man die Palisaden durch Maulbeerbäume für die Seidenraupenzucht ersetzt. Militärischen Schutz boten sie nicht mehr. Stattdessen war auf dem westlichen Gallenwall eine beliebte Promenade entstanden. Das alles verschwand um 1800. Der auf französische Forderung hin im September 1804 begonnene Abbau wurde unter dem damaligen Fürstprimas Carl Theodor Anton Maria Reichsfreiherr von Dalberg rasch zu Ende gebracht. Nur der Eschenheimer Turm überstand die Entfestigung, und dies auch nur auf ausdrücklichen Wunsch des französischen Gesandten.[68] Den Frankfurtern dagegen galt er damals als hässlich, unzweckmäßig und außerdem passte er nicht zu den geplanten klassizistischen Neubauten – großzügige Bürgervillen, die sich an dem Renaissance-Architekten Andrea Palladio orientierten und später den neuen Anlagenring säumen sollten. Ergänzend zur Niederlegung der Wallanlagen legte das Baustatut von 1809 den Grundstein für die klassizistische Stadtplanung des frühen 19. Jahrhunderts.[69] Der rasche großflächige Umbau der Stadt brachte nicht Wenige ins Staunen. Goethes Mutter, die ihren Alterssitz neben der Hauptwache bezogen hatte, staunte über die „Feerei" und fügte hinzu, die Frankfurter „alten Perücken hätten so was bis an den Jüngsten Tag nicht zuwege gebracht", womit sie der Vätergeneration, die ja bereits mit dem Fischerfeld das Modell für den Umbau geliefert hatten, schwer Unrecht tat.[70] Ihrem Votum stand das der Romantikerin Bet-

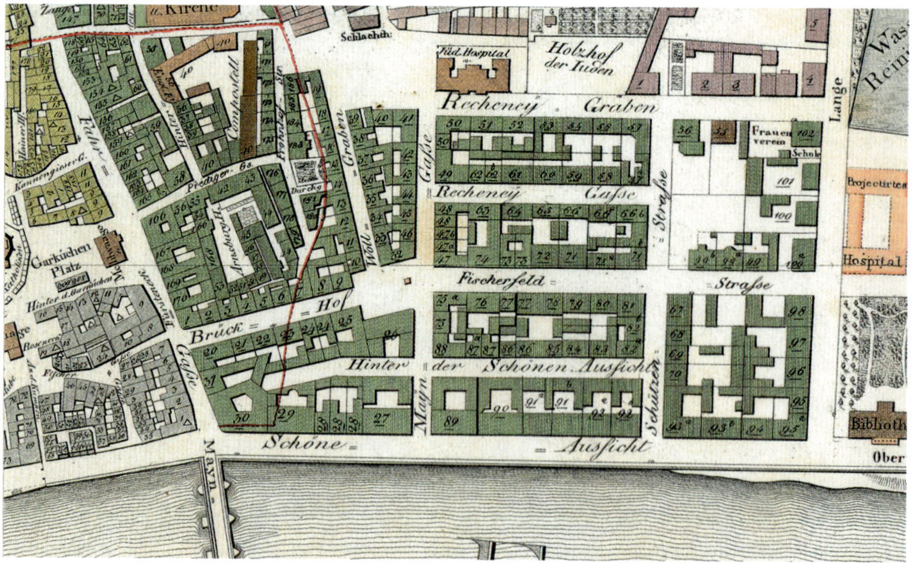

Das Fischerfeldviertel auf dem „Geometrischen Grundriss der Freyen Stadt Frankfurt am Mayn und Sachenhausen" von Christian Friedrich Ulrich, 1832

tina von Arnim gegenüber, die die Einebnung der alten Wälle als Verlust an Erinnerungswertem sehr bedauerte: „So manchem Frankfurter Bürgerskind wird's gangen sein wie mir, daß es ihm kalt und unheimlich ist, als wär' ihm die Woll' abgeschoren mitten im Winter“.[71] Mit den Mauern, Gräben und Wällen verschwanden auch die tief gestaffelten Tore. An ihre Stelle traten beiderseits des Mains kunstvoll gearbeitete Gitter und klassizistische Wachlokale, von denen nur die zweistöckigen Affentorhäuser in Sachsenhausen überlebten.[72]

Die nachhaltigste Veränderung bildete jedoch zweifelsohne die nach außen offene Promenade mit großzügigen Gartenanlagen, die auf dem ehemaligen Festungsglacis angelegt worden war. Anstelle der früheren Stadtmauer entstand zudem entlang der neuen Wallstraßen ein Ring von klassizistischen Villen. Gerade die Neue Mainzer Straße entwickelte sich in den zwanziger Jahren zu einer „besseren Wohnlage“, indem sie Roßmarkt und Zeil, die sich zur Geschäftsstraße wandelte, den Rang ablief. Die östlich folgenden Wallstraßen – die Hoch-, Bleich-, Seiler- und Lange Straße – setzten den klassizistischen Stil in einfacheren Formen fort. Die Gesamtanlage fand viel Beachtung, und Durchreisende wie der von den Abenteuern der vier Musketiere her bekannte Romanautor Alexandre Dumas verglichen „Frankfurt mit seinen weiß, pistaziengrün und rosa angemalten Häusern“ mit „einem riesigen Kamelienbukett in einem Kranz von Heidekraut“.[73] Für William Chambers, einen Freund des Schriftstellers Walter Scott, bot Frankfurt im Gegensatz zu den düsteren Rheinfestungen Mainz und Koblenz „einen geradezu erfrischenden Eindruck (...) mit seinen breiten offenen Quais am Main, die an einigen Stellen ebenso elegant bebaut sind wie die Ufer der Seine in Paris“.[74] Paris war damals, lange vor den Haussmann'schen Erneuerungen der 1860er Jahre, das Mekka der Stadtplaner und Architekten. Frankfurt lag also im Trend des vom Klassizismus geprägten Zeitgeschmacks und galt als modern – zumindest in seinen neuen Teilen wie den Wallanlagen, der vornehmen „Schönen Aussicht“ oder ihrem Pendant am Untermainkai. Mit ihren erst durch Privilegien des Großherzog Carl Theodor von Dalberg dann durch das Wallservitut von 1827 geschützten Gärten entsprach sie dem Wunsch nach größerer Wohnfreiheit und garantierte doch – jedenfalls im Sinne patriarchalischer Fürsorglichkeit des traditionellen Stadtregiments – die Sicherheit der Innenstadt, die noch bis 1837 durch die Torsperre zur Nachtzeit besonders geschützt wurde.

Die neuen, im klassizistischen Stil gebauten Häuser prägten mit ihren weißen Hausfronten den Anblick der Stadt vom Main her. Dieses weiße Band begann an der „Schönen Aussicht“ im Fischerfeld und setzte sich bis an den westlichen Stadtrand fort. Der davorliegende Mainkai wurde nun zu einer Promenade ausgebaut. Wie sehr sich binnen weniger Jahre die äußere Gestalt der Stadt veränderte, davon geben das Aquarell von Carl Friedrich Mylius und ein anonymer Stich aus dem Jahre 1840 einen Eindruck, die im Abstand weniger Jahre angefertigt wurden. Beide Bilder zeigen das

Bockenheimer Thor
Kleiner Kettenhof
Bleich Garten
Roßmarkt
Galgen
Feld
M A I N

„Geometrischer Grundriss der Freyen Stadt Frankfurt und Sachsenhausen" von Christian Friedrich Ulrich, 1822

Ansicht der Stadt Frankfurt von Westen, im Vordergrund das Guaitische Gartenhaus. Gemälde von Christian Georg Schütz d. Ä. um 1760

Mainufer von nahezu demselben Standort aus. An die Stelle des mächtigen Mainzer Bollwerks trat nach 1820 eine für die Mainfront typische klassizistische Häuserzeile.[75]

Lange vor der wilhelminischen Stadterweiterung, bei der auch in den Frankfurter Außenbezirken dichte Reihen von Mietshäusern und Massenwohnquartiere entstanden, hat Friedrich Wilhelm Delkeskamp im Jahre 1864 den Gartenstadtcharakter der Freien Stadt in einem Vogelschauplan festgehalten. Er ist in der Nachfolge Merians eine einzigartige Dokumentation bürgerlicher Stadtindividualität um die Jahrhundertmitte.[76] Die Gartenanlagen scheinen auf dem Plan das gesamte Stadtbild zu beherrschen. Im Westen hatten sie sich bereits zu einem geschlossenen Wohnareal verdichtet. In der Mitte des Westends erstreckte sich, einem Park gleich, der erste Zoo. Auch im Norden in Richtung auf das in der „Oede" gelegene Holzhausenschlößchen deutete sich mit der allmählichen Umwandlung der Gartenanlagen ein neuer Stadtteil an. Die frühere Neustadt war in geschlossener Zeilenbebauung wesentlich enger bebaut, aber noch immer fanden sich zahlreiche Gärten und kleinere Parkanlagen hinter den geschlossenen Häuserfronten. Zwischen den Gartenanlagen am Main und dem Westend entstanden großflächige Parkanlagen, so der

Die Schneidwallbastion („Mainzer Bollwerk"). Aquarell von Carl Friedrich Mylius

Grüneburgpark mit der Rothschild'schen Villa „Grüneburg" und daneben der großzügige Garten der neuen Irrenanstalt, die von dem Arzt und Verfasser des „Struwwelpeter", Heinrich Hoffmann, geleitet wurde. In den Skizzen zum „Fliegenden Robert" hat er die Umgebung und in denen zum „Hans-guck-in-die-Luft" der Mainkai festgehalten.

Die Häuser Untermainkai 8 bis 15 (Rothschildpalais) um 1860

„Malerischer Plan von Frankfurt am Main und seiner nächsten Umgebung. Nach der Natur aufgenommen und auf geometrischer Basis in Vogelschau gezeichnet" von Friedrich Wilhelm Delkeskamp, 1864

Die Schöne Aussicht mit der Stadtbibliothek. Kolorierter Stahlstich von Wilhelm Lang

Die Stadtseite am Main wurde zu einer geschlossenen Front ausgebaut. Als Hauptattraktion fällt insbesondere der im klassizistischen Stil an einen griechischen Tempel erinnernde Eingang der 1825 fertig gestellten Stadtbibliothek auf. Was auf dem Ulrichplan von 1822 noch nicht zu erkennen gewesen war, ist die neue Ge-

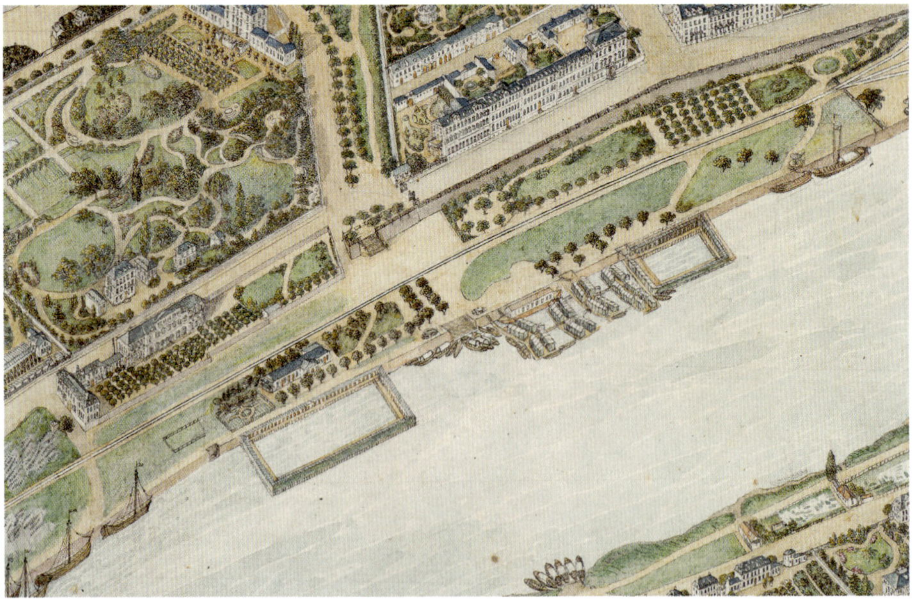

Badeanstalten auf der Frankfurter Seite. Detail aus dem „Malerischen Plan von Frankfurt am Main“ von Friedrich Wilhelm Delkeskamp, 1864

stalt der Judengasse. Der Straßenzug war nun nicht mehr nach außen abgeschlossen. In seiner Mitte ragte eine mächtige Synagoge empor, die neben der Bartholomäuskirche und der Paulskirche, den Hauptkirchen der Katholiken und Lutheraner, einen dritten großen Sakralbau in der Stadt darstellte. Neben ihren architektonischen Auffälligkeiten verweist die Existenz dieser drei Gotteshäuser auf tiefer liegende soziokulturelle Gegebenheiten, die von großer Bedeutung für die Stadt waren.

Als Hinweise auf Veränderungen in der Alltagskultur sind die vier Schwimm- und Badeanstalten am Main zu erwähnen. Das Baden in ausgewiesenen Heilbädern, dann aber auch in Flüssen und im Meer hatte sich seit dem ausgehenden 18. Jahrhundert sehr verbreitet und war zur Mode geworden, die auch an Frankfurt nicht vorüberging. Badeschiffe und kleinere Badeanstalten hat es bereits seit der Jahrhundertwende gegeben. So errichtete der nach Frankfurt zugewanderte Johann Friedrich Kleeblatt im Jahre 1809 eine Schwimmschule an der Mühlinsel. Die Erlaubnis hierfür wurde ihm noch vom Fürstprimas Dalberg erteilt, nachdem er seine Schwimmkünste dem Publikum vorgeführt hatte. Die Schule stieß auf Zustimmung, und man hob hervor: „Sicherheit, Anständigkeit und Sittlichkeit sind bei allen Lernenden vorherrschend. Frische Luft, schöner Garten mit Kies bestreut bis zum Main und ein Sandbad.“[77] Es ging zur Verwunderung von durchreisenden Gästen ziemlich lebhaft

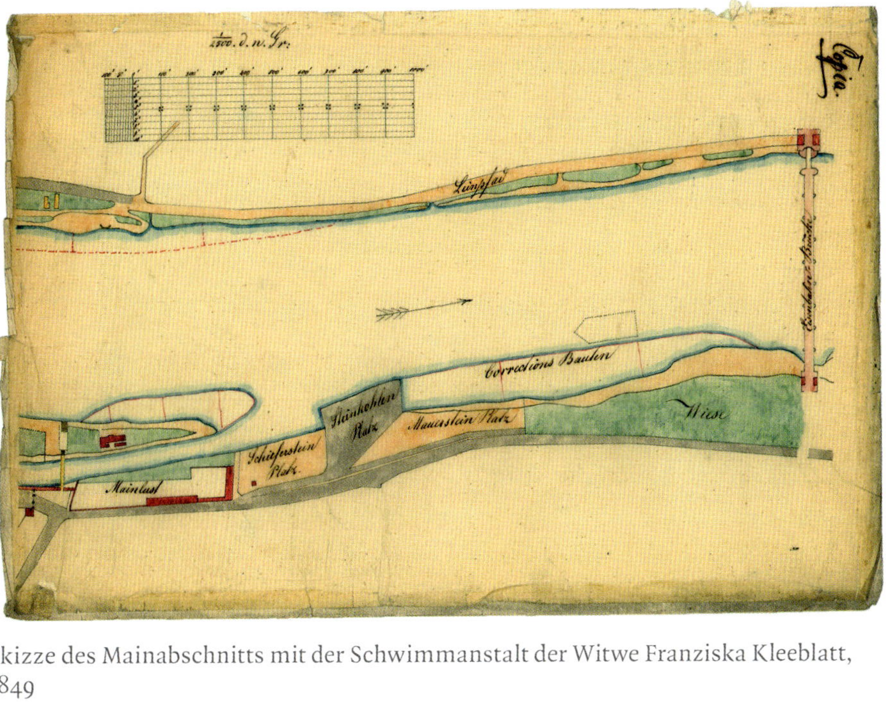

Skizze des Mainabschnitts mit der Schwimmanstalt der Witwe Franziska Kleeblatt, 1849

zu: „Jenseits der Stadt badeten unzählige Menschen bei einer kleinen Insel im Main. Wenigstens hundert Gondeln gingen hin und her, mit einer Menge fröhlicher, sich schon während der Fahrt entkleidender Menschen. Die vielen hundert nackten Geschöpfe, die sich lustig im Wasser tummelten, gewährten doch einen ungewöhnlichen Anblick.“[78] Nach Kleeblatts Tod setzte seine Frau das Unternehmen fort und stellte darum 1839 einen Antrag, der auch bewilligt wurde. Ebenso bat ihr Sohn, Franz Martin Kleeblatt, im Jahre 1843 um Verleihung eines Platzes für eine Schwimmanstalt.

Doch in den folgenden Jahren nahmen die Klagen über die Badeanstalten zu. Sie würden den Schiffsverkehr stören, wurde argumentiert. Ja mehr noch, ihr Betrieb würde die Besucher gefährden. Diese Einwände führten schließlich zu ihrer Verlegung.[79] Geschlossen wurden sie nicht. Dies dokumentiert anschaulich der Delkeskampplan, der 15 Jahre später entstand. Das Argument der Wasserqualität, das in der heutigen Diskussion um Badesschiffe und Schwimmanstalten im Fluss eine so große Rolle spielt, wurde im übrigen nicht angeführt, obwohl die Abwässer einer Stadt von 50.000 Menschen unmittelbar vor den Anstalten in den Main eingeleitet wurden, was nicht ohne Auswirkung auf die Badefreuden gewesen sein dürfte.

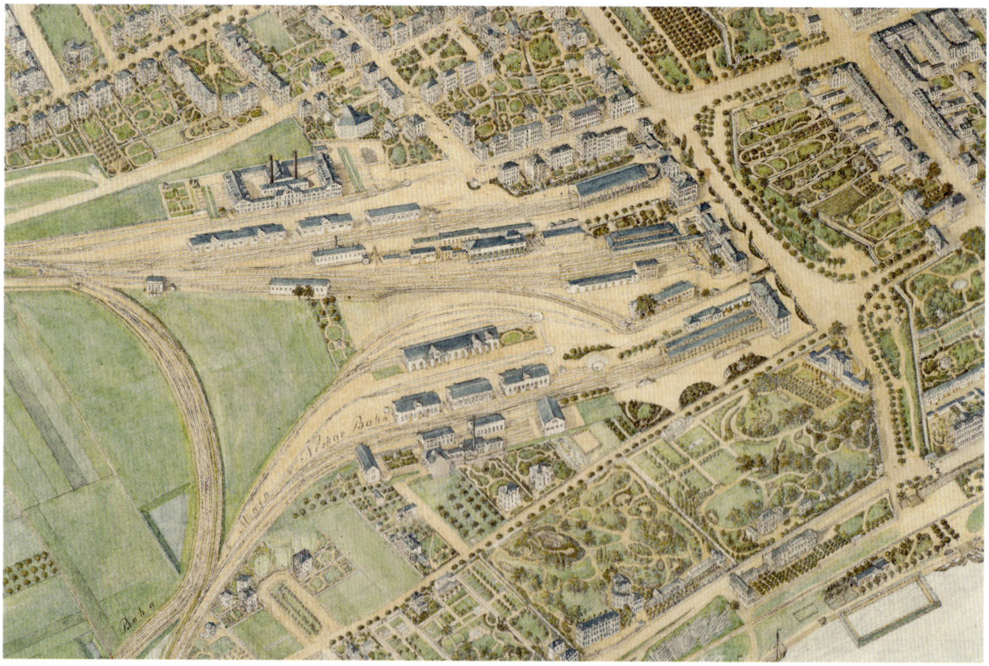

Die Bahnhöfe an der Gallusanlage. Detail aus dem „Malerischen Plan von Frankfurt am Main“ von Friedrich Wilhelm Delkeskamp, 1864

Der an vielen Stellen zutage tretende rasche Wandel in der äußeren Gestalt der Stadt fiel auch den Zeitgenossen auf: „Wer die Veränderungen an der Physiognomie der alten Stadt Frankfurt seit einer Reihe von Jahren beobachtet und im Auge hat, wie solche in der Zukunft noch aussehen wird, dem kann nicht entgehen, wie verschieden ihr gegenwärtiger Anblick schon mit dem vor etwa 30 Jahren ist. Ja, der Fremde, welcher von dem jenseitigen Ufer kommt, der findet ihr Aussehen so neu, jung und aufgeputzt, dass er sie im ersten Augenblick, bis er in das Innere der Stadt eingetreten, eines Andern belehrt wird, für eine frisch aufgeblühte Jungfrau hält, welches Ansehen aber noch besonders dann gewinnen muss, hat man nur erst einmal den alten ehrwürdigen Pfarrthurm auch herausgeputzt und ihm den neu projectirten Strohhut aufgesetzt. Immer und immer wird gebaut, das Alte weicht und mit ihm wird die Stadt räumlicher, weiter und gesünder (...). Die Noblesse Frankfurts hatte sich nach dem untern Theile der Stadt gezogen, und nächst dem Bockenheimer Thor, in der neuen Mainzerstraße, in der Gallusgasse, an dem Untermainquai ihre Wohnsitze gewählt. Nicht genug damit, – man wählte auch die, jenem Stadttheil gegenüber liegende Promenade zum protegirten Spaziergang. Es wurde Mode, daß sich die noble Welt zwischen 12–1 Uhr Mittags in diesem Theil der Promenade sah und nur am Sonntag-Nachmittage fand man auch die andern Theile der bürgerlichen Gesellschaft, welche sich nicht leicht mit der Grazie bewegen, die eine Täuschung gegen die bevorzugten Wochentage zugelassen hätte! Die natürliche Folge von alle diesem war, daß man jede Gelegenheit ergriff, um diesen Theil der Spaziergänge auch den Besuchenden würdig zu machen.“[80]

Die beschriebenen Veränderungen sind jedoch nicht die einzigen und auch nicht die auffälligsten Unterschiede zwischen dem Ulrichplan von 1822 und dem Delkeskampplan von 1864. Als neuartiges Element treten die in eleganten Bögen verlaufenden dünnen Linien der neuen Eisenbahnen und ihrer Gleisanlagen in Erscheinung, die zusammen mit den Werkstätten, Lagerschuppen und Bahnhöfen den Raum eines ganzen Stadtteils in Anspruch nahmen. Im Zusammenhang mit dem Eisenbahnbau entstand auch eine zweite Brücke, die den Main im Westen der Stadt überspannte. Bei genauerer Betrachtung und eigentlich auch nur, wenn man darum weiß, zeigt der Plan noch mehr Vorboten einer neuen Zeit – beispielsweise Fabrikschornsteine. Sie finden sich in größerer Anzahl auf der Sachsenhäuser Seite, etwa an der Bahnlinie nach Offenbach. Deutlich sind etwa die chemische Fabrik Zimmer oder in der Schulstraße die Maschinenbauanstalt Fries auszumachen. Im Osten der Stadt sind die mächtigen Tanks der englischen Gasfabrik zu erkennen, die 1844 errichtet wurde. Dieses Artefakt der Industrialisierung diente in Frankfurt allerdings nicht Fertigungszwecken. Der öffentliche Raum, der in den vergangenen Jahrzehnten erobert und umgestaltet beziehungsweise mit neuen Elementen wie Kaffeehäusern, Theatern, Logen- und Vereinshäusern belebt worden war, sollte auch zur Nachtzeit nicht länger dunkel bleiben. Die im Jahre 1761 installierte Rübölbeleuch-

BOCKENHEIM

„Ludwig Ravenstein's Spezial-Plan von Frankfurt a/M, Bockenheim & Bornheim", 1873

tung, finanziert über eine Lampensteuer, reichte für diese Zwecke nicht mehr aus. An ihre Stelle trat als Symbol des Fortschritts die moderne Gasbeleuchtung. In diesem Zusammenhang wurde im Jahre 1828 von den beiden Kaufleuten Johann Georg Remigius Schiele und Johann Friedrich Knoblauch die erste Gasfabrik errichtet und 16 Jahre später die zweite.[81]

Rund zehn Jahre nach dem Vogelschauplan von Delkeskamp entstand der Spezialplan von Ludwig Ravenstein. Auf ihm ist die nächste Etappe in der Entwicklung der Stadt festgehalten. Die vormaligen Gartenareale sind zu einem fast geschlossenen Ring neuer Stadtteile zusammengewachsen. Nach der Neustadt im Mittelalter entstand hier gewissermaßen die dritte Schale um den einstigen Kern der Altstadt. Die Stadt überschritt nach der Entfestigung auch in baulicher Hinsicht eine Grenze, die für Jahrhunderte Stadt und Umland klar voneinander geschieden hatte. Auffallend sind weiterhin die großen Parkanlagen im freien Feld. Dazu gehörten der neue Palmengarten mit der Villa Leonhardsbrunn, der Grüneburgpark, der Garten der Irrenanstalt, die Holzhausen Oede, der Hauptfriedhof, der Günthersburgpark und in Sachsenhausen der Park um die Villa Grunelius. Zwischen Bornheim und Bethmann-Park entstand – ähnlich wie im Fischerfeld, nur viel größer – ein neuer Stadtteil mit auffallend gleichmäßiger Straßenführung. Große Teile existierten damals am Beginn der siebziger Jahre erst in der Planung, doch zeichnete sich die zukünftige Gestalt der Stadt bereits ab. Auffallend sind auch die vielen neuen Brücken. Auf dem Delkeskampplan waren nur zwei zu sehen. Nun sind es fünf, wovon sich die Obermainbrücke allerdings erst in der Planung befand. Deutlich sind im Westen, in der Nähe des Gutleuthofs, die Umrisse einer weiteren Gasfabrik zu sehen. Sie bildete das Zentrum, um das herum wenig später ein großflächiges Fabrikviertel entstehen sollte.

Die in den Plänen von 1770 bis 1870 festgehaltenen Veränderungen kennzeichnen die Stadt als einen sich dynamisch entwickelnden Körper, in dem sich in diesen knapp hundert Jahren mindestens drei Etappen unterscheiden lassen. Die abgeschlossene und befestigte Stadt, die entgrenzte und entfestigte Stadt mit ihren von der bürgerlichen Kultur geprägten Gartenstadtidyllen und dann die sich der modernen Industriewelt öffnende Stadt, was sich in der Zunahme von Verkehrsinfrastruktur und Massenquartieren andeutete. Der Eindruck einer sich rasant verändernden städtischen Lebenswelt resultiert jedoch vorerst nur aus der Betrachtung der äußeren Gestalt, wie sie in den Plänen und Abbildungen überliefert ist. Wie die äußere Gestalt eines Lebewesens Rückschlüsse auf das jeweilige Entwicklungsstadium zulässt und Auskunft über das Werden und Vergehen gibt, aber nur in beschränktem Umfang Aussagen über den inneren Zustand ermöglicht, so lassen die Abbildungen vergangener Stadthüllen ebenso nur in beschränktem Umfang Aussagen über die Charakteristika der einst in ihr wohnenden Menschen zu. Eine Stadt ist kein statisches Gebilde; sie ist Gehäuse der in ihr wohnenden Menschen und dementsprechend wird sie von diesen Menschen gestaltet. Gerade die selbstverwaltete Bürgergesellschaft versuchte aktiv, die äußeren und inneren Entwicklungsbedingungen zu bestimmen, seien sie wirtschaftlicher, sozialer, politischer oder kultureller Natur. Die Gründe der Veränderungen finden sich somit bei den in der Stadt wohnenden Menschen, die sich zu einem komplizierten gesellschaftlichen Körper zusammengeschlossen hatten. Wenden wir uns nun diesen Menschen zu.

1.2 Die Bevölkerungsentwicklung

Das Allgemeinste, was sich über die Einwohner einer Stadt sagen lässt, ist ihre Zahl.[82] Und schon hier beginnen die Probleme, denn vor 1800 stammen die Angaben vor allem aus indirekten Quellen wie Steuerlisten und Häuserverzeichnissen oder aus Berechnungen der Geburten- und Sterberaten. Volkszählungen waren dagegen selten. Der Frankfurter Arzt und Statistiker Johann Adolph Behrends nannte den Grund: „Das Zählen, die Calculation aus den Todtenlisten, und aus der Anzahl der Feuerstätten sind die vorzüglichsten Methoden, um die Anzahl der Einwohner eines gegebenen Staats zu bestimmen. Das Zählen ist unstreitig die beste, aber für den Privatmann die schlimmste. Sie ist das Werk des Regenten."[83] Behrends ging dabei von der Annahme aus, dass, wenn der Regent zählt, es um die Festlegung neuer Steuern gehen müsse. Dies war nicht ganz falsch. Auch in Frankfurt fand nicht zufällig die erste Volkszählung im Jahre 1811 unter einem „Regenten", dem erwähnten Großherzog Dalberg, statt. Ihr folgten Zählungen in den Jahren 1817 und 1823, dann erst wieder nach der Jahrhundertmitte im Jahre 1855. Die Zählungen gingen mit einer kontinuierlichen Ausweitung der erhobenen Daten einher. Die ersten staaten- und städteübergreifenden Zahlenreihen fielen in die Zeit der Zollvereinsgründung. An die Zollvereinsstatistik schloss sich dann später die des Norddeutschen Bundes an, bevor dann in der Traditionslinie der Preußischen Statistik ab 1871 die Reichsstatistik begann. Trotz der aus vielen unterschiedlichen Quellen sprudelnden Zahlen, lässt sich dennoch ein eindeutiger Trend ausmachen.

Die Bevölkerungszahl stieg von 1780 rund 36.000 Einwohnern auf 1820 42.000, überschritt Anfang der dreißiger Jahre die Zahl von 55.000 und erreichte 1860 fast 70.000, um sich in nur vier Jahren auf 77.000 zu erhöhen. Nach der preußischen Besetzung der Stadt ging die Einwohnerzahl kurzzeitig auf 75.000 zurück.[84] Die Entwicklung der Bevölkerungszahlen weist also – wie die topographischen Veränderungen – auf eine sich dynamisch entwickelnde Stadt, deren grundsätzliche Form und Steigerungsraten zwischen 1780 und 1870 mit Handelsstädten wie Köln, Bremen, Aachen und Mannheim vergleichbar waren. Am Beginn des Untersuchungszeitraums wies Frankfurt zwar relativ bescheidene Zuwachsraten auf, aber im Gegensatz zu vielen anderen Städten dieser Zeit, die zwischen 1770 und 1800 Bevölkerungsverluste hinnehmen mussten, ließ weder die Dynamik nach, noch sind rückläufige Trends zu beobachten. Frankfurt wuchs beständig, wobei sich das Wachstum im 19. Jahrhundert auch beständig beschleunigte.[85] Dem entsprach die kontinuierlich steigende Anzahl der Häuser, die sich in einem Zeitraum von hundert Jahren fast verdoppelte.[86] Frankfurt, eine Stadt, in der erst nach 1864 die meisten Gewerbebeschränkungen fielen, wuchs schon lange vor der Industrialisierung, die irrtümlicherweise oftmals für den Wandel vieler demographischer Parameter verantwortlich gemacht wird. Die Dynamik resultierte eher aus dem wirtschaftlichen Aufschwung der Handelsunternehmen und Banken sowie Frankfurts Rolle als Verkehrs- und Dienstleistungszentrum. Es ist nicht unwichtig festzuhalten, dass in der Erfahrungswelt des Stadtbürgertums eine sich entwickelnde und prosperierende Stadt nicht unbedingt mit der Perspektive der wirtschaftlichen Modernisierung des Gewerbes im Sinne einer Industrialisierung zusammenfallen musste, sondern eben auch andere Wirtschaftsbereiche eine wirtschaftliche Dynamik entfalten konnten, die die kontinuierliche Expansion der Stadt und seiner Bevölkerung trug.

Die Bevölkerungsentwicklung mit ihrem gleichmäßig beschleunigten Wachstum knüpfte an einen Trend an, der bereits vor 1770 einsetzte. Der charakteristische Verlauf einer immer steiler ansteigenden Kurve zeigt deutliche Merkmale einer „longue durée" und deutet damit auf tiefer liegende Strukturen als das Wirtschaftsverhalten der Stadtbewohner.[87] Zu diesen demographischen Strukturen gehören die Entwicklung der Geburten- und Sterberate, die Veränderungen im Altersaufbau der Bevölkerung und die Zahl der Haushaltungsvorstände sowie die durchschnittliche Anzahl der Einwohner, die auf einen Haushalt entfielen.[88] In Frankfurt war aufgrund der traditionell geringen Heiratsrate die Anzahl der Familien relativ gering. Selbst unter Berücksichtigung der alleinstehenden Haushaltungsvorsteher kamen in Frankfurt im Jahre 1840 auf einen Haushalt fast sieben Personen. Nicht einmal dreißig Jahre später waren es jedoch nur noch fünf Personen. Dies resultierte zum einen aus dem zahlreichen Gesinde der vielen wohlhabenden Bürgerfamilien, zum zweiten aus den noch lange fortdauernden patriarchalischen Strukturen im Gewerbe, was zur Folge hatte, dass Gesellen und Lehrlinge zur Familie des Meisters gerechnet wurden. Beides führte zu einem insgesamt großen Bevölkerungsanteil, der über keinen eigenen Haushalt verfügte. Nach 1864 kam es innerhalb weniger Jahre zu einer rapiden Zunahme der Einzelhaushalte, was in engem Zusammenhang mit der Emanzipation der Gesellen vom Meisterhaushalt stand, die sich seit 1848 zunehmend weigerten, beim Meister zu wohnen, und mit dem Fortfall der Zunftbeschränkungen auch das Recht erhielten, eine eigene Wohnung zu mieten und damit einen eigenständigen Haushalt zu führen. Weiterhin ist der sinkende Anteil des Gesindes an der Gesamtbevölkerung zu beachten. So bestand das Gesinde im Jahre 1811 aus 6.955 Personen und stellte damit einen Anteil von 17 Prozent an der Einwohnerschaft. Bis 1882 verdoppelte sich das Gesinde zwar auf 13.396 Personen. Sein Anteil an der Bevölkerung Frankfurts sank dabei jedoch auf nur noch neun Prozent.[89]

Alles zusammengenommen führte dazu, dass sich in sieben Jahrzehnten die Haushalte um durchschnittlich zwei Personen verkleinerten. Demographisch betrachtet eine rasante Entwicklung. Es stellt sich somit die Frage, wo diese Dynamik sozial zu verorten ist, die sowohl im Gestaltwandel der Stadt als auch in den quantitativen Relationen ihrer Einwohner zutage trat.

1.3 Der Handel

Begünstigt durch die zentrale Lage in Europa und aufgrund der Nähe zu einem alten Flussübergang bildete Frankfurt seit alters her einen wichtigen Verkehrsknotenpunkt, an dem sich Handelsrouten aus allen Himmelsrichtungen vereinigten. In einiger Entfernung von der Mündung des Maines in den Rhein kreuzten sich nicht weniger als 26 Verkehrsstraßen, „die nach allen Himmelsrichtungen ausstrahlten. Hier trafen sich die Warenzüge der mit Italien, der Schweiz und Frankreich in Verbindung stehenden oberdeutschen Kaufherren mit den beiden Gruppen des niederdeutschen Handels, die niederrheinischen Kaufleute mit Köln als Mittelpunkt und den niederdeutschen in den Nord- und Ostseeplätzen. Die Straßen nach dem Oberrhein eröffneten die Verbindung mit der Schweiz, Lothringen und Frankreich, die östlichen Verkehrswege die nach Thüringen, Sachsen und Schlesien."[90] Im 13. und 14. Jahrhundert erhielt die Stadt Messeprivilegien für eine Oster- und eine Herbstmesse. Damit waren die Grundlagen für einen bestimmten Typ von Handel – den Messehandel – gelegt, der noch im 18. Jahrhundert eine bedeutende Rolle spielte.

Dieser zog in der Frühen Neuzeit Handeltreibende aus allen Regionen Europas an, so aus der Schweiz, dem Elsass, Lothringen und Frankreich, aus Belgien und Holland, Tirol, Böhmen, England und sogar aus Amerika. Von den 1.100 Handelsfirmen, die im Meßkalender von 1776 verzeichnet sind, kamen 210 aus Ländern außerhalb der Grenzen des damaligen Reichs. Zweimal im Jahr bevölkerten im Durchschnitt 4.000 bis 5.000 Messebesucher die Stadt. Das waren zehn bis fünfzehn Prozent der Einwohner. Der Messehandel bestand zu 80 bis 90 Prozent aus Handel mit Textilien; dazu kamen der Metallwarenhandel, der Lederhandel und der Handel mit verschiedenen Luxusartikeln.[91] Am Ende des 18. Jahrhunderts stagnierte diese Art des Handels aufgrund der kriegerischen Ereignisse, der wachsenden Konkurrenz Leipzigs und wohl auch wegen seiner schwindenden Bedeutung. Weil es eine ungebrochene Prosperität im ständigen Speditions-, Kommissions- und sonstigen Handel der Frankfurter Handelsfirmen gab, die sich in ihren Schwerpunkten nicht unerheblich vom Messehandel unterschieden, führte dies dennoch nicht zu einer ökonomischen Krise, weil zunehmend der ständige Fernhandel an die Stelle des Messehandels trat.[92]

Das Mainufer am Fahrtor. Gemälde von Friedrich Wilhelm Hirt, 1757

Frankfurt profitierte erheblich von seiner Lage an einem Fluss und dem günstigen Gütertransport per Schiff. Einen Eindruck vom Getriebe der Flussschifffahrt geben das Gemälde von Friedrich Wilhelm Hirt „Das Frankfurter Mainufer am Fahrtor", das zur Mitte des 18. Jahrhunderts entstand, und eine lebhafte Beschreibung von Heinrich Voelcker: „Vom Obermain her kamen auf Schiffen die Frankenweine an, mit denen die in der Mainzergasse wohnenden Weinhändler ein lebhaftes Geschäft trieben. Mainaufwärts kamen die Weine vom Rheingau, der Mosel und aus dem Elsaß. Hatten aber die Schiffe Anker geworfen, so entspannte sich an den beiden, auf Mauertürmen ruhenden Kranen betriebsame Arbeit. Hier waltete der Kranenmeister mit rüstigen Knechten seines Amtes und erhob, beaufsichtigt vom bürgerlichen Gegenschreiber, Zoll, Ungeld und Gebühren, während die Schröter das Ausheben oder Einladen der schweren Fässer besorgten und sie aus oder in die tiefen, gewölbten Keller brachten, nachdem sie die Einzelner dorthin gefahren hatten. Ein Frankfurter Sprichwort sagte, daß es mehr Wein in den Kellern als Wasser in den Brunnen gäbe. Manchmal gab es da Streitigkeiten zwischen den Dreiknechten und Schrötern, wegen des Aushebens und Umladens der Fässer, denn die kräftigeren Schröter luden alle, über drei Zentner wiegende, die Dreiknechte nur kleinere

Fässer. Doch noch vielerlei Waren gelangten auf verschiedenartigen Schiffen auf dem Maine nach Frankfurt. Es gab große Segelschiffe für mannigfaltige Güter, Schelche für den Holztransport, Nachen, die nur Waren in kleineren Mengen besorgten, Straßburger Tannenschiffe, die nur für die Fahrt rheinabwärts bestimmt waren. Regelmäßig verkehrten die Marktschiffe, nach Hanau, Offenbach und Mainz, sie wurden auch zu Lustfahrten benutzt und manch launiges Gedicht über das buntbewegte Treiben auf diesen Schiffen war im Schwange. Die großen Handelsschiffe aber brachten vom Obermaine Holz, Bausteine, Obst, Getreide und Gemüse zur Versorgung der Einwohner, und Metalle, Häute, Farbstoffe, Nürnberger fertige Waren für die Kaufleute, die dann die Schiffe wieder mit ihren Gütern, ausländischen Manufakturwaren, Leder, Spezereien und Kolonialwaren für den Bedarf jener Gebiete beluden."[93]

Die Handels- und Gewerbeadressbücher geben nähere Auskunft, wie es sich mit der hier skizzierten vielfältigen Struktur des Frankfurter Handels verhielt. Von den 365 Handelsleuten, die in dem Merkantilschema von 1771 aufgelistet wurden, handelte nur rund ein Viertel mit Web- und Wirkwaren, im Großhandel sogar nur ein Fünftel, daneben hielten der Wein-, Spezerei-, Buch- und Luxusgüterhandel sowie das Bankgeschäft starke Anteile. Weiterhin konnten im 18. Jahrhundert neue Märkte erschlossen und eine Fülle neuer Produkte in den Handel einbezogen werden. Zentral hierfür war der englische Manufaktur- und Kolonialwarenhandel mit Produkten wie Textilien, Eisenwaren, Kaffee, Zucker, Gewürzen und Farbstoffen.

Neben den zahlreichen Handelsaktivitäten erreichte das Kreditgeschäft am Ende des 18. Jahrhunderts eine neue Qualität. Der Finanzbedarf der umliegenden Staaten weitete sich beträchtlich aus. Allein Österreich nahm in Frankfurt von 1778 bis 1796 Anleihen im Wert von 30 Millionen Gulden auf. Das Bankgeschäft gewann an Bedeutung und die Berufsgruppe der Bankiers begann, sich vom Mess- und Speditionshandel abzusondern. Im erwähnten Merkantilschema von 1773 bezeichneten sich lediglich 47 Kaufleute explizit als Bankiers – eine kleine Gruppe neben den 428 verzeichneten Handwerkern und Kleinkaufleuten wie auch gegenüber den 266 Handelsbürgern. Immerhin waren sie ungefähr so zahlreich wie die Verleger und Buchhändler. Im Handlungsadresskalender von 1797 waren dagegen nur 33 Bankiers verzeichnet gegenüber 286 Kaufleuten, 29 Fabrikanten und 29 Verlegern. Doch im Jahre 1817 waren es bereits 112, als Gruppe fast dreimal so groß wie die Verleger und doppelt so groß wie die Fabrikanten. Der Adresskalender von 1834 listet 178 Bankiers auf, doch dürften es in Wirklichkeit mehr gewesen sein. Einen wahrhaften Boom erlebte das Bankgeschäft schließlich bis zum Jahre 1868. Nun bezeichneten sich nicht weniger als 1.675 Einwohner der Stadt als Bankiers, fast zehn Prozent der Haushaltungsvorstände und mehr als ein Drittel der über 4.000 Kaufleute. Im selben Jahr gaben nur 203 Bürger ihren Beruf mit Fabrikant an, und nur 250 verwendeten die Bezeichnung Verleger, Buchhändler oder Buchdrucker. Der zunehmende Gebrauch der Berufsbezeichnung „Bankier“ lässt allerdings nur indirekt Rückschlüsse auf die reale Verbreitung des Bankgeschäfts zu, spiegelt aber doch etwas von der gewonnenen Reputation dieses Berufszweiges wider. Der Aufschwung des Staatsanleihegeschäfts am Ende des 18. Jahrhunderts verhalf dem Bankgeschäft zu immer größerer Bedeutung und förderte seine Ablösung vom Warenhandel, ohne jedoch den Handel zu verdrängen oder in seiner Bedeutung herabzumindern. Im Gegenteil, die Handelstätigkeit nahm kontinuierlich zu. Frankfurt blieb neben seiner Funktion als „Gold- und Silberloch“ eine Drehscheibe des Warenverkehrs. Waren es 1771 noch 365 Handelsgeschäfte, so existierten 1815 bereits 680 Handelsfirmen, mit oftmals mehreren Teilhabern, und 1844 schon über 1.000. Zwar gehörten viele davon dem Detailhandel an, jedoch expandierte auch der Großhandel beträchtlich.[94]

Ein weiteres Indiz für den kontinuierlichen Aufschwung des Handels und des Bankgeschäfts war die Anhäufung von immer größeren Vermögen und die Häufung der Guldenmillionäre in den Familien Bolongaro, Bethmann, Bernus, Brentano, Harnier, Guaita, Le-

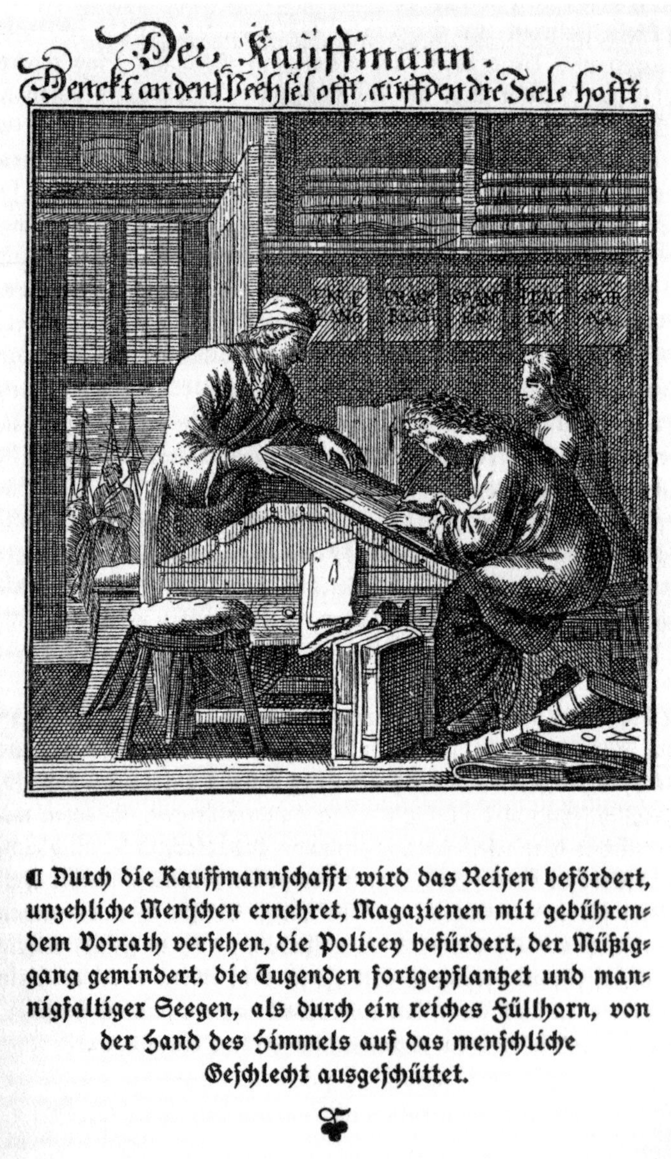

Der Stand der Kaufleute. Holzschnitt aus Christoff Weigels Ständebuch, 1698

onhardi, Rothschild, Schweitzer und Städel. Auffallend ist der hohe Anteil von Bankiers und Tabakfabrikanten, wobei es sich bei den letzteren um Firmeninhaber handelte, die vor Ort einen Großhandel in Tabak betrieben. Nicht alle, aber einige waren nicht nur sehr wohlhabend, sie waren auch in vielerlei Hinsicht mit der städtischen Gesellschaft verflochten und engagierten sich in den politischen Gremien, hier mehr in den Bürgerausschüssen als im Rat der Stadt. Johann Philipp Bethmann etwa gehörte zusammen mit Simon Moritz Bethmann und Johann Jakob Bethmann-Hollweg – Ersterer war Begründer der Bethmann Bank – dem „Bürgerausschuss der 51er" an und stand diesem auch zeitweilig vor. Seine beiden Teilhaber Peter Heinrich wie auch Simon Moritz und Johann Jakob waren im Jahre 1775, 1786 und 1789 Mitglied des Kontrollkollegiums der Dreier. Auch der spätere Stifter des Städelschen Kunstinstituts, Johann Friedrich Städel, war Mitglied des „Bürgerausschusses der 51er" und im Jahre 1802 Mitbegründer der Casinogesellschaft. Ein typischer Großhandelsbürger war auch Johann Peter von Leonhardi. Nachdem er 1770 Mitglied der Loge „Zur Einigkeit" geworden war, nahm er zwischen 1788 und 1816 zahlreiche politische Mandate in der Stadt wahr. So wurde er im Jahre 1788 Mitglied des „Bürgerausschusses der Dreier", von 1780 bis 1814 Mitglied des „Bürgerausschusses der 51er" und stand diesem Gremium von 1800 bis 1814 als Senior vor. Er war zudem in zahlreichen politischen Gremien der Dalbergschen Zeit aktiv.[95]

Die Berufsgruppe der Kaufleute war, wie das Beispiel der sich Zug zum Zug absondernden Bankiers zeigt, durchaus nicht homogen. Sie enthielt auf der einen Seite eine große Anzahl von Personen, die sich als Gruppe aus dem reinen Handelsgeschäft zurückzogen, auf der anderen Seite sehr dynamisch agierende Minderheiten, die über den Handel aus nahezu allen Regionen Europas nach Frankfurt kamen und sich dort niederließen. Zur Ersteren gehörte das Patriziat, das sich als Schicht bereits im Mittelalter vom Handel abgesondert und in seiner Lebensweise dem landbesitzenden Adel angenähert hatte. Nach der Kleiderordnung bildeten die Patrizier den ersten Stand in der Stadt. Dessen Angehörigen waren vom Quartiergeld, Zug- und Wachdienst befreit und bei der Besetzung der Ratsstellen privilegiert. Sie gründeten ihre materielle Existenz auf die Einkünfte aus ihren Landgütern und Häusern sowie aus Amts- oder Militärstellen an Höfen in den umliegenden Territorien oder in der Stadt. Allerdings engagierten sich nicht wenige weiterhin im Warenhandel und im Geldgeschäft. Das Patriziat organisierte sich schon früh in besonderen, aus Trinkstuben hervorgegangenen Gesellschaften wie der „Ganerbschaft Alten-Limpurg" oder der „Uralten Gesellschaft Frauenstein", deren Ordnungen sich in der Frage bürgerlicher Erwerbstätigkeit und der Aufnahme von Nichtadeligen unterschieden. Beides gestand die Gesellschaft Frauenstein zu, während die Gesellschaft Limpurg auf Adelsstand und adeliger Lebensführung beharrte. Bei dem Patriziat handelte es sich um eine eigenständige, vom Handelsbürgertum abgekoppelte Schicht des städtischen Bürgertums. Zu den Mitgliedern der patrizischen Gesellschaft Alten-Limpurg gehörten im 18. Jahrhundert die Familien von Holzhausen, von Glauburg, von Humbracht, von Stalburg, von Lersner, von Günderrode, Baur von Eysseneck, von Adlerflycht und von Ziegesar. Der Gesellschaft Frauenstein gehörten die Familien von Bienenthal, von Barkhaus, Fleischbein von Kleeberg, Grambs, von Heyden, von Klettenberg, von Lauterbach, von Loen, von Ohlenschlager, von Schneider und von Uffenbach an. Dieser relativ kleine Kreis von Familien stellte zwischen 1700 und 1800 nicht weniger als 56 mal einen der beiden Bürgermeister und insgesamt 169 Senatoren und Schöffen kamen aus ihren Reihen.[96]

Trotz dieser beeindruckenden politischen Repräsentation hatte das Frankfurter Patriziat im 18. Jahrhundert den Höhepunkt seines gesellschaftlichen und politischen Einflusses bereits überschritten und bildete eine zwar einflussreiche aber zunehmend kleiner werdende Gruppe, die sich im Laufe des 19. Jahrhunderts zerstreute. Nach der Mitte des 18. Jahrhunderts wanderten viele Familien an die umliegenden Höfe ab oder zogen sich auf ihre Landgüter zurück. Bereits um 1800 lässt sich bei einem beträchtlichen Teil der Mitglieder aus der Berufs- und Titelbezeichnung auf eine Tätigkeit an den Höfen Nassaus, Nassau-Saarbrückens, Hessen-Kassels, Hessen-Darmstadts, Badens, Schwarzburg-Rudolstadts oder Sachsen-Gothas schließen. Die geringe Heiratsrate der zurückbleibenden Familienmitglieder und die geringe Zahl der Nachkommen führten dazu, dass der Mitgliederbestand der Gesellschaften kontinuierlich abnahm. Während die Gesellschaft Alten Limpurg 1692 noch 19 Familien und 54 männliche Mitglieder verzeichnete, waren es 1812 nur noch 15 mit 23 Mitgliedern. Insgesamt gab es zu dieser Zeit lediglich 36 patrizische Haushaltungsvorstände in Frankfurt. Demnach dürfte die Gruppe nicht einmal 200 Personen umfasst haben.[97]

Abschließung und Separierung war jedoch nur die eine Tendenz innerhalb des städtischen Handelsbürgertums. Auf der anderen Seite stand eine große Offenheit und Bereitschaft zur Integration neuer Bevölkerungsgruppen. Dies bezog sich gerade auch auf diejenigen, die nach Frankfurt kamen, um ein Handelsgeschäft aufzubauen. Denn die anhaltende Prosperität und die Stellung Frankfurts als zentraler Umschlagplatz von europäischem Rang zog während des gesamten 18. Jahrhunderts immer wieder Zuwanderer und Handelsbürgerfamilien aus verschiedenen europäischen Ländern und anderen deutschen Landesteilen nach Frankfurt, die sich hier auf Dauer niederließen. Im Zeitalter der Konfessionskriege kam es zu regelrechten Immigrantenwellen. Im Jahre 1585 flohen holländische Familien, darunter zahlreiche Kaufleute, aus Antwerpen und verlegten ihr Kontor nach Frankfurt. Nach der Aufhebung des Ediktes von Nantes folgten im 17. Jahrhundert Hugenotten aus Frankreich. Zum Teil kamen die Glaubensflüchtlinge auch aus Flandern und den Niederlanden, wo der Tuchhandel blühte. In dieser Zeit ließen sich Familien wie Gontard, Brevillier, de Bassompierre, de Neufville, de Bary, Passavant, d'Orville, Souchay, Fingerlin, Ziegler, Gogel oder du Fay in Frankfurt nieder. Dazu gehörte auch die Familie Bernus, die am Beginn des 18. Jahrhunderts mit einem Vermögen von über zwei Millionen Gulden zu den reichsten Familien der Stadt gehörte. Viele zogen von hier aus in andere Städte weiter und knüpften ein verzweigtes Netz von Familienverbindungen über ganz Europa. Ein Beispiel dafür ist die Familie de Bary, die aus Tournay stammte, sich in Frankfurt niederließ und später ein Netz von Familienverbindungen zu den Städten Reims, Genf, Amsterdam, München, Basel, Hanau und Barmen aufbaute.[98] Wie sich fremde Kaufleute von der „Pomeranzenhöckerei" zu einem ganz Europa umspannenden Netz von Filialen und Handelsgesellschaften emporarbeiten konnten, dafür steht der Aufstieg der italienischen Südfrüchte- und Spezereiwarenhändlerfamilien Brentano und Guaita.[99]

Ende des 17. Jahrhunderts kam auch eine Gruppe englischer Asylanten, die vor den Rekatholisierungsversuchen unter Königin Maria auf den Kontinent flüchteten. Ein Überbleibsel dieser Episode ist das sogenannte Englische Monument, eine Silbersäule, die sich heute im Historischen Museum Frankfurt befindet. Viele Familien, darunter die Familien Grimmeisen und Leonhardi, verließen auch die von den Franzosen verwüstete Pfalz und das Elsass und siedelten sich in Frankfurt an. Aus der Schweiz waren die Seidenhändlerfamilien de Saussure und Sarasin eingewandert. Infolge des Aufschwungs des Textil- und Eisengewerbes erhielt die Stadt auch Zuzug aus den deutschen Rheinlanden und Westfalen. Hier sind die Namen Andreae, Böcking, von Stockum und Mumm zu nennen. In ähnlicher Weise veranlassten die Handelsverbindungen mit den sächsischen Webereibezirken Familien wie die Malß zur Übersiedlung in die Mainstadt.[100] Besonders zahlreich waren auch die Zuwanderungen jüdischer Familien. Die familiären Wurzeln bedeutender Gründer von Bankhäusern oder Handelsgesellschaften wie die Bonns, Hallgartens, Cohens, Ladenburgs oder Mertons zeugen davon. Es bildeten sich unter den Zuwanderern durch gezieltes Conubium regelrechte Familiennetzwerke heraus, die jahrzehntelang Bestand hatten. Infolge der Zuwanderungen bildete die Kaufmannschaft und damit auch das Bürgertum in Frankfurt am Main ein buntes Gemisch aus deutschen, belgischen, französischen, schweizerischen und italienischen Zuwanderern und setzte sich entsprechend den Herkunftsgebieten auch aus unterschiedlichen Konfessionen zusammen. Das Handelsbürgertum in Frankfurt am Main bestand aus Lutheranern, Reformierten, Katholiken und Juden. Das hatte Folgen. Denn in der von Lutheranern dominierten Stadt verfügten die nichtlutherischen Konfessionen nur über eingeschränkte Bürgerrechte. Dies war ein Grund, weshalb das Handelsbürgertum politisch unterrepräsentiert war – was noch beleuchtet werden wird. Die Unterrepräsentation hatte jedoch noch andere Gründe: Die Kaufmannschaft litt nämlich an einem Defizit an Organisation. Im Gegensatz zu anderen Städten verfügte die Frankfurter Kaufmannschaft über keine Gilde oder sonstige Korporation.

Der Mangel an ständischer Vertretung war bereits den Zeitgenossen aufgefallen. So berichtet Johann Anton Moritz in seiner Abhandlung über die Verfasstheit der

Stadt: „Die Handelsleute machten vormals eine besondere Gesellschaft aus unter dem Namen ‚Kaufleuten- und Krämergesellschaft', welche wie die anderen Gesellschaften ihre Vorsteher, Gesellschaftshaus, Gesellschaftsordnung und dergl. hatte, bey welcher die aufzunehmenden Kandidaten nicht nur von ehrlicher Geburt seyn, sondern auch ihre Frauen, ihrer Eltern und Großeltern ehrlicher Geburt und Herkommen mit brieflicher Urkunde beweisen mußten."[101] Nach dem Fettmilchaufstand von 1616 wurde diese „Kaufleuten- und Krämergesellschaft" jedoch ein Opfer der kaiserlichen Verbotserlasse. Seit 1707 nahmen zwar die „Börsenvorsteher" die Aufgaben einer Interessenorganisation wahr, doch dauerte es bis zum Beginn des 19. Jahrhunderts, bis sie von allen Handelsleuten anerkannt wurden. Erst 1816 konnte zur Gründung der Handelskammer als einer allgemeinen Vertretung der Kaufleute geschritten werden. Die Börsenvorsteher bildeten somit keinen adäquaten Ersatz und können nur mit Einschränkungen als Vertretung des Handelsstandes angesehen werden.[102] Die Bedeutung der Kaufleute für die wirtschaftliche Entwicklung der Stadt fand keine Entsprechung in ihrer Repräsentanz in den politischen Gremien. Das ist für eine Handelsstadt ein bemerkenswerter Befund. Dennoch haben die Kaufleute auch ohne wirtschaftliche und politische Interessenvertretung den Charakter der Stadt maßgeblich beeinflusst. Aus ihrer Handelstätigkeit folgte der Ausbau der Verkehrsbeziehungen weit über die seit dem Mittelalter vorhandenen Straßen- und Flussschifffahrtswege hinaus. Ihre Qualität erfuhr seit dem 16. Jahrhundert mit dem Ausbau des Postwesens eine permanente Verbesserung und hob die Stadt als Zentrum des Personenverkehrs und Informationsaustauschs von vielen anderen deutschen Städten ab. Dabei spielte die Thurn- und Taxissche Post eine herausgehobene Rolle.

1.4 Frankfurt, ein frühneuzeitliches Verkehrs- und Kommunikationszentrum

Frankfurt war bereits im Mittelalter und in der Frühen Neuzeit ein bedeutender Verkehrsknoten. Menschen mit ihren Gütern aus zahlreichen Gegenden Europas drängten sich in der Stadt dicht zusammen. Die Folgen hat Heinrich Voelcker einprägsam beschrieben: „Der nach Frankfurt kommende Fremde erkannte sogleich beim Eintritt in die Stadt die große und lebhafte Handelstätigkeit. Ein reich bewegtes Bild des Verkehrs gestaltete sich vor seinen Blicken und nicht nur zur Zeit der Messen, in der das Gedränge auf den Straßen und Plätzen, das Gewoge der Menge, das Geschrei der Handlanger, Schröter, Fuhrleute, Reffträger, das Rasseln der Wagen, der Andrang der Käufer und Verkäufer, die ihre Waren anpriesen, ihn mitten in das lebhafteste Getriebe hineinsetzte, sondern auch außerhalb der Messezeiten zeigte das äußere Bild, der Stadt eine abwechselungsreiche Mannigfaltigkeit des Betriebes auf den Straßen. Von der Mainzer Pforte, dem Maine entlang bis zur Fahr-

Der Posthof hinter dem Roten Haus auf der Zeil mit der Abfahrtshalle der Fahrposten

Abfahrt und Ankunft der Fahrposten in der Halle des Posthofes des Roten Hauses.
Aquarell von Johann Balthasar Bauer um 1840

gasse und von ihr zur Zeil bis zum Roßmarkt und dem Hirschgraben zur Mainzer Gasse sich hinziehend, umschloß dieser Stadtteil das ganze reich bewegte, geschäftliche Leben. (...) In der dem Maine zu gelegenen Mainzer Gasse und ihren Nebengassen, der Anker- und Kälbergasse und der Papageigasse und weiter hinauf am Heiligen Geistpförtchen und auf dem Weckmarkt hatten die großen Weinhändler mit Vorliebe ihre Geschäftsräume. Unablässig rollten vom Weinmarkte, vom Gestade des Maines, die Wagen der Fuhrleute und Einzelner heran" und zwischen diesen „großen vierräderigen mit vier und mehr Pferden bespannten Frachtwagen, die sich schwer beladen unter ständigem Zuruf und Peitschenknall der Fuhrleute über die holprigen Gassen bewegten, zwischen den leichteren ungefederten Rollwagen oder den zweiräderigen Karren der Einzelner und den Schubkärchern mit ihren Schubkarren, wanden sich die Fahrposten hindurch, die schwerfälligen Postkutschen ohne Federn und auf der hinteren Pritsche mit einem wuchtigen lederbedeckten Korb versehen."[103]

Täglich ging eine große Zahl Postkutschen von Frankfurt ab oder kam dort an, denn die Stadt war eine der wichtigsten Poststationen in Süd- und Mitteldeutschland. Die Anfänge des Frankfurter Postwesens reichen bis in das 15. Jahrhundert zurück. Damals war die städtische Botenpost zwischen Köln und Frankfurt eine der ertragreichsten im ganzen Reich. Sie unterstand in Köln dem Postmeister Jakob Hainot und in Frankfurt dem Patrizier Weigand Uffsteiner. Die Reichsstadt unterhielt, entsprechend ihrer Stellung als Messe- und Handelsstadt, weitere Verbindungen zu den mit ihr befreundeten Reichsstädten Augsburg und Nürnberg. Neben diesen regelmäßigen Stadtposten vermittelten ständige Boten den Brief- und Paketverkehr zu vielen weiteren Städten und Orten des Reiches. Dieses System erhielt mit der Gründung einer Filiale der Thurn und Taxisschen Post eine deutliche Aufwertung.[104] Die Taxisschen Postkurse verkehrten ursprünglich nur zwischen dem päpstlichen Hof, der Republik Venedig und den habsburgischen Residenzen in den Niederlanden – hier ist Antwerpen zu nennen – in Österreich mit Wien und in Spanien mit seinem Hof in Madrid. Es war eine reine Stafettenpost. Alle drei Meilen – gemeint sind deutsche Meilen – also alle 22,5 Kilometer, wurden damals die Pferde gewechselt, während der Postillon mit seinem „Postfelleisen" bis zu vierzehn Stunden im Sattel blieb. Das System war zwar schnell, jedoch auch teuer. Die Kosten trug das Haus Taxis und holte sich das Geld sowie einen nicht unbedeutenden Gewinnanteil von den fürstlichen Auftraggebern zurück. Als Hauptsitz wählte die Familie Brüssel und baute zu diesem Zweck in Machelen das Lustschloss Beaulieu. Dort residierte mit fürstlichem Aufwand zuerst Lamoral Claudius von Taxis, während die anderen Familienmitglieder und die Söhne der Nebenlinien die Postämter in Rheinhausen, Augsburg, Rom, Mailand und Madrid verwalteten.[105] Von Machelen aus richtete Lamoral von Taxis 1603 ein Gesuch an Kaiser Rudolf II., „ihm die Post in Köln und alles, was mit der in Frankfurt zusammenhänge", zu übertragen. Er nahm damit den Kampf gegen die lästige Konkurrenz der städtischen Posten auf und hatte Erfolg. Der Kaiser kam dem Gesuch nach und kurz darauf begann der Aufstieg der Taxisschen Filiale in Frankfurt. Damit hatte die etablierte Köln-Frankfurter Stadtpost aber keineswegs ausgedient. Im Gegenteil, sie bestand unter der Frankfurter Patrizierfamilie von der Heyden noch anderthalb Jahrhunderte weiter, bis sie 1749 an die Taxissche Post verkauft wurde. Ihre Postkurse verliefen über den Taunus und den Westerwald. Dabei legten die reitenden Boten etwa 250 Kilometer zurück, wofür sie bei einem Pferdewechsel drei Tage benötigten. Nach den Wirren des 30-jährigen Krieges erfolgte zusätzlich die Gründung eines Hessen-Kasselschen Postamtes im Hainerhof, von dem aus als „evangelische Post" bevorzugt der Verkehr nach Norden, also nach Kurhessen, die Hansestadt Hamburg und die schwedischen Häfen Wismar und Rostock, betreut wurde. Aus dieser Post ging später das Bankhaus Rüppell & Harnier hervor. Die Nürnberg-Kölnische, Straßburger, Leipziger, Bremen-Hamburger Posten gingen dagegen bereits im 17. Jahrhundert in der Reichspost auf.[106]

Im Jahre 1615 wurde Johannes von den Birghden mit dem Auftrag zum kaiserlichen Oberpostmeister von Frankfurt berufen, den Postbetrieb in der Reichsstadt in Schwung zu bringen. Tatsächlich wurde von den Birghden zum Schöpfer des kaiserlichen Postwesens im Reich: Er hat nicht nur Frankfurt zum wichtigsten kaiserlichen Postamt ausgebaut, sondern auch das Postwesen durch Errichtung weiterer Postämter in Leipzig, Hamburg und Nürnberg sowie durch ein Netz kleinerer Poststationen im Deutschen Reich erfolgreich ausgedehnt und auf stabiler Grundlage organisiert. Zu seinen ersten Innovationen gehörte 1616 die

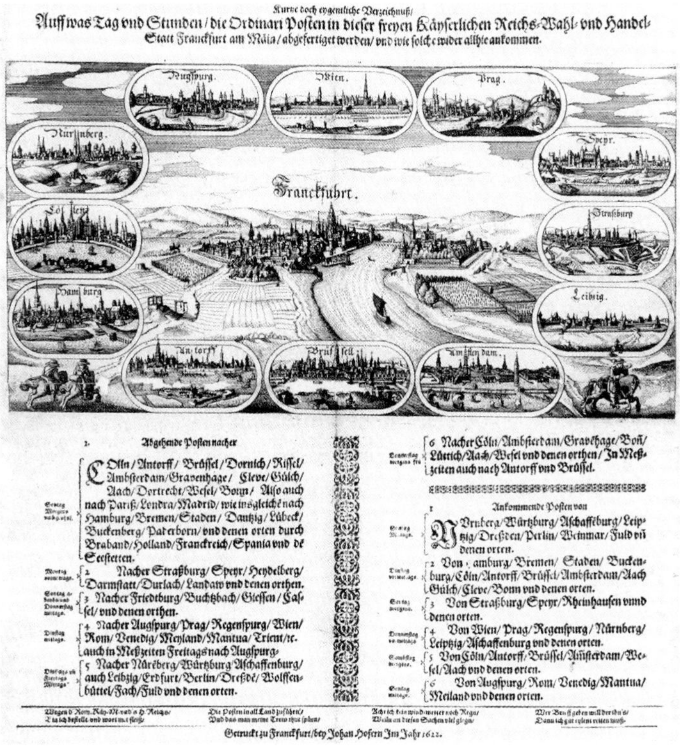
Kurtze doch eygentliche Verzeichnuß/
Auff was Tag vnd Stunden/ die Ordinari Posten in dieser freyen Käyserlichen Reichs-Wahl- vnd Handel-Statt Franckfurt am Mäin/ abgefertiget werden/ vnd wie solche wider allhie ankommen.

1. Abgehende Posten nacher

Cölln/ Antorff/ Brüssel/ Dornich/ Rissel/ Ambsterdam/ Gravenhage/ Cleve/ Gülch/ Aach/ Dortrecht/ Wesel/ Bonn/ Also auch nach Pariß/ Londra/ Madrid/ wie insgleichē nach Hamburg/ Bremen/ Staden/ Dantzig/ Lübeck/ Buckenberg/ Paterborn/ vnd denen orten durch Braband/ Holland/ Franckreich/ Spania vnd dē Seestetten.

2 Nacher Straßburg/ Speyr/ Heydelberg/ Darmstatt/ Durlach/ Landaw vnd denen orthen.

3 Nacher Friedtburg/ Buchtzbach/ Giessen/ Cassel/ vnd denen orthen.

4 Nacher Augspurg/ Prag/ Regenspurg/ Wien/ Rom/ Venedig/ Meyland/ Mantua/ Trient/ etc. auch in Meßzeiten Freitags nach Augspurg.

5 Nacher Nürēberg/ Würtzburg/ Aschaffenburg/ auch Leibzig/ Erdfurt/ Berlin/ Dreßdē/ Wolffenbüttel/ Fach/ Fuld vnd denen orten.

6 Nacher Cöln/ Ambsterdam/ Gravēhage/ Boñ/ Lüttich/ Aach/ Wesel vnd denen orthen/ In Meßzeiten auch nach Antorff vnd Brüssel.

1 Ankommende Posten von

Nürnberg/ Würtzburg/ Aschaffēburg/ Leipzig/ Dreßden/ Perlin/ Weinmar/ Fuld vñ denen orten.

2 Von Hamburg/ Bremen/ Staden/ Buckenburg/ Cöln/ Antorff/ Brüssel/ Ambsterdam/ Aach Gülch/ Cleve/ Bonn vnd denen orten.

3 Von Straßburg/ Speyr/ Rheinhausen vnnd denen orten.

4 Von Wien/ Prag/ Regenspurg/ Nürnberg/ Leiptzig/ Aschaffenburg vnd denen orten.

5 Von Cöln/ Antorff/ Brüssel/ Amsterdam/ Wesel/ Aach vnd denen orten.

6 Von Augspurg/ Rom/ Venedig/ Mantua/ Meiland vnd denen orten.

Getruckt zu Franckfurt/ bey Johan Hofern Im Jahr 1622.

Erstes Kursverzeichnis der Thurn- und Taxisschen Post von 1622 mit Ansichten der Fahrtziele Augsburg, Wien, Prag, Speyer, Straßburg, Leipzig, Amsterdam, Brüssel, Antwerpen, Hamburg, Köln und Nürnberg

Das Palais Thurn und Taxis in der Großen Eschenheimer Straße

Einführung von Kursverzeichnissen mit den von Frankfurt abgehenden und ankommenden Posten, die mit den Ansichten der Hauptstädte des Taxisschen Postnetzes geschmückt waren.

Der eigentliche Aufstieg der Handelsstadt zum Zentrum des deutschen Postwesens begann mit der Verlegung der Taxisschen Postzentrale von Brüssel nach Frankfurt. Dies stand im engen Zusammenhang mit dem Befreiungskampf der Holländer im 16. Jahrhundert einerseits und den Auseinandersetzungen zwischen Spanien, Frankreich und Österreich im 17. und beginnenden 18. Jahrhundert andererseits. Die Fürsten von Thurn und Taxis gerieten zwischen die Fronten, als die vereinigten Niederlande auseinanderfielen. Die nördlichen Provinzen schlossen sich zu den freien Generalstaaten zusammen und bauten ein eigenes Postnetz auf. Auch die südlichen Provinzen, die jetzt als Spanische Niederlande bezeichnet wurden, schufen sich eine eigene Postgesellschaft. Vor diesem Hintergrund rief Kaiser Karl VI. die Thurn und Taxis im Jahre 1724 zurück ins Reich und befahl der Familie, ihre Residenz und die Generaldirektion der Reichspost von Brüssel nach Frankfurt zu verlegen. Der Rat der Reichsstadt Frankfurt war keineswegs erfreut über das Vorhaben und befürchtete nicht ohne Grund, dass der Fürstliche Hof die der Stadt verliehenen Privilegien nicht achten würde. Er konnte auch nicht durch die Aussicht, die Frankfurter Filiale „als eine der vornehmsten Kaiserlichen Poststationen" auszubauen, positiv gestimmt werden. Stattdessen schlugen die Wogen hoch, und der Rat schickte eine „Remonstration" nach der anderen an den Reichshofrat nach Wien und an den Reichstag in Regensburg. Die Bürger von Frankfurt wünschten keine katholischen

Fürsten in ihren lutherischen Mauern – bei diesem Votum blieben sie auch. Alles wurde zu einem Problem. Der Kauf eines Grundstückes war von einem jahrelangen Kampf mit dem Rat der Stadt begleitet und der sich anschließende Bau der Residenz von zahlreichen Konflikten mit den Handwerkern.[107] Doch die Fürsten Anselm Franz und sein Nachfolger Alexander Ferdinand von Taxis war mindestens ebenso hartnäckig wie die Frankfurter in ihrem Abwehrkampf und ließ in den Jahren 1731 bis 1741 mit erheblichem Aufwand ein Palais nach einem Entwurf des französischen Hofarchitekten Robert de Cotte aus dem Jahre 1727 erbauen.

Es entstand ein bemerkenswerter Bau. Er war zwar für Frankfurter Verhältnisse gewaltig, zumal das fürstliche Haus in der Eschenheimer Gasse zwischen Krämer- und Metzgerläden stand, doch zeichnete sich die Straßenfront keineswegs durch überladenden Prunk aus, sondern fast schon durch bürgerliche Nüchternheit, zu der nur der militärische Doppelposten vor dem Portal nicht passen wollte. Der Kupferstich von Johann Michael Eben betont diese Einfachheit. Gegliedert wurde die Front durch die großen, um die vier Meter hohen und zwei Meter breiten Fenster im Erdgeschoss und im ersten Stock, die unteren waren jeweils mit einer breiten Fensterbank versehen. An den Mauerkanten traten große Sandsteinquader hervor und zwischen Erdgeschoss und erstem Stock verlief ein sandsteinernes Gurtgesims, das den gesamten Bau einfasste und sich auch an der Hof- und der Gartenfront entlang zog. Über dem ersten Stock erhoben sich Mansardendächer, die links und rechts über den Pavillonen in einfache Nachbardächer übergingen.

Die beiden Vorderbauten zur Straße hatten fünf und sogar sieben Fensterachsen. Dazwischen befand sich die Muschel der Einfahrt mit dem reich geschmückten Portal. Mit seiner Breite und Höhe von acht Metern bildete dieser Teil des Gebäudes ungefähr ein Drittel der 26 Meter langen, acht Meter hohen Wand. Oben auf dem Portal befand sich ein Schild, überhöht von der Fürstenkrone des Reiches und umhangen von der Kette des Goldenen Vlieses. Auch die weiteren figurativen Elemente sind voller Anspielungen. Gegen den Schild springt von rechts ein Löwe. Doch Athene auf der anderen Seite ist auf der Hut. Sie streckt dem Angreifer das Haupt der Medusa entgegen und versteinert ihn. Die mit einem Rundbogen überspannte Tordurchfahrt hatte immer noch das stattliche Maß von drei Metern und war durch zwei vier Meter hohe Torflügel aus reich verziertem Eichenholz verschlossen. Ein Tor dieser Größe war auch notwendig, wollte man den mächtigen Karossen dieser Zeit eine bequeme Einfahrt ermöglichen. Hinter den Wänden der Tormuschel befanden sich rechts und links die Stuben der Torhüter. Durch ihre beiden großen Fenster hatten sie einen guten Einblick auf den Eingang.

Der Haupthof bildet ein Quadrat von 30 Metern Seitenlänge und war damit groß genug, um gleichzeitig mehrere zweispännige Equipagen vorfahren zu lassen. Selbst eine Kutsche mit einem Vierergespann konnte sich in diesem Hof noch bewegen. Durchschritt man von der Großen Eschenheimer Gasse kommend das Portal, so stand man unter einer Säulenhalle und blickte rechts und links auf den von Arkaden gesäumten Hof. Dem Baumeister hatte hier wohl ein Arkadenhof seiner Heimat vorgeschwebt. Es handelte sich um ein Architekturelement, das Robert de Cotte als Schüler Palladios in seinem Bauprogramm immer wieder variiert hat. Dem Portal gegenüber stand das Haupthaus von schlichter Einfachheit und klassischer Ordnung. Die Fassade wurde von einem Gurtband und zwei Reihen fast gleich großer Fenster untergegliedert. Zwischen den beiden Fenstergruppen befand sich ein Mittelrisalit und darüber erhob sich das Mansardendach. Fried Lübbecke hat darauf hingewiesen, wie sehr diese Fassadengliederung in der bürgerlichen Architektur Frankfurts Schule gemacht hat. So griff der Baudirektor Friedrich Lorenz Müller, der 1754 für den Landgrafen von Hessen-Darmstadt den Darmstädter Hof erbaute, ganz gezielt auf die Formensprache des Palais' zurück.

Im Giebel des Mittelrisalits wurde das Allianzwappen des Fürsten Anselm Franz von Thurn und Taxis und seiner Gemahlin, der Fürstin Ludovika von Lobkowitz, Herzogin von Schlesien, angebracht. Zwei Löwen hielten die unter dem Fürstenhut zueinander geneigten Wappenschilde, die zusätzlich durch die Kette des Ordens zum Goldenen Vlies verbunden waren. Zur Wappengruppe gehörten noch zwei jeweils zwei Meter hohe Trophäen. Sie zeigten auf der rechten Seite einen antiken Panzer mit Helm darüber, zwei pfeilgefüllten Köchern und zwei Legionsstandarten mit einer Doppelaxt sowie einen Reiterküraß mit einem kronenverzierten offenen Helm. Es fanden sich noch weitere Reiterstandarten sowie eine Kesselpauke und eine Trompete. Das ganze Ensemble war von dem Bildhauer Paul Egell aus Mannheim angefertigt worden.

Rechts vom Haupthof lag noch der Kutschenhof. Von ihm aus führte eine drei Meter breite Durchfahrt in den Haupthof, so dass die Herrschaftskutschen direkt vom Stall aus vorfahren konnten. An den Kutschenhof schloss sich das Stallgebäude an. Es verfügte über eine Reithalle sowie eine Wagenremise und konnte nach seinem späteren Ausbau bis zu 80 Pferde aufnehmen. Im Oberstock verfügte der Bau über 17 große Räume für das zahlreiche Stallpersonal, und unter dem Dach wurden Stroh und Heu gelagert. Im Hof befanden sich zudem eine Dunggrube und ein Brunnen. Die zahlreichen Pferde und ein Hofpersonal von 200 Personen erforderten umfangreichere sanitäre Anlagen. So lagen neben der Dunggrube noch zwei große unterirdische Gruben: eine für das Regenwasser und die zweite für die Jauche. Die Thurn und Taxissche Postverwaltung besaß im Rahmhof und im Haus „Zum Weißen Schwan“ für ihre Postpferde noch weit größere Stallungen. Mit ihnen war eine bis nach Homburg und Neu-Isenburg jenseits des Mains über 600 Morgen umfassende ausgedehnte Landwirtschaft verbunden, die das Heu und den Hafer für die zahlreichen Pferde des Postbetriebs und des Hofes bereitstellte. Das Land dort nahm auch den Inhalt der Mist- und Jauchegruben des Schlosses auf, so dass ein beständiger weiträumiger landwirtschaftlicher Fuhrbetrieb bestanden hat. Wie auch immer, die

Ausdünstungen waren beträchtlich, und so pochte Fürst Anselm Franz in seinen Briefen aus Brüssel an seinen Frankfurter Geheimsekretär Heysdorff darauf, die Grenzmauer zwischen dem Marstall und dem Schlossgarten von drei auf sechs Meter zu erhöhen, damit nicht nur die Fliegen jenseits von ihr blieben. Auf der linken Seite des Haupthofs befand sich dann noch der Küchenhof. Er war schmal und lang und lag hinter der Konditorei und der großen Küche. Wie der Kutschenhof war er ursprünglich durch eine Ausfahrt mit der Großen Eschenheimer Gasse verbunden. Auch unter ihm lag eine Grube für die Abwässer aus der Küche und zwei Klosets für die Dienerschaft an der Rückwand des Hofes.

Sämtliche Räume des Schlosses waren massiv unterkellert. Die Außenmauern dieser großen Kelleranlage maßen fast zwei Meter und die durchschnittliche Höhe mehr als drei Meter. Darin befanden sich unter anderem der Weinkeller, zwei gut isolierte Eisgruben, in denen das im Winter gebrochene Eis bis in den Sommer hinein aufbewahrt wurde, sowie eine große Zisterne, in der Regenwasser für die Waschküche und für die Pferdetränke gesammelt wurde. Neben ihr lag eine zweite Grube für die Abtritte neben der zu diesem Vorderbau aufsteigenden Hoftreppe. Eine dritte Grube, die mit einer Grundfläche von vier auf drei Metern und einer Tiefe von drei Metern etwa 40 Kubikmeter fasste, lag am Ende des südlichen Hoftraktes. Diese Gruben wurden alljährlich ausgeschöpft und gereinigt, der Inhalt aufs Feld gefahren oder in den Main geschüttet.[108] Alles war groß an diesem Haus – zu groß für die Bürgerstadt.

In dieses Palais in der Eschenheimer Gasse zu Frankfurt zog im Jahre 1739 der Sohn des Erbauers, Fürst Alexander Ferdinand von Taxis, mit großem Gefolge ein, nachdem der Bau zeitweise bereits von seinem Vater bewohnt worden war. Seine Hofhaltung in Frankfurt war mit erheblichen Aufwendungen und repräsentative Verpflichtungen verbunden. Allein die Dienerschaft bestand aus 160 Personen. Dazu kamen 50 Brüsseler Beamte der Generalpostdirektion.[109] Alles in allem eine mächtige Institution inmitten der Frankfurter Kleinbetriebe. Doch Fürst samt Gefolge hielten es nicht lange in der Stadt aus. Am Ende siegte doch der hinhaltende Widerstand der Bürger. Der ungeliebte Fürst zog bereits 1748 seine Residenz in Regensburg der renitenten Bürgerstadt vor. Leer zurück blieb das neben der Bartholomäuskirche größte Gebäude in Frankfurt. In den nächsten Jahrzehnten diente es sporadisch der Unterkunft großer Häupter bei den Wahl- und Krönungszeremonien. Die Franzosen, genauer Marschall Duc de Broglie, der Oberstkommandierende der Französischen Hilfsarmee für Kaiserin Maria Theresia, nutzten es bei ihrer Besetzung der Stadt nach Lust und Laune. Bei ihrem Abzug klagte der Hausverwalter über die Schäden, die sie nach dreijähriger Einquartierung im Palais Thurn und Taxis zurückgelassen hatten. Viele Gegenstände seien mitgenommen, Kamine, Möbel und Betten beschädigt worden. Vor der Krönung Kaiser Leopolds II. im Jahre 1790 mussten alle Schlossräume vollständig überholt werden, bevor Fürst

Der ehemalige Darmstädter Hof, Zeil 46 (später Zeil 100), um 1890

Karl Anselm von Thurn und Taxis das repräsentative Gemäuer wieder an Gesandtschaften vermieten konnte.[110]

Herzstück der Postzentrale war jedoch nicht das Palais, sondern der benachbarte Posthof. Noch bis in das Jahr 1722 war die Thurn und Taxissche Post in der Töngesgasse im Hause Löwenberg untergebracht gewesen und damit von der Fahrpost getrennt, die sich bis 1747 in der Schnurgasse und danach im „Weißen Schwanen“ auf dem Steinweg befand. Extraposten gingen vom „guldenen Schwanen“ auf der Friedbergergasse ab. Die Briefpost wurde 1766 von der Töngesgasse auf die Zeil gegenüber dem „Roten Haus“ verlegt.[111] Die kaiserliche Post unterhielt damals bereits 18 Kurse in die verschiedenen Gebiete Deutschlands, gewährte auch Anschlüsse ins Ausland und hatte hierfür besondere Fahrpläne aufgestellt. Außer der Kaiserlichen Post der Fürsten von Thurn und Taxis gab es bis zur Mitte des 18. Jahrhunderts noch die Kölner Post auf dem Kornmarkt, die bereits erwähnte Hessen-Kasselsche Post im Hainer Hof, die nur den Verkehr nach Sachsen, Thüringen und Niederdeutschland bediente und schließlich noch die Hessen-Darmstädtische Post im Darmstädter Hof auf der Zeil sowie die Hessen-Homburgische Post im Gasthof der „Stadt Ulm“ auf der Schäfergasse.

Der Posthof der Thurn und Taxisschen Post gehörte zu den modernsten seiner Zeit. Auffallend ist die überdachte Abfertigungshalle, die durch ein geschicktes Arrangement der Postgebäude entstanden war. Sie ermöglichte den Passagieren auch bei schlechtem Wetter ein bequemes und regengeschütztes Ein- und Aussteigen und nahm damit den Komfort der späteren Bahnhöfe vorweg. Der Steindruck von J. B. Bauer griff diese Innovation in einer lebendigen Abreiseszene auf. Es wird eingestiegen und ausgepackt. Im Hintergrund fährt ein Postwagen mit fünf Pferden ab, zwei an der Deichsel, drei davor. Ein anderer mit vier Schimmeln und einem Postillon auf dem Stangenpferd kommt gerade an. Weiterhin sind Kavaliere in Pelerinenmänteln, Damen in weiten Röcken und runden Muffs, Schiebkärcher und Hunde sowie Gepäck aller Art zu sehen. Bilder, wie die von J. B. Bauer, haben Heinrich Voelcker zu einer farbenfrohen Beschreibung des geschäftlichen Treibens im frühneuzeitlichen Frankfurt veranlasst, bei der auch der Kaiserliche Postbetrieb eine Rolle spielt: „Groß war“, schrieb er, „beim Abgang der Postkutschen das Gedränge vor den Posthäusern: Verwandte, die von den Reisenden Abschied nahmen oder Ankommende bewillkommneten, Boten, die Gepäck und Briefe brachten, dazu viele Neugierige, die die Abreisenden und Ankömmlinge anstaunten und neue Nachrichten zu erhaschen dachten. Die Kondukteure aber und Postillione fertigten nach den ihnen erteilten Anordnungen die Passagiere ab und hielten streng darauf, dass keine verbotswidrigen Waren, Koffer und Briefe mitgeschmuggelt wurden. Kenntlich waren die kaiserlichen Postoffizianten an ihrer Kleidung, der Reichsmontur, dem langen gelben Rock, der an den Rändern mit dicht gesetzten Knöpfen und mit Litzen verzierten Knopflöchern versehen war. Nach vorn offen, ließ er die schwarze Samtweste mit ihren Goldtressen erkennen. Volkstümlich, aber auch wegen seiner Grobheit und seiner Forderungen zugleich war der Postillon, der ‚Chevalier‘, aus dem die Mundart den ‚Schwager‘ gebildet hatte. Sein Kennzeichen war neben den hohen Schaftstiefeln das Posthorn. Seine Kleidung nahm im Wechsel der Mode mehr und mehr soldatischen Zuschnitt an, er trug einen Frack oder Kollett mit umgeklappten Schoßecken und – auf dem Kopfe eine Perücke, darüber den zweiseitig aufgeklappten Hut mit einem Federstutze.“[112]

Mit seinen Postgesellschaften, vor allem aber als Zentrale der größten Post im deutschsprachigen Raum befand sich Frankfurt im Zentrum der damaligen Verkehrs- und Nachrichtenrouten. Diese wichtige Funktion verdeutlicht die Postroutenkarte von Johann Peter Nell und Johann Baptist Homann aus dem Jahre 1714. Auf dieser und ähnlichen Kartenwerken der Postgesellschaften waren oftmals nicht nur die Wege, sondern auch die Dauer der Reisen eingezeichnet. Deutlich sind die Verkehrsknoten der damaligen Zeit zu erkennen. Es handelte sich dabei um die Städte Hamburg, Zell, Münster, Köln, Hannover, Halberstadt, Berlin, Leipzig, Dresden, Nürnberg, Augsburg, Ulm, München und eben auch Frankfurt am Main. Diese Städtehierarchie sollte sich später durch die modernen Verkehrssysteme des 19. Jahrhunderts bedeutend verändern. Nur wenigen gelang es so gut wie Frankfurt, im Zentrum der Verkehrsnetze zu bleiben. Mit der Etablierung zentraler Postgesellschaften war dafür der Grundstein gelegt worden. Frankfurts Position in den Verkehrsnetzen der Zeit resultierte also unmittelbar aus seiner Funktion als Handelsstadt. Aber Frankfurt war nicht nur eine Stadt der Kaufleute und Finanzdienstleister, da große Teile der Bevölkerung vom Gewerbe lebten und ihr Auskommen im Handwerk fanden.

1.5 Das Handwerk

Neben dem Handelsbürgertum existierten als zweite große Bürgergruppe die in über 40 Zünften organisierten mehr als 1.000 Handwerker. Zwischen beiden Gruppen des städtischen Wirtschaftsbürgertums bestand ein bestimmtes Abhängigkeitsverhältnis, das in der zeitgenössischen Literatur folgendermaßen wiedergegeben wurde: „Ich will einige Stände wahrhaft und ohne allen Panegyrikus schildern, und dann der Eindrücke der Arbeit auf unsere Körper gedenken. Der Handelsmann ist in Frankfurt ohnstreitig sehr beschäftigt. Er sucht seine Reichthümer zu vermehren. Sein Com[p]toir ist daher die Werkstatt von tausend Arbeiten; und da seine Geschäfte sich nicht bloß auf den kleinen Punct, in dem er wohnt, sondern in alle Theile der Welt erstrecken, so muß er tau-

Das ständische Handwerk: Der Schlosser. Holzschnitt aus Christoff Weigels Ständebuch, 1698

send Dinge in seinem Kopf rangiren. (...) Die Früchte des Handels werden in den Schooß des Handwerkers mit einem vollen Füllhorne ausgegossen, und da der Handwerker, wenn er nur arbeiten will, seinen Nutzen und seine künftigen Reichthümer sieht, so dingt er alle Hände auf die, die Arbeit und die Strapazen mit ihm theilen."[113] Auffallend ist, dass hier das Verhältnis zwischen Handel und Handwerk geradezu umgekehrt ist. Sollte eigentlich der Händler die Produkte des Handwerks vertreiben, so ist es in der Beschreibung von Behrends der Handwerker, der vom Reichtum des Handels profitierte. Das hatte seine Gründe. Der Handel basierte in Frankfurt am Main nicht auf einer wie auch immer gearteten eigenständigen gewerblichen Produktion vor Ort. Deshalb reduzierte sich mit dem Niedergang der Wollweberei die Tätigkeit der Handwerker seit dem 15. Jahrhundert fast vollständig auf die Versorgung der Stadt. Nicht umsonst konzentrierten sich die bedeutendsten Gewerbe im Bereich der Kleidungs-, Bau- und Lebensmittelproduktion.[114] Darüber hinaus lebten die Handwerker zu einem beträchtlichen Teil von der Luxuskonsumtion der wohlhabenden Kaufleute. Das war es, was Behrends damit meinte, wenn er schrieb: „Die Früchte des Handels werden in den Schooß des Handwerkers mit einem vollen Füllhorne ausgegossen".[115]

Aus einer aus dem Jahre 1762 überlieferten Aufstellung gehen die Größenrelationen der verschiedenen Handwerke hervor. Die größte Berufsgruppe bildeten mit 133 Werkstätten die Schneider, dicht gefolgt von den Schreinern mit 131. Danach kamen mit 96 Betrieben die Brauer und mit 62 die „Perruquiers". Aus dem Nahrungsmittelhandwerk sind noch 57 Metzger und 51 Bäcker zu erwähnen. Interessant ist der relativ hohe Anteil von Meisterwitwen, die nach dem Tod ihres Mannes den Betrieb fortführten. Bei den Schreinern wurde auf diese Weise jeder vierte Betrieb von einer Frau geführt, bei den Perückenmachern jeder sechste und bei den Bäckern sowie Brauern immerhin noch jeder zehnte. Die Zünfte beschäftigten im selben Jahr über 2.000 Gesellen, von denen je nach Handwerk zwischen 50 und 100 Prozent Fremde – also keine Bürger der Stadt – waren. Am häufigsten arbeiteten ein bis zwei Gesellen in einer Werkstatt, wenige Handwerker hatten drei, und nur je ein Maurer und ein Maler mehr als zehn. Dabei handelte es sich um den Maurermeister Kayßer, der 25 Gesellen beschäftigte, und um den Tapetenmaler Johann Andreas Benjamin Nothnagel, dessen Betrieb mit 13 Gesellen und vier Tagelöhnern bereits die Dimension einer kleinen Manufaktur erreicht hatte. Insgesamt gehörten zum Handwerk ungefähr 3.000 Berufstätige.[116] Das Merkantilschema von 1773 führt 428 Handwerker auf, die damit ihr Interesse an den Messfremden bekundeten. Im Gewerbekalender von 1820 werden dagegen bereits 1.526 Handwerker und 49 Landwirte aufgeführt. Im Adressbuch von 1834 sind dann nicht weniger als 2.555 Handwerker und 815 Landwirte, bei denen es sich vor allem um Gärtner und Fischer handelte, sowie 233 Wirte und Bierbrauer verzeichnet. Zusammen stellten sie damit mehr als ein Drittel der 9.372 Haushaltungsvorstände.

Die Handwerker bildeten bis zum Ende des 19. Jahrhunderts die größte geschlossene Bevölkerungsgruppe der Stadt. Und sie waren gut organisiert. Im Gegensatz zum Handelsbürgertum war das Handwerk direkter und umfassender im Rat vertreten. Insgesamt zwölf der 43 Ratsmitglieder kamen aus seinen Reihen. Allerdings waren nicht alle Zünfte gleichermaßen berücksichtigt. Es wurde zwischen ratsfähigen und nichtratsfähigen Zünften unterschieden – eine Differenzierung, in der sich althergebrachte Hierarchien und Wertvorstellungen im Ansehen der verschiedenen Handwerksberufe tradiert hatten. Insbesondere wurden aber auch die für die Versorgung der Stadt wichtigen Berufe privilegiert. Neben der dritten Ratsbank verfügten die Handwerker mit den Zünften und den Zunftvorstehern, den sogenannten „Geschworenen des Handwerks", über weitere Einrichtungen, um ihren Einfluss geltend zu machen, und dies obwohl sie im 17. Jahrhundert politisch entmachtet und dem Rat unterstellt worden waren. Aber es war den Handwerkern gelungen, die Beschränkungen im 18. Jahrhundert zum Teil rückgängig zu machen und die Zünfte wieder für eine gemeinsame Interessenpolitik zu nutzen.

In den Ratsordnungen von 1766 und 1775 wurde der rechtliche Rahmen der Zünfte neu geordnet und in diesem Zusammenhang auch das System ihrer Vertretung erneuert. Zu diesem Zweck wurde am 7. Juli 1772 die „Gewerbe- und Innungsdeputation" gegründet, die der Vermittlung zwischen den Zünften und dem Rat dienen sollte. Sie setzte sich aus dem Jüngeren Bürgermeisteramt und zwei Vertretern der Dritten Ratsbank zusammen und erlangte das Recht zur Gesetzesinitiative in Handwerksangelegenheiten. Von diesem Recht machten die Deputierten häufig Gebrauch. Auf diese Weise entstanden zahlreiche Zunftordnungen, die bis weit in das 19. Jahrhundert ihre Gültigkeit behielten. Die Innungsdeputation war gleichfalls oberste Instanz für Beschwerden der Handwerker. Hier fand eine genaue Kontrolle aller Angelegenheiten statt, die mit dem „Nahrungsschutz", das heißt mit allen Vorkehrungen, die den Handwerkern ein sicheres Auskommen gewährleisten sollten, zu tun hatten. Die reklamierten Übertretungen wurden geprüft und abgestellt. Die Deputation unterstützte den Rat mit Gutachten und wahrte so die Interessen der Handwerker. Sie übte auch die Funktion einer Schlichtungsinstanz zwischen Gesellen und Meistern aus, falls die Geschworenen der einzelnen Zünfte sich nicht einigen konnten.[117] Dass eine sozial und ökonomisch schwächer gestellte Berufsgruppe der städtischen Bürgergesellschaft politisch besser gestellt war als das wirtschaftlich dominante Handelsbürgertum, ist einigermaßen erstaunlich und blieb nicht ohne Konsequenzen für politische, Auseinandersetzungen in der Stadt.

Im 19. Jahrhundert war das Handwerk die Gruppe des Bürgertums, die am direktesten vom Modernisierungsprozess betroffen wurde. Unter welchen Rahmenbedingungen sie diese Auseinandersetzungen führte, ist von daher nicht belanglos. Ihre Präsenz in den politischen Strukturen der bürgerlichen Gesellschaft in Frankfurt am Main ermöglichte eine Teilhabe an den politischen Auseinandersetzungen, ohne dass insgesamt von einer kleinbürgerlich dominierten Gesellschaft gesprochen werden kann. Aus dem Handwerk sowie aus den Bevölkerungsgruppen der Kaufleute, Bankiers und der Patrizier rekrutierten sich zu über 90 Prozent die Haushaltungsvorstände. Demgegenüber war das sogenannte Bildungsbürgertum, in ersten Linie Juristen, Ärzte, Gelehrte und städtische Beamte, quantitativ betrachtet peripher.

Wie verhielten sich diese Gruppen zueinander? Muss von einer strikten sozialen Separierung ausgegangen werden, von eigenen Milieus oder gar von Ghettos, in denen sich einzelne Gruppen der Stadt abkapselten oder gezwungen wurden, auf einem bestimmten Raum in der Stadt zusammenzuleben? Eine erste Antwort geben sozialtopographische Auswertungen.

1.6 Sozialtopographische Betrachtungen um 1760 und 1850

Tatsächlich lässt sich einiges über die sozialräumliche Struktur der Stadt sagen, wenn das in der Heranführung erwähnte „Gegenschreiberbuch" von Johann Anton Ritter aus dem Jahre 1761 herangezogen wird. Ritter war der Schreiber des „Bürgerausschusses der 51er" gewesen und hatte in dem Buch sämtliche Häuser, ihre Eigentümer, die Hausfrontlängen und die Zahl der benötigten Lampen zur Beleuchtung des öffentlichen Raums sowie die Höhe der von jedem einzelnen Bürger für den Unterhalt der Beleuchtungsanlage zu erhebenden Steuer verzeichnet. Damit lässt das Verzeichnis nicht nur einen Einblick in die damaligen Besitzverhältnisse zu, sondern es enthält auch Angaben zu den Gebäuden, die in Verbindung mit der fast zeitgleich entstandenen Stadtansicht von Merian noch an Anschaulichkeit gewinnen.[118] Ritter verzeichnete fast 3.000 Häuser, zu denen allerdings auch städtischer und kirchlicher Hausbesitz gehörte. Insgesamt sind 2.295 bürgerliche Hausbesitzer aufgeführt. Damit besteht eine auffallende Differenz zu den ungefähr 3.500 Bürgern, die zur Mitte des 18. Jahrhunderts einem Haushalt vorstanden. Es verfügten also nur zwei Drittel der Frankfurter Bürgerschaft über Hausbesitz. Der Rest wohnte bei Verwandten oder hatte sich zur Miete einquartiert.

Es ergeben sich weitere bemerkenswerte Befunde. Wenn das Verzeichnis auch keine direkten Angaben zum Wert der Häuser enthält, so sind doch indirekte Vergleiche über die Höhe der in zehn Klassen eingeteilten Beleuchtungssteuer möglich. Unter den 2.295 Hausbesitzern um 1760 war der Stadtadel im gesamten mit kaum drei Prozent vertreten. Bei den hochwertigen Häusern stellte er allerdings über zehn Prozent.[119] Etwas mehr als 15 Prozent entfielen auf das kaufmännische Bürgertum, einschließlich der Bankiers, Fabrikanten und Verleger. Fast die Hälfte aller Kaufleute, die über eigenen Hausbesitz verfügten, bewohnte Häuser von mittlerem Wert. Ein knappes Viertel bewohnte einfache bis ärmliche Häuser, war also von der Lebenslage her recht weit entfernt von dem Viertel der ausgesprochen wohlhabenden Kaufleute, die die repräsentativen Häuser bewohnten.

Interessant ist der jeweilige Anteil von Kaufleuten an den oberen, mittleren und unteren Hauswerten. Im unteren Drittel stellten Kaufleute lediglich sieben Prozent, im mittleren dagegen fast 30 Prozent und im oberen sogar über 40 Prozent aller Hausbesitzer. Diese wenigen Zahlen geben einen Eindruck von der sozialen Spannbreite dieser Schicht, legen aber auch den Schwerpunkt offen, der sich eindeutig im Bereich des wohlhabenden Mittelstands befand. Ganz anders verteilte sich der Hausbesitz bei den Handwerkern. Mit 1.472 Personen stellten sie fast zwei Drittel der Hausbesitzer, also das Vierfache der hausbesitzenden Handelsbürger. Ihr Schwerpunkt lag mit fast drei Vierteln eindeutig im unteren Bereich der Steuerklassen. Nur ein Fünftel verfügte über Hausbesitz von mittlerem Wert, und lediglich 87 Handwerker oder sechs Prozent bewohnten große repräsentative Häuser, was faktisch nur die Gruppe der Wirte und Bierbrauer betraf.[120]

Mehr als 60 Prozent der Hauseigentümer bewohnten also Häuser der Klassen eins bis vier. Es handelte sich hierbei um eher ärmliche Häuser mit meist nur einer Wohnung. Sie gehörten den Weingärtnern und Fischern Sachsenhausens, den ärmeren Handwerkern und Kleinhändlern, aber auch zu immerhin fast sechs Prozent Tagelöhnern und Gesellen, aber nicht einmal zu fünf Prozent Kaufleuten. Etwas mehr als ein Viertel der Hausbesitzer verfügte über stattliche Fachwerkhäuser mit zwei bis drei Etagen und oftmals einer Werkstatt im Parterre. Im Häuserverzeichnis entfielen auf sie die Klassen fünf bis acht. Sie gehörten ebenfalls zum größeren Teil Handwerkern, aber mit 43 Prozent zu bedeutenden Teilen auch Kaufleuten und Wirten. Lediglich ein Achtel der Hausbesitzer besaß Häuser der gehobenen Klassen neun und zehn, nicht selten mehrere davon. Dies waren Patrizierhäuser, große Gasthöfe oder repräsentative Häuser mit dem „Comptoir" eines wohlhabenden Handelsmannes. Sie waren mehrstöckig und enthielten oft mehrere Wohnungen. Hier dominierte mit fast 40 Prozent das Handelsbürgertum. Der Stadtadel, im gesamten kaum mit drei Prozent an der Stadtbevölkerung vertreten, stellte bei den Hausbesitzern in diesen beiden oberen Klassen immerhin zehn Prozent. Weitere 20 Prozent entfielen auf Gastwirte, während Handwerker und Kleinhändler nicht einmal zehn Prozent stellten.[121]

Das Bildungsbürgertum, also im wesentlichen Ärzte und Juristen, hatte nur einen bescheidenen Anteil am Hausbesitz. Insgesamt sind aus diesen Berufsgruppen lediglich 59 Hausbesitzer aufgeführt. Das waren nicht einmal drei Prozent aller Hausbesitzer. Die meisten bewohnten wie die Handwerker Häuser der unteren und mittleren Steuerklassen. Eine Ausnahme bildeten in dieser Beziehung nur zehn Ärzte und sieben Juristen, die in den Ämtern der Stadt tätig waren. Überraschend hoch war mit fast 18 Prozent der Anteil der Frauen am Hausbesitz, eine Größenordnung, die auch in späteren Steuerverzeichnissen relativ konstant anzutreffen ist.

Vorrangig handelte es sich dabei um Witwen, und zwar zu neunzig Prozent. Vermutlich stellte der Hausbesitz, insbesondere bei den weniger wohlhabenden Bürgergruppen, eine Altersversorgung dar. So weit dies aus Berufsangaben geschlossen werden kann, waren es vor allem Witwen von Handwerkern, für die, falls sie das Gewerbe fortführten, der Besitz eines Hauses mit Werkstatt unerlässlich war. Es kann aber auch nicht ausgeschlossen werden, dass Wohnraum weitervermietet wurde, um aus den Einkünften den Lebensunterhalt zu bestreiten. Es gab weiterhin eine Gruppe von Kaufmanns- und Patrizierwitwen, die über ausgesprochen großen Hausbesitz verfügte. Immerhin befanden sich unter den 45 größten Hausbesitzern der Stadt vier Witwen. Dies zeigt vor allem, dass Frauen im wirtschaftlichen Bereich eine zwar minderprivilegierte, aber keine unbedeutende Stellung einnahmen.

In den einzelnen Quartieren, in die die Stadt eingeteilt war, lassen sich meistenteils Häuser aller zehn Klassen nachweisen, was auf eine soziale Durchmischung der Stadtbevölkerung schließen lässt. Wenn dies auch im Allgemeinen zutrifft, so fallen doch einige Konzentrationen in den Stadtteilen auf. So standen in den Quartieren N und O – dabei handelte es sich um Sachsenhausen – überproportional viele Häuser der niedrigsten Steuerklasse. Aus dem Rahmen fielen dort lediglich zwei Häuser der Steuerklasse zehn und vierzehn Häuser der Steuerklasse sechs. Diese heben sich auf den zeitgenössischen Stadtplänen auch deutlich von dem restlichen Häuserbestand in den beiden Stadtquartieren ab. Zu ihnen gehörten Gartenareale, die fast so groß waren wie ganz Sachsenhausen. Zahlreiche Häuser mit der Steuerklasse zehn, und damit die Häuser der Wohlhabenden, befanden sich vor allem in den Quartieren D, E und I, die damalige nördliche Neustadt und ein Viertel umfassend, das an den Samstagsberg angrenzte. Nichtsdestotrotz hatten sich bis auf den Armenvorort Sachsenhausen die einzelnen sozialen Milieus noch nicht sonderlich räumlich voneinander geschieden, es gab allenfalls einzelne Straßenzüge mit bevorzugten Wohnlagen entlang der wichtigsten Fahrwege.

Als Resümee kann festgehalten werden, dass sich, wenn auch recht deutliche Konzentrationen vorhanden waren, die Hauptgruppen des Stadtbürgertums nicht eindeutig vertikal aufsplitten lassen, weil sowohl das Handelsbürgertum wie auch die Handwerker hinsichtlich ihrer Wirtschaftskraft große Unterschiede aufwiesen. Teile der Kaufmannschaft lebten in durchaus bescheidenen Einkommens- und Besitzverhältnissen, während umgekehrt noch bis weit ins 19. Jahrhundert hinein Teile des Handwerks zu den sehr Wohlhabenden gehörten. Die wirtschaftliche Spitzengruppe der Stadt setzte sich um 1760 aus dem Patriziat, den Kaufleuten und Bankiers sowie einigen Handwerkern zusammen. Das verlief quer zur festgefügten berufsständischen Ordnung und deutet darauf hin, dass seit längerem Bewegung in die mittelalterliche Abfolge der Stände gekommen war.

Rund achtzig Jahre später hatte sich die Situation zwar nicht grundlegend, doch in zahlreichen Einzelheiten verändert, womit die Richtung der Dynamik in der sozialen Zusammensetzung des Frankfurter Bürgertums deutlicher hervortritt. Auskunft darüber gibt ein Mietsteuerverzeichnis der Jahre um die Jahrhundertmitte. Die Mietsteuer war ursprünglich als Haussteuer geplant und sollte die ungeliebte, in napoleonischer Zeit eingeführte Einkommensteuer ersetzen. Das Konstrukt einer Mietsteuer, die auch die Hauseigentümer berücksichtigte, wurde gewählt, um sowohl die zahlreichen Bürger ohne Hausbesitz als auch die dauernd in Frankfurt lebenden Fremden, die als Beisassen oder Permissionisten an einem Teil der bürgerlichen Privilegien partizipierten, zu Abgaben heranziehen zu können. Sie trat zu Beginn der 1840er Jahre in Kraft. Für die aufgeworfene Frage ist sie von größtem Interesse, weil in den Registern nicht nur Name, Beruf, Bürgerstatus und Adresse des Hausbesitzers, sondern auch die gleichen Angaben für die Mieter erfasst wurden. Desweiteren enthalten die Steuerrollen die geschätzte Mietleistung der Wohnungen und Gewerberäume sowie den Versicherungswert der Häuser. Denn die Höhe der Steuer richtete sich nach dem Wert des Hauses sowie nach der Art und Anzahl der genutzten Wohn- oder Gewerberäume, und zwar unabhängig davon, ob sie gemietet oder Eigentum des Steuerzahlers waren. Dazu kam eine penible Aufstellung der einzelnen Räumlichkeiten, der Art und Anzahl der verschiedenen Zimmer, Kammern, Werkstätten, Kellergewölbe, Lagerräume, Gärten, Remisen und Stallgebäude sowie zahlreiche weitere Details des Hauses und der Wohnungen. Aus diesem Grund stellen die überlieferten Mietsteuerrollen eine sozialgeschichtliche Quelle von hohem Rang dar, die eine das gesamte Stadtgebiet einschließende Untersuchung der Hausbesitzer und der Verwendung des Wohn- und Gewerberaums erlaubt, also eine Sozialtopographie für die Mitte des 19. Jahrhunderts.[122] Im Vergleich mit dem Ritterschen Häuserverzeichnis von 1761 lässt sich auch etwas über den Trend der sozialen Verschiebungen bei den Hausbesitzern seit dem 18. Jahrhundert sagen.[123]

Sozial setzten sich die Hausbesitzer um 1840 zu einem Prozent aus Adeligen, hauptsächlich Patriziern, zusammen. Quantitativ bildete das Patriziat zwar wie 1760 eine marginale Gruppe, die jedoch über qualitativ hochwertigen Hausbesitz verfügte. Ihr Anteil an der Bürgergemeinde war jedoch gering und im Vergleich mit der Situation zur Mitte des 18. Jahrhunderts im Schwinden begriffen. Weiterhin fällt auf, dass im gesamten Spektrum der Hauswerte das Bildungsbürgertum immer stark unterrepräsentiert war. Insgesamt stellte es ähnlich wie 1760 nicht einmal drei Prozent der Hausbesitzer. In absoluten Zahlen gehörten nur acht zum hochwertigen Hausbesitz, zwölf zum mittleren und 79 zum unteren Bereich der Hauswerte. Da Bildungsbürger im Gegensatz dazu im Adressbuch von 1834 einen bedeutenden Anteil an der Sozialstruktur der Haushaltungsvorstände ausmachte, liegt der Schluss nahe, dass diese Gruppe hauptsächlich zur Miete gewohnt hat. Sie belegte dabei vor allem Wohnungen mit Jahresmieten von 300 Gulden und weniger. Alles in allem ist es auffallend, wie gering ihr Hausbesitz war und wie wenig Wohnraum diese Sozialgruppe belegte.

Die beiden größten Gruppen der Hausbesitzer waren nach wie vor mit über 30 Prozent die Kaufleute und Bankiers, und mit über 50 Prozent die Handwerker. Zwischen beiden Gruppen hatte es seit der Mitte des 18. Jahrhunderts allerdings beträchtliche Verschiebungen zugunsten der Kaufleute gegeben. Deren Anteil an den Hausbesitzern hatte sich nahezu verdoppelt, während derjenige der Handwerker leicht zurückgegangen war. Als Hausbesitzer traten nun auch kaufmännische Angestellte (Handlungsgehilfen) und sogar Tagelöhner und Dienstboten auf, die zusammengenommen mit mehr als sieben Prozent mehr Hausbesitzer stellten als die adeligen und bildungsbürgerlichen Gruppen zusammengenommen. Es findet sich somit eine weite soziale Streuung des Hausbesitzes, die auch dann anzutreffen ist, wenn der Hausbesitz etwas detaillierter in den verschiedenen Teilen des Spektrums der Hauswerte untersucht wird. Zwar überwog das Handwerk in den unteren Gruppen der Hauswerte und das Handelsbürgertum in den oberen, davon abgesehen gab es jedoch zwei spektakuläre Verschiebungen. Zum einen ging der Anteil der Handwerker in den oberen Besitzklassen absolut und relativ zurück bei gleichzeitiger Zunahme der Bankiers und Kaufleute. Zum anderen fällt die gewaltige Zunahme bei den Kaufleuten im unteren Drittel auf, das überhaupt im Vergleich zu den beiden oberen Dritteln stark anwuchs, während die beiden anderen Drittel im Gesamtumfang zwar annähernd gleich groß blieben, aber jeweils die Anteile der kaufmännischen Berufsinhaber stark zu- und die der handwerklichen stark abnahmen. Hinter diesen Relationen verbarg sich der Anfang zur sozialen Auseinanderentwicklung, zu einer Segregation.

Ganz ähnlich wie um 1760 gehörten auch um 1840 rund 20 Prozent der Häuser Frauen. Es waren nach wie vor vor allem die Witwen, die in dieser Beziehung hervortraten. Zur Mitte des 19. Jahrhunderts besaßen Frauen in erster Linie Häuser von geringem Wert. Fast 86 Prozent bewohnten Häuser im unteren Bereich der Hauswerte. In diesem Teil des Besitzspektrums dominierten die Witwen von Handwerkern, während in den oberen Klassen die Kaufmannswitwen überwogen. Die Patrizierinnen, die früher über großen Hausbesitz verfügt hatten, spielten nun keine Rolle mehr.

Wenn auch bedacht werden muss, dass im Häuserverzeichnis von 1761 bei einem etwas größeren Teil der Hausbesitzer die Berufsangabe fehlt, so ist doch ein langfristiger Trend feststellbar. Stellt man sich diese Auswertung als zwei dreistufige Pyramiden vor, so scheinen im Verlauf des Prozesses große Teile der handwerklichen, wie auch der kaufmännischen Schichten nach unten gesackt zu sein. Der Mittelbau und die Spitze haben sich bezogen auf die Gesamtzahl der beiden Berufsgruppen verschlankt, und gleichzeitig veränderte sich die Zusammensetzung der beiden oberen Stufen sowohl durch den Aufstieg der Kaufleute und Bankiers als

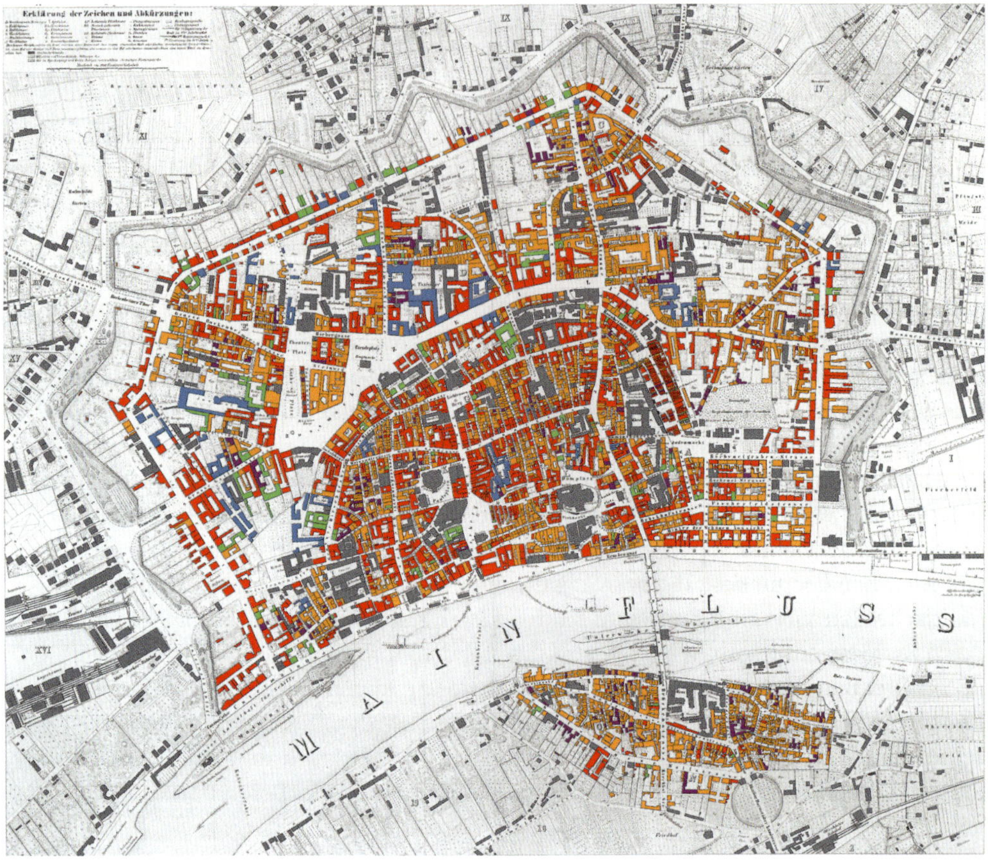

Sozialtopographie der Hausbesitzer um 1850, erstellt vom Verf. auf der Grundlage von Mietsteuerverzeichnissen und dem „Geometrischen Grundriss von Frankfurt a/M.“ von Eduard Foltz-Eberle, 1852

= Adel und Staatsbeamte
Adelige, Offiziere, Hof- und Staatsbeamte

= Bildungsbürger
Geistliche, Pfarrer, Mediziner, Advokaten, Ingenieure

= Wirtschaftsbürger
Bürgerliche Ämter, Bankiers, Partikuliers, Kaufleute, Handelsleute, Fabrikanten, Verleger, Kunst- und Buchhändler, Buchdrucker

= Handwerker und Kleinhändler
Gastwirte, Wein- und Kaffeewirte, Bierbrauer, Landwirte, Ökonomen, Weingärtner, Handwerker, Kleinhändler

= Arbeiter und Gesinde
Tagelöhner, Gesellen, Dienstpersonal

= Sonstige
ohne Beruf, ohne Angaben (zum größten Teil öffentliche Gebäude)

auch durch den Abstieg der Handwerker, was gerade in der Spitze zwischen Kaufleuten und Handwerkern zu einer Relation von vier zu eins statt der früheren drei zu zwei führte. Alles in allem trägt diese Entwicklung die typischen Merkmale eines sozialen Trennungsprozesses. Kaufmännische Bürger belegten immer hochwertigeren Hausbesitz, die Handwerker immer geringeren. Die Lebenswelt der Kaufleute und Handwerker driftete allmählich auseinander und war zur Mitte des 19. Jahrhunderts nicht mehr so eng verzahnt wie noch zur Mitte des 18. Jahrhunderts. Der große Hausbesitz verteilte sich zudem auf immer weniger Personen, die Anzahl der Bürger mit mittlerem Hausbesitz nahm ab, dafür die Zahl derjenigen mit geringem Hausbesitz zu. Das führt zur Frage, ob sich um 1850 diese langfristige soziale Segregationstendenz bereits in der sozialräumlichen Verteilung der Hausbesitzer niedergeschlagen hat, also exklusive Stadtviertel und Armenstadtteile entstanden waren.

Der erste Eindruck beim Betrachten der sozialtopographischen Verteilung der Hausbesitzer bestätigt die grundlegenden Aussagen der sozialstatistischen Auswertung des Steuerverzeichnisses. Es dominieren die wohlhabenden Bankiers, Kaufleute, Fabrikanten und Verleger auf der einen Seite und die Handwerker, Bierbrauer und Kleinhändler auf der anderen. Sozialgruppen wie das Bildungsbürgertum, das städtische Patriziat sowie die bürgerlichen Unterschichten fallen demgegenüber kaum ins Gewicht und bilden auf der Karte nur einzelne versprengte Farbflecken. Bei näherer Betrachtung der Karte fällt weiterhin die starke Durchmischung der beiden großen Hauptgruppen der Frankfurter Bürgergesellschaft in der topographischen Verteilung ihres Hausbesitzes auf. Es fehlen eindeutige Konzentrationen auf bestimmte Stadtviertel. Bis auf wenige Ausnahmen treten beide großen Sozialgruppen in den meisten Vierteln annähernd gleichgewichtig auf. Bei genauerem Hinsehen müssen allerdings ein paar Korrekturen an diesem Bild vorgenommen werden.

Das der Stadt Frankfurt gegenüberliegende Sachsenhausen wurde eindeutig von handwerklichen Hausbesitzern dominiert. Gerade in diesem Stadtteil traten zudem gehäuft unterbürgerliche Schichten, Tagelöhner, Gesellen und sogar Gesinde als Hausbesitzer auf. Als charakteristisch kann das Haus des Fischermeisters Johann Georg Leonhard in der Dreikönigsgasse (O 140) angesehen werden. Es handelte sich um ein kleines Haus mit drei Etagen und einem Versicherungswert von nur 2.000 Gulden, das sich der Fischermeister noch mit zwei Mietern teilte, die jeweils kleine Kammern gemietet hatten. Leonhard selbst belegte in seinem Haus ein Zimmer, eine Küche und eine kleine Kammer im Parterre. Ähnliches, wenn auch nicht so eindeutig, lässt sich von dem im Nordosten gelegenen Stadtteil zwischen Friedberger Straße und Allerheiligenstraße sagen. Auch hier dominierten die Handwerker und Kleinhändler und war Hausbesitz von Kaufleuten selten und hochwertiger kaufmännischer Hausbesitz oder der Hausbesitz von patrizischen Korporationen noch seltener.

Das Gegenstück findet sich am neuen, von hochwertigen kaufmännischen Wohnhäusern dominierten Anlagenring, der nach der Niederlegung der Festungsanlagen in den zwanziger Jahren des 19. Jahrhunderts entstanden war. Es handelte sich hierbei um moderne Bürgerhäuser, die im klassizistischen Stil errichtet wurden und mit großzügigen Gartenarealen versehen waren. Ein Beispiel liefert das Haus der Bankierswitwe Maria Margaretha Mülhens in der Neuen Mainzergasse (J5/6r). Es hatte einen Versicherungswert von nicht weniger als 95.000 Gulden und bot mit seinen elf Fensterachsen, drei Stockwerken sowie dem zusätzlichen Mansardenstock einen repräsentativen Anblick. Die Witwe bewohnte das Haus nicht alleine, sondern nur sechs Zimmer und eine Küche im zweiten Stock. Außerdem benutzte sie noch vier Mansarden. Die Keller hatte der Weinwirt Johann Georg Ried gemietet. Drei Zimmer im Parterre benutzte der Bankier Jacob Heinrich Theodor und teilte sich die Etage mit dem belgischen Gesandten von Noethemb, der hier als Fremder drei Zimmer und eine Küche angemietet hatte. Noethemb hatte außerdem einen großen Saal und elf weitere Zimmer im ersten Stock sowie sechs Mansardenstuben belegt. Im Haus wohnte schließlich noch die Rentiere und Permissionistin Elisabeth Werling, die fünf Zimmer im zweiten Stock und zusätzlich zwei Mansarden gemietet hatte. Es war nicht ungewöhnlich, dass selbst wohlhabende Bürger einen Teil oder sogar große Teile ihres Hauses vermietet hatten. Das traf auch auf die anderen Hausbesitzer am Anla-

Die Neue Mainzer Straße nach Nordwesten. Fotografie von Carl Friedrich Mylius, 1868

Die Judengasse nach Süden, im Vordergrund links die Hauptsynagoge. Fotografie von Johann Schäfer, 1856

genring zu, zu denen neben den Kaufleuten und Bankiers auch einige Bildungsbürger und einige wohlhabende Handwerker gehörten.

Weiterhin fällt der sozial von Kaufleuten bestimmte Hausbesitz der Judengasse auf, der zwar deutlich die Konzentration der jüdischen Bürger im Handels- und Bankgeschäft hervortreten lässt. Doch war die Judengasse zur Mitte des 19. Jahrhunderts längst kein Ghetto mehr. Der Auszug vieler Juden hatte bereits am Ende des 18. Jahrhundert als indirekte Folge der Revolutionskriege mit Frankreich begonnen. Maßgeblich war hier die Beschießung der Stadt durch den französischen General Kléber im Jahre 1796 gewesen, in deren Folge die Judengasse niederbrannte und ihren Bewohnern gestattet werden musste, sich über die ganze Stadt verstreut bei christlichen Bürgern einzumieten.[124]

Ein Beispiel für die Folgen liefert der jüdische Kaufmann Joseph Hiller, der sich in der Neuen Kräme (K 99) niederließ. Er kaufte dort ein Haus mit fünf Fensterachsen, vier Etagen und einem Mansardenstock. Es hatte einen Versicherungswert von 40.000 Gulden. Wie der Fischermeister Leonhard und die Bankierswitwe Mülhens bewohnte Hiller sein Haus auch nicht alleine, sondern beschränkte sich auf einen Wohnbereich, der aus sechs Zimmern und einer Küche im ersten Stock sowie zwei Bodenkammern bestand. Für sein Geschäft nutzte er den Laden und das Comptoir sowie zwei Zimmer und das Kellergewölbe. Sieben weitere Zimmer und

Topographie des Wertes der Häuser anhand der Angaben zur Assekuranzversicherung, erstellt vom Verf. auf der Grundlage von Mietsteuerverzeichnissen und dem „Geometrischen Grundriss von Frankfurt a/M." von Eduard Foltz-Eberle, 1852

=	0–4.000 fl.	=	5.000–9.000 fl.
=	10.000–19.000 fl.	=	20.000–29.000 fl.
=	30.000–39.000 fl.	=	40.000–49.000 fl.
=	50.000–59.000 fl.	=	60.000–69.000 fl.
=	über 70.000 fl.	=	ohne Angaben (zum größten Teil öffentliche Gebäude)

eine Kammer im zweiten Stock sowie acht Zimmer, eine Küche und zwei Kammern im dritten Stock und drei Bodenkammern waren an den Handelsmann Johann Carl Ziegler-de Bary vermietet. Ein zweiter Mieter, der Handelsmann Wilhelm Carl Wirth, belegte einen weiteren Laden und ein Comptoir im Parterre sowie sechs Zimmer, eine Küche und zwei Kammern im ersten und zweiten Stock eines Hinterhauses.

Die restlichen Stadtteile, die neueren der nordwestlichen Stadt wie die älteren der Altstadt, waren sozial stark von Handwerkern und Kaufleuten dominiert, die in durchmischter direkter Nachbarschaft lebten. Gerade in der Altstadt, den Vierteln um den Dom und die Paulskirche, standen die Häuser der Handwerker, Kleinhändler und wohlhabenden Kaufleute und Bankiers in enger Nachbarschaft. Sehr anschaulich zeigt sich dies in dem Viertel nördlich des Thurn- und Taxisschen Palais. Dabei fällt allerdings ein bestimmtes Muster auf. Dominierten die Handwerker die Häuser in den engen Seitengassen, so reihten sich die Häuser der Kaufleute an den größeren Durchgangsstraßen. Deutlich ist dies bei der Neuen Kräme, der Töngesgasse, der Schnur- und der Sandgasse zu sehen. Wie am Beispiel des jüdischen Kaufmanns Joseph Hiller ausgeführt, vermieteten auch Kaufleute in einer mittleren sozialen Lage den größten Teil ihres Hauseigentums.

Eine gemischte soziale Verteilung findet sich nicht nur in den alten Stadtteilen, sondern auch in den um 1800 neu entstandenen Wohnanlagen des Fischerfeldes im Osten der Stadt direkt am Main gelegen. Die dem Wohnen vorbehaltenen Mietshäuser befanden sich gleichermaßen im Besitz von Kaufleuten und Bankiers wie von Handwerkern und Kleinhändlern.

Einen näheren Aufschluss über die Qualität des sozial zugeordneten Hausbesitzes liefert der in den Mietsteuerverzeichnissen überlieferte Versicherungswert der Häuser. Über diesen lassen sich allerdings nur indirekte Rückschlüsse auf den Marktwert der Häuser ziehen. Außerdem waren aus verschiedenen Gründen nicht alle Häuser versichert. So konnte ein Hausbesitzer eine Versicherung gegen Feuer nicht für nötig befunden haben oder aber er konnte sich die Versicherung nicht leisten. Auffallend ist jedenfalls, dass sich der nichtversicherte Hausbesitz vor allem in Sachsenhausen und den nordöstlichen Stadtvierteln konzentriert – also vor allem dort, wo Handwerker den Hausbesitz dominierten. Es finden sich aber auch in Teilen des Anlagenrings und in der Judengasse unversicherte Häuser. Häuser mit hohen Versicherungswerten bestimmten erwartungsgemäß den westlichen Teil des Anlagenringes, wo vor allem Kaufleute und Bankiers als Hausbesitzer auftraten. In den restlichen Stadtteilen herrschte wie bei der sozialen Zuordnung eine Mischung von sehr hohen und mittleren Versicherungswerten vor. Die hohen Werte lassen sich dabei oft den Häusern von Kaufleuten und Bankiers, die weniger hohen den Handwerkerhäusern zuordnen.

Es gibt nur wenige Ausnahmen von diesem allgemeinen Befund. Konzentrationen von wohlhabenden Bürgerhäusern finden sich in Teilen des Anlagenrings und bei den großen Gebäuden am Roßmarkt. Hochwertig war auch ein Teil des Fischerfeldes wie die direkt am Main gelegenen Häuser der Schöne Aussicht. Weiterhin fällt ein Gebäudekomplex mitten im ansonsten eher armen Sachsenhausen an der Brückenstraße (O 18/19) auf, der dem Gastwirt Daniel Christian Tausent gehörte. Es handelte sich um ein großes dreistöckiges Haus mit einer breiten Front aus acht Fenster-

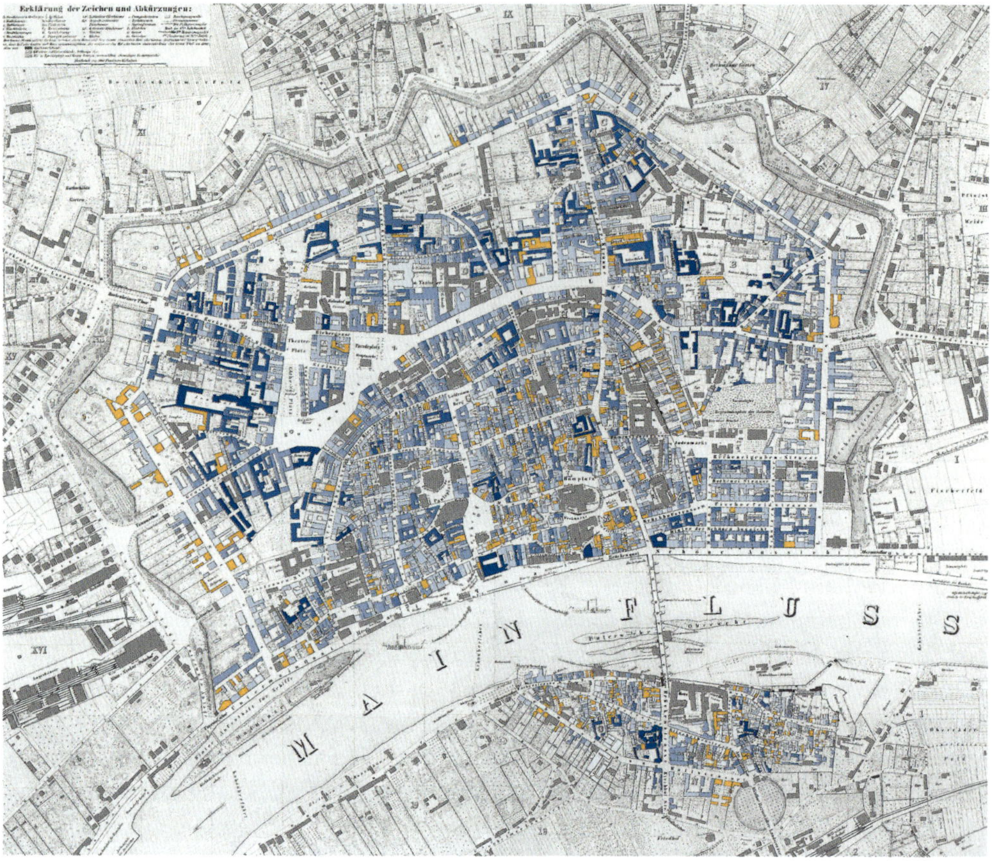

Topographie der Mietverhältnisse um 1850, erstellt vom Verf. auf der Grundlage von Mietsteuerverzeichnissen und dem „Geometrischen Grundriss von Frankfurt a/M." von Eduard Foltz-Eberle, 1852

- = Eigentümer wohnt allein
- = 1 bis 2 Mietparteien (bzw. Eigentümer und Mieter)
- = 3 bis 4 Mietparteien
- = 5 bis 7 Mietparteien
- = 8 bis 11 Mietparteien
- = 12 bis 16 Mietparteien
- = über 17 Mietparteien
- = keine Angaben (zum größten Teil öffentliche Gebäude)

achsen und zwei Seitengebäuden. Das Ensemble hatte einen Versicherungswert von 56.000 Gulden. Der Eigentümer belegte insgesamt neun Zimmer und vier Küchen. Dazu nutzte er eine Waschküche und 14 Kammern sowie einen großen Teil des Kellers. Bei ihm wohnten der Eilfuhrunternehmer und Fremde Jacob Hummel zur Miete, der ein Comptoir, Kellergewölbe, drei Ställe, den Hofraum und zwei Zimmer belegt hatte. Weiterhin hatte der Handelsmann Louis Faulhaber zwei Zimmer und eine Küche im zweiten Stock und zwei Bodenkammern gemietet. Der Marktschiffer Peter Henlein nutzte einen Stall, den Boden und eine Kammer. Das Ratsmitglied Johann Jacob Ohlenschlager bewohnte im ersten und dritten Stock vier Stuben, drei Kammern und zwei Küchen und nutzte außerdem noch einen Stall und zwei Remisen. Mehr als ein Zimmer hatte die Witwe des Schiffers Georg Friedrich Ohlenschlager gemietet. Sie bewohnte im ersten und zweiten Stock vier Zimmer, eine Küche und zwei Kammern. Insgesamt lebten in dem Gasthof 18 Mietparteien. Die topographische Verteilung der Versicherungswerte bestätigt weiterhin die soziale Einordnung von Sachsenhausen als einen Stadtteil mit einer eher armen beziehungsweise handwerklich geprägter Bevölkerung. Deutlich häufen sich hier die Hauswerte, die eher im unteren Bereich des Spektrums an Versicherungswerten angesiedelt waren.

Die bisher angeführten Beispiele verweisen auf ein weitverbreitetes Charakteristikum des Hauseigentums in Frankfurt am Main. Große Teile waren vermietet und standen damit den Hauseigentümern als Wohnraum nicht zur Verfügung. Dabei fällt auf, dass sich diese Eigentümlichkeit quer durch alle sozialen Gruppen des hausbesitzenden Bürgertums zieht. Eine sozialtopographische Auswertung der Mietverhältnisse bestätigt diesen Befund. In den vierziger Jahren des 19. Jahrhunderts existierten in der Stadt 10.200 Wohnungen und über 4.000 Gewerbelokale. Die größte Sozialgruppe in dem Bereich der hohen Jahresmieten zwischen 800 bis 8.850 Gulden (insgesamt 747 Haushaltungen) stellten erwartungsgemäß mit über 65 Prozent die Bankiers und Kaufleute. Handwerker, Kleinhändler und Wirte kamen hingegen in diesem Bereich nur auf 13 Prozent, während Hof- und Staatsbeamte mit fünf Prozent und das Bildungsbürgertum sogar lediglich mit drei Prozent vertreten waren. Im mittleren Spektrum der Mietwohnungen mit Jahresmieten zwischen 300 und 799 Gulden, der insgesamt 2.102 Haushalte umfasste, veränderte sich die soziale Zusammensetzung sehr. Deutlich stieg der Anteil der Handwerker an, die nun fast ein Viertel stellten, während das Handelsbürgertum seinen Anteil auf 46 Prozent verringerte. Die restlichen ca. 7.000 Wohnungsinhaber, das waren fast 70 Prozent, belegten Wohnungen beziehungsweise Zimmer und Kammern mit Mieten in Höhe von zehn bis 299 Gulden.

Die Karte Topographie der Mietparteien zeigt eindrucksvoll, wie hoch verdichtet der Wohnraum in der Stadt gewesen war. Die Auswertung der Mietsteuerverzeichnisse liefert ein Kontrastbild zu der Vorstellung von dem singulären Bürgerhaus, in dem der Bürger mit seiner Familie und seinem Gesinde alleine lebte. In den meisten Fällen war ein Teil des Hauses, meist eine oder zwei Etagen, vermietet. Dabei handelt es sich nicht in erster Linie um Kammern für das Gesinde oder die Gesellen, sondern um abgetrennte Wohnungen für andere Bürgerhaushalte oder für selbständige Haushalte der Beisassen und Permissionisten. Dass ein nicht unbedeutender Teil der Bürger zur Miete wohnte, darauf weist bereits die Differenz zwischen den nur 3.500

Häusern und den 5.500 Bürgerhaushaltungen hin; und zu den Bürgerhaushaltungen kamen noch die Haushaltungen der Beisassen und Permissionisten hinzu, die über kein Hauseigentum verfügen durften.

Als Konsequenz ergibt sich ein überraschender Befund: Der alleinwohnende Bürger bildete die absolute Ausnahme. Auf der Karte findet er sich als vereinzelter Sonderfall. Immerhin lassen sich einige Verdichtungen von Hausbesitz mit alleinwohnenden Bürgern beziehungsweise Hausbesitz mit nur wenigen Mietparteien feststellen. Es waren zum einen die Areale der wohlhabenden kaufmännischen Bürger am westlichen Anlagenring, dann erstaunlicherweise die als hoch verdichtet und überbelegt geltende Judengasse sowie die östlichen Teile des Armenviertels Sachsenhausen. Im gesamten Stadtgebiet dominieren ansonsten Häuser mit eins bis vier Mietparteien. Als exemplarisch können mittlere Handwerkerhäuser wie das des Schreinermeisters Georg Franz Caspari in der Rechneigasse mit der Litera A 58ar gelten. Es handelte sich hierbei um ein dreistöckiges Haus mit sieben Fenstern, Mansarden und einem Hinterhaus im Werte von 18.000 Gulden. Caspari selbst bewohnte nur zwei Zimmer und eine Küche im ersten Stock des Hinterhauses und nutzte noch eine Mansarde und eine Bodenkammer. Seine Werkstatt war in einem Seitenbau untergebracht. Zur Miete wohnten bei ihm der jüdische Handelsmann Benedict Heymann Schwarzschild, der vier Zimmer und eine Küche im Parterre sowie zwei Bodenkammern belegt hatte. Dazu kam der Permissionist Joseph Mathäus Mayer, der insgesamt sechs Zimmer und eine Küche im ersten Stock sowie eine Mansarde und eine Bodenkammer gemietet hatte. Den zweiten Stock bewohnte der jüdische Handelsmann Seligmann Flörsheim, der den gleichen Wohnungszuschnitt wie Mayer im zweiten Stock bewohnte. Hausbesitz mit bis zu 17 Mietparteien finden sich in den westlichen Stadtteilen und im nördlichen Ostend mit ihren zahlreichen Gasthöfen, aber auch die Häuser des Fischerfelds wiesen einen vergleichsweise hohen Bestand an Mietparteien auf. Auch in Sachsenhausen befand sich eine Hausanlage mit mehr als 17 Mietparteien. Es handelt sich um den Gasthof von Tausent.

Die Mietsteuerverzeichnisse liefern somit eine überaus detaillierte Momentaufnahme der sozialtopographischen Beziehungen zwischen Hauseigentümern und Mietparteien. Doch diese Beziehungen waren keineswegs statisch, sondern von einem langfristigen sozialen Wandel geprägt. Gerade die Altstadt mit ihren engen, dunklen und feuchten Gassen und alten Häusern, in denen es häufig an den einfachsten sanitären Einrichtungen mangelte, verlor seit der Mitte des 19. Jahrhunderts mehr und mehr an Attraktivität.

Im Unterschied zur Neustadt, wo man schon im 18. Jahrhundert begonnen hatte, die Fachwerkhäuser nach und nach durch Steinhäuser zu ersetzen, blieben die Fachwerkhäuser in der Altstadt überwiegend erhalten. Zum Verfall trug bei, dass die Eigentümer immer weniger selbst ihre Häuser bewohnten, sondern in die Neustadt umzogen und die Altstadthäuser, unterteilt in kleine Wohnungen, nur noch als

Das Westend. Ausschnitt aus dem „Malerischen Plan von Frankfurt am Main“ von Friedrich Wilhelm Delkeskamp, 1864

Mietobjekte nutzten. Als Folge wurde die Altstadt – einst Quartier wohlhabender Handwerker und Kaufleute – im letzten Drittel des 19. Jahrhunderts zunehmend von sozial Unterprivilegierten, von Arbeitern und abhängig Beschäftigten oder auch von Kleinkrämern und kleinen Gewerbetreibenden besiedelt. Da die Gewinne, die die Häuser abwarfen, gering waren, beschränkten sich die Eigentümer auf die notwendigsten Reparaturen, weshalb die Häuser zunehmend verfielen.

Ein anderer großer Veränderungsprozess betraf den anhaltenden Auszug der Wohlhabenden aus dem Bereich der früheren befestigten Stadt und ihre Abwanderung in die Gartenvorstädte. Nachdem in den dreißiger Jahren des 19. Jahrhunderts die für den abendlichen Verkehr hinderliche Torsperre gefallen war, fand die wohlhabende Oberschicht immer mehr Gefallen daran, auch ständig außerhalb der Stadt zu wohnen. Ursprünglich waren am Ende des 18. Jahrhunderts auf der Sachsenhäuser Seite, an der westlichen Seite der Stadt direkt am Main, genauer am Untermainkai und entlang der Bockenheimer Landstraße drei neue vorstadtähnliche Quartiere mit ausgeprägten Gartenanlagen entstanden. Wer das Vermögen dazu hatte, baute sich in diesen Arealen ein Sommerhaus mit Garten. Diese Häuser konnten es in vielen Fällen durchaus mit den neuen Villen an den Wallstraßen aufnehmen. Sie entstanden alle in ähnlichem Stil, wie ihn das Gontardsche Gartenhaus Salins de Montforts an der Bockenheimer Landstraße (1799) vorgegeben hatte: breite, ein- oder anderthalbstöckige, von der Straße zurückliegende Gebäude mit Auffahrt und Freitreppe unter einem schützenden Balkon, das italienische Dach sanft geneigt, auf der Rückseite Arkaden, ein Springbrunnen, ein stiller, englischer Garten mit alten Bäumen.[125]

Mit zu den ersten, die ein Wohnhaus in angenehmer Wohnlage vor den Toren der Stadt suchten, gehörte Mayer Amschel Rothschild. Er baute sich auf einem Gartengrundstück an der Bockenheimer Landstraße ein dreistöckiges Palais mit einer elfachsigen Fensterfront. Dazu gehörten verschiedene Nebengebäude, drei Treibhäuser und ein Gartenhaus. Er bewohnte das Palais alleine mit seiner Familie und verfügte so über 31 Zimmer, ein Cabinet, drei Küchen, vier Kammern, Stallungen und Remise sowie verschiedene Gartengebäude. Wenn dieser Trend auch in den Jahrzehnten nach 1800 anhielt und sich sogar eigenständige Stadtteile wie das Westend ausbildeten, so wohnten selbst in den sechziger Jahren des 19. Jahrhunderts erst rund 20 Prozent der Frankfurter Bevölkerung außerhalb der früheren Festungsgräben, wobei es sich dabei fast ausschließlich um wohlhabende Kreise handelte. Die Einwohnerzahl der Innenstadt stieg permanent an, so dass sich der Arbeits- und Lebensraum hier beständig verdichtete.[126] Also erst am Ende

Das Palais Rothschild mit dem zugehörigen Park zwischen Bockenheimer Landstraße und Reuterweg. Ausschnitt aus dem „Malerischen Plan von Frankfurt am Main“ von Friedrich Wilhelm Delkeskamp, 1864

des 19. Jahrhunderts trat dann viel deutlicher als um 1850 der langfristige Trend zur Segregation, wie er sich in der sozialen Zusammensetzung der Hausbesitzer bereits früher angedeutet hatte, auch sozialräumlich zutage.

Zur Mitte des 19. Jahrhunderts war die Stadt immer noch wenig sozial segregiert, wenn sich auch erste Ansätze für die Ausbildung gesonderter Wohnquartiere für das gehobene Bürgertum zeigten. Sowohl die soziale Zusammensetzung der Hausbesitzer wie auch die sozialräumliche Verteilung des hochwertigen, mittleren und bescheidenen Hausbesitzes waren noch in hohen Anteilen gemischt. Die Wohnverhältnisse zeichneten sich durch die zahlreichen Mietverhältnisse und durch einen hohen Grad der Verdichtung aus. Dafür war nicht nur der dichte Hausbestand in der Innenstadt verantwortlich, sondern vor allem die Belegung der Häuser mit mehreren Haushalten. Es ist auffallend, wie selten Hausbesitzer alleine wohnten. Die meisten teilten sich den Wohn- und Arbeitsraum ihrer Häuser mit anderen Bürgerhaushalten oder Haushalten von Nichtbürgern. Weiterhin fällt auf, dass sich das Phänomen von hohen Mietanteilen am Wohneigentum durch alle sozialen Gruppen der hausbesitzenden Bürger zieht und sowohl die Besitzer der ärmeren und mittleren als auch die der hochwertigen Häuser betraf. Wenn die sozialen Milieus im Großen und Ganzen auch ausgeglichen waren, so bedeutet dies nicht, dass das Zusammenleben in der stadtbürgerlichen Gesellschaft konfliktfrei funktioniert hätte. Dabei zeigt sich, dass die wirtschaftliche Stellung der behandelten Berufsgruppen und ihr jeweiliger Lebensraum in einer Handelsstadt wie Frankfurt am Main zwar durchaus von Bedeutung waren, aber sie nicht die einzigen und auch nicht die ausschlaggebenden Kriterien bildeten, anhand derer im späten 18. und im 19. Jahrhundert die soziale Stellung festgelegt wurde. Bedeutender war das System der Bürgerrechte, und das Bürgerrecht als Konstituierungsfaktor der stadtbürgerlichen Gesellschaft hatte seine eigenen, über Jahrhunderte tradierten Maßstäbe.

2. Macht und „Ohnmacht“ in der Reichsstadt: Das System der Bürgerrechte

2.1 Die ständische Welt

Bei der Beschäftigung mit der topographischen, demographischen und sozialen wie wirtschaftlichen Entwicklung der Stadt Frankfurt am Main fiel durchweg der dynamische Charakter der Stadt auf. Sie wuchs beständig in ihrem Gebäudebestand; die Zahlen der Einwohner nahmen zu und diese Zunahme beschleunigte sich auch stetig über den gesamten hier im Mittelpunkt stehenden Zeitraum hinweg. Weiterhin wies die Stadt als sozial bestimmende Gruppe eine Kaufmannschaft auf, die zu nicht unbedeutenden Teilen aus zugewanderten Familien bestand, die wiederum aus Herkunftsregionen kamen, die sich auf ganz Europa verteilten. Nach diesen ersten Einblicken in die wirtschaftliche beziehungsweise berufliche Zusammensetzung der Frankfurter Einwohnerschaft stellt sich die Frage, wie das Zusammenleben der verschiedenen Bevölkerungsgruppen geregelt und wie deren rechtlicher Status beschaffen war. Das leitet wiederum dazu über, nach dem Charakter der republikanischen Verfassung zu fragen. Demokratisch in unserem heutigen Sinne war sie nicht. Aber was waren ihre leitenden Prinzipien in einer Zeit, die von Ständen geprägt war, und in der es nicht nur ein ganzes System von eindeutig bevorzugten Bürgergruppen gab, sondern sogar die politische Dominanz einiger weniger Familien? Im Rat herrschte das Patriziat, bei dem es sich wie erwähnt um einige schon im Mittelalter von der Kaufmannschaft abgesonderte Familien handelte, die sich im 15. und 16. Jahrhundert immer mehr an die Traditionen der Ritterschaft anlehnten. Sie bildeten sich zu einem Stadtadel aus und führten im 17. Jahrhundert die Ahnenprobe ein. Auf Aufnahme in diesen Stand konnte nur hoffen, wer acht adlige Urgroßeltern vorzuweisen hatte.[127] Allerdings: Die Macht des Rats und damit die Herrschaft des Patriziats war zu Beginn des 18. Jahrhunderts eingeschränkt worden, denn die Bürgerschaftskonflikte in der ersten Jahrhunderthälfte hatten hinsichtlich der Finanzrevision und der Ämterkontrolle deutliche Verbesserungen gebracht, aber das berührte erst einmal nicht die Herrschaft der patrizischen Geschlechter selbst. Von einer bürgerlichen Gleichheit war man also noch weit entfernt. Zur Mitte des 18. Jahrhunderts befand sich der Aufbruch aus der ständisch gegliederten Bürgergesellschaft hin zur modernen bürgerlichen Gesellschaft allenfalls in den Anfängen. Sicherheit der Begrifflichkeit ist deshalb unerlässlich, um sich einen Weg durch das Dickicht der Phänomene, die mit Bürger und Bürgertum zu tun haben, zu bahnen.[128]

Der Begriff der „bürgerlichen Gesellschaft“ hat zwar eine lange historische Tradition, die bis in die Antike zurückreicht, doch als konkrete Bürgergemeinde konstituierte sich die Lebensgemeinschaft der Bürger erst in den mittelalterlichen und frühneuzeitlichen Städten Europas. Der Begriff bezieht sich bis ins 18. Jahrhundert hinein auf eine rechtlich geordnete Gemeinschaft von gleichberechtigten und sich selbst bestimmenden Bürgern („*civitas sive societas civilis sive res publica*").[129] Das Bürgertum in den damaligen Städten gehörte zur ständischen Welt, die von Geburtsstand, Beruf und Korporationszugehörigkeit geprägt war. Die ständische Gesellschaft wiederum gilt als eine festgefügte Ordnung, die dem Einzelnen seinen Platz in der sozialen Hierarchie zuwies. Das schloss sowohl die Familie als auch die kirchlichen und die politischen Gremien ein und äußerte sich ebenfalls in festgelegten Verhaltensweisen. Als augenfälliges Charakteristikum der hierarchischen Struktur der Ständegesellschaft gelten Kleiderordnungen und Ständebücher. Der Begriff „ständische Gesellschaft" wird oftmals als Synonym für vormoderne Gesellschaft verwendet, deren Auflösung im 18. Jahrhundert zur modernen, der bürgerliche Gesellschaft führte. Idealtypischerweise wurde der ständischen Gesellschaft bis in jüngster Zeit ein dreigliedriges Modell zugrunde gelegt, das zwischen Adel, Bürgern und Bauern unterschied.[130] Die neuere Geschichtsschreibung unterscheidet jedoch mittlerweile vier Stände und wertet Beamte und Eximinierte als gesonderte Gruppe. Die dominante Gesellschaftsschicht in der ständischen Gesellschaft vor 1800 war der Adel, der in der fragmentierten deutschen Staatenwelt mit rund 50.000 Familien etwa ein Prozent der Gesamtbevölkerung stellte. Zu seinen Privilegien zählte vor allem der bevorrechtigte Zugang zu den höheren Verwaltungs-, Militär- und Kirchenämtern.[131] Neben den Bauern und unter den Beamten standen die Bürger der deutschen Städte. Sie leiteten die Entwicklung hin zur bürgerlichen Gesellschaft ein. Doch was charakterisierte einen Bürger? Die neuere Bürgertumsforschung hat zur Charakterisierung das Begriffsungeheuer „Bürgerlichkeit" in die Welt gesetzt und mit einer Werthaltung näher beschrieben, mit dem Ergebnis, dass Bürger Menschen sind, die bürgerlichen Werten folgen – sagen wir: in der Regel. Die Probleme dieses Ansatzes wurden bereits skizziert.[132] Einen Ausbruch aus der Tautologie ermöglicht ein Blick auf die Bürger der damaligen Städte und die Frage, wie diese ihr Bürgerdasein rechtfertigten. Dies war eindeutig festgelegt.

Ein Bürger zeichnete sich vor allen anderen Gruppen in der Stadt durch den Besitz des städtischen Bürgerrechts aus. Um es zu erhalten, wurde einiger Aufwand betrieben. Bewerber mussten eine „gesicherte Nahrung" nachweisen. Das hieß, sie hatten einen selbständigen, existenzsichernden Beruf auszuüben und über ein Minimum an Besitz zu verfügen. Die Gesellschaft des städtischen Bürgertums wies eine deutliche Hierarchie auf, die allerdings nicht in erster Linie von Besitz und Einkommen bestimmt war, sondern vor allem durch den ausgeübten Beruf, die Konfession und der Stellung in den städtischen Selbstverwaltungsgremien. Das ist ein überaus wichtiger Punkt und unterscheidet diesen Gesellschaftstyp deutlich von der Klassengesellschaft des 19. Jahrhunderts.

Bürger war somit nicht gleich Bürger. Es gab die ständischen Unterschiede und zwischen den Ständen ein fein abgestuftes System von Privilegien. In der Freien Reichsstadt Frankfurt bildeten die Patrizier zusammen mit den Ärzten und Juristen den ersten Stand und die Kaufleute sowie die Handwerker den zweiten und dritten. Nach der Frankfurter Polizeiordnung von 1671, auf die sich alle nachfolgenden Ordnungen bezogen, wurde in der Kleiderordnung zwischen fünf Ständen unterschieden. Der erste Stand bestand aus dem Schultheiß, den Schöffen, Regimentspersonen, Doktoren, Syndici und dem Stadtadel, der zweite aus Senatoren, nicht näher spezifizierten vornehmen Bürgern und Großkaufleuten. Der dritte Stand setzte sich aus den Ratsherren der Dritten Bank, Notaren, Prokuratoren, Künstlern, Krämern und „so ungefähr dieß Standes sind“, zusammen. Die „gemeinen, schlechten“ Krämer, Handelsdiener und Handwerksleute folgten erst im vierten Stand, und den Abschluss der Ständepyramide bildeten alle übrigen Einwohner, insbesondere Kutscher, Fuhrleute, Tagelöhner und Dienstboten. Immerhin gehörten sie noch zur ständischen Gesellschaft, wenn auch die überwiegende Mehrheit der Mitglieder des fünften Standes nicht mehr in den Genuss der Bürgerrechte kam. Bettler, Vaganten oder sogenanntes „fahrendes Volk“ zählten weder zur Bürgergemeinde noch zur ständischen Gesellschaft. Einen eigenen Stand, unabhängig von Besitz und Einkommen, bildeten die Juden. An dieser Einteilung änderte sich bis 1731, dem Jahr, aus

Juristen als Mitglieder des ersten Standes. Holzschnitt aus Christoff Weigels Ständebuch, 1698

dem die letzte Kleiderordnung stammt, nicht allzu viel.[133] Die durch Geburt erworbene Zugehörigkeit zu einem Stand lässt die ständische Gesellschaftsstruktur als prinzipiell statisch erscheinen.[134] In ein anderes soziales Milieu sowohl der Stände als auch zwischen den Hierarchien in jedem Stand zu wechseln, galt als schwierig. Dennoch kam es vor. Vor allem jedoch konnte die Tendenz zur Abschließung der Stände die Aushöhlung der ständischen Gesellschaft nicht aufhalten, die dann im Verlauf des 19. Jahrhunderts in die moderne bürgerliche Gesellschaft transformiert wurde.[135]

Die ständische Gesellschaft bildete den Hintergrund der städtischen Welt Frankfurts am Ende des 18. Jahrhunderts, und im Kontext der damaligen strengen Hierarchien galt Frankfurt trotz seiner zahlreichen Ungleichheiten und Privilegierungen als eine „freye" und großzügige Gesellschaft. Im Jahre 1770 wagte sich der bereits erwähnte Arzt Johann Adolph Behrends an einen Versuch, das Selbstverständnis der damaligen Bürger darzulegen: „Ich muß noch den Frankfurter Bürger schildern [...]. Wenn ich ein treues Portrait von unsern Nationalbürgern entwerfen soll: so wähle ich weder den Adel noch sonst Personen von Condition; [...] ich wähle auch nicht den niedrigen Pöbel, denn der ist mir unergründlich; sondern ich wähle den Mittelmann, der eine mittelmäßige Erziehung gehabt hat, der einige Ahnen zurück zählen kann, und dem das angeerbte republikanische Blut die Brust warm hält. [...] Seine Säfte laufen schnell und oft etwas tumultuarisch durch den Körper. Und so sind alle seine Handlungen. Sein Gang ist schnell; geschwind geschieht seine Arbeit, und sehr geläufig ist seine Zunge. Das Ansehen aber ist etwas ernsthaft: der Ton seiner Worte ist etwas heftig, und scheint öfters einem Ausländer zänkisch zu seyn; das er doch nicht ist. Alle Absonderungen aus dem Blute geschehen eben so, so wie sein Blut läuft; nämlich schnell. Und so geschehen auch die Aussonderungen. Und daher kennet man ihn auch als einen starken Esser. (...) Seine Freyheit und Bürgerschaft weis er zu schätzen, ohne ein Enthusiast zu seyn (...). Da der Frankfurter keinen Zwang kennt; so ist er großmüthig; und wer daran zweifeln wollte der müßte seine vielen Stiftungen ganz verkennen."[136]

Der Frankfurter Bürger nahm eine mittlere Stellung in der Gesellschaft ein, war mittelmäßig gebildet, republikanisch gesonnen, unabhängig und frei. Bemerkenswert an diesen Ausführungen ist, dass keine direkten Besitzkriterien genannt werden, sondern in den hierarchischen Vorstellungen der Zeit kam dem Bürger ein Platz zwischen Adel und den unterhalb der ständischen Gliederung angesiedelten „Unter"-Schichten zu. Dem Begriff „Mittelmann" würde am ehesten noch derjenige der englischen „middle classes" entsprechen. Dieser bezieht jedoch die ländlichen Klassen mit ein und beschränkt sich nicht, wie der für den Bürger benutzte Terminus, sozialgeographisch auf die Stadt. Hier kommen tiefgreifende historische Unterschiede zwischen beiden Ländern zum Vorschein, denn in Deutschland fehlte auf dem Land eine freie sich selbst organisierende Bevölkerungsgruppe. Erst Mitte des

19. Jahrhunderts entwickelte sich nach der langen Kette territorialstaatlicher Reformen mit dem freien Bauern der „bürgerliche Typ" eines selbstverantwortlichen Produzenten. Aber auch eine Negativdefinition wie etwa „Mittelschichten der Stadt", ist noch nicht eng genug gefasst. Denn zahlreiche Bevölkerungsteile mit Einkommens- und Besitzlagen, die eine selbständige Lebensführung erlaubten, standen im 18. Jahrhundert in den Gemeinden und Städten außerhalb jeder politischen Mitsprache und hatten keinen aktiven Anteil an der bürgerlichen Gesellschaft. Zusammengehalten wurden die Gemeinschaften nicht durch ihre auf vergleichbaren Besitzverhältnissen oder auf gemeinsamen Erfahrungen in der Berufswelt basierende soziale Homogenität, sondern durch das die Besitzunterschiede fast vollständig außer Acht lassende und soziale Ungleichheiten überspannende Bürgerrecht. Wirtschaftlicher Reichtum war somit keineswegs allein und auch nicht das wichtigste Kriterium für die Zugehörigkeit zum Bürgertum in Frankfurt. Dieser Befund muss noch etwas vertieft werden.

2.2 Die Rechte der Bürger

Viele Kommunen waren im Gesellschaftsgefüge des 18. und des beginnenden 19. Jahrhunderts faktisch selbstverwaltete Republiken, die zahlreiche Angelegenheiten genossenschaftlich regelten. Von daher spielte das Bürgerrecht, das alle Gruppen der städtischen Bürgergesellschaft – ob Kaufleute, Fabrikanten oder Handwerker, ob Rechtsanwälte, Lehrer oder Ärzte, ob städtische Verwaltungsbeamte, Gelehrte oder Künstler – gleichermaßen, aber nicht in gleicher Weise betraf, eine große Rolle. Es regelte Rechte und Pflichten eines Mitglieds des städtischen Gemeinwesens, eröffnete die Möglichkeit von Eigentumserwerb, insbesondere von Grund- und Hausbesitz, und die Ausübung eines Gewerbes oder Geschäfts. Die Mitgliedschaft in den Korporationen blieb den Bürgerrechtsinhabern genauso vorbehalten wie die meisten Einrichtungen für Notfälle wie Armenstiftungen, Kranken- und Waisenhäuser sowie Alten- und Witwenstifte. Das galt mehr oder weniger entwickelt in vielen Städten und so auch in Frankfurt. Doch im Laufe der Jahrhunderte hatten sich einige Besonderheiten des Frankfurter Bürgerrechts herausgebildet. So umfasste das Frankfurter Bürgerrecht das Recht auf uneingeschränkte häusliche Niederlassung, Familiengründung und Immobilienbesitz in der Stadt. Es regelte den Zugang zu jeder Art von Handel und Gewerbe, wobei vor allem der Detail- und Speditionshandel sowie das Zunfthandwerk den Bürgern vorbehalten blieben. Diese verfügten gegenüber den anderen Einwohnern über eine Reihe von Zoll- und Abgabeprivilegien und die Vermögenssteuer, die „Schatzung", war auf den Bruchteil eines Prozents beschränkt, so dass ein Frankfurter Bürger, selbst wenn er zur sogenannten „Großen Schatzung", auch „Maximum" genannt, herangezogen wurde, allenfalls Steuerabgaben in Höhe von 50 Gulden im Jahr zahlen musste.

Dazu kamen allerdings noch Zoll- und Waagabgaben und eine ganze Reihe indirekter Steuern, auf denen letztendlich die Finanzierung der Stadtverwaltung beruhte. Weiterhin hatten nur Personen mit Bürgerstatus Zugang zu den verschiedenen Korporationen, also zu den Gesellschaften der Patrizier, zu den Kollegien der Juristen und Ärzte sowie zu den Zünften.

Vor allem gewährte das Bürgerrecht politische Rechte, regelte die Form der Übernahme von Mandaten in den politischen Gremien der Stadt und Mitsprache bei den Angelegenheiten, die das städtische Gemeinwesen betrafen. Nur der Bürger, und in diesem Falle ausdrücklich nur der in Frankfurt geborene Bürger, konnte in den Rat oder in die bürgerlichen Kollegien kooptiert werden, und nur ihm waren die Stellen in den städtischen Ämtern vorbehalten. Dem Bürger gewährte die Stadt also neben dem Rechtsschutz eine ganze Reihe von wirtschaftlichen und politischen Rechten und nur er hatte das Recht, die städtischen „Gemeinheiten“, also Weiden, Bleichwiesen oder Jagdrechte, zu nutzen. Auffallend sind die geringen Steuern. Insgesamt bestritt die Stadt ihre Ausgaben aus 65 Einnahmequellen, die 1805 fast eine Millionen Gulden einbrachten. Davon entfielen auf die Vermögenssteuer gerade einmal 146.491 Gulden und auf diverse Handelsabgaben 174.900 Gulden.[137]

In vollem Umfang partizipierte nur der Bürger von diesen Rechten, nicht die Bürgerin. Überhaupt hatten die Familienmitglieder oder besser die Mitglieder der Hausgemeinschaft in sehr unterschiedlichen Graden Anteil an den Privilegien. Es sind zwar die Rechte der Frauen hervorzuheben, insbesondere in privater, häuslicher und wirtschaftlicher Hinsicht, aber die öffentlichen Angelegenheiten fielen allein dem männlichen Haushaltungsvorstand zu. Fehlte er infolge Tod, Scheidung oder Trennung, so konnte die Frau als Bürgerwitwe oder „uxor separata“ nur in gewissem Umfang an seine Stelle treten. Sie konnte zwar, wie bei den Handwerkern, das Geschäft fortsetzen, nie jedoch in politischer Hinsicht tätig werden.[138] Die nächste Stufe in der patriarchalischen Ordnung nahmen die Kinder ein, die immerhin ein Anrecht auf das Bürgerrecht hatten. Nach ihnen kamen bei einem Handelsgeschäft die Gehilfen und bei einem Handwerksbetrieb die Gesellen, die ebenfalls der väterlichen Hausgewalt unterstanden; und ganz am unteren Ende der ständischen Hierarchie stand das Gesinde und eröffnete das weite Feld der unterständischen Schichten.

Konzeption und Struktur des Frankfurter Bürgerrechts waren so angelegt, dass es an Männer verliehen wurde, die ihre Selbständigkeit, das heißt materielle Unabhängigkeit und Bildung, nachweisen konnten. Die Aufnahme in den Bürgerverband beendete einen besonderen Entwicklungsabschnitt im Leben der Männer und hinterließ in Form von Bürgeraufnahmebüchern oder -akten, in Memoiren und Familiengeschichten zahlreiche Spuren im Bestand der überlieferten Quellen. Um Bürger zu werden, musste eine komplizierte Aufnahmeprozedur absolviert werden, sprich Gnadengesuch beim Rat, Eidesleistung und Entrichtung der verschiedenen Gebühren wie das „Feuereimer-“, „Gewehr-“ oder das „Bürgeraufnahmegeld“. Die Annahme des Gesuchs unterlag zwar weitgehend der Willkür des Rats, war aber bis zum Beginn des 19. Jahrhunderts nicht an einen besonderen Einkommensnachweis gebunden. Um Bürger zu werden musste der Fremde oder Beisasse lediglich fünf Prozent seines Vermögens als Bürgeraufnahmegeld abführen. Im umgekehrten Fall, also wenn eine Frau von außerhalb einen Bürger heiratete, zahlte sie die Hälfte des Satzes. Bis 1780 war damit die Höhe der zu entrichtenden Summe faktisch unbegrenzt, wurde dann allerdings an das Maximum der Großen Schatzung gekoppelt und konnte die Höhe von 750 Gulden nicht mehr überschreiten.

Ein Anrecht auf das Bürgerrecht hatten vor allem die Bürgersöhne. Im Laufe der Jahrhunderte war die Aufnahme für sie immer mehr erleichtert worden, bis hin zu einer faktischen Vererbung. Die große Mehrzahl der Einbürgerungen vollzog sich auf diesem Weg.[139] Dies war für die soziale Zusammensetzung der Bürgerschaft von außerordentlich großer Bedeutung, denn diese Art der Einbürgerung führte, da sie an keine Voraussetzung mit Ausnahme eines unbescholtenen Lebenswandels gebunden war, dazu, dass auch zahlreiche Vertreter von Berufen, die im Sinne der modernen Sozialgeschichte nicht der bürgerlichen Lebenswelt zugeordnet werden, in die Bürgerschaft aufgenommen wurden. Infolgedessen war die Ausgrenzung unterbürgerlicher Sozialgruppen oftmals weniger scharf ausgeprägt als nach den Reformperioden im 19. Jahrhundert.

Die Masse der Bürger – so kann man das den Adressbüchern entnehmen, die ab den 1830er Jahren erschienen – waren Kaufleute oder Handwerker, die – Bankiers, Fabrikanten, Verleger oder Weingärtner und Fischer eingeschlossen – drei Viertel der Bürgerschaft stellten. Aber Bürger waren nicht auf diese Berufe beschränkt. Es kamen die Angehörigen der städtischen Verwaltung, insbesondere Juristen, aber auch selbständige Advokaten, Ärzte, Architekten, Lehrer, Pfarrer und Angehörige des Militärs hinzu. Auffallend sind die fast 500 Bürger, die um 1830 außerhalb der Stadt wohnten. Dabei handelte es sich zum einen um Frankfurter Bürger, die sich in den umliegenden Landgemeinden aufhielten. Nicht selten waren es Patrizier, wie die Differenz bei der Anzahl der Offiziere und Hofbeamten, den beiden Hauptberufen der Patrizier, ausweist. Zum anderen waren es Kaufleute, die sich auf längeren Reisen befanden. Unter den Bürgern konnten sich aber auch – und darauf wurde bereits hingewiesen – Gesellen, Tagelöhner und Auslaufer, ja Gesinde und Bediente befinden. Im Adressbuch der Stadt Frankfurt von 1834 sind über 600 Bürger, also fast zehn Prozent der gesamten Bürgerschaft, mit derartigen Berufen nachgewiesen. Das Adressbuch verzeichnete auch 2.228 von Bürgerinnen geführte Haushalte. Dabei handelte es sich um fast 1.500 Haushalte von Witwen, von denen die überwiegende Mehrzahl Kaufmanns- oder Handwerkerwitwen waren. Dazu kamen Ehefrauen, alleinstehende Bürgerinnen und Bürgertöchter sowie getrennt lebende Frauen – darunter einige Handelsfrauen, Lehrerinnen und Künstlerinnen sowie weibliches Gesinde, das im Bürgerrecht stand.[140]

Zusammen mit den das Geschäft ihres verstorbenen Mannes fortführenden Witwen übten also Hunderte von Bürgerinnen eine öffentliche Berufstätigkeit aus und damit endeten die Bürgerrechte der Frauen noch nicht. Das Bürgerrecht konnte auch durch die Heirat von Bürgertöchtern oder Bürgerwitwen erlangt werden. Die Einbürgerung bei Heirat – ein Privileg, auf das sich die Heiratspolitik einiger Familien der katholischen Minderheit gründete – war zu Beginn des 18. Jahrhunderts heftig umstritten. Um der unkontrollierten Zuwanderung, die sich dieses Einfallstors lebhaft bediente, einen Riegel vorzuschieben, wurde zwischen 1708 und 1732 die automatische Erteilung des Bürgerrechts bei Heirat kurzzeitig aufgehoben und mit dem Gnadengesuch, das an den Rat zu richten war, verknüpft. Die kaiserliche Verfassungskommission hob diesen Ratsbeschluss nach einer Klage von katholischen Zuwanderern wieder auf und erklärte: „Es soll aber (...) denen Ausländischen und Fremden, die ehrbare und haabschafte Personen sind, sich auch gebührlich und unverweislich verhalten haben, wenn sie mit Frankfurter Burgerswittwen oder Töchtern sich verheyrathen, die Aufnahme zum Bürgerrecht, ohne Verweigerung verstattet werden, wenn sie sich zuvor bey dem Magistrat dazu qualificirt und die erforderlichen Praestanda praestiret, auch von ihrer Obrigkeit einen Revers beybringen, daß ebenmäßg und reciproce an ihren Orten deren Frankfurtter Burgern und Einwohnern in gleichen Fällen auf ihr Ansuchen die Ertheilung des Burgerrechts wieder fahren solle."[141] Damit blieb dieses Recht der Frankfurter Frauen erhalten. Diese Möglichkeit des Bürgerrechtserwerbs über eine Heirat war für Fremde der aussichtsreichste Weg, Frankfurter Bürger zu werden.

Ein Beispiel liefert hier der Verleger Heinrich Ludwig Brönner. Der am 21. Dezember 1702 in Wertheim am Main geborene Brönner kannte Frankfurt von den Fahrten zur Messe, die er regelmäßig mit seinem Vater, einem Mainschiffer, unternahm. Der Messetrubel mag dazu beigetragen haben, dass sich der Schiffersohn Heinrich Ludwig für eine Druckerlehre entschied, die er 1717 bei Johann Philipp Andreae antrat und 1721 erfolgreich beendete. Er erfüllte damit die erste Voraussetzung der Frankfurter Druckerordnung von 1660, in der es hieß: „Und damit Ihrer der Trucker nit zu viel werden / haben Wir den Raht obgenant uns entschlossen / keine Trucker / (...) oder Verläger ferner mehr zu dulden / als diejenige / so auff diese Stund allhier wohnen und Bürger seyndt." Die Druckerordnung enthielt eine weitere Bestimmung, die sich als Grundlage für den späteren Aufstiegs von Brönner erwies: „So viel die Wittiben betrifft / so eygne Truckereyen von ihren verstorbenen Ehemännern haben / mögen dieselbe solche so wol in Wittib- als folgenden Ehestand / da der Ehevogt die Truckerey erlernt und Bürger ist / wohl fortführen: Wann solche aber an ungelernte Personen heurathen / sollen sie dessen unfähig / und der Truckerey einen Factor fürzustellen gehalten seyn."[142] Die Bürgerfrauen hatten also das Recht, als Bürgerwitwe oder „uxor separata" nicht nur den Haushaltsvorstand zu übernehmen, sondern auch das Geschäft fortsetzen. Bei vielen Handwerkern, so auch bei den Druckern, musste sie sich allerdings der Unterstützung durch einen gelernten Handwerker – dem „Faktor“ – versichern.

Die große Bedeutung, die diese Bestimmung im allgemeinen für das Frankfurter Druck- und Verlagswesen im besonderen hatte, lässt sich auch an dem Bibeldrucker Christoph Wust zeigen, der zur Druckerei kam, indem er eine Tochter des Formschneiders und Druckers Kaspar Rötel heiratete. Auch der Hugenotte Johann Philipp Andreae aus Straßburg, bei dem Brönner lernte, bekam von dem Glaubensbruder und Verleger Philipp Fievet als Startkapital einige alte Pressen, nachdem er dessen Tochter geheiratet hatte.[143] Auch an der Entwicklung der Druckerei, die Nikolaus Kochenbecker in den sechziger Jahren des 17. Jahrhunderts gegründet hatte, lässt sich die wichtige Rolle der Frauen verfolgen. 1672 ging die Druckerei in den Besitz des Buchdruckers Johann Georg Drullmann über, der gegen Lohn für fremde Verleger druckte. Sechzehn Jahre später, nachdem Drullmann gestorben war, kam der aus Dinkelsbühl stammende Drucker Johann Bauer 1688 durch Heirat der Witwe Anna Maria in den Besitz der Drullmanschen Druckerei, konkurrierte mit dem Bibeldrucker Wust und versuchte ihm, seine dominierende Stellung im Druck theologischer Schriften streitig zu machen. Doch ein Brandunglück am 6. November 1699 machte ihn über Nacht bettelarm. Mit Hilfe seiner Frau, die einen kleinen Buchladen eröffnete, hat die Familie Bauer die Katastrophe überwunden. Nach dem Tode seiner tüchtigen Frau heiratete Bauer erneut – eine Maria Elisabeth Nagel, die in einer Buchdruckerfamilie aufgewachsen war und gut ins Geschäft passte.

Das war die Situation, als Heinrich Ludwig Brönner 1726 23jährig von seiner Wanderschaft nach Frankfurt zurückkehrte, die er fünf Jahre zuvor nach dem Ende seiner Lehre begonnen hatte. Der Zufall führte ihn als Geselle in die Bauersche Druckerei, in der er noch im gleichen Jahr zum Faktor aufstieg, nachdem sein Meister nur sieben Monate nach seiner Ankunft verstorben war. Diesen Aufstieg verdankte er allein dem Umstand, dass es einer Witwe laut Bürgerrecht und Druckerordnung nicht gestattet war, den Betrieb ganz alleine weiterzuführen. Zwei weitere grundlegenden Bedingungen für seinen späteren Erfolg hätte er ohne die Witwe Bauer kaum erreichen können: die Druckerei nebst ihrer kapitalintensiven Ausstattung und den zum Drucken erforderlichen Privilegien, die von den Vorstehern der Druckergesellschaft vergeben wurden, und das Frankfurter Bürgerrecht, ohne das – laut Druckerordnung – eine Druckerei in Frankfurt nicht betrieben werden konnte.

Wie schwierig es ansonsten war, Frankfurter Bürger zu werden, zeigt das Schicksal der Familien Brentano und Bolongaro, die – obwohl zu großen Reichtümern gekommen – sich jahrzehntelang vergeblich um eine Einbürgerung bemühten.[144] Das, was diesen Großhändlern verwehrt wurde, erwarb Heinrich Ludwig Brönner, indem er die Witwe Bauer ehelichte. Zuvor hatten sie zusammen eine Bewilligung der Vorsteher der Buchdruckergesellschaft eingeholt und ein Gnadengesuch an den Rat stellen müssen, in dem Brönner erklärte, dass er sich mit seiner „wohlerlernten

Kunst nebst der Frau Wittib besitzenden Laden wohl zu ernähren getraue."[145] Aus diesen Anfängen ging eine der größten Druckereien und Verlage Deutschlands hervor. Einer der Söhne Brönners, Carl Brönner, wurde am Ende des 18. Jahrhunderts Senator und stiftete vor seinem Tod das Anfangskapital zum Bau der Stadtbibliothek, die in den 1820er Jahren eröffnet wurde.

2.3 Die Bürgergemeinde

Über Umfang und Größe der Bürgergemeinden sowie ihren Anteil an der Gesamtbevölkerung bestehen in der Stadtgeschichte unterschiedliche und manchmal irreführende Auffassungen. Nicht selten wird der Ausschlusscharakter des Bürgerrechts in politischer wie „sozialprotektionistischer" Hinsicht betont und von sehr exklusiven Bürgergemeinden ausgegangen. Nicht selten dient der unreflektierte Gebrauch des Vergleichs von Bürger- und Einwohnerzahlen als Unterstützung dieser Behauptung, wobei nicht selten eine Konfusion über die quantitativen Beziehungen in generativer, geschlechtlicher und rechtlicher Hinsicht herrscht. Die Berechnung des Anteils der Bürger an den Einwohnern erscheint nur auf den ersten Blick unproblematisch, steckt jedoch voller Tücken, sofern sie zur Einschätzung politischer Partizipationschancen herangezogen wird. In den Vergleich werden große Gruppen der Bevölkerung einbezogen, die von vornherein außerhalb einer politischen Berechtigung standen. In jedem Fall trifft dies auf Minderjährige zu. Weiterhin werden die Angehörigen der Bürger pauschal zu den Nichtbürgern geschlagen. Die Frauen der Bürger hatten jedoch sehr wohl gewisse Bürgerrechte. Sie konnten, wie ausgeführt, Grund- und Hausbesitz erwerben, den Geschäfts- oder Gewerbebetrieb des Mannes fortführen, und Bürgertöchter ermöglichten bei Heirat eines Auswärtigen dessen Einbürgerung. Das Gesinde und die Gesellen waren von der Wahrnehmung politischer Funktionen ausgeschlossen, weil politische Partizipation nicht nur mit einer selbständigen Haushaltsführung, sondern auch mit dem männlichen Geschlecht verbunden war – ein Umstand, den das kommunale Bürgerrecht mit fast allen zeitgenössischen Wahlrechten teilte. Dies wirft die Frage nach sinnvollen und praktikablen Vergleichsgrößen auf. Sinnvoll wäre ein Vergleich zwischen Bürgern und Erwachsenen. Doch eine Kategorie „Erwachsene" kennt die zeitgenössische Statistik nicht.

Immerhin, von den 27.075 männlichen und weiblichen „Erwachsenen" in der Volkszählung von 1811 stellten die 4.745 Bürger einen Anteil von 18 Prozent, bezieht man die Bürgerinnen mit ein, sind es 38 Prozent. Allerdings erhebt sich die Frage, inwieweit Gesinde, Gesellen, Handlungsgehilfen und Lehrlinge – nicht selten minderjährig – als im Sinne der Übernahme politischer Verantwortung Volljährige oder Erwachsene zu rechnen sind. Eine Lösung ist in der Praxis kaum möglich, weil in der Regel weder Bestimmungen über eine wie auch immer geartete Volljährigkeit noch statistische Aufzeichnungen über den Altersaufbau der städtischen Gesellschaft existieren – jedenfalls nicht vor der Mitte des 19. Jahrhunderts. In den Kreis der „Erwachsenen" wurde man eigentlich mit der Einbürgerung aufgenommen. Die Vorstellung einer an ein bestimmtes Alter geknüpften Volljährigkeit entspringt einer späteren Rechtskultur und setzte sich erst in der Mitte des 19. Jahrhunderts zusammen mit den regionalen und nationalen Wahlrechten durch. Es ist also kaum möglich, die generativen und geschlechtlichen Strukturen ohne die rechtlichen zu betrachten, und in diesem Zusammenhang ergibt sich bei differenzierter Betrachtung ein völlig anderes Bild, als es die pauschalen Zahlen nahelegen.

Um 1823 gab es 5.416 Bürger, und unter Einrechnung der Familienmitglieder stellten sie mit 23.264 Angehörigen ungefähr 50 Prozent der Gesamtbevölkerung. Mehr als die Hälfte der Einwohner gehörte in der einen oder anderen Form dem Bürgerverband an und verfügte entsprechend ihrer gesellschaftlichen Stellung über Rechte und Privilegien. Dieser Anteil blieb bis in die sechziger Jahre des 19. Jahrhunderts hinein beeindruckend stabil und dehnte sich sogar noch ein wenig aus. Danach, mit dem in preußischer Zeit vorgenommenen Übergang der Stadt zur Einwohnergemeinde und der Einführung ausschließender Zensuswahlrechte, die an ein Mindesteinkommen geknüpft wurden, reduzierte sich der Anteil erheblich. Im Jahre 1867 gab es nur mehr 6.425 Bürger. Bei dem anhaltenden Wachstum der Einwohnerschaft fiel der Anteil der Bürgergemeinde mit 29 Prozent im Jahre 1871 auf seinen Tiefststand.[146] Die Öffnung zur Einwohnergemeinde hatte zum Ausschluss großer Teile der Frankfurter Bevölkerung aus dem Bürgerecht geführt. Mit diesem Zensus wurde die Masse der einkommensschwachen Bürger auf kommunaler Ebene entmündigt und eine Abschottung der Gemeinde gegenüber Gesellen, Arbeitern und Gesinde vorgenommen.[147] Der Modernisierungsprozess brachte also gelegentlich durchaus eine Einschränkung der Partizipation. Er war und ist keine Einbahnstraße zu mehr Gleichheit. Wie aber stand das Frankfurter Bürgerrecht im Vergleich mit anderen deutschen Städten da?

Die Größe der Bürgergemeinden sowie ihr Anteil an der Einwohnerschaft unterschieden sich sehr von Stadt zu Stadt und ihr Umfang veränderte sich im Laufe der Zeit beträchtlich. Auffallend ist der relativ hohe Partizipationsgrad, der am Beginn des 19. Jahrhunderts größer war als an dessen Ende. Nicht selten folgte ein dramatischer Rückgang in der Jahrhundertmitte, der in auffallendem Kontrast zur parallel verlaufenden Öffnung der Gemeinden für den Zuzug fremder Bevölkerungsteile stand. Die oft erheblichen Eingrenzungen der Bürgergemeinden standen in engem Zusammenhang mit den von Seiten der Staaten eingeführten „moderneren" Gemeindeverfassungen. Doch über diesen allgemeinen Trend hinaus bestanden regionale Besonderheiten und in den einzelnen Staaten große Rechtsunterschiede. Auf der einen Seite hatten seit der Frühen Neuzeit die Eingriffe der territorialstaatlichen Verwaltungen in vielen Regionen das Selbstbestimmungsrecht der Gemeinden beschränkt, was wie etwa in Preußen bis zur vollständigen Beseitigung führen konnte. Auf der anderen Seite war das traditionelle Bürgerrecht im 19. Jahrhundert in einem Begrenzungs- und Umformungsprozess begriffen, der regional, ja von Stadt zu Stadt sehr unterschiedlich verlief.[148]

In den linksrheinischen Gebieten, aber eben auch nur dort, wurde bereits in der napoleonischen Ära das Bürgerrecht auf einen formlosen Eintrag in die Bürgerregister reduziert und das aktive Wahlrecht an alle männlichen Selbständigen vergeben, während das passive Wahlrecht allein den Notabeln vorbehalten blieb. Ein Beispiel für die Folgen ist Aachen, wo um 1846 nicht einmal 15 Prozent der Haushaltungsvorstände das Bürgerrecht besaßen. In Frankfurt waren es zur selben Zeit – wie dargelegt – über 50 Prozent. Noch restriktiver waren die Zugangskriterien für die Kölner Gemeindemitglieder. Sie setzten neben einem Mindestalter von 25 Jahren einen unbescholtenen Ruf und ein Jahreseinkommen von 400 Talern voraus. Die gesamte Bürgergemeinde bildete nicht einmal ein Viertel der 85.000 Einwohner, und lediglich knapp 4.000 Personen verfügten im Jahre 1846 über das Wahlrecht. Sie wählten zudem in drei Klassen. Hier zeigten sich recht deutlich Züge von plutokratischen Wahlrechtsbeschränkungen. Das galt im Übrigen auch für andere Städte der Rheinprovinz. Erst im Jahre 1873 wurde in Köln der Zensus gesenkt, was zum Anstieg der Wahlberechtigtenzahlen führte. Was für Köln einen Höhepunkt der politischen Partizipation darstellte, war für Frankfurt zur selben Zeit ein Tiefpunkt.[149]

In den anderen Landesteilen Preußens nahm die Entwicklung einen unterschiedlichen Verlauf. Hier musste mit der Steinschen Städteordnung ein Bürgerrecht erst wieder eingeführt werden. Bereits im Vormärz wurden drastische Verschärfungen der Wahlrechte vorgenommen und der anfangs moderate Wahlzensus in einer zweiten Welle von Gemeinde- und Städteordnungen erhöht – eine Tendenz, die sich nach der Revolution von 1848 noch verstärkte. Außerdem wurden die Gewerberechte vom Bürgerrecht abgekoppelt, womit es sich auf das kommunale Wahlrecht reduzierte. Damit erlangten die Einwohner zwar zahlreiche kommerzielle Rechte, aber die kombinierten Zensus- und Klassenwahlrechte schlossen einen Großteil der früheren Bürger von der politischen Beteiligung aus. Betroffen war neben Münster auch die alte Reichsstadt Dortmund, die noch am Ende des 18. Jahrhunderts eine Bürgergemeinde aufwies, die 54 Prozent der Einwohner einschloss, einen Anteil, der sich bis in die vierziger Jahre des 19. Jahrhunderts sogar noch erhöhte. Doch schrumpfte er um 1850 auf 37 Prozent und bis 1863 sogar auf rund 30 Prozent; damit reduzierte sich auch der Kreis der politisch Berechtigten. Im Gegensatz zu anderen Städten nahm in den preußischen Kommunen langfristig der Kreis der politisch Berechtigten wieder zu. So stieg auch in Dortmund am Ende des Jahrhunderts der Bürgeranteil durch die Einführung eines Dreiklassenwahlrechts mit mäßigem Zensus wieder an und erreichte 1895 etwas über 80 Prozent der männlichen Einwohner im wahlfähigen Alter. Aber diese Ausweitung der politischen Partizipation blieb bezeichnenderweise an ein Dreiklassenwahlrecht gebunden, wodurch der Großteil der Wähler von einer wirklichen Mitsprache ausgeschlossen blieb.[150] Im Gegensatz dazu weitete sich in Frankfurt am Beginn des 20. Jahrhunderts die Bürgergemeinde zwar nur von 30 auf über 60 Prozent aus, jedoch hatten die in den Genuss der politischen Partizipation kommenden männlichen Haushaltungsvorstände unabhängig von ihrem Einkommen ein gleiches Stimmrecht.

In den Rheinbundstaaten wurde das Bürgerrecht im Gegensatz zu Preußen nur vorsichtig für minder privilegierte Bürgergruppen geöffnet. In zahlreichen Städten und ganzen Stadtregionen mussten die rechtlichen Unterschiede und die damit verbundenen Privilegien zwischen Kaufleuten und Handwerkern, Bürgern und Beisassen oder Schutzverwandten sowie zwischen den Konfessionen, was nicht nur die Juden betraf, erst noch abgebaut werden. Die Zugangsbedingungen für das Bürgerrecht wurden erleichtert und nur noch an die wirtschaftliche Selbständigkeit, ein bestimmtes Alter und ein gutes „Prädicat" oder einen guten Leumund gebunden. Dazu kamen allerdings jeweils stadtspezifische Bedingungen.[151] Auch in der bayerischen Gewerbestadt Augsburg reduzierte sich kontinuierlich die Größe der Bürgergemeinde. Umfasste sie in reichsstädtischer Zeit um 1800 immerhin fast 68 Prozent der 31.553 Einwohner, so sank sie binnen weniger Jahrzehnte von 54 Prozent im Jahre 1818, dem Zeitpunkt der Einführung der bayerischen Gemeindeordnung, auf 32 Prozent zur Jahrhundertmitte und erreichte um 1869 nur mehr 27 Prozent. Demgegenüber stieg der Anteil der Bürger in Nürnberg, einer anderen bayerischen Stadt, kurzfristig um 1870 auf ein Drittel der Einwohnerschaft an, um sich dann später auf ungefähr ein Viertel einzupendeln.[152]

Im Gegensatz zu Bayern wurden die wirtschaftlichen Privilegien in anderen süddeutschen Staaten unter Beibehaltung oder gar Abmilderung der sowieso eher moderaten Zensuswahlrechte noch einmal bestätigt. Dabei verlor das Bürgerrecht erst in den sechziger Jahren in wirtschaftlicher Hinsicht an Bedeutung. Der Anteil der Bürgergemeinden blieb über das ganze Jahrhundert relativ konstant bei Anteilen zwischen 50 und 60 Prozent und war damit, bei der Abwesenheit eines gestaffelten Wahlrechts, ausgesprochen liberal, was auch den Zeitgenossen auffiel.[153] Ähnliches lässt sich von den badischen Städten sagen, die 1831 eine neue Gemeindeordnung erhielten. Die rechtliche und soziale Ausgestaltung des Bürgerrechts blieb traditionellen Kriterien verhaftet, zugleich wurde der Bürgerrechtserwerb erleichtert.[154] Die badische diente der nassauischen Gemeindeordnung von 1848 als Vorbild und blieb bis 1891 gültig. Für den Eintritt in den Status eines „Bürgers" wurde der Nachweis einer gesicherten Nahrung verlangt. In der Landeshauptstadt Wiesbaden besaßen im Jahre 1809 noch 68 Prozent der männlichen Haushaltungsvorstände das Bürgerrecht. Dieser Anteil fiel allerdings bis zum Jahre 1864 auf 45 Prozent und schrumpfte nach der Eingliederung in den preußischen Staat und der Beseitigung aller wirtschaftlichen Privilegien für die Bürger auf einen bemerkenswert kleinen Anteil von nur noch 16 Prozent im Jahre 1889. Die Rentiersstadt erreichte damit in Hinsicht auf die politische Partizipation einen Tiefpunkt, der weit unter dem von Frankfurt lag.[155]

Das Bürgerrecht war also im 19. Jahrhundert starken Veränderungen ausgesetzt. Einerseits zeichnete sich zwischen 1800 und 1870 mit der Lockerung der Niederlassungs- und Heiratsbestimmungen sowie der Einführung der Gewerbefreiheit ein Trend zur Dekorporierung und zur Aufhebung der wirtschaftlichen Privilegien ab. Andererseits wurden die politischen Rechte in Zensus- und Dreiklassenwahlrechte transformiert, was vielfach eine Eingrenzung, nicht Ausweitung des Kreises der Bürger und damit der politischen Partizipation mit sich brachte.[156] Der allgemeine Trend zu einer Homogenisierung der rechtlichen Rahmenbedingungen für die kommunalen Bürgergesellschaften kann nicht verbergen, wie uneinheitlich der Prozess in seinen verschiedenen Stadien verlief und wie regional differenziert und lokal fragmentiert das deutsche Bürgertum bis ins letzte Drittel des 19. Jahrhunderts hinein in politischer Hinsicht noch war. Im Vergleich mit anderen Städten zeigt sich jedoch, dass Frankfurt kein besonders exklusives Bürgerrecht besessen hatte. Das Bürgerrecht war im Gegenteil sogar vergleichsweise liberal und schloss relativ große Teile der Bürgergemeinde ein. Dies war ein weiteres Fundament, auf dem sich der liberale Charakter der Stadt gründete. Wie bedeutend das Bürgerrecht im gesamten Zeitraum blieb, zeigt sich an den verschiedenen Einwohnergruppen, die nicht im Besitz desselben waren.

2.4 Wer nicht dazugehörte

In Frankfurt am Main war etwas weniger als die Hälfte der Bevölkerung von der vollen Teilhabe an der bürgerlichen Gesellschaft ausgeschlossen – allerdings in ganz unterschiedlichen Graden. Den Bürgern stand nicht einfach eine geschlossene Gruppe der Nichtbürger gegenüber, sondern es gab zahlreiche Einzelgruppen, die in unterschiedlichem Ausmaß an den Privilegien, die das Bürgerrecht gewährte, teil hatten. Als Erstes ist zwischen den Minderheiten mit „bürgerlichen" Berufen und den abhängig beschäftigten unterständischen Bevölkerungsgruppen zu unterscheiden. Die Beisassen, Permissionisten und Juden partizipierten in graduellen Abstufungen am Bürgerrecht, was großen Teilen eine selbständige Lebensführung, in der Regel auf Basis einer Handelsunternehmens, erlaubte, während bei den Dorfbewohnern, dem Gesinde und den Gesellen die Abhängigkeitsverhältnisse und patriarchalischen Bevormundungen überwogen. Das Problem kompliziert sich dadurch, dass sozialer Status und Bürgerrechtskategorie nicht zur Deckung zu bringen sind. Ein Beisasse konnte zum Beispiel sowohl ein wohlhabender Kaufmann als auch ein Knecht oder Tagelöhner sein. Auch bei den Juden ist eine breite soziale Streuung der Berufe festzustellen, die von den in moderner Sicht sogenannten „bürgerlichen" Berufen bis zu den Berufen der Unterschichten reichte.

Die Teilhabe am Bürgerrecht erfolgte bei diesen Gruppen in einem klar bestimmten System von graduellen Unterschieden. Nach der Beisassenordnung von 1735 war dem Beisassen, ob als Tagelöhner oder als Handelsmann, der Erwerb von Liegenschaften und die Viehhaltung untersagt. Als Tagelöhner musste er für die Aufnahme in den Beisassenstatus eine Gebühr zwischen drei und acht Gulden zahlen. Bei Aufnahme einer Handelstätigkeit waren es dagegen 100 Gulden. Er durfte keine offenen Läden führen, nicht der „Hockerey“ nachgehen, nicht im Kleinen oder mit Speditionsgütern handeln – auch nicht zusammen mit Bürgern. Es war ihm erst nach zehn Jahren erlaubt, eine Kommissionshandlung zu betreiben, und er hatte obendrein das Doppelte der Schatzungssteuer zu entrichten.[157] Noch restriktiver wurde die Vergabe von Privilegien gegenüber den Permissionisten gehandhabt. Alle Fremden, die in Privathäusern logierten, mussten sich beim Polizeiamt um die Ausstellung eines Permissionsscheins bemühen. Die Aufenthaltsgenehmigung galt zuerst für sechs Wochen, konnte aber bis zu einem Jahr verlängert werden. Auf dem Permissionsschein wurde sowohl der Wohnsitz als auch das ausgeübte Gewerbe vermerkt. Den Permissionisten fehlte jegliche Berechtigung, eine „bürgerliche Nahrung“ zu betreiben, und sie blieben wie die Beisassen von den politischen Rechten ausgeschlossen.[158] Im Gegensatz zu ihnen genossen die Beisassen nicht nur ein dauerhaftes Aufenthalts-, sondern ein ständiges Wohnrecht sowie städtischen Schutz und Gerichtsstand. Gleichermaßen waren sie zum Militärdienst und insbesondere bei Feuergefahr zur Nachbarschaftshilfe verpflichtet.[159] Auch wenn die Beisassen politisch rechtlos blieben, zogen es im 18. Jahrhundert zahlreiche Zuwanderer vor, über Generationen hinweg in Frankfurt zu leben, ohne sich einbürgern zu lassen.[160]

Sehr viel schwieriger gestaltete sich die Wahrnehmung „bürgerlicher Freiheiten“ bei den Juden. Sie standen mit eigener Verfassung, der „Judenstättigkeit“, außerhalb der Bürgergemeinde. Ihr Wohnrecht blieb auf das Ghetto in der Judengasse beschränkt. Die Gemeinde durfte eigentlich 500 Haushalte („Hausgesäss“), etwa 3.000 Einwohner, nicht überschreiten, was jedoch nicht befolgt wurde.[161] Die Zahl der Heiraten war begrenzt, und maximal sechs Juden erhielten im Jahr die Erlaubnis zuzuziehen, wenn sie einen Vermögensnachweis von 1.000 Gulden erbrachten. Die Handelsbeschränkungen übertrafen noch die Verbote bei den Beisassen. So war den Juden auch der Spezerei-, Korn- und Weinhandel untersagt, und Tuch, Leinwand sowie Seide durften nicht für den Verkauf, sondern nur im Großen gehandelt werden.[162] Lediglich der Großhandel blieb, ähnlich wie bei den Beisassen, weitgehend frei von Restriktionen. Die 650 Familienvorstände der „Stättigkeitsjuden“ teilten sich, nach der Schatzungsliste von 1715, in 227 „arme“ und 423 „reiche Juden“. Sie zahlten bei einem zugrunde gelegten Gesamtvermögen in Höhe von neun Millionen Gulden, was einem durchschnittlichen Haus- und Vermögensbesitz pro Haushalt von 13.700 Gulden entsprach, ungefähr 15.000 Gulden Schatzungssteuer.[163] Steuerlisten wie die Sozialstatistik der späteren Zeit bestätigen die Konzentration der Juden im Bereich des Handels. Fast 70 Prozent aller Berufstätigen betrieben eine Handlung, weil sie von vielen Handwerksberufen ausgeschlossen waren.

Die Zahl der jüdischen Handwerker erhöhte sich zwar im Zeitraum zwischen 1694 und 1824 von 19 auf 50, ihr Anteil an der Gemeinde blieb jedoch aufgrund des allgemeinen Wachstums nahezu konstant bei fünf Prozent. Das war ein gravierender Unterschied zur Sozialstruktur der christlichen Bürgergemeinde, in der die Handwerker die größte Sozialgruppe darstellten. Neben dem Handel mit Lebensmitteln und Textilwaren, inklusive des Kleider- und Pelzhandels, der zusammen ungefähr 40 Prozent ausmachte, war es vor allem das Geldgeschäft, in dem sich das jüdische Handelsbürgertum engagierte. Betätigten sich in diesem Bereich um 1700 erst 40 von 267 Kaufleuten, so waren es 1824 bereits 149 von 618. Dies entsprach einer Steigerung des Anteils von 14 auf 24 Prozent. Auffallend ist insbesondere der Staatspapierhandel, dem im Jahre 1703 nur ein jüdischer Kaufmann nachging. Um 1824 waren es bereits 40.

Eine patriarchalische, ja feudale Beziehung, die über Jahrhunderte hinweg keineswegs von einem freiheitlichen, sondern von einem Herrschafts- und Knechtsverhältnis geprägt war, bestand zu den 6.000 Einwohnern der zur Stadt gehörenden Dörfer Bornheim, Hausen, Oberrad, Bonames, Dortelweil, Niedererlenbach und Dreiviertel von Niederrad sowie der Hälfte von Niederursel. Darüber hinaus hatte die Stadt Rechte in Sulzbach und Soden. „Wie die Kinder unter der fürsorglichen Gewalt des Hausvaters sollten die Landgemeinden und die Bewohner der Dörfer, den Minderjährigen gleich, unter Aufsicht und Befehl“ der Stadt stehen.[164] Die Stadt herrschte über die Dörfer, zog Abgaben von den Dorfbewohnern ein wie Schatzungstaxen, Weinzins oder den „Weihnachtsbraten“. Dazu kamen Gefälle auf Back-, Brau-, Schmiede-, Branntweinkessel- und Feuerrechte sowie das Brückengeld und der Schutzlohn. Die wohlhabenden Bürger Frankfurts ließen sich also Dienstleistungen zusätzlich bezahlen. Am Ende des 18. Jahrhunderts milderte sich das patriarchalische Abhängigkeitsverhältnis etwas. Die Humanität des aufgeklärten Zeitalters erfasste auch die Frankfurter Bürger, so dass sie in einem bedeutenden Umfang die Fron reduziert und die Ablösung der Leibeigenschaft erleichtert haben. Aufgrund der wirtschaftlichen Prosperität aber auch wegen der praktischen Schritte zu mehr Toleranz und Humanität war Frankfurt im Gegensatz zu Mainz kein Nährboden für die Ideen der Französischen Revolution.[165] Dafür dauerte es dann auch bis in das Jahr 1824, bis die Dorfbewohner vollständig aus der Leibeigenschaft entlassen wurden und man ihnen unabhängige Gemeindeorgane sowie einen eigenen Haushalt zugestand. Das hieß allerdings nicht, dass sie damit vollwertige Bürger geworden wären. Sie blieben von zahlreichen Leistungen der Stadtgemeinde ausgeschlossen, worum noch in der Revolution von 1848 erbittert gefochten wurde.[166]

Von diesen Gruppen waren die Unterschichten klar geschieden: Neben den Dienstboten und Fremden gehörten dazu alle unterständischen Existenzen, die kein

Bürgerrecht besaßen und auch keinen Anteil an einzelnen Privilegien hatten. Sie arbeiteten unselbständig, lebten von ihrer Arbeitskraft, waren ohne feste Einkommen und arm oder standen am Rande der Armut. Es ist jedoch nicht einfach, die Größenrelationen dieser verschiedenen Einwohnergruppen zu bestimmen. Gesinde konnte beispielsweise den Status eines Beisassen oder Fremden haben, wenn nicht sogar den eines Bürgers. Allerdings überwogen die Fremden. Gesellen waren in der Regel ebenfalls Fremde, aber auch dies war von Handwerk zu Handwerk unterschiedlich. Nicht im Besitz des Bürgerrechts verfügten sie auch nicht über politische Rechte, was allerdings im Gegensatz zum Gesinde und den Tagelöhnern oft nur ein zeitlich befristeter Zustand war, da die Gesellen nach Absolvierung der Meisterprüfung auch eingebürgert werden konnten.

Zusammen mit den Gesellen stellte das Gesinde die Mehrzahl der Fremden. Wie bei den Gesellen basierte auch hier die Abhängigkeit auf dem Gedanken der Hausherrschaft. Darunter fielen ursprünglich nicht nur die häuslichen Dienstboten, sondern auch Knechte und Mägde einer Bauernwirtschaft, die Handwerksgesellen und Lehrlinge bei einem handwerklichen Betrieb oder bei einer Handlung die Handlungsdiener und Kontorboten.[167] „Durch den Eintritt in den Dienst kommt der Dienstbote neben der allgemeinen öffentlichen Aufsicht unter die besondere häusliche Herrschaft", hieß es in der Frankfurter Gesindeordnung von 1810. Das Prinzip der Abhängigkeit basierte auf der „Muntidee", der Vorstellung einer hausväterlichen Gewalt, die sowohl die Herrschaft nach innen mit einem ganz konkreten Straf- und Züchtigungsrecht, als auch den Schutz nach außen, eine Unterhalts- und Fürsorgepflicht, die Vertretung vor Gericht und die Haftung für Taten des Gesindes gegenüber Dritten beinhaltete. Idealerweise stand der Ehrlichkeit sowie der Treue- und Arbeitspflicht der Schutz des Hauses gegenüber.[168] Das Gesinde hatte keine politischen und Ehrenrechte und war von den milden Stiftungen ausgeschlossen. Im Krankheitsfall war das Hospital zum Heiligen Geist, das die Fremden versorgte, zuständig. Im Unterschied zu den Gesellen hatte Gesinde aufgrund der unselbständigen Lebensführung geringe Aussicht auf den Bürgerrechtserwerb. Allerdings besaß ein kleiner Teil dennoch das Frankfurter Bürgerrecht. Im Jahre 1858 waren dies allerdings nur 151 von 10.101 Beschäftigten im häuslichen Dienst.[169]

Die ursprüngliche Einheit von Gesinde und Gesellen in der rechtlichen und sozialen Stellung begann sich im 19. Jahrhundert aufzulösen. Ausdrücklich wurden in der großherzoglichen Gesindeordnung von 1810 zahlreiche Berufe ausgenommen, so die „Kanzleypersonen, Haushofmeister, Wirthschafts- und Kassebeamte auch überhaupt alle Bedienung zu deren Versehung wissenschaftliche Vorbereitung erfordert wird, ferner Handlungsdiener, Arbeiter bey Kunstgewerben und Fabriken, wie auch Handwerksgesellen sind hierunter nicht begriffen".[170] Während sich diese Berufe, insbesondere aber die Gesellen, im Laufe des 19. Jahrhunderts von der direkten Mitgliedschaft im Haushalt des Dienstherrn und damit von der patriarchalischen Aufsicht des bürgerlichen Haushaltungsvorstandes emanzipierten, traf dies auf den inneren Kern der direkt im Haushalt Beschäftigten nicht zu. Nach einer Statistik aus dem Jahre 1861 handelte es sich dabei in Bezug auf das weibliche Gesinde vor allem um Mägde, Köchinnen, Kammerjungfern, Haushälterinnen, Ammen und Wärterinnen. Beim männlichen Gesinde dominierte der Hausknecht, Diener, Kutscher, Gärtner, Wärter und Kammerdiener.[171]

Keine der nichtbürgerlichen Gruppen erreichte bis zur Jahrhundertmitte auch nur annähernd die Größenordnung der Bürgergemeinde. Nach 1855 änderte sich allerdings das Bild. Die verschiedenen Minderheiten mit Anteilen an den bürgerlichen Rechten hatten sich emanzipiert und waren sukzessive in die Bürgergemeinde integriert worden. So gehörten die Juden und Beisassen nur bis 1853 beziehungsweise 1864 zu den minder privilegierten Bürgergruppen. Die Dorfbewohner emanzipierten sich zwar ebenfalls, wurden aber nach 1867 von der Stadt getrennt und kamen erst im Zuge der Eingemeindungen in den folgenden Jahrzehnten wieder zur Stadt.[172]

Zur selben Zeit wurde die Bürgergemeinde durch restriktive Zugangsbeschränkungen beträchtlich reduziert. Damit gewannen für einige Jahrzehnte die Fremden quantitativ betrachtet die Oberhand. Bei den Nichtbürgern handelte es sich nunmehr vor allem um die früher unterständischen Schichten der Gesellen und des Gesindes und um die sich aus diesen Schichten heraus entwickelnde Arbeiterklasse. Doch war Letzteres ein langfristiger Prozess. Noch lange Zeit war in Frankfurt die Lebenswelt von handwerklichen Produktions- und Reproduktionsgemeinschaften geprägt, deren feste Bindungen sich durch den Dekorporierungs- und Mobilisierungsprozess nur allmählich auflösten. In dieser Übergangszeit dominierten Gesellen, für die die handwerkliche Lebenswelt trotz aller Krisenerscheinungen und gravierender Umstrukturierungsprozesse weitaus wichtiger war als die neuen Fabriken.

Während die Beisassen zusammen mit den Dorfbewohnern und den Juden 1864 das volle Bürgerrecht erlangten, und sich die Gesellen in einem längeren Prozess sozial und politisch von der Vorherrschaft des bürgerlichen Haushalts befreiten, blieb das zumeist weibliche Gesinde von diesen Emanzipationsprozessen ausgeschlossen. War die Bürgerin zwar von den politischen Privilegien des Bürgerrechts ausgeschlossen, so hatte sie doch Anteil an den wirtschaftlichen, sozialen und kulturellen Bevorrechtigungen. Von alledem war die Magd ausgeschlossen. Das Gesinde blieb, sofern es weiblich war, im gesamten 19. Jahrhundert in doppelter Weise in patriarchalischer Abhängigkeit befangen, die bis in die Einzelheiten des Alltags hineinreichte. Das „in die Verhältnisse einer Familie tief eingreifende" Gesindewesen war ein Thema, das im gesamten Untersuchungszeitraum und „aller Orten" immer wieder einen wichtigen Klagepunkt" bildete. Durch die „Putzsucht" und den aufwendigen Lebenswandel des Gesindes sah der Rat die Gefahr einer „Confusion der Stände heraufziehen" und verbot dem Gesinde, „seidenes Zeug, wie es nur Nahmen haben mag, alles Gold und Silber, tuchene und zeugene Kleider von denen im dritten Stand gemelten hellen Farben, die Andriennes und kurtze Mantaulettgen, auch einer modesten Schlaff- oder der dergleichen Hauben".[173] Was den Hausvätern um 1730 recht war, war den Bürgern um 1840 billig. „Was soll denn endlich daraus werden?", fragten sich Bürger in Frankfurt und Sachsen gleichermaßen „in Bezug auf die immer mehr überhand nehmende Verschlechterung und Entartung des Gesindes, namentlich der weiblichen Dienstboten. Was unter dieser Klasse von Menschen jetzt vorgeht, – wahrlich, es ist unerhört, und wenn das nicht bald sich ändert, wenn wir Herrschaften, die wir Dienstboten gebrauchen, uns nicht alles Ernstes vereinigen, diesem Unfuge zu steuern, dann wehe uns! – Dann dürfte der Zeitpunkt nicht fern seyn, wo wir entweder gar keine Dienstboten mehr bekommen können, oder, wenn wir sie behalten wollen, ihnen Alles nachsehen und einen großen Theil unserer häuslichen Arbeiten selbst verrichten müssen, während unsere Dienstmädchen wie große Damen herumspaziren!" Als besonders kritikwürdig wurden „Luxus und Kleiderpracht" oder „Klatschsucht und Liederlichkeit" angesehen, und der sparsame Hausvater empfahl: „Für ein Dienstmädchen gehören sich als gewöhnliche Tracht für den Alltag mehrere Röcke und Kamisöler von beliebigen wohlfeilen Stoffen, höchstens auch noch ein Kleid von Kattun oder gedrucktem Linnen; ferner baumwollene und gedruckte Halstücher und Schürzen, vorn glatt gekämmte, hinten in einen Zopf geflochtene Haare, und als Fußbekleidung wollene und leinerne Strümpfe, so wie hoch heraufgehende Lederschuhe (...). Das ist die richtige, völlig in der Natur der Sache liegende Kleiderordnung für die Dienstmädchen."[174]

Die Rahmenbedingungen des Gesindewesens waren zwar immer wieder Gegenstand von Auseinandersetzungen und wurden in Gesindeordnungen konkret festgelegt, aber an der hausväterlichen Bevormundung änderte sich im gesamten 19. Jahrhundert kaum etwas. Nach ersten Festlegungen von Löhnen und Arbeitszeiten in den Taxordnungen der Frühen Neuzeit wurde erst zu Beginn des 19. Jahrhunderts eine genaue Bestimmung der „Häuslichen Zurechtweisungen" vorgenommen, gleichzeitig drang die Staatsgewalt in den hausherrschaftlichen Bereich vor, indem sie zugleich die Pflichten der Dienstherrschaft gegenüber dem Gesinde mit einem umfassenden Registrierwesen, schriftlichen Vertragsformen, Schutz im Krankheitsfalle, Regulierungen im Schadensfalle, Normierung der Zeugnisse und der Überwachung des dienstlosen Gesindes kontrollierte. Dieser Versuch wurde aber kurz darauf zurückgewiesen. In der Gesindeordnung vom 22. März 1823 wurden die schriftlich fixierten Beschränkungen wieder aufgehoben. Diese Gesindeordnung blieb bis zum 12. Dezember 1918 in Kraft.[175]

2.5 Die konfessionellen Milieus

Im Gegensatz zu den Nichtbürgern bildeten die Bürger zwar den übrigen Einwohnern gegenüber eine geschlossene Gruppe, aber dennoch galt: Bürger war nicht gleich Bürger. Zum einen gab es die erwähnten ständischen Unterschiede und zum anderen zwischen den Ständen ein fein abgestuftes System von Privilegien, zu dem insbesondere der Grad politischer Beteiligung am Stadtregiment gehörte.[176] Aber das war nur eines von mehreren Segregationsmomenten. Neben den rechtlichen bestanden konfessionelle Unterschiede, die zum Teil noch tiefer das Zusammenleben der verschiedenen Bevölkerungsgruppen prägten als die ständischen Ungleichheiten. Nur die männlichen Bürger der lutherischen Konfession verfügten überhaupt über politische Rechte, während die deutsch- oder französisch-reformierten sowie die katholischen Bürger vom Rat, den Kollegien und von allen Stadtämtern ausgeschlossen blieben. Das galt im Übrigen auch für zugewanderte Bürger der lutherischen Glaubensrichtung, denn gerade bei den politischen Rechten wurde streng zwischen gebürtigen Frankfurtern und Zugewanderten unterschieden. Dieser Aspekt lenkt den Blick auf eine Frankfurter Besonderheit unter den deutschen Städten: seine zahlreichen konfessionellen Milieus.

Die deutschen Städte unterschieden sich nicht nur nach Größe und Typ, sie variierten auch sehr stark in Bezug auf ihre konfessionelle Zusammensetzung. Es gab Städte mit einem sehr hohen Anteil von Katholiken wie Aachen, Köln oder München, und Städte mit einem dominanten Anteil von Protestanten wie Bremen, Dortmund, Göttingen oder das nassauische Wiesbaden, wobei in diesen Fällen noch einmal zwischen Lutheranern, Reformierten und sonstigen evangelischen Bekenntnissen zu unterscheiden ist. In beiden Fällen konnte das Übergewicht der dominierenden Konfession bis zu 90 oder sogar 99 Prozent betragen. Darüber hinaus existierten gemischtkonfessionelle Städte mit großen Gemeinden verschiedener Konfessionen, zu denen Augsburg, Heidelberg und Mannheim und auch Frankfurt gehörten. Doch diese Relationen waren keineswegs statisch. In langfristig verlaufenden Trends verschob sich im Laufe des 19. Jahrhunderts die konfessionelle Zusammensetzung der Bevölkerung in vielen Städten.[177] Das Übergewicht der jeweils dominanten Religionsrichtung relativierte sich, und das galt auch dann, wenn die größte Gemeinde aufgrund des allgemeinen Städtewachstums an Gemeindemitgliedern hinzu gewann. Nicht selten profitierten aber gerade die Gemeinden der Minderheitskonfessionen von den Wanderungsprozessen, und zwar unabhängig davon, ob es sich um eine katholische oder um eine protestantische Stadt handelte. Zu den Juden ist festzustellen, dass ihr Anteil in den protestantischen Städten am Ende des 18. Jahrhunderts deutlich höher lag als in den katholischen. In allen Städten nahmen die jüdischen Gemeinden quantitativ zu, und es kam zu zahlreichen Neugründungen.[178] Damit näherten sich langfristig die konfessionellen Strukturen so unterschiedlicher

Städte wie Aachen, Köln, Münster und Göttingen oder Dortmund und Karlsruhe einander an. Zumindest wurden die Extreme abgeschliffen. Dieser Prozess setzte in Frankfurt am Main sehr früh ein; er war sehr ausgeprägt und führte weg von der eindeutig lutherisch geprägten Stadt der Reformationszeit. Die Gründe sind zweifelsohne im Handel zu suchen, der für einen stetigen Zustrom von Zuwanderern aus faktisch allen Teilen Europas sorgte. Die Zuwanderer brachten die Konfession ihrer Herkunftsregion mit. Das traf insbesondere dann zu, wenn im Zeitalter der Glaubensauseinandersetzungen regelrechte Wellen von Immigranten aus Gebieten kamen, in denen Menschen wegen ihrer andersartigen Konfession vertrieben wurden. Frankfurt als bedeutende Handelsstadt im Herzen von Europa und als freie Stadtrepublik bot sich als neue Heimat geradezu an. Den Zeitgenossen galt nicht nur der Handel als Magnet für Zuwanderer. „Die Fremden werden angelockt", meinte Johann Adolph Behrends, „durch die republikanische Regierung. Wer wird nicht lieber da wohnen, wo Freyheit, Gleichheit, Stille und Zufriedenheit herrscht, und wo jeder seyn kann was er will".[179] Daraus resultierte eine multikonfessionelle Struktur der Bevölkerung. Im Jahre 1825 unterteilten sich die Einwohner der Stadt in Mitglieder der dominierenden lutherischen Gemeinde wie auch in eine starke Gruppe von Katholiken, die fast 14 Prozent der Einwohner umfasste. Dazu kam eine jüdische Gemeinde, die zehn Prozent der Einwohner stellte, und darüber hinaus noch je eine deutsch-reformierte und eine französisch-reformierte Gemeinde. Kurz vor der Jahrhundertmitte bildeten sich zudem eine jeweils mehrere Hundert Mitglieder umfassende deutschkatholische Gemeinde und die Israelitische Religionsgesellschaft, eine Abspaltung von der jüdischen Gemeinde. Die stadtbürgerliche Gesellschaft des 19. Jahrhunderts umfasste also nicht weniger als sieben größere konfessionelle Milieus.[180]

Im Verlauf des 19. Jahrhunderts schälten sich die Hauptlinien des langfristigen Entwicklungstrends deutlich heraus. Der Anteil der Lutheraner und Reformierten ging von fast 80 Prozent bis 1870 auf etwas über 60 Prozent zurück. Im gleichen Zeitraum dehnte sich der Anteil der Katholiken von 14 auf über 30 Prozent aus. Die jüdische Gemeinde stellte am Beginn des Jahrhunderts ungefähr zehn Prozent, verlor bis zur Jahrhundertmitte zwei Prozentpunkte, um in den siebziger Jahren wieder einen Anteil von elf Prozent zu erreichen. Ihr Anteil ging danach allerdings deutlich zurück, weil das Gros der Zuwanderung an der jüdischen Gemeinde vorbeiging. An der am stärksten wachsenden katholischen Gemeinde lassen sich der Trend und seine Folgen am besten nachvollziehen.

Kurz nach der Reformation war nur ein kleiner Rest von Katholiken in der Stadt verblieben. Es handelte sich um kaum mehr als 100 Personen.[181] In der Mitte des 17. Jahrhunderts erlebte Frankfurt dann erstmals die vermehrte Zuwanderung von Katholiken aus dem Norden Italiens. Sie engagierten sich vor allem im Spezereiwarenhandel. Es waren durchaus keine Großkaufleute, „sondern unternehmende

Landleute vom Comersee, welche sich sippen- und dorfweise zusammenschlossen, ihre meist selbstgezogenen italienischen Bodenerzeugnisse wie Orangen, Citronen, Pomeranzen, Oliven und Feigen über die Graubündener Pässe nach dem Rhein schafften und in Süddeutschland in Stadt und Land zunächst im Kleinen als Hausierer und Hocker vertrieben“, weshalb sie als „Pomeranzengänger“ oder „Citronenkrämer“ bezeichnet wurden.[182] Um 1700 verzeichneten die Kirchenregister im Durchschnitt 76 katholische Geburten pro Jahr und die Gemeinde dürfte mit 2.000 bis 3.000 Mitgliedern bereits zwischen sechs und acht Prozent der Einwohner gestellt haben. Um 1800 entfielen mit 136 bereits rund doppelt so viele Geburten auf die Katholiken wie 100 Jahre zuvor. Allerdings hatte sich auch die Gesamtbevölkerung von ungefähr 30.000 auf 40.000 Einwohner vermehrt, so dass wohl etwa zehn Prozent der Einwohner der katholischen Gemeinde angehört haben dürften. Für das 19. Jahrhundert liegen schließlich genauere Zahlen vor. 1823 lebten 6.000 Katholiken in der Stadt, ein Bevölkerungsanteil von 13 Prozent, 1858 stieg dieser auf 21 und wuchs auch in den folgenden Jahrzehnten weiter an.[183]

Wir verzeichnen also das erstaunliche Phänomen, dass sich die katholische Gemeinde von einer sehr kleinen Minderheit, die lediglich eine handvoll Familien umfasst hatte, relativ kontinuierlich über mehrere Jahrhunderte hinweg zur zweitgrößten Religionsgemeinschaft entwickelte. Dies erklärt sich nur zu einem Teil aus der Zuwanderung von Handelsbürgern. Quantitativ bedeutsam waren die zahlreichen katholischen Fremden, bei denen es sich in erster Linie um Gesinde handelte, das aus verarmten katholischen Mittelgebirgsregionen im Umkreis von 50 bis 150 Kilometern zuwanderte.[184] Die katholische Gemeinde zeichnete sich damit durch eine große soziale Spannbreite aus, was sie beträchtlich von den anderen Frankfurter Kirchengemeinden unterschied, da auch ein nicht unbeträchtlicher Teil des wohlhabenden Frankfurter Bürgertums dazu gehörte. Es handelte sich dabei um Familien wie die Bellini, Bolongaro, Brentano oder Guaita. Sie entfalteten eine beachtliche wirtschaftliche Dynamik und kamen rasch zu Reichtum und Wohlstand. Erst Mitte des 17. Jahrhunderts zugewandert, wuchsen sich die Geschäfte zu Beginn des 18. Jahrhunderts bereits zum Großhandel aus. Steffano Brentano, der Urgroßvater von Clemens Brentano, hinterließ beispielsweise insgesamt 2.816 Gulden. Sein Sohn vermachte Peter Anton Brentano, dem Vater des Dichters, bereits 120.000 Gulden, und jener konnte seinen zwölf Kindern fast eine Million Gulden vererben. Dennoch hatte die Familie mit vielfältigen Hindernissen gegen ihre Einbürgerung zu kämpfen.

Diese Erfahrung musste auch die Familie Bolongaro machen, die in Frankfurt Warenlager mit Schnupftabak, Tee und Kaffee für den europaweiten Fernhandel unterhielt und zu den reichsten Familien der Stadt zählte. Auch ihr Geschäft expandierte in kürzester Zeit, so dass am Ende des 18. Jahrhunderts verschiedene Familienmitglieder binnen weniger Jahre ein Vermögen von über drei Millionen Gulden hinterließen; um 1840 gehörte sie zu den einkommensstärksten Bürgerfamilien. Dennoch hatten die Familienmitglieder große Schwierigkeiten, Bürger der Stadt zu werden. Das ging oftmals nur Schritt für Schritt. So gelang den drei Brüdern Jakob Philipp, Josef und Franz Bolongaro erst nach Fürsprache der regierenden Erzherzogin von Österreich und Königin verschiedener Länder des Habsburgischen Reiches Maria Theresia im Jahre 1741 die Aufnahme in den Beisassenschutz.[185] Noch dramatischer verlief der Versuch der nachfolgenden Generation, das Bürgerrecht zu erwerben. Die Anfragen der Bolongaros wurden trotz ihres erheblichen wirtschaftlichen Potentials immer wieder abschlägig beschieden. Der Konflikt gipfelte in der Drohung Philipp Bolongaros, mit seinem Unternehmen ins benachbarte kurmainzische Höchst abzuwandern. Tatsächlich erbaute er dort eine ganze Fabrikstadt und krönte das Projekt mit dem Bolongaro-Palais. Doch die Drohung nutzte nicht allzu viel. Erst zehn Jahre später glückte der nachfolgenden Generation mit Pietro Bolongaro die Erlangung des Frankfurter Bürgerrechts.[186]

War es für die zugewanderten katholischen Kaufleute schon schwer, Bürger in der lutherisch dominierten Stadt zu werden, so blieben sie bis zum Beginn des 19. Jahrhunderts selbst im Erfolgsfall nur Bürger zweiter Klasse. Zwar behauptete Behrends 1770: „Ohne Unterschied der Religion wird jedem unsere Freyheit und Bürgerschaft ertheilt. Catholick, Reformirter oder Lutheraner ist gleich viel: nur ein ehrlicher Mann muß er seyn. Und warum sollten wir unsere nächsten Brüder drücken? da wir einige tausend Juden unter uns haben, die wir nicht als Sclaven behandeln, sondern als Herrn über sich und über ihr Gewissen frey leben lassen.“[187] Das waren schöne Worte, doch die Realität sah anders aus. Es gab, wenn auch wenige, Einschränkungen im Kultus: so bei den öffentlichen Kulthandlungen wie Prozessionen, bei Haustaufen und Haustrauungen und bei der Erteilung der Sterbesakramente in den lutherischen Hospitälern. Dazu kamen die Abhängigkeit von der lutherischen Kirchenbuchführung und auf den Dörfern ein generelles Verbot von Kulthandlungen. Auch unterlagen die Katholiken in wirtschaftlicher Hinsicht Restriktionen und ihnen war der Zutritt zu den Zünften weitgehend verwehrt.[188] Vor allem aber mangelte es an politischen Rechten.

Katholische Bürger waren von den städtischen Gremien der Selbstverwaltung, also vom Rat, den Ämtern und den bürgerlichen Kontrollorganen ausgeschlossen. Dieses Schicksal teilten sie mit den Reformierten. Die christlichen Minderheiten trennte wiederum von der jüdischen Religionsgemeinschaft, dass sie weitaus weniger gravierenden Einschränkungen der Gewerbe unterlagen, unbeschränkt Hausbesitz erwerben konnten, keinerlei Ehebeschränkungen erlitten und im ganzen Stadtgebiet wohnen durften. Trotz aller Toleranz und friedlichen Zusammenlebens galt somit im 18. Jahrhundert keineswegs die bürgerliche Gleichheit, und ein Element der Ungleichheit bildeten die verschiedenen christlichen Konfessionen. Es finden sich innerhalb des von rechtlichen und sozialen Abgrenzungsmerkmalen bestimmten Systems der ständischen Ordnung zusätzlich relativ streng abgeschottete, konfessionell bedingte Milieus mit je eigenem Kirchenwesen, eigenen Stiftungen und eigenen Schulen.[189]

Daraus ergibt sich der erstaunliche Befund, dass die wirtschaftlich stärkste und dynamischste Gruppe, das Handelsbürgertum, über keine allgemein anerkannte Korporation oder sonstige Organisation für eine berufsständische Interessenpolitik verfügte und in verschiedene Fraktionen zerfiel, von denen ein größerer und vor allem immer größer werdender Teil von der politischen Partizipation ausgeschlossen blieb, denn das aufstrebenden Handelsbürgertum rekrutierte sich gerade aus den konfessioneller Minderheiten der Deutsch- und Französisch-Reformierten, der Katholiken oder auch der Juden. Wirtschaftliche Stärke und die Ausübung politischer Rechte klafften weit auseinander. Das war bei den Patriziern ganz anders. Sie als traditionell in Frankfurt ansässige Familien lutherischen Glaubens hatten sich seit dem Mittelalter exklusive Rechte erworben und führten bis zum Beginn des 18. Jahrhunderts in einer Art Familienregiment die politischen Geschicke der Stadt. Der disparate Einfluss der verschiedenen Sozialgruppen lastete schwer auf der reichsstädtischen Verfassung, und es war gerade das Handelsbürgertum, das im 18. Jahrhundert nach einer angemesseneren politischen Repräsentation strebte. Die ersten Erfolge hatten die Kaufleute in dieser Hinsicht bereits im ersten Drittel des 18. Jahrhunderts errungen. In den Verfassungskämpfen von 1705 bis 1732 setzte die Bürgerschaft eine ganze Reihe von verfassungsrechtlichen Prinzipien durch, die insgesamt zu einer Dynamisierung der politischen Repräsentationsstruktur und mit der größeren Beteiligung des Handelsstandes an der politischen Führung zu einer hohen Identifikation des Bürgertums mit der Stadt führten.

2.6 Kampf um die Macht im Rat

Die Konstitution der Stadt Frankfurt am Main beruhte auf einem komplizierten Räderwerk politischer Selbstverwaltungsgremien, die sich in einem jahrhundertelangen Prozess herausgebildet hatten. Am Beginn standen der Aufbau von unabhängigen Verwaltungsstrukturen sowie die Etablierung eines Rats und zweier Bürgermeister. Den Abschluss dieser Entwicklung bildeten die Übernahme des Stadtschultheißenamtes, also der obersten Gerichtsbarkeit der Stadt, und die Erweiterung der Ratsbänke um die Bank der Handwerker. Mit dem Aufbau des Rats als Selbstverwaltungsinstanz der Bürgerschaft wurde zugleich der Einfluss der kaiserlichen Macht zurückgedrängt, blieb aber als oberste Gewalt und Schlichtungsinstanz bestehen. In der Frühen Neuzeit übten deshalb das Reichskammergericht und der Reichshofrat in Wien die Funktion einer wichtigen Klageinstanz aus, wenn die Bürger mit ihrer Verwaltung unzufrieden waren.[190] Der Frankfurter Rat setzte sich seit der Neuregelung der Verfassung am Beginn des 18. Jahrhunderts aus dem Stadtschultheiß, den beiden jährlich wechselnden Älteren und Jüngeren Bürgermeistern sowie den Schöffen, Senatoren und Ratsherren zusammen. Die Schöffenbank stellte den Älteren Bürgermeister, die Senatoren den Jüngeren. Alle drei Bänke bestanden aus je 14 Mitgliedern, die einschließlich des Stadtschultheißen auf Lebenszeit gewählt wurden. Insgesamt gehörten dem Rat also 43 Mitglieder an, die – wie in der Frühen Neuzeit üblich – selbst darüber entschieden, wer beim Ausscheiden eines Mitglieds aus den Reihen der nach Ständen gegliederten Bürgerschaft kooptiert werden sollte.[191]

Der Rat bestimmte als Souverän der Stadt, gestützt auf zahlreiche Privilegien, die seit dem Mittelalter gesammelt worden waren, über die inneren und äußeren Angelegenheiten der Stadt, und dazu gehörten auch Krieg und Frieden. Er schloss Verträge, die das Gemeinwesen betrafen, empfing Gesandtschaften, entsandte Vertreter auf Reichs- und Kreistage und verteilte Titel, Würden und Privilegien. Als Obrigkeit beaufsichtigte der Rat die Verwaltung. Zu diesem Zweck saßen jedem Amt Deputierte aus jeder der drei Ratsbänke vor. Allein der Rat hatte das Recht zur Gesetzgebung und die Gerichtskompetenz. Zu seinen Aufgaben gehörten nicht nur die Festlegung der wirtschaftlichen Ordnung, die Besteuerung und die Verwaltung des städtischen Eigentums, ihm oblag auch das Recht, Fremde einzubürgern, und er regelte oft bis ins Einzelne die sittlichen und moralischen Angelegenheiten der Bürger. Wenige Jahre vor der Französischen Revolution verbot er beispielsweise aus Sorge um das Wohlergehen der Bürger das Tabakrauchen in der Öffentlichkeit und war damit seiner Zeit um gut 200 Jahre voraus. Das Verbot blieb bis zur Revolution von 1848 in Kraft. Es hat dann über 150 Jahre gedauert, bis die Menschen zur Weisheit des Frankfurter Rats zurückfanden.[192]

Der Rat war nicht nur patriarchalisch um die öffentliche Ordnung besorgt, er regelte ebenfalls als oberster Kirchenherr, als „summus episcopus", die kirchlichen Angelegenheiten der evangelisch-lutherischen Gemeinde und stellte den Direktor sowie vier Mitglieder des neunköpfigen Konsistoriums, das nicht nur die Kirchenbücher der Stadt führte, sondern auch als Sittengericht fungierte und zugleich das Schul- und Bildungswesen beaufsichtigte. Im Konsistorium institutionalisierten sich die Einheit von Kirche und Obrigkeit und die Vorherrschaft der lutherischen Mehrheit in der Stadtrepublik. Das Konsistorium bestand somit neben den Vertretern des Rats, zwei Schöffen und zwei Senatoren, aus dem Senior und den zwei Ältesten des lutherischen Ministeriums sowie zwei angesehenen Bürgern.[193]

Die politischen Selbstverwaltungsgremien koppelten sich im Laufe der Jahrhunderte immer mehr von der Bürgerschaft ab und gerieten unter die Vorherrschaft weniger Familien. Dem Rat und dem Konsistorium stand im 16. Jahrhundert eine Bürgerschaft gegenüber, die sich ihrer Rechte kaum mehr bewusst war. Diese Separierungstendenzen führten immer wieder zu heftigen Konflikten. Dazu gehörten – um nur die bedeutendsten zu nennen – die Reformation von 1525, der Fett-

Der Bürgerkapitän Johann Ulrich Rücker (1668–1743)

milchaufstand von 1612 und die Verfassungsauseinandersetzungen zwischen 1705 und 1732. Bei diesen Protestbewegungen handelte es sich, neben der Sammlung von Privilegien, um eine zweite, sozusagen innere Entwicklungslinie, die bei der Ausgestaltung der Verfassung und der Ausdifferenzierung der politischen Gremien eine große Rolle gespielt hat. Nach dem gescheiterten Fettmilchaufstand, bei dem es sich eigentlich um einen Aufstand der Zünfte gehandelt hatte, die eine größere Mitsprache im Rat forderten, wurden am Beginn des 17. Jahrhunderts die Korporationen unter die Aufsicht des Rats gestellt. Als einheitliche, autonome Organisationsstruktur blieben der Bürgerschaft danach lediglich die Nachbarschaftsorganisationen. In erster Linie sind hier die Quartiervorstände zu nennen, die sich pro Stadtteil – Frankfurt war in 14 Litera von A bis O eingeteilt – aus jeweils drei, also insgesamt 42 gewählten Bürgern zusammensetzten. Die Quartiervorstände waren zugleich die Oberoffiziere des Bürgermilitärs, das sich wiederum aus den Bürgern der verschiedenen Stadtteile rekrutierte. Neben militärischen Verteidigungsfunktionen und Aufgaben bei der Feuerbekämpfung übernahmen sie administrative Aufgaben, etwa die Verbreitung von Bekanntmachungen und Dekreten des Rats, und banden die Bürger so in die politische Sphäre ein. Nicht von ungefähr ging gerade von ihnen nach einem Jahrhundert der Ruhe der erfolgreiche Protest gegen die allzu große Autonomie des Rats aus. Im Jahre 1705 klagten sie den 1616 suspendierten Bürgervertrag ein, der unter anderem die Einrichtung verschiedener, den Rat kontrollierender Gremien vorsah. Acht Jahre später formierte sich die Bürgerschaft erneut und erreichte 1716 die Einsetzung eines Bürgerausschusses mit neun Mitgliedern, der später die „Neuner" genannt wurde, sowie zweier kaiserlicher Kommissionen zur Überprüfung der Beschwerden. Diese wiederum befürworteten die Einrichtung zweier beständiger bürgerlicher Kollegien, der sogenannten „Herren 51er und 28er", und des jährlich neu zu wählenden Kollegiums der „Dreier".[194], die beide der Finanz-, Wahl- und allgemein der Korruptionskontrolle dienten. Damit war der allzu autonomen Entscheidungsbefugnis des Rats zu Beginn des 18. Jahrhunderts ein Riegel vorgeschoben worden. Dem 43köpfigen Rat standen ab diesem Zeitpunkt insgesamt vier Bürgerausschüsse mit zusammen 91 Vertre-

Die Frankfurter Bürgermeister des Jahres 1757. Ganzfiguren mit vier Gemeinen Weltlichen Richtern als Ordonanzen; Aufschrift: „Bürgermeister 1757 H[er]r Erasm[us] Carl Schlosser Alter [Bürgermeister], H[er]r Nicol[aus] Conrad Hupka Junger [Bürgermeister]". Ölgemälde von Friedrich Ludwig Hauck

tern aus der Bürgerschaft gegenüber. Bezieht man noch die 42 Oberoffiziere der Quartiere mit ein, so setzten sich die Selbstverwaltungsstrukturen der Stadt aus nicht weniger als 176 Mandaten zusammen.

Zugang zum Rat hatte, wie bereits erwähnt, wer in Frankfurt geboren war und zur lutherischen Gemeinde gehörte. Ein Rat musste über ausreichend Vermögen verfügen, damit er es nicht nötig habe, „blos allein vom Publico zu leben", und er musste die nicht näher bestimmte „Qualifikation für ein öffentliches Amt" besitzen. Ferner durften sich nach der Verwandtschaftsklausel nicht der Vater, Sohn, Bruder, ein Geschwisterkind, der Schwiegervater, „Tochtermann", „Gegenschwager" oder „Schwestermann" gleichzeitig? im Rat oder auf einer Syndicistelle befinden und der Kandidat musste sich einem komplizierten Wahlverfahren unterwerfen, bei dem sowohl die Wahlherren aus dem Rat als auch die drei von ihnen vorgeschlagenen Kandidaten ausgelost wurden. Dazu kamen ständische Kriterien, denn beim Frankfurter Rat handelte es sich nicht ausschließlich um ein Herrschaftsinstrument der Patrizier, sondern in ihm waren, wenn auch mit unterschiedlichen Gewichtungen, alle großen Sozialgruppen der Frankfurter Bürgerschaft vertreten. Die „ratsfähigen" Handwerker hatten ein Privileg auf zwölf Sitze der dritten Ratsbank, die nach einem bestimmten Schlüssel verteilt wurden.[195] Mit den „ratsfähigen" Gewerbetreibenden war nur ein Teil der Handwerker, nämlich nur ungefähr acht der über 40 Zünfte im Rat repräsentiert, vor allem fehlten so bedeutende Massenhandwerke wie die Schneider, fast sämtliche Bauberufe oder die Töpfer und Glaser.[196]

Demgegenüber besaßen die Mitglieder der beiden patrizischen Gesellschaften „Alten Limpurg“ und „Frauenstein“ seit den Beschlüssen der kaiserlichen Kommission von 1725 und 1732 ein Anrecht auf 20 der 28 Schöffen- und Senatorenstellen. Die restlichen acht Ratsstellen sollten sich die akademisch Gebildeten, vornehmlich Juristen, die seit 1613 im „Freyen Kollegium“, später im „Graduirten Kolleg“ korporiert waren, mit den Kaufleuten teilen, wobei Letztere erst vor den Reichshofrat ziehen und „durch einige nachherige Kaiserliche Rescripte anbefohlen“ werden musste, „daß in Zukunft zwischen den Gelehrten und Handelsleuten burgerlicher Seits im Rath eine Gleichheit beobachtet werden solle“.[197] Auf der Grundlage der Verfassungsprinzipien bestand innerhalb der Exekutive eine komplizierte Machtbalance, die vor allem die Patrizier und teilweise auch die Handwerker vor den Kaufleuten und Juristen privilegierte. Bildungsbürgertum und Handelsbürgertum waren zur Mitte des 18. Jahrhunderts zwischen dem Patriziat und der Handwerkerschaft eingekeilt und stellten jeweils nicht einmal zehn Prozent der Ratsmitglieder. Die Machtverteilung, die sich über Jahrhunderte hinweg herausgebildet hatte, blieb im 18. Jahrhundert jedoch nicht stabil, sondern verschob sich allmählich zugunsten der Juristen und Kaufleute. Am Ende des Jahrhunderts sah die reale soziale Zusammensetzung des Rats deshalb ganz anders aus, als es die Verfassung eigentlich nahelegte.[198] Das bedarf einer Erklärung.

Als Erstes fällt auf, dass die Patrizier ihr Anrecht auf 20 Ratsstellen niemals vollkommen ausschöpften. Maximal 15, später sogar nur noch durchschnittlich zehn Sitze wurden von ihnen in den Jahren zwischen 1740 und 1806 besetzt. Allerdings hielten sie meistens zwei der drei obersten Stadtämter. Warum war das so? Vorstellbar ist, dass die patrizischen Familien einfach nicht mehr über genügend Nachwuchs verfügten, um geeignete Kandidaten für die Ratsämter aufzustellen. Zudem hatten patrizische Kandidaten immer nur eine Chance von zwei zu drei auch wirklich gewählt zu werden. Doch oft genug kam es gar nicht zur „Kugelung“. Dabei spielten drei Faktoren zusammen. Aufgrund der Verfassungsänderungen am Beginn des 18. Jahrhunderts unterlagen die vom Rat kontrollierten Ämter einer strikten Einnahmen- und Ausgabenkontrolle durch die bürgerlichen Kollegien. Damit büßten sie erheblich an Wert ein und verloren ihre Attraktivität für die Selbstversorgungsabsichten der höfisch ausgerichteten Familien. Zunehmend wurde nur noch im Notfall auf diese Stellen zurückgegriffen. Tatsächlich verfügten ausgesprochen wenig patrizische Ratsmitglieder über eine juristische Ausbildung, obwohl immer mehr Patriziersöhne solche universitären Qualifikationen erwarben.[199] Stattdessen nahmen – worauf bereits hingewiesen wurde – bei den Mitgliedern der Patriziergesellschaften Berufsbezeichnungen und Titel zu, die auf eine höfische Versorgungsstelle schließen lassen. Dies führte im Zusammenhang mit dem allgemeinen Schwund von Angehörigen patrizischer Familien in der Stadt zu einem Mangel an Kandidaten.

Verschärft wurde das Problem durch weitere im Verfassungskampf durchgesetzte Zugangsbedingungen zum Rat. Neben der Frankfurter Gebürtigkeit und der evangelisch-lutherischen Konfession mussten noch weitere Kriterien für das passive Wahlrecht erfüllt sein – so die Verwandtschaftsklausel. Außerdem musste der Kandidat die „Qualifikationen" für ein öffentliches Amt, sprich Reputation, besitzen und sollte auch ein gewisses Alter erreicht haben. Versuche, diese Kriterien aufzuweichen und auch „unqualifizierte" Patrizier in den Rat zu entsenden, scheiterten am Einspruch der bürgerlichen Kollegien. Anlass hierfür war die Ergänzungswahl zum Rat am 3. April 1775. Der Patrizier Johann Carl von Eyßeneck war kurz vorher verstorben und die vakante Senatorenstelle musste neu besetzt werden. Die „erkieseten" Wahlherren fanden unter den Patriziern „keine mit den dem Burger-Vertrag und den kaiserlichen Resolutionen gemaßen Begabnißen ausgerüstete Subjecta" und schlugen deshalb, „entfernt von aller Menschenfurcht und anderen unlautern Absichten", unter den „übrigen zwey Gattungen der Bürgerschaft" zwei „Doctores der Rechte und einen Handelsmann" zur Kugelung vor. Daraufhin protestierten die beiden patrizischen Gesellschaften und wandten sich am 29. August 1775 an den Kaiser. Das rief die Bürgerausschüsse der 51er und der Neuner auf den Plan, die im Jahre 1776 eine großangelegte Verteidigung der Entscheidung des Kollegiums der Dreier vorlegten. „Desto weniger können Bürgerliche Collegia der 51er und 9er es auf sich nehmen, bei diesem Vorfalle die Hände schlechterdings in den Schooß zu legen und der unlauteren Vergrößerungs-Absicht beider Gesellschaften ruhig zuzusehen."[200]

Interessant ist die im Einzelnen vorgetragene Argumentation und insbesondere das Beharren darauf, dass „Eigenschaften und Begabniße des zu wählenden zum Grunde zu legen seyen", also eine „Qualification" zum Amt vorliegen müsse. Hierbei berief sich der Verfasser der Verteidigungsschrift, Johann Matthäus Holbein, auf die „Vernunft", die kaiserlichen Privilegien, den Bürgervertrag von 1525, Bekenntnisse der patrizischen Gesellschaften und auf die Beschlüsse der kaiserlichen Kommissionen von 1725 und 1732. „Wo solte es am Ende hinkommen", fragte er im Auftrag des Bürgerausschusses der 51er vor dem Reichshofrat, „wenn die hiesige Stadt-Verfassung die Aufopferung ihrer eigenen Glückseligkeit erheischete, nur um aus dies oder jenem Mitgliede dieser beiden Gesellschaften, ohne alle Anlage und ohne Bemühung zur würdigen Begleitung eines obrigkeitlichen Amtes, um seiner alleinigen Geburth, oder Aufnahme willen, eine Regiments-Person zu machen?"[201] Virtuos berief sich Holbein auf Montesquieu: „Wer die natürliche Fähigkeit des Volkes bezweifelt, das Verdienst herauszuerkennen, braucht nur auf jene ununterbrochene Folge bewundernswürdiger Wahlen bei Athenern und Römern zu schauen.

Zweifellos ist das nicht dem Zufall zuzuschreiben."[202] Holbein führte zusätzlich einen alten Streit aus dem Jahre 1738 an, in dem sich die Patrizier nach einem Protest der Kaufleute, bei der Schöffenwahl allzu oft übergangen worden zu sein, vor allem auf das Argument der Qualifikation berufen hatten, und betonte, wie sehr die kaiserlichen Kommissionen die „Tüchtigkeit" des zu Wählenden als Wahlkriterium hervorgehoben hatten.[203]

Holbein schlussfolgerte aus alledem, dass „bey Ihnen [den Patriziern] um Ihres Standes-Willen kein Auge zugethan, sondern zur Rathsfähigkeit eben so wohl bey Ihnen, wie bey andern Bürgern, auf gute Eigenschaften gesehen werden solle" und dass „die Zahl von 14 Limburgern und 6 Frauensteiner im Rath nicht positive und als eine unbedingte Nothwendigkeit, sondern nur Zulaßungsweise und im höchsten Falle statt habe".[204] Das war der Schlussakkord einer Argumentation, mit dem das Privileg der Patrizier, bei jedem Wahlgang zwei der drei Kandidaten zu stellen, ausgehebelt wurde. Im Gegenzug etablierte sich die Praxis, dass bei ungeeigneten patrizischen Kandidaten „sie übergangen und die Wahl unter der übrigen qualificirten Burgerschaft angestellt werden könne".[205] So wurde es dann auch gemacht.

Zum Zuge kamen Bildungsbürger und Kaufleute. Dies vergrößerte den Spielraum für die bürgerlichen Juristen, die als Teil des Bildungsbürgertums früh mit einer großen und beständig wachsenden Fraktion im Rat vertreten waren. Ihr Aufstieg vollzog sich also parallel zu ihrer Aufwertung im System der ständischen Gesellschaft, wie sie sich in der Kleiderordnung bereits angedeutet hatte. Überraschende Ergebnisse fördert dabei die Untersuchung der sozialen Herkunft dieser Juristen zutage. Denn entgegen der naheliegenden Annahme, dass sie zumeist aus kaufmännischen und patrizischen Familien stammten, erwies sich der Anteil der Kaufmannssöhne, auch wenn er im Laufe der Jahrzehnte zunahm, als keineswegs dominant. Die Juristen kamen vielmehr oft aus Familien, die bereits als Beamte, Pfarrer, Akademiker oder Juristen nach Frankfurt zugewandert waren. Einige kamen aus dem Patriziat. Auch gab es einige Juristen, die ihren Ursprung im handwerklichen Milieu hatten.[206]

Die Juristen besetzten in einem überraschend hohen Ausmaß die oberste Führungsspitze der Stadt und zogen in dieser Beziehung mit den Patriziern nahezu gleich auf.[207] Überraschend ist demgegenüber die geringe Anzahl der wohlhabenden Kaufleute. Dennoch kann nicht ohne weiteres auf eine Unterrepräsentation geschlossen werden, da ja nicht wenige der bürgerlichen Juristen aus Kaufmannsfamilien kamen. Gemeinsam verband sie eine zunehmende Aversion gegen den Stadtadel. In der zweiten Hälfte des 18. Jahrhunderts hatte dieser im Ansehen vieler Bürger einen Tiefpunkt erreicht. Seiner Abkoppelung von der Bürgerschaft und seinem Streben nach adeliger Lebensführung wurde bürgerliches Selbstbewusstsein entgegengesetzt. Ein Beispiel dafür war der Arzt Johann Christian Senckenberg, der die Praxis seiner beiden Brüder, Juristen am Hof in Wien und im Rat der Stadt, sowie etlicher wohlhabender Kaufleute, sich nobilitieren zu lassen, aus tiefster Überzeugung verurteilte: „Reiche Kaufleute lassen sich nobilitieren, blasen die Backen auf und lassen sich gnädige Herren nennen." Demgegenüber betonte er: „Ein ehrlicher Mann ist mehr als aller Adel und Baron. Wenn mich einer zum Baron machte, ich wollte ihn einen Hundsfott oder auch einen Baron selbst schelten. So lieb sind mir alle Titel."[208]

Nach den Juristen profitierten die Kaufleute, die am energischsten um eine Vergrößerung ihrer Repräsentation im Rat gekämpft hatten, am meisten vom Unvermögen der Patrizier, die freiwerdenden Ratsstellen zu besetzen. Sie vergrößerten im Zeitraum von 1760 bis 1806 ihren Anteil im Rat von 14 auf 24 Prozent. Ihr als bewusste Politik betriebener Kampf um Mandate zahlte sich allmählich aus und wurde am Ende des 18. Jahrhunderts forciert geführt. „Es sey", hieß es in einer Beschwerde des Bürgerausschusses der 51er aus dem Jahre 1786, also genau zehn Jahre nach der Beschwerde von Holbein, „wahrzunehmen, daß nun bey fünf Rathswahlen der Handels-Stand gänzl. außer Acht gelassen werde. Es werde dahero Löbl. Herren Deputation aufgetragen hierüber mit den Herren Neunern zu Rathe zu gehen und in Gemeinschaft mit denselben die nötige Vorstellung an h. h. Rath zu projectiren und dahier zur Genehmigung vorzulegen."[209] Tatsächlich wurde im folgenden Jahr der Handelsmann Jacob Stock in die nähere Senatorenwahl einbezogen, scheiterte aber an der Kugelung. Erst 1789, aber dann auch in Folge, passierten die Handelsleute Johann Friedrich Metzler, Johann Jacob Willemer, Johann Mathias Andreae, endlich 1791 auch Jacob Stock und Georg Steitz. Statt der vier ihnen von der Verfassung her zustehenden Ratssitze verfügten sie deshalb um 1800 über zehn. Es handelte sich hierbei um den ersten großen politischen Sieg des Handelsbürgertums. Der Rest der Ratsmitglieder verteilte sich auf die Handwerker, wobei zwei der 14 Stellen der Dritten Bank zwischen diesen, den Krämern und den Kaufleuten wechselten.[210]

Es zeigt sich, dass der Rat in seiner sozialen Zusammensetzung nicht nur den wirtschaftlichen Gruppen des Stadtbürgertums entsprach – aus denen er sich rekrutierte –, sondern dass er auch als Ergebnis einer längeren Verschiebung zugunsten der Juristen und Kaufleute um 1800 eine annähernde Parität der verschiedenen Fraktionen des städtischen Bürgertums erreichte, wenn der politische Einfluss der jeweiligen Ratsbänke auch verschieden zu gewichten ist. Die politische Führungsschicht in Frankfurt am Main zeichnete sich zudem durch einen beständigen Aufstieg neuer Familien aus der wirtschaftlichen Oberschicht aus. Lediglich das Patriziat bildete einen exklusiven Kreis aus wenigen Familien. Die 222 Ratsmitglieder von 1727 bis 1806 kamen aus 150 Familien. Nur 17 Familien – vor allem Patrizier – waren öfter als zweimal vertreten.[211] Doch damit kann die Betrachtung der Führungsschicht und die politische Gewichtung der einzelnen sozialen Schichten nicht beendet werden, denn als Ergebnis des Verfassungskampfes zu Beginn des 18. Jahrhunderts wurden ja nicht nur die Prinzipien für den Zugang zum Rat neu geordnet, sondern mit Hilfe der kaiserlichen Kommissionen wurde auch eine ganze Reihe von bürgerlichen Kontrollkollegien eingerichtet.

Insgesamt existierten, wie erwähnt, seit 1732 vier bürgerliche Kollegien. Die Funktion des aus 51 Mitgliedern bestehenden Bürgerausschusses bestand in der Aufsicht über die Einhaltung der kaiserlichen Kommissionsbeschlüsse von 1725 und 1732 sowie darin, „bey wichtigen und neuen Ausgaben dem Magistrat seine Meynung zu eröffnen" und „bey sonstigen wichtigen Vorfallenheiten zum Besten des Publici bey dem Magistrat nöthige Erinnerung zu thun". Dazu gehörte es auch, nötigenfalls vor dem Reichshofrat zu klagen.[212]

Neben der Rolle als Vertretungsinstanz der Interessen der Bürger gegenüber dem Rat stand die Überwachung der städtischen Einnahmen und Ausgaben im Mittelpunkt der Tätigkeit des Bürgerausschusses. Dafür verfügte er in jedem Amt der Stadt über „Gegenschreiber", die permanent auf dem Amt anwesend zu sein und ein „Gegen-Register" parallel zum jeweiligen „magistratischen Buch" zu führen, Irrtümer immer gleich zu melden und „fleißig Obacht (zu) haben [hatten] (...), daß alle Stadtgefälle nach den Stadt-Rollen und Tax-Ordnungen richtig und ohne Abbruch eingefordert, und dabey keine Gefährde noch Unterschleiff zum Schaden des Aerarii oder des Zahlenden gebraucht werde". Sie durften keiner Bestechlichkeit anheimfallen und mussten die Verwaltungsvorgänge streng kontrollieren.[213] Die Gegenschreiber lieferten das empirische Material, aus dem die Mitglieder des bürgerlichen Kollegiums der Neuner Unregelmäßigkeiten – „zu vermerckende Gebrechen" – auf den Ämtern erschließen konnten, die sie dem Rat oder – bei ausbleibender Korrektur – direkt an den Reichshofrat meldeten und aus dem sie für die Bürgerausschüsse der 51er und der von den Quartiervorständen gewählten „28er" einen Bericht über die Finanzlage der städtischen Verwaltung anfertigten. Außerdem musste der Rat die Neuner über neue Ausgaben, insbesondere über größere Bauvorhaben und die Schuldentilgung unterrichten; weiterhin bedurften Änderungen des Abgabenwesens ihrer Zustimmung. Das waren alles in allem bedeutende Rechte.[214] Die Dreier schließlich, die jährlich neu gewählt wurden, überwachten die Wahlen zum Rat und zu den Ämtern. Die Mitglieder der bürgerlichen Kollegien waren somit über das System der Gegenschreiberei mit den Vorgängen auf den Ämtern der Stadt bestens vertraut.

In den oppositionellen Kollegien versammelten sich über zwei Prozent der Bürgerschaft. Rechnet man noch die Oberoffiziere und den Rat hinzu, so verfügten mehr als drei Prozent der Bürgerschaft über ein politisches Mandat und zwei Drittel davon in Kontrollorganen. Wie im Rat, so verschob sich auch innerhalb der Kollegien allmählich, aber noch deutlicher die soziale Zusammensetzung zugunsten des Handelsbürgertums. Im wichtigsten Ausschuss, den 51ern, wuchs sein Anteil zwischen 1740 und 1806 auf fast 80 Prozent an, und den Ausschuss der Neuner brachten sie ab 1790 vollständig unter ihre Kontrolle. Nur beim Bürgerausschuss der 28er, dessen Mitglieder sich direkt aus den Quartiervorständen rekrutierten, herrschte eine andere Tendenz vor. Hier dominierten die Handwerker mit Anteilen zwischen 50 und 60 Prozent. In allen Bürgerausschüssen waren die Patrizier und Gelehrten nur marginal vertreten. Auf diese Weise wirkten die Kontrollkollegien zusätzlich als Gegengewicht zum überproportionalen Einfluss des Patriziats im Rat.[215]

Auch die Mitglieder der Bürgerausschüsse wurden auf Lebenszeit kooptiert. Dennoch war die Mitgliederzusammensetzung nicht so undynamisch, wie man dies unter solchen Bedingungen erwarten darf. Darauf verweisen bereits die langfristigen Verschiebungen in der Sozialstruktur. Wenn auch spektakuläre Aktionen fehlten – die Kollegien führten weder eine Revolte gegen den Rat an, noch organisierten sie einen spontanen Bürgerprotest –, sollte man ihre Rolle nicht gering schätzen. Sie dienten auch als Reservoir für den Rat. Die oft bis ins Einzelne gehende Kenntnis der amtlichen Angelegenheiten befähigte geradezu zum Aufstieg in ein Ratsamt. Auffallend ist auch, dass es vor allem Handelsmänner waren, die auf diese Weise in den Rat gelangten. Immerhin 29 der insgesamt 183 Ratsmitglieder zwischen 1727 und 1806, das waren 16 Prozent, rekrutierten sich aus den bürgerlichen Kollegien. Dies belegt zusätzlich, dass der Rat keine abgeschlossene Gruppe war; regelmäßig wurden die eifrigsten Opponenten integriert.[216]

Damit wies die politische Führungsschicht Frankfurts vor den Umbrüchen des Revolutionszeitalters eine komplizierte Struktur auf. Hinter dem Gehäuse einer scheinbar festgefügten und vor allem das Patriziat begünstigenden Ordnung zeigt sich eine viel komplexere und dynamischere Machtstruktur mit einer beständig neu und fein austarierten Balance zwischen den bürgerlichen Gruppen. Die Konfliktregelung mittels der bürgerlichen Kollegien funktionierte. Es kam zwar häufig zu Gerichtsprozessen „Frankfurt contra Frankfurt“, aber dafür schwand die elementare Kritik an der reichsstädtischen Verfassung. Diese war, ergänzt um die Kollegien, offenbar in der Lage, bis zu einem gewissen Grad soziale Verschiebungen innerhalb der bürgerlichen Gruppen aufzufangen. Zum anderen gewährte die wirtschaftliche Prosperität Stabilität und milderte die sozialen Gegensätze. Angesichts dieser Erfolge und der pluralistischen Struktur der politischen Führungsschicht wird der verbreitete Patriotismus für die Vaterstadt verständlich.

2.7 Reichtum ohne Macht, aber mit informellem Einfluss

Dieser Patriotismus kann allerdings nicht darüber hinwegtäuschen, dass Frankfurt im 18. Jahrhundert eine Verfassung besaß, die nicht nur den Nichtbürgern keine politischen Rechte einräumte, sondern auch große Teile der Handwerkerschaft von einer Ratsvertretung ausschloss. Einen gewissen Ersatz boten die Kollegien sowie die Innungs- und Gewerbedeputation. Ähnliche Instrumentarien schufen sich auch die Teile des Handelsbürgertums, die aufgrund ihrer Glaubenszugehörigkeit nicht im Rat vertreten waren und in der Regel wie die katholischen, deutsch-reformierten und französisch-reformierten Kaufleute auch von den Kollegien ausgeschlossen blieben. Zwar hatte der bereits mehrfach erwähnte Johann Adolph Behrends im patriotischen Überschwang der Zeit behauptet, dass jedem „ohne Unterschied der Religion (...) unsere Freyheit und Bürgerschaft ertheilt“ werde, doch traf dies keineswegs zu, weil das lutherische Glaubensbekenntnis Voraussetzung politischer Betätigung war.[217] Nur im Ausnahmefall wurde von dieser Regel abgesehen. Die Ausnahmen reichten auf Dauer aber nicht aus, um gerade die wirtschaftlich prosperierenden Teile des Frankfurter Bürgertums einzubinden. Da der offizielle Zugang zur politischen Sphäre versperrt blieb, schufen sie sich Ersatzeinrichtungen. Ähnlich wie bei den Handwerkern entstanden auch in diesem Bereich informelle Strukturen. Eine davon waren die Börsenvorsteher. Ursprünglich im Jahre 1707 zur Verwaltung der Börse berufen, führten sie darüber hinaus seit 1713 den Titel „Deputierte des Handelsstandes“. Das Gremium setzte sich paritätisch aus vier lutherischen und vier reformierten Kaufleuten zusammen und entwickelte sich bis Ende des 18. Jahrhundert zu einer organisierten Interessenvertretung des Handels.

Der Tätigkeitsbereich der Börsenvorsteher umfasste über die Verwaltung der Börse hinaus die Erstellung von Gutachten zu Handelsangelegenheiten wie beispielsweise über die Handelstätigkeit von Bürgertöchtern und Witwen, Unregelmäßigkeiten bei der Stadtwaage oder die Güterschaffnerordnung. Eine Hauptforderung der Börsenvorsteher betraf die Reform der Wechselordnung oder die Einrichtung eines Handelsgerichts. Vor allem aber gelang den reformierten Handelsbürgern über dieses Gremium eine Anbindung an die politischen Körperschaften der Stadt, weil die lutherischen Börsenvorsteher sowohl mit dem Rat als auch mit den bürgerlichen Kollegien eng verflochten waren. Es handelte sich dabei durchweg um wirtschaftlich außerordentlich erfolgreiche Personen mit hoher Reputation. Von den 59 Handlungsdeputierten zwischen 1713 und 1807 wirkten sieben im Rat mit, 15 waren Mitglied im Bürgerausschuss der 51er, vier bei den „Neunern“, neun bei den „Dreiern“. Die vielen Vermögensnachlässe weisen sie als zur wirtschaftlichen Oberschicht gehörend aus. Wenn die Bedeutung dieser Institution auch nicht überbewertet werden darf, so diente sie doch in einem gewissen Umfang zur Einbindung einer nicht ratsfähigen Gruppe in die politischen Angelegenheiten der Stadt.[218]

Darüber hinaus entstanden in Frankfurt sehr früh Organisationen, in denen ein überkonfessioneller Zusammenschluss der Bürger ermöglicht wurde. So befanden sich unter den Börsenvorstehern auch zehn Mitglieder der Freimaurerloge „Zur Einigkeit“, die zu den ersten deutschen Freimaurerlogen überhaupt gehörte. Auf ihre Rolle muss noch genauer eingegangen werden. Wichtig im Zusammenhang mit der hier interessierenden Frage einer Kompensation von fehlenden politischen Rechten durch informelle Organisationen war ihr überkonfessioneller Charakter, der es erlaubte, dass Kaufleute der verschiedenen christlichen Konfessionen zusammenkamen. Wichtig ist weiterhin, dass sich besonders seit den späten siebziger Jahren unter den Logenmitgliedern eine beträchtliche Anzahl von Ratsmitgliedern befand.[219] Überraschenderweise waren es zuerst die Patrizier, die seitens des Rats der Loge beitraten. Ab 1783 engagierten sich hier Juristen und Handelsbürger, die kurz zuvor oder kurz danach als Senatoren in den Rat gewählt wurden. Die reformierten und katholischen Handelsmänner, die politisch rechtlos waren, trafen somit wie auch bei den Börsenvorstehern mit den wichtigsten politischen Vertretern der Bürgerschaft zusammen und konnten direkt und exklusiv ihre Anliegen vortragen und Gedanken mit ihnen austauschen. Das zentrale Anliegen der Loge, das sie mit anderen Logen dieser Zeit teilte, nämlich eine stände- und konfessionsübergreifende Organisation zu bilden, erhielt so in Frankfurt eine ganz konkrete Funktion für die Emanzipationsabsichten einer politisch nicht integrierten, aber wirtschaftlich immer stärker werdenden Schicht des gehobenen Stadtbürgertums. Das ändert jedoch nichts an der Tatsache, dass die wirtschaftlich stärkste Gruppe des Frankfurter Bürgertums ein Machtdefizit aufwies.

Das überrascht und verdient eine genauere Betrachtung. Für das 18. Jahrhundert existieren wenig Quellen, die Auskunft über Besitz, Einkommen oder Vermögen der gesamten Bürgerschaft geben. Die früher akribisch geführten Schatzungslisten sind verbrannt. Auch hätten sie keine Differenzierung der großen Vermögen erlaubt, da sie aufgrund des Steuermaximums Vermögen oberhalb von 15.000 Gulden nicht mehr unterschieden. Es steht nur das bereits vorgestellte Häuserverzeichnis von 1761 zur Verfügung, das im Zusammenhang mit den Maßnahmen zur Beleuchtung der Stadt entstand und eher zufällig Angaben enthält, die Rückschlüsse auf die Vermögensverhältnisse der Hausbesitzer zulässt. Betrachten wir von dieser Gruppe die 50 größten Hausbesitzer. Sie setzten sich aus neun Patriziern, 21 Kaufleuten, einschließlich einem Apotheker, je fünf Bierbrauern und Gastwirten, einem Bestätter, einem Handwerker, drei Juristen, einem Konsistorialrat und vier Witwen zusammen. Unter diesen Hausbesitzern befanden sich ferner sechs Ratsmitglieder, vier Freimaurer, vier Börsenvorsteher und sechs Mitglieder der verschiedenen Bürgerausschüsse. Als Resümee kann festgehalten werden, dass sich, wenn auch recht deutliche Konzentrationen vorhanden waren, die Hauptgruppen des Stadtbürgertums nicht eindeutig vertikal aufsplitten lassen, weil sowohl das Handelsbürgertum wie auch die Handwerker hinsichtlich ihrer Wirtschaftskraft große Unterschiede aufwiesen. Teile der Kaufmannschaft lebten jedoch auch in durchaus bescheidenen Einkommens- und Besitzverhältnissen, während umgekehrt noch bis weit ins 19. Jahrhundert hinein Teile des Handwerks zu den sehr Wohlhabenden gehörten. Aber insgesamt gilt, die Masse der Bürger, die Handwerker, waren in den oberen Rängen des Hausbesitzes deutlich unterrepräsentiert, während das Handelsbürgertum und die Patrizier hier vorherrschten. Anders als in den politischen Gremien waren handwerkliche und bildungsbürgerliche Berufe in der Gruppe der ausgesprochen wohlhabenden Bürger nur am Rande vertreten und verfügten kaum über die ökonomischen Möglichkeiten der Kaufleute. Da wirtschaftliche Macht nicht allein und auch nicht in erster Linie zur politischen Macht befähigte, stellt sich die Frage nach der Herrschaftsstruktur dieser stadtbürgerlichen Gesellschaft.

Ausgehend von den bisherigen Ausführungen sind die Mitglieder des Rats und aus Gründen, die vorgestellt wurden, auch die Mitglieder der bürgerlichen Kollegien, der Bürgerausschüsse der 51er, Neuner und Dreier zu berücksichtigen. Darüber hinausgehend spielten die beiden patrizischen Gesellschaften „Alten Limpurg“ und „Frauenstein“ eine wichtige Rolle, weil diese adelige Gruppen des Frankfurter Stadtbürgertums noch über einen großen Einfluss in der Stadt verfügte und gerade in dem wichtigsten politischen Gremium, dem Rat, einen überproportionalen Anteil an Vertretern stellte. Von Bedeutung waren auch die Börsenvorsteher, die einen Teil des wirtschaftlich dominanten Handelsbürgertums vertrat. Und schließlich war die Freimaurerloge „Zur Einigkeit“ für den informellen und konfessionsübergreifenden Zusammenhang wichtiger Bürgergruppen sehr bedeutsam. Stellt man nun die Personen dieser Gremien und Einrichtungen für das Stichjahr 1760 zusammen, so ergeben sich einige bemerkenswerte Befunde über die soziale Zusammensetzung dieser bürgerlichen Elite. Nicht weniger als 26 Prozent gehörten zum Patriziat. Dieser hohe Prozentsatz steht in diametralem Gegensatz zu den prozentualen Anteilen dieser sozialen Schicht an der Einwohnerschaft. Die starke Stellung des Patriziats deckt sich mit den Ergebnissen in Bezug auf seine politische Bedeutung und wirtschaftliche Potenz, die sich in bedeutendem Hausbesitz in der Stadt niederschlug. Dennoch bildeten mit 44 Prozent Kaufleute, Bankiers, Apotheker und Verleger die stärkste Gruppe.[220] Wenn das Handelsbürgertum auch nicht zur obersten Spitze der politischen Führung der Stadt vorgedrungen war und es noch heftig um seine Repräsentation in der Senatoren- und Schöffenbank stritt, zeigt der hohe prozentuale Anteil doch, dass es seiner wirtschaftlichen Stellung entsprechend in breiter Front die Kollegien erobert hatte. Auf der anderen Seite ist zu berücksichtigen, dass aufgrund des hohen Gewichts der politischen Mandate im Grunde nur ein Teil der Kaufleute, und zwar der lutherische, Eingang in die Elite gefunden hatte. Als dritte Gruppe erscheint mit fast 18 Prozent erwartungsgemäß das Bildungsbürgertum. Seine Stellung innerhalb der Elite stützte sich auf Positionen im Rat und zum Teil in den bürgerlichen Kollegien sowie in der Loge. Geradezu diametral entgegengesetzt zum Patriziat war das Handwerk unter Einschluss der Gärtner und Wirte als größte Berufs- und Sozialgruppe des Bürgertums mit nur 15 Prozent unterrepräsentiert. Dennoch ist dieser Anteil im Vergleich zu anderen Städten, in denen eine abgeschottete Elite aus Großkaufleuten oder Patriziern die politische Führungsschicht bildete, eher hoch zu bewerten. Wie bei den Kaufleuten gilt es allerdings auch bei den Handwerkern zu berücksichtigen, dass große Teile dieser Berufsgruppe weder in der politischen Führungsschicht noch in der bürgerlichen Elite repräsentiert waren.

Wie hoch das Ansehen eines Bürgers einzustufen war und welch relativ untergeordneten Stellenwert demgegenüber Besitz und Einkommen für die Zugehörigkeit zur bürgerlichen Elite hatten, offenbart die nähere Auswertung der wirtschaftlichen Besitzverhältnisse. Das soziale Spektrum der Frankfurter Elite war, soweit sich dies anhand des Hausbesitzes feststellen lässt, überraschend breit gestreut. Viele verfügten nicht einmal über ein eigenes Haus. Zumindest waren sie nicht im Häuserverzeichnis als Besitzer aufgeführt. Es ist möglich, dass die betreffenden Personen Haus- und Grundbesitz vor der Stadt besaßen, zumindest bei einigen Patriziern liegt diese Überlegung nahe. Bei anderen war der Hausbesitz vermutlich auf die Ehefrau übertragen worden oder sie wohnten zur Miete.

Ein weiteres Drittel verfügte über mittelmäßigen Hausbesitz und kam damit den bürgerlichen Idealen von Johann Adolph Behrends recht nahe, die eingangs erwähnt worden sind. In diesen Bereich fielen auch viele mittlere Kaufleute, die sich vor allem unter den Mitgliedern der Bürgerausschüsse befanden. Es finden sich selbst neun Mitglieder der Elite, die lediglich über geringen Hausbesitz verfügten. Neben einem Offizier handelte es sich hierbei um Handwerker und Weingärtner der dritten Ratsbank. Es gehörte aber auch der Jurist und Senator Erasmus Senckenberg dazu, der – obgleich nobilitiert – beständig unter Geldnot litt. Um es nicht der Gefahr auszusetzen, von diesem Schlund verschlungen zu werden, brachte sein Bruder, der Stifter Johann Christian Senckenberg, das von seinen Frauen geerbte Vermögen – er war dreimal hintereinander verheiratet – in eine große Stiftung ein.

Die breite Streuung des Hausbesitzes verbirgt jedoch zum Teil die Spitzenvermögen. Ein gutes Drittel der hier ausgewerteten einflussreichen Bürger verfügte über sehr großen Hausbesitz oder über mehrere Häuser. Darunter befanden sich auch der größte und zweitgrößte Hausbesitzer der Stadt, der Patrizier Johann Adolf von Holzhausen und der Handelsmann Johann Friedrich Firnhaber. Damit kann jedoch nur rund ein Drittel der bürgerlichen Elite auch zu den wirtschaftlich wirklich Vermögenden gezählt werden. Die Erklärung dafür findet sich bei näherer Untersuchung der 100 größten Hausbesitzer. Lediglich 16, in der Hauptsache Patrizier, gehörten zur Elite, was zeigt, wie sehr die wirtschaftliche Oberschicht und die bürgerliche Elite auseinanderklafften. Ein weiterer Teil waren Frauen, vor allem Witwen, und drei Patrizier, die ansonsten in der Stadt nicht aktiv hervortraten. Ein anderer Teil, insgesamt sieben, engagierte sich später in den politischen Gremien. Von insgesamt 43 ist nichts weiter bekannt als ihr großer Hausbesitz. Auffallend ist aber der hohe Anteil von reformierten und katholischen Kaufleuten, die mit mindestens 17 Personen (zwei Katholiken, sechs Deutsch-Reformierte und neun Französisch-Reformierte) in dieser engeren Auswahl der wirtschaftlichen Oberschicht vertreten waren.[221]

Die konfessionelle Pluralität der wirtschaftlich dominanten Kaufleute stand im direkten Gegensatz zur konfessionellen Homogenität der bürgerlichen Elite. Unter den 126 Mitgliedern befanden sich lediglich zwei Reformierte, Johann David de Neufville und Jean Noë Gogel, sowie der Katholik Johann Babtista Schweitzer. Der Rest bekannte sich zum lutherischen Glauben. Ein Indiz für die Dominanz der lutherischen Glaubensrichtung ist auch die starke Repräsentanz des lutherischen Konsistoriums. Lediglich die Einrichtung der Börsenvorsteher und die Loge öffneten ihre Tore für nichtlutherische Bürger. Es war ein allzu schmaler Zugang zu Macht und Einfluss.

Damit zeigt die Untersuchung der Mitglieder der wichtigsten Gremien und Einrichtungen ein zwiespältiges Ergebnis. Zum einen wird deutlich, wie wenig in Frankfurt die Großkaufleute oder das Patriziat allein die Geschicke der Stadt bestimmten. Bürger mit mittlerer Existenzgrundlage, sei es auf der Basis eines bildungsbürgerlichen, kaufmännischen oder handwerklichen Berufs, verfügten über bedeutende Mitsprachemöglichkeiten und wurden aufgrund ihres Ansehens in die verschiedenen Selbstverwaltungseinrichtungen gewählt. Von daher gewinnt die Charakterisierung des Frankfurter Bürgers durch Johann Adolph Behrends zusätzlich an Bedeutung. In ihr spiegeln sich die gesellschaftlichen Verhältnisse in der freien Handels-, Wahl- und Krönungsstadt Frankfurt am Main. Das „Portrait" vom „Mittelmann, der eine mittelmäßige Erziehung gehabt hat, der einige Ahnen zurück zählen kann, und dem das angeerbte republikanische Blut die Brust warm hält", stimmt mit dem Untersuchungsbefund recht gut überein.[222] Grundlage des Einflusses der weniger wohlhabenden Schichten waren neben der dritten Ratsbank die Verfassungsreformen am Beginn des 18. Jahrhunderts und die Einrichtung der Bürgerausschüsse.

Die bisherige Untersuchung hat den Widerspruch zwischen der Dynamik einer Handelsstadt mit umfangreicher Zuwanderung und den tradierten Einrichtungen offengelegt. Der Druck, der von den sozialstrukturellen Veränderungen ausging, hatte bereits in den ersten Jahrzehnten des 18. Jahrhunderts zu Veränderungen geführt. So konnte in jahrzehntelangen Auseinandersetzungen die ständische Abschottung der patrizischen Führungsschicht erfolgreich aufgebrochen werden. Die Mehrheitsverhältnisse im Rat änderten sich, und zusätzlich wurden Bürgerausschüsse eingerichtet. Neben dem Rat und den Kollegien entstanden zudem insbesondere von Seiten der minder privilegierten Gruppen des Handelsbürgertums mit den Börsenvorstehern und der Freimaurerloge neue informelle Strukturen, mit denen flexibler als mit den Korporationen auf die Veränderungen der stadtbürgerlichen Gesellschaft reagiert werden konnten. Zwar sind auf diese Weise Reformen und ein Wandel in der sozialen Zusammensetzung der politischen Führungsschicht und damit der bürgerlichen Elite zu verzeichnen, aber die große Kluft zwischen der wirtschaftlichen Oberschicht und der Elite blieb bestehen, und nach wie vor muss der Ausschluss großer Teile von Bürgerrechtsinhabern von den politischen Angelegenheiten konstatiert werden. Zu diesen gehörten große Teile der nicht ratsfähigen

Handwerkerschaft sowie die Kaufleute aller nichtlutherischen Konfessionen. In noch größerem Umfang waren die Minderheiten, die auch in wirtschaftlicher und privatbürgerlicher Hinsicht vom System der bürgerlichen Gesellschaft ausgeschlossen waren, von diesen Defiziten der ständischen Bürgergesellschaft betroffen. Dennoch erwies sich das reformierte System einer ständischen Gesellschaft in den großen Auseinandersetzungen der Umbruchszeit zwischen 1780 und 1820 als erstaunlich stabil und anpassungsfähig. Doch bevor diese turbulente Zeit näher betrachtet wird, muss noch auf ein Spezifikum der Frankfurter Geschichte eingegangen werden. Die Stadt war nicht nur ein bedeutendes Handelszentrum im europäischen Raum, die Stadt nahm auch als Ort des Wahl- und Krönungsrituals der deutschen Kaiser eine besondere Stellung unter den Städten des Heiligen Römisches Reiches Deutscher Nation ein.

3. Frankfurt als Wahl- und Krönungsstadt

3.1 Ein Privileg und seine Folgen

Frankfurt war im Mittelalter und in der Frühen Neuzeit eine bedeutende Durchgangsstation für den europäischen Fernhandel. Aber Frankfurt war nicht nur eine Handelsstadt, sondern auch ein politisches Zentrum des Heiligen Römischen Reiches, wenn auch immer nur für einen kurzen Augenblick. In der „Goldenen Bulle" Kaiser Karls IV. wurde im Jahre 1356 Frankfurt am Main offiziell als Wahlort der deutschen Könige festgelegt. Aufgrund seiner Bedeutung hatte der Stadtschultheiß Siegfried zum Paradies 1366 eine Ausfertigung der Goldenen Bulle für Frankfurt am Main erwirkt. Das Schriftstück entwickelte sich über die Jahrhunderte hinweg zu einem der zentralen Privilegien der Stadt und genoss gerade im 18. Jahrhundert ein hohes Ansehen. Johann Wolfgang Goethe, Sohn des Rates Johann Caspar Goethe, wurde als Angehöriger einer der wichtigen Familien der Stadt persönlich von dem Patrizier und Schöffen Johann Daniel von Olenschlager in die Geheimnisse der Goldenen Bulle eingeführt. Von Olenschlager arbeitete gerade an seinem Kommentar über dieses Privileg und galt damals als einer der besten Kenner. Goethe hat die

Das Frankfurter Exemplar der „Goldenen Bulle" (1356) aus der Kanzlei Karls IV., 1366

Einführung später nach großem zeitlichem Abstand aus der Erinnerung wie folgt wiedergegeben: Von Olenschlager „hielt mich besonders werth und sprach oft mit mir von den Dingen, die ihn vorzüglich interessirten. Ich war um ihn, als er eben seine Erläuterung der güldnen Bulle schrieb; da er mir denn den Werth und die Würde dieses Documents sehr deutlich herauszusetzen wußte."[223] Goethe hielt die Begegnung mit Olenschlager und seine private Einführung in das „Document" noch nach 40 Jahren für wert, in seine Lebenserinnerungen aufgenommen zu werden, und sprach mit großer Ehrfurcht von der „güldnen Bulle", nicht ohne diese Ehrfurcht satirisch gegenzuzeichnen. Tatsächlich gibt es die Behauptung, die Goldene Bulle hätte eine größere Bedeutung gehabt als die beiden Messeprivilegien aus dem 14. und 15. Jahrhundert. Das kann jedoch mit guten Gründen bezweifelt werden, gründeten auf den Messeprivilegien doch zentrale Säulen der Frankfurter Wirtschaft. Sie spielten permanent eine wichtige Rolle. Das traf auf die Privilegien, die mit der Goldenen Bulle zusammenhingen, nicht zu. Die Stadt bezog dadurch auch keine besonderen politischen Rechte gegenüber anderen Städten. Sie war nur Austragungsort von Ritualen, die in Verbindung mit der Wahl und Krönung der deutschen Könige standen. Die politischen Repräsentanten der Stadt waren an diesen Entscheidungen selbst nicht beteiligt. Die Stadt profitierte allerdings indirekt davon, da sie die Lokalitäten für diese Zeremonien des Alten Reiches stellte. Dies erhöhte die Attraktivität der Stadt. Für eine kurze Zeit konnte sie sich im Glanz der Mächtigen sonnen, der zudem Tausende von Menschen anzog. Die Reichsstadt gewann, wie die Ober-Post-Amts-Zeitung 1764 im Vorfeld der Wahl und Krönung Josephs II. schrieb, „durch den taeglichen Zufluß so vieler vornehmen Fremden einen groesseren Schimmer".[224] Die Zahl der Besucher war in der Tat beeindruckend. Allein das Gefolge der anreisenden Kurfürsten oder ihrer Vertreter betrug mehrere Tausend Menschen. Zwar war in der „Goldenen Bulle" die Anzahl des Gefolges auf 200 Personen begrenzt. Aber diese spätmittelalterliche, von der Sorge um die Verpflegung einer solch großen Anzahl von Menschen getragene Einschränkung wurde in der Frühen Neuzeit von den Kurfürsten regelmäßig überschritten. Im Jahre 1764 begleiteten allein den Mainzer Erzbischof Emmerich Joseph vom Weihbischof bis zur Stubenmagd über 900 Personen, die Namen auf der kurmainzischen „Protektionsliste" hinzugezählt sogar mehr als 1.300 Personen. Hochgerechnet ist von rund 30.000 Gästen zur Krönung Josephs II. in Frankfurt auszugehen und das bei einer Einwohnerzahl von nur etwa 35.000.[225]

Auch bildeten die Lokalitäten der Königswahl wie die Goldene Bulle selbst im 18. und 19. Jahrhundert herausgehobene touristische Attraktionen. Der aus der Picardi stammende reformierte Glaubensflüchtling J. de Blainville unternahm von 1705 bis 1709 eine Europareise als Begleiter der Söhne des englischen Kriegssekretärs William Blaithwayt. Sein in den sechziger Jahren des 18. Jahrhunderts auf deutsch erschienener Reisebericht enthielt wie in vielen anderen überlieferten Fällen nicht nur eine ausführliche Beschreibung der Stadt, in der er sich von Ende April bis zum 13. Mai 1705 aufhielt, sondern auch eine eingehende Beschreibung der Goldenen Bulle. Das wertvolle Dokument wurde Fremden gegen Bezahlung in Gegenwart zweier Ratsherren und des Ratsschreibers gezeigt. De Blainville war von dem Wert des Dokuments nicht sonderlich überzeugt. Er nannte es ein „schmutziges und runzlichtes Stück Pergament", das zur Handschrift gebunden war. In seinem Bericht setzte er sich mit den Beschreibungen des Reichsgesetzbuches in anderen Reiseberichten auseinander, die er offensichtlich vor seiner Reise genau studiert hatte, und korrigierte zahlreiche Fehler. Er sparte auch nicht mit Kritik an der zeitgenössischen Auslegung der Goldenen Bulle. So sei das Kaisertum seit 300 Jahren quasi in den erblichen Besitz des Hauses Habsburg übergegangen und laufe Gefahr, „ein Sclave einer einzelnen Familie" zu werden, „deren Ursprung so groß nicht ist."[226] Er wies damit auf ein Phänomen hin, das sich im Laufe mehrerer Jahrhunderte durchgesetzt hatte. Das Heilige Römische Reich Deutscher Nation war eine Wahlmonarchie. Das Kaisertum gründete jedoch auf der Hausmacht des Monarchen und das begünstigte diese „einzelne Familie", von der Blainville schrieb. Mit Rudolf I. bestieg im Jahre 1273 erstmals ein Habsburger den Thron. Nach einer Reihe von Reichsoberhäuptern aus wechselnden Dynastien begann mit der Inthronisation Albrechts II. 1438 die nur einmal von dem Wittelsbacher Karl VII. unterbrochene Folge der habsburgischen und habsburg-lothringischen Könige und Kaiser bis zur Auflösung des Reiches im Jahre 1806. In Frankfurt wurden also Wahlen vorgenommen, die in ihrem Ergebnis meistenteils bereits feststanden. Was stand also in dem „runzlichten Stück Pergament"?

„Ein Reich, das in sich selbst geteilt ist, wird veröden", warnte das 1356 auf den Reichstagen in Nürnberg und Metz erlassene und bis zur Auflösung des Heiligen Römischen Reichs Deutscher Nation im Jahre 1806 gültige „Reichsgrundgesetz". Dahinter stand die Absicht, in Zukunft die legitime Wahl des Königs durch ein Kollegium von sieben Kurfürsten zu sichern und damit ein erneutes Doppelkönigtum zu verhindern. Zur Vermeidung von Konflikten unter den Inhabern der erblichen Kurwürde regelte die „Goldene Bulle" auch die Rangfolge und die Verteilung der Erzämter. Nach dem Ableben des Königs hatte der Mainzer Erzbischof und Kurfürst binnen eines Monats die sechs anderen Kurfürsten, wozu der König von Böhmen, der Pfalzgraf bei Rhein, der Herzog von Sachsen, der Markgraf von Brandenburg sowie die beiden Erzbischöfe von Köln und Trier gehörten, nach Frankfurt einzuladen. Innerhalb einer Dreimonatsfrist hatte das Kurkolleg nach dem Mehrheitsprinzip einen Thronfolger zu wählen. Das Gremium der Kurfürsten wurde, nachdem 1623 die pfälzische Kur auf Bayern übertragen worden war, 1648 um eine achte Kur für die Pfalz und 1692 um eine neunte für Hannover erweitert. Neben der Besetzung und Rangfolge des Kurfürstenkollegiums wurde die St. Bartholomäuskirche in Frankfurt am Main zum Ort der Königswahl bestimmt. Frankfurt als Wahlort tauchte bereits in dem 1275 verfassten „Schwabenspiegel" auf. Dort heißt es „Als man einen kunig kiesen wil das sol man tun zu frankenfurt".

Die Goldene Bulle schrieb ein Gewohnheitsrecht fest, das bereits vorher bestanden hatte. Seit 1147 waren nur sechs von zwanzig Königen nicht in Frankfurt gewählt worden. Das unterschied sich kaum von der Situation nach der Festschreibung des Privilegs zur Mitte des 14. Jahrhunderts. Nach 1356 wurden fünf von 22 deutschen Königen nicht in der Handelsstadt gewählt. Frankfurt verfügte somit mit dem Privileg über eine Besonderheit gegenüber anderen Reichsstädten. Das relativierte sich allerdings, weil sich eine ganze Reihe von weiteren Funktionen des Reiches auf andere Reichsstädte verteilte, sodass Frankfurt in dieser Hinsicht dann doch wieder nur eine unter den anderen Reichsstädten war, die einen besonderen Bezug zum deutschen König und Kaiser hatten. Ab 1663 fand der „Immerwährende Reichstag" etwa in Regensburg statt. Das Reichskammergericht befand sich erst in Speyer und dann ab 1693 in Wetzlar. Als kaiserliche Residenzstädte galten Prag und später Wien; der Reichserzkanzler hatte seinen Sitz in der Bischofsstadt Mainz, während die Reichsinsignien – also Krone, Reichsapfel und Zepter – in Nürnberg und Aachen aufbewahrt wurden. Aber im Laufe der Zeit errang Frankfurt noch eine weitere Besonderheit. Obwohl die Goldene Bulle 1356 ausdrücklich die Reichsstadt Aachen zur Krönungsstätte bestimmt hatte, wurde im Jahre 1562 mit Maximilian II. ein Römischer König in Frankfurt nicht nur gewählt, sondern erstmals auch zum König gekrönt. Die Ausnahme entwickelte sich im Laufe der Zeit zur Regel, sodass Frankfurt zwischen 1562 und 1792 nicht weniger als zehnmal als Schauplatz dieses Großereignisses hervortrat. Bis auf vier wurden alle weiteren Könige und Kaiser nach 1562 in Frankfurt gewählt und gekrönt: Es handelte sich dabei um Matthias (1612), Ferdinand II. (1619), Leopold I. (1658), Karl VI. (1711), Karl VII. (1742), Franz I. (1745), Joseph II. (1764), Leopold II. (1790) und Franz II. (1792).[227]

3.2 Die Pflichten der Stadt

In den Wahl- und Krönungsjahren bildete Frankfurt also den Fokus der Reichspolitik, stand die Reichsstadt im Blickpunkt europäischer Machtinteressen. Doch das Privileg, Stätte der Wahl und später auch der Krönung deutscher Könige und Kaiser zu sein, steigerte nicht nur die Attraktivität der Stadt, es bedeutete auch die Übernahme einer ganzen Reihe von Verpflichtungen – und die kosteten. Die Vorbereitungen für das Großereignis begannen meistens bereits Monate vorher. Um dem erwarteten Massenandrang Herr zu werden, gab der Rat nicht nur eine Serie von Verordnungen bekannt, sondern verabschiedete der Reichserzmarschall auch eine spezielle „Policei- und Tax-Ordnung". Sie diente der Regelung von umfangreichen organisatorische Maßnahmen angefangen von der Beschaffung von Brennholz über die Stellung zahlreicher zusätzlicher Postpferde bis zu Bereitstellung von Quartieren und Proviant für die zahlreichen Gäste, die aus Anlass des Ereignisses erwartet wurden.

Der Rat der Stadt hatte diesbezüglich eine Informationspflicht und musste im Vorfeld auf das Großereignis unter Angabe des Termins und des Ablaufs der Handlungen hinweisen. Ratsverordnungen regelten die einzuhaltenden Rahmenbedingungen. Sie wurden gedruckt und an bestimmten Orten der Stadt mit Pauken und Trompeten verkündet. Selbst die Orte der Bekanntmachungen waren vorgeschrieben. Publikationsorte befanden sich unter anderen an der Hauptwache, dem Rossmarkt, der Bockenheimer Gasse, der Großen Eschenheimer Gasse sowie auf der Zeil, am Türkenschuss, an der Peterskirche und am Großen Hirschgraben.

Erinnert wurde darin unter anderem an die Regeln, die bei der Beherbergung von Fremden zu beachten waren. Unter Federführung des Reichsquartiermeisters wurde die Stadt in Absprache mit dem Rat in neun Bezirke ein- und den Kurfürsten zur Unterbringung der Gesandten und des Gefolges zugeteilt. Freistehende Räumlichkeiten innerhalb eines Bezirks hatte der Eigentümer auf Anweisung des Reichsquartiermeisters gegen einen mäßigen Mietpreis zu überlassen. Die Frage der Einquartierung hatte es in sich, denn die Aufnahme der vielen Fremden in den begrenzten Häuserbestand der Stadt war mit außerordentlichen Belastungen verbunden und führte immer wieder zu Streitigkeiten. Aus Anlass der bevorstehenden Wahl und Krönung Leopolds II. im Jahre 1790 äußerte sich die Mutter von Goethe in einem Brief über die Sorge und Ängste, die mit den Einquartierungen verbunden waren: „Bei mir waren die Quartierherren noch nicht, ich traue mir deswegen nicht vor die Thür zu gehen und sitze bei dem herrlichen Gotteswetter wie in der Bastille, denn wenn sie mich abwesend fänden, so nähmen sie vielleicht das ganze Haus.“[228]

Es drückten aber nicht nur die Belastungen, die einquartierte Fremde mit sich brachten. Das Publikum wurde auch zu angemessenem Benehmen ermahnt, was durch spezielle Dekrete vor dem Einzug des zu Krönenden noch verstärkt wurde. Die Bevölkerung solle sich „still, sittsam, bescheidentlich“ aufführen, da der Rat hat „mehrmahlen mißfällig wahrnehmen müssen, dass bey denen vorgehenden hohen Solennitäten die Leute und vornehmlich das Weibs-Volck mit heftigem Umgestüm sich herbeydringen“.[229] Weiterhin wurden die Bäcker und Metzger aufgefordert, sich auf die zusätzlichen Esser einzustellen, und es wurden Vorschriften für die Händler und Handwerker zur Abwehr von Preiserhöhungen erlassen. Genaue Vorschriften nahmen die Wirte und Quartiergeber bezüglich ihrer Abrechnungen mit den Gästen in die Pflicht. Sogar Mediatoren für Streitigkeiten wurden benannt. Diese Aufgabe oblag dem Reichserbmarschall, dem einige Deputierte des Rats zur Seite standen.[230] Maßnahmen zur Sauberkeit und Sicherheit wurden verkündet und ein spezielles Edikt zur Säuberung der Straßen publiziert. „Wegen des bevorstehenden Wahl-Tags“ seien „die Straßen rein zu halten sowie der Abfall auf die Deponien vor der Stadt zu verbringen und nicht in die provisorischen Abwasserkanäle zu werfen“.[231]

Säuberung der Straßen meinte dabei nicht nur die Entfernung von Schmutz und Kot, sondern auch die Verbannung anstößiger Bettler aus der Öffentlichkeit. So heißt es in einem entsprechenden Dekret zur Wahl Josephs II. im Jahr 1764: „Befehl, dass von dato, innerhalb acht Tagen, alle in hiesiger Stadt befindliche Bettelleut und Herrenloses Gesindel sich ohnaufhältlich wegbegeben und ihren Staab von hinnen weiter fortsetzen", da sie sonst „mit Leibes-Straff belegt werden."[232]

Doch das waren nur die formalen Äußerlichkeiten. Die eigentlichen Pflichten im Zusammenhang mit der Funktion als Wahl- und Krönungsort reichten viel weiter und konnten die Stadt bei Nichterfüllung in große Bedrängnis stürzen. So waren die Bürger der Stadt gemäß den Bestimmungen der Goldenen Bulle für die Sicherheit der Kurfürsten und ihrer Gefolge direkt verantwortlich. Die Nichtbefolgung dieser Bestimmung hätte unmittelbar den Verlust der städtischen Privilegien und im schlimmsten Fall sogar die Reichsacht bedeuten können. Somit handelte es sich bei der Leistung des Sicherheitseids, auch Schirmungseid oder Sekuritätseid genannt, der vor Beginn der Zeremonialhandlungen geleistet wurde, keinesfalls um ein nur formales traditionelles Ritual, sondern um die Anerkennung der bestehenden Verpflichtung. Der Sekuritätseid wurde im Römer vom Rat und von den Offizieren des Bürgermilitärs geleistet, sodann von der gesamten auf dem Römerberg versammelten Bürgerschaft abgelegt. Die Bürger waren sich der Bedeutung dieses Aktes bewusst. Nichts blieb dabei dem Zufall überlassen. Selbst die Aufstellung war bis in die Einzelheiten festgelegt. Schematische Darstellungen dazu finden sich in den Diarien, die regelmäßig nach einer Königswahl herausgegeben wurden und das Gesamtereignis für die Nachwelt dokumentierten.[233]

Barbara Dölemeyer hat den Vorgang für die Königswahl von 1764 ausführlich recherchiert. „Im Ratssaal des Römers waren Magistrat und Syndici versammelt, der Kurmainzische Secretarius las den Eid vor, der Kurfürst nahm dem Magistrat das Handgelöbnis ab, ebenso den Stabsoffizieren. Dann ging der Kurfürst ans Fenster des Römers und nahm den Eid der auf dem Römerberg versammelten Bürgerschaft ab, wobei die Aufstellung der Beteiligten genau bestimmt war: die Geschlechter vom Haus Alten-Limpurg vor ihrem Haus, rechts der Bühne, die Frauensteiner vor der Bühne, die Graduierten (Doctores, Licentiati) links der Bühne, die vierzehn Quartiere der Bürgerschaft vor dem Römer, die bürgerlichen Cavallerie-Companien rechts des Römers und die Constabler bei den Quartieren."[234]

Neben dem Sekuritätseid war auch der Huldigungseid der Bürger vor dem Neugewählten außerordentlich bedeutsam. Bei dieser Zeremonie wurden die die Stadt betreffenden Bestimmungen aus der Goldenen Bulle jedes Mal aufs Neue verlesen. Der Huldigungseid fand unter Umständen viele Monate nach dem Krönungszeremoniell statt und die Anwesenheit des Monarchen war hierzu nicht unbedingt erforderlich. Als designierter Thronfolger übernahm Joseph II. nach dem Tod Franz I. erst im August 1765 die Römische Kaiserwürde. Erst mit diesem Akt setzte die

Huldigung auf dem Römerberg nach der Krönung Josephs II., 12. Juli 1766

Verpflichtung der Reichsstände ein, Joseph II. zu huldigen. Der Kaiser nahm die Huldigung nicht persönlich entgegen, sondern schickte als Vertreter Johann Anton Graf von Pergen, der am 14. Mai 1766 den Eid der Reichsstadt Frankfurt am Main entgegennahm. Vor dem kaiserlichen Kommissar schworen die Ratsherren dem Kaiser im großen Römer-Saal Treue und Gehorsam und empfingen im Gegenzug die Bestätigung der Privilegien der Stadt. Die Huldigung war ein Akt gegenseitiger Rechts- und Treueverpflichtung. Im Anschluss leisteten die hinter den Quartierfahnen auf dem Römerberg angetretenen Bürger und Beisassen den Treueid. Auch hier mussten sich die Bürger in bestimmter Ordnung aufstellen, was immer wieder zu Rangstreitigkeiten führte. Im Halbrund vor der Bühne mit einem Porträt des Kaisers und seinem Stellvertreter, dem Graf von Pergen, standen die patrizischen Gesellschaften Alten-Limpurg und Frauenstein sowie Geistliche und Gelehrte. In der zweiten Reihe hatten sich die Angehörigen des „Bürgerausschusses der 51er" und der „Neuner" aufgestellt.[235]

Die Juden huldigten dem Neugewählten in einem eigenen Akt. Es handelt sich hier um ein Zeichen ihres Strebens nach politischer Teilhabe, das erstmals im Jahre 1711 gegen den heftigen Widerstand des Rats vom König gewährt worden war. Diese Eidesleistung fand meistens mehrere Monate nach der der christlichen Bürger statt. Die jüdische Bevölkerung huldigte dem Kaiser auch an einem anderen Ort, nämlich am Zeughaus am Ende der Zeil. Die Huldigungsformel der Juden unterschied sich an zwei Stellen von derjenigen der christlichen Bürger. Statt „getreue und gehorsame Untertanen" hieß es hier „getreue und gehorsame Knechte" und anstatt „so wahr uns Gott helfe" lautete die Formel für die Juden „so wahr uns helff Gott Adonai".[236]

3.3 Die Wahl und ihre Rituale

Die Wahlhandlung war ein stark ritualisierter Vorgang. Sie begann erst, wenn die Auswahl des Kandidaten und die an ihn herangetragenen Forderungen längst entschieden waren. Das heißt, wenn die Kurfürsten sich auf den Weg nach Frankfurt machten, standen der zu Wählende und die Bestimmungen der Kapitulation bereits fest. Insbesondere die in der Wahlkapitulation festgehaltene Sammlung der Monita und Anträge der Fürsten war im Vorfeld der Wahl in den Wahlkonferenzen, die im 18. Jahrhundert im Römer stattfanden, ausgehandelt worden. Damals wurde die Wahlkapitulation, nachdem sie vom Wahlkollegium beschlossen worden war, von einem bevollmächtigten Vertreter des Kandidaten beschworen. Damit wurde sie verbindlich. Bei dessen Eintreffen in Frankfurt, also nach der Wahl, aber vor der Krönung, nahm er sie mit persönlichem Eid an.[237]

Am Beispiel der Wahl und Krönung Josephs II. im Jahre 1764 lassen sich die einzelnen Stationen des Wahl- und Krönungsaktes gut darstellen. Es begann mit einer Entscheidung des Kurfürstentags vom 20. Februar 1764, die Wahl eines Römischen Königs bereits zu Lebzeiten Kaiser Franz I. durchzuführen. Gleichzeitig legte die Versammlung den Beginn der Wahlkonferenzen auf den 3. März 1764 fest. In mehreren Wahlkonferenzen wurde der Inhalt der Wahlkapitulation verhandelt, wobei es um Religionsfragen, die Erneuerung des Kurvereins und die Organisation der Wahl- und Krönungsfeierlichkeiten ging.

Joseph II. um 1765. Gemälde von Johann Valentin Tischbein

Einzug Kaiser Franz I. und seines Sohnes Josephs II. zu dessen Krönung. Gemälde aus dem Atelier Martin van Meytens d. J. (Johann Dallinger von Dalling und andere) um 1765

An der Wahl des Habsburger Erzherzogs Joseph gab es keine Zweifel, nachdem Friedrich II. von Preußen im Hubertusburger Frieden vom 15. Februar 1763, der den Siebenjährigen Krieg beendete, seine Unterstützung zugesichert hatte. Daraufhin wurde der Wiener Hof aktiv und sondierte die Haltung der Kurfürsten.[238] Noch im Verlauf der Verhandlungen leisteten am 23. März Bürger und Beisassen der Stadt Frankfurt den Sekuritätseid. Vier Tage später wählten am 27. März 1764 die drei anwesenden geistlichen Kurfürsten sowie die Gesandten der sechs weltlichen Kurfürsten in der Wahlkapelle der St. Bartholomäuskirche Erzherzog Joseph einstimmig zum Römischen König und zukünftigen Kaiser. Erzherzog Joseph hatte zusammen mit dem amtierenden Kaiser Franz I. im Schönbornschen Schloss in Heusenstamm ausgeharrt. Beide hatten am 12. März 1764 Wien verlassen und am 23. März ihren Aufenthaltsort vor den Toren der Stadt erreicht. Zwischen Heusenstamm und Frankfurt entspann sich daraufhin ein reger Pendelverkehr, bis die Nachricht von der Wahl Josephs II. zum Römischen König die versammelte Gesellschaft erreichte und mit einem Feuerwerk sowie einer prächtigen Illumination der Anlage gefeiert wurde. Am darauffolgenden Morgen brachen Franz I. und Joseph II. nach Frankfurt auf.[239]

Sie erreichten gegen Mittag die Stadt. Dort formierte sich, wie das Diarium zur Königswahl festhielt, nach der offiziellen Begrüßung nahe dem Riedhof ein über 100 Kutschen und mehr als 2.000 Personen zählender, von Vertretern der Stadt, den Wahlbotschaftern, Kurfürsten und dem kaiserlichen Gefolge gebildeter Triumphzug. Er setzte sich in Bewegung, zog durch das Affentor in Sachsenhausen in die Stadt ein und schlängelte sich dann in einem großen Umweg über Fahrgasse, Zeil, Katharinenpforte, Neue Kräme und Römerberg bis zur St. Bartholomäuskirche. Der Zug drängte sich dabei durch ein Spalier der Bürgerwehr sowie einer unüberschaubaren Menschenmenge und kam nur im Schritttempo voran. Der zukünftige Kaiser saß inmitten der Menge abgeschirmt in einem tonnenschweren von sechs Pferden gezogenen Imperialwagen. Als erste Handlung nach seiner Ankunft leistete Joseph II. in der Wahlkapelle des Doms den persönlichen Eid auf die Wahlkapitulation. Anschließend begaben sich Franz I. und Joseph II. unter Glockenläuten, Salut-

Krönung Josephs II. 1764: Der Krönungszug auf dem Römerberg. Gemälde aus dem Atelier Martin van Meytens d. J. (Johann Dallinger von Dalling u. a.) um 1765

Die Krönung Josephs II. im Bartholomäusdom 1764. Gemälde aus dem Atelier Martin van Meytens d. J. (Johann Dallinger von Dalling u. a.) um 1765

schüssen und Jubel der Menge zum kaiserlichen Quartier, dem Kranichhof am Rossmarkt.[240]

Als Krönungstag war der 3. April 1764 festgelegt worden. Er verlief annähernd nach der in der Goldenen Bulle mehr als vierhundert Jahre zuvor skizzierten Zeremonie. Für die Krönung waren die in Nürnberg und Aachen aufbewahrten Reichsinsignien in die St. Bartholomäuskirche überführt worden.[241] Der Tag begann frühmorgens um sechs mit dem Läuten der Sturmglocke. Die Bürgerwehr bildete vom Kranichhof bis zum Dom einen Kordon. Unter ihrem Schutz verließen Franz I. und Joseph II. unter beständigem Geläute der Kirchenglocken nach elf Uhr ihr Quartier und passierten gegen zwölf Uhr den Römerberg. Sie ritten inmitten eines prächtigen Zuges, der von den sechs Wahlbotschaftern der weltlichen Kurfürsten angeführt wurde. Ihnen folgten die Inhaber der Reichserbämter. Anschließend kamen der Erbschatzmeister mit der Reichskrone, der Erbtruchsess mit dem kaiserlichen Hausreichsapfel und der Erbkämmerer mit dem Hauszepter, gefolgt vom Erbschenk sowie dem Erbmarschall mit geschultertem Reichsschwert. Unter einem von zehn Frankfurter Ratsherren getragenen Baldachin ritt auf einem Schimmel Kaiser Franz I. im kaiserlichen Privatornat und mit der Krone Rudolfs II. geschmückt. Dahinter kam Joseph II., noch als Erzherzog gekleidet. Die Bürger hatten sich auf dieses Ereignis in ihrer Art vorbereitet. Tage zuvor enthielten die „Franckfurter Frag- und Anzeigungs-Nachrichten" zahlreiche Angebote über Plätze, von denen aus das Spektakel gut eingesehen werden könne. So hieß es etwa in der Ausgabe vom 31. März: „Mitten auf dem Römerberg sind 2 Fenster, aus denen man die Sollennitaeten auf den Croenungs-Tag ungemein schoen sehen kann, zu verlehnen.“ [242]

Nach der mehrstündigen Krönungsmesse in der St. Bartholomäuskirche näherte sich die Zeremonie mit der Salbung Josephs II. ihrem Höhepunkt. In der Wahlkapelle mit den Krönungsgewändern eingekleidet, trat der Thronfolger vor den Altar in der Mitte des Doms. Hier bekam er erst vom Mainzer Kurfürsten Reichsapfel und Zepter überreicht, daraufhin legte ihm der kurbrandenburgische Wahlbotschafter den Krönungsmantel um die Schultern. Gemeinsam krönten sodann die Erzbischöfe von Mainz, Köln und Trier Joseph II. mit der Reichskrone zum Kaiser. Auf dem Gemälde von Meytens ist diese Szene dargestellt. Hier beobachten die sechs direkt unter Joseph II. stehenden Wahlbotschafter sowie Mainzer Domherren, Weihbischöfe und Äbte der Erzdiözese Mainz den Krönungsakt aus nächster Nähe. Vor dem kaiserlichen Thron liegen auf dem Insignientisch zudem noch die Stephansbursa, der Säbel Karls des Großen sowie

Der Ritterschlag nach der Krönung Josephs II. 1764. Gemälde aus dem Atelier Martin van Meytens d. J. (Johann Dallinger von Dalling u. a.) um 1765

das Reichsevangeliar, auf das Joseph II. nach dem Aufsetzen der Reichskrone den Krönungseid leistete.[243]

Gegen Ende der Krönungsmesse erfolgte die Inthronisation Josephs II. auf einer im südlichen Querhaus der St. Bartholomäuskirche errichteten Proklamationsbühne. Hier schritt Joseph II. unter anhaltendem Glockengeläut zu seiner ersten Amtshandlung. Er schlug 84 auserwählte Kandidaten zu Rittern. Im Anschluss an die Krönungsmesse zogen Franz I. und Joseph II. in einer Prozession zu Fuß über einen Holzsteg vom Dom zum Rathaus, um das im großen Römer-Saal angerichtete Krönungsmahl einzunehmen.[244] Goethe konnte den Einzug der beiden Monarchen in den Römer direkt miterleben. Auf ihn machte der mit dem Krönungsornat beladene neue König keine gute Figur. Despektierlich schrieb der angesehene Dichter später aus der Erinnerung: „Der junge König hingegen schleppte sich in den ungeheuren Gewandstücken mit den Kleinodien Karls des Großen, wie in einer Verkleidung, einher."[245] Die Beobachtung trog nicht. Sie hatte einen speziellen Grund. Denn dem frisch gekrönten König war nicht nach Feiern zumute. Er hatte den Tod seiner Ehefrau Isabella von Parma, die im November 1763 nach einer Fehlgeburt gestorben war, immer noch nicht verwunden.[246]

Vom Römersaal aus beobachteten Franz I. und Joseph II. nach ihrem Einzug zuerst die Ausübung der Erzämter und die Preisgabe der hölzernen Aufbauten, des gebratenen Ochsens, des Weins, des Hafers und der Münzen an das auf dem Römerberg versammelte Volk. Während sich Wahl und Krönung hinter den verschlossenen Kirchtüren des Doms vollzogen, gewannen die Feierlichkeiten auf dem Römerberg und dem Rossmarkt immer mehr Volksfestcharakter. Auf das immer näher rückende Großereignis hatten der kurfürstliche Wahltag und der Frankfurter Rat mit zunehmender Nervosität reagiert. Die größten Sorgen bereitete der geordnete Ablauf bei der Verrichtung der Erzämter und dem anschließenden „Preismachen", das heißt dem Abriss der hölzernen Aufbauten und der Verteilung des gebratenen Ochsen auf dem Römerberg. Nachdem der Rat bereits am 17. März 1764 das Tragen von Waffen unter Strafe gestellt hatte, appellierte er immer wieder an die Bevölkerung, sich beim Einzug der Monarchen vor allem still zu verhalten. Die Nervosität hatte ihren Grund. Bei dem „Preismachen" war es immer wieder zu großen Tumulten gekommen. Deshalb waren zur Sicherung des Römerbergs drei Kompanien der bürgerlichen Kavallerie und 300 Soldaten der Stadtgarnison aufmarschiert. Dennoch eskalierten auch diesmal die Auseinandersetzungen zwischen Metzgergesellen und Weinschrötern. Das Bürgermilitär schoss in die Menge, die Frau eines Schiebkärchers wurde dabei tödlich getroffen. Das tragische Ereignis blieb den Monarchen verborgen. Joseph II. zeigte sich nur von den Menschenmassen auf dem Römerberg beeindruckt: „Der Blick auf den Platz vor dem Römer, voll mit Menschen, war eine einmalige Sache."[247]

Das Krönungsmahl im Kaisersaal nach der Krönung Josephs II. 1764. Gemälde aus dem Atelier Martin van Meytens d. J. (Johann Dallinger von Dalling u. a.) um 1765

Danach wandten sich beide Könige dem Krönungsmahl zu. Sie saßen dabei auf einer Bühne vor der Fensterfront des Römersaals. Vor ihnen war eine reich gedeckte Tafel aufgebaut. Auf dem Gemälde von Meytens stehen die drei geistlichen Kurfürsten vor der kaiserlichen Tafel. Sie waren bereit, das Bankett mit einem Tischgebet zu eröffnen. Das Gemälde offenbart trotz allen Prunks, der zur Schau gestellt wurde, ein großes Manko der Königswahlen in der zweiten Hälfte des 18. Jahrhunderts. Obwohl nur die Erzbischöfe zu Mainz, Köln und Trier an dem Krönungsmahl teilnahmen, war für alle neun Kurfürsten unter Baldachinen an den Längswänden und vor der kaiserlichen Bühne in der Mitte des Saals gedeckt worden. Aber die Plätze der weltlichen Kurfürsten blieben leer. Sie nahmen nicht an dem Mahl teil. Der Aufwand konnte nicht darüber hinwegtäuschen, dass dem Gewählten nicht die Ehre entgegengebracht wurde, die ihm eigentlich gebührt hätte. Dem jungen Goethe war dies nicht verborgen geblieben. Mit Hilfe eines kurpfälzischen Hausoffizianten hatte er sich unter die zum Servieren des Krönungsmahls auserwählten Grafen gemischt und die Feierlichkeit kritisch beobachtet. So „ließen", schrieb er später nach dem Untergang des Reiches im Jahre 1806, „die zwar prächtig aufgeputzten aber herrenleeren Büffette und Tische der sämtlichen weltlichen Kurfürsten an das Missverhältnis denken, welches zwischen ihnen und dem Reichsoberhaupt durch Jahrhunderte allmählich entstanden war."[248] Der Umstand zeigt, dass sich das Reich damals bereits im Niedergang befand. Das vom Dualismus zwischen Österreich und Preußen überlagerte Hl. Römische Reich Deutscher Nation hatte um 1764 an politischer Bedeutung verloren. Insofern hatte das ganze Zeremoniell für Frankfurt vor allem als Spektakel Bedeutung. Nach dem mehrstündigen Krönungsmahl zogen sich Franz I. und Joseph II. gegen Abend in das kaiserliche Quartier am Rossmarkt zurück.[249]

Damit war das Fest allerdings noch nicht zu Ende. Viele Häuser wurden nach einbrechender Dunkelheit festlich beleuchtet. Aber es war nicht die kaiserliche Herberge, die alle Blicke auf sich zog. Für Johann Wolfgang Goethe zählte die Illumination des am Rossmarkt neben der Katharinenkirche gelegenen kurpfälzischen Quartiers zu den Hauptattraktionen des Krönungsfestes. Der Kurfürst war zwar dem Mahl ferngeblieben, sein Haus, das den Wahlbotschafter Baron Zettwitz beherbergte, überstrahlte am Abend jedoch alle anderen.

Die Zeit der Wahlvorbereitungen und der Krönungsfeiern bildete nicht nur ein politisches, sondern auch ein von Bällen, Opern- und Theateraufführungen begleitetes gesellschaftliches Ereignis. Als Vorankündigung des Zeitalters von Humanität und Aufklärung durften auch die Bewohner der Judengasse den Krönungsfeierlichkeiten beiwohnen.[250] Am 10. April 1764 verließ der kaiserliche Hofstaat Frankfurt am Main wieder. Zum Abschied schrieb die Ober-Post-Amts-Zeitung: „Seit vorgestern verschwindet nun der einige Wochen her unbeschreiblich grose Glanz der hiesigen Stadt. Sie war nur auf kurze Zeit der Mittel-Punct, um den sich Deutschland drehet, und das hier gleichsam ganz zusammengeflossen gewesene deutsche Reich vertheilet sich wieder in seine gewoehnlichen Sitze."[251]

3.4 Der Niedergang des Wahl- und Krönungszeremoniells

Johann Wolfgang Goethe hat in seiner Beschreibung das Wahl- und Krönungszeremoniell als „abgelebtes Welttheater" eingeschätzt.[252] Sicher, der Bericht erschien erst rund 40 Jahre später, nach dem Ende des Reichs, in seinen vorgezogenen Lebenserinnerungen und zudem unter dem Titel „Dichtung und Wahrheit". Dennoch ist die Einschätzung durchaus zutreffend. Der Verfall der Würde, insbesondere der unverhüllte Affront der weltlichen Kurfürsten, keine Zeit für diesen zentralen politischen Akt zu haben, deutet unmissverständlich auf den wachsenden Schwund an Bedeutung.

Den beiden letzten Wahlen, nämlich denen von Leopold II. und Franz II., kommen im Zusammenhang mit den Reichsreformbestrebungen, die in der Endzeit des Alten Reichs noch einmal eine Konjunktur erlebten, eine gewisse Bedeutung zu. Die Beratungen über die Kapitulation Leopolds II., die im Diarium sehr ausführlich dargestellt wurde, fanden vor dem Hintergrund einer politisch bewegten Szenerie statt, deren Akteure jedoch nicht im Reich angesiedelt waren, sondern im fernen Frankreich. Von dort aus sollte in den folgenden Jahren auch das Schicksal des Reichs entschieden werden. Insofern spiegelt sich in den beiden Verhandlungen vor der Wahl zwar eine intensive Diskussion um die Reformierbarkeit der Reichsverfassung, für den Werdegang des Reichs waren sie allerdings ohne Belang.[253] Das wussten die Beteiligten. Das Reich wurde seit langem nicht mehr vom Kaiser, sondern vom Dualismus der Herrscherhäuser Habsburg und Hohenzollern geprägt. Das Wissen um den Verlust der kaiserlichen Macht schlug sich am Ende des 18. Jahrhunderts dann auch in einem deutlichen Schwund an protokollarischem Aufwand nieder. Waren die Diarien von Karl VII. oder von Joseph II. noch sehr aufwendig gestaltet, so erschien zur Wahl und Krönung des letzten Kaisers, Franz II., zwar ebenfalls ein „Diarium", allerdings nicht mehr in der gewohnten Form eines aufwendig gestalteten Folianten, sondern als relativ knapper Bericht in Form eines „Tage-Buchs", das auch neue Akzente setzte. So befand sich darin eine „Rede welche an Ihro K. Maj. von 3 Herren Capitains im Namen der Burgerschaft gehalten worden", und auch über die Huldigung der Judengemeinde wurde berichtet.[254] Offensichtlich standen, wie Barbara Dörlemeyer hervorhob, die äußeren Bedrohungen infolge der Ereignisse in Frankreich, die die Zeremonien verkürzt und vereinfacht hatten, ebenso wie das wohl absehbare Ende des Reichs einer umfangreichen Publikation entgegen.[255]

In der Tat, die Erosion des Reiches schritt mit den Revolutionskriegen zügig voran, zumal der Ausbruch der Französischen Revolution das Heilige Römische Reich mitten im personellen Umbruch traf. Friedrich der Große war drei Jahre zuvor im Jahr 1786 gestorben und die nachfolgende preußische Administration hatte ihren Platz in der Reichspolitik noch nicht gefunden. Kaiser Joseph II. starb acht Monate nach dem Ausbruch der Revolution im Februar 1790.[256] Seine beiden Nachfolger konnten den verlorenen Kredit nicht zurückgewinnen – Leopold II. nicht, weil er zu kurz regierte, und Franz II. nicht, weil er unter dem Eindruck der großen Umwälzungen in Frankreich stand und ihm zudem jedes tiefere Verständnis für die Verfassungsbalance im Reich fehlte.[257]

Aber es waren nicht nur die Ereignisse in Frankreich, die Einfluss auf den Wahl- und Krönungsakt hatten und dem Zeremoniell den Glanz nahmen, von dem Frankfurt über die Jahrhunderte hinweg sehr profitiert hatte. Der Niedergang des Reichs in dieser Zeit hatte tiefere Ursachen. Es gab eine ganze Reihe von Schwächen im Reichsaufbau, die sich langfristig zersetzend auf die Stellung des Kaisers ausgewirkt hatten, und zwar lange bevor das Kröungsspektakel zum „abgelebten Welttheater“ verkam.

Große Auswirkungen hatte hier zweifelsohne die fortgesetzte Staatsbildung in den Territorien. Schon im Mittelalter waren Lehen erblich geworden, das Reichsgut gelangte in den Besitz der Territorialherren, deren Rechte und Privilegien immer weiter ausgebaut wurden. Die Bindungen der Territorialuntertanen an die Reichsspitze wurden daher immer schwächer.[258] Es gab durchaus Versuche, etwa von Kaiser Karl V. und Kaiser Ferdinand II., diese Entwicklung aufzuhalten. Doch scheiterten diese. Als besonders nachteilig erwies es sich dabei, dass es die Kaiser selbst waren, die als Territorialherren selbst auch die Aushöhlung der Reichsgewalt gegenüber der Territorialgewalt betrieben. Sie gaben damit ein schlechtes Vorbild. Dieser Prozess setzte bereits bei der Niederschrift der Goldenen Bulle ein, deren Anlass unter anderem eine sehr weitreichende Privilegierung des Königs von Böhmen war, die Kaiser Karl IV. zum Nutzen seiner Dynastie vornahm. Die Habsburger brachen durchaus nicht mit dieser Entwicklung und das hatte Konsequenzen. Mit dem Aufstieg der Territorialfürsten nahm auch der Unwillen zu, das Reich als bewaffnete Ordnungsmacht zu finanzieren. Im Zeitalter des Deutschen Dualismus wurde die Wehrhaftigkeit des Reiches immer weiter zerrieben. Es war nur ein Phänomen unter vielen, als nach der Niederlage am Beginn des Siebenjährigen Krieges – was unter anderem die Besetzung Frankfurts durch die Franzosen zur Folge hatte – Kurbrandenburg und Kurhannover die militärischen Reorganisationsbemühungen auf Reichsebene hintertrieben, weil sie der österreichischen Kaisermacht einen Erfolg nicht gönnten. Dem Reich fehlte es aufgrund der Schwäche seiner zentralen Instanzen an Modernisierungsmöglichkeiten. Die Reichsgerichte zementierten das Überkommene, für die Juristen in den Senaten und auf den Lehrstühlen der rechtswissenschaftlichen Fakultäten war Ordnung eine immerwährende, keine dynamische Kategorie.[259] Über allem schwebte zudem der Konfessionskonflikt. Johannes Arndt hat darauf hingewiesen, wie sehr die Fortdauer der konfessionellen Spaltung auf Reichsebene zu einer kuriosen Lagerbildung mit Kommunikationsbarrieren und wechselseitigen Verdächtigungen führte. Von der katholischen Seite wurde mit einer fortgesetzten Säkularisierung von Kirchengut gerechnet, wenn die protestantische Seite die Oberhand gewinnen würde. Die Protestanten wiederum fürchteten sich vor einer Rekatholisierung des Reiches, wozu es in einzelnen Territorien ja auch kam.[260]

Trotz all dieser Tendenzen und Gegensätze gab es eine ausgedehnte Diskussion um die Reichsreform. Noch Georg Friedrich Wilhelm Hegel hat sich in seiner Frankfurter Zeit als Hauslehrer in den Jahren um 1800 daran beteiligt, bevor er in einem Déja-vue-Erlebnis den Weltgeist in Berlin einreiten sah.[261] Von dieser Debatte sind nur Bruchstücke tatsächlich in rechtliche Formen gegossen und in Kraft gesetzt worden. Allerdings nicht auf der Ebene des Reichs, sondern in den Territorien. Fürstliche Autokraten setzten zunächst in Brandenburg-Preußen unter dem Großen Kurfürsten und besonders unter Friedrich Wilhelm I. Reformen durch und schließlich auch Joseph II. in seinen Stammlanden, aber eben nicht im Reich.[262]

In Frankfurt waren die beiden letzten Kaiserwahlen zwar nicht mehr die Sonne, von der sich die Bevölkerung der Stadt wie bei den Kaiserkrönungen zuvor für eine kurze Zeit wärmen ließ, aber ein Hoffnungsschimmer, dass die alten Zustände, mit denen die städtische Gesellschaft so gut zurecht kam, doch noch die anbrechende Zeit der Umstürze überstehen könnten. Durchreisende Fremde wunderten sich über die Anhänglichkeit der Frankfurter an den Kaiser. So vertraute der Schwede Frans Michael Franzén seinem Tagebuch bei der Durchreise an: „Frankfurt scheint für den Kaiser viel Aufhebens zu machen, darüber die weitaus größere Ehre vergessend, eine freie Reichsstadt zu sein. (...) Der kaiserliche Festsaal sah ziemlich einem Stall ähnlich, wo barbarische Kaiserköpfe, jeder in seiner Krippe, standen. Es roch im Gang und in der Stiege viel widerlicher als in einem Stall.“[263] Doch die Hoffnung auf den Kaiser bereitete die Revolutionsarmee unter dem französischen General Adam Philipp Custine bereits ein Jahr nach der Wahl Franz II. ein rasches Ende. Der Umsturz in Europa hatte auch Frankfurt erreicht. Doch was bedeutete das für die Bürgergesellschaft der Stadt?

4. Das revolutionäre Frankreich und Frankfurt

4.1 Im Vorfeld der Revolution: Die neue Öffentlichkeit und die neuen „Bürgerlichen" – Zeitungen, Cafés, Theater und eine Freimaurerloge

Die Französische Revolution gilt gemeinhin als der Beginn großer Umwälzungen in Europa. Doch sie war bei weitem nicht der Beginn aller Erneuerungen. 13 Jahre zuvor hatten sich die Siedler der nordamerikanischen Kolonien des Britischen Empires erhoben und die Vereinigten Staaten von Amerika gegründet. Und überhaupt, die Französische Revolution selbst hatte in den sozialen und kulturellen Bewegungen der Aufklärung ein Vorfeld und dieses Vorfeld existierte in vielen europäischen Ländern und natürlich auch in der Welt der deutschen Klein- und Mittelstaaten. Aufklärung, Humanitätsideale und vor allem die Bildungsbewegung findet sich auch in Frankfurt – und sie hatte hier in nicht wenigen Fällen Modellcharakter für verschiedene Einrichtungen auf diesen Gebieten. Früh weiteten sich in der Handelsstadt die Räume für eine neue Öffentlichkeit – die bürgerliche Öffentlichkeit, das Glacis für die moderne bürgerliche Gesellschaft. In vielen Bereichen ging dieser Strukturwandel der Französischen Revolution voraus, wurde also nicht von ihr angestoßen. Zugleich ist bemerkenswert, dass sich dieses Element fern von einem staatlichen Attraktionszentrum entwickelte – was quer zu den Vermutungen von Jürgen Habermas und der neueren Bürgertumsforschung liegt. Bereits im 17. Jahrhundert entstand die von Habermas als Voraussetzung genannte literarische Öffentlichkeit. Frankfurt wurde Verlags- und Zeitungsstadt. Die Impulse hierfür gingen einerseits von der Messe aus, auf der auch das Bildungsgut Buch gehandelt wurde, und andererseits von der Thurn- und Taxisschen Post. Später erschien eine Fülle weiterer Zeitungen und Zeitschriften. Zum Teil hatten sie nur eine kurze Lebenszeit, aber immer wieder, insbesondere in politisch aufgewühlten Zeiten, kamen neue Periodika hinzu.[264]

Die Gründung der Ober-Post-Amts-Zeitung im Jahre 1615 legte zusammen mit dem ein Jahr zuvor von Egenolf (oder Egenolph) Emmel ins Leben gerufenen Frankfurter Journal nachhaltig die Grundlage für Frankfurts Aufstieg zur Zeitungsstadt. Die Ober-Post-Amts-Zeitung war eine der ersten wöchentlich erscheinenden deutschen Zeitungen überhaupt. Johannes von den Birghden füllte ihre Seiten mit den Tagesneuigkeiten, die ihm die Postillione und Postmeister von ihren ausgedehnten Kursen mitbrachten. Es gelang ihm nicht, das Frankfurter Journal beiseite zu schieben. Im Gegenteil, gerade das Frankfurter Journal galt um 1700 mit einer Auflage von 1500 Stück als eine europäische Zeitung.[265] Für über 200 Jahre blieben Ober-Post-Amts-Zeitung und das Journal wegen ihrer politischen Ausrichtung große Konkurrenten. War Erstere wegen der vom Kaiser privilegierten Familie Thurn und Taxis strikt katholisch und kaiserlich ausgerichtet, so orientierte sich die zweite Zeitung am aufstrebenden protestantischen Preußen. Dieser Dualismus im Frankfurter Zeitungswesen endete erst 1867 mit der Eingliederung Frankfurts in den preußischen Staat und der Schließung der Taxisschen Post in Frankfurt am Main. Doch zuvor hatte sich die Anzahl der Zeitungen erst einmal stark vermehrt. Im Jahre 1772 kam eine dritte große politische Zeitung – das Frankfurter Staats-Ristretto – hinzu, das zuletzt unter dem Titel „Zeitung der Freien Stadt Frankfurt" erschien. Ludwig Börne hatte es 1819 für sechs Monate redigiert und war dabei prompt mit der Zensur in Konflikt geraten, was zu seiner fristlosen Entlassung führte. Das Ristretto kam während der demokratischen Unruhen der 1830er Jahre in Bedrängnis und stellte 1831 sein Erscheinen ein. Mitten in den Auseinandersetzungen mit Frankreich im Gefolge der Französischen Revolution wurde 1794 das Journal de Francfort gegründet, das als vierte große Frankfurter Zeitung bis 1867 bestand.

Obschon die Frankfurter Blätter ansehnliche Auflagen erreichten – das Frankfurter Journal 10.000, die Ober-Post-Amts-Zeitung 15.000 – fielen sie in ihrer Bedeutung hinter andere Blättern zurück. Erst die Frankfurter Zeitung Leopold Sonnemanns, die in den 1850er Jahren gegründet wurde, erlangte dann wieder eine weit über Frankfurt hinausgehende Bedeutung. Trotz der scharfen Konkurrenz lohnte sich das Zeitungsgeschäft. Birghdens Nachfolger in der Leitung der Frankfurter Filiale kamen nicht zuletzt wegen der Postzeitung zu großem Wohlstand und hohem Ansehen. So wurde der Kaufmann Johann Wetzel geadelt, und sein Sohn Eugen Alexander Freiherr von Wetzel konnte sich nicht nur den Kauf mehrerer Güter zwischen Frankfurt und Friedberg leisten, sondern in Obermörlen bei Bad Nauheim sogar ein Schloss bauen lassen.[266]

Aber es gab nicht nur die Tageszeitungen. Auch Wochenzeitungen und Monatsjournale sind zu nennen, allen voran das Frankfurter Intelligenzblatt von 1722, das als „Wöchentliche Frankfurter Frag- und Anzeigungsnachrichten" gegründet worden war. In ihm wurden Bekanntmachungen und Berichte über Veranstaltungen, geschäftliche Angebote und Familienanzeigen gedruckt. Der Versuch Ludwig Börnes, der noch als Juda Löb Baruch in der Judengasse geboren worden war, mit seiner Zeitschrift „Die Wage" (1818–1821) in Frankfurt fortschrittliche Gesellschaftskritik zu etablieren, scheiterte allerdings. Die dreizehn erschienenen Hefte mit ihren Glossen, Aphorismen, Essays und Kritiken, namentlich des Theaters, verhalfen ihm jedoch zu großem literarischem Ruhm, und seitdem gilt er als Begründer des deutschen Feuilletons. Besonderes Interesse verdient auch eine 1837 in Frankfurt verlegte erste ökumenische Kirchenzeitung, von der allerdings nur knapp hundert Nummern erschienen, bis sie in Preußen verboten wurde. Die fundierten Beiträge namhafter Theologen und Kirchenpolitiker in der „Unparteiischen Universal-Kirchenzeitung" zielten auf eine engere christlich-jüdische Zusammenarbeit.[267] Die

Spannbreite der verlegten Periodika war groß und insgesamt kann Frankfurt als Verlags- und Zeitungsstadt also auf eine lange Tradition zurückblicken.

Neben den Zeitungen entstanden noch andere Formen der Öffentlichkeit, und das Angebot des außerhäuslichen Aufenthalts erweiterte sich um neue Elemente. Dazu gehörten nicht nur die Freimaurerloge, sondern auch die immer zahlreicher werdenden Kaffeehäuser. Bereits im Jahre 1689 wurde ein Frankfurter Kaffeehaus eröffnet, nur 17 Jahre nachdem in Hamburg das erste Kaffeehaus in Deutschland überhaupt gegründet worden war. Das Häuserverzeichnis von 1761 weist mehrere Häuser als Lokale für Kaffeehäuser aus und das Merkantilschema von 1771 listet bereits über ein Dutzend „Caffeewirte" auf.[268]

Im Zentrum der sich neu entwickelnden Öffentlichkeit aber stand das Theater. Sein für die Zeit mächtiger Bau kennzeichnet den Stellenwert, der am Ende des 18. Jahrhunderts der Bildung und Kultur beigemessen wurde. Theateraufführungen boten anfangs wandernde Schauspielergruppen, die in provisorischen Komödienhäusern spielten. Im Zusammenhang mit der schon erwähnten Besetzung der Stadt durch die Franzosen erlebten sie einen großen Aufschwung. Unter anderen diente in dieser Zeit der Bender von Bienenthalsche „Saalbau" im Junghof als mehr oder weniger regelmäßige Spielstätte. Dort erlebte der junge Wolfgang Goethe seine ersten Aufführungen. Nach dem Abzug der Franzosen wurde der Saal weiter für Konzert- und Theaterveranstaltungen genutzt, reichte jedoch bald nicht mehr aus; so gab es bereits in den siebziger Jahren Bestrebungen, ein eigenes festes Theatergebäude zu errichten, die allerdings von den drohenden Kriegsereignissen zeitweilig in den Hintergrund gedrängt worden waren.[269] Erst im Jahre 1776 konnte der Rat einen Kostenvoranschlag aufstellen und legte den kaiserlichen Behörden einen Plan zur Errichtung

Blick von Osten in den Junghof zum Theaterbau. Aquarell von Carl Theodor Reiffenstein, 1872

eines Theaters vor. Wenig später entstand zur Unterstützung der Idee ein „Verein zur Förderung der deutschen Bühnenkunst", an dem sich viele angesehene Bürger der Stadt beteiligten. Bis zur Grundsteinlegung vergingen jedoch noch vier Jahre, bevor in zweijähriger Bauzeit für 56.000 Gulden ein städtisches Theaterhaus fertig gestellt werden konnte.[270]

Der Innenraum des Theaters hatte 33 Logen und ein sehr großzügiges Parterre. Dagegen fehlte anfangs eine Heizung, weshalb die ersten Besucher im Winter unter der Kälte litten. Noch mehr störte allerdings die Verpachtung des Theaters an einen Mainzer Theaterdirektor, von dessen „Willkür" und kurmainzischen „Einflüssen" man nicht abhängig sein wollte.[271] Deshalb nutzten wohlhabende Frankfurter Kaufleute wie der Katholik Georg Franz Chamot oder die Reformierten Johann von Stockum und Abraham Chiron sowie der Lutheraner Simon Friedrich Küstner den Ablauf des Pachtvertrags im Jahre 1792 dazu, dem Rat eine Umwandlung des Theaters in eine Aktiengesellschaft vorzuschlagen. Dem Aufruf folgte eine genügende Anzahl von Bürgern der Stadt, die bereit waren, die notwendigen 30.000 bis 40.000 Gulden zum weiteren Unterhalt des Theaters aufzubringen.[272] Die Investition hatte sich gelohnt. So konnten etwa viel mehr von Schillers Stücken gespielt werden. So war am 21. Januar 1798 sein Don Carlos wieder auf dem Spielplan des Frankfurter Nationaltheaters erschienen. Am 30. Juni folgte seine Verschwörung des Fiesko zu Genua, was gut in die Zeit mit den sich anbahnenden großen Veränderungen passte. Allerdings bildeten diese Inszenierungen neben der Fülle von gefälligen Opern und belanglosen Schauspielen eher eine Ausnahme.[273]

Parallel zu diesen neuen Elementen der Öffentlichkeit sammelten sich städtische Bürger erstmals in Organisationen mit einem explizit überständischen und überkonfessionellen Anspruch – den Freimaurerlogen. Die Frankfurter Loge entstand nur fünf Jahre nach der ersten Logengründung auf deutschem Boden, der 1737 in Hamburg errichteten Loge „Absalom", und war für lange Zeit die einzige Frankfurter Loge. Andere Logen wie „Sokrates zur Standhaftigkeit" und die

Innenansicht des Schauspielhauses um 1785

jüdische Loge „Zur aufgehenden Morgenröte" folgten erst in den Jahren 1801 und 1808. Ursprünglich kam die Idee der Freimauerbewegung aus England. Im Jahre 1717 schlossen sich vier Londoner Logen zu einer Großloge zusammen, die seither als Mutterloge vieler regulärer Freimaurer angesehen wurde. Sie bildeten einen Dachverband, dem sich andere Logen anschließen konnten. Von London aus verbreitete sich die Idee bald über ganz Europa.[274] Über diese ganz anders als die Börsenvorsteher strukturierte Organisation vollzog sich eine zumindest informelle Beteiligung am Regiment der Stadt. Die frühe Gründung verdankt das städtische Bürgertum zu einem Teil einem historischen Zufall, denn als Wahl- und Krönungsstadt war Frankfurt für eine kurze Zeit die Residenzstadt des Heiligen Römischen Reichs Deutscher Nation, nachdem Maria Theresia den gewählten Wittelsbacher Karl VII. aus seiner bayerischen Residenz in München vertrieben und er in Frankfurt Zuflucht gefunden hatte. In seinem Gefolge befanden sich zahlreiche Hofbeamte und Gesandtschaftsmitglieder, und unter ihnen war wiederum eine Vielzahl von englischen und französischen Freimaurern. Aus dem Kreis der Gesandten Frankreichs, Preußens, Polens und Sachsens, die sich zur Wahl des Kaisers in Frankfurt aufhielten, und einigen führenden Repräsentanten des Frankfurter Handelsbürgertums wurde schließlich im Juni 1742 und in Anlehnung an das französische Freimaurerwesen die Loge „L'Union – Zur Einigkeit" gegründet.[275]

Anfangs entsprach die Loge deshalb in ihrer sozialen Zusammensetzung ziemlich genau der Sozialstruktur der damaligen Freimaurerbünde. In ihr organisierten sich hoher Adel oder adelige Offiziere und gehobene Bürgerliche, seien es nun Staatsbedienstete oder wohlhabende Kaufleute. Diese soziale Charakteristik wandelte sich allerdings mit der Abreise der Gesandtschaften im Jahre 1746. Von diesem Zeitpunkt an sank der Anteil des Adels rasch ab. Am Ende des 18. Jahrhunderts dominierten in der Loge neben einigen höheren Beamten das Frankfurter Handelsbürgertum, Bankiers und Großkaufleute, und unter ihnen insbesondere die zugewanderten Familien reformierter und katholischer Konfession. Die Reformierten – Familien wie du Fay, Gogel, Gontard, Leerse, Passavant, Stockum oder Ziegler – hatten bereits bei der Gründung eine entscheidende Rolle gespielt. Zur Loge gehörten aber auch – teilweise bereits seit den sechziger Jahren des 18. Jahrhunderts – angesehene katholische Bürger der Familien Guaita, Fuchs und Schweitzer. In einem Bericht aus späterer Zeit heißt es zu den Mitgliedern: „Der größte Teil von den hiesigen Brüdern gehört zu den angesehensten Familien und nach der damaligen Verfassung zu der ersten Bürgerklasse. Die meisten waren aus dem Handelsstande und hatten eine gute sittliche, moralische, bürgerliche Bildung erhalten."[276]

Ein Beispiel für ein derartiges Mitglied ist der Verleger und Buchhändler Johann Carl Brönner, der Sohn von Heinrich Ludwig Brönner. Nachdem er 1759 in Lyon in der Loge „Des amis parfaits" aufgenommen worden war, trat er im Dezember 1763 der Loge „Zur Einigkeit“ bei. Sein Wirken war beachtlich. Zwischen 1768 und 1780 war er Meister vom Stuhl und stand dem auf Betreiben der Loge 1783 gegründeten „Ekklektischen Bund“ verschiedener Freimaurerlogen von 1792 an bis zu seinem Tod vor. Seit 1793 Mitglied des Rats der Stadt und auch später in den politischen Gremien des Großherzogtums aktiv, engagierte er sich besonders stark bei der Verwaltung der städtischen Stiftungen.[277] Handelsmänner wie er schufen sich in der Loge eine ihrer Lebensform entsprechende Organisation mit einem allgemeinen humanistischen Anspruch. In Abgrenzung zu den patrizischen Gesellschaften bestanden hier keine konfessionellen Schranken, zumindest nicht in Bezug auf die christlichen Religionen. Dies ermöglichte es den Familien der Zuwanderer beizutreten. Damit änderte sich der Charakter der Loge, die nun dem informellen Austausch innerhalb des wohlhabenden städtischen Bürgertums diente und sich zu einem festen Bestandteil des Organisationsnetzes der bürgerlichen Gesellschaft entwickelte. Aber es ging nicht nur um informellen Austausch. Es ging um weit mehr. Bürger bemühten sich um eine Neuinterpretation der Welt, um Aufklärung und Wissenschaft.

4.2 Frankfurter Bürger schaffen etwas Neues: Kunst- und Wissenschaftsstiftungen

Im Zeichen der skizzierten neuen Öffentlichkeit erfuhr auch das Frankfurter Stiftungswesen der Stadt in der zweiten Hälfte des 18. Jahrhunderts eine wesentliche Erweiterung. Stiftungen waren immer ein Teil der Selbstorganisation der bürgerlichen Gesellschaft. Wer stiftete, beabsichtigte etwas, gab seine Ideen und seinen Besitz zum gemeinen Wohl und bestimmte in der Stiftung, dass sein Wille auch nach seinem Tod für eine unbestimmte Zukunft allein maßgebend sein sollte. Nicht zuletzt soll die Stiftung an den Toten und seine Handlungen erinnern, weshalb viele Stiftungen nach ihren Gründern benannt sind.[278]

Stiften ist ein altes Wort für gründen, erbauen, einrichten, schenken, auch anspornen und durchsetzen. Im Unterschied zu den religiös motivierten mittelalterlichen Stiftungen, in denen der Kirche meist Grundbesitz übereignet wurde, bildete sich in der Frühen Neuzeit die Kapitalstiftung heraus, die eine entwickelte bürgerliche Gesellschaft, freie und nicht zuletzt wohlhabende Bürger erforderte. Die Motivationen für Stiftungen wurden säkularisiert, verwoben sich vielfach mit aufklärerischen Gedanken, und spätestens im letzten Drittel des 18. Jahrhunderts wurden die Stiftungen Teil der aufgeklärten bürgerlichen Bildungsbewegung. Damit trat zu ihrer langen Tradition ein neues Element hinzu und machte sie zu einem Teil der sich entfaltenden bürgerlichen Öffentlichkeit. Das Instrument der Stiftung erschien nun immer mehr als eine Möglichkeit, den in der Gesellschaft und mit der Gemeinschaft der Bürger erworbenen Besitz wieder zweckgebunden an diese zurückzuführen, um mit diesem Akt die allgemeinen bürgerlichen Verhältnisse zu verbessern und natürlich auch um den eigenen Namen in der Erinnerung der Nachgeborenen zu erhalten.[279] Dafür finden sich in Frankfurt zahlreiche Beispiele. Es gab in diesem Sinne zahlreiche Armenstiftungen wie die Almosenkästen der verschiedenen konfessionellen Milieus. Auch wurden eigenständige Stiftungen gegründet, aus denen ganze Krankenanstalten wie das Hospital zum Heiligen Geist, das Rochushospital und die Anstalt für Irre und Epileptiker, Waisenhäuser und Versorgungshäuser für alte Frauen und Männer wie das Cronstetten Stift, das Sondershausensche Stift oder die Brönnersche Versorgungsanstalt entstanden.[280] Die angedeutete neue Tendenz zeigte sich jedoch nicht dort, sondern in der Frankfurter „Dr. Senckenbergischen Stiftung" von 1763. Sie war für ihre Zeit ungewöhnlich und stand als erste am Anfang einer Entwicklung, die weit über Frankfurt hinaus Wirkung zeigen sollte.

Johann Christian Senckenberg, 1707 in Frankfurt geboren, erfuhr wie sein Vater eine Ausbildung zum Arzt, was unter anderem durch ein im 17. Jahrhundert gestiftetes Stipendium ermöglicht wurde. 1742 trat er als Physicus in den Dienst der Stadt, betraut mit der Prüfung der Zeugnisse zuziehender Ärzte, der Einhaltung der Medizinalordnung und der Abnahme der Examen von Chirurgen, Hebammen und Apothekern. Er hatte zudem die Apotheken zu beaufsichtigen, Gutachten für Gerichte zu schreiben, „Legal-Sektionen" durchzuführen und die Strafgefangenen ärztlich zu betreuen; er hatte, kurz gesagt, einen tiefen Einblick in die Gesundheitsfürsorge der Stadt,

Johann Christian Senckenberg (1707–1772). Gemälde von Anton Wilhelm Tischbein, 1772

insbesondere in ihre Lücken.[281] Selbst wohlhabend durch seine erfolgreiche ärztliche Praxis, seine sparsame Lebensführung und durch die Hinterlassenschaften seines Vaters sowie zweier seiner drei jeweils früh verstorbenen Ehefrauen beschloss er die Gründung einer großen Stiftung, um die notwendigen Verbesserungen des Gesundheitswesens eigenhändig in die Tat umzusetzen: „Heute, am Sonntag den 10. November 1746 abends 7 Uhr habe ich im Hause meines Collegen Le Cerf zum allerersten Male mit diesem von meiner Stiftung gesprochen, die den Aerzten mein Haus mit allen ärztlichen Einrichtungen und einer bestimmten Summe Geldes übereignen soll, mit dem Ziele einer Hebung des Medizinalwesens in meiner Vaterstadt."[282] Neben der Krankenfürsorge, der Errichtung eines Bürger-Hospitals mit Geburtsklinik, Findel- und „Pfründnerhaus" sollte sein Vermögen für die Verbesserung der Heilkunst eingesetzt werden. Dafür sah er den größten Teil seines Stiftungskapitals vor. Sein Anliegen war die Förderung der medizinischen Wissenschaften, allgemeiner noch der Naturwissenschaften – und das war neu.

Hier verband sich an einem konkreten Punkt traditionales, genossenschaftliches Denken der Stadtbürger mit den Zielen der Aufklärung. Die Initiative zu großen, gemeinwohlorientierten Unternehmungen auf den Gebieten der Kunst und Wissenschaften lag damals in der Luft. Stiftungen wirkten dann auch bald als ein erster Rückhalt für die umfassende Bildungs- und Kulturbewegung, die in den folgenden Jahrzehnten die über Jahrhunderte aufgetürmten ständischen Abgrenzungen, die beruflichen, konfessionellen und sozialen Separierungen, Schicht für Schicht abtragen sollte. Senckenberg hatte im Jahre 1753, während dessen nicht ganz freiwilligen Aufenthalts in Frankfurt, sogar Gelegenheit mit Voltaire, einem der wichtigsten Persönlichkeiten der europäischen Aufklärung, zu sprechen. Die Unterredung scheint keinen allzu befriedigenden Verlauf genommen zu haben: „Ich habe mit Narren nicht gern zu tun. Dieser ist ein gelehrter Narr, ich aber will nur mit weisen Leuten zu tun haben", meinte Senckenberg. Voltaire hatte umgekehrt ebenfalls keine allzu gute Meinung von den Frankfurter Bürgern.[283] Dennoch, wenn Senckenberg auch im Einzelnen den Nutzen der Aufklärung bestritt und darin nur „Libertinismus, Unbändigkeit in allen Lastern (und) Verachtung der Gesetze" erblickte, war er doch Teil dieser Bewegung.[284]

Die Stiftungsurkunde von 1763 erwähnt die Einrichtung eines anatomischen Instituts, Stipendien für medizinische Studien, den Aufbau einer Fachbibliothek und ärztliche wie naturwissenschaftliche Sammlungen. Es sollte ein chemisches Laboratorium eingerichtet und ein botanischer Garten angelegt werden. Nutznießer der Stiftung wurde ein zwölfköpfiges „Collegium Medicum", das sich durch Vorträge und gegenseitigen Erfahrungsaustausch weiterbilden sollte. 1763 ließ Senckenberg die Stiftungsdokumente vom Rat genehmigen. Kurz darauf änderte er die Statuten jedoch wieder, um das Stiftungskapital vor dem Zugriff der Obrigkeit zu bewahren: „Meine Stiftung", bestimmte er, „soll allseits separat bleiben und niemals vermengt

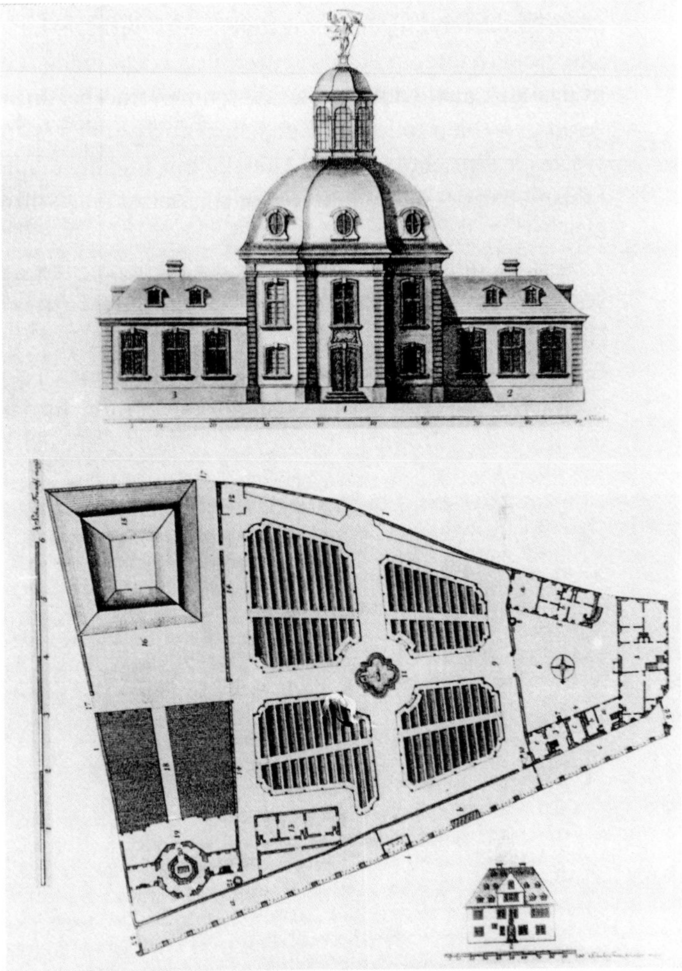

Das „Theatrum anatomicum" von Johann Christian Senckenberg. Zeichnung von J. H. Baeumerthaus um 1770

mit Stadtsachen."[285] Deshalb legte er die Stiftung in die Hände einer Administration, die aus dem Vorsitzenden des Bürgerausschusses der 51er, vier Ärzten und vier weiteren angesehenen Bürgern bestehen sollte.

Die Administratoren verwalteten eine komplexe Anlage, deren Fundamente Senckenberg noch selbst gelegt hatte. 1766 kaufte er ein Grundstück in der Nähe des Eschenheimer Tores, nutzte das Haus als Stiftshaus für seine Bibliothek und Sammlungen und richtete wie beabsichtigt ein chemisches Laboratorium ein. Er selbst ließ einen botanischen Garten mit einem Gewächshaus anlegen. 1768 folgte der Bau des anatomischen Theaters und 1771 begannen die Arbeiten am Bau des Hospitals. „Mitten in seinem Planen und Schaffen stürzte er 1772 vom Baugerüst zu Tode und wurde als erster in seiner eigenen Anatomie seziert."[286] Die Dr. Senckenbergische Stiftung selbst überlebte seinen Absturz. Privat angehäuftes Kapital floss wieder in den Schoß der Gesellschaft zurück. Mit ihr war zugleich ein Ort entstanden, an dem Fortbildungsvorträge für eine breitere Öffentlichkeit gehalten wurden, und damit reihte sich die Stiftung in einer besonderen Beziehung in den allgemeinen Strukturwandel der Öffentlichkeit ein. Das Beispiel Senckenberg machte Schule. In seine Fußstapfen trat zum Beispiel der Buchhändler, Senator, Logenbruder und das Mitglied der Senckenbergischen Administration Johann Karl Brönner, der bis 1812 insgesamt 100.000 Gulden stiftete, und zwar zu dem Zwecke,

„daß von deren Zinsen wenigstens sechs ehrbare, bedürftige, nicht unter 60 Jahre alte, unbeweibte, in Frankfurt verbürgerte Männer, die auch Wittwer sein können, in das Stift als Pfründner aufgenommen und bis an ihr Lebensende erhalten und versorgt werden sollen."[287] Der Senckenbergischen Stiftung ermöglichte er auf diese Weise die Einrichtung eines Altersheims, und der Stadt lieferte er das Anfangskapital zum Bau der Stadtbibliothek, die ja selbst eine Stiftung aus dem 14. Jahrhundert war.[288]

Ein weiterer neuer Stiftungszweck, die Förderung der Kunst, weckte an der Wende zum 19. Jahrhundert das Interesse der Stifter. Immer mehr wohlhabende Handelsbürgerfamilien bekundeten mit umfangreichen Gemäldesammlungen und Bibliotheken ihr Interesse für Kunst und demonstrierten damit, dass im Leben des Besitzers noch andere Dinge eine Rolle spielten als das „Comptoir".[289] Auch daran beteiligte sich Brönner, indem er der Museumsgesellschaft seine Kunstsammlung

Gemäldekabinett und Bibliothek im Haus des Kaufmanns Jean Noë Gogel. Gemälde von Christian Stöcklin und Johann Daniel Bager

mit 10.000 Kupferstichen vermachte. Aus dieser Sammlung ging später über einige Zwischenstationen die Städtische Galerie hervor.[290] Kunstsammlungen standen am Ende des 19. Jahrhunderts und in den folgenden Jahrzehnten hoch im Kurs; sie unterstrichen den guten Ruf der vornehmen Familien. Bekannt wurden damals die Sammlungen der Familien Brentano, Guaita, Gogel und der Gontards, aber auch der damals noch nicht so bekannten Rothschilds ebenso wie die der Metzlers oder Du Fay. Einen großen Ruf genoss auch die Privatsammlung des Bankiers Simon Moritz von Bethmann. Sie bestand aus Gipsabgüssen vorzüglich erhaltener Skulpturen der Antike und des Barocks, die Stück für Stück durch zeitgenössische Originalwerke ergänzt wurde. Darunter befanden sich neben Büsten von Marc Aurel, Brutus, Euripides, Niobe und Homer etwa die Diana von Versailles, die Mediceische Venus, der Apollo von Belvedere, die Gruppe des Laokoon und der Borghesische Fechter. Von den zeitgenössischen Stücken sind die Schillerbüste des württembergischen Hofbildhauers Johann Heinrich Dannecker oder der Einzug Alexanders des Großen in Babylon des dänischen Bildhauers Bertel Thorwaldsen zu erwähnen. Am berühmtesten wurde jedoch die nach klassizistischem Vorbild angefertigte Statue Ariadne auf dem Panther, die Bethmann nach einem Besuch bei Dannecker in Auftrag gab. Der Bankier beließ es aber nicht bei der Pflege und dem Ausbau seiner Sammlung. Er ließ in dem Garten seiner Villa am Friedberger Tor ein kleines Museum bauen, das er dem Publikum zugänglich machte. Mit dem Erwerb der Ariadne sollte dieses Museum noch ausgebaut werden. Dannecker hatte ihm fertige Pläne eines antikisierenden Rundtempels mitgegeben – ein spezielles Ariadneum. Wenn sich auch dessen Bau um Jahrzehnte verzögerte, so erfreute sich das Museum selbst großer Beliebtheit und entwickelte sich zu einem Magneten, der nicht nur die Frankfurter anzog, sondern, wie Edita Sterik schreibt, Touristenströme aus ganz Deutschland, ja aus europäischen Ländern wie „Österreich, Italien, Schweiz, Frankreich, Holland, Dänemark, etwas seltener aus Schweden, oft aus Russland und scharenweise aus England" und sogar den Vereinigten Staaten von Amerika anlockte. Goethe hat sich die Sammlung antiker Statuen „in dem Garten des Herrn von Bethmann" angesehen und war von der Kunstbeflissenheit des wohlhabenden Bankiers angetan. Insgesamt verzeichneten Besucherlisten in den Jahren zwischen 1812 und 1826 15.000 Namen. Besuchten das Museum um 1812, als erstmals Listen auslagen, 120 Interessierte, so waren es später fast 1.500 pro Jahr.[291]

Am meisten verbindet sich aber mit dieser neuen Blüte des Stiftungswesens der Name des Kaufmanns und Bankiers Johann Friedrich Städel. Städel wurde 1728 als Sohn einer Straßburger Kaufmannsfamilie geboren, die über Gewürzhandel zu Wohlstand gekommen war. Er trug sich seit den achtziger Jahren mit dem Gedanken, den Initiativen zur Gründung einer Kunst-Akademie eine finanzielle Grundlage zu verschaffen. Das Projekt wurde zwar immer wieder vom Rat abgelehnt, jedoch verlor es der Arzt Johann Georg Grambs nie aus den Augen und begeisterte

Johann Friedrich Städel (1728–1816), Bankier und Mäzen

Johann Friedrich Städel, dessen Freund er war. Städel war es schließlich, welcher den Gedanken einer Kunstakademie in großem Stil aufgegriffen und verwirklicht hat.[292] In seinem Testament vom 3. Dezember 1816 setzte er für seine reichhaltige Kunstsammlung, die 500 Gemälde, 9.000 Kupferstiche und 3.000 Zeichnungen umfasste, sowie für sein Haus auf dem Rossmarkt und sein Geldvermögen von etwa 1,4 Millionen Gulden ein zu gründendes Kunstinstitut als Universalerben ein. „Ich, der hiesige Bürger und Kaufmann Johann Friedrich Städel [habe], seit langem den Entschluß gefaßt (...), meine beträchtlichen Sammlungen (...) nebst meinem gesammten dereinst zurücklassenden Vermögen (...), der Stiftung eines besonderen für sich bestehenden und meinen Namen führenden Kunst-Instituts zum Besten hiesiger Stadt und Bürgerschaft zu widmen."[293] Städel betonte wie Senckenberg den eigenständigen Charakter seiner Stiftung, „die ganze unumschränkte Verwaltung des Instituts, und was in irgend einer Hinsicht damit in Verbindung steht, bleibt, ohne irgend eine obrigkeitliche Rücksprache oder Genehmigung einholen zu dürfen, dem freien Ermessen der (...) Stiftungs-Administration lediglich überlassen".[294] Die Sammlung sollte erweitert und die Zinsen des Kapitals sollten für begabte junge Künstler verwendet werden.

Das Kalkül ging auf, allerdings erst nachdem ein langer Rechtsstreit geführt worden war. Denn nach der Testamentseröffnung entbrannte ein heftiger Disput zwischen Städels Erben und der Stiftung. Die juristische Auseinandersetzung wurde in ganz Deutschland verfolgt. Der Streit drehte sich um den Charakter des geplanten

Kunstinstituts, ob sein „Zweck ein Gegenstand des Luxus“ sei, und um die Frage, ob man etwas an eine Einrichtung vererben könne, die noch gar nicht besteht. Die gerichtlichen Auseinandersetzungen führten nicht nur zur Anerkennung der Legitimität einer solchen Stiftung, sondern fanden später auch Eingang in das Bürgerliche Gesetzbuch. Erst nachdem der Streit entschieden war, gelang im Jahre 1833 die Gründung einer Kunstschule.[295] Der Stiftung flossen in den folgenden Jahren immer neue Spenden der wohlhabenden Frankfurter Bürgerfamilien zu, die es ermöglichten, in den siebziger Jahren einen monumentalen Museumsbau zu errichten.[296] Doch das lag in den Jahren vor dem Ausbruch der Französischen Revolution noch in weiter Ferne.

Hinter den bis jetzt gesammelten Elementen einer neuen Öffentlichkeit und dem über zahlreiche ständische Abgrenzungen hinweg vorgetragenen Wunsch nach Bildung stand eine allgemeine Aufbruchsbewegung des deutschen Bürgertums, die ihren Anfang lange vor der Französischen Revolution genommen hatte. Sowohl bei den Juden als auch bei den Christen gewannen am Ende des 18. Jahrhunderts Fragen der Bildung, Literatur, Kunst und Kultur an Bedeutung. Es handelte sich hierbei um zentrale Elemente der bürgerlichen Aufbruchsbewegung, die mit der Suche nach einem neuen Selbstverständnis und nach neuer sozialer Organisation verbunden waren. Die Einordnung im Gefüge der traditionalen Gesellschaft erschien vielen nicht mehr adäquat, worauf die Auseinandersetzung der Kaufmannschaft um mehr politische Rechte hindeutete. Bürgersein sollte mehr sein als die Welt des vom „Comptoir“ bestimmten Handelsmannes. Die selbstbestimmte, keinen strengen ständischen Grenzen unterliegende, „gebildete“ Person rückte im letzten Drittel des 18. Jahrhunderts immer mehr in den Mittelpunkt aufgeklärter Betrachtungen. Frankfurt spielte in dieser Kulturrevolution eine große Rolle. Denn die Stadt hatte aus ihren Reihen einen der wortgewaltigsten Verfechter dieses Programms hervorgebracht: Johann Wolfgang Goethe. In seinem zwischen 1777 und 1785 geschriebenen Prototyp des Bildungsromans „Wilhelm Meisters Lehrjahre“ kommt dies sehr klar zum Ausdruck. Der beschränkten Weltsicht des „Handelsmannes“, repräsentiert in der Person des Werner, wird mit dem Titelhelden das Bild eines Bürgers entgegengesetzt, der sich unabhängig von Geburt und Stand als Individuum sowohl neuen Aufgaben und neuen Ansprüchen stellt, als auch über die Unvereinbarkeit von feudalem Standesverhalten und bürgerlicher Tugend reflektiert: „Da ich nur ein Bürger bin, so muß ich einen eigenen Weg nehmen, (...). Ich weiß nicht, wie es in fremden Ländern ist, aber in Deutschland ist nur dem Edelmann eine gewisse allgemeine, wenn ich sagen darf personelle, Ausbildung möglich. Ein Bürger kann sich Verdienst erwerben und zur höchsten Not seinen Geist ausbilden; seine Persönlichkeit geht aber verloren (...). Er soll einzelne Fähigkeiten ausbilden, um brauchbar zu werden.“[297] Dem in Ständen und Berufssphären befangenen Bürger setzte Goethe die Zielperspektive der allseits „gebildeten“ und damit auch, zumindest prinzipiell, zu allem befähigten Persönlichkeit entgegen, was der Verfasser des Romans schließlich auch selbst im großen Stil praktizierte.[298]

Mit Goethes Auszug aus der Stadt und seiner Bewährung in der weiten Welt lockerten sich auch die Bindungen an die „Vaterstadt" und manch kritischer Ton schlich sich ein. Bereits als Vierzehnjähriger hatte er etwas überheblich nicht nur Positives von der Stadt zu berichten. In einem Brief an Ludwig Ysenburg von Buri führte er aus: „Wir haben viele Dummköpfe in unsrer Stadt, wie Ihnen ohne Zweifel gar wohl bewußt sein wird".[299] Später äußerte er sich allerdings, wie etwa im Brief vom 9. August 1797 an Friedrich Schiller, differenzierter über sein Wiedersehen mit Frankfurt: „Sehr merkwürdig ist mir aufgefallen, wie es eigentlich mit dem Publico einer großen Stadt beschaffen ist. Es lebt in einem beständigen Taumel von Erwerben und Verzehren".[300] Trotz der so festgestellten Beschränktheit hatte er wohl zeitweilig mit dem Gedanken gespielt, in der Regierung seiner Vaterstadt aufzusteigen. Denn, so schreibt er 1792 in seiner „Campagne in Frankreich": „Welcher reichsstädtische Bürger wird leugnen, daß er, früher oder später, den Ratsherrn, Schöff und Bürgermeister im Auge gehabt und seinem Talent gemäß nach diesen, vielleicht auch nach minderen Stellen, emsig und vorsichtig gestrebt. Denn der süße Gedanke, an irgendeinem Regimente teilzunehmen, erwacht gar bald in der Brust eines Republikaners".[301] Goethe hatte seine Frankfurter Abkunft nie bestritten. Auch wenn er später seine Stellung in Weimar nicht mehr gegen eine Frankfurter Position im Rat tauschen wollte.

Dass Goethe seiner Stadt verbunden blieb geht aus einem Schreiben aus dem Jahre 1826 an den Senat hervor: „Niemand wird leugnen, dass demjenigen ein besonderes Glück zugedacht sei, der sich gern und mit Freuden seiner Vaterstadt erinnert. Mir ist es geworden, indem ich mich rühmen darf, durch Geburt einer der vier Städte anzugehören, welche ihre Freiheit von den ältesten Zeiten her bis auf den heutigen Tag erhalten haben."[302] Betonte er gegenüber den Senatoren die politische Dimension seiner Anhänglichkeit an Frankfurt, so sprach er gegenüber Bettina von Arnim vor allem von der kulturellen Toleranz in dieser Stadt: „Wenn mich jemand frügе, wo ich mir den Platz meiner Wiege bequemer, meiner bürgerlichen Gesinnung gemäßer oder meiner poetischen Ansicht entsprechender denke, ich könnte keine liebere Stadt als Frankfurt nennen. Sie hat das edelste Verhältnis und das bedeutendste zur Geschichte unserer Tage. Sie ist gerade groß genug, daß sie die Ambition eines jungen regsamen Gemütes befriedige. Sie hatte zum wenigsten in meiner Zeit eine lebendige Teilnahme, durch die ich allein zu meiner Entwicklung kam".[303]

Umgekehrt schätzten die Frankfurter Goethe durchaus. Auch wenn sie es mit der Denkmalsetzung oder einem Ehrenbürgerrecht nicht so eilig hatten, nachdem er die Ehre, dem Frankfurter Bürgerverband anzugehören – wie er selbst es 1792 ausgedrückt hatte – um steuerlicher Vorteile willen 1816 preis gab. Das führte zu einer gewissen Entfremdung. So fanden seine Besuche in Frankfurt nach den Freiheitskriegen nur in engen Kreisen statt. Umgekehrt zeigte das Frankfurter Publikum Goethe die kalte Schulter, während Friedrich Schiller sich großer Popularität erfreute, ja zuweilen enthusiastisch gefeiert wurde.[304] Das hieß nicht, dass man ihn nicht schätzte, im Gegenteil. Statt Denkmäler zu setzen und Ehrbürgerdiplome zu verleihen, setzten sich die Frankfurter intensiv und kontinuierlich mit Goethes Bildungsvorstellungen auseinander. So brachte beispielsweise bereits am 22. Februar 1798 das Staats-Ristretto einen Beitrag über Goethes „Hermann und Dorothea" von dem mit der Aufklärung sympathisierenden Theologen und Senior des Consistoriums Wilhelm Friedrich Hufnagel. Das Stück hatte es dem höchsten protestantischen Geistlichen Frankfurts so sehr angetan, dass er schon im Jahre zuvor Verse aus dieser Dichtung in einer Trauerrede zitiert hatte, was zwar Aufsehen erregt, aber die Mutter Goethes mit besonderem Stolz erfüllt hatte. Das war nur ein Beispiel unter vielen dafür wie das Schaffen des großen Frankfurters auch in seiner Vaterstadt aufmerksam verfolgt wurde.[305]

Vor allem aber zielte Goethes Bildungskonzept auf die Entfaltung der Persönlichkeit gegen all diejenigen Vereinseitigungen, die mit einer gewissen Konsequenz aus der ständischen Gesellschaft resultierten. Es war gerade diese Idee, die sich auf lokaler Ebene als Bildungsbewegung in ständeübergreifenden und eigenverantwortlichen Organisationen wie Vereinen und Stiftungen herauskristallisierte und sich später zu allgemeinen, wissenschaftlichen, kulturellen und sozialen Bildungseinrichtungen ausformte. Goethe reflektierte in seinem Roman „Wilhelm Meister" ja kein abstraktes Ideal, sondern bezog sich auf die konkrete Praxis der Aufbruchszeit, und die war auch in Frankfurt virulent gewesen. Schließlich hatten die Bürger in den Verfassungsauseinandersetzungen des 18. Jahrhunderts die „Bildungsmaxime" durchaus erfolgreich als Kampfbegriff gegen die Inkompetenz des Stadtadels eingesetzt, wie dies in der nur ein Jahr vor dem Beginn der Arbeit Goethes an „Wilhelm Meister" praktizierten Weigerung des Bürgerausschusses, aus einem Patrizier „ohne alle Anlage (...), um seiner alleinigen Geburth (...) willen, eine Regiments-Person zu machen", zum Ausdruck kam.[306] Der „gebildete", gemeint war eigentlich der „erfahrene", Bürger sollte an die Stelle des Stadtadels treten.

Kennzeichen dieser Art von Bildung war Weltläufigkeit und Kultur, und so erklärt es sich, wenn plötzlich – wie vorgestellt – diesem gesamten Bereich, also Fragen des Umgangs mit Kunst und Wissenschaften, eine gesteigerte Aufmerksamkeit entgegengebracht wurde. Sie nahmen im geselligen Verkehr zahlreicher Familien der kaufmännischen Oberschicht, insbesondere aus dem Umkreis der Zuwanderer und einiger Patrizier, einen immer größeren Raum ein. Bei diesen Gruppen rückte der Kunst- und Kulturaustausch – zum Teil sogar organisiert in literarischen Zirkeln – als eine neue Form der Kommunikation in den Mittelpunkt des gesellschaftlichen Lebens.

Es entstanden inmitten der ständischen Bürgergesellschaft neue Strukturen mit einer deutlichen Tendenz zur Überwindung der ständischen Schranken. Die Zuwandererfamilien waren im informellen Bereich dieses Beziehungsgeflechts bereits integriert, und die konfessionellen Unterschiede der christlichen Religionen spielten in diesen Kreisen eine immer geringere Rolle. Es lassen sich aber noch weitere emanzipatorische Momente finden. So waren an diesem künstlerischen und literarischen Diskurs auch auffallend viele Frankfurter Frauen beteiligt, Frauen wie Susette Gontard, Karoline von Günderrode, Bettina von Arnim, Gunda und Maximiliane Brentano oder Susanne von Heyden. Gerade das Schicksal der Karoline von Günderrode zeigt, welche Energien die Aufbruchsbewegung in den Menschen freisetzen konnte, wie sehr sie ermutigt wurden, die Grenzen des Üblichen, der Traditionen und Konventionen zu überschreiten. Karoline von Günderrode war eine „gebildete und literarisch dilettierende Frau". Zu ihrem Umfeld gehörten zentrale Persönlichkeiten der Zeit wie Carl von Savigny, Clemens Brentano, Achim von Arnim und Friedrich Georg Creuzer.[307] Als Stiftsfräulein im „Cronstett- und von Hynspergischen Damen-Stift", einer Einrichtung des Frankfurter Patriziats zur Versorgung unverehelichter Frauen, hatte sie die Muße, „die ihr der Aufenthalt im Stift gewährte, zu umfänglichen Studien benutzt".[308] Ihre Notizbücher belegen eine intensive Auseinandersetzung mit der europäischen Aufklärung. Exzerpte zu Rousseau und Locke stehen neben denen zu Schiller und Herder oder Kant, Fichte und Schlegel. Außerdem beschäftigte sie sich mit der englischen, französischen und italienischen Literatur und begann, selbst zu schreiben. Zu ihrem Werk gehören Dramen wie „Mahomed der Prophet von Mekka" oder Gedichte wie „Die Klage".[309]

In den Jahrzehnten vor der Französischen Revolution war also einiges in Bewegung geraten. Der Raum für die Entfaltung einer neuen bürgerlichen Gesellschaft hatte sich beträchtlich erweitert und bereits einige feste Einrichtungen wie Zeitungen, Verlage, Cafés, Theater und Logen sowie Kunst- und Wissenschaftsinstitute hervorgebracht. In diese friedliche Welt der kulturellen Erneuerung brach die Französische Revolution mit einem ungeheuren Gewaltpotential ein.

4.3 Stadtrepublik Frankfurt contra République Française

Die 25 Jahre der Französischen Revolution und der napoleonischen Herrschaft gehören zu den folgenreichsten Ereignissen der neuzeitlichen europäischen Geschichte. Die Abschaffung des feudalabsolutistischen Ständestaats in Frankreich sowie die Propagierung und Umsetzung grundlegender Werte – über allem die Menschenrechte – und Ideen der Aufklärung waren von tief greifenden macht- und gesellschaftspolitischen Veränderungen in ganz Europa begleitet. Nicht zuletzt hat die Französische Revolution den modernen republikanischen Verfassungsstaat geschaffen, auf dessen Demokratieverständnis viele moderne Gesellschaften basieren.

Die revolutionäre Umgestaltung und Nationenbildung der französischen Gesellschaft war ein Prozess, bei dem drei Phasen zu unterscheiden sind. Die erste 1789–1791 stand im Zeichen des Kampfes für bürgerliche Freiheitsrechte und für die Schaffung einer konstitutionellen Monarchie. Die zweite 1792–1794 führte angesichts der inneren wie äußeren gegenrevolutionären Bedrohung zur Errichtung einer Republik mit radikaldemokratischen Zügen und zur Ausbildung einer Revolutionsregierung, die mit Mitteln des Terrors und der Guillotine alle „Feinde der Revolution" verfolgte. In der dritten Phase, der Direktorialzeit 1795–1799, behauptete eine von besitzbürgerlichen Interessen bestimmte politische Führung die Macht nur mühsam gegen Volksinitiativen für soziale Gleichheit einerseits und gegen monarchistische Restaurationsbestrebungen andererseits. Ausschlaggebender Ordnungs- und Machtfaktor wurde in dieser Lage zunehmend das in den Revolutionskriegen entstandene Bürgerheer, dem Napoleon Bonaparte seinen Aufstieg und Rückhalt bei der Verwirklichung seiner sich über Frankreich hinaus erstreckenden politischen Ambitionen verdankte.

Die Ereignisse der Französischen Revolution und der in einem Vierteljahrhundert ganz Europa erfassende Umbruch betrafen auch Frankfurt, auch wenn die Revolutions- und Napoleonischen Kriege bis 1806 keinen nennenswerten Einfluss auf die langfristigen Entwicklungslinien der Stadt – wie sie bisher geschildert wurden – hatten. Doch geriet Frankfurt in schweres Fahrwasser. Zeitweilig ging der Messeverkehr ganz erheblich zurück; auch war nicht selten der Handel behindert, und die Belastungen durch Requirierungen sowie Einquartierungen nahmen kontinuierlich zu; durch die zahlreichen Kontributionen stieg die Verschuldung der Stadt bedeutend an. Die direkten Kontributionsforderungen, Requirierungen und Einquartierungen durchmarschierender französischer Armeen summierten sich bis 1806 einschließlich der Zinsen auf 8.681.445 Gulden, von denen bis 1803 bereits 2.838.006 Gulden abgetragen worden waren.[310] Der Krieg holte die Stadt bereits in den ersten Jahren ein. Denn im Zuge des Vormarschs über den Rhein wurde Frankfurt im Jahre 1792 von der französischen Revolutionsarmee unter Adam Philipp Comte de Custine besetzt. Einige Wochen lang standen sich altstädtischer und neustaatlicher Republikanismus unmittelbar gegenüber.[311]

Dabei war Custine eigentlich gar kein Bürgerlicher. Er stammte aus einem alten Adelsgeschlecht, hatte sich im Siebenjährigen Krieg ausgezeichnet und den Oberbefehl über ein Dragonerregiment verliehen bekommen. Er zog es jedoch vor, sich mit einem Infanterieregiment nach Amerika einzuschiffen, um gegen die Engländer zu kämpfen. Dort tat er sich besonders bei der Belagerung von Yorktown hervor. Nach Frankreich zurückgekehrt, ernannte man ihn zum *maréchal de camp* (Generalmajor) und Gouverneur von Toulon. In dieser Funktion trat er als Abgeordneter des lothringischen Adels 1789 in die Nationalversammlung ein und stellte sich hier entschieden auf die Seite der liberalen Partei. Custine vertrat die Auffassung, dass es für Frankreich notwendig sei, das linke Rheinufer zu erobern – also den Rhein als „natürliche Grenze“ Frankreichs. 1791 wurde er zum Generalleutnant befördert. Beim Einfall des kaiserlichen Bundesheeres übertrug die Revolutionsregierung in Paris Custine das Oberkommando über die Revolutionsarmee am Oberrhein, wo er direkt dem Marschall Nicolas Luckner, einem deutschen Grafen in französischen Diensten, unterstand.

Fast ohne Widerstand gelang ihm im Herbst des Jahres 1792 schnell nacheinander die Eroberung von Speyer, Worms und Mainz.[312] Die Siege in den linksrheinischen Gebieten ebneten den Weg für den Einzug in Frankfurt. Der Besetzung folgten Kontributionsforderungen in Höhe von zwei Millionen Gulden, begleitet von einem Versuch Custines, die Frankfurter Bürger in eine Aristokratie und ein zu befreiendes Volk, welches sein Haupt „unter das entehrende Joch des Despotismus“ krümmt, auseinanderzudividieren. Er verlangte deshalb „Brandschatzung“ nur von denen, „welche Euch (also den Frankfurter Bürgern; Anm. R. R.) drückende Lasten auflegen“.[313] Wer das genau sei, darüber hatte Custine keine klaren Vorstellungen. Zuerst verlangte er nur Geld von den Patriziern, später, nachdem er eingesehen hatte, dass dort nicht allzu viel zu holen war, unterschied er etwas gröber in Reiche und Arme: Nur Alle, die über 30.000 Gulden Besitz verfügten, sollten zur Kontribution beitragen. Der Repräsentant der französischen Revolution, wenig vertraut mit den komplizierten sozialen Beziehungen der Stadt, versuchte soziale Gegensätze für seine Zwecke auszunutzen, und scheiterte damit gründlich. Seine von französischen Städten und den gesellschaftlichen Zuständen des Ancien Régime in Frankreich geprägten Erfahrungen ließen ihn in der ersten größeren deutschen Handelsstadt im Stich.

Der Appell an die unteren Schichten, insbesondere an die Handwerker, das Joch der „Reichen“ und „Aristokraten“ abzuschütteln, wurde von den Bürgern entschieden zurückgewiesen und demonstrativ die Einheit der Bürgergemeinde betont: „Hier ist keine Contribution denkbar, die nicht nach Verhältniß auf jeden Bürger fallen müßte, die reichen Kaufleute, denen sie den Untergang drohen, drücken Niemand, und können Niemand drücken, sie ernähren hunderte von Menschen, die ohne sie brodlos waeren, von ihrem Luxus lebt der Handwerker, der in einer Stadt ohne Ackerbau nicht bestehen könnte. Das größte Lob eines Staats ist, wenn er wenig unzufriedene Bürger zählt. Sie fanden hier keine, und alle Ihre Anschläge bewürken auch keine. Ihre sogenannte Vertheilung der Contribution erregte allgemeines Mißvergnügen, so daß an jedem Heller, den Sie als Contribution aus Frankfurt führen, der Schweiß des Taglöhners, der ihn willig reicht, damit seine Ernährer nicht zu Bettlern werden, hängt, und so lange hängen muß, als Sie uns nicht aus allem Verhältniß mit dem Reich zu reißen vermögen.“[314]

Handelte es sich bei diesen deutlichen Worten noch um die Stimme eines Einzelnen, so gewinnt die Argumentation durch den Aufruf „Die Bürger von Frankfurt an den Fränkischen Bürger", der von den Zunftvorstehern und damit der Mehrheit der Bürgerschaft verteilt wurde, erheblich an Gewicht. Auch sie wiesen den Versuch des Generals energisch zurück: „Sie wollen uns für Bedrückung schützen, von der Frankfurts Bürger Gottlob! nichts wissen, und noch weniger sie fühlen; Sie wollen uns eine Freiheit versichern, die wir schon genießen. Wenn Sie also glauben, Herr General! daß wir bisher unterm Druck gestanden, Erpressungen ausgesetzt, oder sonst übel dran gewesen seyen; so müssen Sie offenbar von Feinden unseres Wohlstandes durch solche Vorstellungen hintergangen worden seyn (...). Ihr (der Reichen; Anm. R. R.) Wohlstand verbreitet sich auf alle Nahrungszweige, und der blühende Handel macht uns alle glücklich – wer nur arbeiten will und kann, findet sein Auskommen in jeder Gewerbeart. Von jedem Nahrungsstande treten hier Wohlhabende auf, um diesen zu bestärken. Arme giebts allenthalben. (...) Wenn Sie, Herr General! unsern reichern Mitbürgern so viel Geld abnehmen, so sind wir, der Mittelstand, und ärmere Bürger mit gestraft, weil unser Handel, unser Gewerbe sinkt, und unser Verdienst abnimmt. Wir leiden alle darunter."[315]

Statt die Bruchlinien in der städtischen Gesellschaft entlang ihrer zahlreichen Trennlinien aufzureißen, stärkte Custine durch sein Vorgehen die Bindungskräfte der Frankfurter Bürgergesellschaft. Unbedacht brüskierte er Reformierte und Katholiken durch sein Vorgehen, indem er am 28. Oktober 1792 willkür-

General Adam-Philippe Comte de Custine (1740–1793), Oberbefehlshaber der Rhein- und der Ardennenarmee lich eine Gruppe von Bürgern als Geiseln nahm, worunter sich auch der Reformierte Heinrich Gontard und der Katholik Peter Anton Brentano befanden. Auch die Frankfurter Juden verprellte Custine durch seine Maßnahmen gegen die Mainzer Juden, welche daraufhin nach Frankfurt flohen. Der Flüchtlingstreck umfasste an die 1.000 Personen, die meistenteils in der sowieso überfüllten Judengasse untergebracht werden mussten. Dazu kam die Geiselnahme von Isaak Speyer sowie eine Sonderbesteuerung in Höhe von 200.000 Gulden. So fiel es dem Frankfurter Rat leicht, sich als Beschützer der Juden aufzuführen.[316] Auf der anderen Seite war es angesichts der in der Bürgerschaft fest verwurzelten Verfassung fraglich, ob ein geschickteres Vorgehen ein anderes Ergebnis gebracht hätte. Es zeigt sich gerade am Beispiel des Frankfurter Bürgertums, wie sehr die frühzeitigen Verfassungsreformen in Verbindung mit der lange anhaltenden Prosperität die Einheit der bürgerlichen Gruppen gefestigt hatte. Im Gegensatz beispielsweise zu Speyer und Mainz gab es keine ausgeprägten sozialen Verwerfungen, die die Eroberer hätten ausnutzen können.[317] Wenn er hier auch gefehlt hat, so wird Custine zugeschrieben, er habe prognostiziert, dass in Frankfurt kein Kaiser mehr gewählt werden würde, und das hat sich im Jahre 1806 bestätigt, als Franz II. das Heilige Römische Reich Deutscher Nation für beendet erklärte, und die preußischen Hohenzollern es 1871 ablehnten, den neuen deutschen Kaiser in Frankfurt krönen zu lassen, sondern den Sitz der französischen Könige in Versailles für die Proklamation vorzogen.[318]

Custine selbst hat die Abdankung nicht mehr erlebt. Nach mehreren unglücklichen Gefechten, vor allem am 6. Januar 1793 bei Hochheim, setzte er Mainz in Verteidigungsstand, wurde aber im Frühling von den Preußen zwischen Bingen und Bad Kreuznach angegriffen und wich nach schwachem Widerstand zurück. Nach einem zweiten Gefecht bei Alzey räumte er die von ihm besetzte Gegend ganz und zog sich am 31. März nach Landau zurück. Mit dem Oberbefehl über die Nord- und Ardennenarmee betraut, unternahm er am 17. Mai erneut einen Angriff mit der Rheinarmee an der Queich, musste sich jedoch wiederum mit schweren Verlusten zurückziehen. Auf die Anschuldigung Jean Paul Marats und Jacques Nicolas Billaud-Varennes wurde Custine vor den Wohlfahrtsausschuss nach Paris geladen und in der Anklageakte vom 14. August 1793 beschuldigt, vorsätzlich die Würde eines Generals der Armeen missbraucht, das Interesse der Republik verraten und Einverständnisse mit den Feinden Frankreichs unterhalten zu haben. Am 27. August 1793 wurde er zum Tode verurteilt, die Hinrichtung folgte unmittelbar am folgenden Tag. Das waren nicht einmal neun Monate, nachdem er aus Frankfurt vertrieben worden war. In Frankreich herrschte die blutige Diktatur der Jakobiner, die hehren Ziele von Menschenrechten und politischer Partizipation waren suspendiert. Die Bürger der Reichsstadt konnten sich in punkto Verteidigung ihrer „Constitution" bestätigt sehen.

Die Besetzung der Stadt endete also am 2. Dezember 1792 nach nur sechs Wochen mit dem Einzug der hessischen und preußischen Truppen. Es waren Frankfurter Handwerksgesellen gewesen, die zuvor die französischen Kanonen zerstörten sowie den Preußen und Hessen die Stadttore öffneten.[319] An diesen Akt der Befreiung erinnert das eingangs erwähnte „Hessendenkmal“ vor dem Friedberger Tor, das 1793 errichtet wurde. Es blieb allerdings nicht nur bei dem Denkmal. Nach dem Abzug Custines wurde das Bürgermilitär reorganisiert und die Bürger griffen selbst zur Waffe. Am 10. Dezember 1793 forderten die beiden Schützengesellschaften Fischerfeld und Gallenwall, die jeweils dem Stadtteil entsprechend einerseits vornehmlich aus wohlhabenden Kaufleuten und andererseits eher aus Handwerkern zusammengesetzt waren, in einem „Aufruf zu den Waffen an Frankfurts bieder Bürger“ gemeinsam dazu auf, sich in einer erneuerten Scharfschützengesellschaft zu organisieren. Ziel war es, eine Mannschaftsstärke von fünfhundert Mann zu erreichen, und „die Stadt, wenn sie in Gefahr käme, mit Muth und Blut [zu] vertheidigen“.[320]

Der Streit um die Kontribution Custines hatte darüber hinaus weitreichende Konsequenzen. Er führte zu einer längeren Pressefehde zwischen den Mainzer Clubbisten und dem Rat in Frankfurt auf der einen Seite sowie einer Frankfurter Delegation und der Französischen Nationalversammlung auf der anderen Seite.[321] Das war nicht ohne, denn Frankfurt wurde in den nächsten Jahren wiederholt vom Krieg heimgesucht. 1796 erschien der französische General Jean-Baptiste Kléber vor der Stadt und forderte ihre Übergabe. Die Stadt war aber von kaiserlichen Truppen besetzt, die sich weigerten abzuziehen. Daraufhin ließ der französische General Frankfurt zwei Tage lang beschießen. Es brannten 140 Häuser der Judengasse ab. Nach einer Vereinbarung verließen die kaiserlichen Truppen die Stadt, die den Franzosen überlassen wurde. Diese legten der Stadt eine Kontribution von acht Millionen Livre auf, nahmen zahlreiche Geiseln mit nach Frankreich und hielten sie in Longwy, Metz und Sedan in Gewahrsam. Es begannen komplizierte Verhandlungen, bei denen der Kaufmann Dettmar Basse vermitteln konnte.

Basse war 1786 nach Frankfurt gezogen und hatte dort die Tochter des Senators Friedrich Kellner geheiratet. Er betrieb ein Tuchgeschäft und hatte gute Handelsbeziehungen mit Paris, die er zu einem großen Teil seinem Schwiegervater verdankte, der ihn in die dortige Finanzwelt eingeführt hatte. Es bot sich also an, ihn mit der heiklen Mission zu betrauen, über die Kontribution der Stadt zu verhandeln und sie von acht auf zwei Millionen Livre zu senken sowie zugleich die Geiseln sicher nach Hause zu bringen. Basse verlegte daraufhin seinen Wohnsitz und sein Geschäft nach Paris und es gelang ihm, das Vertrauen von wichtigen Personen im Direktorium zu gewinnen.[322] Die Zeiten waren nun etwas günstiger. Maximilien Marie Isidore de Robespierre, häufig einfach nur Maximilien Robespierre genannt, war gestürzt worden. Der Wohlfahrtsausschuss hatte seine Macht verloren und die Revolution war in ihre dritte Phase, die der Herrschaft des Direktoriums, übergegangen. Dennoch war die Lage für Außenstehende nach wie vor unübersichtlich und schwer kalkulierbar. Isidor Kracauer hat die von Basse geführten Verhandlungen ausführlich geschildert. Der Grundgedanke bei den Verhandlungen mit dem revolutionären Frankreich über die Kontributionszahlungen der Stadt sei es gewesen, dass sich die Stadt Frankfurt als unabhängiger Staat nach dem Beispiel Preußens, Hessens und der Hansestädte unmittelbar an das Revolutions-Direktorium wenden sollte.[323] Das hatte seinen Grund.

Die Verhandlungen auf dem Kongress in Rastatt in den Jahren 1797 bis 1799, der den Frieden des Reiches mit Frankreich schaffen sollte, nahmen damals einen ganz unerwarteten Verlauf. Frankreich forderte das gesamte linke Rheinufer und schlug einen Länderschacher von riesigem Ausmaß vor. Gleichzeitig versuchte es, durch anhaltende Truppenbewegungen vollendete Tatsachen zu schaffen. Das bedrohte auch die hessische Staatenwelt und mit ihr die Reichsstadt Frankfurt. Aber es waren nicht nur die Truppenbewegungen, die für Unruhe sorgten. Auch die Uneinigkeit der deutschen Fürsten und die Gefahr für Frankfurt, als Kompensationsgut für linksrheinische Gebietsabtretungen einem der deutschen Territorialstaaten zugeschlagen zu werden, war als Möglichkeit nicht auszuschließen. Für viele bange Wochen und Monate überschattete die drohende Kriegsgefahr das Leben in der Stadt. Im Maingau und in der Wetterau bis fast vor die Tore Frankfurts hatte sich die französische Besatzung häuslich eingerichtet, und damit drohte eine schwere Beeinträchtigung des Wirtschaftslebens.[324]

Deshalb hatte der Frankfurter Rat Basse mit genauen Instruktionen über die politischen Ziele versehen. Es sollte eine vollkommene Neutralität sowie ein Frieden für die Stadt, eine Annullierung aller älteren Forderungen und Rückstände, besonders der von 1792 noch unbezahlten zwei Millionen Gulden, erreicht werden. Zudem sollte die Stadt von künftigen Requisitionen befreit werden sowie Sicherheit und Schutz des Privateigentums der Frankfurter Bürger in den von den Franzosen besetzten Ländern und die Verfassung mit der darauf beruhenden Unabhängigkeit Frankfurts garantiert werden gegen etwaige fremde Anmaßungen, namentlich bei dem voraussichtlichen Einsturz der deutschen Reichsverfassung. Nach komplizierten Verhandlungen, die auch Tuchlieferungen für das französische Militär umfassten, konnte am 27. Oktober 1797 ein Neutralitätsvertrag ratifiziert werden.[325] Bereits zuvor hatte der Rat Basse am 4. Mai 1797 eine Dankesurkunde ausgestellt, in der es hieß: „Wir Bürgermeister und Rath dieser des heiligen Reichs Stadt Frankfurt am Mayn urkunden und bekennen: In dem nächst verflossenen Jahre, als die Armeen des französischen Frey-Staates sich zum zweiten mal dieser Stadt bemächtigten, als Frankfurt mit unerschwinglichen Kriegsauflagen belastet, als jeder zu deren Milderung unternommene Schritt fruchtlos gewesen war, als 25 der angesehensten Glieder des Rathes und der Bürgerschaft nach Frankreich als Geißel gefänglich abgeführt worden waren, als bange Ahndung eines gänzlichen Umsturzes der glücklichen Verfassung dieser Stadt, als die Furcht vor wiederholter feindlicher Behandlung im

Fall einer abermaligen Besitznehmung derselben den Rückzug der französischen Armee begleitet, die Gemüther geängstigt hatte – in dieser bedrängten kummervollen Lage hat der Frankfurter Bürger Dettmar Basse bey der Regierung Frankreichs mit unermüdeter Thätigkeit, Klugheit, Uneigennützigkeit und Treue Sich Seiner Mitbürger angenommen, Milderung der gegebenen Befehle, Entlassung der Geißel, Sicherheit für die Zukunft, ruhmvoll erwirkt."[326]

Trotz der in diesem Fall erfolgreichen Verhandlungen und trotz der geglückten Befreiung der Geiseln blieb das Vorgehen der französischen Truppen nicht ohne Konsequenzen. Insbesondere wirkte es sich auf das Wohlwollen aus, das die Aufklärer der Revolution entgegengebracht hatten. Die Erfahrungen, welche die Bürger in Frankfurt mit den Vertretern der französischen Revolution gemacht hatten, beeinflussten nicht unerheblich die Diskussionen der Staats- und Gesellschaftsreformer. Selbst ein erklärter Befürworter des revolutionären Umbruchs wie Georg Forster verurteilten das Vorgehen in Frankfurt.[327] Noch ausführlicher ging Peter Adolf Winkopp in seiner zeitnah verfassten „Geschichte der französischen Eroberungen und Revolution am Rheinstrome" auf den Frankfurter Vorfall ein: „Selbst als Houchard (Jean-Nicolas Houchard; R. R.) vor Frankfurts Thoren erschien, und um Lebensmittel für baare Zalung bat, erkannte man noch die Franken für Freunde. Als aber eine neutrale Stadt, deren Magistrat auch nicht auf die entfernteste Art den Unwillen der fränkischen Nation verdient, im Gegentheil so oft Lobsprüche fürs freundschaftliche Benehmen erhalten hatte, als diese Stadt zwei Millionen zalen sollte, (...) da entstand lauter Unwille. (...) Man hatte die Ideen der Franzosen gelobt, viele gebilligt, aber da sie sich zu Lehrmeistern eines selbständigen glücklichen Volks aufwarfen, da sie ihm eine andere Verfassung aufdringen wollten, von der man die Probe noch nicht hatte, ob sie beglückend sey, da verschwand alle Anhänglichkeit an das neue System und nur schwärmerische Köpfe bekannten sich zur neuen Fahne, nur solche, denen nirgendwo wohl ist."[328] Statt der Sympathie für die Revolution nahm der Patriotismus für die Reichsstadt zu, und so spiegelten sich wie die Welt im Wassertropfen in der Konfrontation zwischen Stadt und Staat im Jahre 1792 die Auseinandersetzungen der folgenden Jahrzehnte. Sollten neue gesellschaftliche Beziehungen von einer aufgeklärten Elite nach dem Vorbild der französischen Republik in die Wege geleitet beziehungsweise der Gesellschaft „aufgedrängt" werden? Oder sollten sich die Bürger aus den Zuständen „eines selbständigen glücklichen Volks", als das sich die Bürger der Stadtrepubliken selbst bezeichneten, herausentwickeln? Die Bürger Frankfurts gingen den zweiten Weg.

4.4 Statt Jakobiner und Girondisten arbeiten am Fortschritt von Bildung und Kultur

Trotz aller militärischen und politischen Auseinandersetzungen, die die Stadt in der Zeit der Revolutionskriege zu bestehen hatte, standen die am meisten auffallenden Veränderungen ganz im Zeichen der kulturellen Beziehungen – also dem Entwicklungspfad, der lange vor der Französischen Revolution begonnen hatte. Fragen der Bildung gewannen weiter an Bedeutung und erlangten einen großen Stellenwert im Leben der Bürger – jedenfalls einen deutlich größeren als die Begeisterung für Staatskonzepte und radikale Freiheitsemphase. Deutlich trat dieser Wandel in der Diskussion um eine Reform der Schulen zutage. Die Schulen bestanden in dieser Zeit im Wesentlichen aus den zwar zahlreichen, aber ineffizienten Quartierschulen, die meist in engen Räumlichkeiten untergebracht waren und oftmals nur über Lehrer ohne alle pädagogische Qualifikation oder auch nur eine solide Ausbildung in den Grundfächern Lesen, Schreiben und Rechnen verfügten. Die wohlhabenden Familien wie die des reformierten Weinhändlers Johann Noé Gogel oder des Bankiers Jacob Friedrich Gontard ließen ihre Kinder nicht ohne Grund von Hauslehrern wie Georg Friedrich Wilhelm Hegel, Friedrich Hölderlin oder Friedrich Fröbel erziehen. Diese wiederum orientierten sich nicht selten an den pädagogischen Konzepten Heinrich Pestalozzis. Dennoch war dies auf Dauer keine Lösung, vor allem nicht für die weniger begüterten Bürgerfamilien. Die Forderung nach Erneuerung des Bildungswesens fand deshalb weithin Gehör, und zwar bereits vor dem Sturm auf die Bastille im fernen Paris. Aber das reichsstädtische Reformprogramm schritt nur langsam voran.[329]

Zu Tumulten kam es 1798, als um Bildung und Reformen bemühte Bürger aus dem Umkreis der Lesegesellschaft Friedrich Traugott Klitschers aufklärerische Ideen gegen Religion, Reich und Rat propagierten. Mit derartig freimütigen Bekenntnissen handelte sich die Gruppe nicht nur eine Schlägerei mit aufgebrachten Sachsenhausener Handwerkern ein, sondern auch eine Ladung vor das Konsistorium. Paradoxerweise saßen die von der Aufklärung bewegten und um Verbesserung der Bildungsmöglichkeiten bemühten Bürger dort dem Senior Friedrich Wilhelm Hufnagel gegenüber, dessen Auftrag es war, die Schulreform und damit die Bildungspolitik in Frankfurt voranzutreiben. Nicht ohne Grund spielte er deshalb den Konflikt herunter und setzte das Anliegen der Angeklagten in den folgenden Jahren um. Er senkte die Zahl der Quartierschulen auf zehn und setzte in einer der verbliebenen Schulen Klitscher als neuen Leiter ein, damit er sie zu einer modernen, an Heinrich Pestalozzi orientierten Realschule ausbaute. Das Projekt scheiterte zwar, doch einigten sich Konsistorium, Rat und der Kreis der Schulreformer schon bald auf die Errichtung einer größeren modernen Schule als „Muster" für das zukünftige Frankfurter Schulsystem. Der Aufbau dieser „Musterschule" begann am

Die Judengasse nach der Beschießung der Stadt durch französische Truppen in der Nacht vom 13. auf den 14. Juli 1796

18. April 1803 durch die Ablösung einer Quartierschule, und wiederum war Klitscher ihr Direktor.[330] Einen weiteren Impuls für die Beschleunigung der Schulreform bildete die 1803 durchgeführte Säkularisation in Frankfurt am Main, die erhebliche Auswirkungen auf das Schul- und Bildungswesen hatte, denn nun wurden die katholischen Schulen unter staatliche Leitung gestellt, sukzessive das Lehrpersonal ausgetauscht und durch Laien ersetzt, die beiden Gymnasien der Stadt zusammengeführt und in eine interkonfessionelle Schule umgewandelt.[331]

Die Schulreform verzeichnete so in wenigen Jahren große Erfolge, ohne dass dafür die gesamte Verfasstheit der Stadt hätte umgestürzt werden müssen. Sie ging sogar noch einen großen Schritt weiter und bezog die rasch wachsende jüdische Gemeinde mit ein, in der ähnliche Tendenzen einer Bildungsreform zu beobachten waren. Auch die jüdische Gemeinde wurde in den immer schnelleren Gang der Veränderungen innerhalb der stadtbürgerlichen Gesellschaft einbezogen. In den Jahren zwischen 1700 und 1824 wuchs die jüdische Bevölkerung von etwas über 2.000 Personen auf über 3.000 an. Diese wachsende Zahl von Juden – wirtschaftlich im Wesentlichen auf den Großhandel beschränkt – benötigte mehr Raum für Läden, Lager und Gewölbe, und der abgezirkelte Bereich um die Judengasse ermöglichte eine derartige Ausweitung immer weniger.[332] Stürmische Züge entwickelte dieser Prozess dann in den neunziger Jahren. Nach der erwähnten Beschießung der Stadt durch den französischen General Kléber im Jahre 1796 brannte die Judengasse vollkom-

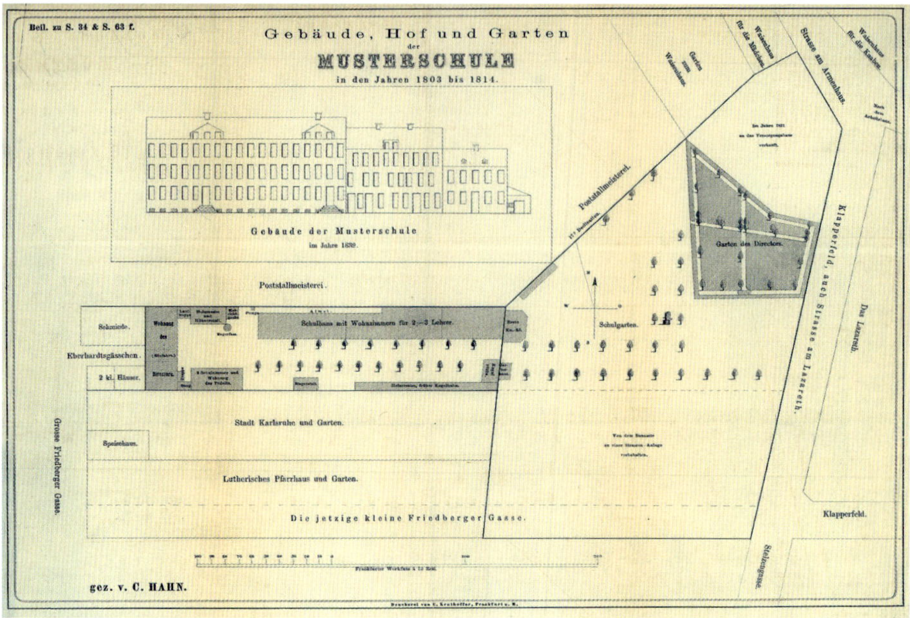

Gebäude, Hof und Garten der Musterschule in den Jahren 1803 bis 1814. Zeitgenössische Zeichnung von Lehrer Christian Hahn

men nieder und ihren Bewohnern musste gestattet werden, sich über die ganze Stadt verstreut bei christlichen Bürgern einzumieten. Mit dieser unvorhergesehenen und von der christlichen Mehrheit nicht gewollten Befreiung aus dem Ghetto relativierte sich die zentrale Bestimmung der Judenstättigkeit, die den Juden ein Wohnrecht nur im Bereich der Judengasse einräumte. Aber das war nur die eine Seite des Prozesses. Das äußere und zufällige Ereignis traf auf einen viel tiefer liegenden inneren Veränderungsprozess und verhalf ihm zum Durchbruch. Denn zur selben Zeit griffen emanzipatorische Ideen und Forderungen in der Gemeinde um sich und machten Frankfurt um 1800 zu einem Zentrum des aufgeklärten modernen Reformjudentums. Im Mittelpunkt standen Reformvorstellungen, die sich an den Vorstellungen Moses Mendelssohns und Christian Dohms orientierten und innerhalb der jüdischen Gemeinde immer mehr Anklang fanden. Beide Konzepte waren wiederum mit Bildungsvorstellungen verbunden.

Frucht dieser Entwicklung war schließlich im Jahre 1804 wie bei den christlichen Bürgern die Gründung einer Schule, des Philanthropins, mit dem Ziel, unter den Juden die weltliche Bildung, Kenntnis der deutschen Sprache und eine aufgeklärte Sicht des Judentums als Vorleistung für die Emanzipation der jüdischen Bevölkerung zu vermitteln. Bezeichnenderweise wurde das Philanthropin zwar in der Nähe, aber außerhalb der Judengasse im Kompostell untergebracht. Hinter diesem Projekt

Das städtische „Gymnasium Francofurtanum" in den Gebäuden des ehemaligen Barfüßerklosters am Paulsplatz

stand ein Kreis von jüdischen Schulreformern, der die Grenzen der jüdischen Gemeinde überschritt und mit christlichen Schulreformern in Verbindung trat. So standen zum Beispiel der ehemalige Prokurist des Bankhauses Mayer Amschel Rothschild und spätere Hauslehrer sowie Pestalozzischüler Siegmund Geisenheimer und der Freimaurer und Katholik sowie spätere Direktor des Philanthropin Joseph Franz Molitor in Kontakt zu dem Hauslehrer und späteren Direktor der Musterschule Friedrich Traugott Klitscher. Klitscher wie auch Geisenheimer gehörten mit Gottlieb Anton Gruner und Adolf Diesterweg zum Kreis der Anhänger Pestalozzis in Frankfurt. Die Gründung des Philanthropins, zu der im Übrigen 260 Mitglieder der jüdischen Gemeinde Beiträge zahlten, stand somit im Einklang mit den aufklärerischen und schulreformerischen Kräften der christlichen Bürgerschaft, denn sie erfolgte nicht nur zur selben Zeit und mit ähnlichen Zielvorstellungen, sondern auch in enger Verbindung mit den Initiatoren des Musterschulenprojekts.[333]

Die Schule entwickelte sich rasch zu einem Zentrum der jüdischen Gemeinde und zu einer anerkannten Bildungsstätte. Um 1840 errichtete die Israelitische Gemeinde ein neues Schulhaus auf dem ehemaligen Holzhof der Juden in der Rechneigrabenstraße und 1845 wurde das Gebäude vom Philanthropin und der

Schmuckblatt der Israelitischen Real- und Volksschule (Philanthropin) zur Einweihung des neuen Schulgebäudes in der Rechneigrabenstraße, 1845

Volksschule bezogen, die vorher im Kompostellhof unmittelbar südlich vom Dominikanerkloster untergebracht waren. Das Gebäude galt zu dieser Zeit als schönstes Schulhaus der Stadt. Als eine der ersten Schulen in Frankfurt erhielt das Philanthropin 1860 eine Turnhalle und hatte sich zu einem ganzen Schulkomplex entwickelt, der aus einer Vorschule, einer Realschule und einer Mädchenschule bestand. Doch gehen wir an den Beginn des Jahrhunderts zurück, in die Zeit, in der noch viel weiter reichende Entwicklungen als die Schulreform ihren Anfang nahmen. Denn die Schulreform bildete nur einen kleinen Mosaikstein im Gesamtprozess der großen Umwälzungen im Kulturbereich.

Ein neues Element in der Öffentlichkeit bildete die Gründung von Gesellschaften und Vereinen zur geselligen Zusammenkunft – und das war die eigentliche Revolution, die über wenige Jahrzehnte hinweg die ständische Bürgergesellschaft zur modernen bürgerlichen Gesellschaft umgestaltete und zwar viel nachhaltiger als das die Kanonen und Guillotinen der Französischen Revolution vermocht hätten. Zuerst setzten sich am Ende des 18. Jahrhunderts die Lesegesellschaften durch. Sie verbreiteten sich rasch über Deutschland und wurden fast zeitgleich in vielen deutschen Städten gegründet. In Frankfurt entstanden die ersten um 1770, und der Handlungsadresskalender von 1797 verzeichnete gleich mehrere Buchhändler mit Lesebibliotheken.[334] Sie gingen auf die Initiative von Buchhändlern und Hauslehrern zurück, formulierten ein allgemein aufklärerisches Programm ohne politische Ansprüche und spielten bei der Umsetzung der Forderung nach Verbesserung des Schul- und Bildungswesens in der Stadt eine gewisse Rolle. Die Lesegesellschaft des Buchhändlers Friedrich Eßlinger war die wohl bekannteste, die „in dessen damaliger Wohnung auf dem großen Kornmarkte (...), aus einer ansehnlichen Zahl Theilnehmer gebildet", im Jahre 1788 ihren Anfang nahm. Sie sammelte in den folgenden Jahren zeitweilig ein „paar hundert Menschen aus den gebildeten Ständen".[335] Sie förderte die maßgebliche Kulturtechnik Europas, das Lesen, und stellte für diesen Zweck Bücher und Zeitschriften zur Verfügung.

Der eigentliche Durchbruch der Entwicklung fand allerdings erst um 1800 statt. Er kündigte sich mit der Gründung neuer Freimaurerlogen an. Ab dem Jahr 1793 hatte die Loge „Zur Einigkeit" aufgrund der Revolutionskriege faktisch ihre Aktivitäten eingestellt. Erst kurz nach der Gründung der Loge „Sokrates zur Standhaftigkeit" im Jahre 1801 traten die Mitglieder wieder zusammen, um erfolglos gegen die Neugründung zu protestieren. Insgesamt elf Personen, von denen fünf aus der „Einigkeit" kamen, hatten sich am 18. November 1801 zur neuen Loge zusammengeschlossen, die den Anspruch erhob, das deutsche Freimaurerwesen zu „regenerieren" und zur ursprünglichen Reinheit der humanen Vorstellungen zurückzukehren. Zu den Mitgliedern gehörte mit „Bruder" Esslinger auch der Buchhändler, der im Jahre 1788 die Lesegesellschaft gegründet hatte. Diese Neugründung berief sich parallel zu den anderen Bestrebungen ebenfalls auf den Bildungsgedanken und fand damit großen Zuspruch. Doch die Logengründung war nur der Prolog zu einem noch bedeutsameren Akt. Kurz nachdem die Loge „Sokrates" entstanden war, sammelte sich das einer neuen Organisationsform der bürgerlichen Gesellschaft aufgeschlossen gegenüberstehende Bürgertum in den ersten großen Vereinen. In fast allen größeren Städten wurden um 1800 allgemeine bürgerliche Gesellschaften für den überständischen Zusammenschluss von Bürgern gegründet. Kurz nach 1815 differenzierte sich das Vereinswesen aus und trat neben die traditionellen Korporationen. Beständig wurden neue Vereine zu den unterschiedlichsten Zwecken und Bildungsabsichten gegründet, die bald ein weit in die Gesellschaft hineinreichendes Aktionsfeld bildeten. Das Vereinswesen stellte ein variables „Strukturelement" für die sich beständig weiter ausformende und dynamisch zur Entfaltung drängende moderne bürgerliche Gesellschaft dar. Mit den ersten Vereinen entwickelte sich innerhalb der Frankfurter Oberschicht ein neues Grundverständnis zur Rolle von Bildung und Kultur.[336] Dieser Prozess lässt sich nicht als eine einfache Aneignung von bestimmten ideologischen Überzeugungen beschreiben, sondern resultierte aus den komplexen Strukturen des praktischen Erfahrungsaustausches und des lebensweltlichen Zusammenhangs zwischen den wohlhabenden Familien. Initialzündung für diese Entwicklung war die Gründung der Frankfurter Casinogesellschaft und des Frankfurter Museums, die beide mehr der neuen Zeit und den Interessen der bürgerlichen Oberschicht entsprachen als die Logen und Lesegesellschaften. Beide Gesellschaften leiteten kurz nach 1800 in Frankfurt die Zeit der großen Vereinsgründungen ein.[337]

Am 30. Oktober 1802 verschickte ein „Casino-Ausschuß“, bestehend aus den Bankiers und Kaufleuten Moritz Bethmann, Georg Brentano, Georg Franz Chamot, Joe Noë Baer-du Fay, Constantin Fellner, Johann Philipp Fingerlin, Johann Noé Gogel, Franz Gontard, Anton Meyer, Johann Friedrich von Riese und Karl Thurneysen, einen Statutenentwurf.[338] Ziel der Initiatoren war es, eine Gesellschaft aufzubauen, „die zu jeder Stunde des Tages, sowohl von den Mitgliedern derselben, als auch von denen durch sie eingeführten Fremden besucht, und wo zugleich die neuesten und nützlichsten Zeitschriften gelesen werden“ konnten.[339] Dies geschah in der Absicht, „den vielen durchreisenden und verweilenden Fremden den Aufenthalt angenehm zu machen (...), wobei Genuss gesellschaftlicher Unterhaltung und erlaubter Vergnügungen, desgleichen Erwerbung und Mitteilung gemeinnütziger Kenntnisse durch Vereinigung der verschiedenen gebildeten Stände bezweckt werden sollte“.[340] In den angemieteten Räumlichkeiten existierte ein spezieller Leseraum mit Bibliothek, in dem die zahlreich abonnierten Zeitschriften eingesehen werden konnten. Wenn die Frankfurter Casinogesellschaft der Bildung einen besonderen Stellenwert beimaß, so kamen allerdings die gesellige Unterhaltung und das Spiel am samtüberzogenen Kartentisch, Billard, Festveranstaltungen und Bälle auch in Frankfurt nicht zu kurz.[341]

Der liberal gesinnte Pfarrer Anton Kirchner urteilte als Zeitgenosse über die Gründung: Casinos seien bereits an vielen anderen Orten gegründet, aber oft durch „Adel- oder Geldaristokratie“ verunstaltet worden. Im Sinne „ächter Humanität“ sind „hier (...) die Kasten nicht getrennt, und doch trifft das Verwandte leicht zusammen“.[342] Tatsächlich wird in den Statuten hervorgehoben, dass aller „aus der Verschiedenheit des Standes und Ranges entstehen könnender Zwang bei dieser Anstalt nicht stattfinden dürfe“.[343] Allerdings war die Teilnehmerzahl der ersten Klasse auf 150, später 200 Mitglieder beschränkt, und der Eintritt stand nur dem offen, der Frankfurter Bürger oder Bürgersohn war und darüber hinaus von einem Mitglied empfohlen wurde. Dessen ungeachtet musste er sich im Falle zu vieler Empfehlungen der „Ballotage“, der Abstimmung durch die Mitglieder, unterwerfen. Auch lagen die Mitgliedsbeiträge mit einem Eintrittsgeld von 55 Gulden und einem Jahresbeitrag von 33 Gulden so hoch, dass sie nur von wohlhabenden Frankfurtern entrichtet werden konnten.[344]

Eine undatierte Mitgliederliste aus der Zeit um 1805 ermöglicht einen genauen Aufschluss über die soziale Zusammensetzung dieses Vereins. Von den 212 Mitgliedern gehörten drei Viertel zu den angesehensten Handelsmännern, Bankiers und Verlegern der Stadt. Dazu kamen 30 Patrizier und Adelige, 21 Juristen, die zumeist in der städtischen Verwaltung tätig waren, und fünf weitere akademisch Gebildete sowie ein Bierbrauer. Sie waren allesamt wohlhabend und wirtschaftlich saturiert. Nur zwölf der Verzeichneten waren nicht in der Höchstbesteuertenliste von 1810 aufgeführt. Über die Hälfte errang in den folgenden Jahren ein politisches Mandat. Aus ihren Reihen gingen nicht weniger als 29 Ratsmitglieder hervor und 60 Mitglieder der späteren Gesetzgebenden Versammlung. Insgesamt hatte das Frankfurter Casino den Charakter eines englischen exklusiven Clubs. Es diente, ähnlich dem seit 1782 in der Stadt bestehenden Theater, dem erweiterten Lebensgenuss der Oberschicht.[345]

Die Casinogesellschaft diente aber auch der Emanzipation. Analog zum Wandel im geselligen Verkehr der führenden kaufmännischen Familien untereinander wurde mit den Logen und Vereinen eine weitere Bresche in das System der ständischen Ungleichheit geschlagen. Darauf deutet die konfessionelle Durchmischung der Gründer des Casinos. Ebenso finden sich in der ersten Mitgliederliste der Casinogesellschaft neben den führenden lutherischen Familien der Frankfurter Bürgergesellschaft auch die bekannten Namen des katholischen Bürgertums wie Berna, Brentano, Bolongaro, Guaita, Mülhens und Schweitzer. Noch vor der politischen Gleichstellung vollzog sich also zunächst in den Freimaurerlogen und später in den Vereinen die gesellschaftliche Anerkennung der reformierten und katholischen Bürger.

Die 1808, sechs Jahre nach dem Casino, gegründete Frankfurter Museumsgesellschaft hatte ein ausgeprägteres aufklärerisches Profil und damit einen etwas anderen Charakter als das Casino. Auch fiel die Gründung in eine andere Zeit, über die noch zu sprechen sein wird. Sie knüpfte viel direkter an die Bildungsideale der neuen Zeit an und legte dies auch programmatisch fest: „Der Zweck des Vereines ist, durch wechselseitige Mittheilung derjenigen Einseitigkeit entgegenzuarbeiten, welche von dem Geschäftsleben und dem gewöhnlichen gesellschaftlichen unzertrennlich ist; dagegen aber freie und lebendige Theilnahme an dem Schönen und Guten in Kunst und Wissenschaft nach Kräften anzuregen und zu befeuern."[346] Dieser Gründungsaufruf griff direkt die Forderung nach Erweiterung des bürgerlichen Selbstverständnisses auf, die Jahrzehnte zuvor von Goethe in seinen ersten Schriften formuliert worden war. Nicht einfach nur die gesellige Unterhaltung stand hier im Vordergrund, sondern der gehobene Kunstgenuss in Form musikalischer Darbietungen, Deklamationen und gelehrter Vorträge. Im Unterschied zum Casino kamen die Gründer auch eher aus den Reihen des Bildungsbürgertums. Es handelte sich dabei um den Frankfurter Arzt Aloys Clemens, den Legationsrat Nikolaus Vogt, Oberbaurat Clemens Wenzelslaus Coudray und den Stadtbaumeister Johann Friedrich Christian Heß.[347] Dem zentralen Anliegen der Gesellschaft entsprechend wurden die Mitglieder in vier Klassen eingeteilt, wobei sich in einer Klasse „Nur-Beitragszahler" befanden, während in den Klassen der Tonkunst, der Dichtkunst und des gelehrten Vortrags die Bildungsbürger entsprechend ihren Neigungen und Fähigkeiten zum

Zuge kamen. Faktisch schied sich also die Mitgliedschaft in Vortragende, in der Regel Mitglieder der verschiedenen kulturellen Einrichtungen Frankfurts, und in Kulturkonsumenten aus der wirtschaftlichen Oberschicht, denen die finanzielle Fundierung und Absicherung des Vereins aufgebürdet wurde. Die Museumsgesellschaft unterschied sich damit sehr vom Casino. Aber gerade in Vereinen wie der Museumsgesellschaft zollten die reichen Kaufmannsfamilien den aufstrebenden Künstlern und Wissenschaftlern ein großes Maß an gesellschaftlicher Anerkennung. Die Museumsgesellschaft war nach der Casinogesellschaft der erste Seitenspross eines sich später in zahllose Richtungen entfaltenden Vereinswesens. Es begann die Ausbildung eines Beziehungsgeflechts, das die städtische Gesellschaft in den folgenden Jahrzehnten immer mehr durchziehen sollte und dessen gesellschaftliche Bindungskraft kaum hoch genug eingeschätzt werden kann.

Fasst man die zahlreichen Phänomene zusammen, die wie die Diskussion um eine Verbesserung des Schulsystems, die Reformdiskussion bei den Juden, das Interesse an Kunst, Bildung und Wissenschaft, die Etablierung völlig neuer Stiftungstypen, das Platzgreifen neuer Strukturen in der Öffentlichkeit wie Kaffeehäuser und Theater, die Lesegesellschaften, Logengründungen und Vereinsgründungen von der Geburt einer außerständischen Gesellschaft künden, so sind also durchaus auch ohne einen großen politischen Umbruch vielfältige Anzeichen eines Wandels in den alten, ständisch geprägten gesellschaftlichen Beziehungen in Frankfurt am Main festzustellen. Die katholischen und reformierten Zuwandererfamilien waren nun weitgehend in den geselligen Verkehr der kaufmännischen Oberschicht oder neuen Organisationsformen integriert. Es erfolgte eine soziale Aufwertung der Gelehrten, die wiederum in Ansätzen die tiefe Kluft zu den Juden überschritten und zumindest in der Schulreformdiskussion Kontakte zu den jüdischen Reformern pflegten.

Die überkommenen ständischen Strukturen des alten Stadtbürgertums wurden von innen heraus ausgehöhlt beziehungsweise um zusätzliche Elemente erweitert und bereits zur Jahrhundertwende in wesentlichen Teilen ersetzt. Es dominierten in Bezug auf den sozialen Wandel die inneren, sich aus der Eigendynamik der Bürgergesellschaft entfaltenden Prozesse, die nur sehr indirekt von den äußeren Umwälzungen beeinflusst wurde. Diesen Veränderungsprozess überlagerten wenig später die Umbrüche im Gefolge der Napoleonischen Kriege. Er wurde jedoch nicht von diesen Umbrüchen bestimmt. An diesem Verhältnis änderten auch der Untergang des Heiligen Römischen Reiches und die Preisgabe der Selbständigkeit der Stadt nichts.

4.5 Das Ende der Reichsstadt

Die Furcht vor einem Ende der Reichsunmittelbarkeit, die den Rat bereits bei seinen Verhandlungen mit dem Direktorium um die Freilassung der Frankfurter Geiseln im Jahre 1797 befiel und die durch die Art der Verhandlungsführung auf dem Rastatter Kongress im Jahre 1797 und 1798 noch bestärkt wurde, war nur zu begründet. Nach 1800 deutete noch mehr auf ein nahes Ende des Reiches hin, und mit dem Reich stand und fiel die Souveränität der Stadt Frankfurt. Seit langem kämpften die kaiserlichen und preußischen Truppen eher symbolisch gegen die französischen Revolutionsheere. Die Polnischen Teilungen hatten den preußischen König und den habsburgischen Kaiser mehr interessiert als die bedrohten linksrheinischen Fürsten und Städte, die in einem ersten Anlauf bis 1794 schon einmal französisch besetzt gewesen waren. Insofern hatte Frankfurt Glück gehabt, als es 1793 von hessischen und preußischen Truppen entsetzt worden war. Doch dann kam das preußische Neutralitätsangebot an Frankreich, das am 5. April 1795 in den Frieden von Basel mündete, den Kant mit seiner Schrift vom „Ewigen Frieden“ feierte. Der Friede enthielt bereits die Preisgabe der linksrheinischen Gebiete, wogegen die kaiserliche Diplomatie erfolglos angekämpft hatte.[348] Die Abtretung von Mainz an Frankreich im Jahre 1797 sorgte deshalb rasch für eine allgemeine Ernüchterung. Aber nicht gegen Preußen richtete sich der Unmut, sondern gegen Kaiser Franz II. Damals rief der junge Joseph Görres, der später unter dem Fürsten Metternich eine glanzvolle Karriere durchlief, den Tod des Reiches aus: „Am 30. Dezember 1797, am Tage des Übergangs von Mainz nachmittags um 3 Uhr starb zu Regensburg in dem blühenden Alter von 955 Jahren 5 Monaten und 28 Tagen sanft und selig an einer gänzlichen Entkräftung und hinzugekommenem Schlagfluss bei völligem Bewusstsein und mit allen heiligen Sakramenten versehen das heilige römische Reich schwerfälligen Angedenkens.“[349] Soweit war es 1797 dann doch noch nicht gekommen. Aber nur wenige Jahre später, nach dem erfolglosen Zweiten Koalitionskrieg, folgte auf dem Reichsdeputationshauptschluss von 1803 als Kompensation für die verlorenen Territorien die Aufteilung der geistlichen Gebiete unter den großen Fürsten des Reichs. Danach verfiel das Reich zusehends. 110 Reichsstände in den rechtsrheinischen Gebieten, darunter die Kurfürstentümer Köln und Trier, die Kurpfalz und das Erzbistum Mainz, 19 Reichsbistümer, 44 Reichsabteien und 45 Reichsstädte waren unter die Landesherrschaft der Fürsten gefallen. Das Reichsstädtekollegium bestand nur noch aus sechs Städten, die wie Frankfurt in ihrer Existenz bedroht blieben.[350]

Dazu kamen die wirtschaftlichen Bedrängnisse durch die seit zehn Jahren anhaltende unsichere Situation. Sie geht recht deutlich aus einem Bericht des Bankiers Simon Moritz von Bethmann hervor, der seit dem 1. März 1802 vom Zaren zum russischen Konsul in Frankfurt ernannt worden war. Hier beklagte er sehr, dass er „seit der Erweiterung der französischen Gränze bis an den Rhein und das Vorrükken der

Douanen, so wie des daraus fliesenden Prohibitionssistems gänzlich zernichtete Schiffahrt" den Geschäftsertrag der Messe nicht „mit irgendeiner Genauigkeit bestimmen" könne. Auf der anderen Seite wird in seinem Bericht deutlich, wie weitgespannt der Frankfurter Handel selbst in dieser Zeit noch gewesen ist. Er schreibt von großen „Hauptwaarenvorräthen" und von „westindischen Kolonialprodukten", die wohl aus England stammten und weiter von „Rheinweinen, Sohl- und alle anderen Sorten von Leder, englischen, französischen und deutschen Tücher(n), ostindischen, Schweitzer und sächsischen weisen Tücher(n), Schweitzer und deutschen Zitzen und Kattunen, so wie auch alle Arten französischer, englischer und deutscher Seiden-, Leinen- und Baumwollen-Manufacturwaaren". Weiter verwies er auf den beträchtlichen „Absatz von Eisen-, Messing- und Blechwaaren, so wie auch englische und französische Bijouterie- und Modenartikel(n)." Bethmann beschrieb ausführlich die Notwendigkeit, sich den rasch wandelnden Verhältnissen anzupassen. Dies sei den Frankfurtern zu einem großen Teil geglückt. Zwar sei durch die französische Zollpolitik ein beträchtlicher Teil des französischen Marktes verloren gegangen, doch konnten die Verluste durch den Staatspapierhandel an der Frankfurter Börse ersetzt werden. Insbesondere erwähnt er beträchtliche „Anlehensnegociationen für den österreichischen, bayerischen und viele andere Höfe". Außerdem sei Frankfurt zu einem Stapelplatz für englische oder besser „westindische(n) Colonialproducte" und „englische Manufakturwaaren" aufgestiegen, an dem auch „die Franzosen, ohnerachtet aller Verbote, (...) ihre reellen Bedürfnisse" befriedigen. Da das Mittelmeer durch den anhaltenden Seekrieg zudem unsicher geworden sei, „bedecken eine ungeheure Menge Frachtwagen die Strasen von Hamburg, Bremen, Emden, denen Frankfurt zur Hauptniederlage dient." Bethmann verweist noch auf einen weiteren interessanten Punkt. Die Frankfurter „Banquierhäuser" investierten in Tuchmanufakturen, und zwar sowohl in der unmittelbaren Umgebung wie etwa in Hanau, Offenbach und Friedrichsdorff, als auch in die „niederländischen Wollentuchfabricken von Aachen, Montjoye, Verviers so wie auch die Elberfelder Seiden- und Baumwollenfabricken". Sie versorgten die Fabriken „vorschusweise mit baarem Geld" zur Bezahlung der Arbeiter und organisierten den Verkauf nach Frankreich, Italien oder in die Türkei. Trotzdem also große Erfolge zu verzeichnen waren, blieb die Unsicherheit, mit der der Handelsplatz auf Gedeih und Verderb zurechtkommen musste. Es komme zwar auf die Betriebsamkeit der Handelshäuser an, doch bei allem Geschick blieben „die verschiedenen Zweige der Geschäfte den politischen Ereignissen" untergeordnet, und niemand könne verhindern, „daß öfters manche verschwinden und andre ganz neue entstehen."[351] Die Gefahr des Verschwindens bestand jedoch nicht nur in Bezug auf die Flüchtigkeit der Wirtschaftsbeziehungen, sie betraf auch die Reichsunmittelbarkeit der Stadt. So blieb nur das Beten. Der Suche nach Halt entsprach der Senior des Frankfurter protestantischen Prediger-Ministeriums auf seine Weise, indem er ein Gebet unter dem Titel „Wohl dem Menschen, der, wenn Trübsal da ist, Gott sucht" drucken ließ. Die katholische Gemeinde wiederum bot spezielle Bittandachten an, deren Gebete ebenfalls gedruckt wurden.[352]

Tatsächlich starb die Reichsstadt als Institution nun sehr schnell.[353] Wenn sie auch die Reichsdeputation von 1803 dank der zu Napoleon geknüpften Beziehungen, bei denen der zitierte Bankier Simon Moritz von Bethmann eine wichtige Rolle gespielt hatte, noch gut überstand. Ja, durch die Säkularisation profitierte sie sogar vom Ausverkauf des Reichs, denn die Reichsstadt wurde zum zweiten Mal Nutznießerin der Enteignung von Kirchengut. Nach den Kirchenenteignungen in der Reformationszeit folgte nun die Säkularisation als Folge des Reichsdeputationshauptschlusses von 1803.

Im Frieden von Lunéville 1801 war, wie erwähnt, das linke Rheinufer Frankreich endgültig zugestanden worden. Die Eigentümer linksrheinischer Besitzungen wurden enteignet, sollten aber aus Vermögenswerten im Reichsinnern entschädigt werden. Die Einzelheiten regelte die sogenannte Reichsdeputation, indem sie nicht nur die Mehrzahl der deutschen Kleinstaaten mediatisierte, sondern auch eine Vielzahl kirchlicher Institutionen den nächstliegenden Landesherrn zur Verfügung stellte, und zwar „sowohl zum Behuf des Aufwandes für Gottesdienst, Unterrichts- und andere gemeinnützige Anstalten, als zur Erleichterung ihrer Finanzen".[354] Frankfurt hatte keine linksrheinischen Besitztümer verloren, doch auf alte Rechtsansprüche im Umland, insbesondere hinsichtlich der „Reichsdörfer" Sulzbach und Soden gegenüber Nassau-Usingen, verzichten müssen. Hierfür erhielt Frankfurt die säkularisierten geistlichen Güter innerhalb seiner Stadtmauern und mit den Besitzungen der Karmeliter auch Weinberge in Hochheim, deren Verkaufserlös zur Abdeckung von Pensionsansprüchen der Geistlichkeit und Reichsbeamten dienen sollte. Der kleinere Rest, vermehrt um spätere Ankäufe, bildet heute das Weingut der Stadt Frankfurt.[355] Im Karmeliterkloster befindet sich heute das Institut für Stadtgeschichte. Es sind also Immobilien, Kirchen und andere Liegenschaften sowie zahlreiche Gegenstände aus dem kirchlichen Kunstbesitz in zwei Schüben in den Besitz der Stadt übergegangen.

Die Freude über den Zugewinn währte jedoch nur kurz. Denn die allgemeine politische Situation spitzte sich schließlich nach der Niederlage der Koalitionstruppen bei Austerlitz im Jahre 1805 weiter dramatisch zu. Alles hing nun von der Haltung Napoleons zum Deutschen Reich ab. Die großen Reichsstände standen auf seiner Seite, zunächst seit 1795 Preußen, dann im Laufe des Dritten Koalitionskrieges von 1805 auch die großen süddeutschen Flächenstaaten. Napoleon dankte es ihnen mit Standeserhöhungen wie in Bayern und Württemberg, wo Monarchien begründet wurden, oder wie in Hessen-Darmstadt, das zum Großherzogtum aufstieg, und in Baden und Nassau, die immerhin die Herzogswürde verliehen bekamen.[356] Einige deutsche Fürsten forderten Napoleon daraufhin auf, das Reich Karls des Großen zu erneuern und Frankreich, Deutschland und Italien unter seiner Kaiserherrschaft zu vereinigen. Dem stand Kaiser Franz II. machtlos gegenüber.[357] Der Einmarsch der Franzosen in Wien und der Friede von Pressburg hatten die Unterlegenheit des Reichs deutlich gezeigt, gleichzeitig drohte die völlige politische Demontage, nachdem Napoleon Franz II. ultimativ aufgefordert hatte, bis zum 10. August die Kaiserkrone niederzulegen. Franz II. schickte sich in das Unvermeidliche und ließ am 10. August 1806 auf dem Regensburger Reichstag durch seinen Gesandten verkünden, dass er die Kaiserkrone niederlege und alle deutschen Reichsangehörigen und Untertanen von ihren Pflichten entbinde. Die Nachricht erreichte Frankfurt in sommerlicher Hitze am 15. August. Johann Wolfgang Goethe kehrte gerade von Karlsbad nach Weimar zurück und schrieb an seine Mutter: „Auch fanden wir bey unserer Rückreise (...) in den Zeitungen die Nachricht: das Deutsche Reich sey aufgelöst". Goethes Mutter, Catharina Elisabeth Goethe, schrieb ihrem Sohn am 19. August 1806 zurück, dass „gestern (...) zum ersten mahl Kaiser und Reich aus dem Kirchengebet weggelaßen" wurden.[358] Da hatte Frankfurt als Reichsstadt de facto aufgehört zu bestehen.

Bereits im Frieden von Pressburg von Dezember 1805 finden sich Passagen, die die verbliebenen Reichsstädte beunruhigten. Augsburg wurde in das Königreich Bayern eingegliedert und das gleiche Schicksal drohte auch Nürnberg und Frankfurt. Auch der frisch „gekürte" Herzog von Baden hegte Ambitionen, sich die Reichsstadt einzuverleiben. Er fragte diesbezüglich bei Napoleons Außenminister Talleyrand nach, und es soll sogar Verhandlungen zwischen Frankfurt und Baden in Paris gegeben haben. Baden sei bei Vorlage der Frankfurter Schulden, die sich als Folge der Kriege aufgetürmt hatten, dann allerdings schnell wieder von dem Vorhaben abgerückt.[359]

All das aber blieben nur Spekulationen, denn Napoleons Pläne liefen in eine ganz andere Richtung. Seit Januar 1806 war Frankfurt mehr oder weniger von französischen Truppen besetzt worden, und ab Mai wurde offen über Rheinbundpläne gesprochen sowie darüber, dass Frankfurt einem Staat unter dem ehemaligen Kurerzkanzler Carl Theodor Reichsfreiherr von Dalberg als Fürstprimas an die Spitze zugeschlagen werden sollte. Dalberg war kein Unbekannter. Er wurde am 8. Februar 1744 in Mannheim geboren und stammte aus einem alten mittelrheinischen Adelsgeschlecht, das als Kämmerer der Bischöfe von Worms eine gewisse Bedeutung gewonnen hatte. Er war der älteste Sohn von Franz Heinrich von Dalberg, der als Burggraf zu Friedberg, Statthalter in Worms und Oberamtmann zu Oppenheim eine Reihe von angesehenen Ämtern durchlaufen hatte. Carl Theodor von Dalberg studierte die Jurisprudenz in Göttingen und Heidelberg, promovierte mit siebzehn Jahren und begab sich danach erst einmal auf eine längere Kavaliersreise. 1768 wurde er Domkapitular in Mainz und seit 1772 erzbischöflich-mainzischer Statthalter in Erfurt. Daran schlossen sich in raschem Wechsel weitere Ämter an. So wurde er 1781

Titularerzbischof von Tarsus, 1784 Rektor der Universität Würzburg, dann 1787 Koadjutor des Mainzer Erzbischofs Karl Joseph von Erthal. 1788 folgte die Priester- und Bischofsweihe, die ihm den Weg ebnete, Koadjutor von Konstanz zu werden und dann 1800 zum Bischof von Konstanz. Nur zwei Jahre später erfolgte die Ernennung zum Erzbischof von Mainz mit Residenz in Aschaffenburg. Doch währte das nur kurz. Nach der Auflösung des Erzbistums Mainz im Jahre 1803 bekam er die Bischofswürde des Erzbistums Regensburg verliehen, kurz bevor er 1806 schließlich Fürstprimas des Rheinbundes und souveräner Fürst von Frankfurt werden sollte.[360]

Napoleon hatte für ihn ein eigenes Fürstentum aus den Ostgebieten des ehemaligen Erzbistums Mainz, der Reichsstadt Frankfurt, den östlich sich anschließenden Grafschaften Hanau und Isenburg sowie dem Fürstbistum Fulda mit den Residenzen Aschaffenburg und Frankfurt geschaffen. Es sollte Teil des Rheinbundes sein – doch nicht einfach Teil, sondern sein Zentrum. Im Juli war der Plan einer Konföderation von sechzehn Mitgliedern mit dem Erzkanzler als Primas und einem Bundestag dieser föderierten Staaten, der seinen Sitz eben im fürstlichen Primatialstaat und damit in Frankfurt am Main haben sollte, unter Dach und Fach. Die Rheinbundakte wurde am 12. Juli 1806 veröffentlicht. Die Ratifizierung zog sich noch ein paar Tage hin. Doch in Frankfurt galt die Sache bereits Mitte Juli als entschieden.[361] Die Stadt zog ihre Verhandlungsdelegation aus Paris ab. Am 14. August informierte Marschall Pierre-François-Charles Augereau den Rat offiziell über den Inhalt der Rheinbundakte und ihre Zukunft unter dem Fürstprimas.[362] Einen Tag später forderte er die Stadt zu einer großen Feier aus Anlass des Geburtstages von Napoleon auf, was der Rat erst ablehnte, weil sich Rat und Bürgerschaft in trauriger Gemütsstimmung über ihr bevorstehendes Schicksal befänden, „und dass sich Lustigsein nicht erzwingen lasse".[363] Der Vertreter des Fürstprimas musste intervenieren und den Rat zur Durchführung der Feierlichkeiten anhalten. Die Illumination der Stadt wurde daraufhin pflichtschuldig absolviert. Doch wegen Regenschauer und Wind wollten die Lampen nicht richtig brennen und statt „Lustigsein" loderte die Schadenfreude auf, als ein Teil des Feuerwerks nicht funktionierte.[364]

Im Auftrag des Fürstprimas nahm Generalkommissar Étienne Lambert am Abend des 17. August Frankfurt in Besitz und verschaffte sich einen Überblick über die Finanzen und Besitzverhältnisse der Stadt. Mehrere Delegationen nahmen daraufhin mit Dalberg in Aschaffenburg Kontakt auf. Der Fürstprimas sprach mit ihnen und teilte ihnen seine Absicht mit, Ende September nach Frankfurt zu kommen. Solange übte man sich in Geduld. entfernte schon einmal die Symbole des Reichs und schritt am 19. August zur letzten selbständigen Regierungshandlung, nämlich der Proklamation des Rates an die Bürger mit dem offiziellen Abschied. Das sorgte, als sie am 23. August in den Zeitungen erschien, für einige Aufregung. Der Rat hatte die Ereignisse der letzten Jahre aufgelistet und erklärt, dass man die Verpflichtungen gegen Kaiser und Reich gewissenhaft eingehalten und versucht habe, die Frei-

Triumphbogen für Napoleon I. (nach dem Frieden von Tilsit) am Ausgang der Zeil zur Hauptwache, 24. Juli 1807

heit der Stadt zu bewahren. Wortwörtlich hieß es: Es war „unser stetes und eifrigstes Bestreben dahin gerichtet gewesen, die freye und selbständige Verfassung der hiesigen Stadt dadurch zu retten, daß wir nicht nur die Verpflichtungen gegen Ihro Römisch. Kaiserl. Majest. und das Reich gewissenhaft und pünktlich erfüllt, sondern auch, unterstützt durch die Anstrengungen und das gerechte Vertrauen unserer Mitbürger in unsere pflichtmäßige Verwaltung, bey jenen unermeßlichen Aufopferungen, die unserer Stadt durch Kriegs-Contributionen, Requisitionen und Forderungen aller Art aufgelegt worden waren, die Staatsfinanzen und den Kredit derselben aufrecht gehalten" zu haben. Den Besatzern warfen die Stadtväter Vertragsbruch vor und dokumentierten so den Wunsch nach Souveränität, denn wegen der zahlreichen Kontributionsleistungen „hatten wir aus bestimmten und mehrmals wiederholten Zusicherungen der französischen Regierung in den Jahren 1796 und folgenden, die beruhigende Hoffnung geschöpft, daß die Erhaltung der freyen Verfassung Frankfurts mit keiner Gefahr bedrohet sey".[365] Die Proklamation endete mit einem Dank an die Bürgerschaft. Die Frankfurter biederten sich also nicht – wie viele Fürsten – den Machthabern an, sondern wahrten die Option auf die Zukunft. Das offene Treuebekenntnis zum Kaiser, der unverhohlene Vorwurf des Vertrauensbruchs und die fehlende Begeisterung für das bonapartistische Regiment sorgten bei den französischen Besatzern für einigen Unmut. Die beiden letzten Sitzungen des Frankfurter Rates, die am 6. und 8. September 1806 stattfanden, blieben davon allerdings unberührt. Ihr Hauptthema war die bevorstehende Besitzergreifung. Am Abend des 8. Septembers kündigten 25 Kanonensalven die Übernahme der Stadt durch den französischen Kommissar Lambert an. Die Übergabe war für den nächsten Tag vorgesehen und wieder sollte dabei der Donner von Kanonen die Dramatik des Akts unterstreichen.[366]

4.6 Frankfurt unter dem Fürstprimas Dalberg

Zur Übergabe hatten sich am anderen Tag der Rat der Stadt Frankfurt, die Bürgerkapitäne, die Rittmeister der Bürgerkavallerie, der Bürgerausschuss der 51er und der Neuner sowie der 28er im Kaisersaal des Römers versammelt. Anwesend waren auch der Kommissar Lambert und die fürstprimatischen Kommissare von Roth und Idstein.[367] Nach einer längeren Rede Lamberts erklärte Syndikus Carl Friedrich Seeger knapp: „Mit Unterwerfung verehren wir die Staatsveränderung, welche in diesem Augenblick über das allgemeine Wesen vollzogen ist, das unserer Verwaltung bisher anvertraut war. Der mächtige Wille des großen Monarchen, dessen Organ Sie, Herr General-Kommissär sind, ist für uns, unsere sämtlichen Mitbürger und Angehörigen unabweichliches Gesetz."[368] Damit endete erst einmal die „Freyheit" der Stadt. Der von Dalberg zum Gouverneur ernannte Staatsminister Franz Joseph von Albini übernahm seine Geschäfte, die beiden Bürgermeister gelobten Treue und alle zusammen brachten ein Lebe hoch auf Napoleon und Dalberg aus. Danach schritt die Versammlung zum Festmahl, das in dem Zimmer vorbereitet war, in dem einst die Wahlkapitulationen der deutschen Könige verhandelt worden waren.[369] Für die Vorbereitungen auf diesen Tag hatten die Handwerker viel zu tun gehabt, denn an allen öffentlichen Gebäuden musste das fürstprimatische Wappen angebracht werden. Eine Delegation, die sich nach Aschaffenburg begeben hatte, huldigte Dalberg noch am gleichen Tag. Doch er selbst besuchte Frankfurt erst am 25. September 1806, und bevor er sich auf eine Rundfahrt durch die Stadt begab, richtete er sich erst einmal in seiner neuen Residenz im Thurn und Taxisschen Palais ein.[370]

58 Jahre nach der Vertreibung des Fürsten Thurn und Taxis nahm also wieder ein Fürst das Palais zur Residenz. Das Gebäude musste zuvor in Stand gesetzt werden, bevor die Übernahme von der fürstlichen Familie Thurn und Taxis ordentlich geregelt werden konnte. Die Große Eschenheimer Gasse hieß nun Carlsstraße und das Eschenheimer Tor wurde in Carlstor umgetauft. Die Taxis bekamen ihre Reichsprivilegien bestätigt, und in der Lehensurkunde vom 10. August 1806 zwischen dem Fürstprimas und dem Fürsten Karl Alexander von Thurn und Taxis wurde ihnen als zusätzliches Privileg die „Würde und das Amt eines Erblandpostmeisters im ganzen Umfang ihrer Staaten Sr. Fürstlichen Gnaden Carl Alexander Fürsten von Thurn und Taxis und seinen männlichen Nachkommen als Thronlehen" zugestanden. Im Gan-

zen enthielt der Vertrag 38 Paragraphen und musste vor Inkrafttreten noch in Paris ratifiziert werden, was erst am 21. November 1807 vollzogen werden konnte. Es ging eben nichts ohne Kaiser Napoleon. In einem geheimen Zusatz gestatteten die Taxis als Gegenleistung für die Privilegienvergabe Dalberg die Nutzung des Palais. „Fürstl. Gnaden der Herr Fürst von Thurn und Taxis überlassen den Genuss des Ihnen eigenthümlichen Palais in Frankfurt" und statt dafür etwa Miete zu zahlen, verlangte Dalberg von den Taxis noch jährlich 12.000 Gulden, die direkt „in die Staatscasse Sr. Hoheit" eingezahlt werden sollten. Dalberg hatte die Absicht, mit dem Geld später Ausgaben für milde Zwecke zu begleichen. Damit endeten die Wünsche des Fürsten noch immer nicht. Dalberg hatte sich zudem ausbedungen, keine Störung durch den lärmenden Postbetrieb erleiden zu müssen. Deshalb sollte die „Postwagenexpedition" in den Rahmhof verlegt werden. Mochten die rasselnden Kutschen dort den Bürgern den Schlaf rauben. Im Palais selbst beließ Dalberg alles beim Alten, bis auf einige Lüster, Sofas, Sessel und Stühle im Empiregeschmack, die wohl schon 1792 bei der Überholung der Räume durch Stadtbaumeister Johann Georg Christian Hess angeschafft worden waren. Außerdem hängte er zwei kostbare Teppiche aus der Pariser Gobelinmanufaktur auf, die er von der Stadt Paris geschenkt bekam, als er an der Krönungsfeier Napoleons teilgenommen hatte. Diese Zurückhaltung verwundert nicht weiter, denn Dalberg wollte nur zu feierlichen Anlässen im Palais Thurn und Taxis residieren und wohnte in der meisten Zeit im Aschaffenburger Schloss – fern ab von dem Trubel der Handelsstadt.[371]

Mit der Gründung des Rheinbundes war die Einbindung Frankfurts in den Fürstlichen Primatialstaat vorbereitet worden. Im Rheinbundvertrag vom 12. Juli 1806, der eine deutsch-französische Pufferzone schuf, wurde Frankfurt am Main mit Aschaffenburg, Regensburg, Wetzlar und einigen kleineren reichsstädtischen und reichsritterlichen Gebieten zusammengeschlossen.[372] Zusammen betrug die Fläche kaum 100 Quadratmeilen (5625 Quadratkilometer), woran auch die Angliederung einiger reichsritterschaftlicher Gebietssprengsel nicht mehr viel änderte. Das Territorium vereinigt viele Orte, in denen das untergegangene Reich wichtige Institutionen etabliert hatte. Dazu gehörte nicht nur die Wahl- und Krönungsstadt Frankfurt, sondern auch Wetzlar als Sitz des Reichskammergerichts oder Regensburg, wo der Reichstag getagt hatte. Hinzu kam der Mainzer Kurfürst selbst, der in Personalunion das Amt des Reichserzkanzlers ausgeübt hatte.

Insofern entsprach der Primatialstaat ziemlich genau Dalbergs Plänen von der zukünftigen Rolle des Rheinbunds. Er hatte die Absicht, eine moderne Variante des untergegangenen Reichs wieder ins Leben zu rufen, und zu diesen festen Vorstellungen gehörte als erster Schritt, Frankfurt als Sitz der Bundesversammlung dieser Föderation zu etablieren. Aber genau dieses Vorhaben zerschlug sich gleich in den ersten Tagen seiner Regentschaft. Der eigentliche Grund für Dalbergs späten ersten Besuch in Frankfurt war gewesen, den ersten Bundestag des Rheinbundes in

Carl Theodor von Dalberg (1744–1817) als Großherzog von Frankfurt

Frankfurt zu eröffnen. Dalbergs Hoffnungen auf einen Erfolg dieses Unternehmens stützten sich zum einen auf einen Besuch bei Napoleon, den er im August unternommen hatte, und auf den Auftrag, eine Verfassung für den Rheinbund auszuarbeiten. Dalberg war dem mit großem Eifer nachgekommen und hatte Napoleon bereits am 13. August, also nur wenige Tage nach dem Treffen, einen Entwurf übersandt.[373]

Der Entwurf gipfelte in der Idee einer europäischen Föderation unter Napoleons Führung. Der Europaplan richtete sich gegen Russland und England, hatte also strategische Ziele. Doch bevor die globale Perspektive seiner Planungen reifen konnte, musste erst einmal der Nukleus dieser Union, der Rheinbund, zu einem funktionierenden Staatengebilde ausgebaut werden. Zu diesem Zweck sollten sich Gesandte der souveränen Einzelstaaten des Rheinbundes einmal im Jahr in Frankfurt versammeln. Dalberg hatte noch weiter gehende Pläne. Im schwebte bereits eine Exekutive vor, die aus Repräsentanten der Königreiche Sachsen und Bayern bestehen sollte. Damit knüpfte er direkt an das alte Reich an, denn dort hatten Kursachen und Kurbayern die Funktion des Reichsvikariats innegehabt. Für die Schutzmacht des Rheinbundes, Frankreich, sah Dalberg das militärische Oberkommando vor. Seine Pläne waren also weit gediehen, und tatsächlich versammelten sich Anfang September 1806 in Frankfurt viele Gesandte der Rheinbundstaaten und warteten auf das Signal zur Abhaltung eines derartigen Bundestags. Es erfolgte am 13. September sogar eine offizielle Einladung, und es war vorgesehen, dass der fürstlich primatische Gouverneur Frankfurts Franz Joseph Freiherr von Albini diesen Bundestag leiten solle. Doch die Vertreter der neuen Königreiche Bayern und Württemberg sowie des Großherzogtums Berg boykottierten die Einladung und blieben der geplanten Versammlung fern. Drohungen Dalbergs, auch ohne sie zu verhandeln, schlugen sie in den Wind, was seine Gründe hatte. Bayern und Württemberg waren gerade zu Königreichen erhoben worden und wollten sich ihre Souveränität weder von einer zweifelhaften Föderation noch von einem rangniederen Fürstprimas beschneiden lassen. Mit diesem offenen Affront brach Dalbergs kühne Konstruktion in sich zusammen. Der Bundestag fand nicht statt, die Gesandten reisten unverrichteter Dinge ab und mit den Vorbereitungen für den Krieg gegen Preußen wurden die Bundestagspläne sowohl von Napoleon als auch von Bayern und Württemberg auf den Sankt Nimmerleinstag verschoben.[374] Einen Monat später fand dann am 14. Oktober 1806 die Doppelschlacht von Jena und Auerstedt statt und diese machte die Träume Dalbergs von einem starken Rheinbund als Kern einer europäischen Staatenkonförderation vollends obsolet. Es gab nichts mehr im Osten, wogegen ein Rheinbund von Nutzen gewesen wäre.

Es gehörte nicht zu Dalbergs Tugenden, sich in das Unabänderliche zu fügen. Er hielt am rheinischen Bundestag fest und legte ein Jahr später einen abgewandelten Verfassungsentwurf vor, in dem er auf die Mitwirkung Bayerns und Sachsens in der Exekutive verzichtete und für diese Würde direkt Napoleon vorsah. Er hatte auch das Gerichtswesen dieses Bundes dargestellt und für Frankfurt einen Bundesgerichtshof vorgesehen. Sogar Zeit und Ort für die Bundesversammlung waren jetzt genau fixiert. Sie sollte in den beiden Wochen nach Ostern und im Frankfurter Römer stattfinden. Doch die anfängliche Begeisterung für Dalbergs Pläne war längst in Ernüchterung umgeschlagen. Deshalb schlug dem Fürstprimas offener Widerstand entgegen. Da half auch die Unterstützung des französischen Gesandten nicht mehr viel. Der Streit zog sich bis in den Oktober 1808 hin, dann hatte auch Napoleon genug davon. Dalbergs rheinbündischer Verfassungsentwurf und damit auch eine herausgehobene Stellung Frankfurts in diesem Staatenbund, die einer Hauptstadt gleichgekommen wäre oder zumindest die Aussicht auf eine solche Stellung enthalten hätte, endeten sang und klanglos in den Schubladen einer ganzen Reihe von staatlichen Verwaltungen.[375]

Das Scheitern der großen Vision, mit Napoleon zusammen ein europäisches Reich zu kreieren, enthob Dalberg nicht der Notwendigkeit, den eigenen kleinen Staat zu einem funktionsfähigen Gebilde auszubauen und im Innern zu festigen. Kein anderes Territorium des Rheinbundes war so bunt zusammengewürfelt wie der Primatialstaat Dalbergs und benötigte deshalb wie kaum ein anderer Staat in dieser Zeit eine neue Ordnung. Vor diesem Hintergrund vollzogen sich die Dalbergschen Reformen, die auch Frankfurt betrafen.[376]

Den Erneuerungsabsichten des Fürsten Dalberg stand die Stadt machtlos gegenüber. So hatte der Rat schon zuvor in einer Proklamation an die Bürger und Adminis-

Das Großherzogtum Frankfurt und die Isenburgischen Länder. Karte von Friedrich Wilhelm Streit und Carl Ferdinand Weiland. Geographisches Institut Weimar, 1812

trationsuntergebenen unter Hinweis auf die lange Liste der Kontributionen, die die Stadt zwischen 1792 und 1805 für den Erhalt ihrer Freiheit hatte zahlen müssen, resignierend festgestellt, dass Napoleon und General Lambert den Fürstprimas ermächtigt hätten, die Stadt in Besitz zu nehmen. „Dabey aber" hätten sie „sowohl uns als auch andere Diener des hiesigen gemeinen Wesens zu Fortsetzung der ihnen obliegenden Amts- und Dienstverpflichtungen ausdrücklich angewiesen".[377] Auf der anderen Seite boten sich langfristig betrachtet durchaus Chancen für die Verfolgung der speziellen Frankfurter Interessen. Die Eingliederung einer so großen Stadt mit ihren republikanischen Traditionen in einen derart sozial und konfessionell zerrissenen wie politisch schwachen Staat hätte auf Dauer sicher Konsequenzen für den Gesamtstaat gehabt, denn in keinem anderen Territorialstaat Deutschlands war das bürgerliche Element so stark vertreten wie im Fürstlichen Primatialstaat Dalbergs. Von den 300.000 Untertanen des Landes stellten die rund 40.000 Einwohner Frankfurts immerhin 13 Prozent. Die politischen Führer der Stadt und die Kaufleute konnten davon ausgehen, aufgrund ihrer wirtschaftlichen Bedeutung die eigenen Interessen auf Dauer erfolgreich vertreten zu können. Ohne wirkliche Alternative stellten sie ihren Wunsch nach Erhalt der reichsstädtischen Freiheiten also zurück und ordneten sich den neuen Gegebenheiten unter. Sie verbanden diese Unterwerfung allerdings mit der Hoffnung auf ein Ende der Kontributionszahlungen und anderer Kriegsbelastungen, was im Übergabeakt seitens der neuen Landesregierung auch ausdrücklich zugestanden wurde. So hieß es in dem von Albini angefertigten Übergabeprotokoll: „Die Gebiete der Konföderation werden nun in engerer Verbindung lebend, nicht mehr so wie vorhin jedem Einbruch offen stehen und der Kriegslust preisgegeben seyn. Sein mächtiger Schutz wird die Segnungen des Friedens über uns bringen, alle Quellen des Wohlstandes und der Volksglückseligkeit neu beleben und die Handlung (...) auf jene Stufe der Höhe setzen, worauf solche mit Recht zu stehen verdient."[378]

Die Eingliederung in den Primatialstaat bildete insgesamt eine wichtige Zäsur in der Frankfurter Geschichte und wirkte sich unmittelbar auf das politische Leben der städtischen Bürger aus. Um die Interessen Frankfurts mitbestimmen zu können, genügte es nicht mehr, im Rat der Stadt präsent zu sein. Es wurde wichtiger, Verbindungen zu den landesfürstlichen Behörden herzustellen. Tatsächlich ist es den Frankfurter Bürgern gelungen, Vertreter in den höchsten Rängen der fürstlichen Verwaltung zu platzieren. Zu nennen wären hier der Syndicus Carl Friedrich Seeger, der als Concommissarius des Staatsrates Carl Freiherr von Eberstein in unmittelbarer Nähe Dalbergs wirkte, und der Juwelier Georg Steitz, ehemals Geisel des französischen Generals Jourdan, der in kürzester Frist als Geheimer Finanz- und Administrationsrat der fürstlichen Güteradministration auf eine wichtige Position im Staatsapparat gelangte. Später rückte er sogar zum Staatsrat auf und leitete für kurze Zeit das Finanzministerium.[379] Damit basierten die Hoffnungen durchaus auf realen Möglichkeiten und wurden noch bestärkt durch den vorläufigen Erhalt der reichsstädtischen Verfassung und der Selbstverwaltungseinrichtungen der Stadt.

Dennoch bildete die Unterordnung des städtischen Bürgertums unter einen Territorialfürsten den ersten gravierenden Einbruch in die Souveränität, seit die Franzosen im Jahre 1759 die Stadt für mehrere Jahre besetzt gehabt hatten, und das blieb nicht ohne Folgen. Zwar existierte die äußere Verfassungsstruktur im Großen und Ganzen erst einmal weiter, aber der Machtbereich des Rats wurde von der Staatsregierung auf die Aufgaben einer städtischen Verwaltung beschränkt. Außerdem wurde die Autonomie des Rats beschnitten und beispielsweise sein Recht, die nachrückenden Ratsmitglieder selbst auszuwählen, an eine Bestätigung durch den Fürsten gebunden. Die Ratsmitglieder waren nun gezwungen, auf die Wünsche Dalbergs Rücksicht zu nehmen. Anfangs schien, trotz dieser Kompetenzverluste, alles beim Alten zu bleiben. Doch bereits geringe Modifikationen der reichsstädtischen Verfassung führten zu gravierenden Veränderungen in der politischen Führungsspitze.

Zuerst wurde die mit dem Ratsregiment verbundene Vermischung der Gewalten, der Exekutive, Legislative und Judikative, aufgehoben. Der Rat verlor neben der außenpolitischen Souveränität auch noch den größten Teil seiner Gerichtskompetenzen. Patrizier wie Juristen wurden in neue, vom Rat getrennte Gerichte abgeschoben – die Patrizier in das Oberappellationsgericht und die Juristen in das Stadtgericht – und verloren so den direkten Zugriff auf die exekutive Gewalt. Damit verminderte sich nicht nur die Zahl der Ratsmitglieder von 43 auf 30, sondern die Abschiebung der Schöffen und Juristen an die Gerichte bewirkte auch, dass sich der Anteil des Patriziats von zehn auf sechs und der der Juristen sogar von elf auf drei Prozent reduzierte. In gleichem Maß nahm das Gewicht der Kaufleute zu.[380] Die Veränderungen waren deutlich, aber sie lagen durchaus im Trend der Jahrzehnte zuvor und setzten gewissermaßen auf politischer Ebene um, was sich sozial und kulturell und zum Teil auch politisch bereits seit längerem abgezeichnet hatte. In genau die gleiche Richtung zielten weitere Reformen. Die neuen politischen Gegebenheiten eröffneten den benachteiligten oder sogar rechtlosen Bürgern die Möglichkeit, auf ihre bereits vollzogene gesellschaftliche Anerkennung die politische Gleichstellung folgen zu lassen. Es waren die bisher minder privilegierten reformierten und katholischen Kaufleute sowie die Juden, die nach einer grundlegenden Verbesserung ihrer politischen Rechte strebten.

Es fügte sich, dass der neue Landesherr katholisch war. Tatsächlich setzte Dalberg sich für die Katholiken der Stadt ein. Als Erstes versuchte er, die ungelösten Probleme der 1803 durchgeführten Säkularisation, darunter die Frage der Kirchen- und Schulverfassung sowie der Pensionen der Klostergeistlichen, zu regeln. Dies hatte Dalberg vor Augen, als er am 24. Juni 1808 seine Absicht erklärte, die geistlichen Güter, die 1803 an den Rat gefallen waren, sollten von nun an „zur Dotation der dasiegen katholischen Kirchen und Schulen gewidmet“ werden.[381] Zur Verwaltung dieser Güter setzte er die „Geistliche Güter-Administration“ ein, ein Gremium, dem mit Antonius Brentano und Jacob Guiollett, der später in den Rat und zum Bürgermeister aufstieg, zwei führende Repräsentanten des katholischen Bürgertums angehörten.[382] Als weitere Folgen der Reformen wurden die „Vorsteher der löblichen catholischen Gemeinde" nun „allgemein und öffentlich als Vertreter der katholischen Gemeinde behandelt und anerkannt".[383] Das neue System der Vorsteher ermöglichte den Laien eine größere Mitwirkung an der Verwaltung der Kirchengemeinde und bildete eine Vorstufe für den späteren Gemeindevorstand.

Am schwerwiegendsten aber waren die Eingriffe in die politische Rechtsstellung der Katholiken. „Res publica est res populi", mit diesem Motto Ciceros begann Friedrich Schlosser seine Aufzeichnungen über die katholische Gemeinde und betonte damit den Wunsch, vorbehaltlos zum Volk, sprich zum Kreis der Bürger, zu gehören. Nach der gesellschaftlichen Anerkennung in den Vereinen wurde mit Unterstützung des Fürstprimas eine weitere Bresche in das Gefüge von konfessionell bedingten Benachteiligungen geschlagen. Dalberg verfügte bei der Staatsgründung die Emanzipation der christlichen Minderheiten, bevor er vier Jahre später die Emanzipation der Juden dekretierte. „Die Mitglieder der drei kristlichen Religionen sind von keinem öffentlichen Amt ausgeschlossen", hieß es 1806, und erstmals seit der Reformation beteiligten sich wieder Katholiken an den politischen Gremien der Stadt.[384] Es handelte sich nicht zufällig um den Mitbegründer der Theater Aktiengesellschaft und des Casinos Georg Franz Chamot, den Vorsteher der katholischen Gemeinde und Amtmann Jacob Guiollett sowie um das Casinomitglied Georg Friedrich Guaita, der 1822 als erster katholischer Bürgermeister seit dem Jahre 1576 ins höchste Amt der Stadt einziehen sollte.

Dalberg schloss mit diesen Reformen direkt an einen Prozess an, der bereits Jahrzehnte vorher begonnen hatte. Bereits in den achtziger Jahren waren Beschränkungen in der Religionsausübung Stück für Stück abgebaut worden. Danach begann für die erfolgreichen Mitglieder der Gemeinde der Aufstieg in die kaufmännische Oberschicht und ihre Integration in die familiären und gesellschaftlichen Beziehungen. Ausdruck dieses Aufstiegs waren die Mitgliedschaften in der Loge „Einigkeit" und später auch in den Vereinen. Die Emanzipation betraf nicht nur die Katholiken, sondern ebenso die beiden anderen minder privilegierten christlichen Gemeinden – die Deutsch- und Französisch-Reformierten. Auf Wunsch Dalbergs zogen zwischen 1806 und 1810 seitens der Reformierten die beiden Handelsmänner Johann Noé Gogel und Friedrich Joseph Cleynmann sowie der Handwerker Johann Georg Ziegler in den Rat ein. Mit je drei Mitgliedern stellten die Reformierten und Katholiken damit jeweils zehn Prozent des fürstlich-primatischen Rats. Bezogen auf ihren Anteil an der Frankfurter Bevölkerung waren die Katholiken adäquat vertreten, die Reformierten sogar leicht überrepräsentiert.[385]

Der relativ problemlose Übergang von den lutherischen Gremien zu gemischtkonfessionellen Einrichtungen erfolgte vor dem Hintergrund der auf gesellschaftlicher Ebene bereits weitgehend vollzogenen Anerkennung der wohlhabenden katholischen und reformierten Kaufmannsfamilien. Insofern stellten die Reformen Dalbergs lediglich die Umsetzung der sich daraus ergebenden politischen Konsequenz dar. Obwohl die meisten Ratsmitglieder aus dem alten Rat stammten, änderte die politische Führungsspitze also durchaus ihren Charakter. Das kaufmännische Element wurde gestärkt, die gesellschaftliche Basis der bürgerlichen Elite verbreitert und zugleich ihre Geschlossenheit vergrößert.

Ähnliche Tendenzen lassen sich bei den bürgerlichen Kollegien beobachten. Die soziale Zusammensetzung dieser Gremien änderte sich deutlicher als die der Ratsmitglieder. In nur drei Jahren wurden 25 Prozent der Mitglieder des Bürgerausschusses ausgetauscht, und auch hier kamen reformierte und katholische Kaufleute zu politischen Mandaten. Bezüglich der Gremien kam es allerdings zu schwerwiegenden Eingriffen in ihre überkommene Kompetenz. Formal wurde sie zwar weitgehend bestätigt, aber mit einigen wenigen Änderungen im Detail wurden die Kollegien ihrer eigentlichen politischen Funktion beraubt. Die Kontrollen des Bürgerausschusses der „Dreier" beschränkten sich auf Wahlen zu den Ämtern, da Ratswahlen nach dem alten System nicht mehr stattfanden. Der Kontrollbereich der „Neuner" reduzierte sich auf den Schuldentilgungsfonds und auf die Stadteinnahmen. Das Fundament ihrer Kontrolltätigkeit hingegen, die Gegenschreiberei, wurde in den wichtigsten Ämtern, nämlich dem Land-, Korn-, Rechney-, Renten-, Schatzungs- und Forstamt, aufgehoben.[386] Die verbliebenen Kontrollrechte waren zudem von zweifelhaftem Wert. Widerspruch gegen die Staatsverwaltung endete schnell an den autokratischen Machtverhältnissen. Nach hinhaltendem Widerstand des Bürgerausschusses der 28er gegen die Finanzreform des Staates, schritt Dalberg kurzerhand zur Neuwahl dieses Gremiums, bei der vor allem weniger wohlhabende Handwerker den Sieg davontrugen.[387]

Ähnlich wie beim Rat vollzogen sich also auch bei den bürgerlichen Kollegien eine Erweiterung der politischen Mitsprache und die Einbeziehung neuer, bisher nicht berücksichtigter bürgerlicher Gruppen. Das wesentliche Ergebnis dieses Zeitabschnittes ist somit die konsequente Fortsetzung des bereits vorherrschenden Trends. Die Einflussbereiche innerhalb der politischen Spitze verschoben sich auf Kosten des Patriziats allmählich zugunsten der Handelsmänner und der Juristen. Die neue Zeit brachte den zugewanderten reformierten und katholischen Kaufleuten nach ihrem wirtschaftlichen und gesellschaftlichen Aufstieg endlich auch die politische Integration. Damit wurde die fast 100 Jahre dauernde Integration der zugewanderten Kaufmannsfamilien nach ihrem wirtschaftlichen Aufstieg und ihrer gesellschaftlichen Eingliederung mit der politischen Emanzipation abgeschlossen und die innere Fragmentierung des Handelsbürgertums weitgehend beendet.

Selbstbewusst schufen sich die Kaufleute zusätzlich eine neue Interessenorganisation. Auf Wunsch der Börsenvorsteher erfolgte im Jahre 1808 die Einrichtung einer Handelskammer nach französischem Vorbild. Nach den Vorstellungen der Börsenvorsteher, des Rechneiamtes, der General-Kommission sowie des von Dalberg beauftragten Staatsrates Georg Steitz sollte die Handelskammer künftig „auf alles aufmerksam (...) seyn, was zu dem Flor der hiesigen Handlung beitragen kann", Verbesserungsvorschläge entwerfen und von dem Fürsten beantragte Gutachten zu merkantilen und wirtschaftlichen Fragen anfertigen.[388] Trotz dieser sehr vage gehaltenen Bestimmungen war die Handelskammer nun eine offiziell anerkannte Interessenvertretung des Handels, die zudem durch die Präsidentschaft des Konferenzministers Graf von Beust eine Aufwertung und eine direkte Verbindung zur Generalkommission der fürstlich-primatischen Staatsverwaltung erlangte. Selbstredend gehörten die Gründer der Handelskammer zu den führenden Repräsentanten des Frankfurter Handelsbürgertums, die sich auch außerhalb dieser neuen Gremien politisch engagierten. Nur die jüdischen Handelsbürger blieben vorerst ausgeschlossen und das hatte seine konkreten Gründe im Emanzipationsprozess der Juden, der ganz anders verlief als bei den christlichen Minderheiten.

Nahezu zeitgleich mit den Reformierten und Katholiken richtete die jüdische Gemeinde Ende 1806 eine Denkschrift an Dalberg, in der sie argumentierte: „Durch die Ertheilung des Bürgerrechts und die damit erlangte Gewerbefreiheit werden die Juden sich der Industrie zuwenden, welche gerade Frankfurt am meisten fehlt, und sich der Kultur des Bodens, den Künsten und den Wissenschaften widmen."[389] Interessant sind die drei Bereiche, die genannt wurden. Industrie meinte im Sprachgebrauch der Zeit nicht allein Fabriken, auch das Handwerk oder sonstige kleingewerbliche Produktion fielen darunter. Zudem wurde Interesse an der Landwirtschaft und dem gesamten Spektrum der bildungsbürgerlichen Berufe geäußert. Die Juden waren demnach als gesellschaftliche Gruppe bestrebt, die „Vereinseitigung" auf das Handelsgeschäft abzulegen. Entsprechend dem Bildungskonzept der Überwindung von Defiziten wünschten sie, an der Vielfalt der bürgerlichen Berufe zu partizipieren, um damit als Bürger im umfassenden Sinn anerkannt zu werden.

Ab den achtziger Jahren des 18. Jahrhunderts bahnte sich für die jüdischen Gemeinden ein umfassender Wandel an. Eingeleitet wurde dieses Jahrzehnt einerseits mit theoretischen Überlegungen und andererseits ersten praktischen Reformmaßnahmen zur sogenannten „bürgerlichen Verbesserung" der Juden in Preußen und Österreich, die anders als in Frankreich mit der Französischen Revolution keine vollständige Emanzipation der Juden mit sich brachten. Auf Anregung Moses Mendelssohns verfasste 1781 der preußische Kriegsrat Christian Wilhelm Dohm seine programmatische Schrift „Über die bürgerliche Verbesserung der Juden", und im selben Jahr erließ Kaiser Joseph II., rund fünfzehn Jahre nach seiner Krönung in Frankfurt, für Teile Österreichs die ersten vorsichtigen Reformen zu eben dieser Verbesserung. Die Zeichen der Zeit wiesen auf ein Ende der trotz des allmählichen Abbaus der jüdischen Gemeindeautonomie prinzipiell noch immer bestehenden Ausgrenzung der Juden aus vielen Bereichen des öffentlichen Lebens. Die Juden sollten nicht länger neben, sondern mit der christlichen Bevölkerung leben. Dieser Wandel vollzog sich parallel zum Abbau der Privilegien der ständischen Gesellschaft und zum schrittweisen Aufbau einer neuen, bürgerlichen Gesellschaft.

Auch in Frankfurt waren viele Juden bereit, den Weg einer Gleichberechtigung über die Bildung einzuschlagen. Für sich selber unternahmen sie große Anstrengungen, das „geistige Ghetto" zu sprengen: Sie lernten die deutsche Sprache und richteten Lesegesellschaften ein, in denen Zeitungen und Bücher allgemein zugänglich waren und in denen über Literatur und Politik diskutiert wurde, da die christlichen Lesegesellschaften den Juden verschlossen blieben.[390] Bereits im Jahre 1778 unterstützten 47 Frankfurter Juden die Übersetzung der fünf Bücher Mose (Pentateuch) ins Deutsche. Kein Geringerer als Moses Mendelssohn hatte diese Übersetzung angefertigt. Er verstand sie gleichermaßen als Lehrbuch für die deutsche Sprache wie für die Inhalte des jüdischen Glaubens. „Nach einiger Untersuchung fand ich", schrieb Mendelssohn 1779, „daß der Ueberrest meiner Kräfte noch hinreichen könne, meinen Kindern und vielleicht einem ansehnlichen Theil meiner Nation einen guten Dienst zu erzeigen, wenn ich ihnen eine bessere Uebersetzung und Erklärung der heiligen Bücher in die Hände gebe, als sie bisher gehabt. Dieses ist der erste Schritt zur Cultur, von welcher meine Nation leider! in einer solchen Entfernung gehalten wird, daß man an der Möglichkeit einer Verbesserung beynahe verzweifeln möchte".[391] Besonders wichtig war den Juden die Erziehung ihrer Kinder. Sie schickten sie auf moderne Schulen, andere engagierten Hauslehrer, die sich als Autodidakten weitergebildet hatten, glühende Anhänger der Aufklärung waren und darauf brannten, ihr Wissen und ihre Erkenntnisse weiterzugehen. Viele Frankfurter Juden durchschritten diesen Bildungsweg. Darunter befand sich beispielsweise Ludwig Börne.[392] Er war als Juda Löw Baruch, Sohn des wohlhabenden Geschäftsmanns und Bankiers Jakob Baruch, 1786 in der Judengasse geboren worden. Dort verbrachte er seine Kindheit und Jugend bis zum Besuch einer Gießener Internatsschule. Sein Vater engagierte sich in der Gemeindeverwaltung und setzte sich dort für die rechtliche Gleichstellung der Juden ein. Den aussichtsreicheren Weg zur Emanzipation erblickte er jedoch in der Bildung. Aus diesem Grund hatte er seinem Sohn eine umfassende Erziehung zukommen lassen, indem er Hauslehrer beauftragte und ihn auch während der Studienzeit unterstützte. Die Bildungsanstrengungen lohnten sich. Ludwig Börne nahm regen Anteil an der intellektuellen Diskussion seiner Zeit. Ihn interessierten die jüdische Reformbewegung, die Philosophie des Naturrechts, Kunst und Theater sowie die gesamte Kultur der Umgebung. Er beteiligte sich am Salonleben in Berlin und besuchte dort unter anderen auch den Kreis um Henriette Herz.

Andere Väter schickten ihre Söhne auf nichtjüdische Schulen, sofern dies gestattet wurde: In den Jahren 1800 bis 1803 besuchten immerhin 29 jüdische Schüler das Städtische Gymnasium. Bei Eröffnung der Reformschule „Musterschule" kam immerhin ein Viertel der Schüler aus jüdischen Familien. Schlechter gestellt als die

Söhne der jüdischen Familien waren die Töchter. Sie konnten sich sprachliche und literarische Kenntnisse nur selbst beibringen oder mit Hilfe eines von den Eltern engagierten Hauslehrers. Ein Beispiel dafür liefert Jeanette Wohl, die später als Freundin Ludwig Börnes und Herausgeberin seiner „Briefe aus Paris" berühmt werden sollte. Als Autodidaktin erarbeitete sie sich eine umfassende Bildung. Sie las Jean Paul, Rousseau, Biographien, Geschichtswerke und verschiedene Zeitungen. Außerdem lernte sie – ebenfalls autodidaktisch – mehrere Sprachen.[393]

Bildung, das Herausgehen aus der engen Judengasse und moderne Lebensweise bedeuteten für einen Teil der Juden den Weg in die Freiheit, der mit Begeisterung und großen Hoffnungen gegangen wurde. Keine Gruppe der Gesellschaft hat die Ziele der Bildungsbewegung so nachhaltig verfolgt wie die Juden. Doch lange Zeit blieben Erfolge aus. Die mit einem einfachen Dekret vollzogene Gleichstellung der christlichen Konfessionen durch den Fürstprimas wiederholte sich bei den Juden nicht. Die Hoffnung, mit Dalberg eine wesentliche Verbesserung ihrer Lebensverhältnisse und ihrer privatbürgerlichen wie politischen Stellung zu erreichen, erfüllte sich nicht, denn Dalberg versprach im Organisationspatent nur Schutz gegen Beleidigungen, ließ die Tore der sowieso weitgehend verlassenen Judengasse einreißen und erteilte die Erlaubnis, in der unmittelbaren Nachbarschaft im neu erschlossenen Fischerfeld, zu siedeln.

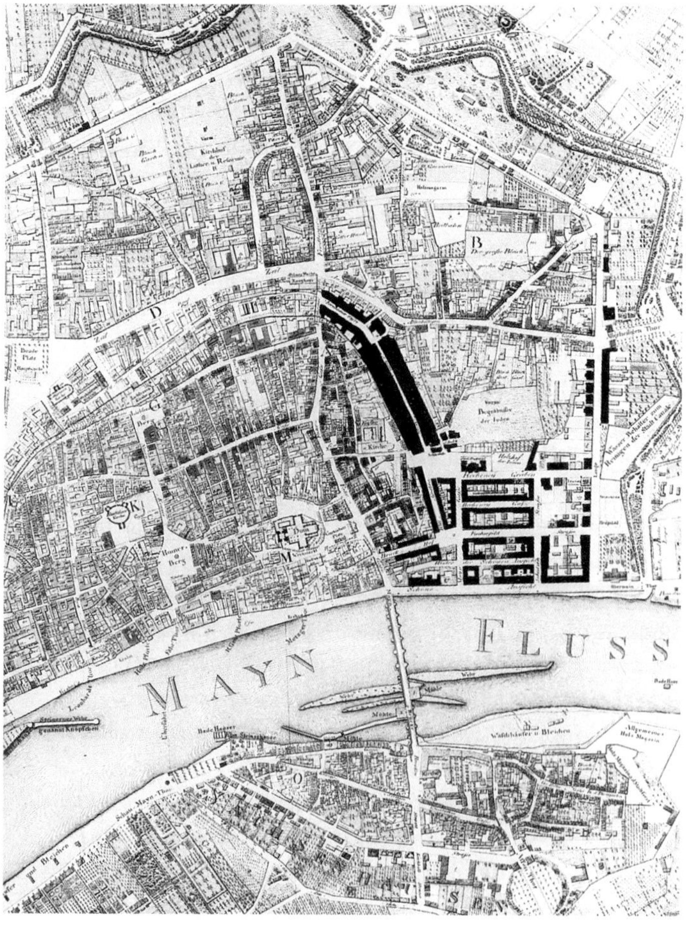

„Geometrischer Grundriß der Freyen Stadt Frankfurt am Mayn und Sachsenhausen" (Christian Friedrich Ulrich, 1832), hier eingezeichnet die Wohngebiete der Juden inner- und außerhalb der Judengasse

Alles Weitere regelte die neue Stättigkeits- und Schutzordnung von 1808, die alle wesentlichen Diskriminierungen aufrechterhielt. Sie umfasste zwar die Aufforderung an die Handwerksmeister, jüdische Lehrlinge aufzunehmen, und nach der Bestätigung des Reskripts vom 27. Dezember 1807 durften Juden auch Fabriken gründen, mussten sich allerdings hierbei auf jüdisches Arbeitspersonal beschränken. Die Zahl der Familien blieb auf 500 beschränkt, die Aufnahme in die Gemeinde wurde an ein Vermögen von 6.000 Gulden geknüpft, die früheren Abgaben der Gemeinden wurden in einem „Judenschafts-Confessionsgeld" zusammengefasst und auf 22.000 Gulden erhöht. Demgegenüber hatten die Abgaben im Jahre 1803 nur rund ein Drittel betragen, nämlich 7.893 Gulden und 48 Kreuzer.[394] Die Förderung des jüdischen Bildungswesens änderte somit nichts an der Aussicht, nach dem Wiederaufbau der Judengasse in das nur um einige Straßenzüge erweiterte Ghetto zurückkehren zu müssen. Auch die Anmietung von Läden und Gewölben blieb wie zuvor auf bestimmte Straßen beschränkt, wie überhaupt der jüdische Handel weiterhin zahlreichen Verboten unterlag.[395] Dazu gehörten das Verbot des Handels mit „wollenem Tuch", „Waren in Leinwand, Baumwolle und Seidenwaren, in Bijouterie-, Quincaillerie und Kurzwaren" und offene Läden außerhalb der Messezeit zu führen. Für den „Münz-, Waffen-, Mobilien-, Kleider-, Spezerei- und Materialwaren, Wein-, Frucht-, Fourage-, Brennholz-, Commissions- und Speditionshandel" war ein besonderer Qualifikationsnachweis erforderlich. Gänzlich untersagt war Handel mit „verdächtigen Waren". Die Geldleihe bis 2.000 Gulden wurde an eine Erlaubnis der Obrigkeit gebunden, vor deren Augen „das Geld (...) baar vorgezählt und die Schuld protocollirt" werden musste.[396] Groß war deshalb die Enttäuschung über die Neue Stättigkeit. Im diametralen Verhältnis zur christlichen Bürgerschaft und ganz im Gegensatz zu ihrem Verhalten in den Jahren 1792 und 1796 nahm bei den Juden deshalb innerhalb weniger Jahre der reichsstädtische Patriotismus ab und die Sympathie für die französische Emanzipationsbewegung zu.

Die direkte Orientierung an Frankreich, die auch in einer Petition an die in Paris einberufene jüdische Notabelnversammlung zum Ausdruck kam, trat in der am 12. Juni 1808 gegründeten jüdischen Loge „Zur aufgehenden Morgenröte" zutage. Das Politikum dieser Loge bestand weniger in ihren allgemeinen humanitären Zielen als in der Tatsache ihres Bekenntnisses zu Frankreich und damit zum französischen Weg der Judenemanzipation. Während die Loge „Zur Einigkeit" ihre Tätigkeit wegen der kriegerischen Auseinandersetzungen seit 1792 faktisch eingestellt hatte, bekannte sich die neu gegründete jüdische Loge offen zum „Großen Orient in Frankreich". Wer die treibende Kraft hinter der Logengründung war, offenbart das Sozialprofil der Gründer. Von den 20 Initiatoren waren 14 Kaufleute, zwei Maler, ein Professor der Chemie, ein Gerichtsdirektor, ein Kommissar der Nationalgarde und ein Gutsbesitzer. Ähnlich verteilten sich die Schwerpunkte in der Mitgliederliste von 1811. Es dominierte auch hier die jüdische Kaufmannschaft, welcher der Zutritt zu den christlichen Vereinen verwehrt geblieben war. Sie stellte nicht weniger als 40 von 62 Mitgliedern. Aber es gab auch andere Berufe, insbesondere bildungsreformerische Kräfte im Umkreis des Philanthropins. Dazu gehörten ebenfalls einige christliche Mitglieder wie der Leiter der jüdischen Reformschule, der Katholik Joseph Franz Molitor. Darüber hinaus blieb die Ausgrenzung erhalten. Die Loge war Treffpunkt der liberalen und nach Assimilation strebenden Juden.[397] Mit ihrer Gründung begann ein langer Kampf um die Anerkennung der jüdischen Freimaurer gegenüber den anderen Logen. Er sollte bis in die zweite Hälfte 19. Jahrhunderts andauern.

In seinen Reformen grenzte Dalberg die Juden also erst einmal aus. Die Gleichstellung der Konfessionen schloss sie in den ersten Jahren seiner Regentschaft nicht mit ein. Aber dabei blieb es nicht. Die politische Gleichstellung der Juden erfolgte später doch noch, aber sie erfolgte vor allem aus finanziellen Erwägungen. Dalberg verlieh im Jahre 1810 auf einen Schlag 645 Stättigkeitsjuden das Bürgerrecht der Stadt. Für diesen Emanzipationsakt mussten sie das Zwanzigfache der im Jahre 1808 auf 22.000 Gulden angehobenen Jahresabgaben der Gemeinde, also 440.000 Gulden, entrichteten. Die Dalbergsche Regierung war zu diesem Zeitpunkt hoch verschuldet und drängte deshalb auf sofortige Zahlung, was die Jüdische Gemeinde in Bedrängnis brachte. Doch das Bankhaus Rothschild und das Bankhaus Bethmann halfen aus und finanzierten den ersten Abschlag in Höhe von 150.000 Gulden wie auch die restlichen Zahlungen. Die für diesen Kredit anfallenden Zinsen sollten den Etat der Gemeinde noch bis in das Jahr 1863 hinein belasten.[398]

Die christlichen Frankfurter Bürger akzeptierten diesen Akt nur widerwillig und empfanden ihn als eine zu weit gehende Anmaßung der fürstlichen Gewalt. Die Emanzipation der Juden, insbesondere die Art und Weise wie sie vorgenommen wurde, gehörte zu den ersten Anlässen für das rasch wachsende Unbehagen der Frankfurter mit den neuen staatlichen Verhältnissen. Das hatte seine Gründe. Es störte insbesondere die massenhafte Vergabe der Bürgerprivilegien, weil dies in vielerlei Hinsicht gegen das traditionale Selbstverständnis der Bürgerschaft verstieß. Danach wurde jeder Bewerber zumindest formal auf der Grundlage seiner individuellen Befähigung und aufgrund der erklärten Zustimmung der Gemeinde in die Bürgerschaft aufgenommen. Dalberg jedoch brach mit dieser Tradition, ohne das Frankfurter Bürgerrecht aufzuheben und konsequent von der Gleichheit der Untertanen auszugehen. Die sonst mit der Aufnahme verbundenen Fragen nach dem beabsichtigten Gewerbe des Antragstellers in Rücksicht auf die wirtschaftlichen, gewerblichen und sozialen Gegebenheiten innerhalb der Gemeinschaft der Bürger, seiner sonstigen ökonomischen, sozialen und kulturellen Möglichkeiten sowie seines sittlichen Verhaltens entfielen bei dem Emanzipationsdekret. Das erschien unabhängig von der Frage, ob die Juden ein Anrecht auf den Bürgerrechtserwerb hatten, als schwerwiegender Bruch mit der Tradition. Aus der Sicht der Bürger stellte die neue Regelung sogar eine Privilegierung der Juden gegenüber den christlichen Einwohnern dar, die sich nach wie vor den mit der individuellen Aufnahmeprozedur verbundenen Auflagen stellen mussten.

Das Emanzipationsdekret hatte weitere Folgen, die bei der konservativen, eben noch kaisertreuen Bürgerschaft auf wenig Gegenliebe stießen. Wenn sich auch erste Anzeichen für eine gewisse Toleranz der Frankfurter Bürger gegenüber der schmalen Schicht der wirtschaftlich sehr wohlhabenden Juden gezeigt hatten, so stieß der Einzug einiger Juden in die politischen Organe und Ämter des Staats auf Widerstand. Im Jahre 1811 zogen Mayer Amschel Rothschild in das Wahlkollegium des Departements und der Arzt Josef Oppenheimer in den Munizipalrat ein; der damals noch Löw Baruch heißende Ludwig Börne wurde Polizeiaktuar. Die Aufnahme der Juden in die politischen Gremien vollzog sich kurz nach der generellen Umstrukturierung der politischen Verfassung und der Einführung der französischen Munizipalverwaltung. Aus dem Fürstlichen Primatialstaat entstand in kurzer Zeit das Großherzogtum Frankfurt.[399]

4.7 Die kurze Zeit des Großherzogtums Frankfurt und sein Zusammenbruch

Nur vier Jahre nach seiner Gründung wurde die Verwaltung des fürstlichen Primatialstaats von Grund auf erneuert. Mit der Umorganisation der Landesteile und Reformen nach französischem beziehungsweise nach westfälischem Vorbild sollte einerseits die Übernahme des kleinen Rheinbundstaates durch Eugen Beauharnais vorbereitet werden. Andererseits dienten die Maßnahmen zur Förderung der Einheit des Landes sowie zur Entfaltung der wirtschaftlichen und sozialen Kräfte. In rascher Folge wurde das französische Verwaltungssystem mit einer Mairie und Munizipalversammlung, einer Präfektur und einem Departementrat sowie einer Ständeversammlung als rechtlicher Legitimationsbasis des Code Napoleon eingeführt und eben die Emanzipation der Juden beschlossen.[400]

An weiteren Reformplänen mangelte es nicht. Es war die Befreiung der Dorfbewohner von der Leibeigenschaft, die Liberalisierung der Gewerbeverhältnisse, die Einführung der staatsbürgerlichen Gleichheit und die Abschaffung aller Privilegien vorgesehen, was sowohl den Adel als auch die Zunfthandwerker betroffen hätte. Schon am 7. Februar 1811 hatte der Staatsrat die staatsbürgerliche Gleichheit beschlossen und wenig Wochen zuvor, am 19. Januar 1811, mit der Arbeit an einem neuen Bürgerrecht begonnen. Die Staats- und Gesellschaftsreform blieb jedoch ein Torso und große Teile wie die Bauernbefreiung, Veränderungen im Justizwesen oder die Gewerbefreiheit kamen über das Planungsstadium nicht hinaus.[401] Der Code Napoleon wurde eingeführt, aber unter weitgehender Rücksichtnahme auf die gesellschaftlichen Traditionen. So galten in Bezug auf die Dorfbewohner, das Zunfthandwerk, im Gewerbewesen und in der Gerichtspraxis zahlreiche Übergangsbestimmungen zugunsten der alten Verhältnisse. Die meisten Reformansätze gingen schließlich in den Wirren des Krieges vollends verloren oder scheiterten an der chronischen Finanznot des Staates. Die Zeit war zu kurz und zudem vom großen Krieg gegen Russland überlagert, um alle Reformvorhaben gegen die zahlreichen Widerstände der verschiedenen gesellschaftlichen Gruppen durchzusetzen. Das unterschied Frankfurt grundsätzlich von der Situation in den linksrheinischen Städten wie etwa Köln oder Aachen, in denen die Bürger 15 und mehr Jahre Zeit hatten, sich mit den französischen Reformen zu arrangieren.

Doch die Kenntnis der nachfolgenden Entwicklung verstellt etwas den Blick auf die Bedingungen und Maßstäbe, unter denen sich die Handlungen der Zeitgenossen vollzogen. Sie konnten nicht von einem raschen Untergang des Großherzogtums ausgehen und mussten die Umgestaltungspläne der Jahre 1810 bis 1812 als auf Dauer ausgerichtete Veränderungen ihres Lebensumfeldes ansehen. Bei aller Inkonsequenz der Reformen im Einzelnen stand mit den Verwaltungsreformen die Frankfurter Stadtverfassung und mit ihr das gewohnte politische Leben zur Disposition. Die Stadt wurde nun konsequent in den Verwaltungsaufbau des großherzoglichen Staates einbezogen. Der alte Rat und die bürgerlichen Kollegien mussten dem Maire und seinen drei Adjunkten sowie einem auf Vorschlag der Departementkollegien vom Fürsten auf zwei Jahre ernannten zwanzigköpfigen Munizipalrat weichen. Der neue Maire war ein vom Landesherrn ernannter herrschaftlicher Beamter, der mit seinen Adjunkten für die öffentliche Sicherheit sorgen, die Markt- und Baupolizei beaufsichtigen, in Familien- und Religionsfragen Frieden stiften, das Staatseigentum und die Gemeindeeinnahmen und -ausgaben beaufsichtigen sowie die öffentliche Arbeiten und das Armenwesen leiten sollte. Die Aufgabe des Munizipalrats bestand darin, den von der Regierung aufgestellten Gemeindehaushalt anzuhören, zu beratschlagen, wie die „gemeinheitlichen Allmenden“ zu benutzen seien oder zu entscheiden, ob Zulags- oder Extrasteuern und Capitalaufnahmen“ zu erheben seien.[402] Befugnisse zu irgendeiner Art von Finanzverwaltung des Staates hatten die städtischen Gremien im Gegensatz zum fürstlich-primatischen Rat nicht mehr. Die Polizei und das Militär, die Justiz- und Finanzverwaltung sowie die Kirche und das Schulwesen gehörten nun zum Kompetenzbereich der neuen staatlichen Behörden. Die verbliebenen Funktionen – unter anderen die Förderung von Handel und Gewerbe, das Bauwesen und die Armenverwaltung – spielten aufgrund des bald wieder die Oberhand gewinnenden Kriegsgeschehens keine größere Rolle.[403]

Die eigentliche Macht in Bezug auf die städtischen Belange hatte sich auf die Departementbehörde verlagert, und hier suchte Dalberg den Ausgleich mit der adeligen Grundbesitzerschicht Frankfurts, dem Patriziat. Zum Präfekten ernannte er den ehemaligen Stadtschultheißen Friedrich Maximilian von Günderrode und zum Kommandanten des großherzoglichen Bürgermilitärs Adolph Carl von Humbracht.

Beide waren Mitglieder der patrizischen Gesellschaft Alten-Limpurg. Doch dies war nur ein Mosaikstein im großen Puzzle der Umbruchszeit. Um ein Gesamtbild vom Einfluss der verschiedenen sozialen Kräfte zu erhalten, muss man genauer hinsehen, wobei dann das starke Engagement der Kaufleute auffällt, die in großer Zahl in die zahlreichen neuen Gremien einzogen. Gerade im Munizipalrat vollendete sich der politische Aufstieg des Handelsbürgertums. Von den 24 Mandaten auf kommunaler Ebene besetzten sie nicht weniger als 16, und sie besetzten sie mit erfahrenen Leuten. Im Munizipalrat saßen zwölf frühere Mitglieder des Bürgerausschusses der 51er, vier, die bei den „28ern", und drei, die „Neuner" gewesen waren. Lediglich in drei Fällen kann von „Aufsteigern" der Dalbergzeit gesprochen werden. Maire, also Bürgermeister, wurde zunächst der reformierte Handelsmann und Mitbegründer der Handelskammer Joseph Cleynmann, der allerdings bereits nach kurzer Zeit von dem katholischen Amtmann Jacob Guiollett abgelöst wurde. Beide waren von Dalberg in den Jahren zuvor als Senatoren in den Rat berufen worden und verfügten insofern als Politiker über keine „reichsstädtische" Erfahrung mehr. Das galt nicht für die mit Beraterfunktion versehenen Adjunkten, den Konsistorialrat Johann Conrad Beyerbach und die beiden Kaufleute Samuel Gottlieb Finger und Johann Kaufmann, die – wie fast alle Mitglieder des Munizipalrats – zuvor den bürgerlichen Kollegien oder der dritten Ratsbank angehört hatten.

Die Eroberung der städtischen Institutionen durch die Kaufleute allein wäre nicht von allzu großer Bedeutung gewesen, denn Maire wie Munizipalrat verfügten nur noch über einen Bruchteil der Macht des früheren Rats. Wichtiger war deshalb die systematische Besetzung der Ständeversammlungen und Kollegien auf der Departementebene. Frankfurter Kaufleute dominierten mit überwältigenden Mehrheiten den Präfekturrat, den Departementrat, das Wahlkolleg des Departements sowie sämtliche Notabeln. Dies galt in gewissem Umfang auch für die Stände des Departements Frankfurt, obwohl der Wahlmodus in den Ständeversammlungen – zwei Drittel Meistbegüterte, ein Sechstel reiche Kaufleute und ein Sechstel Gelehrte – eigentlich kein Übergewicht des Handelsbürgertums ermöglicht hat. Im Staatsrat stellten sie immerhin rund ein Drittel. Außerdem wirkten an der Spitze der großherzoglichen Verwaltung, worauf bereits verwiesen wurde, der Syndicus Carl Friedrich Seeger und der Juwelier Georg Steitz. Dazu kamen als Vertreter der Kaufleute in der Notabelnversammlung noch Johann Gottfried Clausius und für die Gelehrten der Handelskammerkonsulent Johann Martin Starck.[404] Die Deputierten stammten fast alle aus den reichsstädtischen bürgerlichen Kollegien. Die Frankfurter Kaufleute saßen also in den Startlöchern, um über die diversen institutionellen Einrichtungen des Großherzogtums Frankfurt Politik zu machen. Für sie war es ein großes Pech, dass die von ihnen besetzte Maschinerie nie richtig in Funktion trat. Ihre Kontroll- und Beratungsfunktionen erloschen meist nach den ersten oppositionellen Regungen, oder sie übten kaum einen Einfluss auf die wichtigen Reformen und Gesetzesmaßnahmen des Großherzogs aus, was auch für die anderen Kollegien galt. Wären die Zeiten jedoch ruhiger gewesen, hätten die Stände und Räte vermutlich eine stärkere Rolle in den politischen Auseinandersetzungen gespielt.[405]

Ob sie sich jedoch wirklich zu konstruktiv arbeitenden politischen Gremien entwickelt hätten, lässt sich nicht mehr klären. Eine volle Integration in diesen von Napoleons Gnaden und nach französischem Vorbild errichteten Staat stand Frankfurts Wirtschaftsaktivitäten in vielfacher Hinsicht entgegen. Wo die Differenzen lagen, geht aus einem Bericht des Sekretärs der Lyoner Handelskammer hervor, der 1810 im Auftrag der französischen Regierung den Frankfurter und Leipziger Messehandel erkundete. Nach dem erfolgreichen Kriegszug gegen Preußen hatte Napoleon von Berlin aus am 21. November 1806 die Kontinentalsperre erlassen. Was Frankreichs Flotte nach der Niederlage in der Seeschlacht bei Trafalgar nicht gelungen war, sollte mit wirtschaftlichen Sanktionen gegen England erreicht werden. Preußens vernichtende Niederlage und seine Einbeziehung in den französischen Machtbereich bildeten die Voraussetzung für einen wirksamen Beginn der Seehandelsblockade, die de facto die gesamte Atlantikküste und den größten Teil der Ostseeküste umfasste. Sie war bei Abfassung des Berichts seit vier Jahren in Kraft und es zeigte sich, dass die Sperre voller Löcher war.[406] Die Kolonial- und Manufakturwaren Englands blieben infolge der Handelssperre nicht aus; sie wurden vielmehr auf dem Umweg über das Baltikum auf den Kontinent geschmuggelt, und von der Verteilerstelle Frankfurt aus gelangten sie sogar bis nach Frankreich. Mit Bestürzung nahm der Berichterstatter die zahlreichen Hinweise auf diesen Tatbestand zur Kenntnis: „Ihre Majestät wird erkennen, daß die große Prosperität der Frankfurter und Leipziger Messen auf übermäßige Großzügigkeit zurückgeht, die notwendigerweise zum Schleichhandel führen mußte."[407]

Das war gut beobachtet. Der Handel mit Englands Kolonialprodukten bildete am Ende des 18. Jahrhunderts eine der bedeutendsten Ertragsquellen Frankfurts. Diese drohte durch die französische Blockademaßnahmen abzureißen. Der Rhein als zentrale Verkehrsader war mit der Besetzung Hollands zuerst betroffen, es folgten die norddeutschen Küstenstädte. Als Konsequenz beteiligte sich die Frankfurter Kaufmannschaft in einem derartigen Ausmaß am Schmuggel, dass die Stadt bereits 1810 zum größten europäischen Verteilerzentrum für englische Schmuggelware aufgestiegen war.[408] Statt also den Handel mit England zu unterbinden, führten Napoleons Maßnahmen in Frankfurt geradezu zu einer neuen Blüte. Der französische Staat reagierte empfindlich und griff zu Polizeimaßnahmen, die sich nicht zuletzt gegen die Drehscheibe am Main richteten. Aber an dem im großen Maßstab betriebenen Schmuggel mit englischen Kolonial- und Fabrikwaren konnten auch gelegentliche Konfiskationen und öffentliche Verbrennungen derselben nichts ändern. Im Gegenteil, deren Verluste wurden dadurch kompensiert, dass ausgerechnet

Verbrennung konfiszierter englischer Waren auf dem Fischerfeld, 1810

Frankfurt von der französischen Regierung als Auktionsplatz für die überall in Europa konfiszierte englische Schmuggelware ausersehen wurde.[409]

Der Bericht aus Lyon verwies auf weitere Probleme, denn es war nicht nur die englische Industrie, die nach wie vor eine Konkurrenz für die französische darstellte. Auch deutsche Fabriken behaupteten sich immer erfolgreicher auf dem Markt, weil sie infolge niedrigerer Arbeitslöhne billiger produzieren konnten. So hielt der Bericht fest, dass die Baumwollweber in den sächsischen Mittelgebirgen mit einem Tagesverdienst von 10 Sous (0,50 Franc in Gold) auskämen. Auch würde Leinen aus Schlesien und Böhmen französische Produkte vom deutschen Markt drängen. Ernüchtert äußerte sich der Bericht zu den Absatzchancen der französischen Tücher: „Die Frankfurter Messen werden mit Tuchen aus den Fabriken Frankreichs, Böhmens und Sachsens beschickt. Die französischen sind den anderen in Hinsicht auf die Perfektion der Herstellung überlegen, doch ist andererseits ihr Preis höher. Der Unterschied in Arbeitslohn und Wollpreis, den die Fabriken Böhmens und Sachsens auf ihrem eigenen Territorium antreffen – wir selbst müssen die Wolle von dorther kommen lassen –, erklärt hinlänglich die Preisvergünstigungen, in deren Genuß diese Fabriken ihre Käufer kommen lassen können – zum Schaden der unsrigen.“[410] Was für die Baumwollmanufakturen zutraf, würde auch für die Eisen- und Kupferwarenfabrikanten oder für Damenschuhe aus Erfurt und Lederwaren aus

Offenbach gelten. Aufmerksam wurde der Handel mit Geldbörsen registriert: „Wir hätten die Nachfolge der Engländer in der Lieferung dieses Artikels, der recht stark gefragt ist, antreten können, aber es ist in Offenbach bei Frankfurt am Main eine ansehnliche Fabrik entstanden, die Geldbörsen sogar billiger als bislang die Engländer und infolgedessen auch billiger als die französischen Fabriken herstellt.“[411]

Der Bericht verwies allerdings auch auf die Existenznöte der Frankfurter Kaufleute und den Niedergang ihrer Messe. Sie wurde durch Napoleons Herrschaft über Europa trotz ihrer neuen Stellung als zentraler Verteilermarkt für Kolonialwaren sowie des unerwarteten Aufschwungs im Wollhandel durchaus nicht begünstigt. Die neuen Märkte konnten den Wegfall des traditionellen Manufakturwarenhandels, der über Holland abgewickelt worden war, nur unvollkommen ersetzen. Die linksrheinischen Märkte waren zudem an Frankreich gefallen. Ein Rückgang des Messehandels blieb nicht aus. Allerdings machten sich auch erste Anzeichen der Überlebtheit dieser Form des Handels bemerkbar. Ausdrücklich wies der Bericht darauf hin, dass die Messen keineswegs mehr die einzige

Simon Moritz Freiherr von Bethmann (1768–1826), Bankier, russischer Staatsrat und Mäzen. Gemälde von Johann Jakob de Lose, 1812

Möglichkeit bilden würden, Geschäftsabschlüsse zu tätigen. Im Gegenteil, viele Warensendungen würden direkt vom Verkäufer an den Besteller gehen. Das deckt sich mit dem Befund über den beginnenden Strukturwandel im Handel. Gerade Grosso- und Speditionshandel profitierten sehr von der damaligen Entwicklung und machten in dieser Zeit schon fast die Hälfte des Gesamthandels aus. Dokumentiert wird diese Blüte in der sprunghaften Zunahme der großen Handelshäuser, deren Zahl von 463 auf 678 anstieg.[412] Das kann sicher als Indiz für die erfolgreiche Anpassung des Frankfurter Handels an die Bedingungen der neuen Zeit genommen werden.

Die damalige Zeit wurde von herausragenden Persönlichkeiten aus dem Handelsbürgertum geprägt. Mit Friedrich Alexander Bernus und dem Bankier Simon Moritz Bethmann finden sich auch zwei eindrucksvolle Beispiele für diesen neuen Typus von Bürger, der sich sicher in den zahlreichen Gremien der Stadt bewegte und auf ein ganzes Netz an informellen Beziehungen zurückgreifen konnte. Bernus war selbstverständlich Mitglied der Casinogesellschaft und gehörte auch ihrem Vorstand an. Er nahm regen Anteil am Frankfurter Vereinsleben, wovon zahlreiche Mitgliedschaften zeugen, und noch im Jahre 1857 beteiligte er sich an der Gründung des Altertumsvereins. In den dreißiger Jahren bemühte er sich um den Erhalt des Theaters und wurde Aktionär der Theater AG. Bernus gehörte zwischen 1818 und 1821 der Handelskammer an und war zwischen 1846 und 1851 Präsident des Verwaltungsrats der Taunuseisenbahn, über die noch zu sprechen sein wird. Politisch engagierte er sich in der Ständigen Bürgerrepräsentation und war mehr als ein Jahrzehnt lang ihr Senior. Er vertrat dieses Gremium in der Gesetzgebenden Versammlung, von 1828 bis 1840 als deren Vizepräsident. Er verkehrte mit den Bundestagsgesandten, und nahm während der Revolution eine gemäßigt liberale Position ein. Zudem engagierte er sich auch in den kirchlichen Gremien der deutsch-reformierten Gemeinde und gehörte auch hier zum Gemeindevorstand.

Eine ähnlich beeindruckende Häufung von öffentlichen Ämtern lässt sich bei Simon Moritz von Bethmann aufzeigen. Er wurde 1804 in den Bürgerausschuss der „Dreier“ und wenig später in das Wahlkollegium des Departements Frankfurt gewählt; er gehörte nach dem Untergang des Großherzogtums den Verfassungskollegien der „56er“ und „13“ an und wurde zwischen 1816 und 1827 mehrmals sowohl in das Wahlkolleg der „75er“, als auch in die Gesetzgebende Versammlung gewählt. Über die Casinogesellschaft hinaus, deren Direktorium er wie Bernus im Jahre 1817 angehörte, engagierte auch er sich ab 1818 in der Senckenbergischen Naturforschenden Gesellschaft, zu deren Gründern er ebenfalls gehörte, und ab 1836 im Physikalischen Verein. Kurz darauf trat er sowohl der Museumsgesellschaft und dem Geographischen Verein, als auch dem Geschichtsverein bei. Auch Bethmann wurde im Jahre 1833 Aktionär des Theaters, nachdem er bereits 1821 zu dessen finanzieller Unterstützung drei Logen erworben hatte. Er war Teilhaber der Bethmann-Bank und im Jahre 1844 Subskribent der Nordbahn. Auch er gehörte einem Kirchenvorstand an, nämlich dem Vorstand der niederländischen Gemeinde „Augsburger Confession“.[413]

In beiden Fällen handelte es sich um Aufsteiger der Dalberg-Zeit, die mit der Gleichberechtigung der christlichen Konfessionen die Chance erhielten, sich an den politischen Gremien der Stadt zu beteiligen und damit sehr von den Reformen des Fürstprimas profitierten. Aber nicht nur für sie als Einzelpersonen und nun gleichberechtigte Bürger der Stadt, sondern für den Stand der Kaufleute insgesamt, dessen jahrhundertelange Fragmentierung in minder privilegierte Bürgergruppen nun ein Ende gefunden hatte, hatte dies Bedeutung. Doch der erfolgreiche Aufstieg einzelner Bürgergruppen konnte nicht über die zunehmenden Belastungen der Stadt hinwegtäuschen.

Bis 1811, in der Zeit des Friedens, der wirtschaftlichen Erholung und einer Politik des Wandels in Maßen, hatte die bürgerliche Elite in Frankfurt die Veränderungen, die mit dem Umbau der Staatenwelt in der Frankfurter Region einhergegangen waren, toleriert. Neuerungen wie die Emanzipation der christlichen Konfessionen oder die Gründung der Handelskammer wurden ausdrücklich begrüßt. Dies änderte sich in den beiden letzten Jahren des Großherzogtums. Zu den auferlegten, nur mit Widerwillen und auf Druck der großherzoglichen Verwaltung hingenommenen Reformen wie der Emanzipation der Juden kam der Unmut über die neue Stempelsteuer, das „Enregistrement“, bei der für zahlreiche vertragliche Abmachungen Abgaben an den Staat entrichtet werden mussten. Gegen die beabsichtigte Einführung des Enregistrements zum 20. März 1811 petitionierten mehr als 70 Bürger. Darunter befanden sich sowohl Handwerker wie auch Kaufleute. Dazu kam die Aufregung über den Verlust der alten Steuerprivilegien, also die Abschaffung des „Maximums“, das die Steuerschuld auf 50 Gulden begrenzte, und die Einführung der Veranlagungspflicht. Das brachte im Einzelfall erhebliche finanzielle Mehrbelastungen. Von den ersten 15.000 Gulden Vermögen mussten ein Viertel Prozent, von den nächsten noch einmal drei Achtel Prozent und von dem Rest ein halbes Prozent Kriegssteuern bezahlt werden. Für ein Vermögen von 500.000 Gulden waren also statt 50 nun 2.443 Gulden zu entrichten.[414]

Auch die Requisitionen und Warenverbrennungen trugen zur Verschlechterung der Stimmung gegen die französische Schutzmacht bei. Diese hatten zwar nicht die desaströsen wirtschaftlichen Folgen, die ihnen in der zunehmenden Aufregung zugeschrieben wurden, zeigten den Frankfurtern jedoch im Zusammenhang mit der Dienstverpflichtung der Jugend zum Militär und den steigenden Einquartierungslasten die Machtlosigkeit ihres Fürsten gegenüber der Politik Frankreichs. Die Hoffnung auf seinen Schutz vor den immer drückender werdenden Lasten des Krieges hatte sich nicht erfüllt. Mit der fortschreitenden Desillusionierung verstärkte sich der Wunsch nach Rückkehr zur alten Souveränität. Die Erinnerung an die geordneten sozialen, wirtschaftlichen und politischen Zustände in der alten Reichsstadt erschienen angesichts der zahlreichen Belastungen in einem verlockenden Licht.

Den Stimmungsumschwung veranschaulicht die Kritik des Frankfurter Departementrats an verschiedenen von Dalberg in Frankfurt geplanten Reformen und Maßnahmen, die vom Schuldenwesen und den Schulanstalten bis zum Einquartierungs- und Konskriptionssystem reichten. So wurde Dalberg vorgeworfen, der Kredit der Stadt schwinde, wenn ständig städtische „Mobilien" verkauft würden. Auch lehnte man den Aufbau einer Universität in der Stadt ab. Das war ein offener Affront gegen das von Dalberg mit großem Ehrgeiz verfolgte Projekte. Dalberg hatte die Stadt zum Sitz einer mit dem Senckenbergischen Stift verbundenen medizinisch-chirurgischen Lehranstalt erklärt, die Teil einer Landesuniversität werden sollte. Der Plan einer Großherzoglich Frankfurtischen Universität umfasste nach dem französischen System mehrere nach Orten gesonderte Spezialschulen: Lyzeen in Frankfurt, Aschaffenburg und Fulda, die Universität in Aschaffenburg, die von Mainz dorthin verlagert worden war, mit den drei Sektionen Katholische Theologie, Rechtswissenschaft und allgemeine Kulturwissenschaften. Dazu kam die Spezialschule für Rechtswissenschaft in Wetzlar und eben die Medizinisch-chirurgische Spezialschule in Frankfurt, an der unter Direktor Karl Wenzel immerhin bereits acht Professoren wirkten. Sie sollte mit den in Wetzlar und Aschaffenburg befindlichen Fakultäten den Nukleus für eine Landesuniversität bilden.[415] Dafür hatte man jedoch in der Bürgerschaft wenig Verständnis. „In einem großen Reiche, wie Frankreich, bei einer Population von so vielen Millionen Menschen, wo in großen Städten mehrere Spezialschulen zugleich befindlich sind, mögen diese Studieneinrichtungen wohl bestehen. Allein in einem kleinen Staate, wie der unsrige, bei der so geringen Anzahl Studirender, die sich kaum auf fünfzig bis sechzig belaufen wird, wo noch dabei eine jede Spezialschule an einem besondern Orte ihren Sitz aufschlagen soll, muss diese Einrichtung großen Schwierigkeiten unterliegen."[416] Die fehlende Vielfalt an Studiengängen wurde ebenfalls als Argument angeführt und der Erfolg bezweifelt, „denn zuverlässig werden auswärtige Eltern das Studium ihrer Kinder auf großen Universitäten, wo sie alles zugleich erlernen können, den einseitigen Spezialschulen vorziehen".[417] Dazu kam der Hinweis, „wie theuer die Wohnungen und die Bedürfnisse aller Art in Frankfurt sind, daß arme Eltern, bei Abgang anderweitiger Unterstützung, durch die Theuerung des Orts schon abgehalten werden müssen, ihre Söhne medizinische Wissenschaften erlernen zu lassen". Die damaligen Frankfurter Bürger scheuten sich auch nicht, als Argument gegen die Pläne auf die „täglich hier mehr einreißende Unsittlichkeit" zu verweisen.[418]

Demgegenüber brachten die Mitglieder des Departementrats andere Modelle für wissenschaftliche Einrichtungen ins Spiel, die sich vor allem durch ihre vom Stifter garantierte Staatsferne auszeichneten. „Wenn das Dr. Senckenbergische Bürgerhospital und die dabei befindliche Anatomie nebst botanischem Garten dem angehenden Mediziner besondere Vortheile gewährt, so werden diese Institute, besonders das erstere, demselben dennoch erst dann ganz nützlich werden, wann er den Grund seiner Wissenschaften auf Universitäten gelegt hat, und nach Beendigung derselben alsdann unter der Aufsicht des Arztes die Anwendung derselben versuchen will."[419] Es war also keineswegs Wissenschaftsfeindlichkeit, die die Repräsentanten des Frankfurter Bürgertums bewog, ihre Unterstützung für die großzügigen Pläne Dalbergs zu verweigern, sondern eher kritische Vorbehalte gegen allzu große und allzu mächtige staatliche Einrichtungen. Sie bevorzugten vielmehr bürgernahe, am besten von den Bürgern selbst geschaffene Einrichtungen. Diese Haltung führte dann ja auch in den folgenden Jahren zu zahlreichen Stiftungen im Wissenschafts- und Kulturbereich.

Die Räte schlugen deshalb anstelle von Frankfurt mit Wetzlar eine andere Stadt des Departements als Ort für die geplante Universität vor, denn diese Stadt hatte als ehemaliger Sitz des Reichskammergerichts einschlägige Erfahrungen mit sozialen Konflikten, die aus der Anwesenheit einer großen staatlichen Anstalt resultierten. Zweifellos war der Vorschlag auch aus anderen Gründen mit Bedacht gewählt, denn er bezog sehr geschickt die Interessen der zweiten großen Stadt mit ein, die mit sechs Vertretern im Departementrat saß. Die auf diese Weise vereinigten Deputierten glaubten „sich überzeugt, daß die Vereinigung dieser Spezialschulen an einem Orte, wie die Stadt Wetzlar, für die Lehrer sowohl als Studirenden, ja für die arme, in den tiefsten Nahrungsverfall gerathene Stadt selbst, am vortheilhaftesten seyn würde, in welcher mit wenigen Kosten, bei dem großen Unwerth der Häuser, alle Lehrsäle und öffentlichen akademischen Anstalten eingerichtet werden, besonders aber die Lehrer und Studirenden wohlfeil leben könnten; dabei würde den Einwohnern ein neuer Erwerbszweig aufkeimen, durch welchen ihrer täglich mehr zunehmenden Armuth Grenzen gesetzt, und ein Mittel zu ihrem Wiederaufkommen verschafft würde."[420]

Weiterhin hielten die Räte eine Umorganisation des Armenwesens für absolut unnötig. „Man ist schließlich vollkommen überzeugt, daß Frankfurts Bürger an Wohlthun für die Armen gewiß nicht ermüden werden, so lange es bei dem ächtchristlichen Grundsatze, daß Wohlthätigkeit eine Tugend, nicht Pflicht sey, und daher die Armuth nur auf freiwillige Beiträge einen Anspruch machen könne, sein unabänderliches Verbleiben hat."[421] Tatsächlich hatte das Stiftungswesen damals auch in diesem Bereich einen beträchtlichen Aufschwung genommen.[422]

Nach diesen Erwägungen ging der Departementrat in die Offensive, kritisierte die fehlende Einbeziehung der Stände bei der Verabschiedung der Stempelsteuer, lehnte weitere Belastungen wie die Vermögenssteuer ab und wollte sie durch eine Konsumtionssteuer ersetzt haben, an der die Fremden „zur Mitleidenheit gezogen werden".[423] Nachdem die Petition gegen das Enregistrement nicht gefruchtet hatte, beschwor der Rat zum wiederholten Male die ökonomischen Folgen: „Wenn nun endlich durch die zahllosen Gebühren der Rechtsgang erschwert wird, und die Prozeßkosten den Gegenstand des Rechtsstreits sehr häufig absorbiren; so ist es nicht zu verwundern, daß die Eingehung aller bürgerlichen Kontrakte ins Stocken kommen, und hiermit der Ruin aller Einwohner befördert werden muß."[424] Es war eine deutliche Kritik. Dalberg erblickte in ihr sogar ein Aufbegehren gegen die Verfassung. Er beließ es zwar bei einer Ermahnung, berief den Frankfurter Departementrat jedoch vorsichtshalber nicht mehr ein.

Spätestens im Zusammenhang mit dieser Kritik und ihren Konsequenzen trat der bloße Schein des Konstitutionalismus der Reformstaaten offen zutage, und um so mehr traten die Vorteile der untergegangenen republikanischen Selbstverwaltung wieder hervor, wie sie vierzig Jahre vorher der Arzt Johann Adolph Behrends beschrieben hatte: „Wer wird nicht lieber da wohnen, wo Freyheit, Gleichheit, Stille und Zufriedenheit herrscht, und wo jeder seyn kann, was er will, wo ihm, (...) sein Geld und sein Blut nicht gefordert wird, das er so oft unter dem schweren Zepter des Despoten hingeben muß?"[425] Es waren schließlich gerade die hohen Verluste, die ein aus Frankfurter Rekruten zusammengesetztes Bataillon in Spanien erlitt, und der Krieg gegen Russland, welche endgültig den Erfolg der Dalbergschen Reformen konterkarierten.[426]

In der Frankfurter Bürgerschaft wuchs die Einsicht, dass der Verzicht auf eine selbstbestimmte gesellschaftliche Entwicklung und die Unterordnung unter einen Territorialherren als Ausweg aus den steigenden Belastungen der Napoleonischen Kriege in die Sackgasse geführt hatten. Die Reformen der Staatsbürokratie zur Beförderung der wirtschaftlichen Kräfte des Staats fielen mit einer immer größeren Belastung des städtischen Bürgertums zusammen und förderten in der Konsequenz die Opposition gegen die politischen Verhältnisse im Rheinbundstaat. Trotz Zustimmung zu vielen einzelnen Maßnahmen lebte wie 1792 der Patriotismus für das Alte Reich beziehungsweise für die alte Reichsstadt wieder auf und zog immer größere Kreise.[427] Im letzten Jahr seines Bestehens versank das Großherzogtum vollends im Chaos des Krieges. Die Tätigkeit der Quartiervorstände reduzierte sich nahezu vollständig auf die Lösung der Einquartierungsprobleme, die beträchtlich waren. Infolge des Kriegs mussten allein im Zeitraum zwischen dem 17. Januar und 30. Juni 1813 in der Stadt über 230.000 Personen und 40.000 Pferde untergebracht und versorgt werden, was noch keineswegs den Höhepunkt der Belastungen darstellte. Im letzten Kriegsjahr musste die Stadt sogar 340.000 durchmarschierende Soldaten verpflegen und in den Hospitälern 6.000 Verwundete versorgen.[428] Über den wachsenden Unmut der Bürger berichtete der Botschafter Österreichs im Großherzogtum, Johann Aloys Joseph Reichsfreiherr von Hügel: „Man klagt über drückende Lasten, (...) freut sich über jede Niederlage der Franzosen und preist den einstigen Kaiser des Reiches und die alte Ordnung".[429]

Es dauerte auch nicht mehr lange, bis die Machthaber sich abzusetzen begannen. Dalberg übergab seine beiden Gobelins dem Hause Thurn und Taxis als persönliches Geschenk. Die Meinung, es sei zum Ausgleich der von ihm nicht bezahlten Pacht geschehen, ist falsch, da er das Palais laut Vertrag vom 21. November 1807 ja unentgeltlich nutzen durfte und es Fürst Karl Alexander von Taxis war, der Dalberg Geld schuldete. Dalberg verließ das „Großherzogtum Frankfurt" und seine Frankfurter Residenz am 2. November 1813. Er folgte damit Napoleon kurz hinterher, der am 31. Oktober in Frankfurt eingezogen war, nachdem er noch rasch eine Schlacht bei Hanau für sich entschieden hatte. Napoleon zog es vor, im Landhaus der Bethmanns am Friedberger Tor zu übernachten, und mied das Palais in der verwinkelten Innenstadt. Während der ganzen Nacht tobten heftige Artilleriegefechte um die Alte Brücke, bei denen die Brückenmühle abbrannte. Die Auflösung des französischen Hauptquartiers und der Abmarsch der Garde und der Garde-Kavallerie erfolgten am 1. November 1813. Kurz nach der Flucht Napoleons und Dalbergs erschienen Kosaken, anschließend österreichische und bayerische Truppen. Am 6. November zog der österreichische Kaiser Franz I., vormals als Kaiser des Reichs Franz II., in Frankfurt ein, freudig begrüßt von der politischen Führung der Stadt. Ihre Mitgleider überreichten ihm den Stadtschlüssel und begleiteten ihn in die Bartholomäuskirche – voller Hoffnung auf eine Rückkehr der alten Zustände, eine Restauration des Kaiserreichs.

5. Der Kampf um die Souveränität

5.1 Die Befreiung

In diesem so wechselvollen und nicht nur für Europa so schicksalhaften Vierteljahrhundert zwischen dem Ausbruch der Französischen Revolution und dem Ende der Befreiungskriege wandelte sich Frankfurt von der kaiserlich freien Reichsstadt über die fürstprimatische und großherzogliche Hauptstadt zur Freien Stadt, also vom Reichsstand zum Fürstensitz und anschließend zum republikanischen Stadtstaat im Deutschen Bund. Doch dazu hatte eine gehörige Portion Glück gehört. Als traditionell kaisertreue Stadt, die weder mit dem republikanischen noch mit dem bonapartistischen Frankreich viel hatte anfangen können, hatte Frankfurt die Alliierten beim Einzug am 6. November 1813 enthusiastisch als Befreier und Franz von Österreich voreilig als „Deutschlands Kaiser" begrüßt. Aber weniger dem Habsburger verdankte die Stadt ihre weitere Selbständigkeit als einem Mann aus dem niederen Adel, Heinrich Friedrich Karl Reichsfreiherr vom und zum Stein, der kurz darauf an der Spitze des neu eingerichteten städtischen Zivilverwaltungsrates stand. Es war Stein, der – wie Schwemer festhält – schon im Dezember 1813 versuchte, „die Stadt Frankfurt mit ihrem ehemaligen Gebiete für eine freie deutsche Stadt zu erklären und in ihre alte Verfassung wieder einzusetzen".[430] Beinahe wäre es nur beim Versuch geblieben.

Heinrich Friedrich Karl vom Stein, dem Frankfurt so viel verdankte, wurde am 27. Oktober 1757 in Nassau geboren und starb am 29. Juni 1831 auf Schloss Cappenberg. Er entstammte genauso wie Metternich und Dalberg der rheinischen Ritterschaft, die allein mit diesen drei Vertretern außerordentlich erfolgreich bedeutende Positionen in den neuen Staaten Mitteleuropas besetzte. Stein trat 1780 unter Friedrich dem Großen in den preußischen Staatsdienst ein und hat sich dort in dem Vierteljahrhundert, das von den Ereignissen der Französischen Revolution beherrscht wurde, bewährt. Als Preußen 1806 nach der vernichtenden Niederlag bei Jena und Auerstedt in eine existentielle Krise geriet, trat Stein mit Erfolg an die Spitze der Reformer. Er verdankte den Aufstieg in das leitende Staatsministeramt ausgerechnet einer Empfehlung Napoleons, der sich von ihm eine effiziente Verwaltungsreform zur Steigerung von Preußens wirtschaftlichen Leistungen für seine Machtpläne in Europa versprach.[431] Später fiel Stein in Ungnade und musste Zuflucht in Böhmen suchen. Auch dort wurde er unter Polizeiaufsicht gestellt, sodass er ernsthaft darüber nachdachte, „den knechtischen Welttheil zu verlassen, und in dem aufblühenden Kentucky, in der Sonne der Freiheit ein neues kräftiges Daseyn zu begründen."[432] Davor bewahrte ihn eine Einladung des Zaren nach Russland. Das russische Exil gab ihm Ruhe und Zeit, über die Erneuerung von Kaisertum und Reich nachzudenken. Mit den alliierten Truppen kehrte er schließlich nach Deutschland zurück. Doch war er, der in Ungnade gefallene Staatsminister, dem habsburgischen Diplomaten Metternich in fast jeder Hinsicht unterlegen.[433] Metternich folgte als Repräsentant Österreichs nicht Steins Plänen von einer Erneuerung des Reichs, sondern schloss stattdessen am 3. Oktober 1813 mit Bayern den Geheimvertrag von Ried, in welchem Österreich den Bayern nach gemeinsamer Vertreibung Napoleons unter anderem die Einverleibung Frankfurts in Aussicht stellte.[434] Diese Geringschätzung der Zukunft Frankfurts als selbständige Stadt wusste er geschickt zu kaschieren. Sein Meisterstück lieferte er dabei mit dem Einzug von Franz I. von Österreich, des letzten 1792 in Frankfurt als Franz II. gekrönten Kaisers des Heiligen Römischen Reiches deutscher Nation, dem der Empfang der Bürgerkapitäne folgte. Einige von ihnen hatten Franz II. 1792 noch gehuldigt und sich als Vorsteher der 14 Stadtquartiere durch alle staatsrechtlichen Wechsel im Amt gehalten. Tatsächlich hat eine Abordnung der Bürgerkapitäne bei Franz I. vorgesprochen und um die Wiederherstellung der alten reichsstädtischen Verfassung gebeten. Wenn sie auch keinen Auftrag erhielten, so formte sich doch später aus der Begegnung eine Legende, die in der Auseinandersetzung um die Souveränität der Stadt eine gewisse Rolle gespielt hat. Schwemer urteilte über diesen Besuch und die Wünsche der Bürgerkapitäne: „Bei ihnen, die seit so vielen Jahren in vertrauten Beziehungen zu den Eingesessenen ihrer Quartiere standen, hatte sich alles abgelagert, was die neue Zeit an Unzufriedenheit, Sorgen und Wünschen erzeugt hatte, und so mochte sich dann in ihnen in aller Stille eine Art Volkstribunat herausgebildet haben, das jetzt, nachdem der Druck gewichen war, plötzlich hervortrat."[435]

An ihrer Spitze stand der Konsulent Dr. Friedrich Siegmund Feyerlein, der angab, gegenüber dem gewesenen Kaiser mit Verweis auf Bremen, das ja seine alte Verfassung wiedererlangt hätte, zum Ersten die Herstellung der Verfassung von 1806 und zum Zweiten die Beschränkung der Judenschaft gefordert zu haben. Als Drittes habe er gebeten, dass nur Frankfurter Bürger in Frankfurt und seinen Gebieten Anstellung finden dürften. Feyerlein nahm damit in Anspruch, den Weg zur Wiederherstellung der Freiheit der Stadt gebahnt zu haben. Er konnte allerdings seinen Ruhm nicht mehr auskosten, da er kurz darauf einer der grassierenden Seuchen erlag. Auch lagen die Dinge nicht so einfach wie er sie dargestellt hatte. Vor allem deutet nichts darauf hin, Frankfurt hätte die Wiedererlangung seiner Souveränität dem ehemaligen deutschen und nun österreichischen Kaiser zu verdanken. Dieser hatte sich allerdings gehütet, den Bürgerkapitänen irgendein Versprechen zu geben, und er hatte auch nichts unternommen, was in diese Richtung hätte gedeutet werden können. Doch allein schon mit dem Empfang schien es, als würde er dem Anliegen Frankfurts wohlwollend gegenüberstehen, und genau das war es, was Metternich erreichen wollte. Damit gelang es ihm erst einmal, den Volkspolitiker Stein in den Schatten zu stellen, ohne dass damit etwas entschieden worden wäre.[436] Im Gegenteil, vieles blieb in diesen turbulenten Tagen lange Zeit in der Schwebe. Eine große Bedeutung erlangte in dieser Situation Steins Frankfurtaufenthalt vom 13. November 1813 bis 18. Dezember 1814.[437] Er hielt sich in diesen bewegten Tagen also ein volles Jahr in der Stadt auf und traf auf eine von der Nationalidee begeisterte Bürgerschaft.

Kennzeichen dafür waren unter anderem die großen Gedenkfeiern zum Jahrestag der Völkerschlacht bei Leipzig, an denen sich auch die Frankfurter beteiligten. Die entscheidende Anregung zu einer großen Nationalfeier gab Ernst Moritz Arndt in seiner im September 1814 in Frankfurt am Main publizierten Flugschrift „Ein Wort über die Feier der Leipziger Schlacht". Kurz zuvor hatten sich deutsche Patrioten in Rödelheim getroffen. Darunter befanden sich die Brüder Friedrich Gottlieb und Karl Welcker sowie der Butzbacher Rektor Friedrich Ludwig Weidig, der später mit Georg Büchner den radikaldemokratischen „Oberhessischen Volksboten" herausgeben sollte, und der Rödelheimer Karl Hoffmann.[438] Die Feiern, die am 19. Oktober 1814 stattfanden, können als erstes Nationalfest angesehen werden und als ein erster Schritt zur Herausbildung einer auf die Nation bezogenen politischen Bürgerkultur. Als deutliche Zeichen zum Auftakt dieser Feste brannten in der Nacht vom 18. auf den 19. Oktober 1814 unzählige Feuer auf Bergen und Anhöhen unter einem sternenklaren Himmel und tauchten ganze Landstriche in ein Feuermeer.

In Frankfurt hatte sich, anders als sonst, wenn die Initiative von Vereinen ausging, der Senat die Organisation übernommen und eine Deputation gebildet. In Kirchen und Synagogen fanden Dankgottesdienste statt. Die Stadt war geschmückt, Textbänder erinnerten und erläuterten die nationale Dimension der Völkerschlacht. Die Casinogesellschaft und andere der gerade gegründeten Vereine veranstalteten Bälle. Die Stadt- und Warttürme wurden festlich beleuchtet, und ein großes Feuer loderte auf dem Feldberg.[439] Es wurde jedoch – anders als in Berlin auf dem Kreuzberg und später in Leipzig – kein Denkmal errichtet, sondern nur mit dem von Karl Hoffmann 1815 herausgegebenen und mehr als tausend Seiten starken Band mit Berichten über die Feiern vom 17. bis zum 19. Oktober 1814 an den Festakt erinnert. Der Buchtitel sprach allerdings für sich: „Des Teutschen Volkes feuriger Dank- und Ehrentempel oder Beschreibung, wie das aus zwanzigjähriger französischer Sklaverei durch Fürsten-Eintracht und Volkskraft gerettete Teutsche Volk die Tage der entscheidenden Völker- und Rettungsschlacht bei Leipzig am 18. und 19. Oktober 1814 zum erstenmale gefeiert hat".[440] Damals glaubten noch viele an eine rasche Verbreitung liberaler Ideen, in deren Geist ein neues Deutschland rasch errichtet werden könne. Doch bereits fünf Jahre später setzte die Restaurationszeit ein, die erst Anfang der 1830er Jahre, genau genommen eigentlich erst im Vormärz, endete.

In diesem Klima voller Erwartungen war Stein nach Frankfurt zurückgekehrt. Dabei standen seine Verpflichtungen in der Stadt anfangs unter einem ungünstigen Stern. Als Verantwortlicher für die Zivilverwaltung der gerade befreiten Gebiete wurde er mit außergewöhnlichen organisatorischen Herausforderungen konfrontiert, die seine ganze Aufmerksamkeit in Anspruch nahmen. Das passte durchaus in das Kalkül Metternichs, denn indem er Stein als Fachmann mit Verwaltungsdingen mit Arbeit eindeckte, hielt er ihn von den Auseinandersetzungen um die zukünftige Gestalt der deutschen Staaten fern. Außerdem machte sich Stein durch die Heranziehung der „befreiten Gebiete" zu weiteren Kriegsleistungen gegen das ja noch bestehende bonapartistische Frankreich nicht gerade beliebt. Doch davon ließ sich der Freiherr nicht beirren. Er veranlasste seinen Sekretär Ernst Moritz Arndt zu der Flugschrift: „Der Rhein, Deutschlands Strom, nicht Deutschlands Grenze" und konnte auch Wilhelm von Humboldt dazu bewegen, als preußischer Gesandter die etwas ruhigeren Tage im Dezember 1813 zu nutzen, um die versprochene „Denkschrift über die deutsche Verfassung" niederzuschreiben.[441] Damals hing Stein durchaus noch der Idee einer Wiederherstellung der Kaiserwürde und ihrer Übertragung an Österreich an. Damit stand er nicht allein im Kreis der Erneuerer Deutschlands. Doch von keiner Großmacht wurde eine derartige Zielvorstellung ernsthaft in Erwägung gezogen, weder von England und Russland, noch von Preußen oder Österreich. Der Widerstand der diplomatischen Kreise führte zu einem raschen Wandel der Vorstellungen der Reformer. Sie verabschiedeten sich Stück für Stück vom Alten Reich und wandten sich stattdessen der Konzeption eines Deutschen Bundes zu. Stein nutzte den Aufenthalt in Frankfurt, um seine eigenen Vorstellungen über eine deutschen Verfassung und Verwaltung zu entwickeln. Vor diesem Hintergrund griff er selbst oder über Arndt wiederholt von Frankfurt aus in die Verfassungsdiskussion ein und das hatte auch Konsequenzen für die Stadt selbst.

Denn zu allererst half er der politischen Führungsriege Frankfurts in ihrem scheinbar aussichtslosen Kampf um Souveränität. Nicht wenige hatten bereits resigniert. So trat zum Beispiel der Bankier Simon Moritz Bethmann für einen Anschluss der Stadt an Bayern ein, um die Interessengegensätze unter den siegreichen Mächten für günstige Konditionen dieses Wechsels zu nutzen. Vor allem aus dem gegensätzlichen Operieren Preußens und Österreichs im kurz nach dem Zusammenbruch des Großherzogtums errichteten Generalgouvernement erwuchsen den Frankfurtern dann aber doch Chancen, die ihnen nicht nur die verlorene Souveränität zurückgaben, sondern sogar zu einer außergewöhnlichen Stellung im Machtgefüge des entstehenden Deutschen Bundes verhalfen.[442] Der erste Erfolg in dieser Richtung gelang am 14. Dezember 1813 mit der Abschaffung der Munizipalordnung und der vorläufigen Wiedereinsetzung der alten reichsstädtischen Verfassung. Dem folgten rasch hintereinander weitere Revisionen der gescheiterten Dalbergschen Reformpolitik. Am 29. Dezember fielen die „droits d'enregistrements" und die französischen Gesetzesvorschriften des Code civil, des Code penal und des Code de procédure. Am 16. Januar 1814 wurden die Zivilstandsregister abgeschafft, das Konsistorium wurde wieder mit der Führung der Kirchenbücher betraut, und am 29. Februar wurde schließlich auch noch die Militärgerichtsbarkeit beseitigt.[443] Steins Eingriffe stießen nicht immer auf ungeteilte Zustimmung. So war zum Beispiel seine Entscheidung vom 19. Juli 1814 für die alteingesessenen Frankfurter Familien eine Enttäuschung. Denn in Zukunft sollten Bürger, die zehn Jahre lang das Bürgerrecht besessen hatten, bereits politische Ämter in der Stadt übernehmen können, was die zahlreichen Zuwanderer positiv vermerkten. Zudem sollte die konfessionelle Pluralität als eine der wenigen akzeptierten Reformen aus der Dalbergzeit beibehalten werden und damit fand das einstige lutherische Stadtregiment sein endgültiges Ende. In Rat, Bürgervertretung und Stadtgericht trat Stein zudem für einen lebendigen Ausgleich zwischen den Privilegierten von einst und der Mitbestimmung der Bürgerschaft durch moderne Wahlen anstatt der traditionellen Selbstergänzung durch die Mitglieder des jeweiligen Gremiums ein.[444]

Doch bei alledem war selbst im Februar 1815 das Schicksal der verbliebenen vier Freien Städte – neben Frankfurt noch Hamburg, Bremen und Lübeck – keineswegs entschieden, denn noch immer wurden sie als potentielle Entschädigungsobjekte gehandelt. Um Frankfurt stritten sich Bayern sowie Hessen, und namentlich Bayern suchte immer noch nach einer Möglichkeit, eine Territorialbrücke zu der ihm zugesprochenen Rheinpfalz herzustellen. Frankfurt bildete in diesen Plänen ein wichtiger Mosaikstein. Die Entscheidung wurde erst auf dem Wiener Kongress gefällt. Dessen Teilnehmer wurden von vielen Seiten umworben. Allein von Frankfurter Seite bemühten sich der Syndikus Johann Ernst Heinrich Danz im offiziellen Auftrag der Stadt um ihre Gunst, aber auch Johann Friedrich Schlosser für die römisch-katholische Gemeinde und für die Juden Mayer Amschel von Rothschild. Aber erst im März 1815 fanden die Bedenken Preußens gegenüber den großbayerischen Plänen auf dem Wiener Gipfel eine größere Beachtung und auch, dass Frankfurt am Main als Vermittler zwischen Nord und Süd die größte Berechtigung habe, als Freie Stadt im Deutschen Bund zu bestehen.[445] Es gelang, die bayerischen Ansprüche zurückzudrängen und Artikel 46 der Wiener Kongressakte vom 9. Juni 1815 durchzusetzen: „La ville de Francfort, avec son territoire, tel qu'il se trouvait en 1803, est déclarée libre et fera partie de la Ligue Germanique".[446]

Die feierliche Übergabe der Souveränitätsrechte an die Stadt erfolgte durch den alliierten Generalgouverneur am 9. Juli 1815. Schwemer hat den feierlichen Moment festgehalten: „Von 8 Uhr morgens an bildeten die Truppen und der Landsturm vom Taxisschen Palais bis an die Ratsstube im Römer Spalier. Gegen 9 Uhr fuhr der Fürst mit seiner Umgebung unter Begleitung einer Abteilung der freiwilligen Landsturmreiterei von dem Palais ab und wurde am Römer, wo im Kaisersaal Rat und Bürgerkolleg schon versammelt waren, festlich empfangen. Das Ereignis der Übergabe wurde mit 101 Kanonenschüssen der Stadt verkündet und dann folgte Kirchgang in die Katharinenkirche, nach der Kirche Vorbeimarsch der Truppen vor dem Rat, um 4 Uhr ein Festmahl im Kaisersaal, abends Beleuchtung; außerdem wurden die im Feld- und Garnisonsspitale befindlichen Kranken, Verwundeten und Gefangenen festlich gespeist."[447]

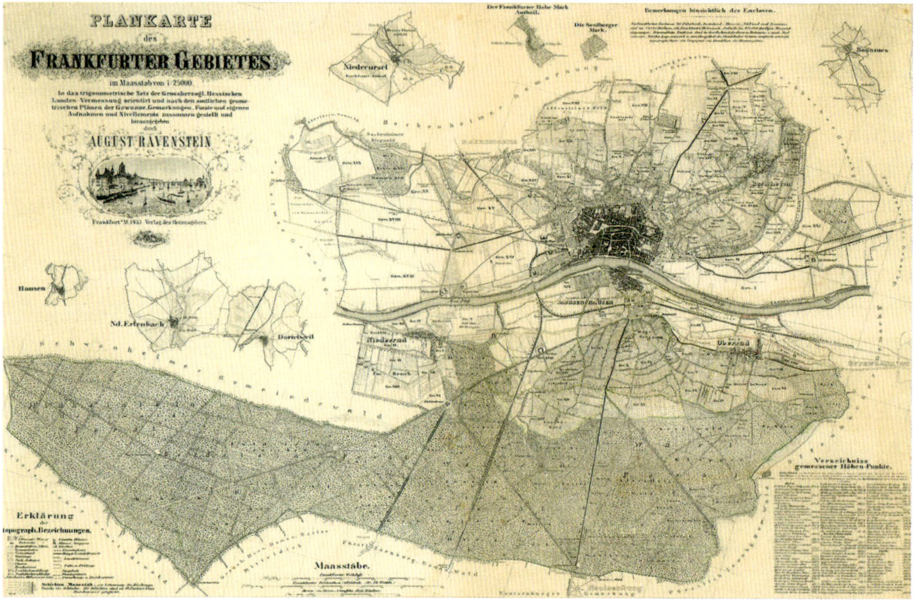

Topographische Karte von Frankfurt am Main mit dem Territorium der Freien Stadt („Gemarkungskarte“ von August Ravenstein, 1853)

Zum Gebiet Frankfurts gehörten nun außer dem Stadtteil Sachsenhausen und den bekannten acht Dörfern auch noch zwei Waldparzellen am Feldberg. Dazu kam ein Kondominat mit Österreich über Niederrad, weil Österreich Rechtsnachfolger des Deutschen Ordens geworden war, und eine gemeinsame Verwaltung mit Hessen-Darmstadt über Niederursel. Frankfurt erlangte mit nachhaltiger Unterstützung Steins somit mehr, als dieser ursprünglich geplant hatte. Er hatte sich lange Zeit für die Wiederherstellung Frankfurts als freie Reichsstadt eingesetzt. Nun war der Aufstieg zur Freien Stadt und zum Sitz des Deutschen Bundes geglückt. Im Senat bündelte sich alle innen- und außenpolitische Macht dieses Stadtstaates, was eigentlich nicht die Absicht von Stein gewesen war.[448] Doch allein die Taten zählten, und diese dankte ihm die Stadt mit einem Ehrenbürgerbrief, in dem ausführlich seine Verdienste gewürdigt wurden: „Wir Bürgermeister und Rath der freien Stadt Frankfurt am Main urkunden und bekennen: Was Seine Excellenz der Herr Staatsminister Freiherr vom Stein in den gefahrvollsten Zeiten, wo das deutsche Volk unter fremder Tyranney erlag, für das Vaterland gethan, wird in dessen eigenem Bewußtsein, wird in dem Dank und der Bewunderung des ganzen deutschen Volkes den schönsten Lohn finden, und was Hochderselbe mitten in den Stürmen des Krieges, mitten im Streite der Interessen der mächtigsten Reiche, für Unsern kleinen Freistaat Gutes gewirkt hat, wird in den Herzen der Frankfurter Bürger ewig unvergeßlich bleiben. Der Mann, welcher mit edler Hand den ersten Grundstein unserer Unabhängigkeit legen half, der die zarte Pflanze der neuen Freiheit so wohlwollend schützte, kann unmöglich der dankbaren Bürgerschaft dieser Stadt den stolzen Wunsch verargen, daß Er auch selbsten Theil an dieser beglückenden Freiheit nehmen möge. (...) erwählen und ernennen Wir Bürgermeister und Rath der freien Stadt Frankfurt am Main Seine Excellenz den Herrn Staatsminister Freiherrn Heinrich Friedrich Carl vom Stein, des Russisch-Kaiserlichen Sanct Andreas, des Kaiserlich-Österreichischen Sanct Stephanus, und des Königlich Preußischen schwarzen und rothen Adlerordens Groskreuz und mehrer andern hohen Orden Ritter, hierdurch und in Kraft dieses feierlich zum Ehrenbürger der freien Stadt Frankfurt."[449]

Damit war Frankfurt am Main neben Hamburg, Bremen und Lübeck also Freie Stadt geworden, und plötzlich war die Stadt mit einer Souveränität ausgestattet, die sie zu keiner Zeit zuvor besessen hatte, denn immer war der deutsche König und Kaiser ihr Souverän gewesen.

5.2 Frankfurt als Sitz der Deutschen Bundesversammlung

Frankfurt hat nicht nur erfolgreich seine Souveränität behauptet, sondern übernahm auch politische Verantwortung für Deutschland als Ganzes: die Stadt wurde Sitz der Deutschen Bundesversammlung. Wie war es dazu gekommen? Die Reichseinheit wiederherzustellen war auf dem Wiener Kongress nicht gelungen. Dort hatte man lange über ein politisches Nachkriegskonzept für die deutsche Staatenwelt gestritten. Denn die neue Ordnung musste die divergierenden Interessen der beiden Großmächte sowie diejenigen der Mittel- und Kleinstaaten unter einen Hut bringen. Wie Stein schmerzhaft erfahren musste, hatten die Versuche, die an die Tradition der alten Reichsverfassung anknüpfen wollten, geringe Chancen. Diese Modelle schieden bereits im Jahre 1813 mehr oder weniger aus dem Kreis der realistischerweise zu verfolgenden Konzepte aus. Als tragfähig erwies sich angesichts der Bipolarität von Preußen und Österreich sowie der an Macht und Einfluss erstarkten Mittelstaaten letzten Endes nur das Modell eines föderativen Staatenbundes. Um die Mitte des Jahres 1814 kreisten darum verschiedene Verfassungsentwürfe. Bereits zu dieser Zeit schälte sich das Konzept eines „Deutschen Bundes" heraus und bildete bald einen feststehenden Begriff unter den Teilnehmern des Kongresses – wenn auch die Idee eines Bundes von den Kleinstaaten und den mediatisierten Standesherren noch hinhaltend zwar, aber immer erfolgloser bekämpft wurde, bestand doch über den politischen Gehalt dieses Bundes noch lange Zeit keine Klarheit. Wie sollte ein Deutscher Bund legitimiert werden? Wer übte wie Einfluss auf seine Entscheidungen aus? Sollten das Volk oder seine Stände – und wenn welche Stände – eine Mitsprache haben? Von wem sollte die Gesetzgebung ausgehen? Waren getrennte Gewalten vorzusehen? Obgleich die Hoffnungen auf eine moderne Verfassung mit liberalen Elementen am Beginn groß waren, so rückten die Vertreter der deutschen

Regierungen im Laufe der Beratungen in Wien immer mehr von derartigen Überlegungen ab. Am meisten jedoch stand die gerade wiedergewonnene Souveränität der Monarchien und Fürstenhäuser derartigen Ideen entgegen. Kein Stück davon wollten die Groß- und Mittelstaaten einer nationalen Institution opfern. Da der Konstitutionalismus bereits auf der einzelstaatlichen Ebene auf der Stelle trat, hatte er auf der Unionsebene erst recht keine Chance. So ging es ihm Herbst 1814 eigentlich nur noch darum, ob die hegemoniale Machtverteilung in dem zu schließenden Bundesvertrag allein zwischen Österreich und Preußen ausgemacht werden sollte oder ob sie über eine formale Gleichberechtigung der künftigen Bundesmitglieder breit gestreut werden könne. Hier setzte sich die letztere Variante und damit ein Stück der Tradition des Alten Reiches durch. Metternich und die Mehrzahl der Mittel- und Kleinstaaten favorisierten ab Dezember 1814 eine Bundeslösung mit möglichst zahlreichen, wenn auch nicht gleichrangigen Teilnehmern. Dies bildete die Basis für den Entwurf einer „politischen Federation", auf den sich Österreich und Preußen am 23. Mai 1815 einigten. Darauf fußte wiederum die „Deutsche Bundesakte", die am 10. Juni 1815 verabschiedet wurde. Sie war knapp gehalten und sah lediglich einen Staatenverein vor, dessen oberstes Ziel die Erhaltung der äußeren und inneren Sicherheit Deutschlands und der Unabhängigkeit der einzelnen deutschen Staaten sein sollte. Dieser Staatenverein von 32 Ländern und vier Freien Städten sollte mit einer einzigen Institution auskommen, der Bundesversammlung. Sie war gedacht als ein Gremium der bevollmächtigten Gesandten der einzelnen Mitgliedsstaaten, die unter dem Vorsitz Österreichs über die „Angelegenheiten des Bundes" beraten und beschließen sollte. Unter den beteiligten Souveränen wurde nach Macht und Einfluss differenziert. Nur die elf größeren Staaten, und das waren Österreich, Preußen, Bayern, Sachsen, Hannover, Württemberg, Baden, Kurhessen, Großherzogtum Hessen, Dänemark für das Herzogtum Holstein und die Niederlande für das Großherzogtum Luxemburg, erhielten im so genannten Engeren Rat der Bundesversammlung eine eigene Stimme. Die übrigen 27 Bundesmitglieder wurden zu sechs Kurien zusammengefasst, in denen im günstigsten Fall zwei und im ungünstigsten Fall neun Kleinstaaten gemeinsam eine Stimme besaßen.[450]

Dennoch war für die eher kleinen und machtlosen Staaten, über denen bis dahin das Damoklesschwert der Mediatisierung geschwebt hatte, diese Bundesverfassung mit ihren internationalen Garantien zunächst einmal ein Schutzraum, vor dem politischen und militärischen Zugriff der anderen Staaten. Formal betrachtet war es dabei ohne Belang, ob hinter dem Bundesstaat eine voll ausgerüstete Armee oder ein Bataillon Stadtsoldaten stand. Dem Anspruch nach sollten alle Mitglieder des Bundes im Rechte gleich sein. Auf dieser formalen Gleichheit wurde so manches Luftschloss errichtet. „Wenn die freien Städte", schrieb der zum Gesandten der Freien Städte gewählte Bremer Bürgermeister Johann Smidt, „ernstlich wollten, so könnten sie durch das Medium der Bundesversammlung auf Deutschland einen außerordentlichen, wichtigen und wohltätigen Einfluss gewinnen. Deutschland ist jetzt offenbar eine große Staatenrepublik geworden. Die einmal ausgesprochene Gleichheit der Bundesglieder als solche bringt ihr Gemeinwesen unmerklich immer mehr in republikanische Formen, die einzelnen Staaten sind wie die einzelnen Bürger in diesem Gesamtwesen, und von den einzelnen geht hier wirklich faktisch und historisch die Souveränität aus, und alles, was zustande kommt, ist reell auf dieser Basis gegründet, während in unseren bisherigen Staaten die Volkssouveränität als Quelle der höchsten Gewalt doch im Grunde nur eine theoretische Fiktion ist, die aller Geschichte widerspricht.“[451]

Das war eine weitreichende Option auf die Zukunft, von der die bestimmenden Mächte Preußen und Österreich nicht allzu viel hielten; in dem kommenden halben Jahrhundert sorgten sie dafür, dass diesbezüglich die Bäume nicht in den Himmel wuchsen. Insbesondere Preußen mit seiner antiliberalen Einstellung machte aus seiner Einstellung keinen Hehl und stemmte sich gegen den weiteren Ausbau übergreifender Einrichtungen. Die neue Großmacht hatte aus nahe liegenden Gründen kein Interesse an einem Wiederaufleben des Reichs, weil es gegen das Reich groß geworden war.[452] Der Gegensatz zwischen Österreich und Preußen öffnete allerdings Spielräume – und diese Spielräume nutzte gerade Frankfurt, denn mit dem Bundestag wurde die Stadt zweifelsohne aufgewertet.

Der Bundestag, der am 5. November 1816 eröffnet wurde, verfügte zwar nur über geringe Zentralvollmachten, aber er nahm seinen Sitz in Frankfurt, genauer im Thurn- und Taxisschen Palais in der Großen Eschenheimer Gasse, und bestimmte die Stadt zum zentralen Ort des Deutschen Bundes. Damit gewann Frankfurt eine ganz ähnliche Funktion zurück, die es im Heiligen Römischen Reich Deutscher Nation mit seiner Funktion als Wahl- und Krönungsstadt besessen hatte. Doch es gab zwei wichtige Unterschiede. Während die Stadt vorher für den symbolträchtigen Akt der Wahl und Krönung nur die Kulisse stellte, an dem politischen Akt selbst aber nicht beteiligt war, so war sie nun nicht nur Austragungsort der politischen Auseinandersetzungen der Gesandten der verschiedenen souveränen deutschen Staaten, sondern nahm selbst zusammen mit den drei anderen Stadtrepubliken an diesen Geschäften teil. Weiterhin tagte der Bundestag in Permanenz und reduzierte sich nicht auf einen nur alle paar Jahre oder Jahrzehnte stattfindenden symbolischen Akt. Damit bevölkerte bald eine neue Schicht die Stadt, die Gesandten, ihre Familien und Bediensteten. Es handelte sich um Vertreter der deutschen Staaten, um Diplomaten und hohe Beamte, die vielfach aus dem Adel stammten und so per se ein fremdes Element in der Stadtbevölkerung bildeten. Wohlhabend und einflussreich belebten sie in vielerlei Hinsicht das öffentliche Leben in der Stadt.

Durch den Zuzug der Repräsentanten von 32 größeren oder kleineren Territorialstaaten sowie des gemeinsamen Vertreters der vier freien Städte stiegen erst einmal die Immobilien- und Mietpreise insbesondere der großen und luxuriösen Häuser und Stadtvillen wie auch der villenähnlichen Gartenhäuser mit ihren großen Parkanlagen im Vorfeld der Stadt. Weiterhin zogen die Handwerker aus der reichen Klientel ihren Vorteil. Der bereits erwähnte Bürgermeister Smidt sprach von „furchtbaren Prellereien" und beklagte, dass ein Gesandter von vornherein „den doppelten Preis" zahlen müsse. Er führte das Beispiel des kurhessischen Gesandten Georg Ferdinand von Lepel an, der für „ein neues Logis" fünf neue Spiegel aufhängen ließ. Er bediente sich dazu eines Tapezierers, der fünf gewöhnliche eiserne Haken dazu lieferte, diese einschlug und die Spiegel aufhängte. „Dafür sind ihm in der Rechnung 45 fl. angesetzt worden, die er bezahlen musste". Ähnlich erging es dem württembergischen Gesandten Karl August von Wangenheim, der „einem hiesigen Tischler für einen höchst simpeln tannenen Bücherschrank, der bloß dazu diente, eine Tür zu verdecken, 60 fl. bezahlen" musste.[453] Für das Gesinde der Gesandten galten auf den Märkten besondere Lebensmittelpreise. Carl Jügel bestätigte dies in seinen Jahrzehnte später erschienen Erinnerungen: „Die alten Sitten früherer Reichsbürgerlichkeit machten der reich galonierten Aristokratie Platz, die in unsern Mauern einzog und die ihren Luxus insofern teilweise auch auf ihre Bewohner übertrug, als sich damit ein leichterer und lohnender Erwerb über das Allgemeine verbreitete."[454]

Größeren Nutzen noch als die Haus- und Landbesitzer, Höker, Krämer und Handwerker zog die wohlhabende Oberschicht. Sie profitierte von der Bereicherung des gesellschaftlichen Lebens. Der Bundestag selbst trat als Gastgeber auf, mehr noch die zahlreichen Gesandten selbst. Das brachte Abwechslung in der Ballsaison, die Theaterbesuche nahmen zu, und es bestand für die wohlhabenden Kaufleute Frankfurts die reizvolle Möglichkeit, „ihre Salons", wie Schwemer schreibt, „mit Trägern hochadliger Namen auszuzieren und mit dem erprobten Köder guter Diners gelegentlich Neuigkeiten zu erhaschen, die, wenn das Glück gut war, am nächsten Tage im Comptoir in klingenden Gewinn umgesetzt werden konnten."[455] Das wurde gerne wahrgenommen und fiel auch Durchreisenden auf: „Hier sind die Frankfurter in ihrem wahren Elemente", meinte etwa Christian August Fischer, „hier hat fast jede Woche ihr kleines Familienfest. Ein solcher Zirkel bildet eine Art merkantilisch-moralischen Staates, in der der Großvater oder Senior als höchstes Oberhaupt verehrt wird (...). Alle diese Familien aber, die man zu gleicher Zeit als einzelne große Handelskomptoirs betrachten kann, rivalisieren mit wenigen Ausnahmen sehr auffallend unter sich" und, so muss man hinzufügen, um die Gunst der Gesandten.[456] In das gleiche Horn blies Gerd Eilers, der in seinen Lebenserinnerungen den geschäftstüchtigen Frankfurtern vorwarf, „sie können aus dem geschäftlichen Denken, Fürchten, Hoffen und Spekulieren nicht herauskommen und sind daher auch in Gesellschaften oft zerstreut."[457]

Es finden sich jedoch nicht nur Berichte dieser Art, sondern auch Zeitgenossen, die – wie Anton Kirchner – ganz andere Aspekte des Einflusses der Bundesversammlung auf das Frankfurter Gesellschaftsleben betonten: „Viel musste die Gesellschaft in den höhern Klassen durch die Verlegung des Bundestages nach Frankfurt gewinnen. (...) Durch die Mischung der Adeligen und Edlen mit einem thätigen und reichen Handelstande wurde das Vergnügen gefördert, die Steifheit vermindert. Ein Ort, wo aus allen Gegenden Deutschlands die Gebildetsten zusammentreffen, ist vielleicht vor andern dazu geeignet, dem Vaterlande das Muster einer nationalen Bildung zu geben". Auf jeden Fall hebt Kirchner hervor, „wie viel durch sie schon die Gesellschaft an Reiz und Leben gewann".[458] Das Leben in den Salons blühte also auf und Frankfurt war um so manche Attraktion reicher. Zu den lichtvollen Seiten des um manche Attraktion bereicherten Kulturlebens gesellten sich allerdings die Mühen und Verpflichtungen der Politik, und hier gab es neben dem Licht viel Schatten.

Mit der Wahl Frankfurts zum Austragungsort der politischen Auseinandersetzung zwischen den 36 Monarchien, Fürstentümern und Stadtrepubliken begann die Suche nach einem geeigneten Tagungsort. Die Frage war schnell entschieden. Als größere Versammlungsstätte mit repräsentativem Zuschnitt kam nur das Thurn- und Taxissche Palais in Frage, das seit der Flucht Dalbergs erneut leer stand. Österreich mietete das Palais in der Großen Eschenheimer Gasse kurzerhand für seine Gesandtschaft und als Tagungsort für die Versammlung von dem Fürsten Karl Alexander von Taxis, der bereits mit Dalberg über die Nutzung des Palais verhandelt hatte. So konnten sich vom 5. November 1816, dem Eröffnungstag der Bundesversammlung, bis zum 12. Juli 1866 – mit Ausnahme der Revolutionsjahre zwischen

Das Palais Thurn und Taxis in der Großen Eschenheimer Straße um 1860

Der Innenhof des Palais Thurn und Taxis, 1834

1848 und 1850 – wöchentlich die Vertreter der Bundesstaaten unter österreichischem Vorsitz im Erdgeschoss des Palais versammeln. Eine Lithographie aus dem Jahre 1817 zeigt eines der beiden Konferenzzimmer des Deutschen Bundes im Erdgeschoss nördlich des Gartensaales. Zu sehen ist ein runder Tisch, um den herum sich die Gesandten versammelt haben. Sie sitzen auf Stühlen im Empirestil. Angedeutet ist ein derber Läuferteppich, mit dem die Hausverwaltung das Parkett des Raumes schonen wollte. Es gab auch noch den großen Kuppelsaal, in dem die meisten Sitzungen stattfanden. Über den Kaminen hingen Spiegel, die bis zur Decke reichten. Die Fenster konnten von innen mit hölzernen Läden verschlossen werden, und über dem Raum wölbte sich die Decke, die mit einer zurückhaltenden Stuckornamentik versehen war. In der Mitte hingen die Kronleuchter, die mit bis zu 30 Lichtmanschetten bestückt waren. Dennoch mussten Wandarmleuchter neben den Spiegeln für zusätzliches Licht sorgen.[459]

Die Lichtflut in den Versammlungssälen stand in einem auffallenden Gegensatz zu dem Dunkel, in das die Aktivitäten der Gesandten gehüllt blieben. Tatsächlich sind wir über das Leben und Treiben der Bundesgesandten im Palais Thurn und Taxis wenig unterrichtet. Die Sitzungen fanden hinter geschlossenen Türen statt. Die Öffentlichkeit war nicht zugelassen. Meist blieben sogar die schweren Eichenholz-

Sitzungszimmer im Palais Thurn und Taxis um 1817

tore in der Einfahrt verschlossen. Wäre bei einer Sitzung nicht der Doppelposten vor dem Palais aufmarschiert, so hätte kaum ein Fremder geahnt, wie wichtig dieses vornehme Haus damals für die weitere Entwicklung Deutschlands gewesen ist. Doch es drang genug nach draußen, um die Vertretung Deutschlands mit einem Treibhaus zu vergleichen, in dem Intrigen üppig wucherten. Sie konnte, wie Fried Lübbecke urteilte, „dem Debet seiner schwer belasteten Bilanz“ nur ein „Aktivum“ entgegenstellen: ein halbes Jahrhundert deutschen Friedens.[460] Auch Schwemer erhebt den Vorwurf der Passivität und, dass man den Moment für grundlegende Reformen gleich am Anfang verpasst habe. Er beruft sich dabei auf die Einschätzungen der Zeitgenossen wie etwa des Gesandten der freien Städte, des Bremers Smidt, der in Briefen klagte, „durch Passivität oder üblen Willen der Regierungen wächst die Unzufriedenheit wie in einem Treibhause“ und es sei beschlossene Sache, das Volk dauernd in Unmündigkeit zu erhalten.[461] Nicht weniger als die Konstitutionalisten haderten die Groß- und Mittelstaaten. Preußen und Bayern hatten offene Wünsche bezüglich ihrer territorialen Abrundung oder fühlten sich nicht auf Augenhöhe mit Österreich, das den Vorsitz in der Bundesversammlung zugesprochen bekam. Darüber legte sich mit den Karlsbader Beschlüssen von 1819 die sogenannte Reaktionszeit, mit der die Hoffnungen auf einen konstitutionellen Ausbau rasch begraben wurden.[462]

Die neuere Forschung hat dieses Urteil annähernd bestätigt. So sei die Möglichkeit zur Fortentwicklung der rudimentären Bundesverfassung durchaus gegeben gewesen. So basierte die Hoffnung Smidts auf Initiativen zur inneren Integration des Bundes, die in den Anfangsjahren immer wieder an die Bundesversammlung herangetragen wurden. Daran ändert auch der Umstand wenig, dass es sich dabei meist um Einzelmaßnahmen zur Harmonisierung der sehr disparaten wirtschaftlichen und rechtlichen Verhältnisse auf dem Gebiet des Deutschen Bundes handelte, war die föderative Integration der Staaten doch ein wesentliches Ziel des Deutschen Bundes gewesen. Weniger groß waren allerdings von Anfang an die Spielräume für eine konstitutionelle Ausgestaltung zu einem „Nationalbund". Statt als Motor eine nationale Verfassungsentwicklung anzutreiben, entwickelte sich der Bund zu einem „wirksamen Bollwerk gegen verfassungspolitischen Wandel".[463] Die Ansätze einer Fundamentalopposition zu den politischen Verhältnissen, wie sie sich angefangen in der Turnbewegung Jahns über die studentischen Burschenschaften bis zum Wartburgfest und dem politischen Mord von Karl Ludwig Sand an dem Schriftsteller August von Kotzebue zwischen 1814 und 1819 fortentwickelte und in der öffentlichen publizistischen Auseinandersetzung durchaus Beifall fand, verstärkten diesen bereits in der Gründung angelegten Grundzug des Bundes. Sie lieferten dem österreichischen Außenminister Metternich die Argumente, um die deutschen Monarchen für ein hartes Vorgehen gegen die nationale und liberale Bewegung in Deutschland zu gewinnen. Im August 1819 traten zehn deutsche Staaten im böhmischen Karlsbad zu geheimen Konferenzen zusammen. Das Ergebnis waren die „Karlsbader Beschlüsse", die am 16. September 1819 der Bundesversammlung vorgelegt und von dieser am 20. September 1819 als Bundesbeschlüsse angenommen wurden. Sie sahen eine staatliche Kontrolle und Zensur der Universitäten sowie ein Verbot der Burschenschaften vor. Außerdem sollten die gesamte Presse und alle Schriften bis zu 20 Druckbogen einer Zensur unterworfen, eine „Central-Untersuchungs-Commission" des Bundes eingerichtet und die Möglichkeit eines militärischen Eingreifens des Deutschen Bundes in den Einzelstaaten geschaffen werden. Letzteres sollte Frankfurt später auch schmerzhaft zu spüren bekommen.

Das war jedoch noch nicht alles. Schwerwiegender als die Karlsbader Beschlüsse erwies sich die „Wiener Schlussakte" vom 8. Juli 1820, welche die Bundesakte von 1815 ergänzte. Sie war von größerer Bedeutung, weil sie das monarchische Prinzip der Einzelstaaten bekräftigte und damit einer einzelstaatlichen Verfassungsentwicklung in liberaler Hinsicht enge Grenzen setzte und weil sie die Bundespflichten viel präziser als „Aufrechthaltung der innern Ruhe und Ordnung" regelte. Damit war zugleich die föderative Zusammenführung Deutschlands und die Vereinheitlichung der disparaten Wirtschafts- und Rechtssysteme aufgegeben worden. Der von

Schwemer angeführte Smidt war ja durchaus nicht der einzige gewesen, der einen konstitutionellen Fortschritt erhofft hatte. Jürgen Müller wies in seiner zusammenfassenden Studie über den Bund darauf hin, dass erst mit der Wiener Schlussakte und Metternichs harschem Vorgehen zu ihrer Umsetzung die Bemühungen einiger mittelstaatlicher Politiker – insbesondere der Bundestagsgesandten Johann Adam von Aretin (Bayern), Karl August von Wangenheim (Württemberg), Hans Georg von Carlowitz (Sachsen), Heinrich Wilhelm Karl von Harnier (Hessen-Darmstadt) und Georg Ferdinand von Lepel (Kurhessen) – scheiterten, durch einen engeren Zusammenschluss des sogenannten Dritten Deutschland beziehungsweise der „reindeutschen“ Staaten eine Plattform für einen inneren Ausbau des Bundes zu schaffen.[464]

Damit wurden die politische Repression und Demagogenverfolgung zu einem Charakteristikum der zwanziger Jahre, und beides ließ sich von seinem Ursprung her genau lokalisieren. Da war zum einen die siebenköpfige Zentraluntersuchungskommission des Deutschen Bundes, die infolge der Karlsbader Beschlüsse erstmals am 8. November 1819 zusammentrat und ihren Sitz in der Bundesfestung Mainz nahm. Sie sammelte über Jahre hinweg Informationen über Personen, die im Verdacht standen, sich an revolutionären Umtrieben zu beteiligen. Gegen Tausende von Personen wurde ermittelt. Die Kommission machte selbst vor ehemaligen Ministern wie Stein, Gneisenau oder Hardenberg nicht halt. Sie schuf ein vergiftetes Klima der Repression gegen Liberale und Demokraten.[465] Und dann gab es die Bundesversammlung selbst, die im Thurn- und Taxisschen Palais in der Großen Eschenheimer Gasse in Frankfurt tagte. Die Stadt mit ihren republikanischen Freiheiten stand somit in einem extremen Spannungsverhältnis zu der ersten Institution der zukünftigen deutschen Nation. Die Politik des Bundes zeigt überdeutlich, dass sich Frankfurt als Sitz der Bundesversammlung nicht nur im Glanz der königlichen und fürstlichen Repräsentanten sonnen konnte, sondern auch unter dem Druck stand, den politischen Verpflichtungen des Bundes nachzukommen. Frankfurt war ja nicht nur einfach Austragungsort der gesamtdeutschen Debatte über die Zukunft dieser Staatenagglomeration, sondern selbst daran beteiligt; und mit der Funktion einer „heimlichen Hauptstadt“ dieses Staatenbundes hat sich die Stadt gleich am Beginn eine Vielzahl an politischen Problemen aufgeladen.

Zu nennen ist hier etwa die Affäre um den Obersten (Generalmajor) und Freimaurer Karl Christoph Wilhelm von Massenbach, ein Agitator für eine konstitutionelle deutsche Nation, der in Verbindung mit Gleichgesinnten in Darmstadt, Offenbach und Frankfurt stand.[466] Der Kreis fasste im Jahre 1817, also noch zwei Jahre vor den Karlsbader Beschlüssen, den Entschluss, mit einer Petition an das Verfassungsversprechen der Bundesakte zu erinnern. Massenbach entwarf eine Flugschrift, mit der anschließend um Unterschriften geworben wurde. Die unterschriebenen Exemplare wurden an Dr. Louis (gemeint ist Ludwig) Jassoy in Frankfurt geschickt, der zum Bevollmächtigten für die Übergabe an den Bundestag ernannt war. Jassoy war damals bereits kein Unbekannter mehr. Im Jahre 1769 in Hanau geboren, war er in Frankfurt aufgewachsen, hatte das dortige Gymnasium besucht und ein Jurastudium in Marburg und Göttingen absolviert. Das Praktikum absolvierte er wie Goethe am Reichskammergericht in Wetzlar. Er ließ sich 1793 als Advokat in Frankfurt nieder und stieg rasch zum Justitiar der beiden Bankhäuser Rothschild und Bethmann auf.

Jassoys politische Überzeugungen basierten auf der französischen Aufklärung, insbesondere prägten ihn Diderot und Voltaire. Der Französischen Revolution dagegen stand er mit einer großen Ambivalenz gegenüber. Er verurteilte die zahlreichen Kriege, zu der sie geführt hatte, sah aber auch die Fortschritte, die sie in Deutschland bewirkt hatte. Am Deutschen Bund konnte er keinen Gefallen finden und wetterte zornig über das Treiben der Höfe. Kompromisslos wünschte er sich eine starke deutsche Nation mit politischer Mitsprache des Volkes. Schwemer beschrieb Jassoy als den „ersten demokratischen Unitarier", der von Frankfurt aus zur Nation geredet habe, und führte seine Metapher eines Riesen an, der seine zerstreuten Glieder aus eigener Kraft zusammenraffen müsse, um sodann in der starken Rüstung der vereinigten Volkskraft dazustehen.[467] Jassoys politischer Aufstieg begann mit seiner Mitgliedschaft im Verfassungscollegium der 13, das nach Wiedererlangung der städtischen Selbständigkeit die Constitutions-Ergänzungs-Akte als neue Verfassung für Frankfurt erarbeitet hatte. Er beteiligte sich in den Jahren von 1817 bis 1828 nicht nur als Mitglied der Gesetzgebenden Versammlung an der politischen Ausgestaltung der Verfassung Frankfurts, sondern auch von 1817 bis 1820 als ihr Vizepräsident. Er war einer der in Frankfurt seltenen Befürworter der Judenemanzipation und überzeugter Gegner der Reaktionspolitik Metternichs, über die er sich in juristischen und satirischen Schriften lustig machte. Diese erschienen Ende der zwanziger Jahre in sechs voluminösen Bänden unter dem Titel „Welt und Zeit". Dazu gehörten auch seine beiden Monographien „Aphorismen über bürgerliche Gesetzgebung" und „Das Tierreich und seine Revolution". Sie waren beide um 1826 verfasst worden.[468]

Als ein Politiker von Format wurde er also in die Affäre um Massenbach verwickelt, als dieser persönlich in Frankfurt erschien, um sich um die von ihm verfasste Petition zu kümmern. Er zog das Interesse des österreichischen wie des preußischen Gesandten am Hofe des Großherzogtums Hessen in Darmstadt auf sich, die ihn beobachten ließen und von der Frankfurter Regierung Unterstützung bei der Festnahme verlangten. Das brachte den Senat in große Verlegenheit, und deshalb trafen sich der Ältere Bürgermeister Johann Wilhelm Metzler und der Jüngere Bürgermeister Friedrich Joseph Cleynmann sowie die Senatoren Johann Ernst Heinrich Danz und Georg Friedrich von Guaita zur vertraulichen Beratung. Hin und her gerissen zwischen heimlicher Sympathie für die konstitutionellen Ziele des Agitators und den Verpflichtungen eines Mitglieds des Bundes kamen sie zu keinem Ergebnis. Metzler und Danz waren, wie Schwemer ausführte, dafür, dass man sich fügen müsse und damit für die Auslieferung von Massenbach an Preußen. Die beiden anderen rieten, die Entscheidung hinauszuschieben, damit nicht in der Überraschung etwas geschähe, was man später bereuen würde. Aus dem Polizeigesuch entwickelte sich eine Frankfurter Staatsaffäre. Der gesamte Senat musste zu einer außerordentlichen Sitzung zusammentreten, und beschloss willfährig zu sein, was ihm die Verachtung des Bundestagsgesandten Smidt einbrachte, der ja wie Massenbach für den Konstitutionalismus im Deutschen Bund eintrat.

Die Sache nahm ihren Lauf. Ein städtischer Hauptmann wurde beauftragt, Massenbach in seiner Wohnung festzunehmen, was nach einigem Widerstand dann auch gelang. Doch der Ruf der „freyen Stadt", den Behrends im 18. Jahrhundert so eifrig gefördert hatte, war nun beschädigt. Die Hoffnung liberaler Kreise, in Frankfurt im Zweifelsfall politisches Asyl zu erhalten, war enttäuscht worden. In den politischen Gremien der Stadt gärte es, und erste Stimmen wurden laut, die den liberalen Charakter der Stadt bedroht sahen.[469]

Kam Jassoy noch unbehelligt aus der Affäre, obwohl er den politischen Zielen Massenbachs doch recht nahe stand, so galt dies nicht für den noch scharfzüngigeren Kritiker der anbrechenden Reaktionszeit – für Ludwig Börne. Börne hatte die Höhen und Tiefen der Frankfurter Judenemanzipation am eigenen Leibe erfahren. In einer Blitzkarriere war der 1786 in Frankfurt geborene Sohn des Bankiers, Hof- und Finanzagenten Jacob Baruch als Juda Löb Baruch unter Dalberg zum Polizeiaktuar aufgestiegen, nachdem er in Halle, Heidelberg und Gießen sowohl Medizin

Ludwig Börne (1786–1837). Lithografie nach einem Gemälde von Moritz Oppenheim (1827)

als auch Kameralwissenschaften und Nationalökonomie studiert hatte und 1808 promoviert worden war. Genauso schnell musste er sich mit dem Einzug der Alliierten und der provisorischen Rückkehr zur reichsstädtischen Verfassung im Jahre 1815 wieder von diesem Amt verabschieden. Daran änderte auch sein Konfessionswechsel drei Jahre später nichts. Er schlug sich mit spitzer Feder als Herausgeber der „Wage, Zeitschrift für Bürgerleben, Wissenschaft und Kunst" beziehungsweise der „Zeitung der Freien Stadt Frankfurt", als Theaterrezensent und Kritiker der Gesellschaft und des öffentlichen Lebens durch. Tatsächlich haben die 13 erschienenen Hefte mit ihren Glossen, Aphorismen, Essays und Theaterkritiken Börne bekannt gemacht. Dieser ließ sich durch die Niederlage Napoleons nicht beeindrucken und hielt an den Idealen der Französischen Revolution fest. Das brachte ihn zwangsläufig in Opposition zu den im Deutschen Bund versammelten Mächten. Er konnte gute Gründe für seine Position anführen, indem er auf den entwickelten Parlamentarismus in Frankreich, die Menschenrechte, die Freiheit des Handelns und der Gewerbe, Aufhebung der Zünfte und der Privilegien, die Gleichheit vor dem Gesetz, den gleichen Schutz aller Religionen, die Öffentlichkeit der Justiz, die Geschworenengerichte, die Pressefreiheit sowie die Verantwortlichkeit der Minister und der unteren Beamten verwies.

Während es Jassoy meist bei Anspielungen belassen hatte, vermied Börne die offene Kritik nicht und berief sich dabei auf das freie Wort. Mit fortschreitender Restauration äußerte sich der österreichische Resident mit großer Sorge über die Gründung der neuen Zeitung unter der Mitredaktion Börnes und forderte, die Zensur schärfer anzuwenden. Der Senat zögerte zwar, aber nach einigem hin und her erfolgte am 12. Juni 1819 die Mitteilung, dass die Untersuchung gegen Börne nun beginnen werde. Sie führte im Jahre 1820 zu einer Anklage vor dem Polizeigericht, das ihn wegen demagogischer Umtriebe zu 14 Tagen Arrest in der Hauptwache verurteilte. Die Revision vor dem Appellationsgericht endete allerdings mit einem Freispruch wegen mangelnder Beweise.[470]

Die Verurteilung steigerte Börnes Zorn auf die Bundesversammlung nur noch mehr. Mit beißendem Spott geißelte er die deutschen Zustände und bediente sich dabei in seinem Essay „Monographie der deutschen Postschnecke" der Metapher der Thurn und Taxisschen Post, um sich über die politischen Verhältnisse lustig zu machen. Er demontierte systematisch den propagierten Fortschritt in der Geschwindigkeit der Personenbeförderung und zählte die zahlreichen Unterbrechungen der Fahrt auf. „In Heidelberg hielten wir uns nicht lange auf; ich hatte nur Zeit, sechs Professoren, den Schlossgarten und die nächsten Umgebungen der Stadt zu besuchen". Börnes Schrift ist ein klassisches Beispiel für eine literarische Parabel. Dahinter blieb die politische Absicht kaum verborgen. So heißt es etwa: „Der Postwagen überzeugte mich davon. Posthalter, Kondukteurs, Postillione, Wagenmeister, Packer wie überhaupt das ganze Hochfürstlich Thurn- und Taxissche fahrende Personal gehen bei ihrem Geschäft mit solcher Bedächtigkeit zu Werke, daß man wohl sieht, es sind gute, ruhige Bürger die Deutschen, die nichts Gewagtes unternehmen. Desgleichen die Passagiere, deren keiner über das langsame Fahren ungeduldig wurde und etwas aus der Haut fuhr. Ja, selbst der junge Mann, der in Heilbronn Hochzeit machen wollte, zeigte mehr Zufriedenheit als Unzufriedenheit, dass der Wagen zwischen Frankfurt und Darmstadt sich dreimal erquickte mit Wein und kalten Speisen, nämlich in Sprendlingen, Langen und Arheiligen. Beweist nicht schon das häufige Trinken die besten Gesinnungen? Menschen, die verdächtige Gedanken hegen, sind auf ihrer Hut und trinken Wasser."[471]

Die Postschnecke erschien bereits nach den Karlsbader Beschlüssen. Bis dahin war der Druck auf Frankfurt immer weiter angewachsen. Der österreichische Gesandte drängte auf eine Reform der Polizei zum Schutz der Versammlung, denn Frankfurt sei der Zusammenfluss aller Verdächtigen und aller Vertriebenen von der Partei der wütenden Demokratie. Auch der preußische Gesandte äußerte die Überzeugung, die Stadt sei der Vereinigungspunkt vieler gefährlicher einheimischer und fremder, deutscher und ausländischer Ultraliberaler. Der Frankfurter Senat agierte vorsichtig angesichts der an Paranoia grenzenden Revolutionsfurcht der beiden Großmächte und zeigte sich den Forderungen der Reaktion gegenüber beflissen. Er ging mit größerer Bereitschaft auf die Klagen ein, versprach Untersuchung und ließ die Angelegenheit dann im Sande verlaufen. Die meisten Vorwürfe erwiesen sich als übertrieben, aber Frankfurt war sicher ein Mittelpunkt liberaler Bestrebungen. Die Opposition beschränkte sich jedoch auf kritische Reden und das Verfassen mehr oder weniger radikaler Texte. Man schwärmte für die Griechen und deren Freiheitskampf, sammelte für sie, ließ sie hochleben, kam aber darüber nicht hinaus. Börne hielt es noch zehn Jahre unter dem Bund in Frankfurt aus, kehrte dann aber doch 1830 mit dem Ausbruch der Julirevolution der Stadt den Rücken. Er reiste damals aus einem Kuraufenthalt in Bad Soden direkt nach Paris, um für den Rest seines Lebens, von kurzen Unterbrechungen abgesehen, im Pariser Exil unter zahlreichen deutschen Demokraten zu leben. Von dort schrieb er bis März 1833 an seine Frankfurter Freundin Jeanette Wohl die „Briefe aus Paris", die alsbald bei dem Verleger Campe in Hamburg erschienen (2 Bde., 1832–1834). Sie waren bereits in erster Auflage so schnell verkauft, dass die Pressepolizei zu spät kam. Ohne Jeanette Strauß-Wohl wäre dieser Zeitspiegel, in dem Börne – vielfach in Umkehrung der französischen Verhältnisse – die deutschen (und auch die Frankfurter) Missstände geißelt, wohl kaum entstanden. Die Briefe zählen zum Besten der politischen Prosa, die in Deutschland im Vormärz erschienen ist.[472]

5.3 Der Kampf um eine neue Verfassung und seine Ergebnisse

Doch damit sind wir der Entwicklung weit vorausgeeilt. Es stellt sich die Frage, wie die Stadt allgemein politisch einzuschätzen ist. Passte sie sich der politischen Ausrichtung und dem Charakter der mächtigsten Institution, die sie innerhalb ihrer Mauern beherbergte, an oder brachen sich in der eigenen grundsätzlichen politischen Verfasstheit nicht andere Überzeugungen Bahn – Überzeugungen, die dem Status als Freie Stadt mehr entsprachen als die Repressionspolitik des antiliberalen Bollwerks in der Großen Eschenheimer Gasse? Das war mit dem Erhalt der Souveränität durchaus nicht entschieden. Denn wenn sich die Frankfurter Bürger auch nach außen an dem strahlenden Glanz einer souveränen Republik und dem mondänen Treiben der Gesandten des Bundestages erfreuten, so bot sich kurz nach Erhalt der Souveränität im Jahre 1815 im Innern ein ganz anderes Bild. Es brach ein Jahrzehnt heftigster Kämpfe um eine Neuausrichtung der bürgerlichen Gesellschaft der Stadt an. Denn die provisorische Wiedereinsetzung der reichsstädtischen Verfassung und die Aufhebung der wichtigsten dalbergschen Reformgesetze trugen schon bald ungewollte Früchte. Die angeführte pragmatische Entscheidung des Generalgouvernements der Alliierten, vorerst alle ehemaligen Ratsmitglieder, die dem Rat von 1806 angehört hatten und soweit sie noch lebten, wieder einzusetzen, erwies sich als außerordentlich folgenreich und hatte fatale Konsequenzen. Mit dieser Einsetzung des alten Rats feierte ausgerechnet das Patriziat eine machtvolle Rückkehr auf die Bühne der kommunalen Politik und stellte fast ein Drittel der Regierungsvertreter. So stark wie im provisorischen Rat war der Stadtadel seit 1700 nicht mehr in der zentralen politischen Körperschaft der Stadt vertreten gewesen. Auch in der ersten Kommission, die über eine neue Verfassung beraten sollte, der „Commission der 13", stellten die Patrizier fast ein Viertel der Mitglieder.

Für die Kaufleute hingegen, Gewinner des politischen Kampfes in den Jahrzehnten zuvor, bahnte sich eine schwere Niederlage an, und es drohte nach einer beherrschenden Stellung in den großherzoglichen Gremien, die ihnen nichts eingebracht hatte, unvermittelt der Absturz in die politische Bedeutungslosigkeit. Ihr Anteil am provisorischen Rat überschritt nur knapp die zehn Prozent Marke, weil die früheren Repräsentanten in der Zwischenzeit entweder verstorben oder aus gesundheitlichen Gründen ausgeschieden waren oder „resigniert" hatten. Es traf hier eine Reihe von widrigen Umständen zusammen, die dazu führten, dass der Anteil des Handelsbürgertums am Rat zwischen 1814 und 1816 stark zusammengeschmolzen war. Weiterhin befürchteten die Reformierten und Katholiken bei der angestrebten Rückkehr zur reichsstädtischen Verfassung eine Rücknahme der Emanzipation der christlichen Minderheiten. Diese Befürchtung veranschaulicht noch einmal die Problematik der konfessionellen Frage, die mit der angestrebten Übernahme der alten reichsstädtischen Verfassung erneut in den Vordergrund rückte, und das zurecht, denn mit der politischen Integration der Reformierten und Katholiken stand auch die politische Einheit des Handelsbürgertums zur Disposition. Der Konsens innerhalb des Bürgertums zerbrach, und die verschiedenen Gruppeninteressen traten in einem zweijährigen, heftig geführten Kampf um die Verfassung offen zutage. Die Konfrontation um den Inhalt und den Umfang der vorzunehmenden Ergänzungen zog nach und nach alle Teile des Frankfurter Bürgertums in den Strudel der politischen Auseinandersetzungen und führte zu einem für die Zeit außergewöhnlich hohen Politisierungsgrad.[473]

Dabei lebten alle seit dem Beginn des 18. Jahrhunderts durchlittenen Auseinandersetzungen noch einmal auf. Die Patrizier strebten nach einer Wiederherstellung ihrer einst dominanten Stellung in der Stadt und vertraten in diesem Zusammenhang am vehementesten die Position einer Rückkehr zur ständischen Bürgergesellschaft, in der sie als erster Stand wieder über eine festgelegte Anzahl von Sitzen im Rat verfügt hätten, wenn nicht sogar unumschränkt hätten herrschen können. Sie forderten teilweise sogar die Rücknahme der Kommissionsbeschlüsse von 1725 und 1732. Aus diesem Grund bestritten sie auch die Notwendigkeit von bürgerlichen Kontrollkollegien und zogen sogar das Existenzrecht der Ratsbank der Handwerker in Zweifel. Dies hielt die Handwerkerfraktion, die mit ihrer Forderung nach Erhalt der ständischen Grundlagen, insbesondere der zünftigen Struktur der gewerblichen Wirtschaft ebenfalls für eine konsequente Rückkehr zur Reichsverfassung eintrat, davon ab, mit den Patriziern zusammenzugehen, weil sie um den Erhalt ihrer Vertretung im Rat fürchten musste.

Im Gegensatz zu den Patriziern und Handwerkern stießen die Restaurationsabsichten bei den Kaufleuten auf heftigen Widerstand. Sie lehnten eine erneute patrizische Privilegierung im Rat ab und strebten im Gegenzug nicht nur eine Ausweitung der Macht der bürgerlichen Kollegien an, sondern unterstützten – vom heraufziehenden Liberalismus in Europa beeinflusst – auch neue Formen der politischen Partizipation. Ebenso wünschten sie den Erhalt der Handelskammer. Es waren vor allem die Kaufleute, die das größte Interesse an der Beibehaltung der Gleichberechtigung der drei christlichen Konfessionen hatten. Unterstützt wurden sie in dieser Frage von einem Teil der Juristen im Rat und im Advokatenausschuss. Auch diese traten für eine Ausweitung der repräsentativen Strukturen im Staatsaufbau Frankfurts und für ein Voranschreiten der Verrechtlichung der politischen Beziehungen ein. Außerdem forderten sie eine Reform des Justizwesens und effizientere Verwaltungsstrukturen. Als hätten diese Konfliktlinien noch nicht ausgereicht, kam ein ganzes Bündel außenpolitischer Probleme hinzu. Österreich übte Druck aus, um die Interessen der katholischen Minderheit zu wahren, und verzögerte die Bewilligung der vollen Souveränität Frankfurts, die deshalb erst am 8. Juni 1815 in der Wiener Schlussakte gewährt wurde. Weiterhin fehlte die in der reichsstädtischen Verfassung vorgesehene oberste Instanz einer kaiserlichen Gerichtsbarkeit, um Konflikte zwischen Bürgergemeinde und Rat ausfechten zu können. Desweiteren beharrten die Juden auf ihrer durch eine hohe Ablösesumme erworbene Gleichberechtigung und versuchten, dieses Anliegen mit Hilfe der Bundesversammlung und der beiden großen Staaten Österreich und Preußen durchzusetzen. Die Gemengelage widerstreitender Interessen war also äußerst komplex und doch musste für die bürgerliche Gesellschaft in Frankfurt ein neuer tragfähiger Kompromiss gefunden werden.[474]

An der Auseinandersetzung um die verschiedenen Verfassungsvorschläge beteiligten sich nicht nur der provisorische Rat und der wieder eingesetzte Bürgerausschuss der 51er, sondern auch verschiedene Verfassungskollegien wie die Kommissionen der 13 und der 5er oder das Collegium der 56er sowie das Graduiertenkollegium, der Advokatenausschuss und die Quartiervorstände. Im Verlauf des Verfassungskampfes wurden allein 49 Schriften verfasst, in denen Bürger zur geplanten Revision Stellung bezogen, und für die Durchführung der liberalen Reformprojekte gelang es, zeitweilig Hunderte von Bürgern zu mobilisieren. Gegen Ende des Verfassungskampfes wurden sogar die Voten und Verbesserungsvorschläge der gesamten Bürgerschaft eingeholt.[475]

Von den insgesamt 70 Personen, die an den verschiedenen Verfassungsgremien teilnahmen, waren 31 Kaufleute, 15 Handwerker und 22 Bildungsbürger. Von zweien konnte der Beruf nicht ermittelt werden. Gerade unter den Bildungsbürgern, namentlich den Juristen, befanden sich auch die Liberalen der ersten Stunde, die sich erstmals am Kampf um liberale Reformen beteiligten und im Verlauf der Auseinandersetzungen an Kontur gewannen. Sie forderten ein Parlament mit Gesetzgebungsfunktion, die Beibehaltung der von Dalberg eingeführten Trennung der Verwaltung von den Gerichten, die Herstellung der bürgerlichen Gleichheit und die Emanzipation der Beisassen, Juden und Landbewohner. Am 29. Januar 1816 zogen sie, um ihrer Forderung nach einer Repräsentativverfassung Nachdruck zu verleihen, durch die Quartiere der Stadt und sammelten über 2.000 Unterschriften, die sie noch am selben Tag dem Senat vorlegten. Der Erfolg blieb nicht aus, denn die Vertreter des Frankfurter Liberalismus zogen nun in das Kollegium der 56er, das über die Zusammensetzung des Verfassungskollegs der 13 entscheiden sollte, mit 40 Vertretern ein.[476]

Zu nennen sind hier der Pfarrer Anton Kirchner und der bereits erwähnte Jurist Ludwig Daniel Jassoy. Beide sollten in den nächsten Jahren noch eine wichtige Rolle in der Stadt spielen. Die überwiegende Mehrheit der Bürger, die sich an entscheidender Stelle im Verfassungskampf engagiert hatten, entstammte allerdings nicht dem Bildungsbürgertum. Sie gehörte auch nicht zum Patriziat, das mit zahlreichen Vertretern im Rat vertreten war. Das Patriziat spielte in den Verfassungsgremien – bis auf drei Mitglieder in der Commission der 13 – keine Rolle. Die meisten Sitze fielen den sich kaum an den schriftlichen Auseinandersetzungen beteiligenden

Wirtschaftsbürgern zu – den 31 Kaufleuten und 15 Handwerkern. In den Verfassungsgremien spiegelten sich somit die realen Machtverhältnisse wider. Handelsbürgertum und Zunfthandwerker gehörten nicht zu den Ideologen des Verfassungskampfes, aber sie entschieden ihn Kraft ihres Einflusses in den Gremien. Dabei dominierte das Handelsbürgertum mit Anteilen zwischen 40 und 50 Prozent. Als Beispiele für diesen Typ von Repräsentanten können der Bankier Simon Moritz Bethmann oder der Handelsmann Carl August Städel angeführt werden und als Vertreter des katholischen Handelsbürgertums ist Franz Dominikus Brentano zu nennen, der wenig später auch in den Senat einzog.[477]

Es zeigte sich schon bald, dass keine der sozialen Gruppe in den verbliebenen Institutionen stark genug war, die eigenen Interessen ohne Abstriche durchzusetzen. Er stellte sich daher die Frage, wer mit wem und auf wessen Kosten die Ergänzungen zur Verfassung am meisten beeinflussen konnte. Am Ende des Verfassungskampfes stand schließlich das Bündnis von kaufmännischer Elite, liberalen Juristen und konservativen Zunfthandwerkern. Trotz gegensätzlicher Anliegen fanden sie einen pragmatischen Kompromiss und stellten auf dieser Basis die Einheit der bürgerlichen Gesellschaft wieder her. Entsprechend gemischt präsentierte sich das Ergebnis. Das Zusatzdokument zur Verfassung der Stadt – die Constitutions-Ergänzungs-Akte – vereinigte ständische und moderne Elemente in sich und wurde am 18. Juli 1816 mit 2.733 Stimmen – das waren 60 Prozent der gesamten Bürgerschaft – gegen 47 (noch nicht einmal ein Prozent) von der Bürgergemeinde verabschiedet. Am 18. Oktober versammelte sich dann die Bürgerschaft vor dem Römer und legte geschlossen den Eid auf die neue freistädtische Verfassung ab.

Die Ergänzungsakte bildete die Grundlage für die zukünftige politische Kultur der Freien Stadt. Dabei zeigte sich weniger in den Prinzipien als in ihrer praktischen und pragmatischen Anwendung, wer aus dem Verfassungskampf letztendlich als Gewinner hervorgegangen war. Die Erneuerer waren sich einig, dass zwar die Privilegien der Bürger gegenüber den Beisassen, Juden und Landbewohnern und damit die ständische Gliederung der städtischen Gesellschaft erhalten bleiben sollten, sie aber in ihren konkreten Bestimmungen, die von speziellen Kommissionen oder dem gesetzgebenden Körper entworfen wurden, neu gefasst werden mussten. Das betraf insbesondere das Verhältnis zu den „hiesigen Einwohnern jüdischer Religion" sowie die „Emancipation der Landbewohner und die Regulirung ihrer Verhältnisse".[478]

Tatsächlich brach die Freie Stadt mit den meisten dalbergschen Reformen. Sie gab die Trennung von Verwaltung und Justiz ebenso auf wie den Code Napoléon und machte die unter Dalberg eingeleitete Judenemanzipation weitgehend rückgängig. Mit der Rücknahme der meisten fürstlich-primatischen und großherzoglichen Reformen und Überlagerungen kehrte das alte Bürgerrecht in seiner Funktion als konstituierender Faktor der bürgerlichen Gemeinde zurück. Der Zugang wurde, wenn auch unwesentlich, verschärft, indem künftig niemandem mehr das Bürgerrecht auf

Eidesleistung von Senat und Bürgerschaft auf die Konstitutionsergänzungsakte vor dem Römer am 18. Oktober 1816. Lithografie von Johann Susenbeth

dem Weg der „Gnade" verliehen werden durfte, der nicht mindestens „5.000 fl. des 24 fl. Fußes beweislich inseriren" konnte. Doch betraf dieser Passus nur Fremde, und auch für sie konnte in Ausnahmefällen und mit Zustimmung des gesetzgebenden Körpers von dieser Regelung abgewichen werden.[479] Der Senat übernahm im Wesentlichen die Struktur des Rats mit den beiden Bürgermeistern, den Bänken der Schöffen, Senatoren und Ratsherren und damit auch die Vermischung von Verwaltung und Justiz. Lediglich das Amt des Stadtschultheißen, des Stellvertreters des Kaisers und damit des obersten Gerichtsherrn der Stadt, war mit dem Untergang des Alten Reichs entfallen. Als neues Amt kam der Vertreter beim Deutschen Bund hinzu.

Auch in seinen Befugnissen blieb der Senat das wichtigste Machtzentrum der bürgerlichen Gesellschaft in Frankfurt am Main; ihm oblag die gesamte Innen- und Außenpolitik des Stadtstaats, die Aufsicht über das Militär, die Polizei und die Verwaltung. Dazu kam sein Einfluss auf das Gerichtswesen und auf die Finanzen sowie auf das Steuer-, Bildungs- und das Kirchenwesen. Gerade in den letztgenannten Bereichen wurde seine Souveränität allerdings durch die „Ständige Bürgerrepräsentation“ und die „Gesetzgebende Versammlung“ beschnitten.[480] Einige wenige, aber zentrale Modifikationen waren es, die Gewinner und Verlierer des Verfassungskampfes schieden und maßgeblichen Einfluss auf die politische Kultur und auf den Charakter der späteren Verfassungspraxis ausübten: „Die Geburt giebt kein Vorrecht und keinen positiven Anspruch auf Rathsstellen und die Verschiedenheit des christlichen Religions-Bekenntnisses ist schlechterdings kein Hinderniß“, heißt es an entscheidender Stelle in der Ergänzungsakte.[481] Damit war den patrizischen Restaurationsabsichten ein Riegel vorgeschoben und zugleich die politische Emanzipation der christlichen Minderheiten abgesichert. Es handelt sich hierbei um eine der wenigen Reformen, die die Rheinbundzeit überdauert hatten, weil es sich um ein zentrales Anliegen des Handelsbürgertums und um eine dem Entwicklungsstand der sozialen Beziehungen entsprechende Reform gehandelt hatte.

Der Zugang zur Senatorenbank stand nun allen „Gelehrten, Adelichen, Militairpersonen, Kaufleuten und anderen angesehenen hiesigen Bürgern, wie auch verdienten Mitgliedern der dritten Rathsordnung“ offen, zu der ihrerseits alle zünftigen, in gewissem Umfang sogar die unzünftigen Handwerke Zutritt haben sollten.[482] Die sozialen Konsequenzen dieser wenigen Bestimmungen zeigten sich schon bald in der Zusammensetzung des Senats, am rückläufigen Anteil der Patrizier und am wachsenden der Juristen. Die Sozialstruktur des Senats war anfangs durch die Aufnahme der Syndicis von einer Überrepräsentation der Juristen geprägt. Das Handelsbürgertum verdoppelte zwar in Übereinstimmung mit dem Trend der vorhergehenden Jahrzehnte in den folgenden Jahren seinen Anteil, blieb aber mit ungefähr zehn Sitzen auf einen Anteil von 20 Prozent beschränkt und wurde dabei zeitweilig sogar von den Handwerkern überflügelt. Dennoch profitierten die Handelsbürger von der Gleichstellung der christlichen Konfessionen und nahmen in der Folgezeit auch zunehmend die Bürgermeisterstellen ein. Dies veranschaulicht die Person des katholischen Handelsmanns Georg Friedrich Guaita, der als Sohn des Geheimen Finanzrats Johann Baptist Guaita 1772 in Frankfurt das Licht der Welt erblickt hatte.

Die Familie Guaita stammte aus der Gegend von Menaggio am Comer See, war jedoch bereits seit dem späten 17. Jahrhundert in Frankfurt ansässig. Doch die italienische Herkunft und der Zusammenhalt im katholischen Milieu wirkte selbst noch im 19. Jahrhundert nach. Nicht zufällig heiratete Georg Friedrich Guaita Meline Brentano, eine Schwester von Clemens und Bettine Brentano, deren Familie (Brentano di Tremezzo, also Tremezzo am Comer See) ebenfalls aus der Herkunftsregion der Guaitas stammte. Die wohlhabenden Guaitas führten ein offenes Haus, in dem zahlreiche angesehene Künstler verkehrten, darunter auch Johann Wolfgang von Goethe. Seine politische Karriere begann Georg Friedrich 1807 als Senator im fürstlich-primatischen Rat. Er stieg dann zum Präfekturrat im Departement Frankfurt auf, gehörte der ersten und zweiten Verfassungskommission an und zog 1816 als

Schöffe wieder in den Rat ein. Im Jahre 1822 wie noch öfters in den folgenden Jahren nahm er das Amt des Älteren Bürgermeisters ein. Zugleich gehörte er seit 1816 der Gesetzgebenden Versammlung an und stand ihr mehrere Jahre als Präsident vor.[483]

Die eigentliche politische Vertretung der Kaufleute blieb wie in reichsstädtischer Zeit der Bürgerausschuss der 51er, der mit den früheren „Neunern" vereinigt zur „Ständigen Bürgerrepräsentation" umgewandelt wurde. Diesem Selbstverwaltungsgremium oblag nach wie vor die Kontrolle sämtlicher Finanzangelegenheiten der Stadt. Neu war allerdings, dass sich seine Mitglieder über ein kompliziertes Wahlmännersystem nun auch an der Auswahl der Mitglieder des Senats beteiligten.[484] Die Ständige Bürgerrepräsentation behielt weitgehend die Befugnis, „wie solche durch kaiserliche Resolution in der alten reichsstädtischen Verfassung sich bestimmt findet". An die Stelle des Systems der Gegenschreiberei trat allerdings die „Centrale-Finanz-Commission", „welche ohne alle Einmischung in die Administration selbst, von allen Stadt-Aemtern regelmäßig die Ausweise ihrer Einnahme und Ausgabe abzufordern hat".[485] Weiterhin relativierte sich die Stellung der Bürgerrepräsentation dadurch, dass neben dem Senat ein drittes Gremium, die Gesetzgebende Versammlung, entstand.

Diese verkörperte den radikalsten Bruch mit der reichsstädtischen Verfassung. Die zumindest zum Teil gewählte Versammlung verfügte über ein außerordentlich hohes Maß an Kompetenzen. Zu ihrer Machtfülle gehörten die allgemeine Gesetzgebung, die Festsetzung der Steuern, der Aufbau der bewaffneten Macht, die Sanktionierung aller Staatsverträge, die Kontrolle des gesamten Staatshaushalts, die Schlichtung und Entscheidung der Konflikte zwischen Senat und Bürgerrepräsentation, die Einwilligung zu der Veräußerung städtischer Gemeindegüter, die Mitwirkung bei der Wiederbesetzung vakanter Stellen im Senat und in der Bürgerrepräsentation sowie der Schutz der Verfassung.[486] Das neue städtische Parlament war eine äußerst flexible Institution, über die nicht wenige der nach der Verabschiedung der Constituions-Ergänzung-Akte verbliebenen Konflikte und Interessengegensätze ausgetragen wurden. Da es zudem jedes Jahr neu gewählt wurde, stellte es ein sehr dynamisches Element im politischen Körper der Stadt dar. Zur Lösung der Konflikte zwischen den verschiedenen Fraktionen des städtischen Bürgertums trat nun an die Stelle der Rechtsstreitereien vor dem Reichshofrat eine Konsensbildung im parlamentarischen Rahmen, ein Vorgang, von dem die mehr als 230 Gesetze zeugen, die allein im Zeitraum von 1816 bis 1832 verabschiedet wurden. Damit übernahm die Versammlung eine wesentliche, vielfach unterschätzte Funktion zur Herstellung der bürgerlichen Einheit in Frankfurt am Main.

Die Gesetzgebende Versammlung war ein komplexes Gebilde. Nicht weniger als drei andere Kollegien nahmen auf ihre Zusammensetzung Einfluss. Dazu gehörten die Ständige Bürgerrepräsentation und der Senat, die mit je 20 Mitgliedern in der Gesetzgebenden Versammlung vertreten waren. Weitere 45, in späteren Jahren 54

Mitglieder wurden von Wahlmännern ausgewählt. Die Wahlmänner wurden ihrerseits von den Bürgern in drei, nach Berufen getrennten Abteilungen unter Aufsicht der Quartiervorstände gewählt. Die soziale Zusammensetzung der Gesetzgebenden Versammlung zeigt deshalb einige Auffälligkeiten.[487] Waren die Juristen im Rat überproportional vertreten und die Kaufleute in der Ständigen Bürgerrepräsentation, so glichen sich die Anteile beider Sozialgruppen in der Gesetzgebenden Versammlung aus. Die Patrizier spielten lediglich zu Beginn eine Rolle. Bereits in den ersten vier Jahren sank ihr Anteil unter zehn Prozent. Gewählt wurden sie faktisch nicht, sondern kamen allenfalls als Senatsvertreter in die Versammlung. Umgekehrt gelangten insbesondere die Handwerker gerade über die gewählten Vertreter in das Stadtparlament. Die Kaufleute kamen gleichermaßen über die Ständige Bürgerrepräsentation, über den Senat und über das Wahlkolleg in die Versammlung und stellten mit über 30 Prozent die stärkste Sozialgruppe, wenn sie auch keine dominante Stellung erringen konnten. Es waren gerade auch Vertreter des Bildungsbürgertums, die nach ihren ersten Erfolgen im Vereinswesen vor allem über die gewählten Versammlungsvertreter Eingang in die politischen Gremien fanden. In ihrer Gesamtheit sind die verschiedenen Institutionen der Freien Stadt Ausdruck einer neu austarierten Machtbalance zwischen den verschiedenen Schichten. Wesentlich über die Gesetzgebende Versammlung fand eine Erweiterung und Dynamisierung der politischen Elite statt, und es beteiligten sich gerade über sie immer wieder neue Bürger am politischen Geschehen.

In den Kommissionen der Gesetzgebenden Versammlung und den allgemeinen Debatten wurde der Kampf der verschiedenen am Kompromiss beteiligten Gruppen des städtischen Bürgertums recht lebhaft geführt. Davon zeugen die Auseinandersetzungen um die Sonderrechte der Patriziergesellschaften „Alten-Limpurg“ und „Frauenstein“, die Neuordnung der Staatsfinanzen oder der Kampf um den Erhalt der von Dalberg errichteten Handelskammer. Nach der Verabschiedung der Constitutions-Ergänzungs-Akte verlief die Wiederzulassung der Handelskammer relativ konfliktfrei. Am 30. April 1817 stimmte die Gesetzgebende Versammlung einem Organisationsentwurf des Senats zu, in dem der Interessenvertretung des gesamten Handels gegenüber den Behörden ein Anhörungsrecht in Handelsangelegenheiten eingeräumt wurde und der die Errichtung einer paritätisch besetzten Handlungsdeputation vorsah, über welche die Handelskammer direkt mit dem „Rechneiamt“ verbunden werden sollte. Die Handelskammer repräsentierte nun den gesamten Handel, schloss auch den Kleinhandel mit ein.[488]

In der Gesetzgebenden Versammlung wurden auch die zentralen Hauptforderungen des konservativen Handwerks, also die Erhaltung des Zunftwesens sowie die Zurückdrängung der politischen und privatbürgerlichen Rechte der Juden, zwar nicht schroff zurückgewiesen, doch in der konkreten Gesetzgebungspraxis zugunsten liberalerer Positionen deutlich abgeschwächt. So lehnte die Versammlung schon wenige Jahre später alle Anträge ab, die auf eine Verschärfung der bestehenden zünftigen Gewerbebeschränkungen hinausliefen. Sie unterstützte sogar die Liberalisierung in einzelnen Teilbereichen, so im Getreidehandel, bei Importen handwerklicher Produkte und in dem gegen den heftigen Widerstand der Zünfte, insbesondere der Schuhmacher, beschlossenen Grundsatz, die Zahl der Gesellen in keinem Handwerk zu beschränken, was in der Folgezeit erheblich zur Segmentierung der handwerklichen Berufe beitrug.[489] Ähnlich verhielt sich die Mehrheit der Gesetzgebenden Versammlung bei der Verabschiedung eines Gesetzes zur „privatbürgerlichen Gleichheit der Juden".

Im Jahre 1817 hob die Gesetzgebende Versammlung die Leibeigenschaft auf, verabschiedete 1824 eine neue Gemeindeordnung, nach der die Dorfbewohner gewählte Delegierte in die Versammlung entsenden durften, und regelte im selben Jahr auch die Rechte der jüdischen Gemeinde.[490] Bis es jedoch zu dieser Lösung kommen konnte, mussten einige Hindernisse beiseite geräumt werden. Unter anderem benötigte die neue politische Führungsschicht Zeit, um von den Forderungen der Handwerker nach Wiedereinführung der alten Stättigkeit abzurücken, denn die „Judenfeindschaft" und die Betonung des „christlichen Staats" hatte gewissermaßen eine Brücke gebildet, über die man zu einer gemeinsamen Haltung im Verfassungskonflikt gefunden hatte. Die einheitliche Haltung gründete in tief verwurzelten Vorurteilen und letztendlich auch in dem gemeinsamen Interesse, die jüdische Konkurrenz aus den jeweiligen angestammten Gewerbe- und Wirkungsbereichen herauszuhalten. Großkaufleute, Krämer, Handwerker und Bildungsbürger waren sich nicht nur darin einig, die Zahl der in Frankfurt ansässigen Juden beschränkt zu lassen, sondern auch ihren Ausschluss aus dem Speditionshandel, dem Kleinhandel und dem Handwerk aufrechtzuerhalten sowie ihre Zulassung als Ärzte und Advokaten zu behindern. Haltlose Übertreibungen wie die von Isaac von Gernings, es bestehe die Gefahr, dass „in 40–50 Jahren die freie Bundesstadt in eine Judenstadt, in ein neues Jerusalem verwandelt seyn" würde, wurden widerspruchslos akzeptiert. Einig war man sich auch bei der „Suspendierung der bürgerlichen Rechte" der Juden.[491]

Diese Ausschlusspolitik wurde vom Senat unterstützt: „Wenn nun Ein hochedler Rath zu bürgerliche Verbesserung der jüdischen Glaubensbekenner, den sämtlichen Bundesstaaten mit Bereitwilligkeit mitwirken und sonach auch diese Gesinnung dahin ebenso bereitwillig bethätigen wird (...); so findet Er sich jedoch auch verpflichtet, jene vorzügliche bürgerlichen Rechte aufrecht zu erhalten, welche in hiesiger Verfassung zum Besten der christlichen Religions Partheien die Grundlage bilden sollen."[492] Es waren in diesem Fall nicht die inneren Konflikte der Bürgerschaft, die einer endgültigen Lösung der Judenfrage im Wege standen. Wie die Diskussion in der Gesetzgebenden Versammlung zeigte, akzeptierten die meisten Teilnehmer der Diskussion die Forderung nach Rückführung der Juden in den Status der

Stättigkeit von 1808 oder sogar noch davor. Allenfalls war eine kleine liberale Minderheit wie etwa der Bankier Simon Moritz Bethmann oder Bildungsbürger wie der Pfarrer Anton Kirchner zu emanzipatorischen Zugeständnissen an die Juden bereit.[493]

Diese Einheit zerbrach jedoch unter dem Druck Österreichs, Preußens und der Bundesversammlung, deren Einbeziehung in die Auseinandersetzung seit dem 10. Oktober 1814 von der jüdischen Gemeinde angestrebt worden waren. „Die Frage, auf die es ankömmt", schrieben sie in einer Petition, „ist: ob 3.000 jüdische Einwohner, 3.000 geborene Deutsche welche den Bürgereid geleistet, und alle Bürgerpflichten redlich erfüllt, deren Söhne für die Errettung Deutschlands mitgefochten, und die in dem Krieg mehr als jede andere Gemeinde gelitten haben, da ihnen über 300 Häuser eingeäschert wurden, ob diese in dem Besitze und Genusse des vertragsmäßig so feierlich erworbenen Bürgerrechts zu Frankfurt geschützt werden sollen, oder ob man sie wieder in den vorigen Zustand der Unterdrückung zurückwerfen, und dadurch dem Elende und Spott Preis geben will?"[494] Die Auseinandersetzung erlangte somit über Frankfurt hinaus an Bedeutung und wurde immer mehr als eine Art Prüfstein für den erlangten Grad der Emanzipation in Deutschland angesehen mit dem Ergebnis, dass Frankfurt später als Speerspitze der Reaktion angesehen wurde.[495]

Doch so einfach verhielt sich die Sache nicht. Während in den drei freien Hansestädten Bremen, Hamburg und Lübeck derselbe Konflikt sehr schnell zum Nachteil der Juden entschieden wurde, diese also ins Ghetto zurückgezwungen wurden, blieb die Debatte in Frankfurt über zehn Jahre lang unentschieden, bevor sie in einem Kompromiss endete. Die Wogen der Diskussion schlugen, nachdem sich der Senat schroff gegen das Einschalten der Bundesversammlung verwahrt hatte, und kurz nach Verabschiedung der Constitutions-Ergänzungs-Akte besonders hoch.[496] Es erschienen in dieser Zeit über zwei Dutzend Schriften, in denen die Werte des christlichen Staats hervorgekehrt wurden, und schließlich eskalierte der Konflikt 1819 sogar in den handgreiflichen Auseinandersetzungen der „Hep-Hep-Unruhen".

Diese Unruhen (auch Hepp-Hepp-Krawalle genannt) waren eine Welle gewalttätiger Ausschreitungen gegen Juden in vielen Städten Deutschlands sowie in Amsterdam, Kopenhagen, Helsinki, Krakau, kleineren Orten in Polen, Prag, Graz und Wien. Sie gingen vor allem von Handwerkern, Händlern und Studenten aus, die sich teils spontan, teils verabredet zu antijüdischen Demonstrationen versammelten, jüdische Bürger beschimpften, bedrohten, misshandelten sowie ihre Synagogen, Geschäfte und Wohnungen angriffen und teilweise zerstörten. Dabei kam es auch zu Todesfällen und zahlreichen Verletzten unter Juden und auch Nichtjuden.[497] In Frankfurt verliefen die Unruhen vergleichsweise moderat. Dennoch dauerte es einige Zeit, bis sich die politische Situation beruhigt hatte. Erst dann – nach fünf Jahren – wurde das Gesetz zur privatbürgerlichen Gleichstellung der Juden verab-

Im Jahre 1819 fanden in ganz Deutschland antijüdische Ausschreitungen statt („Hep-Hep-Krawalle"), in Frankfurt am 10. und 11. August. Zeitgenössische Grafik von Johann Michael Voltz

schiedet. Das geschah jedoch nicht ganz freiwillig. Insbesondere die Großmächte – und diese kräftig gefördert von den Rothschilds – hatten beharrlich auf eine Lösung des Problems gedrängt und Druck auf den Senat ausgeübt.[498] Doch entschieden wurde der Konflikt am Ende in der Gesetzgebenden Versammlung, in der die einzelnen Fraktionen des Bürgertums die außenpolitischen Gegebenheiten nach und nach zur Kenntnis nahmen und die Idee einer Wiedererrichtung des Ghettos schließlich fallen ließen.[499]

Deshalb stand am Ende der Auseinandersetzung nicht die von den Handwerkern intendierte Neuauflage der Stättigkeit von 1616 beziehungsweise 1808 und nicht eine in 152 Verbotsartikeln festgezurrte und eingeengte Judengemeinde, sondern die weitgehende Öffnung des Handels und der gewerblichen Tätigkeit für die Juden sowie die Aufhebung des Ghettos. Insbesondere das Recht der Juden, in der „Stadt und Umgebung Häuser und Gärten zu erwerben, darin Läden und Gewölbe zu mieten, offene Läden zu halten", beendete endgültig den über 100 Jahre währenden Rechtsstreit zwischen Christen und Juden auf diesem Gebiet.

Aber wenn sich auch die Lage der Juden im Vergleich mit der reichsstädtischen Zeit deutlich verbessert hatte, handelte es sich bei der privatbürgerlichen Gleichberechtigung der Juden nichtsdestotrotz um ein Sonderrecht. Politische Rechte oder Zugang zu den Ämtern der Stadt wurden den Juden nach wie vor verwehrt. Ja, es wurde ihnen nicht einmal erlaubt, sich uneingeschränkt als Bürger zu bezeichnen. Sie blieben „israelitische Bürger", die einer ganzen Reihe auch von „privatbürgerlichen" Einschränkungen unterworfen blieben.[500] Die Verordnung wurde – wenn auch notgedrungen – akzeptiert. Führende Gemeindemitglieder griffen die nun gegebene Möglichkeit auf, eine handwerkliche Tätigkeit auszuüben, und gründeten noch im selben Jahr den „Verein zur Beförderung der Handwerke unter den israelitischen Glaubensgenossen", um dem weit verbreiteten Vorbehalt entgegenzuwirken, dass man die Juden „bei dem ihnen angeborenen Schacher, Wucher und der Sucht, die Christen zu ruinieren", gar nicht genug beschränken könne.[501]

Gegenüber den Juden wurde ein rechtliche Sonderstellung akzeptiert, was bei den Katholiken keine Gegenliebe fand. Deren politische Emanzipation vollzog sich endgültig mit der Gleichstellung der christlichen Konfessionen, die in der neuen Verfassung, der Constitutions-Ergänzungs-Akte, Berücksichtigung fand.[502] Doch zuvor musste auch die katholische Gemeinde erst einige Auseinandersetzungen durchfechten. Dieser Streit wurde wie der Kampf der Patrizier um ihre Privilegien und das Bestreben der Juden, die Dalbergsche Emanzipation aufrechtzuerhalten, im Rahmen des Deutschen Bundes ausgetragen. Im Zentrum standen dabei die noch immer ausstehende Regelung der sogenannten „Dotationsfrage", die Mitsprache bei der Schulaufsicht, der Umfang der politischen Mitsprache und die Repräsentanz der Katholiken in den bürgerlichen Gremien der Stadt.[503] Bereits am 31. August 1815 hatte der Vorstand der katholischen Gemeinde seine Mitglieder auf die Auseinandersetzung vorbereitet, indem er „an jedes einzelne Mitglied der katholischen Gemeinde" ein umfangreiches Paket mit Dokumenten verschickte, mit denen der Dissens in der Verfassungsfrage offengelegt werden sollte. Der offizielle Einspruch erfolgte erst ein Jahr später, am 12. Juli 1816, und forderte, dass die Verfassungsdiskussion „einzig und allein von dem Hohen Bundestag, keineswegs aber von irgend einer anderen Behörde, oder von der Majorität der Bürgerschaft, entschieden werden dürfe."[504]

So hielt sich die katholische Gemeinde nicht mit Kritik über ihre mangelhafte Beteiligung an der Verfassungsdiskussion zurück. Ihr genügte die allgemeine politische Gleichberechtigung nicht; sie problematisierte den Wegfall des Schutzes durch den Kaiser und verlangte eine Mitsprache der einzelnen „Confessionsteile", und zwar in Relation zur Gesamtheit der Bürger.[505] Der Streit weitete sich rasch zu einem Politikum über Frankfurt hinaus aus. Denn die Stadt am Main war nach den Beschlüssen des Wiener Kongresses nach 1815 als Sitz der Bundesversammlung faktisch Hauptstadt des Deutschen Bundes geworden, der eine katholische Bevölkerungsmehrheit aufwies. Nicht zufällig bildete Frankfurt schon bald mit dem Kreis um den österreichischen Legationsrat Friedrich Schlegel, dem auch Clemens Brentano, Philipp Veit und Edward Steinle sowie der Schwager Goethes, Georg Friedrich Schlosser, angehörten, eines der geistigen Zentren der katholischen Romantik in Deutschland. Die Mitglieder dieses Kreises wurden befeuert von den reichsromantischen Ideenwelt des Protestanten Stein und seinen Aktivitäten in Frankfurt. Stein hatte sich nach der Verleihung der Ehrenbürgerwürde in Frankfurt niedergelassen und begann, sich in der ehemaligen Reichs-, Wahl- und Krönungsstadt intensiv mit der Geschichte des Reichs zu beschäftigen. Für seine Arbeit an einem neuen, aus dem Alten Reich abgeleiteten Deutschlandbild schienen ihm mittelalterliche Urkunden und Handschriften am besten geeignet, um einen stabilen Unterbau zu errichten. Für diese Absicht bot Frankfurt durch den Umfang und Reichtum seines Stadtarchivs, die reichs- und stadtgeschichtlichen Sammlungen einzelner Bürger und die über Europa hinausgehenden Handels- und sonstigen Beziehungen ideale Voraussetzungen. Stein fand hier auch geeignete Mitstreiter, denn unabhängig von ihm hatten bereits Achim von Arnim, Clemens Brentano und Joseph Görres unter dem Eindruck des durch Napoleon beendeten Heiligen Römischen Reichs Deutscher Nation in den Jahren 1806 bis 1808 in Heidelberg mit der Arbeit an der Erneuerung des Kaiser- und Reichsgedankens begonnen und sich dabei auf die Volksdichtung als Quelle konzentriert.

Clemens Brentano war, wie bereits kurz erwähnt, der zweite Sohn des Frankfurter Kaufmanns italie-

Clemens Brentano (1778–1842). Kupferstich von Ludwig Emil Grimm, 1837

nischer Abstammung Peter Anton Brentano und seiner Frau Maximiliane von La Roche und wuchs aufgrund verschiedener Wohnortwechsel der Familie neben Frankfurt auch in Koblenz, Heidelberg und Mannheim auf. Eine kaufmännische Lehre Mitte der 1790er Jahre brach er vorzeitig ab und studierte stattdessen erst in Halle Bergwissenschaften, dann in Jena Medizin und schließlich in Göttingen Philosophie. Auch das Studium führte zu keinem Abschluss. Stattdessen beschäftige er sich immer mehr mit der Literatur, kam in Kontakt mit Vertretern der Weimarer Klassik und dann vor allem mit den Frühromantikern Friedrich Schlegel, Johann Gottlieb Fichte und Ludwig Tieck. Insbesondere mit Ludwig Achim von Arnim verband ihn bald eine enge Freundschaft. 1804 heiratete er Sophie Mereau, lebte zeitweilig in Heidelberg und stellte dort mit Arnim die Volksliedsammlung „Des Knaben Wunderhorn“ zusammen. Nach dem Tod seiner Frau am Kindbettfieber im Jahre 1806 heiratete er Auguste Bußmann, lebte zeitweilig in Kassel, Landshut, Berlin, Böhmen und Wien, verfasste einige antijüdische Schriften und beschäftigte sich mit dem christlichen Mystizismus, insbesondere mit der pietistischen Erweckungsbewegung. Das hatte seinen Grund. Während sich Europa mit dem Ende der Napoleonischen Kriege allmählich zu beruhigen begann, machte Clemens Brentano in seinen Berliner Jahren eine Lebenskrise durch. Im Jahre 1818 brach er dann seine Zelte in Berlin ab und begab sich in die Provinz nach Dülmen, um dort die Visionen der Nonne Anna Katharina Emmerick an ihrem Krankenlager in vierzig Foliobänden zu dokumentieren. Er verbrachte immerhin sechs Jahre seines Lebens damit, begann danach wieder sein Nomadenleben und ließ sich von 1829 bis 1833 in Frankfurt nieder, um dann nach München umzuziehen. Im Zusammenhang mit Brentanos später Liebe zur Schweizer Malerin Emilie Linder entstand sein lyrisches Spätwerk, das gerne mit den Gedichten Goethes, Hölderlins und Heines verglichen wird. Die letzten Lebensjahre Brentanos waren dann erneut von Schwermut geprägt. Er starb 1842 im Alter von 63 Jahren in Aschaffenburg, im Hause seines Bruders Christian.[506]

Die frühe Heidelberger Romantik, zu der eben auch Clemens Brentano zählt, beeinflusste nicht nur Stein, sie setzte sich auch in Frankfurt fort. Clemens und Bettina Brentano haben wesentlich zur Erneuerung des Kaiser- und Reichsgedankens beigetragen. Zu ihnen stieß der österreichische Legationsrat beim Deutschen Bundestag Friedrich Schlegel, der sich bereits in seinen Kölner und Wiener Vorlesungen mit der deutschen Geschichte im Mittelalter beschäftigt hatte. Seine Verklärung des Reichs gingen dann Friedrich von Gentz und Klemens Wenzel Lothar von Metternich doch zu weit und sie zogen ihn wieder aus Frankfurt ab. Doch diese kurze Frankfurter Zeit hatte genügt, unter tatkräftiger Mithilfe von Fritz und Christian Schlosser einen engen Kontakt zu Stein herzustellen. Auch mit Ernst Moritz Arndt und Joseph Görres stand Stein weiter in Verbindung und so entwickelte sich seine Wohnung im Haus „Zum goldenen Kopf“ in der Großen Sandgasse zu einer Art „bureau d'esprit". Dort entstand auch die Idee, die Arbeit an den Geschichtsquellen zu systematisieren und zu einer Angelegenheit vieler zu machen.

Freiherr von Stein, der nach seinem Rückzug aus der Politik Zeit und Muse fand, hatte diese Idee auf einer Reise mit Goethe, bei der sie die Kunstschätze und Kulturdenkmäler am Rhein besuchten, weiter ausgesponnen. Mit der Herausgabe deutscher Geschichtsquellen wollte er einen Beitrag zur geistigen und moralischen Identität der Deutschen leisten. In Köln traf er zu diesem Zweck mit Adam Heinrich Müller, dem Frankfurter Senator Niklas Vogt und den Kölner Kunstsammlern Sulpice und Melchior Boisserée zusammen und entwickelte den Plan für eine „Gesellschaft für Altertumskunde und Kunst". Für diesen Plan konnten Vertreter der alten Reichsritterschaft wie Johann Adam von Aretin, der badische Gesandte von Berkheim, Leopold von Plessen oder Karl August von Wangenheim gewonnen werden, und gemeinsam versammelte man am 20. Januar 1819 in Steins Wohnung in Frankfurt zahlreiche damals bekannte Geschichtsforscher und literarische Vertreter der Romantik wie Friedrich Christoph Dahlmann, Joseph Görres, Jakob und Wilhelm Grimm oder August Wilhelm von Schlegel und Friedrich Christoph Schlosser. Alle zusammen gründeten die Gesellschaft für ältere Geschichtskunde mit dem Zweck, ein kulturelles Nationalwerk zu schaffen.

Die ursprüngliche Absicht, Altertümer und Kunstschätze zu sammeln, hatte sich im Verlauf des Diskussions- und Gründungsprozesses auf die Erfassung der Urkunden des deutschen Mittelalters und das Projekt der Monumenta Germaniae Historica, verdichtet. Ins Zentrum der Vergangenheit rückte das Reich, und hier waren sich die Reichsritter und Reichsstädte durchaus einig. An dieser Gründungsversammlung hatten neben den bereits erwähnten Personen auch Senator Niklas Vogt und fünf weitere Frankfurter teilgenommen, die in der Gesellschaft später als außerordentliche korrespondierende Mitglieder wirkten. Dabei handelte es sich um den Kanonikus der St. Bartholomäus Kirche, Johann Georg Batton, den Patrizier Johann Carl von Fichard genannt Baur von Eysseneck, den Altphilologen und Keilschriftforscher Georg Friedrich Grotefend, den Arzt und Freimaurer Georg Franz Burkhard Kloss, Meister vom Stuhl der Loge Einigkeit, und den Direktor des Frankfurter Gymnasiums Friedrich Christian Matthiae. Zudem erklärte sich der katholische Frankfurter Bankherr Heinrich Mülhens bereit, die Kassengeschäfte zu übernehmen.[507] Aus diesem Kreis begeisterte sich insbesondere der Patrizier Fichard für das Konzept der Erschließung von mittelalterlichen Urkunden und nutzte seinen politischen Einfluss in Frankfurt dazu aus, nicht nur die notwendigen institutionellen Voraussetzungen dafür zu schaffen, sondern sie auch in Frankfurt zu konzentrieren. Davon wird noch zu sprechen sein. Gentz kannte Stein viel zu gut, um nicht auch hinter der Gesellschaft und den geplanten Monumenta einen politisch handelnden Willen zur Erneuerung von Kaisertum und Reich aus dem Volke und seinen Gebildeten zu wittern und stand dem ganzen Unternehmen ebenso wie Metternich misstrauisch gegenüber, und dieses Misstrauen hatte durchaus seinen Grund. Die Anhänger einer romantisch verklärten einheitlichen christlichen Nation griffen wie Schlosser, Schlegel und die Brentanos aktiv in die Auseinandersetzungen der katholischen Gemeinde am Bundestag ein und unterstützten sie.[508]

Der Senat drehte jedoch den Spieß um, holte mehrere Gutachten bei verschiedenen Universitäten ein und lehnte die politischen Forderungen mit Verweis auf die gerade hergestellte bürgerliche Gleichheit ab: „Die Verschiedenheit der christlichen Religions-Partheyen kann in den Ländern und Gebieten des teutschen Bundes, keinen Unterschied in dem Genuß der bürgerlichen und politischen Rechte begründen."[509] Die Antwort genügte der Gemeinde nicht, und so wurde 1817 von über 140 Mitgliedern ein Verfahren vor der Bundesversammlung angestrengt. Die katholischen Bürger beharrten darauf, dass Gleichheit der Rechte „nicht nur überhaupt Gesetz, sondern, daß sie die Basis aller und jeder constitutionellen Einrichtung (institutiones) seyn, daß sie auf alle bürgerlichen und politischen Rechte sich erstrecken, und daß sie in allen Verhältnissen der Regierung und der Verwaltung beobachtet werden solle".[510]

Sie forderten unumwunden ein festes katholisches Quorum in allen Bereichen der Selbstverwaltung und mit dem Quorum ein Sonderrecht. Der Rat hingegen befand in einer ersten Stellungnahme, dass „der Vorschrift der Bundes-Akte (...) auf die liberalste Art, Genüge geleistet worden sey, auf einer Weise, welche die strengste Probe besteht, und einem Jeden Beruhigung gewährt, der solche nicht mit Vorsatz von sich stößt". Im selben Zusammenhang begründete der Rat seine Entscheidung mit der Trennung von Staat und Kirche und machte sich damit eine der damaligen liberalen Positionen zu eigen: „Will man nicht für jede Confession einen eigenen Staat im Staate bilden, will man nicht dem verderblichen Fanatismus einen Weg öffnen, soll wechselseitiges Vertrauen, einträchtig, zum gemeinen und eigenen Wohl unter den Bürgern zusammenwirken, so muß der Glaube der verschiedenen Confessionen (...) nie in dem Staatsleben sichtbar seyn".[511] Das war eine grundlegende Differenz zur Verfassung der alten Reichsstadt – und auch de facto das Ende der Diskussion. Nachdem einige Jahre vergangen waren, in denen die Beschwerde der Vorsteher der katholischen Gemeinde in den Schubladen der Bundesbehörde mehr oder weniger in Vergessenheit geriet und sich die Gemüter allmählich beruhigten, erklärte sich der Gemeindevorstand 1821 zum Kompromiss bereit.

Dieser wurde vom frisch gewählten ersten katholischen Bürgermeister der Stadt, Georg Friedrich Guaita, vermittelt, woraufhin der katholische Gemeindevorstand die Reklamation bei der Bundesversammlung zurückzog. Wesentlich zu dieser Entspannung hatte auch die zwischen dem Senat und Nassau verabredete Einrichtung des Bistums Limburg und die Aufwertung des katholischen Stadtpfarrers zum Domherrn beigetragen. Am 22. Oktober 1822 konnten daraufhin die Verabschiedung der Statuten und die offizielle Einrichtung eines von der Gesamtgemeinde gewählten Gemeindevorstands erfolgen. Damit war der Umbruchsprozess, soweit er die katholische Gemeinde betraf, abgeschlossen, wenn sich auch der Streit um die Regelung der Dotationsfrage noch einige Jahre hinzog.[512] Das alles zeigt deutlich, die katholische Gemeinde hatte sich nur dreißig Jahre vor der jüdischen Gemeinde von einer politisch rechtlosen zu einer politisch selbstbewussten Minderheit gewandelt.

Der Konflikt um die Verfassung war mit ihrer Verabschiedung noch nicht völlig ausgestanden, sondern endete erst Mitte der zwanziger Jahre. Insgesamt mischten sich in den Verfassungsprinzipien wie in der Verfassungsrealität überkommene Auffassungen der bürgerlichen Gesellschaft mit neuen, modernen Elementen. Die Verfassung mit ihrer fein graduierten Machtverteilung zwischen und innerhalb der verschiedenen politischen Körperschaften blieb nicht unbeeinflusst von den Umwälzungen in Europa, aber insgesamt ging das städtische Bürgertum in Frankfurt doch seinen eigenen Weg und gab der stadtbürgerlichen Ungleichheit mit republikanischen Freiheiten den Vorzug vor einer staatsbürgerlichen Gleichheit von Untertanen, denn das war überall in Deutschland und den meisten Ländern Europas die Alternative. Es war den nach Erneuerung strebenden Kaufleuten und Advokaten im Bündnis mit den Zunfthandwerkern gelungen, liberale Reformen durchzusetzen. Zwar wurde die Gremienstruktur der alten Reichsstadt weitgehend beibehalten, ebenso ein Teil der ständischen Abgrenzungen innerhalb der Bürgerschaft aufrechterhalten und es wurden die Dalbergsche Verwaltungs- und Gerichtsreform sowie die Judenemanzipation aufgehoben. Bei näherer Betrachtung lassen sich die sozialen und politischen Beziehungen des Bürgertums jedoch nicht mehr ohne weiteres mit den Verhältnissen in der Reichsstadt vergleichen. Das Bürgertum in Frankfurt kehrte nach den Umbrüchen im Revolutionszeitalter nicht zu den alten gesellschaftlichen und politischen Strukturen der Reichsstadt zurück, eine Restauration im Sinne des Wortes fand – anders als in den Hansestädten Bremen und Hamburg – in Frankfurt nicht statt. Die Reformtendenzen der reichsstädtischen Zeit setzten sich stürmisch fort, die Beziehungen zwischen den sozialen Gruppen und zwischen den verschiedenen Konfessionen waren einem tiefgreifenden Wandlungsprozess unterworfen. In Erweiterung der bürgerlichen Kontrollgremien entstand ein funktionierendes Stadtparlament. Und immer mehr Bürger beteiligten sich qua Ehrenamt an der Ausgestaltung ihrer städtischen Lebenswelt. Um 1816 kam auf jeden 20. und um 1866 immer noch auf jeden 40. Bürger ein politisches Mandat. Da die Personen in den Gremien häufig wechselten, nahm vermutlich sogar jeder zehnte Bürger einmal aktiv am politischen Geschehen teil. Insgesamt befanden sich zwischen 1816 und 1866 1.552 Bürger im Wahlkolleg, 1.132 in der Gesetzgebenden Versammlung, 190 in der Ständigen Bürgerrepräsentation und 113 im Senat. Insgesamt waren also fast 3.000 Personen betroffen. Man kann also durchaus von einer lebhaften Beteiligung der Bürger an der Politik sprechen. Auch das zeigt deutlich: Die Frankfurter

Stadtrepublik war alles andere als ein autoritärer Obrigkeitsstaat. Dafür sorgte das breite bürgerliche Engagement.[513]

5.4 Frankfurt ändert sein Gesicht

Auf dem Boden der seit den 1780er Jahren eingeleiteten sozialen und kulturellen Prozesse sowie als Ausdruck eines neuen Lebensgefühls und eines neuen bürgerlichen Selbstverständnisses hatte sich mit der bürgerlichen Lebenswelt auch das äußere Bild der Stadt im großen Stil gewandelt. Besonders prägnant traten diese Veränderungen im Bereich der Bau- und Wohnkultur hervor. Diese standen in einem auffallenden Kontrast zur Situation in der Altstadt, „wo die „Häuser daselbst, so schwarz eingeräuchert sie sind, so finster sie auf die Gasse hernieder schauen, so gebückten Hauptes sie sich zueinander neigen, daß kaum ein Sonnenstrahl zwischen ihre Reihen fallen kann, (...) alten Greisgestalten (gleichen), die viel mitgemacht".[514] Es hatten zwar im 18. Jahrhundert zahlreiche Um- und Neubaumaßnahmen stattgefunden, doch blieben die Wohnverhältnisse in der Altstadt eher schlecht. Dicht gedrängt standen die Fachwerk- und wenigen Steinhäuser eng beieinander. Diese Enge fiel auch zeitgenössischen Reisenden auf. Um 1770 schilderte der brandenburgische Hofrat Andreas Meyer die Frankfurter Altstadt folgendermaßen: „Ich habe keine einzige gerade Gasse in dieser Altstadt angetroffen, und bey alledem sind sie überaus enge und, wenigstens in dieser Jahreszeit, wegen des beständigen Fahrens so unbeschreiblich schmutzig, dass es Mühe kostet, zu Fuß fortzukommen. Mit den Häusern hat es fast eben die Beschaffenheit wie die Straßen in dieser Stadt. Das Regelmäßige sucht man an ihnen ebenso vergebens als irgendeinen anderen Vorzug, wodurch die neuere Baukunst sich sehr weit über die alte erhebt. Die mehrsten Häuser sind erstaunlich hoch, fast ganz ineinander hineingebaut und oft dabey so dunkel und feucht, dass ein großer Theil der Einwohner sich gegenwärtig mit allen Krankheiten behaftet findet, die gewöhnlich die natürlichen Folgen von einer feuchten und ungesunden Wohnung sind."[515]

Die hygienischen Verhältnisse in den Städten waren im 18. Jahrhundert häufig noch unzulänglich. Pflastern, Entwässern und Belüften, so lautete die Zauberformel zur Lösung des Hygieneproblems in dieser Zeit. 1779 begann man in der Stadt, regelmäßig die Straßen zu säubern, und den Hausbesitzern wurde auferlegt, wöchentlich den Kehricht zu beseitigen. Das geschah nicht zufällig, nachdem die Stadtteile auch nachts beleuchtet wurden.[516] Die Baumaßnahmen zur Verbesserung der Hygiene hielten sich jedoch in Grenzen. Sie beschränkten sich auf zahlreiche Um- und Anbauten, die das Problem eher verschärften als lösten. Der spätere Frankfurter Stadtbaumeister Wolfgang Bangert hat dies aus der Sicht des Stadtplaners später heftig kritisiert. „Dabei zeigt sich", schrieb er, „als eine merkwürdige Charaktereigenschaft der Stadt, dass bei allen neu auftretenden Aufgaben im Bauwesen und im Städtebau mit Vorliebe die Anpassung des Vorhandenen an die neuen Bedürfnisse in Erwägung gezogen wird, während eine gewisse Scheu davor besteht, durchgreifend völlig Neues zu planen und durchzuführen."[517] Doch damit wird er seinen Vorgängern nicht ganz gerecht. Um 1800 gab es gerade in Frankfurt eindrucksvolle Beispiele für eine durchgreifende Modernisierung der Stadtanlage. Sie fand faktisch an allen Seiten der Stadt nahezu gleichzeitig statt. Zu nennen sind insbesondere die Entfestigung und die Anlage eines ringförmigen Garten- und Villengürtels, die Planung und der Bau des neuen Stadtteils Fischerfeld, die Umgestaltung der Mainfront und die Erschließung der Gärten vor der Stadt für das großbürgerliche Wohnen in der freien Natur. Beginnen wir mit der Entfestigung, auch wenn die anderen Tendenzen zum Teil bereits früher Platz griffen.

Die Befestigungsanlagen waren bereits seit der Mitte des 18. Jahrhunderts militärisch sinnlos geworden und wurden zuerst auf Druck Frankreichs ab 1804, dann verstärkt unter Dalberg, der Jakob Guiollett damit beauftragte, abgerissen. Die Stadt entledigte sich, so Günther Vogt, „eines Kostüms, das ihr schon längst nicht mehr paßte", von „der Waffentechnik überholt und der Vernunft zuwider".[518] Die ersten so gewonnenen Grundstücke wurden meistbietend versteigert. Dabei war es den neuen Besitzern freigestellt, selbst einen Garten anzulegen und ein „Gartenhaus" zu errichten. Große Bedeutung für die zukünftige Bebauung erlangten die Bauordnung von 1809 und das sogenannte Wall-Servitut. Die Bauordnung ging noch auf Johann Georg Hess zurück. Sie bewirkte eine nachhaltige Umgestaltung der Stadt im Sinne des Klassizismus und erreichte dies, indem nicht nur Straßenverlauf und

„Patriotismus der Frankfurter Bürger": Abbruch der Befestigungsanlagen vor dem Gallustor. Kupferstich von Johann Christian Berndt, 1805

Fluchtlinien festgelegt wurden, sondern sehr direkt ein klassizistischer Haustyp gefördert wurde. Alle Häuser sollten aus Stein errichtet werden, nicht mehr als drei Stockwerke hoch sein und keine Überhänge, Erker, Zwerchhäuser oder Mansardendächer mehr besitzen. Dafür wurden klare und saubere Linien in der Architektur des Hauses verlangt, die mit den „Gesetzen der Symmetrie und des guten Geschmacks vereinbarlich" waren.[519] Mit dem Wall-Servitut wurde weiterhin ein Gesetz geschaffen, das für die Wallgrundstücke eine hintere Baulinie vorsah und so die ungleichmäßig nach dem Zickzack der alten Befestigung vor- und rückspringenden Gartengrundstücke vor Bebauung schützte. Dadurch war die Ausweitung der Bebauung durch die Wallgärten für den Anlagenring gesichert – eine Maßnahme von weitreichender Bedeutung für die Topographie Frankfurts. Die wenigen Maßnahmen schufen Raum für den Gestaltwandel der Stadt.

Die ersten großen Projekte zum Umbau der Stadt gingen auf die Pläne des seit 1787 amtierenden Stadtbaumeisters Georg Hess und seines Sohnes Johann Friedrich Christian Hess zurück. Die neuen Wohngebäude sollten hell, geräumig und in klaren Formen erbaut und ausdrücklich dem Wohnen vorbehalten sein, denn die „Comptoirs" der Kaufleute verblieben in der Innenstadt. Die neue Bebauungsform wurde als erstes in der Stadterweiterung des Fischerfeldes und der Wallstraßen erprobt. Das sechs Hektar große Fischerfeld lag noch innerhalb der Befestigung und war lange Zeit wegen der ungünstigen Bodenverhältnisse und der tiefen Lage zum Main hin unbebaut geblieben. Erst die Regulierung des alten Wollgrabens schuf die Voraussetzungen für eine Bebauung. Johann Georg Christian Hess handelte rasch und stellte einen Bebauungsplan für das Gelände auf. Dieser Plan wurde fünf Jahre später genehmigt und damit hatte Frankfurt zugleich seinen ersten Fluchtlinienplan. Dem Bebauungsvorhaben lag ein Rasterplan zugrunde, der aus einem fast rechtwinkeligen Netz von vier Parallel- und zwei Querstraßen und aus zwei leicht schräg geführten Verbindungsstraßen zur Altstadt bestand. Der Abschluss zum Main erhielt später den Namen „Schöne Aussicht". Das noch in kommunalem Besitz befindliche Gelände wurde schließlich parzelliert und an private Interessenten gewinnbringend verkauft. Günther Vogt betonte, dass – im Gegensatz zur Planung der Darmstädter Neustadt, die fast gleichzeitig entstand – im Fischerfeld keine Notwendigkeit bestanden habe, den Plan mit den Attributen fürstlicher Großzügigkeit etwa in Gestalt einer Ausrichtung auf eine Residenz oder die Anlage geräumiger Plätze zu versehen. In Frankfurt sah man davon aus Mangel an einer Residenz ab und verschenkte auch sonst keinen Platz: Wirtschaftliche Erwägungen dominierten in der Stadt der Kaufleute. Dennoch zeichneten sich die Planungen keineswegs durch Kleinlichkeit aus. Die etwa 15 bis 16 Meter breiten Häuser waren in der Regel drei- bis viergeschossig. Sowohl der Haustypus als auch die geschlossene Blockrandbebauung waren für Frankfurt am Main neu. Die „Firstschwenkung" weg von den giebelständigen und hin zu den Traufenhäusern lässt sich auf Pariser Vorbilder zurückführen, die Hess während seiner Studienzeit in der französischen Hauptstadt kennengelernt hatte. Die herrschaftlichen Häuser verfügten nach der Straße hin über zahlreiche Zimmer, einen zart getönten Salon sowie über tapezierte Türen und einen Ofen. Außen hatten sie Fenster mit grünen Klappläden, und hinter dem Haus befanden sich Remisen für Kutschen sowie Lieferantentreppen.[520]

In der ersten Bauperiode überwog noch der von Nicolas Alexandre Salins de Montfort inspirierte Louis-Seize-Stil, den die Frankfurter Architekten und Maurermeister kopierten.[521] Der Sohn des Stadtbaumeisters, Johann Friedrich Christian Hess, setzte später die Bebauung des Fischerfelds fort. So entstand nach und nach ein neuer Stadtteil. Die Hausbesitzer – Kaufleute, Bankiers, Handwerker und Kleinhändler – vermieteten größere Teile ihrer Häuser an Einzelpersonen und Familien. Auffallend ist der Zuzug von Juden aus der Judengasse, nachdem sie 1807 die Niederlassungsfreiheit erlangt hatten.[522]

Als besonders gelungen empfanden die Frankfurter die Uferstraße „Schöne Aussicht", die mit der Stadtbibliothek abschloss. Die Uferzone wurde mit Hilfe von Bürgerspenden als Kai angelegt und hielt dem Vergleich der Durchreisenden mit anderen europäischen Städten durchaus stand. Johanna Schopenhauer schwärmte beim Besuch der Stadt von dieser Promenade. Sie meinte, mit Recht trage diese den Namen Schöne Aussicht, „denn wenige Städte haben eine ähnliche aufzuweisen, als diejenige ist, welche die Fenster dieser Häuser gewähren. Der dicht vorüberströmende, von Flößen und Schiffen belebte Main, die einem Garten ähnlichen entgegen gesetzten Ufer, die Vorstadt Sachsenhausen und die große steinerne Brücke, welche zu dieser über den breiten Strom (...) führt, bilden hier ein herrliches Panorama."[523] Vielleicht war es diese enthusiastische Schilderung, die ihren Sohn Arthur 1831 bewog, als er vor der Cholera aus Berlin floh, sich in Frankfurt niederzulassen, und eben nicht nur die Meinung, Frankfurt sei „cholerafest". Dafür spricht, dass er sich um ein Haus in der Schönen Aussicht bemühte und sich in der Hausnummer 16 dann auch niederließ. Die Adresse war gut gewählt. Es handelte sich um das Haus, das der Bankier Wolf Zacharius Wertheimer noch von Johann Georg Hess persönlich im Jahre 1804 hatte erbauen lassen, und um das größte Gebäude im neuen Stadtteil. Doch in der Erinnerung trug es nicht seinen Namen, sondern wurde als „Schopenhauerhaus" bekannt.[524]

Während im Fischerfeld noch die traditionelle Durchmischung der sozialen Lagen überwog, entwickelten sich in den neuen Häusern an den Wallanlagen neue großbürgerliche, städtische Wohnformen. Die Festungsbollwerke waren nach der Entfestigung einer Park- und Gartenanlage mit großzügigen Villengrundstücken gewichen, die bis ins späte 19. Jahrhundert hinein Frankfurt im Halbkreis umsäumte. Das soziale Gefüge der Stadt veränderte sich mit der Bebauung des Anlagenrings erheblich. Nicht mehr die Zeil oder der Rossmarkt, die sich zu Geschäftsstraßen wandelten, waren bevorzugte Orte des gehobenen Wohnens, sondern die seit

1820 angelegten Wallstraßen im westlichen Teil der Stadt. Dazu gehörte insbesondere die Neue Mainzer Straße, während die Wallbebauung im östlichen Teil (etwa die Seiler- oder Langestraße) eher einen kleinbürgerlichen Charakter hatte. Doch allen diesen neuen Bauten im Fischerfeld wie in den Wallanlage war gemeinsam, dass sie als reine Wohnhäuser genutzt wurden, in denen die Trennung von Wohnen und Wirtschaften weitgehend vollzogen war. Frankfurt zeigte also einige Experimentierfreude bei der Ausbildung neuer moderner Wohnhäuser. Früh entstand das bürgerliche Mietshaus neben neuen hochherrschaftlichen Stadthäusern wie etwa das Palais Mülhens, das der Architekt Salins de Montfort in der Großen Eschenheimer Straße entwarf.[525]

Doch nicht nur in den Wallanlagen und im Fischerfeld vollzog sich der Umbau der Stadt. Auch an dem zur Promenade ausgebauten „Mainquai" wurden zahlreiche bürgerliche Villen im klassizistischen Stil errichtet. Das Untermainkai beispielsweise verdankt seine Entstehung dem Abbruch der Schneidwallbastion, an deren Stelle 15 großzügige Baugrundstücke und das neue Untermaintor entstanden, hinter dem sich bereits das Landhaus de Bary-Gontard befand. Am Untermainkai selbst wuchsen klassizistische Wohnhäuser empor, an deren Bau sich in einzelnen Fällen auch der Stadtbaumeister Johann Friedrich Christian Hess persönlich beteiligte. So errichtete er am Untermainkai 14 ein Haus für seinen eigenen Bedarf und in der Nachbarschaft baute er für den Bankier Joseph Isaak Speyer Haus 15. Dieses Haus erlangte einige Berühmtheit, weil es 1846 von Mayer Carl von Rothschild erworben wurde, der das Haus zu einem der glanzvollsten Bürgerpaläste der Stadt umbaute. Er erweiterte das Gebäude um fünf auf zwölf Fensterachsen und ließ die Innenräume im Stil des Neorokoko und der Neorenaissance einrichten. Das Palais wurde bis 1894 von der Familie Rothschild bewohnt, dann brachten sie ihre Stiftung Rothschild-Bibliothek darin unter.[526] Die zahlreichen neuen Häuser am Fluss summierten sich zu einem imposanten Anblick, der seinen Eindruck auf die Reisenden nicht verfehlte. „Herrlich ist der Anblick, welchen Frankfurt von der Mainseite bietet, besonders wenn man zur Nachtzeit über die Brücke hereinkommt und (...) die längs an den Ufern (...) hängenden Laternen wie Feuerkugeln die Szene beleuchten. (...) Besonders, wenn in den Sommermonaten die von den (...) Uferbewohnern bestellte Musik den Fluß auf und nieder fährt, und eine Menge kleiner Nachen, (...) mit bunten Lampen geziert, ihnen folgt (...), da bietet der Standpunkt von der Brücke aus den imposantesten Anblick."[527]

Der Trend um 1800, moderne Häuser als reine Wohnanlagen zu bauen, setzte sich in den Gebieten der angrenzenden, ehemaligen Gartenareale vor der Stadt fort und „münzte", wie Günther Vogt prosaisch schrieb, „das Sommerlager einiger begüterter Bürger in eine Region ganzjährigen Wohnens um."[528] Das Wohnen hier knüpfte an einen Trend an, der bereits drei Jahrzehnte zuvor begonnen hatte. Nicht zuletzt wegen des allgegenwärtigen Schmutzes, der Gerüche und des Mangels an geeigneten Bauplätzen innerhalb der befestigten Stadt erwarben die wohlhabender Familien Grundstücke vor den Toren und errichteten dort Gartenhäuser. Diese stellten bis zur Niederlegung der Festungsanlagen eine Möglichkeit dar, um der Enge der alten Stadtbebauung zu entfliehen.[529] Aber es waren nicht nur diese Aspekte, die eine Rolle spielten. Auch das kulturelle Selbstverständnis hatte sich gewandelt und das Leben in und mit der Natur erlangte einen deutlich höheren Stellenwert als zuvor. Die Frankfurter begannen, in ihren Gärten ihr Leben in der Natur auf neue Weise zu gestalten. Ernährungsgewohnheiten änderten sich, die Gesundheit wurde stärker beachtet und der Stellenwert körperlicher Arbeit neu bewertet. Seit den siebziger Jahren des 18. Jahrhunderts kann geradezu von einer bürgerlichen Gartenleidenschaft gesprochen werden. Die Vorbilder bildeten nicht mehr die französischen Schlossgärten, sondern aus England wurde die Mode der mehr organischen Parkanlagen importiert. Man achtete auf größere Natürlichkeit und individuelle Ausgestaltung. Der Garten galt, wie Andrea van Dülmen mit Bezug auf dieses Phänomen betonte, als Inbegriff natürlicher Lebensweise, indem er das Heraustreten aus der gesellschaftlichen Ordnung hinein in die Natur und in den selbstgestalteten Raum des privaten Lebens zu versprechen schien.[530] In Frankfurt war dieser romantische Trend der Goethezeit sehr ausgeprägt.

Um 1800 existierten bereits drei neue vorstadtähnliche Quartiere mit ausgeprägten Gartenanlagen. Am Markantesten traten sie auf der Sachsenhäuser Seite hervor. Ein Pendant dazu existierte auf der gegenüberliegenden Seite des Mains an der westlichen Seite der Stadt, das Untermainkai. Hier stach das Gogelsche Gut mit Herrenhaus, Gewächshaus, Gärtnerwohnung und Stallungen hervor. Es verfügte über direkt am Main gelegene Arkaden und hatte mit 27 Morgen eine stattliche Größe. Das Gelände hatte Jean Noe Gogel 1803 für 10.000 Gulden vom Almosenkasten erworben und bereits 1805 nach Plänen des französischen Architekten Salins de Montfort umgestalten lassen. Zuvor schon hatte auch der Spezereiwarenhändler Anton Maria Guaita am Flussufer vor dem Gallenwall ein Gartenhaus erstanden. Er ließ es um 1770 ausbauen und von dem Maler Christian Georg Schütz d. Ä. im Innern mit dekorativen Landschaftsgemälden schmücken.[531]

Ludwig Jassoy, der Justitiar der Rothschilds und Bethmanns und eine der herausragenden politischen Gestalten Frankfurts, interessierte sich für die Naturwissenschaften. Er gehörte deshalb im Jahre 1817 nicht nur zu den Mitbegründern der Senckenbergischen Naturforschenden Gesellschaft, sondern besaß auch einen Garten bei seinem Haus vor dem Affentor in Sachsenhausen, wo er sich erfolgreich dem Gartenbau und der Blumenzucht widmete. Ihm gelang unter anderem die erste Kamelienzucht in Frankfurt. Der Jassoysche Garten gefiel sogar Goethe, und er erwähnte ihn in seinen zwischen 1815 und 1817 erschienenen Kunstgegenständen an Rhein, Main und Neckar sogar als eine besondere Sehenswürdigkeit der Stadt.[532]

Allein in diesen beiden Gartenarealen gingen zwischen 1720 und 1800 etwa fünfhundert Anträge zur Genehmigung eines Um- oder Neubaus bei der zuständigen Behörde ein und zeugen von dem großen Interesse des Bürgertums an einer derartigen Anlage. Beide Anlagen waren wegen des malerischen Blicks auf den Fluss in strikter Reihung angelegt worden, was ihre Erweiterungsmöglichkeit sehr einschränkte. Diesen Nachteil wies das dritte Gebiet entlang der Bockenheimer Landstraße nicht auf. Diesem Gartengebiet fehlte zwar der reizvolle Blick auf den Fluss, dafür bot es einen ungestörten Ausblick auf die nahen Höhenzüge des Taunus und kam damit dem neuen Ideal einer „unbegrenzten" Einbettung in die Landschaft recht nahe. Gerade die Landschaft im Vorfeld des Taunus traf den Geschmack der Zeit und ist in zahlreichen Motiven der zeitgenössischen Landschaftsmalerei von Johann Ludwig Ernst Morgenstern, Johann Conrad Seekatz, Christian Georg Schütz oder Benjamin Nothnagel festgehalten. Wie sehr dieses Gartenareal geschätzt wurde, zeigt auch der Umstand, dass allein in den Jahren zwischen 1780 und 1790 über hundert Gesuche eingereicht wurden, um auf weiträumigen Grundstücken entlang der Bockenheimer Landstraße neue Häuser zu errichten.

Das Leben in diesen Gartenvorstädten wurde von den Bürgern Frankfurts sehr genossen. Ungehindert und weniger beobachtet konnten Alt und Jung ihren Interessen und Spielen nachgehen. Das Leben im Freien auf dem Lande sei ihren Kindern gut bekommen, schrieb Cleophe Bansa: „Sie entwickeln hier besser ihre Körperkräfte, haben einen weiteren Spielkreis und werden doch nicht menschenscheu, weil es uns an Besuch nicht fehlt; die größte Freiheit im Springen, die leichte Kleidung, das Baden im warmen Bach unter freiem Himmel, ihre Liebhaberei an Hunden, Gänsen, Hühnern, Kühen, Schweinen, welches sie alles zu ihren Spielsachen rechnen, die einfache Lebensart, das frühe Aufstehen ist alles ihrer Gesundheit höchst zuträglich und in der Stadt unmöglich, ihnen zu verschaffen."[533]

„Mein Garten macht mir angenehme Beschäftigung, und sonst giebt es auch immer genug zu tuhn sich die Zeit zu vertreiben", schrieb Susette Gontard.[534] Und daran war einiges wahr. Das Gartenhaus eröffnete, wie Ursula Kern herausgearbeitet hat, seinen Besitzern mehr individuelle Gestaltungsmöglichkeit als das städtische Wohnhaus. Es verwundert deshalb nicht, dass eine dichte Überlieferung vorliegt. In den Beständen der Graphischen Sammlung des Frankfurter Historischen Museums finden sich zahlreiche Hinweise auf die damalige Gartenhauskultur. Für den durchschnittlichen Gartenbesitzer, der häufig den Garten nur gepachtet hatte, genügte meistens ein kleines Häuschen ohne die Möglichkeit des Übernachtens, denn man begab sich abends nach Hause. Wer aber das Vermögen dazu hatte, baute sich ein Sommerhaus in den Gärten vor der Stadt, und in diesen großbürgerlichen Gärten ging es dann anders zu als in der engen Altstadt.[535] Hier herrschte vom Frühjahr bis zum Herbst ein reges Treiben. Man bestellte nicht nur seinen Garten, sondern – Cleophe Bansa hat es bereits erwähnt – hielt Vieh. In einigen Fällen wurde sogar mit

Das Gartenhaus Berna-Brentano an der Bockenheimer Landstraße (heute Niedenau 80)

großem Eifer eine regelrechte Landwirtschaft betrieben.[536] Erfahrungen mussten hier erst gesammelt werden, aber man wusste sich zu behelfen. Cobus Gontard etwa wandte sich im Mai 1800 an den Freiherrn Rüdt von Collenberg mit „einem Auftrag an Sie von meiner Frau". Er solle ihr zwei gute Kühe beschaffen, „die eine solle frischmelkend und die andere trächtig seyn, auf den Preiß muß es nicht ankommen." Seit dem Tod seiner Mutter habe er den Garten übernommen mit einigen Morgen Äckern und Wiesen, die gut und gerne drei Kühe ernähren könnten, berichtet Gontard dem Freund, und „meine Frau möge eine Landoeconomie einrichten".[537] Doch es blieb nicht bei den Naturidyllen. Der Trend zum Ausbau der Gartenareale hielt an, und so entstanden nach und nach großflächige Wohnquartiere.

Nachdem die für den abendlichen Verkehr hinderliche Torsperre in den dreißiger Jahren des 19. Jahrhunderts gefallen war, fand die wohlhabende Oberschicht immer mehr Gefallen, auch ständig außerhalb der Stadt zu wohnen. Die Bewilligung der zahlreichen Gesuche und die Bebauung der Grundstücke mit „Häusern", die „im Grün ihrer Gärten" verschwanden, führte über die Jahre hinweg nicht nur zur Etablierung einer Vorstadt, die sich kontinuierlich weiter entwickelte, sondern um 1850 konstituierte sich daraus sogar ein eigener Stadtteil, das Westend.[538] Die jetzt gebauten „Sommerhäuser" nahmen es mit den neuen Villen an den Wallstraßen durchaus auf. Sie entstanden alle in ähnlichem Stil, wie ihn das Gontardsche Gartenhaus Salins de Montforts an der Bockenheimer Landstraße aus dem Jahre 1799 vorgegeben hatte. Es handelte sich um breite, ein- oder anderthalbstöckige, von der Straße zurückliegende Gebäude mit Auffahrt und Freitreppe, die unter einem schützenden Balkon lag. Das italienische Dach war sanft geneigt und auf der Rückseite fanden sich oft Arkaden, Springbrunnen und ein stiller, englischer Garten mit alten Bäumen. Das Gebäude selbst enthielt hinter den hohen Fenstern quadratische Räume mit glänzendem Parkett. Als Farbe dominierte weiß, ins Graue spielend, und die Inneneinrichtung war gediegen, kühl und vornehm.[539] Das Wohnen in diesen angenehmen Lagen betraf ausschließlich wohlhabende Kreise. Noch 1866 wohnten 80 Prozent der Frankfurter Bevölkerung innerhalb der früheren Festungsgräben, wo die Einwohnerzahl seit dem Beginn des 19. Jahrhunderts um die Hälfte gestiegen war.[540] Die Gartenareale allerdings mit ihren Villen und Gärten im Vorfeld der eigentlichen Stadt verfehlten ihren Eindruck nicht. „O wie schön ist Frankfurt (...) mit seinem Kranz von herrlichen Gartenwohnungen", bezeugte noch am Ende der freistädtischen Zeit der amerikanische Gesandte.[541]

6. Das weite Feld der Wirtschaftsreformen

6.1 Der Streit um eine moderne Wirtschaft

Gerade wenn das Thema auf die Modernisierung des Gewerbes kommt, stellt sich zuerst die Frage nach dem Charakter der Modernität in Frankfurt. Hier muss man sich noch einmal die besonderen Seiten dieser Stadt vor Augen führen. Frankfurt am Main war ja nach der Umbruchszeit in eine besondere Lage geraten und unterschied sich in seinen inneren wie äußeren Bedingungen nicht nur von den meisten deutschen Städten, sondern auch von den drei anderen Stadtrepubliken im Deutschen Bund, den Hansestädten Bremen, Hamburg und Lübeck. Im Unterschied zu diesen hatte die stadtbürgerliche Gesellschaft am Main trotz der Beibehaltung berufsständischer Strukturen eine beachtliche Dynamik in den politischen und sozialen Beziehungen entfaltet und kehrte nach den Umbrüchen im Revolutionszeitalter nicht einfach zu den gesellschaftlichen Verhältnissen der alten Reichsstadt zurück. Das ist der Grund, warum sich auch der weitere Weg Frankfurts in die Moderne beträchtlich von dem anderer Regionen, insbesondere von dem Preußens unterschied. Frankfurt war also kein Mikrokosmos der deutschen Gesellschaft, kein Abbild im Kleinen, sondern eher ein Gegenbild.

Als Erstes erstreckte sich die Modernisierung nicht nur auf Teilbereiche und war auch nicht als Frucht einer von der städtischen Gesellschaft abgekoppelten Modernisierungselite anzusehen. Denn die Modernisierung in Frankfurt bezog zum einen alle Gruppen der Bürgerschaft mit ein und umfasste zum anderen das gesamte Spektrum der wirtschaftlichen, politischen und kulturellen Beziehungen. Die Modernisierung erfolgte dabei zum dritten nicht als radikaler Bruch, sondern stand im Zeichen der Tradition. Damit müssen wir von den gängigen Modernisierungsvorstellungen ein wenig Abstand nehmen.

Gängig ist der Versuch, die mit der Herausbildung der bürgerlichen Gesellschaft in Deutschland verbundenen Vorgänge um die staatlichen Reformen am Beginn des 19. Jahrhunderts und die Durchsetzung der Industrialisierung zur Jahrhundertmitte zu zentrieren. Gewissermaßen als Paradigma erfreuten sich insbesondere das Rheinland und das Sozialverhalten der rheinländischen Bourgeoisie einer großen Aufmerksamkeit. Die Herausbildung der Fabrikindustrie beruhte dort auf einer engen Kooperation zwischen Großkaufleuten, Fabrikanten und Reformbürokraten. Da dies in der Forschung als beispielhaft angesehen wird, führt es mit einer gewissen Konsequenz dazu, die Beamten der staatlichen Verwaltungen und in Erweiterung dessen das Bildungsbürgertum sowie die Fabrikanten als die Modernisierungseliten anzusehen und somit als die zentralen Kräfte der neuen Zeit. Dieser vielfach als typisch angesehene Modernisierungspfad hat mit dem Frankfurter Weg in die Moderne wenig gemeinsam. Und zu Unrecht gilt der hier eingeschlagene Entwicklungspfad nicht als Musterbeispiel der Modernisierung. Vor allem kann er nicht unbesehen als Zeichen einer besonderen Rückständigkeit gewertet werden, nur weil sich die Gewerbereform zu einer Zeit vollzog, in der in einigen Regionen Deutschlands die industrielle Entwicklung bereits weit vorangeschritten war. Dies trifft nur dann zu, wenn Modernisierung pauschal mit „forcierter Industrialisierung" gleichgesetzt wird und im selben Atemzug deren politische Seite unter den Tisch gekehrt wird. Auch wird nicht berücksichtigt, dass sich auch ohne Einführung der Gewerbefreiheit zahlreiche wirtschaftliche Erneuerungsprozesse feststellen lassen und dass die Modernisierung gleichermaßen die sozialen, politischen und kulturellen Beziehungen erfasste. Von großer Bedeutung sind in diesem Zusammenhang die umfangreichen politischen Partizipationsrechte aller Gruppen des Frankfurter Stadtbürgertums, auf denen die Stadtrepublik beruhte.[542] Unter den entfalteten politischen Beziehungen einer liberalen Stadt vollzog sich der wirtschaftliche Modernisierungsprozess grundsätzlich anders als in Gesellschaften mit autokratisch handelnden Eliten.

Die ursprüngliche Bedeutung der Stadt resultierte aus dem europäischen Speditions- und Messehandel alteingesessener Handelsbürgerfamilien und dem Geldgeschäft einiger dem Großhandel entwachsener Privatbankiers, die Frankfurt zu einem der bedeutendsten Plätze im europäischen Staatsanleihegeschäft gemacht hatten. Demgegenüber beschränkte sich die gewerbliche Produktion der zahlreichen Zunfthandwerker auf die Versorgung des städtischen Marktes. Gerade sie stellten jedoch die Masse der Bürgerschaft und nahmen über die politischen Gremien Einfluss auf die Gestaltung der lokalen bürgerlichen Lebenswelt. Frankfurt war eine Stadt, in der sich das traditionale Gewerberecht bis in die sechziger Jahre des 19. Jahrhunderts hinein erhielt. Nach der Konstitution als Freie Stadt und nach der Bestätigung ihrer Souveränität in der Constitutions-Ergänzungs-Akte von 1816 galten noch nahezu unbeschränkt die Zunftbestimmungen von 1766. Die Ausübung eines Gewerbes blieb bis zur Gewerbereform von 1864 an den Erwerb des Bürgerrechts oder die Aufnahme in den „Bey-Sassen-Schutz" geknüpft. Handelte es sich um ein zünftiges Gewerbe, kamen als Voraussetzungen die Absolvierung einer Meisterprüfung und die Einhaltung der Zunftgesetze hinzu, die sich durch strikte Abgrenzung der einzelnen Tätigkeiten auszeichneten. Bis 1836, also bis zum Eintritt in den Zollverein, bestanden sogar zahlreiche Verbote, Waren außerhalb der Messezeiten einzuführen.

Nach dem Grundsatz des Nahrungsschutzes durfte nur dann ein Gewerbe neu eröffnet werden, wenn ausreichende Absatzmöglichkeiten für die anderen Betriebe erhalten blieben. Auch durfte der Gewerbetreibende „seine einmal erwählte bürgerliche Nahrung" nicht „ändern, noch deren mehr als eine zugleich treiben".[543] Hinzu kamen lange Ausbildungszeiten und Jahre der Wanderschaft. Die Zünfte hatten über die Umbruchszeit hinweg Monopolrechte auf bestimmte Tätigkeiten und Produkte bewahrt. Gegenteilige Bestrebungen und sogar Überlegungen des Senats und des Rechneiamtes, den Zunftzwang durch die wohlwollende Vergabe von Konzessionen für die Einrichtung von Gewerbebetrieben zu lockern, führten regelmäßig zu Einsprüchen und umfangreichen Protestaktionen der Zünfte. Die Handwerker nahmen über die dritte Ratsbank und die Innungsdeputation Einfluss auf die Konzessionsvergabe und bestimmten damit lange Zeit maßgeblich die gewerbliche Entwicklung der Stadt.[544]

Neben dem zünftigen Handwerk existierten unbeschränkte Gewerbebereiche, die sich durch neue Produktionsmöglichkeiten oder als Folge neu entstehender Bedürfnisse bildeten. Sie standen aufstrebenden Handwerkern oder Fabrikanten, die sich ansiedeln wollten, offen und stellten gewissermaßen Nischen zwischen den abgeschotteten Gewerbebereichen der Zünfte dar. Allerdings galt es auch in diesem Bereich, zuerst die verschiedenen Hürden der Konzessionierung durch den Rat, des Qualifikationsnachweises und der zahlreichen sonstigen Auflagen zu überwinden. So musste der Gewerbetreibende versprechen, keine Handwerksgesellen abzuwerben, Aufenthaltsscheine für nicht verbürgerte Arbeiter zu lösen und eine Kaution bei der Armenkasse zu hinterlegen, damit die Arbeiter bei Aufgabe des Betriebs oder Entlassung der Stadt nicht zur Last fielen. Dazu kamen strenge feuerpolizeiliche, sanitäre und sicherheitspolizeiliche Auflagen, die die Errichtung von Fabriken im Stadtgebiet erheblich erschwerten. Auch wenn die Konzession schließlich vergeben wurde, endete der Einfluss der städtischen Verwaltung noch nicht, denn Änderungen im Gewerbe konnten nur mit Erlaubnis des Rats vorgenommen werden. Als zweite Kontrollinstanz wachten die Zünfte streng über die Produktionsabläufe und achteten sehr stark darauf, dass fremde Auftragnehmer alle Arbeiten aussparten, auf deren Ausübung sie ein Vorrecht hatten. Aufgrund der Komplexität der Produktionsprozesse, die vielfach auch handwerkliche Arbeiten berührten, boten die Kontrollen immer wieder Anstoß zu Klagen.[545]

Aber es waren nicht nur die Vorbehalte der Handwerker und auch nicht alleine die feuerpolizeilichen, stadthygienischen und sicherheitstechnischen Auflagen, die der Fabrikansiedlung im Wege standen. Hinzu kamen noch Rechte der gesamten Bürgergemeinde, denn das Baustatut von 1809 enthielt als Novum ein Einspruchsrecht der betroffenen Nachbarn – die sogenannte Supplikation. Diese Anhörungen spielten bei der Konzessionierungsvergabe eine wichtige Rolle und bildeten aufgrund der befürchteten Belästigungen durch Geruch, Lärm und Rauch eine weitere Quelle für zahlreiche Reklamationen gegen nichtzünftige Gewerbetreibende oder gar Pläne, eine Fabrik zu errichten. So hieß es in der Ablehnung des Konzessionsgesuches für eine Wachstuchfabrik: „Es ist richtig, daß man in Offenbach und ähnlichen Städten der Einrichtung von Fabriken wie die hier in Frage stehende wahrscheinlich kein Hindernis entgegensetzen würde, auch wenn sie zur Belästigung der Nachbarschaft gereicht. Allein dieses sind Fabrikstädte, deren Existenz auf dem

Bestehen solcher Anstalten beruht."[546] Die Frankfurter Bürgergesellschaft hingegen basierte nicht auf der gewerblichen Produktion, sondern auf dem Handel. Insofern galten andere Kriterien bei der wirtschaftlichen Modernisierung. Der komplexe Vorgang einer Konzessionierung orientierte sich eher am „Gemeinwohl", und aus diesem Grund gehörte auch die Erörterung der Frage, ob die Errichtung einer Fabrik zur „Vermehrung des Wohlstands" der Stadt beitrage, durchaus zum Prüfungsverfahren der beteiligten Ämter.[547]

Auf der anderen Seite stagnierte die gewerbliche Entwicklung keineswegs, wie dies aufgrund der zahlreich zu beachtenden Verordnungen und Rechte angenommen werden könnte. Das System der Schutzmaßnahmen wies durchaus Lücken auf. Zur Messezeit konnten unbeschränkt Waren jeglicher Art bezogen werden. Auch durften sich Bürger für ihren Eigenbedarf jederzeit Handwerkswaren von außerhalb liefern lassen, und es bestand die Möglichkeit, mit einer Genehmigung des Bauamtes fremde Bauhandwerker zu beschäftigen. Das Marktrecht erlaubte überdies den Dorfbäckern, Fischern und Gemüsehändlern den Verkauf ihrer Waren auf den städtischen Märkten.[548] Unter Beachtung der Auflagen und der Rechte der Nachbarn wurden verschiedentlich Fabriken – gewissermaßen als Kompromiss zwischen den wirtschaftlichen Anforderungen und den sozialen wie kulturellen Bedürfnissen – in den dünnbesiedelten Randlagen der Stadt konzessioniert. Industrialisierung war insofern möglich. Ja, sie war geradezu erwünscht, solange sie in „begrenztem" Rahmen blieb. Nicht zuletzt deshalb können trotz der stabilen Gewerbeverfassung lange vor der Aufhebung der Zunftbestimmungen Anzeichen für eine langfristige Veränderung im Handwerk beobachtet werden – und dieser Wandel vollzog sich über den Wegfall der Begrenzungen der Anzahl der Gesellen.

Dalberg hatte im Vorgriff auf die anvisierte Gewerbereform die Beschränkungen der Gesellenzahl weitgehend aufgehoben. Diese Bestimmung griff der Senat kurz nach der Verabschiedung der neuen Verfassung auf und brachte sie als Gesetzesentwurf in die Gesetzgebende Versammlung ein. Die Vorlage wurde am 13. November 1819 mit einer überwältigenden Mehrheit bestätigt und trat wenige Wochen später in Kraft. Damit war es „jedem zünftigen Handwerksmeister (...) verstattet, so viele Gesellen zu halten, als er für gut findet, um sein Gewerb mit dem größtmöglichsten Erfolg und Umfang zu betreiben".[549] Diese scheinbar unbedeutende Gesetzesänderung leitete über die Jahre hinweg einen beträchtlichen sozialen Wandel ein. Es begann ein langfristiger Erosionsprozess, der darauf hindeutet, dass die beginnende Industrialisierung in den deutschen Staaten an Frankfurt nicht spurlos vorüberging. Seit den dreißiger Jahren nahm die Zahl der aktiven Handwerksmeister nur noch langsam zu, während die Zahl der Gesellen sprunghaft anstieg. Die meisten Werkstätten waren zwar immer noch Alleinbetriebe oder arbeiteten mit maximal einem oder zwei Gesellen. Ohne Beschränkung der Gesellenzahl konnten einzelne Handwerker jedoch die Größenordnung einer Werkstatt erheblich überschreiten. So verfügten 1830 bereits mehr als 30 Handwerker über zum Teil deutlich mehr als zehn Gesellen. Es schrumpfte also nicht das Handwerk als Ganzes, sein Anteil am wirtschaftlichen Gefüge der Stadt blieb relativ konstant, aber ganz deutlich nahm der Anteil der Handwerksmeister an der Bevölkerung ab. In den einzelnen Gewerbezweigen verlief die Entwicklung allerdings sehr unterschiedlich. Betriebskonzentrationen bei den Bierbrauern, Bäckern und Schuhmachern standen Betriebsvermehrungen bei den Schlossern, Fischern, Maurern, Schreinern, Steindruckern und Malern gegenüber.[550] Der Strukturwandel blieb nicht unbemerkt. Die seit den zwanziger Jahren zunehmenden Klagen über Verstöße gegen die Zunftordnung und Forderungen nach Ausweitung der Protektion wurden bereits sehr früh mit einer breiten Diskussion um die grundsätzlichen Rahmenbedingungen der gewerblichen Produktion in der Stadt verknüpft. Dabei ging es um eine Ausweitung der Möglichkeiten, in Frankfurt Fabriken zu errichten.

Der Beginn des Umdenkens lässt sich bis in das Jahr 1816 zurückverfolgen. Damals artikulierte ein Teil der Bürger seine Unzufriedenheit mit der Zunftverfassung. Die Unzufriedenheit stand im Zusammenhang mit den wirtschaftlichen Problemen nach dem Fall der Kontinentalsperre durch den Sieg der Alliierten über Napoleon. In immer neuen Wellen überschwemmten damals die billigen englischen Fabrikwaren den deutschen Markt und vernichteten allerorten, besonders aber im Rheinland die eben erst mit französischer Hilfe und für den Bedarf der napoleonischen Armeen entstandenen Fabriken und Manufakturen. Die Strukturkrise wurde durch die Missernten der Jahre 1816 und 1817 noch vergrößert. Die davon betroffenen Industriellen und auch Teile des Handels erhoben ihre Stimme dagegen und forderten eine Abwehr gegen diese unaufhaltsam sich fortsetzende Überflutung durch britische Waren. Als Vorkämpfer machte sich der Schwabe Friedrich List einen Namen und nutzte unter anderem die Ostermesse 1819 in Frankfurt zur Verbreitung seiner politischen Forderungen nach nationalen Schutzzöllen. Doch er war nicht der erste, der sich in der Stadt Frankfurt für die Probleme der deutschen Fabrikanten einsetzte. Zuvor hatte sich bereits die im Jahre 1816 gegründete „Gesellschaft zur Beförderung der nützlichen Künste und ihrer Hülfswissenschaften“ eingehend mit diesem Problem befasst. Die Polytechnische Gesellschaft wurde nach dem Vorbild der „Patriotischen Gesellschaft“ in Hamburg als eine „Gesellschaft zur Beförderung der nützlichen Künste und der sie veredelnden Wissenschaft“ gegründet. In ihrer Zielsetzung verband sich Bildung mit den Bestrebungen nach wirtschaftlichem Fortschritt. „Von mehreren Seiten her verbreiten sich Stimmen zu Gunsten unserer National-Industrie, Wünschen zur Erhöhung unsres Kunstfleißes, und zur thätigen Benutzung unserer Kräfte“, hieß es im Gründungsaufruf, „um diejenigen Ausländer, welche weiter sind als wir, wo möglich einzuholen, und uns von den ausländischen Producten nach und nach immer unabhängiger zu machen“.[551] Dazu sollten erprobte Erfindungen verbreitet, der Erfinderfleiß prämiert, Vorträge gehalten und eine Gewerbeschule sowie eine Sparkasse eingerichtet werden. Auffallend an der Mitgliederliste von 1816 ist der relativ große Anteil von Bildungsbürgern. Das stand in auffallendem Kontrast zu den sonstigen Vereinsgründungen dieser Zeit, bei denen in den meisten Fällen weit über die Hälfte der Mitglieder aus Kaufleuten bestand. Auffallend ist ebenfalls der für die bürgerlichen Verhältnisse in Frankfurt ungewöhnlich starke Bezug auf die deutsche Nation. Nach englischem Vorbild sollte die „fabrikmäßige" Produktion gefördert beziehungsweise der Übergang der Handwerker zur Fabrik erleichtert werden.

Diese Gesellschaft gelangte zu ähnlichen Überlegungen wie Friedrich List. Dessen Eintreten für Zölle und protektionistische Schutzmaßnahmen rief jedoch den Widerstand der traditionell am englischen Import interessierten Frankfurter Kaufleute hervor. In ihrem Programm konzentrierte sich die Polytechnische Gesellschaft deshalb mehr auf den energisch bekundeten Willen, massiv die technologische Innovation zu fördern. Das deckte sich dann schon eher mit den Vorstellungen der innovationsfreudigen Kaufleute, die schon damals über eine Modernisierung der Schifffahrt auf Rhein und Main nachdachten und denen klar war, dass wer sich für die Aufnahme eines Dampfschiffverkehrs einsetzte, der musste sich auch offen für England und den unbeschränkten Handelsverkehr einsetzen, um den freien Fluss der Innovationen nicht zu gefährden. Zumal man damals nur aus englischen Fabriken Dampfmaschinen beziehen konnte.[552]

Die Polytechnische Gesellschaft richtete zwar wenig später eine Gewerbeschule ein und gründete 1822 eine Sparkasse, doch das ehrgeizige Vorhaben der Initiatoren, England paroli bieten zu wollen, verlief bald im Sande. Die Gewerbeschule verkam im ersten Jahrzehnt zur schlichten Sonntagsschule für erwachsene Analphabeten, und die Sparkasse diente alsbald dem Gesinde als Aufbewahrungsort für seine Ersparnisse; statt technischer Innovation prämierte die Gesellschaft in späteren Jahrzehnten in der von ihr geschaffenen Unterorganisation, dem „Verein zum Wohle der dienenden Klasse", das Wohlverhalten des Gesindes in den patriarchalischen Haushalten des Bürgertums.[553]

Wenn der praktische Eifer auch rasch erlahmte, ging die Diskussion um den besten Weg zur Erneuerung der Wirtschaft doch munter weiter. Die Argumente der für eine beschleunigte Industrialisierung eintretenden Bürger trafen in der öffentlichen Diskussion auf die Bedenken der von der Modernisierung betroffenen Schichten. Ausgetragen wurde der Streit damals in den Frankfurter Jahrbüchern, die allen beteiligten Gruppen der stadtbürgerlichen Gesellschaft ein Diskussionsforum boten. Im Zentrum stand die Sorge um die soziale Stabilität der bürgerlichen Gesellschaft im Stadtstaat Frankfurt. Die Handwerkerfraktion argumentierte: „Hebt man die Zünfte auf", so entsteht „ein Krieg Aller gegen Alle."[554] „Eine völlige Unbeschränktheit" würde „die Werkstätten der Handwerker bald in einige Fabriken umgestalten, wohin der Schweiß von hundert Armen zur Bereicherung eines Fabrikherrn flösse".[555] Im Gegenzug priesen sie die Vorteile einer stabilen Sozialordnung. Den Gegenpol im weitgefächerten Spektrum der Diskussion bildeten Positionen, welche die Privilegien der Zünfte als ein „drückendes onus" für alle bezeichneten und als „Fessel, die dem betriebsamen, talentvollen und vom Glück begünstigten Gewerbsmanne angelegt werden sollen".[556] Auch verursachten sowohl die überlangen Ausbildungszeiten, als auch die aufwendige Organisation der Zünfte auf lange Sicht hohe Kosten für die Gemeinschaft, die „das Publikum bezahlen müsse".[557] Nur möglichst viele Freiheiten, nur Konkurrenz und größerer Kapital- beziehungsweise Maschineneinsatz könnten zur Vervollkommnung des Gewerbes führen, was angesichts der stetig wachsenden Bevölkerung von großer Bedeutung sei.[558] Der Verlust von Arbeitsplätzen durch den Maschineneinsatz sei zwar nicht zu bestreiten, dafür würden aber – aufgrund der höheren Produktivität – auch die Preise sinken. Die „Leiden" seien als ein vorübergehendes „Übel" in Kauf zu nehmen, denn „gewiß wird eine Zeit kommen, in welcher die Industrie und die Kultur den kleinen Haushaltungen hülfreiche Hand bieten werden und weniger begüterten Haushaltungen auch einmal etwas von dem geben, was die im Ueberfluß lebenden Häuser genießen, und wo ein Jeder in den Besitz von einigen Annehmlichkeiten gesetzt werde".[559]

Die beiden Parteien der Auseinandersetzung standen sich also mit ganz ähnlichen Positionen gegenüber, wie wir sie von der Diskussion im Rheinland her kennen. Aber diese Diskussion wurde in Frankfurt unter anderen politischen Rahmenbedingungen geführt. Eine maßgebliche Rolle spielte die breite politische Partizipation. In Frankfurt verfügten in den dreißiger Jahren über zwölf Prozent der Einwohner oder über 50 Prozent der männlichen Haushaltungsvorstände über weitreichende politische Rechte. Ihr Partizipationsgrad war rund doppelt so groß wie in den Städten des Rheinlands und die Einflussmöglichkeiten waren vielfältiger. Den Frankfurter Handwerkern stand nicht nur das Wahlrecht zur Verfügung, um ihren politischen Willen zu bekunden, sondern die Verfassung sicherte ihnen gewichtige Anteile – und damit Mitsprache – an allen politischen Gremien der Stadt. Im Jahre 1816 gehörte fast ein Viertel der Senatsmitglieder oder der Repräsentanten in der Gesetzgebenden Versammlung der Handwerkerschaft an, und im Wahlkolleg stellten sie sogar ein Drittel der Wahlmänner. Die Handwerker waren somit über den Senat an der Aufsicht über die Verwaltung beteiligt, entsandten über das Wahlkolleg ein Drittel der gewählten Mitglieder in die Gesetzgebende Versammlung, waren in den zahlreichen Kommissionen des städtischen Parlaments angemessen repräsentiert, bestimmten sowohl hier als auch im Senat bei der Gesetzgebung mit und kontrollierten über die Ständige Bürgerrepräsentation den Finanzhaushalt der Stadt. Im Gegensatz zur Rheinprovinz verfügten somit nicht nur die „Notabeln" über politische Rechte und konnten als Mitglieder der regionalen Handelskammern diese Einrichtungen für die Diskussion nutzen, sondern es wurde die Tradition der politischen Rechte und Mitsprachemöglichkeiten der Handwerker nicht nur nahezu bruchlos in die neue Zeit hinübergerettet, sondern darüber hinaus auch noch erweitert.

Trotz großer Besitzunterschiede und zunehmender Konzentration von Kapital in einer überschaubaren Anzahl von Bankiers- und Großkaufmannsfamilien war es in Frankfurt nicht möglich, allein auf der Grundlage von wirtschaftlicher Macht gegen die Interessen der breiten Mittelschicht zu regieren. Es war deshalb notwendig, in allen relevanten gesellschaftlichen Fragen einen breiten Konsens herzustellen und auf die Interessen der weniger Besitzenden Rücksicht zu nehmen. Dessen waren sich die Zeitgenossen bewusst. In der Diskussion wurde darauf hingewiesen, dass wirklicher Fortschritt in der bürgerlichen Gesellschaft nur konsensfähig sei, wenn die ökonomischen, sozialen und lebensweltlichen Folgen für das Ganze mit einbezogen würden.[560] Die Gewerbeprotektion war somit nicht einfach ein Zeichen für die Rückständigkeit der Stadt, sondern ein zentrales Element zur Ausbalancierung der Bürgergesellschaft als Folge ihrer modernen politischen Struktur. Dennoch, trotz dieser entfalteten Debatte und trotz der wirksamen politischen Einspruchmöglichkeiten der Handwerkerfraktion wurden in Frankfurt in bedeutendem Umfang Fabriken gegründet.

6.2 Moderne Fabriken auch in Frankfurt

Obgleich diese Gegend zu reich, zu fruchtbar und zu schön fürs Manufakturwesen ist, so regt sich doch seit einigen Jahren mancherley Gewerbfleiß des Aktivhandels in den umliegenden Ortschaften und selbst in der Stadt."[561] Mit dieser Beschreibung macht Isaac von Gerning darauf aufmerksam, dass trotz der zahlreichen Restriktionen und des fehlenden politischen Konsenses für eine „forcierte" Industrialisierung das nichtzünftige Gewerbe in Frankfurt erstarkte. Es wurde bereits darauf hingewiesen, dass die strenge Zunftordnung zwar eine dramatische Auflösung des Handwerks verhinderte, aber keineswegs jede gewerbewirtschaftliche Dynamik unterband. Wenn auch sehr allmählich, so entstanden doch Fabriken. Aufgrund ihrer bescheidenen Anzahl und des relativ geringen Anteils ihrer Beschäftigten unter den Berufstätigen prägten sie zwar noch längere Zeit nicht die Struktur der Gewerbewirtschaft, aber es entwickelte sich aus diesen Ansätzen bereits in der ersten Hälfte des 19. Jahrhunderts ein selbständiger Sektor in der Wirtschaft. Die ersten „Fabriquen" existierten lange vor 1800. So verzeichnete das Merkantilschema von 1771 nicht weniger als 14 und im Handlungsadresskalender von 1797 wurden sogar 43 Fabrikanten aufgeführt. Ein wichtiger Gewerbezweig, in dem es zu Fabrikgründungen kam, war die chemische Produktion, wobei es sich vor allem um Naturfarben, Apothekerwaren sowie Seife, Parfüm und Lichter (Wachskerzen) handelte. Dazu kam es in der Branntwein-, Likör- und Essigherstellung sowie in der Tabakverarbeitung zu vermehrten Fabrikgründungen.[562]

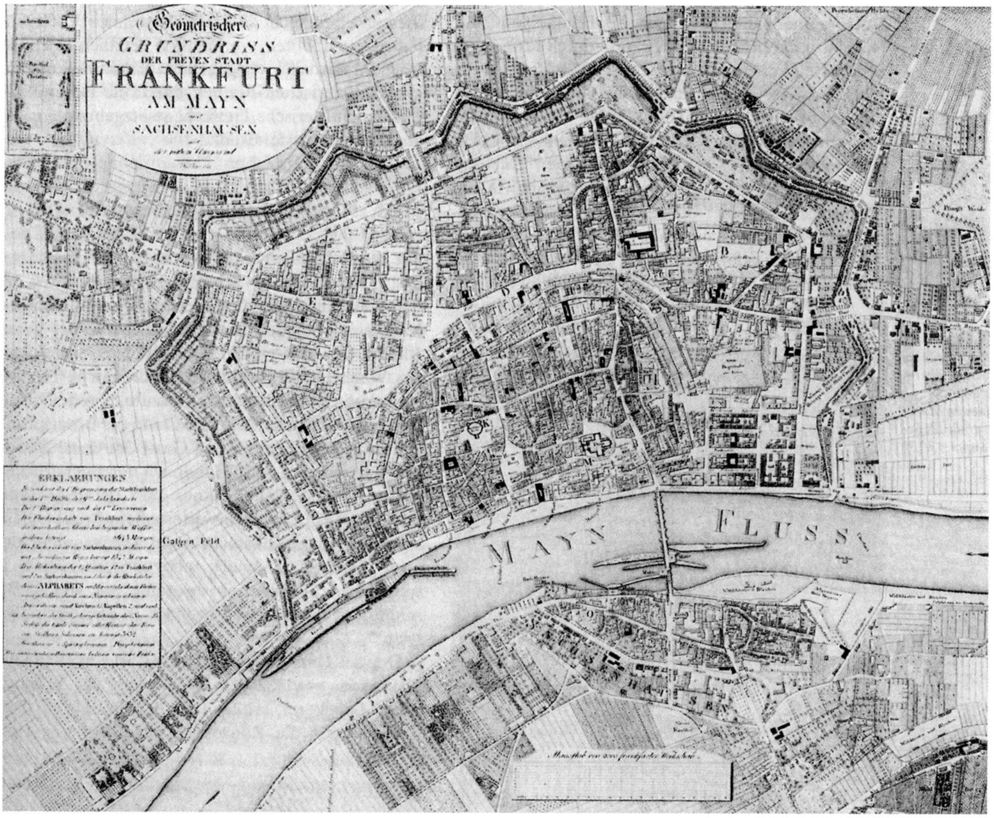

„Geometrischer Grundriß der Freyen Stadt Frankfurt am Mayn und Sachenhausen" von Christian Friedrich Ulrich, 1832, mit Darstellung der Fabrikgeschäfte nach Angabe der Adressbücher 1830 und 1837/1838

Im Handlungsadresskalender von 1816 und im Gewerbekalender von 1819 werden schließlich zusammen 81 Fabrikanten benannt. Innerhalb von zwei Jahrzehnten verdoppelte sich also nahezu die Zahl derjenigen, die sich als „Fabrikanten" bezeichneten. Auffallend ist der Rückgang der Tabak- und Textilfabriken in den dreißiger Jahren. Dafür erfolgte eine Differenzierung der Produktpalette. Dabei ist zu beachten: Fabrikant war nicht gleich Fabrikant. Es konnte sich um einen erfolgreichen oder auch wenig erfolgreichen Handwerker, um einen ortsansässigen Großhandelsmann oder einen Fremden ohne spezielle Profession gehandelt haben. Es nannten sich viele Gewerbetreibende „Fabrikant", ohne auch nur annähernd über die Produktionsformen und -möglichkeiten einer Fabrik zu verfügen; andere hingegen, die durchaus mit einer großen Anzahl von Beschäftigten und nicht unbedeutenden technischen Anlagen produzierten wie Gießereien, lithographische Anstalten oder große Buchdruckereien, bezeichneten sich nicht als Fabrikanten. Die zeitgenössische Berufsbezeichnung „Fabrikant" kann somit für die Untersuchung der Ursprünge der Industrialisierung in Frankfurt nur Anhaltspunkte liefern.[563] Volker Rödel hat die größeren Etablissements recherchiert und sie für 1811 und 1832 in die jeweilige Ausgabe des Ulrich Plans eingetragen. In beiden Fällen ergeben sich beeindruckende Panoramen der Industrialisierung in Frankfurt.[564]

Nähere Aufschlüsse über die Sozialformation der Fabrikanten ermöglichen die Erhebungsakten für die Zollvereinsstatistik von 1844. Insgesamt wurden darin 140 „Fabriquen" aufgeführt, bei denen im Gegensatz zu den Listen aus den Adressbüchern Fabriken für Farben und chemische Produkte, Leder-, Tabak- und Likörfabriken, Schriftgießereien und Spielkartenfabrikanten dominierten. Das städtische Rechneiamt zählte für den gesamten Bereich fast 1.400 Fabrikarbeiter. Die Anzahl erscheint auf den ersten Blick recht groß, doch kamen damit in Frankfurt auf 1.000 Einwohner nicht einmal 30 Fabrikarbeiter, während es etwa in der Industriestadt Aachen über 400 waren.[565]

Woher kamen diese Fabrikanten? Bei näherer Betrachtung der sozialen Herkunft tritt eindeutig das Handelsbürgertum als Innovator im Gewerbebereich hervor. Bei zwei Dritteln aller Betreiber von Fabriken handelte es sich um Kaufleute, die ihrerseits wiederum zur Hälfte aus ausgesprochen wohlhabenden Kaufmannsfamilien stammten. Einen zweiten Zugang zur Großproduktion bildeten die aus kleinen Handwerksbetrieben oder Buchverlagen hervorgegangenen großen Buchdruckereien und lithographischen Anstalten. Neben traditionellen Tabakfabrikanten, innovativen Kaufleuten sowie aus dem Handwerk herausgewachsenen Buchdruckern und Verlegern etablierte sich in den vierziger Jahren ein neuer Typ von Fabrikant, der sich aus eher bescheidenen Anfängen heraus hoch gearbeitet hat.

Es zeigt sich also, dass in einer Stadt wie Frankfurt am Main, in der bis 1864 die Zunftverfassung und darüber hinaus weitreichende Nachbarschaftsrechte existierten, nichtsdestotrotz Erneuerungen im Gewerbebereich möglich waren. Zahlreiche kleinere handwerkliche Unternehmer nutzten die Möglichkeiten der sich beständig erweiternden Produktpalette, die von den zünftig organisierten Handwerkern nicht abgedeckt wurden. Dieser Modernisierungsprozess im Handwerk ist kaum untersucht und wird oft aufgrund der variationsreichen Verwendung des Begriffs „Fabrikant" sozialstatistisch ungenau dem Fabriksystem zugeordnet. Aber auch im großen Gewerbe gab es, vor allem im Bereich der Gießereien, im Buchdruck und in den ersten Chemie- und Tabakfabriken, eine Innovationswelle. In diesen Bereich stießen ganz unterschiedliche Typen von Unternehmern vor. Die meisten waren entgegen den herrschenden Ansichten sehr eng mit dem Handelsbürgertum, Verlegern und Buchdruckern verbunden und politisch, sozial und kulturell mit der stadtbürgerlichen Gesellschaft verflochten.

Von einer „konservativen Beharrung" des Stadtbürgertums kann somit keine Rede sein. Es gab innovative Kaufleute, Verleger und aufsteigende Handwerker, die

Die ehemalige Wippermannsche Farbenfabrik, Oederweg 9. Ausschnitt aus dem „Malerischen Plan von Frankfurt am Main“ von Friedrich Wilhelm Delkeskamp, 1864

Eisengießerei und Maschinenfabrik J. S. Fries, Schulstraße 13. Ausschnitt aus dem „Malerischen Plan von Frankfurt am Main“ von Friedrich Wilhelm Delkeskamp, 1864

einen langfristigen Wandel der Gewerbestruktur herbeiführten. Der Industrialisierungsprozess – die wirtschaftliche Modernisierung – war in Frankfurt insofern in die Traditionen der Stadt eingebunden. Veränderungen erfolgten vor diesem Hintergrund nicht spontan und umbruchartig, sondern kontinuierlich und langfristig.

6.3 Handwerker auf Anpassungskurs

Die offene Diskussion und der sich allgegenwärtig vollziehende Strukturwandel forderten die massive Gegenwehr der Handwerker heraus. Es begann ausgehend von der Debatte in einigen Zeitschriften eine breite Diskussion um die zukünftigen Rahmenbedingungen der gewerblichen Produktion in der Stadt, die bis zum Abschluss der Reform Mitte der sechziger Jahre nicht mehr vollständig zur Ruhe kommen sollte. Wie erwähnt, stand im Zentrum der Argumentation für den Erhalt der Zunftordnung die soziale Stabilität der bürgerlichen Gesellschaft im Stadtstaat Frankfurt. So gewähre die Zunftverfassung nicht nur die Sicherheit der Nahrung für einen

Großteil der Bürgerschaft, sie führe auch zu einer „gleichförmigen Vertheilung der Nahrung (...), wodurch der Armuth gesteuert, und mehr Wohlstand für viele, als großer Reichthum für wenige, somit ein wohlhabender Mittelstand erzielt werde".[566] Auf der anderen Seite standen die Anhänger der Gewerbefreiheit. Doch an Stelle der sich unvermittelt gegenüberstehenden Extreme kristallisierte sich zunehmend eine vermittelnde Position heraus. Diese Konzeption, mit der versucht wurde, Tradition und Moderne zu versöhnen, wurde in weiten Teilen des Stadtbürgertums, insbesondere von den auf Veränderung drängenden liberalen Kräften, als das adäquate Modell der künftigen Wirtschaftsordnung angesehen.

„Bei Betrachtung unsrer städtischen Gewerbverhältnisse", führte der Demokrat Heinrich Meidinger aus, nachdem die Auseinandersetzung schon einige Jahre geführt worden war, „glauben manche durch die Errichtung und Begünstigung von Fabriken größeren Wohlstand und ausgedehnteren Handel für Frankfurt herbeizuführen. Andre sind mit aller Macht dagegen, weil sie besorgen dadurch einestheils unsre Gewerbe zu sehr zu beeinträchtigen, anderntheils zu viele arme Fabrikarbeiter heranzuziehen, die, bei eintretenden Handelsstockungen oder politischen Ereignissen, dem Staate eine Bürde und gefahrbringende Last seyn würden. Letzteres ist allerdings sehr zu berücksichtigen; doch gehen wir dabei vermittelnd zu Werke. Wir brauchen nicht grade ein zweites Manchester aus unsrer Stadt machen zu wollen, wie man bisweilen übertrieben behaupten hört. Davor bewahre uns der liebe Gott! Man verschließe sich aber auch nicht allzuängstlich gegen Fabrikanlagen, die von vermögenden und geschickten Unternehmern beabsichtigt werden, denn wenn wir auf unserm Gebiete keine Fabriken zulassen, so zeigt uns die Erfahrung, daß sie sich dicht an unsre Grenzen nach Bockenheim und Offenbach setzen, und, neben den Nachtheilen, die sie uns von dort aus zufügen, auch alle die Vortheile an sich ziehen, die uns selbst hätten zu gut kommen können und sollen."[567]

Die Gewerbemodernisierung hatte in Frankfurt am Main also eine doppelte Zielsetzung: Sie wollte sowohl die Zunahme der sozialen Gegensätze unterbinden, als auch eine Erneuerung des Gewerbes erreichen. Das grundsätzliche Eintreten für eine solche Konzeption war von der lebensweltlichen Erfahrung des städtischen Bürgertums geprägt, Veränderungen als langfristige Entwicklungsvorgänge anzusehen. Dies fügt sich gut in die allgemeinen Vorstellungen der Bürger im Vormärz. Eine Verschärfung des Protektionismus wurde damals ebenso abgelehnt wie eine unkritische Befürwortung des Fortschritts. Der Wandel sollte nach einem Wort von Karl von Rotteck „von der Erfahrung Schritt für Schritt geleitet, mit möglichster Beachtung aller Interessen und mit Schonung des Bestehenden" vollzogen werden.[568] Damit nicht „eine sehr große Anzahl von Staatsgliedern aufs empfindlichste würde gedrückt werden", ergriffen die Bürger aus eigener Initiative ein ganzes System von Maßnahmen, um die finanzielle wie bildungspolitische Gewerbeförderung auszubauen.[569] So wurde etwa eine Hülfskasse zur Unterstützung der Handwerker wiederbelebt.[570] Bereits 1816 war die Polytechnische Gesellschaft zur „Erhöhung unsres Kunstfleißes, und zur thätigen Benutzung unserer Kräfte“ gegründet worden, um „durch den Zusammenschluß vieler anderer günstiger Umstände“ das Gewerbe zu befördern.[571] Auf diesen ihren ursprünglichen Ansatz besann sich die Gesellschaft wieder und gründete 1835 einen Gewerbeverein.

Der neue Verein sah seine Aufgabe darin, die Krise des Handwerks durch Reformierung und Effizienzsteigerung zu überwinden und „Gewerbsmänner so auszubilden, daß sie fähig würden, diesen Ansprüchen seiner Zeit zu entsprechen“. Dazu gehörte auch „das Bestreben, erprobte Erfindungen und Verbesserungen auf vaterländischen Boden zu verpflanzen, zu verbreiten und gemeinnützig zu machen“.[572] Zu diesem Zweck gab der Verein den „Gewerbefreund“ heraus, eine Zeitschrift mit der „Mission (...), die Gewerbetreibenden von neuen Erfindungen, Verbesserungen und zweckmäßigeren Verfahren in der Fabrikation des In- und Auslandes möglichst schnell in Kenntniß zu setzen“.[573] Zudem sollte mit regelmäßigen Vorträgen, einer Produkten- und Modellsammlung sowie Ausstellungen der „Wetteifer“ unter den Gewerben angeregt und „jüngeren tüchtigen Meistern Gelegenheit gegeben werden, ihre Geschicklichkeit zu zeigen“. Tatsächlich versammelten sich die Mitglieder später an den Freitagabenden in den Wintermonaten, um durch „gemeinschaftliche Berathung und Besprechung gegenseitiger Mittheilung gemachter Erfahrungen, durch Vorträge und Beantwortung gestellter Fragen, das Gewerbwesen und die Gesammt-Industrie betreffend durch Vorzeigung von Maschinen, Werkzeugen und Modellen etc.“ zu befördern.[574] Bis zum Jahre 1844 schlossen sich dem Verein immerhin 545 Mitglieder an und damit fast zehn Prozent der gesamten Bürgerschaft.

Im Jahre 1844 bot der Verein seine Hilfe bei der Übersendung von Musterstücken für die Allgemeine deutsche Gewerbeausstellung in Berlin an. Tatsächlich nahm eine ganze Reihe von Mitgliedern diese Hilfe in Anspruch. Sie gehörten zu den aufstrebenden Handwerkern und kleinen Fabrikanten, die zeitgleich in der Zollvereinsstatistik aufgeführt wurden. Es war eine sehr dynamische Gruppe, die danach trachtete, „sich von den raschen Fortschritten der Naturwissenschaften und ihren Anwendungen in den Gewerben zu unterrichten“.[575] Sie legten die Ziele der Bildungsbewegung auf ihre Art aus und verschoben das abstrakte Ideal der Persönlichkeitsentfaltung hin zu einer sehr pragmatischen und nutzenorientierten Kenntnisvermittlung. Für sie war der „Fortschritt (...) das einzige Mittel, jenen verderblichen Folgen der Concurrenz auszuweichen.“[576]

Der Ausbau des gewerblichen Bildungswesens nahm in den Aktivitäten des Vereins deshalb in den folgenden Jahren den größten Raum ein. Die Anhänger fanden durchaus Gehör. Jedenfalls empfahl der Senat in einer Erwiderung auf eine Petition, die ihm 1841 überreicht und von 1.371 Handwerkern unterschrieben worden war, den Handwerkern, „sparsamer zur sein, ihre Unterstützungskassen zu fördern“ und die Leistungsfähigkeit ihrer Produktion zu steigern. Außerdem sollten sie für eine bessere Ausbildung und Erziehung der Lehrlinge sorgen.[577] Die Gesetzgebende Versammlung unterstützte dies und verwies ebenfalls auf die Errichtung einer Gewerbeschule.[578]

Auf die Parole des Gewerbevereins einer Erneuerung des Gewerbes durch Bildung schwenkten zu Beginn der vierziger Jahre nach einigem Zögern auch die Handwerker ein. Der Boden dazu war bereits in den dreißiger Jahren bereitet worden. Schon damals hatte es Stimmen gegeben, die für eine „Theilung des Gewerbsstandes" plädierten. Diese Position vertrat etwa der Metzgermeister Martin May, der zu den wohlhabenden Handwerkern gehörte und über Hausbesitz im Werte von fast 40.000 Gulden verfügte. Er vertrat durchaus demokratische Positionen, trat für die Pressefreiheit – also gegen die Zwangsgesetze des Deutschen Bundes – ein und engagierte sich 1848 für eine gemäßigte Reform der Frankfurter Verfassung.[579] May schildert in drastischen Worten, was er vom „Manchesterliberalismus" hielt: „Ja wahrlich, jene plötzliche Zernichtung aller Ordnung in den Gewerben, jene völlige Entzügelung der Concurrenz, die sich wie ein ansteckendes Fieber allmälig auch den übrigen Staaten des europäischen Festlandes mittheilte, hat dem Gewerbstande Wunden geschlagen, die zu heilen es jetzt eines Menschenalters bedarf, wenn auch überall die wirksamsten Hülfsmittel erkannt und in Anwendung gebracht würden."[580] Denn man habe, so May, „auch ohne den furchtbaren von England herübertönenden Ruf des Feuerhorns, in Deutschland eingesehen, daß das Wohl der arbeitenden Klassen die unerläßlichste Bedingung des gesammten Staatswohls ist".[581]

Seine Publikationen wurden wohlwollend aufgenommen, und ähnlich wie bei Meidinger wurde die vermittelnde Position hervorgehoben: „Er will den Fortschritt, aber nicht durch künstliche Treibhausgluth, sondern durch gesundes organisches Wachsthum, und ruft die Gleichgesinnten auf, durch treue und verständige Pflege dieses Wachsthums ihr Amt in der Zeit zu üben."[582] Stattdessen komme es darauf an, dass der „Fleiß der Werkstätten [nicht] dem Handel zinsbar gemacht" werde.[583] Zu diesem Zweck sah sein Reformkonzept vor, nur bestimmte Gewerbebereiche für die Fabrikindustrie zu öffnen und die Absonderung des Handwerks als einen eigenständigen Bereich im Gewerbe festzuschreiben.[584] Außerdem sollten die Innungen das gesamte Prüfungswesen übernehmen, als Schiedsgerichte fungieren, Kontakt zu den Staatsbehörden halten und bei der Gesetzgebung mitberaten. Dazu kamen die Beschränkung der Bürger auf maximal ein Gewerbe und die Verpflichtung, für neue Gewerbe eine „Concession" erwerben zu müssen; das Verbot des auswärtigen Handels mit Produkten, die am Ort produziert werden, und der Import nur für den Eigenbedarf der Bürger sowie ein Verbot des Hausierhandels umschrieben allerdings lediglich wortreich die bereits existierende Realität in Frankfurt. Andere Positionen wie die Forderung nach Begrenzung der Gesellenzahl und nach Beschränkung der Rechte der Meisterwitwen wiederholten nur das alte Programm des Protektionismus, ohne dass es gelungen wäre, sie in die Tat umzusetzen.[585] Dieser Punkt war denn auch nicht sein zentrales Anliegen. Im Zentrum stand vielmehr der Aufbau einer Hilfsorganisation – und hier setzte er Maßstäbe.

Anstatt allein auf dem Erhalt der Zunftorganisation zu beharren, griffen die Handwerker unter Berücksichtigung von Mays Vorschlägen zur Selbsthilfe und gründeten im Jahre 1844 den „Hülfsverein zur gewerblichen und moralischen Unterstützung nothleidender Handwerksmeister". Damit hielt auch in dem Teil der Gesellschaft, in dem die korporativen Strukturen am ausgeprägtesten waren, die freie „Association", das Prinzip der Selbstorganisation der modernen bürgerlichen Gesellschaft, Einzug.[586] „Vereine also meinen wir, in welchen die Genossen verschiedener Handwerke die gegenseitige Mittheilung von Erfahrungen, von gemachten und zu machenden ächt praktischen Verbesserungen in ihren Fächern, und die Besprechung von Allem, was nur dem inneren Gedeihen des gesammten Handwerksstandes förderlich sein kann, zum Hauptzwecke machen."[587] Der Gedanke wurde begeistert aufgegriffen. Mit einem Paukenschlag meldeten sich die Initiatoren zu Wort: „Handwerker! wollt ihr den Stand auch im neuen Bürgerthum bilden, der allen Ständen des Staats einst ihren Boden verlieh?"[588]

Bei den Gründungsmitgliedern handelte es sich ausschließlich um Handwerker, die im politischen und sozialen Leben der Frankfurter Bürgergesellschaft fest verwurzelt waren. Im Unterschied zum Gewerbeverein, der von Kaufleuten und Bildungsbürgern gegründet worden war, ging der Hülfsverein aus einer Eigeninitiative der Handwerker hervor. Sie schlossen sich zusammen, um „den durch Nahrungsmangel verarmten, oder durch Schläge des Schicksals gebeugten, im Vermögen herabgekommenen Bürgern ihres Standes genossenschaftlichen Trost und Beihülfe zu gewähren".[589] Zu diesem Zweck galt es, insbesondere die akute Not zu lindern, Arbeit zu vermitteln, den Erwerbsmut wiederzubeleben und Maßnahmen gegen das sittliche Herabsinken zu ergreifen.[590] Dies sollte in erster Linie eine Gewerbekasse bewirken, die durch Kreditvergabe „das Kapital wieder aus einem Joche der Gewerbe in eine Stütze derselben umwandeln" sollte.[591] Unter den verschiedenen Vorschlägen Martin Mays war es gerade dieser, den die Handwerker aufgriffen und über den Verein realisierten.[592]

Die Hilfskasse des Vereins zur Unterstützung notleidender Handwerksgenossen wurde unabhängig von den Kassen einzelner Gewerke aus Spenden der Bürger des „ganzen Standes" aufgebaut.[593] Die Hilfsgelder wurden nicht als Almosen, sondern als unverzinsliches Darlehen gewährt mit einer bestimmten, zuvor vereinbarten Rückzahlungsfrist.[594] Das Projekt erwies sich als ein großer Erfolg. Verteilte die Kasse im Jahre 1845 gerade 665 Gulden an 56 notleidende Handwerker, so waren es zehn Jahre später bereits über 17.700 Gulden an über 500 Handwerker. Besonders in den fünfziger Jahren und zu Beginn der sechziger Jahre stieß der Verein mit dem ihm zur Verfügung stehenden Kreditvolumen in immer neue Dimensionen vor. Im Jahre 1857 peilte er noch eine Kapitalbasis von 100.000 Gulden an und verwandelte sich nach seiner Namensänderung in „Hülfsverein für Gewerbetreibende" immer mehr zu einer umfassenden „Creditanstalt". Ab 1860 wurde ernsthaft der Plan erwogen, aus der Leihkasse eine Sparkasse zu entwickeln, um „alles leisten zu können, was eine Gewerbebank am hiesigen Platze zu leisten vermöchte".[595] Damit änderten sich auch die Leihbedingungen. Sie waren nun an die Vereinsmitgliedschaft und einen Mindestbeitrag von einem Gulden, bei Witwen 30 Kreuzer, gebunden. Die Leihe erfolgte auf Ehrenwort, und es wurde für kleinere Kredite auf Zinsen oder einen Bürgen verzichtet. Erst bei Darlehen von mehr als 50 Gulden wurden ein Pfand und vier Prozent Zinsen verlangt.[596] Zwei Jahre nach dieser Änderung erreichte die Kapitalbasis bereits über 300.000 Gulden, und konsequenterweise folgte 1864 die Umwandlung in eine Gewerbekasse. Weitere zehn Jahre später verfügte die Kasse über ein Kreditvolumen von über zwei Millionen Gulden. Zufrieden stellte der Verein Anfang der 1860er Jahre fest: Es sei durch die beträchtliche Vermehrung des „Kreditpotentials" gelungen, die „Wellen des Elends" abzufedern und die plötzliche Verarmung von Handwerkerfamilien zu beseitigen sowie den „Wucher zu steuern".[597] Zu diesem Erfolg trugen alle Sozialgruppen der Frankfurter Bürgergesellschaft bei. Wohlhabende Handwerker ergriffen die Initiative zur Unterstützung der Verarmten und reiche Bürger, Patrizier, Kaufleute, Bankiers, hier insbesondere auch Juden – wie beispielsweise die Familie Rothschild –, spendeten zahlreich. Dazu kam die Unterstützung durch Stiftungen, und in kritischen Phasen gewährte auch der Senat eine Beihilfe.

Ab den fünfziger Jahren finden sich zudem immer häufiger Kaufleute in der Verwaltung und im Aufsichtsrat der Kasse, die mit ihren Erfahrungen in finanziellen Angelegenheiten nicht unwesentlich zum Gelingen dieses Instituts beigetragen haben. Dazu gehörten etwa Ernst Passavant, Mitglied des Volkswirtschaftlichen Kongresses, und die Bankiers Leopold Sonnemann und Adolph Reinach sowie die Advokaten Eugen Cnyrim, Conrad Malß und der Redakteur Max Wirth. Sie traten als Befürworter der Gewerbekasse auf, die am 19. Mai 1862 auf einer Versammlung mit fast 100 Interessierten gegründet wurde.

Es ist demnach das erstaunliche Phänomen festzustellen, dass es in Frankfurt den Handwerkern gelungen ist, aus bescheidenen Anfängen und eigenen Mitteln eine Bank aufzubauen, die in den siebziger Jahren immerhin eine Kapitalbasis von mehreren Millionen Mark aufwies und deren finanzielle Möglichkeiten zur sozialen Stabilisierung des eigenen Gewerbebereichs eingesetzt wurden.[598] Sie milderte zusammen mit den Bildungsanstrengungen und dem technologischen Wissenstransfer, die der Gewerbeverein förderte, die direkten sozialen Lasten der Modernisierung. Die Hilfskassen und Unterstützungsvereine sind konkrete Beispiele für praktizierte Solidarität der bürgerlichen Gesellschaft.

6.4 Der Handel stellt sich den neuen Herausforderungen und Bankiers nehmen die transatlantische Welt ins Visier

Die erfolgreiche Anpassung des Handwerks an die neue Zeit mit dem Instrumentarium einer Kreditanstalt verweist auf den Bereich, in dem sich die eigentliche Modernisierung der Frankfurter Wirtschaft vollzog – den Handel-, Banken- und Verkehrsbereich. Denn im Zentrum der wirtschaftlichen Dynamik stand der Handel und im Zentrum des Handels das Bankgeschäft. Existierten 1771 lediglich 25 Bankiers, so waren es 1837 bereits 118, und 1868 bestanden sogar über 190 Bankhäuser. Die Geldgeschäfte der Frankfurter Bankiers hatten sich im 18. Jahrhundert auf zwei Bereiche spezialisiert, und zwar auf Kredite zur Bestreitung der hohen Transportkosten im Bereich des Zwischenhandels und auf den Geldbedarf der umliegenden Höfe und größeren Staaten. Außerdem hatte die Stadt von der Besetzung Amsterdams durch die französischen Revolutionstruppen im Jahre 1795 profitiert. Jedenfalls ist ab diesem Zeitpunkt ein kometenhafter Aufschwung der Kreditvergabe an verschiedene Staaten zu verzeichnen. Im Jahre 1779 war die erste Millionenanleihe an den deutschen Kaiser in Wien erfolgt, kurz darauf gab es eine an Dänemark und 1792 eine große Anleihe der Bankiers Willemer und Metzler an Preußen. Aus dem Jahre 1797 existiert die erste Liste von großen Staatsanleihen, auf der allein 14 für Österreich, zwei für Dänemark, zwei für Preußen und drei für die Pfalz aufgeführt sind. Sie wurden meist in Form der traditionellen Personalanleihe vom Bankhaus Gebrüder Bethmann vermittelt.[599]

Die Gebrüder Bethmann und Mayer Amschel Rothschild & Söhne waren dann auch die beiden Häuser, die in dieser Etappe die Ablösung des Bankgeschäfts vom Speditionshandel prägten. Sie führten als erste das System der „Subskriptionsscheine“ oder „Partialobligationen“ ein. Dabei wurden die benötigten Geldsummen nicht aus dem Firmenkapital aufgebracht, sondern selbst bei Familienmitgliedern oder

Der Bethmannhof in der Braubachstraße, Sitz des Bankhauses Gebrüder Bethmann, um 1910

einer Gruppe befreundeter Bankiers geliehen. Im Falle der Bethmanns handelte es sich dabei um Privatbankiers, etwa die Metzler, Heyder, Brentano oder Schoenemann. Später wurde das auf diese Weise zusammengetragene Kapital in Partialobligationen von 1.000 Gulden unterteilt. Der Bankier übernahm bei dieser Art von Geschäft lediglich eine Vermittlerrolle zwischen Schuldner und Gläubiger und war auf diese Weise in der Lage, weitaus größere Kapitalmengen aufzubringen, als dies ein einzelnes Bankhaus vermocht hätte, schonte zudem die eigenen Ressourcen und verlagerte das Risiko auf die Kunden. Am Ende des 18. und zu Beginn des 19. Jahrhunderts war die Partialobligation eine der wichtigsten Neuerungen zur Dynamisierung des Geld- und Kapitalverkehrs. Mit diesem System konnte die Geldknappheit der Zeit zum wesentlichen Teil überwunden werden. Die Möglichkeiten dieses Instrumentariums gingen zwar weit über die der Staatsfinanzierung hinaus, aber gerade für die mit großen finanziellen Kosten verbundene Modernisierung der Staatsverwaltungen und den von ihnen betriebenen Gesellschaftsreformen leistete sie einen kaum zu überschätzenden Beitrag. Der Erfolg dieser Innovation ließ nicht lange auf sich warten. Frankfurt bildete in der nachnapoleonischen Zeit neben London, Amsterdam und Paris das vierte Kapitalzentrum von europäischem Rang – und diese Stellung behielt die Stadt noch einige Jahrzehnte.[600]

Diese Privatbankiers bildeten im Vergleich mit den Bankiers des 18. Jahrhunderts einen neuen Typ.[601] Die lutherischen, reformierten und katholischen sowie jüdischen Bankhäuser arbeiteten nicht nur über die verschiedenen Konfessionen

Das Rothschildsche Stammhaus um 1880 vor dem Abbruch der Judengasse

August Schönberg alias Belmont (1813–1890), deutsch-amerikanischer Bankier und Politiker. Daguerrotypie von Matthew B. Brady um 1850

hinweg auf wirtschaftlichem Gebiet zusammen, sie entwickelten auch unabhängig von ihrer religiös-kulturellen Einstellung einen gemeinsamen Lebensstil. So zogen immer mehr Bankiers in das Gartenareal vor dem Bockenheimer Tor, aus dem in den fünfziger Jahren das Westend hervorging, und fast alle Familien besaßen vor den Toren der Stadt, in Bockenheim, Hausen, Rödelheim oder bei Oberrad und Offenbach prächtige Sommervillen mit selbst im Vergleich zu den Gartenhäusern des wohlhabenden Handelsbürgertums großflächigen Parkanlagen. Im Rahmen dieses allgemeinen gesellschaftlichen Aufstiegs einer Teilgruppe des Handelsbürgertums vollzog sich der Aufstieg jüdischer Bankiers wie Michael Speyer, Beer Nehm Rindskopf, Zacharias Wertheimber und an der Spitze das Bankhaus Mayer Amschel Rothschild, dessen Söhne Nathan, Jakob, Salomon und Karl Bankhäuser in London, Paris, Wien und Neapel unterhielten.[602]

Frankfurt nahm nach der Neuordnung der europäischen und deutschen Staatenwelt neben seiner Rolle als Finanzzentrum für Länder mit Guldenwährung wie Hessen, Württemberg, Pfalz und Nassau die Position einer Weltbörse für Staatsanleihen ein. Am Frankfurter Kapitalmarkt tummelten sich Interessenten aus den europäischen Staaten Österreich, Belgien, Holland, Italien, Spanien und Schweiz sowie Russland. Aber es war vor allem Amerika – und hier vor allem die USA –, das immer mehr die besondere Aufmerksamkeit der Frankfurter Bankhäuser gewann. Ein frühes Beispiel dafür ist der Werdegang von August Schönberg. Er entstammte einer jüdischen Familie, wurde 1813 in Alzey geboren und starb 1890 im Alter von 73 Jahren in New York. Seine Mutter verschied, als er sieben Jahre alt war. Kurz darauf zog er mit seiner Familie nach Frankfurt am Main, um mit seinem Onkel und seiner Großmutter zusammenzuleben. Er hatte Glück. Eine Schwägerin seines Onkels war mit einem Sohn von Mayer Amschel Rothschild verheiratet. Über diese Verbindung erhielt August Schönberg im Alter von 14 Jahren eine Anstellung im Frankfurter Bankhaus der Rothschilds. Das war im Jahre 1827. Er stieg innerhalb von fünf Jahren vom einfachen Handlungsgehilfen zum Handlungsbevollmächtigten auf und tätigte im zarten Alter von nicht einmal zwanzig Jahren Geschäfte in Neapel, Paris und Rom. Doch die Rothschilds hatten noch Größeres mit ihm vor. Sie schickten ihn 1837 nach Havanna, wo er die Repräsentanz der Rothschilds übernehmen sollte. Er reiste über New York City, kam aber niemals in Havanna an. Denn unterwegs hatte er beschlossen, sich in New York niederzulassen und dort sein eigenes Unternehmen zu gründen. Die Umstände für die Pläne des Frankfurters waren keineswegs günstig. Kurz vor Schönbergs Ankunft brach dort eine schwere Wirtschaftskrise aus. Dennoch gründete er die August Belmont & Company und hatte auch gleich in Vorahnung seiner globalen Aktivitäten seinen Namen internationalisiert – aus Schönberg wurde Belmont. Die Brücke zum Vaterland war damit abgebrochen. Er übernahm zu günstigen Konditionen zahlreiche in Konkurs gegangene Unternehmen und nebenbei auch die New Yorker Rothschild-Repräsentanz. Von dort aus führte ihn der Weg steil nach oben. Belmont erwarb die amerikanische Staatsbürgerschaft und wurde bereits sieben Jahre nach seiner Ankunft im Jahre 1844 zum Generalkonsul Österreichs in New York ernannt. Der Zugang zu den obersten Kreisen der New Yorker Elite öffnete sich ihm im Jahre 1849 durch die Heirat mit Caroline Slidell Perry, der Tochter des Marineoffiziers Matthew Calbraith Perry. Perry erzwang kurz darauf mit seinen Schiffen die Öffnung der japanischen Häfen für den Handel mit den USA, eine der folgenreichsten Zäsuren in der japanischen Geschichte. Ein Bruder seiner Ehefrau, der Abgeordnete John Slidell, verschaffte Belmont Zugang zur Führungsspitze der Demokratischen Partei, für die sich Belmont im Präsidentschaftswahlkampf einsetzte und für deren Spitzenkandidat James Buchanan er bedeutende Summen spendete. Die Allianz mit Buchanan war aber nur von kurzer Dauer. Als die Demokraten dann doch nicht Buchanan, sondern Franklin Pierce zum Kandidaten nominierten, wechselte Belmont kurz entschlossen das Lager. Pierce dankte ihm den Wechsel und ernannte ihn, nachdem er die Präsidentschaftswahl 1852 gewonnen hatte, zum Botschafter der USA in Den Haag. Belmont strebte allerdings das Amt des Botschafters in Spanien an, doch Pierces Nachfolger, der verprellte James Buchanan, verweigerte dies. Belmont sattelte um und nahm 1860 als Delegierter an der Democratic National Convention teil, was ihn bis in die Parteispitze führte. Er wurde im gleichen Jahr zum Vorsitzenden des Democratic

National Committee gewählt. Dieses Amt hatte er bis 1872 inne. Belmont war während des Sezessionskriegs ein glühender Verfechter der Interessen der Nordstaaten und der Einheit der Union. Er übte starken Einfluss auf die Kaufleute und Finanziers aus dem Vereinigten Königreich und Frankreich und nicht zuletzt aus Frankfurt aus, die damals in immer größerer Zahl nach New York drängten, um die Verbindungen zwischen den beiden Finanzmärkten für ihre Zwecke auszunutzen.[603]

Gerade mit New York entwickelten sich starke Beziehungen, und Frankfurt sicherte seine Position als stärkstes deutsches Finanzzentrum gerade auch durch seine zentrale Rolle für den deutschen und europäischen Kapitalexport in die Vereinigten Staaten. Bereits in den frühen fünfziger Jahren wurden amerikanische Staatspapiere an der Frankfurter Börse gehandelt, und in den sechziger Jahren stieg die Stadt nach London zum zweitgrößten Markt für amerikanische Staatsobligationen und Eisenbahnpapiere in Europa auf. Der amerikanische Bürgerkrieg beförderte diesen Trend sehr, und weil London mit den Südstaaten sympathisierte, entwickelte sich Frankfurt zur ersten Adresse für Papiere der Nordstaaten. Alle diese Entwicklungen und Frankfurts Erfolge im letzten Drittel des 19. Jahrhunderts wurden in den dreißiger Jahren eingeleitet.

Bei alledem muss festgehalten werden, dass im Mittelpunkt des weltweiten Frankfurter Bankgeschäfts nicht Investitionen in lukrative Industrieunternehmungen standen, sondern der Staatspapierhandel, die Investitionen in Infrastruktur und die Finanzierung von Handelsgeschäften. Noch 1912 überwogen die Emissionen der Staatspapiere, Provinzial- und Kommunalobligationen deutlich die der Bergwerks- und Industrieaktien, und zwar mit 444 zu 205. Der Handel blieb also eine wesentliche Basis des Geldgeschäfts und zwar durch den gesamten Strukturwandel hindurch, den dieser Wirtschaftszweig in der ersten Hälfte des 19. Jahrhunderts durchlief.[604]

Frankfurt hatte im 18. Jahrhundert besonders vom kontinentalen Zwischenhandel gelebt, der seinen Markt durch Jahrhunderte auf den beiden Frankfurter Messen – der Frühjahrs- und der älteren Herbstmesse – fand.[605] Er war zu einem großen Teil in den Händen eingewanderter Niederländer, Flamen, Franzosen und Italienern gewesen, nur Bürgern, nicht aber Beisassen und Juden erlaubt. Gehandelt wurde vor allem mit Luxuswaren, Lebens- und Genussmitteln, weniger mit Massengütern. Doch die Messe war schon im 18. Jahrhundert rückläufig, besonders durch die Leipziger Konkurrenz, wenn sie auch verschiedentlich wie etwa im Siebenjährigen Krieg und noch einmal um die Jahrhundertwende aufblühte wie in alten Zeiten. Doch „die Zunahme der direkten Beziehungen zwischen den Produzenten und Konsumenten, die Kaufabschlüsse nach Mustern und die ständigen Warenausstellungen kapitalkräftiger Kapitalisten machten den Meßbesuch zunächst für den Großverkehr überflüssig."[606] Und wenn auch das offizielle Frankfurt versuchte, durch Einfuhr- und Kreditерleichterungen sowie eine bessere Messeordnung (1836) die gewohnte Warenversorgung als Institution zu erhalten und zu stabilisieren, so war doch nicht zu verhindern, dass die herkömmliche Messe langsam abstarb, ja schließlich zum Jahrmarkt („Dippemeß") verkümmerte.

Das Feld der Erneuerung betraf deshalb vor allem den ständigen Speditionshandel. Erstens relativierte sich die Bedeutung des Frankfurter Handels für den europäischen Fernhandel, und der Importhandel aus England und Frankreich ging zurück. Zum zweiten wurde die Organisationsform der meisten Handelsfirmen verändert. An die Stelle des traditionellen Speditions- und Messehandels trat einerseits das Detailgeschäft mit Luxuswaren und andererseits der Engroshandel. Die damit verbundene Ausweitung der Artikelzahl und nicht selten das Ausgreifen in die Produktion erforderte eine größere Kapitalgrundlage. Daraus erklärt sich wiederum das Engagement der Banken im Bereich des Handels.

6.5 Frankfurt und die Tücken der Verkehrsrevolution

Dieser allgemeine Strukturwandel wurde zudem durch zwei Konflikte erschüttert, welche die weitere Entwicklung nachhaltig beeinflussten. Zum einen trafen die preußischen Zollvereinspläne den Nerv der städtischen Wirtschaft, und zum anderen verschob sich die gesamte Verkehrsinfrastruktur in der Umgebung, was die einzigartige Stellung Frankfurts als Drehscheibe des europäischen Warenverkehrs bedrohte. Beide Konflikte hingen eng zusammen. Frankfurt war durch seine Binnenlage wirtschaftlich leicht verwundbar und kam in äußerste Bedrängnis, als die preußische Wirtschaftsunion die Position der Stadt als Großumschlagplatz eines interkontinentalen Zwischenhandels empfindlich störte.[607] Zwar wehrte sich Frankfurt gegen die Umklammerung, die der Anschluss Hessen-Darmstadts an den Preußischen Zollverein 1828 vollendete, indem es mit anderen, noch ungebundenen Staaten den Mitteldeutschen Handelsverein gründete. Die Stadt schloss 1832 sogar einen Handels- und Schifffahrtsvertrag mit England, den der Senator Dr. Harnier in geheimen Verhandlungen mit dem Ministerium Palmerston in London aushandelte und der den Frankfurtern für zehn Jahre Handelsfreiheit garantierte. Frankfurt kreierte sogar eine Seehandelsflagge, die zwischen zwei schmalen Streifen in Rot auf einem weißen breiten Mittelfeld einen schwarzen Adler mit weitgespannten Flügeln zeigte. Bei dem Vertrag ging es um die Gewinnung des britischen Souveräns in seiner Eigenschaft als König von Hannover für die Sache der Mittelstaaten im Deutschen Bund.[608] Doch ohne eigene Kraft zu wirklich konstruktiver Wirtschaftspolitik konnte Frankfurt die völlige Umklammerung durch den Preußisch-Deutschen Zollverein (1834) nicht verhindern und musste tatenlos zusehen, wie seine Kais verödeten. Da konnte auch die Seemacht Großbritannien nicht helfen. Doch das war noch längst nicht alles. Die Städte Offenbach, Hanau und Mainz traten – ausgebaut und

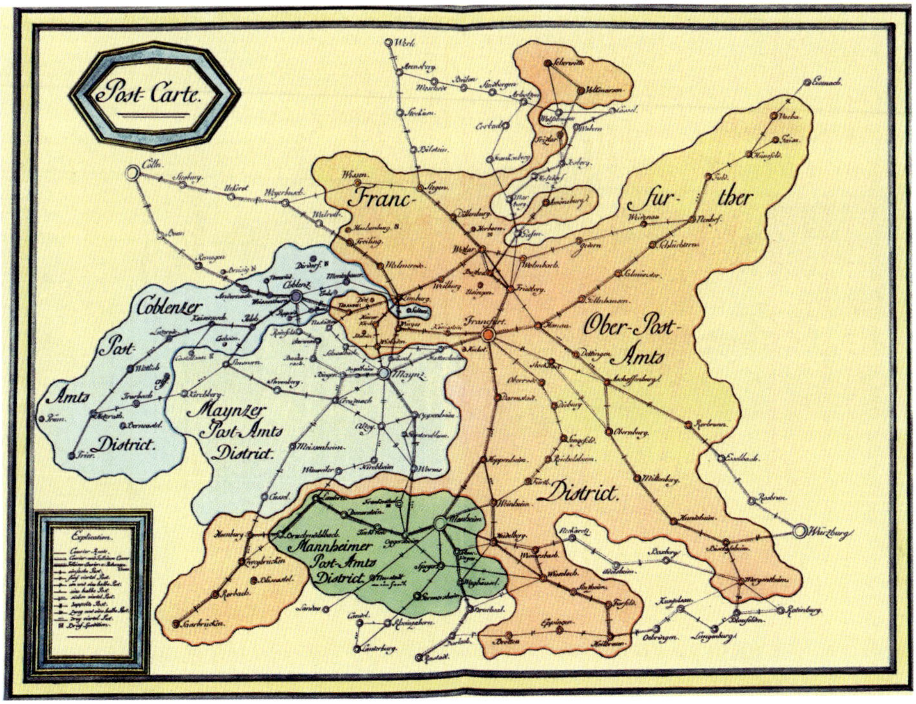

Karte der Postrouten im Oberpostamtsdistrikt Frankfurt und den Nachbardistrikten, 1793

gefördert von ihren jeweiligen Landesherren – in Konkurrenz zum Frankfurter Speditionshandel.[609]

Die Stärke desselben beruhte auf dem Flussübergang, an dem sich seit alters her Handelsrouten aus allen Himmelsrichtungen trafen. Dieses Brückenmonopol war vor der Zeit der Verkehrsrevolution des 19. Jahrhunderts von größter Bedeutung, und genau dieses Monopol griff Offenbach, das nur sechs Kilometer von Frankfurt entfernt lag und zum Großherzogtum Darmstadt gehörte, im Zuge des wirtschaftlichen Ausbaus am Beginn des 19. Jahrhunderts an. Durch den Bau mehrerer moderner Chausseen nach Sprendlingen und nach Seligenstadt sollten die Verkehrsströme an Frankfurt vorbei auf hessisches Gebiet umgeleitet werden.

In diesem Zusammenhang errichtete die großherzogliche Regierung im Jahre 1819 auch eine Schiffsbrücke über den Main, brach damit das Frankfurter Brückenprivileg, sicherte Offenbach die Verbindung zu den Routen im Norden und plante sogar einen Freihafen mit einer direkten Schiffsverbindung nach Köln. Auf diese Weise entstand an Frankfurt vorbei eine Nord-Südverbindung. Darüber hinaus wurden gleich mehrere Postkurse – so nach Aschaffenburg, Gießen und Darmstadt – eingerichtet. Als Folge konnte Frankfurt plötzlich großräumig umfahren werden.

Schiffsbrücke vor dem Offenbacher Schloss. Stahlstich von Carl Meyer um 1850

Da half auch die erfolgreiche Erneuerung der Thurn- und Taxisschen Post nicht. Nach dem Ende der Napoleonischen Kriege hatte diese noch einmal eine große Blüte erlebt. Existierten um 1806 in Deutschland noch ungefähr fünfzig verschiedene Postverwaltungen, so verpachteten nach 1815 viele Staaten, darunter Württemberg, Hohenzollern, Nassau, Hessen-Kassel und Hessen-Darmstadt, Sachsen-Weimar, Coburg-Gotha, Reuß-Greiz, Reuß-Schleiz, Sachsen-Altenburg und Reuß-Gera, ihre Post an die Fürsten von Thurn und Taxis. Dazu gehörten auch die Freien Städte Frankfurt, Bremen, Hamburg und Lübeck. Allerdings gingen den Taxis auch Postnetze verloren – wie etwa die der 1815 preußisch gewordenen linksrheinischen Gebiete, wofür die Fürsten als Entschädigung das Fürstentum Krotoschin in Posen erhielten. Wenn damit das neue Postgebiet der Taxis im Deutschen Bund nicht mehr ganz so groß war wie im alten Reich, so umfasste es immer noch mehr als ein Viertel des früheren Reichsgebietes und war mit den benachbarten Staaten Preußen, Bayern, Sachsen und Österreich-Ungarn, Frankreich, Belgien und Holland durch vorteilhafte Verträge verbunden.[610] Die Taxissche Post hatte somit die Umstrukturierung des deutschen Territorialgebiets gut überstanden und spielte bis zur Mitte des 19. Jahrhunderts eine wichtige Rolle für Frankfurts Anbindung an den europäischen Personenfernverkehr. Doch sie musste gerade in der Frankfurter Region Rücksicht auf die vielen Einzelstaaten nehmen und deren Interessen an einem Infrastrukturausbau. So bildeten sich auf der so wichtigen Nord-Süd-Achse konkurrierende Teilnetze mit neuen zentralen Knoten aus – und ein solcher Knoten wollte auch Offenbach werden.

Auf dem Boden dieser erfolgreichen Infrastrukturpolitik blühten weitreichende Pläne und für kurze Zeit bestand sogar die Hoffnung, Offenbach zu einer zentralen Handelsstadt auszubauen und dadurch Frankfurts Position zu übernehmen. Dabei knüpfte die Landesregierung in Darmstadt an alte Begehrlichkeiten an. Bereits in einem Pro memoria der fürstlichen Regierung vom 20. Januar 1768 wurde vorgeschlagen, die vorteilhafte Lage Offenbachs für den Engros-Handel zu nutzen.[611] Daran wurde in einer Art „Kriegserklärung" vom 25. Februar 1822 angeknüpft. Damals diskutierte die Handelskammer Offenbach ein Gutachten, „welches über die Bedrückungen berichtete, die die Freie Stadt Frankfurt am Main den Nachbarstädten zufügte."[612] Die Beschwerden der Handelskammer über die Behinderung des Flussverkehrs mündeten am 20. Mai 1828 in eine folgenreiche Denkschrift der Offenbacher Kaufleute und Fabrikanten zur Errichtung einer Messe in Offenbach. Nur acht Monate später wurde am 5. Februar 1829 Offenbach zur Messestadt erklärt.[613] Die provokative Politik feierte große Anfangserfolge, weil sie geschickt die Differenzen zwischen der Handelsrepublik Frankfurt und den Zollvereinsplänen der umliegenden Staaten ausnutzte. In der Zollpolitik hatte sich die alte Messestadt selbst ins Abseits manövriert, weil sie sich kompromisslos gegen Zölle aussprach.[614] Die Zollvereinsstaaten unterstützten deshalb die Offenbacher Pläne und setzten alles daran, die erste Ostermesse des Jahres 1829 zu einem vollen Erfolg werden zu lassen, was gelang. Damit hing der Offenbacher Himmel voller Geigen, denn im Rahmen des Zollvereins war „der Güterzug vom Meere bis zur Schweiz jetzt (...) möglich. Schnellposten waren von Berlin zum Bodensee eingerichtet, die in Offenbach ihren Knotenpunkt fanden". Die Stadt „war ein Messeplatz geworden" mit „wogenden Mengen von Menschen" und steigenden Warenumsätzen.[615] Das Verhältnis zu Frankfurt war im selben Zuge eisig geworden. Der Konflikt eskalierte in einem Verkehrskrieg, bei dem Frankfurt versuchte, die Straßen nach Hessen zu sperren und die Mainschifffahrt zu stören, worauf das Großherzogtum wiederum mit Retorsionszöllen antwortete und eine Erhöhung der Transitabgaben nach Frankfurt vollzog. Als Folge ging der Güterstrom nach Frankfurt zurück und immer mehr Handel wanderte nach Offenbach ab.[616] Der Triumph Offenbachs währte jedoch nur sieben Jahre. Mit dem Eintritt Frankfurts in den Zollverein im Jahre 1836 platzte der Traum von einer Zukunft als bedeutende Messestadt. Rasch stellten sich die alten Handelsbeziehungen wieder her, weil sich die Mehrheit der Zollvereinsstaaten für die Beibehaltung von Frankfurt und Leipzig als zentrale Messestädte entschied.[617]

Die Krise hatte den Frankfurter Kaufleuten und Bankiers die Fragilität ihrer Stellung im Netz der Handelsverbindungen in der Zeit der Mobilitätsrevolution nachhaltig vor Augen geführt. Zumal gerade in diesem Bereich noch andere Sorgen drückten. Denn es war nicht allein der Chausseebau und der Konflikt mit den umliegenden

Staaten um die Zollpolitik. Es kam nach dem Abschluss der Verhandlungen über die Rheinschifffahrtsrechte zwischen Holland und Preußen im Oktroi von 1831 die weitgehende Beseitigung aller Zollhindernisse auf dem Rhein hinzu, und damit die Möglichkeit, den Fluss als eine zentrale Verkehrsader für die mit Dampfbooten modernisierte Flussschifffahrt zu nutzen. Es zeichnete sich eine Verlagerung des Transportwesens vom Land auf den Fluss ab. Bereits am Anfang der dreißiger Jahre war Frankfurt durch die Abwanderung des Handels von den Landstraßen auf die Wasserwege großer Schaden entstanden. Das Frankfurter Bürgertum reagierte auf diese Entwicklung mit dem Ausbau des Hafens, senkte die Gebühren und erneuerte zwischen 1831 und 1840 die Krananlagen am Mainkai.[618] Weitergehende Versuche, sich an der Modernisierung des Schiffsverkehrs, namentlich an der Dampfschifffahrt, zu beteiligen, scheiterten jedoch an dem zu geringen Pegelstand des Mains. Hier mussten die Frankfurter Bankiers die Erfahrung machen, dass der Weg des Fortschritts durchaus keine Einbahnstraße zur Verbesserung der Zustände ist, sondern durchaus gepflastert mit Niederlagen und Verlusten. Man kann ihnen nicht den Vorwurf machen, sie hätten sich bei der Einführung der neuesten technologischen Errungenschaften im Verkehrsbereich zögerlich oder gar ablehnend verhalten. Im Gegenteil, kaum dass das erste englische Dampfschiff im Jahre 1816 in Köln angelegt

Das erste Dampfboot auf dem Main, 1827

hatte und die ersten holländischen Dampfschiffe auf dem Rhein fuhren, waren auch die Frankfurter Investoren zur Stelle. Seit 1817 bot die holländische Stromboot-Matschappiy einen regelmäßigen Dampferverkehr auf dem Niederrhein an. Ihre Erfolge veranlassten 1823 die Kölner Handelskammer, ihren Mitgliedern eine Beteiligung an der holländischen Gesellschaft zu empfehlen.

Das war die Initialzündung zur Gründung zahlreicher Dampfschifffahrtsgesellschaften am ganzen Rhein entlang und so auch in Mainz, dem wichtigsten Stapelplatz am mittleren Lauf des Stroms. An den Verhandlungen zur Gründung der Gesellschaft dort beteiligten sich sowohl Mainzer wie Straßburger Kaufleute. Die eigentliche Initiative war jedoch von einem Frankfurter Bankenkonsortium unter Führung von Staatsrat Simon Moritz von Bethmann ausgegangen. Sein Ziel war es, eine Monopolisierung der Rheinschifffahrt durch die Holländer zu verhindern.[619] Doch kaum hatten die Verhandlungen begonnen, steckten sie auch schon wieder fest. Mainz sorgte sich um seine „uralten Stapelrechte“ und stand so dem Ausbau des Hafens von Biebrich zu einem Umschlagplatz für Frankfurt skeptisch gegenüber. Dieser Widerstand passte wiederum Bethmann nicht, der als Sprecher der Freien Stadt und ihrer Interessen auftrat. Doch der Ausbau des Biebricher Hafens bildete nur einen untergeordneten Punkt in einer viel größeren Vision, nämlich der Neugestaltung des Verkehrs auf den Wasserstraßen und dem gesamten Rhein als einer der Hauptadern der Verbindung mit dem deutschen Westen und Südwesten wie mit den außerdeutschen Anliegerstaaten und schließlich auch mit Großbritannien. Verständlicherweise wollten die Frankfurter Handelskreise hier ein entscheidendes Wort mitreden. Es ging schließlich für Frankfurt um lebenswichtige Interessen, und das durfte nicht an einem kleinen Ort wie Biebrich scheitern. Nach einigem hin und her kam am 12. Dezember 1825 endlich die Gründung der Mainzer Gesellschaft mit einem Aktienkapital von einer Million Gulden zustande. Als Vertreter der Frankfurter Aktionäre saß Staatsrat von Bethmann im ersten Direktorium, als sein Vertreter war Alexander du Fay bestimmt worden. Sie hatten es gleich mit einem Konkurrenzunternehmen zu tun, das von der Darmstädter Regierung gefördert wurde. Auch deren Opposition wurde von Bethmann in schwierigen Verhandlungen aus dem Weg geräumt, so dass sich beide Gesellschaften Ende April 1826 vereinigen konnten.[620] Schließlich leitete Bethmann noch die Verhandlungen mit dem Frankfurter Senat, um eine Konzession zum Betrieb einer Schifffahrtsgesellschaft auf dem Main zu erhalten. Auch das gelang, nachdem Bethmann sich verpflichtet hatte, die Funktion des Mainzer Marktschiffs zu übernehmen. Am 9. September 1826 schlossen die Bankhäuser Gebr. Bethmann und Johann Noé du Fay einen Vertrag mit dem Frankfurter Rechneiamt und gaben dazu am gleichen Tage eine Erklärung ab, bis zum 31. Oktober 1827, an dem die Konzession des Marktschiffers Martin Dienst ablief, für jeden diesem zugefügten Schaden Ersatz zu leisten. Das führte am 17. August 1827 zur Übernahme des Marktschiffes durch Bethmann Damit schien einer Aufnahme des Schiffbetriebs nichts mehr im Wege zu stehen. Aber so zügig die Gesellschaft auch in Gang gekommen war und die verschiedenen Hindernisse aus dem Weg geräumt hatte, so schwer tat sie sich damit, für die modernen Schiffe das richtige Geschäftsfeld zu finden. Bald zeigte sich, dass die Dampfschifffahrt auf dem Niederrhein nicht die in sie gesetzte Hoffnungen erfüllte. Vor allem die Mainzer Gesellschaft fiel weit hinter die in sie gesetzten Erwartungen zurück. Das hatte verschiedene Gründe. Zum einen fanden die Aktien kaum Abnehmer. Zum anderen mangelte es an überzeugenden Geschäftsmodellen und dazu kamen bedeutende technische Probleme. Die Schiffe der Gesellschaft entsprachen in ihrer technischen Ausstattung nicht den Anforderungen der damals ja noch nicht ausgebauten Wasserstraßen. Das Strombett war keineswegs festgelegt und der Wasserstand wechselte stark je nach Flussabschnitt und Jahreszeit. Deshalb verkehrten auf dem Mittel- und Oberrhein zunächst nur Dampfboote mit einem geringen Tiefgang. Der Oberrhein konnte wegen seiner zahlreichen Untiefen im Sommer dennoch nicht befahren werden, aber der Sommer war die wichtigste Jahreszeit für einen nicht unwichtigen Geschäftszweig – die Vergnügungsreisen, vor allem für die zahlungskräftigen englischen Touristen. Auf sie richtete sich die Begehrlichkeit der ersten Dampfschiffunternehmen und vor allem für dieses Geschäftsfeld ließen sie die Boote zu Luxusschiffen für anspruchsvolle Passagiere ausbauen. Sie wurden mit eleganten Möbeln, Bibliotheken und anderen Bequemlichkeiten ausgestattet. Sie fanden damit auch raschen Anklang, ja es wurde Mode mit dem Dampfschiff auf dem Rhein zu reisen und die romantischen Schilderungen von Schriftstellern und Dichtern trugen zu dieser Mode erheblich bei. Doch hatten die Gesellschaften nicht berücksichtigt, dass es sich dabei um ein klassisches Saisongeschäft handelte. Das ergänzende ganzjährige Frachtgeschäft konnte aber mit diesen Schiffen nicht bewältigt werden, denn der geringe Tiefgang kollidierte mit den Anforderungen, eine möglichst große Menge Fracht zu befördern. So wurden dann auch zwischen Mainz und Köln in den Jahren 1828 und 1829 mit drei Booten nur 79.502 beziehungsweise 154.522 Zentner an Handelsgütern befördert; auf dem Main waren es in denselben Jahren 601 beziehungsweise 7.491 Zentner. Das war ein Bruchteil des Frankfurter Gesamtverkehrs.[621]

Die Frankfurter im Vorstand der Mainzer Gesellschaft waren sich über das Problem im Klaren und beauftragten einen Umbau der Schiffe, der Abhilfe schaffen sollten. Doch die Werft kam mit den Anforderungen von nur 20 Zoll Tiefgang nicht zurecht. Philipp Jakob Hoffmann, der Vater von Heinrich Hoffmann und Architekt, musste in seiner Eigenschaft als Inspektor für Wasser-, Weg- und Brückenbau der Freien Stadt die Schiffe einer Untersuchung unterziehen und stellte in seinem Bericht vom Mai 1829 erhebliche Sicherheitsmängel an den Maschinen fest; erst nach einer einjährigen Verzögerung konnten die Schiffe dem Betrieb übergeben werden. Doch rasch stellte sich heraus, dass die beförderten Güterlasten viel zu gering waren, damit die Gesellschaft hätte profitabel arbeiten können. Auch der Passagiertransport hielt sich in Grenzen, weil die Touristen die romantische Strecke zwischen Koblenz und Bingen bevorzugten. Schon im Jahre 1832 musste deshalb der Verkehr auf dem Untermain wieder eingestellt werden, und die Frankfurter zogen sich von der Mainzer Gesellschaft zurück. Die Modernisierung der Verkehrsverbindung zwischen Mainz und Frankfurt auf dem Main war gescheitert und zwar vor allem wegen technischer Unzulänglichkeiten und dem geringen Pegelstand des Mains.[622]

Mit dem Ausbau des Rheins und den größer werdenden Schiffen geriet Frankfurt damit in ernsthafte Gefahr, an die Peripherie der Warenströme zu geraten. Es zeigt sich an dieser Situation deutlich, weshalb eine zentrale geographische Lage noch nicht ausreichend ist, damit eine Stadt auch auf Dauer ein Handelszentrum bleibt. Aufgrund der Variabilität der Verkehrsströme und -netze musste im Gegenteil immer wieder eine aktive Innovationspolitik betrieben werden, um die einmal gewonnene Zentralstellung auch zu erhalten. Eine Randlage in Bezug auf die neuen Verkehrsströme, wie sich dies gegenüber der modernen Flussschifffahrt abzeichnete, musste entweder durch den Ausbau der Wasserstraßen, also eine Kanalisation des Mains, oder durch eine Modernisierung des Landverkehrs vermieden werden. Die bürgerliche Elite der Stadt entschied sich nach dem Scheitern der ambitionierten Dampfschifffahrtspläne für Letzteres und zog damit auch nachhaltige Konsequenzen aus dem Debakel mit Offenbach.

Bereits drei Jahre nach der erfolgreichen Eröffnung der Eisenbahn von Liverpool nach Manchester und im selben Jahr als Friedrich List seine Idee für ein großangelegtes deutsches Eisenbahnnetz entwarf, wurde in Frankfurter Zeitschriften auf die Vorteile der neuen Eisenbahnen und auf die Notwendigkeit von Investitionen hingewiesen: „Originell ist (...) das Projekt der Anlagen von Eisenbahnen in unserem zollreichen und handelsarmen deutschen Vaterlande. Welche Aussichten, welche Hoffnungen für den Aufschwung des Verkehrs! Der dornenvolle Weg der ‚Zollstraßen' wird fortan nicht mehr krumm und rauh, er wird gerade, glatt und lockend seyn, (...). Nur Geld, Geld und abermals Geld ist vor allem erforderlich; und das es hieran, Gott sey Dank, in Frankfurt noch nicht, wie anderwärts mangelt, so werden die patriotischen Kapitalisten Frankfurts wohlthun, sich so schnell als möglich bei jenem großartigen Unternehmen umfassend zu betheiligen, ja sich desselben ganz und gar zu bemächtigen. Die Sache ist so einfach und klar, daß jede nähere Entwicklung überflüssig erscheint."[623]

Trotz dieser Einsicht stellten sich einem derartigen Unternehmen zahlreiche Hindernisse in den Weg: Es mussten nicht zuletzt wegen der Kapitalbeschaffung eine Bereitschaft zur Unterstützung in der Bürgerschaft hergestellt und die politischen Voraussetzungen im Senat, der Gesetzgebenden Versammlung und der Ständigen Bürgerrepräsentation geschaffen und außerdem Verhandlungen mit den umliegenden Staaten Nassau, Hessen-Darmstadt, Kurhessen, Baden und Bayern geführt werden. Angesichts dieser Probleme ist es erstaunlich, wie schnell die Pläne in die Tat umgesetzt wurden. Die Frankfurter Kaufleute und Bankiers erkannten die Chance, die sich mit dieser technischen Innovation für den Handelsplatz bot. So erklärt sich die außerordentliche Schnelligkeit, mit der auf die neuen technischen Möglichkeiten reagiert wurde, und es waren Frankfurts vermeintlich konservative Bankiers, die als erste die Zeichen der Zeit erkannten. Im Jahre 1835 gründete ein Kreis von Bankiers mit großem Erfolg die erste Eisenbahngesellschaft.

Bei der Auslegung der Zeichnungslisten zum Erwerb der Aktien brach ein regelrechtes „Eisenbahnfieber" aus: „Menschen aller Stände drängten sich beinahe mit Lebensgefahr hinzu, und paradiren die Unterschriften von Millionärs, Banquiers, Rentiers, Handels- und Gewerbsleuten und sehr vielen anderen achtbaren Bürgern und Bürgerinnen neben den Namen von Proletariern verschiedener Art."[624] Statt der erwarteten halben wurden über 21 Millionen Gulden gezeichnet, und es kam zu einem regelrechten Kampf um die Aktien. Der nüchterne Geschäftsvorgang geriet unversehens zu einem gesellschaftlichen Ereignis: „Kaum war in der Frühe die Bekanntmachung erschienen, kaum war das Wort ‚Eisenbahnaktien' vernommen worden, als sich auch sogleich die Eisenbahnwuth einfand, eine Krankheit, deren contagiöser Charakter nicht zu bezweifeln steht, nachdem sie in wenigen Stunden nach ihrem ersten Erscheinen fast sämmtliche Einwohner schon ergriffen hatte. Der erste Andrang zum Einzeichnen geschah größtentheils von Banquiers, Kaufleuten, Privaten und Begüterten, kurz von Personen, die die gezeichneten zehntausend Gulden auch einzuzahlen vermocht hätten aus eignen Mitteln. Dann kam die Schaar der Spekulanten. Das Gedränge wurde stärker, der Kampf hitziger; man mußte nicht nur Mäntel und Oberröcke zurücklassen, sondern bald auch Fetzen von jedem Kleide. Bald kam noch die bunte Menge aller hiesigen Gewerbtreibenden dazu, und endlich viele ausgesendete Helfer und Helfershelfer, Schiebkärcher, Lehrlinge, Auslaufer, Handwerksburschen, welchen eine Prämie von 3 bis 6 Kronthalern zugesichert war, wenn sie sich durchdrängen und mit lesbarer Schrift ihren, oder einen aufgegebenen Namen in die Liste eintragen konnten."[625]

Die Gruppe der Bankiers um Bethmann, Grunelius & Cie, Johann Nicolaus du Fay, Mathias Borgnis, J. John und Mayer Amschel Rothschild & Söhne beantragte nach diesem Erfolg beim Senat ein für den Bau erforderliches Expropriationsgesetz und veranlasste Untersuchungen über die günstigste Streckenführung für eine direkte Verbindung von Frankfurt nach Wiesbaden. Während viele aufgrund der Innovation eine wirtschaftliche Blüte prognostizierten, verwies die Handelskammer in einem Gutachten auf die Folgen für den Speditionshandel, der auf Dauer durch die Eisenbahnen schwer geschädigt werden würde. Sie gab aber auch zu bedenken, wie unumgänglich es sei, die Stadt zu einem Knotenpunkt der neuen Strecken auszubauen. „Wenn man einmal heute in Paris und morgen in Wien seyn kann, wird man weder in Paris, noch in Wien den Frankfurter Kaufmann mehr als Zwischenhändler gebrauchen wollen. Unser Großhandel würde in Folge dessen nothwendig eine be-

Der Bahnhof der Taunus-Eisenbahn an der Gallusanlage um 1840

deutende Reduktion erleiden. [...], da die Eisenbahnverbindungen nun einmal doch ins Leben treten, Frankfurt zur Erhaltung seines Handels und um sich ferner die Vortheile seines Reichthums und seiner geographischen Lage zu sichern, nothwendig daran denken muß, sich in die Zeit zu schicken, und durch zeitige Anlegung von Eisenbahnen zu verhindern, daß man uns nicht statt eines halben Ei's wohl gar eine leere Schale hinwirft.“[626]

Der Senat setzte schließlich eine Eisenbahnkommission ein, die zusammen mit den Bankiers und unter reger Anteilnahme der gesamten Bürgerschaft die Realisierung der Eisenbahnpläne in die Hand nahm. Bei den Vertragsverhandlungen konnte Frankfurt die gegensätzlichen Interessen von Kurhessen, Hessen-Darmstadt und Nassau für seine Pläne ausnutzen, und vor allem konnte es auf seinen Kapitalreichtum vertrauen, ohne den ein derartiges, für die Zeit gewaltiges Projekt nicht durchzuführen war. Nach der Herstellung eines breiten politischen Konsenses in der Bürgerschaft und den erfolgreichen Vertragsverhandlungen mit den umliegenden Staaten wurde in rascher Folge der Bau der verschiedenen Strecken in Angriff genommen.

Bereits am 13. April 1840 wurde, trotz zahlreicher Auseinandersetzungen mit den benachbarten Territorialstaaten, die Taunusbahn zwischen Frankfurt, Mainz und Wiesbaden als eine der ersten acht Strecken in Deutschland eingeweiht. Damit war, wie geplant, die Grundlage geschaffen, Frankfurt zu einem der Hauptknotenpunkte des Eisenbahnverkehrs auszubauen. Das geschah um Jahre früher als im Rheinland, denn mit der Eröffnung der Main-Taunus-Bahn wurde die westliche An-

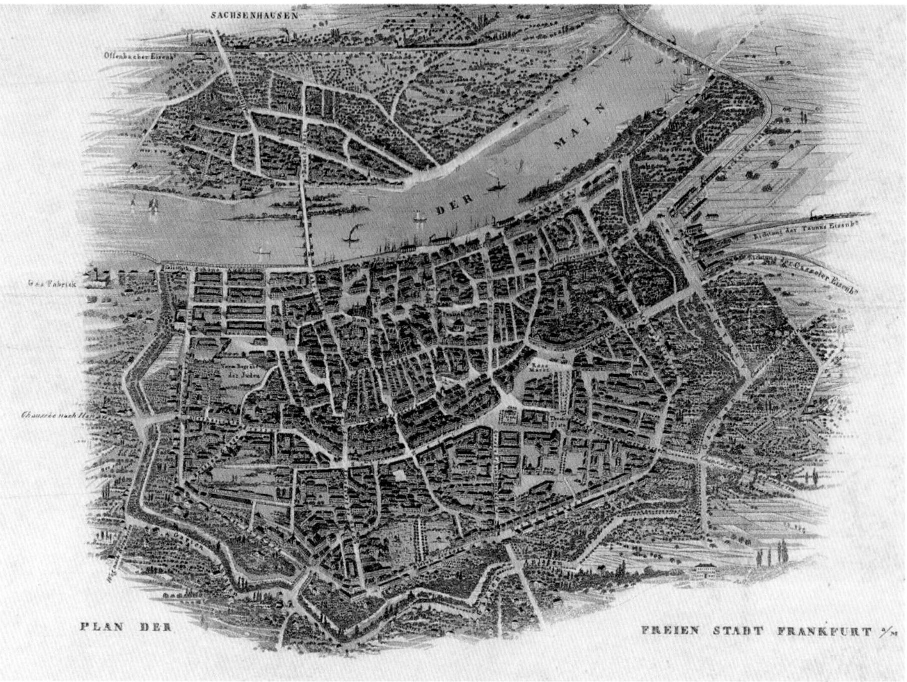

Panorama der Main-Neckar-Bahn von G. C. Lambert um 1865

bindung an das nationale Eisenbahnnetz vorbereitet. Der Bau dieser Strecke hatte fast vier Millionen Gulden verschlungen. Am 27. Juli 1846 folgte mit der Main-Neckar-Bahn die Südanbindung nach Heidelberg, und am 15. Mai 1852 wurde mit der Main-Weser-Bahn die Nordstrecke nach Kassel eröffnet.[627] Zuvor war bereits mit der über eine Aktiengesellschaft finanzierten Hanauer Bahn die Verbindung zur Ludwigsbahn nach Bayern hergestellt worden. Dazu kamen noch einige kleinere Lokalbahnen für die Erschließung der Region. Die Investitionen beliefen sich alles in allem auf über elf Millionen Gulden, die ungefähr zur Hälfte von privaten Aktiengesellschaften und zur Hälfte durch die Ausgabe von städtischen Anleihen finanziert worden waren. Statt abseits der zukünftigen Schienenstränge zu liegen, war es der Stadt gelungen, trotz massiver Widerstände seitens der hessischen Staaten, das angestrebte Ziel innerhalb weniger Jahre zu erreichen und Knotenpunkt von fünf Bahnlinien zu werden.[628] Zugleich konnte dem zunehmenden Schiffsverkehr auf dem Rhein ein Netz von attraktiven Landverbindungen entgegengesetzt werden. Der Eisenbahnbau zahlte sich für den Handelsplatz bereits in den ersten beiden Jahrzehnten aus, denn Anfang der sechziger Jahre hatte sich der Frachtverkehr zu über 80 Prozent auf die Schiene verlagert und war zwischen 1842 und 1871 von 1.650 auf 1,2 Millionen Tonnen angestiegen.[629]

In Frankfurt fand somit im gesamten Spektrum der Wirtschaft – also im Handwerk, im Bankenbereich, im Handel und in der Verkehrsinfrastruktur – eine Fülle von Modernisierungsprozessen statt. Diese unterschieden sich deutlich von dem Industrialisierungs- und Modernisierungsprozess in den Territorialstaaten. Es genügt deshalb nicht, bei der Frage der Modernisierung einfach auf die Gewerbeverfassung einer Stadt zu starren, um daraus seine Schlüsse zu ziehen, sondern man muss schon schauen, was im Rahmen einer solchen Verfassung möglich war, und vor allem wie eine solche Verfassung genutzt wurde. Das vorläufige Fazit lautet damit: Frankfurt modernisierte sich auch dort, wo seine Verfassung eigentlich am Konservativsten war. Dazu kamen umfangreiche Modernisierungsvorgänge im Bereich von Handel, Banken und Verkehr – dem Zentralbereich der Frankfurter Wirtschaft. Aber die Wirtschaft war nicht einmal das zentrale Feld der Modernisierung der bürgerlichen Gesellschaft. Viel dynamischer noch verlief sie in den anderen gesellschaftlichen Teilbereichen. Es wurde bereits auf den Wandel im Bereich der Politik eingegangen. Noch mehr aber trifft dies auf den Bereich der Öffentlichkeit zu.

7. Kulturelle Erneuerung und Aufbruch in die moderne Welt der Bürger

7.1 Freimaurer unter sich

Es gab auch noch einen dritten Bereich – nämlich die Modernisierung dessen, was wir heute als öffentlichen Raum oder Öffentlichkeit bezeichnen. Wir hatten diese Entwicklung bereits für die Zeit vor und nach der Französischen Revolution vorgestellt. Damals handelte es sich um die neuen Kaffeehäuser, das Theater, das Interesse für Kunst und Wissenschaft, allgemein Bildung, die Logen, Lesegesellschaften und die ersten Vereine. All dies wurde in der Zeit der Freien Stadt ungeheuer ausgeweitet, entfaltete eine noch größere Dynamik und durchdrang alle Bereiche der Gesellschaft. Die komplexe politische Struktur der Frankfurter Stadtrepublik ließ genügend Raum für die Entwicklung und Verbreitung neuer Formen bürgerlicher Organisation und für die Neugestaltung der bürgerlichen Lebenswelt Stadt. Nach 1800 und insbesondere nach Erlangung der Souveränität im Jahre 1816 ging man wie in fast allen größeren Städten zur Gründung von zahlreichen allgemeinen bürgerlichen Gesellschaften über. Dies machte sich zuerst in der Aufspaltung der Freimaurerbewegung bemerkbar.

Nach der Loge „Sokrates zur Standhaftigkeit" und „Zur aufgehenden Morgenröte" wurde am Ende des Jahres 1816 in der Wohnung des bereits mehrfach erwähnten katholischen Direktors der jüdischen Realschule Franz Joseph Molitor zusammen mit neun weiteren Freimaurern aus der Loge „Zur aufgehenden Morgenröte" bereits die vierte Freimaurerorganisation – die Loge „Carl zum aufgehenden Licht" – gegründet.[630] Die Gründung stand im Zusammenhang mit der Neuorientierung der jüdischen Loge, die sich im Jahre 1813 aus politischer Opportunität vom „Grande Orient de France" losgelöst und für kurze Zeit versucht hatte, unter der Protektion des Landgrafen Carl von Hessen fortzubestehen. Dieser akzeptierte zwar jüdische Mitglieder, jedoch nicht in verantwortlichen Positionen, und so brachen die selbstbewussten jüdischen Kaufleute mit dem Landgrafen und knüpften kurze Zeit später Verbindungen zur englischen Großloge.[631] Dieser Wechsel vollzog sich nicht ohne Widerspruch und führte in der Konsequenz zu Austritten und zur Gründung einer neuen Loge. Danach trat mit der Loge „Zum Frankfurter Adler" eine weitere jüdische Loge ins Leben und um 1850 spaltete sich von der Loge „Carl zum aufgehenden Licht" die Loge „Carl zum Lindenfels" ab. Das Verhältnis zwischen den alten Logen und den neuen Organisationen war von einem komplizierten Auf- und Abstiegs- sowie Umgruppierungsprozess gekennzeichnet.[632] Die Fragmentierung nahm also bedenkliche Züge an. Während das Vereinswesen seit der Gründung der Casinogesellschaft einen rasanten Aufschwung genommen hatte, entwickelte sich das Logenwesen zwar ebenfalls fort, doch Anzeichen einer größeren Krise und längeren Umstrukturierungsphase waren nach fast hundertjähriger Existenz in den zwanzi-

Georg Burkhard Kloß (1786–1854), Arzt, Mitgründer der Senckenbergischen Naturforschenden Gesellschaft, langjähriger „Meister vom Stuhl" der Loge „Zur Einigkeit" sowie Vorsteher des „Eklektischen Freimaurerbundes"

ger und dreißiger Jahren unübersehbar geworden.

Tatsächlich hatten die Freimaurerlogen mit heftigen internen Auseinandersetzungen zu kämpfen. So kam es in der Loge „Zur Einigkeit" zu heftigen Kontroversen und zunehmenden Unwillensbekundungen gegen „die streng christliche Haltung". Der Streit zog sich über Jahre hin und war von zahlreichen Austritten begleitet. Nicht weniger als 50 von 150 Mitgliedern verließen zwischen 1818 und 1828 die Loge, darunter die „besten Leute aus dem angesehenen Frankfurter Bürgertum" wie Johann Jakob Mylius, die Bankiers Johann Christian Fellner, Louis Harnier und Wilhelm Mumm oder Kaufleute wie Georg Schepeler, Georg Wilhelm Lindheimer, Alexander du Fay und Samuel Friedrich Osterrieth.[633] Mit dem Streit und den Austritten wandelte sich zugleich die Sozialstruktur dieser renommierten Loge in erheblichem Maße. „Sollen wir darin, daß die höheren Kreise sich zurückzogen, einen Rückschritt erblicken?", fragte der Freimaurer Benjamin Reges im Rückblick auf diese Zeit, um sie anschließend als Schritt zur „Egalisierung" zu interpretieren, das heißt, zur Angleichung oder besser zum Austarieren der bürgerlichen Milieus.[634]

Dominierten seit dem letzten Drittel des 18. Jahrhunderts eindeutig die Großkaufleute und gehörte es „in den vornehmen Kreisen gewissermaßen zum guten Ton, einer Loge anzugehören", so fand nun „nach und nach mehr der Mittelstand, das gediegene Bürgertum, in denselben Eingang [..]. Mittlere Geschäftsleute, Lehrer, Handwerker, mittlere Beamte waren nicht mehr ausgeschlossen, und die Standesunterschiede schwanden allmählich."[635] Im Jahre 1817 wurde – sozusagen als Vorbote dieses Trends – der erste Schullehrer in die Loge „Zur Einigkeit" aufgenommen. Rund zwei Jahrzehnte später waren es bereits fünf, gleichzeitig nahm die Zahl der Handwerker zu. Unter den 105 Mitgliedern im Jahre 1841, von denen 40 zum Handelsbürgertum gehörten, befanden sich immerhin neun Handwerker, dazu acht Ärzte, drei Pfarrer, sechs Advokaten und vier höhere Beamte. Die schwindende Bedeutung der Loge für das wohlhabende Bürgertum zeigt sich zwanzig Jahre später noch deutlicher. Unter den 81 Mitgliedern befanden sich nur noch 28 Kaufleute. Im Gegenzug war die Zahl der Handwerker auf 13 und die der akademischen Berufe sogar auf 30 angestiegen, darunter neun Lehrer, fünf Ärzte, vier Juristen und als neue Berufsgruppen – nicht weniger als zehn Künstler und zwei Ingenieure.[636]

Demgegenüber sammelten sich wohlhabende und angesehene Frankfurter Bürger nunmehr eher in der Loge „Sokrates zur Standhaftigkeit". Aus diesem Grund verzeichnete sowohl diese als auch die Loge „Carl zum aufgehenden Licht" einen beeindruckenden Mitgliederzuwachs. Wurde letztere im Jahre 1816 gerade von zehn ehemaligen christlichen Mitgliedern der Loge „Zur aufgehenden Morgenröte" ins Leben gerufen, so zählte sie nur drei Jahre später bereits 51 Freimaurer. Hinter diesen Verschiebungen standen Auseinandersetzungen um den Einflussbereich der konkurrierenden Organisationen sowie um die Ausrichtung und Struktur des zukünftigen Logenwesens. Zentral waren hierbei die Frage nach den christlichen Grundlagen des Freimaurerwesens und die Stellung zu den jüdischen Logenbrüdern. Die Situation stellte sich zwischen dem Beginn der zwanziger Jahre und dem Ende der dreißiger Jahre vollkommen verschieden dar. Anfangs standen sich die drei christlichen Logen sehr distanziert gegenüber, und Streitereien über einzelne Privilegien verhinderten eine Kooperation zwischen den Logen. Man bestritt sich gegenseitig das Recht zur Konstitution als Loge. Auch zu einer Anerkennung der im Jahre 1811 neu gegründeten Loge „Zur aufgehenden Morgenröte", die sich vom französischen Logenwesen getrennt und dem englischen angeschlossen hatte, konnten sich „Einigkeit", „Sokrates" und „Carl zum aufgehenden Licht" nicht durchringen.[637]

An der Weigerung, die jüdischen Freimaurer anzuerkennen, vermochte auch der Druck, der von der Großloge in London auf die Frankfurter Freimaurer ausgeübt wurde, nichts zu ändern. Im Gegenteil, die Loge „Sokrates zur Standhaftigkeit" machte ihrem Namen alle Ehre und beschloss die Trennung vom „Großen Orient in London", um sich ungehindert dem „Streben nach reinster Humanität in dem echten Sinn des Wortes, potenziert durch ächt religiösen Geist" hingeben zu können. Auch die Loge „Zur Einigkeit" machte „entschieden Front gegen die ‚Einmischung' des Judentums in die Freimaurerei"[638], und auch sie koppelte sich 1823 von der Großloge in England ab, obwohl sie zur gleichen Zeit immer größere organisatorische Probleme bekam, die Mitgliederzahl stagnierte und die finanziellen Belastungen immer drückender wurden.[639] Die Ausrichtung stand in Übereinstimmung mit der christlichen Erneuerung des Stadtstaats nach den Befreiungskriegen, die sowohl in den Verfassungsauseinandersetzungen, in der Gründung christlicher Vereine und der romantischen Bewegung als auch in gewaltsamer Form in der „Hep-Hep-Bewegung" zum Vorschein kam. Die judenfeindlichen Tendenzen blieben bei den Freimaurern zwar nicht unwidersprochen, wie die oben erwähnte Austrittswelle bei der Loge „Zur Einigkeit" zeigt, nichtsdestotrotz bildete insbesondere die Distanzierung von der jüdischen Loge die Basis für die Kooperation zwischen den Logen „Zur Einigkeit" und „Sokrates".[640] Trotz der seit 1827 überall in Deutschland geführten Diskussion um die Anerkennung jüdischer Logen blieben die jüdischen Freimaurer in Frankfurt somit isoliert.[641]

Aber der Reformdruck nahm in den folgenden Jahren doch erheblich zu und zwang die Loge „Zur Einigkeit", eine Erneuerung einzuleiten sowie zwischen 1834 und 1848 Schritt für Schritt die judenfeindlichen Positionen abzubauen.[642] Eine ähnliche Tendenz setzte sich in der Loge „Sokrates" durch, deren Mitglieder betonten: „Der Mensch ist der Gegenstand unserer Arbeit und der allumfassenden Liebe, die wir zu pflegen geschworen haben, unter welchen Glaubensformen und in welchem Stand er seine Kniee vor der Gottheit beugen mag."[643] So erschienen zur Feier des 25jährigen Jubiläums der Loge „Zur aufgehenden Morgenröte" neben Freimaurern aus Mainz, Alzey, Erlangen, Fürth, Cleve, Amsterdam, Lyon und „vielen besuchenden Brüdern aus dem Orient London" auch Mitglieder der Logen „Zur Einigkeit", „Sokrates zur Standhaftigkeit" und „Carl zum aufgehenden Licht". Auch bei der Einweihung des neuen Lokals der Loge im Jahre 1835 waren Vertreter der drei christlichen Logen anwesend.[644] Im Jahre 1840 bahnte sich der Durchbruch zur offiziellen Anerkennung an, als nämlich die Loge „Carl" die Bestimmung strich, „daß der besuchende Freimaurer ein Christ sein müsse".[645] Dennoch leisteten die Freimaurer dieser Loge weiterhin hinhaltenden Widerstand gegen ein Besuchsrecht jüdischer Freimaurer, weshalb der endgültige Durchbruch noch bis zum Jahr der Revolution auf sich warten ließ.

Dann aber vermerkten die Freimaurer der Morgenröte: „Das Jahr 1848 war ausgezeichnet durch liebevolle Beweise der Brüderlichkeit, die der Loge ‚Zur aufgehenden Morgenröte' zu Teil wurden. Der frische Geist der Zeit machte sich überall bemerkbar und es ging ein verheißungsvolles Frühlingsbrausen durch die Hütten, das den Winter enden sollte, der auch dort die Geister umfangen hielt."[646] Nicht minder pathetisch kommentierten die Chronisten der Loge „Sokrates zur Standhaftigkeit" die jetzt endlich erfolgte Anerkennung der beiden jüdischen Logen: „Zu den segensreichen Früchten, welche das vielbewegte Jahr aus seinem Schooß geboren hat, sind überdieß nicht nur die innigeren Beziehungen zur Schwesterloge ‚Carl zum aufgehenden Licht', sondern auch die zu den Brüdern israelitischen Bekenntnisses und insbesondere zu den Logen ‚Zur aufgehenden Morgenröte‘ und zum ‚Frankfurter Adler‘ hiesigen Orients zu zählen.“[647] Dem schloss sich kurz darauf auch die Loge „Carl zum aufgehenden Licht“ an.[648]

Insgesamt muss jedoch konstatiert werden, wie sehr die Freimaurer – einst Vordenker des egalitären Prozesses – mittlerweile den Zeittendenzen hinterherhinkten und sich mehr mit ihren eigenen verkrusteten Organisationsstrukturen beschäftigten als mit den Emanzipationsprozessen im Rahmen der bürgerlichen Gesellschaft. Dennoch gelang in einer langsamen mehrjährigen Kehrtwendung in gewissem Umfang eine Erneuerung der Bewegung, die damit auch nach einer hundertjährigen Existenz noch Bestandteil der bürgerlichen Öffentlichkeit blieb. Das dynamische Element aber war endgültig auf das den säkularisierten Bildungsidealen viel besser entsprechende Vereinswesen übergegangen. Die Vereine bildeten dann auch die flexibelsten Organisationsstrukturen der bürgerlichen Gesellschaft.

7.2 „Im Associationsgeist liegt auch die Cultur“

Einen größeren Beitrag zur Entfaltung der bürgerlichen Öffentlichkeit als die Logen leisteten die neuen Vereine, die zwischen 1810 und 1830 in rascher Abfolge mit ganz verschiedenen Zielsetzungen und Zwecken entstanden. Nachdem die Casinogesellschaft bereits ein Jahrzehnt lang bestanden hatte, erlebte nun das Vereinswesen eine erste Blüte. In Frankfurt allein wurden über ein Dutzend neuer Vereine zu den unterschiedlichsten Zwecken gegründet. Anfangs standen im Gefolge der Befreiungskriege und im Zeichen der politischen Restauration patriotische Motive im Vordergrund, und in diesem Zusammenhang spielte die von den Romantikern vorangetriebene christliche Erneuerungsbewegung auch bei den Vereinsgründungen eine wichtige Rolle. Davon sind sowohl die Gründungsstatuten der „Frankfurter Bibelgesellschaft“ von 1816 als auch die des „Vaterländischen Frauenvereins“ geprägt. In gewisser Hinsicht traf dies auch noch auf den 1819 ins Leben gerufenen „Evangelischen Missionsverein“ zu.[649] Mit geradezu entgegengesetzten Absichten wurde der ebenfalls bereits erwähnte Verein zur Beförderung der Handwerke unter den israelitischen Glaubensgenossen gegründet. Er entstand nicht als Antwort auf die zunehmende Abschottung der christlichen Bürgerschaft, sondern zur Bekräftigung der Assimilationsabsichten. Über ihn muss noch ausführlicher gesprochen werden.

Nachdem sich die politische Situation zu beruhigen begonnen hatte, rückten mehr und mehr andere Vereinstypen ins Zentrum der Gründungsaktivitäten. Der vorher abstrakte und unbestimmte Bildungsanspruch wurde zunehmend mit konkreten Inhalten gefüllt. Ein Beispiel liefert die bereits erwähnte Polytechnische Gesellschaft. Vor allem aber ist hier die Senckenbergische Naturforschende Gesellschaft zu nennen, wobei hier zusätzlich der enge Zusammenhang zum Stif-

Senckenbergisches Stift und Anatomie an der Stiftstraße um 1830

tungswesen deutlich wird. Stiftung und Verein waren im bürgerlichen Zeitalter zwei Formen für die Selbstorganisation der bürgerlichen Gesellschaft. Wie die Stiftung diente auch der Verein der Erreichung bestimmter, oftmals ganz ähnlicher Ziele im wirtschaftlichen, sozialen, politischen und kulturellen Bereich. Im Jahre 1817 hatte der Arzt Philipp Cretzschmar, Mitglied der Administration, den Gedanken, einen naturforschenden Verein zu gründen, weil die von Senckenberg hinterlassenen Einrichtungen „einen gediegenen Anhaltspunkt" für das Vorhaben bilden würden. Bereits am 22. November wurde daraufhin die Senckenbergische Naturforschende Gesellschaft gegründet und wenig später mit den Planungen für den Bau eines Naturmuseums begonnen. Im April 1818 rief der Vorstand dieser Gesellschaft die Frankfurter Bevölkerung zur finanziellen Unterstützung für den Bau des Museums auf. Tatsächlich gingen um die 8.000 Gulden an Spenden ein. Es folgte ein Vertrag mit der Dr. Senckenbergischen Stiftung über die kostenlose Überlassung eines Grundstücks in der Bleichstraße, wofür der nördliche Flügel des Stiftungshauses abgebrochen werden musste. Die Pläne fertigte Johann Friedrich Hess an und legte sie im Januar 1820 dem Bauamt vor. Die Baugenehmigung kam wenige Tage später und Ende 1821 stand der Museumsneubau der Naturforschenden Gesellschaft zur Verfügung.[650]

Im Jahre 1824 folgte die Gründung des Physikalischen Vereins, der ab 1834 ebenfalls Räume im Stiftungshaus nutzte. Zwei Jahre später siedelte sich dort auch der gerade gegründete Geographische Verein an und errichtete zusammen mit der Stiftung eine gemeinsame Bibliothek. Schließlich kamen 1845 noch der Ärztliche Verein und 1855 der Mikroskopische Verein hinzu, so dass sich bis zur Jahrhundertmitte ein ganzer Kranz von naturwissenschaftlichen Vereinen um die Stiftung gelegt hatte.[651] Damit erschöpfte sich die Ausfächerung der wissenschaftlichen Vereine noch nicht. Im Jahre 1817 wurde der Frankfurter Gelehrtenverein für deutsche Sprache begründet, und 1819 folgte noch wie berichtet die Gesellschaft für ältere deutsche Geschichtskunde, die Herausgeberin der Monumenta Germaniae Historica.[652]

Fast gleichzeitig mit den wissenschaftlichen Vereinsgründungen trat mit dem Kaufmännischen Verein von 1818 wiederum der Typus des geselligen Vereins hervor und parallel dazu entwickelten sich Gesang- und Musikvereine wie der Cäcilienverein von 1818, die Frankfurter Liedertafel und der Großmannsche Vokal- und Instrumentalverein für Kirchenmusik von 1827 oder der Liederkranz und Orpheus von 1828, die neben der Geselligkeit vor allem der musischen Ausbildung der Persönlichkeit dienten. Den krönenden Abschluss dieser ersten Vereinsgründungswelle bildete der Kunstverein von 1829.[653]

Die Bürger, die diese ersten Vereine gründeten und sich in ihnen engagierten, sind von einigem Interesse. Es waren zum größten Teil Kaufleute und Bankiers, und es fällt auf, dass sich auch die Frauen der kaufmännischen Familien engagierten. Sie stellten sogar mit fast sieben Prozent einen vergleichsweise hohen Anteil, der jedenfalls höher lag als der der Patrizier und der Handwerker, die unter den beteiligten Bürgern nicht einmal einen Anteil von fünf Prozent erreichten. Für einen Teil der Frauen öffnete sich mit den Vereinen also durchaus ein neues Stück Öffentlichkeit, das über den damals gegründeten Frauenverein hinaus vor allem die Gesangvereine einschloss. Die übrigen Vereine blieben den Frauen allerdings meist verschlossen. Die soziale Zusammensetzung der Vereine variierte auch sonst, und es fällt auf, dass sich bestimmte Bevölkerungsgruppen auf einzelne Vereine konzentrierten. Besonders sticht hervor, dass die wenigen Patrizier und Adeligen, die sich am Vereinswesen beteiligten, vor allem in der Casinogesellschaft organisiert waren, ansonsten aber kaum in Erscheinung traten.

In den Vereinen sammelte sich der agile Teil der Bürgerschaft, und nicht selten bildete das soziale und kulturelle Engagement das Sprungbrett für eine politische Karriere. Immerhin jeder Dritte der ungefähr 1.000 Bürger, die sich in dieser neuen Vereinswelt tummelten, übernahm später ein politisches Mandat.[654] Nicht zuletzt dieser Umstand zeigt, diese Vereine nahmen im Modernisierungsprozess der bürgerlichen Gesellschaft eine wichtige Stellung ein. Sie bildeten zusammen mit den Logen die organisatorische Grundlage für die Aushöhlung der ständischen Strukturen der Gesellschaft. In diesen neuen Vereinigungen fand das städtische Bürgertum zu einer neuen Grundlage. Sie bildeten ein wichtiges „Strukturelement“ für die sich beständig weiter ausformende und dynamisch zur Entfaltung drängende moderne bürgerliche Gesellschaft. Der Aufbruch in die neue Welt zeigte sich in der ersten großen Welle von Vereinsgründungen mithin viel deutlicher als auf dem Gebiet der institutionalisierten Politik.

Bis Mitte der zwanziger Jahre existierten über ein Dutzend Vereine zu den unterschiedlichsten Zwecken, und weitere zwanzig Jahre später sogar bereits über 50. Es verging kaum ein Jahr, in dem nicht ein oder zwei Vereine gegründet wurden. Dieses Vereinswesen differenzierte sich zwar ebenso aus wie das Logenwesen, aber im Unterschied zu diesem spezialisierte es sich dabei – ein Vorgang, der mit Absicht vollzogen wurde. „Unsere Zeit ist die Zeit der Association! Dieses Zugeständnis ist ihr bereits allseitig längst Zuteil geworden. Theilung der Arbeit ist ein weiterer Charakterzug unserer Zeit, und diese Theilung der Arbeit betrifft nicht blos die industriellen Erzeugnisse, sondern auch auf dem Felde der Wissenschaft hat man sie als fördernd und am meisten fruchttragend erkannt. Muß es nicht dem oberflächlichen Beobachter ganz paradox erscheinen, daß man sich für gewisse Zwecke associiert und auf der andren Seite Theilung der Arbeit als am meisten fördernd erklärt und dennoch steht Beides in dem folgerechten Zusammenhang."[655] Die zahlreichen Vereinsgründungen am Beginn des 19. Jahrhunderts und in den folgenden Jahrzehnten waren Ausdruck für die kulturelle Öffnung des Stadtbürgertums, für seine Aufgeschlossenheit gegenüber Kunst, Kultur und Wissenschaft. Dabei wurden verschiedene Seiten betont. Neben der Adaption von Kunst und Kultur gehörten auch die Verbreitung von Welterkenntnis und selbst die eigenständige Forschung dazu. Insbesondere differenzierte sich das Vereinswesen im Kunstbereich aus, gerade dort nahmen das „Dilettieren" und die praktische Anteilnahme an den unterschiedlichen Kunstsparten zu. Dafür finden sich viele Beispiele, bei denen immer wieder die Grenzen zwischen der Vereinswelt und anderen Formen der Selbstorganisation im Bildungs- und Kulturbereich überschritten wurden.

7.3 Kultur und Bildung für weite Kreise des Bürgertums

In den Bereich dieser Aktivitäten gehörten auch die bereits 1817 gegründete Städelstiftung und ein privates Kunstmuseum der Familie Bethmann – das Ariadneum. Die Städelstiftung stand in der Tradition der privaten Sammlungen von Kunstwerken und – damit verbunden – der Förderung der Künstler. Das hatte in Frankfurt am Main Tradition. Man kennt Goethes Schilderung vom Atelier im Goethehaus in „Dichtung und Wahrheit", wo der Frankfurter Stadtkommandant Graf Thoranc arbeiten ließ. Weiterhin hatte damals der Kaufmann Johann Noé Gogel in seinem Haus zur Goldenen Kette am Rossmarkt eine Privatgalerie von nicht weniger als 400 Gemälden zusammengetragen, die auch der Öffentlichkeit zugänglich war.

Die Sammlung Städels war zwar weniger umfangreich und bestand aus meist kleinformatigen Bildern, da der ebenso sparsame wie kunstsinnige Bankier, der immerhin ein Kapitalvermögen von 1,1 Millionen Gulden hinterließ, für keine Akquisition mehr als 300 Gulden bezahlen wollte. Aber schon Goethe sprach voller Bewunderung von der Städelschen Sammlung und der Absicht des zurückgezogen lebenden Junggesellen, seine Kunstwerke und sein Vermögen in eine Stiftung einzubringen, die vor allem der Kunsterziehung dienen sollte.[656] So entstanden nach einigen Geburtswehen, da die Erben das Testament anfochten und aus der Erbmasse befriedigt werden mussten, aus dem Frankfurter Stiftergeist eine der führenden Galerien Europas und die Städelschule. An der 1829 eröffneten Akademie, die für die Entwicklung der Frankfurter Malerei des 19. Jahrhunderts – zuerst der Nazarener, dann der Kronberger – Bedeutendes leistete, wirkten so angesehene Künstler wie Philipp Velt, Edward von Steinle und Moritz von Schwind. Ein weiter Kreis Frankfurter Mäzene gab die thematischen Anregungen und die finanziellen Mittel nicht nur für diese und andere Künstler, sondern auch für Auswärtige wie Bertel Thorvaldsen, Wilhelm Busch und den Vorläufer des französischen Impressionismus Gustave Courbet, der 1858 zwölf Bilder in Frankfurt malte.

Auch das Bethmannsche Museum unternahm seit 1812 den didaktischen Versuch, den bürgerlichen Kunstverstand durch ein interessantes Angebot zu fördern. Um die Anziehungskraft seiner Antikensammlung zu erhöhen, erwarb Simon Moritz von Bethmann – im Übrigen in Konkurrenz zum König von Württemberg – von dem

Der Bankier und Mäzen Simon Moritz von Bethmann erwarb 1810 eine Marmorskulptur „Ariadne auf dem Panther“ des Stuttgarter Bildhauers Johann Heinrich Dannecker und stellte sie ab 1816 im eigens errichteten „Ariadneum“ aus, dem ersten öffentlichen Frankfurter Museum.

Bildhauer Johann Heinrich von Dannecker in Stuttgart dessen „Ariadne auf dem Panther". Wie die noch erhaltenen Besucherbücher sowie zahlreiche briefliche und literarische Äußerungen festhielten, hatte der Bankier seine Absicht vollkommen erreicht.[657] Zehntausende von Museumsbesuchern brachten aber nicht nur seinen Namen und damit den des Bankhauses in aller Munde, sondern auch den der Stadt, die ein solches Kunstwerk im Zeitgeschmack zu bieten hatte.

Dazu kam als zweites Feld der künstlerischen Aktivitäten die Theater Aktiengesellschaft, die von 1792 bis 1842 das Theater führte und zu deren Mitgliedern die wohlhabendsten Handelsbürgerfamilien zählten. Der erste Vertrag war auf zehn Jahre geschlossen worden. Der Direktion, der mit Dr. Johann Georg Grambs, einem Freund Johann Friedrich Städels, und Simon Moritz Bethmann sowie Johann Jacob Willemer drei angesehene Bürger angehörten, war es gelungen, den Vertrag auf weitere zehn Jahre zu verlängern, nachdem Differenzen mit dem Senat wegen der Spielzeit in der „Charwoche" ausgeräumt worden waren.[658] Es herrschte in „künstlerischer Beziehung" allgemeine Zufriedenheit und ebenso wurde das Theater den „materiellen Anforderungen [...] trotz schwieriger Kriegszeiten stets völlig gerecht". In den zwanziger Jahren jedoch geriet es in die Krise. „Leider entspricht der neueste Zustand der Bühnen nicht ganz den schönen Erinnerungen aus ihrer frühen Jugendzeit", bekannte beispielsweise Anton Kirchner, und die Kritiker bedauerten den „verarmten Geist des Publikums", seinen Hang zu „Staberliaden" und „Lärmstücken". „Hexen und Geister, Furien und Teufel müssen auf Drahtschwingen über die Bretter ziehen". Dafür wurde nicht nur ein „verwickeltes Maschinenwesen" benötigt, sondern der gewachsene Theaterapparat – die Dekorationen, Garderobestücke, Möbel und zahlreichen anderen Utensilien – führte zu einer immer drückenderen Raumnot.[659]

Aus diesem Grund ergriff die Theater AG die Initiative, bildete ein „Comité", dem die beiden Bankiers Jacob Philipp Leerse und Simon Moritz von Bethmann, die Kaufleute Georg Brentano, Wilhelm Mumm und Bernhard Andreae sowie der Verleger Friedrich Wilmans angehörten, und schlugen vor, aus eigenen Mitteln die geschätzten Kosten von 107.000 Gulden für einen Erweiterungsbau des Theaters aufzubringen, wenn ihnen dafür die Miete von 4.000 Gulden im Jahr für das der Stadt gehörende Theater auf 30 Jahre erlassen würde. Die mehrjährigen Verhandlungen blieben bis kurz vor dem Auslaufen des Nutzungsvertrags ohne Erfolg. Erst nach einem Vorschlag des Stadtbaumeisters Johann Friedrich Hess und des Architekten Friedrich Rumpf, das Schauspielhaus für 90.000 Gulden umzubauen, konnte im Jahre 1827 mit den Erneuerungsarbeiten begonnen werden.[660] Bereits am 20. Juni 1827 wurde das Theater wieder eröffnet. Zu dieser Zeit gastierte Henriette Sontag, „kgl. preuß. Kammersängerin aus Berlin, der vergötterte Liebling aller dt. Kunstfreunde", in Frankfurt.[661] Alles in allem fiel die Bilanz positiv aus, denn mit der Theater Aktiengesellschaft von 1792 war es gelungen, „daß Frankfurt ohne irgend welche städtische Beihülfe durch fünfzig Jahre ein gutes Theater besaß, und [die Theater AG] ermattete selbst dann nicht in ihren Anstrengungen und Zuschüssen als ihr die Stadt als Eigenthümerin des Theater Gebäudes durch Einspruch gegen vergrößernden Umbau des Zuschauerraums fast jede Aussicht auf Wiedereröffnung der in so reichem Maße durch bange Jahre gebrachte Opfer benahm".[662]

Aber nicht nur in der Schauspielkunst ergriff das Stadtbürgertum die Initiative, dies galt ebenso für die bildende Kunst. Den Typ des Kunstvereins bestimmte ursprünglich eher die Museumsgesellschaft, die noch den Anspruch erhob, alle Sparten der Kunst abzudecken, sich in den folgenden Jahrzehnten jedoch immer mehr auf Musikvorstellungen spezialisieren sollte. Demgegenüber verfolgte der 1829 gegründete Kunstverein einzig und allein den Zweck, die bildende Kunst zu fördern. Dahinter stand die Idee, durch Vereinigung die Herausbildung eines Kunstmarkts mit bürgerlichen, das heißt, unabhängigen und freischaffenden Künstlern zu fördern, und damit den Einfluss der Höfe und des fürstlichen Mäzenatentums auf die Kunst zurückzudrängen.[663]

Die Initiatoren für das Projekt eines Kunstvereins wollten dafür sorgen, „daß die bildende Kunst ihre hohe Bestimmung, die sittliche und geistige Vervollkommnung des menschlichen Geschlechts zu fördern, würdig erfülle", sie wollten also Bedingungen schaffen, damit „der Maler, der Bildhauer [..] freudig und sorgenfrei in seiner stillen Werkstatt [arbeite]; er braucht keinem Mäcen zu schmeicheln, keinem Krösus Weihrauch zu streuen; seine äußere, und was noch wichtiger, seine innere Unabhängigkeit ist ihm gesichert; er bringt Schönes hervor, und sein Verdienst wird anerkannt werden."[664] Die materiellen Voraussetzungen, um die Stadt zu einem Zentrum der Kunst zu entwickeln, sahen die Förderer eines derartigen Vereins in Frankfurt durchaus gegeben. Von Vorteil seien die zentrale Lage, ein nicht zu teures Leben, das bereits vorhandene Städelsche Kunstinstitut und vor allem die Wohlhabenheit der Bewohner. Es müsse nur noch deren Gewohnheit, ihr Geld in unnötigem Luxus zu verschwenden, geändert werden, damit „für die Ausbildung des Geistes und Milderung der Sitten gesorgt" werden könne.[665]

Dazu bedurfte es „eines gemeinsamen Zusammenwirkens". So wurde nach den Kunstvereinen in Karlsruhe, Bremen, München und Stuttgart, die zwischen 1818 und 1827 gegründet wurden, im Jahre 1829 der Frankfurter Kunstverein ins Leben gerufen. Zu den Gründern gehörten der Bürgermeister und Förderer der romantischen Bewegung Johann Georg Thomas, die Maler Johann David Passavant und Gottfried Malß, die Kaufleute Alexander Bernus und Joseph Anton Forsboom-Goldner, alles in allem vom „warmen Gefühl der Kunst beseelte Männer".[666] Ihre Initiative hatte Erfolg. Bereits nach einem Jahr gehörten dem Verein über 500 Mitglieder an, und im Jahre 1842 waren es sogar allein in Frankfurt mehr als 700. Statuarisch setzten sie sich dafür ein, nicht nur, wie üblich, Verlosungen zu veranstalten, sondern „die höhere Beziehung, worin die Kunst zu dem öffentlichen Raum steht", zu berücksichtigen, ja sogar ins Zentrum der Aktivitäten zu rücken. „Diese Richtung der Kunst auf das Öffentliche ist das wichtigste für die Kunst selbst, weil sie hier ihre höchsten und wichtigsten Aufgaben und den freiesten Spielraum für umfassende großartige Darstellung findet.“[667] Was war damit gemeint? Es handelte sich ausdrücklich nicht nur um Aktivitäten wie das Aufkaufen und Verlosen von Gemälden oder plastischen Werken, in deren Zusammenhang zwischen 1830 und 1854 der Verein Kunstgegenstände im Wert von 100.000 Gulden transferierte.[668] Am besten kam die Idee von der „Kunst im öffentlichen Raum“ bei den ersten Projekten des Vereins selbst zum Ausdruck.

Der Vereinsvorstand unterstützte beispielsweise in den Jahren 1840 und 1841 Philipp Veit bei seiner Arbeit an den beiden Freskogemälden der Germania und Italia und bei seiner Idee, dem Kaisersaal im Römer mit neuen Bildnissen der deutschen Kaiser „eine würdige Form zu verleihen“.[669] Diese Idee wurde in Deutschland im Zusammenhang mit dem Aufschwung der nationalen Bewegung begeistert aufgenommen, und so beteiligten sich mehr als ein Dutzend Künstler an diesem Gesamtkunstwerk, das bis 1852 vollendet war. Auch bei den anderen vom Kunstverein unterstützten Projekten handelte es sich in erster Linie um Denkmäler, die zugleich zur Symbolik der bürgerlich-demokratischen Bewegung des Vormärz gehörten. Das traf auf das im Jahre 1840 für die Säkularfeier der Buchdruckkunst von Eduard von der Launitz geschaffene, provisorische Gutenbergdenkmal, das erst 1858 – wieder mit Unterstützung des Kunstvereins – in Bronze gegossen werden konnte, genauso zu wie auf das zwischen 1838 und 1840 geschaffene Goethedenkmal von Schwanthaler. Beide, Gutenberg und Goethe, galten als Heroen des bürgerlichen Fortschritts im technisch-künstlerischen wie im allgemein kulturellen Sinne. Die Einweihungsfeiern beider Denkmäler gerieten zu Demonstrationen des bürgerlich-liberalen Selbstbewusstseins. Diese wenigen Beispiele zeigen insofern, wie eng der Zusammenhang zwischen der seit dem Ende des 18. Jahrhunderts anhaltenden Bildungsbewegung, deren Impulse von der Vereinsbewegung weitergetragen worden waren, der politischen Aufbruchsbewegung der Liberalen und der Kunst im Vormärz noch war. Sie zeigen auch, dass unter Kunst in der Öffentlichkeit mehr verstanden wurde als die Verschönerung der Parkanlagen oder städtischer Plätze. Die Kunst sollte das gewachsene bürgerliche Selbstvertrauen öffentlich zur Schau stellen. Sie war insofern auch keine „l’art pour l’art“, sondern eingebunden in das politische und kulturelle Konzept der bürgerlichen Gesellschaft.

Damit war aber im Zusammenhang mit dem Vereinswesen der Bereich künstlerischer Aktivitäten noch nicht erschöpft. Im Musikbereich existierten in den vierziger Jahren mehr als zehn Vereine. Neben der Museumsgesellschaft waren bereits im Jahre 1818 der Cäcilienverein, neun Jahre später die Liedertafel und 1828 der Liederkranz gegründet worden. In rascher Abfolge kam es zu weiteren Vereinsgründungen. Gerade den Musik- und Gesangvereinen wurde dem, was die Initiatoren des

Kunstvereins „Milderung der Sitten" nannten, eine bedeutende Rolle zugedacht: „Der Geist dieser Corporationen ist durchgängig der Art, daß sie den gewöhnlichen Gemeinheiten entgegenarbeiten und besonders Raufbolde aus ihren Genossenschaften verbannen. Der Sinn für das Schöne und Gute wird geweckt, während zugleich neben demselben Freundschaft und Menschenliebe ihre Wirkungskreise erweitern."[670] Waren zu Beginn des 19. Jahrhunderts in den Gesangvereinen noch die wohlhabenden Kaufleute dominant, obwohl nicht mehr nach Herkunft und Stand unterschieden werden sollte, so wandelte sich der Charakter vieler Vereine in den dreißiger Jahren durch die Teilnahme von Bürgern der mittleren Schichten. Dies stand im Zusammenhang mit der Herausbildung der Männerchöre und entsprach ganz den Tendenzen im Logenwesen und bei den Kirchenvorständen.[671]

Diese Entwicklung lässt sich an den Frankfurter Vereinen nachvollziehen. Bereits 1805 existierte ein Männerchor von Heinrich Düring, der selbst Mitglied im Theaterorchester und Organist der deutsch-reformierten Gemeinde gewesen war.[672] Außerdem trat er der Loge „Sokrates zur Standhaftigkeit" bei. Aus seinem Verein ging nach einer Initiative des Dirigenten Johann Nepomuk Schelble und Marianne von Willemers, deren Vater sich bereits bei der Theater AG engagiert hatte, im Jahre 1818 die erste größere Singgemeinschaft, der Cäcilienverein, hervor, den zeitweise Felix Mendelssohn-Bartholdy leitete. Dieser Verein war damit nach ähnlichen Initiativen in Berlin, Leipzig, Stettin, Münster, Dresden und Potsdam eine der ganz frühen Gesangvereinsgründungen in Deutschland.[673] Ziel war es, „die religiösen Meisterwerke von Bach, Händel etc. zu üben und zur möglichst vollendeten Ausführung zu bringen".[674] In dieser Hinsicht galt der Verein bald als einer der „vorzüglichsten seiner Art in Deutschland".[675]

Einen ähnlichen Zug zur Professionalität verfolgte anfangs auch die Museumsgesellschaft. Die ursprünglich vorgesehene aktive Mitarbeit in den drei Klassen wurde jedoch zunehmend als lästig empfunden, und der „Eifer erlahmte immer mehr". Dafür hatten die Konzerte im besten Saal der Stadt, im Weidenbusch, großen Erfolg. Bis 1840 wurde schließlich der Wandel von „der Gelehrtenvereinigung zum ausgeprägten Konzertunternehmen" und vom „Platz des geistigen Austausches zum gesellschaftlichen Sammelpunkt" endgültig vollzogen.[676] Nach der Errichtung des Saalbaus im Jahre 1861 verfügte diese Konzertagentur zusammen mit den anderen Musikvereinen über einen der besten Konzertsäle in Europa, und es gastierte dort alles, was in der Musik- und Gesangskunst Rang und Namen hatte.[677]

Einen etwas anderen Charakter hatte die fast zehn Jahre nach dem Cäcilienverein gegründete „Liedertafel", die ebenfalls von Schelble angeregt worden war, um dem Trend nach Geselligkeit stärker zu entsprechen.[678] Der Verein schlief bald ein und hatte um 1846 nur noch 46 Mitglieder. Aus den Resten des Düringschen Gesangvereins entstand im Jahre 1829 der „Liederkranz", dem bis 1838 immerhin 140 Mitglieder beigetreten waren.

Bis 1847 entstand neben der „Liedertafel" und dem „Liederkranz" ein halbes Dutzend weiterer Musikvereine, deren Haupttendenz, wie ein Zeitgenosse bemerkte, „aber mehr die gesellige Unterhaltung als die Ausbildung der Gesangskunst" war.[679] Die Gesangsbewegung bildete einen Teil der vormärzlichen Aufbruchsbewegung. Viele Mitglieder setzten sich beispielsweise im Jahre 1831 für die nach dem gescheiterten Aufstand durch Deutschland ziehenden Polen ein. Großes Aufsehen erregten die Frankfurter Gesangvereine, insbesondere die Mitglieder des Liederkranzes, mit der Organisation des ersten deutschen Sängerfestes im Jahre 1838, das mit dem Medium des Gesangs einen Beitrag für die Einheit und Freiheit des Vaterlandes leisten wollte. Genau aus diesem Anlass verbot der Senat das Tragen der Trikolore und traf umfangreiche Maßnahmen, um spontane Kundgebungen zu verhindern. Dennoch nutzten die Demokraten und Liberalen die Veranstaltung zur Bekundung ihrer Ziele. Bereits das aus Anlass des Festes herausgegebene Schmuckblatt war in seiner Symbolik voller Anspielungen auf die politischen Ideale.[680] Wie die Mitglieder des Kunstvereins mit ihrem Konzept von der Kunst im öffentlichen Raum den Idealen des bürgerlichen Selbstverständnisses Denkmäler errichteten, so wollten auch die Mitglieder des Liederkranzes aus Anlass des Sängerfestes eine bleibende Erinnerung schaffen und gründeten aus dem Ertrag des Festes die Mozart-Stiftung mit dem Zweck, „musikalische Talente während ihrer Ausbildung in der Tonkunst zu unterstützen".[681]

Nach Musik und Kunst ist die Wissenschaft als weiterer Zweck zahlreicher Vereinsgründungen zu nennen, deren Anfänge bereits erwähnt wurden. Für die Pflege wissenschaftlicher Unternehmen in Frankfurt spricht das Lob, das Bremens Bundestagsgesandter Johann Smidt 1823 der Stadt gezollt hat: Das wissenschaftliche Leben in Frankfurt sei sehr viel reger geworden.[682] Junge, teilweise bedeutende Gelehrte wetteiferten miteinander, und wenn sie sich mit dem Frankfurter Reichtum verbänden, könne Frankfurt sich auch kulturell zur Hauptstadt Deutschlands erheben. Die Anfänge waren vielversprechend. Tatsächlich spielten die zahlreichen natur- und geisteswissenschaftlichen Vereine eine besondere Rolle. Sie verweisen darauf, dass sich der Bildungsgedanke neben der praktischen Betätigung auf dem Feld der Kunst auch auf anderen Gebieten konkretisierte. Der Anspruch, sich an der Sammlung von Wissen aktiv zu beteiligen, modifizierte das System der Frankfurter Vereine erheblich. Nach der Gründung der Polytechnischen Gesellschaft im Jahre 1816 und in den folgenden Jahren der Senckenbergischen Naturforschenden Gesellschaft, des Gelehrtenvereins und des Physikalischen Vereins kamen im Jahre 1836 der Verein für Geographie und Statistik, 1837 die Gesellschaft für Frankfurts Geschichte und Kunst und 1845 der Ärztliche Verein hinzu. Sie entsprangen verschiedenen Wurzeln. Zum einen verknüpften sich, insbesondere bei der Senckenbergischen Naturforschenden Gesellschaft und beim Physikalischen Verein, der ursprüngliche Bildungswunsch und das Interesse am wissenschaftlichen Gedankenaustausch mit privater Sammelleidenschaft, die sich nicht nur auf Gemälde und Plastiken erstreckte, sondern von Pflanzen, Insekten und Schmetterlingen über Vögel und andere Tieren bis hin zum technischen Gerät reichte. Das war nicht unbedingt neu, eine Pflanzen- und Mineraliensammlung besaß etwa schon Johann Christian Senckenberg; doch nun sollten sie der Öffentlichkeit und damit der bürgerlichen Gesellschaft zugänglich gemacht werden. Genau diesem Grund entsprachen die Zielsetzungen der Senckenbergischen Naturforschenden Gesellschaft: „Die Hauptabsicht, welche erwähnte Gesellschaft sich hiermit vorgesetzt hat, zielt auf die Beförderung des öffentlichen Unterrichts in allen Zweigen der Naturbeschreibung. Demnach soll das Naturalienkabinett für das Gymnasium, für sämmtliche Schulen und Privat-Institute, für das gesammte Publikum aber zu bestimmten Fristen zugänglich sein."[683] Damit grenzte sich der Verein mit dem seit 1820 geplanten Museum eindeutig von der Exklusivität der höfischen Wunderkabinette ab, machte seine Sammlungen der Öffentlichkeit zugänglich und schuf auch für die wissenschaftliche Grundlagenforschung Raum – nicht zuletzt, weil in der Natur viele verborgene Kräfte vermutet wurden, Kräfte, die für die wirtschaftliche Produktion nutzbar gemacht werden könnten. „Immer auf doppelte Weise wird durch die Naturkunde Befreiung des menschlichen Geschlechts befördert, durch die Aufklärung des Geistes über die Naturkräfte und durch ökonomischen Gebrauch derselben [...]. Das Kraftgefühl wurde gestärkt durch die Herrschaft über die ungeheuren Gewalten der Natur. Zugleich aber begründete die Naturkunde einen neuen Handel, Industrie aller Art und in ihrem Gefolge den Wohlstand der Völker. Der Weltverkehr, das Reisen trugen mehr als kriegerische Siege oder geistige Spekulationen zur wahren Aufklärung und zum Freiheitswunsch der Völker bei."[684] Im letzten Satz dieses Zitats wurde eine weitere Quelle für die Vielfalt der Vereine in diesem Bereich angesprochen: der Wunsch nach Weltkenntnis der Kaufleute, der mit der Gründung des Geographischen Vereins verwirklicht wurde.

Der erste Aufruf zu dessen Gründung erfolgte durch den Buchhändler und Verleger von Reliefkarten zu Nassau und Frankfurt, August Ravenstein. Er regte – wohl nicht ganz uneigennützig – die Anschaffung von in der Stadtbibliothek fast gänzlich fehlenden geographischen Werken an. Kurz darauf schlossen sich „Gelehrte, Kaufleute und Verkehrsmänner" zusammen, worunter sich Georg Ludwig Kriegk, einer der führenden Stadthistoriker des 19. Jahrhunderts, der Liberale Heinrich Meidinger, die jüdischen, katholischen und reformierten Kaufleute Moritz Getz, August de Bary, Alexander Bernus, Joseph Bolongaro und Karl Brönner befanden. Beim ersten Vortrag, der bei dem neuen Verein gehalten wurde, standen die Vereinsziele im Vordergrund. Bei dieser Gelegenheit stellte Georg Ludwig Kriegk eine Verbindung zwischen den Wissenschaften und den Interessen der Kaufleute her: „Durch die Handelsgeographie aber oder die besondere Beziehung unserer Wissenschaft auf die nachzuweisende Begründung des kommerziellen und industriellen Lebens in Naturverhältnissen, auf die Vertheilung der Produkte, auf Straßen- und Kanalsysteme und Anderes kann unser Verein in die Hauptthätigkeit des praktischen Lebens dieser Stadt fördernd eingreifen."[685]

Bildungsbürgertum und Handelsbürgertum zogen an einem Strang, denn ein „zahlreich und gebildeter Handelsstand, der in dem Erwerb geographischer Kenntnisse nur seine merkantilistischen Unternehmungen unterstützt sehe, würde gewiß nicht fehlen".[686] Darauf hatte der Verein sich aber nicht beschränkt. Er leistete später einen wichtigen Beitrag zur Fundierung der statistischen Wissenschaften in der Stadt und richtete zu diesem Zweck eine spezielle Sektion ein. Diese gründete in den dreißiger Jahren eine besondere Zeitschrift, die „Beiträge zur Statistik der freien Stadt", um unter den verschiedensten Gesichtspunkten Zahlenmaterial zusammenzutragen. Diese Sektion des Vereins und die von ihr herausgegebene Zeitschrift bildeten wiederum die Grundlage für das statistische Amt der Stadt.[687]

7.4 Ein erster Blick auf die Geschichte der Stadt

Als dritte Wurzel für Vereinsgründungen kann noch der Wunsch des Bürgertums nach Verständigung über die eigene Tradition erwähnt werden. Dies kam in der Konstituierung verschiedener Geschichts- und Altertumsvereine zum Ausdruck.[688] Hierauf lohnt es sich, etwas ausführlicher einzugehen. In den zwanziger Jahren des vorigen Jahrhunderts trat in Frankfurt am Main eine Gruppe von Bürgern zusammen, welche es als Zweck ihrer Bemühungen ansahen, „die Geschichte ihres Vaterlandes aus den Quellen herzuleiten" und diese bekannt zu machen. Sie bewegte zweierlei. Zum einen war es das Wissen um zahlreiche noch unbeschriebene und nicht ausgewertete historische Quellen, die Licht in das Dunkel der Vorzeit werfen könnten. Zum anderen war es die Gefahr der endgültigen Vernichtung, in der diese Überlieferung beständig stehen würde. Einer der Teilnehmer, Johann Carl von Fichard genannt Baur von Eyseneck, Frankfurter Bürger, Patrizier und Schöffe im Senat der Stadt, schrieb wenig später in einem Aufruf: „In Zeiten des Krieges, wo die Stimme der Wissenschaft schweigt und nur das Schwerdt herrscht, sind Archive zahlreichen Gefahren ausgesetzt, dem Feinde und der Flamme preisgegeben, oder durch Gelangen in die Hände unwissender, gegen ihren Werth gleichgültiger Uebernehmer vielleicht noch mehr gefährdet; – eine Wahrheit, welche jede Kriegsepoche Teutschlands durch so manche Beispiele erwiesen hat. Die Jahre des Friedens müssen nun desto kräftiger benutzt werden, um durch die Bekanntmachung dieser Materialien der Nachwelt die Geschichte der früheren Tage zu erhalten."[689]

Die Beteiligten leiteten damit die Diskussion um eine intensivere Beschäftigung mit der Vergangenheit der Stadt Frankfurt ein, die allerdings erst in den späten dreißiger Jahren zu einer festen Organisation, der „Gesellschaft für Frankfurts Geschichte und Kunst", führte.[690] Die Initiative war personell wie konzeptio-

Johann Carl Friedrich Fichard (1773–1829), Historiker und Genealoge. Gemälde von Johann Carl Rößler

nell mit der Gesellschaft für ältere deutsche Geschichtskunde verbunden, die wenige Jahre zuvor in Frankfurt gegründet worden war.[691] Alle zusammen gründeten dann die Gesellschaft für ältere Geschichtskunde mit dem Zweck, ein kulturelles Nationalwerk zu schaffen.

Diese Gesellschaft bemühte sich – darauf wurde bereits im Zusammenhang mit der Frankfurter Schule der Romantik hingewiesen – um die Erfassung der Urkunden des deutschen Mittelalters, was sich zum Projekt der Monumenta Germaniae Historica verdichtete. An dieser Gründungsversammlung hatten neben dem Senator Niklas Vogt fünf weitere Frankfurter teilgenommen. Dabei handelte es sich um den Kanonikus der St. Bartholomäus Kirche Johann Georg Batton, den eingangs zitierten Johann Carl von Fichard, den Altphilologen und Keilschriftforscher Georg Friedrich Grotefend, den bereits mehrfach erwähnten Arzt und Freimaurer Georg Franz Burkhard Kloss, Meister vom Stuhl der Loge Einigkeit, und den Direktor des Frankfurter Gymnasiums Friedrich Christian Matthiae.[692] Aus diesem Kreis begeisterte sich insbesondere der Patrizier Fichard für das Konzept der Erschließung von mittelalterlichen Urkunden und nutzte seinen politischen Einfluss in Frankfurt dazu aus, nicht nur die notwendigen institutionellen Voraussetzungen dafür zu schaffen, sondern sie auch in Frankfurt zu konzentrieren.

Die Gelegenheit bot sich ihm mit dem Vermächtnis des Verlegers Johann Karl Brönner, der Zeit seines Lebens nicht nur die Senckenberg-Stiftung tatkräftig unterstützt, sondern im Jahre 1812 auch der Stadt 25.000 Gulden in Aussicht gestellt hatte, die als Anfangskapital für den Bau der Stadtbibliothek verwendet werden sollten. Die Stadtbibliothek wurde nach anfänglichem Zögern tatsächlich zwischen 1820 und 1824 nach den Plänen von Johann Friedrich Hess errichtet.[693] Mit der Bibliothek wurden auch neue Stellen geschaffen, und eine davon war die des Stadtarchivars, um die sich der zurückhaltende Gelehrte Johann Friedrich Böhmer bewarb. Fichard hatte Böhmer bereits im Jahr zuvor in den engeren Kreis der Frankfurter Gesellschaftsmitglieder eingeführt und ihn mit der eigentlich ihm zugewiesenen Aufgabe der Urkundenbearbeitung beauftragt.

Böhmer gehörte wie die Senatoren Fichard, Vogt und auch Johann Christian Gerhard Thomas sowie der Dichter Clemens Brentano und die Maler Johann David Passavant und Philipp Veit zum engeren Kreis der Romantiker in Frankfurt. Gleichzeitig prädestinierte ihn seine Introvertiertheit und Arbeitsamkeit zum Bearbeiter historischer Quellen.[694] Der Patrizier Fichard und der Freiherr von Stein unterstützten Böhmers Bewerbung, die knapp gelang. Damit war eine Stelle besetzt, die auch für die Zwecke der Gesellschaft für ältere Geschichtskunde genutzt werden konnte.[695] Tatsächlich gelang es auf diese Weise, mit Böhmers Hilfe bereits 1826 den ersten Band der Monumenta Germaniae Historica zu publizieren.

Doch Fichards Ambitionen reichten weiter. Es sollten nicht nur allgemeine Urkunden des Reichs erschlossen werden, sondern gerade auch diejenigen, die die Frankfurter Geschlechter, ihre Rechte und ihre Gesellschaften betrafen. Aus diesem Grund konzentrierte er sich auch nicht nur auf Frankfurt, sondern schloss die weitere Region der Wetterau mit ein. Das war genau der Raum, aus dem die Geschlechter des Frankfurter Patriziats stammten und in dem es über die Mauern der Stadt hinaus jahrhundertelang als Geschlechterverband gewirkt hatte.[696] Dies entsprach genau dem Anliegen, das den anfangs erwähnten Kreis zusammengeführt hatte, und mit ihm beginnt de facto die moderne Frankfurter Geschichtsforschung. Ihr erster Ertrag bestand 1829 in der „Ankündigung eines besonderen Urkundenbuchs der Stadt Frankfurt am Main“, und obwohl „Böhmer in erster Linie der Reichsgeschichte durch seine Regesten der deutschen Könige und Kaiser gedient hat“, so hat er doch mit dem Codex diplomaticus Moenofrancofurtensis im Jahre 1836 „eine wesentliche Grundlage für alle weitere heimische Forschung geschaffen“.[697] Das „Urkundenbuch der Reichsstadt Frankfurt“ diente danach als Muster für zahlreiche ähnliche Werke in anderen deutschen Städten und kann als der größte Wurf des Fichardschen Gelehrtenkreises angesehen werden. In diesem recht eng geschnittenen Programm liegt dann auch die Erklärung, warum gerade der Patrizier Fichard sich so stark für die Geschichte eingesetzt hatte. Es ging ihm, ganz ähnlich wie den Reichsrittern mit dem Projekt der Monumenta Germaniae Historica, um die Bewahrung der Tradition – und zwar in der ganz spezifischen Tradition des Reiches und seiner privilegierten Gruppen. Hier galt es, die in den Umbrüchen nach 1800 erlittenen Niederlagen zu lindern.[698]

Ähnlich wie die von den Reichsrittern dominierte Gründungsversammlung der Gesellschaft für ältere Geschichtskunde das weitläufigere Modell der von Stein geplanten Geschichtsgesellschaft auf den engen Bereich der Urkundenforschung reduzierte, setzten auch Fichard und sein Kreis in Frankfurt erst einmal eine sehr eng an den Interessen des Patriziats ausgerichtete Geschichtsbetrachtung durch. Der Blick richtete sich zurück auf das Mittelalter und die Anfänge der Frühen Neuzeit und konzentrierte sich auf Verfassungsquellen und Privilegien. Diese eng fokussierte Aufgabenstellung hatte jedoch nicht lange Bestand. Denn über den Kreis konservativer Senatoren und ihres Romantiker-Zirkels hinaus geriet im Zuge der Vereinsbewegung das Frankfurter Bürgertum im gesamten in Bewegung und meldete nach dem Erscheinen des Urkundenbuches sehr viel weitergehende Interessen an der städtischen Geschichte an. Daraus entstand ein neuer Geschichtsverein, der sich 1837 als „Gesellschaft für Frankfurts Geschichte und Kunst" gegründet hat. Auffallend gegenüber dem Kreis um Fichard war zweierlei: Zum einen griffen die Initiatoren auf ein umfassendes Konzept der Geschichtserforschung zurück und zum anderen fällt die viel breitere soziale Basis des Vereins auf, der nun die gesamte Spannbreite der Frankfurter Bürgergesellschaft umfasste.[699]

Im Gegensatz zu dem nur wenige Personen umfassenden Kreis um Fichard, der aus Patriziern, konservativen Senatoren sowie an der Romantik orientierten Literaten und Künstlern bestand, versammelte bereits die Gründungsversammlung der Gesellschaft 160 Frankfurter Bürger aus fast allen Lebensbereichen. Darunter befanden sich neun Schöffen, elf Senatoren und drei Ratsherren, zahlreiche Vertreter angesehener Kaufmanns- und Bankiersfamilien wie die Andreae, Bernus, Bethmann, Brentano, Bolongaro, du Fay, Forsboom, Gontard, Mülhens oder Passavant, Bildungsbürger wie Gymnasialprofessoren, zahlreiche Juristen, Ärzte, Pfarrer und Architekten wie etwa der Afrikaforscher Eduard Rüppell, der Professor und spätere Geschichtsschreiber Georg Ludwig Kriegk, die gelehrten Juristen und Liebhaber der Historie Ludwig Heinrich Euler, Benedikt Jakob Römer-Büchner und Maximilian Reinganum sowie Maler und etliche Gesandte des Bundestages wie Friedrich von Leonhardi und Arnold Friedrich von Mieg sowie die Legationsräte Karl von Goldner und Rudolf von Sydow. Unter diesen 160 Mitgliedern befanden sich jedoch insgesamt nur vier Patrizier – also 2,5 Prozent. Dieser Minderheit standen rund 45 Prozent Bildungsbürger, vor allem Rechtsanwälte und Ärzte, und 40 Prozent Kaufleute, Verleger und Bankiers gegenüber.[700] Hier formierte sich also das Frankfurter Bürgertum und zwar nicht nur in sozialer Hinsicht, sondern auch politisch, denn das Spektrum reichte von konservativen Bürgern über zahlreiche liberale Vertreter bis hin zu

Mitgliedern, die wie der Jurist Maximilian Reinganum der demokratischen Bewegung nahestanden.

Ein Aufruf in den von Demokraten herausgegebenen Frankfurter Jahrbüchern umriss klar den Zweck der Gesellschaft, „auf möglichste Verbreitung der Kenntniß und des Interesses für die ältere Geschichte und Kunst der Stadt und der Umgegend von Frankfurt am Main gemeinsam hinzuwirken“.[701] Im deutlichen Unterschied zu Fichards Gelehrtenkreis erstreckte sich das Arbeitsprogramm später auf Abhandlungen über die Topographie Frankfurts, die Annalen seiner Geschichte, die Literaturgeschichte, die Kunstgeschichte und das Kriegswesen sowie auf die Darstellung der wichtigen Denkmäler. Wobei man durchaus auch die Absicht hervorhob, sich für die Erhaltung dieser Zeugnisse einzusetzen. Als Publikationsorgan wurde ein „Archiv für Frankfurts Geschichte und Kunst“ ins Auge gefasst, das bis heute – allerdings unter leicht verändertem Namen – besteht. Weiterhin sollte sukzessive eine Bibliothek aufgebaut werden.[702]

Die breite soziale wie politische Basis schlug sich nicht sofort in der Umsetzung des neuen Arbeitsprogramms nieder, weil der Verein sich ein Statut gegeben hatte, das eine strenge Scheidung von arbeitenden und zahlenden Mitgliedern enthielt. Deshalb wurden die Publikationen von einem kleinen Kreis bestimmt, den nach wie vor der Schöffe Johann Christian Gerhard Thomas und seine romantischen Anhänger dominierten. Man unterschied damals zwischen „Mitgliedern, welche sich zur wirklichen Theilnahme an den Arbeiten derselben verpflichteten, und solchen, welche dieselben nur durch ihre jährlichen Beiträge unterstützen wollen“. Als Jahresbeitrag wurden fünf Gulden festgelegt. In drei Sektionen – der administrativen, der historischen und der artistischen – sollten die Aufgaben der Gesellschaft erfüllt werden.[703] Erst mit dem vierten Heft des Archivs für Geschichte und Kunst, das im Jahre 1847 erschien, setzte sich ein neuer Kreis von Autoren durch, der dann für drei Jahrzehnte die Geschicke des Vereins bestimmte. Es handelte sich dabei um die Juristen Ludwig Heinrich Euler, Benedikt Jakob Römer-Büchner, Wilhelm Stricker und den Juwelier Georg Eduard Steitz. Alle vier waren liberal orientierte Bürger, die in der Revolution 1848 und bei der Forderung nach einer Reform der städtischen Verfassung eine maßgebliche Rolle spielen sollten.[704] Über die bereits erwähnten Vereine hinaus bildeten sich noch zahlreiche weitere Vereine zu vielen besonderen Zwecken.[705]

7.5 Der Verein als Organisationsprinzip

Erstaunlich ist, dass gerade die in den zwanziger, dreißiger und vierziger Jahren entstandenen Vereine zum größten Teil bis weit in das 20. Jahrhundert hinein existierten und in der Kultursphäre dieser Stadt einen festen Platz einnahmen. Es genügt in diesem Zusammenhang, die Museumsgesellschaft, den Kunstverein, das Städelsche Kunstinstitut, die Senckenbergische Naturforschende Gesellschaft, die Polytechnische Gesellschaft, den Geographischen Verein, den Physikalischen Verein und den Verein für Geschichte und Landeskunde zu nennen. Diese Vereine hinterließen zahlreiche Einrichtungen, Institutionen, Versammlungs-, Lehr- und Forschungsstätten sowie Museen. Es setzte sich der Trend der Umbruchszeit um 1800 fort, aber die in die Breite gehende Entfaltung, Ausformung und Ausdifferenzierung in den verschiedensten Bereichen war ein neues Moment in der stadtbürgerlichen Gesellschaft, die so eine viel breitere organisatorische Grundlage erhielt. Es ist davon auszugehen, dass bereits in den dreißiger Jahren zwischen 2.500 und 3.000 Personen in dieser Vereinswelt organisiert waren. Das war fast die Hälfte der Bürgerschaft. Im Jahre 1841 waren allein in 13 Vereinen 3.762 Personen organisiert und nur sechs Jahre später bereits 5.701.[706] Eine Auswertung der nur im begrenzten Umfang überlieferten Mitgliederlisten zeigt: Die Masse der Mitglieder bestand aus Kaufleuten und erst in zweiter Linie aus Bildungsbürgern sowie aus Handwerkern. Das widerspricht gängigen Positionen wie der These, die „deutsche Intelligenz" sei „stets ein Promotor der Vereinsbewegung" gewesen.[707] Sie war es eben nicht immer. Das Bildungsbürgertum überwog in Frankfurt lediglich im Geschichtsverein und in den Berufs- und Standesorganisation wie etwa dem Ärztlichen Verein. Die Handwerker drängten in den vierziger Jahren ebenfalls verstärkt in die Vereine, allerdings weniger in die wissenschaftlichen, sondern vor allem in die Gesang-, Turn- und Gewerbevereine. Damit wurde ein großer Teil der Bürger erfasst. Von einer engen sozialen Begrenzung konnte keine Rede sein.[708] „Um 1840 ist aus der Vereinsbereitschaft der Bürger eine Art Vereinsleidenschaft geworden", und diese Vereinsleidenschaft wirkte sich auf viele Felder der bürgerlichen Selbstorganisation aus.[709] Ein Beispiel liefern die Kirchengemeinden.

Im 19. Jahrhundert formierten sich in allen Gemeinden die Selbstverwaltungsgremien neu und etablierten sich mit den Kirchenvorständen mehr oder weniger demokratisch gewählte Gemeindevorstände. Sie bildeten eine neue Ebene bürgerlicher Selbstorganisation, die in Frankfurt mit seiner Vielzahl von größeren konfessionellen Gemeinden eine besondere Rolle spielten. Im 19. Jahrhundert trennte sich noch einmal sowohl von der katholischen als auch von der jüdischen Gemeinde eine größere Anzahl von Mitgliedern. Im Gegensatz dazu näherten sich die beiden reformierten Gemeinden in den zwanziger Jahren zwar der lutherischen Gemeinde an, und es wurde überlegt, sich nach dem Vorbild der preußischen Kirche zu einer Union zusammenzuschließen. Der Versuch scheiterte jedoch, weil die beiden reformierten Gemeinden fürchteten, ihre bedeutenden Vermögen an die lutherische Gemeinde zu verlieren. Schließlich existierten zusammen mit der lutherischen und den beiden reformierten Gemeinden insgesamt sieben größere Glaubensgemeinschaften mit jeweils eigenen sozialen Milieus. Hier hatten die Verfassungsreformen der Freien Stadt nachhaltige Veränderungen eingeleitet. Der Kirchenvorstand „hat in kirchlichen Angelegenheiten die Gemeinde bei der einschlagenden Behörde zu vertreten, über die äußere Disciplin zu wachen, das Kirchengut zu verwalten, für die Unterhaltung der Kirchen- und Pfarrhäuser zu sorgen, die niederen Kirchen-Officianten zu ernennen und zu inspiciren", hieß es in Artikel 40 der Constitutions-Ergänzungs-Akte. Mit Verabschiedung der Statuten und der offiziellen Einrichtung des von der Gesamtgemeinde gewählten Vorstandes wurde damit – wie zuvor bereits bei den Reformierten und der jüdischen Gemeinde – das Laienelement und die Selbstverwaltung in der Kirche erheblich gestärkt.[710] Dieses Laienelement bestand in erster Linie aus Kaufleuten, die alle Gemeindevorstände, sei es bei den Lutheranern und Reformierten als auch bei den Katholiken und Juden dominierten – und zwar mit prozentualen Anteilen von 70 Prozent und mehr. Diese Sozialstruktur unterschied sich erheblich von dem des früheren Konsistoriums, in dem Bildungsbürger, namentlich Advokaten, Anteile von bis zu 85 Prozent gestellt hatten. Das Votum der Gemeinde war also nicht ohne Folgen geblieben.

Doch bei der Homogenität der Gemeindevorstände blieb es nicht. In allen Gemeinden formten sich im Laufe der Zeit spezielle, die soziale Zusammensetzung der jeweiligen Mitgliederbasis besser widerspiegelnde Sozialstrukturen aus. Am deutlichsten vollzog sich dies in der lutherischen Gemeinde, die nicht nur die größte, sondern wohl auch sozial am breitesten gestreut war. Hier kam es zu einem kontinuierlichen Abbau der anfangs dominanten Stellung der Kaufleute, Bankiers und Verleger, die nach drei Jahrzehnten gerade noch ein Viertel des 36 Mitglieder umfassenden Gremiums stellten. Demgegenüber nahm der Anteil der Handwerker beträchtlich zu und verdoppelte sich von 17 auf 33 Prozent. Noch deutlicher verlief die Zunahme jedoch bei den bildungsbürgerlichen Berufen. Sie stellten um 1850 über 40 Prozent und differenzierten sich dabei auch in der Berufsstruktur aus.[711] Wie die Vereinswelt in ihrer sozialen Zusammensetzung pluraler wurden, so wurden es auch die Kirchenvorstände und zusammen zeigen sie, wie sehr sich die Frankfurter Gesellschaft damals im Umbruch von der ständisch-korporativen Bürgergesellschaft zur modernen Zivilgesellschaft befand. Die Korporationen, die Zünfte, patrizischen Gesellschaften, die Kollegien der Ärzte und Juristen verloren an Bedeutung, während im gleichen Maße die stände- und konfessionsübergreifende Zusammenkunft, was in den Vereinen zu einem bestimmten Zweck unabhängig von der sozialen Herkunft verfolgt wurde, an Wichtigkeit hinzugewann. Aber die Vereinswelt strahlte mit ihren Organisationsprinzipien nicht nur auf die vielfältigen konfessionellen Milieus in Frankfurt aus, sie bildete vielfach auch eine Brücke für die soziale Emanzipation minder privilegierter Schichten.

Die Vereine waren nicht nur Instrument zur sukzessiven Integration verschiedener bürgerlicher Sozialgruppen oder Modell für die Selbstverwaltungsstrukturen der bürgerlichen Gesellschaft, sie waren ebenso Einrichtungen, in deren Rahmen Emanzipationsprozesse stattfanden. Das wurde bereits bei der Emanzipation der

Reformierten und Katholiken deutlich, deren soziale Anerkennung bereits vor dem Dalbergschen Emanzipationsedikt von 1806 in den gemeinsamen kulturellen Aktivitäten stattgefunden hatte. Zu nennen sind hier die Theatergründung, die gemeinsame Tätigkeit in der Freimaurerloge „Zur Einigkeit" und dann vor allem in der Casinogesellschaft von 1802. Ein weiteres Beispiel liefert in der Zeit nach der Rücknahme der Dalbergschen Emanzipation der Juden die Stellung der Vereine zu den Mitgliedschaften von Juden. Ähnlich wie bei den Logen waren die Juden – wie bereits erwähnt – anfangs vom Vereinswesen weitgehend ausgeschlossen, doch anders als dort vollzog sich ihre Aufnahme und gesellschaftliche Anerkennung hier sehr viel schneller und direkter. Bis Ende der zwanziger Jahre bestand innerhalb der Frankfurter Bürgergesellschaft Konsens, außerhalb eines engen Bereichs, der durch das Gesetz zur Herstellung der privatbürgerlichen Gleichheit entstanden war und zu dessen Verabschiedung es erst des massiven Drucks von außen bedurft hatte, die Juden weitgehend von der Öffentlichkeit der christlichen Bürgergesellschaft auszuschließen.[712] Welche Folgen dies für die Beteiligung an den neuen Selbstverwaltungseinrichtungen gehabt hatte, ist anhand der Auseinandersetzungen im Logenwesen deutlich geworden. Doch bei den Vereinen verlief dieser Prozess anders.

Im Jahre 1824 öffnete die privatbürgerliche Gleichheit den Weg für die berufliche Gleichstellung und eine erste Reaktion darauf war die Gründung des „Vereins zur Beförderung der Handwerke unter den israelitischen Glaubensgenossen", auf dessen programmatische Zielsetzung und soziale Zusammensetzung bereits hingewiesen worden ist. Im Unterschied zu den vorgenannten Vereinen diente diese Organisation gleich mehreren Zwecken. Zum einen sollten Hausierer oder Trödelhändler, deren Einkommen nicht ausreichten, zur Erlernung eines Berufs im Gewerbebereich angehalten werden, um damit drohender Verarmung zuvorzukommen. Zum zweiten war beabsichtigt, die bisher für Mitglieder der jüdischen Gemeinde unzugänglichen Felder des Berufs- und Wirtschaftslebens zu erschließen und somit auf lange Frist die Sozialstruktur der Gesamtgemeinde zu verändern. Es war dies ein nicht unwichtiges Anliegen der führenden Vertreter der jüdischen Gemeinde, die sich allesamt an diesem Verein beteiligten, denn auf diese Weise konnte versucht werden, einem Vorurteil gegenüber Juden aktiv zu begegnen.[713]

Bildungsdefizite sollten auf diese Weise gleich durch eine mehrdimensionale „bürgerliche Verbesserung" behoben werden. „Wenn die Beförderung des Gewerbfleißes und der Industrie das kräftigste Mittel zur Erweckung aller bürgerlichen Tugenden ist, so hat der Verein [...] zur Erreichung des ihm vorgesteckten Zieles beigetragen". Die Verantwortlichen gingen davon aus, „daß es nur kräftiger Anregung bedarf, um den schlummernden Funken des Guten, selbst unter dem durch äußeren Druck und Mangel niedergebeugtesten Theile unserer Glaubensgenossen, zur heilsamen Flamme anzufachen".[714] Mit dieser Vorstellung wurden in den ersten zehn Jahren insgesamt 418 jüdische Glaubensgenossen bei der Ausbildung zu einem handwerklichen Beruf unterstützt. Allerdings kamen die wenigsten direkt aus Frankfurt, sondern meist aus den jüdischen Landgemeinden der näheren Umgebung. Aber aus diesen Gegenden kamen auch viele Hausierer und Trödler, die das Bild vom Juden bei der christlichen Bevölkerung nicht unmaßgeblich prägten.[715] Nicht zuletzt aus diesem Grund fühlte sich der Vorstand des Vereins veranlasst, von einem Erfolg zu sprechen: „Bei dem beruhigenden Bewußtseyn [...] die hervorgebrachte Entwicklung des Gewerbfleißes unter unseren Glaubensgenossen in der Stadt und Umgegend, und die vorauszusehende völlige Umgestaltung in dem Geiste und der Thätigkeit derselben, bei welcher kaum noch die geringste Spur von der früher so oft vorgerückten Arbeitsscheu mehr sichtbar ist, werden einem jeden Mitglied des Vereins die befriedigende Ueberzeugung verschaffen, daß eine solche Verwendung keinen wohlthätigern und heilsamern Erfolg hervorbringen konnte."[716]

Erbrachte der Verein zur Beförderung der Handwerke unter den christlichen Glaubensgenossen somit in mehrfacher Hinsicht Vorleistungen für eine Emanzipation, so vollzog sich die eigentliche gesellschaftliche Anerkennung der Juden in der allgemeinen Vereinswelt. Denn parallel zu den Aktivitäten des jüdischen Vereins, an dem sich auch christliche Bürger beteiligten, zeichnete sich zu Beginn der zwanziger, spätestens aber in den dreißiger Jahren ein Stimmungsumschwung in den maßgeblichen Kreisen des städtischen Bürgertums ab und wirkte sich relativ rasch auf das Vereinswesen aus.

In allen entscheidenden Vereinen konnten nun Juden Mitglieder sein. Seit 1830 war die Museumsgesellschaft zur Aufnahme von Juden übergegangen, und zwei Jahre später wurde endgültig beschlossen, „daß, da das Museum auf Religion keine Rücksicht nehme, dem Beitritt von sechs Herren aus der israelitischen Gemeinde kein Hinderniß im Wege stehe".[717] Selbst in dem führenden Verein des Frankfurter Bürgertums, der renommierten Casinogesellschaft, zogen vier Rothschilds ein.[718] Weitere bedeutende Vereine waren in den dreißiger Jahren zur Aufnahme von Juden übergegangen; darunter befanden sich neben der Senckenbergischen Naturforschenden Gesellschaft, die ja von Anbeginn an jüdische Mitglieder hatte, sowie der Museums- und der Casinogesellschaft, auch die Polytechnische Gesellschaft, der Cäcilienverein, der Instrumentalverein, der Kunstverein, der Physikalische Verein und auch der Geographische Verein. Der Prozess kann also bereits Mitte der dreißiger Jahre als abgeschlossen angesehen werden. Das bestätigt eine Quelle aus dieser Zeit, in der es heißt, dass es „gewiß nicht zu mißbilligen sei", wenn Vereine – wie das Casino – ihre Mitglieder nach „persönlicher Qualifikation" aussuchen würden. „Alleine so ungerecht wäre es hingegen, wenn diese Qualifikation ganze Klassen, Stände, Nationen oder Religionsbekenner ausschlösse, und ihnen in Masse das Stigma der Unbefähigung aufdrücke. Eine solche Bestimmung wäre lieblos, unliberal, unmenschlich", und der Verfasser fährt fort: „Leider gibt es jedoch hier noch eine, aber gottlob auch nur eine, die dieses [...] thut – in der Frankfurter Lesegesellschaft befindet sich kein Israelit." Im Weiteren nannte der Verfasser alle entscheidenden Frankfurter Vereine, in denen mittlerweile Juden Mitglieder sein konnten.[719]

Der Prozess verlief allerdings nicht konfliktfrei. So spaltete sich wegen dieser Frage der Liederkranz. Ebenso gab es in der Casinogesellschaft nach wie vor auch ablehnende Bescheide. So wurde noch im Jahre 1844 der Bankier Flörsheim mit der Bemerkung abgewiesen, „man wolle keine Juden, weder beschnittene noch unbeschnittene."[720] Aber insgesamt bildeten die Vereine doch ein Vorfeld der Emanzipation und schotteten sich keineswegs als christlich-bürgerliches Reservat gegenüber den Juden ab. Das Vereinswesen leistete einen nicht zu unterschätzenden Beitrag im Emanzipationsprozess dieser minder privilegierten Gruppe, denn rund drei Jahrzehnte vor der politischen Gleichberechtigung erfolgte hier die gesellschaftliche Anerkennung der Juden.[721] Damit wiederholte sich, was vor 1806 an den diskriminierten christlichen Minderheiten – den Reformierten und Katholiken – vorexerziert worden war. Auch dort waren es zuerst die Freimaurerlogen, Lesegesellschaften und später die Casinogesellschaft gewesen, die ihnen mit der gesellschaftlichen Anerkennung den Weg zur politischen Emanzipation geebnet hatten.

In den Vereinen setzte sich also die Aufnahme von Juden sehr viel schneller durch als in den Logen. Das wirft die Frage auf, warum dies so war. Beide, Logen und Vereine, resultierten zwar gemeinsam aus der Bildungsbewegung, entstanden jedoch zu unterschiedlichen Zeitpunkten. Während das Logenwesen noch auf einem wie auch immer gewendeten „ächt christlichen Humanitätsideal" beruhte, basierte das Vereinswesen bereits auf dem säkularisierten Bildungsgedanken. In der multikonfessionellen bürgerlichen Gesellschaft Deutschlands eröffneten die gegenüber der christlichen Religion neutralen Bildungsideale größere Emanzipationschancen als ein vernunftorientiertes Christentum, wie es viele Logen propagierten.[722] Es gab noch ein Feld, auf dem die Vereine – anders als die Logen – emanzipative Tendenzen unterstützten. Sie stärkten die Positionen der Frauen in der Öffentlichkeit

7.6 Frauen in der Öffentlichkeit

Im gesamten 19. Jahrhundert wurden im Zusammenhang mit dem Aufschwung des Vereinswesens auch immer wieder Frauenvereine gegründet. Der erste, der „Vaterländische Frauenverein" von 1813, gehörte sogar zu den ganz frühen Vereinsgründungen in Frankfurt. Ihm folgten 1847 der „Israelitische Frauenverein" und 1854 der „Allgemeine Deutsche Frauenverein ‚Zur Wohlthätigkeit'". Fast ausschließlich an Frauen richtete sich der 1845 gegründete „Verein zum Wohle der dienenden Klasse". Bis zur Mitte des 19. Jahrhunderts blieb der Vaterländische Frauenverein jedoch der wichtigste. Dem Vorstand dieses Vereins gehörten durchweg Frauen und Töchter der großbürgerlichen Familien an, die neben der direkten finanziellen Hilfe das Sammeln und Verteilen von Gaben an Bedürftige sowie den Aufbau und Unterhalt der

Frauenvereinsschule, in der Kenntnisse der Haushaltsführung und Krankenpflege sowie von Handarbeiten vermittelt werden sollten, ins Zentrum ihrer Aktivitäten rückten.[723] Der Verein geriet 1837 in die Krise, weil die Erwartungen, die auf die Vereinsschule gesetzt worden waren, sich nicht erfüllt hatten. Statt einer Anstalt mit sporadischem Unterricht, die sich an der Sonntagsschule der Polytechnischen Gesellschaft orientierte, versuchten die Frauen eine anspruchsvolle Erziehungsanstalt aufzubauen, in der die Schülerinnen zum Teil auch in der Schule wohnen sollten. Seit den zwanziger Jahren wurde zusätzlich zur Vereinsschule eine Strickanstalt unterhalten, die zeitweise über 200 Arbeiterinnen beschäftigte. Ab dem Jahre 1831 organisierte der Verein auch eine Suppenanstalt, die allein im Jahre 1847 über 236.000 Mahlzeiten verteilte. Die zahlreichen sozialen Aktivitäten der wohlhabenden Bürgerfrauen beruhten bis zur Jahrhundertmitte allein auf privatem Engagement. Erst im Jahre 1851 wurden sie offiziell von Senat unterstützt und erhielten eine kleine finanzielle Unterstützung.[724]

Darüber hinaus waren zwei weitere Vereinsgründungen für die Frauen der Stadt von Bedeutung. Es handelte sich dabei zum einen um den bereits kurz erwähnten Verein zum Wohle der dienenden Klasse, der von der Polytechnischen Gesellschaft als Zweigverein aufgebaut worden war und sich nicht, wie der Vaterländische Frauenverein, an beschäftigungslose junge Mädchen und Näherinnen, sondern vornehmlich an das weibliche Gesinde richtete. Auch in der Zielsetzung unterschied sich dieser Verein von dem Frauenverein des Großbürgertums. „Das Streben des Vereins ist dahin gerichtet, durch geeignete Mittel auf das Wohlverhalten der Dienstboten fördernd einzuwirken, für weibliche Dienstboten Stellen zu vermitteln und dieselben vor den Gefahren der Armuth und der Verführung nach Kräften zu schirmen."[725] Die Gründung stand im Zusammenhang mit der in den vierziger Jahren des 19. Jahrhunderts wieder aufflammenden Diskussion um die Stellung des Gesindes in den bürgerlichen Haushalten. In diesem Zusammenhang ging es dem Verein vor der wirtschaftlichen Wohlfahrt um die Hebung der geistigen und sittlichen Standards der Unterschichten, worunter in erster Linie das sich Fügen in die patriarchalische Gesindeordnung verstanden wurde. Darüber hinaus sollten offenkundige Missstände bei der Unterbringung beschäftigungsloser Dienstmädchen beseitigt werden. Zu diesem Zweck wurde eine Bibliothek und eine Gesindeherberge für die weiblichen Dienstboten eingerichtet, die ab 1853 von mehreren Hundert „Hospitantinnen" pro Jahr in Anspruch genommen wurden, und deren Aufsicht wiederum in den Händen des Frauenvereins lag.[726] Das Ziel des sittlichen Wohlverhaltens sollte zusätzlich durch eine Prämienstiftung für „vieljährige Treue und musterhafte Berufserfüllung" erreicht werden.[727]

Eine vergleichbare Zielsetzung hatte als zweite wichtige Frauenvereinsgründung auch der Israelitische Frauenverein. Nach dem Motto ‚Vorbeugen ist besser als spätere Wohlfahrtsabhängigkeit' setzte sich der Verein zum Ziel, für „die armen Mädchen sowohl in hiesiger Gemeinde als für Töchter hier wohnhafter Fremden und einiger benachbarten Orte, in der Art zu sorgen, daß solche gesund und kräftig erzogen, und zu bürgerlicher Thätigkeit herangebildet werden." Schließlich hänge von „deren Bildung, Lebenskraft und tüchtigen Bürgersinn das Wohl der Generation ab".[728]

Auffallend ist, dass sich alle diese Vereine unabhängig davon, welchem Teil der bürgerlichen Gesellschaft die beteiligten Frauen entstammten, durch drei Gemeinsamkeiten auszeichneten: Alle bewegten sich im Bereich der Wohltätigkeit, alle sorgten sich neben dem materiellen Auskommen insbesondere um die Moral und Sitte der ärmeren Geschlechtsgenossinnen, und alle waren sich darin einig, dass den Frauen nur ein begrenztes Maß an Bildung zuteil werden sollte. In dieser Konstellation betraten Bürgerinnen bereits in der ersten Hälfte des 19. Jahrhunderts organisiert den Bereich der Öffentlichkeit, christliche Frauen etwas früher als die jüdischen.

Damit ist aber das Verhältnis der Frauen zum Vereinswesen noch nicht erschöpfend behandelt. Frauen waren, wenn auch meistenteils nur am Rande, Mitglieder in den verschiedensten Bereichen des Vereinswesens, insbesondere in den Gesangvereinen. Bereits unter den 26 Gründungsmitgliedern des Cäcilienvereins befanden sich mehrheitlich Frauen aus denselben Familien, zu denen wenige Jahre zuvor die Gründerinnen des Vaterländischen Frauenvereins gehört hatten. Besonders bei diesem Gesangverein wird die soziale Basis der in der Öffentlichkeit aktiven Frauen deutlich. Es handelte sich fast ausschließlich um Bankiers- und Kaufmannsfamilien.

Ganz ähnliche Zusammenhänge lassen sich bei der Museumsgesellschaft erschließen, nachdem die Mitglieder dort ihre Auseinandersetzung, „ob Frauenzimmer zum Museum zugelassen wären", nach elf Gutachten beendet und sich dazu durchgerungen hatten, Frauen teilnehmen zu lassen. Es war die „Kunst", die Sache selbst, die den Streit schließlich entschieden hatte, weil man Frauen und Künstlerinnen ihrer Stimmen wegen zur Mitarbeit heranzog, und deshalb „mußte man wenigstens ihnen einen Zutritt gewähren.[729] Schließlich wurde die Entscheidung so getroffen, daß außer den mitwirkenden Damen noch fünfzehn weiteren ‚hiesigen Damen' auf Gastkarten erlaubt sein sollte, das Museum zu besuchen".[730] Jedenfalls befanden sich bereits im Jahre 1836 unter den 333 Mitgliedern 41 Ehefrauen und 35 Töchter.

Ein weiteres Betätigungsfeld für jüdische Frauen bildete der Verein zur Beförderung der Handwerke unter den israelitischen Glaubensgenossen, während die christlichen Frauen sich in auffallender Stärke am evangelischen Missionsverein beteiligten. Immerhin bestand die Mitgliedschaft dieses Vereins zu 13 Prozent aus Frauen. Auch im Kunstverein gab es 1830 zahlreiche Frauenmitgliedschaften. In anderen Vereinen waren dagegen weibliche Mitglieder die große Ausnahme.

Die verschiedenen Prozesse, die Ausdifferenzierung und Entfaltung, die Integration des Mittelstands und der Juden sowie das öffentliche Engagement der Frauen verdeutlichen, welch großen Einfluss das Vereinswesen in den vierziger Jahren auf die gesellschaftliche Entwicklung hatte. Die Vereine gaben der bürgerlichen Gesellschaft ein neues Gehäuse. Von nun an kann tatsächlich von einem Wandel in der Selbstorganisation der Frankfurter bürgerlichen Gesellschaft gesprochen werden. Bei allen Unterschieden in den Zwecken, die den Vereinen zugrunde lagen, hatten sie eines gemeinsam: Sie gründeten sich auf die Eigeninitiative der Bürger, auf deren Selbständigkeit und Selbsttätigkeit. In diesen neuen Vereinigungen fand das Stadtbürgertum zu einer neuen, nichtkorporativen organisatorischen Grundlage. Es hatte sich aus sich selbst heraus modernisiert, die alte Schale abgeworfen, und selbstbewusst traute man es sich zu, diese Prinzipien einer modernen Zivilgesellschaft auch in der bunten Staatenwelt des Deutschen Bundes durchzusetzen. Frankfurt wurde zu einem Zentrum des deutschen Liberalismus.

8. Politischer Aufbruch im Vormärz und die Revolution von 1848

8.1 Von der Kultur zur Politik

Bisher wurde eine ganze Reihe von Aspekten der kulturellen Modernisierung der städtischen Gesellschaft in Frankfurt genannt: die Erneuerung des Theaters, neue Stiftungstypen, die Freimaurerlogen und schließlich die Vereine. Es entstand unabhängig von den alten Korporationen ein weites Feld von Institutionen, die die immer größeren Freiräume der neuen oder bürgerlichen Öffentlichkeit gestalteten. Auffallend ist, dass mit diesen Institutionen auch feste Einrichtungen entstanden, in denen das kulturelle Kapital der Stadt Stück für Stück erweitert wurde. Zu nennen sind hier das Theater und von Seiten der Stiftungen und Vereine wissenschaftliche Forschungsreinrichtungen, Museen, Konzertsäle und Kunstsammlungen. Ihre nachhaltigste Wirkung aber zeitigte sie nicht einmal in Kunst und Wissenschaft, sondern in der Politik. Nachdem sich das System der Vereine, modernen Stiftungen und Logen etabliert hatte, begann in den 1830er Jahren von diesen Institutionen ausgehend der Feldzug zur Durchsetzung einer neuen politischen Öffentlichkeit – die Bewegung der Liberalen und Demokraten. Der große Prozess vollzog sich also von der literarischen über die neue oder bürgerliche Öffentlichkeit hin zur politischen Öffentlichkeit. Ein wichtiges Element in diesem Übergang von der Kultur zur Politik bildeten kulturelle Feste und Feiern.

Das Fest in Hambach von 1832 hatte wie ein Fanal gewirkt.[731] In Frankfurt entstand in diesem Zusammenhang der Preß- und Vaterlandsverein und mit ihm nahm die Bewegung der Demokraten und Liberalen einen ersten Aufschwung. Eines ihrer Kennzeichen war eine Reihe demokratischer Feste, bei denen versucht wurde, kulturelle Großereignisse der neuen bürgerlichen Öffentlichkeit in politische Demonstrationen umzumünzen und den öffentlichen Raum mit Denkmälern der bürgerlichen Kultur auszustatten. Dazu gehörten als erste das Sängerfest von 1838 und die Gutenbergfeier von 1840. Später folgten weitere Großfeiern. Am Beginn des Bandes wurde auf diese Feste bereits kurz eingegangen.[732]

Am Anfang stand das Frankfurter Sängerfest von 1838, das an die ausstehende Verfassung und fehlende Einheit der Nation erinnerte. Auch konterkarierte es das Verbot von politischen Nationalfesten.[733] Heinrich Hoffmann, der Verfasser des Struwwelpeter und einer der Initiatoren dieser ersten Feier, erinnerte sich noch in hohem Alter mit großer Begeisterung daran: „Dieses Fest war das erste derartig allgemeine in Deutschland.“ Sein Freund und Freimaurer Wilhelm Speyer hatte die Idee, zusammen überzeugten sie dann den Frankfurter Liederkranz und in kurzer Zeit entstand „ein Komitee von 44 Personen“, dem „Sänger(n) und Nichtsänger(n)“ angehörten.[734] Der Termin des Sängerfestes war nicht zufällig auf den Juli 1838 gelegt worden. Die Initiatoren wollten damit an die Julirevolution von 1830 in Frank-

Ankunft von Teilnehmern des ersten deutschen Sängerfestes 1838

reich erinnern.[735] Den äußeren Anlass bildete die Einrichtung einer Mozartstiftung zur Unterstützung musikalischer Talente. Unter dem Mantel dieses Einweihungsaktes sollte an fehlende politische Rechte erinnert werden, was auch gelang. Später schilderte Hoffmann den politischen Ertrag: „Es war ein mächtig ergreifender Anblick, das künstlerische Interesse ward Nebensache, aber das nationale trat mächtig an uns heran."[736]

Die gleichzeitige Ankunft der festlich geschmückten Schiffe lockte am 28. Juli zahlreiche Frankfurter zum Hafen am Fahrtor. Später sangen über 800 Sänger auf einer Bühne im Wald das Vaterlandslied von Arndt. Es fanden zahlreiche Festbankette statt und zwar mit offizieller Beteiligung zahlreicher Senatsmitglieder, denen die Politisierung der Feier und die zahlreichen Anspielungen auf eine liberalere politische Kultur nicht entgehen konnten. Da nutzte auch das Verbot, die deutsche Trikolore – also die Farben Schwarz-Rot-Gold – zu zeigen, nicht viel. Den Höhepunkt der Feier bildete ein Festzug, an dem sich sowohl die Sänger als auch das Publikum beteiligten.[737]

Für das Erinnerungsblatt der Feier dichtete Hoffmann „Das Aufgebot", in dem es heißt: „Gar eine kräftige Waffe, allsiegend ist das Lied / Es kämpft für Recht und Wahrheit, im Streite nimmermüd, (...) oder Herbei, wem frei und munter, das Herz im Busen schlägt (...) oder Seid uns willkommen Alle! Gegrüßt mit Herz und Hand.

/ Die Ihr des deutschen Liedes Euch freut im deutschen Land!“[738] Die Feier führte jedoch nicht zu einem Denkmal. Allerdings gelang die Gründung der Mozartstiftung, mit dem Anspruch ewigen Gedenkens. Das verhielt sich bei der nächsten Feier anders.

Das Gutenbergdenkmal oder besser die Gutenbergdenkmäler, die an verschiedenen Orten zur vierhundertsten Wiederkehr des Jahres der Erfindung des Buchdrucks mit beweglichen Lettern errichtet wurden, gehören mit ihrer ganzen Symbolik ebenfalls in den Kontext der Neuausrichtung der bürgerlichen Öffentlichkeit und der demokratischen Bewegung des Vormärz.[739] Nicht zufällig erfolgte der öffentliche Spendenaufruf für das Mainzer Gutenbergdenkmal nur wenige Wochen nach dem Hambacher Fest.[740] In Frankfurt versammelte sich, was Rang und Namen hatte einschließlich des Senats, zum größten Vorbereitungskomitee unter allen deutschen Städten. Man wählte hierbei den Senator Eduard Souchay zum Präsidenten.

Bei der öffentlichen Festveranstaltung auf dem Rossmarkt wurde der Entwurf des Gutenbergdenkmals vor etwa 30.000 Versammelten enthüllt. Nach der Festrede des evangelischen Pfarrers Gerhard Friedrich, der sich nicht in allem an die Zensurauflage des Bundestages hielt, begann sofort eine Druckerpresse zu arbeiten und die Rede des Pfarrers auszudrucken. Es handelte sich um einen symbolischen Akt, der unmissverständlich war: Eine Zensur fand nicht statt. Der Bezug zu den Forderungen der liberalen Bewegung war praktisch hergestellt.

In Wort und Bild wurden stattdessen die Freiheitssymbole der damaligen Zeit öffentlich zur Schau gestellt. Ein Gedicht auf der Titelseite des Frankfurter Journals feierte am 24. Juni 1840 dann auch die Erfindung als Beginn einer neuen Zeit: „Der zu neuen Wahrheitstempeln / festen Grundstein hat gelegt / Und mit seinen heiligen Stempeln / Neue Freiheit ausgeprägt!, oder: Denn das Werk ist nicht vollbracht / und noch liegt auf deutschen Gauen/ Mancher Schatten alter Nacht.“[741] Auch der Festzug und die Festrede enthielten zahlreiche Anspielungen auf die damalige Freiheitsrhetorik.

Am Festzug beteiligte sich de facto die gesamte Stadt, also neben den Zünften die Frankfurter Schulen und Geistlichkeit aller Religionen sowie Gesang-, Kunst- und wissenschaftliche Vereine, Deputationen der Handelskammer, des Schauspiels, der Oper und Gelehrte. Auch die Zusammensetzung des vorbereitenden Komitees repräsentierte die Breite der Bürgergesellschaft: Etwa die Hälfte rekrutierte sich aus Vertretern des Buchgewerbes, die andere Hälfte bildeten Kaufleute, Fabrikanten, Bankiers, Handwerksmeister, Künstler, Lehrer und Advokaten.[742]

Das für die Frankfurter Säkularfeier der Buchdruckkunst von Eduard von der Launitz geschaffene provisorische Gutenbergdenkmal befand sich mit seiner künstlerischen Ausarbeitung auf der Höhe der Zeit. Es erinnerte in seiner ganzen Symbolik an die Folgen, die die neue Erfindung des Buchdrucks für die Menschheit mit sich gebracht hatte. Neben den Figuren von Gutenberg, Fust und Schöffer enthielt der

Entwurf vier Allegorien auf die Theologie, Poesie, Naturwissenschaft und Industrie sowie Nischenfiguren, die sich auf jene Städte beziehen, in denen die Buchkunst zuerst florierte.

Zur Erinnerung an die Feier wurde ein Erinnerungsblatt herausgegeben, das mit seinem Schmuck den Symbolgehalt des Denkmals noch um Einiges übertraf. Das richtige Denkmal konnte allerdings erst 18 Jahre später errichtet werden. Es entstand zwischen 1854 und 1858 und wurde mit der damals neuen, von dem Frankfurter Physiker Rudolf Christian Boettger entwickelten Technik der Galvanoplastik ausgeführt.[743]

8.2 Radikale Demokraten in gemäßigter Gesellschaft

Erstmals seit den Verfassungskämpfen erschütterte zu Beginn der dreißiger Jahre aus unterschiedlichen Quellen gespeist eine ganze Serie von Unruhen den Stadtstaat und Sitz des Bundestages. Es begann mit dem noch harmlosen „Sperrbatzenkrawall" gegen die Torschlusssperre, steigerte sich mit massenhaften Sympathiebekundungen für durchziehende Polen – den Resten der im Warschauer Aufstand von 1831 geschlagenen polnischen Armee – und mündete schließlich im Februar 1832 in die erste größere Sammlungsbewegung der liberalen und demokratischen Opposition, die sich im Vorfeld des Hambacher Festes im Preßverein sammelte. Aus diesem Umfeld petitionierten bereits im April über 230 Frankfurter Bürger öffentlich für die Wiederherstellung der Pressefreiheit und gegen die Verbotsgesetze des Bundestags.[744] Sie traten für eine deutsche Verfassung mit demokratischen Rechten wie Vereins- und Versammlungsfreiheit ein und radikalisierten sich im Zusammenhang mit dem Kampf um Pressefreiheit und zwar etwa zur gleichen Zeit, als Frankfurt wegen der Zollvereinspolitik unter Druck stand und auch der Wandel im Gewerbe viel Unmut unter den Handwerkern verursachte.

Im Zusammenhang mit den Protesten des Jahres 1832 beteiligten sich bis zu 500 Bürger direkt an den Aktivitäten der liberalen Demokratie. Das waren fast zehn Prozent der Bürgerschaft.

Interessant ist die Sozialstruktur der Mitglieder des Preßvereins, wie sie sich aus der Unterzeichnerliste der Petition ergibt. Über 23 Prozent waren Bildungsbürger wie Ärzte, Advokaten oder Lehrer, 46 Prozent Kaufleute und weitere 23 Prozent Handwerker. Die Bewegung setzte sich somit aus fast allen Gruppen des städtischen Bürgertums zusammen. Genauere Aussagen über den Charakter der Bewegung erlauben die Angaben zur Mietsteuerleistung um 1840. Von den 134 Mitgliedern des Preßvereins von 1832, zu denen sich Angaben zum Wohnungs- und Hausbesitz ermitteln ließen, zahlten lediglich 21 eine vergleichsweise geringe Jahresmiete in Höhe von 100 bis 200 Gulden. Allein 93 Wohnungsinhaber wurden mit einem Mietwert von 200 bis 999 Gulden veranlagt, was auf wirtschaftlich abgesicherte Verhältnisse der Mieter oder Eigentümer hindeutet. In 20 Fällen wurde der Mietwert sogar auf über 1.000 Gulden festgesetzt. Daher müssen mindestens zehn Prozent der Mitglieder des Preßvereins als ausgesprochen wohlhabend und weitere 70 Prozent als gutsituiert angesehen werden. Die Bewegung repräsentierte also von Anbeginn an keineswegs den Protest von Verarmten oder gar Besitzlosen, sondern eher eine soziale Spannbreite, die vom etablierten Mittelstand bis zu den Spitzen der wirtschaftlichen Oberschicht reichte.

Die 230 Bürger, die 1832 für die Pressefreiheit petitionierten, waren in der Bürgergesellschaft Frankfurts fest verwurzelt. Darauf deuten unmissverständlich ihre Aktivitäten in der bürgerlichen Öffentlichkeit hin. Über 130 waren Mitglieder in dem einen oder anderen Verein, und allein 48 waren an Vereinsgründungen beteiligt gewesen.[745] Genauso breit wie die Fächerung der bürgerlichen Berufe war das Spektrum der politischen Positionen. Sie reichten von gemäßigt liberalen Reformwünschen nach Pressefreiheit, öffentlichen Gerichten, konstitutioneller Monarchie und einer gesamtdeutschen Volksversammlung bis hin zu den Forderungen der radikalen Demokratie, die für den Fürstensturz, für ein „freies Gemeinwesen“ und eine „Bindung des Parlaments an den Volkswillen“, für eine allgemeine Volksbewaffnung sowie für die vollständige Emanzipation der Juden stand. Die Protestierenden setzten sich auch für die Beseitigung aller Mautlinien und die Freizügigkeit ein: „Jeder Deutsche lebe wo und wie er wolle im Vaterland, nichts hindere die freie Entfal-

Das 1877 errichtete Denkmal für Ludwig Börne in der Bockenheimer Anlage um 1910

tung seiner Kräfte hier und dort", hieß es dementsprechend in einem in Frankfurt verbreiteten Flugblatt dieser Jahre.[746] Wenn die Zielperspektive auch von der Julirevolution 1830 in Frankreich beeinflusst war, so sammelten sie ihre politischen Erfahrungen doch auf lokaler Ebene und traten von dort ausgehend für eine Erneuerung der nationalen politischen Strukturen ein.

Als Spiritus Rector dieser Bewegung kann Ludwig Börne angesehen werden. Wir hatten ihn bereits als Polizeiaktuar im Dienst des Fürsten Dalberg kennengelernt, in einem Amt also, das er der damaligen Judenemanzipation zu verdanken hatte und das er mit deren Aufhebung, nachdem Frankfurt seine Souveränität wiedererlangt hatte, wieder aufgeben musste. Er hatte danach unter seinem damaligen Namen Juda Löb Baruch versucht, verschiedene Zeitschriften zu gründen, bevor er 1830 in das politische Exil nach Paris ging.

Börnes Verhältnis zu Frankfurt war verständlicherweise zwiespältig. So schrieb er etwa: „Frankfurt ist mir verhaßt. Die dortige Philisterei fürchte ich mehr als die Cholera"[747]. Oder: „Nun, wie schmeckt Ihnen Frankfurt? Ich denke wie Kamillentee (...) Eine Apotheke, alles getrocknet, alles zerstoßen, alles in Büchsen und Schachteln. Nichts frisch, nichts ganz, nichts frei."[748] Das Frankfurt, das ihm seine jüdische Herkunft vorhielt und ihm nur eine privatbürgerliche Gleichheit anbot, war ihm zuwider und er hat sich ausgiebig über die Stadt lustig gemacht. Zielscheibe seines Spotts war aber weniger Frankfurt selbst, sondern vor allem der Deutsche Bund, also die Fürstenrepräsentation, und dessen Sitz im Thurn- und Taxisschen Palais. Weil direkte Kritik an den Fürsten nicht erlaubt war, machte er ausgiebig metaphorischen Gebrauch von der Thurn- und Taxisschen Post, die ihm als Schablone für seine Gesellschaftskritik diente. In den Briefen aus Paris trat Börnes politische Kritik an der Pressezensur und am Bundestag noch deutlicher hervor.

Aber Börne zog die Stadt am Main nicht nur durch den Kakao. Er erkannte auch Frankfurts Bedeutung und Aufgabe. Denn als Jeanette Wohl Erfreuliches berichtete, antwortete er: „Was Sie mir von Frankfurt geschrieben, hat mich bis tief in das Herz gefreut. Möge es fortgehen auf diesem Wege; möge es sich emsig auf seine große Bestimmung vorbereiten und sich deren würdig zu machen suchen. Denn Frankfurt ist bestimmt, einst die Hauptstadt des deutschen Reichs und der Sitz der deutschen Nationalversammlung zu werden".[749] Doch Börne erlebte den Aufschwung der liberalen Bewegung in den vierziger Jahren nicht mehr. Er starb 1837 im Pariser Exil. Seine politischen Ideen führten in Frankfurt andere fort, als die politischen Erschütterungen der französischen Julirevolution 1830 das kleine Staatswesen trafen.[750]

Tonangebend in der Öffentlichkeit wurde eine avantgardistische Gruppe junger Juristen und Literaten, die durch die nationalliberale Schule der Deutschen Burschenschaft gegangen waren. Dazu gehörten an führender Stelle Wilhelm Sauerwein, Friedrich Funck, der Herausgeber der Frankfurter Jahrbücher Maximilian

Reinganum und der Advokat Friedrich Siegmund Jucho. Diese Gruppe Frankfurter Demokraten zeichnete sich durch ähnliche Biographien aus. Sie waren fast vom selben Jahrgang, besuchten zusammen das städtische Gymnasium und studierten in Heidelberg oder Jena entweder Theologie, Medizin oder Jura. Sie profitierten indirekt von den langfristigen Folgen der Bildungsreformen um 1800, die auch einen vermehrten Zugang von Handwerkersöhnen zum Gymnasium und zum Studium ermöglichten. Ihre akademische Ausbildung fiel zudem genau in die Zeit der Politisierung durch die Befreiungskriege und der ersten Welle der nationalen Begeisterung in den Burschenschaften. Später rückten sie, beeinflusst von den Bewegungen in Frankreich, ähnlich wie Ludwig Börne die Menschenrechte und ein allgemeines Humanitätsideal in den Mittelpunkt ihrer politischen Vorstellungen. So setzte sich Wilhelm Sauerwein für eine Reform der Gefängnisse ein und forderte „Licht, Luft und Sauberkeit" sowie das Recht auf Bildung: „Wenn Humanität nicht ein Märchen ist, wenn es wirklich ein menschliches Herz gibt: dann ist weiteres Reden über unseren Gegenstand unnöthig. Ich kann nicht glauben, daß unser Zeitalter den Charakter der Grausamkeit trägt [...]. Ich hege feste Zuversicht, daß der Geist der Humanität, der gegenwärtig mit so regem Eifer beeschäftigt ist, die Leiden und Qualen ganzer Menschenclassen zu lindern, recht bald auch für das bittere Loos der Gefangenen thätig sein wird."[751] Zusammen kehrten er und seine politischen Freunde Ende der zwanziger Jahre nach Frankfurt zurück, um ihre berufliche Laufbahn zu beginnen.

Die politischen Ideale und Hoffnungen kollidierten jedoch rasch mit den institutionalisierten Autoritäten und dem Druck der Bundesbehörden. Der Theologiekandidat und politische Schriftsteller Wilhelm Sauerwein sah sich beispielsweise veranlasst, sein Referendariat beim lutherischen Konsistorium abzubrechen, weil das Tragen eines „Demagogenbartes" dort Anstoß erregte. Alle vier beteiligten sich schließlich an verschiedenen von Börne initiierten Zeitschriftenprojekten wie den „Zeitschwingen" oder „Zeitbildern" und an der Gründung des „Mittwochskollegs", um eine breit angelegte Sammlungsbewegung ins Leben zu rufen: „Die Gesellschaft will den engherzigen Kastengeist (...) nicht huldigen und bei der Aufnahme ihrer Mitglieder weder nach dem Hut noch dem Rock und der Börse eines Mannes fragen, sondern einzig und allein den guten Ruf und das Vertrauen in welchem der, welcher sich meldet, steht, in Erwägung ziehen."[752] Der Verein soll zeitweilig großen Erfolg gehabt und bis zu 500 Mitglieder organisiert haben, hatte aber nur ein kurzes Leben. Er wurde bereits am 2. Juli 1832 auf Druck der Bundesbehörden aufgelöst. Nach diesem Gewaltakt radikalisierte sich der Protest erst recht. Es folgten Verhaftungen von Demagogen und Protestdemonstrationen gegen diese Verhaftungen. In diesem aufgeheizten Klima eskalierte die Auseinandersetzung und die in den Burschenschaften politisierte Gruppe von Frankfurter Literaten und Studenten um Funck, Sauerwein, Freyeisen und Jucho schritt zum Aufstand gegen den Bundestag.[753]

Der Frankfurter Wachensturm am 3. April 1833. Der Urheber des in Épinal/Lothringen gedruckten kolorierten Holzstichs, François Georgin, besaß wahrscheinlich keine Ortskenntnis und stellte die Konstablerwache sehr schematisch dar.

Am 3. April 1833 begann eine Gruppe aus Studenten, Landleuten und polnischen Offizieren den Sturm auf die Haupt- und Konstablerwache mit dem Ruf: „Es lebe die Freiheit und Gleichheit, Revolution!" und wollte so das Fanal zum Sturz des Bundestags und zur Errichtung der deutschen Republik geben.[754] Der mit idealistischem Eifer geplante, doch ungenügend organisierte, letztlich verratene Aufstand rechnete zwar mit der tatkräftigen Unterstützung von Bürgern und Bauern, brach jedoch alsbald, nachdem dieser ausgeblieben war, im blutigen Einsatz des Linienmilitärs zusammen.

Für das offizielle Frankfurt war der „Wachensturm" oder das „Frankfurter Attentat" vor allem ein peinliches Ereignis, das die Stadt in ihrem Ansehen bei der Bundesversammlung herabwürdigte. Es hatte weitreichende Konsequenzen. Der Aufstandsversuch führte nicht nur zum Rücktritt des Frankfurter Bundestagsgesandten, sondern es etablierte sich auch die Zentralbehörde für die politischen Untersuchungen in Frankfurt und es wurden darüber hinaus über 3.000 Soldaten zum Schutz des Bundestages in die Stadt verlegt. Sie beschnitten seitdem die freistädtische Souveränität, und es bedurfte allergrößten diplomatischen Geschicks, sie Jahre später wieder aus der Stadt hinaus zu bekommen.[755]

Der Mehrzahl der Bürger Frankfurts erschien das Ganze als eine Farce und ein geschmackloser Studentenstreich. Der Wachensturm schlug im April 1833 fehl, weil innerhalb der Bürgergemeinde zwar Sympathien für eine konsequente republikanische Politik bestanden, nicht jedoch für einen bewaffneten Aufstand. Die Folgen für die demokratische Opposition waren gravierend. Eine neue Welle der Demagogenverfolgung zwang einige Teilnehmer in langjährige Gefängnis- und Untersuchungshaft. Gegen 2.000 Personen wurde bis 1842 Klage erhoben. Viele mussten auswandern. Die meisten gingen nach Amerika und hier vor allem in die Vereinigten Staaten.[756]

Einer von ihnen war Gustav Bunsen. Er wurde als Sohn einer etablierten Familie 1804 in Frankfurt geboren. Sein Vater war Direktor der Frankfurter Münze, und sein Bruder Georg wurde als bekannter Pädagoge mit liberalen Überzeugungen geschätzt. Sein zweiter Bruder Karl hatte eine Arztpraxis und Gustav folgte ihm in seiner akademischen Ausbildung, als er begann Medizin an der Universität Würzburg zu studieren. Während des Studiums kam er sowohl mit den Ideen der französischen Julirevolution als auch mit der nationalen Einigungsbewegung in Kontakt. Anstatt seine Studien in Heidelberg fortzusetzen, reiste er nach Warschau und beteiligte sich am Polnischen Aufstand. Er kam nicht vor 1832 nach Frankfurt zurück, trat dann aber sofort dem demokratischen Preß- und Vaterlandsverein bei. Zusammen mit seinen Freunden Gustav Körner und Franz Gärth übernahm er rasch eine führende Position und beteiligte sich an den Planungen zum Aufstand gegen den Deutschen Bund. Seiner Meinung nach sollte die Revolte in Frankfurt eine revolutionäre Situation herbeiführen ähnlich der in Paris oder Warschau wenige Monate zuvor. Nach dem Aufstand verließ er zusammen mit einer Gruppe von Flüchtlingen Deutschland und erreichte einige Wochen später St. Clair County in Illinois. Dort trafen sie alte Bekannte aus Frankfurt, denen es gelungen war Land im Shiloh Valley zu erwerben. Die Umstellung in der amerikanischen Wildnis war für die unerfahrenen Siedler wieder Willen hart. Sie erfuhren einen Kulturschock, mussten ihre Sprache umstellen und lernen, mit sehr beschränkten Ressourcen und einem niedrigen Komfortstandard auszukommen. Das sehr einfache Landleben war für die hoch gebildeten Akademiker nicht gerade die Erfüllung ihrer Wünsche. Aus diesem Grund verließ Bunsen nach einiger Zeit das kleine Dorf und ging nach Cincinatti im Staate Ohio. Cincinatti galt damals als das Zentrum der deutschen Kultur im Mittleren Westen. Aber auch das Leben als etablierter Arzt erfüllte nicht seine politischen Ambitionen. Er begann sich mit wachsendem Interesse mit dem Konflikt der angelsächsischen Siedler in Texas und Mexiko zu beschäftigen, der im Jahre 1835, also zwei Jahre nach dem Sturm auf die Frankfurter Hauptwache, eskalierte. Die texanischen Farmer wählten eine provisorische Regierung mit Sam Houston an der Spitze. Als Führer der Befreiungsbewegung bat er die Amerikanische Union um Hilfe und warb um Freiwillige für eine bewaffnete Miliz, um sich von der spanisch geprägten mexikanischen Republik zu separieren. Bunsen ließ sich nicht lange bitten und trat der Rebellenarmee bei. Bereits im November 1835 reiste er in das Krisengebiet und nahm an der Eroberung der damaligen Hauptstadt San Antonio teil. Nach diesem Sieg beteiligte sich Bunsen auch an dem hoffnungslosen Feldzug gegen Mexiko selbst. Er schlug die Warnungen der Mehrheit der Rebellenführer in den Wind und stimmte mit 64 Freiwilligen für ein Unternehmen, das in einem Fiasko endete. Aber für einen Mann, der wenige Jahre zuvor den Deutschen Bund mit nur 50 Amateurrevolutionären attackiert hatte, waren 64 gut bewaffnete Reiter vollkommen ausreichend, die mexikanische Republik anzugreifen. Erwartungsgemäß scheiterte die Expedition und Bunsen verlor gleich zu Beginn der Kämpfe sein Leben für die Unabhängigkeit von Texas.

Sein Bruder Georg Bunsen wurde dagegen ein bekannter Pädagoge, der maßgeblich an der Entwicklung der grundlegenden Prinzipien des amerikanischen öffentlichen Schulwesens beteiligt war. Sein Freund Körner wurde stellvertretender Gouverneur von Illinois und nahm am Gründungskongress der republikanischen Partei teil. Er spielte im amerikanischen Bürgerkrieg eine wichtige Rolle und überlebte Bunsen um 60 Jahre. So ist aus dem einen oder anderen Teilnehmer des Aufstandes von Frankfurt doch noch etwas geworden, auch wenn sich die großen Träume der Jugend nicht erfüllt hatten. Frankfurt aber trug neben seinen engen finanziellen Verbindungen auch auf diese Weise zum Aufbau der USA bei.[757]

Und damit zurück nach Frankfurt und zu einem erstaunlichen Phänomen. Obwohl sie Umsturzpläne gegen den Bundestag entworfen hatten und im April 1833 sogar zum Sturm auf die Hauptwache angetreten waren, fanden zahlreiche Aufständische bei ihrer Flucht Rückhalt in Teilen der städtischen Bürgerschaft. Selbst der Senat verschleppte, so gut er konnte, die Untersuchung der Vorgänge und zögerte über 200 Anklageschriften hinaus, um „gut situierte Frankfurter Bürger, die zahlreich darin verwickelt waren“, nicht zu kompromittieren.[758]

Das Erstaunliche an den Vorgängen ist weniger die Existenz der Radikaldemokraten und ihr Scheitern, sondern es ist mehr die Frage, warum sie in der Stadtrepublik auf eine so starke Resonanz stießen, ja sogar zum Teil, trotz der Verwicklung in den Aufstand, erstaunliche Karrieren durchliefen und – wie Friedrich Siegmund Jucho und Maximilian Reinganum – bis zur Elite aufstiegen. Jucho begann seine politische Laufbahn als Ersatzmann für das Wahlkolleg der 75er. Nach 1832 wurde er mehrmals in dieses Gremium gewählt, ohne in die Gesetzgebende Versammlung aufzusteigen. Er gehörte zu den Unterzeichnern der Petition für die Preßfreiheit und trat 1840 dem Physikalischen Verein bei. In dieser Zeit hatte er sich beruflich etabliert und bewohnte eine Mehrzimmerwohnung, für die er 400 Gulden Miete im Jahr entrichtete. 1848 gehörte er zu den Mitgliedern der Konstituierenden Versammlung und dort zur Fraktion der gemäßigten Liberalen. Er begründete den „Bürgerverein“ mit und setzte im folgenden Jahr seine Unterschrift unter eine Petition gegen einen allzu radikal-demokratischen Verfassungsentwurf. Kurz nach 1848 zog er in die Gesetzgebende Versammlung ein, der er bis zu ihrer Auflösung im Jahre 1866 ebenso

Friedrich Siegmund Jucho (1805–1884), Abgeordneter Frankfurts in der Nationalversammlung und Mitglied der Kaiserdeputation, danach Führer der „Gothaischen Partei" (preußisches Erbkaisertum) in der Gesetzgebenden Versammlung der Freien Stadt. Zeitgenössische Lithografie von Fritz Hickmann

Maximilian Reinganum (1798–1878), Mitglied von Gesetzgebender Versammlung und Ständiger Bürgerrepräsentation sowie später der Stadtverordnetenversammlung. Zeitgenössische Lithografie von Fritz Neubauer

angehörte wie von 1857 bis 1867 der Ständigen Bürgerrepräsentation. Er trat dem Geschichtsverein bei und später auch dem Geographischen Verein und dem Altertumsverein. Noch 1877 engagierte er sich im Nationalliberalen Wahlverein. Das sind kurz zusammengefasst die wichtigsten Stationen im politischen Leben Juchos. Sie kennzeichnen ihn als eine wichtige politische Persönlichkeit Frankfurts in den Jahrzehnten der Freien Stadt.

Ähnlich wie Jucho begann auch Maximilian Reinganum seine politische Laufbahn, nachdem er vom jüdischen zum lutherischen Glauben konvertiert war, in den zwanziger Jahren als Ersatzmann im Wahlkolleg. 1824 gründete er den Verein zur Beförderung der Handwerke unter den israelitischen Glaubensgenossen. Bereits im Jahre 1830 wurde er in die Ständige Bürgerrepräsentation berufen, entwarf und unterzeichnete die Petition für die Pressefreiheit und zog im nächsten Jahr in die Gesetzgebende Versammlung ein, der er bis 1848 und später wieder von 1856 bis zu ihrer Auflösung angehörte. 1848 gehörte er wie Jucho zur Konstituierenden Versammlung, teilte aber die konsequent liberalen Positionen der linken Mehrheit. Nach seiner Tätigkeit in der Gesetzgebenden Versammlung wurde er bruchlos in die Stadtverordnetenversammlung gewählt und gehörte diesem Kommunalparlament bis 1878 an. Kurz nach Gründung trat er 1839 dem Geschichtsverein bei. Auch wurde er Mitglied im Altertumsverein und im 1865 gegründeten Kaufmännischen Verein. In dieser Zeit war er als Rechtsberater der Rothschilds bereits finanziell saniert. Er verfügte über Hausbesitz im Werte von 40.000 Gulden und gehörte damit zu den 200 größten Hausbesitzern der Stadt. 1841 stieg er zum Konsulent der Handelskammer auf, ein Amt, das er bis 1878 bekleidete. Zeichen seines Ansehens war die Mitgliedschaft in der Casinogesellschaft.[759]

Dieser Umstand einer im Stadtbürgertum verwurzelten radikalen Demokratie erklärt sich nur, wenn davon ausgegangen wird, dass die Demokraten mit ihrer Politik ein allgemeines Problem berührten und als Fürsprecher in dieser Angelegenheit akzeptiert wurden. Dieses Problem bestand in der Tat in der weit verbreiteten Aversion gegen eine staatliche Bevormundung in wirtschaftlichen und politischen Angelegenheiten. Das bekannte Lied des Frankfurter Radikaldemokraten Wilhelm Sauerwein „Fürsten zum Land hinaus" hatte insofern für Frankfurter Bürger in der Zeit der Diskussion um den Zollverein eine recht konkrete Bedeutung. Genauso sah es auch der Deutsche Bund, dem Frankfurt als ein „Liberales Nest" galt.[760] Mit dieser Einschätzung lag man nicht allzu weit von der politischen Realität entfernt.

8.3 Auf dem Weg in die Revolution

Mit dem Scheitern der radikalen Demokratie sowie der Emigration und Verhaftung zahlreicher Aktivisten nach dem Wachensturm riss die liberale Opposition in der Stadt nicht ab, sondern wuchs im Gegenteil in die Breite und errang rasch in den städtischen Gremien eine Tribüne für politische Aktivitäten. Praktisch zeitgleich mit der Organisierung im Preßverein wurden die ersten Mandate im Wahlkolleg erworben und damit die Möglichkeit, auf die Zusammensetzung der Gesetzgebenden Versammlung Einfluss zu nehmen. Von den 230 Mitgliedern des Preßvereins aus Frankfurt errangen in den vierziger Jahren 110 ein politisches Mandat und immerhin 52 kurz- oder langfristig einen Sitz in der Gesetzgebenden Versammlung. Einige wurden auch auf Lebenszeit in die Ständige Bürgerrepräsentation kooptiert. Allerdings gelang nur zweien der Sprung in den Senat. Selbst 16 Jahre später, in der Revolution von 1848, sind immerhin noch fast 100 in der liberalen Bewegung aktiv und 15 erlangten im Verlauf der Revolution ein Mandat in der Konstituierenden Versammlung von 1848, die über die neue Frankfurter Verfassung beraten sollte.[761]

Bei der demokratischen und liberalen Bewegung der frühen dreißiger Jahre handelte es sich also keineswegs um ein momentanes Aufflackern, sondern um den furiosen Auftakt einer seitdem nicht mehr wegzudenkenden politischen Opposition, die von dieser Zeit an verstärkt ihre eigenen Traditionen ausbildete. Bereits sieben Jahre nach dem Sturm auf die Hauptwache entstanden zahlreiche Organisationen und Geheimgesellschaften wie das „Dienstagskränzchen", das „Blütenkolleg", die „Gesellschaft in den Katakomben" oder „Tutti Frutti", die als prominentestes Mitglied den Verfasser des „Struwwelpeters" und den späteren leitenden Arzt der Frankfurter Irrenanstalt Heinrich Hoffmann aufzuweisen hatte.[762]

Im selben Jahr 1840 wurden fast 50 Frankfurter Bürger als Zentrum eines nach Hunderten zählenden Personenkreises beim Bundestag denunziert, die den Kern der liberalen Opposition bildeten und die über Vereine vernetzt in den meisten politischen Körperschaften der Stadt Fuß gefaßt hatten. Es waren, wie der Denunziant erklärte, „keine jungen Leute mehr. Die meisten stehen an den Vierzigern und darüber. Bei ihnen kann also keine Rede von Jugendschwärmerei seyn, ihre politischen Meinungen sind fest begründet und bei den meisten ultraliberaler Natur: sie wollen den Umsturz [...] Diese zusammen bilden den Kern der liberalen Partei unserer Gegend; sie sind alle mit politischen Sünden beladen."[763] Die Liste der Denunzierten weist ein etwa gleichstarkes Kontingent aus dem Handels- und dem Bildungsbürgertum auf. Von den 48

Heinrich Hoffmann (1809–1894), Arzt und Schriftsteller. Fotografie von Philipp Hoff um 1860

Nikolaus Hadermann (1805–1871), Lehrer und demokratischer Politiker. Zeitgenössische Lithografie von Valentin Schertle

Denunzierten waren 23 Lehrer, Ärzte, Juristen oder Pfarrer und 22 Handelsmänner und Fabrikanten. Nur drei gehörten zu den Handwerkern.

Ähnlich wie bei den Mitgliedern des Preßvereins lebten 17 der 48 Denunzierten in Wohnungen mit beachtlichen Mietwerten zwischen 500 und 1.000 Gulden pro Jahr und der Hausbesitz wies in der Regel einen deutlich höheren Versicherungswert als 20.000 Gulden auf. Die politischen Aktivitäten dieses Personenkreises waren beträchtlich: 30 hatten bereits dem Preßverein angehört; nicht weniger als 38 übernahmen in den folgenden Jahren ein politisches Mandat, 25 davon in der Gesetzgebenden Versammlung, 14 im Verlauf der Revolution in der Konstituierenden Versammlung, und immerhin fünf stiegen in den Senat auf.[764]

Einer dieser Denunzierten war der Lehrer Nikolaus Hadermann. Er beteiligte sich am ersten Aufflackern der demokratischen Bewegung und unterzeichnete die Petition für die Herstellung der Pressefreiheit. Um 1840 lebte er bescheiden in einer Wohnung, für die er 225 Gulden Miete zahlte, besaß aber noch ein kleines Haus auf der Pfingstweide. Erst kurz vor der Revolution beteiligte er sich an den Wahlen zu den städtischen Gremien und wurde 1846 als „Suppleant", das heißt als Ersatzmann, ins Wahlkolleg gewählt. Zwei Jahre später zog er in die Konstituierende Versammlung ein und wurde ihr Vizepräsident. Nach 1849 beteiligte er sich am Boykott der Demokraten und zog aus diesem Grund erst im Jahre 1857 wieder in die Gesetzgebende Versammlung ein. 1866 petitionierte er gegen den Verlust der Selbständigkeit der Stadt und gelangte unmittelbar danach in die Stadtverordnetenversammlung, wo er bis 1871 neben dem Demokratischen Verein Sonnemanns eine eigene Fraktion bildete.[765]

Mitte der vierziger Jahre war an die Stelle der Radikalität von 1832 und der engen Orientierung an der französischen Republik der Wunsch nach einer Reform des Deutschen Bundes mit der die Beseitigung der unliberalen Bundesbeschlüsse und der Herstellung beziehungsweise Sicherung der allgemeinen demokratischen Rechte und der Errichtung eines Parlaments zur Mitsprache des Volkes in politischen Angelegenheiten getreten. Die liberale Bewegung in Frankfurt war Teil der nationalen und verfolgte dementsprechend die allgemeinen Ziele von Verfassungen und rechtsstaatlichen Verhältnissen in den von der Aristokratie bestimmten Territorialstaaten des Deutschen Bundes. Bezogen auf Frankfurt ging es jedoch vor allem um eine Dynamisierung der Verfassungsstrukturen, um einen Abbau der inneren berufsständischen Differenzierungen und um die Herstellung einer Gleichheit der Bürger, um die Aufhebung aller Benachteiligungen gegenüber den Beisassen und Landbewohnern sowie ein Jahrzehnt, nachdem sie sich in größerem Umfang am Vereinswesen engagiert hatten, um die Emanzipation der Juden. Die Bewegung wuchs Mitte der vierziger Jahre rasch in die Breite. Grundlage dafür war eine konfessions- und schichtenübergreifende Integrationspolitik der Frankfurter Liberalen. Tatsächlich trugen die Auseinandersetzungen um die Gründung der Deutschkatholiken oder die Diskussion um die politische Emanzipation der Juden zum Aufschwung der liberalen Bewegung bei.

Zum Verhalten des katholischen Bürgertums in den politischen Umbrüchen im 19. Jahrhundert wird in der Historiographie immer wieder von der These ausgegangen, die Katholiken hätten sich vom liberalen Fortschritt distanziert, die Reaktion unterstützt und dem Konservativismus zugeneigt. Es handelt sich hierbei um eine späte Referenz an die Position Hegels, „daß mit der katholischen Religion keine vernünftige Verfassung möglich ist".[766] Tatsächlich finden sich gerade am Beginn des 19. Jahrhunderts in der den Katholizismus als politische Kraft erneuernden romantischen und ultramontanen Bewegung zahlreiche Vordenker einer konservativen Gesellschaftstheorie. Wenn das Urteil in dieser Schärfe auch nicht mehr geteilt wird, besteht doch weitgehender Konsens, dass die Katholiken spätestens nach der Reichsgründung ins politische Abseits gedrängt wurden und in der Kulturkampfzeit ihre Behandlung als Reichsfeinde die politische Absonderung in der Zentrumspartei immens verstärkte. Sie hätten „sich, ultramontan diszipliniert, scharf nach außen hin abgegrenzt" und „als eine mächtige Formation des deutschen Lebens bis zum Weltkrieg behauptet".[767] Als Konsequenz ergibt sich eine Erklärung, warum der Liberalismus im Zeitalter der großen bürgerlichen Reformen im Großen und Ganzen auf das protestantische Milieu beschränkt blieb, denn „ein Drittel der Deutschen schied von vornherein als mögliche Wähler und Mitglieder liberaler Parteien aus".[768] Neben der politischen Spaltung des bürgerlich-liberalen Reformblocks im 19. Jahrhundert und der Lostrennung der Arbeiterbewegung gab es demnach eine dritte große Teilung. Statt an Einfluss zu gewinnen und sich auszubreiten, kam der Liberalismus nur selten über das protestantische Milieu hinaus, deshalb fehlten ihm die notwendigen Mehrheiten, um im 19. Jahrhundert die Reformen der deutschen Gesellschaft konsequent zu Ende führen zu können. Das begonnene Reformprojekt blieb Stückwerk – nicht so in Frankfurt am Main.

In der Stadt entwickelte sich ein liberaleres Milieu als in den umliegenden Regionen Deutschlands. Dies lässt sich anhand der Einbeziehung der Katholiken in den politischen Emanzipationsprozess nachvollziehen. Wie bei den allgemein quantitativen Betrachtungen am Beginn des Bandes ausgeführt, verschoben sich in der Stadt am Main die konfessionellen Strukturen von einer anfänglich überwiegend lutherischen Bevölkerungsmehrheit zu einer multikonfessionellen Struktur, eine Verschiebung, die gerade die katholische Gemeinde betraf. In den vierziger Jahren stellte sie bereits ein Viertel der Einwohnerschaft. Die Katholiken hatten am Beginn des 19. Jahrhunderts erfolgreich den Kampf um ihre Gleichstellung geführt. Dieses politische Engagement flaute in den folgenden Jahrzehnten nicht ab. Von den bis ans Ende des 19. Jahrhunderts insgesamt 220 Vorstandsmitgliedern der katholischen Gemeinde waren über 140 oder fast 64 Prozent in der einen oder anderen Form politisch aktiv gewesen. Jedem Dritten war es gelungen, ein Mandat in den städtischen Gremien zu erwerben. Das Interesse richtete sich dabei vor allem auf das Wahlkolleg und auf die Gesetzgebende Versammlung, in denen insgesamt 54 katholische Vorstandsmitglieder aktiv gewesen waren. Das zeugt vom ungebrochenen Interesse an der aktiven Gestaltung der Stadt – einer dominant lutherischen Stadt.

Politische Aktivitäten gehörten demzufolge zum Selbstverständnis der führenden Vertreter der katholischen Bürger und es erstaunt deshalb nicht, wenn sie bereits an den ersten Regungen der demokratischen Bewegung, beim Kampf um eine Liberalisierung des Presserechts, beteiligt waren. Die Petition für die Pressefreiheit von 1832 wurde sowohl von lutherischen und reformierten, als auch von katholischen Gemeindevorstandsmitgliedern unterzeichnet, und zwar jeweils ungefähr in der Anzahl, wie es der Größenrelation der Gemeinden zueinander entsprach.[769] Auch die bereits erwähnte Liste der beim Deutschen Bund denunzierten Liberalen enthält Namen von Personen, die später katholische Gemeindevorstandsmitglieder wurden. Sie engagierten sich ebenfalls in der Revolution. Von einer konservativen Absonderung und ultramontanen Orientierung kann also keine Rede sein.

Der Beitrag der Katholiken erstreckte sich jedoch nicht nur einfach auf die Beteiligung an der liberalen Bewegung. Gerade aus den Reihen der katholischen Gemeinde kamen Kräfte, die der Bewegung wichtige Impulse verliehen. Das offene Bekenntnis zum Lager der Demokratie blieb nicht ohne Folgen für das Selbstverständnis. Parallel zu den gesellschaftlichen Reformen wurden, insbesondere von dem in den Gemeindeorganen unterrepräsentierten mittleren Bürgertum, ein modernisierter Katholizismus und eine Reform der Partizipationsstrukturen in der Gemeinde gefordert. Über Jahre hinweg bauten sich Spannungen auf, die schließlich zur Herausbildung der deutschkatholischen Bewegung führten. Am 1. Juni 1845 konstituierte sie sich im Mülhenschen Palais, dem Haus des wohlhabenden katholischen Bankiers Mülhens, der auch Mitglied des Gemeindevorstandes der Gemeinde der Deutschkatholiken war. Damit hatte sich in Frankfurt die sechste größere Kirchengemeinde etabliert.

Am 30. März 1847 wurde die Gemeinde vom Senat als Religionsgesellschaft anerkannt: „Nach den Statuten unterstützte man alle Bestrebungen, die auf Herbeiführung einer einigen deutsch-christlichen Kirche, gebaut auf das Evangelium und das unbeschränkte Recht der freien Forschung gerichtet sind."[770] Kurz zuvor war zu diesem Zweck eine Lutherstiftung ins Leben gerufen worden. Dieser Stiftung gehörten mit Friedrich Siegmund Jucho und Nikolaus Hadermann zwei exponierte Demokraten an. Im Vergleich zur Sozialstruktur der katholischen Gemeinde war der Anteil der Handwerker und kleineren Kaufleute beim Vorstand der Deutschkatholiken sehr viel ausgeprägter. Sie repräsentierten eindeutig ein anderes soziales Milieu und standen in den folgenden Jahren in unmittelbarer Beziehung zur demokratischen Bewegung.

Die Neukonstituierung war von heftigen Auseinandersetzungen begleitet, die vielleicht dafür verantwortlich waren, dass nur wenige Jahre später die Chance vertan wurde, das erste deutsche Parlament als „Bartholomäuskirchen- oder Kaiserdomversammlung" in die Geschichte eingehen zu lassen, weil die mit der Suche nach einer Versammlungsstätte beauftragten Liberalen Friedrich Siegmund Jucho und Georg Christoph Binding, die den Deutschkatholiken nahestanden, davon ausgingen, dass der „konservative" katholische Gemeindevorstand einen Vorschlag, das erste deutsche Parlament dort tagen zu lassen, sowieso ablehnen würde, und sie sich deshalb nur an den lutherischen wandten.[771] Eine Ablehnung wäre jedoch keineswegs so sicher gewesen, denn nach der Abspaltung der radikalsten Anhänger der Demokratie verblieben noch zahlreiche liberale Reformkräfte in der katholischen Gemeinde, die für eine – wenn auch gemäßigte – Erneuerung der städtischen und darüber hinaus der nationalen Gesellschaft eintraten.

Der Aufschwung der liberalen Bewegung, bestärkt durch die Gründunge der Deutschkatholiken, führte zur Betonung der überkonfessionellen Einheit des Bürgertums und belebte gleichzeitig die Diskussion um die politische Emanzipation der Juden. Die Bildungsbewegung vom Beginn des 19. Jahrhunderts hatte über die Jahre hinweg zu einer tiefgreifenden kulturellen Wende innerhalb der jüdischen Gemeinde geführt. Die Frankfurter Juden passten sich in Kleidung und Haartracht zunehmend ihrer Umwelt an. Die traditionelle Kleidung – der Kaftan – wurde abgestreift und durch den Rock ersetzt. Die Schläfenlocken wichen den üblichen Barttrachten. Nicht selten wechselten die Juden auch ihre Namen. Aus dem aus England zugewanderten Raphael Lyon Moses wurde in den 1850er Jahren Ralph Merton, der Vater des späteren Gründers der Metallgesellschaft Wilhelm Merton.[772] Sie eigneten sich zusammen mit der deutschen Sprache auch die deutsche Bildung an, die das traditionelle jüdische Wissen allmählich zu ersetzen begann.[773] Einen besonderen Anteil an diesem Prozess hatte eine Gruppe jüdischer Bildungsbürger, die im Zusammenhang mit der jüdischen Reformschule, dem Philanthropin, standen, das sich immer mehr zu einer der zentralen Einrichtungen der Gemeinde entwickelte, was sich nicht zuletzt in wachsenden Zuwendungen seitens der Gemeinde niederschlug. Zu diesem Kreis gehörten Isaac Marcus Jost, Michael Hess, Michael Creizenach und Abraham Geiger. Ihr erklärtes Ziel war eine Umgestaltung des Gottesdienstes durch verstärkte Anleihen beim Protestantismus, die Einführung der deutschen Sprache, die Begleitung der Kulthandlungen durch Orgelmusik und Choräle sowie eine radikale Veränderung der Gebetstexte.[774]

Dieser innere Wandel in der jüdischen Gemeinde wurde von den Integrationsmechanismen der städtischen bürgerlichen Gesellschaft unterstützt. Dazu gehörten die langfristigen Folgen der privatbürgerlichen Gleichheit, die gerade den wohlhabenden Mitgliedern der Gemeinde neue Möglichkeiten eröffnet hatte, und die egalisierenden Konsequenzen der Beteiligung an den Vereinen. Dieser Prozess war bereits Mitte der dreißiger Jahre in vollem Gange.[775] Es folgten allerdings nur kleine Schritte in der Beseitigung der rechtlichen Diskriminierungen. Im Jahre 1834 wurde die Aufhebung der Heiratsbeschränkungen allgemein begrüßt.[776] Doch statt abzunehmen, wuchs der Reformdruck mit jedem Stein, der aus der Mauer der Abgrenzung gebrochen wurde, und dies betraf nicht nur die christliche Gemeinde und ihre politischen Repräsentanten, sondern hatte auch Konsequenzen für die jüdische Gemeinde selbst.[777]

Ähnlich wie bei den Katholiken radikalisierte sich auch bei den Juden die Fraktion der Reformer. Aus den Schülern des Philanthropins wuchs in Frankfurt am Main in den dreißiger und vierziger Jahren die zweite Generation jüdischer Reformer heran. Diese wollten insbesondere das Bild der Juden in der Öffentlichkeit verändern und dadurch die negativen Vorurteile beseitigen. Dazu gehörte die Abschaffung der auf dem Talmud basierenden Rituale.[778] Im Jahre 1842 gründete Theodor Creizenach in diesem Sinne den „Frankfurter Verein für Reformfreunde“ und konkretisierte die Forderungen. Er ging davon aus, dass die mosaische Religion befähigt sei, sich fortzuentwickeln; der Talmud sei keineswegs als oberste Autorität anzuerkennen, alle daraus resultierenden Speisegesetze, körperlichen Übungen, Ehebestimmungen und die Beschneidung seien unverbindlich und er lehnte alle Vorstellungen von einem Messias oder einer Rückkehr nach Palästina ab. Das Geburtsland sei das Vaterland und mit diesem offenen Bekenntnis zur deutschen Nation verstand er sich als Teil der nationalen Bewegung.[779] Creizenach und der Verein provozierten mit ihren Positionen nicht nur die Traditionalisten in der jüdischen Gemeinde Frankfurts, sondern auch Anhänger der nationalen Reformbewegung, die die Forderungen als zu weitgehend erachteten. Insbesondere die Stellung zu den „more judaico“ führte zu jahrelangen Kontroversen, als deren Folge sich der Verein 1845 auflöste und Creizenach später zum Christentum konvertierte.[780]

Die Gegensätze zwischen Reformern und orthodoxen Juden führten zwar noch nicht, wie bei den Katholiken, zur Spaltung der Gemeinde, aber die Spannungen nahmen doch beträchtlich zu, nachdem es der Reformbewegung gelungen war, Ende der dreißiger Jahre nicht nur die wichtigste Bildungseinrichtung der Gemeinde – das Philanthropin –, sondern auch den Gemeindevorstand und sogar das

Rabbinat zu besetzen. An dieser Entwicklung hatte auch die energische Intervention von Mitgliedern der Rothschildfamilie, die sich zum traditionellen Judentum bekannte, nichts zu ändern vermocht. Es rächte sich für die Orthodoxen, dass so prominente Repräsentanten wie die Rothschilds nicht im Gemeindevorstand vertreten waren.[781]

Der Streit blieb nicht innerhalb der Gemeinde, denn die Reformkräfte drängten an die Öffentlichkeit. Spätestens in den vierziger Jahren beteiligten sich Juden organisiert an der liberalen Bewegung.[782] So erlebte 1845 die Diskussion um die vollständige jüdische Emanzipation mit der Gründung des liberalen Montagskränzchens einen neuen Aufschwung.[783] Nach heftigen Diskussionen um die Beteiligung der Juden wurde im Oktober 1846 bestimmt, der Verein sei „eine Versammlung wahrer Reformfreunde aus allen Confessionen und Religionsparteien [...], welche daselbst zu gemeinsamer Besprechung, gemeinsamen Ideenaustausch zusammenfinden und alles zu vermeiden hätte, was über diese Grenze hinausgehe".[784] Vorsitzender dieses Vereins wurde der Lehrer Nikolaus Hadermann, der systematisch am Aufbau eines politischen Netzwerkes arbeitete.

Mit dem Montagskränzchen hatte die liberale Bewegung seit 1832 erstmals wieder einen festen organisatorischen Halt gewonnen. Gerade bei diesem Verein wird also der gemischtkonfessionelle Charakter der liberalen Bewegung in Frankfurt deutlich. Der Liberalismus integrierte hier die katholischen, reformierten und jüdischen Minderheiten. Diese Gruppen waren seit den dreißiger Jahren bei den Liberalen aktiv, und insbesondere die Juden sahen im Liberalismus den Hoffnungsträger ihrer Emanzipation. Der Liberalismus integrierte aber nicht nur die verschiedenen konfessionellen Milieus, er bemühte sich auch, in sozialer Hinsicht in die Breite zu wachsen und neue Schichten an die Ideen der bürgerlichen Aufbruchsbewegung heranzuführen. Im Zentrum stand dabei wiederum der Bildungsgedanke.

Das Vereinswesen bildete, wie aus den Darlegungen deutlich wird, auch auf dem politischen Feld ein variables Strukturelement für die sich beständig weiter ausformende und dynamisch zur Entfaltung drängende moderne bürgerliche Gesellschaft. Dieser Ansatz erfuhr im Vormärz erneut eine Ausweitung, indem ansatzweise auch Teile der Unterschichten einbezogen wurden.[785] Derartige Bestrebungen gab es auch in Frankfurt. Seit Anfang der vierziger Jahren existierte eine Initiative zur Gründung einer Volksbibliothek, die im Jahre 1843 schließlich die „Frankfurter Gesellschaft zur Verbreitung nützlicher Volks- und Jugendschriften" ins Leben rief.[786] Die Gründer wollten eine Leihbibliothek haben nach dem Vorbild einer bereits bestehenden Schul- und Volksbibliothek in Sachsenhausen, die ein Lehrer privat errichtet hatte. Ganz in der Tradition der Lesegesellschaft pries er seine Einrichtung und bekannte Mitte der vierziger Jahre mit Freude, „daß das Lesen moralischer und belehrender Schriften in den verfl. 5 Jahren einen recht wohlthätigen Einfluß auf die Arbeitsamkeit, Mäßigkeit und Sparsamkeit vieler Bewohner Sachsenhausens geäußert hat und ich mich dadurch ermutigt fühle, auch künftighin diesem Beförderungsmittel der Menschen-Veredelung Muße, Zeit und Kraft zu widmen".[787]

Aufschlussreich ist die Zusammensetzung des Vorstands des 1845 gegründeten „Vereins für Volksbildung", dem mit August Ravenstein – dem Gründer des Geographischen Vereins, der ebenfalls in führender Stellung an der Turnerbewegung beteiligt war – und Nikolaus Hadermann, der 1840 als mit „Sünden" beladener Umstürzler denunziert worden war und das Montagskränzchen mitbegründet hatte, zwei führende Liberale angehörten. Beide erblickten den Zweck der Gesellschaft darin, „durch die Verbreitung guter Schriften den religiösen Sinn und das sittliche Gefühl des Volkes zu beleben und dadurch gegen diejenigen Uebel anzukämpfen, welche ihren Grund in sittlicher Verderbniß haben, die so häufig durch das Lesen schlechter Schriften hervorgerufen wird."[788]

Auffallend an der Zielsetzung des Vereins ist der moralische Ton und die Einschwörung auf die staatlichen Verhältnisse. Das erstaunt etwas angesichts der beiden radikaldemokratischen Protagonisten, deren kritisches Verhältnis zu den damaligen staatlichen Zuständen bekannt war. So spricht dann aus diesen Zeilen bei allem Engagement, den aufklärerischen Zeitgeist unter die Massen zu tragen, eine gehörige Portion Misstrauen gegen das Volk und die ungebildeten Stände der Gesellschaft. Der Volksbildungsverein richtete sich als Institution nicht an Gleiche; er war nicht wie die bürgerlichen Gesellschaften, allen voran das Casino, eine Organisation zur Sammlung der „gebildeten Stände", kein Gewerbeverein, in dem sich die Mitglieder in Selbsthilfe die fruchtbringenden Ergebnisse der Wissenschaft aneigneten, sondern hatte eher den Charakter eines „Missionsvereins" zur Verbreitung der bürgerlichen Kultur. Es ging keineswegs um einen Gedankenaustausch unter Gleichgesinnten, sondern um den „Gedankentransfer", um eine Erziehung, bei der die aktiven und passiven Seiten eindeutig zugeordnet und die Richtung hegemonial bestimmt waren. Aber vor der Revolution von 1848 war die Zeit der Volksbildungsvereine und der Massenbildung noch nicht herangereift. Zur Erfassung des Volkes bedienten sich die Liberalen dann auch eines anderen Vereinsmodells, dem des Turnvereins.

Die Traditionen der Turnbewegung reichen in Frankfurt bis in die Zeit kurz nach den Befreiungskriegen zurück. Im Jahre 1815 hielt sich Friedrich Ludwig Jahn in der Stadt auf und initiierte dort eine kleine Gruppe von fünf Personen, die sich auf der Pfingstweide im „Gerwerfen", Steinstoßen sowie im Weit- und Hochsprung mit und ohne Stab übten. Sie sollen sich auch sonst nach den Jahnschen Ideen – „strenger Geist, einfache Kleidung, Sittlichkeit und Schweigsamkeit" – gerichtet haben, und keiner der Turner, so heißt es, „betrat ein Gast- und Weinhaus".[789] Bis kurz vor dem Verbot durch den Deutschen Bund im Jahre 1820 vergrößerte sich diese Gruppe bis auf 30 Personen. Zusammen mit Adolph Diesterweg, einem Anhänger Heinrich Pestalozzis, organisierte Jahn auch einen Turnunterricht an der Musterschule, und zwar

Friedrich Ludwig Jahn (1778–1852), Burschenschafter, „Vater“ der Turnbewegung und Abgeordneter der Nationalversammlung

Adolph Diesterweg (1790–1866), Pädagoge und Mitbegründer der Polytechnischen Gesellschaft

für Jungen- und Mädchenklassen. Ganz im Sinne Jahns verstand Diesterweg das Turnen als ein Mittel zur Bildung des Charakters. Die Turnanlage bestand wahrscheinlich aus Klettergerüsten mit Masten, Tauen, Schaukeln und Leitern für alle Arten von Bewegung wie Springen, Klettern, Laufen, Ringen, Fechten und Balancieren.[790]

Der erste Frankfurter Turnverein entstand allerdings erst im Jahre 1831. Die Initiative dazu ergriff der bereits mehrfach erwähnte August Ravenstein. Bei ihm stand nicht wie bei Jahn die Wehrertüchtigung im Vordergrund, sondern die „Ausbildung und Veredlung der körperlichen Kräfte“, die „Stählung der Gesundheit“ zur „Beförderung der Sittlichkeit und Erziehung größerer Empfänglichkeit der Seele für geistige Bildung der Pfleganbefohlenen“.[791] Das war in die Worte der programmatischen Erklärung des Vereins übersetzt die klassische Beziehung zur Bildung: „mens sana in corpore sano“. Ravenstein selbst fand noch drastischere Worte für die Beschreibung der Zusammenhänge: „Da blühen die Wissenschaft, Kunst, Gewerbe und der Handel, und nach dem äußeren Anschein möchte man in Versuchung geraten, unser Zeitalter als ein glückliches, vor vielen bevorzugtes zu preisen. Aber wie bleich die Wangen, wie eng die Brust, wie gewaltig das Heer der Krankheiten und körperlichen Gebrechen, welche unter dem entarteteten menschlichen Geschlechte wüthen“. Und weiter fährt er fort: „Soll nicht der geistige Kern naturentfremdeter Bevölkerung ver-

August Ravenstein (1809–1881), Kartograf, Verleger und Gründer der Frankfurter Turngemeinde

trocknen, sollen nicht endlich mit der absterbenden Kraft des Körpers auch die geistigen Blüthen verwelken, dann muß dem Uebel ein kräftiger Damm entgegengesetzt werden: regelmäßige Uebung und Anregung der körperlichen Kräfte im Freien, die Gymnastik."[792]

Die Anfänge waren mit nur 23 Mitgliedern sehr bescheiden. Doch bald erhielt der Turnverein mit dem Plan einer Turnanstalt für sämtliche Frankfurter Schulen einen erheblichen Auftrieb. Die Idee wurde vom Senat finanziell unterstützt und 1838 in die Tat umgesetzt. Auf dem Programm stand Turnen „in seinem ganzen Umfange, einschließlich des Roßschwingens (Voltigirens), des Fechtens und Exercirens, letztere beide jedoch als besondere, von dem gewöhnlichen Unterricht getrennte Disciplinen". Immerhin wurde auch an die Frauen gedacht und es wurden „gymnastische Übungen der Mädchen", „wenn auch in weniger ausgedehnter Weise", berücksichtigt.[793] Selbst diese relativ bescheidenen Ansätze waren umstritten und wurden als „Mode-Extrem unser Zeit" bezeichnet, aber nichtsdestotrotz fortgesetzt.[794] In diesem Zusammenhang zeichnete sich der zweite führende Kopf der demokratischen Bewegung aus, der Lehrer Nikolaus Hadermann, der sich wie Ravenstein neben der Volksbildungsbewegung auch in der Turnvereinsbewegung engagierte.[795]

Auf jeden Fall nahm die Bewegung in Verbindung mit dem Schulturnen einen erfreulichen Aufschwung. Es wurde eine Fahne angefertigt, „die Teutonia auf einem Löwen ruhend" zierte, und im Haus der Loge „Carl zum aufgehenden Licht" vorgestellt.[796] Obwohl die Anzahl der Turner sich in wenigen Jahren verzehnfachte, waren die Vereinsgründer mit dem Ergebnis nicht zufrieden. Die Initiatoren strebten eine Verzehnfachung der Teilnehmerzahlen auf mehrere Tausend an, stießen damit aber an die Grenzen der noch weitgehend von privaten Mitteln unterhaltenen Einrichtung. Es wurde Kapital benötigt für den Ankauf eines großen Turnplatzes und den Bau eines Turnhauses, auch für Spielplätze und weitergehend für eine Schwimmanstalt. So kamen die Turnbegeisterten um Ravenstein zu dem Schluss: „Hier kann nur ein Verein helfen."[797] Die Idee für die Gründung des „Vereins zur körperlichen Ausbildung der Jugend" war geboren.[798]

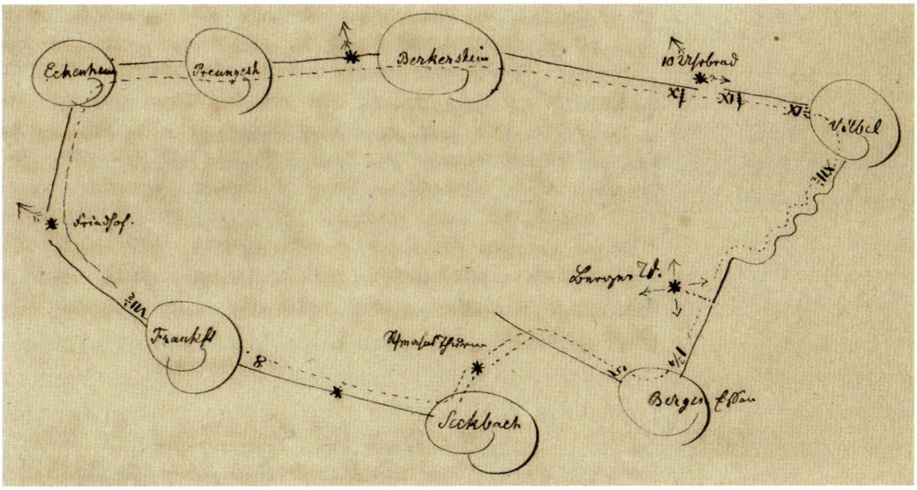

Skizze August Ravensteins zur ersten Mädchenturnfahrt 1846 im „Fremdenbuch" der Ravensteinschen Turnanstalt

Der Zweck des am 9. Mai 1845 gegründeten Vereins war „die Sicherstellung und Förderung des Turnens in unserer Stadt und deren Gebiet, als eines wesentlich nothwendigen Bestandtheiles der gegenwärtigen Erziehungsweise".[799] Die Leitung übernahm ein zwölfköpfiger „Turnrath", dem neben Bankiers und Bildungsbürgern der verschiedenen christlichen Konfessionen – so die Katholiken Louis Brentano und Jacob Josef Anton Matti – auch die beiden Juden Hermann Flersheim und Heinrich Schwarzschild angehörten. Überhaupt war unter den Mitgliedern und Aktionären alles vertreten, was in Frankfurt Rang und Namen hatte. Und natürlich fehlten mit Nikolaus Hadermann, Friedrich Siegmund Jucho, Heinrich Meidinger, Martin May und Eduard Franz Souchay auch die führenden Vertreter der liberalen Bewegung nicht. Bereits nach einem Jahr konnte zur Einweihung der Turnhalle geschritten werden. Wenn auch etwas gewaltsam wurde voller Pathos das Ideal des Turners beschworen: „Der Turner ringt nach hohem Ziel, / Ein Mann zu seyn, wie Gott ihn will; / Er stählt des Leibes Kraft und Mark,/ Macht so die Seele treu und stark, / Mit klarem Auge sonder scheu, / Mit einem Herzen kühn und treu, / Mit Worten ehrlich, wahr und schwer, / so tritt im Leben er daher."[800]

Dennoch erreichte auch dieser Verein nicht das angestrebte Ziel. Nach einem furiosen Auftakt mit fast 450 Mitgliedern gingen die Zahlen bis 1848 auf etwas über 300 zurück.[801] Im gleichen Maße nahm die politische Diskussion in der Bewegung zu. Bereits auf dem Turnertag zu Frankfurt im Jahre 1847 wurden Pläne zur Schaffung einer allgemeinen deutschen Turnerschaft erörtert. Die Turnvereine stellten zu Beginn der Revolution von 1848 eine bereits stark politisierte, gut organisierte und liberal-demokratisch orientierte Bewegung dar. Aber sie entglitten zunehmend der Hegemonie der Bürger, weil sich die besser gestellten Bürger aus diesen Vereinen zurückzogen. Die soziale Kontrolle entfiel und die Turnerbewegung radikalisierte sich immer mehr. Am 9. Januar 1848 rief eine Versammlung der Turnvereine aus Frankfurt, Offenbach, Hanau, Mainz, Wiesbaden, Idstein und Höchst in Hattersheim zum gewaltsamen Umsturz auf. Man müsse das Proletariat und Handwerksgesellen gewinnen, man solle „Arbeiter-Vereine, Mäßigkeits-Vereine u. dergl. gründen, oder wo solche schon beständen, sich denselben anschließen u. da könne man die Zwecke der Turner, die Vorbereitung der Revolution ungestört betreiben".[802] Am 15. Januar 1848 wurde nicht zuletzt aufgrund dieses Aufrufs die Frankfurter Turngemeinde aufgelöst. Der Grund der Radikalität findet sich in dem großen Anteil an Handwerksgesellen, die vom Bürgerrecht und damit von der Mitsprache in der städtischen Bürgergesellschaft ausgeschlossen waren. Dem Transfer von bürgerlichen Werten und Tugenden stand ein Defizit an politischen Rechten gegenüber. Bildungsbewegung und politische Bewegung kamen nicht zur Deckung. Das war die erste Hypothek der Revolution.[803]

8.4 Märzforderungen und Wahl der Nationalversammlung

Auch wenn der Sturm auf die Hauptwache von der Mehrheit der Frankfurter Bürger verurteilt worden war, gab es durchaus Sympathien und praktische Unterstützung für die Initiatoren und ihre politischen Vorstellungen. Diese Sympathie in Teilen des Frankfurter Bürgertums steigerte sich wenige Jahre später zu einer in die Breite wachsenden liberalen Bewegung, die die Forderungen der Demokraten von 1832 nach einer Dynamisierung der Verfassungsstrukturen bis in den März 1848 hinein tradierte und mit immer mehr Nachdruck grundsätzliche Reformen einklagte.

Diese unterschieden sich jedoch klar von den Forderungen der Liberalen in den anderen Staaten des Deutschen Bundes. Tatsächlich nahm die Revolution in Frankfurt später einen anderen Verlauf und hatte andere Bezugspunkte. Da war zum einen die Sozialstruktur der Bevölkerung, die sich vollkommen von derjenigen der deutschen Territorialstaaten unterschied, denn es überwog das Bürgertum, während die typischen Schichten des Landes, der Adel und die bäuerliche Bevölkerung, abgesehen von den zu Frankfurt gehörenden kleinen Dörfern, faktisch nicht existent waren. Damit fehlten genau die Strukturen und Interessenbeziehungen, von denen die Revolution in den umliegenden Flächenstaaten geprägt war. Weiterhin unterschied sich die Stadtrepublik in ihrem politischen Aufbau. Statt des klassischen Gegensatzes von obrigkeitlichem Staat und Untertanenverband zeichnete sich die Bürgergemeinde durch eine außerordentlich hohe Partizipationsrate und selbst gewählte politische Körperschaften aus. Gerade durch ihre politischen Rechte unterschieden sich die Bürger von den sonstigen Einwohnern der Stadt, die außerhalb des bürgerlichen Rechtsverbandes standen. Die Bürger wählten beziehungsweise kooptierten seit alters her ihre Repräsentanten in mehrere Gremien, an denen bereits im 18. Jahrhundert Handwerker, Kaufleute und Bildungsbürger gleichermaßen beteiligt waren. Seit 1816 gab es eine Gesetzgebende Versammlung, die über große Machtbefugnisse verfügte, und eine Ständige Bürgerrepräsentation, die insbesondere über die finanziellen Angelegenheiten der Stadtverwaltung wachte, sowie einen Senat, der sich aus den verschiedenen Schichten des städtischen Bürgertums rekrutierte.

Mit diesen praktischen Möglichkeiten einer politischen Betätigung war der „Scheinkonstitutionalismus" der Landesparlamente in den umliegenden Staaten nicht zu vergleichen. Und das war auch der Grund, warum sich Frankfurt in den dreißiger Jahren zu einem Zentrum der liberalen Bewegung entwickelte. Dennoch blieben viele Wünsche offen. Einer, der es wissen musste, der bereits erwähnte Anwalt Maximilian Reinganum, meinte zur Frankfurter Staatsform: „Es ist eine Demokratie, diese aber wird gar wesentlich temperirt durch Zunftprivilegien und Aengstlichkeit. Die Demokratie ist aber auch insofern wiederum nicht vorhanden, als hier die Vorrechte der politisch privilegirten Bürger dem Mangel aller politischen Rechte bei den anderen Staatseinwohnern entgegenstehen, folglich nicht dem Volke im eigentlichen Sinne die Staatshoheit gehört".[804] Damit sprach er den Ausschluss der Juden und Beisassen sowie der Bewohner der zum Staate Frankfurt gehörigen Dörfer wie Bornheim oder Dortelweil an, die keine politischen Rechte besaßen. Dazu kamen die ständische Gliederung der Gremien und die uneindeutige Trennung der Gewalten. Auch der Zuschnitt der Gesetzgebenden Versammlung passte nicht jedem. Vielen schien diese zu behäbig, es gab zu viele Einflussmöglichkeiten des Senats und der Ständigen Bürgerrepräsentation. War dem einen die Abgrenzung zwischen den Gremien nicht ausgeprägt genug, so forderten andere wie etwa Souchay mehr Führung. Diese Reformforderung bestand seit längerem. Sie war nach dem gescheiterten Aufstand der Radikaldemokraten auf Eis gelegt, aber nicht vergessen worden.[805]

Das war die Situation, als im Februar 1848 die ersten Nachrichten von der Revolution in Frankreich und den siegreichen Kämpfen in Paris eintrafen. Ende Februar war dann zwar in Frankfurt die Abdankung Louis Philippes und manches andere bekannt, doch vergingen noch ein paar Tage, bis am 3. März auch in Frankfurt eine Volksversammlung tagte. Wie überall in Deutschland stellten auch hier die Liberalen zunächst allgemeine Märzforderungen auf wie Volksbewaffnung, Pressefreiheit, Versammlungsrecht, politische Amnestie und staatsbürgerliche Gleichstellung der Minderheiten. Eine Petition wurde an den Senat gerichtet und von einer erregten Volksmenge überreicht.[806] Es blieb nicht bei dem Menschenauflauf. Der Zorn entlud sich in Krawall und es kam auch zu Steinwürfen. Heftig wurde zwischen Opposition und Senatsvertretern gestritten, bis Letztere meinten, das Linienmilitär einsetzen zu müssen. Die Fronten verliefen dabei durchaus nicht klar. Ausgerechnet der Oppo-

Februarrevolution in Frankreich: Erstürmung der Tuillérien am 24. Februar 1848

sitionelle Friedrich Funck, der 15 Jahre zuvor den nicht gerade zartbesaiteten Wachenstürmern nahegestanden hatte, bezeichnete nun die Menschenmenge wegen ein paar Steinwürfen als Dummköpfe und Säufer. Andere sahen Handwerksgesellen und Bewohner umliegender Ortschaften als Urheber.[807]

Aber auch ohne die Unterstützung Funcks waren die Bürger erfolgreich. Sie trotzten dem Senat das Versprechen ab, endlich Reformen einzuleiten. Der Senat beugte sich diesem Begehren, das neben Forderungen, die sich an den Deutschen Bund richteten wie die Aufhebung aller seit 1819 erlassenen Ausnahmegesetze, die Einführung der Pressefreiheit, die allgemeine Volksbewaffnung oder ein allgemeines deutsches Parlament, auch lange aufgeschobene Veränderungswünsche enthielt wie etwa die staatsbürgerliche Gleichheit. Ebenso sollte das Vereinigungsrecht, das durch das Verbot des Turnvereins Schaden genommen hatte, wieder hergestellt werden, und schließlich wurde auch die Gewerbefrage erneut virulent.[808]

Der Senat akzeptierte und bewilligte alle Forderungen bis auf die nach „staatsbürgerlicher Gleichheit" – also der vollständigen Emanzipation der Juden, Beisassen und Dorfbewohner –, weil dies eine Änderung der Constitutions-Ergänzungs-Akte zur Voraussetzung gehabt hätte, und diese, so argumentierte der Senat, sei laut Verfassung an das Votum der gesamten Bürgerschaft gebunden.[809] Aufgrund von Verfahrensfragen schleppte sich die Verfassungsreform noch ein halbes Jahr hin, ohne nennenswerte Fortschritte zu erzielen. Die Verzögerung hatte Konsequenzen, denn bis zum Herbst waren die politischen Voraussetzungen für eine Verfassungsrevision grundlegend andere.[810] Doch zurück zum Anfang der Revolution. Mit der Genehmigung der Versammlungsfreiheit am 27. März entstand die Basis für Vereinsinitiativen, welche die Frankfurter Verfassungsreform voranbringen sollten. Sie bereiteten dann auch im Herbst die Wahl zu einer „Konstituante" vor, deren Aufgabe in der Erarbeitung einer neuen Verfassung bestehen sollte, die an die Stelle der Konstitutionsergänzungsakte treten sollte.[811]

Vorerst aber überlagerten andere Ereignisse den Fortgang der Frankfurter Revolution. Denn dafür, dass nicht unmittelbar die Gleichstellung ins Werk gesetzt wurde, gab es noch einen ganz anderen Grund. Die Frankfurter hatten alle Hände voll zu tun. Ihnen war die Organisation des Vorparlaments und dann der Nationalversammlung übertragen worden. Die Versammlung der 51 in Heidelberg vom

Einzug der Abgeordneten des Vorparlaments in die Paulskirche am 31. März 1848

5. März 1848 setzte einen 7er-Auschuss ein, der für das geplante Vorparlament Männer aus ganz Deutschland nach Frankfurt einlud. Die beiden Frankfurter Mitglieder, Friedrich Siegmund Jucho und der Anwalt Georg Christoph Binding, hatten die Vorbereitungen vor Ort übernommen.[812] Sie konnten dabei auf das Netzwerk persönlicher Beziehungen deutscher Oppositioneller der vierziger Jahre zurückgreifen. Sie waren allerdings bereits bei der Frage der Unterkünfte auf die Hilfe der gesamten Bürgerschaft angewiesen. Jucho allein beherbergte beispielsweise zwischen dem 31. März und 3. April 1848 vier Vorparlamentarier. Aber nicht nur Oppositionelle, auch Senatoren und eine Vielzahl von einfachen Bürgern gaben den Vorparlamentariern Logis oder halfen in vielen praktischen Dingen. Die guten Kontakte der Opposition zu den konfessionellen Gemeinden hatte die Suche nach einem geeigneten Tagungsraum sehr erleichtert. Als Vertreter der Bürgerrepräsentation der 51er baten Jucho und Binding den lutherischen Gemeindevorstand darum, die Paulskirche als Tagungsstätte nutzen zu dürfen, die eine große Anzahl von Zuhörern zuließ.[813]

Auch Heinrich Hoffmann beteiligte sich an den Vorbereitungen. Er hielt die Märzereignisse in dem Gedicht „*Horch auf mein Volk*“ fest:

Horch auf, mein Volk!
Ob deutschen Landen
Geht brausend jetzt ein Sturm einher!
Hoch weht dein Banner, frei von Banden;
Und beugen soll's der Sturm nicht mehr.

Sei frei, mein Volk! Du hast gebrochen
die Ketten schnöder Hinterlist.
Frei willst Du sein; du hast gesprochen,
du hast gewollt, und sieh: Es ist![814]

Frankfurt stand im März und April also ganz im Bann der Nationalbewegung und deshalb rückte das eigene, das lokale Reformprogramm für den Stadtstaat vorübergehend in den Hintergrund. Am 9. März hisste die Bundesversammlung die schwarzrotgoldne Fahne, und am Ende des Monats trat in Frankfurt das Vorparlament zusammen, das die Nationalversammlung vorbereitete. In diesem Vorparlament saßen zwölf Abgeordneten aus Frankfurt, darunter die Ratsherren Samuel Gottlieb Müller und natürlich Eduard Souchay.

Die Geschichte der Frankfurter Nationalversammlung, des ersten gesamtdeutschen Parlaments, das am 18. Mai 1848 in der Paulskirche eröffnet wurde, ist ein Thema für sich, das uns hier nur im Hinblick auf Frankfurt berührt.[815] Der Linksliberale Jucho besiegte seinen Hauptkonkurrenten Reinganum in der Wahl zur Nationalversammlung am 28. April mit 6.650 zu 1.404 Stimmen und repräsentierte

Einzug des Reichsverwesers Erzherzog Johann von Österreich in Frankfurt am Main am 11. Juli 1848

damit das politische Frankfurt.[816] Wir kennen aus zahlreichen Schilderungen die enthusiastische Anteilnahme der Frankfurter aller Stände an den Parlamentsdebatten, die Vergötterung mancher Abgeordneter auf der Rechten wie auf der Linken. Und der Jubel hielt in Frankfurt auch noch an, als der Reichsverweser Erzherzog Johann von Österreich in Frankfurt einzog: „Unwillkürlich jubelten wir dem Reichsverweser Johann mit entgegen, obgleich eigentlich kein verständiger Mensch absehen konnte, was aus der verwirrten Geschichte endlich werden sollte."[817]

Die Frankfurter Salons öffneten sich den Vertretern der Nation, die in Frankfurt zusammengeströmt waren. Die Fraktionen der Rechten tagten im „Steinernen Haus" oder im Café Milani, während die Linke den Deutschen Hof, das Wolfseck oder die Mainlust bevorzugten. Das bekannteste Lokal aber, nach dem eine Fraktion der Paulskirche benannt wurde, war der Restaurationsbetrieb der Casinogesellschaft.

Dort versammelten sich noch immer fast die gleichen Familien wie in der Gründungszeit.[818] Sie entstammten nach wie vor fast durchgängig dem Handelsbürgertum, wenn auch verschiedentlich Familienmitglieder eine juristische Ausbildung durchlaufen und eine Verwaltungslaufbahn in der Stadt eingeschlagen hatten wie etwa Constantin Fellner, der letzte Bürgermeister der Freien Stadt, oder Heinrich Mumm, der erste Oberbürgermeister in preußischer Zeit. Bei der repräsentativen Versammlungsstätte am Rossmarkt handelte es sich um ein Eckhaus mit zwei Etagen, einem Mansardenstock und einem Hintergebäude. Sein Wert wurde um 1840 auf 88.000 Gulden geschätzt. Das Haus befand sich damals im Besitz des „Tapezirs" Ludwig Daniel Philipp Rumpf, einem der reichsten Handwerker Frankfurts, Major der Bürgerwehr und Quartiervorstand, als erster Handwerker Mitglied der Loge

Eine Sitzung der ersten deutschen Nationalversammlung in der Paulskirche

Haus der Casinogesellschaft, Roßmarkt 10 (zweites Gebäude von links)

„Zur Einigkeit" und nach der Niederlegung der Festungsanlagen in Zusammenarbeit mit seinem Logenbruder, dem Stadtbaumeister Friedrich Christian Hess, nicht unmaßgeblich an der Gestaltung des neuen Frankfurt mit seinen großzügigen Wallanlagen und den zahlreichen Villen im klassizistischen Stil beteiligt.[819] Die Gesellschaft mietete insgesamt drei Salons, fünf Zimmer, eine Küche, zwei Mansarden und ein Portierzimmer an und entrichtete dafür die stattliche Summe von 3.400 Gulden pro Jahr.

Genau dieses Lokal diente nun als Versammlungsstätte für die zeitweilig bis zu 200 gemäßigt liberalen Abgeordneten, unter denen sich so bekannte Politiker wie die Historiker Johann Gustav Droysen, Friedrich Christoph Dahlmann und Max Duncker, der Dichter Ernst Moritz Arndt, der Germanist Jakob Grimm sowie der Fürst von Lichnowsky und der spätere Minister Heinrich von Gagern befanden.[820] Was sich dort im Einzelnen zugetragen hat, darüber gibt Veit Valentin eine Vorstellung: „Das Kasino war nicht ganz so aristokratisch wie die Versammlungsorte der Rechten; aber es zeigte doch immer noch geschlossene Formen. Während der Verhandlungen durfte wohl geraucht werden; Essen und Trinken mußte aber vorher oder nachher erledigt werden. Die Kasinopartei tagte schon wegen ihres Umfanges mit den Allüren eines Sonderparlaments. Die Plätze waren feste, am grünen Tisch saßen die Protokollführer, die Redner traten neben den Präsidenten, und auf die langen Reden folgten regelrechte Debatten, keine kurz gefaßten zwanglosen Besprechungen."[821] Diese Fraktion votierte damals für einen kleindeutschen Bundesstaat mit Erbkaisertum, der aus der Vereinbarung mit den politischen Eliten des preußischen Staates erwachsen sollte. Gemäßigt liberal, politische Reformen mit begrenztem Umfang und unter weitgehender Wahrung der gegebenen politischen Machtstrukturen – das war auch das politische Programm der Mehrheit der Frankfurter Casinomitglieder gewesen, der eine ganze Reihe von Ratsmitgliedern mit eher konservativen politischen Vorstellungen angehörte.

Mit der Aufnahme der Arbeit durch die Nationalversammlung schwand die schwarzrotgoldne Begeisterung in dem Maße, wie sich die Parlamentsdebatten in die Länge zogen. Dazu kam die außerparlamentarische Opposition radikaler Demokraten und Sozialisten. Auch wenn Hoffmann den Jubel um den Einzug des Reichsverwesers noch teilte, hatte seine Begeisterung damals längst einer großen Ernüchterung Platz gemacht. Auf den Boden der Realität hatte ihn sein Heidelberger Studienfreund Friedrich Karl Hecker zurückgeholt, der wenig später im Alleingang eine deutsche Republik in Baden errichten wollte, in dem Irrglauben, die Mehrheit des deutschen Volkes sei reif für die nordamerikanische Verfassung.[822] Hoffmann beherbergte Hecker in der Zeit der Vorbereitung des Vorparlaments in seinen eigenen vier Wänden und es kam, wie es bei diesen unterschiedlichen politischen Naturen kommen musste: „Ich geriet häufig mit ihm und gegen seine republikanischen Utopien in aufgeregte Diskussionen."[823] Hoffmann erinnerte ihn: „republikanische

Friedrich Hecker (1811–1881), Anwalt, Politiker und republikanischer Agitator der Märzrevolution

Sympathien finden sich hier und im unendlich größten Teil des Vaterlandes gar nicht, wenigstens jetzt noch nicht." Doch seine Mahnungen an Hecker wurden von diesem überhört: Heinrich Hoffmann sah in Heckers überschießender Radikalität einen Vorboten für das Scheitern der Revolution und sagte „blutige Folgen" voraus, was später auch eintraf.[824] Es waren wohl auch diese Vorahnungen, die ihm in den Auseinandersetzungen mit Hecker so zusetzten, dass er seine Mitarbeit im Vorparlament faktisch einstellte. Die beiden Freunde schieden unversöhnt: „Hecker nahm von mir mit den Worten Abschied: ‚Stürzen wir uns mutig in die Wogen der Revolution!' – ‚Und ersaufen wir darin!' erwiderte ich." [825] Die wenigen Tage mit Hecker hatten genügt, Hoffmanns politische Welt und Überzeugungen gründlich aus dem Gleichgewicht zu bringen. Er suchte das Weite und Abstand von den turbulenten Ereignissen in Frankfurt – und ging erst einmal nach Bad Soden in die Kur.

Schon im Juni tagte in Frankfurt der Demokratenkongress mit Ferdinand Freiligrath. Ihm folgte im Juli der konservativ geprägte Gewerbekongress, bis im September die demokratisch-revolutionäre Agitation im Allgemeinen Deutschen Arbeiterkongress ihren Höhepunkt erreichte, nachdem es bereits im April und Mai in vielen Städten heftige Auseinandersetzungen mit den Gesellen gegeben hatte.[826] Die nach den glanzvollen Tagen des Vorparlaments noch einheitliche bürgerliche Bewegung zerfiel in zahlreiche politische Vereine, deren programmatisches Spektrum von Heinrich Hoffmann auf der einen Seite bis hin zu Friedrich Hecker auf der anderen reichte, also von gemäßigt liberalen bis zu radikaldemokratischen Positionen. Noch bis zum April war das 1846 gegründete Montagskränzchen unbestrittener Integrationsfaktor der Bewegung gewesen, dem Demokraten, gemäßigte Reformer, aber auch konservative Liberale angehörten. Es hatte sich zu diesem Zweck am Beginn der Unruhen als Volksverein neu gegründet, um „den geistigen und politischen Fortschritt zu fördern, neue Mitglieder für vaterländische Bestrebungen zu vereinigen und den volksthümlichen Gesinnungen Vertretung und allgemeine Geltung zu verschaffen".[827] Danach, um den 9. April 1848, gründete sich als einer der ersten politischen Vereine der „Vaterländische Verein", der am konsequentesten für das Konzept einer klassenlosen Bürgergesellschaft eintrat. Nach dem Demokratenkongress im Juni entstand aus diesem Verein wiederum der „Demokratisch Republikanische Verein".[828] Vor dieser Umwandlung hatte sich bereits im Mai der „Deutsche Verein", der für eine demokratische Republik, Volkssouveränität, Volksfreiheit, Kontrolle der Reaktion, Volksversammlungen und Judenemanzipation im Geist der Freiheit eintrat, vom Montagskränzchen abgespalten und zu einem aktiveren Engagement für die Revolution aufgerufen, denn wie „ein befruchtender Gewittersturm" sei „die Revolution über die Gauen unseres Vaterlandes dahingezogen" und habe „die Nacht der Knechtschaft verscheucht".[829] Als weiterer Verein gründete sich schließlich im Juni 1848 der „Demokratische Verein". Auch dieser unterstützte die Forderungen nach einer demokratischen Republik, gab sich jedoch viel radikaler und forderte den Sturz der „Geldmacht", die Herrschaft des Volkes, die Aufhebung der Klassengesellschaft und den Schutz der mittelständischen Interessen.[830] Dabei griff er auf Lösungsvorschläge zurück, die wie die Einrichtung einer Kreditkasse, eine progressive Einkommensteuer oder die Steuerfreiheit für arme Gewerbetreibende in Frankfurt am Main bereits weitgehend Realität waren. Im Gegensatz zum Vaterländischen Verein gehörten diesem Verein vor allem Frankfurter Bürger an, die damit gewissermaßen ihre Erfahrungen aus den sozialen Auseinandersetzungen der vierziger Jahre einem nationalen Publikum offerierten.

Auf der rechten Seite des politischen Spektrums hatte sich bereits am 2. Mai 1848 ein konstitutionell-liberaler „Bürgerverein" gegründet, der noch bis in den August hinein mit dem Montagskränzchen zusammenarbeitete. An seiner Gründung war Heinrich Hoffmann maßgeblich beteiligt, nachdem er aus seiner Kur in Bad Soden zurückgekehrt war. Er wollte die Fraktionen der Nationalversammlung zum Meinungsaustausch zusammenführen.[831] „Ich schrieb etwa ein Dutzend Briefe an Bekannte, Kaufleute, Gelehrte und Handwerker, Protestanten, Katholiken und Juden, in denen ich sie einlud, bei mir zusammenzutreffen, um eine für die Stadt nicht unwichtige Angelegenheit zu besprechen."[832] Das spektakuläre Vorhaben wurde dankbar aufgenommen. Auf der Gründungsversammlung erklärten 448 der zahlreich Erschienenen ihren Beitritt. Bis Jahresende hatte sich die Mitgliederzahl sogar noch verdoppelt. Die Ziele waren moderat und eher vage formuliert und standen einem geselligen Verein näher als einer politischen Kampforganisation. Dem entsprach die große Bedeutung, die der Unterhaltung, Belehrung und Erholung – und zwar durch Lektüre, mündlichen Gedankenaustausch und Vorträge – beigemessen wurde.[833] Tatsächlich entwickelte sich der Verein aber zu einem Gegenpol zu den im Montagskränzchen organisierten Frankfurter Demokraten um Nicolaus Hadermann und Maximilian Reinganum, und damit hatte er Erfolg.

Nach der Unterhaltung und Belehrung traten die Mitglieder des Bürgervereins für den Abbau aller Unterschiede in Bezug auf Stand, Glaube, Beruf und Vermögen ein. Der Verein stellte trotz seines Erfolges nicht alle Frankfurter zufrieden, vor allem diejenigen nicht, die Bedenken gegen die linksliberale Wendung der Bewegung hatten. In Sachsenhausen gründeten die Einwohner daher einen eigenen Verein, den „Bürgerverein Sachsenhausen", wohl weil den Fischern und Weingärtnern der Frankfurter Verein zu sehr von Handelsbürgern dominiert war. Doch abgesehen davon, bestand auch ansonsten kein übertrieben großer Drang zur Einheit, denn im Verlauf des Jahres spaltete sich der Frankfurter Bürgerverein, und es entstand 1849 der „Neue Bürgerverein", der noch lange Jahre neben dem Alten fortbestand.[834] Im Neuen wie im Alten Bürgerverein sammelten sich gemäßigte Liberale, die sich später den Gothaern – also den Anhängern eines kleindeutschen Reichs unter der Führung Preußens – anschlossen. Einer von ihnen war der Arzt Georg Varrentrapp. Er war bereits Ende der zwanziger Jahre fest im Vereinswesen integriert und gehörte der Naturforschenden Gesellschaft, der Loge „Zur Einigkeit", dem Physikalischen Verein, dem Geographischen Verein, dem Altertumsverein und der Casinogesellschaft an. Auch gründete er in den vierziger Jahren den Ärztlichen Verein. Politisch stand er immer auf Seiten der gemäßigten Liberalen. In den kommunalen Gremien engagierte er sich seit den späten dreißiger Jahren, wurde zuerst als Suppleant und 1847 als reguläres Mitglied ins Wahlkolleg gewählt. Mitglied der Gesetzgebenden Versammlung war er jedoch bereits seit 1843. Während der Revolution beteiligte er sich an der Konstituierenden Versammlung, in der er mit der Minderheitsfraktion gegen die Radikaldemokraten votierte.[835]

Bemerkenswert waren auf der gemäßigten Seite auch die Aktivitäten der Frauen aus dem mittleren und gehobenen Bürgertum. Viele von ihnen nahmen regen Anteil an den Geschehnissen und verfolgten die Debatten der Nationalversammlung von der „Damengalerie" aus. Meistens handelte es sich dabei allerdings um die Ehefrauen der Abgeordneten. Frauen beteiligten sich auch an den öffentlichen Versammlungen, und sie scheinen sich nicht aufs stille Zuhören beschränkt zu haben. Jedenfalls beschwerte sich Robert Blum bei seiner Gattin, wie „fanatisch" die Frauen hier im Süden sind und wie sie „ihre Theilnahmebezeugungen steigern bis zum Unglaublichen".[836] Außerhalb des Parlaments war es insbesondere die „Didaskalia", die – viel von Frauen gelesen – zahlreiche Berichte über die Rolle der Frau in der Revolution veröffentlichte. In der Zeitschrift wurden Verbesserungen der Arbeitsbedingungen des Gesindes, eine Reform der Ehegesetze und bessere Ausbildungsmöglichkeiten für Frauen gefordert.[837] Ein weiteres Zeichen für die einsetzende Emanzipationswelle war die Gründung von Frauenturnvereinen. Auch in Frankfurt trat am Ende des Jahres 1848 ein derartiger Verein ins Leben, forderte Gleichheit mit den Männern und wollte seine ausschließlich weiblichen Mitglieder in einem Bündnis „treuer Schwesterschaft" unter dem Motto „Freiheit, Kraft und Einfachheit" zusammenbringen. Er löste sich jedoch zusammen mit dem Parlament auf, was darauf hindeutet, dass es sich um Frauen handelte, die in Beziehung zu den Abgeordneten gestanden haben.[838] Insgesamt spiegeln die gemäßigten Frauen aber eher Positionen wider wie die von Clothilde Koch-Gontard, die Frau eines angesehenen Handelsmannes und Initiatorin eines Salons war und Stellung zu den politischen Ereignissen bezog. Auch sie verfolgte mit Sorge den Zerfall der Bewegung: „Die Anarchie erhebt ihr Haupt mit entsetzlicher Keckheit, und Simon aus Trier und Blum hielten heute, letzterer vortrefflich, Reden, die keinen Zweifel mehr über ihre Tendenz lassen. Habe ich mich jemals vor dieser Partei geschaudert, so geschieht dies jetzt noch in viel größerem Maße, denn ihre Pläne treten immer kecker ans Tageslicht. Gott sei Dank, wir haben auch wackere Kämpfer! Bassermann hat gestern ganz herrlich gesprochen und von allen Anerkennung gefunden, und heute hat Welcker und auch der tolle Lichnowski das seinige getan."[839] Das war ganz im Sinne Hoffmanns.

Seine hektischen Organisationsanstrengungen verdeckten nur unvollkommen seinen tiefen Pessimismus über den weiteren Verlauf der Revolution. Während sich die politischen Hoffnungen in Deutschland auf Frankfurt richteten und die Wogen der optimistischen Erwartungen hoch schlugen, beobachtete er die weiteren Ereignisse mit großem Zynismus: „Es kam die Zeit des Parlaments. Das Intrigenspiel begann. Die beste Zeit wurde mit doktrinären Debatten über die Volksrechte verbraucht; es wurde leeres Stroh gedroschen."[840] Enttäuscht schrieb er „Die 48er":

Für deutsche Einheit kamet ihr zu tagen,
Und redlich that ein Jeglicher das Seine
Das Seine! Ja, das ist's, was wir beklagen,
Denn in die Brüche ging das Allgemeine.[841]

Im Rückblick gab Hoffmann an, er habe ab dieser Zeit, „das lebhafte Interesse an der ganzen Geschichte" verloren.[842] Hier spielte ihm die Erinnerung jedoch einen Streich. Die Zeugnisse aus der Zeit sprechen eine ganz andere Sprache. Hoffmann ist nach wie vor ganz lebhaft dabei, wenn er auch wohl nicht mehr von einem Erfolg der Revolution ausging. Wir finden ihn etwa an Karikaturen über die Parlamentarier der Frankfurter Nationalversammlung beteiligt. Mit bissigem Humor zeichnete er sich zusammen mit seinem Vereinsfreund und Logenbruder Theodor Creizenach die Enttäuschung über die Parlamentspolitik von der Seele.[843]

Weiterhin begann er als Anhänger der konstitutionellen Monarchie, der sich ein Deutschland unter preußischer Führung gut vorstellen konnte, den Kampf gegen die parlamentarische Linke, die er als Doktrinäre und noch schlimmer als Republikaner erlebte. Gegen sie verfasste er noch im Sommer 1848 unter dem Pseudonym Peter Struwwel Demagog die Satire „Handbüchlein für Wühler oder kurzgefaßte Anleitung in wenigen Tagen ein Volksmann zu werden".[844] Im Herbst folgte unter dem Pseudonym Heulalius von Heulenburg „Der Heulerspiegel" und 1849 ein Kalender „Der wahre und ächte Frankfurter Hinkende Bote".[845]

Handbüchlein für Wühler
oder
kurzgefaßte Anleitung
in wenigen Tagen ein Volksmann zu werden.
Von
Peter Struwwel,
Demagog.

Leipzig,
Verlag von Gustav Mayer.
1848.

Heinrich Hoffmann – Mitbegründer einer Armenklinik, Verfasser des „Struwwelpeter" und später Leiter der „Anstalt für Irre und Epileptische " – gab 1848 ein satirisches „Handbüchlein für Wühler" heraus.

In diesen Schriften setzte er sich mit den Gründen für das drohende Scheitern der Revolution auseinander und suchte sie – insbesondere im Handbüchlein für Wühler – in individuellen Fehlern und Charakterschwächen der gewählten Volksvertreter.[846] Im Titelbild des Wühlers erscheint der Prototyp eines Bürgerschrecks mit langen, ungekämmten Haaren, Zottelbart und Heckerhut sowie Gamaschen und einem Knotenstock.[847] In der Schrift werden zynische Ratschläge an die Linke erteilt. So heißt es unter anderem: „Hänge den Mantel nach dem Winde", die „Rede sei durchweg derb", die „Gestikulationen seien rasch wild, eckig". Eingehend werden die Fragen der richtigen Frisur erörtert wie „struppiges, dunkles Haupthaar" und „möglichst Haare auf oder doch um die Zähne". Wichtig ist auch die Kleidung zu der unabdingbar ein Hut gehört. Auf ihn muss „etwas Rothes", am besten eine „grimme Hahnenfeder".[848]

Es zerfiel aber nicht nur die bürgerliche Bewegung Frankfurts in zahlreiche politische Vereine mit einem breit aufgefächerten programmatischen Spektrum, es meldeten sich auch, wie es sich bereits in der Radikalisierung der Turnvereinsbewegung angekündigt hatte, erstmals die bisher vom Emanzipationsprozess ausgeschlossenen Gesellen zu Wort. Die Gesellen waren der Kern der frühen Arbeiterbewegung und als Einwohner ohne Bürgerrecht klar vom Stadtbürgertum geschieden.

Diesen Umstand teilten sie mit den Dienstboten und anderen unterständischen Existenzen. Auch die jeweilige soziale Lage war vergleichbar. Sie arbeiteten unselbständig, lebten von ihrer Arbeitskraft, waren ohne feste Einkommen und arm oder standen am Rande der Armut.

Trotz aller Krisenerscheinungen und gravierender Umstrukturierungsprozesse war das Handwerk für die Handwerksgesellen nach wie vor der zentrale Bezugspunkt ihres Arbeitslebens. Es wuchs, wie dies aus der Untersuchung der Berufsstruktur der Frankfurter Bevölkerung hervorgegangen ist, die Zahl der Handwerker und mit ihnen die der Gesellen nur auf lange Sicht langsamer als die der Manufaktur- und Fabrikarbeiter.[849] Nicht im Besitz des Bürgerrechts verfügten sie auch nicht über politische Rechte. Dies war allerdings im Gegensatz zu dem Gesinde und den Tagelöhnern oft nur ein zeitlich befristeter Zustand, weshalb sich lange Zeit nicht genügend Protestpotential aufstauen konnte, da die Gesellen nach der Absolvierung der Meisterprüfung auch eingebürgert wurden. Wenn sich auch diese Situation bereits im Vormärz gerade in den Massenhandwerken zu ändern begann, blieb doch die Hoffnung auf eine selbständige Existenzgründung noch lange Zeit bestehen. Aus diesem Grund waren die meisten Gesellenproteste lokal begrenzt, streng nach Berufen getrennt und auf die Verbesserung der Lebensumstände fixiert. Die Gesellenbewegung rüttelte im Vormärz nicht an der rechtlichen Ordnung der stadtbürgerlichen Gesellschaft; sie klagte keine politischen Rechte ein.[850]

In der Revolution von 1848 geriet diese soziale Gruppe jedoch in Bewegung, organisierte sich in radikalisierenden Turnvereinen, kämpfte in Streiks um bessere Löhne, gründete erste Berufsverbände, sammelte sich in Arbeitervereinen und stellte politische Forderungen. Erst ab diesem Zeitpunkt kann von einem Verhältnis der bürgerlichen Bewegung und der Bewegung dieser noch sehr dem handwerklichen Milieu verpflichteten Arbeiter gesprochen werden.

Die bis dahin eher experimentell und lokal entwickelten sozialintegrativen Instrumentarien wie die Volksbildungsvereine oder die Turnvereine erwiesen sich seitens des Bürgertums als zu schwach und konnten nicht verhindern, dass 1848/49 erstmals eine sich über ganz Deutschland erstreckende Arbeiterbewegung entstand, die sich lokal in Arbeiterbildungsvereinen, beruflichen Fachvereinen, Gewerkschaften und Gesellenvereinen organisierte und in der „Allgemeinen deutschen Arbeiter Verbrüderung“ national zusammenschloss. Insgesamt war die Arbeiterverbrüderung an über 400 Orten mit Zentren in Köln, Frankfurt am Main, Breslau, Hamburg, Berlin und Leipzig präsent und baute ein imposantes, wenn auch recht lockeres Netz von Handwerker- und Arbeitervereinen auf. Handwerksgesellen wie Zimmerleute und Maurer, Schreiner, Schuhmacher und Schneider oder besonders qualifizierte Berufe wie Buchdrucker und Schriftsetzer stellten die Majorität der Bewegung. Dazu kamen zahlreiche Alleinmeister aus dem Textilgewerbe.[851]

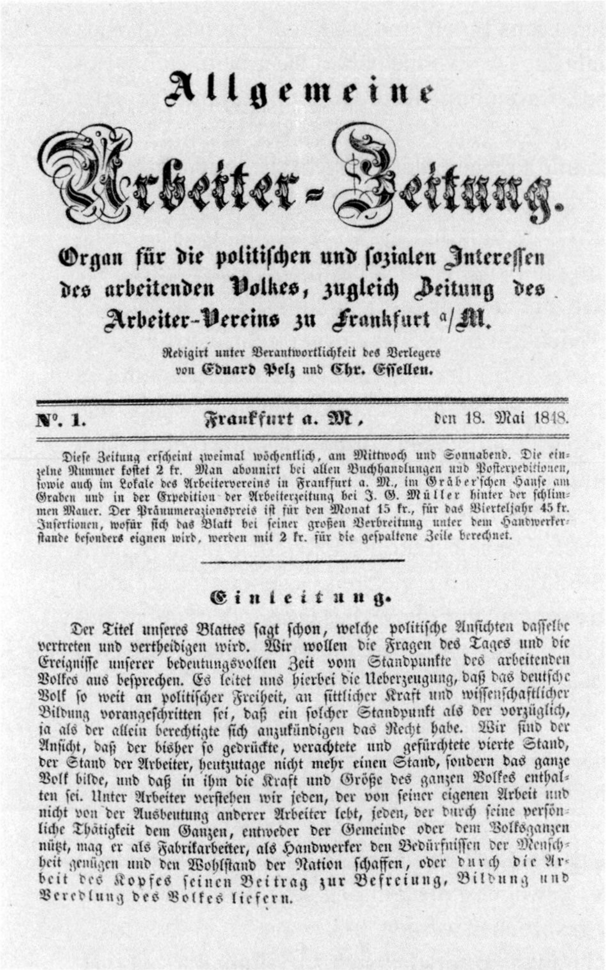

Allgemeine

Arbeiter-Zeitung.

Organ für die politischen und sozialen Interessen des arbeitenden Volkes, zugleich Zeitung des Arbeiter-Vereins zu Frankfurt a/M.

Redigirt unter Verantwortlichkeit des Verlegers von Eduard Pelz und Chr. Esselen.

N°. 1. Frankfurt a. M., den 18. Mai 1848.

Diese Zeitung erscheint zweimal wöchentlich, am Mittwoch und Sonnabend. Die einzelne Nummer kostet 2 kr. Man abonnirt bei allen Buchhandlungen und Posterpeditionen, sowie auch im Lokale des Arbeitervereins in Frankfurt a. M., im Gräber'schen Hause am Graben und in der Expedition der Arbeiterzeitung bei J. G. Müller hinter der schlimmen Mauer. Der Pränumerazionspreis ist für den Monat 15 kr., für das Vierteljahr 45 kr. Insertionen, wofür sich das Blatt bei seiner großen Verbreitung unter dem Handwerkerstande besonders eignen wird, werden mit 2 kr. für die gespaltene Zeile berechnet.

Einleitung.

Der Titel unseres Blattes sagt schon, welche politische Ansichten dasselbe vertreten und vertheidigen wird. Wir wollen die Fragen des Tages und die Ereignisse unserer bedeutungsvollen Zeit vom Standpunkte des arbeitenden Volkes aus besprechen. Es leitet uns hierbei die Ueberzeugung, daß das deutsche Volk so weit an politischer Freiheit, an sittlicher Kraft und wissenschaftlicher Bildung vorangeschritten sei, daß ein solcher Standpunkt als der vorzüglich, ja als der allein berechtigte sich anzukündigen das Recht habe. Wir sind der Ansicht, daß der bisher so gedrückte, verachtete und gefürchtete vierte Stand, der Stand der Arbeiter, heutzutage nicht mehr einen Stand, sondern das ganze Volk bilde, und daß in ihm die Kraft und Größe des ganzen Volkes enthalten sei. Unter Arbeiter verstehen wir jeden, der von seiner eigenen Arbeit und nicht von der Ausbeutung anderer Arbeiter lebt, jeden, der durch seine persönliche Thätigkeit dem Ganzen, entweder der Gemeinde oder dem Volksganzen nützt, mag er als Fabrikarbeiter, als Handwerker den Bedürfnissen der Menschheit genügen und den Wohlstand der Nation schaffen, oder durch die Arbeit des Kopfes seinen Beitrag zur Befreiung, Bildung und Veredlung des Volkes liefern.

Das erste Exemplar der „Allgemeinen Arbeiterzeitung“, zugleich Zeitung des Arbeitervereins zu Frankfurt am Main, erschienen am 18. Mai 1848

Für die deutschen Bürger war die politische Betätigung der Unterschichten ein Schock. Zu dem Gegensatz von Liberalen und Demokraten kamen die Gegensätze zwischen Bürgern und Unterschichten hinzu, die sich vielfach wie in den Rheinlanden und in Süddeutschland zu gewaltsamen Konflikten aufschaukelten. In den linksrheinischen Gebieten mit den Städten Köln und Aachen wurde die Bewegung der Arbeiter als ein Angriff auf den Staat aufgefasst und unterdrückt. In Aachen kam es bereits Mitte April zu heftigen Zusammenstößen zwischen „feiernden“ Arbeitern, die Darlehen zur Bezahlung von Notstandsarbeiten forderten, und dem preußischen Militär, in deren Verlauf mehrere Arbeiter getötet wurden. In München wie in anderen Städten, wo angesichts „randalierender“ Gesellen in einer Petition die „Gräuel der Verwüstung“ und das „Gefühl der Unsicherheit“ beklagt wurden, tendierte das Bürgertum ebenfalls zu einer repressiven Politik, wenn auch aus anderen Gründen als im Rheinland. Es war hier der traditionelle Patriarchalismus, der die Bürger veranlasste, in Gesellenunruhen eine drohende Revolution des „Pöbels“, der „corruptionsfähigen und umstürzlustigen Massen“ zu erblicken.[852] Man sah darin ein Fatum der Französischen Revolution, die drohende Gefahr einer Jakobinerherrschaft mit der Diktatur des Wohlfahrtausschusses.

Auch in Frankfurt brachen die Konflikte offen auf. Die zarten Anfänge der Frankfurter Arbeiterbewegung reichten bis in den Vormärz zurück. Schon 1834 gab es eine Unterstützungskasse der Buchdrucker und 1844 einen geselligen Verein der

Buchhandlungsgehilfen.[853] Doch erst in den Anfängen der Revolution traten diese frühen organisatorischen Ansätze deutlicher hervor. Konfliktreichen Bäckerstreiks im April folgten Gewerkschaftsgründungen der Tabakarbeiter und Buchdrucker. Bereits im Mai war ein „Arbeiterverein" unter der Leitung von Christian Esselen entstanden, der die „Allgemeine Arbeiterzeitung" herausgab. Der Forderungskatalog gegen die „tyrannische Macht des Kapitals" reichte von Mindestlohn, damit jedem die „Genüsse des Lebens frei stehen", bis zur Bildung, um eine „ehrenvolle Stelle in der bürgerlichen Gesellschaft" einzunehmen.[854] Obwohl sich der Arbeiterverein gleichermaßen an Fabrikarbeiter und Handwerksburschen richtete, repräsentierte er in erster Linie die sich zahlreich in der Stadt aufhaltenden fremden Handwerksgesellen.[855] Dem Aufruf zur Organisation folgend traten im Verlauf der Revolution vor allem die Bäcker, Maurer, Hutmacher oder die Zigarrenarbeiter und Buchdrucker politisch in Erscheinung.[856] Die bis zum Barrikadenkampf eskalierenden Auseinandersetzungen zwischen verschiedenen Gesellen im Juni leiteten bis zu den Gesellenkongressen im August und September eine Zeit besonders großer Unruhe ein.

Das Frankfurter Bürgertum reagierte auf die politische Bewegung der Gesellen gespalten. Ein großer Teil forderte in einer Petition die Ausweisung der Arbeiterführer und schreckte, nachdem die Auseinandersetzungen zwischen Gesellen und Meistern immer heftigere Formen angenommen hatten, auch vor einem Verbot des Arbeitervereins nicht zurück. Außerdem verlangten sie ein energischeres Durchgreifen der Stadtwehr. An kritischen Kommentaren dazu fehlte es nicht: „Wer die Leistungen der Stadtwehr in den Märztagen bei dem Vorparlament und später beobachtete, wird ihr, ohne ungerecht zu seyn, die Fähigkeit und den guten Willen, Gesetz und Ordnung aufrecht zu erhalten und Schutz den Personen und dem Eigenthum zu gewähren, nicht absprechen. Es wird ihm aber auch nicht entgangen seyn, daß noch ungleich mehr und mit geringerer Anstrengung für den Einzelnen hätte erreicht werden können, wenn eine bessere, die ganze Bürgerschaft umfassende Organisation stattgefunden hätte."[857] Die Bürger ließen es nicht bei Klagen über den mangelhaften Zustand der Stadtwehr bewenden und gründeten am 12. Januar 1849 den „Bürger-Wehr-Verein", um sich auf die erwarteten noch heftigeren inneren Auseinandersetzungen vorzubereiten.[858]

Die zunehmende Entfaltung des politischen Kampfes der unterständischen Schichten – der Gesellen und des Gesindes – war in der Reformdiskussion der bürgerlichen Bewegung des Vormärzes und der Märztage nicht vorgesehen gewesen. Die Bürger kämpften für eine Gesellschaft der Bürger, die sich nach unten nur den nach Bildung und Selbständigkeit Strebenden öffnen sollte. Die Arbeiterbewegung entstand also zu einem Zeitpunkt, als es nicht um die sozialen, sondern in erster Linie um die Modernisierung der politischen Strukturen der bürgerlichen Gesellschaft ging. Die Märzforderungen zielten darauf, einheitliche wirtschaftliche und politische Rahmenbedingungen für die Bürger, die aktiven Glieder des städtischen Gemeinwesens zu schaffen und damit die verbliebenen rechtlichen und politischen Unterschiede zwischen den bürgerlichen Gruppen, zwischen den Kaufleuten und Handwerkern sowie zwischen den Konfessionen zu beseitigen. Eine bedingungslose Erweiterung des Emanzipationsprozesses nach unten lag jenseits der Vorstellungswelt des liberalen Bürgertums und auch der meisten Demokraten. An dieser Grenzlinie endete dann auch vorläufig die Integrationskraft des liberalen Gesellschaftsmodells.

Im Experiment wurden allerdings bereits damals in Frankfurt Instrumente einer neuen Integrationspolitik erprobt und kurz nach dem Scheitern der Revolution zu einer Arbeiterpolitik ausgebaut.[859] Es war der linke Flügel der Bewegung um den Lehrer Nikolaus Hadermann, der bereits bei der Gründung des Preßvereins, des Montagskränzchens und in der Volksbildungs- sowie Turnvereinsbewegung hervorgetreten war, der bereits im Jahre 1850 einen Arbeiterbildungsverein gründete. Es wurde sogar weit darüber hinausgehend ein überlokales Netz von Arbeiterbildungsvereinen aufgebaut, mit dem die Bürger versuchten, die politische Bewegung der Gesellen mit einem Programm, in dessen Mittelpunkt Vorträge und gesellige Zusammenkünfte standen, in die liberale Opposition zurückzuführen. Die überwältigende Mehrheit von 86 Prozent der im Jahre 1850 immerhin 749 Mitglieder dieses Arbeiterbildungsvereins gehörte nicht zum Frankfurter Staatsverband. Aber im Vorstand saßen bekannte Köpfe, so unter anderen die Redakteure der „Neuen Deutschen Zeitung“ Otto Lüning sowie Joseph Weydemeyer. Letzterer war ein Mitglied des „Bundes der Kommunisten“, dem Karl Marx und Friedrich Engels vorstanden. Desweiteren gehörten neben Nikolaus Hadermann vor allem die führenden Demokraten wie Maximilian Reinganum und der Literat Friedrich Stoltze dazu. Der Arbeiterbildungsverein bestand bis Januar 1852, als er zusammen mit den Turnvereinen aufgelöst wurde.[860] Die sozialintegrativen Anstrengungen resultierten aus den blutigen Erfahrungen, die das städtische Bürgertum mit dem weiteren Verlauf der Revolution machte. Denn Frankfurt war Schauplatz ausgesprochen gewaltsamer Erhebungen, deren Höhepunkt die Ereignisse im September 1848 bildeten.

8.5 Der Wendepunkt der Revolution

Am Beginn der großen Wende in der Revolution standen Auseinandersetzungen zwischen der Nationalversammlung und Preußen wegen des Krieges in Schleswig-Holstein. Im September 1848 hatte schließlich die Abstimmung über den Waffenstillstand von Malmö, der den Krieg um Schleswig-Holstein beenden sollte, den Unmut zahlreicher radikaler Demokraten hervorgerufen. Rasch eskalierten die nationalen Spannungen auf lokaler Ebene im sogenannten Septemberaufstand und steigerten sich zu einer gewaltsamen Eruption, die alles übertraf, was es seit dem

Fettmilchaufstand im Jahr 1614 an gewaltsamen Erhebungen in der Stadt gegeben hatte.

Reinganum und Behaghel, die Vorsitzenden des „Montagskränzchens", versuchten die Menschen bei einer turbulenten Volksversammlung auf der Pfingstweide am 17. September noch zur Mäßigung zu bewegen.[861] Doch es schlug ihnen eine aggressive Stimmung entgegen. Statt sich zu beruhigen, gerieten die Anwesenden immer mehr in Aufruhr. Am darauffolgenden Tag riss das Volk an mehr als 40 Stellen der Stadt das Pflaster auf und begann mit dem Bau von Barrikaden. Man wollte mit dieser Demonstration der Tat die demokratische Linke unter Druck setzen, damit sie sich nach dem Vorbild der Französischen Revolution als Konvent konstituiere. An diesem Tag kam es auch zu Exzessen, denen zwei konservative Abgeordnete – Felix Fürst von Lichnowsky und Hans von Auerswald – zum Opfer fielen. Der Aufruhr hielt an: „Noch während die Volksversammlungen abgehalten wurden, brachten die Eisenbahnen neue Zuzüge von solchen, die sich gestern bei dem Aufstande betheiligt haben".[862] Der Zuzug von Demokraten aus dem Süden hielt sich jedoch in Gren-

Ankunft hessen-darmstädtischer Truppen an der Konstablerwache am 19. September 1848 zur Niederschlagung der Erhebung gegen die Nationalversammlung. Lithografie von Eduard Gustav May zen, denn es gab ein Problem mit der Eisenbahn. Auf ihr konnten rasch große Mengen an Soldaten herangefahren werden, was den Aufständischen bewusst war. Wenige Tage bevor der militärische Aufmarsch dann tatsächlich auf breiter Front begann, hatten die Republikaner am Abend des 17. September im Deutschen Hof bereits darüber diskutiert, ob es sinnvoll sei, die Bahn zwischen Mainz und Hattersheim zu unterbrechen. Sie schickten außerdem Boten in die Umgebung, um Verstärkung zu holen.[863] Belegt sind auch Beschädigungen der Gleisanlagen im Westen des Landes, mit denen es den Aufständischen allerdings nur kurz gelang, den militärischen Zuzug zu verzögern.[864]

Die Anfahrt des Militärs begann am 17. September. Denn der Frankfurter Senat hatte bereits in der Nacht eine Weisung nach Mainz zur preußischen Festungsbesatzung geschickt, damit „sie auf telegraphischen Anruf von seiten des ersten Bürgermeisters augenblicklich mit der Eisenbahn nach Frankfurt abgehen" könnte, so dass bereits am 18. September um 9 Uhr ein Bataillon preußischer Infanterie und ein Bataillon Österreicher aus Mainz in Frankfurt ankamen. Am Morgen desselben Tages stand im Frankfurter Journal zu lesen: „Nachdem sich gestern abend bedrohliche Gerüchte verbreitet hatten, daß es heute auf eine ernste Demonstration gegen die

Erstürmung einer Barrikade in der Töngesgasse durch österreichische Soldaten am 18. September 1848

Nationalversammlung in der Paulskirche abgesehen sei, kamen in verflossener Nacht mittels der Taunus-Eisenbahn circa 2.000 Mann österreichische und preußische Reichstruppen hier an und besetzten heute morgen den Paulsplatz und die umliegenden Räume."[865] Es folgten auf Anforderung der Reichsregierung unter Anton von Schmerling weitere Truppenzuzüge, und bald konnte das Militär systematisch die Frankfurter Bahnhöfe besetzten.[866]

Die Aufständischen hatten zudem die wichtige Südstrecke vergessen, die sich noch im Bau befand. So „hatten die Darmstädter, also das großherzogliche Militär, der Gefahr trotzend, ihre Kanonen über die im Bau begriffene, halbfertige Eisenbahnbrücke transportiert und kamen nun" über das Gallustor rasch bis in die Innenstadt und schlugen den Aufstand nieder, noch bevor sich ihm weitere Regionen anschließen konnten.[867]

„Die drei ersten Tage der zweiten Hälfte des 1848er Septembermonats stehen in der Geschichte unserer Vaterstadt roth verzeichnet; ein blutiges Drama ist während dieser Zeit an uns vorübergezogen; es zeigte sich unseren Blicken ein Bild, wie es sich in Frankfurt selbst in den französischen Kriegszeiten nicht schrecklicher dargeboten hat."[868] Im Zusammenhang mit dieser gewaltsamen Erhebung marschierten nicht nur 6.000 Soldaten in die Stadt ein, sondern es zeigten sich auch tiefgreifende politische Spannungen innerhalb der Bürgerschaft. Während die konservativen bis gemäßigt liberalen Bürger zu Sammlungen für die im Septemberaufstand umgekommenen Mitglieder der Nationalversammlung – Lichnowsky und Auerswald – aufriefen, sammelte die Linke für den in Wien erschossenen Robert Blum.[869] Die Kämpfe gingen für die Aufständischen verloren, und so wurde der 18. September zum Wendepunkt der deutschen Revolution, dem die Niederschlagung der Revolution in Wien und Berlin folgte.

8.6 Die Frankfurter Konstituante und ihr Scheitern

Das trifft allerdings in Bezug auf Frankfurt nicht zu. In der städtischen Führungsschicht wich unter dem Eindruck der blutigen Ereignisse keineswegs „jede nüchterne Lageanalyse einer allgemeinen Revolutionshysterie", und es kann nicht davon gesprochen werden, dass sich das Frankfurter Bürgertum aus Angst vor dem „rothen Schrecken" unter den Schutz staatlicher Autoritäten oder konservativer Führungseliten geflüchtet hätte.[870] Im Gegenteil. Der Aufstand gab Anlass, sich noch einmal um die Einheit der Bewegung zu bemühen. Der „Centralmärzverein" mit seinen 500.000 Mitgliedern in 500 Ortsvereinen hatte eines seiner Zentren neben Berlin und Wien in Frankfurt. Die überwiegende Mehrheit der Bürger hielt am Reformprogramm fest und rückte jetzt sogar erst recht die am Beginn der Revolution geforderte Reform der eigenen Verfassung in den Mittelpunkt ihrer weiteren Aktivitäten.

Konkret wurde bereits eine Anfang April veröffentlichte Streitschrift des jungen Anwalts Julius Friedleben, der sich politisch im „Montagskränzchen" engagierte. Er gehörte wie sein Bruder, der Arzt Alexander Friedleben, zu den jüngeren Reformkräften der Stadt. Beide setzten sich für die Gleichstellung aller Staatsangehörigen ein. Die Trennung des städtischen vom Staatshaushalt stand damit ebenfalls in Zusammenhang und damit war wiederum eine Aufwertung der Frankfurter Landgemeinden verbunden. Entsprechend fanden er wie auch Reinganum Rückhalt in den Landgemeinden.[871]

Friedleben war es auch, der einen durch das Votum aller Staatsangehörigen gewählten Verfassungsrat vorschlug. Diese gewählten Verfassungsräte waren in vielen Staaten des Deutschen Bundes im Gespräch, und viele Frankfurter meinten, dass ihre Vaterstadt hier nicht hinter anderen Staaten zurückbleiben solle.[872] Die Juden und Beisassen blieben allerdings in Friedlebens Überlegungen außen vor. Als Folge appellierten eine Reihe angesehener Israeliten und die jüdischen Gemeinde gegen diesen Plan.[873] Eine Konstituante von 100 bis 150 Personen kam nun ins Gespräch, und schon bildeten zahlreiche Frankfurter Vereine, darunter das „Montagskränzchen" und der neue, von Heinrich Hoffmann mitbegründete „Bürgerverein", eine gemeinsame Wahlliste von Männern, die nach ihrer Wahl erklären sollten, dass sie nur auf der Basis einer von allen Staatsangehörigen gewählten verfassunggebenden Versammlung wirkliche Verbesserungen für möglich hielten.[874] Und so kam es schließlich auch.

Am 30. Oktober 1848 wurde die Konstituante ordnungsgemäß gewählt. Sie bestand aus 120 Mitgliedern und setzte sich aus Juristen, Kaufleuten, Handwerksmeistern, Ärzten und Lehrern zusammen. Selbstverständlich fehlten die Gesellen und andere Arbeiter. Maximilian Reinganum und der Lehrer Nikolaus Hadermann gaben den Ton an, ihnen gegenüber standen die gewählten Mitglieder des „Bürgervereins". Die Abgeordneten sollten nicht nur über eine neue Verfassung beraten und beschließen, sondern auch die Aufsicht über das Budget und die bewaffnete Macht führen und alle Staatsverträge sanktionieren.[875] In dieser Konstituierenden Versammlung verhalf das städtische Bürgertum der liberaldemokratischen Linken zu einer überwältigenden Mehrheit. Von den 120 Mandaten fielen fast 80 an die Demokraten.[876]

Die Enttäuschung bei den gemäßigten Liberalen war groß. Heinrich Hoffmann hatte, nachdem er mit seinem Engagement in der deutschen Nationalversammlung gescheitert war, die Linkswendung der Frankfurter Bürgergesellschaft auch nicht aufhalten können. Darüber tröstete ihn nicht hinweg, dass er selbst in die Versammlung gewählt wurde. Er meinte zwar, gegen seinen erklärten Willen, aber das ist schlecht vorstellbar.[877] Er nahm trotz seiner Distanzierung lange Zeit an den Versammlungen teil und brach mehrere heftige Debatten vom Zaun, wenn er in den Beschlüssen eine Abweichung von den Verfassungsbeschlüssen der Nationalversammlung erblickte. Doch seine Parteifreunde und er blieben in der Minderheit und konnten sich nicht durchsetzen. Noch im Rückblick wird die Enttäuschung deutlich, welche ihm die Frankfurter Konstituirende Versammlung bereitet hatte: „Als wir aber dann in lächerlicher Karikatur in unserem Pfahlbürgertum die große staatliche Krise nachäffen wollten und in der sogenannten ‚Frankfurter konstituierenden Versammlung' Frankfurter Menschenrechte auf ultrademokratischer Basis beraten und ins Leben führen wollten, hatte ich die Geschichte satt und legte meine Stelle nieder."[878]

Der Vergleich zwischen der neuen Konstituierenden Versammlung und der Gesetzgebenden Versammlung von 1847 fördert einige interessante Unterschiede zutage. In personeller Hinsicht fand ein nicht unerheblicher Wechsel statt. Insgesamt war lediglich 33 Mitgliedern der Sprung aus der Gesetzgebenden Versammlung in das neue Parlament gelungen. Von den Mitgliedern müssen mindestens 77, also mehr als die Hälfte, als wohlhabend bezeichnet werden. Neun stiegen in den folgenden Jahren in den Senat auf, und immerhin zehn fanden sich noch zwanzig Jahre später in der Stadtverordnetenversammlung.[879] Das Bildungsbürgertum konnte seinen Anteil fast verdoppeln, wobei der kleinere Teil der Zuwächse auf Juristen entfiel. Gleichzeitig vergrößerte sich der Anteil der Handwerker, während die Kaufleute Mandate einbüßten.

Die beiden Fraktionen unterschieden sich in diesem Punkt nicht unerheblich voneinander. Während die linke Mehrheit der Konstituierenden Versammlung ihren sozialen Schwerpunkt mit über 50 Prozent eindeutig in der Handwerkerschaft und im Handelsbürgertum hatte, verteilten sich Ärzte, Juristen und Lehrer zwar zahlenmäßig gleichrangig auf beide Fraktionen, aber in Relation zur Fraktionsstärke stellten sie bei den gemäßigten Liberalen deutlich mehr als die Hälfte der Mandatsträger. Über Erfahrung in und außerhalb der politischen Gremien verfügten dabei alle Mitglieder der Versammlung gleichermaßen, es zeigt sich sogar eine ausgeprägte Kontinuität zur demokratischen Bewegung der dreißiger Jahre. Immerhin hatten ziemlich genau 20 Prozent der neuen Bürgervertreter bereits sechzehn Jahre zuvor die Petition für Pressefreiheit unterschrieben. Das ist ein weiterer Beleg für die These eines besonderen liberalen Charakters der Stadt.

Die Konstituante erörterte zuerst im März 1849 einen radikalen Verfassungsentwurf, der insgesamt 180 Artikel umfasste, und rund ein halbes Jahr später noch einmal eine revidierte Version desselben. Die letzte Überarbeitung mit nunmehr 195 Artikeln erfolgte im November und wurde am 3. Dezember 1849 verabschiedet. Als Vorbild galt in allen drei Fällen die „Constitution de la République et Canton de Genève" vom 24. Mai 1847. Das war nicht ganz unproblematisch, denn trotz ihres demokratischen Charakters war diese Verfassung das Ergebnis eines Staatsstreichs, in den der Genfer Volkstribun James Fazy verwickelt war. Fazy verfügte über ein ganz Europa umspannendes Netzwerk von Revolutionären der unterschiedlichsten

Couleur. So stand er mit Guiseppe Mazzini, Franz Sigel und dem russischen Anarchisten Alexander Herzen in Verbindung. Über den Gießener Carl Vogt bestand auch ein Kontakt zu Reinganum, über den die von Fazy entworfene Verfassung für Genf nach Frankfurt kam. Reinganums Freund aus den Tagen des Wachensturms, Friedrich Funck, hat sie aus dem Französischen ins Deutsche übersetzt.

Der Frankfurter Verfassungsentwurf baute allerdings auch auf den Grundrechten des deutschen Volkes auf, die im Dezember 1848 von der Paulskirchenversammlung verabschiedet worden war. Doch ging er darüber hinaus und enthielt etwa die Forderung nach einer „allgemeinen Volksbewaffnung".[880]

Die Konstituierende Versammlung benötigte fast ein Jahr für die Erarbeitung der neuen politischen Grundsätze. Sie legte schließlich in radikaler Abkehr von den bisher gültigen Prinzipien einer langfristigen Veränderung der bestehenden politischen Verhältnisse einen Verfassungsentwurf vor, in dem konsequent die zentralen Forderungen der liberalen Bewegung berücksichtigt und die zahlreichen Vorrechte der Geburt, des Standes und der Religion aufgehoben wurden.[881] „Staatsangehöriger ist jeder", begann der zweite Abschnitt, „welchem Kraft der bisherigen Gesetze das Heimatrecht in einer Gemeinde des Freistaates zusteht". Weiter heißt es, „jeder großjährige Gemeindeangehörige ist Gemeindebürger" und „alle Bürger sind gleich", denn „vor dem Gesetz gilt kein Unterschied der Stände".[882] Das war klar und eindeutig.

Ein Heimatrecht besaßen und Gemeindeangehörige waren nur die Mitglieder der jüdischen Gemeinde, die Beisassen und die Landbewohner. Damit blieben von vornherein die Fremden, vor allem eben die zahlreichen fremden Gesellen und das von auswärts zugezogenes Gesinde von der beabsichtigten Emanzipation und politischen Gleichstellung ausgeschlossen, da sich ihr „Heimatrecht" auf andere Gemeinden bezog. Eine Erwerbung war aber „nach den bisherigen Gesetzen" neben anderen Punkten an eine eigenständige Haushaltsführung gebunden. Nur diejenigen sollten in den Genuss der neuen Verfassungsrechte kommen, die die alte Vorstellung von Selbständigkeit erfüllten. Nur für diese kamen bürgerliche Gleichheit und die umfassenden demokratischen Rechte, zu denen auch eine Säkularisierung der Verfassung gehörte, in Betracht.

Am Gravierendsten waren jedoch die Eingriffe in die Struktur der politischen Gremien. Es wurde nicht nur eine Trennung der Gerichte von der Verwaltung angestrebt, sondern es wurden auch die Gesetzgebung, die Aufsicht über die Verwaltung und die Kontrolle der Exekutive in einem „Volksrat" konzentriert, während der vom Volk gewählte „Regierungsrat" auf die „Anleitung" der Verwaltung und die „Repräsentation nach außen" beschränkt bleiben sollte.[883] Auch bezüglich der Gewerbeordnung wurden bedeutende Veränderungen angestrebt. Es hieß zwar nach wie vor, „ein Gewerbe auszuüben ist er nur dann befugt, wenn er die für den Betrieb des Gewerbes bestehenden besonderen Bedingungen erfüllt hat", aber mit der anvisierten Gleichstellung der Landbewohner käme auf jeden Fall auch die Gleichberechtigung der Handwerker in den Ortschaften. Dies hätte eine erhebliche Relativierung des Zunftrechts bedeutet; unter anderem daran entzündete sich der Widerstand gegen die geplante Verfassung und es wurde rasch deutlich: Die Demokraten waren über das Ziel hinausgeschossen.[884]

Es waren gar nicht so sehr einzelne Maßnahmen, die das Lager der konservativen beziehungsweise der gemäßigt liberalen Kritiker anwachsen ließ, sondern der innere Zusammenhang zwischen Einzelmaßnahmen wie der Aufhebung der Einzelprüfung bei der Einbürgerung, der Beseitigung einiger wichtiger Sonderrechte der Handwerker und der „Trennung der Kirche vom Staat", zwischen der Öffnung der Stadt gegenüber den Landgemeinden einerseits und der Entmachtung des ständisch gegliederten Senats andererseits.[885] Alle diese geplanten Neuregelungen legten von verschiedenen Seiten aus Hand an die überkommenen sozialen und politischen Strukturen. Das gleichzeitige Aufbrechen ganz unterschiedlicher Konfliktfelder war der wesentliche Grund, warum bei Vorlage dieses Verfassungsentwurfes der Konsens in der Bürgerschaft zerbrach. Die Vielzahl ganz unterschiedlicher Rechte und Privilegien, die plötzlich zur Disposition standen, offenbart die Komplexität der über einen langen Zeitraum gewachsenen sozialen Beziehungen. Die Spaltung verlief nicht allein zwischen Anhängern der ständischen Gesellschaft und Liberalen, nicht einfach zwischen den Handwerkern und dem Rest der Bürgergemeinde, sondern quer durch alle Berufsgruppen und sozialen Milieus. Vor dem Zerfall der Bürgergesellschaft konnte nur der entschiedene Schritt zurück bewahren.

Die Katholiken erhoben sich gegen die projektierte Säkularisierung des Schulwesens, gegen die Zivilehe, gegen das Verbot von Klöstern und gegen die Regelung der finanziellen Unterstützung durch den Staat.[886] Fast alle Mitglieder des katholischen Gemeindevorstands dieser Zeit sprachen sich gegen den von der Konstituierenden Versammlung vorgelegten Verfassungsentwurf aus und petitionierten energisch gegen diese Bestimmungen und für „Bedingungen für ein freundliches Nebeneinander".[887] Mit dieser Reklamation stand der katholische Gemeindevorstand im Übrigen nicht allein, sondern teilte sie mit den Vorständen der Lutheraner und der Reformierten.[888] Die Stiftungen setzten die Kritik fort und prangerten die Liberalisierung des Ehe- und Armenrechts an, und schließlich petitionierten zahlreiche Handwerker gegen die beabsichtigte Liberalisierung des Gewerbes und gegen die Freizügigkeit.[889] Hier traten insbesondere Martin May und der Hülfsverein hervor. Die gemäßigten Liberalen, die in der Konstituierenden Versammlung die Minderheitenmeinung vertraten, nutzten die Situation, begehrten gegen die Entmachtung des Senats zugunsten eines Volksrats auf und machten sich zum Fürsprecher der zahlreichen Einzelproteste. Als Konsequenz des Entwurfs wurde von all diesen Gruppen die Auflösung der alten gesellschaftlichen Strukturen und die Zerstörung des ausbalancierten sozialen Gleichgewichts befürchtet: „Frankfurt wird dann nicht allein mit den angehenden Proletariern seines eignen Gebiets, sondern auch mit denen von 10 Meilen in der Runde beglückt werden und so die Pflanzschule resp. Hauptstadt des Proletariats für den Süden Deutschlands werden, wie es Berlin für den Norden bereits ist.“[890]

Der von radikaldemokratischen Ideen geprägte Verfassungsentwurf wurde von vielen Bürgern aus den unterschiedlichsten Gründen als zu weitgehend empfunden. Es fiel dem Senat und der „konservativ-liberalen“ Fraktion des Bürgertums relativ leicht, die aufblühenden oppositionellen Bestrebungen gegen die Versammlungsmehrheit zusammenzuschließen und eine Gegenbewegung zu entfesseln. Die Opposition sammelte sich am 7. Juli 1849 im neu gegründeten Patriotischen Verein, der bald über 2.500 Mitglieder und damit ein gutes Drittel der Bürgerschaft organisierte. Die politischen Mittel der Demokraten wurden nun gegen sie verwandt: Der Verein arbeitete mit Petitionen, hielt große öffentliche Versammlungen ab und bediente sich virtuos der Publizistik.[891]

Der Patriotische Verein kann nicht ungeteilt der liberalen Bewegung zugerechnet werden, da er zugleich als Sammlungsorganisation für alle Gegner der demokratischen Bewegung fungierte.[892] Seine Sozialstruktur ist in verschiedener Hinsicht ungewöhnlich. Die verschiedenen bildungsbürgerlichen Berufsgruppen waren außerordentlich schwach und das Handwerk außerordentlich stark vertreten. Nichtsdestotrotz kann der Patriotische Verein nicht auf eine Interessenorganisation des konservativen Handwerks reduziert werden, denn er bestand zu 33 Prozent aus Vertretern des kaufmännischen Bürgertums. Das heißt: Die gemäßigt-liberalen Kaufleute gingen mit der ständisch-konservativen Fraktion des Stadtbürgertums, die vor allem aus Zunfthandwerkern bestand, ein Bündnis ein, das in seiner sozialen Zusammensetzung verblüffende Ähnlichkeit mit dem Bündnis von 1816 hatte – als es um eine Neufundierung des sozialen Kompromisses nach den Napoleonischen Kriegen gegangen war. Richtete es sich damals gegen patrizisch-konservative Vorbehalte, so trat es rund dreißig Jahre später gegen eine demokratische Modernisierungsfront an.

Es zeigt sich ein weiteres Mal, dass eine Reformpolitik in einer bürgerlichen Gesellschaft mit entwickelten politischen Strukturen an eine Konsenspolitik gebunden ist. Auch wenn sie in der Konstituierenden Versammlung eine Minderheitenposition einnahmen, verfügte das Bündnis aus gemäßigten Liberalen, die allen Berufsgruppen des Frankfurter Bürgertums entstammten, und konservativen Handwerkern über genügend Möglichkeiten im Selbstverwaltungsgeflecht der stadtbürgerlichen Gesellschaft, den Angriff der radikaldemokratischen und linksliberalen Erneuerer abzuwehren.

Zwar nahm die Konstituierende Versammlung den Entwurf der Majorität am 3. Dezember 1849 noch an, doch akzeptierte der Senat dieses Votum nicht mehr, nachdem der Patriotische Verein am 13. Dezember eine Petition vorgelegt hatte, die von über 2.000 Bürgern aus allen Berufsgruppen unterzeichnet worden war.[893] Es waren nicht allein die Handwerker, Wirte und Bierbrauer, die diese Bewegung trugen, sondern analog zu den Mitgliedern des Patriotischen Vereins gleichermaßen Kaufleute, Bankiers und Verleger, die fast gleich stark vertreten waren, dazu kamen zahlreiche Bildungsbürger.

Die Petitionen des Patriotischen Vereins, aber auch von Kirchengemeinden, Sozialeinrichtungen und dem Gewerbeverein offenbarten die tiefe Spaltung der Bürgerschaft. Auf dieses Votum gestützt brach der Senat das Verfassungsprojekt ab und löste sowohl die Versammlung als auch alle politischen Vereine auf. Das traf die Linke in der Konstituante unvorbereitet. Ihre Mitglieder standen am 3. Januar 1850 plötzlich vor den verschlossenen Toren ihrer Sitzungsräume und wurden von den Frankfurter Polizeigendarmen nach Hause geschickt. So endete die Geschichte der Frankfurter Nationalversammlung.[894] In der kurz darauf erfolgten Wahl zur Gesetzgebenden Versammlung gingen „gehorsam gegenüber den Winken des Bundestages" die konservativen Kräfte im Bürgertum als Sieger hervor.[895] Nach dem Scheitern aller Bemühungen um eine Reform der Verfassung beschränkten sich die Mitglieder dieser neuen Versammlung auf eine „Realpolitik".[896] In den Jahren bis 1852 wurden zwar noch verschiedentlich Verfassungsentwürfe vorgelegt, doch fanden sie keine Mehrheit. Selbst die Beschwerde einiger Bürger bei der Bundesversammlung führte zu keinem Ergebnis.[897] Anträge auf Verfassungsänderung erfolgten bald nicht mehr. Die Initiative wurde ganz dem Senat überlassen. Verlierer waren neben den radikalen Demokraten, die sich von vornherein nicht an den Wahlen beteiligt hatten,

„Die alte und die neue Welt". Karikatur in der Leipziger Illustrierten Zeitung auf die Emigration nach der Revolution, 30. Juni 1849

Unter dem Titel „Der politische Struwwelpeter. Ein Versuch zu Deutschlands Einigung" veröffentlichte der Deutsch-Kanadier Henry Ritter 1849 eine Sammlung von satirischen Zeichnungen zur verlorenen Einheit der Revolution. Die Blätter karikieren in der Manier des „Struwwelpeter" Schicksale der politischen Typen „Terrorist" (Republikaner), „Heuler" (Reaktionär), „Wühler" (Demokrat) und anderer.

auch die gemäßigten Liberalen. Dennoch, nach kurzer Zeit fasste die Gesetzgebende Versammlung wieder Tritt. Es kam insofern nicht zu einer Reaktionszeit im eigentlichen Sinne des Wortes. Im Gegenteil, in den 1850er Jahren verabschiedete die Frankfurter Bürgergesellschaft schon bald wieder Reformen, die an der gescheiterten Verfassung von 1849 anknüpften. Dennoch, der Schock über das Ende der Revolution in Frankfurt und die brüske Desavouierung der linken Mehrheit saß tief und gesellte sich zum allgemeinen Unbehagen über die gescheiterte Revolution auf nationaler Ebene.

Trost schien deshalb erst einmal allein die Auswanderung zu bieten. Bereits am 12. Dezember 1848 war aus den hessischen und württembergischen Zweigvereinen des „Nationalvereins für deutsche Auswanderung und Ansiedlung" der „Frankfurter Verein zum Schutz der Auswanderer" gegründet worden.[898] Er setzte sich zum Ziel, „Auswanderer, einzelne sowohl wie ganze Gesellschaften, sicher möglichst wohlfeil und vorzugsweise über einen deutschen Hafen zu befördern; je nach ihren Verhältnissen zu ihren baldigen Unterkunft und Niederlassung behilflich zu sein".[899] Dem Verein gehörten die liberalen Ärzte Wilhelm Stricker, Georg Varrentrapp und der Meister vom Stuhl der Loge „Sokrates zur Standhaftigkeit", Heinrich Franz Rosalino, an. Sie unterstützten namentlich das Projekt des nordamerikanischen Consuls Fleischmann zur „Colonisation und Gruendung eines Depots für Auswanderer in Mitschigan".[900] Er forderte, das „Humanistische von dem Speculativen zu trennen", rügte, „neben dem Ackerbau nicht auch der Industrie gehörig Rechnung getragen zu haben", und regte aus diesem Grund die Auswanderung von Handwerkern an, „da sie verhältnismäßig weniger Mittel bedürften als der Ackerbau." Ihre Arbeiten würden insbesondere dann „lohnbringend erscheinen, wenn sie fabrikmäßig und durch größere Gesellschaften von Handwerkern betrieben würden."[901] Die Aussicht auf ein Fabrikarbeiterdasein schien die Menschen nicht abgeschreckt zu haben, denn der Verein vermittelte im Zeitraum zwischen 1850 und 1870 Jahr für Jahr 500 bis 600 Personen, bei denen es sich in der Mehrzahl um Gesellen gehandelt haben dürfte.[902] Aber es waren nicht nur Gesellen, unter den Auswanderern befanden sich auch zahlreiche Demokraten.

Einer von ihnen war Gustav Adolph Roesler, also der Mann, der versucht hatte während der blutigen Kämpfe im September 1848 zwischen den feindlichen Lagern zu vermitteln. Nach einer dramatischen Flucht erreichte er 1850 New York und ließ sich schließlich mit seiner Familie in Milwaukee nieder. Dort gab er ein politisches Magazin heraus, unterstützte den Vorläufer der Republikanischen Partei, die Whig Party, und agitierte gegen die Sklaverei. Später zog er nach Quincy in Illinois um und gründete erneut eine „locale" Zeitung, bevor er ein Opfer der Choleraepidemie von 1855 wurde.[903]

Ein anderer prominenter Auswanderer war Friedrich Hecker, der Gegenspieler Heinrich Hoffmanns im Vorparlament. Er war nach dem Scheitern seines Aufstands zunächst mit Gustav Struve und anderen Anhängern nach Muttenz bei Basel geflohen. Im September reiste er nach Straßburg, wo ihm die Behörden umgehend mit Ausweisung drohten. Er beschloss, in die USA zu emigrieren. Von Le Havre aus setzten er und seine Begleiter am 20. September 1848 nach New York über, und Hecker erwarb noch im selben Jahr eine Farm in Summerfield bei Belleville (Illinois), wo eine kleine Siedlung deutscher Emigranten lebte. Er betrieb Viehzucht und Weinbau, was ihm für den Rest seines Lebens seinen Lebensunterhalt sicherte. Deutsche Revolutionsimmigranten wie Hecker wurden in den USA „Forty-Eighters" genannt. Wie viele von ihnen setzte sich auch Hecker ab 1856 in der Republikanischen Partei von Illinois für die Abschaffung der Sklaverei und die Wahl Abraham Lincolns zum Präsidenten ein. Er war sogar zusammen mit Lincoln Wahlmann für den Staat Illinois. Mehrmals kämpfte Hecker zwischen 1861 und 1864 im Sezessionskrieg. Gemeinsam mit seinem Sohn beteiligte er sich an einem Regiment aus Freiwilligen, dem vor allem deutsche Einwanderer angehörten. Ihr General war der ehemalige badische Offizier Franz Sigel, der in Konstanz am Heckerzug beteiligt gewesen war und nun ebenfalls in den USA lebte. Hecker wurde im Mai 1863 in der Schlacht bei

„Forty eighters“: Der Paulskirchenabgeordnete Adolph Roesler als Vermittler im Barrikadenkampf am 19. September 1848. Roesler gehörte zu den Aktivisten der Linken, die nach den Ereignissen in die USA emigrierten.

Chancellorsville verwundet. Am 14. April 1868 bekam er von dem Humboldt Medical College die Ehrendoktorwürde verliehen. Die deutsche Einigung von 1871 begrüßte Hecker, ohne allerdings ein weitergehendes Interesse an dem nun geeinten Deutschland zu äußern. Er starb 1881 im Alter von 69 Jahren auf seiner Farm in Illinois.[904] Demokraten aus Deutschland und eine beachtliche Anzahl davon aus Frankfurt und seiner näheren Umgebung hatten sich somit rege am Aufbau der amerikanischen Republik beteiligt. Sie fehlten allerdings beim liberalen Umbau Deutschlands.

9. Die Erneuerung vor dem Ende – eine liberale Reformpolitik

9.1 Ein Jahrzehnt der Modernisierung und der Reformen

Das Scheitern der Reformer und der Sieg der „konservativen“ Elemente des Stadtbürgertums schienen auf eine starre Konservierung der Verfassungs- und Gewerbeverhältnisse hinauszulaufen. Doch das Gegenteil trat ein. Die fünfziger und sechziger Jahre waren keine Jahre des Stillstands, sondern der wirtschaftlichen Erneuerung und der politischen Reformen, an deren Ende zahlreiche überholte Relikte der alten wirtschaftlichen und politischen Ordnung beseitigt wurden und eine in vieler Hinsicht moderne bürgerliche Gesellschaft stand. Als Erstes deutet die Fortsetzung der Diskussion um die künftige Gewerbeordnung auf diese Entwicklung hin. Es war insbesondere die Handelskammer, die sich auch in der restaurativen Zeit für die Gewerbefreiheit einsetzte. Sie provozierte damit die Verfechter der traditionellen Ordnung so sehr, dass diese noch im Jahre 1850 zur Gründung einer Gewerbekammer schritten, um ihren Interessen mehr Nachdruck verleihen zu können. Damit stellte sich das Problem der Abgrenzung beider Kammern. Die Handelskammer sprach sich in einem speziellen Gutachten vom 28. August 1850 vor allem gegen einen Einfluss der Gewerbekammer auf das Großgewerbe, das heißt das Fabrikwesen, aus. Sie wollte unter allen Umständen eine noch größere Behinderung der Industrialisierung in Frankfurt vermeiden, um sich die Chancen für die Zukunft nicht zu verbauen. Denn „je mehr der hiesige Handel, leider! abmagere, desto mehr müsse man darauf gefaßt sein, daß in einem gegebenen Zeitpunkte die Handelskräfte sich mehr als bisher der Fabrikation und dem Manufakturwesen zuwenden werden“.[905] Die Diskussion zog sich bis weit in das Jahr 1853. In ihrem Verlauf näherte sich der Senat immer mehr der Position der Handelskammer an und versuchte ebenfalls, den Einfluss der Gewerbekammer auf das Handwerk einzugrenzen, was aber in dem Gesetz zur Gewerbekammer vom 5. Juni 1855 nicht ganz erreicht wurde. Die Diskussion nahm an Heftigkeit zu und die Modernisierungsbefürworter der Stadt sahen sich vor die Aufgabe gestellt, in einem Balanceakt den Abbau des Protektionismus immer deutlicher zu fordern und gleichzeitig die sozialen Interessen der davon betroffenen Teile der Bürgerschaft ernst zu nehmen.

In dieser Situation bewährten sich bereits in dem Jahrzehnt zuvor eingeleitete langfristige Maßnahmen zur Milderung der sozialen Folgen, die die Modernisierung der Gewerbe mit sich brachten. Dazu gehörten wie in den 1830er und 1840er Jahren gleichermaßen eine Intensivierung der Gewerbeförderung im Rahmen des Vereinswesens und verschiedene Eigeninitiativen der Handwerker. Letzteres lieferte durchaus spektakuläre Resultate. So ergriffen die Bürger aus eigener Initiative ein ganzes System von Maßnahmen, um die finanzielle wie bildungspolitische Gewerbeförderung auszubauen. Es wurde bereits der Gewerbeverein der Polytechnischen

Gesellschaft und der Hülfsverein zur gewerblichen und moralischen Unterstützung nothleidender Handwerksmeister erwähnt sowie die von ihnen eingerichtete Gewerbekasse, die sich als großer Erfolg erwiesen hatte. Verteilte die Kasse im Jahre 1845 gerade einmal 665 Gulden an 56 notleidende Handwerker, so waren es zehn Jahre später bereits über 17.700 Gulden an über 500 Handwerker. Besonders in den fünfziger Jahren und zu Beginn der Sechziger stieß der Verein mit dem ihm zur Verfügung stehenden Kapital in immer neue Dimensionen vor. Im Jahre 1857 peilte der Hülfsverein eine Kapitalbasis von 100.000 Gulden an und wurde nach seiner Namensänderung in „Hülfsverein für Gewerbetreibende" immer mehr zu einer umfassenden „Creditanstalt" ausgebaut.[906]

Die Berichte des Hülfsvereins in den sechziger Jahren dokumentieren seine Erfolge. Es sei durch die beträchtliche Vermehrung des „Kreditpotentials" gelungen, die „Wellen des Elends" abzufedern und die plötzliche Verarmung von Handwerkerfamilien zu beseitigen sowie den „Wucher zu steuern".[907] An diesem Erfolg hatten alle Sozialgruppen der Frankfurter Bürgergesellschaft ihren Anteil. Wohlhabende Handwerker ergriffen die Initiative zur Unterstützung der Verarmten, und reiche Bürger, Patrizier, Kaufleute, Bankiers, hier insbesondere auch wirtschaftlich erfolgreiche Juden wie beispielsweise die Familie Rothschild, spendeten zahlreich an den Hülfsverein. Dazu kam die Unterstützung durch Stiftungen, und in kritischen Phasen gewährte auch der Senat eine Beihilfe. Das half über die Zeit des wirtschaftlichen Umbruchs hinweg, ohne ihn aufzuhalten. Die Zahl der Meister beziehungsweise ihr relativer Anteil an der Bevölkerung sank und die der Gesellen nahm kontinuierlich zu. Auch die Zahl der konzessionierten Fabriken stieg – und zwar besonders in den Bereichen, die von kleinen Handwerksbetrieben sowieso nicht bewältigt werden konnten wie etwa Eisengießereien oder chemische Fabriken. Immerhin gab es 1861 in Frankfurt bereits 36 Eisengießereien mit fast 500 Beschäftigten. Dennoch, unter den 9.000 Berufstätigen im Bereich des Gewerbes nahmen sie sich wie Inseln in einem großen Meer aus. Auch im Vergleich zu den 4.000 Berufstätigen in den großen Handelsbetrieben, Banken und kleinen Handlungen blieb der Fabriksektor immer noch recht bescheiden.

Wenn der Strukturwandel auch nicht verhindert werden konnte, so förderten die Hilfsmaßnahmen doch dessen Akzeptanz und trugen dazu bei, dass der alte Protektionismus an Einfluss verlor. Das ging allerdings nicht ohne heftige öffentliche Diskussion einher. Doch im Gegensatz zu der großen Konfrontation in den 1830er Jahren wurde sie dieses Mal zu einem Abschluss gebracht. Der Werdegang dieses Reformvorstoßes führt noch einmal das generelle Problem der Modernisierung in einer selbstverwalteten und selbstbestimmten Gesellschaft vor Augen. Aufgrund der entwickelten politischen Kultur musste die Auseinandersetzung in den komplexen Gremien wirklich „ausgetragen" werden. Die Lösung konnte nicht einfach mit einem Erlass dekretiert, vielmehr mussten Mehrheiten in den politischen Gremien rekrutiert werden. Das zeigt der Werdegang gerade dieser, Viele betreffenden Reform. Mit einem Paukenschlag griff die Gesetzgebende Versammlung am 1. Juni 1854 massiv in die Diskussion ein und forderte in einem Beschluss vehement die Dynamisierung der gewerblichen Strukturen. Antragsteller war der modernisierungsfreudige Gerbermeister Martin May, Sohn des konservativen Metzgermeisters Martin May, des Mitbegründers des Hülfsvereins und Wortführers der Handwerker in den vormärzlichen Diskussionen. Der junge May war derselbe, der sieben Jahre später zusammen mit Nikolaus Hadermann den Frankfurter Verein gründete, eine radikaldemokratische politische Organisation, von der noch die Rede sein wird. Er meinte in seinem Antrag: „Die bestehenden Gewerbeordnungen sind in dem vorigen Jahrhundert meistens erlassen. Seitdem ist Deutschland mit dem ganzen europäischen Continent durch die größten Veränderungen zu einem ganz neuen Zustande der Technik, der Fabrikation und der Gewerbe übergegangen. Unsere Gesetzgebung ist aber stehen geblieben, obwohl es ganz unmöglich ist, Frankfurt dem Einfluß jener großen Veränderungen zu entziehen.“[908] Auf Druck der Gesetzgebenden Versammlung beauftragte der Jüngere Bürgermeister Gustav Edmund Nestle am 27. Dezember 1855 die eigentlich zuständige Gewerbekammer in einem ersten Schritt mit dem Entwurf einer Gewerbeordnung. Zwei Jahre später lieferte die Kammer aber nur verschiedene Vorstudien zu einer Gewerbeordnung, was der Gesetzgebenden Versammlung nicht ausreichte, weshalb sie am 15. August 1858 den Senat erneut aufforderte, ein Gewerbegesetz vorzulegen.[909] Diesem Begehren folgte ein halbes Jahr später ein eigener Antrag, dass alle Zunftbeschränkungen aufgehoben und „durch eine auf freie Grundsätze basirte, den Bedürfnissen und Ansprüchen unserer Jetztzeit Rechnung tragende Gewerbe-Ordnung zu ersetzen sind“.[910] Ein Jahr später legte die Gewerbekammer zwei differierende Gewerbeordnungsentwürfe vor, die jedoch beide nicht den Ansprüchen der Senatsverwaltung genügten. So sprach sich am 27. Dezember 1860 der Jüngere Bürgermeister Anton Heinrich Emil von Oven in einen Bericht an den Senat gegen eine Belebung des Zunftsystems aus: „Wir müssen es für verfehlt erachten, den hiesigen Gesammt-Gewerbe-Verhältnissen durch Belebung des Innungswesens eine neue Ordnung zu geben in einer Zeit, in welcher die Freiheit der Gewerbe in rascher Folge sich immer mehr gegen das bisherige Innungswesen Bahn bricht.“[911]

Zudem formierte sich 1860 außerhalb der Gremien eine Handwerkerbewegung zur Unterstützung der Gewerbekammermajorität, die zugleich zu den Wahlen für die Gesetzgebende Versammlung antrat und gegen die massiven Liberalisierungsforderungen der demokratischen Mehrheit in diesem Gremium auftrat. Erst protestierten am 30. Januar die Schneider, knapp einen Monat später die Bierbrauer und am 23. März schließlich die Metzger zusammen mit über 1.000 Meistern gegen die beabsichtigte Gewerbefreiheit. Sie richteten eine Petition an den Senat, die sogar von 1.500 Bürgern, vornehmlich Handwerksmeistern, unterschrieben worden war.[912]

Für die Neuwahl der Gesetzgebenden Versammlung am 26. November 1860 organisierten die Handwerker eine Listenwahl, der es immerhin gelang, 670 Stimmen auf sich zu vereinigen. Doch davon ließ sich der Senat nicht mehr beeindrucken. Anders als in den Jahren zuvor gab er seine neutrale Position auf, plädierte nun ebenfalls wie die Gesetzgebende Versammlung für die Einführung der Gewerbefreiheit und bereitete einen entsprechenden Entwurf vor. Da sich wiederum Verzögerungen abzeichneten, zog die Gesetzgebende Versammlung die Initiative an sich und diskutierte von März bis April 1861 einen eigenen Entwurf. Nach diesem sollte die Eröffnung eines Betriebs nur noch an ein Mindestalter, den Bürgereid, eine Anmeldung, die öffentliche Bekanntmachung und eine einmalige Taxe geknüpft sein.[913] Diese klar umrissenen Bestimmungen wurden in der Gesetzgebenden Versammlung am 17. April verabschiedet.

Das rief noch einmal die Kritik der Handwerkerseite hervor. Mit einer Petition, die unter dem Motto „Reichthum ist Diebstahl" stand und die von 2.302 Bürgern unterzeichnet wurde – immerhin ein Viertel der Bürgerschaft –, erreichte die Handwerkerbewegung zwar insgesamt einen Höhepunkt.[914] Doch blieb diese Eingabe, im Gegensatz zu den vorherigen Petitionen, folgenlos. Denn auch der Gewerbegesetzentwurf der Senatskommission enthielt das eindeutige Bekenntnis zur Gewerbefreiheit: „Jeder hiesige Bürger sowie dessen großjährige Ehefrau oder Witwe hat, soweit nicht in diesem Gesetz eine Beschränkung besteht, das Recht, ein jedes Gewerbe selbständig zu betreiben."[915] Am 28. Oktober 1863 erfolgte schließlich die Zustimmung der Gesetzgebenden Versammlung und am 12. Januar 1864 trat das neue Gesetz in Kraft. Sowohl der Innungszwang als auch das Verbot, mehrere Gewerbe gleichzeitig zu betreiben, entfielen sowie alle Beschränkungen, sich frei zu assoziieren. Nach langen Jahren der Debatte wurde also Mitte der fünfziger Jahre der Reformprozess in Gang gesetzt, der nach zehn Jahren in eine vollständige Reform der Gewerbeverfassung und in der Einführung der Gewerbefreiheit mündete.

Constantin Alexander Scharff (1816–1900), Kaufmann und Bankier, um 1890

Zur gleichen Zeit wurde die öffentliche Aufmerksamkeit immer mehr von den langfristigen Folgen der Zollvereinsgründung in

Anspruch genommen. Im Rahmen dieses Vereins bemühte sich die Frankfurter Handelskammer intensiv um Handelsverträge mit Österreich und Frankreich und trat in diesem Zusammenhang am 14. Juni 1861 dem Deutschen Handelstag bei. Diese Aktivitäten entfaltete die Handelskammer unter ihrem neuen Senior Constantin Alexander Scharff. Scharff war 1816 in Frankfurt als Sohn von Gottfried Scharff geboren worden. Er absolvierte eine kaufmännische Lehre bei Bernus & Co., sammelte im Anschluss daran praktische Erfahrungen in Paris und Leeds und ließ sich 1839 als Teilhaber der Seidenwarenfirma Alexander Gontard & Sohn in Frankfurt nieder. Außerdem war er Vorstandsmitglied und Vorstandsvorsitzender der Frankfurter Sparkasse. Scharff wurde ab 1850 immer wieder in die Gesetzgebende Versammlung gewählt und gestaltete so auch aktiv den Reformprozess mit. Wie Wilhelm Gillé, der Vorgänger als Senior der Handelskammer, engagierte er sich auch bei der Frankfurter Bank, der er in späteren Jahrzehnten als Präsident vorstand. Scharff saß in vielen Gremien der Wirtschaft wie der Politik der Stadtrepublik.

Das Bemühen um ein koordiniertes Vorgehen gegen eine allzu handelsfeindliche Zollpolitik und eine Senkung der Zollsätze innerhalb des Zollvereins erforderte auch Neuerungen bei der Handelskammer selbst, wofür sich der Scharff nachfolgende Senior Gustav Adolf de Neufville starkmachte. Der Forderung nach mehr Transparenz wurde mit der Herausgabe von Jahresberichten Rechnung getragen, und die gestiegenen organisatorischen Anforderungen hatten schließlich die Anstellung eines Sekretärs zur Folgen. Der erste Jahresbericht erschien 1864 für das Jahr 1863. Er enthielt eine statistische Darstellung der Entwicklung des Frankfurter Wirtschaftslebens, die von Mayer Carl von Rothschild unter anderen auch an Bismarck verschickt wurde, der lange Zeit Preußen beim Deutschen Bund vertreten hatte.[916]

Doch einem Teil der Kaufleute gingen die Reformaktivitäten im Zollvereinsparlament und in der Handelskammer selbst nicht weit genug. Aus dem „Bedürfniß einer rascheren Förderung der hiesigen Handels- und industriellen Interessen" entstand der Kaufmännische Verein, der zur Förderung der national-ökonomischen Verhältnisse in der Stadt beitragen sollte. Er wurde im Jahre 1865 gegründet und sollte der „Hebung und Verbreitung kaufmännischer Kenntnisse" dienen.[917] Hier organisierte sich eine Vielzahl mittlerer und kleinerer Kaufleute. Dieser Verein war damit neben der Handelskammer eine zweite berufsbezogene Interessenorganisation für Handeltreibende jeglicher Größenordnung. Dazu kam im März 1865 der Handelsverein. Er setzte sich zum Ziel, die „Übelstände im Zollwesen" und bei „den Verkehrsanstalten" anzuprangern. An der Gründungsversammlung am 27. März 1865 nahmen zahlreiche Kaufleute teil. Sie setzten eine Kommission zur Beratung der Statuten ein, und als diese im Juni erschienen, meldeten sofort 260 Firmen ihre Mitgliedschaft an. Zum ersten gewählten Vorstand gehörten auch einige langjährige Mitglieder der Handelskammer. Im Einzelnen handelte es sich um Jacob Bolongaro-Crevenna als Vorsitzenden, Johann Adam Brückner, Adolph Friedrich Küchler,

Philipp Ellinger, August Gustav Heinrich Haurand, Julius Hofmann, Adolph Maaß, Joseph Blumenthal und Heinrich Zeiß. Sie wollten sich für eine konsequente Reform der Wirtschaft Frankfurts stark machen, für den weiteren Ausbau der Verkehrsverhältnisse sorgen, Handelsgerichte einrichten und sich um eine Reform der Handelskammer bemühen. Sie fanden in Leopold Sonnemann einen Fürsprecher und seiner Neuen Frankfurter Zeitung. Tatsächlich beschleunigten die öffentlichkeitswirksame Vereinsgründung und die Diskussion in den Zeitungen den Reformprozess. Die Gremien der Kammer setzten sich bei der Gesetzgebenden Versammlung verstärkt für ein neues Handelskammergesetz ein, das die seit 1817 geltende Ordnung ersetzen sollte. Der erste Erfolg bestand im Einsetzen einer Kommission, der unter anderen der damalige Senior der Handelskammer Gustav Adolf de Neufville sowie Freiherr Mayer Carl von Rothschild, Adolph Friedrich Küchler vom Handelsverein sowie Johann Theodor Kuchen, August Wilhelm Ernst Haase, Friedrich August Hermann (Samuel Friedrich) Osterrieth und Jaques Reiß angehörten. Über einen ersten Entwurf für die Reorganisation kam die Kommission jedoch nicht hinaus, denn dann wurde den Frankfurter Kaufleuten die Planung der weiteren Geschicke über ihr städtisches Gemeinwesens aus der Hand genommen.[918]

Nicht nur im Bereich des Gewerbes und bei den Kaufleuten standen die Zeichen der Zeit auf Erneuerung. Noch mehr als in Bezug auf die Handelskammer traf dies auf den Kern der Frankfurter Wirtschaft zu, also auf den Bankensektor. Frankfurter Kapital wirkte bei den innovativen Bankgründungen der Region mit. Dies demonstriert etwa die Gründung der „Bank für Industrie und Handel“ in Darmstadt. Frankfurt geriet damals in den Bann des „credit mobilier“ der Brüder Emile und Isaac Pereire. Beide waren im 19. Jahrhundert bekannte Finanzinvestoren, die ihr Geschäft von Paris aus betrieben. Sie waren eigentlich Konkurrenten des französischen Bankhauses der Rothschilds, arbeiteten jedoch auch in zahlreichen Projekten mit diesen zusammen. So hatten sie zusammen mit den französischen Rothschilds eben diese Bank mit Namen „Société generale du credit mobilier“, kurz „credit mobilier“, gegründet. Wie die Rothschilds waren sie Juden, doch im Gegensatz zu der Frankfurter Familie gehörten sie zu den sephardischen Juden und hatten ihren Ursprung in Portugal. Emile und sein Bruder Isaac gründeten ein Konglomerat von Unternehmen, das nicht nur die erwähnte Bank umfasste, sondern auch zahlreiche Eisenbahnlinien, Schifffahrtslinien auf dem Atlantik, Versicherungen, Gasgesellschaften und Zeitungen sowie das öffentliche Transportnetz von Paris.[919] Am 2. April 1853 genehmigte die Regierung von Hessen-Darmstadt die Gründung der „Bank für Industrie und Handel“. Dahinter verbarg sich die Absicht, eine Zentralbank für Süddeutschland ins Leben zu rufen, und insofern stellte das Projekt eine Herausforderung für den Frankfurter Bankenplatz dar, was die schnelle Reaktion der Frankfurter Bankiers erklärt. Eine nur zehn Tage später von dem Senior der Handelskammer Wilhelm Gillé eingesetzte Kommission, der die angesehensten Bankiers der Stadt angehörten, kam zu dem Ergebnis, dass diese Bankgründung eine Gefährdung für den Handelsplatz Frankfurt darstelle. Es bestünde zudem die Gefahr eines Zusammenbruchs, da das neue Kreditinstitut finanziell auf einem unsoliden Fundament stehe. Es fehle eine Beschränkung der Geschäfte und zudem flöße die Verbindung der Anstalt mit der „Société generale du credit mobilier" in Paris „wenig Zutrauen für solide Geschäfte ein". Weiterhin hieß es in dem Bericht der Kommission vom 25. April 1853: „Ohne um einzelne anstößige Bestimmungen der Statuten noch speciell hervorzuheben und zu erörtern, dürfen wir es als ein allgemein vorherrschendes Gefühl des hiesigen Handelsstandes bezeugen, daß ein in näherer oder ferner Zeit zu erwartender unglücklicher Ausgang des Darmstädter Unternehmens mit allen seinen traurigen Folgen am schwersten den Handels- und Wechsel-Platz Frankfurt auf dessen Benutzung dabei hauptsächlich das Ansehen gerichtet ist, treffen werde."[920] Tatsächlich hatte die Darmstädter Konkurrenz Konsequenzen für den Geldmarkt unmittelbar nach ihrer Etablierung, denn unter den 1.048 Subskribenten der Bank für Handel und Industrie befanden sich nicht weniger als 747 Frankfurter Bürger, die sich mit fast 70 Millionen Gulden an der Industriebankgründung beteiligten. Doch dabei wollten es die Frankfurter Bankiers nicht belassen. Die Zeichen der Zeit ernst nehmend schritten die Frankfurter Wirtschaftsbürger zum Aufbau eigener großer Aktiengesellschaften. Dabei handelte es sich um die Mitte der fünfziger Jahre gegründete „Frankfurter Bank", die „Frankfurter Lebens-Versicherungs-Gesellschaft", den „Deutsche Phönix" und die „Frankfurter Rückversicherungs-Gesellschaft". Im Jahre 1860 kamen die „Providentia oder Frankfurter Versicherungs-Gesellschaft" und 1864 die „Frankfurter Hypothekenbank" hinzu. Es folgten noch die bereits im Zusammenhang mit der Selbsthilfe der Handwerker erwähnte „Frankfurter Gewerbekasse", die sich zu einem vollwertigen Bankinstitut entwickelt hatte, und im selben Jahr entstanden auch die „Frankfurter Vereins-Casse" sowie die „Frankfurter Glas-Versicherungsgesellschaft". Damit hatte sich in dem kleinen Stadtstaat zusammen mit den privaten und staatlichen Eisenbahngesellschaften eine ganze Reihe von modernen Aktiengesellschaften etabliert.

Wer steckte hinter diesen Gründungen? Es handelte sich fast ausschließlich um Angehörige der eingesessenen wohlhabenden Kaufmanns- und Bankiersfamilien. Die Familie Andreae war nicht weniger als sechsmal in den Gremien der Aktiengesellschaften vertreten, die Familien Metzler und Mumm viermal, die der Bethmanns dreimal, ebenso die Familien Bernus, de Neufville, Passavant und Schmidt. Die Familien Borgnis, Brentano, Cornill, de Bary, Donner, Eyssen, Fuchs, Guaita, Harnier, Hauck, Heyder St. George, Koch, Sauerländer, Varrentrapp, Wittekind und Ziegler waren mit je zwei Repräsentanten in diesen Gremien aktiv. Neu war auch das starke Engagement des jüdischen Wirtschaftsbürgertums, worauf die Beteiligung von Familien wie Erlanger, Flersheim, Hohenemser, Königswarter, Manhayn, Reinach, Reiss, Rothschild, Schuster, Schweitzer, Stern, Strauß und Sulzbach schließen lässt.

Die Frankfurter Bank hatte ihren Firmensitz bis 1891 im Eckhaus Buchgasse 9/ Münzgasse 2, danach im Haus Mainzer Straße 69. Foto um 1925

Das größte Projekt dieser Familien war neben der Frankfurter Vereinskasse und der Beteiligung an der Darmstädter Bank für Industrie und Handel die Gründung der Frankfurter Bank. Zu den Initiatoren gehörte mit Mayer Amschel Rothschild & Söhne, Grunelius & Co., Heinrich Daniel Dressler, Moritz B. Goldschmidt, David & Johann de Neufville, Gebrüder Reiss, Benedikt Metzler seel. Sohn, J. J. Weiller und Johann Mertens die erste Garnitur der Frankfurter Privatbankiers. Und als hätten diese Namen noch nicht ausgereicht, wurde die Gründungskommission um 19 weitere führende Handels- und Bankhäuser verstärkt. Noch im Jahre 1853 wurden der Ausbau der Vereinskasse und die Ausarbeitung von Bankstatuten für eine große Frankfurter Bank in Angriff genommen. Der Zweck der Bank sollte es sein, den Geldumlauf zu erleichtern. Dabei sollte die Zentralbank auf einer soliden finanziellen Grundlage stehen. Die Statuten setzten daher ein Grundkapital von zehn Millionen Gulden fest. Die Bank sollte das Recht haben, Banknoten bis zu einem Betrag von 20 Millionen Gulden auszugeben, und verpflichtete sich im Gegenzug, jederzeit die Noten einzulösen. Über die Frankfurter Bank sollte auch das „Einkassierungs- und Giro-Geschäft" laufen, das heißt, die Bank besorgte für die anderen Banken den täglichen Einzug der Effekten, Wechsel und Anweisungen und schrieb sie ihnen auf einem Girokonto gut. Die Frankfurter Bank durfte mit ausländischen

Der Gründer des Welthauses Rothschild, Mayer Amschel (1745–1812), im Kreis seiner Söhne und Enkel. Lichtdruck aus dem „Goldenen Buch des Judenthums", 1890

Wechseln handeln und Wertgegenstände in Verwahrung nehmen. Alle anderen Geschäfte waren ihr untersagt.[921] In dem Konzessionsgesuch an den Senat wurde der Einfluss des Staates auf die Aktienbank bewusst gering gehalten und auf die Aufsicht durch einen Kommissionär beschränkt. Die Handelskammer und das Rechneiamt erklärten ihr Einverständnis mit dem Projekt, und nach einigen kleineren Abänderungen trat die neue Bank am 11. April 1854, also fast genau ein Jahr nach dem Darmstädter Projekt, ins Leben.

Die beiden Bankgründungen standen in einem größeren überregionalen Zusammenhang: Die Bankhäuser der Rothschilds entfalteten sich in der damaligen Zeit zur stärksten Bankmacht in Europa. Die Gründung der Société générale du credit mobilier im Jahre 1852 und die von den Bankhäusern Fould-Oppenheim, Paris und Oppenheim, Köln errichtete Bank für Handel und Industrie sollten einen wesentlichen Gegenpol zur Machtentfaltung des Hauses Rothschild bilden.[922]

Der rasche Aufbau dieser Institution hatte jedoch noch einen anderen Grund. Mit der Frankfurter Bank sollte der Abfluss des jüdischen Kapitals vom Bankenplatz Frankfurt verhindert werden, denn das spektakuläre an der Subskriptionsliste der Bank für Handel und Industrie war die auffallend hohe Zahl jüdischer Kapitalgeber. Insgesamt 350 der 747 Frankfurter Zeichner – also fast die Hälfte – waren Bürger israelitischen Glaubens, die sich in ganzen Familienverbänden an dem Bankprojekt beteiligten. Von nicht weniger als 45 Familien befanden sich jeweils mehr als drei Mitglieder unter den Subskribenten. Dabei stechen die Familien Schwarzschild mit acht, Flersheim mit neun, Fuld mit zehn, Stiebel und Strauss mit elf beziehungsweise 13, Rindskopf mit 14 und Goldschmidt mit 16 Angehörigen hervor. Zusammengenommen zeichneten die jüdischen Handelsbürger einen Betrag von 30 Millionen Gulden. Das entsprach 45 Prozent des Gesamtbetrags der Darmstädter Bankgründung.

Das Ziel, die jüdischen Kapitalgeber in Frankfurt zu halten, wurde mit der neuen Bank erreicht, denn unter den Aktionären der Frankfurter Bank befand sich ebenfalls ein hoher Anteil von jüdischen Bürgern. Diese erwiesen sich noch auf einem anderen Feld als äußerst dynamische und international agierende Kraft. Denn neben den Konzentrationstendenzen fallen zunehmend die weltweiten Aktivitäten der Frankfurter Bankiers auf, die sich nicht mehr nur auf die Staaten Europas erstreckten, sondern immer mehr den rasant wachsenden amerikanischen Markt mit einbezogen, ja ihn durch die Etablierung von Dependancen und Neugründungen von Firmen systematisch erschlossen.[923]

Das Ausschwärmen von Frankfurter Kaufleuten und Bankiers in den sechziger Jahren war nicht untypisch für Frankfurt. Natürlich hatten die Frankfurter Handelsbürger schon immer den Blick weit über die Grenzen der deutschen Staatenwelt gerichtet. Mit New York entwickelten sich starke Beziehungen, und Frankfurt sicherte seine Position als stärkstes deutsches Finanzzentrum gerade auch durch seine zentrale Rolle für den deutschen und europäischen Kapitalexport in die Vereinigten Staaten. Bereits in den frühen fünfziger Jahren wurden wie kurz erwähnt amerikanische Staatspapiere an der Frankfurter Börse gehandelt, und in den sechziger Jahren stieg die Stadt nach London zum zweitgrößten Markt in Europa für amerikanische Staatsobligationen und Eisenbahnpapiere auf. Der amerikanische Bürgerkrieg beförderte diesen Trend sehr, und weil London mit den Südstaaten sympathisierte, entwickelte sich Frankfurt zur ersten Adresse für Papiere der Nordstaaten. Dies war ein einträgliches Geschäft, denn immerhin vergrößerte sich die Verschuldung des amerikanischen Bundesstaats infolge des Bürgerkriegs von 90 Millionen auf 2,74 Milliarden Dollar. Fast 40 Prozent davon wurden in Frankfurt akquiriert.[924] In der Folgezeit spezialisierten sich nicht wenige Frankfurter Bankhäuser auf diese Form des Kapitalgeschäfts und entwickelten dadurch enge Geschäftsbeziehungen nach New York. Dazu gehörten Banken wie Seligmann & Stettheimer, Lazard Speyer-Ellissen, Philipp Nicolaus Schmidt, Karl Pollitz, M. A. Gruenebaum & Ballin und andere. Am Ende des Bürgerkriegs 1865 stieg mit dem Sieg der Union der Wert dieser Staatspapiere beträchtlich und brachte den Frankfurter Anlegern große Gewinne. Gerade die Firma J. & W. Seligman & Co. gründete ihre weitere geschäftliche Entwicklung auf die Erfolge dieser Zeit. Nach dem Vorbild der Rothschilds hatte die

Familie Filialen in London und Paris errichtet und wagte auch den Sprung über den Atlantik; sie beließ es jedoch nicht bei einer Repräsentanz, sondern eröffnete erfolgreich Firmen in den Vereinigten Staaten. Auch die Frankfurter Bank engagierte sich im Bürgerkrieg auf Seiten der Nordstaaten und profitierte dann sehr von deren Sieg.[925]

Die Entwicklung setzte sich in den folgenden Jahren fort. Den Staatsanleihen folgten Investitionen in den amerikanischen Eisenbahnbau. Denn der Bau des gewaltigen Schienennetzes von am Ende über 400.000 Kilometern überforderte den amerikanischen Kapitalmarkt und erforderte den Zufluss von europäischem Kapital. Auch hier engagierten sich wieder viele Frankfurter Bankiers und ihre nach Amerika ausgewanderte Familienangehörigen wie etwa die späteren Frankfurter Mäzene und Stifter Charles Hallgarten, Wilhelm Bonn oder Henry Budge.

Alle drei waren Bankiers, wurden in jungen Jahren nach New York geschickt, stiegen dort rasch zu Geschäftsführern bedeutender Banken wie Speyer & Co., Lazard Speyer-Ellissen oder Ruette & Bonn auf und brachten es in Amerika zu großem Wohlstand. Später kehrten sie nach Frankfurt beziehungsweise Deutschland zurück und beteiligten sich in großem Umfang an philan-

Jakob Schiff (1847–1920), Bankier und Stifter, im Alter von etwa 15 Jahren. Das war wenige Jahre vor seiner Abreise nach Amerika. Foto um 1862

Henry Budge (1840–1928) und Charles Hallgarten (1838–1908), Bankiers und Stifter, um 1890

thropischen Einrichtungen der Stadt Frankfurt.[926] Bei der Betrachtung des von Frankfurt ausgehenden transatlantischen Netzwerks darf der Name Jakob Schiff nicht unerwähnt bleiben. Er wanderte mit 28 Jahren von Frankfurt nach New York aus und trat dort 1875 als Partner in die Investment-Bank Kuhn, Loeb & Co. ein. Er stieg in das Eisenbahngeschäft ein und führte seine Bank hinter John Pierpont Morgan auf den zweiten Platz unter den amerikanischen Investmentbanken, weil er es verstand, für das sich schnell industrialisierende Amerika die nötigen Kapitalien in Europa und besonders in Deutschland aufzubringen. Das Frankfurt der 1850er und 1860er Jahre vibrierte also geradezu vor innovativer Dynamik. Von Behäbigkeit und Beharrung kann keine Rede sein. Was für die Wirtschaft galt, traf auch auf das weite Feld der Politik zu. Nach dem Scheitern des republikanischen Linksliberalismus in der Revolution 1848/49 wuchs in den 1850er und 1860er Jahren eine neue Generation konsequent linksliberaler Demokraten heran, die Frankfurts Weg hin zu einem der virulentesten Vororte der Demokratie weiter beschleunigten.

9.2 Frankfurt als Zentrum der Linksliberalen und Demokraten in Deutschland

Die politische Erneuerung Frankfurts in den 1850er und 1860er Jahren ist nicht zu übersehen. Sie wurde begleitet von einem Aufschwung der linksliberalen Bewegung, die wie Phönix aus der Asche auferstand und wenige Jahre nach ihrer Niederlage in der Revolution wieder maßgeblichen Einfluss auf die politische Geschichte Frankfurts nahm. Dieser Aufschwung ist untrennbar mit einem Namen verbunden – Leopold Sonnemann. Sonnemann war kein gebürtiger Frankfurter, sondern wurde 1831 in Höchberg bei Würzburg geboren. Seine Familie zog es jedoch in das Rhein-Main-Gebiet. Sie ließ sich 1840 in Offenbach nieder, wo der Vater Meyer Sonnemann einen kleinen Handwerksbetrieb eröffnete. Hier besuchte Sonnemann auch die Realschule und begann anschließend eine Lehre im Geschäft des Vaters. Die Firma M. S. Sonnemann wird gelegentlich als „Textilmanufaktur" bezeichnet, blieb jedoch eher im handwerklichen Rahmen. Das war vermutlich auch der Grund, warum von einer Niederlassung in Frankfurt Abstand genommen worden war. Galt in der Freien Stadt doch noch das Gesetz des Nahrungsschutzes, was die Ansiedlung von auswärtigen Handwerkern – zumal jüdischer – erheblich erschwerte. Außerhalb des Gewerbebereichs war es jedoch für Juden durchaus möglich, sich erfolgreich in Frankfurt niederzulassen. Das zeigt das Beispiel der Familien Merton (ursprünglich Moses), Cohen, Ladenburg oder Wertheimer.[927] Das Geschäft der Sonnemanns wandelte sich in wenigen Jahren von einer „Manufaktur" zu einem Unternehmen im Textilzwischenhandel, das eng mit der Frankfurter Firma Strauß zusammenarbeitete.[928] Doch die Lehre füllte Sohn Leopold nicht aus. Er setzte sich intensiv mit Literatur und Theater sowie Geschichte und Politik auseinander. Insbesondere beschäftigte ihn die Französische Revolution, mit der Frankfurt so schlechte Erfahrungen gemacht hatte, und er fasste vor dem Hintergrund seiner Lesefrüchte erste politische Grundsätze, die er altersklug in seinem Tagebuch festhielt: „daß das Geschlecht, in dem wir leben, noch nicht dasjenige ist, das das goldene Zeitalter wiederherstellen und die ewige Freiheit begründen wird".[929] Dennoch glaubte er 1. „an die Möglichkeit einer völligen Völkerfreiheit, an eine einstige irdische Glückseligkeit, die auch in allen Religionen und besonders in der jüdischen schon vor Jahrtausenden verkündigt ward und auch dem gesunden Menschenverstand gemäß einst eintreffen wird. 2. Ich glaube, daß diese Glückseligkeit des Menschengeschlechts nur durch die Einführung der Demokratie in Form der sozialen Republik mit dem System der Gemeinschaft einstens zu erreichen ist."[930] Damit ordnete sich Sonnemann am linken Spektrum der liberalen Bewegung ein, forderte Reformen des Rechtsstaats sowie der Verfassung und erkannte früh die Bedeutung der sozialen Frage für den Liberalismus.

Damit stand er nicht allein. Schon im Vormärz und dann nach der Revolution hatte es eine ganze Reihe von Versuchen gegeben, den klassischen Liberalismus durch eine Reihe von sozialen Prinzipien zu ergänzen.[931] Es galt, die Folgen der Industrialisierung, wie sie vor allem in England offen zutage traten, in geordnete Bahnen zu lenken. Man wollte die Beseitigung der geburtsständischen Privilegienordnung, aber man wollte auch den Konsequenzen einer bürgerlichen Klassengesellschaft entgehen.[932] Propagiert wurden Systeme mit vorbeugenden Selbsthilfeeinrichtungen. Wenn die ersten Ansätze auch ohne praktische Konsequenzen blieben, so hinterließen sie doch Spuren in der programmatischen Diskussion.[933] Nach Karl von Rotteck, Karl (auch Carl) Theodor Welcker und Gustav (von) Struve sollte der Staat im Falle eines Versagens der Marktgesetze einspringen und mit Wohlfahrtsmaßnahmen das größte Elend beseitigen.[934] Karl Mathy und Unternehmer wie Friedrich Harkort und Gustav Mevissen, vor allem aber Robert von Mohl schlugen in Abgrenzung zu ständischen und staatlichen Konzeptionen konkretere Maßnahmen vor. Letzterer ging von einem Geflecht von „Interessengenossenschaften“ und „Associationen“ aus, das um die beiden „Krystallisationskerne“ Kapital und Arbeit aufgebaut werden sollte. Dazu gehörten seiner Ansicht nach Schulen, Tagesmütter für die Arbeiterkinder und Arbeitshäuser, aber auch Versicherungen gegen Arbeitslosigkeit, Krankheit und Elend im Alter, öffentliche Kreditanstalten und Genossenschaftsbanken; falls alle Unterstützungsmaßnahmen scheitern sollten, empfahl Robert von Mohl – ganz wie der württembergische Staatsrat Friedrich List – die Auswanderung und die Gründung von Armenkolonien.[935] Von allen diesen Vorschlägen errangen im Vormärz – abgesehen von der Auswanderung – erst einmal nur die Versicherungskassen eine größere Bedeutung.[936]

Sonnemann ging über diese Positionen hinaus und begeisterte sich für die Theoretiker der frühen sozialistischen Bewegung Frankreichs wie Étienne Cabet und seine Schrift „Die Reise nach Ikarien“.[937] Die Revolution 1848 begrüßte der Siebzehnjährige wie viele Frankfurter enthusiastisch. Doch die Ernüchterung folgte nach wenigen Monaten mit dem Juniaufstand der Sozialisten und Demokraten in Paris, der blutig niedergeschlagen wurde – und damit um einige Monate später als bei dem gemäßigten Liberalen Heinrich Hoffmann. Im Dezember zog Sonnemann unter seine politischen Ambitionen einen – wenn auch vorläufigen – Schlussstrich und wollte sich von da an ganz auf das Geschäft konzentrieren. Doch das lief schlecht. Die Familie gab weder Offenbach noch Frankfurt eine Zukunft und beschäftigte sich – wie so viele enttäuschte Frankfurter – intensiv mit der Auswanderung. Sein Vater hatte die ersten praktischen Schritte bereits eingeleitet und im Oktober und November 1849 sogar schon ein kleines Unternehmen in New York, in der 66 Broad Street, aufgebaut. Die Firma M. S. Sonnemann sollte, wie Michael Lennarz recherchiert hat, „deutsche Waren einkaufen, die Firma Sonnemann & Neufelder diese in New York wieder verkaufen“.[938] Doch das Unternehmen misslang und der Vater geriet in Geldschwierigkeiten. Am Ende blieb nur die Aufgabe der amerikanischen Dependance und damit endete der Traum eines Neuanfangs in der Neuen Welt.

Nicht ganz freiwillig also entschied sich die Familie, im Rhein-Main-Gebiet zu bleiben, und wechselte von Offenbach statt nach New York nur nach Frankfurt. Sonnemann selbst erwarb das Bürgerrecht der Stadt schon im Jahre 1849. Auch blieb er Mitglied der jüdischen Gemeinde, wo er Freundschaft mit Charles Hallgarten, dem späteren großen Frankfurter Mäzen, schloss. Die Heirat mit Rosa Schüler wenige Jahre später besiegelte den Entschluss, in Frankfurt zu bleiben. Mit Elan setzte er ab 1853 das Geschäft seiner Eltern unter dem Namen M. S. Sonnemann Nachf. fort, vollzog jedoch einen strategischen Kurswechsel und begann ab Mitte der 1850er Jahre den Aufbau einer Bank mit Filialen in Wien, Berlin, Brüssel und Paris. Seine Hauptbetätigungsfelder umfassten das Wechsel-, Kommissions- und Speditionsgeschäft. Dazu kam noch das Arbitragegeschäft sowie die Spekulation in Staatspapieren und Eisenbahnaktien. Für Familienglück sorgte die Geburt der Tochter. Er unternahm viele Reisen und unterhielt ein Netz von Agenten, das er mit Mitgliedern aus seiner Familie bestückte.[939] Nicht alles lief glatt. Sonnemann eckte mit großen Bankhäusern an. Doch der Erfolg blieb nicht aus. Vor allem sein Engagement im Aktienhandel und der systematische Erwerb von Aktien der Großbanken erwiesen sich als goldener Pfad zu schnellem Reichtum und Aufstieg in die Frankfurter wirtschaftliche Oberschicht. Sein Beruf als Bankier führte ihn in zahlreiche Aufsichtsratsgremien. So gehörte er in den siebziger Jahren der Gewerbekasse, der Quellwasser AG, der Hotel AG, dem Glauburgverein, der Palmengartengesellschaft und der Exportmusterlager AG an. Als erfolgreicher Geschäftsmann zahlte er 1870 154 Gulden Einkommen- und 42 Taler Gewerbesteuer und rangierte damit unter den 300 größten Steuerzahlern der Stadt.

Doch wie schon die Lehre füllten ihn auch diese weit gespannten geschäftlichen Aktivitäten nicht aus. Er suchte das öffentliche Engagement, begann sich früh zu vernetzen und entwickelte sich in wenigen Jahren zu einem umtriebigen Vereinsmenschen. Er gehörte seit 1851 dem Physikalischen Verein und seit 1850 der Loge Zur aufgehenden Morgenröte an. 1860 hat er den Turnverein und den Jugend-Wehr-Verein mitbegründet. Er wurde ebenfalls Mitglied der 1860 in Paris gegründeten Alliance Israélite Universelle (AIU), danach folgten 1863 der Beitritt zum Liederkranz, 1865 zum Kaufmännischen Verein, 1869 zum Altertumsverein, 1873 zur Naturforschenden Gesellschaft und 1881 zum Geographischen Verein. Das Netz der Vereine und Logen mit ihren vielfältigen Themen und Aktivitäten sowie den Gelegenheiten zur persönlichen Begegnung und zum Austausch war für Sonnemann hilfreich, doch ging er nicht in dieser Vereinswelt auf. Er hatte fest umrissene politische Vorstellungen und für deren Umsetzung suchte er nach einem geeigneten Medium.

Die entscheidende Wende in seinem Leben leitete der Konflikt mit dem Kölner Bankhaus B. H. Goldschmidt ein, mit dem Sonnemann ernsthaft aneinander geriet.

In diesem Zusammenhang scheiterte er mit seinem Versuch, sich die Presse für seine Sicht des Konflikts dienstbar zu machen. Das gab den Anstoß, dem Projekt einer eigenen Zeitung näher zu treten – und zwar nicht nur für geschäftliche Zwecke.[940] Die Idee dazu stammte von Heinrich Bernhard Rosenthal, woraus der „Frankfurter Geschäftsbericht" entstand. Damit hatte Sonnemann ein Betätigungsfeld gefunden, das großes Potential in sich barg. Die Zeitung bot ihm Möglichkeiten, die weit über die momentanen Entscheidungsgründe hinausreichten, denn insbesondere seine als Nachfolger der „Frankfurter Geschäftsberichte" über einige rasch aufeinander folgende Zwischenstationen gegründete „Frankfurter Zeitung" entwickelte sich Ende der fünfziger Jahre zu einem Zentrum konsequenter Reformpolitik und zu einem Kristallisationskern der demokratischen Bewegung. „Der als Bankier reich Gewordene" konnte sich eine demokratische Zeitung mit ihren finanziellen Verlusten „leisten".[941] Zu den beiden Gründern Rosenthal und Sonnemann stießen noch, wie Sabine Hock schreibt, „der Advokat Ludwig Braunfels, der Kaufmann Bernhard Doctor und Johann Albrecht Vogtherr, der Direktor der Dampfschifffahrtsgesellschaft, (...) die alle auch journalistisch zu dem Blatt beitrugen", hinzu. Wenig später übernahmen der Demokrat Otto Kanngießer das Feuilleton und Karl Holthof den Wirtschaftsteil.[942]

Sonnemanns Schwerpunkt lag aber durchaus nicht im Publizieren und Kommentieren, sondern in der praktischen Politik. Mit der Frankfurter Zeitung begann sein Aufstieg zu einer der bedeutendsten und schillerndsten Persönlichkeiten der linksliberalen Bewegung. Sonnemann beteiligte sich maßgeblich an der Gründung des Frankfurter Zweigvereins des 1859 gegründeten Nationalvereins, trat weiterhin für umfassende soziale Reformen ein und träumte immer noch von einer sozialen Republik nach dem Vorbild Étienne Cabets.[943] Zwischen 1860 und 1864 ließ er sich ins Wahlkolleg wählen, errang aber erst 1869 ein Mandat in der Stadtverordnetenversammlung, nachdem er 1868 den Demokratischen Verein aus der Taufe gehoben hatte. Er gehörte zu den Erstunterzeichnern für ein Schillerdenkmal und für ein Denkmal für die Septembergefallenen von 1848. Von 1871 bis 1884 vertrat er unangefochten Frankfurt im Reichstag und gehörte danach wieder der Stadtverordnetenversammlung an. Bis dahin war es ein weiter Weg.[944]

Sonnemann und seine politischen Freunde knüpften Mitte der 1850er Jahre direkt an die politischen Traditionen der liberal-demokratischen Bewegung Frankfurts im Vormärz und während der Revolution an und erhoben erneut die Forderungen nach bürgerlicher Gleichheit, Parlamentarisierung und umfassenden demokratischen Rechten nach dem Vorbild der Reichsverfassung von 1849. Weiterhin traten die politischen Kräfte im Umfeld der Frankfurter Zeitung für eine großdeutsche Lösung der nationalen Frage ein. Aus diesem Grund war den Frankfurter Demokraten der Nationalverein bereits nach zwei Jahren zu eng an Preußen orientiert: „Wir sind beinahe jeden Tag imstande, aus Preußen Jämmerlichkeiten zu berichten und den preußischen Partikularismus zu tadeln", schrieb Leopold Sonnemann in der Frankfurter Zeitung, „daraus folgt aber in keiner Beziehung, daß wir deshalb dem spezifischen Österreichertum das Wort reden oder die im Kaiserstaat aufgehäuften faulen Zustände für Anderes als sie sind ausgeben wollen. Unser Standpunkt ist und bleibt der rein deutsche", und in einem anderen Zusammenhang erklärte er: „Glauben die ‚Bürger' in der Mark, ihr Preußentum könne Deutschlands entbehren, oder wollen sie uns nur gnädigst auf- und annehmen, wenn das Reich der Hohenstaufen im Reich der Hohenzollern aufgeht? Jeder Bauer bei uns mag es ihnen sagen, daß wir gerne mit Preußen uns in Einem Deutschland verschmelzen wollen, nie aber ein Preußen an die Stelle Deutschlands setzen werden, preußische Abgeordnete gehören in ein deutsches Parlament, deutsche nie in ein preußisches."[945] Der „rein deutsche Standpunkt" basierte auf einer engen Verbindung zwischen den Forderungen nach mehr Freiheit und der nationalen Einigung. Zielperspektive war eine demokratische Republik, die wie in der Schweiz von unten, von den Gemeinden und Städten, ihren Ausgang nehmen sollte. Doch dazu hätte es einer großen Volksbewegung bedurft. Tatsächlich vereinigte der Nationalverein, dessen Zweigverein in Frankfurt von Sonnemann mitbegründet worden war, anfangs ein weites politisches Spektrum, das als Ausgangsbasis für ein derartiges Aufbegehren des Volks scheinbar günstige Voraussetzungen bot.[946] Doch die Einheit dieser Bewegung, die von gemäßigten liberalen Reformkräften, über radikale Demokraten bis hin zu Vertretern einer sozialen oder sogar sozialistischen Richtung reichte, zerfiel bereits Anfang der 1860er Jahre.

Das Auseinanderbrechen der Nationalbewegung begann mit der Entscheidung führender Repräsentanten der Arbeiterbewegung, den Konsens hinsichtlich der strategischen Zielorientierung auf eine bürgerlich-liberale Gesellschaft aufzukündigen; Wurzeln davon finden sich durchaus auch in Frankfurt, wo sie mit dem Namen Johann Baptist von Schweitzer verbunden sind. Der 1833 in Frankfurt geborene von Schweitzer wuchs bei Aschaffenburger Jesuiten auf, absolvierte anschließend ein Studium in Berlin sowie in Heidelberg und ließ sich als Rechtsanwalt in Frankfurt nieder. Dort trat er ab 1859 als politischer Schriftsteller hervor. Ihn zogen weniger die Schriften Cabets an wie Sonnemann, sondern ihn faszinierten die philosophischen Theorien von Arthur Schopenhauer, aus denen er versuchte, politisches Kapital zu schlagen. Seiner Ansicht nach waren die Verhältnisse in der deutschen Staatenwelt mit dem Dualismus von Österreich und Preußen so festgefahren, dass nur durch eine radikale Revolution eine deutsche Einheit erlangt werden könne. Aus diesem Grund gehörte er zu den drängenden Kräften im Nationalverein und bemühte sich insbesondere um eine Radikalisierung der Schützenvereine, die als national revolutionäre Richtung in der Nationalbewegung wirken sollten. Doch stieß er dort mit seinen radikalen Ansichten nicht immer auf Gegenliebe und ihm selbst genügte das Umfeld dieser von bürgerlichen Gruppen dominierten Vereine schon bald nicht mehr. Er suchte nach einer dem revolutionären Gedanken aufgeschlossener gegenüberstehenden Schicht und fand sie im sogenannten vierten Stand, den Arbeitern. Er wandelte sich vom Demokraten zum Sozialdemokraten und ging damit einen Weg, den nicht wenige aufgeklärte Liberale und Demokraten in dieser Zeit unter dem Einfluss einer um sich greifenden Nationalbewegung beschritten. Konkrete Frucht dieser Entscheidung war seine Beteiligung an der Gründung eines Arbeiterbildungsvereins in Frankfurt im Jahre 1861. Er unterstützte hier eine Initiative von Wilhelm Heymann, Abraham Strauß, Moritz Stöckel und Rainhold Baist.[947] Rasch entspann sich in diesem Verein ein Streit um Charakter und Ziel der Bildungsanstrengungen und darüber, was dies für das politische Engagement bedeute. Schweitzer trat früh für eine Separation und die Entfaltung eigenständiger Aktivitäten ein. Es deutete sich damit früh ein grundsätzlicher Bruch mit der Nationalbewegung in Frankfurt an.

Sonnemann hat sich mit aller Macht gegen diese Tendenz gestemmt. Tatsächlich wirkten er und sein Kontrahent Schweitzer damals an den gegenüber liegenden Rändern einer tektonischen Bruchlinie, die sich in den kommenden Jahren als entscheidende politische Weichenstellung für das 1871 gegründete Deutsche Kaiserreich erweisen sollte. Dass ein Frankfurter versuchte, den sich weitenden Graben zu überbrücken, während ein anderer den Bruch forcierte, war angesichts der politischen Traditionen der Stadt und ihrer Verwurzelung im Linksliberalismus kein Zufall und verdient, etwas ausführlicher dargestellt zu werden.

Der Beginn der deutschen Sozialdemokratie – sieht man von den ersten Ansätzen in der Revolution von 1848 ab – reicht bis in die Anfangszeit der liberalen Nationalbewegung zurück. Damals entstanden – wie in Frankfurt – zahlreiche Bildungsvereine, an denen sich Arbeiter und Gesellen beteiligten. Ihre Ausrichtung auf die berufliche Fortbildung und fachspezifische Qualifikation veranlasste viele Komitees der erneut erstarkenden liberalen Bewegung, im Jahre 1862 Arbeiter zur Weltausstellung nach London zu schicken, um sie dort mit den Errungenschaften des technischen Fortschritts bekannt zu machen. Aus diesem Grund reisten unter den Millionen von Besuchern auch zahlreiche Arbeiterdelegationen nach London. Auch der Frankfurter Gewerbeverein wie der Frankfurter Arbeiterbildungsverein unterstützten derartige Reisen.[948] Die großen Arbeiterversammlungen der englischen Trade Unions, die am Rande die Weltausstellung stattfanden, beförderten jedoch weniger die Erkenntnis über die technischen Grundlagen der Industrialisierung als über die sozialen und politischen Defizite der neuen bürgerlichen Gesellschaft. Die Weltausstellung stand somit Pate bei der Bildung des Berliner und Leipziger Arbeiterkomitees, denen sich unter anderen der Zigarrenarbeiter Wilhelm Fritzsche, der Schuhmacher Julius Vahlteich und der Drechslergeselle August Bebel anschlossen.[949] Auf der Suche nach fundierten Positionen, mit denen sie einen Deutschen Arbeiterkongress als Startsignal für eine große Bewegung vorbereiten wollten, stießen die Berliner Initiatoren noch im selben Jahr auf die Schriften Ferdinand Lassalles.

Lassalle war eine schillernde Persönlichkeit in diesem bewegten Jahrzehnt der deutschen Geschichte. In Breslau geboren hatte er Jura studiert und sich später als unabhängiger Publizist mit sozialkritischen Studien einen Namen gemacht. Seine Beteiligung an dem Projekt einer unabhängigen Arbeiterpartei führte 1862 nicht nur zur ersten fundierten programmatischen Schrift der deutschen Sozialdemokratie und deren intensiver Diskussion, sondern auch zu längeren Agitationsreisen in das Rhein-Main-Gebiet, wo in den beiden Städten Frankfurt und Mainz am 17., 19. und 20. Mai 1863 große Versammlungen stattfanden. Das war kein Zufall. Am 19. April hatte der Rödelheimer Arbeitertag stattgefunden, und in einer Rede mahnte der Liberale Louis Büchner zur Einigkeit; um die Wogen der Diskussion zu glätten, die Lassalles Vorschlag zur Gründung einer Arbeiterpartei hervorgerufen hatte, schlug er vor, Lassalle zusammen mit dem Sozialliberalen Hermann Schulze-Delitzsch für den 17. Mai 1863 nach Frankfurt einzuladen. Die Versammlung fand tatsächlich an dem vereinbarten Tag im Saalbau – mit dem größten Versammlungsraum Frankfurts – statt. Lassalle war erschienen, sein Kontrahent nicht. Die Stimmung unter den zahlreich anwesenden Gesellen war aufgeheizt. Viel Lärm und häufige Unterbrechungen begleiteten Lassalles Rede, die am Ende abgebrochen werden musste. Daraufhin wechselten die Lassalle-Anhänger in die Harmonie und stimmten dort über die Beschlüsse des Leipziger Komitees ab. 500 Anwesende votierten für Lassalles Arbeiterprogramm, nachdem 60 Gegner den Saal verlassen hatten. Damit war eine Entscheidung gefallen und in Frankfurt der Bruch vorzeitig vollzogen. Die Frankfurter Rede Lassalles hatte einen großen Einfluss auf den weiteren Gang der Dinge und die Anfangszeit der deutschen Sozialdemokratie und natürlich auf die Entscheidung, den organisatorischen Bruch mit der Nationalbewegung zu vollziehen.[950] Nur wenige Tage später wurde am 23. Mai 1863 in Leipzig aufgrund des überwältigenden Zuspruchs in Frankfurt am Main und in Mainz die Gründung des Allgemeinen Deutschen Arbeitervereins (ADAV) vollzogen.[951] Lassalle setzte dann seine Agitationsreise zwischen dem 20. und 27. September in das Rheinland fort.

Der ADAV war nach den Versuchen Stephan Borns im Jahre 1848 die erste Arbeiterpartei, die sich eigenständig, das heißt unabhängig von liberalen oder konservativen Einflüssen, politisch betätigte.[952] Allein schon die Etablierung einer politisch unabhängigen Kraft außerhalb des Nationalvereins und ohne kirchlichen Hintergrund sorgte für großes Aufsehen. Vor allem die Liberalen waren aufgeschreckt, stand damit doch das Konzept einer ausgreifenden Volksbewegung auf dem Prüfstand. Auch die Konservativen beobachteten die Entwicklung genau. Der preußische Bundestagsgesandte Rudolf von Sydow stellte konsterniert fest, wie sich die Bewegung in Frankfurt immer mehr radikalisierte, und konnte nicht verstehen, warum der Senat nicht eingriff, sondern es zuließ, dass „Frankfurt a. M. zum Schauplatz von Hauptakten der Vereinsagitation gemacht wird". Otto von Bismarck dagegen sprach von einer neuen Dimension der Arbeiterbewegung und registrierte mit Genugtuung die „steigende Fieberhitze des sozialen Körpers" und vor allem die wachsenden Probleme der Liberalen, die Einheit der Bewegung zu wahren.[953] Er stand in diesen bewegten Tagen sogar in Briefkontakt mit Lassalle. Es kam auch zu Gesprächen zwischen den beiden, die jedoch ohne greifbare Ergebnisse verliefen.[954]

Die Saat Schweitzers schien also aufgegangen zu sein. Doch der Widerstand ließ nicht lange auf sich warten. Sonnemann bezog auf einer Sitzung des Frankfurter Arbeiterbildungsvereins ausführlich Stellung zu den Positionen Lassalles und Schweitzers. Er bestritt den Nutzen des allgemeinen Stimmrechts, verwarf die Idee einer Staatshilfe für die Belange der Arbeiter und versuchte die Aufmerksamkeit auf die entscheidende Frage der Macht und die Rolle des stehenden Heeres zu lenken. Mit einer Spaltung befördere man nur die Sache der Konservativen, „die Hauptsache sei, daß das Volk sich bilde und die Gedanken des wahren Fortschrittes in sich verarbeite, dann erst werde es gut werden".[955]

Als Reaktion auf Lassalles Agitation und der Gründung des ADAV bemühte sich Leopold Sonnemann um eine Gegenkraft im Arbeitermilieu. Ausgehend von den vorhandenen Arbeiterbildungsvereinen suchte er nach einem engeren organisatorischen Zusammenhalt. Eine Gelegenheit, die er am Schopfe packte, bot sich bereits zwei Wochen nach der Gründung des ADAV auf dem Ersten Vereinstag der Deutschen Arbeiterbildungsvereine am 7. und 8. Juni 1863. Es erschienen 110 Teilnehmer, davon kamen allein aus Frankfurt und seinen Nachbarorten Offenbach, Rödelheim, Vilbel und Bockenheim nicht weniger als 50. Sie gründeten als Gegenorganisation zum ADAV den Vereinstag Deutscher Arbeiterbildungsvereine (VDAV) und wählten Sonnemann zu ihrem ersten Vorsitzenden.

Sonneman, der Radikaldemokrat und Liebhabersozialist, favorisierte das klassische liberale Konzept der Arbeiterbildung. Bildung wurde dabei als Voraussetzung für eine langfristig angedachte politische Gleichberechtigung der Arbeiter angesehen. Sonnemann versuchte mit diesem Angebot, das Potential der zahlreich entstandenen Bildungsvereine von und für Arbeiter auf seine Seite zu ziehen. Tatsächlich schlossen sich rasch 54 örtliche Vereine seiner Organisation an, und binnen eines Jahres hatte sich die Mehrheit der Bildungsvereine für das Sonnemansche Projekt entschieden. 1864 umfasste der VDAV bereits 455 Vereine mit insgesamt 135.000 Mitgliedern. Das war ein Vielfaches des ADAV.[956] Das Kalkül schien aufzugehen. Über den Vereinstag band die liberale Bewegung den überwiegenden Teil der in Bewegung geratenen Arbeiter und damit ein beträchtliches soziales Potential an ihre politischen Grundsätze. Es entfaltete sich ausgehend von der Frankfurter Initiative ein reges politisches Leben. Auf den Vereinstagen trafen sich in den folgenden Jahren über die Ländergrenzen hinweg Hunderte von Arbeiterrepräsentanten aus den verschiedenen deutschen Staaten, um ihre jährlichen Versammlungen abzuhalten.

Mit der erfolgreichen Gegengründung zog sich Sonnemann den Hass der Führung des ADAV zu. Immerhin war es ihm gelungen, der jungen Organisation das Wasser abzugraben, weshalb die Ausbreitung in die im Umbruch befindliche politische Landschaft der deutschen Staaten ausblieb und sich die sozialistische Richtung bis weit in die 1870er Jahre hinein mit Organisationen geringer Mitgliederstärken bescheiden mussten. Statt der erhofften Massenpartei, von der Lassalle geträumt hatte, gelang es dem ADAV kaum über eine Anhängerzahl von 10.000 Mitgliedern hinauszukommen. Zusammen mit den Rothschilds gehörte Leopold Sonnemann deshalb zu den beliebtestes Feindbildern der jungen Bewegung, die sich Demokratie und Sozialismus, Brüderlichkeit und Einheit auf ihre Fahne geschrieben hatte. Sie bediente sich dabei auch antisemitischer Vorurteile. Den Anfang machte kein geringerer als Sonnemanns Gegenspieler in Frankfurt, Johann Baptist von Schweitzer, der nach Lassalles Tod 1864 und der Präsidentschaft Carl Wilhelm Tölckes zum Präsidenten des ADAV aufstieg und dem Verein von 1867 bis 1871 vorstand. Schweitzer war damit der am längsten amtierende Präsident des ADAV und zu dieser Zeit auch Abgeordneter im Reichstag des Norddeutschen Bundes sowie später Chefredakteur der ADAV-Parteizeitung „Der Social-Demokrat". Am Beginn seiner Kariere als Sozialist veröffentlichte er mitten in der Hochzeit der Auseinandersetzung zwischen dem sozialliberalen Flügel der Nationalbewegung um Sonnemann und den nach Eigenständigkeit strebenden Repräsentanten einer sozialistischen Arbeiterbewegung den mehr als 1000 Seiten umfassenden Roman „Lucinde oder Capital und Arbeit". Das Werk trug den Untertitel „Ein social-politisches Zeitgemälde aus der Gegenwart in drei Bänden". Michael Lennarz hat den Roman näher untersucht und kommt zu dem Schluss, dass darin nicht nur scharf gegen die Liberalen geschossen wurde – so etwa, wenn Schweitzer behauptete, dass sie „die Herrschaft des Capitals über die Massen des Volks noch unumschränkter und drückender" machen würden –, sondern auch die reichlich vorhandenen judenfeindlichen Stereotypen bedient wurden.[957] „Die negative Hauptperson des Romans", argumentiert Lennarz, „ist der liberale Bankier Isaak Levy Hermann Itzinger, dessen Vorbild offensichtlich auf Sonnemann anspielte. Itzinger besitzt nämlich zusammen mit dem ein ‚jiddisches' Deutsch sprechenden liberalen Bankier Aaron Hajum Bär eine liberale Zeitung, den ‚Volksvertreter', für den Itzinger persönlich liberale Leitartikel schreibt. Dass die Negativfiguren klar als Juden markiert sind, verdeutlicht die antisemitische Tendenz dieses Angriffs auf Sonnemann."[958]

Nun, angesichts der Erfolge, die Sonnemann mit dem Vereinstag feierte, hätte er diese Angriffe unter der Gürtellinie leicht verschmerzen können. Doch es blieb nicht bei dem einen Bruch zwischen der sogenannten „bürgerlichen und proletarischen Demokratie" (Gustav Mayer); wenige Jahre später entfernten sich weitere Teile der Arbeiterbewegung von den Liberalen. Die Opposition entfaltete sich diesmal im Vereinstag selbst und war mit dem Aufstieg August Bebels, dem späteren unumstrittenen Führer der deutschen Sozialdemokratie, verbunden. Bebel, damals Drechslergeselle auf dem Wege in die Selbständigkeit und permanent von Geldsorgen geplagt, wurde 1864 in den Ständigen Ausschuss des VDAV gewählt und stieg nach nur drei Jahren zum Präsidenten des Vereins auf. Er war fest im Leipziger Arbeiterbildungsverein verwurzelt, aus dem auch einige Gründer des ADAV hervorgegangen waren. Zusammen mit dem Gießener Journalisten Wilhelm Liebknecht hatte er großen Anteil an der Politisierung der Bildungsarbeit im Verband und setzte zwischen 1864 und 1868 eine sich zunehmend an sozialdemokratischen Grundsätzen orientierende Richtung durch. In diesem Zusammenhang suchten beide die Auseinandersetzung mit der europäischen Arbeiterbewegung, den englischen Trade Unions und den französischen Sozialisten sowie den österreichischen und schweizerischen Sozial-Demokraten, vor allem aber mit der Internationalen Arbeiterassoziation, deren Generalsekretär damals der im Londoner Exil lebende Karl Marx war.[959] Marx hatte zusammen mit seinem Freund Friedrich Engels an der ersten deutschen Arbeiterpartei und ihrem Programmgeber Lassalle viel auszusetzen. Sie teilten allerdings dessen Überzeugung, dass sich die Arbeiter selbst und unabhängig von den Liberalen (wie auch den Konservativen) organisieren müssten und drängten die ihren theoretischen Überzeugungen näher stehenden führenden Mitglieder des Sonnemannschen VDAV, Wilhelm Liebknecht und August Bebel, es in dieser Hinsicht Lassalle gleich zu tun.

Die Sozialisten und Sozialdemokraten, Anarchisten und Syndikalisten der wie der ADAV und der VDAV ebenfalls 1863 entstehenden Ersten Internationale kannten sich durch Briefkontakte und Reisen im dichten Netz der Eisenbahn schon lange persönlich, bevor sie am 29. September 1864 in London die Internationale Arbeiterassoziation gründeten, die später als Erste Internationale bezeichnet wurde.[960] Liebknecht und Bebel erreichten vor dem Hintergrund ihrer ausländischen Kontakte tatsächlich in wenigen Jahren den Anschluss des VDAV an die Erste Internationale. Zu dieser Zeit war ihnen jedoch längst der organisatorische Rahmen des VDAV zu eng geworden. 1866 hatten sie die Sächsische Volkspartei (SVP) gegründet, um energischer für demokratische Reformen und für eine politische Einigung Deutschlands im Rahmen einer Volksbewegung eintreten zu können. Damit konnte Sonnemann noch gut leben. Doch die radikaldemokratische Organisation, die noch sehr den Sonnemannschen Einfluss spiegelte, bildete nur ein Durchgangsstadium hin zur sozialistischen Programmatik. Im Juni 1869 leitete Bebel die Vorbereitung eines Allgemeinen deutschen Arbeiterkongresses ein, auf dem die Zielsetzungen einer Arbeiterpartei festgelegt werden sollten. Auf diesem Arbeiterkongress, der vom 7. bis 9. August 1869 in Eisenach stattfand, kam es zur Konfrontation zwischen Vertretern des ADAV und der neuen Richtung aus dem VDAV und der SVP. Es wurde ein kurzer und heftiger Schlagabtausch. Am Ende stand ein Programm, das unter anderem die Abschaffung der Klassenherrschaft, eine tägliche Höchstarbeitszeit, die Einschränkung der Frauen- und das Verbot der Kinderarbeit, allgemeine Schulpflicht und Schulgeldfreiheit, eine Volkswehr statt des stehenden Heeres, Unabhängigkeit der Gerichte, Einkommens- und Erbschaftssteuer statt indirekter Steuern, Volksentscheid und das allgemeine, gleiche, direkte und geheime Wahlrecht für Männer, sowie die staatliche Förderung des Genossenschaftswesens forderte.[961]

Die Eisenacher Richtung der deutschen Arbeiterbewegung sah sich viel stärker als der ADAV als Teil der in ganz Europa entstehenden Arbeiterbewegung und wollte einen großdeutschen Staat errichten. Sie war Teil eines weit verzweigten europäischen Netzwerks, das ohne die neuen raschen Kommunikationsmittel nicht denkbar gewesen wäre. Aus diesen Anfängen von Eisenach entstand die Sozialistische Arbeiter Partei Deutschlands (SAPD), die neun Jahre später auch durch ein zwölfjähriges Verbot nicht mehr aus der Welt zu schaffen war. Arbeiter, die sich zu Beginn der 1860er Jahre für die liberale und nationale Bewegung begeistert hatten, separierten sich in Etappen von der gemeinsamen Bewegung. Frankfurt war gleichermaßen der Ort, an dem mehrere Hundert Gesellen aus der Region Lassalle beflügelten und an dem sozialliberal denkende und handelnde Bürger versuchten, den Bruch zu verhindern. Am Ende waren sie mit ihrem Engagement für ein politisches Modell nach britischem Muster auf nationaler Ebene gescheitert. Der Frankfurter Sozialliberalismus aber wirkte fort und sollte in den 1890er Jahren eine große Renaissance erfahren.[962]

Bei alledem steckte die unabhängige Arbeiterbewegung selbst am Ende der 1860er Jahre noch in den Kinderschuhen, entscheidende politische Potentiale vereinigte sie erst in den späten 1880er und 1890er Jahren. Trotzdem, begann hier, in Frankfurt, 1863 der Zersetzungsprozess der Nationalbewegung, der nicht auf ihre soziale Peripherie beschränkt blieb. Auch die Einheit der bürgerlichen Mitglieder ging verloren. Teils waren es unterschiedliche Ansichten über grundsätzliche Zielvorstellungen oder gegensätzliche Prioritätsfestlegungen auf demokratische oder nationale Grundsätze, teils waren es unterschiedliche taktische Orientierungen und Bündnisvorstellungen außerhalb des liberalen Lagers. Die unter inneren Spannungen stehende Bewegung hielt dem Druck, der von der sich seit dem Beginn der 1860er Jahre großflächig verschiebenden Konstellation der europäischen Mächte und der damit verbundenen deutschen Frage ausging, nicht stand. Im Jahre 1866, nach dem Sieg der Preußen über Österreich war der Nationalverein praktisch gescheitert. Er zerfiel in eine nationalliberale und eine fortschrittliche Richtung. So zeichnete sich früh die Niederlage auf nationaler Ebene ab. Umso mehr konzentrierte sich der Frankfurter Teil dieser Bewegung auf ihr eigenes urbanes Umfeld – die Freie Stadtrepublik. Das Modell für die zukünftige deutsche Republik, den Volksstaat, sollte die reformierte Kommune sein. Aus diesem Grund blieben für die Demokraten um Sonnemann der Stadtstaat Frankfurt ein großes Experimentierfeld und die Basis ihres praktischen Wirkens.

Seit sich in den späten fünfziger Jahren die Deutsche Frage wiederbelebt hatte, bildete Frankfurt am Main ein Zentrum politischer Vereinsgründungen und volkswirtschaftlicher Kongresse. Hier tagten nicht nur die Mitglieder des Nationalvereins, sondern ebenso die Anhänger des großdeutschen Reformvereins, die streitbaren Katholiken und die Sozialisten. Hier fanden mehr noch die Heerschauen der wieder erstarkten Nationalbewegung statt. Das war ein wesentlicher Grund, warum der damalige amerikanische Gesandte Gustav Körner 1862 schrieb, Frankfurt sei „die erste Stadt, die wie Amerika aussieht, (...) hier ist Leben, Treiben, freie Bewegung".[963] Frankfurt erlebte wie in den Jahren der Revolution eine Welle von politischen Großdemonstrationen, die wie im Vormärz erneut ihren Ausgang sowohl in kulturellen Feiern als auch in unverhüllten Machtdemonstrationen hatten. Herausragende Ereignisse bildeten in diesem Zusammenhang die Schillerfeier von 1859 und das nur drei Jahre später folgende Bundesschießen. Beides Mal zog Frankfurt die Aufmerksamkeit der deutschen Nationalbewegung auf sich. Beides Mal ging der linksliberale Flügel, gestützt auf die neu gegründeten Turn- und Schützenvereine, gestärkt aus diesen Ereignissen hervor, was wiederum den politischen Reformprozess der Stadt beflügelte.

Zur 100. Wiederkehr des Geburtstages wollten sich die Schillerstiftungen, die in sechzehn Städten, darunter auch Frankfurt, vertreten waren, zur Deutschen Schillerstiftung mit Sitz in Dresden vereinen. Es wurde am Beginn des Buches bereits auf dieses Vorhaben hingewiesen. Wegen seiner Bedeutung ist es angebracht, auf dieses Ereignis noch etwas genauer einzugehen. Denn von hier kamen die ersten Anregungen für die Durchführung eines allgemeinen Nationalfestes, und damit stand das Programm der Revolution von 1848 wieder auf der Tagesordnung. In Frankfurt hatte sich bereits im Jahre 1855 auf Betreiben des Verlegers Carl Jügel ein Schillerverein als Zweigverein der Schillerstiftung gegründete. Hinter seinem Engagement stand jedoch mehr als die Ehrung des Dichters. Mit dem Verein sollte die Bildungsbewegung als integrative Grundlage der politischen Bewegung einen neuen Impuls erhalten.[964] Zur Vorbereitung der eigentlichen Feier, die am 9. und 10. November 1859 stattfand, konstituierte sich am 1. Oktober ein Ausschuss aus 19 Mitgliedern, dem mit Ludwig Braunfels, dem Begründer des jüdischen Vereins der Reformfreunde, Theodor Creizenach, Friedrich August Wilhelm Hessemer, Julius Friedleben, dem Fabrikanten Heinrich Remigius Fries, dem bereits öfter erwähnten Maximilian Reinganum, dem Buchhändler Johann David Sauerländer, dem Karikaturisten der Revolution Ernst Schalck und dem Kaufmann Albrecht Varrentrapp fast alle angehörten, die sowohl in der Revolution von 1848 als auch in der neu erwachenden Bewegung an führender Stelle mitgewirkt hatten beziehungsweise mitwirkten.

Die Frankfurter Schillerstiftung hatte bereits Mitte September Festveranstaltungen im Theater und im Saale vorgeschlagen. Doch der Ausschuss wies diesen Vorschlag entschieden zurück und forderte eine öffentliche Feier mit patriotischem

Charakter. Ein Aufruf, verfasst von Theodor Creizenach, wurde am 18. Oktober veröffentlicht.[965] Das Intelligenzblatt veröffentlichte am 10. November weiterhin ein Gedicht, in dem es unter anderem hieß: „Gebt uns die Freiheit der Gedanken, ihr Purpurträger auf dem Thron!" und im großen Saal des Wolfsecks, wo das Festbankett schließlic stattfand, kündete ein Textplakat: „Ringe, Deutscher, nach römischer Kraft, nach griechischer Schönheit! Beides gelang dir, doch nie glückte der gallische Sprung!"[966] Das waren deutliche Anspielungen auf den Befreiungskampf der Griechen gegen die Türken in den 1820er Jahren und natürlich auf die Französische Revolution, die mit dem „gallischen Sprung" gemeint war.

Die Initiatoren erinnerten mit diesen etwas verklausulierten Worten an die Tradition der radikaldemokratischen Bewegung, ihres Bezugs zur Französischen Revolution von 1789 und stellten weiterhin den Zusammenhang zum Sängerfest von 1838, zur Gutenbergfeier von 1840 und zur festlichen Einweihung des Goethedenkmals im Jahre 1844 her. Gleichzeitig schlugen sie mit Maximilian Reinganum, der im jüdischen Milieu aufgewachsen war, im Jahre 1832 gemeinsam mit den Radikaldemokraten um Wilhelm Sauerwein die Petition zur Wiederherstellung der Pressefreiheit initiiert hatte und auch Mitglied der linken Mehrheit in der Konstituierenden Versammlung gewesen war, die damals bedeutendste Integrationsfigur der liberaldemokratischen Bewegung als Redner vor.[967]

Er hob den „Weltbürger" und den Poeten der nationalen Emanzipation hervor und feierte Schiller als „wahrhaft volkstümliche(n) Dichter".[968] „Weltbürgertum" und „Nation" konkurrierten noch nicht miteinander, wie es dann wenige Jahre später nach dem Bruch und Zerfall der Nationalbewegung der Fall war. Ähnlich wie bei der Gutenbergfeier wurde die Nation als ein „natürliches" Organisationsprinzip der Menschheit angesehen. Nach der Enthüllung des Denkmalentwurfs, das den „Kämpfer" gegen Unfreiheit und den „Propheten" der Zukunft zeigte, hoben die über 30.000 Menschen, die gekommen waren, die Hand und sprachen den Rütlischwur aus Schillers Tell, das poetische Paradigma der Verbrüderung zum freien und selbstbestimmten politischen Volk.

Im Zentrum der Feier stand ein großer Festumzug, der in seiner Zusammensetzung eine Demonstration der Einheit der Frankfurter Bürgergesellschaft darstellte. Es beteiligten sich nicht nur die Honoratioren, die Deputierten der verschiedenen Wissenschaften und Künste, Buchhändler und Kaufleute, sondern auch die Handwerker. In gesonderten Abteilungen marschierten beispielsweise die Schreiner, Uhrmacher, Maschinenbauer und Mechaniker, die Wagner, Perückenmacher, Posamentierer und Tapezierer, die Bürstenbinder, Kamm-Macher und Schneider sowie die Schornsteinfeger und Säckler.[969] Die Feuerhandwerker führten als Symbol der neuen Zeit eine Dampfmaschine mit sich und die Buchdrucker und Buchbinder aus denselben Gründen eine Schnellpresse mit Gießofen. Diese sollte nicht nur die Möglichkeiten der neuen Technik demonstrieren, sondern bezog sich viel mehr auf die

Festzug zur Schillerfeier am 10. November 1859 mit dem Triumphbogen-Transparent vor der Hauptwache. Zeichnung von Alexander Lill in der Leipziger Illustrierten Zeitung

Im Festzug zur Schillerfeier 1859 führte die Gruppe der „Feuerhandwerker, Uhrmacher, Maschinenbauer und Mechaniker" ein Modell der ersten Dampfmaschine (James Watt, 1763) mit. Lithografie von Ferdinand Carl Klimsch

Freiheit der Presse als zentraler politischer Forderung der Liberalen. Am Symbolträchtigsten aber handelten die Zimmerleute, die einen Wagen mit sich zogen, auf dem sich ein unvollendetes Schweizer Fachwerkhaus befand, unter dessen Giebel eine Schillerbüste angebracht war und darüber die Devise: „Das Werk ist angefangen und nicht vollendet, jetzt tut uns rüstiger Mut und feste Eintracht not.“[970] Das war für die Zeitverhältnisse ein vergleichsweise klarer Hinweis auf das Vorbild der angestrebten politischen Verhältnisse – die Schweizer Republik – und natürlich auf die unvollendete Einheit der Nation. Hier zeigt sich ganz deutlich die republikanische Gesinnung der Organisatoren der Frankfurter Feier.

Der Umzug führte vom Obermaintor aus durch die Straßen der Stadt zur Hauptwache, die mit einem Riesentransparent geschmückt war. Dieses war von den führenden Künstlern der Zeit bemalt und zeigte Schlüsselszenen aus den Räubern, aus Wilhelm Tell oder aus der Wallensteintrilogie von Schiller, mit denen die Freiheitssehnsucht, der Kampf gegen Despotie oder die Verbrüderung demonstriert werden sollten. Ihre Wirkung erzielten die Transparente nach Einbruch der Dunkelheit, wenn vom flackernden Licht der Fackeln magisch erleuchtet, die Szenen lebendig zu werden schienen.[971] Unter dem Trans-

Entwurf eines Transparentes zur Schillerfeier 1859. Lavierte Zeichnung von Johann Baptist Scholl

Die Motivwagen des Schillerfestzugs enthielten häufig leicht zu entschlüsselnde politische Botschaften. Mit einem halbvollendeten Schweizerhaus spielten die Zimmerleute auf den Gründungsmythos der Schweizer Republik an. Lithografie von Ferdinand Carl Klimsch

parent an der Hauptwache jedenfalls vereinigte sich die Menge zu dem Schwur „Wir wollen sein ein einig Volk von Brüdern".[972] Dann zog die Menschenmenge weiter zum Römerberg, auf dem auf dem Justitiabrunnen ein provisorisches Schillermonument aufgebaut war.

Die Schillerfeier wirkte noch lange nach. Denn an ihrem Ende stand – ganz dem Konzept der Kunst im öffentlichen Raum entsprechend – die Enthüllung eines provisorischen Denkmals, dessen Guss in Metall durch einen Aufruf von Hermann Mumm und die Auslage von Subskriptionslisten bald gesichert war.[973] Das Schillerdenkmal wurde fünf Jahre nach der Feier im Jahre 1864 an der Hauptwache enthüllt.

Eine weitere Folge der Schillerfeier war die Gründung des „Freien Deutschen Hochstifts", nachdem der bei der Senckenbergischen Naturforschenden Gesellschaft tätige Geologielehrer Georg Heinrich Otto Volger mit dem Vorschlag hervorgetreten war, in Frankfurt am Main ein „Freies Deutsches Hochstift für Wissenschaft, Künste und allgemeine Bildung" als Vorläufer einer Akademie oder einer Universität zu errichten. Er griff damit direkt die weiterreichende Konzeption des Frankfurter Schillervereins auf und füllte sie mit Leben.[974] Zum Dritten verwies das Thema Schiller und die Schweiz auch auf den „Wilhelm Tell" und damit auf das Recht zum bewaffneten Freiheitskampf gegen eine despotische Fürstenherrschaft,

Das Innere der Festhalle beim Schützenfest 1862. Lithografie aus dem Gedenkbuch an das Erste Allgemeine Deutsche Schützenfest, 1863

ein Zusammenhang, dem drei Jahre später ein weiteres großes Nationalfest galt – das Bundesschießen von 1862.

Dieter Düding hat hervorgehoben, dass neben Sängern und Turnern die in Vereinen organisierten Schützen die Massenbasis des bürgerlich-oppositionellen Patriotismus im 19. Jahrhundert bildeten.[975] Im Zusammenhang mit der Schillerfeier erfolgte auch ein Aufschwung der Turnvereinsbewegung, und wohl nicht zufällig wurde am 15. März 1860 der „Frankfurter Turnverein" gegründet, dem sich bald 192 Mitglieder anschlossen.[976] Die Turner galten bereits im Vormärz als gut organisierter Teil der demokratischen Bewegung. Daran änderte auch ihr zeitweiliges Verbot nichts. Nach der Gründung des „Turnvereins Sachsenhausen" im Jahre 1857 folgte drei Jahre später wie erwähnt der „Frankfurter Turnverein". Nach dem Vorbild dieser beiden Vereine kamen innerhalb von nur fünf Jahren der „Frankfurter Schützenverein", der „Frankfurter Sportclub", die „Frankfurter Turngemeinde" und der „Frankfurter Turn- und Fechtclub" hinzu.[977]

Mit den außenpolitischen Krisen, den kriegerischen Ereignissen zwischen Österreich und Frankreich sowie der beginnenden Nationalbewegung, dem Drängen nach nationaler Einheit, traten auch Fragen der Wehrhaftigkeit des deutschen Staatenbundes sowohl für die äußere wie für die innere Verteidigung in den Vordergrund. Auf die konfliktreiche Auseinandersetzung um die preußische Militärreform und die liberalen Vorbehalte gegen ein stehendes Heer – und die schlechten Erfahrungen, die die Bewegung in der Revolution 1848/49 damit gemacht hatten – wurde schon im Zusammenhang mit Sonnemanns kritischen Bemerkungen zu Lassalles Vertrauen in den preußischen Staat eingegangen. Das Thema hatte noch eine zweite Seite, nämlich die Verteidigung nach außen. Hier forderte die Nationalbewegung sehr wohl eine Stärkung der kriegerischen Fähigkeiten der deutschen Nation. Sie sammelte seit Mai 1860 begeistert für den Aufbau einer deutschen Flotte – konkret für die Anschaffung von Kanonenbooten – und hatte erste Gelder bereits an das preußische Marineministerium übergeben. Das stieß in Frankfurt auf den energischen Widerspruch Schweitzers, der meinte, das Volk solle die Sache selbst in die Hand nehmen. Die linken Liberalen und Radikaldemokraten Frankfurts – Reinganum, Braunfels und Sonnemann – wiesen diese Kritik zurück, obwohl alle drei schon damals antipreußisch eingestellt waren. Das zeigte sich ein Jahr später, als die Diskussion um eine Volksbewaffnung bereits konkrete Züge annahm. Die Demokraten griffen in der Gesetzgebenden Versammlung, in die sie von Wahl zu Wahl in immer größerer Zahl einzogen, die Kosten für die Bundesgarnison an. Zu Beginn des Jahres 1862 sprach die Neue Frankfurter Zeitung offen ihr Misstrauen gegen die Innen- wie Außenpolitik aus und schwenkte in der Frage der Flottensammlungen auf Schweitzers Kritik am Nationalverein ein.[978] Zugleich rückten die Demokraten die Frage der Volksbewaffnung immer mehr in das Zentrum einer großen öffentlichkeitswirksamen Aktion – einer Machtdemonstration des Volkes. Hebel und Instrument dafür sollten die Schützenvereine sein.[979] Das kam nicht von ungefähr.

Seit dem Ende der 1850er Jahre hatten sich immer mehr auch die Schützen an der Nationalbewegung beteiligt. Angeregt von der italienischen nationalen Opposition und die im preußischen Verfassungskonflikt schnell an Popularität gewinnende Debatte über eine allgemeine Wehrpflicht, wurde erneut über eine Volksbewaffnung diskutiert, was ja bereits Thema der Verfassungsdiskussion im Paulskirchenparlament von 1848 gewesen war. Die traditionellen Schützengilden hatten allerdings ihren Bürgermilizcharakter längst aufgegeben. Mit ihnen war kein Staat mehr zu machen. 1861 schlossen sich deshalb zahlreiche neu gegründete Vereine zum Deutschen Schützenbund zusammen. Von dort kam der Aufruf zu einer großen nationalen Leistungsschau, für ein „Erstes Allgemeines Deutsches Bundesschiessen“. Rasch einigte man sich darauf es im Juli 1862 stattfinden zu lassen.

Nach der Gründung des Frankfurter „Schützenvereins“, der schon bald 900 Mitglieder verzeichnete, ergriffen einzelne Teilnehmer die Initiative, das geplante nationale Treffen der Schützen nach Frankfurt zu verlegen. Das Unterfangen fand die Unterstützung der Behörden. Als Präsident des Komitees konnte der Schöffe Siegmund Müller und als Festdichter der Demokrat Friedrich Stoltze gewonnen werden. Die politische Bandbreite der geplanten nationalen Demonstration reichte also von gemäßigten Liberalen bis hin zu Vertretern der Demokratie, denen es gelang, Frankfurt – den Sitz des ersten deutschen Parlaments – als Austragungsort des Wettbewerbs durchzusetzen. In den vorbereitenden Gremien kam einiges an politischer Prominenz zusammen. Die Festzeitung wurde von Johann Baptist von Schweitzer, mit dem Sonnemann wenige Monate später schwer aneinander geriet und dessen Ansichten schon kurz vorgestellt worden sind, redigiert. Ihm zur Seite stand Karl Grün, der sich im Vormärz mit Karl Marx über den Kommunismus gestritten hatte. Er erinnerte an die Toten des Jahres 1848. Sie alle zusammen ließen Frankfurt als „natürliche" und „künftige Hauptstadt Deutschlands hochleben".[980] Das Bundesschießen repräsentierte ein Stadium der politischen Bewegung, in der viele Persönlichkeiten des öffentlichen Lebens im Deutschen Bund noch an einem Strang zogen.

Die zu Tausenden ankommenden Schützen fanden ein geschmücktes Frankfurt vor, denn wie 1859 hatten die Veranstalter die Stadt mit deutschen Trikoloren, Transparenten und Schriftbändern geschmückt. Eine unübersehbare Menschenmenge erwartete sie am 12. Juli an den Frankfurter Bahnhöfen im Westen und Osten der Stadt. Allein aus der Schweiz kamen 1.100 Schützen angereist. Sie wurden begeistert als „Enkel" Wilhelm Tells, des Tyrannenmörders, begrüßt. Auch die Schützen aus Tirol umgab die Aura des Freiheitskampfes, hatten sie doch in den Freiheitskriegen Napoleon die Stirn geboten. Aufmerksamkeit erregte ebenfalls eine Abordnung

Armbrust- und Luntenschützen sowie bewaffnete Turner im Schützenfestzug 1862. Lithografie aus dem Gedenkbuch an das Erste Allgemeine Deutsche Schützenfest, 1863

Erstes Allgemeines Deutsches Schützenfest 1862: Rückkehr der Emigranten aus den USA und feierliche Übergabe des Sternenbanners

deutscher Emigranten aus den USA, die den Veranstaltern feierlich ein Sternenbanner überreichten.

Als Veranstaltungsort wurde die Bornheimer Heide gewählt. Dort war eine Festhalle entstanden, die von den Veranstaltern im Überschwang der breiten öffentlichen Resonanz „Nationalhalle“ genannt wurde. Außerdem hatte man einen Gabentempel errichtet, den wie in der Paulskirche eine Germania als Zeichen der nationalen Einheit zierte.[981] Beim Fahnenschmuck dominierten die Flaggen der teilnehmenden Nationen. Die Schützen vertraten in der nationalen Frage die großdeutsche Lösung.

Den Höhepunkt des Treffens bildete ein Demonstrationsumzug, der mit 12.000 Teilnehmern selbst den der Schillerfeier drei Jahre zuvor noch übertraf. Der Festzug selbst gliederte sich in historische Abteilungen, die das Thema „Die Volksbewaffnung im Wandel der Zeit“ verdeutlichen sollten. An der Spitze ritten „Germanen“, die im Verständnis der Zeit als Zeugen einer durch Freiheit und Gleichheit geprägten deutschen Vorzeit angesehen wurden. Die Gegenwart wurde von den Turnern vertreten. Die preußische Delegation sprach sich auf dem Fest noch einmal klar gegen

Militarismus und für eine grundlegende Parlamentsreform aus. Dies sei das deutsche Interesse.

Tatsächlich sahen sich die Schützen als Erben der deutschen Freiheitsbewegung. Das drückte sich in ihren Toasts, Fest- und Tischreden aus, die im Gedenkbuch mit dem dazu gehörenden Jubel und dem jeweils lang anhaltenden Beifall vermerkt wurden.[982] Im Überschwang des politischen Erfolgs beschwor man Frankfurt als Hauptstadt einer zukünftigen deutschen Republik, ließ die Verfassung von 1849 sowie ein neues nationales Parlament hochleben. Man gedachte der Helden von 1813 und beschwor eine freie deutsche Presse. In völliger Verkennung der realen politischen Verhältnisse hieß es in den von den Veranstaltern herausgegebenen Illustrierten Festblättern: „Die Zeiten der Metterniche, der Blittersdorfe und wie sie alle hießen, die Diplomaten des Rückschrittes und der feinen Despotie früherer Zeiten, ist längst vorüber."[983] Da war der Kommentator dann doch etwas weit über den wirklichen politischen Ertrag hinausgeschossen.

Nach den aufregenden Tagen des Festes schrieb Senator Souchay am 17. Juli 1862 kühl an seine Frau: „Das Fest ging so weiter in bemerkenswerter Ruhe und Ordnung; viel Eifer, viel brave Leute, jeder Philister ein Schütze, jeder Gelbschnabel mit anderen politischen Plänen und Ansichten, viel Heiterkeit und Vergnügen, Wichtigtuerei; man meint, sie hätten die Welt schon erobert mit Fahnen, Toasts, Wein. Die Schweizer schießen die Preise heraus. Österreich kokettiert mit der Nation, Preußen bleibt in stolzer Zurückhaltung; der Grundton ist demokratisch durchaus; die kaiserlichen Stimmen gelten sehr wenig."[984] Reinganum meinte dagegen am 25. August 1862, man hätte mit dem Schützenfest an den „verrosteten Sperrketten" des Hergebrachten gerüttelt, und der offizielle Bericht zum Festumzug hielt fest: „Post nubila Phoebus (nach den Wolken kommt das Licht; R. R.)", aber „nicht durch die Furie der Revolution, sondern durch den hehren Engel der Volkserziehung, der Erziehung des Leibes und der Seele zum Wahren, frohen tüchtigen Menschen" sollten die Zeiten geändert werden.[985]

Aber so ganz traute man diesen edlen Idealen doch nicht. Und so gründeten Carl Friedrich Funck, der Arzt Alexander Friedleben – der bereits in der Revolution 1848 hervorgetreten war und dessen Bruder die erste Anregung zur Wahl einer Konstituierenden Versammlung gegeben hatte – sowie der den Altdemokraten Maximilian Reinganum als Integrationsfigur langsam ablösende Leopold Sonnemann unter dem Eindruck der Schützen des Bundesschießens noch im selben Jahr den „Jugend-Wehr-Verein", der sich im Gegensatz zu August Ravensteins „Verein zur körperlichen Ausbildung der Jugend" ganz der militärischen Ausbildung verschrieb.[986] Bereits im ersten Jahr schrieben sich über 400 Mitglieder ein und beteiligten sich an paramilitärischen Übungen. Wenn auch bedauert wurde, dass „das Cadettenwesen bei uns nicht die Ausbildung gewinnen wird, welche dasselbe namentlich in der Schweiz gefunden hat", so nahm man doch mit Zufriedenheit zur Kenntnis, dass der

Verein „doch bald Leuchte für das übrige Deutschland“ geworden war und Vorbild für ähnliche Organisationen in Hamburg, München, Wien, Leipzig, Darmstadt und Offenbach.[987]

Nach dem Schützenfest von 1862 fand noch eine Feier mit einem ähnlich nationalen Zuschnitt statt, und zwar gedachte man im Oktober 1863 noch des 50jährigen Jubiläums der Schlacht bei Leipzig, die am 18. Oktober 1813 stattgefunden hatte. Auch dazu wurde noch ein Festzug veranstaltet. Wie 1814 leuchteten am Abend Feuer auf allen Höhen der Umgebung, so auch auf der Spitze des Taunus. Im Saalbau fand eine Festsitzung des Liederkranzes statt, und Souchay lobte den Fortschritt der Deutschen Nation sowie auch Frankfurts.

Die Frankfurter Nationalfeste sorgten für einige Aufregung, zumal an der Veranstaltung des Schützenfestes auch eine Deputation der liberalen und demokratischen Fraktionen des preußischen Abgeordnetenhauses teilnahm. Eine derartig offen zur Schau getragene Machtdemonstration trug mit dazu bei, dass der Eindruck entstand, ein Teil der liberalen politischen Opposition strebe das Ende der Monarchien und Fürstenstaaten in Deutschland an. Insofern leuchtete das Fanal bis nach Berlin und trug das Seine zur Verschärfung des Verfassungskonflikts um die preußische Heeresreform bei.[988] Schwemer erblickte in den Frankfurter Ereignissen sogar einen der Gründe für die Berufung Bismarcks zum Ministerpräsidenten im September 1862, doch dürfte dies viel direkter am Wahlsieg der preußischen Fortschrittspartei nach dem im März aufgelösten Landtag gelegen haben.[989]

Dennoch: Sänger, Turner und Schützen waren drei große, miteinander verbundene Bewegungen, die Frankfurt zum Zentrum ihrer nationalen Heerschauen gewählt hatten. Aber nicht nur an den großen Festen der Nationalbewegung – der Schillerfeier von 1859 und dem Bundesschießen von 1862 – zeigte sich, dass sich die Stadt zu einem Zentrum des demokratischen Liberalismus entwickelt hatte. Es zeigte sich auch bei der Gründung des Nationalvereins, die bewusst in Frankfurt stattfand.[990] Wie in den Vierzigern erlebte die liberale Bewegung seit dem Ende der fünfziger Jahre wieder einen großen Aufschwung, und sie sorgte dafür, dass der radikale Abbruch der Verfassungsreform im Jahre 1849 nur ein kurzes Zwischenspiel auf dem Weg hin zur Erneuerung der bürgerlichen Gesellschaft in Frankfurt blieb.

9.3 Die politische Erneuerung des Stadtstaats

Ähnlich wie in der Wirtschaft ließ sich auch in politischer Hinsicht der Lauf der Zeit nicht zurückdrehen, kehrte die städtische Gesellschaft nach 1848/49 nicht einfach zum alten Zustand zurück. Bereits im Herbst 1852 waren Anzeichen für einen Stimmungsumschwung feststellbar. Damals prognostizierte man noch einen sicheren Sieg des konservativen Reformvereins.[991] Doch erfüllte sich diese Prognose nicht.

Dominierten 1852 noch eine Mehrheit aus „Gothaern", also gemäßigte Liberale, und Vertretern des konservativen Reformvereins die Gesetzgebende Versammlung, so erstarkten bei der nächsten Wahl die gemäßigten Liberalen und erreichten 1853 alleine wieder einen so großen Einfluss, dass sie an die Wiederaufnahme ihres Reformprogramms denken konnten. Sie siegten auch in den nächsten vier aufeinanderfolgenden Jahren, so dass sich innerhalb kurzer Zeit deutlich die Gewichte in den parlamentarischen Körperschaften zugunsten der reformwilligen Kräfte verschoben. Doch die Wahlerfolge der Gothaer bildeten erst den Auftakt zu einer immer dramatischer verlaufenden politischen Umorientierung. Große Teile der an den Wahlen teilnehmenden Bürgerschaft wendeten sich – nicht zuletzt unter dem Eindruck der großen Nationalfeiern – noch weiter nach links und folgten bald in großer Zahl den Wahlaufrufen der Demokraten.[992] Bereits 1857 begannen diese, nachdem sie sich 1856 erstmals wieder an den Wahlen beteiligt hatten, die Mehrheit der Gothaer in der Gesetzgebenden Versammlung zu verdrängen. Sie siegten 1856 in der dritten Abteilung, also bei den Handwerkern. In der ersten und zweiten Abteilung trugen noch einmal die Gothaer den Sieg davon. Im Oktober 1857 – immerhin drei Jahre bevor in Preußen von der Neuen Ära gesprochen wurde – gelang es den Demokraten, auch die Mehrheit der Kaufleute auf ihre Seite zu ziehen und die Wahlmänner der zweiten Abteilung zu stellen.

Damals forderten sie: „Das veraltete Wahlrecht von 1816 bedarf einer Revision. Diese Revision darf nicht länger verschoben werden, wenn endlich der Wille der wirklichen Mehrheit der Bürger zur Geltung gelangen soll. Die wahre Gleichstellung der Staatsbürger ist noch nicht erreicht. Die Verwaltung ist eine schleppende und verwickelte. Diesem Uebel kann nur abgeholfen werden durch erhebliche Verringerung der Anzahl der Mitglieder der obersten Regierungsbehörde und durch eine neue Organisation des Geschäftsganges in allen Zweigen. Freunde und Gleichgesinnte werden aufgefordert, sich bei den Urwahlen zu betheiligen. Sie werden nur für solche Wahlmänner stimmen, welche durch unabhängige Gesinnung und ehrenhaften Charakter sich des allgemeinen Vertrauens würdig bewährt haben."[993]

Mit dieser Position siegten sie im Oktober 1858 schließlich in allen drei Abteilungen. Damit vollzog sich der Trennungsprozess zwischen gemäßigten und radikalen Liberalen in Frankfurt ein gutes Stück früher als in den meisten anderen Staaten.[994] In den Jahren 1860 bis 1862 trat auch eine eigene Handwerkerliste zur Wahl an, konnte allerdings nur im Jahre 1862 in der dritten Abteilung einen Erfolg erzielen. Im Jahre 1863 kandidierten Demokraten und Handwerker dann auf einer gemeinsamen Liste. Einen weiteren Durchbruch erzielte die demokratische Bewegung, als es ihr 1862 gelang, mit vier Mandaten in den Senat einzuziehen. Es ist schon bemerkenswert, dass vom späteren Demokratischen Verein im Jahre 1870 fast jeder Fünfte einmal Mitglied der Gesetzgebenden Versammlung gewesen war.[995]

Zur weiteren Beförderung der Aktivitäten gründete sich am 27. Mai 1861 – wie bereits kurz erwähnt – der „Frankfurter Verein“, dessen Ziel es war, „Frankfurter Angelegenheiten im geselligen Kreis zu besprechen“.[996] Dieser war die erste politische Vereinsgründung seit der Revolution von 1848. Er orientierte sich an radikaldemokratischen Positionen und suchte eine „Wiedergewinnung des gesetzlichen Bodens, welcher durch den Verfassungsbruch vom 3. Januar 1850 verloren gegangen“ war.[997] Zu den Gründern gehörten an erster Stelle Nikolaus Hadermann, weiterhin der Arzt Alexander Friedleben, der Rechtsanwalt Simon Maas und der Verlagsbuchhändler Carl Friedrich Löning. In den Erklärungen des Vereins und in den zahlreichen Beiträgen der Frankfurter Zeitung Sonnemanns wurden die Reformabsichten der Bewegung erstmals systematisch zu einem Programm zusammengefasst und in den folgenden Jahren Schritt für Schritt umgesetzt.

Dazu gehörten zum einen die Trennung der Exekutive von der Verwaltung, die Verminderung der Mitgliederzahl des Senats und zum anderen die Änderung des Wahlgesetzes, die Aufhebung der Klassenwahlen und ein Mehrheitswahlrecht. Weiterhin forderten die Demokraten um Hadermann ein Petitionsrecht für die Gesetzgebende Versammlung, die Reorganisation der Ständigen Bürgerrepräsentation und die „volle staatsbürgerliche Gleichstellung aller Bürger in Stadt und Land“. Neben diesen Hauptforderungen traten sie für eine auf „Selbstverwaltung beruhende Gemeindeordnung“, eine Befreiung der Schulen vom kirchlichen Einfluss, die „unbedingte Cultusfreiheit innerhalb der Staatsgesetze“, eine „Reorganisation der Bürgerwehr in Stadt und Land“ und für Gewerbefreiheit ein – und zwar unter „vorhergehender Ablösung der Realrechte“; die Diskussion dazu und deren Ergebnis ist bereits vorgestellt worden.[998]

Der Reformprozess selbst hatte bereits früher begonnen. Schon die gothaische Mehrheit hatte, weil der Senat dem Wunsch nach Vorlage von Reformgesetzen nicht nachkam, sämtliche Ergänzungswahlen blockiert. Damit konnten vakante Stellen nicht mehr besetzt werden.[999] Mit diesem Druckmittel im Hintergrund setzte sich die Opposition auf der Basis einer anfangs von den gemäßigten Liberalen pragmatisch begonnenen und dann von den Demokraten konsequent fortgesetzten Reformpolitik durch und erzielte innerhalb von zehn Jahren eine ganze Reihe von Erfolgen. Das Organische Gesetz von 1853 war die erste Frucht dieses Neuanfangs. Es sah die staatsbürgerliche Gleichstellung der Beisassen sowie die Erweiterung der bürgerlichen Rechte der Juden vor. Den Juden wurde nun das aktive und passive Wahlrecht zur Gesetzgebenden Versammlung mit der Auflage zugestanden, dass nicht mehr als vier Juden zugleich Mitglieder der Versammlung sein dürften. Zudem erhielten sie Zugang zu den städtischen Ämtern. Auch die politischen Rechte der Dorfbewohner wurden erweitert und ihren Vertretern erlaubt, an allen Entscheidungen teilzunehmen.[1000]

Das Organische Gesetz stellte einen wichtigen Schritt im Emanzipations- und Integrationsprozess dar. Denn anders als kurz nach der Jahrhundertwende wurden dieses Mal die 1848 gewonnenen politischen Rechte nicht in der nachfolgenden „Restaurationsperiode" kassiert, sondern mehr oder minder bestätigt. Aus diesem Grund befanden sich nach der Revolution mit Ausnahme des Jahres 1852 immer Vertreter der jüdischen Gemeinde in der Gesetzgebenden Versammlung. Es handelte sich dabei um den Arzt Alexander Crailsheim, die Kaufleute Philipp Ellissen, Moritz Ellissen, Seligmann Rothschild, Isaak Rothschild und die Advokaten Martin Emden, Carl Leopold Goldschmidt, Michael Manhayn und Leopold Odrell. 1853 zogen mit den Kaufleuten Philipp Ellissen und Julius Philipp Oppenheimer sowie den Advokaten Carl Leopold Goldschmidt und Michael Manhayn erneut vier Juden in die Gesetzgebende Versammlung ein – und diesmal ganz offiziell.

Den Abschluss der liberalen Reformpolitik bildete in den sechziger Jahren schließlich die vollständige Emanzipation der Juden. Sie kam als Edikt somit zwar relativ spät, aber aufgrund der vorbereitenden gesellschaftlichen Anerkennung der Juden in den Vereinen und in der liberalen Bewegung sowie der politischen Berechtigungen bereitete das Gesetz eher den bruchlosen Übergang in die „Integration" vor – und das unterschied diese Reform doch gewaltig von dem Dekret Dalbergs von 1810. So finden sich dann auch zahlreiche Juden als Repräsentanten des Frankfurter Liberalismus, und zwar sowohl auf dem linken wie auch auf dem rechten Flügel der Bewegung. Die Namen Leopold Sonnemann, lange Zeit Frankfurts Reichstagsabgeordneter, und Carl Mayer von Rothschild, der seit 1858 dem Wahlkolleg angehört hatte, 1867 in die Stadtverordnetenversammlung gewählt wurde und mehrmals im Namen des Nationalliberalen Vereins für den Reichstag kandidierte, sind hier stellvertretend für Viele zu nennen.

Mit der Festschreibung der politischen Rechte für die Juden endete der Reformprozess keineswegs. Es folgte die Reform der Gerichtsverfassung und der politischen Gremien. Der Senat legte im Dezember 1854, also ein Jahr nach dem Organischen Gesetz, einen weiteren Gesetzentwurf vor, der die Trennung von Justiz und Verwaltung und entsprechend den Reformwünschen der Opposition die Verminderung der Anzahl der Senatsmitglieder, die Aufhebung der drei Senatsbänke und das Ausscheiden der Senatsmitglieder aus der Gesetzgebenden Versammlung zum Inhalt hatte. In der Gesetzgebenden Versammlung passierte der Entwurf trotz einiger Bedenken und wäre beinahe am Votum der Bürgerschaft gescheitert, da sich die Mehrheit der Bürger eigentlich dagegen ausgesprochen hatte. Da er aber in der ersten und zweiten Abteilung eine Mehrheit erhielt und nur die Handwerker entschieden dagegen votierten, reichte das Abstimmungsergebnis zur Annahme des Gesetzes aus. In der Konsequenz wurden die ständischen Strukturen in der Gesetzgebenden Versammlung und im Senat beseitigt. Im selben Zuge wurde die Zahl der Senatssitze auf 21 reduziert, wenig später wurde der Senat von der Gesetzgebenden Versammlung abgekoppelt und am 16. September 1856 schließlich der Wahlmodus für die Senatswahlen reformiert.[1001]

Die Reform war zudem in eine umfassende Erneuerung der bürgerlichen Gesellschaft eingebettet, in der wesentliche Elemente der alten Verfassung und des Bürgerrechts umgestaltet wurden. Die Frankfurter Bürgergesellschaft verabschiedete sich damit von allen berufsständischen Unterschieden und entschied sich konsequent für die Gleichheit der Bürger und – ganz wichtig – für eine prinzipielle Trennung der Gewalten, die alle modernen Verfassungen auszeichnet.[1002] Damit kam dieser Entwicklungsprozess vorläufig an sein Ende. In Frankfurt gelang es – aus eigener Kraft, ohne Abkopplung der bürgerlichen Elite und ohne Bruch des Konsenses – sowohl einen Modernisierungsschub im Gewerbebereich in Gang zu setzen als auch die bürgerliche Gesellschaft der Stadt mit der Emanzipation der Juden- und Beisassen auf eine breitere soziale Basis zu stellen. Es gelang eine Liberalisierung der stadtbürgerlichen Gesellschaft – ohne Gewalt, Aufstand und Revolution.[1003] Frankfurt war damit eine Republik mit starkem Parlamentarismus, breiter Partizipation der Bürger und konsequenter Gewaltenteilung. Das war politisch das Modernste, was Deutschland im 19. Jahrhundert hervorgebracht hat – wenn es auch aufgrund der quantité négligeable der Frankfurter Bürgergesellschaft im Kontext der deutschen Gesellschaft de facto nur einen experimentellen Charakter hatte.

Dennoch ist auffällig: Die bürgerliche Gesellschaft der Stadt hatte dies aus sich heraus entwickelt. Die Reformen wurden also nicht von oben herab erlassen, sondern vom städtischen Bürgertum selbst entschieden. Dies geschah in einer über dreißigjährigen Auseinandersetzung, bei welcher der Konflikt erst breit diskutiert, dann in Bewegungen und Gegenbewegungen programmatisch zugespitzt und schließlich in den etablierten Gremien ausgetragen wurde. In Frankfurt wurde in einem langfristigen Prozess die ständische Bürgergesellschaft von innen heraus in eine liberale Republik mit den wesentlichen Attributen einer modernen bürgerlichen Gesellschaft transformiert. Sie lieferte damit ein Modell, dem Deutschland hätte folgen sollen; damit wären der Welt vielleicht einige Brüche und Verwerfungen im 20. Jahrhundert erspart geblieben. Bevor dieser Entwicklungsstrang abgeschnitten wurde, erlebte die Freie Stadt Frankfurt noch ein paar glänzende Jahre.[1004]

9.4 Glanz und Glorie vor dem Untergang

Frankfurt war nicht nur ein pulsierendes Zentrum des Liberalismus und der Demokratie in Deutschland, es war auch eine reiche Stadt, in der eine wirtschaftlich erfolgreiche Schicht von Großkaufleuten und Bankiers das Gemeinwesen nach ihren Wünschen und Interessen gestaltete und in der sich seit dem Ende des 18. Jahrhunderts ein breites geselliges und gesellschaftliches Leben nach ihren Vorstellungen ausformt hatte.

Die kulturellen Milieus, die Vereine und Logen sowie die bauliche Ausformung der Stadt und die Ausbildung von Gartenvorstädten wurden schon am Beginn des Buches und in den vorherigen Kapiteln vorgestellt. Die Erneuerung der Stadt hatte nach 1800 mit der Niederlegung der Wallanlagen, der Gestaltung neuer Wohnquartiere dort, dem Umbau der Mainfront und des Mainkais zweifellos einen großen Schritt hinaus aus der mittelalterlichen Enge und Abgeschlossenheit getan. Ähnliche Entwicklungssprünge folgten zur Jahrhundertmitte mit der Etablierung eines neuen Stadtteils, des Westends. Überhaupt fiel es leicht, Frankfurt als eine einzige große Gartenstadt darzustellen, wie dies Friedrich Wilhelm Delkeskamp in seinem bekannten „Malerischen Plan von Frankfurt am Main" von 1864 so grandios und überzeugend gelungen ist. Sein Stadtpanorama steht in einer Reihe mit den Merianplänen des 17. Jahrhunderts und stellt, wie Wilfried Ehrlich dies prägnant formuliert hat, „eine gewaltige Leistung dar." Delkeskamp beschäftigte sich intensiv mit der Stadt, durchwanderte immer wieder ihre Straßen, Gassen, Plätze und Gartenanlagen.[1005] Damals hatte Frankfurt einen sich über mehrere Jahrzehnte hinziehenden Umbau nach klassizistischen Städtebauidealen hinter sich. Es gab Bahnhöfe, erste Industrieansiedlung und Eisenbahnbrücken. Doch es fehlten noch die großen Stadterweiterungsgebiete, wie sie dann im letzten Drittel des 19. Jahrhunderts hinzukamen. Delkeskamp hat die Stadt nicht zufällig von Süden her gezeichnet. Dadurch kommt, im Gegensatz zu den Faber- und Merianplänen der Frühen Neuzeit, der Osten der Stadt besser zur Geltung. Auch ist der Delkeskampplan viel detailreicher und genauer als die berühmten Vorläufer. Das erstaunt nur auf den ersten Blick. Die Stadtvermessung hatte im 19. Jahrhundert Fortschritte erzielt, und es existierten zu dieser Zeit bereits ein Kataster sowie die Grundrisspläne von Christian Friedrich Ulrich und August Ravenstein. Die in dem Plan eindrucksvoll dokumentierte bürgerliche Lebenswelt wurde in den 1860er Jahren forciert ausgebaut. Zu diesem Zweck gründete sich am 6. Mai 1856 der „Verein zur Förderung der baulichen Interessen", damit auch „in weiteren Kreisen de(r) Sinn für Bauten und Anlagen erweckt und genährt" werde.[1006]

Ein Beispiel für größere Anlagen im öffentlichen Raum liefert der nur zwei Jahre später gegründete Zoologische Garten. Dazu hatten sich Interessierte zusammengefunden, die eine Zoologische Gesellschaft ins Leben riefen, deren Zielsetzung ganz im Kontext der schönen Stadt und der die Zeit prägenden bürgerlichen Bildung einzuordnen ist. Der Zweck des Zoos sollte Erholung und Bildung durch Anschauung sein und aus diesem Grund gab man vor, die „Thiere" so unterzubringen, „wie es ihre Natur erfordert". Am Rand der Stadt wollten die Initiatoren eine „meisterhafte" Anlage errichten, eine Parklandschaft oder auch nur ein Stück gestalteter Natur mit „malerischen Ausschmückungen" und mit „abwechselnde(n) Teiche(n), Wiesen, Gesträuch". Dem Städter sollten dadurch „die so schönen ländlichen Wohnungen der Thiere" erschlossen werden. Auch die Stadt selbst sollte gewinnen

Der Zoologische Garten an der Bockenheimer Landstraße um 1860

und zwar an Attraktivität für Touristen, ganz so wie es die großen europäischen Metropolen Paris, London, Brüssel oder Amsterdam bereits vorgemacht hatten.[1007] Vorbilder standen also in ganz Europa zur Verfügung.

Ausgehend von den höfischen Menagerien hatte sich mit dem erwachenden wissenschaftlichen Interesse im ausgehenden 18. Jahrhundert der Anspruch entwickelt, lebende Tiere genauer erforschen und beobachten zu können. Da die Haltungsbedingungen in den höfischen Menagerien den Lebensgewohnheiten der meist wild gefangenen Tiere zumeist widersprachen und diese dahinvegetierten, waren sie für wissenschaftliche Forschungen ungeeignet. Zudem standen sie nur selten der Öffentlichkeit offen. Änderungen gab es erst, als engagierte Bürger sich dieser Institution annahmen – zuerst in Großbritannien. Bereits 1828 entstand der erste richtige Zoologische Garten in London und kurz darauf folgten die Städte Dublin (1830), Clifton (1835) und Manchester (1836). Dass die ersten Zoos vor allem in England gegründet wurden, stand im engen Zusammenhang mit dem britischen Empire, das damals in seine zweite oder klassische Phase eintrat. In diesem größten Kolonialreich der damaligen Welt trug das enge Netz der weltweiten Handelsverbindungen dazu bei, die exotischen Schätze der Flora und Fauna nach Europa zu verfrachten, dort zu sammeln und auszustellen.[1008] Von England aus verbreitete sich die Idee der Zoologischen Gärten wie auch die des Botanischen Gartens in ganz Europa. Auch in Frankfurt wurde seit 1853 über die Errichtung eines Zoologischen Gartens nach dem Vorbild von London und Paris oder des 1841 gegründeten Berliner Zoos diskutiert und im Jahre 1857 der Verein und eine Aktiengesellschaft ins Leben gerufen.

Zu deren Gründern gehörten die Kaufleute Philipp-Bernhard Andreae-Winckler, Hermann Mumm, Georg Seufferheld und Albert Varrentrapp, der Bankier Louis Brentano, der Wechselmakler Louis Jäger, der Arzt Fritz Kellner und der Anwalt Rudolph Pfefferkorn. Sie zeichneten zusammen einen Betrag von 7.750 Gulden.[1009] Damit war ein Anfang gemacht. Das Gründungskomitee gewann bereits in den ersten Tagen Mäzene wie den Grafen von Bose und die Familie Rothschild hinzu. Auch die Aktienzeichnung verlief erfolgreich. Es kam somit genügend Geld zusammen, um die Gründung des Zoos zu vollziehen.

Hermann Mumm, Mitglied des Verwaltungsrats und zugleich Administrator der Städelstiftung, hat sodann ein Gelände an der Nordseite der Bockenheimer Landstraße, das rund 500 Meter vom Bockenheimer Tor entfernt lag, vorgeschlagen. Es handelte sich um den ehemaligen Leerseschen Garten, der noch um 1850 dem Bankier Jacob Philipp Leerse gehört hatte, Ende der 1850er Jahre jedoch bereits in den Besitz der Städelstiftung übergegangen war.[1010] Das Grundstück war eigentlich für den Bau der Galerie vorgesehen gewesen, mit deren Planung sich die Stiftung seit längerem beschäftigte. Doch lag das Gelände nach Einschätzung vieler Stiftungsmitglieder zu weit von der Stadt entfernt. So waren alle froh, als die Zoogesellschaft Interesse an dem circa vier Hektar großen Areal zeigte, auf dem sich auch ein Gartenhaus, eine Scheune und ein größeres Treibhaus befanden, und schließlich einen Mietvertrag abschloss.

Als Zoodirektor bot sich Franz Leven an, der ein zooplastisches Kabinett in der Großen Gallusgasse unterhielt. Er hatte bis dahin nur mit Tierhüllen praktische Erfahrungen gesammelt, traute sich jedoch auch den Umgang mit lebenden Tieren zu. Er scheint sich in dieser Hinsicht überschätzt zu haben, denn der Verwaltungsrat ließ ihn nur 13 Monate gewähren, trennte sich dann von Leven und vertraute hinfort mehr dem wissenschaftlichen Sekretär David Friedrich Weinland.

Das Projekt wurde nur wenige Wochen nach Antragstellung vom Senat, der Ständigen Bürgerrepräsentation und der Gesetzgebenden Versammlung genehmigt. Die Einwände der Nachbarn, die eine Belästigung durch das Röhren der Hirsche, das Heulen der Wölfe oder das Lärmen der Affen fürchteten, fanden kein Gehör. Bereits 1857 konnten die Arbeiten im Gelände und der Bau der Anlage beginnen. Sie schritten rasch voran, und so konnte schon am 8. August 1858 der Zoologische Garten am Rande des neuen bürgerlichen Quartiers im Westen der Stadt eröffnet werden.

Der Gesellschaft kamen gleich zu Beginn zahlreiche Tier-Stiftungen zugute. Nicht zuletzt aus diesem Grund wuchs der Zoo rasch an und konnte um 1860 bereits eine eindrucksvolle Tierschau präsentieren. Doch hielt man erst einmal an dem Grundsatz fest, „vorläufig von größeren Carnivoren (Fleischfressern) mit Ausnahme der Bären" abzusehen. So reichte das Spektrum von den exotischen Affen, Kamelen, Lamas und Zebras bis zu den heimischen Hirscharten und Gemsen. Großen Wert legte die Zoodirektion auf Vögel sämtlicher Ordnungen.[1011] Wie sich der Zoo damals präsentierte, darüber gibt ein Bericht aus der Leipziger Illustrierten Zeitung vom 27. April 1861 sowie der erste Zooführer von 1860 Auskunft.[1012]

Der Rundgang begann mit einer großen Vogelvoliere mit Greifvögeln, ein „Drahthaus, das in viele Abteilungen geteilt, mit einem haushohen Zentralkäfig in der Mitte", die Zuschauer wegen seiner „Adler-Galerie" anzog. Neben einem Kängurugehege gab es im Weiteren ein „hübsches Türmchen", das einer mittelalterlichen Burgruine nachempfunden worden war. Darin hausten südamerikanischen Meerschweinchen. Danach folgte das Affen- und Vogelhaus, „vor dem sich stets eine größere Menschenmenge" einfand. Von dort führte der Weg zum Straußenhaus, das mit einem „Ofen zur Heizung" versehen war, sowie zur Eulenburg mit einem Gehege für Kuhantilopen, den sogenannten „A. Bubalis". Als Publikumsmagnet erwies sich bereits damals der Bärenzwinger mit einem Eisbär und einem „Braunen Bär" sowie einer Hinweistafel mit der Aufschrift: „Warnung: Man trete diesen beiden Tieren nicht zu nahe!", denn „das furchtbare Raubtier des Nordens, der Herrscher am Pol" sei „bis acht Fuß lang!" Der Zoo besaß damals auch schon ein Seehundbassin mit Tieren aus den „norddeutschen Meeren bis zum Eismeer hinauf". Den Abschluss bildeten das Maurische Haus, ein solider Neubau zur Überwinterung der Antilopen, sowie ein Weiher, der mitten im Gartenland ausgegraben worden war. Um ihn und auf ihm versammelte sich ein Heer der verschiedenen Schwimmvögel. Im Maurischen Haus befanden sich zudem ein großer Zuschauerraum sowie ein Restaurationsgebäude, das „bei schnell eintretender ungünstiger Witterung als Zufluchtsort nützlich" war. Der Verwaltungsrat tagte hier über den Antilopen im oberen Stock. In diese zur Schau gestellte Idylle zogen erst im Jahre 1862 die ersten Löwen ein.[1013] Der aus dem Boden gestampfte Zoologische Garten Frankfurt verfügte also bereits in seinen Anfängen über eine beachtliche Tierschau. Der Erfolg blieb denn auch nicht aus. Der Zoo erlebte in den folgenden Jahren einen rasanten Anstieg der Besucherzahlen und musste sich bereits nach vier Jahren auf die Suche nach einem neuen, größeren Gelände begeben. Seit Mitte der sechziger Jahre wurden konkrete Verhandlungen mit dem Senat über eine Verlegung auf die Pfingstweide im Osten der Stadt geführt, die dann durch den Krieg von 1866 unterbrochen wurden.[1014]

Bei dem Zoo handelte es sich um ein Projekt, das ziemlich genau der Zielsetzung des parallel gegründeten Verschönerungsvereins entsprach. Aber dessen Ziele reichten weiter. Dieser Verein setzte sich generell dafür ein, „die Stadt selbst und ihre

Ausbildung im Ganzen als einen in der Entwicklung begriffenen Organismus" zu betrachten. Das Bild passte recht gut zum tätigen Bürger, für den die Stadt mit ihren Häusern, Straßen, Parkanlagen und sonstigen Einrichtungen ein lebendiges, sich nach den eigenen Ansprüchen gemäß entwickelndes Milieu darstellte. So war dann auch der Verein „von dieser Gesinnung durchdrungen, von der Überzeugung gelitten, daß, soll Frankfurt nicht offenbar hinter anderen Städten zurückbleiben, notwendig seine bauliche Regeneration ins Auge gefaßt werden muß".[1015] Die Zoologische Gesellschaft und der Verschönerungsverein sind somit weitere Beispiele für die Ausgestaltung der Stadt sowie das segensreiche Wirken von Vereinen und gemeinnützigen Aktiengesellschaften. Das galt nicht nur für die Erholung und Belehrung durch die Natur, auch die Kultur erlebte eine Blütezeit.

Im Abstand weniger Jahre entstandenen neue Gesang- und Instrumentalvereine wie der Rühlsche Gesangverein, der Instrumental-Verein für Knaben, der Gesangverein Männerchor, die Germania, der Frankfurter Sängerkranz, der Schulersche Männerchor oder der Neebsche Männerchor.[1016] Schon länger bestand der Verein zur Pflege der klassischen Musik von 1834, der zu seinen Gründern prominente Mitglieder wie zum Beispiel Anselm von Rothschild zählte, oder der 1844 entstandene Philharmonische Verein.[1017] Doch die Vielzahl der Vereine konnte nicht darüber hinwegtäuschen, dass gerade in Bezug auf das Musikleben ein ernsthaftes Problem bestand. Für das immer lebhaftere Engagement und die Vielzahl der Aktivitäten standen nur wenige, zu wenige, geeignete Säle für größere Musikaufführungen zur Verfügung. Diese Lücke im Angebot der vielen öffentlichen Räume bestand schon seit langem, ohne dass es gelungen war, Abhilfe zu schaffen. Das Musikleben fand bis ins 18. Jahrhundert hinein vor allem in den Kirchen und großen Gasthäusern statt. Zu nennen sind hier das Haus Braunfels in der Neuen Kräme, das Scherffsche Haus am Liebfrauenberg, das Gasthaus Zum König von England, das Rote Haus auf der Zeil und der Junghof in der Großen Galgengasse.

„Der Bender von Bienenthalsche ‚Saalbau' im Junghof diente von 1759 bis 1762 als Theater für die französische Besatzung". Dieses wurde von Goethe in seiner Jugendzeit gerne besucht und auch noch nach dem Abzug der Franzosen weiter als Konzert- und Theatersaal genutzt. 1782 konnte dann dank der Initiative einiger wohlhabender Frankfurter – wie am Beginn des Buches ausgeführt – ein Theaterneubau errichtet werden, und kurze Zeit danach erlebte das Frankfurter Musikleben mit den ersten Musikvereinen eine erste große Blütezeit. Auch das Casino am Rossmarkt trug mit Veranstaltungen im Englischen Hof dazu bei und natürlich das Museum, das damals immer wieder das Rote Haus auf der Zeil nutzte.[1018] Außerdem war auch das Vauxhall an der Ecke Zeil und Stiftstraße für Bälle sehr beliebt, und auch das Tivoli, die Mainlust oder die Westendhalle gehörten zu den beliebten Aufführungsstätten.[1019] Doch ein richtiger Konzertsaal fehlte selbst noch zur Mitte des 19. Jahrhunderts. Erste Initiativen, diesem Mangel abzuhelfen, reichen bis in die

1830er und 1840er Jahre zurück. So verhandelte Anton Kirchner im Jahre 1832 im Namen des Museums mit dem Rat, genauer mit dem Schöffen Johann Georg Sarasin, über einen Platz für ein Museumsgebäude. Das Museum veranstaltete damals nicht nur Konzerte im Roten Haus, sondern auch im Weidenbusch, der zu dieser Zeit über den größten Saal der Stadt verfügte. Doch reichte das alles nicht mehr aus. Man plante daher eine Aktiengesellschaft, um mit dem Bau voran zu kommen. Doch aufgrund der schlechten Geschäftslage blieb der Aktienzeichnung der Erfolg versagt und damit zerschlug sich das Projekt. Drei Jahre später stand der Aktienhandel bereits ganz im Zeichen des Eisenbahnbooms und es bestand wenig Interesse, in ein gemeinnütziges Vorhaben im Kulturbereich zu investieren. Diese Unlust hielt an. Selbst als der Baurat Heinrich Burnitz im Zusammenhang mit dem Bau eines neuen Börsengebäudes vorschlug, auch einen großen Saal vorzusehen, ergriffen die Frankfurter diese Chance nicht. Trocken kommentiert Schembs: „Dieser Plan scheiterte ebenso wie der 1854 von Kunstgärtner Heinrich Siesmayer vorgeschlagene ‚Südpalast' (...), für den sich kein Bauplatz fand."[1020]

Erst Ende der 1850er Jahre – als der Bau des Zoos in vollem Gange war – kamen die Bürger dem Ziel eines Konzertsaales für ambitionierte musikalische Darbietungen näher. Im Jahre 1858 ergriffen die Mozartstiftung und der Liederkranz die Initiative und schlugen die Dietzsche Behausung an der Großen Eschenheimer Gasse für ein derartiges Unterfangen vor. Das große Haus gehörte um 1850 dem Weisbinder Johann David Dietz. Es verfügte über eine Hausfront mit zehn Fensterachsen, drei Etagen und einem Mansardenstock. In dem Haus befanden sich nicht weniger als 39 Zimmer, drei Küchen, zahlreiche Mansarden und Bodenkammern. Dazu kamen noch ein Seitenbau, Ställe und Remisen zum Unterstellen der Kutschen. Das Haus wurde von der Versicherung auf einen Wert von 44.000 Gulden taxiert und rangierte in der Mietsteuerrolle mit einem Mietwert von 5.200 Gulden an vierter Stelle. Zeitweilig beherbergte Dietz in seinem Haus den Russischen Gesandten von Oubrill.[1021] Am 12. Januar 1859 gründete sich ein provisorisches Komitee, das jedoch für den Kauf des Junghofes eintrat.

Der Junghof gehörte dem Bienenthalschen Fideikommiss und bildete ein ganzes Konglomerat von Gebäuden, in denen um 1840 nicht weniger als 15 Haushalte wohnten. Auf dem Gelände befanden sich ein kleines Haus mit Seitenbau, das Haupthaus mit noch einem Seitenbau und ein Eckhaus. Dazu kamen Magazingebäude, ein Garten, in dem der Buchhändler August Ravenstein eine Gymnastische Anstalt unterhielt, zahlreiche Ställe und Remisen, Werkstätten, Schuppen und Kellergewölbe. Der Assekuranzwert betrug mit 98.000 Gulden das Doppelte der Dietzschen Behausung. Man musste also nicht wenig Geld in die Hand nehmen, um dieses zentral gelegene Grundstück zu erwerben. Doch das war kein Hindernis. Einer der Initiatoren, der in Frankfurt lebende holländische Kaufmann Heinrich Vincenz Johann Buzzi, kaufte das Gelände von dem Weinhändler Jacob Philipp Nicolas Manskopf und zwar für 170.000 Gulden. Buzzi hatte in Leyden das Licht der Welt erblickt und zwar als Sohn eines katholischen Kaufmanns. Er hatte erst 1837 das Frankfurter Bürgerrecht erworben. Kurz nach dem Kauf wurde die Saalbau AG gegründet.

Die Satzung, die am 29. März 1859 vom Senat genehmigt wurde, hielt noch einmal ausdrücklich in § 2 fest: „Diese Gesellschaft hat den Zweck, das von Herrn H. Buzzi für dieselbe provisorisch acquirierte zum Junghof gehörige Areal sammt Gebäulichkeiten definitiv zu erwerben, auf diese Grundfläche ein Gebäude mit einem großen Fest- und Concertsaal sammt den hierzu gehörigen Localitäten zu errichten, und diese Räume für Concerte, Bälle, Ausstellungen usw. zu vermiethen; sowie ferner die übrigen in dem Gebäude enthaltenen Localitäten, Wohnungen, Magazine, Keller etc. gleichfalls durch Vermiethung zu verwerthen."[1022]

Zum Vorsitzenden wählte die erste Generalversammlung am 15. April 1859 den in Duisburg geborenen reformierten Arzt Dr. Gustav Adolph Spieß. Dem Verwaltungsrat gehörten der genannte Heinrich Vincenz Johann Buzzi an sowie Philipp Christian Heinrich Hartmann, Direktor einer international agierenden Eisenbahnbau AG, der jüdische Händler Leopold Isaak Kohn-Speyer, der reformierte Bankier Wilhelm Peter Metzler, der Ehrenpräsident der Bürgerrepräsentation und Präsident der Handelskammer Johann Philipp Petsch-Goll und schließlich der in Offenbach geborene jüdische Börsenmakler und Liederkomponist Carl Wilhelm Wolfgang Speyer.

Speyer zählte zu den interessantesten Persönlichkeiten der damaligen Frankfurter Bürgerge-

Wilhelm Speyer (1790–1878), Komponist, um 1870

sellschaft. Er wurde am 20. Juni 1790 als Sohn des jüdischen Bankiers Georg Speyer geboren und wuchs wie Sonnemann in Offenbach auf. Dort färbte das rege Musikleben um den Notenverleger Johann Anton André auf ihn ab. So ließ er sich unter anderen von Pierre Baillot in Paris an der Violine ausbilden und zählte bekannte Komponisten seiner Zeit wie Louis Spohr und Felix Mendelssohn Bartholdy zu seinen Freunden. Doch konnte er den musikalischen Neigungen nicht ganz nachgehen. Sein Vater ging mit seiner Bank in Konkurs, weshalb Wilhelm Speyer nach Frankfurt übersiedelte und sich dort als Börsenmakler betätigte. Seine Musikbegeisterung wanderte mit ihm. Er beteiligte sich an der Gründung des Liederkranzes und gab 1837 seinem Freund Heinrich Hoffmann die Anregung, ein großes deutsches Sängerfest in Frankfurt zu veranstalten. Das Fest war – wie oben ausgeführt – ein großer Erfolg gewesen und Wilhelm Speyer wurde Präsident der kurz nach dem Fest gegründeten Mozartstiftung. In den 1850er Jahren zählte er zu den angesehensten Bürgern Frankfurts und war Ehrenmitglied sowohl des Museums als auch der Senckenbergischen Naturforschenden Gesellschaft.[1023] Im Verwaltungsrat der Saalbau AG versammelte sich also ein Kreis ehrenwerter Frankfurter Bürger – Honoratioren eben. Dabei fällt auf, dass nicht alle in Frankfurt geboren waren und dass hier – wie so oft in Frankfurt – alle Konfessionen einträchtig beisammen saßen.

Der Vorstand der Saalbau AG ließ nach seiner Wahl keine Zeit verstreichen, rief zur Aktienzeichnung auf und erzielte mit der Schenkung des Freiherrn von Wiesenhütten einen ersten großen Erfolg. Auch die Aktien wurden gut aufgenommen; schon im April hatten Bürger für 100.000 Gulden Aktien gezeichnet und am Ende des Jahres 1860 waren es immerhin 133.000 Gulden, was allerdings von dem Ziel, 400.000 Gulden einzusammeln, noch ein gutes Stück entfernt lag. Aus diesem Grund legte die Gesellschaft eine weitere Anleihe auf. Mitte Mai 1859, also nur wenige Wochen nach der Gründung der Aktiengesellschaft, lobte der Vorstand der Saalbau AG einen Architektenwettbewerb aus, der bereits im August abgeschlossen werden konnte. Zum Zuge kam der Sieger des zweiten Preises, der Frankfurter Architekt Heinrich Burnitz, der sich bereits in den 1840er Jahren mit dem Thema beschäftigt hatte. Er war der Sohn eines schwäbischen Zuwanderers und damals schon ein allgemein anerkannter Architekt, dessen Ambitionen von der Klassik bis zur italienischen Renaissance reichten und der später die neue Börse bauen sollte.

Die Preisverleihung und die Entscheidung für Burnitz erfolgten mitten in einer aufgewühlten Zeit. Frankfurt glänzte mit einer besonders eindrucksvollen Schillerfeier, an der sich mehrere zehntausend Menschen beteiligten. In den Monaten zuvor hatte sich sich vor dem Hintergrund des aufziehenden europäischen Kriegstheaters und drohender militärischer Konflikte im Hof von Holland der Vaterländische Verein gegründet und kurz darauf entstand im Sommer 1859 in Frankfurt der Deutsche Nationalverein; im Herbst 1859 gründete Otto Volger das Freie Deutsche Hochstift. Mit den zahlreichen damit einhergehenden politischen Versammlungen nahm natürlich auch das Bedürfnis nach großen Versammlungsstätten weiter zu. Die Saalbauinitiative lag somit voll im Trend der Zeit.

Kauf, Abriss der alten Gebäude und Errichten des von Burnitz gestalteten Baus schritten ähnlich rasch voran wie der Bau des Zoos, wurde allerdings auch immer teurer. Bereits zweieinhalb Jahre nach der Gründung der AG konnte der Saalbau am 18. November 1861 eröffnet werden. Die Kritik an den immensen Kosten verstummte rasch. Das Gebäude fand eine wohlwollende Aufnahme in der Presse. Viele staunten über die Erhabenheit der Eröffnungsfeier, zu der das Oratorium „Die Schöpfung“ von Joseph Haydn zur Aufführung kam. Im Mittelpunkt des Lobes aber standen der Bau selbst und die Bewunderung über die ungewohnte Größe des Konzertsaals. Burnitz hatte das Beste aus einem eher ungünstigen Grundstück herausgeholt. Denn es verlief spitzwinkelig, teilte sich zudem in zwei Enklaven und war von einer Straße durchschnitten. Dazu kam die „abgelegene“ und „verdeckte“ Lage, die einen klassischen Repräsentationsbau wie etwa die Stadtbibliothek oder die spätere Oper von vornherein unmöglich machten.[1024]

Das Standardwerk zur Frankfurter Architekturgeschichte „Frankfurt am Main und seine Bauten“ lobte die klare Formensprache: „In einfachen Renaissanceformen (...) gliedern sich die Hauptfassaden des Saalbaus. (...) Die Auflösung der fensterreichen Fronten in den drei Reihen Blendarkaden zwischen flachen Pfeilern weist

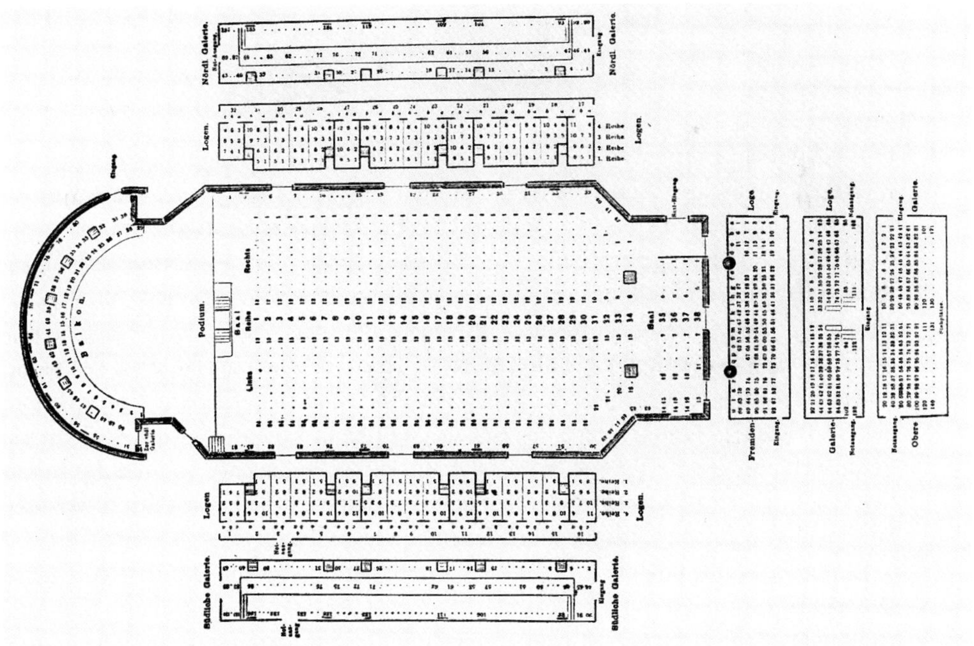

Plan des Großen Saals im „Saalbau“ (Junghofstraße 19)

Das Konzert- und Veranstaltungsgebäude „Saalbau" in der Junghofstraße um 1860

große Ähnlichkeit mit der Villa Farnesina in Rom auf, die sich der reiche römische Kaufmann Agostino Chigi 1508 an der Lungara zwischen Borgo und Trastevere erbauen ließ und die die Kunst der goldenen Zeit der Renaissance verkörpern sollte."[1025] Abgesehen von dem ansprechenden und historisch aufs Beste legitimierten Äußeren bot der große Saal Raum für bis zu 1.900 Sitzplätze. Dazu kamen weitere kleinere Konzertsäle, zahlreiche technische Neuerungen wie eine moderne Gasbeleuchtung und eine Ventilation. Viel Lob erntete das Haus vor allem für seine gute Akustik. Zuweilen wurde sie sogar als einzigartig gerühmt, und so beflügelte die Eröffnung des Saalbaus das Frankfurter Musikleben. Man kann sagen, dass der Saalbau die Voraussetzung geschaffen hat, damit die Museumsgesellschaft, von der die Initiative ausging, sich zu einer großen bedeutenden Konzertgesellschaft fortentwickeln konnte, die sogar das deutsche Musikleben beeinflusst hat.[1026]

Aber der Saalbau diente nicht nur als Veranstaltungsort für Konzerte von gehobener Qualität, sondern ganz allgemein für Bälle, Versammlungen, Feiern und Ausstellungen. Zahlreiche Frankfurter Vereine und Gesellschaften mieteten die Räume des Saalbaus für festliche Veranstaltungen oder politische Versammlungen. Es bil-

Der neue Saal im Konzert- und Veranstaltungsgebäude „Saalbau" im Jahre 1861

Festlicher Ball im Saalbau während des Besuchs und in Anwesenheit Kaiser Wilhelms I., 1877

dete sich sogar eigens eine Neue Ballgesellschaft. Berühmt wurden ihre Maskenbälle. Einen Eindruck davon vermittelt ein Bericht, der am 21. Januar 1863 in der Presse erschien: „Wenn wir von demselben berichten, daß er zahlreich besucht war und die letzten Gäste sich gegen 7 Uhr Morgens noch besannen, ob sie die liebgewordenen Räume wirklich schon verlassen sollen oder nicht, so ist damit so ziemlich Alles gesagt, was von rein neutralem Standpunkt aus gesagt werden kann."[1027]

Neben dem Vergnügen, der Geselligkeit und dem kulturellen Genuss sowie der politischen Agitation – beispielsweise dem Auftritt Lassalles im Jahre 1863 – kam die Wohltätigkeit nicht zu kurz. Die Frankfurter Männer-Gesangvereine sangen zum Besten der Armen. Es fanden Konzerte für die Armen des Vincenzius-Vereins oder für den Permissionistenverein statt. Der Liederkranz und das Theaterorchester gaben regelmäßig Konzerte für die Mozartstiftung und damit für die Ausbildung junger Künstler. Auch für kranke Künstler wurde gesungen und konzertiert.[1028]

Frankfurt hatte mit dem Saalbau ein neues kulturelles Zentrum gefunden. Doch mit den großen nationalen Feiern, der exotischen Tierschau im eigenen Zoo, den Konzerten und ausgelassenen Bällen im Saalbau erschöpfte sich noch nicht der Glanz dieser Jahre. Frankfurt zog nicht nur nationalbewegte Demokraten und Liberale in großer Zahl an, es kamen auch die großen und kleinen gesalbten Häupter des Deutschen Fürstenbundes in die Stadt. Sie kamen zum Frankfurter Fürstentag, auf dem vom 17. August bis zum 1. September 1863 sie sich das Ziel gesetzt hatten, die deutsche Frage zu lösen, und deshalb über eine Reform der deutschen Bundesverfassung berieten. Die Versammlung erfolgte auf Einladung des österreichischen Kaisers. An ihr nahmen bis auf Preußen alle deutschen Staaten teil. Der Kaiser eröffnete am 16. August 1863 feierlich den Fürstentag und legte den „Entwurf einer Reformakte des Deutschen Bundes" vor.[1029] Der Fürstentag stand im Kontext der langjährigen Diskussion um eine Reform des Deutschen Bundes, die auf den Versammlungen in Dresden (1850/51), Nürnberg (1857–1861), Hannover (1862–1866) und am Sitz der Bundesversammlung in Frankfurt (1860–1865) diskutiert worden war.[1030]

Der Eröffnung folgte ein, wie Schwemer sich ausdrückt, großes „Spektakelstück auf Frankfurter Boden", ein „romantischer Gefühlsmoment", an den sich die Frankfurter noch lange und gern erinnerten. Noch hatte kein Fürst seinen Fuß auf Frankfurter Boden gesetzt, als die Aufmerksamkeit der Öffentlichkeit schon ganz im Bann der kommenden Ereignisse stand. Der Kaiser schickte mit der Hanauer Bahn fünf Equipagen, 120 Koffer, 38 Pferde an sein und viel Personal aus seinem Gefolge. Darunter befanden sich Hellebardiere, sechs Köche und vier Zuckerbäcker. Sie wurden vom Senat mit 16 Galawagen und 8 Hellebardieren empfangen. Beim Anblick der geschmückten Kutschen stellten sich Erinnerungen an die sieben Jahrzehnte zurückliegende letzte Kaiserkrönung ein. Es wurde auch kein Aufwand gescheut, an die alten Zeiten zu erinnern. Wieder saßen Frankfurter auf dem hohen Kutschbock der Galawagen, die mit roten, silberdurchwirkten Decken überhängt waren. Über

Die Bürgermeisterkutsche der Freien Stadt Frankfurt. Skizze von J. G. Hess, 1863

den schweren Quasten, die ebenfalls „in Rot und Silber herabhingen, thronte der Kutscher mit silberbordiertem Zweispitz in rotem, langschößigem, frackartigem Rocke, schwarzen Kniehosen mit Silberschnallen, weißen Strümpfen, Schnallenschuhen, weißen Lederhandschuhen; hinten aufstehend befanden sich zwei Diener."[1031]

Am 15. August kamen dann die Fürsten selbst. Wie Schwemer aus alten Akten rekonstruiert hat, waren die Straßen der Stadt „gründlich gesäubert, viele Häuser, namentlich der Innenstadt, hatten Flaggenschmuck angelegt, eine festlich und neugierig gespannte Menge füllte die Straßen und die Umgebung der Bahnhöfe. Hier hatten die vereinigten Musikkorps der Bundesgarnison Aufstellung genommen, ebenso auch eine Ehrenkompanie des Frankfurter Linienbataillons, das diplomatische Korps war zum Empfang erschienen, das Bundes-Oberkommando, und vor allem der Souverän der Stadt, der Senat."[1032] Der Buntheit der Kutscher und Fürsten stellten sich seine Mitglieder im bürgerlichen Schwarz entgegen, also im schwarzen, frackartigen Rock, schwarzer Weste, schwarzen kurzen Hosen, schwarzseide-

Empfang des österreichischen Kaisers Franz Josephs I. am Main-Neckar-Bahnhof zum deutschen Fürstentag 1863

nen Strümpfen, schwarzen Schuhen und dazu gehörte auch ein schwarzer Zweispitz mit schwarzen Straußenfedern. Das einheitliche Schwarz wurde nur von den zwischen den Vorderkanten der Westen hervorlugenden weiß leuchtenden, aus teurem Batist bestehenden Jabots und den silbernen Schnallen an Hosen und Schuhen sowie dem Galanteriedegen durchbrochen.

„Ein Extrazug brachte den Kaiser um 6 Uhr abends von Darmstadt her, bis wohin ihm der Bundes-Präsidial-Gesandte, Max Freiherr von Kübeck, entgegengefahren war. Bürgermeister Samuel Gottlieb Müller hielt die Begrüßungs-Ansprache, dann bestieg der Kaiser rasch den Wagen (...). Kurz nach dem Kaiser langte der König von Bayern an, er erschien in großer Uniform, mit wallendem Federbusche, und nun ging es so weiter, Fürst auf Fürst, in noch nie dagewesener Vollzähligkeit.“[1033] Im Ganzen kamen 25 Fürsten und 4 Bürgermeister zum Kongress.

Man hatte sich in Frankfurt auf die Ankunft der Fürsten und den Fürstentag gut vorbereitet und im Vorfeld so manche außergewöhnliche Maßnahme getroffen. Man wartete eigens mit einem speziell für diesen Anlass angelegten Rennplatz auf, auf dem die Bürger den Aristokraten ihre Fortschritte in der Adaption adeligen Vergnügens demonstrieren wollten. Hier erwies sich erneut die Vielfalt der Vereinswelt als eine große Hilfe. Man konnte zum einen auf den Frankfurter Landwirtschaftlichen Verein und zum anderen auf den gerade gegründeten Rennverein zurückgreifen. Der Landwirtschaftliche Verein war bereits am 28. Januar 1860 von 49 Mitgliedern gegründet worden und ging laut Statuten für die Bürger Frankfurts recht ungewöhnlichen Zwecken nach. So wollte man sich den Problemen der „Bodenkonsolidierung" in Frankfurts Umgebung widmen, wobei insbesondere der Zusammenhang zur Viehzucht interessierte.[1034] Der Verein erfreute sich trotz seines für die Kaufleute und Advokaten eher absonderlichen Anliegens schnell großer Beliebtheit. Ein Jahr später zählte er bereits 127 Mitglieder, und was noch mehr verwundert, es waren nicht etwa Bauern aus den ländlichen Gemeinden der Frankfurter Umgebung, die beitraten, sondern das wohlhabende Bürgertum Frankfurts. Bereits im zweiten

Pferdemarkt zwischen Gutenberg- und Goethedenkmal auf dem Roßmarkt, 1862. Gemälde von Philipp Winterwerb

Das erste Rennen, mit dem am 20. August 1863 die Niederräder Bahn eingeweiht wurde

Jahr figurierte der Bankier Alexander Baron von Bethmann als Vereinspräsident. Der Grund für das starke Interesse am Landwirtschaftlichen Verein lag in der Pferdezucht, und hier löst sich das Rätsel auf. Als erstes größeres Projekt gelang bereits im zweiten Vereinsjahr die Wiedereinführung eines Pferdemarkts, der sinnigerweise auf dem Rossmarkt im Zentrum der Stadt abgehalten werden sollte. Der Hintergrund für das Interesse an der Pferdezucht findet sich wiederum in der aufkommenden Begeisterung für Pferderennen und dem damit verbundenen Wettsport. Damit stand der Landwirtschaftliche Verein wiederum in unmittelbarer Beziehung zu einer weiteren Vereinsgründung der führenden Elite des kaufmännischen Bürgertums in Frankfurt, nämlich dem Rheinischen Rennverein, dessen inneren Kern der Renn-Klub von 1863 bildete, der wiederum im Kontext des Fürstentags stand.

Am 29. Juni 1863 wurde in Frankfurt ein Zirkular verbreitet, das mit den Worten begann: „Es gereicht uns zu großer Freude, berichten zu können, daß es uns endlich gelungen [ist], noch in diesem Jahre ein größeres Pferde-Rennen hier abhalten zu können.“[1035] Dieses Rennen ging auf die Initiative des „Mittelrheinischen Pferdezuchtvereins“ zurück, dem Prinz Nikolaus von Nassau genauso angehörte wie führende Frankfurter Bankiers, darunter Ludwig von Erlanger, Carl du Fay und der „Oeconom“ Jean Noé Gogel. Die Initiatoren hatten zwei Monate Zeit, die Veranstaltung als besondere Attraktion für den in Frankfurt tagenden Fürstenkongress vorzubereiten. Ein Komitee trat zusammen und beschloss, „hier ein Meeting zu schaffen, das eine Stellung unter den ersten des Kontinents einnehmen soll, wie es endlich in einer Stadt, in der sich Reichtum mit Fashion vereinigt, kaum anders zu erwarten ist".[1036] Das Ziel des Renn-Klubs war die Gründung eines Rennplatzes zur Hebung der Pferdezucht „und besonders der Vollblutzucht", denn „die Hauptmittel zur Förderung eines wesentlichen Zweiges dieser national-ökonomisch so wichtigen Branche, der Pferdezucht, sind aber die Rennen".[1037]

Der Bezug auf die Nationalökonomie war in einer Zeit, in der angesichts des aufstrebenden Eisenbahnverkehrs überlegt wurde, die nicht mehr für den Haferanbau benötigten Agrarflächen für den Zuckerrübenanbau zu nutzen, etwas merkwürdig und verdeckte nur notdürftig das eigentliche Interesse der gehobenen Kreise an Sport und Spiel. Auf jeden Fall waren die Mitglieder bereit, ein Beitrittsgeld von 200 Gulden und einen Jahresbeitrag von 20 Gulden zu zahlen. Das entsprach ungefähr den Beiträgen der Casinogesellschaft. In diesem Verein versammelte sich die Spitze des Wirtschaftsbürgertums. Beschränkte sich die Zahl der Gründer, die den Aufbau der Rennbahn im Frankfurter Stadtwald bei Niederrad in Gang setzten, noch auf 128, so waren es bei der ersten Generalversammlung bereits 200.[1038]

Zu den Mitgliedern des ersten Direktoriums wurden neben dem Prinzen von Nassau wieder der Präsident des Landwirtschaftlichen Vereins Alexander Baron von Bethmann, Heinrich Mumm und Georg Berna gewählt. Insgesamt sprach die Zusammensetzung der 15 Mitglieder des ersten gewählten Direktoriums für sich. Darunter befanden sich neben vielen guten Adressen des gehobenen Frankfurter Gesellschaftslebens unter anderen die Namen von Wilhelm von Erlanger, Moritz von Bethmann und Carl von Rothschild. Alles in allem befanden sich elf Bankiers darunter, zwei Adelige, zwei Fabrikanten und vier Repräsentanten der jüdischen Gemeinde. Die Rennen selbst wurden auf den 23. bis 26. August terminiert und erfüllten erwartungsgemäß ihre Aufgabe als einer der festlichen Höhepunkte eines großen gesellschaftlichen Ereignisses.

Frankfurt steigerte sich in einen Rausch von europäischer Bedeutung hinein. Die öffentliche Aufregung über das große Ereignis nahm mit der Ankunft der Fürsten noch einmal deutlich zu. Am 16. August besuchte der Kaiser – ganz in der Tradition seiner Reichsvorgänger – die Messe, dann folgten die gegenseitigen Besuche der Fürsten. Am nächsten Tag fanden die ersten Beratungen statt. Vor dem Palais hatte sich eine ungeheure Menschenmenge eingefunden, die dem Kaiser stürmisch huldigte. Drinnen wurde es schnell merklich stiller. Denn der König von Preußen – der seit drei Jahren regierende Wilhelm I. und spätere erste Kaiser des neuen Deutschen Kaiserreichs – war nicht erschienen. Kaiser Franz Josef hielt dennoch tapfer seine Ansprache, auch wenn sich die Sache damit eigentlich schon erledigt hatte: „Durchlauchtigste, freundlich liebe Brüder und Vettern, sehr werte Bundesgenossen! Eine

Bankett im Kaisersaal beim Fürstentag 1863. Zeichnung in den Illustrated London News

Versammlung der Häupter der deutschen Nation, beratend über das Wohl des Vaterlandes, ist ein Ereignis, welches eine nach Jahrhunderten zählende Vergangenheit nicht gekannt hat. Möge durch den Segen der göttlichen Vorsehung Unsere Zusammenkunft an der Schwelle einer heilbringenden Zukunft stehen (...) Es ist mir versagt geblieben, den König Wilhelm von Preußen zu bewegen, Unserem Einigungswerke Seine persönliche Mitwirkung zu gewähren. Aber die Hoffnung auf ein glückliches Ergebnis dieses Tages halte ich deshalb nicht minder standhaft fest. Der König von Preußen hat Meine Gründe für die Notwendigkeit und Dringlichkeit einer Reform der Bundesverhältnisse vollkommen gewürdigt."[1039]

Das Fehlen des preußischen Königs sorgte für eine immense Aufregung. Er selbst hätte sich zwar gerne dem Fürstenkomment gebeugt. Aber Bismarck hatte ihn – mit Mühe – überredet, dem Fürstentag fernzubleiben, um so einen Erfolg Österreichs zu hintertreiben. Die anderen teilnehmenden Staaten wollten sich ohne eine eindeutige Stellungnahme der Großmacht Preußen dann auch nicht festlegen, und so schien das Ende der Verhandlungen bereits erreicht zu sein, noch bevor sie begonnen hatten.[1040] In ihrer Hilflosigkeit entschied sich die Versammlung dazu, den

Deutscher Abgeordnetentag im Saalbau, 1863

preußischen König erneut einzuladen, als wäre es ein Versehen gewesen, dass der Repräsentant der stärksten Macht im Bund nicht anwesend war.

Es wurde dennoch gefeiert und kein Aufwand gescheut. Die Bevölkerung erlebte prachtvolle Auffahrten, prunkvolle Bankette und große Feuerwerke nach der Art, wie sie bei früheren Kaiserkrönungen gezeigt worden waren, sowie eine ganze Serie von Galavorstellungen und festliche Opern im Theater. Einen der Höhepunkte bildete zweifellos das Kaiserbankett am 17. August nicht weniger als 27 Gängen. Die Sympathien für Österreich erreichten einen Höhepunkt, während die Abneigung gegen die Spielverderber Preußen und Bismarck zunahm.[1041] In diesen Tagen notierte der Durchreisende Johannes Janssen und wählte dazu ganz ähnliche Worte, wie sie der österreichische Gesandte von Hügel bei der Beschreibung der Stimmung der Frankfurter äußerte, als der Stern Napoleons zu Verlöschen begann: „Hier ist alles voll Begeisterung für den Kaiser von Österreich".[1042]

Am 22. August trafen sich die Fürsten schließlich erneut zu einer Plenarsitzung, und wie abzusehen gewesen war, glänzte der preußische König wieder durch Abwesenheit. Über das weitere Vorgehen entbrannte ein heftiger Streit und nur mühsam gelang es der Versammlung, nach außen hin das Gesicht zu wahren. Der Bremer Gesandte von Duckwitz berichtete jedoch dem Publico wie „die Minister (...) alle

Kaiser Franz Joseph I. von Österreich eröffnet am 22. August 1863 den Ball auf der Bethmannschen Soirée im „Ariadneum". Lavierte Tuschezeichnung von Carl Hohnbaum

ganz entsetzt darüber" gewesen seien.[1043] Besonders peinlich musste auf die Anwesenden gewirkt haben, dass zeitgleich der Abgeordnetentag in Frankfurt tagte. Seine Teilnehmer wurden nun unmittelbar Zeugen des Unvermögens der Fürsten, Deutschland eine Zukunft zu weisen. Das war Wasser auf die Mühlen ihrer Forderungen nach einer radikalen Reform der politischen Verhältnisse, und so direkt aufgefordert gaben sie zu Protokoll, dass nur eine Nationalversammlung eine Lösung der deutschen Frage bringen könne.

Der Fürstentag ging am 1. September 1863 zu Ende. Die dürren Ergebnisse des Kongresses der Mächtigen standen in einem eklatanten Widerspruch zu den vielen glanzvollen Festivitäten. Der Entwurf des österreichischen Kaisers zur Reform des Deutschen Bundes wurde in kaum veränderter Fassung nach einer Woche voller Streit als sogenannte Reformakte des Deutschen Bundes verabschiedet. Sie sollte eigentlich als Bundesgrundgesetz die Bundesakte von 1815 und die Wiener Schlussakte von 1820 ergänzen. Wäre das Schriftstück wie geplant von den Regierungen angenommen worden, dann wäre eine neue Bundesexekutive mit erweiterten Kompetenzen, also eine Art Bundesregierung, sowie eine Volksvertretung in Form einer von den einzelstaatlichen Parlamenten beschickten Delegiertenversammlung sowie eine Judikative, ein Bundesgericht, eingerichtet worden. Allein der Erfolg hing an dem seidenen Faden einer Zustimmung Preußens. Der preußische Monarch aber lehnte erwartungsgemäß am 29. September 1863 ab.

Die Gründe lagen auf der Hand. Preußen erblickte in den Vorschlägen eine Schmälerung seiner eigenen Stellung und gönnte dem Widersacher in Wien nicht den Erfolg. Doch bei einer einfachen Ablehnung des Verfassungswerkes, mit dem sich die Kollegen so viel Mühe gegeben hatten, wollte es der preußische König nicht belassen. Er schoss der Ablehnung auf Anraten Bismarcks noch einen vergifteten Pfeil hinterher. So musste der österreichische Kaiser auch noch die Belehrung lesen, dass „Vorbedingung jeder Bundesreform" die „Einrichtung einer direkt gewählten Volksvertretung" sei.[1044] Das entsprach exakt dem, was der Frankfurter Abgeordnetentag im Anblick des Konferenzdesasters sowie der dinierenden und tanzenden Fürsten rund fünf Wochen vorher gefordert hatte. „Preußen machte sich damit", wie

Abschlussfoto des Frankfurter Fürstentages, aufgenommen am 1. September 1863 vom bayerischen Hoffotografen Josef Albert im Garten des Palais Thurn und Taxis. Die Herren in der hellen Uniform sind (von links) der König von Bayern und Kaiser Franz Joseph I. von Österreich, rechts daneben der König von Hannover, zweiter von rechts Großherzog Ludwig III. von Hessen-Darmstadt.

Abschied von Frankfurt am Main.

Glückliche Reise, meine Herren! Lassen Sie sich's gut bekommen, und wenn Sie wieder einmal etwas brauchen, kommen Sie hübsch wieder!

„Abschied von Frankfurt". Karikatur auf das Ende des Fürstentages in der satirischen Zeitschrift „Kladderadatsch" vom 6. September 1863

Jürgen Müller in seinem Buch über den Deutschen Bund festhält, „die zentrale Forderung der liberalen Nationalbewegung zu Eigen und sprach jeder Reform, die auf ein allgemeines Parlament verzichtete, die nationale Dimension ab. Diese preußische Strategie war angesichts des antiparlamentarischen Kurses Bismarcks im preußischen Verfassungskonflikt zunächst noch wenig glaubwürdig. Sie war aber geeignet, den Deutschen Bund in die Defensive zu bringen und in der Öffentlichkeit jede Bundesreformpolitik zu diskreditieren, die nicht voll auf die nationalen Forderungen einging. Und in der Tat stellte der Deutsche Nationalverein in einer Resolution vom 15. Oktober 1863 fest, dass die Bundesreformakte ‚in keiner Weise den Ansprüchen der Nation auf Einheit und Freiheit' genüge. Sie gefährde vielmehr die freiheitliche und konstitutionelle Entwicklung und müsse von daher von der ‚Nationalpartei' mit aller Entschiedenheit bekämpft werden."[1045]

Die Antwort des preußischen Königs setzte nicht nur Österreich und seine Unterstützer im Deutschen Bund unter Druck, sondern auch – wie sich in den folgenden drei Jahren dann zeigte – die Nationalbewegung, die in kurzer Zeit in mehrere politische Flügel zerfiel. Doch vor ihr scheiterte der österreichische Kaiser. Er lud, um die Initiative wieder an sich zu reißen, für den 23. Oktober 1863 nach Nürnberg ein. Dort beabsichtigte er, die deutschen Regierungen dazu zu drängen, die Reformakte auch ohne preußische Zustimmung und Beteiligung anzuerkennen. Aber die Mehrheit der Fürsten reagierte „preußisch" und erschien einfach nicht. Damit endete de facto die Geschichte des Deutschen Bundes. Es begann nun der offene Kampf um die Vorherrschaft in Deutschland.[1046]

Eben noch im Rampenlicht schwenkte das öffentliche Interesse von Frankfurt wieder zurück nach Wien und Berlin. Was blieb, waren Frankfurter, die eine Zeitlang brauchten, um sich nach dem Höhenflug an europäischer Bedeutsamkeit wieder in den Niederungen der Tagespolitik zurechtzufinden, und es blieben die Orden an der Brust des damaligen Älteren Bürgermeisters Dr. jur. Samuel Gottlieb Müller. Er erhielt das Großkreuz des Franz-Joseph-Ordens, und auch die anderen Senatoren gingen hoch dekoriert aus den Ereignissen hervor. Der Kaufmann Franz Jacob Alfred Bernus, einer der eifrigsten Vertreter des österreichischen Standpunkts, brachte es sogar bis zur Erhebung in den erblichen Freiherrenstand. Für ihn wenigstens hatte sich die Sache gelohnt.

Das politische Leben in Frankfurt zeichnete sich also in den 1850er und 1860er Jahren durch Lebhaftigkeit und zeitweilige Turbulenz aus. Frankfurter beteiligten sich in auffallender Zahl an der Nationalbewegung, und von diesen wiederum sind viele zum linksliberalen Lager zu rechnen. Darunter befanden sich ausgeprägte Persönlichkeiten wie etwa Nikolaus Hadermann, Maximilian Reinganum, Ludwig Braunfels und der junge Leopold Sonnemann. Sie traten für eine konsequente radikal-demokratische Politik ein. Wie die Radikalen in der Revolution von 1848, die Heinrich Hoffmann so verbissen zu bekämpfen versucht hatte, glaubten sie fest daran, dass nur eine Volksbewegung in der Lage sei, Staat und Gesellschaft von unten her umzugestalten. In Frankfurt waren sie mit dem Reformprogramm durchaus erfolgreich gewesen und in der Umsetzung ihrer liberalen Überzeugungen weit voran gekommen. Ihr Ehrgeiz reichte jedoch viel weiter und zielte auf eine demokratische Lösung der immer noch offenen nationalen Frage. Es gelang ihnen in beeindruckender Weise, die Schillerfeier und das Schützenfest zu nationalen Demonstrationen ihres Willens umzuformen. Die Augen Deutschlands waren auf die Frankfurter Spektakel gerichtet. Nicht nur weil hier der Deutsche Bund an einer wie auch immer gearteten Konstitution Deutschlands webte, auch wegen der hier konzentrierten politischen Liberalität. Damit zogen sie nicht nur die Blicke der deutschen Öffentlichkeit auf sich, sondern auch die Aufmerksamkeit der Regierungen, und zwar insbesondere Österreichs und Preußens. Damit wiederum gerieten sie erst zwischen die Stühle und dann unter die Räder.

10. Das Ende der Freien Stadt

10.1 Keine Angst vor dem drohenden Krieg

Die in Frankfurt akkreditierten Bundestagsgesandten registrierten seismographisch den immer rascher schlagenden Puls der nationalen Bewegung am Sitz der deutschen Zentralinstanz und schickten entsprechende Berichte an ihre Landeshauptstädte, insbesondere nach Wien und Berlin. Den Anfang der kritischen Berichterstattung über die Umtriebe der wieder erstarkten linksliberalen Demokraten machte kein geringerer als Otto von Bismarck-Schönhausen, der sich von 1851 bis 1858 in offizieller Mission in Frankfurt aufhielt und sein Vaterland Preußen beim Deutschen Bund vertrat. Er kam, nachdem der Unionsplan, mit dem Preußen den Deutschen Bund neu konfigurieren beziehungsweise ersetzen wollte, am Widerstand Österreichs zerschellt war. Als er in Frankfurt eintraf, hatten sich Österreich und Preußen schon wieder ausgesöhnt, und gemeinsam wollte man ein erneutes Erstarken der Demokratie verhindern. Die Regierungen in Wien und Berlin stimmten überein, sich dabei des in dieser Hinsicht bewährten Bundestages zu bedienen, der im Mai 1851 wiederbelebt worden war.[1047]

Zu diesem Zeitpunkt war von der Frankfurter Demokratiebewegung nicht mehr allzu viel übrig geblieben. Das in den Revolutionstagen so virulente Montagskränzchen existierte nur noch als privater Zirkel um Nikolaus Hadermann, dessen übrig gebliebene Teilnehmer machtlos dem Zuzug der Diplomaten, darunter auch Bismarck, zuschauten. Für den preußischen Konservativen, der sich damals politisch bereits einen Namen gemacht hatte – unter anderem gehörte er zu den Abgeordneten des Vereinigten Landtags von 1847, die zur Polarisierung in den Verhandlungen entschieden beigetragen hatten. Für ihn war Frankfurt vor allem ein Demokratennest.[1048] Mit Genugtuung registrierte er jedoch den maroden Zustand der zerfallenen Bewegung, die zu keinen bemerkenswerten Taten mehr fähig schien. An seine Frau schrieb er: „Die Stadt ist hübsch und vor Demokraten brauchst Du hier für mich nichts zu fürchten. Die Leute sind reich und konservativ, aber meist österreichisch gesinnt. Der Unfug, der hier früher getrieben ist, ging von den zusammen getriebenen Vagabunden aus ganz Mitteldeutschland aus, statt deren wir jetzt hier preußische und österreichische Soldaten haben, letztere Tyroler Jäger, wie wir sie auf der Salzburger Veste sahen."[1049]

Auch das offizielle Frankfurt fand keineswegs die Sympathien des Preußen. Er hielt die gemäßigten Vertreter des Stadtstaats für anmaßend und den Senat für einen politischen „Gernegroß". Sein Spott blieb nicht aus, als sich die Frankfurter Republik – zum Unmut Preußens – daran machte, Napoleon III. nach seinem Staatsstreich im Gefolge der Revolution anzuerkennen. Schwemer charakterisierte mit deutlichen Worten das ungleiche Paar: „Frankfurt und Bismarck hatten sich einander gegenüber gestanden wie der negative Pol dem positiven, in Frankfurt Zusammenfluß und Ausströmen aller dem Volke entstammenden Kräfte, in Bismarck die gleißende Spitze aller derjenigen Elemente, die das preußische Königtum geschaffen hatten; Frankfurt der Hochsitz des demokratischen Gedankens, Bismarck der persönliche Mittelpunkt des Royalismus, Frankfurt der Tummelplatz aller nationalen Romantik, des nationalen Idealismus, Bismarck der streitbare Vertreter des starrsten preußischen Partikularismus."[1050]

Zur distanzierten und ablehnenden Haltung Bismarcks trugen auch ganz und gar unpolitische Gründe bei. Seinen Aufenthalt als prominenter preußischer Abgesandter, der in steter Konkurrenz zum österreichischen Abgesandten gesehen wurde, überschattete nicht zuletzt der unglückliche Ausgang seiner Wohnungssuche. Dabei schien anfangs alles zum Besten zu laufen. Bismarck fand, nachdem er für einige Monate im Englischen Hof gewohnt hatte, ein Haus vor den Toren der Stadt in der Bockenheimer Landstraße Nr. 40, das er für 4.700 Gulden mietete. Dazu gehörte ein Garten, der immerhin eine Fläche von über zwei Morgen, also ungefähr einem halben Hektar, einnahm. Das Grundstück grenzte zudem mit drei Seiten an Gärten und lag zur Zufriedenheit Bismarcks fernab vom Staub und dem Lärm der Stadt. Doch, nachdem er kaum ein Jahr in der ruhigen und naturnahen Bockenheimer Landstraße gewohnt hatte, wurde ihm gekündigt. Er musste das Haus räumen, weil es verkauft worden war. Die Mühen der Wohnungssuche begannen von neuem. Zwar konnte er bereits kurz nach seiner Kündigung eine große und geräumige Wohnung in einem Haus in der Großen Gallusgasse finden, das den Seufferheldschen Erben gehörte. Doch lag dieses nun mitten in der Stadt und war mit dem vorherigen Domizil nicht zu vergleichen. Immerhin hatte es eine gewisse Größe. Zuvor hatte es lange Jahre dem Kaufmann Marquard Georg Seufferheld gehört, der es mit einem Assekuranzwert von 80.000 Gulden versichert hatte. Es handelte sich um ein Haus mit zehn Fensterachsen, zwei Etagen und zwei Seitengebäuden, in dessen zahlreichen Räumen, Kabinetten, Salons und Kammern vor Bismarck zusammen mit dem Haushalt des Eigentümers fünf wohlhabende Bürgerhaushalte untergebracht gewesen waren.[1051]

Doch die Größe allein konnte den neuen Mieter nicht zufrieden stellen. Man spürt Bismarcks Unmut in dem Brief, den er am 1. Oktober 1852 an General Ludwig Friedrich Leopold von Gerlach schrieb: „Ich bin nach mehrtägiger Obdachlosigkeit durch die Not in ein Quartier getrieben worden, welches ich einstweilen mit einem Dutzend verschiedener Handwerker teile, und schreibe Ihnen in einem unheizbaren, bei dieser Temperatur nicht gerade komfortablen Gartensalon. (...) Wird mir das jetzige Haus wieder über den Kopf verkauft, was nicht unmöglich ist, so muß ich S. Maj. bitten, mir statt der Mietsentschädigung ein Zelt überweisen zu lassen, welches ich auf dem preußischen Exerzierplatze aufschlagen kann, sonst läuft Allerhöchstdero Gesandter Gefahr, wegen Obdachlosigkeit ausgewiesen zu werden."[1052]

Seine Frau teilte sein Unbehagen und beklagte das Wohnen in „der runklichen, unschönen Gallusgaß“. Die neue Wohnung war nicht nur nicht nach beider Geschmack, der Umzug war auch mit hohen Kosten verbunden. Bismarck selbst behauptete, er habe 10.000 bis 12.000 Taler in die Einrichtung gesteckt.[1053] Das harte Urteil vom Beginn seines Aufenthalts hat sich dann nach den vielen Jahren, die der Aristokrat in der Bürgerstadt verbrachte, etwas aufgehellt, und Schwemer meint, Bismarck habe in der Großen Gallusgasse dann doch noch viele heitere Stunden verlebt.[1054] Nun, für Abwechslung war gesorgt. Die Diplomaten vergnügten sich auf Bällen, Diners und Tees und Bismarck kommentierte: „In Frankfurt tanzte alle Welt, voran der 65jährige französische Gesandte Monsieur Marquis de Tallenay, nach Proklamirung des Kaiserthums in Frankreich: Monsieur le Marquis de Tallenay, und ich fand mich leicht in diese Gewohnheit, obschon es mir am Bunde nicht an Zeit zum Gehn und Reiten fehlte.“[1055] Die Gesandten besuchten zudem das Theater und Konzerte und luden sich gegenseitig ein. Es herrschte bei der Zurschaustellung von Luxus und Reichtum durchaus ein scharfer Wettbewerb. „Die Toiletten“, schrieb Bismarck, „würden in Berlin alles ecrasieren durch ihren Glanz, der durch reichen Diamantenschmuck gehoben wird. Die Manieren der Damen sind äußerlich elegant, sie sprechen zum Teil gut und mit Ostentation französisch, waren in Paris, lassen ihre Männer zu Hause; die Unterhaltungen sind nach unseren Gewohnheiten nicht frei von Leichtfertigkeiten.“[1056] Auch Bismarck beteiligte sich an dem Reigen. So veranstaltete er am 22. Juni 1853 ein Diner für den Prinzen von Preußen. Öfters besuchte ihn der Gesandte Robert von Keudell, dessen virtuosem Klavierspiel Bismarck damals oft und gern lauschte.[1057] Über die Jahre wuchs ein Freundeskreis heran, zu dem die Familien Holzhausen, Münch, Mumm und Reinhard gehörten. Später hatte er deswegen zuweilen sogar Sehnsucht nach Frankfurt. In einem Brief von 1862 bekannte er: „Ich sehne mich wie Heimweh nach den unschuldigen Freuden der Eschenheimer Gasse und des Seufferheldschen Hauses.“[1058]

Doch der Schmerz hielt sich in Grenzen, insbesondere wenn der Hausherr die Kosten des Frankfurter Aufenthaltes nachrechnete, und bei Geld hörte auch bei Bismarck die Gemütlichkeit auf. Aus Anlass seines Wechsels nach St. Petersburg klagte er in einem Schreiben an Otto Theodor von Manteuffel sehr über die in Frankfurt notwendigen Aufwendungen: „Ich habe, in der Meinung, daß ich am 15. nach Berlin gehen würde, meinen üblichen großen Ball vorher gegeben und bin nun leider zu einer Wiederholung am 25. genötigt, ein bei dem hier üblichen Luxus schwieriger Kostenpunkt (...). Die Geselligkeit steigt hier mit jedem Jahre an Lebhaftigkeit und ‚Luxus‘ und während ich in den ersten Jahren mit meinem Gehalt sehr gut auskam, hatte ich in den beiden letzten Mühe, während der Ferienzeit das in den übrigen neun Monaten gestörte Gleichgewicht des Budgets wieder herzustellen.“[1059]

Mit der Republik am Main konnte Bismarck also aus vielen Gründen nicht froh werden. Sie war zu klein, machtpolitisch zu unbedeutend, tickte politisch anders und war teuer. Aus diesem Grund kam es seinen Plänen sehr entgegen, als er 1858 nach St. Petersburg abberufen wurde.[1060] Er ging, als der Aufstieg der Demokraten erst so richtig einsetzte. Über die Feiern, mit denen sie so große Erfolge erzielt hatten, wurde schon berichtet. Den Fürstentag hatten sie publizistisch begleitet, das Vorgehen Preußens verurteilt und das Unvermögen Österreichs offen gelegt. Der Fürstentag war gerade zu Ende gegangen, als er im schnellen Fluss der Ereignisse der damaligen Zeit auch schon wieder halb vergessen war. Denn das alles beherrschende Thema bildeten spätestens ab Oktober 1863 Schleswig und Holstein und hier kochten die nationalen Gefühle hoch – vier Jahre nach Gründung des Nationalvereins und der von ihm ausgehenden immer lebhafteren öffentlichen Diskussion.

Es ging um die Zugehörigkeit der beiden Herzogtümer. Nach dem Ersten Schleswig-Holsteinischen Krieg von 1848 bis 1851 hatte die dänische Krone zwar die Hoheit über Schleswig, Holstein und Lauenburg behalten, verpflichtete sich jedoch nach dem Londoner Protokoll vom 8. Mai 1852, die Herzogtümer weiterhin als selbständige Einheiten innerhalb des Gesamtstaates zu behandeln. Am 15. November 1863 verstarb jedoch der dänische König Friedrich VII., der das Protokoll unterschrieben hatte, und mit ihm die älteste Linie des dänischen Königshauses. Sein Nachfolger wurde ebenfalls wieder gemäß der Festlegungen des Londoner Protokolls Prinz Christian von Glücksburg und nicht Herzog Christian August von Augustenburg aus der älteren Nebenlinie des Königshauses, weil dieser im Zuge des Krieges des Landes verwiesen worden war. Mit dem Amtsantritt des neuen Monarchen trat auch die zuvor von der Staatsregierung, in der sich nationalliberale Eiderdänen und konservative Gesamtstaatspolitiker die Waage hielten, in Auftrag gegebene neue Verfassung in Kraft. Diese bezog jedoch Schleswig vertragswidrig mit in den dänischen Kernstaat ein, weil die Staatsregierung dies für notwendig ansah, um den Gesamtstaat handlungsfähig zu erhalten. Es hatte bereits 1855 einen Versuch gegeben, die Repräsentation der Herzogtümer enger in den neuen dänischen Reichsrat einzubinden. Deshalb hatte 1858 der Deutsche Bund interveniert und die damalige Verfassung in Holstein außer Kraft gesetzt. Die Maßnahme des Bundes führte dazu, dass die holsteinischen Stände jegliche Zusammenarbeit verweigerten und national gesinnte Kreise ab 1859 offen die Abspaltung Schleswigs und Holsteins von Dänemark forderten. Das war für den neuen dänische König Christian IX. einer der Gründe, warum er in der neuen Verfassung die letzte Möglichkeit sah, ein Auseinanderbrechen des Gesamtstaats zu verhindern. Dazu musste er jedoch seinerseits mit dem Londoner Protokoll brechen.

Österreich und Preußen waren sich in der Ablehnung der neuen dänischen Verfassung und der Außerkraftsetzung des Londoner Protokolls einig. Dennoch zogen sie sich den Zorn der nationalen Bewegung zu, weil sie nicht an der Legitimität des neuen Königs rüttelten, nicht für die Anerkennung des nach dem dynastischen Prinzip zuerst zu berücksichtigenden Herzogs von Augustenburg eintraten und stattdessen an den Bestimmungen des Londoner Protokolls festhielten. In der Presse wurde der Vorwurf erhoben, beide Staaten würden den Fortschritt hemmen. Es gab überall in der deutschen Staatenwelt eine Flut von Kundgebungen. Auch in Frankfurt wurde über die Frage heftig diskutiert. Am 18. November 1863 forderte die Gesetzgebende Versammlung den Senat auf, den in der Emigration lebenden Herzog von Augustenburg als legitimen Repräsentanten der umkämpften Herzogtümer anzuerkennen – und damit das Londoner Protokoll genauso wie der dänische König zu brechen. In die gleiche Kerbe hieb eine nur vier Tage später anberaumte große Versammlung im Saalbau. Der Heißsporn Sonnemann nutzte die Gelegenheit, um in Erinnerung an das Schützenfest sogar für eine Volksbewaffnung einzutreten, weil von den Fürsten nichts zu erwarten sei. Er blieb jedoch mit seiner Forderung in der Minderheit. Stattdessen setzten sich die gemäßigten Kräfte um den Juristen Ernst Friedrich Kugler und den Altdemokraten Maximilian Reinganum durch. Dennoch erfolgte darüber hinausgehend der Beschluss, ein Werbebüro für Freiwillige einzurichten, womit Sonnemann dann doch noch einen kleinen Sieg errungen hatte.[1061]

Wenige Tage später, am 1. Dezember, drängte die Gesetzgebende Versammlung dieser Politik folgend den Senat dazu, nicht nur auf die Annerkennung des Herzogs hinzuwirken, sondern auch noch ein Signal zur Bundesexekution zu setzen. Nach Auffassung der Mehrheit der Frankfurter Legislative sollte der Bundestagsgesandte der Freien Städte die militärischen Kontingente Frankfurts der Bundesarmee zur Verfügung stellen, wenn diese in einer Bundesexekution nach Norden ziehen würde. Um dem Nachdruck zu verleihen, begannen außerdem Geldsammlungen für militärische Maßnahmen. Man gab sich also ungewohnt kriegerisch in der friedliebenden Handelsrepublik. Damit setzte die demokratische Mehrheit der Versammlung den Senat erneut unter Druck. Zum Eklat kam es, als der Senat dem nicht entsprach und der Bundestagsgesandte ganz anders votierte. Statt die Waffenhilfe der Frankfurter anzubieten, stimmte er am 7. Dezember 1863 wie die Mehrheit der anderen Regierungen für die Haltung von Österreich und Preußen. Die Entscheidung des Bundestages verursachte einige Aufregungen in der öffentlichen Auseinandersetzung. Die Wogen schlugen hoch und Teile der Nationalbewegung, etwa um die Zeitschrift Reform, drohten offen mit der Wiederaufnahme der Revolution. Auch die Gesetzgebende Versammlung übte Kritik am Abstimmungsverhalten des Senats im Kollegium der Freien Städte, das wiederum den Bundestagsgesandten der vier Städte instruiert hatte, und forderte noch einmal die Anerkennung des Herzogs von Augustenburg.[1062]

Noch deutlichere Worte fand der Abgeordnetentag, der drei Tage vor Weihnachten wieder in Frankfurt zusammentrat. Seine 500 Teilnehmer aus zahlreichen deutschen Parlamenten sprachen sich gegen die Annexion von Schleswig und Holstein durch Dänemark aus und forderten als Antwort auf den sich zuspitzenden Konflikt erneut ein allgemeines deutsches Parlament. Zur Bekräftigung dieser Absicht setzten sie einen permanenten Ausschuss ein, das Komitee der 36. Das wiederum löste erhebliche politische Turbulenzen aus, erblickten die Landesregierungen, allen voran Preußen, darin doch eine Einrichtung nach dem Vorbild des Vorparlaments, das vom 31. März bis zum 3. April 1848 in der Frankfurter Paulskirche zusammengetreten war, um über die Einrichtung einer Nationalversammlung zu beraten. Frankfurt rückte unversehens in den Fokus der aufgeheizten politischen Öffentlichkeit. Noch am letzten Tag in diesem ereignisreichen Jahr 1863 reagierten Österreich und Preußen mit einer Protestnote an alle Landesregierungen. Sie gaben dabei deutlich zu Protokoll, dass sie keinen permanenten Ausschuss, also ein Art Ersatzparlament, am Sitz des Deutschen Bundes dulden würden. Die ungelösten Probleme der Revolution von 1848/49 lagen also wieder auf dem Tisch. Doch Protestnote wie das Bestreben der Frankfurter, die Tage der Nationalversammlung wieder aufleben zu lassen, wurden schließlich von den weiteren Ereignissen an den Rand der öffentlichen Auf-

Ankunft einer Deputation aus Holstein in der Nacht zum 23. Januar 1864 am Main-Weser-Bahnhof. Zeichnung von Carl Hohnbaum in der Leipziger Illustrierten Zeitung

Bankett im Saalbau zu Ehren der holsteinischen Deputation, 1864

merksamkeit gedrängt und Frankfurt kam durch diesen Umstand erst einmal wieder aus den Schlagzeilen.[1063]

Am 16. Januar 1864 stellten Österreich und Preußen Dänemark ein Ultimatum, die nicht mit dem Londoner Protokoll übereinstimmenden Teile der Verfassung aufzuheben. Sie gaben dem dänischen König für die Umsetzung der Forderung nur 48 Stunden Zeit. Erwartungsgemäß ließ Dänemark die Frist verstreichen. Daraufhin beschloss der Deutsche Bund eine Bundesexekution. In diesen bewegten Tagen war Frankfurt das Ziel einer aus 180 Männern bestehenden Delegation aus Parlamentariern, die mit der Eisenbahn aus Schleswig und Holstein anreisten, um dem Bundestag eine Petition zu überreichen, die in die gleiche Richtung zielte. Nach dem Willen des Bundes handelten Preußen und Österreich nun gemeinsam, und so überschritten am 1. Februar 1864 österreichische und preußische Truppen gleichzeitig die Eider.[1064]

Damals standen sich 80.000 meist preußische und 40.000 dänische Soldaten in einem Krieg gegenüber, der sich mehrere Monate hinzog. Erst im April kam es zur ersten großen Schlacht an den Düppeler Schanzen, einer oberhalb von Sonderburg an der Flensburger Förde und am Alsensund gelegenen Festungsanlage. Den preußischen Truppen gelang ein Sieg, womit der Krieg im Grunde entschieden war. Es folgten noch der Fall der Festung Fredericia und ein Seegefecht vor Helgoland, dann trat am 12. Mai ein Waffenstillstand in Kraft und begannen die Friedensverhandlungen in London, die sich bis in den Oktober zogen. Nach diesem Erfolg der Bundesexekution schien auch für den Frankfurter Senat die Zeit gekommen, den Herzog von Augustenburg politisch anzuerkennen, wie ihm das die Gesetzgebende Versammlung schon in den Novembertagen geraten hatte.

Der Krieg forderte trotz seiner Kürze beträchtliche Opfer. Über 2.200 preußische und über 5.600 dänische Soldaten verloren ihr Leben. Der Deutsch-Dänische Krieg verdeutlichte zudem, wie auch der Bürgerkrieg in Nordamerika, der bereits ein paar Jahre zuvor begonnen hatte, die strategische Bedeutung der Eisenbahn beim Transport der Truppen. Mit ihrer Hilfe konnte ein sonst mehrere Wochen dauernder Aufmarsch auf wenige Tage verkürzt werden.[1065] Der zweite Krieg um Schleswig und Holstein endete mit dem Frieden von Wien. Die beiden Siegermächte übernahmen zunächst die Besetzung und Verwaltung der Herzogtümer als Kondominium. Trotz dieses Provisoriums begrüßte die Nationalbewegung das Ergebnis. Das Ansehen von Österreich und insbesondere das von Preußen stieg kräftig an und vergessen schienen die radikalen Forderungen nach einem deutschen Parlament oder der Notwendigkeit einer zweiten Revolution, wie sie in Franfurt auf den Abgeordnetentagen gefallen waren. Es schien sich sogar eine Annäherung zwischen den so ungleichgewichtigen Antipoden Frankfurt und Preußen anzubahnen, wenn auch in einer ganz anderen Frage, die jedoch die damalige öffentliche Diskussion durchaus auch bewegte. Es ging um die Zukunft des Zollvereins. Die Zollvereinsverträge liefen aus, und es gab viel Streit um dessen Erneuerung.[1066] Im Mai 1864 kam es – wohl auch im Zuge der erfolgreichen militärischen Kooperation gegen Dänemark – erneut zu Verhandlungen, nachdem ein erster Versuch bereits gescheitert war. Preußen drängte Frankfurt, sich zu erklären. Frankfurt wollte jedoch die Revision einiger Nachteile des Vertrags von 1836 – so die Beseitigung seiner Schlechterstellung gegenüber Nassau, was auf einen eigenen Bevollmächtigten, eine selbständige Zollverwaltung und die Übernahme der Kosten durch den Bund hinauslief. Preußen sagte zu, dem entgegen zu kommen, allerdings nur, wenn Frankfurt sich sofort erklärte. Der Senat stimmte dem zu und am 4. Juni 1864 trat Frankfurt dem Zollverein bei. Die anderen Staaten folgten, und bis zum 17. November 1864 konnte der Zollverein erneuert werden. Frankfurt hatte also ein wichtiges Signal gesetzt.[1067]

Die kurzzeitige Harmonie auf dem Feld der wirtschaftlichen Interessen änderte jedoch nichts an den gegenseitigen politischen Vorbehalten. Dafür sorgten schon die zahlreichen in Frankfurt ansässigen Zeitungen. Frankfurt war nach Schwemer „publizistisch das Hauptquartier des Hasses" gegen Preußen.[1068] Die Postzeitung der Thurn und Taxis, die Neue Frankfurter Zeitung, die Reform und die Volkszeitung machten aus ihren pro-österreichischen oder linksliberalen Positionen keinen Hehl. Beides ging dann immer gegen Preußen. Die Pressefehde zerrte an den Nerven Bismarcks, der ja seit 1863 als Ministerpräsident der preußischen Regierung vorstand. Er sah in der unfreundlichen Berichterstattung, die von Frankfurter Boden aus gegen den König und den preußischen Konservativismus zielte, allerdings nicht nur ein Ärgernis, sondern ebenso einen willkommenen Konfliktstoff, der Gelegenheit gab, auf die Untragbarkeit der politischen Zustände im Deutschen Bund hinzuweisen.

In der Zeit des Älteren Bürgermeisters Johannes August Speltz, im vorletzten Jahr des Bestehens der Freien Stadt, kam es schließlich zu einem großen Eklat, als in der Neuen Frankfurter Zeitung Sonnemanns der Plan einer mehr institutionalisierten Versammlung aller Abgeordneten verhandelt wurde und auch die anderen Zeitungen dabei den antipreußischen Ressentiments freien Lauf ließen.[1069] Damit hatten die Demokraten allerdings die seit dem Krieg geänderten Machtverhältnisse im Deutschen Bund sowie den sich immer deutlicher abzeichnenden Schwenk der liberalen Nationalbewegung völlig verkannt. Der gemäßigte Flügel der Liberalen in der Nationalbewegung honorierte Bismarcks Leistungen im Krieg gegen Dänemark und sympathisierte seit langem und nun immer offener mit einer „Realpolitik", wobei er auf ein Preußen hoffte, das den Forderungen des Nationalvereins entgegenkommen würde.

Als Stichwortgeber und einflussreicher Publizist erwies sich damals der 1810 in Wolfenbüttel geborene Ludwig August von Rochau, der bereits auf eine bewegte Vergangenheit zurückblicken konnte. Er hatte als Burschenschafter an dem Sturm auf die Hauptwache teilgenommen, war deswegen gezwungen, nach Frankreich zu emigrieren, kehrte 1848 nach Deutschland zurück und beteiligte sich an der Revolution, musste wieder emigrieren, diesmal nach Italien, kam erst 1853 wieder nach Deutschland zurück und ließ sich in Heidelberg nieder. Dort veröffentlichte er im gleichen Jahr sein Werk „Die Grundsätze der Realpolitik", in dem er Konsequenzen aus der Niederlage der Revolution zog, und dementsprechend den Nationalverein mitgründete. In der Folgezeit erlangte er als Redakteur für die Wochenschrift des Deutschen Nationalvereins einigen Einfluss, der mit den Ereignissen des Krieges um Schleswig und Holstein immens anstieg. In seiner Schrift trat er dafür ein, sich eng an den realen Bedingungen und Möglichkeiten zu orientieren und auf eine breite Akzeptanz in der öffentlichen Meinung zu achten. Die Schrift wurde breit rezipiert. 1868 folgte ein zweiter Band. Der von ihm geprägte Terminus „Realpolitik" wurde über mehrere Jahrzehnte zum Schlagwort für die Neuorientierung der liberalen Politik im Sinne des sich damals formierenden Nationalliberalismus.[1070]

Auch in Frankfurt gab es natürlich viele gemäßigte Liberale, die mit der Politik der Demokraten nicht übereinstimmten und mit den Positionen Rochaus liebäugelten. Ein prominenter Vertreter wurde bereits im Zusammenhang mit der Revolution von 1848 vorgestellt. Der Verfasser des Struwwelpeters hielt an seinen damaligen gemäßigt liberalen Positionen fest, sympathisierte seit den 1850er Jahren mit den Gothaern und trat innerhalb des Nationalvereins für eine Einigung Deutschlands ein, die unter der Hegemonie Preußens hergestellt werden sollte.[1071] Dazu kamen einflussreiche Kreise, die Bismarck in seiner Zeit als Bundestagsgesandter kennen gelernt hatte, ganz zu schweigen von den Freundschaften, die bereits erwähnt wurden. Doch die Wurzeln des preußen-freundlichen Lagers reichten viel weiter zurück.

Bereits im 18. Jahrhundert gab es Frankfurter Bürger, die „fritzisch" gesinnt waren.[1072] Etwa Goethes Vater kann hier angeführt werden. Als die Preußen Ende 1792 die von den französischen Revolutionstruppen besetzte Stadt befreiten, wurde dies sogar mit einem Denkmal gefeiert – zumal es vom Prinzen Friedrich Wilhelm, dem späteren König Friedrich Wilhelm III., bezahlt wurde.[1073] Mit dem von Preußen initiierten Deutschen Zollverein, dem die Frankfurter Kaufleute anfangs so misstrauisch gegenübergestanden hatten, konnten sie später gut leben. Im Patriotischen Verein, der 1849 die von der demokratischen Mehrheit der Konstituante verabschiedete Verfassung des eigenen Stadtstaats mit seiner Petition zu Fall gebracht hatte, gab es viele Gothaer, die einen engen Bund mit Preußen forderten. In diesem Sinne schrieb Clothilde Koch-Gontard, die aufmerksame Beobachterin der politischen Befindlichkeit der Frankfurter, noch zwei Jahre nach dem Ende der Revolution: „Man muß den Weg zur Einheit mit und durch Preußen in einem recht vaterländischen Herzen sehr klar als das einzige Heil erkannt haben, um sich (...) nicht (...) wankend machen zu lassen."[1074] Wenn sie persönlich dann doch wankend wurde und es später wieder eher mit dem pro-österreichischen Flügel hielt, so galt dieser Wankelmut für viele Frankfurter Preußenfreunde eben nicht. In der Stadt wurde 1859 der Nationalverein gegründet, der programmatisch, auch wenn er für andere politische Optionen offen stand, eher die kleindeutsche Lösung unter der Führung Preußens favorisierte, und damit auch unter den Frankfurtern Anklang fand.[1075] Dabei ist zu berücksichtigen, dass die politische Orientierung vieler Frankfurter auf Preußen durchaus handfeste materielle Hintergründe hatte. Denn der Frankfurter Handel war nie nur nach Süden und Südosten ausgerichtet, sondern eben auch nach Norden und Nordosten, in die preußischen Provinzen und über Königsberg hinaus nach Petersburg. Einer der angesehensten Frankfurter, der Bankier Moritz von Bethmann, war preußischer Generalkonsul, und der Arzt und Bürgerschaftsvertreter Dr. Georg Varrentrapp propagierte bereits 1859 eine eigene preußische Zeitung, die von 1861 bis 1864 als „Die Zeit" in Frankfurt erschien. Schließlich wurde das Frankfurter Journal von den Preußen subventioniert, und selbst der Altdemokrat Jucho sprach sich gegen die weitere Radikalisierung der Politik mit Hilfe des Abgeordnetentages aus, weshalb ihm für die Verwirklichung seiner politischen Träume eigentlich nur das Hoffen auf Preußen blieb.

Die öffentliche Meinung in Frankfurt war also durchaus gespalten. Neben den sicher dominanten pro-österreichischen und radikaldemokratischen Flügeln gab es auch zahlreiche Frankfurter, namentlich unter den Juristen und Kaufleuten sowie im Senat, die den Anschluss an Preußen nicht nur für unvermeidlich hielten, sondern ihn auch befürworteten.[1076] Die Entscheidung darüber wurde den Gegnern wie den Befürwortern allerdings durch die sich zuspitzenden Gegensätze zwischen den beiden deutschen Vormächten aus der Hand genommen. Doch bevor dies geschah, geriet erst einmal der radikale Flügel des Nationalvereins um die Neue Frankfurter Zeitung in die Defensive, zumal den Radikaldemokraten das Gegengewicht zu Preußen abhanden kam. Denn Österreich und Preußen demonstrierten seit dem Krieg Einigkeit, die auch nach den Irritationen über die preußischen Annexionspläne der Kondominien anhielt. Zwar drohte kurzfristig ein bewaffneter Konflikt, doch kamen die beiden Großmächte in der Gasteiner Konvention überein, beide Herzogtümer untereinander aufzuteilen.[1077]

Die Sympathien für Preußen nahmen in den Wochen und Monaten nach dem Friedensschluss mit Dänemark beständig zu. Deutlich zeigte sich die geänderte Haltung bei den preußischen Abgeordneten auf dem Abgeordnetentag. Sie hatten sich bei ihrer Teilname am Schützenfest noch kritisch über die preußische Regierung geäußert und waren im Rausch der Einheit sogar für eine Bewaffnung der Volksbewegung eingetreten. Nun nahmen sie plötzlich nicht mehr an den Abgeordnetentagen teil, weil ihnen die Forderungen des demokratischen Flügels zu radikal geworden waren. Hier zeigten sich bereits die ersten Erfolge der Bismarckschen Bundespolitik.[1078]

In der demonstrativ zur Schau gestellten Einigkeit versprachen sich die beiden Großmächte auch, gemeinsam gegen die nationale Opposition der radikalen Frankfurter vorzugehen, und debattierten offen, ob man nicht einfach Deutschland entlang der Mainlinie teilen solle. Im September 1865 versuchte Preußen dann Kapital aus dieser Verbindung zu schlagen. Die Regierung nahm Kontakt mit dem österreichischen Außenministerium auf, um abzuklären, wie gegen die Freie Stadt und die Avancen der demokratischen Bewegungen, den Abgeordnetentag in eine feste Institution und damit in eine parlamentsähnliche Einrichtung nach dem Vorbild des in der Frankfurter Paulskirche 1848 zusammengetretenen Vorparlaments umzuwandeln, vorgegangen werden könne. Thema war dabei natürlich auch die Frankfurter Agitation gegen den Vertrag von Gastein. Vor diesem Hintergrund überreichte der Preußische Gesandte am Wiener Hof Karl Freiherr von Werther am 19. September 1865 eine entsprechende offizielle Anfrage an den Unterstaatssekretär im österreichischen Ministerium des Äußern, dem k.u.k. Geheimen Rat Heinrich Otto Freiherr Rivalier de Meysenburg, dessen Vater kurhessischer Staatsminister gewesen und 1834 in den kaiserlich österreichischen Freiherrenstand erhoben worden war. Vater und Sohn waren mithin mit den politischen Verhältnissen in der Mitte Deutschlands aufs Beste vertraut.[1079] Österreich willigte in den Vorschlag ein und damit nahm die sogenannte „Drohnoten-Affäre“ ihren Anfang.[1080]

Ein Anlass, Druck auf Frankfurt auszuüben, bot sich mit dem nächsten Abgeordnetentag, der am 1. Oktober 1865 wieder in Frankfurt stattfand. Die Teilnehmer stimmten dabei einer Resolution zu, darauf hinzuwirken, ihren Regierungen sowohl Anleihen als auch Steuerzahlungen zu verweigern, um die angestrebten politischen Ziele zu erreichen. Das ganze endete zudem in einem Aufruf an die deutsche Nation, einen Rechenschaftsbericht über die Gasteiner Konvention zu fordern und die Unterzeichner für ihre „verräterische Aktion" zu bestrafen.[1081]

Die zunehmende Radikalität der Sprache kam der von Bismarck geführten preußischen Regierung sehr gelegen. Sie zögerte nicht und verschickte am 6. Oktober – wie mit der österreichischen Regierung vereinbart – erneut eine Protestnote an alle Regierungen, in der sie die Angriffe auf den preußischen Staat und seinen König scharf verurteilte und dem Senat vorwarf, dies zugelassen beziehungsweise nichts dagegen unternommen zu haben.[1082] Der genaue Wortlaut dieser Passage wurde der Öffentlichkeit kurz darauf über die Neue Frankfurter Zeitung publik gemacht: „Die Angriffe der mittelstaatlichen Presse gegen die deutschen Großmächte überschreiten in der neuesten Zeit jedes Maß. Man ruft geradezu die Revolution gegen Preußen und Österreich auf. Namentlich war es der zum ersten d. Mts. in Frankfurt a. M. zusammengerufen gewesene Abgeordnetentag, der die Presse aneiferte, in dieser Richtung vorzugehen. Wir hatten gehofft, daß die Frankfurter Behörden aus eigener Bewegung eine Versammlung verhindern würden, deren Tendenz sich unter diesen Umständen leicht voraussehen ließ. Wir haben uns in dieser Voraussicht getäuscht. Die Wiederholung eines solchen Ärgernisses können und dürfen wir nicht dulden. In vollem Einverständnisse mit der Kaiserlich Österreichischen Regierung haben wir uns deshalb veranlaßt gesehen, an den Senat von Frankfurt eine ernste Mahnung zu richten, von dem Sitze des Bundestages künftig Versammlungen fernzuhalten, deren Tendenzen auf Vernichtung jeder Autorität gerichtet sind."[1083]

Den eigentlichen Stein des Anstoßes bildete jedoch der Schluss der Protestnote, mit dem sie eben in einer „Droh-Note" endete. Unverhohlen wurde dort erklärt: „Wir können es nicht dulden, daß vorzugsweise am Sitze des Bundestages auf die Untergrabung bestehender Autoritäten in den ersten Bundesstaaten hingearbeitet wird, daß von dort aus Preßerzeugnisse in die Welt geschickt werden, welche sich durch Rohheit vor allen übrigen hervortun. (...) Ich gebe mich der zuversichtlichen Hoffnung hin, daß man frankfurterseits die beiden deutschen Großmächte nicht in die Lage bringen wird, durch eigenes Eingreifen weiteren Folgen unzulässiger Nachsicht vorzubeugen."[1084] Das „eigene Eingreifen" konnte mühelos bis hin zu einem militärischen Eingreifen ausgelegt werden. An Schärfe gewann die preußische Note noch dadurch, dass sich erstens Österreich dem Protest wie verabredet zwei Tage später vorbehaltlos anschloss, wenn seine Regierung dabei auch darauf verzichtete, die eigentliche Drohung zu wiederholen, und zweitens seitens der preußischen Regierung der Drohung auch erste praktische Schritte folgten.[1085] So verbot sie auf Anregung Bismarcks, den die zahlreich in Frankfurt verlegten liberalen und demokratischen Zeitungen kolossal störten, ab dem 10. Oktober den Vertrieb der Neuen Frankfurter Zeitung im eigenen Land, was ein lebhaftes Presseecho hervorrief.[1086]

Die Note verfehlte ihren Eindruck auf die Mittelstaaten nicht, die wegen des angedrohten Eingreifens in helle Aufregung gerieten.[1087] Aber der Vorgang fand auch interessierte Beobachter jenseits des Atlantiks. Amerikaner aus der USA mit deutschem Migrationshintergrund hatten sich ja schon am Schützenfest beteiligt und den Amerikanern waren die finanziellen Hilfsleistungen der Frankfurter Bankiers, die für das politische Überleben der Union wichtig gewesen waren, noch in lebhafter Erinnerung. Auch das Thema der Presse- und Meinungsfreiheit, um die es letztendlich bei der Drohung der beiden deutschen Vormachtstaaten ging, gehörte zu den zentralen Konstitutionsmerkmalen der amerikanischen Republik und ihrer politischen Kultur. So stießen die Berichte des amerikanischen Konsuls, in denen der freiheitsliebende Geist der Frankfurter hervorgehoben wurde, auf einiges Interesse. Besonders bewunderte der amerikanische Gesandte William Walton Murphy darin die Standfestigkeit der Frankfurter politischen Führungsspitze. Wortwörtlich schrieb er: „Diese autokratische, monarchistische Einmischung in die Souveränität und die Privilegien eines unabhängigen Staates des Deutschen Bundes schuf eine große Entrüstung überall in Deutschland und veranlaßte insbesondere die Kammer der 51 Abgeordneten (gemeint ist die Ständige Bürgerrepräsentation; R. R.) und den Gesetzgebenden Körper dieser Freien Stadt, Sondersitzungen abzuhalten und Beschlüsse zu fassen, in welchen der Senat ganz energisch aufgefordert wurde, gegen diese nicht zu rechtfertigende Einmischung Front zu machen: – und der Senat, obwohl er ja tatsächlich nur einen kleinen Staat vertritt, der von keiner großen militärischen Macht beschützt wird, hat sich nunmehr stark genug gefühlt, um in einer Sondersitzung, die am letzten Samstag abgehalten wurde, den Beschluss zu fassen, Österreich und Preußen in einer Note zu antworten, in welcher ihre gebieterische Forderung ausdrücklich abgelehnt und ihnen jede Berechtigung zu einer solchen Einmischung abgesprochen wird."[1088]

Murphy hatte gut beobachtet. Die Gesetzgebende Versammlung hatte tatsächlich den Ball aufgefangen und am 18. Oktober gegen das Vorgehen Preußens und Österreichs protestiert. Im Senat dagegen wurde dem Ernst der Lage entsprechend lange um eine einheitliche Haltung gerungen. Wenn dann der amtierende Bürgermeister, der Jurist Philipp Friedrich Gwinner, auch versprach, alles zu tun, was in seiner Macht stehen würde, um den beiden Regierungen gefällig zu sein, so entschied sich die Mehrheit schließlich doch dafür, sich nicht einschüchtern zu lassen, und wies in gleichlautenden Antwortschreiben an Österreich und Preußen die Vorwürfe zurück. Etwas später bekräftigte der Senat, wie Schwemer zitiert: „Bajonette habe Frankfurt nicht, aber das Recht stehe ihm zur Seite".[1089] Murphy kommentierte dies begeistert: „Dieses entschiedene, patriotische Verhalten löste natürlich die größte Begeisterung aus, nicht nur hier, sondern überall in Deutschland, ganz besonders in den kleineren Staaten in Mittel- und Süddeutschland, die ohne Zweifel geradeso behandelt worden wären wie Frankfurt, hätte nicht der Frankfurter Senat so viel Mut und Patriotismus bewiesen. Alle Zeitungen aus den Nachbarstaaten, die heute hier ankamen, sind voll des Lobes und der Anerkennung für den Senat."[1090]

All das erinnerte tatsächlich ein wenig an die biblische Erzählung von dem Kampf Davids gegen Goliath. Auch zeigen sich auffallende Parallelen zum Verhalten der Frankfurter in den Not- und Krisenzeiten des Siebenjährigen Krieges von 1756 bis 1763 oder in den Revolutionskriegen von 1792. Damals stand man ebenfalls einer überlegenen Macht gegenüber, die die städtischen Freiheiten beschränkte, und jedes Mal erinnerten die Bürger sich und die Anderen an ihre Freiheiten. Die französischen Besatzer unter dem Königsleutnant Graf François de Théas de Thoranc bekamen einen „Freyheitsbrunnen" vor die Nase gestellt, und Adam Philipp Custine wies man, seine Vorschläge einer neuen freiheitlichen Ordnung dankend ablehnend, auf die schon vorhandenen Freiheiten der alten Ordnung hin. Rund hundert Jahre nach der Besetzung im Siebenjährigen Krieg wiederholte sich das Verhalten. Provokant rief die Staatsspitze – unterstützt von den politischen Gremien und getragen von der Sympathie der Bürger – die garantierten Rechte und Freiheiten der davidhaft kleinen Republik in Erinnerung. Der Senat beließ es nicht bei den Antwortschreiben, sondern wandte sich auch an den Bundestag und versicherte dort, dass sein Verhalten genau den Gesetzen Frankfurts und diese wiederum den Gesetzen des Bundes entsprechen würde. Im Bund fand Frankfurt für sein Anliegen tatsächlich die Mehrheit der mittleren und kleineren Staaten, mit deren Stimmen die Drohnoten am 20. Oktober 1865 zurückgewiesen wurden.

Die Sache ging noch weiter, denn es gelang dem Senat, Österreich und Preußen auseinander zu dividieren – und das ist die eigentliche Sensation. Dabei kamen der kleinen Republik die Vorteile seines mächtigen Finanzplatzes und die Abhängigkeit des österreichischen Staates von einer gerade geplanten Anleihe zugute. Der aufmerksame Murphy berichtete, dass die österreichischen Werte an der Frankfurter Börse stetig fielen. Viele patriotische Frankfurter hätten ihre österreichischen Papiere verkauft oder würden sie gegen amerikanische Staatspapiere tauschen – und zwar „besonders bereitwillig seit dem Zeitpunkt der Drohnote".[1091] Die Situation stellte sich für Murphy als ausgesprochen günstig für Frankfurt dar, denn die österreichische Regierung würde gerade mit dem Frankfurter Haus der Rothschilds über eine neue Anleihe verhandeln. Mayer Carl von Rothschild aber empörte sich über das rücksichtslose Vorgehen Österreichs und Preußens. Er brach deswegen sofort seine Verhandlungen ab, und Murphy kommentierte: „Wenn die österreichische Regierung eine Anleihe in Frankfurt aufnehmen will, dann ist klar, daß sie sich in ihren freundschaftlichen Beziehungen zu Preußen umstellen muß" – jedenfalls soweit dies die schlechte Behandlung der Freien Stadt betrifft.[1092]

Die Kalamitäten an der Börse und das drohende Scheitern der Anleihe verfehlten ihre Wirkung nicht. Ohne weitere preußische Schritte abzuwarten, trat die österreichische Regierung den Rückzug an. Der österreichische Geschäftsträger in Frankfurt, Karl Freiherr von Franckenstein, wies die Antwort des Senats vom 20. Oktober mit der Bemerkung zurück, sie reagiere auf eine Drohung, die in der österreichischen Note vom 8. Oktober gar nicht enthalten sei. Das eröffnete dem Senat die Möglichkeit, seine Antwort vom 20. Oktober bereits zehn Tage später gegenüber Österreich zu relativieren, ja den ganzen Konflikt als ein Missverständnis darzustellen und dabei doch unnachgiebig gegenüber Preußen zu bleiben.[1093] Man kam Österreich noch weiter entgegen und bot an, das Projekt der Bundesreform wieder aufzugreifen, um den „Unruhen der Zeit" mit angemessenen Reformen zu begegnen und um die Vorfälle, „die zu dem Schritte der beiden Großmächte Anlaß gegeben hätten", in den Griff zu bekommen.[1094] Als die österreichische Regierung dann auch noch feststellte, dass es keine ausreichende rechtliche Grundlage gäbe, um den Abgeordnetentag oder den Nationalverein daran zu hindern, politische Versammlungen abzuhalten, war die österreichisch-preußische Allianz gescheitert und Österreich schien wieder oben auf zu sein.[1095]

Je ungeduldiger die preußische Regierung darauf drängte, die Frankfurter Angelegenheit zu einem Ende zu bringen, desto unwilliger ließ sich Österreich für die preußischen Ziele einspannen. „Äußerlich hatte der Frankfurter Senat mit seiner entschlossenen Haltung einen Sieg erfochten", fasst Margarete Sterne das Ergebnis der Droh-Notenaffäre zusammen, „jedoch zeigten die folgenden Ereignisse deutlich, daß die preußische Regierung die preußenfeindliche Haltung des Senates nicht in Vergessenheit geraten ließ. Die Stadt sollte teuer dafür bezahlen, daß sie Österreich gegen Preußen ausgespielt und sich geradezu der Protektion Europas unterstellt hatte. Preußen war bereit, die Rechnung zur geeigneten Stunde zu begleichen."[1096] Das konnte es schon wenige Monate später, als es zur großen Konfrontation zwischen Preußen und Österreich kam. Im Grund bildet das vorläufige Ende der Drohnoten-Affäre den Beginn vom Ende der Freien Stadt.

Bei alledem gilt wie so oft, dass der Anstoß des Eklats selbst, die Tagung der Abgeordnetenversammlung, völlig reibungslos über die Bühne ging. Auch die für Ende Oktober in Frankfurt anberaumte Generalversammlung des Nationalvereins fand, wie geplant, am 29. Oktober statt, ohne dass von irgendeiner Seite daran Anstoß genommen worden wäre.[1097] Die Frankfurter Gastgeber beider Versammlungen konnten dies dennoch nicht als Erfolg verbuchen, denn ihr Kalkül ging nicht auf, da sich dort nämlich eine preußenfreundliche Mehrheit abzeichnete. Bereits im Vorfeld lehnten prominente preußische Liberale die Einladung zum Abgeordnetentag ab und begründeten dies mit der preußenfeindlichen Haltung des radikalen Flügels. Sogar das Urgestein des Frankfurter Liberalismus, der Advokat Friedrich Siegmund Jucho, weigerte sich an der Versammlung des Nationalvereins teilzunehmen. Die zugespitzte politische Situation in Betracht ziehend fand er, „es sei in diesem Augenblick besser, trotz Bismarck mit Preußen zu gehen“, als sich mit Österreich zu verbünden.[1098] Am Ende musste die Neue Frankfurter Zeitung die Niederlage eingestehen: „Herr von Bismarck kann vollkommen zufrieden sein mit dem Ergebnis der gestrigen Nationalvereins-Versammlung. Ihretwegen wird er den Frankfurter Senat wohl nicht besonders behelligen.“[1099]

Frankfurts Staatsräson zeugte vielleicht wenig von realpolitischem Sinn, als die Stadt 1866 bei dem sich anbahnenden Krieg zwischen Österreich und Preußen Ersterem die Bundestreue hielt. Aber es ist getreu seiner Devise „Stark im Recht“ als Freistaat untergegangen. Die politische Führung und mit ihr das Gros der Bürger fühlten sich, die zugespitzte politische Situation verkennend, völlig sicher im Deutschen Bund, der dafür bekannt war, den schwachen und kleinen Staaten Schutz zu gewähren.[1100] Die Balance zwischen Österreich und Preußen, die diesen Zustand ein halbes Jahrhundert lang garantiert hatte, war jedoch längst aus dem Gleichgewicht geraten. Da half die Sympathie der nordamerikanischen Staaten genauso wenig wie die Finanzmacht des Hauses Rothschild. Beide Strohhalme erwiesen sich als genauso tragfähig wie einst der Seehandelsvertrag mit England, der gegen die Gründung des deutschen Zollvereins gerichtet gewesen war und der Freien Stadt auch keinen Vorteil gebracht hatte.

10.2 Der Untergang der Freien Republik

Die Drohnoten-Affäre und der Pyrrhussieg der kleinen Republik standen nur am Beginn eines großen Konflikts, denn nicht zuletzt dadurch hatten sich die Gegensätze zwischen Österreich und Preußen zugespitzt. Die fragile Machtbalance im Deutschen Bund geriet damit aus dem Ruder. Im Mai 1866 deuteten immer mehr Zeichen auf eine gewaltsame Lösung. Der Vertrag von Gastein vom 14. August 1865, in dem Preußen das Herzogtum Sachsen-Lauenburg und das Herzogtum Schleswig für sich in Anspruch genommen hatte, während Holstein an Österreich fallen sollte, war schneller Makulatur geworden, als die Vertragszeichner im Sommer 1865 gedacht hatten. Von da bis zur Gründung des Deutschen Kaiserreichs unter der Vorherrschaft Preußens vergingen nur noch rund fünf Jahre. Doch die politischen Sehnsüchte einer Mehrheit der Frankfurter Bürger lagen quer zu dieser großen Linie der historischen Entwicklung, die jetzt begann. Im vollen Bewusstsein ihrer militärischen Bedeutungslosigkeit hatte sich die Majorität des Frankfurter Bürgertums politisch festgelegt, sah dabei wohl die Konsequenzen und Risiken, seine politische Zukunft eher an Österreich als an Preußen zu binden, und war dennoch bereit, die daraus resultierenden wirtschaftlichen Belastungen in Kauf zu nehmen.[1101] Das hatte weniger mit den Irrationalitäten eines Stadtstaates oder den großen reichsstädtischen Traditionen zu tun als mit modernen politischen Überzeugungen, den überaus lebendigen Erfahrungen, die die Frankfurter Liberalen in der Revolutionszeit mit Preußen gemacht hatten, sowie dem berechnenden Kalkül, dass Österreich als die Macht mit den größeren Ressourcen angesehen wurde.[1102] Bei alledem galt Österreich immer noch als letzter Träger der deutsch-römischen Kaiserkrone und damit als Garant eines Anknüpfens an die Traditionen des Reichs. Preußen hingegen erschien als zwar tüchtiger, aber auch machtbesessener Emporkömmling. Man sah sich am Sitz des Bundestages eher mit Österreich verbunden.[1103]

Die Demokraten dieses Mehrheitsflügels bestritten stets ihre Anbindung an den „Kaiser" oder wie Sonnemann sich in der Neuen Frankfurter Zeitung ausdrückte, an „die im Kaiserstaat aufgehäuften faulen Zustände".[1104] Sie setzten ganz auf eine Volksbewegung, die die verfahrenen politischen Verhältnisse richten sollte. Diese aber war nach den denkwürdigen Ereignissen von 1864 nicht recht vom Fleck gekommen und verschwand zusehends am Horizont der politischen Möglichkeiten. Im Endeffekt standen die radikalen Politiker deshalb plötzlich doch in einem engen Bündnis mit einem politisch schwankenden und wenig konsequent handelnden Österreich, das auf Territorien hoch im Norden des Deutschen Bundes beharrte, zu denen es weder eine territoriale Verbindung noch eine historische Bindung besaß und deren Annexion sich im Rahmen des Deutschen Bundes vom Grundsatz her verbot. Darum einen Krieg zu führen, war den Zeitgenossen schwer zu vermitteln. Damit blieb als rationaler Grund nur der Kampf um die Hegemonie in Deutschland und so konnte man das auch in den damaligen Blättern nachlesen. Trotz der wachsenden Spannungen setzten die meisten Kommentare darauf, dass ein Ausgleich zwischen Preußen, Österreich und den deutschen Mittelstaaten noch gelingen würde. Man hoffte auf den Erhalt des Status quo, damit den kleinen Schiffchen des Staatenbundes auch weiterhin die Möglichkeit verblieb, zwischen den beiden großen Häfen zu wählen. „Die Hoffnung ist noch nicht ausgeschlossen", schrieb das Frankfurter Journal am 11. April, „daß der für die Großmächte wie für die Mittelstaaten gleichmäßig vorhandene Druck der Kriegsgefahr eine schließliche Verständigung noch herbeiführt."[1105] Der Stadtstaat Frankfurt hielt Österreich deshalb die Bundestreue, und es zeigte sich schnell, dass die Republik mit dieser Entscheidung nicht auf der Seite der Gewinner stehen sollte.

Die Position einer Verbindung der eigenen Geschicke mit Österreich war nicht unumstritten. Nicht wenige in der politischen Publizistik der Zeit und durchaus auch in den eigenen Frankfurter Reihen sahen in der Frankfurter Politik eine einzige Serie von Provokationen gegen das mächtige Preußen und damit den Kampf eines allzu kleinen David gegen einen allzu großen Goliath. Bei alledem gaben viele Frankfurter nicht viel auf die Aufregung. Die Frankfurter Presse hielt die Angst vor einem Kriegsausbruch für übertrieben. Es gab sogar Stimmen, die meinten, ein preußischer Angriff auf die Stadt wäre eine Albernheit. „Einen Krieg", so konnte man etwa noch im Mai in der Frankfurter Reform die Situation gründlich verkennend nachlesen, „der die Existenz Preußens gefährden würde, wird der preußische König nicht führen", und Kontributionsforderungen an die Bürgerschaft seien sowieso ein sinnloses Unterfangen, weil sich das Kapital vorher aus der Stadt zurückziehen werde.[1106]

Der Krieg kam dann so schnell, dass „das Kapital" keine Zeit mehr hatte, aus der Stadt zu fliehen. Die Lage spitzte sich Ende Mai zu, als Österreich versuchte, wieder einmal die Initiative zurück zu erlangen und die verfahrenen Verhältnisse im Norden mit einer vom Deutschen Bund getragenen Lösung wieder ins rechte Lot zu rücken. Der Bund sollte im Einklang mit der Bevölkerung die Entscheidung über die Zukunft Holsteins regeln. Der Funke, der das Pulverfass schließlich zur Explosion brachte, bestand darin, dass Österreich, dem das Herzogtum Holstein als Kondominium zur Verwaltung übergeben worden war, nicht nur die Nebenregierung des Herzogs August von Augustenburg duldete, sondern auch noch zur Einberufung der holsteinischen Ständeversammlung schritt. Das passte nicht zu der kaum ein Jahr zuvor abgeschlossenen Gasteiner Konvention und wurde deshalb von Preußen nicht ohne Grund als Bruch dieses Vertrags angesehen. Der gesuchte Kriegsgrund war gefunden und nur wenige Tage später marschierten am 9. Juni preußische Truppen in Holstein ein. Im Ergebnis annektierte Preußen die Provinz und formte aus ihr und den eigenen Gebieten wenig später die preußische Provinz Schleswig-Holstein.

Preußen begann also genau den Krieg, den die Frankfurter Presse, als einen die Existenz dieses Landes gefährdenden ansah. Tatsächlich war, nach allem was wir heute wissen, das Ergebnis nicht ausgemacht. In Mannschaftsstärke und moderner Bewaffnung bestanden eher Vorteile für Österreich. Als letztendlich kriegsentscheidend erwies sich dann die bessere Ausgangslage Preußens. Insbesondere wird neben der moderneren Heeresorganisation die bessere militärlogistische Nutzung der Eisenbahn durch Preußen als zentral für den Ausgang des Krieges angesehen.[1107] Österreich war im Norden de facto nicht präsent, musste seine eigene Streitmacht tief im Süden und Osten mobilisieren und erst beim Bundestag um die Mobilisierung von Bundestruppen zum Zwecke einer Bundesexekution nachfragen. Der brauchte fast eine Woche, bis er am 14. Juni dem österreichischen Antrag mit einer durchaus nicht überzeugenden Mehrheit von neun gegen sechs Stimmen zustimmte.

In diesen Debatten liefen die Bemühungen der Stadt Frankfurt darauf hinaus, sich aus den direkten Kampfhandlungen herauszuhalten. Der Frankfurter Senat sprach sich beim Deutschen Bund gegen das Anlegen von Verschanzungen und Truppenkonzentrationen innerhalb und außerhalb der Stadt aus und richtete die Bemühungen darauf, um den Bundestag herum eine neutrale Zone einzurichten. Die Bundesversammlung sollte auf Frankfurts Antrag hin den Kriegsparteien vorschlagen, alle militärischen Maßnahmen um Frankfurt herum einzustellen.[1108] Trotz all dieser Maßnahmen hatten jedoch auch die städtischen Vertreter im Bundestag dem österreichischen Antrag zur Mobilmachung zugestimmt.[1109] Dieser Beschluss wurde von Preußen nicht nur nicht anerkannt, sondern als ein Bruch der Bundesverfassung bezeichnet. Aus diesem Grund erklärte Preußen den Bund kurzerhand für aufgelöst.[1110]

Die weiteren Ereignisse sind bekannt. Der Krieg dauerte nur wenige Wochen. Die Entscheidungsschlacht wurde schon am 3. Juli 1866 bei Königgrätz geschlagen. Parallel dazu begann der sogenannte Mainfeldzug gegen die süddeutschen Staaten, allen voran Bayern und Württemberg sowie Baden, das Großherzogtum Hessen, Nassau und Kurhessen. Mit diesem Feldzug endete der Krieg nach der Niederlage der Bayern bei Uettingen und Roßbrunn am 26. Juli. Neben dem Umstand, dass der Krieg eigentlich längst entschieden war, war es vor allem die Uneinigkeit der vielen Kombattanten, die es der preußischen Armee erlaubte, die in Einzelteile zerfallene Bundesarmee nacheinander zu schlagen. Die Hessen-Darmstädter und die Kurhessen sorgten sich nur um die Sicherung der eigenen Landesgrenzen oder zogen sich ganz einfach in die Bundesfestung Mainz zurück, um abzuwarten, bis der Krieg vorbei war.

Der Zug der preußischen Armee führte durch das Kinzigtal, den alten Frankfurter Handelsweg nach Leipzig, doch schwenkte sie bei Schlüchtern durch das Sinntal nach Bad Brückenau ab und drang nicht direkt auf Hanau und Frankfurt vor, schlug die Bundestruppen am 10. Juli im Saaletal im Raum Kissingen, Garitz und Hammelburg und stand am 13. und 14. Juli bereits vor Aschaffenburg. Dort störte sie erfolg-

Preußische Soldaten am Main-Weser-Bahnhof, 16. Juli 1866. Zeichnung von Heinrich Hasselhorst reich die Vereinigung der Bundestruppen unter Prinz Karl von Bayern. In diesem Zusammenhang erfolgte am 16. Juli die Besetzung von Frankfurt am Main. Der Hauptteil der Mainarmee aber rückte über das Taubertal nach Süden und griff rund eine Woche später die Bundestruppen bei Hundheim und Tauberbischofsheim an. Die Bayerische Armee zog sich Richtung Würzburg zurück, wurde am 25. Juli dennoch in heftige Kämpfe verwickelt, die alle verloren gingen. Es folgten die erwähnten Niederlagen bei Uettingen und Roßbrunn, worauf der Krieg nach einem kurzen Beschuss der Festung Marienberg am 26. Juli endgültig zu Ende ging.[1111] Da war Frankfurt bereits seit zehn Tagen von den Preußen besetzt und wurde sie erst wieder nach dem Zweiten Weltkrieg los, als man die preußische Oberherrschaft gegen die hessische eingetauscht bekam.

Für das Selbstverständnis der Frankfurter im republikanischen Stadtstaat stellte die Besetzung und kurz darauffolgende Okkupation ein traumatisches Erlebnis dar. „Am Montag, dem 16. (Juli) abends, gegen 7 Uhr rückten die Eclaireurs (Kundschafter, R.R.) der preußischen Truppen von Hanau aus ein und besetzten zunächst sämtliche Bahnhöfe und Telegraphenbüros der Stadt. Ihnen folgte im Laufe des Abends und der Nacht das Gros des Armeekorps des Generals Falckenstein unter klingendem Spiel und Absingen des Preußenliedes, jedoch unter lautloser Stille des Publikums, das vom Allerheiligentor bis zum Roßmarkt in dichtgedrängten Gruppen die preußischen Sieger einrücken sah. Gegen 1 Uhr nachts mochten etwa 25.000 Mann in der Stadt vereinigt sein, die meist auf eigene Direktion hin sich bei den Hausbesitzern und Mietern einquartierten. Die Nacht verlief vollkommen ruhig, von seiten der Bürgerschaft waren die Truppen gut aufgenommen worden, und man hegte keine Besorgnisse, obwohl die letzte Proklamation des Senats, worin derselbe wiederholt seine Bundestreue versichert, hin und wieder Achselzucken erregte. Am anderen Morgen (Dienstag, den 17. Juli) glich die Stadt einem einzigen großen Kriegslager. Auf allen öffentlichen Plätzen waren Kanonen, Geschütz- und Gepäckwagen aller Art aufgefahren, zahlreiche Patrouillen durchstreiften die Stadt, und auf der Hauptwache sah man die Frankfurter Garnison von preußischer Infanterie abgelöst. Erstere war, wie man bald darauf erfuhr, in der Kaserne konsigniert, um nach 24stündiger Detention aufgelöst zu werden. Um halb 10 Uhr erschien an den Straßenecken ein Plakat, in welchem der Kommandierende General der Mainarmee, Vogel v. Falckenstein, die Übernahme der Regierungsgewalt über die Stadt Frankfurt, das Herzogtum Nassau und die okkupierten Teile von Hessen-Darmstadt und Bayern anzeigte. Fast in demselben Augenblicke wurde dem zu einer Sitzung versammelten Senat seine Auflösung mitgeteilt und die Senatoren von Bernus und Dr. jur. Speltz ohne alle Angaben von Gründen verhaftet und in das gewöhnliche Arrestzimmer der Hauptwache abgeführt" – weil sie sich in ihrem Bericht an den Älteren Bürgermeister Carl Fellner in Teilen kritisch gegenüber dem Vorgehen der Preußen geäußert hatten. Insbesondere störte sie die Suspendierung der kommunalen Verfassung.[1112]

Der Jurist, Senator und Jüngere Bürgermeister im Jahre 1866 Johannes August Speltz machte – wie auch Franz von Bernus – aus seiner kritischen Einstellung gegenüber Preußen in der Tat keinen Hehl und stimmte damit mit der Mehrheit der Frankfurter Bürger überein.[1113] Damals notierte der Limburg und Luxemburgische Gesandte am Bundestag Friedrich Heinrich Scherff: „tout à fait hostile à la Prusse".[1114] Die Ablehnung seitens der Frankfurter beeindruckte die preußische Militärverwaltung allerdings nicht sonderlich. Auch der sachte vorgebrachte Hinweis auf das Recht und dass Frankfurt durch internationale Verträge geschützt sei, verfehlte völlig seine Wirkung.[1115] Die Meinungen darüber, ob sich Frankfurt und Preußen im Kriegszustand befunden hätten, gehen auseinander. Formelle Kriegserklärungen wurden gegenüber Frankfurt nie abgegeben und Kampfhandlungen zwischen beiden Parteien fanden auch keine statt.[1116] Greifbar blieb nur die Unterstützung des Antrags der Österreicher, die Bundestruppen zu mobilisieren. Der vorgegebene Grund für den Einmarsch der preußischen Truppen war noch banaler als der Vorwurf, Österreich bei der Mobilisierung unterstützt zu haben. Als er angeboten wurde, machte man sich seitens der preußischen Staatsführung kaum noch Mühe, die Willkür des Stärkeren zu kaschieren. Der ganze Vorwurf reduzierte sich auf die Ausweisung der preußischen Telegraphenbeamten durch das Stadtregiment.[1117] Im Fehlen eines echten Kriegsgrundes lag wohl begründet, warum die Annexion der Stadt einige Wochen hinausgezögert wurde.[1118]

Direkt nach dem preußischen Einmarsch wurde die Stadt schwer schikaniert. Eine der ersten Maßnahmen von General Eduard Ernst Friedrich Hannibal Vogel von Falckenstein, Oberbefehlshaber der preußischen Main-Armee, der mit der Okkupation auch die administrative Macht übernahm, bestand darin, der Stadtgemeinde eine Kontribution von fast sechs Millionen Gulden aufzuerlegen. General Edwin Karl Rochus von Manteuffel, der Falckenstein kurze Zeit später ersetzte, als dieser nach Böhmen abberufen wurde, und dem der König die Leitung des Feldzuges gegen Süddeutschland übertrug, schob eine zweite Forderung, in Höhe von 25 Millionen Gulden nach. Zugleich wurden der Ältere Bürgermeister Carl Fellner und sein Jüngerer Bürgermeister, der von Österreich hoch dekorierte Samuel Gottlieb Müller, als preußische Zivil-Kommissare eingesetzt und der freiwillige Anschluss von Gesetzgebender Versammlung und Bürgerrepräsentation abgelehnt. Die Ernennung geschah nicht ganz freiwillig. Von Falckenstein drohte im Falle ihrer Weigerung, eine rein militärische Verwaltung zu installieren. Beide wurden bereits am 22. Juli 1866 von der preußischen Militärverwaltung vereidigt.[1119]

Da bezüglich der Kontribution gerade die Wohlhabenden gefordert waren, unternahm die Handelskammer einen Vermittlungsversuch und ihre Repräsentanten Gustav de Neufville und Mayer Carl von Rothschild sowie Carl Grunelius bemühten sich, diesen „vernichtenden Schlag" gegen das Frankfurter Wirtschaftsleben abzuwenden – vergeblich. Sie hatten keinen Einfluss mehr auf die Entwicklung der nächsten Wochen. Um einen Rest von Gesetzlichkeit zu wahren, ließ von Manteuffel den Frankfurter Senat, die Gesetzgebende Versammlung und die Ständige Bürgerrepräsentation noch einmal zusammentreten, damit sie die geforderten Summen bewilligen konnten. Doch die politischen Gremien zeigten sich widerständig und lehnten eine Bewilligung der Zahlung trotz der angedrohten Kanonierung und Plünderung ab. Sie hatten stattdessen einen Versuch unternommen, direkt mit dem preußischen König zu verhandeln, doch verhinderte die preußische Militärverwaltung eine telegraphische Kontaktaufnahme.[1120]

Die Gremien brachten damit ihren Mitbürger Carl Constanz Victor Fellner in schwere Bedrängnis, denn dieser hatte ausgehend von der Bewilligung der Gelder längst gehandelt. Fellner war der letzte Ältere Bürgermeister der Stadt. Er wurde am 24. Juli 1807 als Sohn des Frankfurter Bankiers und Geheimen Hofrats Johann Christian Fellner in Frankfurt geboren und begann seinen beruflichen Aufstieg zunächst als Prokurist in der Wollfirma seines Onkels Carl Welcker. Nach dessen Tod stieg er 1854 zum Teilhaber und Geschäftsführer des Betriebs auf, obwohl er bereits seit 1852 Direktor der Chemischen Fabrik Griesheim gewesen war. Seit 1848 engagierte er sich zudem in der Frankfurter Handelskammer und stieg bereits 1851 zum Subsenior auf. Er unternahm nicht nur zahlreiche Geschäftsreisen ins In- und Ausland, sondern wurde 1852 auch in den Senat der Freien Stadt Frankfurt gewählt; seine Geschäfts- und Wirtschaftskenntnisse stellte er dem Finanzdepartment und dem Rechneiamt zur Verfügung. In den Jahren 1857, 1862 und 1864 wurde er von der Senatsbank zum Jüngeren Bürgermeister gewählt und gehörte ebenso in den Jahren von 1850 bis 1856, wenn auch nicht in allen Jahren, als Senatsmitglied der Gesetzgebenden Versammlung an. Er war also in diesem bewegten Jahrzehnt an allen großen Reformen beteiligt. Am 11. Dezember 1865 wurde er durch „Kugelung“ zum Älteren Bürgermeister der Freien Stadt Frankfurt für das Jahr 1866 bestimmt. Er „regierte“ in dieser Position nur wenige Monate, konnte aber als Bürgermeister auf Amtszeiten von insgesamt dreieinhalb Jahren zurückblicken.[1121] Das Jahr 1866 sollte eigentlich der Höhepunkt von Fellners politischer Karriere werden. Mit der rundum erneuerten Stadtrepublik mit ihm an der Spitze sollte eine neue Zeit eingeläutet werden. Aber es wurde sein Tiefpunkt, sein Waterloo. Er wurde von den Kriegsereignissen überrollt, genauso wie der ganze Frankfurter Stadtstaat. Fellner sympathisierte als Anhänger der Gothaer Richtung in der liberalen Bewegung durchaus mit Preußen. Er war also weit davon entfernt, das radikal-demokratische Lager zu unterstützen und sympathisierte auch nicht mit Österreich. Um so tragischer war sein Ende, nachdem er im Gegensatz zu anderen Senatoren sich bereit erklärt hatte, seine Amtstätigkeit als Regierungsbevollmächtigter Preußens in einem stark vereinfachten Stadtmagistrat fortzusetzen.

Vor diesem Hintergrund versuchte er, zwischen den Frankfurter politischen Gremien und den preußischen Militärbehörden zu vermitteln, doch scheiterten seine

Trauerzug für Bürgermeister Viktor Fellner am 26. Juli 1866. Zeichnung von Heinrich Hasselhorst

Bemühungen an den immensen preußischen Kontributionsforderungen. Fellner plädierte dafür, die Forderung in Raten zu zahlen, und garantierte persönlich eine entsprechende Anleihe bei der Frankfurter Bank, obwohl ihn die städtischen Gremien dazu noch nicht legitimiert hatten. Fellner handelte – in einer Zeit sich chaotisch überstürzender Ereignisse und in der sicheren Erwartung, dass die politischen Gremien sich dem Gebot der Stunde nicht entziehen würden – vorauseilend. Doch noch ganz im Geiste der freien Stadt und mit der gleichen Haltung, mit der einst die Frankfurter die Forderungen Custines zurückgewiesen hatten, lehnten die Gesetzgebende Versammlung und die Ständige Bürgerrepräsentation eine weitere Zahlung am 23. Juli ab. Dies wurde von preußischer Seite als offene Rebellion gegen die Besatzungsmacht eingestuft. Die Militärverwaltung forderte Fellner auf, Namen und Besitzverhältnisse aller Mitglieder der städtischen Körperschaften offenzulegen. An diesem doppelten Zwiespalt – seiner drohenden Insolvenz sowie seiner Loyalität gegenüber seinen politischen Kollegen aus den freistädtischen Gremien – ist er zerbrochen.[1122] Er beging am frühen Morgen des 24. Juli, seinem 59. Geburtstag, im Garten seines Hauses in der Seilerstraße Selbstmord. Seinem Leichenzug am 26. Juli folgten mehrere Tausend Menschen – die erste Demonstration gegen das Besatzungsregime.[1123]

Am gleichen Tag fand die Handelskammer zu ihrer letzten Sitzungen zusammen. Dem Protokoll entnehmen wir: „13te Sitzung. Donnerstag, 26. Juli 1866,

Abends 6 1/4 Uhr. Anwesend die Herren Senior G. de Neufville, Subsenior G. Scherbius, F. J. Böhm, Ph. Petsch, Adolph Grunelius, J. Reiß, Herm. Passavant, F. J. Schuster, Ernst Haase, J. C. Bauer, A. H. Osterrieth, J. G. Henrich, Jul. Oppenheimer, Ferd. Heuer, Albert Zickwolff, G. Metzler, Carl Küchler, Wilh. Cornill. Entschuldigt Herr Freiherr C. von Rothschild, und Herr Theod. Kuchen. Herr Senior Gustav de Neufville zeigte an, daß er heute einen Brief des preußischen General-Majors Herrn von Roeder, Ober-Commandanten der Stadt, d. d. 26. Juli erhalten habe, welcher ihn mit einigen seiner Herren Collegen zum Besuche einer im Interesse des Handels- und Gewerbe-Verkehrs der Stadt dringend nöthigen vertraulichen Besprechung auf heute Nachmittag um 4 Uhr in seine Wohnung eingeladen habe. Zu dieser Conferenz hatte er die Herren Subsenior Scherbius, Ph. Petsch und Adolph Grunelius um ihre Theilnahme ersucht. Die vier Herren berichteten nun über die von dem Herrn Obercommandanten ihnen gewordenen mündlichen Mittheilungen, wonach derselbe für den Fall, daß die Stadt Frankfurt in der Contributions-Angelegenheit (wobei von den zweitgeforderten 25 Millionen Gulden die erstbezahlten 6 Millionen abgerechnet werden dürften) kein Entgegenkommen gewähre, er zu folgenden successiven, jedoch von Stadium zu Stadium zugleich cumulirten Zwangsregeln befehligt sei: erstens Einstellung eines jeden Post-, Telegraphen- und Eisenbahn-Verkehrs, zweitens hinzutretende Schließung der Wirthschaften und öffentlichen Locale, drittens hinzutretende militärische Cernirung der Stadt und Absperrung gegen jeden Eingang und Ausgang von Menschen und Waaren jeder Art. Die Handelskammer erörterte die ganze Angelegenheit in eingehendster Weise und ersuchte dann diejenigen ihrer Mitglieder, welche als Mitglieder der Staatskörperschaften in diesen die Ansichten der Handelskammer zu vertreten im Stande seien, von jenen Mittheilungen und diesen Ansichten den etwa geeignet befundenen Gebrauch zu machen.“[1124]

Wenn in diesem Bericht noch wenig Entgegenkommen seitens der Besatzer zu verspüren ist, so änderte die preußische Staatsführung nach dem Tod Fellners doch ein wenig ihr Verhalten gegenüber der Stadt. Bereits am 25. Juli 1866 war ein Großteil der preußischen Soldaten abgezogen und am 29. Juli folgten die restlichen Exekutionstruppen nach. Als städtische Regierung wurde wieder der ehemalige Senat eingesetzt. Auch durfte dieser Senat einen Abgesandten der Stadt nach Berlin schicken. Sie fand mit Mayer Carl von Rothschild einen kompetenten Vertreter ihrer Interessen. Dennoch blieben die Verhandlungen über die Kontributionen zunächst ohne greifbaren Erfolg. Immerhin wurden die angekündigten Strafaktionen wie Raub, Plünderung und Kanonierung vom preußischen König Wilhelm I. zurückgenommen.[1125] In diesem Zusammenhang wurde am 28. Juli ebenfalls eine Zivilverwaltung unter Landrat Guido von Madai eingerichtet, der wiederum ab dem 12. August durch eine Zusammenfassung der besetzten Territorien Frankfurt mit Nassau, Oberhessen und Franken von Robert Freiherr von Patow als Zivilgouverneur abgelöst wurde. Seine Ernennung begleiteten große Hoffnungen. Er galt als liberal und war mit den Frankfurter Verhältnisse bestens – weil familiär angebunden – vertraut. Seine Frau war eine geborene von Günderrode, was ihm schon 1855 die Mitgliedschaft in der Ganerbschaft Alten Limpurg eingebracht hatte. Er verschloss Augen und Ohren nicht vor den drängenden wirtschaftlichen Problemen der Stadt und unterbreitete konkrete Vorschläge, Frankfurt bei dringend benötigten kommunalen Investitionen zu helfen. Doch auch Patow fand kein Gehör bei der Regierung in Berlin und noch weniger beim Ministerpräsidenten selbst, der gegenüber Frankfurt nicht gewillt war, seine unnachgiebige Haltung aufzugeben.[1126]

Dies machte auch eine Unterredung deutlich, die der Zivilgouverneur und Senator Samuel Gottlieb Müller am 2. August mit Bismarck in dessen böhmischem Hauptfeldlager führte. Er versuchte dabei, Frankfurts Eigenständigkeit zu wahren, indem er dem Ministerpräsidenten vorschlug, Frankfurt zu einem Vorposten preußischer Interessen im süddeutschen Raum zu machen. Dies wurde von Bismarck abgelehnt. Er räumte allerdings ein, wenn sich die Stadt dem Staat freiwillig anschließen würde, könne er ihr einen privilegierten gemeinderechtlichen Status gewähren.[1127] Gegenüber Carl von Rothschild äußerte sich Bismarck am 7. August ähnlich. Frankfurt solle zwar inkorporiert werden, jedoch seien bei einem Entgegenkommen „gewisse Immunitäten und die Selbstverwaltung seines Vermögens“ sowie die Befreiung vom „persönlichen Militärdienst“ im Bereich des Möglichen, bei ablehnender Haltung jedoch das Gegenteil.[1128]

Am 11. September wurden Senat und Bürgerrepräsentation wieder provisorisch eingesetzt, die auch die Geschäfte der Gesetzgebenden Versammlung übernahmen. Müller versuchte noch, in Verhandlungen mit dem ehemaligen preußischen Bundestagsgesandten Karl Friedrich von Savigny im September und Oktober weiterhin eine Sonderstellung Frankfurts zu erreichen, erzielte jedoch keinen tragfähigen Kompromiss.[1129] Während die Vertreter der Stadt in ihren Bemühungen auf der Stelle traten, ergriffen die Bürger selbst die Initiative. Im September 1866 verfassten die Frankfurter eine Petition, die immerhin von 2.800 Bürgern unterzeichnet wurde.[1130] Darin boten sie den Preußen die Stadt als Vermittlerin zwischen Nord und Süd auf dem Weg zur nationalen Einigung an, wofür die Stadt natürlich selbständig bleiben müsse. Otto Kanngießer hat den Text dieser Petition überliefert. Wortwörtlich schrieben die Verfasser: „Preußen hat die Reconstituirung Deutschlands in seine mächtige Hand genommen. Allein sein Vorhaben wird erst in dem Augenblicke gekrönt werden, in welchem ihm die Versöhnung mit Nord- und Süddeutschland gelingt. Zu diesem Werke der Versöhnung wird ein auf der Grenze liegender neutraler Punkt schwerlich entbehrt werden können.“ Damit „erscheint Frankfurts Selbständigkeit keineswegs gänzlich bedeutungslos. Es hat einen geschichtlichen Beruf, der weiter reicht als seine Bedeutung an sich, und schwerlich dürfte es im Interesse Preußens liegen, wenn durch eine Einverleibung (...) Frankfurt in der Erfüllung seiner Mission gestört werden sollte.“[1131] Das Angebot eines ehrlichen Maklers zwischen den Fronten verfing bei der preußischen Zivilverwaltung genauso wenig wie der Müllersche Vorschlag eines „Vorpostens preußischer Interessen im süddeutschen Raum". Die Petition wurde nicht einmal angenommen.[1132]

Derweil zog es den Senator und Kaufmann Franz von Bernus entsprechend seiner liberalen und nicht gerade preußenfreundlichen Überzeugung in eine ganz andere Richtung. Nach seiner Freilassung versuchte er zusammen mit Teilen der politischen Führung, die Besetzung der Stadt und den Verlust ihrer Souveränität zu einem Problem der internationalen Staatengemeinschaft aufzuwerten. Der Appell an das Ausland, der bedrohten Freiheit einer kleinen Republik zu Hilfe zu kommen, stieß jedoch in der öffentlichen Meinung auf große Vorbehalte und offene Kritik. Die Mehrheit der Stimmen wollte eine deutsche Einheit und nicht die Einmischung ausländischer Mächte in die deutschen Angelegenheiten.[1133] Bereits zuvor war befürchtet worden, dass generell mit diesem Krieg Frankreich zum Schiedsrichter in Europa erhoben werden würde und man darunter in Zukunft werde leiden müssen.[1134]

Seine Versuche, den Konflikt zu internationalisieren, blieben fast ohne jeden Erfolg, obwohl Frankfurt Gesandte in vielen europäischen Ländern unterhielt und über gute Kontakte zu den wichtigsten Außenministerien in der europäischen Staatenwelt verfügte.[1135] Einer von Bernus Hoffnungsträgern, dem man allerdings mit ge-

Fahnenarrangement zur Verabschiedung des amerikanischen Gerneralkonsuls William Walton Murphy am 4. Juli 1869

mischten Gefühlen gegenüberstand, war der französische Kaiser Napoleon III. Dieser erklärte sich aber mit der vermeintlichen Aussicht auf Kompensation schnell mit den preußischen Annexionen einverstanden.[1136]

Es gab im Grunde nur eine Macht, die der kleinen Republik im Untergang die Treue hielt: die Vereinigten Staaten von Amerika. Diese hatten ihren inneren Konflikt gerade nach einem weitaus grausameren Krieg beendet, und der Gesandte, der ihre Interessen in Frankfurt vertrat, der erwähnte amerikanische Botschafter William Walton Murphy, war kein Freund der preußischen Diplomatie. Er verfasste kurz nach der Besetzung eine Serie von Berichten, in denen er das Schicksal der Stadt in Washington bekannt machte und freimütig seine Sympathie für die Frankfurter weitergab. Am 20. August etwa schrieb er: „The annexation of the Free City of Frankfort to Prussia is now a decided fact and has caused a very gloomy feeling amongst the population. The City has in fact sustained a very great loss, the loss of freedom. A monarchical form of government has been forced upon the little Republic. The citizens of Frankfort who were so proud of their personal freedom as well as of the freedom of the press und of taxes, are deprived now of these blessings."[1137] Murphy unternahm im Folgenden einige Versuche, die Situation für die Frankfurter zu erleichtern. So leitete er die erwähnte Petition, die von vielen Frankfurtern unterzeichnet worden war, an den amerikanischen Botschafter in Preußen Joseph A. Wright weiter und bat ihn, das Dokument direkt dem König von Preußen zu übergeben. Er und die Frankfurter Unterzeichner gingen davon aus, dass der König mit dem Vorgehen der militärischen Führung nicht in allen Einzelheiten einverstanden sei. Auch hofften sie, dass die Unterstützung seitens der Botschafter eines so großen Landes, den Eindruck in Berlin nicht verfehlen werde. Doch Wright kam der Bitte Murphys nicht nach. Bismarck bekam dennoch Wind von der Sache und forderte unverzüglich die Ablösung von Murphy. Tatsächlich verlor dieser in der Folgezeit den Rückhalt des amerikanischen Präsidenten Andrew Jackson. Drei Jahre später berief dessen Nachfolger, Ulysses Grant, Murphy als Botschafter ab. Da gab es längst keine Freie Stadt Frankfurt mehr und das Deutsche Kaiserreich stand kurz vor seiner Gründung.[1138]

Dennoch dokumentiert der Kampf um den Erhalt der Souveränität, sei es seitens des Senats oder seitens der Unterzeichner der Petition oder seitens des Kreises um Franz von Bernus, wie tief das Konzept der Gemeindefreiheit in den fünfzig Jahren selbständiger Existenz verinnerlicht worden war, und dass man darauf gestützt hoffte, eine ganze Gesellschaft selbst organisiert, frei von bürokratischer und paternalistischer Bevormundung durch den Staat aufbauen zu können.[1139] Es wäre zu viel gesagt, dass Frankfurt sich am Ende der Macht Preußens gebeugt hätte. Die Ereignisse gingen einfach über Frankfurt hinweg, das als eine der bedeutendsten Finanz- und Handelsstädte in Europa in seiner eigenstaatlichen Existenz ausgelöscht wurde. Dies bildete zusammen mit der Annexion von Kurhessen, Nassau und Hannover die Grundlage eines Verständigungsfriedens mit Österreich. Dieser ganze historische

Vorgang wurde später als Revolution von oben bezeichnet, deren charakteristische Merkmale und Festlegungen maßgeblich die deutsche Geschichte bis zum Ersten Weltkrieg beeinflusst hat.[1140] Der Weg war allerdings mit einer schweren Hypothek belastet. An seinem Anfang stand die Auslöschung des symbolischen Zentralorts der liberalen Demokratie in Deutschland.

Bismarck hat als Konservativer und Königstreuer in dem von ihm immer als Demokratennest angesehenen Frankfurt, wie man so sagt, sein Mütchen gekühlt. Freimütig bekannte er gegenüber dem Senator Samuel Gottlieb Müller bei ihrem Gespräch am 22. August, die auferlegten Kontributionen seien eine „Strafe für die konsequent antipreußische Haltung, welche der Staat Frankfurt seit Jahren verfolgt hat. Frankfurt hat sich zum Mittelpunkte aller preußenfeindlichen Tendenzen gemacht, sowohl der österreichischen und sogenannten großdeutschen als der radikalen und ultramontanen; es hat gegen unsere ernsten und freundschaftlichen Vorstellungen die gefahrdrohenden Verhandlungen dieser Art in seinen Mauern geduldet und jede Warnung missachtet."[1141]

Der Verlust an symbolischer, kultureller und politischer Bedeutung war gravierend. Die befürchteten materiellen Einbußen und Schäden an der Wirtschaft hielten sich dagegen in Grenzen. Am Ende sollte Heinrich Hoffmann Recht behalten, der sich, wie Fellner dem preußenfreundlichen Flügel des Frankfurter Bürgertums angehörend, über die Aufregung und Ängste der Bevölkerung lustig gemacht hatte und kühl argumentierte: „Eine Stadt, die man annektieren will, zerstört man nicht." Während nicht wenige Frankfurter in schwere Depression verfielen und in die Emigration gingen, lautete sein Fazit ganz nüchtern: „Wir wurden also ohne viel Federlesen preußisch inkorporiert, und die neue Zeit brach an."[1142]

10.3 Frankfurt wird Preußisch

Der Sieger von Königgrätz wartete nicht lange hin, sondern schuf kurz nach den Niederlagen seiner Gegner Fakten. In Norddeutschland schritt Preußen ohne Rücksicht auf bestehende Rechtstraditionen unverzüglich zur Annexion von Hannover, Kurhessen, Nassau und Frankfurt. Besonders schonungslos verlief die Einverleibung in den preußischen Staatsverband „in der gedemütigten und zu Kontributionen gezwungenen Stadt Frankfurt".[1143] Intern lief dabei nicht alles so glatt, wie es nach außen schien. Bismarck stieß in der Annexionsfrage auf den Widerstand seines Königs, der mit der Auslöschung ganzer Staaten, die ja nach dem Recht der Legitimität bestanden, seine Probleme hatte. Doch der Gegenvorschlag, sich mit Gebietsabtretungen zu begnügen, kollidierte mit Bismarcks grundsätzlicher Strategie, im Norden großflächige Annexionen vorzunehmen, um den Süden zu schonen. Das war seiner Vorstellung nach Grundvoraussetzung, um zu einem tragfähigen Frieden mit Österreich zu gelangen und um die Zustimmung Bayerns und Württembergs für den

Feier der Einverleibung der Stadt Frankfurt am Main in den preußischen Staat am 8. Oktober 1866

weitergehenden Plan einer deutschen Einigung zu erreichen. Frankfurt als universaler Kommunikationsknoten und Tor zum Süden hatte dabei preußisch zu werden.[1144] Es dauerte immerhin bis zum 23. September, bis das entsprechende Einverleibungsgesetz im Preußischen Gesetzblatt veröffentlicht wurde, nachdem die beiden Häuser des Preußischen Landtages ihm bereits Anfang September zugestimmt hatten.[1145] Die Stadt wurde in das Königreich Preußen annektiert und 1868 als kreisfreie Provinzstadt in die Provinz Hessen-Nassau eingegliedert, die aus dem ebenfalls annektierten Herzogtum Nassau, dem annektierten Kurfürstentum Hessen-Kassel und Teilen des Großherzogtums Hessen-Darmstadt gebildet worden war. Sie war Teil des Regierungsbezirks Wiesbaden mit dem Sitz des Oberpräsidiums in Kassel. Die offizielle Einverleibung erfolgte am 3. Oktober durch das „Patent wegen Besitznahme der vormaligen freien Stadt Frankfurt". Das Patent ist in Worte gekleidet, die eher wie eine Drohung – und zuweilen wie Hohn – klingen als nach einen soliden Fundament für eine gemeinsame Zukunft.[1146]

Das Dokument erklärte die Inbesitznahme der Stadt und dass nun in der Gemeinde preußische Wappen angebracht werden müssen. Die Stadt werde auch in den Königstitel aufgenommen, und mit der Anerkennung des neuen Landesherrn wandelten sich die freien Bürger zu Untertanen des Königs von Preußen, deren Besitz und Privatrechte immerhin geschützt werden würden. Den Kommunalbeamten, die in den preußischen Staatsdienst hinübertraten, wurde in Aussicht gestellt, dass sie weiter ihre regulären Bezüge erhielten. Die großen Errungenschaften der Verfassungskämpfe von 1705, 1732 und 1816 sowie der Revolution 1848 und die Reformen der 1850er und 1860er wurden mit wenigen Worten ausgelöscht, als lapidar erklärt wurde, dass nun die gesetzgebende Gewalt auf den Monarchen übergehe. Es wurde zwar gleich in Aussicht gestellt, diesen Zustand mit der Einführung einer neuen Verfassung wieder zu beenden, doch war damit die Frankfurter Linie der Verfassungsbildung „von unten“, d. h. von dem Willen und Wollen der Bürger her, die sich die Ausformung der Kontroll- und parlamentarischen Gremien in Bürgerbewegungen erkämpft hatten, gebrochen. Da konnte auch der nachgeschobene Versöhnungssatz, dass die traditionellen Gesetze der Stadt erhalten bleiben sollen, wenn sie nicht im Widerspruch zum preußischen Staat stehen, keinen Trost bringen. Vom Grundsatz her hingen die neuen Verfassungszustände von der Gnade des Monarchen ab – Frankfurt wurde Mosaikstein des obrigkeitsstaatlichen Deutschland.[1147]

Im Weiteren versuchte eine beigefügte königliche Proklamation die Bitternis der Entrechtung mit Appellen an die Kaufmannsseelen etwas schmackhafter zu machen. Wortwörtlich hieß es dazu: „Eueren Gewerben, Euerem Handel und Eurer Schiffahrt eröffnen sich durch die Vereinigung mit meinen Staaten reichere Quellen. Meine Vorsorge wird Euerem Fleiße wirksam entgegenkommen.“ Weiterhin lockte er mit „eine(r) zweckmäßige(n), energische(n) Verwaltung, sorgsam erwogene(n) Gesetze(n), eine(r) gerechte(n) und pünktliche(n) Justizpflege.“ Doch was der preußische König mit der rechten Hand an Positivem aufbaute, riss er gleich mit der linken wieder ein, als er erklärte: „Eure kriegstüchtige Jugend wird sich seinerzeit ihren Brüdern in meinen anderen Staaten zum Schutze des Vaterlandes treu anschließen, und mit Freude wird die preußische Armee dieselbe empfangen.“[1148] Das war für Vater Merton und mit ihm für einige Hundert Frankfurter Bürger der Punkt, an dem er sich seiner englischen Wurzeln erinnerte und kurz entschlossen aus dem Bürgerverband austrat. Dass der König weiterhin erklärte, den Frankfurter Schulen und – wie er ausführte – „den von Euch rühmlichst gepflegten Anstalten für Wissenschaft und Kunst“ seine „besondere Aufmerksamkeit“ zu widmen, klang nur in den Ohren des preußenfreundlichen Flügels im städtischen Bürgertum nicht anstößig. Ob sie „de(n) preußische(n) Thron, je länger desto mehr, als der Hort der Freiheit“ erkannten, wie der Monarch es empfahl, mag dahingestellt bleiben.[1149]

Die offizielle Verkündigung der beiden Dokumente, des Besitznahmepatents wie der Proklamation, erfolgte durch von Patow am 8. Oktober 1866 im Römer. Sie setzte ziemlich genau ein Jahr nach dem Beginn der Drohnoten-Affäre Frankfurts Souveränität endgültig ein Ende. In seiner Ansprache wiederholte Patow noch einmal die Bitte um Akzeptanz der von Preußen geschaffenen Realitäten und zwar durchaus mit Respekt vor der langen Frankfurter Geschichte – wenn auch mit einer gewissen monarchischen Schlagseite und einem beschränkten Blick auf die steinerne Hülle der Stadt, um die es in den folgenden Monaten bei der Aufteilung des städtischen Vermögens noch viel Gerangel geben sollte. Patow erklärte: „Deutschlands Kaiser blicken in diesem Saale in mehr als 1000jähriger Reihe in von Meisterhand gemalten Bildern auf uns herab; von diesem Balkon wurden die Wahlen dem harrenden Volke verkündet, deren Resultat oft für die Schicksale Deutschlands, für die Geschicke der Welt entscheidend war. Aus Frankfurts Straßen, aus den eigentümlichen Formen alter, bescheidener Bürgerhäuser wie aus den Prachtbauten der Neuzeit, aus seinen Bauwerken für Gottesdienst und Schule, für Kunst und Wissenschaft, aus seinen Denkmälern tritt uns eine große Vergangenheit, ein reich entwickeltes städtisches Gemeinwesen entgegen. Aber, meine Herren, die Weltgeschichte läßt sich nicht durch Gefühle, durch Erinnerungen bestimmen. Sie schreitet unaufhaltsam vorwärts; neue Zeiten bringen neue Anforderungen, die alten Gebilde müssen den neuen Platz machen! Sie, meine Herren, und alle bisher freien Bürger Frankfurts haben ihre Selbständigkeit verloren. Das ist ein Verlust, dessen Größe sich, wenn Sie wollen, jeder Schätzung entzieht. Aber dafür wird Ihnen mancher Ersatz gewährt. Sie erlangen ein Vaterland in dem eminenten Sinne, in welchem Sie bisher ein solches nicht hatten." Im Schlusssatz forderte von Patow die dermaßen reich beschenkte und vor ihm versammelte Bürgerschaft auf: „Ergreifen Sie mit treuem Sinne die dargebotene Hand, werden Sie auch ihm, was Sie ihm werden können. Sprechen Sie zum ersten Male als neue Preußen das Gefühl aus, welches alle alten Preußenherzen durchglüht: Gott erhalte, Gott segne den König! Stimmen Sie ein in den lauten Ruf: Se. Majestät Wilhelm, König von Preußen, lebe hoch!" [1150]

Die Berichte darüber, wie die Frankfurter dieser Aufforderung nachkamen, gehen ein wenig auseinander. Nach der konservativen Preußischen Kreuzzeitung wurde Patows Ansprache durchaus begrüßt und freudig hätte man in das Hoch auf den König eingestimmt. Nach der ebenfalls preußischen, aber eher kritischen weil liberalen Rheinischen Zeitung dagegen fielen die Hochrufe eher Verhalten aus und das zahlreiche Publikum habe eher teilnahmslos als zustimmend reagiert.[1151] Nach von Patow richtete auch noch Müller im Namen des Senats ein letztes Mal das Wort direkt an die Bürger. Die Hoffnungen auf die Wahrung der Souveränität seien nun erloschen und er bestätigte, dass mit dem Patent zur Besitzergreifung die Vereinigung Tatsache geworden sei. Wörtlich führte er aus: „Mit der Aufhebung der staatlichen Selbständigkeit ist die bis dahin bestandene Staatsverfassung aufgehoben;

der Senat als Regierungsbehörde hat aufgehört zu bestehen; neue Verfassungszustände werden an die Stelle der bisher bestandenen treten. Frankfurts Bürgerschaft blickt auf eine große Vergangenheit zurück. Die Geschichte der Stadt zählt nach Jahrhunderten, und die Ereignisse, die hier ihren Schauplatz gefunden, sind Marksteine geworden in der Geschichte des deutschen Vaterlandes. Die Blüte des Gemeinwesens, der Wohlstand seiner Bürger ist aber von jeher deren eigenstes Werk gewesen. Die Bürgerschaft wird darum an der Zukunft ihrer Stadt nicht irre werden. Die Regierung des Staates, der sich an die Spitze Deutschlands gestellt und die Erfüllung der nationalen Hoffnungen verheißen hat, wird sich der Sorge um die gedeihliche Entwicklung der nun ihr angehörigen Stadt nicht entschlagen wollen; sie wird – wir dürfen dies erwarten – geneigt sein, die Vorteile, welche die Zugehörigkeit zu einem großen Staatskörper darbietet, dem hiesigen Gemeinwesen in unverkürztem Maße angedeihen zu lassen."[1152] Damit drückte er die Hoffnung aus, dass nach Tagen der Not und der Trauer die Bürger einer besseren Zukunft entgegen gehen würden.

Die Frankfurter Handelskammer ging derweil schon einmal in der Preußischen Handelskammer auf. Sie war nun „nur ein Glied des großen Organismus und eine von vielen Schwesterinstituten".[1153] Als Erstes änderte sich das Siegel. Bereits am 20. Oktober 1866 wurden Dokumente statt mit „Handelskammer der Freien Stadt" nun mit „Handelskammer zu Frankfurt am Main" gestempelt. Fünf Jahrzehnte wirtschaftspolitischer Souveränität waren auch hier an ihr Ende angelangt.

Trotz all der schönen Reden, von Wohlwollen gegenüber der Frankfurtfrage konnte zu diesem Zeitpunkt kaum gesprochen werden.[1154] So sah das auch die Presse, die über die Reaktionen der Frankfurter Bürger berichteten. Die Rheinische Zeitung etwa schrieb kurz nach Bekanntwerden des Besitznahmepatents: „Daß aber der Geist der Zufriedenheit mit den neuen Verhältnissen hier Platz greifen wird, möchten wir wohl für geraume Zeit bezweifeln. Man wird sich immer nur ins Unvermeidliche fügen. Freilich richtet man mit dieser Devise gewöhnlich nicht viel aus. Aber vielleicht versteht man es in Berlin, durch maßvolles und schonendes Entgegenkommen den Geist der Frankfurter zu versöhnen, daß sie weniger schmerzlich auf die Vergangenheit zurückblicken. Ganz werden sich jedoch diese Rückblicke nicht verhindern lassen, selbst nicht durch die Eröffnung der glänzendsten Zukunftsperspektive."[1155]

Ganz so einhellig skeptisch fielen die Urteile der Zeitgenossen allerdings auch wieder nicht aus. Der preußenfreundliche Teil der Bevölkerung akzeptierte die Annexion durchaus willig – zum Teil sogar offen wie der erwähnte Heinrich Hoffman. Ähnlich dachten auch Jucho und Varrentrapp. „Sie hatten", wie Maly darlegt, „keine Vorbehalte gegen eine sofortige und enge Zusammenarbeit mit den preußischen Institutionen".[1156] Andere, gerade wenn in Amt und Würden, fügten sich unter Hinweis auf das Unvermeidliche der Ereignisse wie die Senatoren Müller und Speltz. Müller hatte gegenüber der Militäradministration auf die vielen Bürger mit Sympathien für Preußen hingewiesen und auch für seine Person – sei es aus taktischen Gründen, sei es aus Überzeugung – beteuert, dass, wie Schwemer ausführte, „er jederzeit preußisch gesinnt gewesen sei".[1157] Da dieses Bekenntnis im Zusammenhang mit dem Wunsch nach Erlassung der Kontribution fiel, sind allerdings Zweifel an der Tiefe der Preußenfreundschaft angebracht. Die österreichischen Orden des Fürstentages ruhten derweil als stumme Zeugen für eine vielleicht nicht ganz so große Preußenleidenschaft in einer Schublade seines Hauses. Auch Polizeisenator Dr. Johannes August Speltz wird von Schwemer zu Frankfurts Realpolitikern gezählt. Er notierte in diesen Tagen in sein Tagebuch: „Man muß nun anerkennen, daß Frankfurt als kleiner Staat ein (...) Unding gewesen ist, weil ihm alle Voraussetzungen zur selbständigen Existenz gefehlt haben. Das Ende dieses Unsinns schlägt allerdings tiefe Wunden. Diese treffen aber zunächst die Eitelkeit derjenigen, die den kleinen Staat nur zum Tummelplatz ihrer Staatsweisheit benutzt haben. Frankfurt als Stadt wird nicht zugrunde gehen (...). Am schwersten wird uns allen werden, uns an das preußische Wesen zu gewöhnen und uns mit demselben zu befreunden."[1158] Speltz tröstete sich mit dem guten Ansehen der preußischen Verwaltung, und da kam ihm ja die Proklamation mit ihrem Hinweis auf die „energische Verwaltung, sorgsam erwogene(n) Gesetze(n), eine gerechte und pünktliche Justizpflege" sehr entgegen.

In der Stadt selbst hatte man erkannt, dass kein Weg an dem Ende der städtischen Eigenständigkeit vorbei führte, aber dennoch erzeugte die historische Wende, wie Heilbrunn schreibt, „eine traumatische Apathie".[1159] Es ging dabei für viele gar nicht in erster Linie um die Selbständigkeit der Stadt, sondern um die nun verschüttete Möglichkeit, hier ein Maß an politischer Freiheit ausleben zu können, wie es nur wenige Orte in dem damaligen deutschen Staatenbund geboten hatten. Diese Sicht von vielen Frankfurtern teilten viele Liberale, insbesondere in der Mitte und im Süden Deutschlands. Der Stuttgarter „Beobachter" zielte genau auf diese Konsequenzen, als er am 12. Oktober den Inbesitznahmeakt in Frankfurt kommentierte: „So klein der Staat, für ganz Deutschland hat der Akt der preußischen Besitzergreifung seine große symbolische Bedeutung. Mit der Annektierung Frankfurts geht ein größeres Stück deutscher Geschichte unter als mit der Nassaus, Hessens, Hannovers. Und wie für die Vergangenheit, so schien's für die Zukunft werden zu sollen. Wer sich bisher das einige, das neue Deutschland dachte, gab ihm Frankfurt zur Hauptstadt. Geschichte und Gegenwart reichten sich in diesem Gedanken die Hände. Die Kontinuität der von der Nation niemals, nur von den Dynastien und den Regierungen aufgegebenen nationalen Idee schien das so sehr zu erfordern, daß es selbstverständlich war und nirgends Widerspruch fand. (...) Für alle freiheitlichen Einheitsbestrebungen war das freie Frankfurt der gegebene neutrale Boden."[1160]

Der Abschied von politischen Strategien und Visionen hinterließ in vielen Biographien deutliche Spuren. Nicht wenige verließen die Stadt für kurze oder längere

Zeit wie Leopold Sonnemann, der mit seiner Frankfurter Zeitung nach Stuttgart ging. Andere zogen es vor, hinfort als Fremde in der Stadt zu leben wie der erwähnte Vater des späteren Gründers der Metallgesellschaft Wilhelm Merton. Der aus London eingewanderte Ralph Moses, der als jüdischer Bürger erst mit seiner 1855 vollzogenen Einbürgerung den Namen Merton angenommen hatte, trat aus Protest über die Okkupation aus dem Bürgerverband aus und führte sein Unternehmen in preußischer Zeit als british subject fort, also als Untertan der englischen Königin Victoria.[1161]

Wieder andere zogen sich in eine Art innere Emigration zurück wie der erwähnte Franz Bernus und gingen ganz fort. Nach seiner erfolglosen Initiative, den Konflikt um Frankfurt zu internationalisieren, legte dieser nach der Annexion alle seine Ämter nieder und zog sich auf seinen Landsitz Stift Neuburg zurück.[1162] Das Stift beziehungsweise die Abtei liegt im Neckartal bei Heidelberg. Es wurde kurz nach 1800 säkularisiert und ging 1804 in Privatbesitz über. Im Jahre 1825 erwarb der Frankfurter Jurist, kaiserliche Rat, Schriftsteller, Privatgelehrte und Goethe-Freund Johann Friedrich Heinrich Schlosser – ein Neffe von Johann Georg Schlosser, dem Ehemann von Goethes Schwester Cornelia – das Anwesen als Sommersitz. Schlosser förderte die Erinnerung an Goethe und sammelte Briefe, Manuskripte, Erstausgaben und alles, was sonst noch mit Goethes Leben zusammenhing. So entstand mit der Zeit in der ehemaligen Klosteranlage ein Zentrum des Goethe-Kults. Marianne von Willemer war oft und lange Gast im Stift. Mit der Goethebegeisterung wurde das ehemalige Kloster zu einem Zentrum der Heidelberger Romantik und beeinflusste auch die Kreise der Romantiker in Frankfurt, die besonders in den 1820er und 1830er Jahren aktiv gewesen waren. Nach dem Tode der Schlossers Anfang der 1850er Jahre

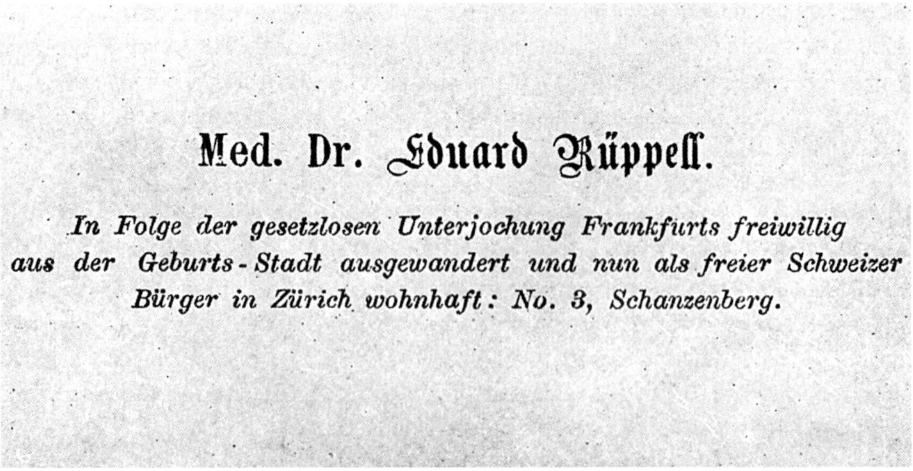
Med. Dr. Eduard Rüppell.

In Folge der gesetzlosen Unterjochung Frankfurts freiwillig aus der Geburts-Stadt ausgewandert und nun als freier Schweizer Bürger in Zürich wohnhaft: No. 3, Schanzenberg.

Visitenkarte des Arztes Dr. Eduard Rüppell mit neuer Züricher Anschrift, 1866 erbte die mit den Schlossers verwandte Familie von Bernus die Anlage, eben Franz von Bernus, der hier für den Rest seines Lebens mit den Goethesammlungen ein Stück Frankfurt pflegte.[1163]

Zu denen, die nach der Annexion ihr Bürgerrecht aufgaben, gehörte auch der bekannte Arzt und Afrikaforscher Eduard Rüppell. Als Sohn eines Bankiers hatte er zunächst den Beruf seines Vaters ergriffen, bevor er finanziell unabhängig 1817 eine erste Reise nach Ägypten unternahm. 1822 bis 1827 und in den 1840er Jahren folgten weitere Forschungsreisen an den Golf von Akaba, das Rote Meer und nach Afrika. Er hatte Frankfurts berühmte Senckenbergische Naturforschende Gesellschaft mitbegründet und gehörte über viele Jahre hinweg ihrem Vorstand an. Der Stadt Frankfurt schenkte Rüppell 1840 die lebensgroße Sitzstatue Goethes von Pompeo Marchesi. Auch wenn er sich später mit der Naturforschenden Gesellschaft überwarf, gehörte er doch mit seiner öffentlichen Präsenz zu den weithin bekannten Frankfurter Persönlichkeiten. Insofern setzte er mit seinem Weggang ein deutliches Zeichen. Damit auch jeder, mit dem er sich bekannt machte, den Grund seiner Emigration erfuhr, ließ er sich in der Fremde eine Visitenkarte mit dem Vermerk drucken: „In Folge der gesetzlosen Unterjochung Frankfurts freiwillig aus der Geburts-Stadt ausgewandert und nun als freier Schweizer Bürger in Zürich wohnhaft: No. 3, Schanzenberg."[1164]

Die Silbersäule Frankfurter Bürger für Johann Classen-Kappelmann, gekrönt von der Figur der Francofurtia, um 1867. Der Abgeordnete gehörte im preußischen Landtag zu den wenigen Kritikern der Annexion Frankfurts.

Die berühmte und zuweilen auch folkloristisch gepflegte Distanz der Bürger gegenüber Preußen ist bis in die Gegenwart in vielen Erzählungen präsent. In den Frankfurter Museen und Archiven finden sich allerdings auch ein paar stumme Zeugen des tatsächlichen Widerstandes. Weil der Kölner Abgeordnete im Preußischen Landtag, Johann Classen-Kappelmann, als einer der wenigen gegen die preußische Annexionspolitik auftrat, wurde er nicht nur ausführlich in der Frankfurter Zeitung zitiert, sondern eine Initiative von Frankfurter Bürgern widmete ihm auch eine silberne Denkmalsminiatur. Dieses kostbare Geschenk enthielt im Sockel Inschriften, Symbole der Stadt und eines demokratischen Deutschland. So hieß es unter anderem: „Freund in der Noth! / noch Kind und Kindes Kind, / Es segne Deinen Namen! / Lass Dir danken! // Ein muth'ger Kämpe tratst Du hochgesinnt / Für das bedrängte Frankfurt in die Schranken. // Dem edlen Vertreter / des Rechts, der Wahrheit, / des Bürgerthums. 1866."[1165] Das Objekt steht also für die grundsätzliche Auseinandersetzung zwischen der Bürgerstadt Frankfurt mit dem ebenfalls zitierten Symbol der Paulskirche und dem monarchischen Obrigkeitsstaat Preußen.

In eine ähnliche Richtung zielten die zahlreichen zwischen 1866 und 1868 erschienenen Karikaturen, in denen auf die politischen Motive der Sanktionen wie der

Karikatur „Die Preussen in Frankfurt nach der Schlacht bei Königgrätz" um 1866

Schützenscheibe mit Darstellung des Rütlischwures, gewonnen von H. Herrmann, 1867. Die Verbitterung der Frankfurter über den Verlust ihrer Freiheit zeigte sich auch in nicht bestrafbaren Unmutsäußerungen, zu denen Darstellungen wie diese gehörten.

Interessen der preußischen Militär- oder Zivilverwaltung angespielt wurden. Ein beliebtes Thema war etwa die Drohung General von Manteuffels gegenüber den Frankfurter Unterhändlern, er werde, falls die Stadt nicht zahle, „morden und brennen und sengen und plündern lassen, so daß Alba und TiIly übertroffen würden".[1166]

Man griff allerdings auch in weitaus subtilerer Form auf die Symbolik der vielen Nationalfeste zurück, die in den 30 Jahren vor der Okkupation hier stattgefunden hatten, und ihre Bezüge zur Freiheitssymbolik des Mittleren Europas. Dazu gehörten etwa die Darstellung des Rütlischwurs oder die neue Modefarbe der Damen weiß-rot – die alten Frankfurter Farben – sowie Einladungskarten mit dem Vermerk „o. P." (ohne Preußen) gelegentlich auch als „s. p." (sans Prusse).[1167]

Doch über all diese demonstrativen Gesten schritt die Okkupation hinweg. Nach der Inbesitznahme Stadt stand die Neuordnung der politischen Gremien auf der Tagesordnung. Denn vor allem benötigte Frankfurt eine handlungsfähige Stadtregierung, die die von der preußischen Zivilverwaltung provisorisch wieder eingesetzten Organe des Senats und der Bürgerrepräsentation ersetzte. Dazu musste eine neue Gemeindeverfassung eingeführt werden. Es hätte sich angeboten, die Preußische Städteordnung zu übernehmen. Die nationalliberale Fraktion in den alten politischen Gremien, die schon lange für eine kleindeutsche Lösung plädiert hatte, war dazu auch bereit.[1168] Doch ihnen gegenüber hatten sich die Linksliberalen, Freisinnigen oder auch die Demokraten, wie sie sich nannten, positioniert und erklärt, Frankfurter Interessen nicht so ohne Weiteres preiszugeben. Darunter befand sich auch der mittlerweile aus Stuttgart zurückgekehrte Leopold Sonnemann. Diese Gruppe hatte in der der ehemaligen Gesetzgebenden Versammlung die überwiegende Mehrheit der 61 Mitglieder gestellt; sie verfasste im Dezember 1866 eine Petition mit ihren Forderungen und veröffentlichte diese in der Neuen Frankfurter Zeitung, bevor sie sie dem preußischen Staatsministerium überreichte. In der Petition traten recht klar die Bedingungen hervor, unter denen man sich eine Zukunft mit Preußen vorstellen konnte. Dazu sollte das Frankfurter Wahlrecht beibehalten werden. Eine Bürgervertretung sei unverzüglich einzuberufen. Weiterhin müssten die Reparationsleistung von sechs Millionen Gulden der Stadt zu Lasten der Staatskasse zurückerstattet werden, und die in Frankfurt geltende Guldenwährung solle erhalten bleiben, um Frankfurts Position auf dem süddeutschen Geldmarkt zu gewährleisten.[1169]

Im Fokus ihrer Befürchtungen stand die drohende Einführung des preußischen Wahlrechts, das die allgemeine und geheime Wahl der Ständigen Bürgerrepräsentation und der Gesetzgebenden Versammlung, die in langjährigen Auseinandersetzungen erkämpft worden war, ablösen sollte. Nach preußischem Recht waren die Wähler nicht nur nach ihrer Steuerkraft in drei Klassen eingeteilt, damit die unteren Schichten die oberen nie überstimmen konnten, sondern es fehlte auch die geheime Abstimmung. Der Wähler hatte sein Votum mit lauter Stimme für alle Anwesenden hörbar öffentlich vorzutragen. Das fanden die Demokraten nicht erstrebenswert.[1170] Über die in der Petition aufgeworfenen Fragen kam es am 22. und 23. Dezember 1866 zu einer Konferenz in Frankfurt, an der Robert von Patow und Guido von Madai als Vertreter der preußischen Regierung sowie zwei Ministerialräte aus Berlin und die drei altgedienten Frankfurter Senatoren Anton Heinrich Emil Oven, Carl Nikolaus Berg und Heinrich Daniel Mumm sowie vier bekannte Vertreter der Bürger darunter Georg Varrentrapp und Friedrich Siegmund Jucho teilnahmen. Die Vertreter

Frankfurts erklärten, an ihrem gerade reformierten Wahlrecht, in dem die alten Berufsstände aufgehoben worden waren, festhalten zu wollen. Sie gestanden zu, damit nicht etwa Krethi und Plethi eine große Stimmenmacht erreichen konnte, einen mäßigen Zensus von 700 Gulden, einige sprachen auch von 600 Gulden, einzuführen. Zudem bestanden sie auf geheimen Wahlen nach dem in Frankfurt üblichen Verfahren. In kleinen Dingen zeigten sich die Frankfurter hingegen großzügig. Sie erklärten sich damit einverstanden, den Gemeindevorstand nicht mehr Senat zu nennen. Auch wurden die neuen Bezeichnungen „Erster und Zweiter Bürgermeister" sowie „Stadträte" akzeptiert. Eine Wahl der Magistratsmitglieder auf Lebenszeit, wie dies die preußische Zivilverwaltung vorgeschlagen hatte, wurde hingegen abgelehnt. Auch äußerten die Frankfurter Vertreter den Wunsch, dass nur die Bürgermeister durch den König bestätigt werden mussten. Auch wenn es in Preußen üblich war, in Städten von über 10.000 Einwohnern den gesamten Magistrat vom König bestätigen zu lassen.[1171]

Der Streit wogte noch vier Wochen hin und her, bis am 21. Januar 1867 der Verfassungsentwurf vom Innenminister an Bismarck weitergeleitet wurde. Eulenberg respektierte die Einwände der Frankfurter Delegationsvertreter gegen das Dreiklassenwahlrecht. Der Hinweis, dass sonst in Frankfurt einige „sehr reiche" Personen ein unverhältnismäßig großes politisches Übergewicht erlangt hätten, leuchtete ihm ein. Ebenso teilte er die Auffassung, dass ein Zensus von 700 Gulden ausreiche, um „die unselbständige, die nötigen Garantien für eine zweckmäßige Anwendung des Wahlrechts nicht bietende Masse" auszuschließen.[1172] Auch bei der Frage der sonst üblichen Bestätigung aller Magistratsmitglieder durch den König kam die Staatsführung den Frankfurtern entgegen, verlangte allerdings eine „Garantie für die Besetzung der beiden Bürgermeisterstellen mit zuverlässigen Persönlichkeiten".[1173]

Auf der abschließenden Konferenz am 18. Februar versuchten die Frankfurter den vorgeschlagenen Hausbesitzeranteil von immerhin der Hälfte der Abgeordneten in der Stadtverordnetenversammlung zu kippen, weil man hier ein zu starkes Übergewicht kleinbürgerlicher Kreise befürchtete, und bemängelte, dass richterliche Beamte keine Stadtverordneten werden konnten, was die Suche nach geeigneten Kandidaten unnötig erschweren würde. Doch fanden diese Bedenken keine größere Beachtung mehr.[1174] Der Bann war nun gebrochen. Daran änderte auch der Rücktritt von Robert von Patow nichts mehr, der enttäuscht von der Erfolglosigkeit seiner Bemühungen bei der wirtschaftlichen Rekonstruktion der Stadt am 22. Februar 1867 sein Amt aufgab.

Am 25. März 1867 erließ König Wilhelm I. von Preußen das „Gemeindeverfassungsgesetz für Frankfurt einschließlich Sachsenhausen". Es legte die Rechte und Pflichten der Einwohner und der Bürger der Stadtgemeinde fest, definierte die Organe der Stadtregierung und deren Befugnisse, bestimmte die Grundsätze der Haushaltsführung und regelte die Aufsichtspflicht der Staatsregierung. Das Gemeindeverfassungsgesetz entsprach zwar weitgehend der Preußischen Städteordnung, enthielt jedoch hinsichtlich des Wahlrechts und des Bürgerrechts besondere Bestimmungen, die den Wünschen der Frankfurter entsprachen. Entgegen dem in Preußen sonst üblichen Dreiklassen-Wahlrecht erhielt Frankfurt das mit dem Bürgerrecht gekoppelte allgemeine Wahlrecht, das allerdings durch Bindung an Besitz und Einkommen eingeschränkt war. Im Einzelnen schrieb die Gemeindeverfassung den Besitz eines Wohnhauses im Stadtbezirk, ein selbständig betriebenes, stehendes Gewerbe mit mindestens zwei Gehilfen als Haupterwerbsquelle oder ein Jahreseinkommen von 700 fl. vor. Entsprechend seiner Größe hatte Frankfurt nun 54 Stadtverordnete zu wählen. Von ihnen musste mindestens die Hälfte Hausbesitzer sein. Wählbar waren alle Bürger mit Ausnahme der Beamten und Behördenangehörigen.[1175]

Als gewählte Bürgervertretung nahm die Stadtverordnetenversammlung insgesamt eine starke Stellung im politischen Gefüge ein, die in mancher Hinsicht über die der Gesetzgebenden Versammlung und der Ständigen Bürgerrepräsentation der Freien Stadt hinausging. Sie beschloss über alle Gemeindeangelegenheiten – sofern sie nicht an den Magistrat überwiesen worden waren. Allerdings blieb die Ausführung der Beschlüsse an die Zustimmung des Magistrats gebunden, der sie auch umzusetzen hatte. Legislative und Exekutive waren hier klar getrennt, was in den Körperschaften der Freien Stadt nicht immer der Fall gewesen war. Die Stadtverordnetenversammlung entschied über die Nutzung des Gemeindevermögens und war befugt, zur Deckung beschlossener Ausgaben Gemeindesteuern zu beschließen. Die gewählte Bürgervertretung vermochte nicht nur dem Magistrat die Ausgabenpolitik vorschreiben, sondern konnte auch sein Geschäftsgebaren kontrollieren, was der Gesetzgebenden Versammlung immer schwer gefallen war. Mit der Proklamation und Einführung des Gemeindeverfassungsgesetzes am 25. März 1867 war eine Grundlage geschaffen worden, auf der das politische Leben in der Stadt sich neu entfalten konnte.[1176] Doch damit war die Neuausrichtung der kommunalen Verwaltung noch nicht abgeschlossen. Wie ein umgestoßener Baum die Weiterfahrt unmöglich macht, so lag der sogenannte Teilungsrezess, der von der preußischen Staatsführung energisch vorangetrieben wurde und mit dem das Frankfurter Vermögen zwischen Staat und Stadt aufgeteilt werden sollte, dem Aufbruch in die neue Zeit im Wege.

10.4 Der Kampf um die Minderung der Lasten

Zu Beginn der Verhandlungen mit Berlin erzielte die Frankfurter Deputation – trotz interner Unstimmigkeiten – erste Erfolge bei der Höhe der Kontributionen, insofern die erste mit der nachfolgenden verrechnet werden konnte. Nach Schwemer hatte Preußen bei dem Angebot auf einen freiwilligen Beitritt Frankfurts zum preußischen Staat gehofft, was in der Außendarstellung der Annexionen besser gewirkt hätte. Dafür wäre Preußen sogar bereit gewesen, Frankfurt eine privilegierte Stellung unter seinen Städten und ein grundsätzliches Entgegenkommen in den offenen Fragen anzubieten. Doch hätte der Frankfurter Deputationsvorsitzende Samuel Gottlieb Müller diese Chance versiebt. Nach allem, was über den Verlauf der Annexion und die historischen Hintergründe heute bekannt ist, steht die Interpretation Schwemers auf schwachen Füßen. An der Ernsthaftigkeit der überlieferten Angebote Bismarcks kann mit gutem Grund gezweifelt werden.[1177] Die vermeintliche Chance ging auch rasch vorüber. Bereits im September verhandelte der Preußische Landtag die Inbesitznahme, die dann innerhalb von zwei Wochen in die Tat umgesetzt wurde. Dabei blieb eine ganze Reihe von Fragen offen: 1. die Kontribution und ihre endgültige Höhe und wer der Frankfurter Bank die fast sechs Millionen Gulden zurückzahlen solle, die sie vorgestreckt hatte. 2. der Verbleib des städtischen Vermögens, insbesondere welche Teile sich der Staat aneignen dürfe und was weiter von der Stadt genutzt werden könne, und 3. welche Entwicklungsmöglichkeiten im Rahmen der neuen Bedingungen bestehen würden.

Zunächst problematisierte die Ständige Bürgerrepräsentation diese Punkte und veröffentlicht dazu eine Broschüre, die im Februar 1867 erschien. In ihr wurde erstmals der ganze Komplex der Kontributionen und der finanziellen Folgen der Annexion dargelegt. Der Verfasser ging, die Diskussion innerhalb der Ständigen Bürgerrepräsentation zusammenfassend, davon aus, dass Preußen mit der Einverleibung der Stadt auch deren Schulden übernommen hätte. Ein weiteres Argument zielte auf die Begründung für die Höhe der Kontribution, für welche der Jahressold für die Main-Arme zugrunde gelegt worden war. Diese aber hätte nach der Besetzung der Stadt nur noch wenige Wochen gedient. Aus diesem Grund forderte die Stadt ihr Geld zurück. Danach wurde erneut die rechtliche Seite aufgerollt und darauf hingewiesen, dass Frankfurt sich kein Fehlverhalten vorzuwerfen hätte, denn es habe nie einen Krieg zwischen Preußen und Frankfurt gegeben und es sei deshalb nicht zu akzeptieren, dass Frankfurt härter bestraft werden solle als die tatsächlichen Kriegsgegner Baden und Bayern. Die Ständige Bürgerrepräsentation hielt angesichts dieser Rechtslage eine Rückzahlung der von Preußen erhobenen Kontribution für angemessen.[1178]

Noch war die Stadtverordnetenversammlung nicht zusammengetreten und der erste Magistrat noch längere Zeit nicht im Amt, als sich im März Christian Winter im Auftrag der Bürgerrepräsentation mit einer zweiten Broschüre zu Wort meldete. In ihr stellt er weitere Argumente für eine zügige Klärung der offenen Fragen und finanziellen Belastungen, die aus Besatzung und Annexion resultieren, zusammen und skizziert insgesamt eine wenig rosige Zukunft. Noch deutlicher als in der ersten Schrift wurde die Rechtmäßigkeit der ersten Kontributionsforderung in Frage gestellt. Auch Frankfurts Zustimmung zum Bundesbeschluss könne nicht als Kriegsgrund angeführt werden, da nach der Wiener Kongressakte die Freiheit der Abstimmung garantiert gewesen war und Frankfurt sich im Krieg um eine Neutralität bemüht habe.

In der beabsichtigten Trennung von städtischem und staatlichem Vermögen steckte für Winter ein großes Gefahrenpotential. Denn mit dem intendierten Mittelabfluss von vielen Millionen Gulden drohe die Gefahr der Verarmung, zumal die Bürger mit zusehen müssten, wie der Stadt die Mittel für die Verbesserung ihrer Infrastruktur genommen würden. Würde das eintreten, würde es auch nichts nützen, dass Frankfurt das Recht auf seiner Seite hätte.[1179] Damit lagen, wenn auch noch in roher Form, die hauptsächlichen Argumentationsstränge auf dem Tisch, die die Verhandlungen in den nächsten zwei Jahren bestimmen sollten.

Der erste Entwurf für den Teilungsrezess lag den politischen Gremien im Mai 1867 vor.[1180] Bereits am 16. Mai 1867 diskutierte der Senat den Entwurf und nahm in einer umfangreichen Denkschrift dazu Stellung.[1181] Der Entwurf selbst wurde der Öffentlichkeit erst im Dezember zugänglich gemacht und zwar durch die neue Stadtverordnetenversammlung, die im Oktober zusammengetreten war. Er enthielt nicht weniger als 22 Artikel, in denen die Nutzung der Grundstücke und Gebäude für die Staatsverwaltungszwecke, der Umgang mit den städtischen Schulden und die Zuständigkeit bei den Steuern einer vorläufigen Regelung zugeführt wurden. Im Einzelnen enthielt der Rezessentwurf folgende Bestimmungen: Als Immobilien für Staatsverwaltungszwecke wurden Gerichts-, Steuer- und Verwaltungsgebäude sowie Gebäude für militärische Zwecke angesehen und diese seien deshalb an den preußischen Staat abzutreten oder wie die Exerzierplätze auf der Pfingstweide und auf der Grindbrunnenwiese zur Pacht zu überlassen. Für die Pfingstweide bot der preußische Staat etwa eine Pacht von 7 Thalern, 4 Groschen und 3 Pfennigen.[1182] Sämtliche Militärausrüstungsgegenstände wurden ebenfalls vom Staat beansprucht genauso wie die Eisenbahnen, Telegraphenanlagen, die Frankfurter Lotterie und der Zoll-Strafgelder-Fonds mit allen dazugehörigen Immobilien – obwohl diese zum Teil von privater Seite aus errichtet worden waren.[1183] Von den Chausseen um Frankfurt wurden sieben als Staatsstraßen eingestuft und in Besitz genommen. Chausseehäuser auf den Staatsstraßen seien per se Eigentum des Staates, die Friedberger Warte könne jedoch im Eigentum der Stadt verbleiben.[1184] Alle diese Objekte und Grundstücke mussten schuldenfrei übergeben werden.[1185] Das restliche Grundeigentum sei Besitz der Stadt, darunter auch die Kirchen und Schulen sowie die Verwaltung der eigenen Stiftungen mit Ausnahme der Schulen und Kirchen in den Ortschaften.[1186]

Bei den Schulden bot der Staat an, die sechs Anleihen aus dem Zeitraum von 1839 bis 1866 in Höhe von fast 18 Millionen Gulden zu übernehmen und der Stadt die Begleichung der fünf Anleihen aus den Jahren 1829 bis 1864 in Höhe von fast fünf Millionen Gulden zu überlassen.[1187]

Die Regelung für die Pensionen der Frankfurter Beamten sah vor, die Ruhegehälter der Senatoren, Kanzleiräte, Ratschreiber, Konsulenten und anderer städtischer Mitarbeiter, die nicht in die preußische Verwaltung übernommen würden, zur Hälfte aus der Staatskasse zu begleichen sowie die laufenden Pensionen und Wartegelder in voller Höhe zu übernehmen. Die übrigen Verpflichtungen sollten bei Frankfurt verbleiben. Die städtischen Beamten, die vom preußischen Staat eingestellt werden, würden wie alle Staatsbeamten mit Ausnahme der Geistlichen und der Lehrer von der Staatskasse getragen.[1188]

Die Mittel zur Schuldentilgung und zur Zahlung der Pensionslasten sowie sonstiger Belange sollte die Stadt aus städtischen Steuern erheben, deren Gestaltung ihr überlassen blieb. Allerdings seien fünf Prozent an den Staat abzuführen. Auch das Aufkommen der Accise von Mehl, Brot und Fleisch, dem Polizeistempel, der Einkommenssteuer und der Mietsteuer gingen an die Staatskasse.[1189] Für 1867 berechnete der preußische Staat zudem noch die Kosten für die aufgestellten Truppen, die provisorische Civil-Administration und den Civil-Kommissar in Frankfurt.[1190]

Damit war jede Menge Konfliktstoff angehäuft. Die wertvollsten Teile des Vermögens fielen ohne Entschädigung an den Staat, während die Lasten in ihrer Höhe unbestimmt blieben, weil immer noch die Kontributionsforderungen im Raum standen. Vor dem Hintergrund der bereits publizierten Kritik der Ständigen Bürgerrepräsentation legte der Senat die Grundlinie der Replik auf den Rezess fest und stellte vier maßgebliche Forderungen auf: 1. die Aufteilung der Schulden seien für die Stadt günstiger zu gestalten. 2. seien die Militärausgaben zu hoch angesetzt. 3. Kredite und Anleihen, die seitens der Stadt für die Eisenbahnen aufgewendet wurden, sollen ihr gutgeschrieben werden. 4. Frankfurt benötige mehr Einnahmequellen, wobei auf eine Steuererhöhung verzichtet werden müsse.

Es waren vor allem diese Punkte, die seitens des Senats gegen eine Annahme des Rezesses sprachen.[1191] Die Ständige Bürgerrepräsentation äußerte ähnliche Bedenken und verweigerte wegen den aus dem Entwurf resultierenden Belastungen für die Stadt die Zustimmung.[1192] Alle Kritikpunkte wurden schließlich zusammen mit umfangreichen Anlagen am 17. Mai 1867 in einer Denkschrift zusammengefasst und dem Civil-Kommissar Guido von Madai zur Weiterleitung an die zuständigen Ministerien inklusive fertiger Begleitschreiben überreicht.[1193]

Neben den Kritikpunkten listete die Denkschrift die Vermögen, Einnahmen und die Schuldenbestände auf. Außerdem konkretisierte sie die Forderungen wie folgt: 1. Preußen solle die verbliebenen Schulden der Stadt von 3.140.800 Gulden übernehmen. 2. soll der Staat die Kosten der städtischen Eisenbahnen aus den letzten sechs Jahren in Höhe von 609.000 Gulden übernehmen. 3. forderten Senat und Ständige Bügerrepräsentation einen finanziellen Ausgleich für die an Preußen abgetretenen Eisenbahnen und eine Fortsetzung der städtischen Lotterie, um die Einnahmenseite aufzubessern. Zudem sollte Preußen der Stadt einen Zuschuss an den Staatssteuern gewähren – weil die Bürger hohe Steuern nicht gewohnt seien.[1194] In dem Begleitschreiben an die Ministerien argumentierten beide Einrichtungen, dass die Bestimmungen des Trennungsvertrages für das Wohl der Stadtgemeinde ungerecht und unannehmbar seien, weil sie die Stadt überfordern würden.[1195]

Die Antwort ließ nicht lange auf sich warten. Sie fiel im Gegensatz zur umfangreichen Denkschrift mit ihren zahlreichen Anlagen recht wortkarg, aber auch scharf aus. Der preußische Finanzminister August von der Heydt und der Minister des Inneren, Friedrich Graf zu Eulenberg, teilten lapidar mit, sie hätten den Rezess geprüft, könnten die Kritik nicht nachvollziehen und fänden die Vorschläge ungeeignet. Alles in allem sei der Rezess gerecht und man müsse die Denkschrift deshalb ablehnen. Senat und Ständige Bürgerrepräsentation sollten sich nun abschließend über den Vertrag äußern und hierzu eine Deputation nach Berlin schicken, andernfalls würde man andere Wege für die Lösung des Problems finden.[1196] Viel Papier war also beschrieben worden, ohne dass sich danach die Fronten weniger versöhnlich gegenübergestanden hätten. Die provisorischen Vertreter der Stadt hatten nun ein

Der preußische Adler entzündet den Frankfurter Dom, Federzeichnung um 1867

Der Dom nach dem Brand von 1867, gesehen von Friedrich Stoltzes Fenster und mit seinen eigenhändig geschriebenen Versen

Problem. Sie mussten zum einen mit Bedauern feststellen, dass ihre wortreichen Anstrengungen die Regierung hatte nicht umstimmen können, und zum anderen mussten sie sich zu der Aufforderung, zur Unterschrift nach Berlin zu kommen, verhalten. Sie zogen sich aus der Affäre, indem sie empfahlen, die Verhandlungen von der nach dem Gemeindeverfassungsgesetz vom 25. März 1867 neu zu konstituierenden Stadtvertretung weiterführen zu lassen.[1197] Damit lag der Streit erst einmal ungeklärt auf Eis. Die Integration in den preußischen Staat stagnierte. Da half ein Feuer etwas nach, damit Bewegung in die verfahrene Angelegenheit kommen konnte.

In der Nacht vor dem ersten Besuch des preußischen Königs am 15. August 1867 brach gegen 1.30 Uhr in der Müllerschen Bierwirtschaft in der Fahrgasse, direkt hinter dem Dom, ein Feuer aus. Starker Ostwind und Funkenflug ließ das Feuer auf das Dach des Domes übergreifen, wo kurz darauf der ganze Dachstuhl in Flammen stand. Das Wahrzeichen der Stadt brannte ein Jahr nach der preußischen Okkupation vollkommen aus. Man sah darin ein Zeichen des Himmels. Das Leid der Annexion verband sich mit dem Leid über den Verlust des städtischen Wahrzeichens. Das war ein wesentlicher Grund, warum die katholische Gemeinde nach dem Verlust ihrer Hauptkirche eine Welle der Sympathie und Solidarität erlebte. Die Anteilnahme an dem Ereignis kannte keine Grenzen. In diesem Kontext zeichnete „ein zeitgenössischer Dilettant das einprägsame Bild eines gewaltigen, von einem preußischen Adler gebrachten Blitzes, der den Dom entzündet."[1198] Selbst radikale Demokraten ließen sich von dieser Stimmung hinreißen. Die Frankfurter Zeitung ging ausführlich auf das Ereignis ein und deutete den Brand in eine epochale Zäsur um. „Die historische Erinnerung unserer alten Wahl- und Krönungsstadt, die mit den Erinnerungen Deutschlands auf das innigste verknüpft war, wurde ein Raub der Flammen! Es paßt ganz gut zu den Umwälzungen, die wir erlebt, daß die deutsche Kaiserkirche und das alte städtische Wahrzeichen, der Thurm, uns über Nacht zugrunde gegangen sind."[1199] Was dem unbekannten Dilettanten und der Frankfurter Presse recht war, das war dem radikaldemokratischen Verseschmied Friedrich Stoltze billig. Auf einer Photographie der ausgebrannten Domruine hinterließ er das Gedicht „Alles was uns lieb und theuer". Vollständig lautet es: „Alles was uns lieb u. theuer, / Was uns heilig, hoch u. werth:/ Unsren Tempel fraß das Feuer, / Unsre Freiheit fraß das Schwert. / In dem Sturm des jähen Falles, / In der höchsten Flammennoth: / Vaterland! Du über alles!! Diese Glut dein Morgenroth!".[1200] Es kam Stoltze in dem Moment nicht darauf an, dass der „Tempel" der Demokraten bisher eigentlich nicht die Krönungsstätte der deutschen Könige gewesen war, sondern die Paulskirche. Der Zweck heiligte hier die Mittel.

Das Ereignis zog noch weitere Kreise. Zehn Tage nach dem Brand wurde der „Frankfurter Dombauverein" gegründet, unter dessen Initiatoren wie späteren Mitgliedern von den Katholiken über Juden und Reformierte bis zu den Lutheranern sämtliche Konfessionen vertreten waren. So gehörten zu den Gründungsmitgliedern sowohl der Katholik Theodor Brentano und der Reformierte Achilles Andreae als auch der Lutheraner Georg Varrentrapp und der Jude Mayer Carl von Rothschild.[1201] Konsequenterweise wurde im Gründungsaufruf die Einheit der Bürger betont: „Frankfurts Bürgerschaft habe sich stets als Hüter des Palladiums der gesammten deutschen Nation betrachtet und werde auch jetzt, da sie ihre Selbständigkeit verloren, auf diese Ehre nicht ohne die äußerste Noth verzichten."[1202]

Doch noch vor ihnen stand bereits am Morgen nach dem Brand der preußische König Wilhelm I. in den Ruinen des Domes und versprach spontan Hilfe für den sofortigen Wiederaufbau. Auch wenn sich das Ereignis erst einmal mit den unangenehmen Seiten der preußischen Herrschaft – nämlich den Verlust der eigenen – verband, brachte ihm das doch Sympathien ein, und mit diesen öffnete sich dann doch zaghaft eine Tür, durch die hindurch beide Seiten aufeinander zugehen konnten, was über die Monate hinweg die Verhandlungen über den Rezess zu einem erfolgreichen Abschluss brachte. Im Einzelnen musste allerdings noch manche Windung auf dem langen Weg durchwandert werden.

Mit der Konstituierung der neuen Stadtverordnetenversammlung konnten die Verhandlungen schließlich im Oktober 1867 wieder aufgenommen werden. Eine Kommission wurde gewählt, die am 14. Oktober 1867 einen ersten Bericht vorlegte. Sie knüpfte in ihrer Stellungnahme direkt an die Inhalte der Denkschrift vom Mai an. Aus diesem Grund unterschieden sich auch die angestrebten Forderungen nicht sonderlich von denen des Senats und der Ständigen Bürgerrepräsentation. So hätte man gerne den Reinertrag der Eisenbahnen an die Stadt überwiesen bekommen, für diese Eisenbahnen überhaupt eine Entschädigung in der Höhe ihres tatsächlichen Wertes erhalten und es wäre das Beste, ganz auf eine Trennung von Staats- und Stadtvermögen zu verzichten.[1203] Im Gegensatz zur Situation im Mai kam nun allerdings eine Verhandlungsdelegation zustande, und es fanden sich mit dem Bankier Friedrich Moritz Gontard, der für den Baron Mayer Carl von Rothschild einsprang, den Juristen Friedrich Ernst Passavant und Remigius Carl Friedrich Rumpf sowie den gerade frisch gewählten Ersten und Zweiten Bürgermeistern Heinrich Daniel Mumm und Carl Nikolaus Berg kompetente Vertreter für die fraglichen Probleme. Obwohl sie sich auf den Standpunkt stellten, das Problem vom Grundsätzlichen her anzugehen, erzielten sie bereits am 9. November 1867 erste Verhandlungsergebnisse, die sie zudem als weiter verhandelbar einschätzten.[1204]

Die Kommission ging weiterhin von der Position aus, dass die Stadt ihr Eigentum ohne Ausnahme behalten müsse, und griff dazu auf die Geschichte der eigenen Stadt zurück, um – sozusagen als Gegenbild zu den Preußen – einen gerechten Carl Theodor von Dalberg hervorzuzaubern, der 1806 einmal angeordnet hatte, „daß das gesamte Vermögen der freien Reichsstadt Frankfurt der Gemeinde Frankfurt verbleiben müsse".[1205] Die Kommission sah sich deshalb im Recht und meinte, dass wenn die Stadt schon ihre Verfassung verloren hätte, sie nicht auch noch die Kosten der Staatsveränderung zu tragen habe, denn „das übersteigt unsere Vorstellung von dem, was recht und billig ist".[1206] Da man auf diese Weise das Recht um die historische Dimension verlängert sah, steigerte sich der Zorn über die Okkupanten und man schraubte die Forderungen an die königliche Regierung noch in die Höhe. Karl Maly hat die neuen Verhandlungsziele folgendermaßen zusammengefasst: „1. Anerkennung des Eigentums der Stadt einschließlich der Eisenbahnen. Rückzahlung von 1.650.000 fl. Darlehen an die badische Regierung für die Rhein-Neckar-Bahn. Zahlung von 1.409.852 fl. für Immobilien, die der Staat beansprucht. 2. Die Lotterieeinnahmen sollten der Stadt verbleiben, so lange die Lotterie im Norddeutschen Bund besteht. 3. Die Pensionslast der Stadt sei um 40.000 fl. zu vermindern. 4. Die städtische Irrenanstalt in einen größeren Verband zu übernehmen. Als Alternativvorschlag zu Punkt 1 schlug die Kommission eine pauschale Ablösesumme für Eisenbahnen und die vom Staat beanspruchten Immobilien in Höhe von 3 Millionen fl. vor."[1207] Das ganze wurde auch gleich gedruckt, um damit die öffentliche Diskussion zu befeuern. Dafür sorgte dann insbesondere der Demokratische Wahlverein. So zogen sich die Verhandlungen in die Länge, in denen immer wieder am „Grundsatz, daß die Eisenbahnen und die vom Staat beanspruchten Immobilien Eigentum der Stadt, nicht des ‚Staates' Frankfurt seien", und all den weiteren Forderungen festgehalten wurde.[1208]

Doch sprach die Kommission der Stadtverordnetenversammlung mit ihrer dogmatischen Rechtsposition und ihrer an linksliberaler Widerständigkeit orientierten Verhandlungsführung nicht unbedingt für ganz Frankfurt. Im Magistrat betrachtete man die „Dinge kühler“, wie Maly schreibt, und ging davon aus, dass ohne die Bereitschaft des Staats kein weiteres Entgegenkommen zu erzielen sei. Deshalb solle man den Verlust der Eisenbahnen mit Fassung tragen, weniger auf das Recht pochen, sondern eher auf vergleichbare Fälle aufbauen. Als Folge dieser Vorschläge des Magistrats einigten sich das Stadtparlament und der Magistrat auf die Einsetzung einer gemischten Kommission, die die Verhandlungen fortführen sollte. Der neuen Kommission gehörten die alten Mitglieder Berg und Passavant an. Neu hinzu kamen der Senator Eduard Franz Souchay, der Bankier Georg von Heyder-St. George und der alte Kämpe Maximilian Reinganum. Sie brachten frischen Wind in die Sache, und schon bald mündete ihre Arbeit in einer zweiten Denkschrift an den Finanz- und an den Innenminister, diesmal vom 29. Juni 1868, zu der ein Rezessentwurf aus der Feder Souchays sowie das Rechtsgutachten des Heidelberger katholischen Staatsrechtlers Heinrich Zöpfl beigefügt waren. Das Gutachten wurde in einer Zweitschrift an den in Bad Ems weilenden König Wilhelm I. als Immediat-Eingabe überreicht.[1209]

Den Inhalt der Denkschrift fasst Maly so zusammen: „In eindringlicher Schilderung der finanziellen Situation Frankfurts und überzeugender juristischer Argumentation untermauerte sie den Antrag der Stadt, dass 1. dem Staat Preußen 6 Millionen fl. Schulden der Stadt Frankfurt übertragen werden, 2. Preußen für die vom Staat beanspruchten Immobilien und die Eisenbahnen eine Entschädigung nicht unter 3 Millionen fl. zahlen und 3. die Rechte der Senatsmitglieder und der Staatsdiener erster und zweiter Klasse bestätigen sowie die Gehälter und Pensionen für sie übernehmen soll.“[1210] Der Weg zum Ausgleich war damit frei, wenn sich die Einigung auch noch bis in das Jahr 1869 hinziehen sollte.

Es wurde noch einmal eine neue Delegation zusammengestellt, der als Einziger der Jurist Carl Hamburger als neues Gesicht angehörte. Als sie zusammentrat, schienen die Gegensätze nach wie vor weit auseinander zu liegen. Insbesondere störte natürlich nach wie vor der Zweifel, ob man überhaupt mit Blick auf das Vermögen das Städtische vom Staatlichen trennen könne. Doch im Zentrum stand eigentlich schon die Frage der angemessenen Höhe einer Entschädigungszahlung. Der Magistrat hätte sich mit zwei Millionen Gulden zufrieden gegeben, doch die Stadtverordnetenversammlung hatte die Forderung von Redebeitrag zu Redebeitrag am Ende bis auf drei Millionen Gulden hochgeschraubt.[1211] Die Erhöhung erfolgte nicht unbedingt zur Freude der Delegation, die die Chance für die Durchsetzung einer derartigen Forderung für gering einschätzte. Doch sie hatten die Rechnung ohne den Wirt, respektive den preußischen König, gemacht. Er kam der Delegation, die sich vom 23. bis und 26. Februar 1869 zu Verhandlungen in Berlin aufhielt, entgegen,

Karikatur auf die Verkündung des Teilungsrezesses 1869 in der Zeitschrift „Frankfurter Latern", 1874. Gemeint ist der preußische Finanzminister August Freiherr von der Heydt, der am 13. Juni 1874 starb.

Die Stadt Frankfurt dem Minister von der Heydt, aus Dankbarkeit für die Thränen der Rührung, die er beim Theilungsrezeß vergossen hat.

indem er anbot, die Differenz zwischen den durch das Finanzministerium nach einigem Zögern zugesagten zwei Millionen Gulden als Entschädigungszahlung und der Frankfurter Forderung von drei Millionen Gulden aus seinen Privatmitteln zu begleichen. Damit war der gordische Knoten durchschlagen und das Vertragswerk konnte in seine endgültige Form gebracht und schließlich am 26. Februar unterzeichnet werden.[1212]

Alle hätten jetzt aufatmen können, doch nach der Unterzeichung begann der Kampf um die historische Einordnung des Vorgangs. Die konservative Lesart, die von Finanzminister von der Heydt im Preußischen Landtag zum Besten gegeben worden war und dann von der Preußischen Kreuzzeitung in die Öffentlichkeit getragen wurde, erklärte die Handlung des Königs zu einem Akt der Gnade, um die Herzen der Frankfurter zu gewinnen. Gegen „den Begriff eines „Gnadengeschenks" – und darauf spielt die Karikatur an – verwahrte sich die Frankfurter Stadtverordnetenversammlung auf ihrer Sitzung am 16. März 1869 aufs Schärfste. Nach ihrer Version musste sich der Staat beugen, weil das Stadtparlament die Delegation nur dann zu einem Vertragsabschluss ermächtigt hatte, wenn die Leistung von drei Millionen Gulden bewilligt würde. Der König musste also so handeln, damit es überhaupt zu einem Abschluss kam.[1213]

Bei alledem interessierte diese Verästelung des Kampfes um den Frankfurter Teilungsrezess niemanden mehr so recht. Einige Zeit war nun ins Land gezogen. Die Besetzung der Stadt lag fast drei Jahre zurück, die Neuordnung der Verfassung immerhin schon zwei Jahre und die Aufmerksamkeit des im Norddeutschen Bund zusammengefassten größten Teils von Deutschland war längst auf andere Konfliktherde gerichtet. Im Jahr zuvor war in Spanien Königin Isabella II. gestürzt worden, die in Frankreich Zuflucht nahm; der Thron war damit zunächst verwaist. Zwar gehörte der junge Leopold von Hohenzollern-Sigmaringen von Anfang an zu den öffentlich diskutierten Kandidaten, doch wandte sich Juan Prim, Ministerpräsident der Übergangsregierung von Spanien und einer der Anführer des Aufstandes, erst an seine Familie, nachdem drei andere Kandidaturen an der interventionistischen Politik Napoleons III. gescheitert waren. Die Spannungen zwischen Frankreich und Deutschland nahmen bedrohlich zu, zumal Napoleon III. für seine Anerkennung der preußischen Annexionen keine Kompensation erhalten hatte. 1870 sollte der preußische König bei seinem Sommeraufenthalt in Bad Ems statt mit der Post ein trockenes Rechtsgutachten zu Frankfurter Immobilien und Eisenbahnen zu erhalten, über Bismarcks engen Mitarbeiter Heinrich Abeken einen telegrafischen Bericht über eine Unterredung mit dem französischen Botschafter in Preußen, Vincent Benedetti, nach Berlin schicken, den der Ministerpräsident auf seine Art redigierte und an die Presse weiterleitete. Von diesem Akt bis zur Gründung des Kaiserreichs unter preußischer Vorherrschaft waren es dann nur noch wenige Monate. Der Friede wurde am 10. Mai 1871 in Frankfurt vereinbart. Die Stadt war in Preußen angekommen.

10.5 Ein besonderes Maß an Freiheit

Die Annexion Frankfurts 1866 setzte dem „Experiment" einer souveränen und Freien Stadt ein jähes Ende. Ihre Eingliederung in den preußischen Staat, der Verlust von 50 Jahre währender außergewöhnlicher Eigenständigkeit im Rahmen des Deutschen Bundes, schnitt politische Traditionslinien ab, die für ganz Deutschland modellhafte Bedeutung hatten. Die Vision einer Bürgergesellschaft, die ihre Ziele aus sich selbst heraus formuliert und in einem offenen Diskursprojekt durchsetzt, kam an ein vorläufiges Ende. Dennoch, trotz des deutlichen Bruchs auf dem Gebiet der Verfassung erhielt sich doch in der nun anbrechenden neuen Zeit ein besonderes Maß an Freiheit. Im Unterschied zu fast allen preußischen Städten trat an die Stelle des sonst üblichen Dreiklassenwahlrechts das erst 1866 von der Bürgerschaft verabschiedete Mehrheitswahlrecht, das einschränkend an eine Reihe von Klauseln gebunden war. Diese bewirkten eine erhebliche Umstrukturierung des Kreises der Bürgerrechtsinhaber. Allein für Fremde wurde der Zugang zum Bürgerrecht erleichtert. Statt des „Gnadengesuchs" an den Senat mit dem in der Freien Stadt üblichen

Vermögensnachweis genügte nun ein relativ moderates Jahreseinkommen, was für die Inhaber bürgerlicher Berufe keine besonders hohe Hürde darstellte. Dennoch verlor zwischen 1864 und 1867 mehr als ein Drittel der angestammten Bürgerschaft die politischen Partizipations- und Mitsprachemöglichkeiten auf kommunaler Ebene – und dies bei einer insgesamt stark anwachsenden Bevölkerungszahl. In den folgenden Jahren war nur rund ein Drittel der Reichstagswahlberechtigten auch zu den Wahlen auf kommunaler Ebene zugelassen.[1214]

Übrig blieben die Kernschichten des Bürgertums: die Wohlhabenden, die Kaufleute und Bankiers, aber auch die Handwerker, die sowohl als Gewerbetreibende als auch als Hausbesitzer selbst dann in den Genuss der politischen Mitsprache kamen, wenn sie nicht über ein Jahreseinkommen von 700 Gulden verfügten. Die bürgerliche Gesellschaft schottete sich nun viel eindeutiger nach unten ab als zuvor. Für Einwohner ohne Besitz und festes Einkommen wurde der Zugang erheblich erschwert. Die Einbürgerung von Söhnen aus verarmten Bürgerhaushalten ohne Hausbesitz entfiel. Tagelöhner, Gesellen und verarmter Mittelstand – vorher durchaus präsent – blieben nun außen vor. Mit dieser Abschottung folgte Frankfurt dem damaligen Trend aller deutschen Städte. Der Umformungsprozess verlief regional, ja von Stadt zu Stadt sehr unterschiedlich, doch wurde überall das Bürgerrecht in seinen Wirkungsbereichen stark eingeschränkt, in seiner Funktion als Zugangsberechtigung zur Teilnahme an der kommunalen Politik vereinheitlicht und blieb mit den an Einkommen geknüpften Zugangsbedingungen im Kaiserreich als Instrument zur Aufrechterhaltung von bürgerlicher Herrschaft in den Kommunen bestehen. Damit wurde die politische Rechtlosigkeit der Unterschichten und der Arbeiter sowie der Frauen auf kommunaler Ebene festgeschrieben. Trotz aller Eingrenzungen und Überlagerungen tradierte das Stadtbürgerrecht auf diese Weise das patriarchalische Selbstverständnis des Bürgertums gegenüber den Gesellen, Arbeitern und dem Gesinde noch bis ins 20. Jahrhundert hinein.[1215] Die rasch zuströmende arme Landbevölkerung und die allmählich entstehende Arbeiterklasse stellten, weil ihnen die politischen Gremien verschlossen blieben, auf längere Sicht keine Bedrohung der bürgerlichen Hegemonie auf kommunaler Ebene dar. Das war wiederum ganz im Sinne derjenigen politischen Kräfte, die 1849 den Verfassungsentwurf der Konstituierenden Versammlung mit dem Argument verhindert hatten, es bestünde Gefahr, dass „Frankfurt Hauptstadt des Proletariats im Süden“ werde. Zugleich war es aber auch ganz im Sinne der demokratischen und linksliberalen Kräfte, die gleichfalls die Arbeiter erst nach einer Bildungsphase als gleichberechtigte Gemeindebürger anerkennen wollten.

Die mit den Staatsgewalten ausgehandelte Einschränkung der Partizipationsrate war jedoch nicht nur eine Schutzmaßnahme, mit der das Stadtbürgertum die aus der Einführung der Freizügigkeit und unbeschränkten Gewerbefreiheit resultierenden Folgen für die bürgerliche Herrschaft abwehren wollte. Man wollte auf der anderen

Seite auch die Herrschaft einer kleinen Gruppe sehr Wohlhabender verhindern, wie es das Dreiklassenwahlrecht ermöglicht hätte und wie es etwas später in den Städten der schwerindustriellen Zentren Deutschlands zum Tragen kam.

In der neuen Verfassung blieben also trotz des gravierenden Umbruchs in einem hohen Maß das patriarchalische Selbstverständnis und die sozialen Grundstrukturen der in den sechziger Jahren erneuerten stadtbürgerlichen Gesellschaft erhalten. Insofern kann über alle Brüche hinweg auch von einer Kontinuitätslinie gesprochen werden. Das gilt ebenso für andere Teile der neuen Verfassung. Bei der Wahl der politischen Gremien herrschte, ganz in der Tradition der Reformgesetze der fünfziger und sechziger Jahre, bürgerliche Gleichheit. Die Bürger wählten ohne Unterschied nach Stand, Religionsbekenntnis oder – wie sonst in Preußen üblich – nach Steueraufkommen eine Stadtverordnetenversammlung, die autonom über die Zusammensetzung des Magistrats entschied. Lediglich die Bürgermeister bedurften der königlichen Bestätigung, nicht hingegen – wiederum anders als sonst in Preußen – die Stadträte. Dabei handelte es sich um eine Struktur, die widerspruchslos von den liberalen und demokratischen Vereinen akzeptiert und aktiv ausgestaltet werden konnte, weil die Stärkung kommunal-parlamentarischer Institutionen zu den traditionellen Forderungen der Bewegung gehörte. Hier sei insbesondere auf den Verfassungsentwurf der Demokraten von 1849 verwiesen, in welchem dem Kommunalparlament eine zentrale Rolle eingeräumt worden war. Dem entsprach die neue Stadtverordnetenversammlung. Die preußische Staatsverwaltung hatte also mit der Einführung der modifizierten preußischen Städteordnung gewissermaßen den Verfassungskampf des Frankfurter Bürgertums beendet.

Aus diesem Grund verwundert auch die strukturelle und personelle Kontinuität nicht, die sich nach den ersten Wahlen in diesen Gremien fand. Die Sozialstruktur des 13 Mitglieder umfassenden ersten Magistrats von 1868 entsprach weitgehend der Sozialstruktur des 21köpfigen letzten Senats von 1866. In beiden Fällen rekrutierten sich die Mitglieder zu über 60 Prozent aus dem Bildungsbürgertum, ungefähr 29 beziehungsweise 30 Prozent gehörten zum Handelsbürgertum und zehn Prozent zu den Handwerkern. Die Sozialstruktur zwischen Gesetzgebender Versammlung und Stadtverordnetenversammlung stimmte auf den ersten Blick weniger direkt überein. Wenn jedoch die historische Tendenz mit berücksichtigt wird, zeigen sich durchaus Parallelen. Im Vergleich zur letzten Gesetzgebenden Versammlung hatte sich bei der Stadtverordnetenversammlung der Anteil bildungsbürgerlicher Berufsgruppen von 34 auf 28 Prozent reduziert, um aber vier Jahre später erneut auf 35 Prozent anzusteigen. Dieses Pendeln zwischen 25 und 35 Prozent hatte es über die Jahrzehnte hinweg auch bei der Gesetzgebenden Versammlung gegeben. Kaufleute und Bankiers vergrößerten ihren Anteil demgegenüber von 38 auf 50 Prozent. Dieser vergleichsweise hohe Anteil verringerte sich bereits drei Jahre später auf 44 Prozent. Die Handwerker schließlich konnten ihren Anteil nicht halten und waren statt mit einem Viertel der

Mandate nur noch mit einem Fünftel vertreten. In beiden Versammlungen spielten Beamte keine Rolle.[1216] Dennoch ist von besonderem Interesse, dass die berufliche Zusammensetzung der Frankfurter Stadtverordnetenversammlung alle bürgerlichen Sozialgruppen einschloss – sie beschränkte sich keineswegs auf das wohlhabende Großbürgertum. Das hatten die politischen Institutionen der preußischen Stadt mit den freistädtischen Gremien gemeinsam.

Noch deutlicher wird der bruchlose Übergang in die neue Zeit bei der Betrachtung der Personen. Jedes der 13 Mitglieder des ersten Magistrats verfügte über direkte Erfahrungen mit der freistädtischen Selbstverwaltung. Allerdings hatten lediglich fünf bereits dem Senat angehört, vier waren Vertreter in der Gesetzgebenden Versammlung gewesen, zwei hatten zur Ständigen Bürgerrepräsentation gehört und zwei waren ins Wahlkolleg gewählt worden. Über ähnliche politische Erfahrungen mit den Gremien der Freien Stadt verfügten auch die Mitglieder der ersten Stadtverordnetenversammlung.[1217] Insgesamt waren nur wenige ohne ein vorheriges kommunales Mandat oder langjährige Praxis in den politischen Bewegungen der Stadt gewesen. Sieben gehörten bereits der Konstituierenden Versammlung von 1848 an, einer zum engeren Kreis der Liberalen um 1840 und drei hatten bereits im Jahre 1832 die Petition gegen die Pressegesetze unterzeichnet. Es waren Nikolaus Hadermann, Maximilian Reinganum und der Buchhändler Johann David Sauerländer. Die Namen verweisen auf die politische Ausrichtung der Stadtverordnetenversammlung. Die vergleichsweise hohe personale Kontinuität war dafür verantwortlich, dass die liberale und demokratische Bewegung sowohl im Magistrat als auch in der Stadtverordnetenversammlung bruchlos die neuen Gremien der preußischen Stadt besetzte, nachdem sie in den sechziger Jahren bis in den Senat der Freien Stadt vorgedrungen war. Zusammen mit den Fortschrittsliberalen verfügten die Demokraten spätestens ab Mitte der siebziger Jahre sogar über die Mehrheit in der Stadtverordnetenversammlung und verteidigten diese Position bis ins 20. Jahrhundert hinein. Von hier aus gestalteten sie den weiteren Weg der Kommune.

Dieser Umstand einer linksliberalen Mehrheit in der Stadtverordnetenversammlung ist tatsächlich eine Besonderheit Frankfurts, die nur mit der Vorgeschichte ihres Aufstiegs in der Freien Stadt erklärt werden kann. Dies wurde in der lokalen Geschichtsschreibung lange Zeit nur am Rande beachtet. In der Regel erwähnen die Darstellungen nur die Leistungen des Magistrats, oftmals sogar nur die der Oberbürgermeister. Gerade Letztere erscheinen in der Literatur nicht selten als „lokale Bürgerkönige", während die jahrhundertealte Tradition der Selbstverwaltung kaum Berücksichtigung fand. Wie sehr das Bürgertum über das Kommunalparlament Einfluss auf die Geschicke der Stadt nahm und wie sehr umgekehrt die Kommunalparlamente als eine der wenigen realen Machtbastionen des Bürgertums bisher von der Forschung unterschätzt wurden, zeigt eindrucksvoll die mehrbändige Aufarbeitung der Frankfurter Stadtverordnetenversammlung von Karl Maly. Kaum eine Entscheidung wurde ohne die Stadtverordneten getroffen. Erst wenn sie sich der Sache angenommen hatten, wurde Realität, was für die Kommune an Maßnahmen für notwendig erachtet wurde, und nicht selten scheiterten selbst massiv vorgetragene Wünsche der preußischen Regierung am Veto der Abgeordneten.[1218] Die Positionen der demokratisch-linksliberalen Mehrheit gehörten zum Konsequentesten, was bürgerliche Politik im Kaiserreich hervorgebracht hatte: „Man dürfe nicht dulden, daß sich der Magistrat über die Bürgerschaft erhebe. Diejenigen, die dem Magistrat am wirksamsten den Daumen aufs Auge hielten, seien ihm am liebsten", äußerte der Frankfurter Demokrat Friedrich Stoltze und fixierte damit die Zielperspektive des Parlaments.[1219] Damit knüpfte das Parlament sowohl an die Tradition der Gesetzgebenden Versammlung als auch an die Tradition der liberalen Bewegung an. Die liberal-demokratische Bewegung als maßgeblicher politischer Faktor auf kommunaler Ebene ist somit ein drittes Element, das sich kontinuierlich aus den sozialen und politischen Verhältnissen der früheren Stadtrepublik herausentwickelt hatte. Das entspricht in weiten Zügen nicht den Vorstellungen, wie sich die bürgerliche Gesellschaft in Deutschland herausgebildet hat. Wie mächtig dieser in Frankfurt deutlich sichtbare Trend insgesamt gewesen war und wie sehr wir unsere Vorstellungen vom Strukturwandel der alten zur modernen Bürgergesellschaft modifizieren müssen, werden ergänzende Studien zu anderen Städten zeigen.

Die monopolartige Stellung des Liberalismus in diesen Jahren war der Höhepunkt eines sich über fast sieben Jahrzehnte entwickelnden Aufstiegs, der zwischen 1814 und 1816 begann, zu Beginn der dreißiger Jahre einen spürbaren Aufschwung erlebte, als über 200 Bürger öffentlich für die Wiederherstellung der Pressefreiheit petitionierten, und im März 1848 dem Senat ein Verfassungsreformversprechen abtrotzte. Die Liberalen stiegen dabei im Laufe des 19. Jahrhunderts von den weniger wichtigen Mandaten bis in die höchsten Spitzen der städtischen Selbstverwaltung auf. Nun gründete der linke Flügel der Bewegung am 3. Februar 1868 den Demokratischen Wahlverein, der nicht nur eine preußische Hegemonie in Deutschland ablehnte, sondern über die Frankfurter Zeitung liberale Werte im bald entstehenden Kaiserreich hochhielt. Beide prägten etliche Jahrzehnte die preußische Stadt Frankfurt. Auch auf diese Weise behielt die Stadt am Main ein besonderes Maß an Freiheit.

Doch die Ursprünge reichen noch weiter zurück. Der Band zeigt die Bedeutung, die die Stadt als Lebensraum für die Konstituierung des Bürgertums hatte, und wie bereits im 18. Jahrhundert geformte wirtschaftliche, soziale, politische sowie kulturelle Verhaltensweisen und Traditionen bis ins 20. Jahrhundert hinein fortwirkten. Die sozialen Beziehungen der bürgerlichen Gesellschaft bildeten kein starres Gefüge, eher reagierten sie dynamisch auf innere wie äußere Veränderungen. Auffallend ist die Langfristigkeit vieler Prozesse, die sich relativ unabhängig von den großen politischen Umbrüchen vollzogen. Am Beginn des Untersuchungszeitraums dominierten die hierarchischen Strukturen einer ständischen Gesellschaft. Die Einheit des Bürgertums konstituierte sich dabei zwar für alle gleichermaßen im Bürgerrecht, jedoch nur ein kleiner Teil der Bürger verfügte über das Recht zur politischen Mitsprache. Eine exklusive Stellung nahm das wohlhabende Patriziat ein, das sich von seiner wirtschaftlichen Basis im Handel und einer bürgerlichen Lebensführung immer mehr entfernt hatte, Rechte und Privilegien akkumulierte und versuchte, die politischen Selbstverwaltungseinrichtungen zu hegemonisieren. Demgegenüber waren ganze Konfessions- und Berufsgruppen im Rat und den Kollegien unterrepräsentiert oder sogar vollständig davon ausgeschlossen. Gegen diesen das 17. Jahrhundert dominierenden Drang zur korporativen Absonderung der Berufs- und Sozialgruppen und ständischen Fixierung der gesellschaftlichen Beziehungen sowie gegen die politische Benachteiligung des Handels- und Bildungsbürgertums regte sich bereits am Beginn des 18. Jahrhunderts heftiger Widerstand.

Es war dabei nicht allein der Verfassungskampf, der im Ergebnis das Regiment einiger weniger patrizischer Familien unterband, die Entwicklung zu einer ausgeglichenen Beteiligung aller bürgerlichen Berufsgruppen am Rat einleitete und mit den Bürgerausschüssen ein wirksames Kontrollinstrument gegen eine Verselbständigung der städtischen Exekutive schuf, nein, der gesellschaftliche Wandel war tief greifender. Befördert durch den europaweit vernetzten Handel, der der Stadt beständig neue Bevölkerungsteile von unterschiedlicher regionaler und „nationaler“ Herkunft und auch von unterschiedlicher Konfession und kultureller Identität zuführte, die sich die vollen Bürgerrechte erst erstreiten mussten, wurde nach der Jahrhundertmitte eine kulturelle Wende eingeleitet. Als wirtschaftlich erfolgreiche Unternehmer waren gerade die konfessionellen Minderheiten – unabhängig davon, ob es sich um katholische Italiener oder reformierte Holländer und Franzosen handelte – in einem hohen Maße offen für Innovationen und für Erneuerungsbestrebungen innerhalb der stadtbürgerlichen Gesellschaft. Gerade sie, aber sie nicht alleine, waren im Prozess ihrer Eingliederung aufnahmebereit für die Idee einer überständischen Bürgerkultur und prägten deshalb nicht selten die neuen gesellschaftlichen Einrichtungen und Organisationen, die im Zuge der Herausbildung einer modernen bürgerlichen Öffentlichkeit entstanden.

Die Organisation der Börsenvorsteher, die Freimaurer, die Etablierung der Kaffeehäuser oder des Theaters, die Umorientierung im Stiftungswesen und die Entstehung der Lesegesellschaften gehörten genauso zu dieser Entwicklung wie das Ausschöpfen der Rechte im seit 1732 neu gestalteten Verfassungsrahmen. So wuchs aus der Lebenswelt der Bürger selbst das Programm eines neuen Typs von bürgerlicher Gesellschaft hervor. Es bedurfte dabei nicht einer besonderen Gruppe, die in den modernen Sozialwissenschaften „die Bürgerlichen“ heißen – ein Konstrukt aus entfremdeten Bürgern und Aristokraten, von denen eine sogenannte „Bürgerlichkeit“ ihren Ausgang genommen haben soll. Statt von einer Ideologie der „Bürgerlichkeit“ ist vielmehr von einer allmählichen, sich über Jahrzehnte hinziehenden Umwandlung auszugehen, das langsame Umschmelzen der gegebenen Strukturen. Ganz verschiedene Bewegungen waren daran beteiligt, die sozialen und politischen Disparitäten zwischen den bürgerlichen Schichten zu beseitigen und neue Formen des bürgerlichen Zusammenlebens durchzusetzen. Die große Macht in diesem Prozess war die Assoziation, die „Vereinigung der Gebildeten". Die stadtbürgerliche Gesellschaft entledigte sich ihrer korporativen Strukturen, und das Vereinswesen entwickelte sich zum neuen Strukturelement für die Gestaltung der öffentlichen Beziehungen. Es begann mit den Logen und Lesegesellschaften, aber erst nach der Etablierung der Casinogesellschaft als dem zentralen geselligen Verein drang das Vereinswesen in immer weitere Bereiche der Öffentlichkeit vor. Wie umfassend dieser Strukturwandel gewesen war, das haben insbesondere die Bemühungen der Handwerker gezeigt, in den Kreis der „Gebildeten" aufgenommen zu werden. Dazu hatten die Polytechnische Gesellschaft von 1816, der Gewerbeverein von 1835, der Hülfsverein von 1844 und die Gartenbaugesellschaft „Flora" von 1848 beigetragen.[1220] Kultur und Politik beeinflussten sich bei diesem Strukturwandel gegenseitig und bildeten verschiedene Quellen, der sich im Laufe des 19. Jahrhunderts ausformenden liberalen Bewegung.

Gewiss, dieser Modernisierungsprozess der stadtbürgerlichen Gesellschaft wurde verschiedentlich – so am Beginn des 19. Jahrhunderts oder auch in den 1860er Jahren – von äußeren Einflüssen überlagert. Die Erneuerungsabsichten der staatlichen Bürokratie in der Dalbergzeit deckten sich nur zum Teil mit dem Erneuerungsprozess der stadtbürgerlichen Gesellschaft. Sie standen in der Tradition des aufgeklärten Absolutismus und orientierten sich an den rheinbündischen Reformen. Wie sehr sie meistenteils am Leben vorbeigingen, zeigt die Zeit nach der Wiedererlangung der Souveränität. Als hätten der Fürstliche Primatialstaat und das Großherzogtum Frankfurt nie existiert, setzte der Reformprozess genau an der Stelle wieder ein, an dem er zuvor durch fürstliche Rezesse unterbrochen worden war. Es wurde in die neue Verfassung das übernommen, was an Veränderung in der „Luft" gelegen hatte. Von den prinzipiellen Grundlagen her glich das zuweilen einem „Flickenteppich" – wie etwa die Constitutions-Ergänzungs-Akte, die deshalb in den historischen Interpretationen lange Zeit als vormodern-konservativ galt, jedoch genau das Maß an Wandel fixierte, das die Bürger für notwendig erachteten. Bei alledem war sie keineswegs „konservativ". Die Vorherrschaft des Patriziats wurde endgültig abgestreift, alle christlichen Bürger wurden gleichgestellt, eine Teilemanzipation der Juden wurde zugestanden, und das städtische Wirtschaftsbürgertum – Handelsbürgertum und Handwerk – trat danach sehr viel direkter als gestaltende Macht der neuen Zeit hervor. Vor allem aber schuf die Verfassung der Freien Stadt Freiräume für den sich in den nächsten Jahrzehnten vollziehenden gesellschaftlichen Strukturwandel der bürgerlichen Gesellschaft.

Die bürgerliche Elite der Stadt hatte entscheidenden Anteil am Wandel der städtischen Gesellschaft und wandelte sich mit ihr. Sie gestaltete den säkularen Modernisierungsprozess nicht nur, wie die verschiedenen Wellen der Verfassungsreformen zu Beginn des 18. und 19. Jahrhunderts, im Vormärz und den sechziger Jahren zeigen, in politischer und auch nicht nur in wirtschaftlicher und sozialer Hinsicht, wie die Innovationen im Verkehrsbereich, im Handelssektor und in der Sozialpolitik veranschaulichen, sondern auch im kulturellen Bereich, wovon das Vereinswesen mit seinen zahlreichen die Kunst und Wissenschaft fördernden Einrichtungen Zeugnis ablegt. Die Innovationen gingen dabei oftmals weniger von dem engen Kreis der dem Rat, Senat oder Magistrat angehörenden Vertretern der politischen Führungsschicht aus, sondern von den die Exekutive kontrollierenden Teilen, also den Mitgliedern der Kollegien und der Gesetzgebenden Versammlung. Vielfach waren sie aber auch relativ unabhängig von dem Kreis der städtischen Politiker und basierten auf dem freien Engagement der Bürger in den Vereinen und sonstigen Einrichtungen der städtischen Bürgergesellschaft wie beispielsweise dem Stiftungswesen.

Auf dem Boden der gelungenen Transformation von der ständischen Gesellschaft der Frühen Neuzeit in die Bürgergesellschaft der Aufbruchszeit und der sozialen Pluralität der Elite erwuchs eine spezifische politische Kultur, die das Verhalten der Bürger in den großen Emanzipationsbewegungen des 19. Jahrhunderts bestimmte. Sei es das Verhalten gegenüber den minder privilegierten bürgerlichen Gruppen, den verschiedenen nichtlutherischen Konfessionen wie den Reformierten und Katholiken oder gegenüber den Juden, sei es gegenüber den in der bürgerlichen Repräsentation etwas schlechter gestellten Handwerkern, die dem Modernisierungsprozess mit ambivalenten Einstellungen gegenüberstanden, oder sei es gegenüber den Arbeitern, die aus den unterbürgerlichen Schichten herauswachsend, ab der Mitte des 19. Jahrhunderts am Radikalsten von den Umwälzungen der neuen Zeit betroffen waren – immer war seit dem 18. Jahrhundert auf städtischer Ebene ein Konglomerat verschiedener bürgerlicher Sozialgruppen beteiligt gewesen, die ihre unterschiedlichen Interessen abwägen mussten. Infolgedessen wurde ein Konzept von bürgerlicher Gesellschaft praktiziert, das, statt die Interessengruppen zu polarisieren, offen war für eine Integrations- und Konsenspolitik. Frankfurt stand insgesamt für eine Konzeption der Modernisierung unter Berücksichtigung der sozialen Konsequenzen und damit für einen ganz modernen Umgang mit gesellschaftlichen Problemen. Die am Beginn dieses Bandes vorgestellte lange Reihe von Freiheitsdenkmälern sind stumme Zeugen der Charaktermerkmale der Stadt in der Zeit vor der Französischen Revolution bis zum Beginn der preußischen Zeit.

Anmerkungen

1 Vgl. Ralf Roth: Frankfurt am Main als Erinnerungsort des Liberalismus, in: Jahrbuch für Liberalismusforschung 21, 2009, S. 7–37.
2 Johann Wolfgang Goethe: Dichtung und Wahrheit, in: Goethes Werke in Auswahl, hrsg. v. Paul Wiegler, 6 Bde., Berlin 1949, Bd. 3, S. 56.
3 Vgl. Ralf Roth: Stadt und Bürgertum in Frankfurt am Main. Ein besonderer Weg von der ständischen zur modernen Bürgergesellschaft 1760 bis 1914, München 1996, S. 13 ff.
4 Die Bürger von Frankfurt an den Fränkischen Bürger und General Herrn Custine am 5. November 1792, Frankfurt am Main 1792. Institut für Stadtgeschichte (Frankfurt am Main), Nachlass Leonhardi S 1/165, Kistchen 4.II.
5 Isidor Kracauer: Frankfurt am Main und die Französische Revolution 1789–1792, in: Archiv für Frankfurts Geschichte und Kunst 9, 3. F., 1907, S. 211–298, hier S. 263.
6 Vgl. Erwin Kleinstück: Franfurt und Stein, in: Archiv für Frankfurts Geschichte und Kunst 41, 1953, S. 79–113, hier S. 107. Zum Denkmal vgl. auch den Artikel in dem Ausstellungskatalog Lothar Gall (Hrsg.): FFM 1200. Traditionen und Perspektiven einer Stadt. Ausstellungskatalog. Bearb. v. Ralf Roth, Sigmaringen 1994, S. 207.
7 Vgl. Cornelia Foerster: Das Hambacher Fest 1832. Volksfest und Nationalfest einer oppositionellen Massenbewegung, in: Dieter Düding, Peter Friedemann, Paul Münch (Hrsg.): Öffentliche Festkultur. Politische Feste in Deutschland von der Aufklärung bis zum Ersten Weltkrieg, Reinbek 1988, S. 113–131, hier S. 113 f.
8 Vgl. Jürgen Steen: Nationalfeste – Geschichte als reale Utopie 1838–1862, in: Historisches Museum Frankfurt (Hrsg.): Trophäe oder Leichenstein? Kulturgeschichtliche Aspekte des Geschichtsbewußtseins in Frankfurt im 19. Jahrhundert, Frankfurt am Main 1978, S. 135–179. Zu den verschiedenen Vormärzereignissen vgl. in diesem Zusammenhang Richard Schwemer: Geschichte der freien Stadt Frankfurt am Main (1814–1866), 3 Bde., Frankfurt am Main 1910–1915, Bd. 3.1, S. 31f., 66 f., 73f. u. 86ff.
9 Jürgen Steen: Frankfurter Nationalfeste des 19. Jahrhunderts, in: Archiv für Frankfurts Geschichte und Kunst 64, 1998, S. 267–292, hier S. 267.
10 Vgl. Verehrte Bürger vom 4. Juli 1838. Institut für Stadtgeschichte (Frankfurt am Main), Bethmann, W 1/9 III. 33.
11 Vgl. Jürgen Steen: Vormärzliche Gutenbergfeste (1837 und 1840), in: Düding, Friedemann, Münch: Öffentliche Festkultur, S. 147–165, hier S. 147ff.
12 Aufruf des Frankfurter Komitees vom 25. März 1840. Historisches Museum Frankfurt. Grafische Sammlung C 19480.
13 Vgl. Gedenkbuch zu Friedrich von Schillers hundertjähriger Geburtstagsfeier, begangen in Frankfurt am Main den 10. November 1859. Eine Festgabe herausgegeben unter freundlicher Mitwirkung der betheiligten Körperschaften. Mit sechzehn Tafeln den Festzug darstellend, gezeichnet von F. C. Klimsch. Nebst Ansicht des Schiller-Denkmals und des Transparent-Gebäudes, Frankfurt am Main 1859, S. 216 f.
14 Vgl. Schwemer: Geschichte, Bd. 3.1, S. 67.
15 Vgl. Gedenkbuch, S. 78, und Steen: Frankfurter Nationalfeste 1998, S. 272–278.
16 Frankfurter Journal Nr. 176, 1840.
17 Das Erinnerungsblatt ist in der Form einer Standartenfahne gehalten. Der Bildteil zeigt die Veranstaltung auf dem Rossmarkt. Vgl. Steen: Frankfurter Nationalfeste 1998, S. 284. Zum Herstellungsverfahren vgl. Heinz Fricke: 150 Jahre Physikalischer Verein Frankfurt a. M., Frankfurt am Main 1974, S. 99 ff.
18 Zit. n. Gall: FFM 1200, S. 233.
19 Zum gesamten Vorgang siehe Baron Ludwig Döry: Der lange Weg zum Goethedenkmal, in: Historisches Museum Frankfurt: Trophäe oder Leichenstein?, S. 289 ff., Georg Huthmacher (Hrsg.): Blätter zur Erinnerung an die Feier der Enthüllung des Goethedenkmals zu Frankfurt am 22. Oktober 1844, Frankfurt am Main 1844, Robert Hering: Nachlese zur Geschichte des Frankfurter Goethedenkmals, in: Archiv für Frankfurts Geschichte und Kunst 3, 4. F., 1932, S. 51–77, und die Unterlagen im Institut für Stadtgeschichte (Frankfurt am Main), S 3 / K 5 und S 3 / K 7153, sowie Bethmannarchiv II – 30.

20 Vgl. Karl Heinz Günther: Geschichte der Erziehung, 7. Aufl., Berlin 1965, S. 304, u. Steen: Frankfurter Nationalfeste 1998, S. 279.
21 Vgl. Steen: Nationalfeste 1978, S. 135.
22 Heinrich Meidinger: Frankfurts gemeinnützige Anstalten. Eine historisch-statistische Darstellung der milden Stiftungen, Stipendien, Wittwen u. Waisen-, Hülfs- und Sparkassen, Vereine, Schulen etc., 2 Bde., Frankfurt am Main 1845/56, Bd. 2, S. 213. Allgemein zur Schillerfeier und zu ihrer Rolle für den Neuaufschwung der liberalen Bewegung vgl. Thomas Nipperdey: Deutsche Geschichte 1800–1866. Bürgerwelt und starker Staat, 2. Aufl., München 1984, S. 722, u. Dieter Langewiesche: Liberalismus in Deutschland, Frankfurt am Main 1988, S. 112.
23 Vgl. Steen: Nationalfeste 1978, S. 149 ff.
24 Die Rede ist abgedruckt in: Gedenkbuch, S. 62 f.
25 Steen: Frankfurter Nationalfeste 1998, S. 279–286.
26 Vgl. Ralf Roth: Leopold Sonnemann und seine Stadt. Kommunalliberalismus am Beispiel von Frankfurt am Main, in: Jahrbuch zur Liberalismus-Forschung 19, 2007, S. 83–99.
27 Die Zentrale dieser über Jahre hinweg zelebrierten Sammlungen, an der sich Hunderte von Frankfurtern beteiligten, befand sich in der Gaststätte „Zum Prinzen von Arkadien" in der Großen Bockenheimerstraße. Vgl. Veit Valentin: Frankfurt am Main und die Revolution 1848/1849, Stuttgart/Berlin 1908, S. 221.
28 Vgl. Subscriptionsliste Theatralische Abendunterhaltung. Zum Besten des Fonds zur Errichtung eines Denkmals auf den Gräbern der am 18. September 1848 Gefallenen unter gefälliger Mitwirkung mehrerer Mitglieder der Neuen-Casinogesellschaft, Frankfurt am Main 1870. Institut für Stadtgeschichte (Frankfurt am Main), Nachlass Heinrich Eduard Fay, S1/11–5. Vgl. auch Dieter Bartetzko: „Franckfurth ist ein curioser Ort". Streifzüge durch städtische Szenarien und Architekturen, Frankfurt am Main/New York 1991, S. 77 f.
29 Vgl. Gall: FFM 1200, S. 245.
30 Jürgen Habermas: Strukturwandel der Öffentlichkeit, Frankfurt am Main 1990, S. 70f.
31 Habermas: Strukturwandel, S. 81.
32 Habermas: Strukturwandel, S. 78f.
33 Habermas: Strukturwandel, S. 80.
34 Habermas: Strukturwandel, S. 90.
35 Habermas: Strukturwandel, S. 85.
36 Habermas: Strukturwandel, S. 90ff. und 100–116.
37 Man findet diesen Ansatz etwa in Hans-Ulrich Wehlers „Deutsche Gesellschaftsgeschichte", insbesondere im ersten Band, der die Frühe Neuzeit behandelt. Vgl. Hans-Ulrich Wehler: Deutsche Gesellschaftsgeschichte, 5 Bde., Frankfurt am Main 1987–2008, hier Bd. 1: Vom Feudalismus des Alten Reichs bis zur Defensiven Modernisierung der Reformära. 1700–1815, oder Jürgen Kocka (Hrsg.): Bürger und Bürgerlichkeit im 19. Jahrhundert, Göttingen 1987, und Jürgen Kocka (Hrsg.): Bürgertum im 19. Jahrhundert. Deutschland im europäischen Vergleich, 3 Bde., München 1988. Vgl. insbesondere Rainer Maria Lepsius: Zur Soziologie des Bürgertums und der Bürgerlichkeit, in: Kocka: Bürger und Bürgerlichkeit, S. 79–100, und Jürgen Kocka: Bürgertum und bürgerliche Gesellschaft im 19. Jahrhundert. Europäische Entwicklungen und deutsche Eigenarten, in: Kocka: Bürgertum im 19. Jahrhundert., Bd. 1, S. 11–76, hier S. 17, 27f. u. 33ff. Vgl. zum Begriff der Bürgerlichkeit auch Ute Frevert: „Tatenarm und gedankenvoll?" Bürgertum in Deutschland 1780–1820, in: Helmut Berding u. a. (Hrsg.): Deutschland und Frankreich im Zeitalter der Französischen Revolution, Frankfurt am Main 1989, S. 263–292, hier S. 268.
38 Vgl. Thomas Mergel: „Zwischen Klasse und Konfession". Katholisches Bürgertum im Rheinland 1794–1914, Göttingen 1994. Mehr in der skizzierten Forschungstradition befangen dagegen Rudolf Boch: Grenzenloses Wachstum? Das rheinische Wirtschaftsbürgertum und seine Industrialisierungsdebatte 1814–1857, Göttingen 1991, u. ders., Von der „begrenzten" zur forcierten Industrialisierung. Zum Wandel ökonomischer Zielvorstellungen im rheinischen Wirtschaftsbürgertum 1815–1848, in: Hans-Jürgen Puhle (Hrsg.): Bürger in der Gesellschaft der Neuzeit. Wirtschaft – Politik – Kultur, Göttingen 1991, S. 133–155.
39 Vgl. Paul Nolte: Marktgesellschaft und Republik. Deutschland seit dem 17. Jahrhundert im internationalen Vergleich, in: Manfred Hettling (Hrsg.): Was ist Gesellschaftsgeschichte? Positionen, Themen, Analysen. Festschrift für Hans-Ulrich Wehler, München 1991, S. 289–300, hier S. 294.

40 Klassisch in Hans-Ulrich Wehler: Wie bürgerlich war das Deutsche Kaiserreich?, in: Jürgen Kocka (Hrsg.): Bürger und Bürgerlichkeit im 19. Jahrhundert, Göttingen 1987, S. 243–280, hier 271ff. Vgl. auch Wehler: Gesellschaftsgeschichte, Bd. 2, S. 65 u. 185ff. Statt auf die Fülle der vorhandenen Literatur sei auf die kritischen Bilanzen von David Blackbourn und Geoff Eley sowie auf Wolfgang Hardtwig verwiesen. David Blackbourn und Geoff Eley: The Peculiarities of German History. Bourgeois Society and Politics in Nineteenth-Century Germany, Oxford/New York 1984, S. 91ff. u. 226ff., u. Wolfgang Hardtwig: Der deutsche Weg in die Moderne. Die Gleichzeitigkeit des Ungleichzeitigen als Grundproblem der deutschen Geschichte 1789–1871, in: ders. (Hrsg.): Deutschlands Weg in die Moderne. Politik, Gesellschaft und Kultur im 19. Jahrhundert, München 1993, S. 9–31. Zur Diskussion um einen deutschen Sonderweg vgl. Helga Grebing, Doris von der Brelie-Lewien und Hans-Joachim Franzen: Der deutsche Sonderweg in Europa 1806–1945. Eine Kritik, Stuttgart u. a. 1986. Zur Position selbst Jürgen Kocka: German History before Hitler. The Debate about the German „Sonderweg", in: Journal of Contemporary History 23, 1988, S. 3–16; ders.: Der „deutsche Sonderweg" in der Diskussion, in: German Studies Review 5, 1982, S. 362–379; ders.: Ende des Deutschen Sonderwegs?, in: Wolfgang Ruppert (Hrsg.): „Deutschlands bleiche Mutter" – oder eine neue Lust an der nationalen Identität?, Berlin 1992, S. 9–31, u. Lothar Gall: Europa auf dem Weg in die Moderne 1850–1890, München 1984, S. 70ff.

41 Die Untersuchung der Vereine spielte in den letzten Jahrzehnten eine bedeutende Rolle bei der historischen Erschließung der bürgerlichen Gesellschaft. Vgl. Thomas Nipperdey: Verein als soziale Struktur in Deutschland im späten 18. und frühen 19. Jahrhundert, in: Hermann Heimpel (Hrsg.): Geschichtswissenschaft und Vereinswesen im 19. Jahrhundert, Göttingen 1972, S. 1–44. Zum Frankfurter Vereinswesen vgl. Ralf Roth: Das Vereinswesen in Frankfurt am Main als Beispiel einer nichtstaatlichen Bildungsstruktur, in: Archiv für Frankfurts Geschichte und Kunst 64, 1998, S. 143–211, u. ders.: Verflechtungen von Vereins- und Verwaltungstätigkeit als Form kommunaler Selbstregulierung, in: Peter Collin u. a. (Hrsg.): Selbstregulierung im 19. Jahrhundert. Zwischen Autonomie und staatlichen Steuerungsansprüchen, Frankfurt am Main 2011, S. 293–309.

42 Ralf Roth and Robert Beachy: Introduction: Who Ran the Cities?, in: Ralf Roth and Robert Beachy (eds.): Who Ran the Cities? City Elites and Urban Power Structures in Europe and North America, 1750–1940, Aldershot 2007, S. xvii–xxxii.

43 Zu den Hintergründen vgl. Heinz Duchhardt: Frankfurt am Main im 18. Jahrhundert, in: Historische Kommission Frankfurt (Hrsg.): Frankfurt am Main. Die Geschichte der Stadt, Sigmaringen 1991, S. 261–302, hier S. 282.

44 Anton Ritter: Häuserverzeichnis nach Quartieren, geschrieben vom Gegenschreiber, Frankfurt am Main 1761. Institut für Stadtgeschichte (Frankfurt am Main), Einundfünfzigerkolleg, Gegenschreiberbücher Nr. 254.

45 August de Bary: Johann Christian Senckenberg, Frankfurt am Main 1947, S. 223.

46 Vgl. Die Bürger von Frankfurt an den Fränkischen Bürger und General Herrn Custine am 5. November 1792, Frankfurt am Main 1792. Institut für Stadtgeschichte (Frankfurt am Main), Nachlass Leonhardi S 1/165, Kistchen 4.II.

47 Johann Adolph Behrends: Der Einwohner in Frankfurt am Mayn in Absicht auf seine Fruchtbarkeit, Mortalität und Gesundheit geschildert, Frankfurt am Main 1771, S. 226f.

48 Vgl. Friedrich Andreas Walther: Die Vorzüge der Stadt Frankfurt am Mayn 1748, in: Hans-Ulrich Korenke (Hrsg.): Frankfurt in alten und neuen Reisebeschreibungen, Kronberg/Ts. 1990, S. 57–664, hier S. 57.

49 Vgl. Lothar Gall: Vom Stand zur Klasse? Zur Entstehung und Struktur der modernen Gesellschaft, in: Historische Zeitschrift 261, 1995, S. 1–21, u. ders.: Von der ständischen zur bürgerlichen Gesellschaft, München 1993.

50 Zum Begriff „Modernisierung" vgl. Thomas Nipperdey: Probleme der Modernisierung in Deutschland, in: ders.: Nachdenken über die deutsche Geschichte. Essays, München 1990, S. 52–70, insb. S. 52ff.; Gall: Gesellschaft, S. 51ff.; Hans-Ulrich Wehler: Modernisierungstheorie und Geschichte, Göttingen 1975, S. 14 u. 45; Baidya Nath Varma: Modernization Theories, in: The New Social Sciences, Westport/Connecticut 1976, S. 139–167; Rainer Maria Lepsius: Soziologische Theoreme über die Sozialstruktur der „Moderne" und der Modernisierung, in: Reinhard Koselleck (Hrsg.): Studien zum Beginn der modernen Welt, Stuttgart 1977, S. 10–29, hier S. 13ff.; Wolfgang Zapf: Die soziologische Theorie der Modernisierung, in: Soziale Welt 26, 1975, S. 212–252; Peter Flora: Modernisierungsforschung. Zur empirischen Analyse der gesellschaftlichen Entwicklung, Opladen 1974; Johannes Berger: Modernitätsbe-

griffe und Modernitätskritik in der Soziologie, in: Soziale Welt 39, 1988, S. 224–236, hier S. 225f., u. ders.: (1996): Was behauptet die Modernisierungstheorie wirklich – und was wird ihr nur unterstellt?, in: Leviathan 24, H. 1, 1996, S. 45–62.

51 Ein Umstand, den gerade Nipperdey: Geschichte 1866–1918, Bd. 1, S. 414ff., immer wieder betont. Vgl. Dieter Langewiesche: Liberalismus und Region, in: Historische Zeitschrift, Beiheft 19, 1995, S. 1–18, hier S. 8 u. 15. Vgl. auch Nipperdey: Geschichte 1800–1866, S. 387ff., u. Manfred Hettling: Reform ohne Revolution. Bürgertum, Bürokratie und kommunale Selbstverwaltung in Württemberg von 1800 bis 1850, Göttingen 1990, S. 166ff.

52 Krebsscheeren – Eisenbahnen, in: Frankfurter Jahrbücher 2, H. 9, 1833, S. 83. Zum Hintergrund vgl. Ralf Roth: Das Jahrhundert der Eisenbahn. Die Herrschaft über Raum und Zeit 1800–1914, Ostfildern 2005, S. 61ff.

53 Vgl. Heinz Schomann: Das Frankfurter Bahnhofsviertel und die Kaiserstraße. Ein Beitrag zu Städtebau und Baukunst des Historismus, Stuttgart 1988, S. 10.

54 Vgl. Karl Demeter: Die Frankfurter Loge zur Einigkeit 1742–1966. Ein Beitrag zur deutschen Geistes- und Sozialgeschichte, Frankfurt am Main 1967, S. 20ff., 66, 75ff., u. 195ff.

55 Vgl. Roth: Stadt und Bürgertum, S. 188 u. 248–258.

56 Nipperdey: Verein als soziale Struktur, S. 3.

57 Ludwig Börne: Der ewige Jude, in: Ludwig Börne: Sämtliche Schriften. Hrsg. v. Inge u. Peter Rippmann, 5 Bde., Düsseldorf u. a. 1964–1977, Bd. 2, S. 492.

58 Vgl. Roth: Stadt und Bürgertum, S. 372ff. u. 397ff.

59 Vgl. Protestation deutscher Bürger für Preßfreiheit in Deutschland, Hanau 1832. Zum Hintergrund vgl. Cornelia Foerster: Der Preß- und Vaterlandsverein von 1832/33. Sozialstruktur und Organisationsformen der bürgerlichen Bewegung in der Zeit des Hambacher Festes, Trier 1982, S. 20–44.

60 Vgl. Barbara Christine Schwedhelm: Demagogenjagd. Frankfurt um 1830, Diss., Frankfurt am Main 1982, S. 22ff.

61 Vgl. Lothar Gall: Frankfurt als Sitz des Paulskirchenparlaments. Deutschlands liberales und demokratisches Zentrum, in: Uwe Schultz (Hrsg.): Die Hauptstädte der Deutschen. Von der Kaiserpfalz in Aachen zum Regierungssitz Berlin, München 1993, S. 169–180.

62 Friedrich Christoph Dahlmann zit. n. Aktenstücke und Aufzeichnungen zur Geschichte der Frankfurter Nationalversammlung aus dem Nachlass von Johann Gustav Droysen. Hrsg. v. R. Hübner, Berlin und Leipzig 1924, S. 55.

63 Johann Kaspar Riebeck: Der große Gold-Kanal 1780, in: Korenke: Frankfurt in alten und neuen Reisebeschreibungen, S. 65f.

64 Zum Festungsgürtel vgl. Emil Padjera: Die bastionäre Befestigung von Frankfurt am Main, in: Archiv für Frankfurts Geschichte und Kunst 12, 3. F., 1920, S. 230–301, hier S. 277ff. Zur szenischen Beschreibung der Judengasse vgl. John Trumbull: Schauspiele erträglich – Musik ausgezeichnet 1786, in: Korenke: Frankfurt in alten und neuen Reisebeschreibungen, S. 77–79, hier S. 78. Zu weiteren Beschreibungen der Stadt siehe Karl Ludwig Franck: Topographischer Überblick der Stadt Frankfurt am Main nach ihren Quartieren, Gegenden und Gebäulichkeiten und Feldgütern, Frankfurt am Main 1821, u. Wolfgang Klötzer: Vom Stadtquartier zum Stadtteil. Eine topographisch-soziologische Untersuchung am Beispiel der Stadt Frankfurt am Main, in: Stadt in der Geschichte 17, 1991, S. 45–67.

65 Die freie Stadt Frankfurt am Mayn nebst ihren Umgebungen. Ein Wegweiser für Fremde und Einheimische, Frankfurt am Main 1843, S. 39ff.

66 Vgl. Harry Gerber: Die Stadt Frankfurt am Main und ihr Gebiet, in: Heinrich Voelcker (Hrsg.): Die Stadt Goethes. Frankfurt am Main im 18. Jahrhundert, Frankfurt am Main 1932, ND Frankfurt am Main 1982, S. 17–50, hier S. 22.

67 Vgl. Wolfgang Bangert: Baupolitik und Stadtgestaltung in Frankfurt am Main. Ein Beitrag zur Entwicklungsgeschichte des deutschen Städtebaus in den letzten 100 Jahren, Würzburg 1937, S. 10.

68 Vgl. Carl Wolff und Rudolf Jung: Die Baudenkmäler in Frankfurt am Main, 3 Bde., Frankfurt am Main 1896–1898, Bd. 2, S. 115ff.

69 Baustatut für die Stadt Frankfurt und Sachsenhausen v. 11. Juni 1809, in: Johann Heinrich Bender (Hrsg.): Sammlung Frankfurter Verordnungen aus den Jahren 1806 bis 1816, Frankfurt am Main 1833, S. 65–115. Siehe weiter Günther Vogt: Frankfurter Bürgerhäuser des Neunzehnten Jahrhunderts. Ein Stadtbild des Klassizismus, Frankfurt am Main 1970, S. 22ff.

70 Aja Goethe am 1. Juli 1808 an Johann Wolfgang Goethe. Zit. nach A. Köster (Hrsg.): Die Briefe der Frau Rat Goethe, Leipzig 1968, S. 587.
71 Bettina von Arnim: Dies Buch gehört dem Könige. Hrsg. v. I. Staff, Frankfurt am Main 1982 (orig. 1843), S. 146.
72 Siehe Wolff und Jung: Die Baudenkmäler, Bd. 2, S. 118ff.
73 Excursion sur les bords du Rhin, 1841, in: Johann Jakob Hässlin (Hrsg.): Frankfurt, München 1959, S. 179.
74 William Chambers: A Tour in Holland, the Countries of the Rhine and Belgium in the Autumn of 1838, in: Hässlin: Frankfurt. S. 12.
75 Zu den beiden Stichen vgl. Hans-Otto Schembs: Frankfurt, wie es die Maler sahen, Frankfurt am Main 1989, S. 64f.
76 Fried Lübbecke: Das Antlitz der Stadt. Nach Frankfurts Plänen von Faber Merian und Delkeskamp 1552–1864, Frankfurt am Main 1952.
77 Waldemar Kramer (Hrsg.): Frankfurt Chronik, 3. Aufl., Frankfurt am Main 1987, S. 258.
78 Georg Friedrich Hartung: Aus Alt-Frankfurt. Ein Reisebericht von 1808, bearb. von Bernhard Hartung, in: Frankfurter Zeitung, Stadtblatt, 13. Juli 1930, zitiert nach Robert Diehl: Frankfurt am Main im Spiegel alter Reisebeschreibungen vom 15. bis zum 19. Jahrhundert, Frankfurt am Main 1939, S. 120.
79 Institut für Stadtgeschichte (Frankfurt am Main), Rechnei nach 1816, 303 Verlegung der Schwimmanstalt der Wittwe Franziska Kleeblatt 1839–1849, und 309 Gesuch von Franz Martin Kleeblatt um Verleihung eines Platzes für eine Schwimmanstalt 1843.
80 Das West- und Ostend Frankfurts, in: Frankfurts Gemeinnützige Chronik 4, H. 7, 1844, S. 57.
81 Zur Diskussion um das Gaswerk vgl. Jürgen Steen: Frankfurt am Main und die Elektrizität 1800–1914. Die zweite industrielle Revolution, Frankfurt am Main 1981, S. 34ff., und Volker Rödel: Ingenieurbaukunst in Frankfurt am Main 1806–1914. Beiträge zur Stadtentwicklung, Frankfurt am Main 1983, S. 123f.
82 Zur ausführlichen Bewertung der sozialstatistischen Quellen zu den Bevölkerungszahlen vgl. Roth: Stadt und Bürgertum, S. 47, und Ralf Roth: Sozialstrukturen von städtischer Bevölkerung und städtischem Bürgertum. Bevölkerungsentwicklung, Konfessionsgliederung und Haushaltsanteile, in: Lothar Gall (Hrsg.): Stadt und Bürgertum im Übergang von der traditionalen zur modernen Gesellschaft, München 1993, S. 17–50.
83 Behrends: Einwohner, S. 2.
84 Zahlen nach Alexander Dietz: Frankfurter Bürgerbuch. Geschichtliche Mitteilungen über 600 bekannte Frankfurter Familien aus der Zeit vor 1806, Frankfurt am Main 1897, S. 187ff., und Beiträge zur Statistik der Freien Stadt Frankfurt 1, H. 1, 1858, S. 4–11; ebd. S. 1, H. 2, 1859, S. 37f.; ebd. S. 1, H. 3, 1861, S. 7; ebd. S. 2, H. 1, 1866, S. 14ff. u. Tabelle 19, u. ebd. S. 2, H. 2, 1867, S. 30 u. 109. Zum Teil handelt es sich bei den Zahlenangaben um Berechnungen. Für die Zeit nach 1867 siehe Heinrich Bleicher: Statistische Beschreibung der Stadt Frankfurt am Main, 2 Bde., Frankfurt am Main 1895, Bd. 2, S. 72; Statistisches Amt der Stadt Frankfurt am Main (Hrsg.): Graphisch-statistischer Atlas von Frankfurt am Main, Frankfurt am Main 1903, S. 2, u. Statistisches Handbuch der Stadt Frankfurt am Main, 2 Bde., Frankfurt am Main 1907 u. 1928., Bd. 2, S. 51ff. Siehe außerdem Beiträge zur Statistik der Stadt Frankfurt am Main 2, H. 3, 1870, S. 221, u. ebd. S. 3, H. 2, 1878, S. 41.
85 Roth: Sozialstruktur der städtischen Bevölkerung, S. 32ff.
86 Roth: Stadt und Bürgertum, S. 49.
87 Zum allgemeinen Trend im Wachstum der europäischen Städte vgl. Gerhard Mackenroth: Bevölkerungslehre. Theorie, Soziologie und Statistik der Bevölkerung, Berlin/Göttingen 1953, S. 127 u. 468, und Klaus Gerteis: Die deutschen Städte in der frühen Neuzeit. Zur Vorgeschichte der „bürgerlichen Welt", Darmstadt 1986, S. 57.
88 Zur Diskussion um die Entwicklungstrends der Anzahl der Personen pro Haushalt von 1840 bis 1910 vgl. Roth: Stadt und Bürgertum, S. 52, und Roth: Sozialstruktur der städtischen Bevölkerung, S. 45ff. Ausführliche Quellenverweise dort.
89 Zahlen nach Inge Kaltwasser: Häusliches Gesinde in der Freien Stadt Frankfurt am Main. Rechtsstellung, soziale Lage und Aspekte des sozialen Wandels 1815–1866, Frankfurt am Main 1989, S. 75 u. 81.
90 Heinrich Voelcker: Handel, Gewerbe und Verkehr, in: ders.: Die Stadt Goethes, S. 105.

91 Zur Struktur des Messehandels im 18. Jahrhundert vgl. Alexander Dietz: Frankfurter Handelsgeschichte, 4 Bde., Frankfurt am Main 1910–1925, Bd. 1, S. 88ff. Zur genauen Aufteilung der Herkunftsorte siehe ebd. S. 96ff. u. 101.
92 Vgl. Hugo Kanter: Die Entwicklung des Handels mit gebrauchsfertigen Waren von der Mitte des 18. Jahrhunderts bis 1866, Tübingen/Leipzig 1902, S. 20ff. u. 43, und Hugo Arenz: Die Beeinflußung des Frankfurter Handels durch die Kontinentalsperre von 1806–1813, Mayen 1932, S. 15ff.
93 Heinrich Voelcker: Handel, Gewerbe und Verkehr, in: ders.: Die Stadt Goethes, S. 128.
94 Angaben nach Franckfurter Merkantil-Schema oder Verzeichniß aller in Franckfurt befindlichen Handelsherren, Negotianten, Fabrikanten, Künstler, Commercial-Profeßionisten, usw., Franckfurt am Mayn 1773; Handlungs-Addreß-Calender von Frankfurt am Mayn auf das Jahr 1797, Frankfurt am Mayn o. J. [1798]; Handlungs-Addreß-Kalender von Frankfurt am Main auf das Jahr 1816, Frankfurt am Main o. J. [1817]; Allgemeines Adress-Buch der Freien Stadt Frankfurt 1834. Mit Privilegium des Senats, Frankfurt am Main o. J. [1834], u. Adress- und Geschäftshandbuch von Frankfurt am Main 1868/69. Auf Grund amtlicher Quellen bearbeitet und hrsg. v. A. Frenzel, T. 1., Frankfurt am Main 1868. Zur Entwicklung des Handels vgl. Geschichte der Handelskammer zu Frankfurt am Main 1707–1908. Beiträge zur Frankfurter Handelsgeschichte, Frankfurt am Main 1908, S. 1181f. Zur Entwicklung der Anzahl der Handlungen von 1771 bis 1870 vgl. Roth: Stadt und Bürgertum, S. 55.
95 Siehe die Liste der größeren Anleihen in Frankfurt am Main bei Dietz: Handelsgeschichte, Bd. 4.2, S. 753–779. Zum Aufschwung des Geldgeschäfts Hans-Peter Ullmann: Der Frankfurter Kapitalmarkt um 1800. Entstehung, Struktur und Wirken einer modernen Finanzierungsinstitution, in: Vierteljahresschrift für Sozial- und Wirtschaftsgeschichte 77, 1990, S. 75–92. Zu Bethmann, Städel und Leonhardi vgl. Roth: Stadt und Bürgertum, S. 56.
96 Zu den Vorrechten des Patriziats vgl. Johann Anton Moritz: Versuch einer Einleitung in die Staatsverfassung derer Oberrheinischen Reichsstädte, 2 Bde., Frankfurt am Main 1785/86, Bd. 1, S. 213ff. Zur Geschichte des Patriziats vgl. Hans Körner: Frankfurter Patrizier. Historisch Genealogisches Handbuch der Adeligen Ganerbschaft Alten-Limpurg zu Frankfurt am Main, neu bearbeitet und fortgesetzt durch Andreas Hansert, Neustadt/Aisch 2003, und Hartmut Bock: Die Chronik der Eisenberger. Edition und Kommentar. Bebilderte Geschichte einer Beamtenfamilie der deutschen Renaissance – Aufstieg in den Wetterauer Niederadel und das Frankfurter Patriziat, Frankfurt am Main 2001.
97 Vgl. Staats-Calender der Großherzoglichen Stadt und des Departements Frankfurt für das Jahr 1812, Frankfurt am Main o. J. [1813], S, 38ff., und Andreas Hansert: Zur Geschichte der Adeligen Ganerbschaft des Hauses Alten-Limpurg zu Frankfurt am Main im 19. und 20. Jahrhundert, in: Körner: Frankfurter Patrizier, S. 12–25, hier S. 14.
98 Vgl. Heinrich von Nathasius-Neinstedt und Friedrich Clemens Ebrards: Geschichte des uradligen Hauses Bary 1223–1903, Frankfurt am Main 1904, S. 206ff.
99 Vgl. Dietz: Handelsgeschichte, Bd. 4.1, S. 243ff.
100 Vgl. Dietz: Frankfurter Bürgerbuch, S. 137ff. u. 155.
101 Moritz: Versuch, Bd. 1, S. 222.
102 Vgl. Geschichte der Handelskammer, S. 19; zur Rolle der Börse im damaligen Europa vgl. Ralf Banken: Der Aufstieg der Frankfurter Börse und das Geschäft mit europäischen Staatsanleihen 1750–1850, in: Werner Plumpe und Dieter Rebentisch (Hrsg.): „Dem Flor der hiesigen Handlung“. 200 Jahre Industrie- und Handelskammer Frankfurt am Main. Frankfurt am Main 2008, S. 58–65, hier S. 59f.
103 Heinrich Voelcker: Handel, Gewerbe und Verkehr, in: ders.: Die Stadt Goethes, S. 127ff.
104 Vgl. Wolfgang Behringer: Fugger und Taxis. Der Anteil Augsburger Kaufleute an der Entstehung des europäischen Kommunikationssystems, in: J. Burkhardt (Hrsg.): Augsburger Handelshäuser im Wandel des historischen Urteils, Berlin 1996, S. 241–248, Erwin Probst: Das Zeitalter der Lehensposten im 19. Jahrhundert. Thurn und Taxis, in: Wolfgang Lotz (Hrsg.): Deutsche Postgeschichte. Essays und Bilder, Berlin 1989, S. 123–148, und Fritz Ohmann: Die Anfänge des Postwesens und die Taxis, Leipzig 1909, S. 174ff. Zum überlieferten Quellenbestand vgl. Rudolf Freytag: Verzeichnis geschriebener und gedruckter Postberichte, Posttarife und ähnlicher Dokumente des fürstlichen Zentralarchivs Regensburg, in: Archiv für Postgeschichte in Bayern 1931, S. 15–48.
105 Vgl. Fried Lübbecke: Das Palais Thurn und Taxis zu Frankfurt am Main, Frankfurt am Main 1955, S. 55f. und 63, und Joseph Rübsam: Aus der Urzeit der Taxisschen Posten, in: Fritz Ohmann (Hrsg.): Johann Baptista von Taxis. Ein Staatsmann und Militär unter Philipp II. und Philipp III. 1530–1610, Freiburg i. Br. 1889, S. 172–229.

106 Vgl. Lübbecke: Das Palais, S. 63, 66 u. S. 69f.
107 Vgl. Lübbecke: Das Palais, S. 57f., 161ff., 183ff. u. 406ff.
108 Vgl. Lübbecke: Das Palais, S. 192f., 196, 206–208 u. 210–216.
109 Vgl. Lübbecke: Das Palais, S. 40f., u. Heinrich Voelcker: Handel, Gewerbe und Verkehr, in: ders.: Die Stadt Goethes, S. 130.
110 Vgl. Lübbecke: Das Palais, S. 279.
111 Vgl. Voelcker: Handel, Gewerbe und Verkehr, in: ders.: Die Stadt Goethes,S. 129f.
112 Voelcker: Handel, Gewerbe und Verkehr, in: ders.: Die Stadt Goethes, S. 129f.
113 Behrends: Einwohner, S. 215f.
114 Vgl. Moritz: Versuch, Bd. 2, S. 287, u. Benedikt Jakob Römer-Büchner: Die Entwicklung der Stadtverfassung und die Bürgervereine der Stadt Frankfurt am Main, Frankfurt am Main 1855, S. 82f.
115 Behrends: Einwohner, S. 215f.
116 Vgl. Franz Lerner: Eine Statistik der Handwerksgesellen zu Frankfurt am Main vom Jahre 1762, in: ders. (Hrsg.): Mit Gunst, Meister und Gesellen eines ehrbaren Handwerks, Frankfurt am Main 1987, S. 74–88, hier S. 77 u. 86f.
117 Vgl. die Ratsordnungen vom 10. Juli 1766 u. 28. Dezember 1775, in: Johann Conradin Beyerbach (Hrsg.): Sammlungen der Verordnungen der Reichsstadt Frankfurt, 11 Bde., Frankfurt am Main 1798 bis 1818, Bd. 4, S. 666f. u. 1178. Vgl. zum Zusammenhang auch Philipp Schnell: Das Frankfurter Handwerk von 1816–1848. Ein Beitrag zur Wirtschaftsgeschichte, Diss., Frankfurt am Main 1936, S. 39 u. 49.
118 Ritter: Häuserverzeichnis.
119 Zur Methode im allgemeinen vgl. Andreas Schulz: Wirtschaftlicher Status und Einkommensverteilung – die ökonomische Oberschicht, in: Gall: Stadt und Bürgertum im Übergang (1993), S. 249–271.
120 Roth: Stadt und Bürgertum, S. 133ff.
121 Zur näheren sozialstatistischen Auswertung vgl. Roth: Stadt und Bürgertum, S. 130.
122 Zum Zwecke der Auswertung wurden alle hausbesitzenden Steuerzahler erfasst, Mieter jedoch erst ab einer Mietwert von 100 Gulden. Insgesamt wurden von den 14.468 verzeichneten Hausbesitzern und Mietern 6.600 in eine Datenbank aufgenommen. Vgl. Mietsteuerrolle der Freien Stadt Frankfurt am Main für die Jahr 1840 bis 1848. Institut für Stadtgeschichte (Frankfurt am Main), Rechneiamt nach 1816, Steuerbücher Nr. 1 bis Nr. 13 (1840); Steuerbuch Nr. 14, Nr. 20 bis Nr. 22: Judengasse (1842), und Steuerbuch Nr. 24 (1848).
123 Zur Sozialstruktur der Hausbesitzer um 1760 und 1850 vgl. Roth: Stadt und Bürgertum, S. 130 und 358, und ders.: Sozialräumliche Untersuchung des Hausbesitzes in Frankfurt am Main um 1850, in: Harald Bodenschatz u. a. (Hrsg.): Urbane Stadtentwicklung – Wohnen in der Stadt, Stuttgart 2007, S. 92–105.
124 Vgl. Rachel Heuberger und Helga Krohn: Hinaus aus dem Ghetto. Juden in Frankfurt am Main 1800–1950, Frankfurt am Main 1988, S. 17.
125 Vgl. Gerhard Bott: Die angenehme Lage der Stadt Frankfurt am Main, Frankfurt am Main 1954; Klaus Mertens und Christoph Mohr: Das Frankfurter Westend, München 1974, und Wilhelm Frithjof Dahl: Die Tätigkeit des Baumeisters Salins de Montfort in Frankfurt am Main, Frankfurt am Main 1929, S. 25ff.
126 P. Menne: Die Stadt Frankfurt am Main und ihr Raum, Frankfurt am Main 1964, S. 89.
127 Hansert: Zur Geschichte der Adeligen Ganerbschaft, S. 14.
128 Vgl. Lothar Gall: Bürgerliche Gesellschaft und Bürgerliche Gesellschaft, in: Jürgen Jeske, Lothar Gall und Ralf Roth (Hrsg.): Eine bürgerliche Institution. Die Frankfurter Gesellschaft für Handel, Industrie und Wissenschaft – Casino-Gesellschaft von 1802, Frankfurt am Main 2010, S. 11–32.
129 Vgl. Manfred Riedel: Art. Bürgerliche Gesellschaft, in: Otto Brunner u. a. (Hrsg.): Geschichtliche Grundbegriffe. Historisches Lexikon zur politisch-sozialen Sprache in Deutschland, 8 Bde., Stuttgart 1972–1997, Bd. 2, S. 719–800, und Ralf Roth: Der Durchbruch der bürgerlichen Gesellschaft, in: Andreas Wirsching (Hrsg.): Oldenbourg Geschichte Lehrbuch. Neueste Zeit, München 2006, S. 17–32.
130 Vgl. Winfried Schulze (Hrsg.): Ständische Gesellschaft und soziale Mobilität, München 1988, S. 1f., und Richard van Dülmen: Formierung der europäischen Gesellschaft in der frühen Neuzeit, in: Geschichte und Gesellschaft 7, 1981, S. 5–41, hier S. 5f.
131 Dieter Saalfeld: Die Ständische Gliederung der Gesellschaft Deutschlands im Zeitalter des Absolutismus. Ein Quantifizierungsversuch, in: Vierteljahrschrift für Sozial- und Wirtschaftsgeschichte 67, 1980, S. 457–483.

132 Vgl. FN 37.
133 Vgl. Hans Greuner: Rangverhältnisse im städtischen Bürgertum der Barockzeit unter besonderer Berücksichtigung der Freien Reichsstadt Frankfurt am Main, Diss., o. O. u. J. (1957).
134 Johannes Kunisch: Absolutismus, Göttingen 1976, S. 41.
135 Vgl. Saalfeld: Die Ständische Gliederung, S. 464, und Dülmen: Formierung der europäischen Gesellschaft, S. 20f.
136 Behrends: Einwohner, S. 69ff.
137 Zum Inhalt des Bürgerrechts im Einzelnen vgl. Moritz: Versuch, Bd. 1, S. 206f., u. Rainer Koch: Grundlagen bürgerlicher Herrschaft. Studien zur bürgerlichen Gesellschaft in Frankfurt am Main 1612–1866, Wiesbaden 1983, S. 79–86. Zu den Einnahmen der Stadt vgl. Schluss-Bilanz über die Einnahmen und Ausgaben Löbl. Recheney-Amts im Jahr 1805. Institut für Stadtgeschichte (Frankfurt am Main), Nachlaß von Leonhardi S 1/165, Kistchen 23. Zur Rolle des Bürgerrechts für den Zugang zu den Korporationen vgl. Beyerbach: Sammlungen, Bd. 4, S. 1273.
138 Vgl. Petra Rentschler: Lohnarbeit und Familienökonomie. Zur Frauenarbeit im Zeitalter der Französischen Revolution, in: Viktoria Schmidt-Linsenhoff (Hrsg.): Sklavin oder Bürgerin? Französische Revolution und Neue Weiblichkeit 1760–1830, Frankfurt am Main 1989, S. 223–246, hier S. 232ff., Andrea van Dülmen (Hrsg.): Frauenleben im 18. Jahrhundert, Frankfurt am Main 1992, S. 371ff.
139 Vgl. C. W. Kellner: Übersicht der in den Jahren 1849 bis 1858 in das Bürgerrecht der Stadt Frankfurt eingetretenen Personen, in: Beiträge zur Statistik der Freien Stadt 1, H. 2, 1859, S. 23, und Bleicher: Statistische Beschreibung, Bd. 1, S. 75.
140 Vgl. Tabelle Sozialstruktur der Bürger von 1834 in Roth: Stadt und Bürgertum, S. 70. Ausgewertete Quellen sind dabei: Allgemeines Adress-Buch der Freien Stadt [1834]. Die letzte Gesamtaufstellung der Bürger fand im Jahre 1311 statt. Vgl. Hermann Meinert (Hrsg.): Die Bürgerbücher der Reichsstadt Frankfurt 1311–1400, Frankfurt am Main 1955, S. XI, u. Dietrich Andernach und Erne Berger (Hrsg.): Die Bürgerbücher der Reichsstadt Frankfurt 1400–1470, Frankfurt am Main 1970, S. V. Seit dieser Zeit sind zwar die Bürgerbücher nahezu vollständig überliefert, doch wurden immer nur die Neuaufnahmen verzeichnet. Die Sozialstruktur der Bürgerschaft zu einem bestimmten Stichjahr ist deshalb nicht zu rekonstruieren.
141 Zit. n. Moritz: Versuch, Bd. 1, S. 202f. Zum Hintergrund des Streites vgl. Dietz: Handelsgeschichte, Bd. 4.1, S. 245ff.
142 Druckerordnung von 1660, zit. n. Gustav Mori: Brönner's Druckerei – 200 Jahre Frankfurter Druckgewerbe an Hand der Geschichte der H. L. Brönner's Buchdruckerei und Verlagsanstalt in Frankfurt am Main 1727–1927. Eine Erinnerungsgabe zum 1. Oktober 1927, Frankfurt am Main 1927, S. 3f.
143 Vgl. Fried Lübbecke: Fünfhundert Jahre Buch und Druck in Frankfurt am Main, Frankfurt am Main 1948, S. 89f.
144 Vgl. Roth: Stadt und Bürgertum, S. 98f.
145 Gesuch von Heinrich Ludwig Brönner und Maria Elisabeth Bauer geb. Nagel an den Rat vom 30. Januar 1727. Archiv Umschau-Verlag.
146 Zur Entwicklung der Größe der Bürgergemeinde von 1811 bis 1910 vgl. Roth: Stadt und Bürgertum, S. 75.
147 Vgl. Ralf Roth: Liberalismus in Frankfurt am Main 1814–1914. Probleme seiner Strukturgeschichte, in: Historische Zeitschrift, Beiheft 19, 1995, S. 41–86, hier S. 62.
148 Vgl. Dirk Reuter: Der Bürgeranteil und seine Bedeutung, in: Lothar Gall (Hrsg.): Stadt und Bürgertum im Übergang von der traditionalen zur modernen Gesellschaft, München 1993, S. 75–92, insb. S. 79, u. Andreas Nachama: Ersatzbürgertum und Staatsbildung. Zur Zerstörung des Bürgertums in Brandenburg-Preußen, Frankfurt am Main/Bern/New York 1984, S. 134ff.
149 Vgl. Friedrich Lenger: Bürgertum und Stadtverwaltung in rheinischen Großstädten des 19. Jahrhunderts. Zu einem vernachlässigten Aspekt bürgerlicher Herrschaft, in: Lothar Gall (Hrsg.): Stadt und Bürgertum im 19. Jahrhundert, München 1990, S. 97–169, insb. S. 114ff.
150 Vgl. Karin Schambach: Stadtbürgertum und industrieller Umbruch. Dortmund 1780–1870, Diss., München 1996, S. 266.
151 Vgl. Ralf Zerback: München und sein Stadtbürgertum. Eine Residenzstadt als Bürgergemeinde 1780–1870, Diss., München 1997, S. 41–45.
152 Vgl. Frank Möller: Bürgerliche Herrschaft in Augsburg 1790–1880, Diss., München 1998, S. 41–47, u. Hans W. Schmuhl: Bürgerliche Eliten in städtischen Repräsentativorganen, in: Jürgen Puhle (Hrsg.):

Bürger in der Gesellschaft der Neuzeit. Wirtschaft – Politik – Kultur, Göttingen 1991, S. 178–198, hier S. 186.
153 Vgl. Albert E. Schäffle: Beiträge zu einer vergleichenden Darstellung der deutschen Gemeindeorganisation, in: Zeitschrift für die gesamte Staatswissenschaft 22, 1866, S. 68–86, u. Heinrich Tiessen: Industrielle Entwicklung, gesellschaftlicher Wandel und politische Bewegung in einer württembergischen Fabrikstadt des 19. Jahrhunderts. Esslingen 1848–1914, Sigmaringen 1982, S. 98f. u. 288f.
154 Vgl. Dieter Hein: Badisches Bürgertum. Soziale Struktur und kommunalpolitische Ziele im 19. Jahrhundert, in: Lothar Gall (Hrsg.): Stadt und Bürgertum im 19. Jahrhundert, München 1990, S. 65–96, hier S. 81f.
155 Vgl. Eckhardt Treichel: Der Primat der Bürokratie. Bürokratischer Staat und bürokratische Elite im Herzogtum Nassau 1806–1866, Stuttgart 1991, S. 258, u. Thomas Weichel: „Wenn dann der Kaiser nicht mehr kommt ...“. Kommunalpolitik und Arbeiterbewegung in Wiesbaden 1890–1914, Wiesbaden 1991, S. 56ff., u. ders.: Die Kur- und Verwaltungsstadt Wiesbaden 1790–1822, in: Lothar Gall (Hrsg.): Vom alten zum neuen Bürgertum. Die mitteleuropäische Stadt im Umbruch 1780–1820, München 1993, S. 317–356, hier S. 323f.
156 Vgl. allgemein Michael Sobania: Rechtliche Konstituierungsfaktoren des Bürgertums, in: Lothar Gall (Hrsg.): Stadt und Bürgertum im Übergang von der traditionalen zur modernen Gesellschaft, München 1993, S. 131–150.
157 Moritz: Versuch, Bd. 1, S. 230.
158 Vgl. Koch: Grundlagen, S. 130ff.
159 Vgl. Beysassen-Ordnung vom 7. Juli 1735, in: Beyerbach: Sammlungen, Bd. 4, S. 647–653. Vgl. zum Gesamten auch Koch: Grundlagen, S. 86ff.
160 Vgl. Dietz: Handelsgeschichte, Bd. 4.1, S. 165.
161 Zur Sozialstruktur der jüdischen Bevölkerung zwischen 1694 und 1824 vgl. Roth: Stadt und Bürgertum, S. 83. Zahlen nach Josef Unna: Statistik der Frankfurter Juden bis zum Jahre 1866. Ein Versuch historischer Bevölkerungsstatistik, Frankfurt am Main 1931, S. 29f.
162 Vgl. Moritz: Versuch, Bd. 1, S. 240ff. Isidor Kracauer: Geschichte der Juden in Frankfurt am Main 1150–1824, 2 Bde., Frankfurt am Main 1925–1927, Bd. 2, S. 295ff.
163 Vgl. Specification aller jüdischen Familien, welche in Franckfurt Stättigkeit und daselbige an Häußern als Vermögen haben, so viele man hat erforschen können; nach dem jüdischen Alphabet, Frankfurt am Main 1715. Institut für Stadtgeschichte (Frankfurt am Main), Nachlaß von Leonhardi S 1/165, Kistchen 5. Paul Arnsberg: Die Geschichte der Frankfurter Juden seit der Französischen Revolution, 3 Bde., Darmstadt 1983, Bd. 1, S. 29, vertrat demgegenüber die These, dass nur einige „wenige Frankfurter Juden“ zu Wohlstand kamen. Dies stimmt mit der allgemeinen Forschungsmeinung überein, wonach die überwiegende Mehrheit der Juden in Armut lebte. Vgl. Shulamit Volkov: Die Verbürgerlichung der Juden in Deutschland als Paradigma, in: dies. (Hrsg.): Jüdisches Leben und Antisemitismus im 19. und 20. Jahrhundert, München 1990, S. 111–130, hier S. 112, u. Jacob Toury: Der Eintritt der Juden ins deutsche Bürgertum, in: Hans Liebeschütz und Arnold Paucker (Hrsg.): Das Judentum in der deutschen Umwelt, Tübingen 1977, S. 139–242, hier S. 149f.
164 Vgl. Koch: Grundlagen, S. 97.
165 Vgl. Kracauer: Frankfurt am Main und die französische Revolution 1789–1792, S. 211–298.
166 Vgl. Koch: Grundlagen, S. 90ff. u. 104f.
167 Vgl. Rolf Engelsing: Das häusliche Personal in der Epoche der Industrialisierung, in: ders. (Hrsg.): Zur Sozialgeschichte deutscher Mittel- und Unterschichten, Göttingen 1978, S. 225–261, hier S. 225ff.
168 Vgl. im Folgenden Kaltwasser: Gesinde, S. 13ff.; Rainer Koch: Zum Gesindewesen in Frankfurt am Main (17. bis 19. Jahrhundert), in: Archiv für Frankfurts Geschichte und Kunst 59, 1985, S. 231–250, hier S. 236ff., u. Karl Bräuer: Das Gesindewesen im alten Frankfurt, in: Alt-Frankfurt 4, 1912, S. 97–104.
169 Zahlen n. Gustav Burnitz: Die Bevölkerung der freien Stadt und ihres Gebietes, in: Beiträge zur Statistik der freien Stadt 1, H. 3, 1861, S. 27.
170 § 3 der Gesindeordnung von 1810. Abgedruckt in: Frankfurter Intelligenzblatt Nr. 82 v. 2. Oktober 1810, Nr. 84 v. 5. Oktober 1810, Nr. 85 v. 9. Oktober 1810, Nr. 86 v. 12. Oktober 1810, Nr. 87 v. 16. Oktober 1810, u. Nr. 88 v. 19. Oktober 1810. Vgl. zum Hintergrund Kaltwasser: Gesinde, S. 13ff.
171 Vgl. Gustav Burnitz: Bevölkerung nach Beruf, Erwerbsverhältnisse und Nahrungsstand, in: Beiträge zur Statistik der freien Stadt Frankfurt 1, H. 5, 1863, S. 9f.
172 Vgl. Roth: Stadt und Bürgertum, S. 86.

173 Kleider-, Hochzeit-, Kindtauf- und Trauer-Ordnung von 1731, in: Beyerbach: Sammlung, Bd. 2, S. 171.
174 Gesindewesen, in: Frankfurter Gemeinnützige Chronik 3, H. 5, 1843, S. 33.
175 Vgl. Kaltwasser: Gesinde, S. 27ff.
176 Vgl. Moritz: Versuch, Bd. 1, S. 215ff. u. 222ff., u. Greuner: Rangverhältnisse, S. 24f.
177 Vgl. Roth: Sozialstruktur der städtischen Bevölkerung, S. 40ff.
178 Vgl. Roth: Stadt und Bürgertum, S. 91f.
179 Behrends: Einwohner, S. 227.
180 Zur konfessionellen Zusammensetzung der Frankfurter Bevölkerung vgl. Roth: Stadt und Bürgertum, S. 94, u. Heinrich Meidinger: Zur Statistik Frankfurts. Wohnplätze, Bevölkerung, Brod- und Fleischverbrauch, Gewerb- und Armenwesen, Frankfurt am Main 1848, S. 26ff.; ebd., Bd. 2, S. 167f. Vgl. weiterhin Dietz: Bürgerbuch, S. 187–193, u. Unna: Statistik, S. 14ff.
181 Wenig informativ, wenn es um die Katholiken geht, ist Hermann Dechent: Kirchengeschichte von Frankfurt am Main seit der Reformation, 2 Bde., Frankfurt am Main 1921.
182 Dietz: Handelsgeschichte, Bd. 4.1, S. 240.
183 Die Angaben sind dem Bestand des Archivs der Dompfarrgemeinde Frankfurt, Statistik 1861–1908 III.A. entnommen. Vgl. auch Klaus Schatz: Geschichte des Bistums Limburg, Mainz 1983, S. 72.
184 Vgl. Gustav Burnitz: Die Bevölkerung der freien Stadt Frankfurt und ihres Gebiets. Nach den Originalaufzeichnungen der Volkszählung vom 3. Dezember 1858, in: Beiträge zur Statistik der freien Stadt Frankfurt 1, H. 3, 1861, S. 21ff., u. die Kartenübersichten bei Bleicher: Beschreibung, Bd. 2, S. 8f.
185 Vgl. Dietz: Handelsgeschichte, Bd. 4.2, S. 601.
186 Vgl. Dietz: Handelsgeschichte, Bd. 4.2, S. 603.
187 Behrends: Einwohner, S. 227.
188 Vgl. Schatz: Geschichte, S. 73, u. Vortrag von Dr. Helfrich auf dem Vereinstag der Frankfurter katholischen Vereine, abgedruckt in Volksblatt, 2. Blatt, v. 14. Mai 1912.
189 Vgl. Friedrich Schlosser: Darstellung der Verhältnisse des Vorstandes der katholischen Gemeinde zu Frankfurt und ihrer allmählichen Entwicklung, handschriftliches Ms. Frankfurt am Main 1822, S. 4. Archiv der Dompfarrgemeinde Frankfurt I.5.A., u. Schatz: Geschichte, S. 73.
190 Römer-Büchner: Entwicklung, S. 22ff.
191 Zu den Wahlen in der Frühen Neuzeit vgl. Monika Wölk: Wahlbewußtsein und Wahlerfahrungen zwischen Tradition und Moderne, in: Historische Zeitschrift 238, 1984, S. 311–352, insb. S. 322ff.
192 Vom Verbot des Tabakrauchens, in: Raths- und Stadt-Kalender auf das Jahr 1785, Frankfurt am Main 1785, S. 41f. Allgemein vgl. Moritz: Versuch, Bd. 1, S. 91ff. u. 294ff.
193 Konsistorialordnung von 1730. Institut für Stadtgeschichte (Frankfurt am Main), Einundfünfzigerkolleg, Akten Nr. 3.485.
194 Vgl. Anton Schindling: Wachstum und Wandel vom Konfessionellen Zeitalter bis zum Zeitalter Ludwigs XIV. Frankfurt am Main 1555–1685, in: Historische Kommission Frankfurt (Hrsg.): Frankfurt am Main. Die Geschichte der Stadt, Frankfurt am Main 1991, S. 205–260, hier S. 229ff.; Heinz Duchhardt: Frankfurt am Main im 18. Jahrhundert, in: ebd. S. 261–302, hier S. 263ff.; Matthias Meyen: Die Reichsstadt vor dem Bürgeraufstand von 1612–1614, Frankfurt am Main 1980, S. 35ff., u. Gerald Lyman Soliday: A Community in Conflict. Frankfurt Society in the Seventeenth and Early Eighteenth Century, Hannover 1974, S. 120ff. Zum Aufbau der Quartiervorstände siehe Isidor Kracauer: Das Militärwesen der Reichsstadt Frankfurt am Main im XVIII. Jahrhundert, in: Archiv für Frankfurts Geschichte und Kunst 12, 4. F., 1920, S. 1–180, hier 3ff., u. Klötzer: Vom Stadtquartier zum Stadtteil, S. 55ff.
195 Vgl. Moritz: Versuch, Bd. 1, S. 283ff.
196 Zur Sozialstruktur des Rats von 1740 bis 1806 vgl. Roth: Stadt und Bürgertum, S. 108.
197 Moritz: Versuch, Bd. 1, S. 287.
198 Vgl. Friedrich Krug: Diarium der Frankfurter Raths-Wahlen nach der Wahlordnung durch die Kugelung, oder Chronologisches Verzeichniß aller Raths-Glieder vom 11. März 1727 an, Frankfurt am Main o. J. [1846].
199 Vgl. James Mac Naughton: The Wheels of the former machine. The Political Culture of Frankfurt am Main 1732–1816, Ann Arbor/Michigan 1985, S. 81.
200 Johann Matthäus Holbein: Die reine Wahrheit in Erörterung der Frage, ob es zur Wahlfähigkeit der Mitglieder aus den Gesellschaften Alt-Limburg und Frauenstein genug sey, daß deren sich keine respective 14 und 6 im Rathe befinden, noch den zu wählenden die Verwandschaft mit Raths-Gliedern

im Weege stehe, oder ob auserdem noch Eigenschaften und Begabniße der zu wählenden zum Grunde zu legen seyen?, Frankfurt am Main 1776, S. 2. Institut für Stadtgeschichte (Frankfurt am Main), Nachlaß von Leonhardi S 1/165, Kistchen 19/20.
201 Holbein: Wahrheit, S. 4.
202 Montesquieu: Vom Geist der Gesetze, übersetzt von Kurt Weigand, Stuttgart 1965, S. 106.
203 Holbein: Wahrheit, S. 27.
204 Holbein: Wahrheit, S. 10 u. 26.
205 Holbein: Wahrheit, S. 27.
206 Vgl. Krug:, Diarium, S. 34ff., und Dietz: Bürgerbuch, S. 1–100.
207 Vgl. Roth: Stadt und Bürgertum, S. 113.
208 Johann Christian Senckenberg, zit. n. August de Bary: Geschichte der Dr. Senckenbergischen Stiftung 1763–1938. Ein Zeugnis des Frankfurter Bürgersinns in 175 Jahren, Frankfurt am Main 1938, S. 162.
209 Vgl. Extractus Protocolli Löbl. Bürgerausschuss vom 23. Martii 1786. Institut für Stadtgeschichte (Frankfurt am Main), Einundfünfzigerkolleg, Akten Nr. 4.092.
210 Zusammengestellt nach Krug: Diarium, S. 34ff.
211 Vgl. Roth: Stadt und Bürgertum, S. 114.
212 Vgl. Moritz: Versuch, Bd. 1, S. 310, u. An Ihro Röm. Kayserl. auch in Hispanien, Hungarn, und Böheimb Königl. Cathol. Majestät. Allerunterthänigst-Pflichtmäßige Amts-Vorstellung und Bitte Burgerlicher Neuner in Sachen: Franckfurth contra Franckfurth, Frankfurt am Main 1736, 1. Institut für Stadtgeschichte (Frankfurt am Main), Nachlaß von Leonhardi S 1/165, Kistchen 15.I.
213 §§ 1 u. 2 der Instructionen und Pflichten der Gegenschreiber vom 14. März 1732. Institut für Stadtgeschichte (Frankfurt am Main), Einundfünfzigerkolleg, Akten Nr. 3.367.
214 Zu den Befugnissen der Neuner vgl. Instructionen der bürgerlichen Neuner vom 17. April 1732, Abschnitt I, II, IV, V u. VI. Institut für Stadtgeschichte (Frankfurt am Main), Nachlaß von Leonhardi S 1/165, Kistchen 15.I.
215 Zur Sozialstruktur der Bürgerausschüsse von 1740 bis 1806 vgl. Roth: Stadt und Bürgertum, S. 118f.
216 Zahlen nach Auswertung Krug: Diarium.
217 Behrends: Einwohner, S. 227.
218 Der Einfluss der Börsenvorsteher ist umstritten. Während die Autoren der Geschichte der Handelskammer, S. 59 u. 103ff., ihnen Erfolg attestierten, verweist Siegbert Lammel: Zur Entstehung von Handelsrecht. Die Beteiligung des Handelsstandes an der Handelsgesetzgebung in der Freien Stadt Frankfurt am Main, Frankfurt am Main 1987, S. 68ff., eher auf die nicht erreichten Ziele.
219 Vgl. Roth: Stadt und Bürgertum, S. 126.
220 Zur Sozialstruktur der bürgerlichen Elite zwischen 1760 und 1900 vgl. Roth: Stadt und Bürgertum, S. 136.
221 Vgl. Roth: Stadt und Bürgertum, S. 138.
222 Behrends: Einwohner, S. 69ff.
223 Johann Wolfgang Goethe: Aus meinem Leben. Dichtung und Wahrheit. Erster Theil, Tübingen 1811, S. 369–371. Zum Hintergrund vgl. Michael Matthäus: „Reichgrundgesetz“ oder nur „ein nichtsnützige Stück Pergament“? Die Rezeption der Frankfurter Goldenen Bulle in Wissenschaft und Literatur, in: Evelyn Brockhoff und Michael Matthäus (Hrsg.): Die Kaisermacher. Frankfurt am Main und die Goldene Bulle. 1356–1806, Frankfurt am Main 2006, S. 170–196, hier S. 182f.
224 Ober-Post-Amts-Zeitung v. 19. März 1764. Vgl. auch Thomas Bauer: „In diesen Tagen kam ich nicht zu mir selbst“. Goethes erste Liebe im Kontext der Wahl und Krönung Josephs II. 1764, in: Patricia Stahl (Hrsg.): „Franckfurt bleibt das Nest“. Johann Wolfgang Goethe und seine Vaterstadt, Frankfurt am Main 1999, S. 127–132.
225 Vgl. Thomas Bauer: Eine Stadt im Ausnahmezustand. Wahl und Krönung Josephs II. 1764 in Frankfurt am Main, in: Brockhoff und Matthäus: Die Kaisermacher, S. 275.
226 J. de Blainville: Reisebeschreibung durch Holland, Oberdeutschland und die Schweiz, besonders aber durch Italien aus des Verfassers eigener Handschrift, 5 Bde. Lemgo 1764–1767, hier Bd. 1, S. 155–158. Vgl. auch Uli Kutter: Reisen – Reisehandbücher – Wissenschaft. Materialien zur Reisekultur im 18. Jahrhundert, Neuried 1996, S. 251. Zur ausführlichen Würdigung derartiger Reiseberichte siehe Matthäus: „Reichgrundgesetz“, S. 179.

227 Vgl. Barbara Dölemeyer: Reichsrecht, politische Propaganda und Festbeschreibung in den Wahl- und Krönungsdiarien, in: Brockhoff und Matthäus: Die Kaisermacher, S. 140–151.
228 Johann Wolfgang Goethe: Briefe aus dem Elternhaus, hrsg. von Ernst Beutler, Frankfurt am Main 1997, S. 617.
229 Merckwürdiges Diarium Sowohl von der Wahl und Crömung Ihro Kayserl. Majestät Carls des VII. Als auch von der Crönung Ihro Majestät der Kayserin Maria Amalia. Wie solche mit ausserordentlichem Pracht in Franckfurt am Mayn vollzogen worden, Frankfurt am Main 1742, S. 2.
230 Dörlemeyer: Reichsrecht, S. 142f., u. Merckwürdiges Diarium, S. 82f.
231 Ratsverordnung zur Straßenreinhaltung vom 26. Januar 1764, Institut für Stadtgeschichte (Frankfurt am Main) Frankfurt a. M., Ratsverordnungen 1764.
232 Franz Erwin Serger und Philipp Johann Nepomuk Seitz: Ausführliches Diarium / Wie sowohl / Der Churfürstliche Collegial-Tag / Als auch die Wahl und Crönung / Ihro Römisch Königlichen Majestät / Josephi des Andern / In der Reichs-Stadt Franckfurt am Mayn In dem Jahr 1764 vollzogen worden, 3 Bde., Mainz 1767–1771, S. 39 und 47.
233 Etwa in ebd. nach S. 144: „Abriß des großen Römer-Sals / in welchem der freien Reichs-Stadt Frankfurth Magistrat / die Stabs-Officiers und Capitains den Sicherungs-Eid abgeleget.“
234 Dölemeyer: Reichsrecht, S. 143.
235 Bauer: Wahl und Krönung, S. 181.
236 Vgl. Rainer Koch und Patricia Stahl (Hrsg.): Wahl und Krönung in Frankfurt am Main. Kaiser Karl VII. 1742–1745, 2 Bde., Frankfurt am Main 1986, Bd. 2, S. 211.
237 Vgl. Gerd Kleinheyer: Die kaiserlichen Wahlkapitulationen. Geschichte, Wesen und Funktion, Karlsruhe 1968, S. 119, u. Dörlemeyer: Reichsrecht, S. 144.
238 Vgl. Hans Magenschab: Josef II. Revolutionär von Gottes Gnaden, Graz u. a. 1979, S. 62–71.
239 Bauer: Eine Stadt im Ausnahmezustand, S. 275.
240 Thomas Bauer: Wahl und Krönung, in: Lothar Gall (Hrsg.): FFM 1200 Traditionen und Perspektiven einer Stadt, Frankfurt am Main 1994, S. 153–179, hier S. 171, u. Bauer: Eine Stadt im Ausnahmezustand, S. 276.
241 Bauer: Wahl und Krönung, S. 154.
242 Ordentliche Franckfurter Frag- und Anzeigungs-Nachrichten vom 31. März 1764.
243 Bauer: Wahl und Krönung, S. 173.
244 Bauer: Wahl und Krönung, S. 174.
245 Johann Wolfgang Goethe: Aus meinem Leben. Dichtung und Wahrheit, in: Goethes Werke. Hamburger Ausgabe, Bd. 9, hrsg. v. Erich Trunz, 10. Aufl., München 1982, S. 203.
246 Hans Magenschab: Josef II. Österreichs Weg in die Moderne, Wien 2006, S. 65, u. Bauer: Eine Stadt im Ausnahmezustand, S. 278.
247 Zitiert nach: Bauer: Eine Stadt im Ausnahmezustand, S. 279. Zum Gesamtereignis vgl. Georg Ludwig Kriegk: Die deutsche Kaiserkrönung, in: Zeitschrift für deutsche Kulturgeschichte, NF 1, 1872, S. 77–160, hier S. 138; F. A. Finger: Der Weinbrunnen auf dem Römerberg, in: Mittheilungen an die Mitglieder des Vereins für Geschichte und Alterthumskunde in Frankfurt am Main 6, 1881, S. 169–174.
248 Goethe: Dichtung und Wahrheit, S. 207.
249 Bauer: Wahl und Krönung, S. 175, u. Bauer: Eine Stadt im Ausnahmezustand, S. 278.
250 Vgl. Hans-Otto Schembs: Kaiserkrönungen im historischen Frankfurt, hrsg. von Heide Ringhand, Velbert 1987, S. 73ff. Kracauer: Geschichte, Bd. 2, S. 304 ff.
251 Ober-Post-Amts-Zeitung vom 13. April 1764.
252 Johann Wolfgang Goethe: Dichtung und Wahrheit, Insel Taschenbuch, 3 Bde., Frankfurt am Main 1975, Bd. 1, S. 199ff. Zum Hintergrund vgl. Manfred Beetz: Überlebtes Welttheater: Goethes autobiographische Darstellung der Wahl und Krönung Josephs II. in Frankfurt am Main 1764, in: Jörg J. Berns, Thomas Rahm (Hrsg.): Zeremoniell als höfische Ästhetik im Spätmittelalter und Früher Neuzeit, Tübingen 1995, S. 572–599, hier S. 572ff.
253 Vollständiges Diarium der Römisch-Königlichen Wahl und Kaiserlichen Krönung Ihro nunmehr allerglorwürdigst regierenden Kaiserlichen Majestät Leopold des Zweiten, Frankfurt am Main 1791, und Diarium oder Tage-Buch, der Wahl und Krönung Franz des Zweiten, Kaiser der Deutschen, Frankfurt am Main 1792. Vgl. zum Hintergrund Wolfgang Burgdorf: Reichskonstitution und Nation. Verfassungsreformprojekte für das Heilige Römische Reich Deutscher Nation im politischen Schrifttum von 1648 bis 1806, Mainz 1998, S. 384ff., u. Dörlemeyer: Reichsrecht, S. 145.

254 Diarium oder Tage-Buch.
255 Dörlemeyer: Reichsrecht, S. 142.
256 Vgl. David E. Barclay: Friedrich Wilhelm II. (1786–1797), in: Frank-Lothar Kroll (Hrsg.): Preußens Herrscher. Von den ersten Hohenzollern bis Wilhelm II., München 2000, S. 179–196, Timothy C.W. Blanning: Joseph II., London 1994, u. Peter Baumgart: Joseph II. und Maria Theresia (1765–1790), in: Anton Schindling und Walter Ziegler (Hrsg.): Die Kaiser der Neuzeit 1519–1918. Heiliges Römisches Reichs, Österreich, Deutschland, München 1990, S. 249–276.
257 Johannes Arndt: Das Ende des Alten Reichs, in: Brockhoff und Matthäus: Die Kaisermacher, S. 152–161, hier S. 154f.
258 Arndt: Das Ende des Alten Reichs, S. 156.
259 Vgl. Karl Otmar von Aretin: Das Alte Reich 1648–1806, 3 Bde., Stuttgart 1993–1997, Helmut Diestelkamp (Hrsg.): Oberste Gerichtsbarkeit und Zentrale Gewalt im Europa der Frühen Neuzeit, Köln u. a. 1996, u. Helmut Diestelkamp (Hrsg.): Das Reichskammergericht am Ende des Alten Reiches und sein Fortwirken im 19. Jahrhundert, Köln u. a. 2002.
260 Vgl. Arndt: Das Ende des Alten Reichs, S. 158.
261 Georg Friedrich Wilhelm Hegel: Die Verfassung Deutschlands, in: G. W. F. Hegel: Werke in 20 Bänden, Frankfurt am Main 1971, Bd. 1, S. 461–581. Vgl. dazu Shlomo Avineri: Hegels Theorie des modernen Staats, Frankfurt am Main 1976, S. 49ff., u. Arnold Bernay: Reichstradition und Nationalstaatsgedanke 1789–1815, in: Historische Zeitschrift 140, 1929, S. 55–86.
262 Werner Vogel: Die Entwicklung der brandenburgischen Verwaltung bis zum Regierungsantritt Friedrich Wilhelms I., in: Kurt G. A. Jeserich, Christoph von Unruh und Hans Pohl (Hrsg.): Deutsche Verwaltungsgeschichte, Bd. 1: Vom Spätmittelalter bis zum Ende des Reichs, Stuttgart 1983, S. 858–890, Reinhold August Dorwart: The Administrative Reforms of Frederick William I of Prussia, Cambridge/Mass. 1953, u. Eberhard Weis: Der Durchbruch des Bürgertums 1776–1847. Propyläen Geschichte Europas, Bd. 4, Frankfurt am Main u. a. 1978, S. 22ff.
263 Sven L. Anderson: Ein Schwede bereist das Rhein-Main-Gebiet im Jahre 1795. Tagebuchnotizen von Frans Michael Franzén, in: Archiv für Frankfurts Geschichte und Kunst 57, 1980, S. 49–56, hier S. 51.
264 Vgl. Kurt Koszyk: Deutsche Presse im 19. Jahrhundert, Berlin 1966, S. 19.
265 Vgl. Dietz: Frankfurter Handelsgeschichte, Bd. 3. Vgl. auch den Hinweis von Lübbecke: Das Palais, S. 65f. Zu Egenolf Emmel vgl. Ernst Kelchner: „Emmel, Egenolph" von in: Allgemeine Deutsche Biographie, hrsg. von der Historischen Kommission bei der Bayerischen Akademie der Wissenschaften, Bd. 6, 1877, S. 81–82, u. Josef Benzing: „Emmel, Egenolff", in: Neue Deutsche Biographie 4, 1959, S. 482 [Onlinefassung]; URL: http://www.deutsche-biographie.de/pnd135903998.html (letzter Zugriff am 13. März 2011).
266 Vgl. Martin Dallmeier: Zur Frühzeit der Frankfurter Presse. Die Avisen der ersten Frankfurter Postmeister, in: Klaus Beyrer und Martin Dallmeier (Hrsg.): Als die Post noch Zeitung machte. Eine Pressegeschichte, Frankfurt am Main und Gießen 1994, S. 32–39, Wolfgang Behringer: Post, Zeitung, Reichsverfassung. Machtkämpfe zu Beginn des Zeitungswesens, beide Aufsätze in: ebd., S. 40–63, Konrad Schwarz: Der Postzeitungsvertrieb in der deutschen Postgeschichte, Berlin 1936, und Johannes Weber: „Unterthenige Suppliction Johann Caroli / Buchtruckers". Der Beginn gedruckter politischer Wochenzeitungen im Jahre 1605, in: Archiv für Geschichte des Buchwesens 38, 1992, S. 257–265. Siehe auch Lübbecke: Das Palais, S. 65–73.
267 E. Mayer: Die Unparteiische Kirchenzeitung, in: Archiv für Frankfurts Geschichte und Kunst 55, 1976, S. 119–126.
268 Vgl. Wolfgang Schivelbusch: Das Paradies, der Geschmack und die Vernunft. Eine Geschichte der Genußmittel, Frankfurt am Main 1990, S. 59ff., u. Hans Erich Bödeker: Das Kaffeehaus als Institution aufklärerischer Geselligkeit, in: Étienne François (Hrsg.): Sociabilité et société bourgeoise en France, en Allemagne et en Suisse, 1750–1850, Paris 1986, S. 65–79, hier S. 67ff.
269 Vgl. Hans-Otto Schembs: Vom Saalbau zu den Bürgerhäusern. Die Geschichte der Saalbau-Aktiengesellschaft und der Saalbau GmbH in Frankfurt am Main, Frankfurt am Main 1989, S. 21.
270 Vgl. Albert Richard Mohr: Frankfurter Theater von der Wandertruppe zum Komödienhaus. Ein Beitrag zur Theatergeschichte des 18. Jahrhunderts, Frankfurt am Main 1967, S. 64, u. Elisabeth Mentzel: Geschichte der Schauspielkunst in Frankfurt am Main. Von ihren Anfängen bis zur Eröffnung des

städtischen Komödienhauses. Ein Beitrag zur Deutschen Kultur- und Theatergeschichte, in: Archiv für Frankfurts Geschichte und Kunst 9, N. F., 1882, S. 1–544, hier S. 382ff.

271 Anton Bing: Rückblick auf die Geschichte des Frankfurter Stadttheaters von dessen Selbständigkeit (1792) bis zur Gegenwart, 2 Bde., Frankfurt am Main 1892 u. 1896, Bd. 1, S. 3.

272 Siehe Eingabe an den Rat vom 31. März 1791, zit. n. Bing: Rückblicke, Bd. 1, S. 4f., und Bernhard Frank: Die Frankfurter Theater AG (1792–1842) in ihrer Entwicklung von der „Nationalbühne" zur „Frankfurter Volksbühne". Ein Beitrag zur Erforschung von Schauspiel-Stil und -Regie des 19. Jahrhunderts, Frankfurt am Main 1967, S. 11–35, sowie Bing: Rückblicke, Bd. 1, S. 10.

273 Vgl. Franz Lerner: Die Reichsstadt Frankfurt im Jahre 1798, in: Archiv für Frankfurts Geschichte und Kunst 48, 1962, S. 87–112, hier S. 93 u. 101.

274 Vgl. Horst Möller: Vernunft und Kritik. Deutsche Aufklärung im 17. und 18. Jahrhundert, Frankfurt am Main 1986, S. 213ff.

275 Vgl. zur Frankfurter Loge Benjamin Reges: Geschichte der Loge Zur Einigkeit zu Frankfurt am Main. 1742–1892. Festgabe der Loge Zur Einigkeit bei der Feier ihres 150jährigen Bestehens am 16. Oktober 1892, Frankfurt am Main 1892, S. 2ff., u. Georg Kloss: Annalen der Loge zur Einigkeit (der Englischen Provincial-Loge), so wie der Provincial- und Directorial-Loge des eclectischen Bundes zu Frankfurt am Main. 1742–1811. Eine Festgabe, ausgeteilt bei der Säcularfeier der Loge Zur Einigkeit am 27. Juni 1842, Frankfurt am Main 1842, S. 1ff. Zum historischen Hintergrund der Gründungszeit vgl. Notker Hammerstein: Karl VII. und Frankfurt am Main, in: Archiv für Frankfurts Geschichte und Kunst 57, 1980, S 19–48.

276 Bericht des Logenmitglieds Johann Friedrich Schönemann, zitiert nach Demeter: Die Frankfurter Loge, S. 71.

277 Vgl. Kloss: Annalen, S. 167ff., und Bruno Müller: Stiftungen für Frankfurt am Main, Frankfurt am Main 1958, S. 42 u. 70.

278 Vgl. de Bary: Geschichte, S. 9. Allgemein zum Stiftungswesen vgl. Theo Schiller: Stiftungen im gesellschaftlichen Prozeß. Ein politikwissenschaftlicher Beitrag zu Recht, Soziologie und Sozialgeschichte der Stiftungen in Deutschland, Baden-Baden 1969.

279 Vgl. auch Klaus Neuhoff: Erfahrungen mit der Stiftung als Trägerin von Produktivvermögen, in: Hans Pohl und Wilhelm Treue (Hrsg.): Stiftung und Unternehmung. Erfahrungen und Zukunftsperspektiven, Wiesbaden 1979, S. 4–49, hier S. 17.

280 Vgl. Ralf Roth: „Der Toten Nachruhm". Aspekte des Mäzenatentums in Frankfurt am Main (1750–1914), in: Jürgen Kocka und Manuel Frey (Hrsg.): Bürgerkultur und Mäzenatentum im 19. Jahrhundert, Berlin 1998, S. 99–127, u. ders.: Aufstieg und Krise des Stiftungswesens in Frankfurt am Main. Zur strukturellen Entwicklung eines kommunalen Stiftungsnetzwerkes im 19. und 20. Jahrhundert, in: Rainer Liedtke und Klaus Weber (Hrsg.): Religion und Philanthropie in den europäischen Zivilgesellschaften. Entwicklungen im 19. und 20. Jahrhundert, Paderborn 2009, S. 121–137. Siehe auch Müller: Stiftungen, und Meidinger: Anstalten.

281 Vgl. de Bary: Senckenberg, S. 112ff. u. 33.

282 Zit. nach de Bary: Geschichte, S. 17.

283 De Bary: Senckenberg, S. 161, u. Voltaire: Denkwürdigkeiten aus dem Leben des Herrn de Voltaire. Aufgezeichnet von ihm selbst, in: Voltaire: Sämtliche Romane und Erzählungen, hrsg. v. Victor Klemperer, Frankfurt am Main 1978, S. 39–119, hier S. 87ff. Zum Hintergrund von Voltaires Besuch in Frankfurt vgl. Rudolf Jung: Voltaires Verhaftung in Frankfurt am Main auf Befehl Friedrichs des Großen (1753), in: Archiv für Frankfurts Geschichte und Kunst 3, 3. F., 1907, S. 217–237, hier S. 221ff., Paul Arnsberg: Anno 1753: Voltaire in Frankfurt, in: Archiv für Frankfurts Geschichte und Kunst 56, 1978, S. 37–54, u. Hermann Haupt: Voltaire in Frankfurt 1753. Mit Benutzung von ungedruckten Akten und Briefen des Dichters, Berlin 1905.

284 Vgl. de Bary: Senckenberg, S. 161.

285 Zit. nach de Bary: Geschichte, S. 39. Stiftungs-Briefe zum Besten der Artzneykunst und Armenpflege; samt Nachricht wegen eines zu unternehmenden Bürger- und Beysassen-Hospitals zum Behufe der Stadt Frankfurt, Frankfurt am Main 1963.

286 De Bary: Senckenberg, S. 270.

287 Vermächtnis des Johann Karl Brönner zit. nach Eduard Heyden: Gallerie berühmter und merkwürdiger Frankfurter. Eine biographische Sammlung, Frankfurt am Main 1861, S. 438–442, hier 440.

288 Zum Bau der Stadtbibliothek vgl. Wolff und Jung, Die Baudenkmäler, Bd. 2, S. 350, u. Werner Wenzel: Die Stadtbibliothek von 1668–1884, in: Dieter Lehmann (Hrsg.): Bibliotheca Publica Francofurtensis. Fünfhundert Jahre Stadt- und Universitätsbibliothek Frankfurt am Main, Text- und Tafelbd., Frankfurt am Main 1985–1986, Textbd., S. 57–117, hier S. 86ff.
289 Vgl. Roth: Stadt und Bürgertum, S. 160f., u. Wolfgang Klötzer: Die Salons der alten Frankfurter Familien. Vortrag am 22. Oktober 1992 im Frankfurter Literaturhaus zur Konstituierung des Literarischen Salons der Schopenhauer Stiftung, Ms. Frankfurt am Main 1992, S. 6ff.
290 Vgl. Müller: Stiftungen, S. 49f.
291 Vgl. Edita Sterik: Das Besucherbuch des Bethmannschen Ariadneums, 1812–1827. Versuch einer Analyse, in: Archiv für Frankfurts Geschichte und Kunst 55, 1976, S. 101–117, hier 103f. und S. 116, u. Heinrich Pallmann: Simon Moritz Bethmann und seine Vorfahren, Frankfurt am Main 1898, S. 299 und 312.
292 Vgl. Andreas Hansert: Bürgerkultur und Kulturpolitik in Frankfurt am Main. Eine historisch-soziologische Rekonstruktion, Frankfurt am Main 1992, S. 97f.
293 Stiftungsbrief von Johann Friedrich Städel. Frankfurt am Main 1815, in: Freistädter 1, 1849, 73. Vgl. auch Hans-Joachim Ziemke: Das Städelsche Kunstinstitut. Die Geschichte einer Stiftung, Frankfurt am Main 1980, S. 6ff.
294 Stiftungsbrief von Johann Friedrich Städel. Frankfurt am Main 1815, zit. nach Freistädter 1, 1849, S. 74.
295 Vgl. Christian Friedrich Elvers: Theoretisch-praktische Erörterungen aus der Lehre von der testamentarischen Erbfähigkeit insbes. jur. Pers., Göttingen 1827, S. 216 u. 219, u. Hans Liermann: Handbuch des Stiftungsrechts, Bd. 1: Geschichte des Stiftungsrechts, Tübingen 1963, S. 243–251.
296 Vgl. Ziemke: Das Städelsche Kunstinstitut, S. 7–12, u. Müller: Stiftungen, S. 119.
297 Johann Wolfgang Goethe: Die Lehrjahre des Wihelm Meister. Werke, Bd. 4, Frankfurt am Main 1981, S. 17ff.
298 Vgl. Goethe: Lehrjahre, S. 19.
299 Brief von Johann Wolfgang Goethe an Ludwig Ysenburg von Buri v. 2. Juni 1764, in: Goethes Werke, Sophienausgabe, Bd. IV/1, Weimar 1887–1919, S. 5. Vgl. Wolfgang Klötzer: Frankfurt am Main zur Zeit des jungen Goethe, in: Klaus Gallwitz (Hrsg.): Frankfurter Malerei zur Zeit des jungen Goethe, Frankfurt am Main 1982, S. 7–19.
300 Brief von Johann Wolfgang Goethe an Friedrich Schiller v. 9. August 1797, in: Goethes Werke, Bd. IV/12, S. 217.
301 Goethes Werke, Bd. I/33, S. 160.
302 Goethes Werke, Bd. IV/40, S. 246.
303 Flodard und Wolfgang Herwig Freiherr von Biedermann (Hrsg.): Goethes Gespräche, 5 Bde., Zürich und Stuttgart 1971, Bd. 3, S. 730. Vgl. auch Kleinstück: Frankfurt und Stein, S. 86.
304 Kleinstück: Frankfurt und Stein, S. 93.
305 Lerner: Die Reichsstadt im Jahre 1798, S. 92f.
306 Holbein: Wahrheit, S. 4. Institut für Stadtgeschichte (Frankfurt am Main), Nachlass von Leonhardi S 1/165, Kistchen 19/20.
307 Dieter Andernacht: Karoline von Günderrode, in: Neue Deutsche Biographie, Berlin 1966, Bd. 7, S. 259ff. Siehe auch Alfons Paquet: Die Frankfurterin, Frankfurt am Main 1946, S. 119–121, u. Barbara Bromberger und Katja Mausbach: Frauen in Frankfurt. Spuren vergessener Geschichte, Frankfurt am Main 1987, S. 24ff. u. 27ff.
308 Bernhard Gajek: „Das rechte Verhältniß der Selbständigkeit zur Hingebung". Über Karoline von Günderrode (1780–1806), in: Christoph Jamme und Otto Pöggeler (Hrsg.): „Frankfurt aber ist der Nabel dieser Erde". Das Schicksal einer Generation der Goethezeit, Stuttgart 1983, S. 206–226, hier S. 208.
309 Abgedruckt etwa in Ernst M. Frank: Lyrik der Romantik, München 1986, S. 98.
310 Vgl. Generalübersicht der Einnahmen und Ausgaben der alten und neuen Rechnungs-Commission. Institut für Stadtgeschichte (Frankfurt am Main), Einundfünfzigerkolleg, Akten Nr. 3.932. Zum Handel vgl. Ludwig Döhmen: Frankfurts Handel während der französischen Revolution, Diss., Borna/Leipzig 1927, S. 54f.
311 Die Occupation Frankfurts durch General Custine, in: Frankfurter Gemeinnützige Chronik 4, H. 21, 1844, S. 153. Zur Rolle des städtischen Republikanismus im Zeitalter der Französischen Revolution

vgl. Volker Press: Reichsstadt und Revolution, in: Bernhard Kirchgässner und Eberhard Naujoks (Hrsg.): Stadt und wirtschaftliche Selbstverwaltung, Sigmaringen 1987, S. 9–58, hier S. 25ff.

312 Kleinstück: Frankfurt und Stein, S. 81, u. Fried Lübbecke (Bearb.): Merians Frankfurt. Genaue Beschreibung von Frankfurt am Main, der kaiserlichen Stadt, geweiht der Wahl der römischen Könige und Kaiser, als Hochburg des Handels von Deutschland, ja von ganz Europa berühmt. Frankfurt am Main 1939.

313 Adam Philipp Custine: Aufruf an die gedrückte Menschheit in Deutschland im Namen der Franken Republik, o. O. 1792. Institut für Stadtgeschichte (Frankfurt am Main), Nachlass Leonhardi S 1/165, Kistchen 4.II. Vgl. auch Franz Rittweger: Custine in Frankfurt und die Wiedereinnahme der Stadt durch die Deutschen 1792, Frankfurt am Main 1867, S. 10ff.

314 Zuruf eines deutschen Bürgers an den Führer der Franzosen vom 4. November 1792. Institut für Stadtgeschichte (Frankfurt am Main), Nachlass Leonhardi S 1/165, Kistchen 4.II.

315 Die Bürger von Frankfurt an den Fränkischen Bürger und General Herrn Custine am 5. November 1792, Frankfurt am Main 1792. Institut für Stadtgeschichte (Frankfurt am Main), Nachlass Leonhardi S 1/165, Kistchen 4.II.

316 Vgl. Arnsberg: Geschichte, Bd. 1, S. 38f. u. 44ff.

317 Vgl. zur Situation in anderen Städten Klaus Gerteis: Vorrevolutionäres Konfliktpotential und die Reaktion auf die Revolution in west- und südwestdeutschen Städten, in: Helmut Berding (Hrsg.): Soziale Unruhen in Deutschland während der Französischen Revolution, Göttingen 1988, S. 67–76, hier S. 68ff.

318 Kleinstück: Frankfurt und Stein, S. 82.

319 Kracauer: Frankfurt am Main und die Französische Revolution 1789–1792, S. 263.

320 Das fünfzigjährige Bestehen des Bataillons der freiwilligen Scharfschützen. Nebst geschichtlichen Erinnerungen, in: Frankfurter Gemeinnützige Chronik 3, H. 10, 1843, S. 73ff.

321 Im Mittelpunkt der Auseinandersetzung stand die Beschuldigung, Frankfurter Bürger hätten die französischen Verteidigungstruppen hinterrücks mit Dolchen angegriffen und niedergemetzelt. Vgl. dazu die in zahlreichen Einzelflugschriften dokumentierte Auseinandersetzung Institut für Stadtgeschichte (Frankfurt am Main), Nachlass Leonhardi S 1/165, Kistchen 4.I. Zum weiteren Werdegang vgl. Isidor Kracauer: Frankfurt am Main und die Französische Revolution 1795–1797, in: Archiv für Frankfurts Geschichte und Kunst 3, 3. F., 1891, S. 142–216, insb. S. 143ff.

322 Petra Meyer: Dettmar Basse (1762–1836). Zum Leben eines Frankfurter Kaufmanns, in: Archiv für Frankfurts Geschichte und Kunst 61, 1987, S. 153–166, hier S. 153f.

323 Kracauer: Frankfurt am Main und die Französische Revolution 1795–1797, S. 175.

324 Lerner: Die Reichsstadt im Jahre 1798, S. 88 u. 91.

325 Kracauer: Frankfurt am Main und die Französische Revolution 1795–1797, S. 176f. u. 196.

326 Zit. nach Meyer: Dettmar Basse, S. 160.

327 Vgl. Georg Forster: Darstellung der Revolution in Mainz, in: Forsters Werke in zwei Bänden, Berlin und Weimar 1979, S. 152–214, hier S. 207.

328 Peter Adolf Winkopp: Geschichte der französischen Eroberungen und Revolution am Rheinstrome vorzüglich in Hinsicht auf die Stadt Mainz, 2 Bde., Frankfurt am Main 1794, Bd. 1, S. 94. Vgl. auch: ebd. S. 80ff., 276ff. u. die Beilagen S. 17ff. u. 24ff.

329 Vgl. Theodor Joseph Scherg: Das Schulwesen unter Karl Theodor von Dalberg besonders im Fürstentum Aschaffenburg 1803–1813 und im Großherzogtum Frankfurt 1810–1813, 2 Bde., München 1939, Bd. 1, S. 346.

330 Vgl. Rudolf Jung: Die Sachsenhäuser Klubbisten in der Franzosenzeit, in: Alt-Frankfurt 4, 1912, S. 69–84, hier S. 73ff., u. Rudolf Neumann und Richard Froning: Festschrift zur Hundertjahrfeier der Musterschule (Musterschule-Elisabethenschule) in Frankfurt am Main 1803–1903, Frankfurt am Main 1903, S. 44f. Zur Rolle Hufnagels vgl. Friedrich Wilhelm Kantzenbach: Wilhelm Friedrich Hufnagel als Theologe in Frankfurt am Main und seine Beziehung zu Hegel, in: Jamme und Pöggeler: Frankfurt aber ist der Nabel dieser Erde, S. 171–184, hier S. 174ff. Insgesamt zu den Folgen der Bildungsreformen vgl. Tobias Picard: „Bürger-Kapital für Bürger-Erziehung" – Die Frankfurter öffentlichen Schulen 1790–1824, in: Archiv für Frankfurts Geschichte und Kunst 64, 1998, S. 9–97.

331 Zur Säkularisation vgl. Verordnung des Rats über die Auflösung des Stifts St. Bartholomäus vom Jahre 1802, in: Jakob Herr (Hrsg.): Frankfurter Urkunden und Quellen zur Auswirkung der Säkularisation im 19. und 20. Jahrhundert, Frankfurt am Main 1939, S. 3f.; vgl. auch Dechent: Kirchengeschichte, Bd. 2, S. 277 u. 294, u. Schatz: Geschichte, S. 73f.

332 Vgl. Species facti in Sachen der christlichen Handels-Leuthen zu Franckfurth contra die Judenschaft daselbsten in Puncto übertretene Stättigkeit, Frankfurt am Main 1726. Institut für Stadtgeschichte (Frankfurt am Main), Nachlaß von Leonhardi S 1/165, Kistchen 11.II., u. Die Aufforderung des Ausschußes der christlichen Kaufleute von 1804 und die Bekanntmachung der Stadt-Canzley vom 5. April 1804 sowie Die Frankfurter Juden contra die bürgerliche Handelsschaft im Jahre 1805. Beides Institut für Stadtgeschichte (Frankfurt am Main), Einundfünfzigerkolleg, Akten Nr. 3.416, 4.106, 4.118, u. Nachlass Leonhardi S 1/165, Kistchen 5.
333 Zu Moses Mendelssohn vgl. Michael A. Meyer: Von Moses Mendelssohn zu Leopold Zunz. Jüdische Identität in Deutschland 1749–1824, München 1994, S. 50ff. Zur Geschichte des Philanthropin vgl. Inge Schlotzhauer: Das Philanthropin 1804–1942. Die Schule der Israelitischen Gemeinde in Frankfurt am Main, Frankfurt am Main 1990, S. 7ff., u. Hugo Schaumberger und Arthur Galliner: Aus der Geschichte des Philanthropins, in: Das Philanthropin zu Frankfurt am Main. Dokumente und Erinnerungen, Frankfurt am Main 1964, S. 11ff.
334 Johann Georg Schlossers Lesegesellschaft in Frankfurt, in: Johann Georg Schlosser 1739–1799. Katalog der Badischen Landesbibliothek, Karlsruhe 1989, S. 91–102.
335 Die hiesige Lesegesellschaft, in: Frankfurter Jahrbuch 2, H. 12, 1833, S. 82f. Vgl. Klaus Gerteis: Bildung und Revolution. Die deutschen Lesegesellschaften am Ende des 18. Jahrhunderts, in: Archiv für Kulturgeschichte 53, 1971, S. 127–139, hier S. 129ff.
336 Vgl. Nipperdey: Verein, S. 15f., u. Ralf Roth: Verein und bürgerliche Gesellschaft im 19. und beginnenden 20. Jahrhundert, in: Werner Plumpe (Hrsg.): Bürgertum und Bürgerlichkeit 1870–1930, München 2009, S. 121–135. Zu Frankfurt vgl. Roth: Das Vereinswesen in Frankfurt am Main, S. 143ff. Siehe auch Dieter Hein: Soziale Konstituierungsfaktoren des Bürgertums, in: Stadt und Bürgertum im Übergang von der traditionalen zur modernen Gesellschaft, hrsg. v. Lothar Gall, München 1993, S. 151–182, insb. S. 155ff.
337 Ralf Roth: Das Casino und das Museum – die beiden ersten Vereine Frankfurts im 19. Jahrhundert, in: Peter Ackermann, Andreas Odenkirchen, Christian Thorau (Hrsg.): Musik – Bürger – Stadt. Frankfurt am Main 2011 (in Vorb.).
338 Rundschreiben vom 4. Dezember 1802. Stadtarchiv Offenbach, Depositum Metzler, #76.
339 § 1 der Gesetze und Anordnungen nebst den dazu gehörigen Berichtigungen und Zusätzen für die Casino-Gesellschaft in Frankfurt am Main, errichtet im Jahre 1802, Frankfurt am Main 1843, S. 1.
340 Gesetze und Anordnungen, S. 2.
341 An die sämmtlichen Herren Mitglieder der Casino-Gesellschaft Frankfurt am Main, den 20. August 1804, Frankfurt am Main 1804.
342 Anton Kirchner: Ansichten von Frankfurt am Main der umliegenden Gegend und den benachbarten Heilquellen, 2 Bde., Frankfurt am Main 1818, Bd. 2, S. 103.
343 § 2 der Gesetze und Anordnungen, S. 2.
344 § 54 der Gesetze und Anordnungen, S. 22.
345 Liste der 212 Mitglieder des Casino, o. O. u. J. [um 1805]. Zur Auswertung siehe Roth, Stadt und Bürgertum, S. 182.
346 Project von Gesetzen für das Museum, o. O. u. J. [1806], S. 1. Vgl. auch Helene de Bary: Museum. Geschichte der Museumsgesellschaft zu Frankfurt am Main, Frankfurt am Main 1937, S. 18, u. Iwan Knorr: Festschrift zur Feier des hundertjährigen Bestehens der Frankfurter Museumsgesellschaft 1808 bis 1908, Frankfurt am Main 1908, S. 14.
347 Vgl. Hildegard Weber: Das Museum. 150 Jahre Frankfurter Konzertleben 1808–1958, Frankfurt am Main 1958, S. 112, u. de Bary: Museum, S. 17.
348 Vgl. Christian Simon: Baseler Frieden 1795. Revolution und Krieg in Europa, Basel 1995, u. Aretin: Das Alte Reich, Bd. 3, S. 476f.
349 Zitiert nach: Karl Otmar von Aretin: Vom Deutschen Reich zum Deutschen Bund, Göttingen 1980, S. 84. Vgl. auch Aretin: Das Alte Reich, Bd. 3, S. 462f. Zum Hintergrund Arndt: Das Ende des Alten Reiches, S. 154f.
350 Vgl. Aretin: Das Alte Reich, Bd. 3, S. 499f. Zur Säkularisation selbst vgl. Rolf Decot (Hrsg.): Kontinuität und Innovation um 1803. Säkularisation als Transformationsprozess. Kirche – Theologie – Kultur – Staat, Mainz 2005, u. Harm Klueting (Hrsg.): 200 Jahre Reichsdeputationshauptschluss. Säkularisation, Mediatisierung und Modernisierung zwischen Altem Reich und neuer Staatlichkeit, Münster 2005.

351 Alle Zitate aus Simon Moritz von Bethmann: Ausführliche Beantwortung der mir von dem Reichscommerzcollegio allerhöchst ertheilten Instruction. Frankfurt, den 30. September 1803, nach Wilfried Forstmann: Ein Dokument zur wirtschaftlichen Lage Frankfurts im Jahr 1803, in: Archiv für Frankfurts Geschichte und Kunst 53, 1973, S. 109–115, hier S. 111–115.
352 Vgl. Lerner: Die Reichsstadt im Jahre 1798, S. 88f.
353 Vgl. Isidor Kracauer: Frankfurt am Main und die Französische Revolution 1797–1802, in: Archiv für Frankfurts Geschichte und Kunst, 5, 3. F., 1896, S. 232–300, ders., Frankfurt am Main und die Französische Republik 1802–1803, in: Archiv für Frankfurts Geschichte und Kunst, 6, 3. F., 1899, S. 253–313, u. ders., Die letzten Jahre der reichsstädtischen Zeit Frankfurts, in: Archiv für Frankfurts Geschichte und Kunst 7, 3.F., 1901, S. 242–300.
354 Vgl. § 35 des Reichsdeputationshauptschlusses vom 25. März 1803, in: Ernst Rudolf Huber (Hrsg.): Dokumente zur deutschen Verfassungsgeschichte, 4 Bde., Stuttgart u. a. 1961–1986, hier Bd. 1, S. 17.
355 Vgl. Roman Fischer: Die Säkularisation in Frankfurt 1803 und ihre Auswirkungen, in: Jahrbuch der Hessischen Kirchengeschichtlichen Vereinigung 55, 2004, S. 111–118, Ernst Georg Gerhard: Geschichte der Säkularisation in Frankfurt am Main, Paderborn 1935, ders.: Die Säkularisation und ihre Folgen, in: Bilder aus dem Katholischen Leben der Stadt Frankfurt am Main, hrsg. v. J. Herr, Frankfurt am Main 1939, S. 257–306, u. Dechent: Kirchengeschichte, Bd. 2, S. 275ff.
356 Aretin: Vom Deutschen Reich zum Deutschen Bund, S. 100.
357 Vgl. Konrad M. Färber: Der Rheinbund und Dalbergs Pläne für eine Rheinbund-Verfassung, in: ders.: Albrecht Klose und Hermann Reidel (Hrsg.): Carl von Dalberg. Erzbischof und Staatsmann (1744–1817), Regensburg 1994, S. 146–150, hier S. 146, u. Frank Berger: Frankfurt und das Ende des Alten Reiches, in: Brockhoff und Matthäus: Die Kaisermacher, S. 163.
358 Beide zit. nach Helmut Neuhaus: Das Ende des Alten Reiches, in: Helmut Altrichter und Helmut Neuhaus (Hrsg.): Das Ende von Großreichen, Erlangen u. a. 1996, S. 185–209, hier S. 191.
359 Karl Obser: Frankfurt und Baden 1805–1806, in: Archiv für Frankfurts Geschichte und Kunst, 3. Folge, 7, 1901, S. 317–322.
360 Vgl. Hans-Otto Schembs: Dalberg, Carl Theodor Reichsfreiherr von, in: Wolfgang Klötzer (Hrsg.): Frankfurter Biographie. Personengeschichtliches Lexikon, 2 Bde., Frankfurt am Main 1994–1996, Bd. 1, S. 143f., u. Antje Freyh: Karl Theodor von Dalberg. Ein Beitrag zum Verhältnis von politischer Theorie und Regierungspraxis in der Endphase des aufgeklärten Absolutismus, Frankfurt am Main u. a. 1978, S. 20ff.
361 Benedikt Jakob Römer-Büchner: Frankfurter Annalen. Ende der Reichsstadt. Aus den Papieren eines ehemaligen Rathsgliedes, in: Archiv für Frankfurts Geschichte und Kunst 5, 1853, S. 111–124, hier S. 111. Zum Hintergrund vgl. Nils Hein: Der Staat Karl Theodor von Dalbergs. Theoretischer Führungsanspruch und politische Ohnmacht im alten Reich und im Rheinbund (1802–1813), Diss. Frankfurt am Main 1996, S. 78f., u. Berger: Frankfurt und das Ende des Alten Reiches, S. 163f. Siehe den Text der Erklärung bei Ernst Rudolf Huber: Deutsche Verfassungsgeschichte seit 1789, 2. Aufl., Bd. 1, Stuttgart 1967, S. 27.
362 Hein: Staat, S. 118.
363 Römer-Büchner: Frankfurter Annalen, S. 112f.
364 Samuel Gottlieb Finger: Vaterstädtisches und Vaterländisches. Auszüge aus S. G. Fingers Tagebüchern von 1795 bis 1818, in: Archiv für Frankfurts Geschichte und Kunst 6, 1877, 161–367, hier S. 265.
365 Wir Bürgermeister und Rath der Stadt Frankfurt am Mayn an unsere Mitbürger und Administrations-Untergebene! vom 19. August 1806, dokumentiert in Kleinstück: Frankfurt und Stein, S. 107–108. Vgl. Isidor Kracauer: Die letzten Jahre der reichsstädtischen Zeit, S. 242–300, hier S. 291ff., u. Des Heiligen Römischen Reichs freien Wahl- und Handels-Stadt Frankfurt am Main verbesserter Raths- und Stadt-Calender auf das Jahr 1806, Frankfurt am Main 1806, S. 1.
366 Frankfurter Journal v. 9. September 1806.
367 Finger: Vaterstädtisches und Vaterländisches, S. 266.
368 Zit. nach Kramer: Frankfurt-Chronik, S. 256. Vgl. Rudolf Jung: Aktenstücke über die Besitzergreifung der Reichsstadt Frankfurt am Main durch den Fürsten Primas am 9. September 1806, in: Archiv für Frankfurts Geschichte und Kunst 9, 3. F., 1907, S. 299–337, hier S. 309ff., u. Römer-Büchner: Frankfurter Annalen, S. 117ff.
369 Frankfurter Journal v. 12. September 1806.
370 Frankfurter Journal v. 26. September 1806, u. Kracauer: Die letzen Tage, S. 299.

371 Zit. nach Lübbecke: Das Palais, S. 418ff.
372 Huber: Dokumente, Bd. 1, S. 28ff.
373 Färber: Der Rheinbund, S. 150.
374 Hein: Staat, S. 116, u. Berger: Frankfurt und das Ende des Alten Reiches, S. 167.
375 Färber: Der Rheinbund, S. 148f., Hein: Staat, S. 153, u. Berger: Frankfurt und das Ende des Alten Reiches, S. 169.
376 Vgl. Lorenz Friedrich Finger: Frankfurt unter Carl von Dalberg. Vortrag gehalten im christlichen Verein junger Kaufleute am 13. November 1876, Frankfurt am Main 1876, S. 16ff.
377 Proclamation des Raths und des Bürgermeisters an die Bürger und Administrationsuntergebene, o. O. u. J. [1806]. Institut für Stadtgeschichte (Frankfurt am Main), Einundfünfzigerkolleg Akten Nr. 3.602. Vgl. a. Besitznahme der ehemaligen Reichsstadt, in: Der Rheinische Bund 1, H. 1, 1806, S. 142–144, hier S. 143.
378 Besitzergreifungs-Protokoll der Stadt Frankfurt, nebst zwei gehaltenen Reden v. 9. September 1806, in: Der Rheinische Bund 1, H. 2, 1806, S. 216–226, hier S. 223. Vgl. auch Paul Darmstaedter: Das Großherzogtum Frankfurt. Ein Kulturbild aus der Rheinbundzeit, Frankfurt am Main 1901, S. 23f.
379 Vgl. Darmstaedter: Großherzogtum, S. 95f., u. Georg Eduard Steitz: Der Staatsrath Georg Steitz und der Fürst Primas Karl von Dalberg. Ein Blatt aus Frankfurts Geschichte im Anfange des 19. Jahrhunderts mit urkundlichen Beilagen, Frankfurt am Main 1869, S. 5ff.
380 Vgl. Abschnitt 5, §§ 1, 2 und 3 des Besitzergreifungs-Patentes v. 10. Oktober 1806, in: Herr: Frankfurter Urkunden und Quellen, S. 4f., u. J. G. R.: Über die ehemalige und jetzige Verfassung der Stadt Frankfurt am Main im Allgemeinen und den ehemaligen reichsstädtischen und heutigen insbesondere, in: Der Rheinische Bund 3, H. 7, 1807, S. 3–30, und 8, 1807, S. 177–200.
381 Copia Eminentissimus v. 24. Juni 1808, und Pro Memoria der Bürgermeister und des Raths der Reichsstadt Frankfurt v. 15. Dezember 1803.
382 Vgl. § 4 des Besitzergreifungs-Patentes v. 10. Oktober 1806, in: Herr: Frankfurter Urkunden und Quellen, S. 5, u. Maria Belli-Gontard: Leben in Frankfurt am Main. Auszüge der Frag- und Anzeigenachrichten des Intelligenzblattes von ihrer Entstehung an im Jahre 1722 bis 1821. Gesammelt, geordnet und den Bürgern dieser Stadt gewidmet, 10 Bde., Frankfurt am Main 1850/1851, Bd. 9, S. 55–66, hier S. 60.
383 Schlosser: Darstellung der Verhältnisse, § 2.
384 § 5 des Besitzergreifungs-Patentes v. 10. Oktober 1806, in: Herr: Frankfurter Urkunden und Quellen, S. 5. Vgl. auch Die Dalberg-Feier zur Erinnerung an die bürgerliche und kirchliche Anerkennung der beiden evangelisch-reformierten Gemeinden zu Frankfurt am Main am 25. Dezember 1806, Frankfurt am Main 1907, S. 8ff.
385 Zahlen nach Meidinger: Statistik, S. 26. Vgl. Dechent: Kirchengeschichte, Bd. 2, S. 283, u. Wolfgang Klötzer: Das Willfahrensdekret für die reformierten Kirchen vom 15. November 1787, Frankfurt am Main 1987.
386 Vgl. §§ 4 u. 5 des Besitzergreifungs-Patentes v. 10. Oktober 1806, in: Herr: Frankfurter Urkunden und Quellen, S. 5f., und §§ 9 u. 14 der Befugnisse des Bürgerausschusses vom 11. Dezember 1806. Institut für Stadtgeschichte (Frankfurt am Main), Einundfünfzigerkolleg, Akten Nr. 4.049.
387 Vgl. Aufruf zur Neuwahl der Achtundzwanziger, in: Der Rheinische Bund 1, H. 6, 1806, S. 463ff.
388 Vgl. Geschichte der Handelskammer, S. 121ff. Vgl. auch Wilfried Forstmann: Die Frankfurter Wirtschaft am Ende des Alten Reiches und die Gründung der Handelskammer 1750–1834, in: Plumpe und Rebentisch: „Dem Flor der hiesigen Handlung", S. 14–43, insb. S. 38f.
389 Zit. nach Arnsberg: Geschichte, Bd. 1, S. 148.
390 Heuberger und Krohn: „Hinaus aus dem Ghetto", S. 18/19.
391 Moses Mendelssohn: Gesammelte Schriften. Jubiläumsausgabe, 25 Bde., Berlin 1929ff., Bd. 12.2, S. 148f.
392 Vgl. Karl Gutzkow: Börnes Leben, Hamburg 1839, S. 38f.
393 Hans-Otto Schembs: Die Frankfurter Juden zur Zeit Ludwig Börnes, u. Georg Heuberger: Ludwig Börne – Juif de Francfort, in: Alfred Estermann (Hrsg.): Ludwig Börne. Zum 200. Geburtstag des Frankfurter Schriftstellers, Frankfurt am Main 1986, S. 239–246 u. S. 247–254.
394 Vgl. Jährliche Abgaben der Juden 22. Dezember 1803. Institut für Stadtgeschichte (Frankfurt am Main), Nachlass Leonhardi S 1/165, Kistchen 5, und §§ 39, 47, 113 und 116 der Neuen Stättigkeits- und Schutzordnung der Judenschaft zu Frankfurt am Main, deren Verfassung, Verwaltung, Rechte und Verbindlichkeiten betreffend, Frankfurt am Main 1808.

395 Vgl. §§ 19–31, 101 u. 108 der Neuen Stättigkeits- und Schutzordnung der Judenschaft.
396 Vgl. §§ 119, 121, 123, 127 u. 131 der Neuen Stättigkeits- und Schutzordnung der Judenschaft.
397 Vgl. Tableau des FF. Composant la. R. F. de St. Jean sous le titre Distictif De l'Aurore naissante réglierement constitutée par la grande oriente de France à la dâte du 17. jour 6me. Mois 5807 a l'orient de Francfort sur Mein a l'epoque dur 24me jour dur 4me Mois de l'an de la V. L. 5811, Francfort sur Mein 1811, u. Adolf Brüll: Zur Geschichte der Loge zur aufgehenden Morgenröthe in Frankfurt am Main. Von ihrer Gründung am 16. August 1807 bis auf die Gegenwart. Fest-Schrift aus Anlass der Hundertjahr-Feier der Loge, Frankfurt am Main 1907, S. 12. Insgesamt siehe Roth: Stadt und Bürgertum, S. 200.
398 Vgl. Heuberger und Krohn, Ghetto, S. 24.
399 Vgl. Heuberger und Krohn: Ghetto, S. 20ff., Arnsberg: Geschichte, Bd. 1, S. 267ff., u. Koch: Grundlagen, S. 53ff.
400 Vgl. § 37 des Organisationspatents v. 16. August 1810, in: Der Rheinische Bund 5, H. 47, 1810, S. 258–270, sowie Darmstaedter: Großherzogtum, S. 77ff., u. Wolfram Bilz: Die Großherzogtümer Würzburg und Frankfurt. Ein Vergleich, Würzburg 1968, S. 174ff.
401 Vgl. Verordnung, die Ausführung des Grundgesetzes der Gleichheit der Rechte sämmtlicher Einwohner des Großherzogthums Frankfurt betreffend, in: Der Rheinische Bund, H. 54, 1811, S. 461–463, u. Großherzogliches Regierungsblatt 1, 1810, S. 10–24. Siehe auch Roth: Stadt und Bürgertum, S. 202f.
402 Vgl. §§ 26–32 des Organisationspatents v. 16. August 1810, in: Der Rheinische Bund 5, H. 47, 1810, S. 258–270. Zum Hintergrund vgl. Darmstaedter: Großherzogtum, S. 105ff., Bilz: Großherzogtum, S. 214ff., u. Koch: Grundlagen, S. 40ff.
403 Vgl. Großherzoglich Frankfurterische Munizipalordnung vom 27. October 1810, Art. 99–113 u. Art. 135.
404 Vgl. zu den Wahlrechten der verschiedenen Kollegien §§ 26, 28, 29 u. 32 des Organisationspatents v. 16. August 1810, in: Der Rheinische Bund 5, H. 47, 1810, S. 258–270, und zu den Personen Staats-Calender der Fürst-Primatischen Stadt Frankfurt am Main für die Jahre 1807 bis 1810, Frankfurt am Main 1807 bis 1810, S. 8 u. 24ff. Zur Sozialstruktur der großherzoglichen Gremien um 1810 vgl. Roth: Stadt und Bürgertum, S. 206.
405 Vgl. Darmstaedter: Großherzogtum, S. 104 u. 114ff.
406 Gottfried Glocke: Ein französischer Bericht über die Messen in Frankfurt und Leipzig im Jahre 1810. Übersetzt und eingeleitet, in: Archiv für Frankfurts Geschichte und Kunst 49, 1965, S. 99–122, hier S. 99.
407 Begleitbrief zum Bericht an seine Excellenz den Innenminister über die mir anvertraute Mission bei der Frankfurter und Leipziger Messe vom September und Oktober 1810. Archives de France, Paris, AF IV 1061 p. 90–93. Vgl. auch Dietz: Frankfurter Handelsgeschichte, Bd. 1, S. 105.
408 Vgl. Schwemmer: Geschichte, Bd. 2, S. 55, u. Friedrich Bothe: Geschichte der Stadt Frankfurt am Main, Frankfurt am Main 1913, S. 262.
409 Vgl. Anton Schmitter: Die Wirkungen der Kontinentalsperre auf Frankfurt am Main. Ein Beitrag zur Geschichte des Kontinentalsystems in Deutschland, Frankfurt am Main 1910, S. 34.
410 Bericht an seine Exellenz. Zit nach Glocke, Ein französischer Bericht, S. 107.
411 Bericht an seine Exellenz. Zit nach Glocke, Ein französischer Bericht, S. 117.
412 Vgl. Bothe: Geschichte, S. 567.
413 Roth: Stadt und Bürgertum, S. 214.
414 Vgl. Gesetzliche Taxrolle der Einregistrirungs-Gebühren für das Großherzogthum Frankfurt am Main, Aschaffenburg 1811, u. Vorstellung gegen das Enregistrement, eingesandt am 14. März 1811. Institut für Stadtgeschichte (Frankfurt am Main), Nachlaß von Leonhardi S 1/165, Kistchen 10.I. Zum Hintergrund vgl. Finger: Frankfurt unter Carl von Dalberg, S. 23f.
415 Vgl. Bothe: Geschichte, S. 569, u. Kramer: Frankfurt Chronik, S. 264.
416 Die Kritik wurde später unter folgemdem Titel gedruckt: Beitrag zur neuesten Regierungsgeschichte des Großherzogthums Frankfurt, Wiesbaden 1814. Zitat ebd., S. 18.
417 Beitrag zur neuesten Regierungsgeschichte, S. 18f.
418 Beitrag zur neuesten Regierungsgeschichte, S. 20.
419 Beitrag zur neuesten Regierungsgeschichte, S. 19.
420 Beitrag zur neuesten Regierungsgeschichte, S. 20. Vgl. auch Hans-Werner Hahn: Altständisches Bürgertum zwischen Beharrung und Wandel. Wetzlar 1689–1870, München 1991, S. 224ff.
421 Beitrag zur neuesten Regierungsgeschichte, S. 26.

422 Vgl. Müller: Stiftungen, S. 49ff.
423 Beitrag zur neuesten Regierungsgeschichte, S. 40.
424 Beitrag zur neuesten Regierungsgeschichte, S. 37.
425 Behrends: Einwohner, S. 226f.
426 Vgl. Guillaume Bernays: Schicksale des Großherzogthums Frankfurt und seiner Truppen. Eine kulturhistorische und militärische Studie aus der Zeit des Rheinbundes, Berlin 1882, S. 268ff. u. 352ff.
427 Vgl. Wilhelm Stricker: Die Auflösung des Großherzogtums Frankfurt. Ein geschichtlicher Rückblick, in: Archiv für Frankfurts Geschichte und Kunst 3, N. F., 1863, S. 512–521, hier S. 512ff., u. Erwin Kleinstück: Johann Friedrich Böhmer, Frankfurt am Main 1959, S. 78f.
428 Vgl. Tabellarischen Übersichten über die Einquartierungen. HStA Wiesbaden 371/337, u. Bernays: Schicksale des Großherzogthums Frankfurt, S. 437ff.
429 Zit. nach Ulrike M. Dorda: Johann Aloys Joseph Reichsfreiherr von Hügel (1754–1825). Ein Leben zwischen Kaiser und Reich im napoleonischen Deutschland, Würzburg 1969, S. 247.
430 Zit. nach Schwemer, Geschichte, Bd. 1, S. 21; vgl. Walter Hubatsch (Hrsg.): Freiherr vom Stein. Briefe und amtliche Schriften, Bd. 4, Stuttgart 1963, S. 356f.
431 Kleinstück: Frankfurt und Stein, S. 88.
432 Georg Heinrich Pertz: Das Leben des Ministers Freiherrn vom Stein, 6 Bde., Berlin 1850–1855, Bd. 2, S. 320 u. 470.
433 Pertz: Das Leben, Bd. 3, S. 446.
434 Vgl. Finger: Frankfurt unter Carl von Dalberg, S. 2ff.
435 Schwemer: Geschichte der Stadt, Bd. 1, S. 31.
436 Kleinstück: Frankfurt und Stein, S. 90.
437 Ricarda Huch: Stein. Der Erwecker des Reichsgedankens, Berlin 1932, S. 107ff. Siehe auch Ricarda Huch: Stein. Der Erwecker des Reichsgedankens, in: Gesammelte Werke, Bd. 9, Köln 1968, S. 919–1058.
438 Vgl. Dieter Düding: Das deutsche Nationalfest von 1814. Matrix der deutschen Nationalfeste im 19. Jahrhundert, in: Düding, Friedemann, Münch: Öffentliche Festkultur, S. 67–88, hier S. 80.
439 Steen: Frankfurter Nationalfeste 1998, S. 267–292, hier S. 268 f.
440 Des Teutschen Volkes feuriger Dank- und Ehrentempel oder Beschreibung, wie das aus zwanzigjähriger französischer Sklaverei durch Fürsten-Eintracht und Volkskraft gerettete Teutsche Volk die Tage der entscheidenden Völker- und Rettungsschlacht bei Leipzig am 18. und 19. Oktober 1814 zum erstenmale gefeiert hat, Offenbach 1815.
441 Kleinstück: Frankfurt und Stein, S. 90.
442 Vgl. Kleinstück: Frankfurt und Stein, S. 86ff., Dorda: Hügel, S. 239ff., u. Wilfried Forstmann: Simon Moritz von Bethmann 1768–1826. Bankier, Diplomat und politischer Beobachter, Frankfurt am Main 1973, S. 225ff.
443 Vgl. Johann Heinrich Bender: Ueber die hiesige Gesetzgebung von 1806 bis 1816 und eine Sammlung der noch gültigen Gesetze dieser Periode, in: Zeitschrift für Gesetzgebung und Rechtspflege des Kurfürstenthums und Großherzogthums Hessen und der freien Stadt Frankfurt am Main 1, 1834, S. 446f., u. Höchste Verordnung, die künftige Verfassung der Stadt Frankfurt betreffend vom 20. Dezember 1813, in: Großherzogliches Regierungsblatt 3, H. 16, 1813, S. 235.
444 Ausführlich Schwemer: Geschichte, Bd. 1, S. 44–100, u. Dechent: Kirchengeschichte, Bd. 2, S. 311ff.
445 Schwemer: Geschichte, Bd. 1, S. 125ff., vgl. Freiherr vom Stein. Briefe und amtliche Schriften, hrsg. v. Walther Hubatsch, 5 Bde., Stuttgart 1963, Bd. 5, S. 370ff.
446 Zit. nach Koch: Grundlagen, S. 61. Vgl. auch Schwemer: Geschichte, Bd. 1, S. 101ff., insbes. S. 141.
447 Schwemer: Geschichte, Bd. 1, S. 152.
448 Schwemer: Geschichte, Bd. 3.2, S. 435f., und Bd. 1, S. 247ff.
449 Ehrenbürgerbrief der Stadt Frankfurt am Main für Heinrich Friedrich Karl Reichsfreiherr vom und zum Stein vom 28. November 1816, in: Kleinstück: Frankfurt und Stein, S. 108f.
450 Jürgen Müller: Der Deutsche Bund 1815–1866, München 2006, S. 3–5.
451 Smidt in einem Brief vom 7. Dezember 1816, zit. nach Schwemer: Geschichte, Bd. 2, S. 5.
452 Schwemer: Geschichte, Bd. 2, S. 8ff.
453 Schwemer: Geschichte, Bd. 2, S. 727 (Anm. zu S. 137).
454 Carl Jügel: Das Puppenhaus, ein Erbstück in der Gontardschen Familie. Bruchstücke aus den Erinnerungen eines Siebenzigers, Frankfurt 1857, S. 232.

455 Schwemer: Geschichte, Bd. 2, S. 137.
456 Christian August Fischer: Katzensprung von Frankfurt nach München, Leipzig 1821, S. 42.
457 Gerd Eilers: Meine Wanderung durchs Leben, 2 Bde., Leipzig 1856, Bd. 1, S. 363.
458 Kirchner: Ansichten, Bd. 2, S. 101–103.
459 Lübbecke: Das Palais, S. 282 u. 289f.
460 Lübbecke: Das Palais, S. 422f.
461 Schwemer: Geschichte, Bd. 2, S. 2.
462 Schwemer: Geschichte, Bd. 2, S. 6f. u. 11.
463 Dieter Langewiesche: Europa zwischen Restauration und Revolution 1815–1848, 2. Aufl., München 1989, S. 59.
464 Müller: Der Deutsche Bund.
465 Vgl. Eberhard Büssem: Die Karlsbader Beschlüsse von 1819. Die endgültige Stabilisierung der restaurativen Politik im Deutschen Bund nach dem Wiener Kongreß von 1814/15, Hildesheim 1974, u. Langewiesche: Europa, S. 61.
466 Zu biographischen Daten vgl. Johannes Kunisch und Michael Sikora (Hrsg.): Gerhard von Scharnhorst. Private und dienstliche Schriften, Bd. 5: Leiter der Militärreorganisation (Preußen 1808–1809). Veröffentlichungen aus den Archiven Preußischer Kulturbesitz, Bd. 52.5, bearb. v. Tilman Stieve, Köln, Weimar und Wien 2009, S. 792.
467 Schwemer: Geschichte, Bd. 2, S. 17ff.
468 Frankfurter Biographie, Bd. 1, S. 371f., Willy Kraemer: Die politische Wirksamkeit Karl Theodor Welckers, Diss., Frankfurt am Main 1909, S. 147, u. Schwemer: Geschichte, Bd. 2, S. 12f. und 19.
469 Schwemer: Geschichte, Bd. 2, S. 12–15 u. 22.
470 Schwemer: Geschichte, Bd. 2., S. 26.
471 Ludwig Börne: Monographie der deutschen Postschnecke. Beitrag zur Naturgeschichte der Mollusken und Testazeen (1821), in: Ludwig Börne: „Wie man nur selbst nicht zaghaft ist ..." Kritiken, Essays – Skizzen, Briefe, Berlin 1953, S. 68–94, hier S. 77f. u. 73.
472 Vgl. Inge und Peter Rippmann (Hrsg.): Ludwig Börne. Sämtliche Schriften, Düsseldorf u. a. 1964–1977, Bd. 4 und 5, Wolfgang Klötzer: Carl Ludwig Börne in: Frankfurter Biographie, Bd. 1, S. 86f., u. Schwemer: Geschichte, Bd. 2, S. 29–31 u. 47.
473 Vgl. Koch: Grundlagen, S. 55ff.; ders.: Ständische Repräsentation oder liberale Repräsentativverfassung. Die C.E.A. der freien Stadt Frankfurt als historischer Kompromiß, in: Zeitschrift für historische Forschung 2, 1978, S. 187–214, hier S. 192ff., u. Helmut Böhme: Stadtregiment, Repräsentativverfassung und Wirtschaftskonjunktur in Frankfurt am Main und Hamburg im 19. Jahrhundert, in: Esslinger Studien 15, 1969, S. 75–146, hier S. 99ff.
474 Vgl. Koch: Grundlagen, S. 63ff.
475 Vgl. Roth: Stadt und Bürgertum, S. 226. Siehe auch Schwemer: Geschichte, Bd. 1, S. 247ff., Siegfried Scheuermann: Der Kampf der Frankfurter Juden um ihre Gleichberechtigung, Kallmünz 1933, u. Arnsberg: Geschichte, Bd. 1, S. 316ff.
476 Vgl. Schwemer: Geschichte, Bd. 1, S. 213ff., u. Georg Ludwig Kriegk: Geschichte von Frankfurt am Main in ausgewählten Darstellungen. Nach Urkunden und Acten, Frankfurt am Main 1871, S. 571ff.
477 Vgl. Roth: Stadt und Bürgertum, S. 228.
478 Vgl. Art. 7 der Ergänzungs-Acte zu der alten Frankfurter Stadt-Verfassung nach Erforderniß der gegenwärtigen Verhältnisse, Frankfurt am Main 1817, S. 9f.
479 Art. 6 u. 7 Ergänzungs-Acte, S. 8f.
480 Zu den Kompetenzen des Rats im einzelnen vgl. Art. 24 bis 44 der Ergänzungs-Acte, S. 34ff.
481 Art. 19. Ergänzungs-Acte, S. 29. Vgl. auch Art. 6 u. 8 ebd., S. 8ff.
482 Art. 19. Ergänzungs-Acte, S. 29. Zur Sozialstruktur des Senats von 1816 bis 1866 vgl. Roth: Stadt und Bürgertum, S. 230.
483 Zur Sozialstruktur des Senats von 1816 bis 1866 vgl. Roth: Stadt und Bürgertum, S. 230.
484 Vgl. Art. 45 bis 50 Ergänzungs-Acte, S. 59ff. Zur Sozialstruktur der Ständigen Bürgerrepräsentation von 1816 bis 1866 vgl. Roth: Stadt und Bürgertum, S. 233.
485 Art. 26 u. 48 Ergänzungs-Acte, S. 40 u. 62.
486 Art. 17 Ergänzungs-Acte, S. 24ff.
487 Zur Sozialstruktur der Gesetzgebenden Versammlung von 1816 bis 1866 vgl. Roth: Stadt und Bürgertum, S. 237.

488 Vgl. §§ 3, 5 u. 12 der Organisation der Handelskammer, Verordnung vom 20. Mai 1817, in: Gesetzes- und Statutensammlung der Freien Stadt Frankfurt, 16 Bde., Frankfurt am Main 1817, Bd. 1, S. 113–118, hier S. 114ff. Vgl. zum Hintergrund Lammel: Entstehung, S. 32.
489 Vgl. hierzu Allan N. Sharlin: Social Structure and Politics. A Social History of Frankfurt am Main 1815–1864, Ph. D., Madison/Wisconsin 1976, S. 62ff., u. Johann Heinrich Bender: Die Verhandlungen der Gesetzgebenden Versammlung der freien Stadt Frankfurt in den Jahren 1816 bis 1831, Frankfurt am Main 1834, S. 54, 74, 119 u. 129f.
490 Vgl. Bender: Verhandlungen, S. 105ff.
491 Isaac von Gerning zit. nach Bender: Verhandlungen, S. 57, u. Ludwig Börne: Einleitung, in: ders. (Hrsg.): Actenmäßige Darstellung des Bürgerrechts der Israeliten zu Frankfurt am Main, Rödelheim 1816, S. VII–XlVI, hier S. XLIff.
492 Bekanntmachung der Stadt Canzlei vom 8. Juni 1816. Institut für Stadtgeschichte (Frankfurt am Main), Nachlass Leonhardi S 1/165, Kistchen 5.
493 Vgl. Arnsberg: Geschichte, Bd. 1, S. 292.
494 Unterthänige Vorstellung und Bittschrift der Deputirten der israelitischen Gemeinde zu Frankfurt am Main an den hohen Congreß. Uebergeben zu Wien, den 10ten October 1814, in: Börne: Actenmäßige Darstellung, S. 25–30, hier S. 27.
495 Vgl. Simon M. Dubnow: Weltgeschichte des jüdischen Volkes, Bd. 9: Die neueste Geschichte des jüdischen Volkes. Das Zeitalter der ersten Reaktion und der zweiten Emanzipation (1815–1881), Berlin 1929, S. 26ff., u. Heinrich Graetz: Geschichte der Juden von der ältesten Zeit bis auf die Gegenwart, 20 Bde., 2. Aufl., Leipzig 1900, Bd. 11, S. 291ff.
496 Abdruck der Gegenerklärung des Senats der freien Stadt Frankfurt am Main an die Hohe Deutsche Bundesversammlung. Die Widerlegung der von der Frankfurter Judenschaft an den Hohen Bundes-Tag gebrachten Ansprüche betreffend, Frankfurt am Main 1817, S. 5.
497 Alex Bein: Die Judenfrage. Biographie eines Weltproblems, 2 Bde., Stuttgart 1980, Bd. 2, S. 158.
498 Vgl. Niall Ferguson: The World's Banker. The History of the House of Rothschild, London 1998, S. 189, u. Schwemer: Geschichte, Bd. 2, S. 149ff.
499 Vgl. Bender: Verhandlungen, S. 55ff., Kracauer: Geschichte, Bd. 2, S. 432ff., u. Inge Schlotzhauer: Die bürgerliche Gleichstellung der Frankfurter Juden im Urteil der zeitgenössischen Schriften 1816/17, in: Hessisches Jahrbuch für Landesgeschichte 34, 1984, S. 129–161, hier S. 136ff.
500 Vgl. Verordnung zur Feststellung der privatbürgerlichen Rechte der hiesigen Juden vom 1. September 1824, in: Gesetzes- und Statutensammlung, Bd. 3, S. 230.
501 Vgl. Bender: Verhandlungen, S. 57, und Bericht über die Entstehung und den Fortgang des Vereins in Frankfurt am Main zur Beförderung der Handwerke unter den israelitischen Glaubensgenossen, Frankfurt am Main 1825, S. 3–11.
502 Vgl. Art. 36 bis 40 Ergänzungs-Acte, S. 51ff., u. Kleinstück: Johann Friedrich Böhmer, S. 154ff.
503 Vgl. Kurze Übersicht der Frankfurterischen Verfassungs-Verhältnisse, in besonderer Beziehung auf die von dem Vorstande der katholischen Gemeinde daselbst an die Hohe Bundesversammlung gerichteten Beschwerden, Frankfurt am Main o. J. (1817), S. 3.
504 Vgl. die Schreiben des Vorstandes der katholischen Gemeinde an seine Mitglieder dahier v. 31. August 1815, und v. 12. Juli 1816. Archiv der Dompfarrgemeinde Frankfurt I.5.A.
505 Vgl. Dechent: Kirchengeschichte, Bd. 2, S. 348.
506 Vgl. Hartwig Schultz: „Unsre Lieb aber ist außerkohren". Die Geschichte der Geschwister Clemens und Bettine Brentano, Frankfurt am Main u. a. 2004, u. Konrad Feilchenfeldt: Brentano Chronik. Daten zu Leben und Werk, München und Wien 1978.
507 Vgl. Kleinstück: Johann Friedrich Böhmer, S. 191, u. Kleinstück: Franfurt und Stein, S. 95ff. Siehe auch Rainer Koch: Der Freiherr von Stein und Frankfurt am Main. Vortrag gehalten am 9. März 1993 für die Polytechnische Gesellschaft, Frankfurt am Main 1993, S. 19f, u. Ralf Roth: Die Frankfurter Bürger auf der Suche nach ihrer Geschichte, in: Mitteilungen des Oberhessischen Geschichtsvereins 88, 2003, S. 159–180, hier S. 161f.
508 Vgl. Wilhelm Otto Nicolay: Friedrich von Schlegels Beteiligung an den kirchenpolitischen Kämpfen der katholischen Gemeinde zu Frankfurt am Main in den Jahren 1814–1818, in: Frankfurter Volksblatt v. 30. September 1922.
509 Auszug des Raths-Protocolls No. 2051 v. 25. Juli 1816, S. 8.

510 An die Hohe Deutsche Bundes-Versammlung. Denkschrift des Vorstandes der katholischen Gemeinde der freien Stadt Frankfurt, Frankfurt am Main 1817, S. 4f., 17 u. 36f.
511 Auszug des Raths-Protocolls No. 2051 v. 25. Juli 1816, S. 9. Vgl. Schatz: Geschichte, S. 77.
512 Vgl. Auszugs-Protokoll des großen Raths No. 323 v. 30. Juli 1822, in: Herr: Frankfurter Urkunden und Quellen, Frankfurt am Main 1939, S. 8, u. Wilhelm Otto Nicolay: Die Beteiligung der freien Stadt Frankfurt an der Stiftung des Bistums Limburg. Nach den Manualakten des Syndikus Dr. Danz, Frankfurt am Main 1921, S. 14ff. Vgl. weiterhin Verordnung in Betreff der Bildung eines kirchlichen Vorstandes der katholischen Gemeinde v. 22. Oktober 1822, in: Gesetzes- und Statutensammlung, Bd. 3, S. 147–155, hier S. 148, und An die Hohe Deutsche Bundesversammlung unterthänig gehorsamste Vorstellung und Bitte von Seiten des Vorstandes der katholischen Kirchen-Gemeinde der freien Stadt Frankfurt die Dotation ihrer Kirchen und Schulen betreffend, Frankfurt am Main 1828. Zum Ganzen vgl. Ralf Roth: Katholisches Bürgertum in Frankfurt am Main 1800–1914. Zwischen Emanzipation und Kulturkampf, in: Archiv für mittelrheinische Kirchengeschichte 46, 1994, S. 207–246.
513 Das Ergebnis widerspricht aus gutem Grund der vor allem auf Verfassungsprinzipien beruhenden Einschätzung von Koch: Grundlagen, S. 71, oder Veit Valentin: Frankfurt am Main, S. 7 u. 17f., und Schwemer: Geschichte, Bd. 1, S. 56–100 u. 178–246.
514 Eduard Beuermann um 1835, zit. nach Vogt: Bürgerhäuser, 27.
515 Andreas Meyer: Briefe eines jungen Reisenden durch Liefland, Kurland und Deutschland, 2 Tle., Erlangen 1777, 2. Teil, S. 63f. Vgl. auch Evelyn Hils: Johann Friedrich Christian Hess. Stadtbaumeister des Klassizismus in Frankfurt am Main von 1816–1845, Frankfurt am Main 1988, S. 20.
516 Vgl. Thomas Bauer: Im Bauch der Stadt. Kanalisation und Hygiene in Frankfurt am Main 16.–19. Jahrhundert, Frankfurt am Main 1998, S. 121f.
517 Bangert: Baupolitik und Stadtgestaltung, S. 8. Vgl. auch Gerd Kuhn: Um 1800 – Stadtwohnen im Aufbruch, in: Tilman Harlander (Hrsg.): Stadtwohnen. Geschichte – Städtebau – Perspektiven, München 2007, S. 70–91.
518 Vogt: Bürgerhäuser, S. 29, u. Rudolf Jung: Die Niederlegung der Festungswerke in Frankfurt am Main 1802–1807, in: Archiv für Frankfurts Geschichte und Kunst, 3. Folge, Bd. 11, 1913, S. 117–169.
519 Vgl. Lübbecke: Antlitz, S. 30, u. Hils: Hess, S. 28ff.
520 Johann Georg Batton: Oertliche Beschreibung der Stadt Frankfurt am Main, 7 Bde., Frankfurt a. M. 1861–1875, Bd. 1, S. 188–201.
521 Vogt: Bürgerhäuser, S. 18 und S. 70.
522 Vgl. Kuhn: Um 1800, S. 84f.
523 Johanna Schopenhauer: Ausflucht an den Rhein und dessen nächste Umgebungen im Sommer des 1. friedlichen Jahres, Leipzig 1818, u. Felix von Fröhlichsheim (Pseudonym für Christian August Fischer): Katzensprung von Frankfurt a. M. nach München im Herbste 1820, Leipzig 1821, beide in: Diehl: Reisebeschreibungen, S. 135 und 140.
524 Vgl. Rüdiger Safranski: Schopenhauer und die wilden Jahre der Philosophie. Eine Biographie, 2. Aufl., München und Wien 1988, S. 416, Claus Mehs: Aufsätze zu Frankfurter klassizistischen Bauten, Manuskript 1944. Institut für Stadtgeschichte (Frankfurt am Main) Frankfurt a. M., Manuskripte S 6a/453, und Tobias Picard: Wohnen, Leben und Arbeiten am Fluß. Die Mainufer im 19. und 20. Jahrhundert in Bildern und Fotografien, in: Archiv für Frankfurts Geschichte und Kunst 70, 2004, S. 289–325, hier S. 295f.
525 Vogt: Bürgerhäuser, S. 27, u. Kuhn: Um 1800, S. 87 Vgl. auch Martin Heinzberger: Die Entwicklung des öffentlichen Grüns in Frankfurt am Main 1804–1945, in: ders. u. a. (Hrsg.): Die Entwicklung der Gärten und Grünflächen in Frankfurt am Main, Frankfurt am Main 1988, S. 34–44.
526 Vgl. Hils: Hess, S. 140–144 und S. 161–165, u. Picard: Wohnen, Leben und Arbeiten, S. 297f.
527 Karl Andreas Wild: Frankfurt am Main wie es ist, in historisch-statistischer, scientifisch und artistischer, spekulativer und volksthümlich-charakteristischer Beleuchtung und Darstellung ernst und humoristisch gehalten, Leipzig 1831, zit. nach Diehl: Reisebeschreibungen, S. 170f.
528 Vogt: Bürgerhäuser, S. 159.
529 Kuhn: Um 1800, S. 79.
530 Vgl. Andrea van Dülmen: Das irdische Paradies: bürgerliche Gartenkultur der Goethezeit, Köln 1999, S. 9ff. und S. 132ff., u. Ursula Kern: „Die schönsten Gärten und Landhäuser findet man an den beiden Main-Ufern ...“. Bürgerlich-städtische Naturerfahrung und Lebenspraxis im Garten um 1800 in Frankfurt am Main, in: Archiv für Frankfurts Geschichte und Kunst 70, 2004, S. 147–166, hier S. 148.

531 Kurt Wettengl (Hrsg.): Christian Georg Schütz der Ältere. Ausstellungskatalog, Frankfurt am Main 1992, S. 29f. Kern: Die schönsten Gärten, S. 149.
532 Frankfurter Biographie, Bd. 1, S. 371f.
533 Ein Lebensbild in Briefen aus der Biedermeierzeit. Zur Geschichte einer Altfrankfurter Familie, hrsg. von der Frankfurter Historische Kommission, Frankfurt a. M. 1923, S. 93. Vgl. Kern: Die schönsten Gärten, S. 154.
534 Susette Gontard 1798, in: Adolf Beck (Hrsg.): Diotima und ihr Haus. Briefe von Susette und Jacob Friedrich Gontard, Tübingen 1955/56, S. 122.
535 Vgl. Bott: Die angenehme Lage.
536 Kern: Die schönsten Gärten, S. 157.
537 Beck: Diotima, S. 134.
538 Mertens und Mohr: Das Frankfurter Westend, S. 11.
539 Vgl. Wilhelm Frithjof Dahl: Die Tätigkeit des Baumeisters Salins de Montfort in Frankfurt am Main, Frankfurt am Main 1929, S. 25ff.
540 Paul Menne: Die Stadt Frankfurt am Main und ihr Raum, Frankfurt am Main 1964, S. 89.
541 Zit. nach Schwemer: Geschichte, Bd. 2, S. 742.
542 Vgl. Lothar Gall: Liberalismus und „bürgerliche Gesellschaft". Zu Charakter und Entwicklung der liberalen Bewegung in Deutschland, in: ders. (Hrsg.): Liberalismus, 2., erw. Aufl. Königstein/Ts. 1980, S. 162–186, hier S. 173ff.
543 Zum rechtlichen Rahmen vgl. Beyerbach: Verordnungen, Bd. 4, S. 666f., u. Actenstücke, die hiesigen Gewerbeverhältnisse, insbesondere die Aufhebung der Zunftbeschränkungen betreffend, Frankfurt am Main 1861, S. 52ff. Vgl. auch Geschichte der Handelskammer, S. 1215ff.
544 Vgl. Schnell: Das Frankfurter Handwerk, S. 32f., 39 u. 50f., u. Volker Rödel: Fabrikarchitektur in Frankfurt am Main 1774–1924, Frankfurt am Main 1984, S. 23.
545 Vgl. Geschichte der Handelskammer, S. 1239f., u. Actenstücke, die hiesigen Gewerbeverhältnisse betreffend, S. 80.
546 Institut für Stadtgeschichte (Frankfurt am Main), Senatssupplikationen 693/10. Zur Konzessionierungspraxis vgl. Rödel: Fabrikarchitektur, S. 20ff. u. 53ff.
547 Vgl. Baustatut für die Stadt Frankfurt und Sachsenhausen, Kapitel 5. Andere Beispiele siehe Institut für Stadtgeschichte (Frankfurt am Main), Senatssupplikationen 402/33, Steen: Frankfurt am Main, S. 21ff., u. Geschichte der Handelskammer, S. 1218ff.
548 Siehe Actenstücke, die hiesigen Gewerbeverhältnisse betreffend, S. 64ff.
549 Zunft- und Gewerbsangelegenheiten, in: Frankfurter Jahrbücher 1, H. 16, 1832, S. 127. Vgl. auch Ueber die hiesigen Handwerksverhältnisse im Allgemeinen und dem Nothstand einzelner Gewerbe insbesondere, in: Frankfurter Jahrbücher 1, H. 31, 1832, S. 259–264, hier S. 259, u. Actenstücke, die hiesigen Gewerbeverhältnisse betreffend, S. 81.
550 Vgl. die Liste der Meister mit mehr als elf Gesellen bei Schnell: Handwerk, S. 37f, u. Zur Statistik der hiesigen Handwerke. Von dem Jüngeren Bürgermeisteramte nach den Angaben der einzelnen Handwerke aufgestellt im Dezember 1858, in: Beiträge zur Statistik der freien Stadt Frankfurt 1, H. 2, 1859, S. 24ff., insb. 28.
551 Frankfurter Gesellschaft zur Beförderung der nützlichen Künste und der sie veredelnden Wissenschaften. Aufforderung zur Theilnahme, Frankfurt am Mayn 1816, S. 3f. Zum Hintergrund vgl. Thomas Bauer: In guter Gesellschaft. Die Geschichte der Polytechnischen Gesellschaft in Frankfurt am Main, Frankfurt am Main 2010, S. 11ff., u. Franz Lerner: Bürgersinn und Bürgertat. Geschichte der Frankfurter Polytechnischen Gesellschaft 1816–1966, Frankfurt am Main 1966, S. 27ff.
552 Vgl. Franz Lerner: Ein Fahnentuch mit dem Frankfurter Adler in Basel. Ein Beitrag zur Verkehrsgeschichte auf Rhein und Main, in: Archiv für Frankfurts Geschichte und Kunst 51, 1968, S. 117–130, hier S. 119.
553 Vgl. Ludwig Oelsner: Historischer Überblick über die Bestrebungen der Gesellschaft, in: Neujahrsblatt den Mitgliedern des Vereins für Geschichte und Alterthumskunde zu Frankfurt am Main dargebracht im Jahre 1879, Frankfurt am Main 1879, S. 16, u. Lerner: Bürgersinn, S. 99ff.
554 Für das Zunftwesen, S. 185.
555 Martin May: Erwiederung auf das Zunftwesen andererseits in Nr. 12, in: Frankfurter Jahrbücher 1, H.13, 1832, S. 101.

556 Ueber die hiesigen Handwerksverhältnisse, S. 260 u. 264; Zunftwesen Anderer Seits, in: Frankfurter Jahrbücher 1, H. 12, 1832, S. 93; Die Gewerbsamkeit in Frankfurt, in: Frankfurter Jahrbücher 7, H. 8, 1836, S. 41, u. Vortheile der Gewerbsfreiheit, in: Frankfurter Jahrbücher 5, H. 37, 1835, S. 263f.
557 Ueber die hiesigen Handwerksverhältnisse, S. 260.
558 Zunft- und Gewerbsangelegenheiten (Forts.), in: Frankfurter Jahrbücher 1, H. 17, 1832, S. 136, u. Gedanken über freie Gewerbs- und Handelsindustrie, in: Frankfurter Jahrbücher 8, H. 10, 1836, S. 61f.
559 Verbesserung in der Industrie. Vortheile des Gebrauchs von Maschinen, in: Frankfurter Jahrbücher 10, H. 29, 1837, S. 205.
560 Vgl. Für das Zunftwesen unter der Bedingung seiner Geläutertheit, in: Frankfurter Jahrbücher 4, H. 29, 1834, S. 185ff.
561 Isaac von Gerning: Skizze von Frankfurt am Main, o. O. 1800, S. 57.
562 Die folgenden Angaben basieren auf der Auswertung der Handlungs-Addreß-Calender von Frankfurt am Mayn auf das Jahr 1797; Handlungs-Addreß-Kalender von Frankfurt am Main auf das Jahr 1816; Addreß-Kalender der Künste und Handwerke auch wissenschaftlicher und freien Geschäfte in der freien Stadt Frankfurt Main auf das Jahr 1819, Frankfurt am Main o. J. [1820]; Allgemeines Adress-Buch der Freien Stadt Frankfurt 1834. Mit Privilegium Hohen Senats. Hrsg. v. Georg Friedrich Wilhelm Krug, Frankfurt am Main 1834, u. Zollvereinsstatistik zu den Fabrikanten in Frankfurt am Main 1844: Aufstellung über Fabriken und solche Gewerbe, welche fabrikmäßig betrieben werden und der Hauptsache nach für den Großhandel arbeiten 1844–1854. Institut für Stadtgeschichte (Frankfurt am Main), Rechnei nach 1816, Zollverein Nr. 435 u. 542.
563 Zur Übertragung der Wortbedeutungen von „fabrique" im Sinne von Teilnahme an den handwerklichen und technischen Fabrikationen ins Deutsche vgl. Alfons Rehmann: Die Geschichte der technischen Begriffe fabrica und machina in den romanischen Sprachen, Diss. Münster/Bochum/Langendreer 1935, S. 77ff.; Dietrich Hilger: Art. Fabrik, Fabrikant, in: Otto Brunner. u. a. (Hrsg.): Geschichtliche Grundbegriffe. Historisches Lexikon zur politisch-sozialen Sprache in Deutschland, 8 Bde., Stuttgart 1972–1997, Bd. 2, S. 229–252, u. Rödel: Fabrikarchitektur, S. 17.
564 Rödel: Fabrikarchitektur, S. 52 u. 53.
565 Vgl. Thomas Weichel: Die Berufsstruktur der Städte – erste Ergebnisse und Vergleiche, in: Lothar Gall (Hrsg.): Stadt und Bürgertum im Übergang von der traditionalen zur modernen Gesellschaft, München 1993, S. 51–73, hier S. 60.
566 Über die hiesigen Handwerksverhältnisse im Allgemeinen und den Nothstand einzelner Gewerbe insbesondere, in: Frankfurter Jahrbücher 1, H. 31, 1832, S. 260.
567 Meidinger: Statistik, 98.
568 Für das Zunftwesen, S. 185.
569 Ebd.
570 Vgl. Die hiesige Hülfskasse, in: Frankfurter Jahrbücher 6, H. 26, 1835, S. 149.
571 Frankfurter Gesellschaft zur Beförderung der nützlichen Künste, S. 3f.
572 Gründung eines Gewerbevereins, in: Frankfurter Jahrbücher 6, H. 16, 1835, S. 82f. Vgl. auch Meidinger: Anstalten, Bd. 1, S. 205.
573 Jahresberichte des Frankfurter Gewerbevereins der Gesellschaft zur Beförderung nützlicher Künste und deren Hülfswissenschaften von den Jahren 1844 und 1845, Frankfurt am Main 1845 und 1846, S. 1.
574 Die Verwaltung des hiesigen Gewerbevereins, in: Frankfurter Jahrbücher 6, H. 30, 1835, S. 171, u. Jahresbericht des Frankfurter Gewerbevereins, ebd. S. 3.
575 Bericht an löbl. Verwaltung des Gewerbevereins von seiten der von ihr ernannten Commission zur Berichterstattung über das Gewerbeschulwesen, Frankfurt am Main 1843, S. 18.
576 Jahresbericht des Frankfurter Gewerbevereins [...] von dem Jahre 1844, S. 6.
577 Zit. nach Schnell: Handwerk, S. 34.
578 Actenstücke, die hiesigen Gewerbeverhältnisse betreffend, S. 88. Vgl. auch Für das Zunftwesen, S. 186.
579 Angaben nach der Datenbank „Frankfurt" des Forschungsprojekts „Stadt und Bürgertum im 19. Jahrhundert", Case-ID 5.513.
580 Martin May: Die Arbeiterfrage, Frankfurt am Main 1848, S. 2.
581 Frankfurter Journal v. 15. Oktober 1842.

582 Ebd. Martin Mays Buch „Über das Innungswesen" wurde auch in Frankfurter Gemeinnützige Chronik 3, 1843, S. 20f., im Allgemeinen Anzeiger 59, 1843, S. 734ff., und im Leipziger Repertorium der deutschen und ausländischen Literatur 2, 1843, S. 60ff., besprochen. Vgl. auch Martin May: Wegweiser auf dem Felde unserer Hilfstätigkeit, Frankfurt am Main 1846, u. Martin May: Das christliche Bürgerthum. Ein Wort des Friedens, Frankfurt am Main 1846.
583 May: Innungswesen, S. 9.
584 Ebd. S. 55, u. May: Arbeiterfrage, S. 24.
585 Vgl. ebd., S. 24 u. 40ff.
586 Zum neuen Organisationswesen der Gesellen vgl. Friedrich Lenger: Sozialgeschichte der deutschen Handwerker seit 1800, Frankfurt am Main 1988, S. 63ff.
587 May: Innungswesen, S. 101.
588 An den Handwerkerstand, Frankfurt am Main o. J. [1843]. Vgl. auch Gründungsurkunde der Gesellschaft zur gewerblichen und moralischen Unterstützung nothleidender Handwerksmeister, Frankfurt am Main 1844, S. 3.
589 Gründungsurkunde, ebd.
590 Vgl. Meidinger: Anstalten, Bd. 1, S. 254f. Vgl. auch Sharlin: Structure, S. 125ff.
591 May: Arbeiterfrage, S. 12. Vgl. auch ebd., S. 52.
592 Meidinger: Anstalten, Bd. 1, S. 255. Vgl. auch Neue Statuten des Hülfsvereins für nothleidende Handwerksmeister, Frankfurt am Main 1848, S. 8ff.
593 Vgl. Gründungsurkunde der Gesellschaft zur gewerblichen und moralischen Unterstützung nothleidender Handwerksmeister, S. 4f.
594 Vgl. Neue Statuten des Hülfsvereins für nothleidende Handwerksmeister, S. 8.
595 Jahresbericht des Hülfsvereins für Gewerbetreibende 16, 1860, S. 3.
596 Leihbedingungen der Credit-Kasse, Frankfurt am Main 1860.
597 Jahresbericht des Hülfsvereins 18, 1863, S. 3. Siehe auch Jahresbericht des Hülfsvereins 10, 1854, S. 5. Vgl. auch Jahresbericht des Hülfsvereins für Gewerbetreibende 18, 1862, S. 3; 10, 1855, S. 5; 7, 1852, S. 3, u. Leihbedingungen der Credit-Kasse, u. Zur Unterstützungstätigkeit des „Hülfsvereins" von 1845 bis 1879 vgl. Roth: Stadt und Bürgertum, S. 390.
598 Vgl. Franz Lerner: Von der Frankfurter Gewerbekasse zur Frankfurter Volksbank. Die hundertjährige Geschichte einer mittelständischen Bank, Frankfurt am Main 1962, S. 9ff.
599 Vgl. Udo Heyn: Private Banking and Industrialization. The Case of Frankfurt am Main 1825–1875, New York 1981, S. 41f.; Ernst Korach: Das deutsche Privatbankengeschäft, Berlin 1901, S. 20; Erich Achterberg: Der Bankplatz Frankfurt am Main, Frankfurt am Main 1955, S. 32, u. Bernd Baehring: Börsen-Zeiten. Frankfurt in vier Jahrhunderten zwischen Antwerpen, Wien, New York und Berlin, Frankfurt am Main 1985, S. 59.
600 Vgl. Heyn: Banking, S. 43, u. Korach: Privatbankengeschäft, S. 21. Vgl. ferner Erich Achterberg: Frankfurt am Main als Bankplatz, Frankfurt am Main o. J. [1951], S. 9; zu Bethmann und Rothschild vgl. Erich Achterberg: Frankfurter Bankherren. Frankfurt am Main 1956, S. 33ff. u. 68ff.; Forstmann: Bethmann, S. 112ff., u. Ferguson: The World's Banker, S. 119–147, u. Derek Wilson: Die Rothschild Dynastie. Eine Geschichte von Ruhm und Macht, Wien und Darmstadt 1988, S. 55ff.
601 Vgl. E.M. von Grunelius: Die Wiederbelebung des Frankfurter Privatbankgeschäfts, Freiburg 1925, S. 11.
602 Vgl Wilson: Dynastie, S. 81ff.; Baehring: Börsen-Zeiten, S. 71ff.
603 Vgl. Ralf Roth: American Civil War, Financial Support of Frankfurt Bankers for the United States, in: Thomas Adam (ed.): Germany and the Americas: Culture, Politics, and History, vol. 1: A–F, Santa Barbara, California; Denver, Colorado and Oxford, England 2005, S. 61–62; Wilson: Dynastie, S. 223–227, u. Sigmund Diamond (ed.): A Casual View of America. The Home Letters of Salomon de Rothschild, 1859–1861, New York 1962, S. 90, u. Irving Katz: August Belmont, a Political Biography, New York City 1968. Zum Gesellschaftsleben der Elite New Yorks vgl. Sven Beckert: The Monied Metropolis. New York City and the Consolidation of the American Bourgeoisie, 1850–1896, Cambridge/New York 2001, S. 48ff.
604 Vgl. Heyn: Banking, S. 140f., 149 u. 163ff.
605 Vgl. Dietz: Handelsgeschichte, Bd. 4; Geschichte der Handelskammer, S. 1179 ff., u. Hans-Otto Schembs: Die Geschichte der Frankfurter Messe, Frankfurt am Main 1985.

606 Dietz: Handelsgeschichte, Bd. 1, S. 109f. Zahlenwerte über den Rückgang des Messehandels liefert Wolf Arno Kropat: Frankfurt zwischen Provinzialismus und Nationalismus. Die Eingliederung der Freien Stadt in den preußischen Staat, Frankfurt am Main 1971, S. 95. Vgl. auch Heyn: Banking, S. 51f.
607 Vgl. Geschichte der Handelskammer, S. 331ff.; Schwemer: Geschichte, Bd. 2, S. 247ff., Detlef Stage: Frankfurt am Main und der Zollverein, Frankfurt am Main 1971. Siehe auch Hans-Werner Hahn: Geschichte des Deutschen Zollvereins, Göttingen 1984, S. 83–87.
608 Vgl. Lerner: Ein Fahnentuch, S. 117f.
609 Vgl. Kanter: Entwicklung, S. 66ff.
610 Lübbecke: Das Palais, S. 433.
611 Vgl. Hermann Görlich: Die Entwicklung der Industriestadt Offenbach a. M. und die hessische Zollpolitik in der Gründungszeit des Zollvereins, Diss., Frankfurt am Main 1922, S. 59. Vgl. auch Kurt Glück und Hermann Görlich: 150 Jahre Industrie- und Handelskammer Offenbach a. M. 1821–1971, Offenbach 1971, S. 29ff., Otto Schlander: Aufbruch zur Freiheit und Demokratie. Die achtundvierziger Bewegung in Offenbach, Offenbach 1986, S. 13, u. Rudolf Günter Huber: Sozialer Wandel und politische Konflikte in einer südhessischen Industriestadt. Kommunalpolitik der SPD in Offenbach 1898–1914, Darmstadt und Marburg 1985, S. 30.
612 Glück und Görlich: 150 Jahre Industrie- und Handelskammer, S. 8.
613 Görlich: Die Entwicklung der Industriestadt Offenbach, S. 172 u. 210.
614 Vgl. Roth: Stadt und Bürgertum, S. 372.
615 Görlich: Die Entwicklung der Industriestadt Offenbach, S. 255f. u. 228ff. 1829 waren es 6.000 Zentner und 1836 bereits 55.000 Zentner. Ebd.
616 Vgl. ebd. S. 263 u. 267ff., u. Glück und Görlich: 150 Jahre Industrie- und Handelskammer, S. 36ff.
617 Vgl. Görlich: Die Entwicklung der Industriestadt Offenbach, S. 300–323.
618 Vgl. Heyn: Banking, S. 125f. Vgl. auch Peter Orth: Die Kleinstaaterei im Rhein-Main Gebiet und die Eisenbahnpolitik 1830–1866, Limburg a. d. Lahn 1938, S. 50, u. Schwemer: Geschichte, Bd. 3.1, S. 53ff.
619 Vgl. Paul Koelner: Die Basler Rheinschiffahrt vom Mittelalter zur Neuzeit, 2. erw. Aufl., Basel 1954, S. 108, u. Christian Eckert: Rheinschiffahrt im 19. Jahrhundert. Staats- und socialwissenschaftliche Forschung Bd. 18, Heft 5, Leipzig 1900, S. 198ff. Vgl. auch Artur Fürst: Das Weltreich der Technik, 4 Bde., Berlin 1923–1927, Bd. 3, S. 116ff., und Lerner: Ein Fahnentuch, S. 118ff.
620 Vgl. Geschichte der Handelskammer, S. 753ff.
621 Vgl. Eckert: Rheinschiffahrt, S. 205 u. 214f., u. Lerner: Ein Fahnentuch, S. 124f.
622 Vgl. Lerner: Ein Fahnentuch, S. 127f.
623 Krebsscheeren, S. 43f.
624 Ansichten über die Eisenbahn-Angelegenheiten, in: Frankfurter Jahrbücher 8, H. 19, 1837, S. 120f. (Anm.).
625 Der Kampf um die Eisenbahnaktien, in: Frankfurter Jahrbücher 9, H. 22, 1837, S. 142. Vgl. auch Ludwig Brake: Die ersten Eisenbahnen in Hessen. Eisenbahnpolitik und Eisenbahnbau in Frankfurt, Hessen-Darmstadt, Kurhessen und Nassau bis 1866, Wiesbaden 1991, S. 154ff.
626 Ist es für Frankfurt nothwendig, Eisenbahnen anzulegen, in: Frankfurter Jahrbücher 7, H. 16, 1836, S. 95f.
627 Vgl. Orth: Kleinstaaterei, S. 48ff. u. 55ff.
628 Vgl. Schomann: Hauptbahnhof, S. 10.
629 Vgl. O. von Aussetz: Der Mainverkehr und die Mainzölle von 1847 bis 1860, in: Beiträge zur Statistik der Freien Stadt Frankfurts 1, H. 4, 1859, S. 37f., u. Rödel: Ingenieurbaukunst, S. 231f.
630 Karl Poppelbaum: 1816–1966. Johannisloge „Carl zum aufgehenden Licht" im Orient Frankfurt am Main. Festschrift zur 150. Gründungsfeier, Frankfurt am Main 1966, S. 18.
631 Vgl. Brüll: Geschichte, S. 41ff.
632 Vgl. Die Loge Sokrates zur Standhaftigkeit im Orient zu Frankfurt am Main in den ersten fünfzig Jahren ihrer Werkthätigkeit. Eine Festgabe zur fünfzigjährigen Jubelfeier derselben, Frankfurt am Main 1851, S. 59f. u. 65f.
633 Demeter: Die Frankfurter Loge, S. 103.
634 Reges: Geschichte, S. 37.
635 Ebd.
636 Vgl. Demeter: Die Frankfurter Loge, S. 77f.
637 Vgl. Poppelbaum: Johannisloge, S. 13.

638 Vgl. Poppelbaum: Johannisloge, S. 55; Demeter: Loge, 102, u. Kracauer: Geschichte, Bd. 2, S. 469 u. 491f.
639 Reges: Geschichte, S. 38.
640 Vgl. zu den Hep-Hep-Krawallen Jacob Katz: Die Hep-Hep-Verfolgungen des Jahres 1819, Berlin 1994, S. 93f., u. Heuberger und Krohn: Ghetto, S. 34. Allgemein zu den Auseinandersetzungen um die Aufnahme von Juden in Logen vgl. Jacob Katz: The German-Jewish Utopia of Social Emancipation, New York 1967, S. 80.
641 Heuberger und Krohn: Ghetto, S. 52, u. Arnsberg: Geschichte, Bd. 1, S. 232f.
642 Vgl. ebd. S. 113ff. Demgegenüber leistete die Loge „Sokrates" weiter Widerstand, und man beschloss noch 1836, „den Geist des bisherigen Systems und das Ritual beizubehalten; ebenso wie die Schottengrade und höheren Ordensstufen bleiben sollten." Poppelbaum: Johannisloge, S. 21. Vgl. auch Reges: Geschichte, S. 45. Zum schottischen Freimaurersystem siehe Ferdinand Runkel: Geschichte der Freimaurerei in Deutschland, 3 Bde. ,Berlin 1931/32, Bd. 2, S. 326ff.
643 Zit. nach Die Loge Sokrates zur Standhaftigkeit, S. 84.
644 Vgl. Brüll: Geschichte, S. 73ff.
645 Reges: Geschichte, S. 42.
646 Brüll: Geschichte, S. 95.
647 Die Loge Sokrates zur Standhaftigkeit, S. 122.
648 Poppelbaum: Johannisloge, S. 31ff.
649 Vgl. Bekanntmachung in Betreff der Bibelgesellschaft, Frankfurt am Main o. J. [1816], Nachrichten von der ersten General-Versammlung und Jahresfeier der Frankfurter Bibel-Gesellschaft, Frankfurt am Main 1817, S. 4; Erwin Kleinstück: 150 Jahre Frankfurter Bibelgesellschaft, in: Kirchliches Jahrbuch 1966, S. 9–17, u. Mittheilungen an die verehrten Freunde des Frankfurter Missionsvereines, den 1. Oktober 1824, Frankfurt am Main 1824, S. 31ff.
650 Hils: Hess, S. 167f.
651 Lerner: Bürgersinn, S. 126, Waldemar Kramer: Chronik der Senckenbergischen Naturforschenden Gesellschaft 1817–1966, in: Wilhelm Schaefer (Hrsg.): Geschichte des Senckenberg-Museums im Grundriß, Frankfurt am Main 1967, S. 173–558, hier S. 181ff., Fricke: Physikalischer Verein, S. 10ff., u. Roth: Verein, S. 156f.
652 Vgl. Abhandlungen des frankfurterischen Gelehrtenvereines für deutsche Sprache. Erstes Stück, Frankfurt am Main 1818, S. 9; u. Bericht der Gesellschaft für ältere deutsche Geschichtskunde über den Stand ihrer Arbeiten am Schlusse des Jahres 1830, Frankfurt am Main o. J. [1830].
653 Roth: Verein, S. 157.
654 Vgl. Roth: Stadt und Bürgertum, S. 256.
655 Entgegnung auf die Beantwortung in Nr. 6 dieser Blätter auf unseren Artikel in Nr. 5: Ueber Organisation der Vereine, in: Frankfurter Gemeinnützige Chronik 5, H. 7, 1845, S. 53.
656 Johann Wolfgang Goethe: Kunstschätze am Rhein, Main und Neckar (1814/15). Goethes Werke. Sophien-Ausgabe oder Weimarer Ausgabe, hrsg. im Auftrage der Großherzogin Sophie von Sachsen, Weimar 1887ff., Bd. I/34, S. 107–109.
657 Sterik: Das Besucherbuch, S. 101–117.
658 Vgl. Bing: Rückblick, S. 54, u. Anton Heinrich Emil von Oven: Das erste städtische Theater zu Frankfurt am Main. Ein Beitrag zur äusseren Geschichte des Frankfurter Theaters 1751–1872, in: Neujahrsblätter des Vereins für Geschichte und Altertumskunde zu Frankfurt am Main 14, 1879, S. 43f.
659 Bing: Rückblick, S. 85 u. 112f.
660 Vgl. Bing: Rückblick, S. 130f. u. 148f., u. Hils: Hess, S. 173ff.
661 Bing: Rückblick, S. 150.
662 Bing: Rückblick, S. 211.
663 Vgl. Der hiesige Kunstverein, in: Frankfurter Jahrbücher 6, H. 36, 1835, S. 215.
664 Der hiesige Kunstverein, S. 216.
665 Kunstverein, in: Frankfurter Jahrbücher 2, H. 14, 1833, S. 138.
666 Rückblick auf Geschichte und Tätigkeit des Frankfurter Kunstvereins vom Jahre 1829 bis zum Jahre 1954. Zur Feier seines 125jährigen Bestehens, Frankfurt am Main 1954, S. 9. Vgl. auch Franz Rittweger: Rückblick auf die Thätigkeit des Frankfurter Kunstvereins anläßlich seines 75jährigen Bestehens, Frankfurt am Main o. J. [1904], S. 70ff.
667 Statut des Kunstvereins zu Frankfurt am Main, Frankfurt am Main o. J. [1830], S. 3.

668 Insgesamt handelte es sich um 294 Gemälde, 36 Zeichnungen und Aquarelle, 4 Glasgemälde, 60 plastische Werke und 1.109 Kupferstiche und Lithographien. Vgl. Rückblick auf Geschichte und Tätigkeit des Frankfurter Kunstvereins, S. 15f.
669 Vgl. Bericht der Direktion des Frankfurter Kunstvereins in der General Versammlung v. 19. Dezember 1841, in: Frankfurter Gemeinützige Chronik 2, H. 1, 1842, S. 5, u. Rückblick auf Geschichte und Tätigkeit des Frankfurter Kunstvereins, S. 9. Zur Bedeutung der Germania vgl. Lothar Gall: Die Germania als Symbol nationaler Identität im 19. und 20. Jahrhundert, in: Nachrichten der Akademie der Wissenschaften in Göttingen 2, 1993, S. 37–88, hier S. 45ff. Zu Philipp Veit und den Nazarenern vgl. Hubertus Lossow: Die Nazarener, in: Rudolf Zeitler (Hrsg.): Die Kunst des 19. Jahrhunderts, Frankfurt am Main und Berlin 1990, S. 200ff., u. Nipperdey: Geschichte 1800–1866, S. 559ff.
670 Geschichtlicher Ueberblick, in: Frankfurter Gemeinnützige Chronik 6, H. 19, 1846, S. 147.
671 Vgl. Otto Rüb: Die chorischen Organisationen. Gesangvereine der bürgerlichen Mittel- und Unterschicht im Raum Frankfurt am Main von 1800 bis zur Gegenwart, Diss., Frankfurt am Main 1964, S. 22.
672 Vgl. Caroline Valentin: Heinrich Düring der Begründer des ersten Frankfurter Gesangvereins, Ms., o. O. u. J.
673 Vgl. Friedrich Stichtenoth: Der Frankfurter Cäcilien-Verein 1818–1968. Blätter zur Erinnerung an seine 150jährige Geschichte, Frankfurt am Main 1968, S. 14f.
674 Geschichtlicher Ueberblick, in: Frankfurter Gemeinnützige Chronik 6, H. 21, 1846, S. 163.
675 Zit. nach Stichtenoth: Cäcilien-Verein, S. 38. Vgl. Rüb: Organisationen, S. 44.
676 Helene de Bary: Museum, S. 33.
677 Vgl. Hans-Otto Schembs: Vom Saalbau zu den Bürgerhäusern, Frankfurt am Main 1989, S. 48ff. u. 85ff.
678 Julius Bautz: Geschichte des deutschen Männergesangs in übersichtlicher Darstellung, Frankfurt am Main 1890, S. 7.
679 Geschichtlicher Ueberblick, in: Frankfurter Gemeinnützige Chronik 6, H. 21, 1846, S. 164.
680 Vgl. Bautz: Geschichte, S. 11. Zu den Symbolen im Einzelnen vgl. Steen: Nationalfeste, S. 135. Vgl. auch Heinrich Weismann, (Hrsg.): Blätter der Erinnerung an das erste deutsche Sängerfest in Frankfurt am Main 28. bis 30. Juli 1838 und an die Gründung der Mozartstiftung, Frankfurt am Main 1863.
681 Geschichtlicher Ueberblick, in: Frankfurter Gemeinnützige Chronik 6, H. 21, 1846, S. 163. Vgl. zur Zielsetzung auch Statuten der Mozartstiftung, genehmigt vom hohen Senat durch Beschluß vom 12. Juni 1838, Frankfurt am Main 1838; Karl Grün: Musik und Kultur. Festrede zur Jubelfeier der Mozartstiftung, Frankfurt am Main 1863; Karl Knecht (Bearb.): Rückblick auf die Geschichte der Mozartstiftung des Frankfurter Liederkranzes anlässlich der Feier zum 75jährigen Jubiläum am 30. November 1913, Frankfurt am Main 1913, S. 3ff., u. Heinrich Wenner: Die Geschichte der Mozart-Stiftung, Frankfurt am Main 1938.
682 Schwemer: Geschichte, Bd. 2, S. 223.
683 Meidinger: Anstalten, Bd. 1, S. 209f.
684 Die Naturwissenschaften, in: Frankfurter Jahrbücher 6, H. 43, 1836, S. 272.
685 Georg Ludwig Kriegk: Ueber den Zweck und die Einrichtung des Geographischen Vereins zu Frankfurt am Main, in: Frankfurter Jahrbücher 8, H. 32, 1836, S. 224–227, hier S. 226. Vgl. zu diesem Punkt auch Wolfgang Hartke (Hrsg.): Festschrift zur Hundertjahrfeier des Vereins für Geschichte und Statistik zu Frankfurt am Main, Frankfurt am Main 1936, S. 8, u. 23ff. In Bezug auf Gründung und Statuten vgl. Karl Emil Flick: Festschrift zur 140-Jahrfeier der Frankfurter Geographischen Gesellschaft, Frankfurt am Main 1980, S. 4ff. u. 24. Zur Geschichte vgl. ferner Werner Gley: Die Hundertjahrfeier des Vereins für Geographie und Statistik zu Frankfurt am Main am 8. und 9. Dezember 1936, Frankfurt am Main 1937; Friderun Fuchs, und Magdalene Friedrich: Frankfurt am Main zwischen 1836 und 1986. 150 Jahre Frankfurter Geographische Gesellschaft, Aus Anlaß der Jubiläumsausstellung der Frankfurter Geographischen Gesellschaft im Naturmuseum Senckenberg vom 6. Dezember 1986 bis 15. März 1987, Frankfurt am Main 1986, S. 3–9.
686 Ein Wort für die Gründung eines Vereins für Erdkunde zur Frankfurt am Main, in: Frankfurter Jahrbücher 7, H. 18, 1836, S. 111. Vgl. auch Meidinger: Anstalten, Bd. 1, S. 221ff., u. Bd. 2, S. 132f., u. Friedrich Krug: Historisch-geographische Beschreibung von Frankfurt und seiner Umgegend, Frankfurt am Main 1845, S. 265.

687 Vgl. Paul W. Reuff: 1865–1965. Hundert Jahre Statistisches Amt Frankfurt a. M. Aus der Geschichte der Frankfurter Statistik. Festschrift zum hundertjährigen Bestehen des Statistischen Amtes der Stadt Frankfurt am Main, Frankfurt am Main 1965, S. 64ff. u. 95ff.
688 Zum Geschichtsverein vgl. Hermann Meinert: Der Frankfurter Verein für Geschichte und Alterthumskunde (Landeskunde) 1857–1957, in: Archiv für Frankfurts Geschichte und Kunst 45, 1957, S. 19–48, u. Wolfgang Klötzer: Chronik des Frankfurter Geschichtsvereins, in: Archiv für Frankfurts Geschichte und Kunst 61, 1987, S. 9–16. Zur weiteren Geschichte vgl. Alexander Riese: Rückblick auf die Entstehung und Entwicklung des Vereins für Geschichte und Altertumskunde in Frankfurt am Main 1857–1907, in: Archiv für Frankfurts Geschichte und Kunst 9, 3. F., 1907, S. 3–24.
689 Johann Carl von Fichard genannt Baur von Eyseneck: Vorrede, in: Wetteravia. Zeitschrift für teutsche Geschichte und Rechtsalterthümer 1, 1828, S. III–VIII, hier S. V.
690 Vgl. Roth: Die Frankfurter Bürger auf der Suche, S. 159–180. Siehe auch Riese: Rückblick, S. 3.
691 Vgl. Kleinstück: Johann Friedrich Böhmer, S. 191. Am 18. November 1816 wurde Stein Ehrenbürger der Stadt Frankfurt. Sie verdankte ihm zu wesentlichen Teilen die Fortdauer ihrer Souveränität als Stadtrepublik. In Frankfurt hatte Stein auch seine Denkschrift zur Verfassung des Deutschen Bundes geschrieben. Zur Rolle Steins für die Gesellschaft für ältere Geschichtskunde vgl. Koch: Der Freiherr von Stein, S. 19f. Zur Rolle der romantischen Geschichtskultur vgl. Thomas Nipperdey: Auf der Suche nach der Identität: Romantischer Nationalismus, in: ders.: Nachdenken über die deutsche Geschichte. Essays, München 1990, S. 132–150, hier S. 132ff.
692 Vgl. Kleinstück: Johann Friedrich Böhmer, S. 191. Zur Rolle von Georg Franz Burkhard Kloss und der Loge Zur Einigkeit vgl. Roth: Stadt und Bürgertum, S. 317ff.
693 Zu Brönners mäzenatischem Wirken vgl. Hansert: Bürgerkultur, S. 86., u. Roth: Stadt und Bürgertum in Frankfurt am Main, S. 168ff. Vgl. auch Ralf Roth: Von Brönners Druckerey zur Brönner-Umschau-Gruppe, in: Hans-Ulrich Pfeifer (Hrsg.): Im Fluss der Zeit. Festschrift zum 275. Jubiläum der Mediengruppe Breidenstein, Frankfurt am Main 2002, S. 42–88. Zum Bau der Stadtbibliothek vgl. Hils: Hess, S. 65ff.; Wolff und Jung: Die Baudenkmäler in Frankfurt, Bd. 2, S. 350, u. Werner Wenzel: Die Stadtbibliothek von 1668–1884, in: Lehmann: Bibliotheca Publica, Textbd., S. 86ff.
694 „Hier war er mit seinen Kunstsachen, Büchern und Niederschriften bei sich daheim." Kleinstück: Johann Fredrich Böhmer, S. 185.
695 Vgl. Kleinstück: Johann Fredrich Böhmer, S. 202.
696 Vgl. Kleinstück: Johann Fredrich Böhmer, S. 203 u. 206, u. Bock: Chronik.
697 Hermann Meinert: Der Frankfurter Verein für Geschichte und Altertumskunde (Landeskunde) 1857–1957, in: Archiv für Frankfurts Geschichte und Kunst 45, 1957, S. 19–40, hier S. 19f.
698 Zur Parallele zu den städtischen Patriziern vgl. Roth: Stadt und Bürgertum, S. 217ff. Zur Verfassungsänderung und ihren Hintergründen vgl. Koch: Grundlagen, S. 40ff.
699 Vgl. Roth: Stadt und Bürgertum, S. 256ff.
700 Vgl. Mitglieder der Gesellschaft für Frankfurts Geschichte und Kunst, in: Archiv für Frankfurts Geschichte und Kunst 1, 1839, S. VI–VIII. Zum geschichtlichen Hintergrund vgl. Riese: Rückblick auf die Entstehung und Entwicklung des Vereins für Geschichte und Altertumskunde, S. 3, u. zur sozialen Zusammensetzung der Mitglieder Roth: Stadt und Bürgertum, S. 336f.
701 Frankfurter Jahrbücher 10, 1837, S. 5. Vgl. auch ebd. S. 249.
702 Zu den Zielen vgl. Vorwort, in: Archiv für Frankfurts Geschichte und Kunst 1, 1839, S. III–VI.
703 Vgl. Frankfurter Jahrbücher 10, 1837, S. 5.
704 Vgl. Archiv für Frankfurts Geschichte und Kunst 4, 1847, S. XV, und Meinert: Der Frankfurter Verein für Geschichte und Altertumskunde, S. 21.
705 Zur Mitgliederentwicklung der wichtigsten Frankfurter Vereine von 1841 bis 1847 vgl. Roth: Stadt und Bürgertum, S. 334.
706 Vgl. die tabellarischen Übersichten in: Frankfurter Gemeinnützige Chronik 2, 1842, S. 67; 3, 1843, S. 46; 4, 1844, S. 158; 5, 1845, S. 160; 6, 1846, S. 207; 7, 1847, S. 30, u. 8, 1848, S. 137.
707 Vgl. Otto Dann: Die bürgerliche Vereinsbildung in Deutschland und ihre Erforschung, in: Étienne François (Hrsg.): Sociabilité et société bourgeoise en France, en Allemagne et en Suisse, 1750–1850, Paris 1986, S. 43–51, hier S. 45.
708 Die enge soziale Begrenzung, die Carola Lipp für das Vereinswesen in Südwestdeutschland ausmacht, findet sich in Frankfurt nicht. Vgl. Carola Lipp: Verein als politisches Handlungsmuster. Das Beispiel des württembergischen Vereinswesens von 1800 bis zur Revolution 1848–1849, in: Étienne

François (Hrsg.): Sociabilité et société bourgeoise en France, en Allemagne et en Suisse, 1750–1850, Paris 1986, S. 275–296, hier S. 276ff.
709 Nipperdey: Verein, S. 3.
710 Vgl. Art. 36 bis 40 der Ergänzungs-Acte zu der alten Frankfurter Stadt-Verfassung, S. 52. und 54f.
711 Zur Sozialstruktur der Gemeindevorstände von 1810 bis 1914 vgl. Roth: Stadt und Bürgertum, S. 310–312. Vgl. Dechent: Kirchengeschichte, Bd. 2, S. 325ff.
712 Vgl. Shulamit Volkov: Die Juden in Deutschland 1780–1914, München 1994, S. 14. Zum Hintergrund vgl. Andrea Hopp: Jüdisches Bürgertum in Frankfurt am Main im 19. Jahrhundert, Stuttgart 1997.
713 Vgl. Volkov: Juden, S. 7f.
714 Zweiter Bericht über den Bestand und den Fortgang des Vereins in Frankfurt am Main zur Beförderung der Handwerke unter den israelitischen Glaubensgenossen, Frankfurt am Main 1826, S. 3. Vgl. auch Meidinger: Anstalten, Bd. 1, S. 257ff.
715 Vgl. Der Verein zur Beförderung der Handwerke unter den israelitischen Glaubensgenossen, in: Frankfurter Jahrbücher 8, H. 10, 1837, S. 255.
716 Dritter Bericht über den Bestand und den Fortgang des Vereins in Frankfurt am Main zur Beförderung der Handwerke unter den israelitischen Glaubensgenossen, Frankfurt am Main 1827, S. 3f.
717 Helene de Bary: Museum, S. 32.
718 Die hiesige Kasinogesellschaft, in: Frankfurter Jahrbücher 7, H. 30, 1836, S. 206.
719 Geselliges und Gesellschaftliches, in: Frankfurter Jahrbücher 8, H. 24, 1836, S. 148f.
720 Allgemeine Zeitung des Judentums v. 15. Juli 1844.
721 Damit ergibt sich ein anderer Trend als ihn Shulamit Volkov: Die Verbürgerlichung der Juden in Deutschland. Eigenart und Paradigma, in: Jürgen Kocka (Hrsg.): Bürgertum im 19. Jahrhundert. Deutschland im europäischen Vergleich, 3 Bde., München 1988, Bd. 2, S. 343–371, hier S. 365f., für Deutschland beschreibt.
722 Vgl. Möller: Vernunft und Kritik, S. 36ff. u. 213ff.
723 Zum Vorstand des Vereins vgl. Wolfgang Schmidt-Scharff: Geschichte des Frankfurter Frauenvereins 1813–1913, Frankfurt am Main 1913, S. 86ff.
724 Zwischen 1814 und 1844 brachte der Verein 271.641 Gulden für soziale Zwecke auf. Vgl. Schmidt-Scharff: Geschichte des Frankfurter Frauenvereins, S. 40ff. u. 131.
725 § 3 des Statuts des Vereins zum Wohle der dienenden Klasse, o. O. u. J. [1845].
726 Vgl. Kaltwasser: Gesinde, S. 54ff. u. 61f., u. Lerner: Bürgersinn, S. 162.
727 Aus der Rede des Präsidenten Friedrich Wöhler am 13. November 1842. Archiv der Polytechnischen Gesellschaft, Acten der Polytechnischen Gesellschaft, Registratur Verein zum Wohle der dienenden Klasse. Zit. nach Kaltwasser: Gesinde, S. 55.
728 Israelitischer Frauen-Verein, in: Frankfurter Gemeinnützige Chronik 6, H. 26, 1846, S. 216. Vgl. auch Isaak Markus Jost: Die Einweihung des neuerbauten Hauses des israelitischen Frauenvereins in Frankfurt am Main, Theobaldstr. 9, am 8. September 1857, Frankfurt am Main 1857.
729 Ludwig Börne: Briefe aus Frankfurt 1820–1821, Frankfurt am Main 1986, S. 55. Zu analogen Tendenzen im Kölner Bürgertum vgl. Vgl. Gisela Mettele: Bürgerliche Frauen und das Vereinswesen im Vormärz, in: Jahrbuch der Liberalismusforschung 5, 1993, S. 23–46, hier S. 25.
730 Helene de Bary: Museum, S. 25.
731 Vgl. Foerster: Hambacher Fest, S. 113f.
732 Vgl. Steen: Nationalfeste, S. 135–148. Zu den verschiedenen Vormärzereignissen vgl. in diesem Zusammenhang Schwemer: Geschichte, Bd. 3.1, S. 31f., 66 f., 73f. u. 86ff.
733 Steen: Frankfurter Nationalfeste 1998, S. 267.
734 Vgl. Verehrte Bürger vom 4. Juli 1838. Institut für Stadtgeschichte (Frankfurt am Main), Bethmann, W 1/9 III. 33.
735 Wilhelm Weismann: Erinnerungen an das 1. Deutsche Sängerfest und die Gründung der Mozartstiftung, Frankfurt am Main 1861, S. 3.
736 Heinrich Hoffmann: Lebenserinnerungen, Frankfurt am Main 1985, S. 109–110.
737 Steen: Frankfurter Nationalfeste 1998, S. 270f.
738 Abgedruckt in Erinnerung an das Sängerfest der Mozarstiftung – Festgabe den Sängern gewidmet, Frankfurt am Main 1838, S. 18. Zu Heinrich Hoffmann vgl. Ralf Roth: Heinrich Hoffmann und die Politik, in: Wolfgang Cilleßen und Jan Willem Huntebrinker (Hrsg.): Heinrich Hoffmann – Peter Struwwel. Ein Frankfurter Leben, 1809–1894, Frankfurt am Main 2009, S. 129–147.

739 Vgl. Steen: Vormärzliche Gutenbergfeste, S. 147ff.
740 Vgl. Steen: Vormärzliche Gutenbergfeste, S. 148.
741 Frankfurter Journal Nr. 176, 1840.
742 Vgl. Gedenkbuch, S. 216 f.
743 Das Erinnerungsblatt ist in der Form einer Standartenfahne gehalten. Der Bildteil zeigt die Veranstaltung auf dem Rossmarkt. Vgl. Steen: Frankfurter Nationalfeste 1998, S. 284. Zum Herstellungsverfahren vgl. Fricke: Physikalischer Verein, S. 99ff.
744 Vgl. Protestation deutscher Bürger. Allgemein dazu Wolfgang Klötzer: Frankfurt am Main von der Französischen Revolution bis zur preußischen Okkupation 1789–1866, in: Frankfurt am Main. Die Geschichte der Stadt, Sigmaringen 1991, S. 303–348, hier S. 331f., u. Wolfgang Klötzer: Die Ausstrahlung des Hambacher Festes auf den Mittelrheinischen Liberalismus mit besonderer Berücksichtigung Frankfurts, in: Johannes Bärmann (Hrsg.): Hambacher Gespräche 1962, Wiesbaden 1964, S. 56–72. Zur Begeisterung für den Befreiungskampf der Griechen vgl. Christian Hauser: Anfänge bürgerlicher Organisation. Philhellenismus und Frühliberalismus in Südwestdeutschland, Göttingen 1990, S. 43ff. Zur Polenbegeisterung vgl. den Bericht in „Der Ring des Saturn", Nr. 6 v. 22. Januar 1832. Institut für Stadtgeschichte (Frankfurt am Main), S 3/A25. Zum Mautkrawall am 6. Januar 1832 mit drei Toten und sechs verwundeten Soldaten vgl. Schwemer: Geschichte, Bd. 2, S. 419ff. Die Polenbegeisterung war mit einem allgemeinen Bekenntnis zum Liberalismus verbunden und stand in engem Zusammenhang zum Hambacher Fest. Vgl. Valentin: Frankfurt am Main, S. 76ff.
745 Zur Sozialstruktur des Preßvereins von 1832 vgl. Roth: Stadt und Bürgertum, S. 375. Zum Preßverein in Frankfurt vgl. Foerster: Preß- und Vaterlandsverein, S. 20ff., 32 u. 42ff. Die Sozialstruktur unterschied sich damit nicht unerheblich von derjenigen der anderen Preßvereine. Vgl. Foerster, ebd., S. 134 u. 156ff.
746 Was wir wollen und wie wir's wollen. Eine vorbereitete Mahnung an das deutsche Volk. Flugschrift. Vgl. auch Aus den dreissiger Jahren in Frankfurt am Main. Der Pressverein und das Hambacher Fest, in: Frankfurter Hausblätter 1881, S. 22f.
747 Wolfgang Klötzer: Börne in seiner Vaterstadt Frankfurt, in: Ludwig Börne und Frankfurt am Main, Frankfurt am Main 1987, S. 73.
748 Ludwig Börne, Sämtliche Schriften. Hrsg. v. Inge und Peter Rippmann, 5 Bde., Düsseldorf u. a. 1964–1977, Bd. 3, S. 280.
749 Ludwig Börne: Sämtliche Schriften, Bd. 3, S. 492.
750 Valentin: Frankfurt am Main, S. 70ff.; Schwemer: Geschichte, Bd. 2, S. 409ff.; Bothe: Geschichte, S. 608ff.
751 Wilhelm Sauerwein: Gefängnisse und die Gefangenen. Ein Wort zur Beförderung der Humanität, Offenbach 1833, S. 15f. Sauerwein teilte diese Positionen im Übrigen mit dem gemäßigten Liberalen Georg Varrentrapp, der sich als Arzt ebenfalls für eine Reform der Gefängnisse aussprach und der versuchte, aus der Gefängniskunde eine Wissenschaft zu machen. Vgl. Alexander Spiess: Zum Andenken an Dr. Georg Varrentrapp. Nekrolog, Braunschweig 1886, S. XIff.
752 Wilhelm Sauerwein: Schicksale des Mittwochscollegs in Frankfurt am Main, Offenbach 1833, S. 3.
753 Die Bewegung führte Versammlungen mit bis zu 4.000 Personen durch. Das Mittwochskolleg selbst soll aus ca. 500 Bürgern aus allen Kreisen der Bevölkerung bestanden haben. Zum Kreis der führenden Demokraten vgl. Schwedhelm: Demagogenjagd, S. 22ff. u. 36ff.; Miroslaw Hroch: Der soziale Charakter des Frankfurter Wachensturms 1833, in: Karl Obermann und Josef Polisensky (Hrsg.): Aus 500 Jahren deutsch-tschechoslowakischer Geschichte, Berlin 1958, S. 149–169, hier S. 155f.; Veit Valentin: Das Hambacher Nationalfest. ND Frankfurt am Main 1982, S. 60, u. ders.: Frankfurt, S. 81ff.
754 Huber: Deutsche Verfassungsgeschichte, Bd. 2, S. 164ff., u. Klötzer: Ausstrahlung, S. 56–72.
755 Erst in den vierziger Jahren gelang es dem Senat, die Einquartierung rückgängig zu machen. Vgl. Schwedhelm: Demagogenjagd, S. 41.
756 Zum allgemeinen Hintergrund vgl. Nipperdey: Geschichte 1800–1866, S. 369ff., u. Wehler: Gesellschaftsgeschichte, Bd. 2, S. 363ff.
757 Vgl. Douglas Hale: Ein Frankfurter Revolutionär im texanischen Unabhängigkeitskrieg, in: Archiv für Frankfurts Geschichte und Kunst 57, 1980, S. 151–166, u. Ralf Roth: Frankfurt am Main Citizens in the United States, in: Germany and the Americas: Culture, Politics, and History, vol. 1: A–F, ed. by Thomas Adam, Santa Barbara, California, Denver, Colorado and Oxford, England 2005, S. 373–378.

758 Vgl. Foerster: Preß- und Vaterlandsverein, S. 53, u. Hroch: Charakter, S. 155f.
759 Angaben nach der Datenbank „Frankfurt“ des Forschungsprojekts „Stadt und Bürgertum im 19. Jahrhundert“, Case-ID 5.465 und 5.559.
760 Wolfgang Klötzer: Frankfurt, das „Liberalennest“. Eine schwarze Liste aus dem Vormärz, in: Günther Pflug (Hrsg.): Bibliothek – Buch – Geschichte. Kurt Köster zum 65. Geburtstag, Frankfurt am Main 1977, S. 483–492.
761 Angaben nach Datenbank „Frankfurt“ des Forschungsprojekts „Stadt und Bürgertum im 19. Jahrhundert“.
762 Vgl. Roland Hoede und Thomas Bauer: Heinrich Hoffmann. Ein Leben zwischen Wahn und Witz, Frankfurt am Main 1994, S. 89f.
763 Klötzer: Frankfurt, das „Liberalennest“, S. 485ff.
764 Angaben nach der Datenbank „Frankfurt“ des Forschungsprojekts „Stadt und Bürgertum im 19. Jahrhundert“.
765 Angaben nach Datenbank „Frankfurt“, ebd. Case-ID 6.900. Vgl. Schwemer: Geschichte, Bd. 3/1, S. 89f.
766 Georg Friedrich Wilhelm Hegel: Vorlesungen über die Philosophie der Geschichte. Theorie Werkausgabe, Bd. 12, Frankfurt am Main 1970, S. 530. Vgl. auch Alexander Hollerbach: Katholische Kirche und Katholizismus vor dem Problem der Verfassungsstaatlichkeit, in: Anton Rauscher (Hrsg.): Der soziale und politische Katholizismus. Entwicklungslinien in Deutschland 1803–1963, Bd. 1, München und Wien 1981, S. 46–71.
767 Nipperdey: Geschichte 1866–1918, Bd. 1, S. 449. Vgl. auch Wilfried Loth: Katholiken im Kaiserreich. Der politische Katholizismus in der Krise des wilhelminischen Deutschlands, Düsseldorf 1984, S. 14–25, Klaus Epstein: Die Ursprünge des Konservativismus in Deutschland. Der Ausgangspunkt. Die Herausforderung durch die Französische Revolution 1770–1806, Frankfurt am Main 1973, S. 182ff., u. Rudolf Morsey: Der Kulturkampf, in: Anton Rauscher (Hrsg.): Der soziale und politische Katholizismus. Entwicklungslinien in Deutschland 1803–1963, Bd. 1, München und Wien 1981, S. 72–109, hier S. 106.
768 Dieter Langewiesche: Deutscher Liberalismus im europäischen Vergleich. Konzeption und Ergebnisse, in: ders. (Hrsg.): Liberalismus im 19. Jahrhundert. Deutschland im europäischen Vergleich, Göttingen 1988, S. 11–19, hier S. 16.
769 Angaben nach der Datenbank „Frankfurt“ des Forschungsprojekts „Stadt und Bürgertum im 19. Jahrhundert“.
770 Dechent: Kirchengeschichte, Bd. 2, S. 395.
771 Vgl. Dechent: Kirchengeschichte, Bd. 2, S. 409.
772 Vgl. Ralf Roth: Wilhelm Merton. Ein Weltbürger gründet eine Universität, Frankfurt am Main 2010, S. 21f.
773 Vgl. Heuberger und Krohn: Ghetto, 41, u. Sharlin: Structure, S. 153ff.
774 Vgl. Arthur Galliner: The Philanthropin in Frankfurt its Educational and cultural Significance for German Jewry, in: Leo Baeck Institute Yearbook 3, 1958, S. 169–186; Michael Hess: Die Bürger- und Realschule der israelitischen Gemeinde von ihrer Entstehung im Jahre 1804 bis zu meinem Abtreten von derselben im Juli 1855, Frankfurt am Main 1857, u. Heinz Moshe Graupe: Die Entstehung des modernen Judentums. Geistesgeschichte der deutschen Juden 1650–1942, 2. Aufl., Hamburg 1977, S. 204.
775 Vgl. Schwemer: Geschichte, Bd. 2, S. 138, u. Bd. 1, S. 262–288. Die wohlhabenden Juden zogen aus dem Ghetto und erwarben in der ganzen Stadt Hausbesitz, vornehmlich aber entlang der Bockenheimer Landstraße, aus dem später das Westend hervorgehen sollte. Vgl. Tabellen zum jüdischen Hausbesitz bei Sharlin: Structure, S. 160ff. Vgl. auch Volkov: Die Verbürgerlichung der Juden in Deutschland. Eigenart und Paradigma, S. 365f.
776 Über das jüdische Ehegesetz in Frankfurt, in: Frankfurter Jahrbücher 5, H. 18, 1835, S. 128. Vgl. auch Sharlin: Structure, S. 151.
777 Vgl. Die freien Städte und die Juden, in: Frankfurter Jahrbücher 6, H. 7, 1835, S. 38.
778 Vgl. Robert Liberles: Religious Conflict in Sozial Context. The resurgence of the orthodox Judaism in Frankfurt am Main 1838–1877, London 1985, S. 31 u. 61ff.
779 Vgl. Michael A. Meyer: Alienated Intellectuals in the Camp of Religious Reform. The Frankfurter Reformfreunde 1842–1845, in: Association for Jewish Studies Review 6, 1981, S. 61–86, hier S. 72ff., u. Über die staatsbürgerlichen Rechte der Juden, in: Frankfurter Jahrbücher 2, H. 14, 1833, S. 137.

780 Vgl. zu den Auseinandersetzungen Arnsberg: Geschichte, Bd. 3, S. 478, und Angaben nach der Datenbank „Frankfurt“ des Forschungsprojekts „Stadt und Bürgertum im 19. Jahrhundert“, Case ID 9.446.
781 Vgl. Heuberger und Krohn: Ghetto, S. 49ff.
782 Vgl. Volkov: Juden, S. 36.
783 Vgl. Satzung des Montagskränzchens; allgemein zur Gründung vgl. Michael Wettengel: Die Revolution von 1848/49 im Rhein-Main-Raum. Politische Vereine und Revolutionsalltag im Großherzogtum Hessen, Herzogtum Nassau und in der Freien Stadt Frankfurt, Wiesbaden 1989, S. 43; Schwemer: Geschichte, Bd. 3/1, S. 78f. u. 83f., u. Valentin: Frankfurt am Main, S. 125f.
784 Stadt und Staat Frankfurt, in: Die Gegenwart 5, 1850, S. 171–415, hier S. 378. Dies wurde deshalb so betont, weil seit Juni 1832 durch Ratsverordnung „politische Verbindungen, Vereine, Zusammenkünfte außerhalb der verfassungsmäßigen Corporationen unerlaubt“ waren. Vgl. Amtsblatt Nr. 32 v. 8. Juni 1832. Dieses Verbot leitete die Auflösung des Mittwochskolleg ein. Vgl. auch Römer-Büchner: Entwicklung, S. 258ff.
785 Vgl. Ralf Roth: „Bürger“ and Workers. Liberalism and the Labor Movement in Germany, 1848 to 1914, in: David E. Barclay and Eric D. Weitz (eds.): Between Reform and Revolution. German Socialism and Communism from 1840 to 1990, Providence/Oxford 1998, S. 113–140.
786 Vgl. Statuten für die Frankfurter Gesellschaft zur Verbreitung nützlicher Volks- und Jugendschriften, in: Frankfurter Gemeinnützige Chronik 5, 1845, S. 176f. Vgl. auch Festbericht zum 50jährigen Jubiläum der Volksbibliothek, Frankfurt am Main 1895.
787 Meidinger: Anstalten, Bd. 1, S. 226.
788 Volksbibliothek, in: Frankfurter Gemeinnützige Chronik 7, 1847, S. 127. Vgl. auch Wettengel: Revolution, S. 36.
789 August Ravenstein: Die Turnkunst in ihrer Entwicklung zu Frankfurt am Main. Ein geschichtlicher Abriß, in: Frankfurter Gemeinnützige Chronik 2, H. 10, 1842, S. 99–112, hier S. 100.
790 Vgl. Wolf-Heinrich Wolzogen: „... einen Mann nach dem Herzen der Frankfurter Bürger“. Pädagogischer Eros und Widerspruch, in: Adolph Diesterweg. Wissen im Aufbruch, Weinheim 1990, S. 127–134, hier S. 128f.
791 Gründung einer gymnastischen Anstalt, in: Frankfurter Jahrbücher 11, H. 27, 1838, S. 183.
792 Ist eine allgemeine gymnastische Anstalt für Frankfurt ein Bedürfniß?, in: Frankfurter Jahrbücher 9, H. 35, 1837, S. 247, u. Ravenstein: Die Turnkunst, S. 99.
793 Ebd., S. 113. Vgl. auch Theodor Waßmuth: Festschrift des Frankfurter Turnvereins 1860 zur Feier des fünfundsiebzigjährigen Bestehens 1833–1860–1935, Frankfurt am Main 1935, S. 8ff., u. Ist eine allgemeine gymnastische Anstalt für Frankfurt ein Bedürfniß?, S. 248.
794 Ravenstein: Die Turnkunst, S. 112.
795 Kurze Nachricht über das hiesige Turnwesen Jahrgang 1844, in: Frankfurter Gemeinnützige Chronik 5, 1845, S. 6.
796 Das Turn Fest, in: Frankfurter Gemeinnützige Chronik 4, H. 1, 1844, S. 154f.
797 Warum wird ein Verein für die körperliche Ausbildung der Jugend durchgreifender wirken können als die dermalen bestehende Privat-Turnanstalt?, in: Frankfurter Gemeinnützige Chronik 5, 1845, S. 46ff.
798 Ueber die Nothwendigkeit eines öffentlichen Turnplatzes neben den bestehenden oder noch aufkommenden Sonder-Anstalten für Leibesübungen, in: Frankfurter Gemeinnützige Chronik 5, 1845, S. 57.
799 Statut des Vereins zur körperlichen Ausbildung der Jugend. Vgl. auch Frankfurter Gemeinnützige Chronik 6, 1846, S. 85.
800 Einweihung der Turnhalle, in: Frankfurter Gemeinnützige Chronik 7, 1847, S. 134.
801 Zur Krisenstimmung vgl. Bericht über das Turnwesen, in: Freistädter 9, H. 9, 1848, S. 51.
802 Lorenz Nover: Promemoria über die politisch revolutionären Verbindungen in den Jahren 1816 bis 1852, StADa, Abt. C1 (Hs.), Nr. 189/10, Bl. 62. Vgl. auch Wettengel: Revolution, S. 41.
803 Schon bald aber erfolgte in den Märztagen die Wiederbegründung, und auf dem Turntag zu Hanau wurde beschlossen: „Der Zweck des Turnbundes ist, für die Einheit des deutschen Volkes thätig zu sein, den Brudersinn und die körperliche und geistige Kraft des Volkes zu heben.“ Beschlüsse des Turntages zu Hanau v. 3. April 1848, abgedruckt in: Harald Braun: Geschichte des Turnens in Rheinhessen, 2 Bde., Alzey 1986, Bd. 1, S. 145. Vgl. auch Wettengel: Revolution, S. 173. Aber bereits im Juli kam es zu

heftigen Auseinandersetzungen und zur Spaltung der Turnerbewegung. Die Organisationen beider Richtungen wurden schließlich im Zuge der Bundestagsbeschlüsse zum Verbot des Vereinswesens 1851 aufgelöst und über den Rest eine Polizeikontrolle verhängt, so auch über den Verein zur körperlichen Ausbildung der Jugend, der sich allerdings erst 1857 auflöste. Vgl. Waßmuth: Festschrift, S. 11ff.

804 Maximilian Reinganum: Frankfurt am Main, in: Frankfurter Jahrbücher 11, Nr. 34, 1838, S. 235.

805 Vgl. Brief Souchays an Helene Souchay vom 21. Juni 1837, Institut für Stadtgeschichte (Frankfurt am Main) (ISG), Nachlass Eduard Franz Souchay, S 1/234, Nr. 27. Souchay stand dabei auf der Linken und schrieb in der Deutschen Zeitung. Vgl. Abdruck der Korrespondenten, in: Deutsche Zeitung. Ankündigungsblatt, vom 8. Mai 1847. Zur Entstehung der Deutschen Zeitung vgl. Roland Hoede: Die Heppenheimer Versammlung vom 10. Oktober 1847, Frankfurt am Main 1997, S. 32–38. Zur Einschätzung der politischen Verhältnisse in Frankfurt vgl. auch Ludwig Braunfels: Staat und Stadt Frankfurt, in: Die Gegenwart. Eine encyclopädische Darstellung der neuesten Zeitgeschichte für alle Stände, Bd. 5, Leipzig 1850, S. 376–382, hier S. 376. Zum gesamten Komplex vgl. Matthias Weber: Verfassung und Reform in Vormärz und Revolutionszeit. Die konstituierende Versammlung des Freistaats Frankfurt 1848–1850, Diss. Frankfurt am Main 1996, S. 36–39.

806 Deutsche Zeitung vom 6. März 1848, u. Braunfels: Staat und Stadt Frankfurt, S. 376–382, hier S. 380–382. Vgl. auch Weber: Verfassung und Reform, S. 252. Abdruck der Frankfurter Märzforderungen in: Frankfurter Oberpostamts-Zeitung, Extrabeilage zu Nr. 64, 3.3.1848.

807 Friedrich Funck: Brief an die Hebräer, Frankfurt a. M. 1848, S. 6, u. Frankfurter Oberpostamts-Zeitung vom 7. März 1848.

808 Zu den Forderungen, die weitgehend mit den allgemeinen Märzforderungen übereinstimmten vgl. Franz Rittweger: Frankfurt am Main im Jahre 1848. Ein Beitrag zur Städtegeschichte, Frankfurt am Main 1898, S. 2ff.; Wettengel: Revolution, S. 50ff., u. Actenstücke, die hiesigen Gewerbeverhältnisse betreffend, S. 91.

809 Abdruck der Senatsreaktion in: Amts-Blatt der freien Stadt Frankfurt v. 11. März 1848.

810 Umstritten war der Art. 5 der Constitutions-Ergänzungs-Akte, der gebot, bei Verfassungsänderungen das Votum der Bürgerschaft einzuholen. Das Beharren darauf führte zu heftigen Protesten aus der jüdischen Gemeinde. Vgl. Zuruf eines israelitischen Bürgers an seine christlichen Mitbürger, gehässigen Insinuationen gegenüber, Frankfurt am Main 1848, u. An die Einwohner der freien Stadt Frankfurt, Frankfurt am Main 1848. Als Zeichen ihres gewachsenen Selbstbewusstseins beließ es die jüdische Gemeinde jedoch nicht dabei, sondern bot dem Fünfzigerausschuss des Vorparlaments ihren Gemeindesaal als Versammlungsstätte an. Das Schreiben an den Ausschuss war von den Gemeindevorstandsmitgliedern Michael Manhayn und Isaac Rothschild unterzeichnet. Vgl. Heuberger und Krohn: Ghetto, S. 62f. Zur weiteren Diskussion um die Einberufung einer Verfassunggebenden Versammlung vgl. Rittweger: Frankfurt, S. 5ff., 76f. u. 110ff., u. Veit Valentin: Frankfurt am Main, S. 131ff.

811 Klötzer: Frankfurt am Main, S. 334.

812 Friedrich Siegmund Jucho (Hrsg.): Verhandlungen des Deutschen Parlaments, Frankfurt am Main 1848, S. VI.

813 Dechent: Kirchengeschichte, Bd. 2, S. 409f.

814 Heinrich Hoffmann: Horch auf mein Volk! Stadt- und Universitätsbibliothek, Handschriftenabteilung. Nachlass Speyer, Ms.Ff.K.W.W.Speyer.

815 Huber: Deutsche Verfassungsgeschichte, Bd. 2, S. 587ff.

816 Frankfurter Oberpostamts-Zeitung, Beilage, vom 22. April1848.

817 Hoffmann: Lebenserinnerungen, S. 167.

818 Vgl. Liste der Mitglieder erster Klasse des Casino für das Jahr 1846–1847, u. Liste der Mitglieder der Casino-Gesellschaft im Jahre 1865.

819 Vgl. Demeter: Loge, S. 75.

820 „1. Die Gesellschaft vereinigt gleichgesinnte Abgeordnete der Nationalversammlung zu Förderung des deutschen Verfassungswerkes durch vorberathende Besprechungen." Statuten der Gesellschaft im Casino vom 27. September 1848, Frankfurt am Main o. J. [1848].

821 Veit Valentin: Frankfurt am Main, S. 221.

822 So der Inhalt einer Resolution in der Heidelberger Versammlung, über die am 29. März im Heidelberger Journal berichtet wurde.

823 Hoffmann: Lebenserinnerungen, S. 163. Siehe auch Hoede und Bauer: Heinrich Hoffmann, S. 95f.

824 Heinrich Hoffmann an Friedrich Hecker vom 25. März 1848. Bundesarchiv Außenstelle Frankfurt. Zit. nach Ulrich Wiedemann u. Beate Zekorn-von Bebenburg (Hrsg.): Struwwelpeter wird Revolutionär. Heinrich Hoffmann und 1848. Begleitheft zur Ausstellung des Heinrich-Hoffmann-Museums zum 150jährigen Jubiläum der deutschen Revolution, Frankfurt am Main 1998, S. 12–13.
825 Hoffmann: Lebenserinnerungen, S. 164.
826 Klötzer: Frankfurt am Main, S. 335.
827 § 1 der Satzung des Montagskränzchens.
828 Zu seinen Zielen vgl. Statuten des Demokratisch-republikanischen Vereins in Frankfurt am Main, o. O. u. J. [1848]. HeStaWi, 5/263, 9.
829 Programm des Deutschen Vereins zu Frankfurt am Main, o. O. u. J. [1848]. Vgl. auch Satzungen des Deutschen Vereins zu Frankfurt am Main, o. O. u. J. [1848]. BAF, DB 54/72 (RMI).
830 Vgl. Statuten des Democratischen Vereins zu Frankfurt am Main, o. O. u. J. [1848]. HeStaWi, 5/263, 6.
831 Bauer und Hoede: Heinrich Hoffmann, S. 343.
832 Hoffmann: Lebenserinnerungen, S. 165.
833 Zur Erinnerung an die 50jährige Gedenkfeier des Bürgervereins zu Frankfurt am Main, am 10. Mai 1898, Frankfurt a. M. 1898, S. 4–5.
834 Zum Frankfurter politischen Vereinswesen vgl. Wettengel: Revolution, S. 107ff., 132f., 205ff. u. 458. Vgl. auch Römer-Büchner: Entwicklung, S. 258ff. Zur weiteren Entwicklung der Bürgervereine vgl. Der Bürgerverein zu Frankfurt am Main, S. 2ff., u. Der Bürgerverein zu Sachsenhausen seinen Mitgliedern bei Gelegenheit der fünfzig-jährigen Jubelfeier am 17. und 19. September 1898, Frankfurt am Main 1898, S. 6ff. Allgemein zum politischen Vereinswesen in der 48er Revolution vgl. Dieter Langewiesche: Die Anfänge der deutschen Parteien. Partei, Fraktion und Verein in der deutschen Revolution von 1848/49, in: Geschichte und Gesellschaft 4, 1978, S. 324–361, hier S. 339ff.
835 Vgl. Angaben nach der Datenbank „Frankfurt" des Forschungsprojekts „Stadt und Bürgertum im 19. Jahrhundert", Case-ID 9.309.
836 Robert Blum an Eugenia Blum v. 25. Juni 1848. BAF, F Sg 1/152. Vgl. zum Hintergrund Stanley Zucker: Frauen in der Revolution von 1848. Das Frankfurter Beispiel, in: Archiv für Frankfurts Geschichte und Kunst 61, 1987, S. 221–236, hier S. 226.
837 Zucker: Frauen, S. 232ff.
838 Vgl. Zucker: Frauen, S. 234.
839 Clothilde Koch-Gontard: Brief an Serafine Jordan v. 20. Juni 1848, in: Wolfgang Klötzer (Hrsg.): Clothilde Koch-Gontard an ihre Freunde. Briefe und Erinnerungen aus der Zeit der deutschen Einheitsbewegung 1843–1869, Frankfurt am Main 1969, S. 63f.
840 Klötzer: Clothilde Koch-Gontard, S. 165.
841 Heinrich Hoffmann: „Die 48er", in: Heinrich Hoffmann: Auf heiteren Pfaden. Gesammelte Gedichte, 2. sehr vermehrte Aufl., Frankfurt am Main 1873, S. 268.
842 Hoffmann: Lebenserinnerungen, S. 167.
843 Veit Valentin: Geschichte, Bd. 2, S. 133–134. Ohne den Beitrag Hoffmanns an seinen Karikaturen zu erwähnen vgl. zu Friedrich Pecht Robert Gernhardt: „Das Frankfurter Karikaturenfieber von 1848. Rede aus Anlaß der Schenkung des ‚Bethmann Archivs' an die Stadt Frankfurt", in: Archiv für Frankfurts Geschichte und Kunst 64, 1998, S. 211–228, hier S. 224–227.
844 Peter Struwwel – Demagog (Pseudonym für Heinrich Hoffmann): Handbüchlein für Wühler oder kurztgefaßte Anleitung in wenigen Tagen ein Volksmann zu werden, 2. Aufl., Leipzig 1848.
845 Vgl. dazu Hoede und Bauer: Heinrich Hoffmann, S. 101.
846 Beate Zekorn-von Bebenburg: „Heuler, Wühler, Knackerkönig". Heinrich Hoffmann als Autor der Revolutionszeit, in: Ulrich Wiedemann und Beate Zekorn-von Bebenburg (Hrsg.): Struwwelpeter wird Revolutionär. Heinrich Hoffmann und 1848, Frankfurt am Main 1998, S. 39–53, hier S. 40.
847 Zekorn-von Bebenburg: „Heuler", S. 39–53.
848 Zekorn-von Bebenburg: „Heuler", S. 41.
849 Erst langsam, über Jahrzehnte hinweg, wurde in den Fabriken aus den Unterschichten, aus ländlicher und städtischer Armut, aus Tagelöhnern, Heimarbeitern, Handwerksgesellen und Kleinmeistern ein neuer Typ von Arbeitern geformt. Vgl. Nipperdey: Geschichte 1800–1866, S. 219ff. u. 230ff.
850 Den sozialen Protest, seine enge Verbindung zur „moral economy" der traditionellen Bürgergesellschaft und seine bis in die sechziger und siebziger Jahre des 19. Jahrhunderts fortwirkenden Ele-

mente untersucht Arno Herzig: Die politische Kultur der Unterschichten und ihre Bedeutung für die frühe Arbeiterbewegung, in: Arno Herzig und Günter Trautmann (Hrsg.): „Der kühnen Bahn nur folgen wir ...". Ursprünge, Erfolge und Grenzen der Arbeiterbewegung in Deutschland, 2 Bde., Hamburg 1989, Bd. 1, S. 83–100, insb. S. 93ff.

851 Zur Arbeiterverbrüderung vgl. Toni Offermann: Die regionale Ausbreitung der frühen deutschen Arbeiterbewegung 1848/49–1860/64, in: Geschichte und Gesellschaft 13, 1987, S. 419–447, hier S. 424f.

852 Vgl. zum letztgenannten Möller: Herrschaft, S. 280 u. 291. Zum rheinischen Bürgertum vgl. Boch: Wachstum, S. 21 u. 246.

853 Vgl. Elisabeth Todt: Die gewerkschaftliche Bewegung in Deutschland von 1850 bis 1859, Berlin 1949, S. 205.

854 Allgemeine Arbeiterzeitung. Organ für die politischen und sozialen Interessen des arbeitenden Volkes, zugleich Zeitung des Arbeitervereins zu Frankfurt am Main, Nr. 2 v. 20. Mai 1848, S. 2. Mit dem Arbeiterverein wurde Frankfurt alsbald neben Leipzig, Berlin, Köln, Breslau, Hamburg und Bremen ein Vorort der politisch-sozialen Bewegung. Vgl. Wettengel: Revolution, S. 131ff., 258f. u. 345ff.

855 Zit. nach Hermann Wendel: Frankfurt am Main. Von der großen Revolution bis zur Revolution von oben 1789–1866, in: Zwei Beiträge zur Frankfurter Stadtgeschichte, Frankfurt am Main 1983, S. 51–240, hier S. 133.

856 Vgl. Wendel: Frankfurt, S. 140f., u. Todt: Bewegung, S. 177.

857 Stadtwehr und Bürgerwehr, in: Freistädter 2, 1849, S. 10.

858 Ebd.

859 Vgl. Rainer Koch: Liberalismus und soziale Frage im 19. Jahrhundert, in: Karl Holl u. a. (Hrsg.): Sozialer Liberalismus, Göttingen 1986, S. 17–33, hier S. 21ff.

860 Zur Sozialstruktur des Arbeiterbildungsvereins um 1850 vgl. Wettengel: Revolution, S. 125f., 132ff. u. 143ff., u. Sharlin: Structure, S. 195. Zum Programm vgl. auch Römer-Büchner: Entwicklung, S. 266f. Zur Renaissance der Gesellenbewegung vgl. Roth: Gewerkschaftskartell, S. 92ff.

861 Carl Vogt: Der achtzehnte September in Frankfurt. Im Auftrage der Clubbs der Linken vom Deutschen Hofe und vom Donnerberge, geschildert, Frankfurt a. M. 1848, S. 14.

862 Preußischer Staatsanzeiger v. 22. September 1848.

863 Ebd.

864 Vgl. Schwemer: Frankfurt, Bd. 3, S. 196ff. u. 208, u. Ferdinand Scheyrer: Geschichte der Main-Neckar-Bahn. Denkschrift zum fünfzigsten Jahrestag der Eröffnung des Betriebs der Main-Neckar-Bahn am 1. August 1846, Darmstadt 1896, S. 72. Vgl. auch Darmstädter Journal v. 25., 29. u. 30. September sowie 2. u. 10. Oktober 1848. Auch die Eisenbahn-Zeitung 6, 1848, S. 326f., erwähnt die Zerstörungen. Eine Zusammenstellung der „Demolirungen" findet sich bei Norbert Möller: Die Rolle der Eisenbahn in der Badischen Revolution von 1848/49, in: Badische Heimat 3, 1997, S. 359–364, hier S. 362.

865 Frankfurter Journal v. 18. September 1848.

866 Ober-Post-Amts-Zeitung v. 19. September 1848, u. Preußischer Staatsanzeiger v. 22. September 1848. Vgl. auch Schwemer: Frankfurt, Bd. 3, S. 211 u. 214.

867 Aus den Memoiren der Luise Clementine Schmiedt geb. Fuchs. Institut für Stadtgeschichte (Frankfurt am Main) S 5/248. Vgl. auch Frankfurt vom 16. bis 19. September, in: Freistädter 1, 1848, S. 123, u. Vogt: 18. September, S. 11, 28f. u. 50f.

868 Frankfurt vom 16. bis 19. September, in: Freistädter 1, 1848, S. 123.

869 Zum Hintergrund des Aufstandes vgl. Wettengel: Revolution, S. 269, u. Nipperdey: Geschichte 1800–1866, S. 634ff.; von Interesse ist, dass sich unter den 3.974 Personen, die im Zusammenhang mit dem Aufstand verhört wurden, ca. 15 Prozent Frauen befanden. Vgl. Zucker: Frauen, S. 230.

870 Vgl. Wettengel: Revolution, S. 223. Vgl. auch Rittweger: Frankfurt, S. 5f. u. 86ff., u. Veit Valentin: Frankfurt am Main, S. 131ff. u. 316ff.

871 Julius Friedleben: Die Nothwendigkeit der Revision der Frankfurter Verfassung, Frankfurt am Main 1848, S. 29.

872 Frankfurter Ober-Post-Amts-Zeitung, v. 6. Mai 1848

873 Abdruck des Aufrufs und der Petition in: Der Orient, v. 5. und 12. August 1848.

874 Staat und Stadt Frankfurt, S. 390, u. Lebensgeschichte von Senator Franz E. Souchay, Frankfurt/Main (von ihm selbst geschrieben), S. 100, in: Institut für Stadtgeschichte (Frankfurt am Main), Nachlass Eduard Franz Souchay, S 1/234, Nr. 247.

875 Vgl. zu den Befugnissen der Versammlung Veit Valentin: Frankfurt am Main, S. 362.

876 Zur Sozialstruktur der Gesetzgebenden Versammlung von 1847 und der Konstiuierenden Versammlung von 1848 vgl. Roth: Stadt und Bürgertum, S. 432, u. Rittweger: Frankfurt am Main, S. 113f.
877 Vgl. Aufstellung der gewählten Mitglieder der constituierenden Versammlung. Historisches Museum Frankfurt, Impressen 1127, Nr. 89, u. Wiedemann u. Beate Zekorn-von Bebenburg: Struwwelpeter, S. 18.
878 Hoffmann: Lebenserinnerungen, S. 174–175.
879 Angaben nach Datenbank „Frankfurt" des Forschungsprojekts „Stadt und Bürgertum im 19. Jahrhundert". Der überproportionale Anteil der Reformierten resultierte aus den zahlreichen wohlhabenden Bürgern dieser Gemeinde, während vice versa bei den Katholiken nur ein relativ geringer Anteil das Bürgerrecht besaß. Vor allem aus diesem Grund – nicht aus einer grundsätzlichen politischen Präferenz dieser oder jener Gemeinde – erklären sich die unterschiedlichen Grade der politischen Beteiligung. Vgl. Beiträge zur Statistik der freien Stadt 1, H. 3, 1858, S. 19.
880 Vgl. Matthias Weber: Die Revolution im Stadtstaat: die Freie Stadt Frankfurt am Main 1848–1850, in: Archiv für Frankfurts Geschichte und Kunst 64, 1998, S. 247–265, hier S. 262.
881 Zur Diskussion um den Entwurf vgl. Veit Valentin: Frankfurt am Main, S. 368ff.
882 Art. 4, 9 u. 176 des Verfassungsentwurfs der Constituante von 1849, zit. nach ebd., S. 519 u. 532.
883 Vgl. Art. 146. Die Ausführungen zu diesen beiden Gewalten nahmen den größten Raum des Entwurfes ein.
884 „Der Staat kennt keine Vorrechte der Geburt, der Person, der Religion, des Staates, des Ortes." Letzteres bezog sich auf die Bewohner der Dörfer. Vgl. Art. 9 des Verfassungsentwurfs der Constituante von 1849, nach ebd. 519.
885 Art. 156, ebd. S. 532, sah die „Trennung der Kirche vom Staat" vor. Auch in Art. 34 wurden die staatsbürgerlichen Rechte streng vom religiösen Bekenntnis geschieden.
886 Art. 162, ebd. S. 532, verbot Ordensgründungen und im Art. 159 wurde die „Dotation des Kultus" geregelt, die auf den Umfang von 1830 eingefroren werden sollte. Vgl. ebd. S. 522 u. 531, u. Dechent: Kirchengeschichte, Bd. 2, S. 422.
887 Abdruck der bei Hohem Senate der freien Stadt Frankfurt in der Verfassungsangelegenheit eingereichten Verwahrungen, Frankfurt am Main 1850, S. 3.
888 Vgl. ebd., S. 5ff. Vgl. Ralf Roth: Katholisches Bürgertum in Frankfurt am Main 1800–1914. Zwischen Emanzipation und Kulturkampf, in: Archiv für mittelrheinische Kirchengeschichte 46, 1994, S. 207–246, insb. S. 232ff.
889 Vgl. Veit Valentin: Frankfurt am Main, S. 444ff.
890 Abdruck der bei Hohem Senate, S. 31.
891 Vgl. Weber: Die Revolution, S. 264.
892 Zur Sozialstruktur des Patriotischen Vereins von 1849 vgl. Roth: Stadt und Bürgertum, S. 437. Der Verein bezeichnete sich selbst als „conservativ-liberal". Programmatisch schwankten seine Positionen zwischen konstitutionell-liberal bis ständisch-konservativ. Vgl. Wettengel: Revolution, S. 453, u. Römer-Büchner: Entwicklung, S. 273ff. Zur Begründung seiner Existenz vgl. den Aufruf An die Bevölkerung Frankfurts in Stadt und Land, S. 7ff. Die Auswertungen zur Mitgliederstruktur basieren auf dem Verzeichniß der Mitglieder des Frankfurter Patriotischen Vereins. Aufgestellt am 15. November 1849, Frankfurt am Main o. J. [1849].
893 Unter den Petitionisten befanden sich insgesamt 75 ehemalige Mitglieder des Preßvereins von 1832. Zusätzliche Reklamationen wurden von der Minderheit der Konstituierenden Versammlung, den Vertretern der Pflegämter, den Diakonen der reformierten Gemeinde und der niederländischen Gemeinde, dem Waisenhaus, dem Vorstand der katholischen Gemeinde und den Vertretern der Handwerker erhoben. Vgl. Abdruck der bei Hohem Senate, S. 37ff.
894 Weber: Die Revolution, S. 264.
895 Vgl. Schwemer: Geschichte, Bd. 3.2, S. 17f., u. Veit Valentin: Frankfurt am Main, S. 494.
896 Dieser Begriff wurde geprägt von dem Journalisten Ludwig August von Rochau: Grundsätze der Realpolitik. Angewendet auf die staatlichen Zustände Deutschlands, Frankfurt am Main u. a. 1972 (orig. 1853).
897 Zu einem letzten Schlagabtausch zwischen Versammlung und Senat kam es im Jahre 1852. In diesem Zusammenhang intervenierte sogar die Bundesversammlung, nachdem sie von einigen Frankfurter Bürgern dazu aufgefordert worden war. Vgl. Eingabe an eine hohe deutsche Bundesversammlung. Die Eingabe löste einen längeren Streit aus, der zu keinem weiteren Ergebnis führte. Vgl. Die Eingabe

von zwölf Frankfurter Bürgern bei hoher deutscher Bundesversammlung. Gesuch um Einschreitung in unsere Verfassungs-Angelegenheiten betr., kritisch beleuchtet von einem Frankfurter Bürger, Frankfurt am Main 1853; Betrachtungen über eines Frankfurter Bürgers kritische Beleuchtung der Eingabe von zwölf Frankfurter Bürgern bei hoher Bundesversammlung, etc. angestellt mit Würdigung der rechtlichen und thatsächlichen Frankfurter Verfassungszustände, Frankfurt am Main 1854, u. Weitere Betrachtungen über den Beweis der Unwahrhaftigkeit früherer Betrachtungen in der Frankfurter Verfassungsfrage, Frankfurt am Main 1854.

898 Vgl. Meidinger: Anstalten, Bd. 2, S. 204ff.

899 Bericht über die Entstehung und Wirksamkeit des Nationalvereins für deutsche Auswanderung und Ansiedlung zu Frankfurt am Main, Frankfurt am Main 1849, S. 9.

900 Gemeint war der amerikanische Bundesstaat Michigan.

901 Bericht über die Entstehung und Wirksamkeit des Nationalvereins, S. 45.

902 Vgl. Jahresbericht des Frankfurter Vereins zum Schutz der Auswanderer für das Jahr 1855, Frankfurt am Main 1856, S. 8.

903 Roth: Frankfurt am Main Citizens, S. 373–378.

904 Sabine Freitag: Friedrich Hecker. Biographie eines Republikaners, Stuttgart 1998.

905 Vgl. Geschichte der Handelskammer, S. 293. Vgl. auch Ralf Roth: Die Frankfurter Wirtschaft von der Gründung des Zollvereins bis zur Annexion der Stadt durch die Preußen, in: Plumpe und Rebentisch: „Dem Flor der hiesigen Handlung", S. 80–103, hier S. 94ff.

906 Vgl. Jahresbericht des Hülfsvereins für Gewerbetreibende 18, 1862, S. 3; 10, 1855, S. 5; 7, 1852, S. 3, u. Leihbedingungen der Credit-Kasse.

907 Jahresbericht des Hülfsvereins 10, 1854, S. 18, u. Jahresbericht des Hülfsvereins 1863, S. 3.

908 Zit. nach Actenstücke, die hiesigen Gewerbeverhältnisse, S. 95.

909 Vgl. Actenstücke, die hiesigen Gewerbeverhältnisse, S. 14 u. 96ff.

910 Antrag Hoffmann zit. nach Actenstücke, die hiesigen Gewerbeverhältnisse, S. 18. Dieser Antrag wurde am 16. Januar 1859 noch einmal bestärkt und ausdrücklich die Aufhebung der Zunftbestimmungen gefordert. Vgl. ebd. S. 105f.

911 Actenstücke, die hiesigen Gewerbeverhältnisse, S. 41. Insbesondere wurde gerügt, dass zahlreiche Bestimmungen zum Nachteil der Allgemeinheit gereichen würden.

912 Vgl. Actenstücke, die hiesigen Gewerbeverhältnisse, S. 105.

913 Sie stützte sich dabei auf eine Abhandlung von Ernst Passavant, der für eine Trennung von Gewerberecht und Bürgerrecht eintrat. Vgl. Ernst Passavant: Betrachtungen über die Berechtigung zum Gewerbebetrieb in Frankfurt am Main, Frankfurt am Main 1860, S. 10f.

914 Passavant: Betrachtungen, S. 7 u. 11.

915 § 2 des Gesetzentwurfes über die Berechtigung zum Gewerbebetrieb nach dem Senats-kommissionsbericht vom 1. Mai 1862, zit. nach Actenstücke, die hiesigen Gewerbeverhältnisse, Anlage I, 2f. Vgl. zum gesamten auch Die Gewerbefrage in Frankfurt am Main. Extra-Beilagen zum Frankfurter Anzeiger, o. O. u. J. [1863].

916 Geschichte der Handelskammer, S. 317f.

917 § 1 des Statuts des Kaufmännischen Vereins zu Frankfurt am Main (Entwurf), Frankfurt am Main 1864, S. 3. Vgl. auch Die Gründung des Kaufmännischen Vereins. Ein Festspiel zum fünfjährigen Stiftungsfeste des Kaufmännischen Vereins zu Frankfurt am Main, Frankfurt am Main 1870.

918 Roth: Die Frankfurter Wirtschaft, S. 100f.

919 Vgl. Christophe Bouneau: The Pereires' International Strategy for Railway Construction in the 1850s and 1860s, in: Ralf Roth and Günter Dinhobl (eds.): Across the Borders – Financing the World's Railways in the Nineteenth and Twentieth Centuries, Aldershot 2008, S. 15–24. Allgemein siehe Jean Autin: Les Frères Pereire, le bonheur d'entreprendre, Paris 1984.

920 Bericht der Commission v. 25. April 1853. Institut für Stadtgeschichte (Frankfurt am Main), IHK 606. Zum Bankprojekt selbst vgl. Manfred Pohl: Die Entwicklung des deutschen Bankwesens zwischen 1848 und 1870, in: Deutsche Bankengeschichte, 3 Bde., Frankfurt am Main 1982–1983, Bd. 2, S. 143–220, hier S. 182ff.

921 Vgl. Rudolf Winterwerb: Die Frankfurter Bank 1854–1929, Frankfurt am Main o. J. (1929), S. 35ff.

922 Vgl. Ferguson: The World's Banker, S. 571–574, Pohl: Entwicklung, Bd. 2, S. 162, sowie Lammel: Entstehung, S. 238ff., u. Baehring: Börsen-Zeiten, S. 97ff. Vgl. auch Winterwerb: Frankfurter Bank, S. 32ff.

923 Vgl. Roth: Die Frankfurter Wirtschaft, S. 100.
924 Vgl. Niall Ferguson: Die Geschichte der Rothschilds. Propheten des Geldes, 2 Bde., München 2002, Bd. 2, S. 148–150, u. Heyn: Banking, S. 274f. Siehe auch Winterwerb: Frankfurter Bank, S. 62f. Zur parallelen Entwicklung des Bankgewerbes in Deutschland vgl. Lothar Gall: Die Deutsche Bank von ihrer Gründung bis zum Ersten Weltkrieg 1870–1914, in: Lothar Gall u. a. (Hrsg.): Die Deutsche Bank, München 1995, S. 1–135.
925 Vgl. Margaret Sterne: Ein Amateur wird Diplomat. Die politische Karriere von William Walton Murphy, amerikanischer Generalkonsul in Frankfurt am Main 1861–1869, in: Archiv für Frankfurts Geschichte und Kunst 48, 1962, S. 119–132.
926 Vgl. Arno Lustiger: Charles Hallgarten. Leben und Wirken des Frankfurter Sozialreformers und Philantropen, Frankfurt am Main 2003; Ralf Roth: Die Villa Bonn – ein besonderer Erinnerungsort in Frankfurt am Main, in: Jürgen Jeske, Lothar Gall und Ralf Roth (Hrsg.): Ein Treffpunkt der Bürgergesellschaft. Die Frankfurter Gesellschaft für Handel, Industrie und Wissenschaft – Casinogesellschaft von 1802, Frankfurt am Main 2010, S. 117–142, u. Ralf Roth: Amerika – Deutschland. Folgen einer transatlantischen Migration, in: Historische Zeitschrift 281, 2005, S. 621–657.
927 Insofern ist die Aussage von Michael Lennarz, die Ansiedlung in Frankfurt sei für Juden unmöglich gewesen, nicht präzise genug. Vgl. Michael Lennarz: Der Jude, in: Anna Schnädelbach, Michael Lennarz und Jürgen Steen (Hrsg.): Frankfurter Demokratische Moderne und Leopold Sonnemann. Jude – Verleger – Politiker – Mäzen, Frankfurt am Main 2009, S. 14–57, hier S. 14. Vgl. Roth: Wilhelm Merton, S. 19–31.
928 Vgl. Lennarz: Der Jude, S. 15f.
929 Heinrich Simon: Leopold Sonnemann. Seine Jugendgeschichte bis zur Entstehung der „Frankfurter Zeitung". Zum 29. Oktober 1931, Frankfurt am Main 1931, S. 68. Nach Lennarz: Der Jude, S. 16.
930 Simon: Leopold Sonnemann, S. 77. Nach Lennarz: Der Jude, S. 20f.
931 Zur Kontroverse um Begriff und Charakter des Liberalismus vgl. Lothar Gall: Einleitung, in: ders. (Hrsg.): Liberalismus, 2., erw. Aufl., Königstein/Ts. 1980, S. 7–19; Rudolf Vierhaus: Art. Liberalismus, in: Otto Brunner u. a. (Hrsg.): Geschichtliche Grundbegriffe. Historisches Lexikon zur politisch-sozialen Sprache in Deutschland, 8 Bde., Stuttgart 1972–1997, Bd. 3, S. 753–779; Rainer Koch: Liberalismus, in: Wolfgang W. Mickel (Hrsg.): Handlexikon zur Politikwissenschaft, München 1983, S. 276–280, u. Wolfgang J. Mommsen: Der deutsche Liberalismus zwischen „klassenloser Bürgergesellschaft" und „Organisiertem Kapitalismus", in: Geschichte und Gesellschaft 4, 1978, S. 77–90.
932 Vgl. Gall: Liberalismus und „bürgerliche Gesellschaft", S. 67.
933 Vgl. Günter Trautmann: Die industriegesellschaftliche Herausforderung des Liberalismus, in: Karl Holl u. a. (Hrsg.): Sozialer Liberalismus, Göttingen 1986, S. 34.
934 Zu den ersten sozialpolitischen Ideen im Herausgeberkreis des Staatslexikons vgl. Donald G. Rohr: The Origins of Social Liberalism in Germany, Chicago und London 1963, S. 103–117.
935 Vgl. Rohr: The Origins, S. 125–128. Zur Person Robert von Mohls vgl. Erich Angermann: Robert von Mohl 1799–1875, Neuwied 1962.
936 Vgl. Ralf Roth: Gewerkschaftskartell und Sozialpolitik in Frankfurt am Main. Arbeiterbewegung vor dem Ersten Weltkrieg zwischen Restauration und liberaler Erneuerung, Frankfurt am Main 1991, S. 26f., u. Ralf Roth: List, Friedrich, in: Thomas Adam (eds.): Germany and the Americas: Culture, Politics, and History, vol. 2: G–N, Santa Barbara, Cal., Denver, Col. und Oxford 2005, S. 672–674.
937 Vgl. Egon Schwarz: Aus Wirklichkeit gerechte Träume: Utopische Kommunen in den Vereinigten Staaten von Amerika, in: Wilhelm Voßkamp (Hrsg.): Utopieforschung, 3 Bde., Frankfurt am Main 1985, Bd. 3, S. 411–431, hier S. 416f., u. Jürgen Steen: Der Demokrat in: Schnädelbach, Lennarz und Steen: Frankfurter Demokratische Moderne, S. 220–249, hier S. 221.
938 Simon: Leopold Sonnemann, S. 107f. u. 128. Nach Lennarz: Der Jude, S. 17.
939 Vgl. Lennarz: Der Jude, S. 19f. u. 22, u. Frank Berger: Der Bankier, in: Schnädelbach, Lennarz und Steen: Frankfurter Demokratische Moderne, S. 58–77, hier S. 59.
940 Vgl. Berger: Der Bankier, S. 60f.
941 Berger: Der Bankier, S. 61, u. Sabine Hock: Der Verleger, in: Schnädelbach, Lennarz und Steen: Frankfurter Demokratische Moderne, S. 100–135, hier S. 101.
942 Hock: Der Verleger, S. 103.
943 Vgl. Jürgen Steen: Der Abgeordnete, in: Schnädelbach, Lennarz und Steen: Frankfurter Demokratische Moderne, S. 136–167, hier S. 137. Steen schließt daraus, es habe sich bei der von Sonnemann ver-

tretenen Richtung um eine eigene politische Strömung jenseits des damaligen, in ganz Europa im Aufstieg begriffenen Liberalismus gehandelt. Er kann jedoch kein plausibles Argument anführen, warum die Demokratie neben den Konservativen, Liberalen und Sozialisten eine vierte Strömung darstellen soll. Dass sich die drei großen politischen Richtungen Europas in unterschiedliche politische Gruppierungen und Parteien aufgeteilt haben, trifft auf Konservative wie Sozialisten genauso zu, ohne dass man daraus eigene politische Richtungen begründet hätte. Vgl. Steen: Der Demokrat, S. 226.

944 Zu weiteren Lebensstationen vgl. Roth: Leopold Sonnemann, S. 83–99. Siehe auch Klaus Gerteis: Leopold Sonnemann. Ein Beitrag zur Geschichte des demokratischen Nationalstaatsgedankens in Deutschland, Frankfurt am Main 1970, S. 5ff. u. 19ff.; Geschichte der Frankfurter Zeitung. Volksausgabe, Frankfurt am Main 1911, S. 33ff., u. Siegbert Wolf: Liberalismus in Frankfurt am Main. Vom Ende der Freien Stadt bis zum Ersten Weltkrieg (1866–1914), Frankfurt am Main 1987, S. 51ff.

945 Leopold Sonnemann in der Neuen Frankfurter Zeitung v. 18. April 1860 u. v. 2. Mai 1861. Vgl. Wolf: Liberalismus, S. 18.

946 Zur Gründung des Nationalvereins vgl. Schwemer: Geschichte, Bd. 3.2, S. 119–125, u. Shlomo Na'aman: Der Deutsche Nationalverein. Die politische Konstituierung des deutschen Bürgertums 1859–1867, Düsseldorf 1987.

947 Schwemer: Geschichte, Bd. 3.2, S. 129f. u. 148.

948 Zu den programmatischen Positionen Stephan Borns und der Arbeiterverbrüderung vgl. Max Quarck: Die erste deutsche Arbeiterbewegung, Leipzig 1924, und zur Arbeiterbewegung der 1860er Jahre Karl Birker: Die Deutschen Arbeiter-Bildungsvereine 1840–1870, Berlin 1973, S. 39; Offermann: Die regionale Ausbreitung, S. 424f., u. Jürgen Kocka: Traditionsbindung und Klassenbildung. Zum sozialhistorischen Ort der frühen deutschen Arbeiterbewegung, in: Historische Zeitschrift 243, 1986, S. 333–376, hier S. 341–346. Zum Frankfurter Arbeiterbildungsverein vgl. Schwemer: Geschichte, Bd. 3.2, S. 149.

949 Zur Weltausstellung als Forum des eisenbahntechnischen Fortschritts vgl. Ralf Roth: Weltausstellung und Eisenbahn – Versuchsfelder der Moderne, in: Damals 32, H. 6, 2000, S. 36–42.

950 Zur Rede in Frankfurt vgl. Ferdinand Lassalle: Arbeiterlesebuch. Rede Lassalles zu Frankfurt am Main am 17. und 19. Mai 1863. Nach dem stenographischen Bericht, 4. Aufl., Leipzig 1871, u. Schwemer: Geschichte, Bd. 3.2., S. 169f. Zur Wirkung dieser Schrift vgl. Bernhard Becker: Geschichte der Arbeiter-Agitation Ferdinand Lassalle's. Nach authentischen Aktenstücken, Braunschweig 1875, S. 35–39 u. 42f. Zu den Positionen Lassalles vgl. Ferdinand Lassalle: Arbeiterprogramm, Stuttgart 1973.

951 Vgl. allgemein dazu Gustav Mayer: Radikalismus, Sozialismus und bürgerliche Demokratie, Frankfurt am Main 1969, S. 118, u. Shlomo Na'aman: Vom Nationalverein des Volkes zum Anti-Nationalverein der Arbeiter. Demokratie und Klassenverständnis bei Ferdinand Lassalle, in: Herzig und Trautmann: „Der kühnen Bahn nur folgen wir …“, Bd. 1, S. 63–82, hier S. 70ff., u. Shlomo Na'aman: Die Konstituierung der deutschen Arbeiterbewegung 1862/63. Darstellung und Dokumentation, Assen 1975, S. 21–107. Zu Lassalles weiteren Agitionsreisen, aber auch seinen Vorlieben für mondäne Bäder. Vgl. Becker: Geschichte der Arbeiter-Agitation, S. 56. Später wurde ihm deshalb von Becker vorgeworfen, die große soziale Sache nicht konsequent verfolgt zu haben: „Seine Eitelkeit, sein Geiz, seine Vergnügungssucht verleiteten ihn zu manchen Inkonsequenzen. Ihm fehlte die Charaktergröße ungetheilter Hingabe.“ Ebd. Vgl. Shlomo Na'ama: Lassalle, Hannover 1970, S. 658ff.

952 Zur quantitativen Entwicklung vgl. Becker: Geschichte der Arbeiter-Agitation, S. 76. Allgemein siehe Mayer: Radikalismus, S. 118, u. Na'aman: Vom Nationalverein des Volkes, Bd. 1, S. 70ff., u. Na'aman: Konstituierung, S. 21–107. Der ADAV gründete sich unter dem Eindruck einiger singulärer Erfolge und sein organisatorischer Aufbau war zu sehr auf die Person Lassalles abgestellt. Das Potential der Bewegung hatte sich in der kurzen Zeit kaum entwickeln können und rekrutierte sich vor allem aus handwerklich ausgebildeten Arbeitern. Nicht zuletzt aus diesem Grund spielten die Genossenschaften, die mit Hilfe des Staates errichtet werden sollten, damals eine so große Rolle in Lassalles Programm. Eine seiner zentralen Forderungen beinhaltete die Einrichtung von „Produktivgenossenschaften mit Staatshilfe“. Vgl. Ferdinand Lassalle: Offenes Antwortschreiben an das Central-Comitée zur Berufung eines Allgemeinen Deutschen Arbeiter Congresses zu Leipzig. 4. Aufl. Leipzig 1869, S. 19. Zum Hintergrund vgl. auch Roth: Gewerkschaftskartell, S. 13ff.

953 Beidesmal nach Schwemer: Geschichte, Bd. 3.2., S. 171f.

954 Gustav Mayer: Bismarck und Lassalle – Ihr Briefwechsel und ihre Gespräche, Berlin 1928, S. 59–108.

955 Sonnemann zit. nach Schwemer: Geschichte, Bd. 3.2, S. 167f. Vgl. auch Hermann Oncken: Lassalle zwischen Marx und Bismarck, Stuttgart 1904, S. 304.
956 Vgl. Birker: Die Deutschen Arbeiter-Bildungsvereine, S. 59–62, u. Toni Offermann: Das liberale Vereinsmodell als Organisationsform der frühen deutschen Arbeiterbewegung der 1860er Jahre, in: Herzig und Trautmann: „Der kühnen Bahn nur folgen wir …“, Bd. 1, S. 39–62, hier S. 43. Zu Umfang und Tätigkeit der Arbeiterbildungsvereine vgl. Werner Conze: Möglichkeiten und Grenzen der liberalen Arbeiterbewegung in Deutschland. Das Beispiel Schulze-Delitzsch, Heidelberg 1965, S. 17, u. Wolfgang Schieder: Das Scheitern des bürgerlichen Radikalismus und die sozialistische Parteibildung in Deutschland, in: Hans Mommsen (Hrsg.): Sozialdemokratie zwischen Klassenbewegung und Volkspartei, Frankfurt am Main 1974, S. 17–34, hier S. 29f.
957 Johann Baptist von Schweitzer: Lucinde oder Capital und Arbeit. Ein socialpolitisches Zeitgemälde aus der Gegenwart, Frankfurt am Main 1863/64, Bd. 3, 1, S. 35.
958 Gerteis: Leopold Sonnemann, S. 36f.; Lennarz: Der Jude, S. 25.
959 Vgl. Ilse Fischer und Werner Krause: August Bebel 1840–1913. Ein Großer der deutschen Arbeiterbewegung. Ausstellungskatalog, 2. Aufl., Köln 1989, S. 25, u. Richard Lipinski: Die Sozialdemokratie von ihren Anfängen bis zur Gegenwart. Eine gedrängte Darstellung für Funktionäre und Lernende, Berlin 1927, S. 185.
960 Zur Gründungsgeschichte vgl. Julius Braunthal: Geschichte der Internationale, 3 Bde., 3. Aufl., Berlin und Bonn 1978, Bd. 1, S. 101ff. Zur Rolle der Internationale für die Entwicklung der deutschen Sozialdemokratie vgl. Lipinski: Die Sozialdemokratie, S. 211f.
961 Vgl. Eisenacher Tageblatt v. 10. August 1869. Auch im Protokoll des Kongresses wurde „das Spektakel“ festgehalten: „In der Pause bricht der Lärm noch ärger denn zuvor los. Viele Schweitzerianer drängen gegen den Vorstandstisch und versuchen denselben umzuwerfen. Die aus Weinflaschen hergestellten Leuchter taumeln hin und her und müssen festgehalten werden. (…) Alles geht durcheinander, die Kehlen der Schreier werden heiser.“ Protokoll der Verhandlungen des Allgemeinen Deutschen sozial-demokratischen Arbeiterkongresses zu Eisenach am 7., 8. und 9. August 1869, Leipzig 1869, S. 13.
962 Zu den Besonderheiten des liberalen Milieus in Frankfurt gehörte später eine ausgeprägte bürgerliche Sozialreform, die in enger Verbindung zur lokalen Sozialdemokratie und den Gewerkschaften stand. Vgl. Roth: Gewerkschaftskartell, S. 79–91, ders.: Stadt und Bürgertum, S. 633–640, u. ders.: Merton, S. 127–158.
963 Nach Schwemer: Geschichte, Bd. 2, S. 742.
964 Vgl. Meidinger: Anstalten, Bd. 2, S. 213. Allgemein zur Schillerfeier und ihrer Rolle für den Neuaufschwung der liberalen Bewegung vgl. Nipperdey: Geschichte 1800–1866, S. 722, u. Langewiesche: Liberalismus in Deutschland, S. 112.
965 Steen: Nationalfeste 1998, S. 279.
966 Gedenkbuch, S. XXI.
967 Vgl. Roth: Stadt und Bürgertum, S. 464–470.
968 Die Rede ist abgedruckt in: Gedenkbuch, S. 62f.
969 Vgl. die Lithografien des Festzuges der Kunstanstalt von Ferdinand Carl Climsch. Historisches Museum Frankfurt, Grafische Sammlung C 11388a-p.
970 Vgl. Steen: Nationalfeste 1978, S. 149ff.
971 Steen: Nationalfeste 1998, S. 281.
972 Klötzer: Frankfurt am Main, S. 342.
973 Aufruf zur Unterzeichnung vom 10. November 1859 von Herrn Mumm, und Unterz.-Liste zum Erz-Guss des Schiller Monuments modellirt von S. Dielmann unter der Bed., daß daßselbe in 5 Jahren ausgeführt. Beides Institut für Stadtgeschichte (Frankfurt am Main), Nachlass Mumm, S 1/19.
974 Zum Freien Deutschen Hochstift vgl. Fritz Adler: Freies Deutsches Hochstift. Seiner Geschichte erster Teil 1859–1885, Frankfurt am Main 1959, Bd. 1, S. 20ff., u. Franz Lerner: Die ersten Mitglieder des Freien Deutschen Hochstifts. Eine biographisch-soziographische Studie, in: Archiv für Frankfurts Geschichte und Kunst 47, 1960, S. 63–76. hier S. 63f. Vgl. ferner Georg Heinrich Volger: Die seitherige Entwicklung und dermalige Nothlage des Freien Deutschen Hochstifts für Wissenschaften, Künste und Allgemeine Bildung in Goethes Vaterhause zu Frankfurt am Main, im Kampfe mit örtlichem Parteigetriebe, mit Engherzigkeit, Unbilden und Gewaltversuchen, Frankfurt am Main 1882; Ernst Beutler: Freies Deutsches Hochstift. Ansprachen gehalten am 10. und 11. November 1934 zur Feier des fünfundsiebzigjährigen Bestehens des Freien Deutschen Hochstifts und zum 175. Geburtstage Schillers, Halle

a. d. Saale 1935; Ernst Beutler: Neunzig Jahre Freies Deutsches Hochstift. Rückblick und Ausblick, 10. November 1949, Wiesbaden 1949, u. Albert Metzler und Ernst von Beutler: Freies Deutsches Hochstift, Goethe Museum Frankfurt am Main. 10. November 1859–1959, Frankfurt am Main 1959.
975 Vgl. Dieter Düding: Nationale Oppositionsfeste, S. 275ff.
976 Vgl. Waßmuth: Festschrift des Frankfurter Turnvereins, S. 11ff.
977 Zu diesen Vereinen vgl. Der Frankfurter Turnverein von 1860–1885, Frankfurt am Main 1885; Fritz Boehle: Zur 50. Jahrfeier des Frankfurter Turnvereins 1833–1910, Frankfurt am Main 1910; Fünfundsiebzigjähriges Jubiläum des Frankfurter Schützenvereins 1860 e.V. vom 28. September bis 6. Oktober 1935. Festbuch, Frankfurt am Main 1935; 100 Jahre Frankfurter Sportclub Forsthausstraße e.V. (1861–1961). Jubiläumsausgabe Fliegende Bälle, Frankfurt am Main 1961, u. Anselm Fey: Die Feier des 50jährigen Bestehens der Frankfurter Turngemeinde, Frankfurt am Main 1911.
978 Vgl. Neue Frankfurter Zeitung v. 6. Februar 1862.
979 Schwemer: Geschichte, Bd. 3.2, S. 139ff.
980 Geschichte der Frankfurter Zeitung, S. 65ff. Vgl. ebenso Schwemer: Geschichte, Bd. 3.2, S. 153ff.
981 Zu den Symbolen und zur Bildüberlieferung des Bundesschießens vgl. Steen: Nationalfeste 1998, S. 160ff.
982 Vgl. Das allgemeine deutsche Schützenfest zu Frankfurt am Main, Juli 1862. Ein Gedenkbuch. Mit Benutzung der Schriftstücke des Central-Comites herausgegeben von Dr. Heinrich Weismann, Frankfurt am Main 1863, S. 88ff., 95ff., 100f., 108ff. u. 119ff; vgl. auch Illustrierte Festblätter zu dem Ersten allgemeinen deutschen Bundesschießen, abgehalten zu Frankfurt am Main in den Julitagen des Jahres 1862, redigirt und verlegt von J. A. Hammeran, Frankfurt am Main 1862, S. 15ff. Zum Hintergrund vgl. Steen: Nationalfeste 1998, S. 289.
983 Illustrierte Festblätter, Vorwort.
984 Souchay nach Schwemer: Geschichte, Bd. 3.2, S. 536.
985 Bericht von Friedrich Heinrich Bernhard zit. nach Steen: Nationalfeste 1978, S. 159, u. Schwemer: Geschichte, Bd. 3.2, S. 156 u. 163.
986 Vgl. Jugend-Wehr-Verein. Bericht des Vorstandes, erstattet in der am 23. März 1863 anberaumten ordentlichen Hauptversammlung, Frankfurt am Main 1863, S. 4.
987 Jugend-Wehr-Verein. Bericht des Vorstandes, erstattet in der am 17. März 1864 anberaumten zweiten ordentlichen Hauptversammlung, Frankfurt am Main 1864, S. 4 u. 8. Zum Zusammenhang zwischen der Ausbildung von Milizsystemen, dem Verfassungskonflikt der Neuen Ära und der Diskussion um eine Heeresreform vgl. Gordon A. Craig: Die preußisch-deutsche Armee 1640–1945. Staat im Staate, Düsseldorf 1980, S. 171ff., u. Langewiesche: Liberalismus, S. 93ff.
988 Steen: Nationalfeste 1998, S. 298, u. Schwemer: Geschichte, Bd. 3.2, S. 156f.
989 Lothar Gall: Bismarck. Der weiße Revolutionär, Frankfurt am Main 1980, S. 242.
990 Zum Nationalverein vgl. Na'aman: Der Deutsche Nationalverein, S. 55ff.
991 Frankfurter Postzeitung v. 11. Oktober 1852, Nr. 243.
992 Die Beteiligung der Bürger an den Wahlen zur Gesetzgebenden Versammlung war im Durchschnitt eher gering und bewegte sich zwischen 15 und 30 Prozent. Vgl. Ursula Bartelsheim: Bürgersinn und Parteiinteresse. Kommunalpolitik in Frankfurt am Main 1848–1914, Frankfurt am Main 1997.
993 Wahlaufruf der Demokraten vom Oktober 1857, in: Volksfreund für das mittlere Deutschland v. 16. Oktober 1857.
994 Zu den Wahlen vgl. Frankfurter Volksbote v. 28. Oktober 1856, Frankfurter Postanzeiger v. 18. Oktober 1856, Frankfurter Postanzeiger v. 21. Oktober 1857 sowie Frankfurter Anzeiger v. 20. Oktober 1858. Vgl. auch Schwemer: Geschichte, Bd. 3/2, S. 30, 43, 85f. u. 93, u. Langewiesche: Liberalismus, S. 99f.
995 Vgl. hierzu Frankfurter Postanzeiger v. 24. Oktober 1860 u. 23. Oktober 1861, u. Frankfurter Journal v. 22. Oktober 1862 u. 21. Oktober 1863. Zum Einzug der Demokraten in den Senat vgl. Schwemer: Geschichte, Bd. 3.2, S. 93ff., u. Veit Valentin: Frankfurt am Main, S. 515.
996 Vgl. Volksfreund für das mittlere Deutschland v. 24. April 1861.
997 Programm des Frankfurter Vereins definitiv festgestellt in dessen Sitzung vom 4. November 1861, in: Volksfreund für das mittlere Deutschland v. 10. November 1861.
998 Nach Volksfreund für das mittlere Deutschland v. 10. November 1861.
999 Vgl. Schwemer: Geschichte, Bd. 3.2, 90ff.
1000 Volksfreund für das mittlere Deutschland v. 11. September 1853.

1001 Vgl. Organisches Gesetz, die Zusammensetzung und Erwählung der Gesetzgebenden Versammlung betreffend, in: Gesetz- und Statutensammlung der Freien Stadt Frankfurt, 16 Bde., Frankfurt am Main 1866, Bd. 16, S. 379f. Zu den Reformen im Einzelnen vgl. Schwemer: Geschichte, Bd. 3.2, S. 86ff. u. 209ff.; Kropat: Frankfurt zwischen Provinzialismus und Nationalismus, S. 15ff., u. Wolfgang Klötzer: Vom Senat zum Magistrat. Eine Säkularbetrachtung zur Frankfurter Stadtverfassung, Frankfurt am Main 1968, S. 2.
1002 Vgl. Organisches Gesetz, die Zusammensetzung und Erwählung der Gesetzgebenden Versammlung betreffend, in: Gesetz- und Statutensammlung der Freien Stadt, Bd. 16, S. 379f.
1003 Vgl. auch die demographische Interpretation bei Koch: Grundlagen, S. 203ff.
1004 Es gibt unter den Interpretationen zur Frankfurter Geschichte nicht wenige Stimmen, die Frankfurt in dieser Zeit als vormodern, betulich und überaus obrigkeitlich ansehen. Manche sprechen von einer Senatsherrschaft, und einige gehen soweit, dass diese Herrschaft sogar patrizisch bestimmt gewesen sein soll, was völlig absurd ist, da das Patriziat sich bereits in den 1820er Jahren in sämtlichen politischen Gremien verflüchtigt hatte. Paul Kluke: Die Integration der Freien Stadt Frankfurt in das Königreich Preußen, in: Peter Baumgart (Hrsg.): Expansion und Integration. Zur Eingliederung neugewonnener Gebiete in den preußischen Staat, Köln und Wien 1984, S. 421–442, hier S. 421f. Ob patrizisch oder nicht sei die Gesetzgebende Versammlung gegenüber dem Senat ohne Einfluss gewesen und überhaupt habe die ganze Frankfurter Ordnung im Widerspruch zum modernen Nationalstaat gestanden. Vgl. Kropat: Frankfurt zwischen Provinzialismus und Nationalismus, S. 13. Das ist für die gesetzgeberische Praxis in der Zeit nach der Constitutions-Ergänzungs-Akte und noch viel mehr im Angesicht der politischen Erfolge der Gesetzgebenden Versammlung in dem Reformprozess zwischen 1850 und 1866 eine schwer nachvollziehbare Position, die nur auf völliger Unkenntnis von Funktion und Rolle dieser Gremien basieren kann. Vgl. auch Paul Kluke: Frankfurt in Bismarcks Entscheidung 1866, in: Archiv für Frankfurts Geschichte und Kunst 51, 1968, S. 85–100, hier S. 93, u. Rudolf Heilbrunn: Das Ende der freien Stadt Frankfurt, Frankfurt 1963, S. 77.
1005 Wilfried Ehrlich: Frankfurt in der Kartographie, in: ders.: „nach besten synnen und vernunfften". Geschichte der Stadtvermessung in Frankfurt am Main, Frankfurt am Main o.J., S. 19–35, hier S. 25f.
1006 Vgl. Gründungsaufruf des Vereins zur Förderung der baulichen Interessen in Frankfurt am Main, Frankfurt am Main 1856. Vgl. Wolfgang Schmidt-Scharff: Geschichte des Frankfurter Verschönerungsvereins, Frankfurt am Main 1937, u. Meidinger: Anstalten, Bd. 2, S. 209ff.
1007 Alle Zitate nach Christoph Scherpner: Von Bürgern für Bürger – 125 Jahre Zoologischer Garten Frankfurt am Main, hrsg. v. Zoologischen Garten der Stadt Frankfurt am Main, Frankfurt am Main 1983, S. 11f.
1008 Victor Goering: Die Entwicklung des Zoologischen Gartens zu Frankfurt am Main von 1858 bis 1908, Frankfurt am Main 1908, S. 1.
1009 Vgl. Gründer der Zoogesellschaft http://www.zoo-frankfurt.de/unser-zoo/geschichte/gruendung/gruender.html (letzter Zugriff am 24. März 2011).
1010 Mietsteuerrolle der Freien Stadt Frankfurt am Main für die Jahr 1840 bis 1848. Institut für Stadtgeschichte (Frankfurt am Main), Rechneiamt nach 1816, Steuerbücher Nr. 1 bis Nr. 13 (1840); Steuerbuch Nr. 14, Nr. 20 bis Nr. 22: Judengasse (1842), und Steuerbuch Nr. 24 (1848).
1011 Goering: Entwicklung, S. 7f.
1012 Vgl. Führung durch den ersten Zoo, http://www.zoo-frankfurt.de/unser-zoo/geschichte/zoo-an-der-bockenheimer-landstrasse/fuehrung-durch-den-ersten-zoo.html (letzter Zugriff am 24. März 2011).
1013 Scherpner: Von Bürgern für Bürger. S. 12f. u. 27.
1014 Vgl. Goering: Entwicklung, S. 12. Zur Gründung vgl. Statuten der Zoologischen Gesellschaft zu Frankfurt am Main. Frankfurt am Main o.J. [1860], und Über die Gründung des Zoologischen Gartens in Frankfurt am Main, Frankfurt am Main o.J. [1858]. Vgl. auch Rödel: Ingenieurbaukunst, S. 303.
1015 Vgl. §§ 1 u. 3 des Statuts des Vereins zur Förderung der baulichen Interessen in Frankfurt am Main, Frankfurt am Main 1856.
1016 Zu den Gesangvereinen siehe Blätter zur Erinnerung an die 25jährige Jubelfeier des Rühlschen Gesangvereins am 4. und 5. November 1877, Frankfurt am Main 1877, Zur Erinnerung an das 50jährige Jubiläum des Rühlschen Gesang-Vereins zu Frankfurt am Main, 18. bis 21. Oktober 1902, Frankfurt am Main 1902, Festschrift zur 110-Jahrfeier des Männerchors Concordia. Am 7. und 20. Oktober 1956,

Frankfurt am Main 1956, Festschrift zum fünfzigjährigen Jubiläum des Frankfurter Sängerkranzes am 15. und 16. Juni 1907, Frankfurt am Main 1907, Schulerscher Männerchor e. V. Frankfurt am Main, gegr. 1864. Festbuch zum Golden Jubiläum, Frankfurt am Main 1914, u. Horst Theis: Neeber-Schuler Chronik, Frankfurt am Main 1985.
1017 Schembs: Vom Saalbau zu den Bürgerhäusern, S. 23.
1018 Roth: Das Casino und das Museum.
1019 Schembs: Vom Saalbau zu den Bürgerhäusern, S. 18–22.
1020 Schembs: Vom Saalbau zu den Bürgerhäusern, S. 25.
1021 Es handelte sich um ein Grundstück mit der Adresse Lit D 164. Mietsteuerrolle der Freien Stadt Frankfurt.
1022 Paragraph 2 der Satzung vom 29. März 1859, zit. nach Schembs: Vom Saalbau zu den Bürgerhäusern, S. 34.
1023 Schembs: Vom Saalbau zu den Bürgerhäusern, S. 39f. Vgl. auch ebd. S. 15, 26, 28, 36f.
1024 Schembs: Vom Saalbau zu den Bürgerhäusern, S. 47, 51 u. 61.
1025 Architekten- und Ingenieur-Verein (Hrsg.): Frankfurt am Main und seine Bauten, Frankfurt am Main 1886, S. 292ff.
1026 Schembs: Vom Saalbau zu den Bürgerhäusern, S. 74, 76 und 88.
1027 Zit. nach Schembs: Vom Saalbau zu den Bürgerhäusern, S. 172f.
1028 Schembs: Vom Saalbau zu den Bürgerhäusern, S. 143f.
1029 Müller: Der Deutsche Bund, S. 44. Zum Fürstenkongress vgl. Wolfram Siemann: Die Frankfurter Nationalversammlung 1848/49 zwischen demokratischem Liberalismus und konservativer Reform, Frankfurt am Main 1976, S. 405ff.; Gall: Bismarck, S. 286ff., u. Klötzer: Frankfurt am Main, S. 341, sowie die Monographien zum Fürstentag vgl. Kurt Karl August Dorien: Der Bericht des Herzogs Ernst II. von Koburg über den Frankfurter Fürstentag 1863, München 1910, Herbert Hermann Hirschberg: Der Frankfurter Fürstentag, Straßburg 1907, Hans Scheller: Der Frankfurter Fürstentag 1863, Diss. phil., Leipzig 1929, u. Norbert Wehner: Die deutschen Mittelstaaten auf dem Frankfurter Fürstentag, Frankfurt am Main u. a. 1993.
1030 Vgl. Müller: Der Deutsche Bund, S. 81. Insbesondere zu den Reformkonferenzen 1850/51, auf der ein umfassender Versuch zu einer weitreichenden Bundesreform unternommen wurde und eine neue Ära der Bundesgeschichte beginnt, vgl. Josef Weiskirchner: Die Dresdener Konferenzen 1850/51, Diss. Ms. Wien 1928; Hans Julius Schoeps: Von Olmütz nach Dresden. Ein Beitrag zur Geschichte der Reformen am Deutschen Bund. Darstellung und Dokumente, Köln und Berlin 1972, sowie Jonas Flöter, Günther Wartenberg: Die Dresdener Konferenz 1850/51. Föderalisierung des Deutschen Bundes versus Machtinteressen der Einzelstaaten, Leipzig 2002. Allgemein zu den Quellen vgl. Quellen zur Geschichte des Deutschen Bundes, Abt. III: Quellen zur Geschichte des Deutschen Bundes 1850–1866: Die Dresdner Konferenz und die Wiederherstellung des Deutschen Bundes 1850/51. Bearb. v. J. Müller. Für die Historische Kommission bei der Bayerischen Akademie der Wissenschaft hrsg. v. Lothar Gall, München 1996.
1031 Schwemer: Geschichte, Bd. 3.2, S. 175f.
1032 Ebd.
1033 Ebd.
1034 Festschrift zum hundertjährigen Jubiläum im Jahre 1960. Frankfurter Landwirtschaftlicher Verein e. V. Frankfurt am Main, Gießen 1960, S. 6.
1035 Zit. nach Fünfzig Jahre Rennsport in Frankfurt am Main, Frankfurt am Main 1913, S. 3.
1036 Vgl. Fünfzig Jahre Rennsport, S. 27f.
1037 Vgl. Fünfzig Jahre Rennsport, S. 33f.
1038 Vgl. Fünfzig Jahre Rennsport, S. 42.
1039 Zit. nach Kramer: Frankfurt Chronik, S. 326f.
1040 Gall: Bismarck, S. 287f.; Schwemer: Geschichte, Bd. 3.2, S. 177.
1041 Schwemer: Geschichte, Bd. 3.2, S. 174f.
1042 Brief von Johannes Janssen an die Eltern vom 1. September 1863, in: L. Freiherr von Pastor (Hrsg.): Johannes Janssens Briefe, 2 Bde., Freiburg i. Br. 1920, Bd. 1, S. 172.
1043 Schwemer: Geschichte, Bd. 3.2, S. 179.
1044 Zit. nach Müller: Der Deutsche Bund, S. 44f., u. Schwemer: Geschichte, Bd. 3.2, 181.
1045 Müller: Der Deutsche Bund, S. 44f.

1046 Müller: Der Deutsche Bund, S. 44f. Vgl. auch Arnold Oskar Meyer: Bismarcks Kampf mit Österreich am Bundestag zu Frankfurt (1851–1859), Berlin 1927, u. Heinrich Friedjung: Der Kampf um die Vorherrschaft in Deutschland 1859 bis 1866, 2 Bde., 5. Aufl., Stuttgart und Berlin 1901.
1047 Vgl. dazu Gall: Bismarck, S. 115ff. und 127ff. Zur Unionskrise vgl. Nipperdey: Deutsche Geschichte, 1800–1866, S. 670–673, u. Wehler: Gesellschaftsgeschichte, Bd. 3, S. 198f.
1048 Schwemer: Geschichte, Bd. 3.2, S. 23 und 58–62.
1049 Bismarck zit. nach Schwemer: Geschichte, Bd. 3.2, S. 63.
1050 Schwemer: Geschichte, Bd. 3.2, S. 60.
1051 Es handelt sich um die Lit. E 11a. Vgl. Mietsteuerrolle der Freien Stadt Frankfurt am Main.
1052 Brief Bismarcks an von Gerlach vom 1. Oktober 1852. Zit. nach Schwemer: Geschichte, Bd. 3.2, S. 64–66.
1053 Frau von Bismarck, zit. nach Schwemer: Geschichte, Bd. 3.2, S. 64–66.
1054 Schwemer: Geschichte, Bd. 3.2, S. 65f.
1055 Otto Eduard Leopold von Bismarck: Gedanken und Erinnerungen, Stuttgart 1959, Bd. 1, S. 72.
1056 Brief von Bismarck an den Grafen Thun. Zit. nach Schwemer: Geschichte, Bd. 3.2, S. 64.
1057 Schwemer: Geschichte, Bd. 3.2, S. 67.
1058 Brief von Bismarck an Frau von Eisendecher vom 10. November 1862. Zit. nach Schwemer: Geschichte, Bd. 3.2, S. 531.
1059 Brief von Bismarck an Otto Theodor von Manteuffel vom 22. Januar 1858. Zit. nach Schwemer: Geschichte, Bd. 3.2, S. 530.
1060 Gall: Bismarck, S. 224.
1061 Vgl. Schwemer: Geschichte, Bd. 3.2., S. 187ff.
1062 Schwemer: Geschichte, Bd. 3.2., S. 194.
1063 Schwemer: Geschichte, Bd. 3.2, S. 196ff.
1064 Nipperdey: Geschichte 1800–1866, S. 771ff.
1065 Vgl. Marcus Jungelmann: Die Eisenbahn im Krieg. Militärische Theorie und Kriegsgeschehen bis zum Ausbruch des Ersten Weltkriegs, in: Zug der Zeit – Zeit der Züge. Hrsg. v. Eisenbahnjahr Ausstellungsgesellschaft, Nürnberg 1985, S. 233–245, hier S. 236f.
1066 Geschichte der Handelskammer 1908, S. 447ff.
1067 Schwemer: Geschichte, Bd. 3.2, S. 199ff. Vgl. Wolfram Fischer: Der deutsche Zollverein. Fallstudie einer Zollunion, in: Wolfram Fischer: Wirtschaft und Gesellschaft im Zeitalter der Industrialisierung, Göttingen 1972, S. 114–123. Allgemein siehe Hans-Werner Hahn: Geschichte des Deutschen Zollvereins, Göttingen 1984.
1068 Schwemer: Geschichte, Bd. 3.2, S. 206.
1069 Schwemer: Geschichte, Bd. 3.2, S. 223.
1070 Rochau: Grundsätze. Vgl. zu seinen politischen Positionen Natascha Doll: Recht, Politik und ‚Realpolitik' bei August Ludwig von Rochau (1810–1873). Ein wissenschaftsgeschichtlicher Beitrag zum Verhältnis von Politik und Recht im 19. Jahrhundert, Frankfurt am Main 2005
1071 Roth: Heinrich Hoffmann und die Politik, S. 146.
1072 Gemeint war Friedrich der Große.
1073 Wolfgang Klötzer: Zur Annexion Frankfurts 1866, in: Blätter für deutsche Landeskunde 121, 1985, S. 317–321, hier S. 318.
1074 Brief von Clothilde Koch-Gontard an Heinrich von Gagern vom 20. August 1851. Zit. nach Wolfgang Klötzer: Clothilde Koch-Gontard an ihre Freunde, Frankfurt am Main 1969, S. 248.
1075 Klötzer: Zur Annexion Frankfurts 1866, S. 319.
1076 Vgl. Kluke: Frankfurt in Bismarcks Entscheidung, S. 89ff., u. Karl Maly und Bettina Tüffers: Geschichte der Frankfurter Stadtverordnetenversammlung, 4 Bde., Frankfurt am Main 1992–2011, 4 Bde., Frankfurt 1992–2011, Bd. 1, S. 15.
1077 Zu den Hintergründen der damaligen Außenpolitik Österreichs und Preußens sowie der Rolle, die Frankfurt dabei einnahm, vgl. Margaret Sterne: Frankfurt am Main im Brennpunkt der preußisch-österreichischen Auseinandersetzung 1865/66, in: Archiv für Frankfurts Geschichte und Kunst 43, 1955, S. 7–23 und Beilagen S. 23–86, hier, S. 8f. Zum Vertrag von Gastein vgl. Ernst Rudolf Huber: Deutsche Verfassungsgeschichte seit 1789, Bd. III: Bismarck und das Reich, Stuttgart 1963, S. 503ff.
1078 Schwemer: Geschichte, Bd. 3.2., S. 224.

1079 Margaret Sterne: Frankfurt am Main, S. 8, verweist diesbezüglich auf das Ministerrats-Protokoll, Wien vom 19. September 1865. Wien: Kabinettskanzlei, KZ 4019, MRZ 40. Veröffentlicht in Chester W. Clark: Franz Joseph and Bismarck. The Diplomacy of Austria before the War of 1866, Cambridge 1934, S. 554f.
1080 Die „Drohnoten-Affäre" ist in der Frankfurter Geschichtsliteratur bereits des Öfteren behandelt worden. Vgl. Otto Kanngießer: Geschichte der Eroberung der freien Stadt Frankfurt durch Preußen im Jahre 1866, Frankfurt am Main 1877. Auch Richard Schwemer geht in seinem Monumentalwerk über die Freie Stadt auf diesen Vorfall detailliert ein. Kanngießer stützte sich vor allem auf die zeitgenössischen Zeitungs- und Augenzeugenberichte, Schwemer hauptsächlich auf preußische Archivquellen. Am umfänglichsten hat jedoch Margarete Sterne die „Affäre" recherchiert und dabei amtliche amerikanische, preußische und österreichische Quellen mit einbezogen. Vgl. Sterne: Frankfurt am Main, S. 7.
1081 Sterne: Frankfurt am Main, S. 8f. Vgl. den Bericht von Wentzel an das Preußische Auswärtige Amt vom 1. Oktober 1865. Preußen Auswärtige Politik VI 403. Siehe auch Reculot an Drouyn de Lhuys vom 1. Oktober 1865 in: Les Origines diplomatiques de la guerre de 1870/71, Recueil de documents publie par le Ministre des Affaires Etrangeres, 29 Bde., Paris 1910–1932., VII Nr. 1603.
1082 Vgl. Schwemer: Geschichte, Bd. 3.2., S. 227, u. Sterne: Frankfurt am Main, S. 10.
1083 Neue Frankfurter Zeitung v. 13. Oktober 1865.
1084 Drohnote Preußens vom 6. Oktober 1865. Zit. nach Schwemer: Geschichte, S. 228f.
1085 Sterne: Frankfurt am Main, S. 10.
1086 Vgl. Geschichte der Frankfurter Zeitung, S. 130, u. Sterne: Frankfurt am Main, S. 14, sowie Kluke: Frankfurt in Bismarcks Entscheidung, S. 94.
1087 Sterne: Frankfurt am Main, S. 10.
1088 Murphy an Seward vom 23. Oktober 1865. Murphy Berichte XV Nr. 513 – Beilage 45. Siehe auch L.K. Agidi und A. Klauhold (Hrsg.): Das Staatsarchiv. Sammlung der offiziellen Aktenstücke zur Geschichte der Gegenwart, Hamburg 1861–1919, IX Nr. 2029. Zit. nach Sterne: Frankfurt am Main, S. 10.
1089 Schwemer: Geschichte, Bd. 3.2., S. 242. Siehe auch Sterne: Frankfurt am Main, S. 10.
1090 Murphy an Seward vom 23. Oktober 1865.
1091 Brief Murphys an Seward vom 30. Oktober 1865, in Sterne: Frankfurt am Main, S. 11 und Beilage 46.
1092 Brief Murphys an Seward vom 6. November 1865, in: Sterne: Frankfurt am Main, S. 11, Beilage 47. Vgl. auch Lawrence D. Steefel: The Rothschilds and the Austrian Loan of 1865, in: Journal of Modern History 8, 1936. S. 27–39, u. Ferguson: The World's Banker, S. 651ff.
1093 Sterne: Frankfurt am Main, S. 12.
1094 Schwemer: Geschichte, Bd. 3.2., S. 239.
1095 Sterne: Frankfurt am Main, S. 13.
1096 Sterne: Frankfurt am Main, S. 14. Vgl. auch Schwemer: Geschichte, Bd. 3.2, S. 243f.
1097 Schwemer: Geschichte, Bd. 3.2, S. 244.
1098 Sterne: Frankfurt am Main, S. 9.
1099 Neue Frankfurter Zeitung v. 31. Oktober 1865.
1100 Sterne: Frankfurt am Main, S. 15.
1101 Kropat: Frankfurt zwischen Provinzialismus und Nationalismus, S. 17.
1102 Nipperdey: Deutsche Geschichte 1800–1866, S. 784.
1103 Wilfried Forstmann: Frankfurt am Main in wilhelminischer Zeit, in: Frankfurt am Main. Die Geschichte der Stadt, hrsg. v. der Historischen Kommission Frankfurt, Sigmaringen 1991, S. 349–422, hier S. 349.
1104 Leopold Sonnemann in der Neuen Frankfurter Zeitung v. 18. April 1860. Vgl. Wolf: Liberalismus, S. 18.
1105 Die Lage, ihre Gründe und Aussichten, Frankfurter Journal vom 9. April 1866, in: Frankfurt 1866. Eine Dokumentation aus deutschen Zeitungen. Ausgewählt und eingeleitet v. Wolfgang Klötzer, Sondernummer des Archivs für Frankfurts Geschichte und Kunst 50, 1966, S. 1–332, hier S. 27f. (weiter als „Frankfurt 1866"). Vgl. auch Gold und Eisen, Frankfurt a. M., Frankfurter Postzeitung v. 29. März 1866, in: Frankfurt 1866, S. 19f. Es ist das Verdienst von Wolfgang Klötzer, den Streit in der damaligen Presse vor mehr als 40 Jahren in einer Dokumentation festgehalten und publiziert zu haben.
1106 Vgl. Die angedrohte Okkupation, Frankfurter Reform vom 9. Mai 1866, in: Frankfurt 1866, S. 32f.

1107 Vgl. zur neueren Forschung über den Krieg Österreich und Preußen 1866: Winfried Baumgart: Bismarck und der deutsche Krieg 1866 im Lichte der Edition von Band 7 der „Auswärtigen Politik Preußens", in: Historische Mitteilungen 20, 2007, S. 93–115, sowie Geoffrey Wawro: The Austro-Prussian War. Austria's war with Prussia and Italy in 1866, Cambridge 1996, u. Frank Zimmer: Bismarcks Kampf gegen Kaiser Franz Joseph. Königgrätz und seine Folgen, Graz 1996. Immer noch lehrreich Gordon A. Craig: Königgrätz, München 1987. Als literarische Zeugnisse von Wert sind Theodor Fontane: Der deutsche Krieg von 1866, 2 Bde., Bad Langensalza 1871 (ND Berlin 2006), und Friedjung: Der Kampf um die Vorherrschaft. Zu der besonderen Rolle moderner Kriegstechnik und vor allem Kriegslogistik vgl. Denis E. Showalter: Railroads and Rifles, Soldiers, Technology and the Unification of Germany, Hamden/Connecticut 1975.

1108 Vgl. diesbezüglich den Antrag des Gesandten der Stadt Frankfurt in der Bundesversammlung nach dem Bericht im Frankfurter Journal vom 11. Juli 1866, in: Frankfurt 1866, S. 115f. Die Bundesversammlung folgte Frankfurt nicht, sondern zog es vor, den Sitz nach Augsburg zu verlegen und so das kleine Frankfurt allein zu lassen. Vgl. Note der Bundesversammlung an Bürgermeister Fellner nach dem Frankfurter Journal v. 11. Juli 1866, in: Frankfurt 1866, S. 116.

1109 Vgl. Max Friedrich Michel: Die Einverleibung Frankfurts in den preußischen Staat als Fall einer Staatensukzession, Frankfurt am Main 1910, S. 13f. Vgl. zum Widerspruch einer Position der „Neutralität" mit dem hochgehaltenen „Ethos der Waffenbruderschaft" mit Österreich Kropat: Frankfurt zwischen Provinzialismus und Nationalismus, S. 17 und 20.

1110 Die formelle Selbstauflösung folgte nach der Niederlage parallel zum Prager Frieden am 23. August 1866 in Augsburg. Vgl. Müller: Deutscher Bund, S. 48f.

1111 Zum Verlauf des Krieges in Süddeutschland vgl. Theodor Fontane: Der deutsche Krieg von 1866, Bd. 2: Der Feldzug in West- und Mitteldeutschland – mit dem Mainfeldzug, Bad Langensalza 1871 (ND Berlin 2006).

1112 Die preußische Invasion in Frankfurt a. M., in: Stuttgarter Beobachter v. 27. Juli 1866, in: Frankfurt 1866, S. 174–178, hier S. 175, u. Bericht der Senatoren Speltz und Bernus an Fellner, Actenstück vom 20. Juli 1866, in: Frankfurt 1866, S. 142f.

1113 Vgl. Art. Speltz, Johannes August, in: Frankfurter Biographie, Bd. 2, S. 401.

1114 Brief Scherff an Zuylen vom 17. Juli 1866. Algemeen Rijksarchief s'Gravenhage, Buitenlandsche Zaken (Buza) 2819/283. Zit. nach Margarete Sterne: Die Frankfurter Berichte des letzten niederländischen Gesandten am Bundestag Friedrich Heinrich von Scherff 1863–1866, in: Archiv für Frankfurts Geschichte und Kunst 51, 1968, S. 65–83, hier S. 77.

1115 Vgl. Joachim Fischer: Die Notizen des Adolph Harnier 1866, in: Archiv für Frankfurts Geschichte und Kunst 51, 1968, S. 101–106, hier S. 101.

1116 Vgl. Michel: Die Einverleibung Frankfurts, S. 19f. Die ältere Frankfurtforschung geht mit Max Friedrich Michel und Richard Schwemer von einem Kriegszustand aus, während Autoren wie Karl Maly und Paul Kluke diesen eher Verneinen. Vgl. Maly und Tüffers: Geschichte, Bd. 1, S. 15, u. Kluke: Frankfurt in Bismarcks Entscheidung, S. 99.

1117 So Kluke: Frankfurt in Bismarcks Entscheidung, S. 98, u. Kluke: Die Integration der Freien Stadt, S. 426.

1118 Vgl. Kropat: Frankfurt zwischen Provinzialismus und Nationalismus, S. 21f.

1119 Vgl. Kropat: Frankfurt zwischen Provinzialismus und Nationalismus, S. 19; Sterne: Die Frankfurter Berichte des letzten niederländischen Gesandten, S. 78; Michel: Die Einverleibung Frankfurts, S. 20, u. Forstmann: Frankfurt am Main in wilhelminischer Zeit, S. 353.

1120 Michel: Die Einverleibung Frankfurts, S. 20.

1121 Art. Carl Constanz Victor Fellner, in: Frankfurter Biographie, Bd. 1, S. 198–199.

1122 Schwemer: Geschichte, Bd. 3.2, S. 354ff.

1123 Vgl. Ralf Roth: Von der freien Republik zur preußischen Provinzstadt – Die Bürgermeister Carl Konstanz Victor Fellner und Daniel Heinrich Mumm, in: Archiv für Frankfurts Geschichte und Kunst, 74, 2012, S. 141–152, u. Fischer: Die Notizen des Adolph Harnier 1866, S. 102.

1124 Geschichte der Handelskammer, S. 325f.

1125 Vgl. Fischer: Die Notizen des Adolph Harnier 1866, S. 103f.

1126 Vgl. Kropat: Frankfurt zwischen Provinzialismus und Nationalismus, S. 28, sowie Maly und Tüffers: Geschichte, Bd. 1, S. 15, u. Sterne: Die Frankfurter Berichte des letzten niederländischen Gesandten, S. 79.

1127 Vgl. Forstmann: Frankfurt am Main in wilhelminischer Zeit, S. 353; Kluke: Die Integration der Freien Stadt, S. 428, u. Schwemer: Geschichte, Bd. 3.2, S. 389.
1128 Vgl. Schwemer: Geschichte, Bd. 3.2, S. 393f.
1129 Vgl. Kropat: Frankfurt zwischen Provinzialismus und Nationalismus, S. 29f., u. Schwemer: Geschichte, Bd. 3.2, S. 409ff., 433ff. u. 437.
1130 Vgl. Kanngießer: Geschichte der Eroberung der freien Stadt, S. 389 u. 393.
1131 Kanngießer: Geschichte der Eroberung der freien Stadt, S. 392.
1132 Kanngießer: Geschichte der Eroberung der freien Stadt, S. 396.
1133 Vgl. Schwemer: Geschichte, Bd. 3.2, S. 371, und Sterne: Die Frankfurter Berichte des letzten niederländischen Gesandten, S. 77.
1134 Vgl. etwa Ohne Titel, Frankfurter Jornal v. 11. Juli 1866, in: Frankfurt 1866, S. 117.
1135 Vgl. Schwemer: Geschichte, Bd. 3.2, S. 372, u. Heilbrunn: Das Ende der freien Stadt Frankfurt, S. 78.
1136 Vgl. Kluke: Integration der freien Stadt Frankfurt, S. 426f.
1137 Sterne: Ein Amateur, S. 129.
1138 Roth: American Civil War, S. 61–62.
1139 Vgl. Rainer Koch: Staat oder Gemeinde? Zu einem politischen Zielkonflikt in der bürgerlichen Bewegung des 19. Jahrhunderts, in: Historische Zeitschrift 236, 1983, S. 73–96, hier S. 87.
1140 Gall: Bismarck, S. 372 u. 381, u. Kluke: Frankfurt in Bismarcks Entscheidung, S. 86.
1141 Zit. nach Schwemer: Geschichte, Bd. 3.2, S. 403.
1142 Hoffmann: Lebenserinnerungen, S. 221.
1143 Theodor Schieder: Vom Deutschen Bund zum Deutschen Reich. 1815–1871. Gebhardt-Handbuch der deutschen Geschichte, Bd. 15, 6. Aufl., München 1981, S. 176.
1144 Schieder: Vom Deutschen Bund, S. 173.
1145 Vgl. Vereinigung des Königreichs Hannover, des Kurfürstenthums Hessen, des Herzogthums Nassau und der freien Stadt Frankfurt mit der Preußischen Monarchie vom 20./23. September 1866, in: Gesetz-Sammlung für die Königlichen Preußischen Staaten, Nr. 6414, Berlin 1866, S. 555f., und zum Hintergrund Forstmann: Frankfurt am Main in wilhelminischer Zeit, hier S. 354.
1146 Vgl. zum Hintergrund Kluke: Integration der freien Stadt Frankfurt, S. 430.
1147 Besitznahmepatent, Schloß Babelsberg, 3. Oktober 1866, nach der Veröffentlichung im Frankfurter Journal, in: Frankfurt 1866, S. 269, oder Patent wegen Besitznahme der vormaligen freien Stadt Frankfurt vom 3./8. Oktober 1866, in: Gesetz-Sammlung für die Königlichen Preußischen Staaten, Nr. 6424, Berlin 1866, S. 601f.
1148 Königliche Proklamation, 3. Oktober 1866, Frankfurter Journal, in: Frankfurt 1866, S. 269f.
1149 Ebd.
1150 Ansprache des preußischen Zivilgouverneurs Freiherr v. Patow an die zum Akt der Besitzergreifung im Kaisersaal versammelten Repräsentanten der Stadt, Frankfurter Journal vom 8. Oktober 1866, in: Frankfurt 1866, S. 273f.
1151 Vgl. Neue Preußische Kreuzzeitung, Frankfurter Journal v. 8. Oktober 1866, in: Frankfurt 1866, S. 275, und u. Rheinische Zeitung v. 8. Oktober 1866, in: ebd. S. 276.
1152 Der Senat an die Bürgerschaft von Stadt und Land, 8. Oktober 1866, in: Frankfurt 1866, S. 279f.
1153 Geschichte der Handelskammer, S. 328.
1154 Paul Kluge schreibt dennoch von einem Wohlwollen, wenn auch à la longue. Vgl. Kluke: Integration der freien Stadt Frankfurt, S. 430f.
1155 Rheinische Zeitung v. 5. Oktober 1866, in: Frankfurt 1866, S. 271.
1156 Maly und Tüffers: Geschichte, Bd. 1, S. 15. Vgl. auch Kropat: Frankfurt zwischen Provinzialismus und Nationalismus, S. 31, u. Wolf: Liberalismus, S. 17ff.
1157 Schwemer: Geschichte, Bd. 3.2, S. 336.
1158 Eintrag vom 8. August 1866, zit. nach Schwemer: Geschichte, Bd. 3.2, S. 429.
1159 Heilbrunn: Das Ende der freien Stadt Frankfurt, S. 75, u. Klötzer: Zur Annexion Frankfurts 1866, S. 319.
1160 Stuttgarter Beobachter vom 12. Oktober 1866, in: Frankfurt 1866, S. 293–295, hier S. 294.
1161 Vgl. Roth: Wilhelm Merton, S. 25, u. Hans Achinger: Wilhelm Merton in seiner Zeit, Frankfurt am Main 1965, S. 21.
1162 Art. Bernus, Franz Jakob Alfred, in: Frankfurter Biographie, Bd. 1, S. 60f.

1163 Vgl. Norbert Bosslet: Benediktinerabtei Stift Neuburg, Regensburg 2000, u. Benedikt Pahl: Abt Adalbert Graf von Neipperg (1890–1948) und die Gründungs- und Entwicklungsgeschichte der Benediktinerabtei Neuburg bei Heidelberg bis 1949, Münster 1997.
1164 Katalog FFM 1200, S. 242.
1165 Katalog FFM 1200, S. 241.
1166 Katalog FFM 1200, S. 242.
1167 Katalog FFM 1200, S. 243.
1168 Maly und Tüffers: Geschichte, Bd. 1, S. 15, Kropat: Frankfurt zwischen Provinzialismus und Nationalismus, S. 30, u. Schwemer: Geschichte, Bd. 3.2, S. 438f.
1169 Kropat: Frankfurt zwischen Provinzialismus und Nationalismus, S. 31; Maly und Tüffers: Geschichte, Bd. 1, S. 15.
1170 Maly und Tüffers: Geschichte, Bd. 1, S. 18, u. E. v. Möller: Preußisches Stadtrecht, Breslau 1864, S. 98.
1171 Vgl. Maly und Tüffers: Geschichte, Bd. 1, S. 18, u. Schwemer: Geschichte, Bd. 3.2, S. 443.
1172 Schwemer: Geschichte, Bd. 3.2, S. 461.
1173 Schwemer: Geschichte, Bd. 3.2, S. 462.
1174 Schwemer: Geschichte, Bd. 3.2, S. 463f.
1175 Vgl. §§ 13, 23, 24 u. 26 des Gemeinde-Verfassungs-Gesetz für die Stadt Frankfurt am Main vom 25. März 1867, Frankfurt am Main 1898. Zum Hintergrund siehe Roth: Stadt und Bürtertum, S. 490ff.; Kropat: Frankfurt zwischen Provinzialismus und Nationalismus, S. 32, u. Möller: Preußisches Stadtrecht, S. 93ff.
1176 §§ 45, 46, 59 und 62 Gemeinde-Verfassungs-Gesetz. Vgl. Maly und Tüffers: Geschichte, Bd. 1, S. 18–20.
1177 Schwemer: Geschichte, Bd. 3.2, S. 384–391. Kropat weist darauf hin, dass nicht klar sei, wie ernst das Angebot des preußischen Ministerpräsidenten war. Vgl. Kropat: Frankfurt zwischen Provinzialismus und Nationalismus, S. 20. Zu den folgenden Ausführungen zum Teilungsrezess vgl. auch die Arbeit von Oliver Kleppel: Das Ende der Freien Stadt Frankfurt am Main 1866–1869, unpubl. MS. Mag., Frankfurt am Main 2007.
1178 Christian Winter: Wer hat der Bank fl. 5,747,008.45 zu bezahlen? Nach den Mittheilungen der ständigen Bürgerrepräsentation vom 22. Februar 1867 beantwortet, Frankfurt am Main 1867, S. 5f., 10f., 15f. u. 20ff.
1179 Christian Winter: Was mag Frankfurt übrig bleiben? Nach den Mittheilungen der ständigen Bürgerrepäsentation vom 15. März 1867 beurtheilt, Frankfurt am Main 1867, S. 5ff., 11 u. 13f. Zum Hintergrund vgl. Maly und Tüffers: Geschichte, Bd. 1, S. 15, u. Kluke: Integration der freien Stadt Frankfurt, S. 424f.
1180 Herbeiführung der Trennung von Staats- und Stadthaushalt. Königliche Regierung durch Regierungs-Assessor Hoffmann vertreten. Stadtgemeinde vertreten durch Senat und ständige Bürgerrepräsentation, in: Verhandlungen über die Trennung des Staats- und städtischen Haushalts betreffend, Dezember 1867, S. 3–16.
1181 Auszug, Protokoll des Senats der Stadt Frankfurt, Frankfurt a. M. den 16. Mai 1867, in: Verhandlungen über die Trennung des Staats- und städtischen Haushalts betreffend, Dezember 1867, S. 17. Zum Hintergrund vgl. Michel: Die Einverleibung Frankfurts, S. 49.
1182 Herbeiführung der Trennung, Art. 1, I–V.
1183 Herbeiführung der Trennung, Art. 2–6.
1184 Herbeiführung der Trennung, Art. 7 u. 8.
1185 Herbeiführung der Trennung, Art. 10.
1186 Herbeiführung der Trennung, Art. 9, 11 u. 13.
1187 Herbeiführung der Trennung, Art. 14.
1188 Herbeiführung der Trennung, Art. 15–17.
1189 Herbeiführung der Trennung, Art. 18.
1190 Herbeiführung der Trennung, Art. 20. Der letzter Artikel regelte die Übernahme der einzelnen Verwaltungszweige inklusive aller Unterlagen und Dokumente. Herbeiführung der Trennung, Art. 22.
1191 Auszug, Protokoll des Senats der Stadt Frankfurt, den 17. Mai 1867 in: Verhandlungen über die Trennung des Staats- und städtischen Haushalts betreffend, Dezember 1867, S. 18.

1192 Auszug, Protokoll der ständigen Bürgerrepräsentation der Stadt Frankfurt, Frankfurt a. M., den 16. Mai 1867, verlesen in der Senatssitzung vom 17. Mai 1867, in: Verhandlungen über die Trennung des Staats- und städtischen Haushalts betreffend, Dezember 1867, S. 18.
1193 Brief an Civil-Kommissar Landrat v. Madai, 17. Mai 1867, in: Verhandlungen über die Trennung des Staats- und städtischen Haushalts betreffend, Dezember 1867, S. 18f., u. Brief an das hohe königliche Staatsministerium zu Berlin, Frankfurt a. M., den 17. Mai 1867, in: Verhandlungen über die Trennung des Staats- und städtischen Haushalts betreffend, Dezember 1867, S. 18f., nebst Anlagen A–D.
1194 Brief an das hohe königliche Staatsministerium zu Berlin, S. 18f..
1195 Brief des Senats und der ständigen Bürgerrepräsentation vom 31. Mai 1867 an das königliche Staatsministerium, in: Verhandlungen über die Trennung des Staats- und städtischen Haushalts betreffend, Dezember 1867, S. 29.
1196 Brief des Finanzministers v. d. Heydt und des Ministers des Inneren Graf Eulenberg, Berlin den 3. Juni 1867, in: Verhandlungen über die Trennung des Staats- und städtischen Haushalts betreffend, Dezember 1867, S. 30.
1197 Brief des Senats und der ständigen Bürgerrepräsentation, Frankfurt den 18. Juni 1867. An ihre Excellenzen die Herren Minister der Finanzen und des Inneren zu Berlin, in: Verhandlungen über die Trennung des Staats- und städtischen Haushalts betreffend, Dezember 1867, S. 31f.
1198 Katalog FFM 1200, S. 244.
1199 Frankfurter Zeitung v. 16. August 1867.
1200 Katalog FFM 1200, S. 245.
1201 Zur Gründung vgl. die Materialien im Archiv der Dompfarrgemeinde Frankfurt, IV.20.D., u. Satzungen des Frankfurter Dombauvereins, Frankfurt am Main o. J. [1867].
1202 Vgl. Zur Geschichte des Frankfurter Dombauvereins, in: Frankfurter Dom-Blatt 1, 1868, S. 1.
1203 Akten der Stadtverordnetenversammlung 1964, S. 7, u. Maly und Tüffers: Geschichte, Bd. 1, S. 29f.
1204 Vgl. Maly und Tüffers: Geschichte, Bd. 1, S. 37.
1205 Akten der Stadtverordnetenversammlung 1964, S. 44, u. Mitteilungen aus den Protokollen der Stadtverordnetenversammlung der Stadt Frankfurt, Frankfurt am Main 1868ff., Bd. 1 (1867/68), S. 79–84, u. Maly und Tüffers: Geschichte, Bd. 1, S. 38.
1206 Akten der Stadtverordnetenversammlung 1964, S. 44.
1207 Maly und Tüffers: Geschichte, Bd. 1, S. 38. Maly beruft sich wiederum auf Mitteilungen aus den Protokollen der Stadtverordnetenversammlung der Stadt Frankfurt, Frankfurt am Main 1868ff., Bd. 1 (1867/68), S. 84.
1208 Maly und Tüffers: Geschichte, Bd. 1, S. 38f.
1209 Akten der Stadtverordnetenversammlung 1964, S. 77. Heinrich Zöpfl: Fünf Fragen zur gutachterlichen Beantwortung vom Frankfurter Magistrat vorgelegt betr. Die Trennung des Staats- und städtischen Haushalts der vormaligen Freien Stadt Frankfurt, Frankfurt am Main 1868. Maly und Tüffers: Geschichte, Bd. 1, S. 39f.
1210 Akten der Stadtverordnetenversammlung 1964, S. 71. Maly und Tüffers: Geschichte, Bd. 1, S. 40.
1211 Mitteilungen aus den Protokollen der Stadtverordnetenversammlung der Stadt Frankfurt, Frankfurt am Main 1868ff., Bd. 2 (1867/68), S. 87–89.
1212 Maly und Tüffers: Geschichte, Bd. 1, S. 55.
1213 Vgl. Mitteilungen aus den Protokollen der Stadtverordnetenversammlung der Stadt Frankfurt, Frankfurt am Main 1868ff., Bd. 2 (1867/68), S. 148, u. Maly und Tüffers: Geschichte, Bd. 1, 57.
1214 Vgl. Roth: Liberalismus in Frankfurt am Main, S. 45.
1215 Eine Zusammenfassung und weiterführende Literatur findet sich bei Sobania: Rechtliche Konstituierungsfaktoren, S. 131–150. Zum Zusammenhang von einschränkenden Wahlrechten und Dominanz der Liberalen auf kommunaler Ebene vgl. John Breuilly: Civil Society and the Labour Movement, Class Relations and the Law. A Comparison between Germany and England, in: Jürgen Kocka (Hrsg.): Arbeiter und Bürger im 19. Jahrhundert. Varianten ihres Verhältnisses im europäischen Vergleich, München 1986, S. 287–318, hier S. 289, und Jacques Droz: Liberale Anschauungen zur Wahlrechtsfrage und das preußische Dreiklassenwahlrecht, in: Ernst-Wolfgang Böckenförde (Hrsg.): Moderne deutsche Verfassungsgeschichte, Königstein/Ts. 1981, S. 232–251, hier S. 244ff. Die undemokratischen Kommunalwahlrechte führten zur Verfestigung der klassenmäßigen Aufspaltung der Gesellschaft. Dabei muss jedoch die politische Gesamtsituation berücksichtigt werden. Bei einem anderen Wahlrecht hätten die

Liberalen mit den Städten auch ihre letzte politische Bastion im Kaiserreich verloren. Zu den Bedingungen einer liberalen Kommunalpolitik vgl. James Sheehan: Liberalism and the City in Nineteenth-Century Germany, in: Past and Present 51, 1971, S. 116–137, insb. S. 126ff., u. ders.: Deutscher Liberalismus im postliberalen Zeitalter 1890–1914, in: Geschichte und Gesellschaft 4, 1978, S. 29–48, hier S. 46f., u. Langewiesche: Liberalismus, S. 206ff. Zur Rolle des Zensuswahlrechts auf kommunaler Ebene vgl. ferner Wolfgang Hardtwig: Großstadt und Bürgerlichkeit in der politischen Ordnung des Kaiserreichs, in: Lothar Gall (Hrsg.), Stadt und Bürgertum im 19. Jahrhundert, München 1990, S. 19–64, insb. s. 24ff.

1216 Roth: Stadt und Bürgertum, S. 497f.

1217 Roth: Stadt und Bürgertum, S. 495f.

1218 Maly und Tüffers: Geschichte, Bd. 1, S. 124f. Für einen umfassenden Überblick über die Entwicklung der Selbstverwaltung empfiehlt sich noch immer Heinrich Heffter: Die deutsche Selbstverwaltung im 19. Jahrhundert. Geschichte der Ideen und Institutionen, Stuttgart 1950, S. 474ff.

1219 Friedrich Stoltze, in: Frankfurter Journal, Nr. 326, 1874, zit. nach Maly und Tüffers: Geschichte, Bd. 1, S. 100.

1220 Vgl. Ralf Roth: Von Wilhelm Meister zu Hans Castorp. Der Bildungsgedanke und das bürgerlicher Assoziationswesen im 18. und 19. Jahrhundert, in: Dieter Hein und Andreas Schulz (Hrsg.): Bürgerkultur im 19. Jahrhundert. Bildung, Kunst und Lebenswelt, München 1996, S. 121–139.

Quellen und Literatur

Verzeichnis der Archivquellen

Institut für Stadtgeschichte

Bethmann Archiv, Bücher 42, 43, 62.
Bethmann Archiv, Zeitgeschichtliche Sammlung 1/1a, 1/1b, 2–12, 14–29, 32–42, 48–60, 62–68, 70, 73–142, 240, 244, 245, 247, 292, 358.
Bethmann Archiv, Schrank V, Fach 5; Schrank VII, Fach 2 u. 3, Schrank VIII, Fach 1; II/14, II/15, II/17, II/18, II/20, II/21, II/23–25, II/28–30, II/32, III/31–35, III/39, III/41, III/45, III/48, III/61, III/66, III/67.
Deutsch-Reformierte Gemeinde, Akten 143, 207, 214.
Einundfünfzigerkolleg, Akten 124, 145, 282–285, 308, 310, 436, 553, 555, 741, 781, 786, 788, 917, 918, 924, 930, 947, 1.036, 1.066, 1.420, 1.451, 1.468, 1.487, 1.544, 1.595, 1.637, 1.848, 1.849, 1.973, 1.981, 1982, 1.987, 1.999–2.018, 2.035, 2.036, 2.069–2.082, 2.084, 2.110, 2.269, 2.339, 2.345, 2.482, 2.568, 2.603, 2.619, 2.711, 2.727, 2.729, 2.732, 2.738, 2.778, 2.824, 2.828, 2.907, 2.919, 3.298, 3.301, 3.306, 3.367, 3.383, 3.384, 3.386, 3.388, 3.406, 3.415, 3.416, 3.419, 3.431, 3.433, 3.465, 3.469, 3.485, 3.490, 3.502, 3.602, 3.639, 3.679, 3.681, 3.685, 3.746, 3.747, 3.747, 3.752, 3.767, 3.792, 3.793, 3.794, 3.883, 3.883, 3.932, 3.938, 3.939, 4.023, 4.027, 4.029, 4.030, 4.031, 4.033, 4.049, 4.066, 4.067, 4.092, 4.106, 4.118, 4.168, 4.189, 4.190, 4.192, 4.194, 4.234.
Einundfünfzigerkolleg, Gegenschreiberbücher 254, 277–302, 2.619–2.825.
Französisch-Reformierte Gemeinde, Akten 1, 2, 3/4, 5–15, 22, 40, 48, 112, 133, 140, 156, 212, 213, 226, 227, 228.
Industrie und Handelskammer, Akten I. 1a.1033; II. 2a.62–69, 71; II. 2c.594; II. 4g.516; II. 6a.430, 434, 886; III. 2.606, 607; IV. 1.95; IV. 2.280; V. 1.677, 684, 697; V. 2a.809; V. 2b.691; V. 4b.812; V. 6b.; V. 6c.365, 367; V. 6d.52, VI. 2b.989; VI. 3.587, 922.
Magistratsakten, städtische Verfassung im Allgemeinen R 7 322; R 9 501–508; R 15 1.157–1.176.
Magistratsakten, Vereinswesen S 31 1.715, 1.719, 1.720, 1.722, 1.723, 1.724, 1.726, 1.739, 1.740, 1.759, 1.760, 1.761, 1.762, 1.764, 1.765, 1.766, 1.767, 1.769, 1.774, 1.775, 1.776, 1.778, 1.779, 1.780, 1.782, 1.785, 1.786, 1.787, 1.797, 1.798, 1.799, 1.800, 1.801, 1.803, 1.804, 1.805, 1.806, 1.807, 1.808, 1.809, 1.810, 1.811, 1.812, 1.813, 1.815, 1.820, 1.823, 1.827, 1.828, 1.830, 1.840, 1.841, 1.850, 1.853, 1.855, 1.884, 1.887, 1.889, 1.890, 1.892, 1.905, 1.909, 1.912, 1.913, 2.725.
Nachlässe S 1 1, 2, 3, 5, 6, 8, 9, 11, 12, 13, 14, 17, 19, 22, 23, 28, 29, 35, 37, 40, 41, 45, 46, 51, 53, 57, 64, 66, 68, 71, 76, 78, 83, 85, 92, 95, 100, 101, 104, 105, 106, 107, 110, 112, 113, 116, 117, 120, 121, 122, 125, 127, 128, 129, 130, 140, 141, 142, 145, 146, 149, 153, 154, 158, 159, 161, 168, 171, 174, 178, 179, 185, 186, 187, 191, 194, 196, 197, 198, 204, 205, 207, 208, 217, 222, 223, 226, 227, 229, 233, 234, 238, 240, 242, 246, 249, 253, 254, 258, 259, 265, 266.
Nachlass Leonhardi S 1/165 Kistchen 4I/II, Kistchen 5–7, Kistchen 9–13, Kistchen 15, Kistchen 18–20, Kistchen 23–25, Kistchen 27, Kistchen 29, Fasc. 4, 6–8, 12/13.
Neunerkolleg, Akten 3/2, 68/8, 78/10, 39/1, 39/8, 102/8, 102/9, 141/4, 142/4, 143/4, 31/1, 11/1, 64/41, 102/6, 102/7, 35/8, 29/1, 88/2, 100/0, 11/10, 120/5, 39/8, 77/4, 44/12, 151/1, 145, 148, 464, 465, 484, 494, 495, 1.361–1.391, 1.723, 1.751, 1.752, 1.759–1.761, 1.786, 1.968–1.974, 2.017.
Niederländische Gemeinde Augsburger Confession 25, 26, 47, 334, 464, 473, 893–904, 916–920, 932, 946, 1.004.
Rechneiamt vor 1816, Akten 11–13, 14–16, 20, 27, 32, 34, 36, 47–55, 71, 76–84, 91, 97, 101, 246, 275, 348, 349, 350, 352, 362, 367, 411, 416, 419, 424, 443, 444, 445, 446, 447, 448, 449, 450, 459, 460–468, 476, 477, 478, 479, 480, 481–485, 486–490, 496, 498, 500, 501, 503, 533, 549, 551, 555, 558, 582, 651, 663, 667, 741, 780, 795, 819, 835, 846, 847, 854, 855, 856, 974, 985–1.099, 1.209, 1.211, 1.213, 1.214, 1.216.
Rechneiamt nach 1816, Akten 2/1, 2/4, 2/5, 2/6, 2/9, 2/11, 2/39a, 4/1, 4/2, 10/1, 10/2, 10/3, 10/4, 10/5, 10/6, 10/7, 14/1, 17/1, 17/3, 17/7, 23/1, 23/4, 23/6, 23/7, 23/10, 23/11, 26/1a–k, 26/4, 34/1, 34/2, 34/3, 35–39, 41, 44, 50, 51/52, 76, 84, 88, 89, 94, 96, 98, 99, 100, 162–164, 235, 237, 239–242, 269, 282, 284, 295, 297, 298, 303, 309, 311, 314, 318, 328/329, 341/342, 383, 402, 419–435, 460, 463, 464, 532, 542, 948, 951, 952–955, 961/962, 964, 966–969, 977, 980, 985, 991, 1.000, 1.002/1.003, 1.010, 1.015, 1.023, 1.025,

1.457–1.463, 1.465–1.469, 1.472, 1.475, 1.478/1.479, 1.487, 1.489, 1.491, 1.492, 1.494, 1.495, 1.496, 1.502, 1.510, 1.531, 1.533–1.543, 1.545, 1.547, 1.549, 1.550–1.560, 1.573, 1.575–1.605, 1.736, 2.322, 2.359, 3.040, 3.042, 3.043, 3.046, 3.050, 3.053, 3.056, 3.065, 3.231, 3.240, 3.249, 3.472, 3.875
Rechneiamt nach 1816, Steuerbücher 1–14, 20–22, 24, 39, 119, 129/130, 253, 339, 351, 353.
Stiftungsabteilung 1–550

Hessisches Hauptstaatsarchiv Wiesbaden

Nassauische Landesregierung Abt. 211/8.007a, 11.233, 11.236, 11.237, 11.238, 11.241.
Finanzkollegium Abt. 211/4.764.
Akten des Großherzogtums Abt. 371/27, 33–36, 56, 59, 62, 63, 66, 70, 71, 77, 78, 110, 112, 114, 125, 126, 215, 227, 229, 249, 261–266, 309/310, 324, 326, 337, 338, 339, 363, 385, 386, 387, 395, 430, 448, 455, 481, 503, 504, 510, 525, 531, 558, 561, 571, 576, 578, 587, 589, 623, 624, 646, 652, 653, 657, 663, 664, 665, 667, 670, 671, 672, 678, 693, 696, 697, 698, 715, 762, 763, 784, 790, 817, 820, 822, 872, 873–876, 879, 895, 916, 925, 940, 941, 949, 950, 963, 964, 987, 993–1.010, 1.015, 1.025, 1.035, 1.037, 1.038, 1.047, 1.063, 1.064, 1.065, 1.067, 1.071, 1.073, 1.075, 1.078, 1.086, 1.087, 1.088, 1.089, 1.090, 1.092, 1.100, 1.111, 1.143, 1.144, 1.204, 1.220, 1.280, 1.611, 1.616, 1.618, 1.620, 1.665.
Regierungsbezirk Wiesbaden Abt. 405/446

Stadtarchiv Offenbach

Hausarchiv Metzler #8, 32, 52, 64, 66, 75, 76, 93, 101, 129, 164, 169, 183, 221, 222, 249, 267, 272, 304, 319, 332

Archiv der Dompfarrgemeinde Frankfurt am Main

I. 4.C., I. 5.A., I. 5.B., I. 5.C., I. 5.D., I. 5.E., II. 18.A., II. 18.E., III. 14.A., III. 13.A., III. 19.B., III. 19.C., IV .9.A., IV. 11.B., IV. 20.D.

Verzeichnis der gedruckten Quellen

Abdruck der Gegenerklärung des Senats der freien Stadt Frankfurt am Main an die Hohe Deutsche Bundesversammlung. Die Widerlegung der von der Frankfurter Judenschaft an den Hohen Bundes-Tag gebrachten Ansprüche betreffend, Frankfurt am Main 1817.
Erneuter Abdruck eines Gutachtens der Juristen-Facultät auf der Großherzoglich-Hessischen Universität zu Gießen, die Vertheidigung der Anmaßung der Frankfurter Judengemeinde auf das Bürgerrecht der freien Stadt Frankfurt betreffend, Frankfurt am Main 1817.
Abdruck der von dem Handlungsvorstande der Freien Stadt Frankfurt an die Hoch-löbliche Kommission der XIII am 27. März eingereichten schriftlichen Monita im Interesse der Handlung Frankfurts betreffend, o. O u. J. [1816].
Abdruck der Frankfurter Märzforderungen, in: Frankfurter Oberpostamts-Zeitung, Extrabeilage zu Nr. 64, 3.3.1848.
Abdruck der bei Hohem Senate der freien Stadt Frankfurt in der Verfassungsangelegenheit eingereichten Verwahrungen, Frankfurt am Main 1850.
Abhandlungen des frankfurterischen Gelehrtenvereines für deutsche Sprache. Erstes Stück, Frankfurt am Main 1818.
Actenstücke, die hiesigen Gewerbeverhältnisse, insbesondere die Aufhebung der Zunftbeschränkungen betreffend, Frankfurt am Main 1861.
Allgemeines Adress-Buch der Freien Stadt Frankfurt 1834. Mit Privilegium Hohen Senats. Hrsg. v. Georg Friedrich Wilhelm Krug, Frankfurt am Main 1834.
Allgemeines Adress-Buch der Freien Stadt Frankfurt 1834. Mit Privilegium des Senats, Frankfurt am Main o. J. [1834].
Adress- und Geschäftshandbuch von Frankfurt am Main 1868/69. Auf Grund amtlicher Quellen bearbeitet und hrsg. v. A. Frenzel, 2 Tle., Frankfurt am Main 1868.
Addreß-Kalender der Künste und Handwerke auch wissenschaftlicher und freien Geschäfte in der freien Stadt Frankfurt Main auf das Jahr 1819, Frankfurt am Main o. J. [1820].

Aktenstücke und Aufzeichnungen zur Geschichte der Frankfurter Nationalversammlung aus dem Nachlaß von Johann Gustav Droysen. Hrsg. v. R. Hübner, Berlin und Leipzig 1924.
Angriffe einiger Mitglieder der catholischen Gemeinde zu Frankfurt auf die dasige Staatsverfassung vor dem hohen Bundestage, o. O. 1817.
Annalen des Kaufmännischen Vereins in Frankfurt am Main. Hrsg. zur Feier des 25. Stiftungsfestes am 25. Januar 1890, Frankfurt am Main o. J. [1890].
Frankfurter Annalen. Ende der Reichsstadt, in: Archiv für Frankfurts Geschichte und Kunst 5, 1853, S. 111–124.
Ansichten über die Eisenbahn-Angelegenheiten, in: Frankfurter Jahrbücher 8, H. 19, 1837, S. 120f.
Ansprache des preußischen Zivilgouverneurs Freiherr v. Patow an die zum Akt der Besitzergreifung im Kaisersaal versammelten Repräsentanten der Stadt, in: Frankfurter Journal vom 8. Oktober 1866, in: Frankfurt 1866. Eine Dokumentation aus deutschen Zeitungen ausgewählt und eingeleitet von Wolfgang Klötzer, Sondernummer des Archivs für Frankfurts Geschichte und Kunst 50, 1966, S. 273–274.
Über die Ansprüche der Judenschaft zu Frankfurt am Main auf das volle Bürgerrecht dieser Stadt, o. O. 1817.
Ist eine allgemeine gymnastische Anstalt für Frankfurt ein Bedürfniß?, in: Frankfurter Jahrbücher 9, H. 35, 1837, S. 247–248.
Antrag des Gesandten der Stadt Frankfurt in der Bundesversammlung nach dem Bericht im Frankfurter Journal vom 11. Juli 1866, in: Frankfurt 1866. Eine Dokumentation aus deutschen Zeitungen ausgewählt und eingeleitet von Wolfgang Klötzer, Sondernummer des Archivs für Frankfurts Geschichte und Kunst 50, 1966, S. 115–116.
Allgemeine Arbeiterzeitung. Organ für die politischen und sozialen Interessen des arbeitenden Volkes, zugleich Zeitung des Arbeitervereins zu Frankfurt am Main, Nr. 2 v. 20. Mai 1848.
Aufruf zur Neuwahl der Achtundzwanziger, in: Der Rheinische Bund 1, H. 6, 1806, S. 463ff.
Auszug, Protokoll der ständigen Bürgerrepräsentation der Stadt Frankfurt, Frankfurt a. M., den 16. Mai 1867, verlesen in der Senatssitzung vom 17. Mai 1867, in: Verhandlungen über die Trennung des Staats- und städtischen Haushalts betreffend, Dezember 1867, S. 18.
Auszug, Protokoll des Senats der Stadt Frankfurt, den 17. Mai 1867 in: Verhandlungen über die Trennung des Staats- und städtischen Haushalts betreffend, Dezember 1867, S. 18.
Auszug, Protokoll des Senats der Stadt Frankfurt, Frankfurt a. M. den 16. Mai 1867, in: Verhandlungen über die Trennung des Staats- und städtischen Haushalts betreffend, Dezember 1867, S. 17.
Auszugs-Protokoll des großen Raths No. 323 v. 30. Juli 1822, in: Jakob Herr (Hrsg.): Frankfurter Urkunden und Quellen zur Auswirkung der Säkularisation im 19. und 20. Jahrhundert, Frankfurt am Main 1939, S. 8.
Baustatut für die Stadt Frankfurt und Sachsenhausen v. 11. Juni 1809, in: Johann Heinrich Bender (Hrsg.): Sammlung Frankfurter Verordnungen aus den Jahren 1806 bis 1816, Frankfurt am Main 1833, S. 65–115.
Zur Beherzigung für jeden Menschenfreund, dem die Bildung und Veredelung der jüdischen Jugend nicht gleichgültig ist – besonders für die Einwohner jüdischer Nation zu Frankfurt am Main, Frankfurt am Main 1794.
Behrends, Johann Adolph: Der Einwohner in Frankfurt am Mayn in Absicht auf seine Fruchtbarkeit, Mortalität und Gesundheit geschildert, Frankfurt am Main 1771.
Beiträge zur Statistik der Freien Stadt Frankfurt [...], Frankfurt am Main 1858 bis 1878.
Beiträge zur Geschichte des deutschen Männergesangs. Hrsg. aus Anlaß der 60 Jahrfeier des Neebschen Männerchor am 4., 5. und 6. Dezember 1925, Frankfurt am Main 1925.
Beitrag zur neuesten Regierungsgeschichte des Großherzogthums Frankfurt, Wiesbaden 1814.
Bekanntmachung in Betreff der Bibelgesellschaft, Frankfurt am Main o. J. [1816].
Bekanntmachung der Stadt Frankfurt am Main die Verfassungs-Revision betreffend, Frankfurt am Main 1850.
Bekanntmachung des Vereins zum Wohle der dienenden Klasse vom 24. März 1861, Frankfurt am Main o. J. [1861].
Rechtliche Beleuchtung des von den beiden Gesellschaften Alt-Limpurg und Frauenstein zu Frankfurt angesprochenen Vorrechts auf eine bestimmte Anzahl von Stellen in dem Senate dieser freien Stadt, Frankfurt am Main 1817.

Belli-Gontard, Maria: Leben in Frankfurt am Main. Auszüge der Frag- und Anzeigenachrichten des Intelligenzblattes von ihrer Entstehung an im Jahre 1722 bis 1821. Gesammelt, geordnet und den Bürgern dieser Stadt gewidmet, 10 Bde., Frankfurt am Main 1850/1851.

Einige Bemerkungen über das preußische Zollsystem und Frankfurts Anschließung. Dem Frankfurter Handwerksstand gewidmet, Frankfurt am Main 1834.

Bender, Johann Heinrich: Ueber die hiesige Gesetzgebung von 1806 bis 1816 und eine Sammlung der noch gültigen Gesetze dieser Periode, in: Zeitschrift für Gesetzgebung und Rechtspflege des Kurfürstenthums und Großherzogthums Hessen und der freien Stadt Frankfurt am Main 1, 1834, S. 437–468.

Bender, Johann Heinrich (Hrsg.): Sammlung Frankfurter Verordnungen aus den Jahren 1806 bis 1816, Frankfurt am Main 1833.

Bender, Johann Heinrich: Die Verhandlungen der Gesetzgebenden Versammlung der freien Stadt Frankfurt in den Jahren 1816 bis 1831, Frankfurt am Main 1834.

Bericht an löbl. Verwaltung des Gewerbevereins von seiten der von ihr ernannten Commission zur Berichterstattung über das Gewerbeschulwesen, Frankfurt am Main 1843.

Bericht der Direktion des Frankfurter Kunstvereins in der General Versammlung v. 19. Dezember 1841, in: Frankfurter Gemeinützige Chronik 2, H. 1, 1842, S. 5.

Bericht der Gesellschaft für ältere deutsche Geschichtskunde über den Stand ihrer Arbeiten am Schlusse des Jahres 1830, Frankfurt am Main o. J. [1830].

Bericht der Senatoren Speltz und Bernus an Fellner, Actenstück vom 20. Juli 1866, in: Frankfurt 1866. Eine Dokumentation aus deutschen Zeitungen ausgewählt und eingeleitet von Wolfgang Klötzer, Sondernummer des Archivs für Frankfurts Geschichte und Kunst 50, 1966, S. 142f.

Bericht über das Turnwesen, in: Freistädter 9, H. 9, 1848, S. 51.

1. bis 30. Bericht über den Bestand und den Fortgang des Vereins in Frankfurt am Main zur Beförderung der Handwerke unter den israelitischen Glaubensgenossen, Frankfurt am Main 1825 bis 1858.

Bericht über die Entstehung und Wirksamkeit des Nationalvereins für deutsche Auswanderung und Ansiedlung zu Frankfurt am Main, Frankfurt am Main 1849.

Gehorsamster Bericht nebst Entwurf einer Constitutions-Ergänzungsakte der im Constitutionswesen hiesiger freien Stadt niedergesetzten Commission der XIII, o. O. u. J. [1816].

Bericht über die Gedächtniß-Feier des 25jährigen Bestehens des evangelischen Missionsvereins zu Frankfurt am Main am 17. November 1844, Frankfurt am Main 1844.

Bericht der Gesellschaft für ältere deutsche Geschichtskunde über den Stand ihrer Arbeiten am Schlusse des Jahres 1830, Frankfurt am Main o. J. [1830].

Bericht über die fünfzigjährige Jubelfeier des evangelischen Missionsvereins zu Frankfurt am Main am Sonntag, den 14. November 1869, Frankfurt am Main 1869.

Bericht über die Senckenbergische naturforschende Gesellschaft in Frankfurt am Main vom Jahre 1859/60 bis 1909, Frankfurt am Main 1861 bis 1910.

Bericht über die Thaetigkeit des Städelschen Museums-Vereins in Frankfurt am Main, seit dessen Bestehen bis zum 31. März 1901, Frankfurt am Main 1901.

Bericht an löbl. Verwaltung des Gewerbevereins von seiten der von ihr ernannten Commission zur Berichterstattung über das Gewerbeschulwesen, Frankfurt am Main 1843.

Erster u. zweiter Bericht über das Wirken des Vereins zur Aussteuerung hiesiger israelitischer Bürgerstöchter, Frankfurt am Main 1846 u. 1863.

Berichte über die Wirksamkeit des Pestalozzi-Vereins zu Frankfurt am Main [...], Frankfurt am Main 1847 bis 1860.

Beschlüsse des Turntages zu Hanau v. 3. April 1848, abgedruckt in: Harald Braun: Geschichte des Turnens in Rheinhessen, 2 Bde., Alzey 1986, Bd. 1, S. 145.

Besitzergreifungs-Patent v. 10. Oktober 1806, in: Jakob Herr (Hrsg.): Frankfurter Urkunden und Quellen zur Auswirkung der Säkularisation im 19. und 20. Jahrhundert, Frankfurt am Main 1939, S. 5.

Besitzergreifungs-Protokoll der Stadt Frankfurt, nebst zwei gehaltenen Reden v. 9. September 1806, in: Der Rheinische Bund 1, H. 2, 1806, S. 216–226.

Besitznahme der ehemaligen Reichsstadt, in: Der Rheinische Bund 1, H. 1, 1806, S. 142–144.

Besitznahmepatent, Schloß Babelsberg, 3. Oktober 1866, nach der Veröffentlichung im Frankfurter Journal, in: Frankfurt 1866. Eine Dokumentation aus deutschen Zeitungen ausgewählt und einge-

leitet von Wolfgang Klötzer, Sondernummer des Archivs für Frankfurts Geschichte und Kunst 50, 1966, S. 269.
Bestands-Liste der Grossen Mutterloge des Eklektischen Freimaurerbundes sowie der unter ihrer Constituion arbeitenden Johannis-Logen Zur Einigkeit, Sokrates zur Standhaftigkeit, Carl zum aufgehenden Licht und Zur aufgehenden Morgenröthe, nebst Verzeichnis der übrigen Eklektischen Bundeslogen, Frankfurt am Main 1876.
Bestands-Liste der Grossen Mutterloge des Eklektischen Freimaurerbundes sowie der unter ihrer Konstitution arbeitenden Johannis-Logen Zur Einigkeit, Sokrates zur Standhaftigkeit, Carl zum aufgehenden Licht, Zur aufgehenden Morgenröthe, Carl zum Lindenberg, Zum Frankfurter Adler, nebst dem Verzeichnis der übrigen auswärtigen Bundeslogen, Frankfurt am Main 1893.
Bestands-Liste der Großen Mutterloge des Eklektischen Freimaurerbundes sowie der unter ihrer Konstitution arbeitenden Johannislogen Zur Einigkeit, Sokrates zur Standhaftigkeit, Carl zum aufgehenden Licht, Zur aufgehenden Morgenröthe, Carl zum Lindenberg, Zum Frankfurter Adler, Frankfurt am Main 1926.
Zum 140jährigen Bestehen der Frankfurter Sparkasse von 1822. Frankfurter Sparkasse von 1822 Polytechnische Gesellschaft. Bericht über das 140. Geschäftsjahr, Frankfurt am Main 1962.
Das fünfzigjährige Bestehen des Bataillons der freiwilligen Scharfschützen. Nebst geschichtlichen Erinnerungen, in: Frankfurter Gemeinnützige Chronik 3, H. 10, 1843, S. 73ff.
Betrachtungen über eines Frankfurter Bürgers kritische Beleuchtung der Eingabe von zwölf Frankfurter Bürgern bei hoher Bundesversammlung, etc. angestellt mit Würdigung der rechtlichen und thatsächlichen Frankfurter Verfassungszustände, Frankfurt am Main 1854.
Weitere Betrachtungen über den Beweis der Unwahrhaftigkeit früherer Betrachtungen in der Frankfurter Verfassungsfrage, Frankfurt am Main 1854.
An die Bevölkerung Frankfurts in Stadt und Land. Zur Rechtfertigung und Annäherung, Frankfurt am Main 1849.
Bevölkerungs-Tabelle der Stadt Frankfurt und der dazu gehörigen Gartenhäuser und Höfen nach der in Februar 1811 geschehenen Aufnahme. Hrsg. v. der Großherzoglichen Ober-Polizey-Direktion, Frankfurt am Main 1811.
Beyerbach, Johann Conradin (Hrsg.): Sammlungen der Verordnungen der Reichsstadt Frankfurt, 11 Bde., Frankfurt am Main 1798 bis 1818.
Blätter zur Erinnerung an die 25jährige Jubelfeier des Rühlschen Gesangvereins am 4. und 5. November 1877, Frankfurt am Main 1877.
Börne, Ludwig (Hrsg.): Actenmäßige Darstellung des Bürgerrechts der Israeliten zu Frankfurt am Main, Rödelheim 1816.
Börne, Ludwig: Die Juden in der freyen Stadt Frankfurt und ihre Gegner, o. O. 1816.
Brief an Civil-Kommissar Landrat v. Madai, 17. Mai 1867, in: Verhandlungen über die Trennung des Staats- und städtischen Haushalts betreffend, Dezember 1867, S. 18f., nebst Anlagen A–D.
Brief des Finanzministers v. d. Heydt und des Ministers des Inneren Graf Eulenberg, Berlin den 3. Juni 1867, in: Verhandlungen über die Trennung des Staats- und städtischen Haushalts betreffend, Dezember 1867, S. 30.
Brief des Senats und der ständigen Bürgerrepräsentation vom 31. Mai 1867 an das königliche Staatsministerium, in: Verhandlungen über die Trennung des Staats- und städtischen Haushalts betreffend, Dezember 1867, S. 29.
Brief des Senats und der ständigen Bürgerrepräsentation, Frankfurt den 18. Juni 1867. An ihre Excellenzen die Herren Minister der Finanzen und des Inneren zu Berlin, in: Verhandlungen über die Trennung des Staats- und städtischen Haushalts betreffend, Dezember 1867, S. 31f.
Brief an das hohe königliche Staatsministerium zu Berlin, Frankfurt a. M., den 17. Mai 1867, in: Verhandlungen über die Trennung des Staats- und städtischen Haushalts betreffend, Dezember 1867, S. 18f.
Wir Bürgermeister und Rath der Stadt Frankfurt am Mayn an unsere Mitbürger und Administrations-Untergebene! vom 19. August 1806, in: Erwin Kleinstück: Franfurt und Stein, in: Archiv für Frankfurts Geschichte und Kunst 41, 1953, S. 79–113, hier S. 107–108.
Der Bürgerverein zu Sachsenhausen seinen Mitgliedern bei Gelegenheit der fünfzigjährigen Jubelfeier am 17. und 19. September 1898, Frankfurt am Main 1898.
Wozu dient die Bürgerwehr? Aufrichtige Kritik eines Bürgerwehrmannes, Frankfurt am Main 1848.

Bürgerverein zu Sachsenhausen, gegründet 1848. Festschrift zum 80jährigen Jubiläum am 29. September 1928, Frankfurt am Main 1928.
Bürgerwehr. Vortrag des Senats an die Gesetzgebende Versammlung. Gesetz über die Errichtung der Bürgerwehr betreffend, Frankfurt am Main o. J. [1849].
An die Hohe Deutsche Bundesversammlung. Unterthänigste Denkschrift der israelitischen Gemeinde zu Frankfurt, die bürgerlichen Rechte und Verfassungs-Verhältnisse derselben betreffend, Rödelheim 1816.
An die Hohe Deutsche Bundes-Versammlung. Denkschrift des Vorstandes der katholischen Gemeinde der freien Stadt Frankfurt, Frankfurt am Main 1817.
An die Hohe Deutsche Bundesversammlung unterthänig gehorsamste Vorstellung und Bitte von Seiten des Vorstandes der katholischen Kirchen-Gemeinde der freien Stadt Frankfurt die Dotation ihrer Kirchen und Schulen betreffend, Frankfurt am Main 1828.
An die Hohe Deutsche Bundesversammlung fernere unterthänig gehorsamste Vorstellung und Bitte von Seiten des Vorstandes der katholischen Kirchen-Gemeinde der freien Stadt Frankfurt. Die Dotation ihrer Kirchen und Schulen betreffend, Frankfurt am Main 1830.
Chambers, William: A Tour in Holland, the Countries of the Rhine and Belgium in the Autumn of 1838, in: Johann Jakob Hässlin (Hrsg.): Frankfurt, München 1959, S. 12.
Cleynmann, Joseph Friedrich: Momente zur Würdigung des Projects der Errichtung eines sogenannten Frankfurter Bankinstituts, Offenbach 1824.
Creizenach, Michael: Vorläufige Bemerkung zu der von H. E. Paulus erschienenen Schrift unter dem Titel: Die jüdische Nationalabsonderung nach Ursprung, Folgen und Verbesserungen, Frankfurt am Main 1831.
Custine, Adam Philipp: Aufruf an die gedrückte Menschheit in Deutschland im Namen der Franken Republik. Hrsg. v. G. W. Böhmer, o. O. 1792.
Die Dalberg-Feier zur Erinnerung an die bürgerliche und kirchliche Anerkennung der beiden evangelisch-reformierten Gemeinden zu Frankfurt am Main am 25. Dezember 1806, Frankfurt am Main 1907.
Danz, Johann Ernst Heinrich: Konstitution der freien Stadt Frankfurt nebst Entscheidung des Obersten Verwaltungsdepartement und eine Vorrede, Frankfurt am Main 1814.
Danz, Johann Ernst Heinrich: Ungrund des von den adlichen Gesellschaften Limpurg und Frauenstein agesprochenen Rechts auf eine bestimmte Zahl von Stellen in dem Senat dieser freien Stadt, Frankfurt am Main 1817.
Die Denkschrift der Frankfurter Bürgerschaft, betreffend die Einverleibung der freien Stadt Frankfurt sammt den Namensverzeichnissen der Unterzeichner. September 1866, Frankfurt am Main 1866.
Denkschrift zur Feier des hundertjährigen Bestehens der Frankfurter Sparkasse von 1822, gegründet von der Polytechnischen Gesellschaft, eröffnet am 12. Juni 1822, Frankfurt am Main 1922.
Merckwürdiges Diarium Sowohl von der Wahl und Crönung Ihro Kayserl. Majestät Carls des VII. Als auch von der Crönung Ihro Majestät der Kayserin Maria Amalia. Wie solche mit ausserordentlichem Pracht in Franckfurt am Mayn vollzogen worden, Frankfurt am Main 1742.
Vollständiges Diarium der Römisch-Königlichen Wahl und Kaiserlichen Krönung Ihro nunmehr allerglorwürdigst regierenden Kaiserlichen Majestät Leopold des Zweiten, Frankfurt am Main 1791.
Diarium oder Tage-Buch, der Wahl und Krönung Franz des Zweiten, Kaiser der Deutschen, Frankfurt am Main 1792.
Diehl, Robert (Hrsg.): Frankfurt am Main im Spiegel alter Reisebeschreibungen vom 15. bis zum 19. Jahrhundert, Frankfurt am Main 1939.
Diesterweg, Adolph: Vorschläge die Errichtung einer Sonntagsschule für Handwerks-Lehrlinge und Gesellen, in: Kleine Beiträge zur Verbesserung der technischen Kunst in Deutschland. Veranlaßt durch die Stiftung der freien Sonntagsschule für Handwerk in Frankfurt am Main, Frankfurt am Main 1817, S- 1–19.
Dokumente zur Geschichte der Frankfurter Juden. Hrsg. v. d. Kommission zur Erforschung der Geschichte der Frankfurter Juden, Frankfurt am Main 1963.
Dresch, Leonhard von: Betrachtungen über die Ansprüche der Juden auf das Bürgerrecht, insbesondere der freien Stadt Frankfurt am Main, Tübingen 1816.
Droste, C. A. von: Rechtfertigung des von der Bonner Juristen-Fakultät in der Sache des Städelschen Kunst-Institutes zu Frankfurt am Main erlassenen Urteiles, Bonn 1827.

Über das jüdische Ehegesetz in Frankfurt, in: Frankfurter Jahrbücher 5, H. 18, 1835, S. 128.
Ehrenbürgerbrief der Stadt Frankfurt am Main für Heinrich Friedrich Karl Reichsfreiherr vom und zum Stein vom 28. November 1816, in: Erwin Kleinstück: Franfurt und Stein, in: Archiv für Frankfurts Geschichte und Kunst 41, 1953, S. 79–113, hier S. 108–109.
Die Eingabe von zwölf Frankfurter Bürgern bei hoher deutscher Bundesversammlung. Gesuch um Einschreitung in unsere Verfassungs-Angelegenheiten betr., kritisch beleuchtet von einem Frankfurter Bürger, Frankfurt am Main 1853.
Eingabe an eine hohe deutsche Bundesversammlung. Ehrerbietigste Vorstellung und Bitte der unterzeichneten Bürger Frankfurts die Verfassungsangelegenheiten dieser Stadt betreffend, Frankfurt am Main 1853.
Einweihung der Turnhalle, in: Frankfurter Gemeinnützige Chronik 7, 1847, S. 134.
An die Einwohner der freien Stadt Frankfurt, Frankfurt am Main 1848.
Elvers, Christian Friedrich: Theoretisch-praktische Erörterungen aus der Lehre von der testamentarischen Erbfähigkeit insbes. jur. Pers., Göttingen 1827.
Entgegnung auf die Beantwortung in Nr. 6 dieser Blätter auf unseren Artikel in Nr. 5: Ueber Organisation der Vereine, in: Frankfurter Gemeinnützige Chronik 5, H. 7, 1845, S. 53.
Entwurf zu einem allgemeinen Frankfurter Frauenverein für wohlthätige Zwecke, Frankfurt am Main o.J. [1813].
Ergänzungs-Acte zu der alten Frankfurter Stadt-Verfassung nach Erforderniß der gegenwärtigen Verhältnisse, Frankfurt am Main 1817.
Erinnerung an das Sängerfest der Mozarstiftung – Festgabe den Sängern gewidmet, Frankfurt am Main 1838.
Zur Erinnerung an das 50jährige Jubiläum des Rühlschen Gesang-Vereins zu Frankfurt am Main, 18. bis 21. Oktober 1902, Frankfurt am Main 1902.
Zur Erinnerung an die 50jährige Gedenkfeier des Bürgervereins zu Frankfurt am Main, am 10. Mai 1898, Frankfurt am Main 1898.
Excursion sur les bords du Rhin, 1841, in: Johann Jakob Hässlin (Hrsg.): Frankfurt, München 1959, S. 179.
F., A. E. J.: Aufschlüsse über die Verhältnisse der Judenschaft zu und aus der freien Bundesstadt Frankfurt, in: Nemesis 8, 1816, S. 33–49.
Faber, Johann Heinrich: Topographische, politische und historische Beschreibung der Reichs-, Wahl- und Handelsstadt Frankfurt am Mayn, 2 Bde., Frankfurt am Main 1788/1789.
Festbericht zum 50jährigen Jubiläum der Volksbibliothek, Frankfurt am Main 1895.
Illustrierte Festblätter zu dem Ersten allgemeinen deutschen Bundesschießen, abgehalten zu Frankfurt am Main in den Julitagen des Jahres 1862. Redigirt und verlegt von J. A. Hammeran, Frankfurt am Main 1862.
Festfeier des Cäcilin-Vereins zu Frankfurt am Main bei Gelegenheit seines 50jährigen Jubiläums am 28. und 29. October 1868, Frankfurt am Main 1868.
Festschrift zum fünfzigjährigen Jubiläum des Frankfurter Sängerkranzes am 15. und 16. Juni 1907, Frankfurt am Main 1907.
Festschrift zum hundertjährigen Bestehen des Gesangverein Männerchor von 1856, Frankfurt am Main 1956.
Festschrift der Niederländischen Gemeinde Augsburger Confession. Zum Gründungstag vor 400 Jahren (31. Mai 1585), Frankfurt am Main 1985.
Festschrift zur 125-Jahrfeier der Frankfurter Geographischen Gesellschaft (Verein für Geographie und Statistik) 1836–1961, Frankfurt am Main 1961.
Festschrift zur 125-Jahrfeier des Männerchors Concordia Frankfurt am Main e. V. 1846 am 25. April 1971, Frankfurt am Main 1971.
Festschrift zum hundertjährigen Jubiläum im Jahre 1960. Frankfurter Landwirtschaftlicher Verein e. V. Frankfurt am Main, Gießen 1960.
Festschrift zur 110-Jahrfeier des Männerchors Concordia. Am 7. und 20. Oktober 1956, Frankfurt am Main 1956.
Festschrift zur Jahrhundertfeier des Physikalischen Vereins, dargeboten von den Dozenten seiner Institute, Frankfurt am Main 1924.

Festschrift zur Jahrhundertfeier der Realschule der israelitischen Gemeinde (Philanthropin) zu Frankfurt am Main 1804–1904, Frankfurt am Main 1904.
Festschrift zur goldenen Jubelfeier des katholischen kaufmännischen Vereins Frankfurt am Main 1878–1928, Frankfurt am Main 1928.
Festschrift zum fünfzigjährigen Jubiläum des Frankfurter Sängerkranzes am 15. und 16. Juni 1907, Frankfurt am Main 1907.
Finger, Samuel Gottlieb: Vaterstädtisches und Vaterländisches. Auszüge aus S. G. Fingers Tagebüchern von 1795 bis 1818, in: Archiv für Frankfurts Geschichte und Kunst 6, 1877, 161–367.
Floret, Peter Joseph: Abhandlung die bürgerlichen Rechte und Verfassungsverhältnisse der Israelitischen Gemeinde zu Frankfurt am Main betreffend, Frankfurt am Main 1817.
Franck, Karl Ludwig: Topographischer Überblick der Stadt Frankfurt am Main nach ihren Quartieren, Gegenden und Gebäulichkeiten und Feldgütern, Frankfurt am Main 1821.
Frankfurt 1866. Eine Dokumentation aus deutschen Zeitungen. Ausgewählt und eingeleitet v. Wolfgang Klötzer, Sondernummer des Archivs für Frankfurts Geschichte und Kunst 50, 1966, S. 1–332.
Frankfurt vom 16. bis 19. September, in: Freistädter 1, 1848, S. 123.
Ist es für Frankfurt nothwendig, Eisenbahnen anzulegen, in: Frankfurter Jahrbücher 7, H. 16, 1836, S. 95f.
Israelitischer Frauen-Verein, in: Frankfurter Gemeinnützige Chronik 6, H. 26, 1846, S. 216.
Gedanken über freie Gewerbs- und Handelsindustrie, in: Frankfurter Jahrbücher 8, H. 10, 1836, S. 61f.
Gedenkblätter dem Neebschen Männerchor E. V. Frankfurt am Main zur Sechzig-Jahrfeier 1925 gewidmet, Frankfurt am Main 1925.
Gedenkbuch zu Friedrich von Schillers hundertjähriger Geburtstagsfeier, begangen in Frankfurt am Main den 10. November 1859. Eine Festgabe herausgegeben unter freundlicher Mitwirkung der betheiligten Körperschaften. Mit sechzehn Tafeln den Festzug darstellend, gezeichnet von F.C. Klimsch. Nebst Ansicht des Schiller-Denkmals und des Transparent-Gebäudes, Frankfurt am Main 1859.
Die 350jährige Gedenkfeier der deutschen evangelischen reformierten Gemeinde zu Frankfurt am Main am 25. und 26. Juni 1905, Frankfurt am Main 1905.
Gemeinde-Verfassungs-Gesetz für die Stadt Frankfurt am Main vom 25. März 1867, Frankfurt am Main 1898.
Zur Geschichte des Frankfurter Dombauvereins, in: Frankfurter Dom-Blatt 1, 1868, S. 1.
Die Geschichte der katholischen Frankfurter Familien insbesondere in der Nachre-formationszeit, sowie die Stifte, Klöster, Ritterorden, o. O. u. J.
Geschichte der Frankfurt-Loge 1888–1928, Frankfurt am Main 1928.
Frankfurter Gesellschaft zur Beförderung der nützlichen Künste und der sie veredelnden Wissenschaften. Aufforderung zur Theilnahme, Frankfurt am Mayn 1816.
Geselliges und Gesellschaftliches, in: Frankfurter Jahrbücher 8, H. 24, 1836, S. 148f.
Organisches Gesetz, die Zusammensetzung und Erwählung der Gesetzgebenden Versammlung betreffend, in: Gesetz- und Statutensammlung der Freien Stadt Frankfurt, 16 Bde., Frankfurt am Main 1866, Bd. 16, S. 379f.
Gesetze und Anordnungen nebst den dazu gehörigen Berichtigungen und Zusätzen für die Casino-Gesellschaft in Frankfurt am Main, errichtet im Jahre 1802, Frankfurt am Main 1843.
Gesetze der unter dem Namen Kaufmännischer Verein zu Frankfurt am Main errichteten Gesellschaft, Frankfurt am Main 1818.
Gesetzentwurf über die Berechtigung zum Gewerbebetrieb nach dem Senats-kommissionsbericht vom 1. Mai 1862, in: Actenstücke, die hiesigen Gewerbeverhältnisse, insbesondere die Aufhebung der Zunftbeschränkungen betreffend, Frankfurt am Main 1861, Anlage I, 2f.
Gesindewesen, in: Frankfurter Gemeinnützige Chronik 3, H. 5, 1843, S. 33.
Die Gewerbefrage in Frankfurt am Main. Extra-Beilagen zum Frankfurter Anzeiger, o. O. u. J. [1863].
Die Gewerbsamkeit in Frankfurt, in: Frankfurter Jahrbücher 7, H. 8, 1836, S. 41.
Glandorff, Arnold Heinrich von: Franckfurt contra Franckfurt, Commissionis. Absolvitur relation und conclusum, Frankfurt am Main 1732.
Glocke, Gottfried: Ein französischer Bericht über die Messen in Frankfurt und Leipzig im Jahre 1810. Übersetzt und eingeleitet, in: Archiv für Frankfurts Geschichte und Kunst 49, 1965, S. 99–122.

Gold und Eisen, Frankfurt a. M., Frankfurter Postzeitung vom 29. März 1866, in: Frankfurt 1866. Eine Dokumentation aus deutschen Zeitungen ausgewählt und eingeleitet von Wolfgang Klötzer, Sondernummer des Archivs für Frankfurts Geschichte und Kunst 50, 1966, S. 19–20.
Goll, Ignatz Maria: Gedanken eines Mitgliedes der Gesetzgebenden Versammlung über die angetragene Regelung der Verhältnisse der hiesigen Judenschaft, Frankfurt am Main 1820.
Die Gründung des Kaufmännischen Vereins. Ein Festspiel zum fünfjährigen Stiftungsfeste des Kaufmännischen Vereins zu Frankfurt am Main, Frankfurt am Main 1870.
Gründung einer gymnastischen Anstalt, in: Frankfurter Jahrbücher 11, H. 27, 1838, S. 183.
Gründung eines Gewerbevereins, in: Frankfurter Jahrbücher 6, H. 16, 1835, S. 82f.
Gründungsaufruf des Vereins zur Förderung der baulichen Interessen in Frankfurt am Main, Frankfurt am Main 1856.
Über die Gründung des Zoologischen Gartens in Frankfurt am Main, Frankfurt am Main o. J. [1858].
Gründungsurkunde der Gesellschaft zur gewerblichen und moralischen Unterstützung nothleidender Handwerksmeister, Frankfurt am Main 1844.
Gutachten, welches die Israelitische Gemeinde zu Frankfurt am Main wegen ihres Anspruchs auf das Bürgerrecht in dieser freien Stadt von der Kurhessischen Juristen-Facultät zu Marburg eingeholt und erhalten hat, o. O. 1817.
Statistisches Handbuch der Stadt Frankfurt am Main, 2 Bde., Frankfurt am Main 1907 u. 1928.
Handlungs-Addreß-Calender von Frankfurt am Mayn auf das Jahr 1797, Frankfurt am Mayn o. J. [1798].
Handlungs-Addreß-Kalender von Frankfurt am Main auf das Jahr 1816, Frankfurt am Main o. J. [1817].
An den Handwerkerstand, Frankfurt am Main o. J. [1843].
Ueber die hiesigen Handwerksverhältnisse im Allgemeinen und den Nothstand einzelner Gewerbe insbesondere, in: Frankfurter Jahrbücher 1, H. 31, 1832, S. 259–264.
Des Heiligen Römischen Reichs freien Wahl- und Handels-Stadt Frankfurt am Main verbesserter Raths- und Stadt-Calender auf das Jahr 1806, Frankfurt am Main 1806.
Herbeiführung der Trennung von Staats- und Stadthaushalt. Königliche Regierung durch Regierungs-Assessor Hoffmann vertreten. Stadtgemeinde vertreten durch Senat und ständige Bürgerrepräsentation, in: Verhandlungen über die Trennung des Staats- und städtischen Haushalts betreffend, Dezember 1867, S. 3–16.
Hermanns-Verein Sachsenhausen 1842–1892. Festschrift zur Jubelfeier des fünfzig-jährigen Bestehens am 30., 31. Juli und 1. August 1892, Frankfurt am Main 1892.
Herr, Jakob (Hrsg.): Frankfurter Urkunden und Quellen zur Auswirkung der Säkularisation im 19. und 20. Jahrhundert, Frankfurt am Main 1939.
An die sämmtlichen Herren Mitglieder der Casino-Gesellschaft Frankfurt am Main, den 20. August 1804, Frankfurt am Main 1804.
Holbein, Johann Matthäus: Die reine Wahrheit in Erörterung der Frage, ob es zur Wahlfähigkeit der Mitglieder aus den Gesellschaften Alt-Limburg und Frauenstein genug sey, daß deren sich keine respective 14 und 6 im Rathe befinden, noch den zu wählenden die Verwandschaft mit Raths-Gliedern im Weege stehe, oder ob auserdem noch Eigenschaften und Begabniße der zu wählenden zum Grunde zu legen seyen?, Frankfurt am Main 1776.
Hubatsch, Walter (Hrsg.): Freiherr vom Stein. Briefe und amtliche Schriften, Bd. 4, Stuttgart 1963.
Huber, Ernst Rudolf (Hrsg.): Dokumente zur deutschen Verfassungsgeschichte, 4 Bde., Stuttgart u. a. 1961–1986.
Die hiesige Hülfskasse, in: Frankfurter Jahrbücher 6, H. 26, 1835, S. 149.
Ihm, Christoph Friedrich: Einige Betrachtung bei Gelegenheit der erneuerten Verfassung der freien Stadt Frankfurt, Frankfurt am Main 1814.
Die preußische Invasion in Frankfurt a. M., in: Stuttgarter Beobachter vom 27. Juli 1866, in: Frankfurt 1866. Eine Dokumentation aus deutschen Zeitungen ausgewählt und eingeleitet von Wolfgang Klötzer, Sondernummer des Archivs für Frankfurts Geschichte und Kunst 50, 1966, S. 174–178.
100 Jahre Frankfurter Sportclub Forsthausstraße e. V. (1861–1961). Jubiläumsausgabe Fliegende Bälle, Frankfurt am Main 1961.
400 Jahre Französisch-reformierte Gemeinde Frankfurt am Main, Frankfurt am Main o. J. [1954].
75 Jahre Innere Mission in Frankfurt am Main. Zum Jubiläum des Evangelischen Vereins für Innere Mission 1850–1925, Frankfurt am Main 1925.

100 Jahre Mitteldeutsche Kreditbank. Ein Rückblick zur Erinnerung an die Gründung der Mitteldeutschen Kreditbank am 29. Februar 1856, Frankfurt am Main 1956.
Fünfzig Jahre Rennsport in Frankfurt am Main, Frankfurt am Main 1913.
75 Jahre Schützengesellschaft „Tell" von 1895 e. V. Frankfurt/M.-Sachsenhausen, Frankfurt am Main 1970.
Fünfundzwanzig Jahre Verein für Geschichte und Alterthumskunde Frankfurt am Main, Generalversammlung der deutschen Geschichts- und Alterthumsvereine in Frankfurt am Main vom 12. bis 15. September 1881, Frankfurt am Main 1881.
Aus den dreissiger Jahren in Frankfurt am Main. Der Pressverein und das Hambacher Fest, in: Frankfurter Hausblätter 1881, S. 22–23. Jahresbericht des Frankfurter Vereins zum Schutz der Auswanderer für das Jahr 1855, Frankfurt am Main 1856.
Erster Jahresbericht des Kaufmännischen Vereins in Frankfurt am Main, umfassend den Zeitraum vom 19. Dezember 1864 bis 31. Dezember 1865, Frankfurt am Main 1866.
Jahresberichte des Frankfurter Gewerbevereins der Gesellschaft zur Beförderung nützlicher Künste und deren Hülfswissenschaften von den Jahren 1844 und 1845, Frankfurt am Main 1845 und 1846.
Fünfzehnter Jahresbericht des Kaufmännischen Vereins in Frankfurt am Main, umfassend den Zeitraum vom 1. Januar bis 31. Dezember 1879, Frankfurt am Main 1880.
Jahresberichte des Physikalischen Vereins zu Frankfurt am Main für die Rechnungsjahre 1840 bis 1910, Frankfurt am Main 1841 bis 1911.
Jahresberichte des Hülfsvereins für Gewerbetreibende von den Jahren 1852 bis 1862, Frankfurt am Main 1853 bis 1863.
Statistische Jahresübersichten der Stadt Frankfurt am Main. I. A. des Magistrats hrsg. durch das Statistische Amt, Ausgabe für das Jahr 1908/09, Frankfurt am Main 1909.
Die Jahrhundertfeier der Senckenbergischen Naturforschenden Gesellschaft am 22. November 1917, Frankfurt am Main 1918.
Jakobsohn, Israel: Unterthänigste Vorstellung an seine Hoheit den Fürsten Primas der Rheinischen Konfoederation über Höchstdessen neue Stättigkeits- und Schutzordnung für die Judendschaft in Frankfurt am Main, Braunschweig 1808.
Jassoy, Ludwig Daniel: Darstellung derjenigen Ansichten und Gründe, welche die Unterzeichneten, von der Löblichen Bürgerschaft zur Commission der XIII. erwählten Deputierten bewogen haben dem von dieser Commission abgefaßten Gutachten beizustimmen, Frankfurt am Main 1816.
Fünfzigjähriges Jubiläum des Aerztlichen Vereins zu Frankfurt am Main, 3. November 1895, Frankfurt am Main 1895.
Fünfundsiebzigjähriges Jubiläum des Frankfurter Schützenvereins 1860 e. V. vom 28. September bis 6. Oktober 1935. Festbuch, Frankfurt am Main 1935.
Jucho, Friedrich Siegmund (Hrsg.): Verhandlungen des Deutschen Parlaments, Frankfurt am Main 1848.
Jucho, Martin, und Gerning, Johann Isaac von: Ansichten und Bemerkungen über die bürgerlichen Rechtsverhältnisse der Juden in der freyen Stadt Frankfurt am Main, Frankfurt am Main 1816.
Was können die Juden fordern? oder Freimüthige Betrachtungen zur Beurtheilung der Bürger-Rechts-Ansprüche derselben in der freien Stadt Frankfurt am Main, o. O. 1817.
Die Judenschaft von Frankfurt und ihr Rechte, o. O. 1817.
Jugend-Wehr-Verein. Bericht des Vorstandes, erstattet in der am 17. März 1864 anberaumten zweiten ordentlichen Hauptversammlung, Frankfurt am Main 1864.
Jugend-Wehr-Verein. Bericht des Vorstandes, erstattet in der am 23. März 1863 anberaumten ordentlichen Hauptversammlung, Frankfurt am Main 1863.
Jung, Rudolf: Aktenstücke über die Besitzergreifung der Reichsstadt Frankfurt am Main durch den Fürsten Primas am 9. September 1806, in: Archiv für Frankfurts Geschichte und Kunst 9, 3. F., 1907, S. 299–337.
Der Kampf um die Eisenbahnaktien, in: Frankfurter Jahrbücher 9, H. 22, 1837, S. 142.
Die hiesige Kasinogesellschaft, in: Frankfurter Jahrbücher 7, H. 30, 1836, S. 206.
Köster, A. (Hrsg.): Die Briefe der Frau Rat Goethe, Leipzig 1968.
Korenke, Hans-Ulrich: Frankfurt in alten und neuen Reisebeschreibungen, Kronberg/Ts. 1990.
Krebsscheeren – Eisenbahnen, in: Frankfurter Jahrbücher 2, H. 9, 1833, S. 83.

Krug, Friedrich: Diarium der Frankfurter Raths-Wahlen nach der Wahlordnung durch die Kugelung, oder Chronologisches Verzeichniß aller Raths-Glieder vom 11. März 1727 an, Frankfurt am Main o. J. [1846].
Krug, Friedrich: Historisch-geographische Beschreibung von Frankfurt und seiner Umgegend, Frankfurt am Main 1845.
Frankfurter Künstlerchronik. Festschrift zum fünfzigjährigen Stiftungsfeste der Frankfurter Künstlergesellschaft 1857–1907, Frankfurt am Main 1907.
Kunstverein, in: Frankfurter Jahrbücher 2, H. 14, 1833, S. 138.
Der hiesige Kunstverein, in: Frankfurter Jahrbücher 6, H. 36, 1835, S. 215.
Die Lage, ihre Gründe und Aussichten, Frankfurter Journal vom 9. April 1866, in: Frankfurt 1866. Eine Dokumentation aus deutschen Zeitungen ausgewählt und eingeleitet von Wolfgang Klötzer, Sondernummer des Archivs für Frankfurts Geschichte und Kunst 50, 1966, S. 27–28.
Ein Lebensbild in Briefen aus der Biedermeierzeit. Zur Geschichte einer Altfrankfurter Familie, Frankfurter Lebensbilder, Bd. 6. Hrsg. v. d. Frankfurter Historischen Kommission, Frankfurt am Main 1923.
Leihbedingungen der Credit-Kasse, Frankfurt am Main 1860.
Die hiesige Lesegesellschaft, in: Frankfurter Jahrbuch 2, H. 12, 1833, S. 82f.
Der Frankfurter Liederkranz. Ein Cultur- und Lebensbild. Festschrift zur Feier seines 50. Stiftungsfestes am 15. Februar 1878, Frankfurt am Main 1978.
Liste der 212 Mitglieder des Casino, o. O. u. J. [um 1805].
Liste der wirklichen Mitglieder der Casino-Gesellschaft im Jahre 1865, Frankfurt am Main 1865.
Liste der 250 effectiven und supernumerären Mitglieder erster Klasse des Casino für das Jahr 1816/17, Frankfurt am Main 1817.
Liste der Mitglieder der Casino-Gesellschaft im Jahre 1865, Frankfurt am Main 1865.
Liste der Mitglieder der ersten Classe des Casino für das Jahr 1843–1844 (1844–1845; 1846–1847), Frankfurt am Main 1843 bis 1847.
Die Loge Sokrates zur Standhaftigkeit im Orient zu Frankfurt am Main in den ersten fünfzig Jahren ihrer Werkthätigkeit. Eine Festgabe zur fünfzigjährigen Jubelfeier derselben, Frankfurt am Main 1851.
Männerchor Arion-Kunkelen. Festschrift zum neunzigjährigen Jubiläum am 14. Mai 1927, Frankfurt am Main 1927.
Meinert, Hermann (Hrsg.): Die Bürgerbücher der Reichsstadt Frankfurt 1311–1400, Frankfurt am Main 1955.
Franckfurter Merkantil-Schema oder Verzeichniß aller in Franckfurt befindlichen Handelsherren, Negotianten, Fabrikanten, Künstler, Commercial-Profeßionisten, usw., Franckfurt am Mayn 1773.
Meyer, Andreas: Briefe eines jungen Reisenden durch Liefland, Kurland und Deutschland, 2 Tle., Erlangen 1777.
Mitglieder der Gesellschaft für Frankfurts Geschichte und Kunst, in: Archiv für Frankfurts Geschichte und Kunst 1, 1839, S. VI–VIII.
Mitteilungen aus den Protokollen der Stadtverordnetenversammlung der Stadt Frankfurt, Frankfurt am Main 1868ff., Bd. 1 (1867/68), S. 84.
Mitteilungen aus den Protokollen der Stadtverordnetenversammlung der Stadt Frankfurt, Frankfurt am Main 1868ff.
Mittheilungen an die verehrten Freunde des Frankfurter Missionsvereines, den 1. Oktober 1824, Frankfurt am Main 1824.
Mittheilungen an die Mitglieder des Vereins für Geschichte und Alterthumskunde in Frankfurt am Main [...], Frankfurt am Main 1858 bis 1884.
Gemeinschaftliches Monitum in specie die konstitutionelle Errichtung eines Handlungsvorstandes und Handelsgerichts betreffend (Monitum Nr. LXXXI an die XIIIer), o. O u. J. [1816].
Mueller, Christoph Sigismund: Vollständige Sammlung der Kaiserlichen Kommissionen in Sachen Frankfurt contra Frankfurt ergangenen Resolutionen und anderer dahin einschlagender Stadt-Verwaltungs-Grund Gesezzen, Frankfurt am Main 1785.
Großherzoglich Frankfurterische Munizipalordnung vom 27. October 1810, Frankfurt am Main 1810.
Museum. 175 Jahre Frankfurter Museums-Gesellschaft e. V. Frankfurt a. M., Frankfurt am Main 1984.

Nachrichten von der ersten General-Versammlung und Jahresfeier der Frankfurter Bibel-Gesellschaft, Frankfurt am Main 1817.

Kurze Nachricht über das hiesige Turnwesen Jahrgang 1844, in: Frankfurter Gemeinnützige Chronik 5, 1845, S. 6.

Namensverzeichnis der im October 1816 von der Wahl-Versammlung der 75er erwählten Mitglieder des gesetzgebenden Körpers und deren Suppleanten, Frankfurt am Main o. J. [1816].

Die Naturwissenschaften, in: Frankfurter Jahrbücher 6, H. 43, 1836, S. 272.

Note der Bundesversammlung an Bürgermeister Fellner nach dem Frankfurter Journal, Frankfurt vom 11. Juli 1866, in: Frankfurt 1866. Eine Dokumentation aus deutschen Zeitungen ausgewählt und eingeleitet von Wolfgang Klötzer, Sondernummer des Archivs für Frankfurts Geschichte und Kunst 50, 1966, S. 116.

Ueber die Nothwendigkeit eines öffentlichen Turnplatzes neben den bestehenden oder noch aufkommenden Sonder-Anstalten für Leibesübungen, in: Frankfurter Gemeinnützige Chronik 5, 1845, S. 57.

Die Occupation Frankfurts durch General Custine, in: Frankfurter Gemeinnützige Chronik 4, H. 21, 1844, S. 153.

Die angedrohte Okkupation, Frankfurter Reform vom 9. Mai 1866, in: Frankfurt 1866. Eine Dokumentation aus deutschen Zeitungen ausgewählt und eingeleitet von Wolfgang Klötzer, Sondernummer des Archivs für Frankfurts Geschichte und Kunst 50, 1966, S. 32–33.Organisationspatent v. 16. August 1810, in: Der Rheinische Bund 5, H. 47, 1810, S. 258–270.

Organisation der Handelskammer, Verordnung vom 20. Mai 1817, in: Gesetzes- und Statutensammlung der Freien Stadt Frankfurt, 16 Bde., Frankfurt am Main 1817, Bd. 1, S. 113–118.

Les Origines diplomatiques de la guerre de 1870/71, Recueil de documents publie par le Ministre des Affaires Etrangeres, 29 Bde., Paris 1910–1932.

Patent wegen Besitznahme der vormaligen freien Stadt Frankfurt vom 3./8. Oktober 1866, in: Gesetz-Sammlung für die Königlichen Preußischen Staaten, Nr. 6424, Berlin 1866, S. 601f.

Der Patrizier Regiment in der Reichsstadt und in der freien Stadt Frankfurt am Main, Frankfurt am Main 1817.

Das Philanthropin zu Frankfurt am Main. Dokumente und Erinnerungen, Frankfurt am Main 1964.

Programm des Deutschen Vereins zu Frankfurt am Main, o. O. u. J. [1848].

Programm des Frankfurter Vereins definitiv festgestellt in dessen Sitzung vom 4. November 1861, in: Volksfreund für das mittlere Deutschland v. 10. November 1861.

Project von Gesetzen für das Museum, o. O. u. J. [1806].

Königliche Proklamation, 3. Oktober 1866, Frankfurter Journal, in: Frankfurt 1866. Eine Dokumentation aus deutschen Zeitungen ausgewählt und eingeleitet von Wolfgang Klötzer, Sondernummer des Archivs für Frankfurts Geschichte und Kunst 50, 1966, S. 269f.

Protestation deutscher Bürger für Preßfreiheit in Deutschland, Hanau 1832.

Protokoll der Verhandlungen des Allgemeinen Deutschen sozial-demokratischen Arbeiterkongresses zu Eisenach am 7., 8. und 9. August 1869, Leipzig 1869.

Protokollauszüge und Verhandlungen der Gartenbaugesellschaft Flora zu Frankfurt am Main. [...] Frankfurt am Main 1852 bis 1859.

Quellen zur Geschichte des Deutschen Bundes, Abt. III: Quellen zur Geschichte des Deutschen Bundes 1850–1866: Die Dresdner Konferenz und die Wiederherstellung des Deutschen Bundes 1850/51. Bearb. v. J. Müller. Für die Historische Kommission bei der Bayerischen Akademie der Wissenschaft hrsg. v. Lothar Gall, München 1996.

Rapp, Georg Aquilin: Versuch einer rechtlichen Prüfung der sogenannten bürgerlichen Rechte und Verfasungsverhältnisse der Frankfurter Judengemeinde, besonders in Beziehung auf die von derselben bei der Hohen Bundesversammlung überreichten Denkschrift, Frankfurt am Main 1817.

Ratsordnungen vom 10. Juli 1766 u. 28. Dezember 1775, in: Johann Conradin Beyerbach (Hrsg.): Sammlungen der Verordnungen der Reichsstadt Frankfurt, 11 Bde., Frankfurt am Main 1798 bis 1818, Bd. 4, S. 666f. u. 1178.

Über die staatsbürgerlichen Rechte der Juden, in: Frankfurter Jahrbücher 2, H. 14, 1833, S. 137.

Über die Rechtsgleichheit der verschiedenen christlichen Confessions-Verwandten und die Entscheidung streitiger Verfassungs-Sachen in den teutschen Bundes-Staaten mit bes. Anwendung auf die Verhältnisse der freyen Stadt Frankfurt, Frankfurt am Main 1817.

Regulativ, die Verwaltung der Israelitischen Gemeinde insbesondere den Vorstand und den Auschuß dieser Gemeinde betreffend, Frankfurt am Main 1839.
Des Heiligen-Römischen Reichs Freien Wahl- und Handelsstadt Frankfurt am Mayn verbesserter Raths- und Stadt-Calender für die Jahre 1781 bis 1806, Frankfurt am Mayn 1781 bis 1806.
Riebeck, Johann Kaspar: Der große Gold-Kanal 1780, in: Hans-Ulrich Korenke (Hrsg.): Frankfurt in alten und neuen Reisebeschreibungen, Kronberg/Ts. 1990, S. 65–66.
Ritter, Anton: Häuserverzeichnis nach Quartieren, geschrieben vom Gegenschreiber, Frankfurt am Main 1761. Institut für Stadtgeschichte (Frankfurt am Main), Einundfünfzigerkolleg, Gegenschreiberbücher Nr. 254.
Robert, Georg Friedrich Karl: Kurze Erledigung des sogenannten Nachtrags zu der an die Hohe Teutsche Bundes-Versammlung gerichteten Beschwerdeschrift der Frankfurter Judenschaft, deren Ansprüche auf das Bürgerrecht der freyen Stadt Frankfurt betreffend, Frankfurt am Main 1817.
Rössing, Johann Georg: Historisch-juridische Entwicklung der unveränderten Unterthanspflicht jüdischer Gemeinde zu Frankfurt am Main und das Rechtsbestandes aller eigenthümlichen Juden-Gefälle dieser freien Stadt, o. O. 1817.
Rössing, Johann Georg: Systematisch zusammengestellte Monita zu der auf Verordnung eines Hochedlen Raths gedruckten Darstellung und Inbegriff der Verfassung der freyen Stadt Frankfurt oder Projekt einer Ergänzungsakte, Frankfurt am Main 1816.
Rückblick auf Geschichte und Tätigkeit des Frankfurter Kunstvereins vom Jahre 1829 bis zum Jahre 1954. Zur Feier seines 125jährigen Bestehens, Frankfurt am Main 1954.
Frankfurter Sängerkranz. Festschrift zur 70 Jahr-Feier. 1857–1927, Frankfurt am Main 1927.
Satzung der Frankfurter Künstlergesellschaft von 1857, Frankfurt am Main 1857.
Satzung des Montagskränzchens. Volksverein zu Frankfurt am Main, o. O u. J. [1848].
Satzung des Patriotischen Vereins vom 20. Juli 1849, Frankfurt am Main 1849.
Satzungen des Bürger-Wehr-Vereins, Frankfurt am Main o. J. [1849].
Satzungen des Deutschen Vereins zu Frankfurt am Main, o. O. u. J. [1848].
Satzungen des Frankfurter Dombauvereins, Frankfurt am Main o. J. [1867].
Schlosser, Friedrich: Entwurf einer Staatsverfassung für die Freie Stadt Frankfurt, wie solcher von der in Gemäßheit Beschlusses des Hohen Gouvernements am 1. Januar 1814 niedergesetzen Kommission der XIII am 9. März 1814 E.H.E Rath und dem bürgerlichen Collegio vorgelegt, Frankfurt am Main 1814.
Schlosser, Friedrich: Ständische Verfassung, ihr Begriff, ihre Bedingung, Frankfurt am Main 1817.
Schlosser, Friedrich: Darstellung der Verhältnisse des Vorstandes der katholischen Gemeinde zu Frankfurt und ihrer allmählichen Entwicklung, handschriftliches Ms. Frankfurt am Main 1822.
Schopenhauer, Johanna: Ausflucht an den Rhein und dessen nächste Umgebungen im Sommer des 1. friedlichen Jahres, Leipzig 1818, in: Robert Diehl (Hrsg.): Frankfurt am Main im Spiegel alter Reisebeschreibungen vom 15. bis zum 19. Jahrhundert, Frankfurt am Main 1939, S. 135.
Das allgemeine deutsche Schützenfest zu Frankfurt am Main, Juli 1862. Ein Gedenkbuch. Mit Benutzung der Schriftstücke des Central-Comites herausgegeben von Dr. Heinrich Weismann, Frankfurt am Main 1863.
Schulerscher Männerchor e. V. Frankfurt am Main, gegr. 1864. Festbuch zum Golden Jubiläum, Frankfurt am Main 1914.
Zur Secular-Feier der Alten-Gesellschaft in Frankfurt am Main am 29. Januar 1806, Frankfurt am Main 1806.
Der Senat an die Bürgerschaft von Stadt und Land, 8. Oktober 1866, in: Frankfurt 1866. Eine Dokumentation aus deutschen Zeitungen ausgewählt und eingeleitet von Wolfgang Klötzer, Sondernummer des Archivs für Frankfurts Geschichte und Kunst 50, 1966, S. 279–280.
An Einen Hohen Senat gehorsamster Bericht der katholischen Kirchen- und Schul-Commission zu den Hochverehrlichen Rathsschlüssen vom 3. und 13. Mai und 9. September 1859. Betreff: Conflict zwischen der katholischen Kirchen- und Schul-Commission und dem bischöflichen Ordinariat, sowie Angriffe des derzeitigen Stadtpfarrers auf die verfassungsmäßige Stellung der genannten Commission, Frankfurt am Main 1859.
An einen hohen Senat gehorsamster Bericht der Senatskommission die hiesigen Gewerbeverhältnisse betr., Frankfurt am Main 1863.

An den Hohen Senat der freien Stadt Frankfurt. Auf den Hochverehrlichen Rathschluss vom 18. Juli 1858 gehorsamste Vorstellung und Bitte von Seiten des Vorstandes der Israelitischen Religionsgesellschaft dahier, Frankfurt am Main 1858.
Serger, Franz Erwin, und Seitz, Philipp Johann Nepomuk: Ausführliches Diarium / Wie sowohl / Der Churfürstliche Collegial-Tag / Als auch die Wahl und Crönung / Ihro Römisch Königlichen Majestät /Josephi des Andern / In der Reichs-Stadt Franckfurt am Mayn In dem Jahr 1764 vollzogen worden, 3 Bde., Mainz 1767–1771.
Staats- und Adress-Handbuch der Freien Stadt Frankfurt 1850, 2. Tle., Frankfurt am Main 1850.
Staats- und Adress-Handbuch der Freien Stadt Frankfurt am Main für die Jahre 1849 bis 1866, Frankfurt am Main 1849 bis 1866.
Staats-Calender der Fürst-Primatischen Stadt Frankfurt am Main für die Jahre 1807 bis 1810, Frankfurt am Main 1807 bis 1810.
Staats-Calender der Großherzoglichen Stadt und des Departements Frankfurt für das Jahr 1812, Frankfurt am Main o. J. [1813].
Staats-Calender der Freien Stadt Frankfurt für die Jahre 1817 bis 1848, Frankfurt am Main 1817 bis 1848.
Stadt und Staat Frankfurt, in: Die Gegenwart 5, 1850, S. 171–415.
Die freie Stadt Frankfurt am Mayn nebst ihren Umgebungen. Ein Wegweiser für Fremde und Einheimische, Frankfurt am Main 1843.
Die freien Städte und die Juden, in: Frankfurter Jahrbücher 6, H. 7, 1835, S. 38.
Neue Stättigkeits- und Schutzordnung der Judenschaft zu Frankfurt am Main, deren Verfassung, Verwaltung, Rechte und Verbindlichkeiten betreffend, Frankfurt am Main 1808.
Zur Statistik der hiesigen Handwerke. Von dem Jüngeren Bürgermeisteramte nach den Angaben der einzelnen Handwerke aufgestellt im Dezember 1858, in: Beiträge zur Statistik der freien Stadt Frankfurt 1, H. 2, 1859, S. 24–28.
Statistisches Amt der Stadt Frankfurt am Main (Hrsg.): Graphisch-statistischer Atlas von Frankfurt am Main, Frankfurt am Main 1903.
Statut des Kaufmännischen Vereins zu Frankfurt am Main (Entwurf), Frankfurt am Main 1864.
Statut des Kunstvereins zu Frankfurt am Main, Frankfurt am Main o. J. [1830].
Statut des Vereins zum Wohle der dienenden Klasse, o. O. u. J. [1845].
Statut des Vereins zur Förderung der baulichen Interessen in Frankfurt am Main, Frankfurt am Main 1856.
Statut des Vereins zur körperlichen Ausbildung der Jugend, Frankfurt am Main 1845.
Statut des Vereins zur Aussteuerung hiesiger israelitischer Bürgerstöchter, Frankfurt am Main 1826.
Statut des Vereins zum Wohle der dienenden Klasse, o. O. u. J. [1845].
Statuten der Bank für Handel und Industrie in Darmstadt, Darmstadt 1853.
Statuten der Gesellschaft im Casino vom 27. September 1848, Frankfurt am Main o. J. [1848].
Statuten der Mozartstiftung, genehmigt vom hohen Senat durch Beschluß vom 12. Juni 1838, Frankfurt am Main 1838.
Statuten der Zoologischen Gesellschaft zu Frankfurt am Main, Frankfurt am Main o. J. [1860].
Statuten des Democratischen Vereins zu Frankfurt am Main, o. O. u. J. [1848].
Statuten des Demokratisch-republikanischen Vereins in Frankfurt am Main, o. O. u. J. [1848].
Statuten des Vereins für Geschichte und Alterthumskunde in Frankfurt am Main, Frankfurt am Main 1857.
Statuten der Gesellschaft zur Beförderung nützlicher Künste und deren Hülfswissenschaften zu Frankfurt am Main, Frankfurt am Main 1832.
Statuten des unter der großen Loge der vereinten Brüder Freimaurer von England arbeitenden gerechten und vollkommenen Loge zur aufgehenden Morgenröthe in Frankfurt am Main errichteten Sustentionsfonds, o. O. [1819].
Statuten für die Frankfurter Gesellschaft zur Verbreitung nützlicher Volks- und Jugendschriften, in: Frankfurter Gemeinnützige Chronik 5, 1845, S. 176–177.
Statuten des Pestalozzi-Vereins, Frankfurt am Main o. J. [1846].
Statuten des Vereins zur Unterstützung armer Wöchnerinnen und zur Übernahme der Gevatterschaft, Frankfurt am Main 1850.
Neue Statuten des Hülfsvereins für nothleidende Handwerksmeister, Frankfurt am Main 1848.

Stein, Karl Freiherr vom: Briefe und amtliche Schriften. Hrsg. v. Walther Hubatsch, 5 Bde., Stuttgart 1963.
Sterne, Margarete: Beobachtungen eines Beteiligten. Die Frankfurter Berichte des letzten niederländischen Gesandten am Bundestag Friedrich Heinrich von Scherff 1863–1866, in: Archiv für Frankfurts Geschichte und Kunst 51, 1968, S. 65–83.
Die Stifter, Mitglieder und Freunde der Senckenbergischen Naturforschenden Gesellschaft zu Frankfurt am Main, gegründet am 22. November 1817, Frankfurt am Main 1955.
Stiftungsbrief von Johann Friedrich Städel. Frankfurt am Main 1815, in: Freistädter 1, 1849, 73.
Stiftungs-Briefe zum Besten der Artzneykunst und Armenpflege; samt Nachricht wegen eines zu unternehmenden Bürger- und Beysassen-Hospitals zum Behufe der Stadt Frankfurt, Frankfurt am Main 1963.
Stuttgarter Beobachter vom 12. Oktober 1866, in: Frankfurt 1866. Eine Dokumentation aus deutschen Zeitungen ausgewählt und eingeleitet von Wolfgang Klötzer, Sondernummer des Archivs für Frankfurts Geschichte und Kunst 50, 1966, S. 293–295.
Erstes Supplements-Verzeichnis der Mitglieder des Frankfurter Patriotischen Vereins, aufgestellt am 6. Dezember 1849, Frankfurt am Main 1849.
Tableau des FF. Composant la. R. F. de St. Jean sous le titre Distictif De l'Aurore naissante réglierement constitutée par la grande oriente de France à la dâte du 17. jour 6me. Mois 5807 a l'orient de Francfort sur Mein a l'epoque dur 24me jour dur 4me Mois de l'an de la V. L. 5811, Francfort sur Mein 1811.
Gesetzliche Taxrolle der Einregistrirungs-Gebühren für das Großherzogtum Frankfurt, Aschaffenburg 1811.
Ohne Titel, Frankfurter Jornal vom 11. Juli 1866, in: Frankfurt 1866. Eine Dokumentation aus deutschen Zeitungen ausgewählt und eingeleitet von Wolfgang Klötzer, Sondernummer des Archivs für Frankfurts Geschichte und Kunst 50, 1966, S. 117.
Trumbull, John: Schauspiele erträglich – Musik ausgezeichnet 1786, in: Hans-Ulrich Korenke (Hrsg.): Frankfurt in alten und neuen Reisebeschreibungen, Kronberg/Ts. 1990, S. 77–79.
Das Turn Fest, in: Frankfurter Gemeinnützige Chronik 4, H. 1, 1844, S. 154f.
Der Frankfurter Turnverein von 1860–1885, Frankfurt am Main 1885.
Geschichtlicher Ueberblick, in: Frankfurter Gemeinnützige Chronik 6, H. 21, 1846, S. 163.
Geschichtlicher Ueberblick, in: Frankfurter Gemeinnützige Chronik 6, H. 19, 1846, S. 147.
Geschichtlicher Ueberblick, in: Frankfurter Gemeinnützige Chronik 6, H. 21, 1846, S. 164.
Kurze Übersicht der Frankfurterischen Verfassungs-Verhältnisse, in besonderer Beziehung auf die von dem Vorstande der katholischen Gemeinde daselbst an die Hohe Bundesversammlung gerichteten Beschwerden, Frankfurt am Main o. J. (1817).
Die Unwahrheit der Betrachtungen über eines Frankfurter Bürgers kritische Beleuchtung etc., Frankfurt am Main 1854.
Verbesserung in der Industrie. Vortheile des Gebrauchs von Maschinen, in: Frankfurter Jahrbücher 10, H. 29, 1837, S. 205.
Der Verein zur Beförderung der Handwerke unter den israelitischen Glaubensgenossen, in: Frankfurter Jahrbücher 8, H. 10, 1837, S. 255.
Warum wird ein Verein für die körperliche Ausbildung der Jugend durchgreifender wirken können als die dermalen bestehende Privat-Turnanstalt?, in: Frankfurter Gemeinnützige Chronik 5, 1845, S. 46ff.
Vereinigung des Königreichs Hannover, des Kurfürstenthums Hessen, des Herzogthums Nassau und der freien Stadt Frankfurt mit der Preußischen Monarchie vom 20./23. September 1866, in: Gesetz-Sammlung für die Königlichen Preußischen Staaten, Nr. 6414, Berlin 1866, S. 555f.
Die gegenwärtige Verfassung Frankfurts dargestellt durch die seit dem Jahre 1816 ergangene, die Verfassung betreffenden Gesetze, insoweit dieselben noch gesetzliche Gültigkeit haben, Frankfurt am Main 1857.
Höchste Verordnung, die künftige Verfassung der Stadt Frankfurt betreffend vom 20. Dezember 1813, in: Großherzogliches Regierungsblatt 3, H. 16, 1813, S. 235.
Verordnung des Rats über die Auflösung des Stifts St. Bartholomäus vom Jahre 1802, in: Jakob Herr (Hrsg.): Frankfurter Urkunden und Quellen zur Auswirkung der Säkularisation im 19. und 20. Jahrhundert, Frankfurt am Main 1939, S. 3f.

Verordnung in Betreff der Bildung eines kirchlichen Vorstandes der katholischen Gemeinde v. 22. Oktober 1822, in: Gesetzes- und Statutensammlung der freien Stadt Frankfurt, 16 Bde., Frankfurt am Main 1817–1866, Bd. 3, S. 147–155.
Verordnung zur Feststellung der privatbürgerlichen Rechte der hiesigen Juden vom 1. September 1824, in: Gesetzes- und Statutensammlung der freien Stadt Frankfurt, 16 Bde., Frankfurt am Main 1817–1866, Bd. 3, S. 230.
Verordnung, die Ausführung des Grundgesetzes der Gleichheit der Rechte sämmtlicher Einwohner des Großherzogthums Frankfurt betreffend, in: Der Rheinische Bund H. 54, 1811, S. 461–463.
An die Verfassungsgebende Versammlung des Freistaats Frankfurt. Bericht ihres Ausschusses über die Errichtung der Bürgerwehr mit beigelegten Gesetzesentwürfen, Frankfurt am Main [1849].
Beurkundete Vertheidigung der Rechte der Bürgerschaft zu Frankfurt am Main gegen die Ansprüche der Judengemeinde daselbst auf eine völlige bürgerliche und politische Gleichstellung mit den Bürgern dieser Stadt, Frankfurt am Main 1817.
Die Verwaltung des hiesigen Gewerbevereins, in: Frankfurter Jahrbücher 6, H. 30, 1835, S. 171.
Verzeichniß der den jährlichen Beitrag leistenden Mitglieder der Senckenbergischen naturforschenden Gesellschaft im Jahre 1828, Frankfürt am Main 1829 bis 1851.
Verzeichniß der Mitglieder des Frankfurter Patriotischen Vereins. Aufgestellt am 15. November 1849, Frankfurt am Main o. J. [1849].
Des Teutschen Volkes feuriger Dank- und Ehrentempel oder Beschreibung, wie das aus zwanzigjähriger französischer Sklaverei durch Fürsten-Eintracht und Volkskraft gerettete Teutsche Volk die Tage der entscheidenden Völker- und Rettungsschlacht bei Leipzig am 18. und 19. Oktober 1814 zum erstenmale gefeiert hat, Offenbach 1815.
Volksbibliothek, in: Frankfurter Gemeinnützige Chronik 7, 1847, S. 127.
Ehrerbietigst gehorsamste Vorstellung und Bitte betreffend huldreiche Anordnung der zur Verbesserung des hiesigen Handelsstandes zweckdienlichen und notwendigen Maßregeln, Frankfurt am Main 1826.
Gehorsamste Vorstellung und Bitte der unterzeichneten hiesigen Bankiers und Handelsleute, [...] ein Bank-Institut dahier errichten zu dürfen, Frankfurt am Main 1824.
Unterthänige Vorstellung und Bittschrift der Deputirten der israelitischen Gemeinde zu Frankfurt am Main an den hohen Congreß. Uebergeben zu Wien, den 10ten October 1814, in: Ludwig Börne (Hrsg.): Actenmäßige Darstellung des Bürgerrechts der Israeliten zu Frankfurt am Main, Rödelheim 1816, S. 25–30.
Vortheile der Gewerbsfreiheit, in: Frankfurter Jahrbücher 5, H. 37, 1835, S. 263f.
Vorträge bei der Einweihung der deutsch-reformierten Kirche in Frankfurt am Main am 17. März 1843, Frankfurt am Main 1843.
Vorträge gehalten bei der Generalversammlung und Jahresfeier der Bibelgesellschaft und des Missionsvereins zu Frankfurt am Main, Frankfurt am Main 1827 bis 1844.
Vortrag des Senats an die gesetzgebende Versammlung die Verfassung betreffend, Frankfurt am Main 1852.
Vorwort, in: Archiv für Frankfurts Geschichte und Kunst 1, 1839, S. III–VI.
Wagner, Heinrich Leopold: Briefe die Seylerische Schauspielergesellschaft und Ihre Vorstellungen zu Frankfurt am Mayn betreffend, Frankfurt am Main 1777.
Walther, Friedrich Andreas: Die Vorzüge der Stadt Frankfurt am Mayn 1748, in: Hans-Ulrich Korenke (Hrsg.): Frankfurt in alten und neuen Reisebeschreibungen, Kronberg/Ts. 1990, S. 57–64.
Das West- und Ostend Frankfurts, in: Frankfurts Gemeinnützige Chronik 4, H. 7, 1844, S. 57.
Wild, Karl Andreas: Frankfurt am Main wie es ist, in historisch-statistischer, scientifisch und artistischer, spekulativer und volksthümlich-charakteristischer Beleuchtung und Darstellung ernst und humoristisch gehalten, Leipzig 1831, in: Robert Diehl (Hrsg.): Frankfurt am Main im Spiegel alter Reisebeschreibungen vom 15. bis zum 19. Jahrhundert, Frankfurt am Main 1939, S. 170–171.
Was wir wollen und wie wir's wollen. Eine vorbereitete Mahnung an das deutsche Volk. Flugschrift, Straßburg 1833.
Die religiösen Wirren in der israelitischen Gemeinde, Frankfurt am Main 1854.
Ein Wort für die Gründung eines Vereins für Erdkunde zur Frankfurt am Main, in: Frankfurter Jahrbücher 7, H. 18, 1836, S. 111.

Zollvereinsstatistik zu den Fabrikanten in Frankfurt am Main 1844: Aufstellung über Fabriken und solche Gewerbe, welche fabrikmäßig betrieben werden und der Hauptsache nach für den Großhandel arbeiten 1844–1854. IfSG, Rechnei nach 1816, Zollverein Nr. 435 u. 542.
Zunft- und Gewerbsangelegenheiten, in: Frankfurter Jahrbücher 1, H. 16, 1832, S. 127.
Zunft- und Gewerbsangelegenheiten (Forts.), in: Frankfurter Jahrbücher 1, H. 17, 1832, S. 136.
Für das Zunftwesen unter der Bedingung seiner Geläutertheit, in: Frankfurter Jahrbücher 4, H. 29, 1834, S. 185–187.
Zunftwesen Anderer Seits, in: Frankfurter Jahrbücher 1, H. 12, 1832, S. 93.
Für das Zunftwesen, in: Frankfurter Jahrbücher 4, H. 29, 1834, S. 185.
Zuruf eines israelitischen Bürgers an seine christlichen Mitbürger, gehässigen Insinuationen gegenüber, Frankfurt am Main 1848.

Verzeichnis der Literatur

Achinger, Hans: Wilhelm Merton in seiner Zeit, Frankfurt am Main 1965.
Achterberg, Erich: Der Bankplatz Frankfurt am Main, Frankfurt am Main 1955.
Achterberg, Erich: Frankfurter Bankherren, Frankfurt am Main 1956.
Achterberg, Erich: Frankfurt am Main als Bankplatz, Frankfurt am Main o. J. [1951].
Adler, Cyrus: Jacob Henry Schiff. A biographical sketch, New York 1921.
Adler, Cyrus: Jacob Henry Schiff. His life and letters, New York 1928.
Adler, Fritz: Freies Deutsches Hochstift. Seiner Geschichte erster Teil 1859–1885, Frankfurt am Main 1959.
Adler, Salomon: Der erste Plan zur Gründung einer jüdischen Schule mit profanem Unterricht in der Frankfurter Judengasse (1793). Festschrift zum 75jährigen Bestehen der Realschule der Israelitischen Religionsgesellschaft, Frankfurt am Main 1928.
Adler, Salomon: Die Entwicklung des jüdischen und des profanen Schul- und Erziehungswesens der Juden zu Frankfurt am Main bis zur Judenemanzipation, Diss., Frankfurt am Main 1926.
Adler, Salomon, und Baerwald, Herman: Geschichte der Realschule der Israelitischen Gemeinde Philantropin zu Frankfurt am Main. 1904, Frankfurt am Main 1904.
Albert, Johann Valentin: Kurze Übersicht des Merkwürdigsten und Interessantesten in und um Frankfurt am Main, Frankfurt am Main 1829.
Aldenhoff, Rita: Schulze-Delitzsch. Ein Beitrag zur Geschichte des Liberalismus zwischen Revolution und Reichsgründung, Baden-Baden 1984.
Andernach, Dietrich, und Berger, Erne (Hrsg.): Die Bürgerbücher der Reichsstadt Frankfurt 1400–1470, Frankfurt am Main 1970.
Andernacht, Dieter: Karoline von Günderrode, in: Neue Deutsche Biographie, Berlin 1966, Bd. 7, S. 259–261.
Anderson, Sven L.: Ein Schwede bereist das Rhein-Main-Gebiet im Jahre 1795. Tagebuchnotizen von Frans Michael Franzén, in: Archiv für Frankfurts Geschichte und Kunst 57, 1980, S. 49–56.
Angermann, Erich: Robert von Mohl 1799–1875, Neuwied 1962.
Appia, Paul Joseph: Geschichte der Frankfurter französisch-reformierten Gemeinde, 3 Bde., Frankfurt am Main 1842.
Architekten- und Ingenieur-Verein (Hrsg.): Frankfurt am Main und seine Bauten, Frankfurt am Main 1886.
Arenz, Hugo: Die Beeinflußung des Frankfurter Handels durch die Kontinentalsperre von 1806–1813, Mayen 1932.
Aretin, Karl Otmar von: Das Alte Reich 1648–1806, 3 Bde., Stuttgart 1993–1997.
Aretin, Karl Otmar von: Vom Deutschen Reich zum Deutschen Bund, Göttingen 1980.
Arndt, Johannes: Das Ende des Alten Reichs, in: Evelyn Brockhoff und Michael Matthäus (Hrsg.): Die Kaisermacher. Frankfurt am Main und die Goldene Bulle. 1356–1806, Frankfurt am Main 2006, S. 152–161.
Arnim, Bettina von: Dies Buch gehört dem Könige, hrsg. v. I. Staff, Frankfurt am Main 1982 (orig. 1843).
Arnsberg, Paul: Anno 1753: Voltaire in Frankfurt, in: Archiv für Frankfurts Geschichte und Kunst 56, 1978, S. 37–54.

Arnsberg, Paul: Die Geschichte der Frankfurter Juden seit der Französischen Revolution, 3 Bde., Darmstadt 1983.
Arnsberg, Paul: Jakob H. Schiff. Von der Frankfurter Judengasse zur Wallstreet, Frankfurt am Main 1969.
Auerbach, Jakob: Gutächtlicher Bericht über die Errichtung einer Vereinigten Grossloge von Deutschland betreffend, Frankfurt am Main 1878.
Augel, Johannes: Italienische Einwanderung und Wirtschaftstätigkeit in rheinischen Städten des 17. und 18. Jahrhunderts, Bonn 1971.
Aussetz, O. von: Der Mainverkehr und die Mainzölle von 1847 bis 1860, in: Beiträge zur Statistik der Freien Stadt Frankfurts 1, H. 4, 1859, S. 37f.
Autin, Jean: Les Frères Pereire, le bonheur d'entreprendre, Paris 1984.
Avineri, Shlomo: Hegels Theorie des modernen Staats, Frankfurt am Main 1976.

Bacher, Otto: Die Geschichte der Frankfurter Oper im 18. Jahrhundert, Frankfurt am Main 1926.
Baehring, Bernd: Börsen-Zeiten. Frankfurt in vier Jahrhunderten zwischen Antwerpen, Wien, New York und Berlin, Frankfurt am Main 1985.
Bagge, Ehregott Wilhelm Gottlieb: Kurze Geschichte der Musterschule in den sechs ersten Jahren ihres Bestehens, Frankfurt am Main 1832.
Bangel, Ludwig: Annalen der Loge Carl zum aufgehenden Licht im Or. Frankfurt a. M. 1891–1916. Zur Hundertjahrfeier der Loge zusammengestellt, Frankfurt am Main 1916.
Bangert, Wolfgang: Baupolitik und Stadtgestaltung in Frankfurt am Main. Ein Beitrag zur Entwicklungsgeschichte des deutschen Städtebaus in den letzten 100 Jahren, Würzburg 1937.
Banholzer, Kuno (Hrsg.): Festschrift des Realgymnasiums Musterschule zur 150-Jahrfeier 1803–1953, Frankfurt am Main 1953.
Banken, Ralf: Der Aufstieg der Frankfurter Börse und das Geschäft mit europäischen Staatsanleihen 1750–1850, in: Werner Plumpe und Dieter Rebentisch (Hrsg.): „Dem Flor der hiesigen Handlung". 200 Jahre Industrie- und Handelskammer Frankfurt am Main, Frankfurt am Main 2008, S. 58–65.
Bansa, Otto: Das Frankfurter Bankgewerbe im 18. Jahrhundert, Diss., Heidelberg 1921.
Barclay, David E.: Friedrich Wilhelm II. (1786–1797), in: Frank-Lothar Kroll (Hrsg.): Preußens Herrscher. Von den ersten Hohenzollern bis Wilhelm II., München 2000, S. 179–196.
Bartelsheim, Ursula: Bürgersinn und Parteiinteresse. Kommunalpolitik in Frankfurt am Main 1848–1914, Frankfurt am Main 1997.
Bartetzko, Dieter u. a.: Wie Frankfurt photographiert wurde 1850–1914, Frankfurt am Main 1977.
Bartetzko, Dieter: „Franckfurth ist ein curioser Ort". Streifzüge durch städtische Szenarien und Architekturen, Frankfurt am Main/New York 1991.
Bary, August de: Geschichte der Dr. Senckenbergischen Stiftung 1763–1938. Ein Zeugnis des Frankfurter Bürgersinns in 175 Jahren, Frankfurt am Main 1938.
Bary, August de: Johann Christian Senckenberg, Frankfurt am Main 1947.
Bary, Helene de: Museum. Geschichte der Museumsgesellschaft zu Frankfurt am Main, Frankfurt am Main 1937.
Bary de, Herbert: Beiträge zur Genealogie Altfrankfurter Familien, Frankfurt am Main 1922.
Batton, Johann Georg: Oertliche Beschreibung der Stadt Frankfurt am Main, 7 Bde., Frankfurt am Main 1861–1875.
Bauer, Thomas: „In diesen Tagen kam ich nicht zu mir selbst". Goethes erste Liebe im Kontext der Wahl und Krönung Josephs II. 1764, in: Patricia Stahl (Hrsg.): „Franckfurt bleibt das Nest". Johann Wolfgang Goethe und seine Vaterstadt, Frankfurt am Main 1999, S. 127–132.
Bauer, Thomas: Eine Stadt im Ausnahmezustand. Wahl und Krönung Josephs II. 1764 in Frankfurt am Main, in: Evelyn Brockhoff und Michael Matthäus (Hrsg.): Die Kaisermacher. Frankfurt am Main und die Goldene Bulle. 1356–1806, Frankfurt am Main 2006, S. 274–280.
Bauer, Thomas: Im Bauch der Stadt. Kanalisation und Hygiene in Frankfurt am Main 16.–19. Jahrhundert, Frankfurt am Main 1998.
Bauer, Thomas: In guter Gesellschaft. Die Geschichte der Polytechnischen Gesellschaft in Frankfurt am Main, Frankfurt am Main 2010.
Bauer, Thomas: Wahl und Krönung, in: Lothar Gall (Hrsg.): FFM 1200. Traditionen und Perspektiven einer Stadt, Frankfurt am Main 1994, S. 153–179.

Baumgart, Peter: Joseph II. und Maria Theresia (1765–1790), in: Anton Schindling und Walter Ziegler (Hrsg.): Die Kaiser der Neuzeit 1519–1918. Heiliges Römisches Reich, Österreich, Deutschland, München 1990, S. 249–276.

Baumgart, Winfried: Bismarck und der deutsche Krieg 1866 im Lichte der Edition von Band 7 der „Auswärtigen Politik Preußens“, in: Historische Mitteilungen 20, 2007, S. 93–115.

Bautz, Julius: Geschichte des deutschen Männergesangs in übersichtlicher Darstellung, Frankfurt am Main 1890.

Beck, Adolf (Hrsg.): Diotima und ihr Haus. Briefe von Susette und Jacob Friedrich Gontard, Tübingen 1955/56.

Beck, Kurt: Rat und Kirche. Der Rat der Freien Reichsstadt Frankfurt am Main und das evangelisch lutherische Predigerministerium, Frankfurt am Main 1981.

Becker, Bernhard: Geschichte der Arbeiter-Agitation Ferdinand Lassalle's. Nach authentischen Aktenstücken, Braunschweig 1875.

Becker, Hans Jürgen: Der Städel-Paragraph (Paragraph 84 BGB), in: Festschrift Heinz Hübner, Berlin und New York 1984, S. 21–33.

Beckert, Sven: The Monied Metropolis. New York City and the Consolidation of the American Bourgeoisie, 1850–1896, Cambridge/New York 2001.

Beckh, Marie-Luise: Ahnen der Familie Andreae, 2 Tle., Frankfurt am Main 1981/82.

Beetz, Manfred: Überlebtes Welttheater: Goethes autobiographische Darstellung der Wahl und Krönung Josephs II. in Frankfurt am Main 1764, in: Jörg J. Berns, Thomas Rahm (Hrsg.): Zeremoniell als höfische Ästhetik im Spätmittelalter und Früher Neuzeit, Tübingen 1995, S. 572–599.

Behagel, Isaak: Stammbuch des Behagelischen Geschlechts 1712–1744. Mit Nachträgen bis 1883, Ms., Frankfurt am Main o. J.

Behnen, Michael: Probleme des Frühantisemitismus in Deutschland (1815–1848), in: Blätter für deutsche Landesgeschichte 112, 1976, S. 245–279.

Behringer, Wolfgang: Fugger und Taxis. Der Anteil Augsburger Kaufleute an der Entstehung des europäischen Kommunikationssystems, in: J. Burkhardt (Hrsg.): Augsburger Handelshäuser im Wandel des historischen Urteils, Berlin 1996, S. 241–248.

Behringer, Wolfgang: Post, Zeitung, Reichsverfassung. Machtkämpfe zu Beginn des Zeitungswesens, in: Klaus Beyrer und Martin Dallmeier (Hrsg.): Als die Post noch Zeitung machte. Eine Pressegeschichte, Frankfurt am Main und Gießen 1994, S. 40–63.

Bein, Alex: Die Judenfrage. Biographie eines Weltproblems, 2 Bde., Stuttgart 1980.

Bender, Johann Heinrich: Die Entstehung der Constitutions-Ergänzungs-Acte der freien Stadt Frankfurt vom Jahre 1816, Frankfurt am Main 1848.

Bender, Johann Heinrich: Der frühere und jetzige Zustand der Israeliten zu Frankfurt am Main. Nebst Verbesserungsvorschlägen, Frankfurt am Main 1833.

Benzing, Josef: „Emmel, Egenolff“, in: Neue Deutsche Biographie 4 (1959), S. 482 [Onlinefassung]; URL: http://www.deutsche-biographie.de/pnd135903998.html (letzter Zugriff am 13. März 2011).

Berger, Frank: Der Bankier, in: Anna Schnädelbach, Michael Lennarz und Jürgen Steen (Hrsg.): Frankfurter Demokratische Moderne und Leopold Sonnemann. Jude – Verleger – Politiker – Mäzen, Frankfurt am Main 2009, S. 58–77.

Berger, Frank: Frankfurt und das Ende des Alten Reiches, in: Evelyn Brockhoff und Michael Matthäus (Hrsg.): Die Kaisermacher. Frankfurt am Main und die Goldene Bulle. 1356–1806, Frankfurt am Main 2006, S. 162–169.

Berger, Helmut: Dem Flor des Handels dienen. Schlaglichter einer Ausstellung von Dokumenten zur Kammergeschichte anläßlich des 175jährigen Jubiläums der Industrie- und Handelskammer Frankfurt am Main, Frankfurt am Main 1983.

Berger, Johannes: Modernitätsbegriffe und Modernitätskritik in der Soziologie, in: Soziale Welt 39, 1988, S. 224–236.

Berger, Johannes: Was behauptet die Modernisierungstheorie wirklich – und was wird ihr nur unterstellt?, in: Leviathan 24, H. 1, 1996, S. 45–62.

Bernay, Arnold: Reichstradition und Nationalstaatsgedanke 1789–1815, in: Historische Zeitschrift 140, 1929, S. 55–86.

Bernays, Guillaume: Schicksale des Großherzogthums Frankfurt und seiner Truppen. Eine kulturhistorische und militärische Studie aus der Zeit des Rheinbundes, Berlin 1882.

Bethmann, Moritz von: Ausführliche Beantwortung der mir von dem Reichscommerzcollegio allerhöchst ertheilten Instruction. Frankfurt, den 30. September 1803, nach Wilfried Forstmann: Ein Dokument zur wirtschaftlichen Lage Frankfurts im Jahr 1803, in: Archiv für Frankfurts Geschichte und Kunst 53, 1973, S. 109–115.
Beurmann, Eduard: Frankfurter Bilder, Mainz 1835.
Beutler, Ernst: Freies Deutsches Hochstift. Ansprachen gehalten am 10. und 11. November 1934 zur Feier des fünfundsiebzigjährigen Bestehens des Freien Deutschen Hochstifts und zum 175. Geburtstage Schillers, Halle a. d. Saale 1935.
Beutler, Ernst: Neunzig Jahre Freies Deutsches Hochstift. Rückblick und Ausblick, 10. November 1949, Wiesbaden 1949.
Beyrer, Klaus, und Dallmeier, Martin (Hrsg.): Als die Post noch Zeitung machte. Eine Pressegeschichte, Frankfurt am Main und Gießen 1994.
Biedermann, Flodard und Wolfgang Herwig Freiherr von (Hrsg.): Goethes Gespräche, 5 Bde., Zürich und Stuttgart 1971.
Billerbeck, Karl: Geschichte der Loge Zur Einigkeit zu Frankfurt a. M. von 1892–1917. Zur Feier ihres 175jährigen Bestehens verfasst, Frankfurt am Main 1917.
Bilz, Wolfram: Die Großherzogtümer Würzburg und Frankfurt. Ein Vergleich, Würzburg 1968.
Bing, Anton: Erinnerungen an die Schulzeit am Philantropin (1847–1856). Gedenkblätter zur Säkularfeier der Realschule der israelitischen Gemeinde zu Frankfurt am Main, Frankfurt am Main 1904.
Bing, Anton: Rückblick auf die Geschichte des Frankfurter Stadttheaters von dessen Selbständigkeit (1792) bis zur Gegenwart, 2 Bde., Frankfurt am Main 1892 u. 1896.
Birker, Karl: Die Deutschen Arbeiter-Bildungsvereine 1840–1870, Berlin 1973.
Bismarck, Otto Eduard Leopold von: Gedanken und Erinnerungen, Stuttgart 1959.
Blackbourn, David, und Eley, Geoff: The Peculiarities of German History. Bourgeois Society and Politics in Nineteenth-Century Germany, Oxford/New York 1984.
Blainville, J. de: Reisebeschreibung durch Holland, Oberdeutschland und die Schweiz, besonders aber durch Italien aus des Verfassers eigener Handschrift, 5 Bde. Lemgo 1764–1767.
Blanning, Timothy C. W.: Joseph II., London 1994.
Blecken, Frank: Historische Parks in Frankfurt am Main, in: Tom Koenigs (Hrsg.), Stadt-Parks, Frankfurt am Main und New York 1993, S. 80–117.
Bleicher, Heinrich: Statistische Beschreibung der Stadt Frankfurt am Main, 2 Bde., Frankfurt am Main 1895.
Blickle, Peter: Kommunalismus, Parlamentarismus, Republikanismus, in: Historische Zeitschrift 242, 1986, S. 529–556.
Boch, Rudolf: Grenzenloses Wachstum? Das rheinische Wirtschaftsbürgertum und seine Industrialisierungsdebatte 1814–1857, Göttingen 1991.
Boch, Rudolf: Von der „begrenzten“ zur forcierten Industrialisierung. Zum Wandel ökonomischer Zielvorstellungen im rheinischen Wirtschaftsbürgertum 1815–1848, in: Hans-Jürgen Puhle (Hrsg.): Bürger in der Gesellschaft der Neuzeit. Wirtschaft – Politik – Kultur, Göttingen 1991, S. 133–155.
Bock, Hartmut: Die Chronik der Eisenberger. Edition und Kommentar. Bebilderte Geschichte einer Beamtenfamilie der deutschen Renaissance – Aufstieg in den Wetterauer Niederadel und das Frankfurter Patriziat, Frankfurt am Main 2001.
Bock, Helmut: Ludwig Börne. Vom Ghettojuden zum Nationalschriftsteller, Berlin 1962.
Bödeker, Hans Erich: Das Kaffeehaus als Institution aufklärerischer Geselligkeit, in: Étienne François (Hrsg.): Sociabilité et société bourgeoise en France, en Allemagne et en Suisse, 1750–1850, Paris 1986, S. 65–79.
Boehle, Fritz: Zur 50. Jahrfeier des Frankfurter Turnvereins 1833–1910, Frankfurt am Main 1910.
Böhme, Günther (Hrsg.): Geistesgeschichte im Spiegel einer Stadt. Frankfurt am Main und seine großen Persönlichkeiten, Frankfurt am Main 1986.
Böhme, Helmut: Frankfurt und Hamburg. Des Deutschen Reiches Silber- und Goldloch und die allerenglichste Stadt des Kontinents, Frankfurt am Main 1968.
Böhme, Helmut: Stadtregiment, Repräsentativverfassung und Wirtschaftskonjunktur in Frankfurt am Main und Hamburg im 19. Jahrhundert, in: Esslinger Studien 15, 1969, S. 75–146.
Bormann, Oskar: Johann Nepomuk Schelble 1789–1837. Sein Leben, sein Wirken und seine Werke. Ein Beitrag zur Musikgeschichte in Frankfurt am Main, Diss., Frankfurt am Main 1928.

Börne, Ludwig: Briefe aus Frankfurt 1820–1821, Frankfurt am Main 1986.
Börne, Ludwig: Über Freimaurerei. Rede gehalten 1811. Zur Erinnerung an die am 5. Mai 1886 in der Loge Zur aufgehenden Morgenröthe in Frankfurt am Main begangene Feier des 100. Geburtstages ihres ehemaligen Mitgliedes, des Bruders Ludwig Börne, Frankfurt am Main 1886.
Börne, Ludwig: Der ewige Jude, in: Ludwig Börne: Sämtliche Schriften. Hrsg. v. Inge u. Peter Rippmann, 5 Bde., Düsseldorf u. a. 1964–1977, Bd. 2, S. 492.
Börne, Ludwig: Sämtliche Schriften. Hrsg. v. Inge und Peter Rippmann, 5 Bde., Düsseldorf u. a. 1964–1977.
Börne, Ludwig: Monographie der deutschen Postschnecke. Beitrag zur Naturgeschichte der Mollusken und Testazeen (1821), in: Ludwig Börne: „Wie man nur selbst nicht zaghaft ist ...". Kritiken, Essays – Skizzen, Briefe, Berlin 1953, S. 68–94.
Börne, Ludwig: „Über das Schmollen der Weiber". Berliner Briefe an Jeanette Wohl und andere Schriften. Hrsg. u. kommentiert v. Willi Jasper, Köln 1987.
Bosslet, Norbert: Benediktinerabtei Stift Neuburg, Regensburg 2000.
Bothe, Friedrich: Festgabe zur Fünfundsiebzig-Jahrfeier des Vereins für Geschichte und Alterthumskunde zu Frankfurt am Main. Frankfurts Wirtschaftsleben im Mittelalter, Tübingen 1933.
Bothe, Friedrich: Geschichte der Stadt Frankfurt am Main, Frankfurt am Main 1913.
Bott, Gerhard: Die angenehme Lage der Stadt Frankfurt am Main, Frankfurt am Main 1954.
Bouneau, Christophe: The Pereires' International Strategy for Railway Construction in the 1850s and 1860s, in: Ralf Roth and Günter Dinhobl (Hrsg.): Across the Borders – Financing the World's Railways in the Nineteenth and Twentieth Centuries, Aldershot 2008, S. 15–24.
Brake, Ludwig: Die ersten Eisenbahnen in Hessen. Eisenbahnpolitik und Eisenbahnbau in Frankfurt, Hessen-Darmstadt, Kurhessen und Nassau bis 1866, Wiesbaden 1991.
Bräuer, Karl: Das Gesindewesen im alten Frankfurt, in: Alt-Frankfurt 4, 1912, S. 97–104.
Braunfels, Ludwig: Staat und Stadt Frankfurt, in: Die Gegenwart. Eine encyclopädische Darstellung der neuesten Zeitgeschichte für alle Stände, Bd. 5, Leipzig 1850, S. 376–382.
Braunthal, Julius: Geschichte der Internationale, 3 Bde., 3. Aufl., Berlin und Bonn 1978.
Brentano, Peter Anton: Schattenzug der Ahnen der Dichtergeschwister Clemens und Bettina Brentano, Regensburg 1940.
Brockhoff, Evelyn, und Matthäus, Michael (Hrsg.): Die Kaisermacher. Frankfurt am Main und die Goldene Bulle. 1356–1806, Frankfurt am Main 2006.
Bromberger, Barbara, und Mausbach, Katja: Frauen in Frankfurt. Spuren vergessener Geschichte, Frankfurt am Main 1987.
Brüll, Adolf: Zur Geschichte der Loge zur aufgehenden Morgenröthe in Frankfurt am Main. Von ihrer Gründung am 16. August 1807 bis auf die Gegenwart. Fest-Schrift aus Anlass der Hundertjahr-Feier der Loge, Frankfurt am Main 1907.
Brunner, Otto: Souveränitätsprobleme und Sozialstruktur in den deutschen Reichsstädten der frühen Neuzeit, in: Vierteljahreshefte für Sozial- und Wirtschaftsgeschichte, 1963, S. 329–360.
Büssem, Eberhard: Die Karlsbader Beschlüsse von 1819. Die endgültige Stabilisierung der restaurativen Politik im Deutschen Bund nach dem Wiener Kongreß von 1814/15, Hildesheim 1974.
Bund, Konrad: 400 Jahre Niederländische Gemeinde Augsburger Konfession zu Frankfurt am Main 1585–1985, Frankfurt am Main 1985.
Burgdorf, Wolfgang: Reichskonstitution und Nation. Verfassungsreformprojekte für das Heilige Römische Reich Deutscher Nation im politischen Schrifttum von 1648 bis 1806, Mainz 1998.
Burnitz, Gustav: Bevölkerung nach Beruf, Erwerbsverhältnisse und Nahrungsstand, in: Beiträge zur Statistik der freien Stadt Frankfurt 1, H. 5, 1863, S. 9–10.
Burnitz, Gustav: Die Bevölkerung der freien Stadt Frankfurt und ihres Gebiets. Nach den Originalaufzeichnungen der Volkszählung vom 3. Dezember 1858, in: Beiträge zur Statistik der freien Stadt Frankfurt 1, H. 3, 1861, S. 21–27.
Busch, August: Die Besiedelung des Frankfurter Stadtgebietes und die Befriedigung des Wohnungsbedürfnisses der Bevölkerung, Frankfurt am Main 1919.

Carsten, Francis L.: The Arbeiterbildungsvereine and the Foundation of the Social-Democratic Workers Party in 1869, in: European Historical Review 107, 1992, S. 361–378.

Clark, Chester W.: Franz Joseph and Bismarck. The Diplomacy of Austria before the War of 1866, Cambridge 1934.
Claussen, Detlev: „Vom Judenhaß zum Antisemitismus". Materialien einer verleugneten Geschichte, Darmstadt 1987.
Conze, Werner: Art. „Mittelstand", in: Otto Brunner u. a. (Hrsg.): Geschichtliche Grundbegriffe. Historisches Lexikon zur politisch-sozialen Sprache in Deutschland, 8 Bde., Stuttgart 1972–1997, Bd. 4, S. 49–92.
Conze, Werner: Vom „Pöbel" zum „Proletariat". Sozialgeschichtliche Voraussetzungen für den Sozialismus in Deutschland, in: Vierteljahreshefte für Sozial- und Wirtschaftsgeschichte 41, 1954, S. 333–364.
Conze, Werner, und Kocka, Jürgen (Hrsg.): Bildungsbürgertum im 19. Jahrhundert, 4 Tle., Stuttgart 1985–1992.
Conze, Werner: Möglichkeiten und Grenzen der liberalen Arbeiterbewegung in Deutschland. Das Beispiel Schulze-Delitzsch, Heidelberg 1965.
Cowles, Virginia: The Rothschilds. A Family of Fortune, London 1973.
Craig, Gordon A.: Die preußisch-deutsche Armee 1640–1945. Staat im Staate, Düsseldorf 1980.
Craig, Gordon A.: Königgrätz, München 1987.

Dahl, Wilhelm Frithjof: Die Tätigkeit des Baumeisters Salins de Montfort in Frankfurt am Main, Frankfurt am Main 1929.
Dallmeier, Martin: Zur Frühzeit der Frankfurter Presse. Die Avisen der ersten Frankfurter Postmeister, in: Klaus Beyrer und Martin Dallmeier (Hrsg.): Als die Post noch Zeitung machte. Eine Pressegeschichte, Frankfurt am Main und Gießen 1994, S. 32–39.
Dann, Otto: Die bürgerliche Vereinsbildung in Deutschland und ihre Erforschung, in: Étienne François (Hrsg.): Sociabilité et société bourgeoise en France, en Allemagne et en Suisse, 1750–1850, Paris 1986, S. 43–51.
Dann, Otto (Hrsg.): Vereinswesen und bürgerliche Gesellschaft in Deutschland, München 1984.
Danz, Johann Ernst Heinrich: Gedrängte Darstellung und Inbegriff der wesentlichen Bestandteile der alten durch kaiserliche Privilegien, Bürgervertrag und Allerhöchste kaiserliche Entscheidung regulirten Verfassung der freien Stadt Frankfurt, Frankfurt am Main 1816.
Darmstaedter, Paul: Das Großherzogtum Frankfurt. Ein Kulturbild aus der Rheinbundzeit, Frankfurt am Main 1901.
Dechent, Hermann: Die Anfangszeit der Aufklärung in Frankfurt am Main. Festgabe für Friedrich Clemens Ebrard, o. O. 1920.
Dechent, Hermann: Familiengeschichte, besonders Holzhausen und Finger, Ms., Frankfurt am Main 1927.
Dechent, Hermann, und Steitz, Georg Eduard: Geschichte der von Antwerpen nach Frankfurt am Main verpflanzten Niederländischen Gemeinde Augsburger Confession. Zur Feier des 300jährigen Bestehens der Gemeinde, Frankfurt am Main 1885.
Dechent, Hermann: Kirchengeschichte von Frankfurt am Main seit der Reformation, 2 Bde., Frankfurt am Main 1921.
Decot, Rolf (Hrsg.): Kontinuität und Innovation um 1803. Säkularisation als Transformationsprozess. Kirche – Theologie – Kultur – Staat, Mainz 2005.
Demeter, Karl: Die Frankfurter Loge zur Einigkeit 1742–1966. Ein Beitrag zur deutschen Geistes- und Sozialgeschichte, Frankfurt am Main 1967.
Dessoff, Albert: Kunst und Künstler in Frankfurt am Main im 19. Jahrhundert, 2 Bde., Frankfurt am Main 1909.
Detig, Alfred: Frankfurt, seine Eisenbahnpolitik und die Entwicklung des Verkehrs auf den Eisenbahnen bis 1866, Diss., Frankfurt am Main 1921.
Diamond, Sigmund (eds.): A Casual View of America. The Home Letters of Salomon de Rothschild, 1859–1861, New York 1962.
Diestelkamp, Helmut (Hrsg.): Das Reichskammergericht am Ende des Alten Reiches und sein Fortwirken im 19. Jahrhundert, Köln u. a. 2002.
Diestelkamp, Helmut (Hrsg.): Oberste Gerichtsbarkeit und zentrale Gewalt im Europa der Frühen Neuzeit, Köln u. a. 1996.

Dietz, Alexander: Frankfurter Bürgerbuch. Geschichtliche Mitteilungen über 600 bekannte Frankfurter Familien aus der Zeit vor 1806, Frankfurt am Main 1897.
Dietz, Alexander: Frankfurter Handelsgeschichte, 4 Bde., Frankfurt am Main 1910–1925.
Dietz, Alexander: Geschichte der Familie Andreae. Frankfurter Zweig, Frankfurt am Main 1923.
Dohm, Christian Wilhelm: Über die bürgerliche Verbesserung der Juden, 2 Tle., Berlin und Stettin 1781 u. 1783.
Döhmen, Ludwig: Frankfurts Handel während der französischen Revolution, Diss., Borna/Leipzig 1927.
Dölemeyer, Barbara: Reichsrecht, politische Propaganda und Festbeschreibung in den Wahl- und Krönungsdiarien, in: Evelyn Brockhoff und Michael Matthäus (Hrsg.): Die Kaisermacher. Frankfurt am Main und die Goldene Bulle. 1356–1806, Frankfurt am Main 2006, S. 140–151.
Doll, Natascha: Recht, Politik und ‚Realpolitik' bei August Ludwig von Rochau (1810–1873). Ein wissenschaftsgeschichtlicher Beitrag zum Verhältnis von Politik und Recht im 19. Jahrhundert, Frankfurt am Main 2005.
Dorda, Ulrike M.: Johann Aloys Joseph Reichsfreiherr von Hügel (1754–1825). Ein Leben zwischen Kaiser und Reich im napoleonischen Deutschland, Würzburg 1969.
Dorien, Kurt Karl August: Der Bericht des Herzogs Ernst II. von Koburg über den Frankfurter Fürstentag 1863, München 1910.
Dorwart, Reinhold August: The Administrative Reforms of Frederick William I of Prussia, Cambridge/Mass. 1953.
Döry, Ludwig Baron: Der lange Weg zum Goethedenkmal, in: Historisches Museum Frankfurt: Trophäe oder Leichenstein? Kulturgeschichtliche Aspekte des Geschichtsbewußtseins in Frankfurt im 19. Jahrhundert, Frankfurt am Main 1978, S. 280–302.
Dowe, Dieter, und Offermann, Toni (Hrsg.): Deutsche Handwerker- und Arbeiterkongresse 1848–1852. Protokolle und Materialien, Berlin und Bonn 1983.
Droz, Jacques: Liberale Anschauungen zur Wahlrechtsfrage und das preußische Dreiklassenwahlrecht, in: Ernst-Wolfgang Böckenförde (Hrsg.): Moderne deutsche Verfassungsgeschichte. Königstein/Ts. 1981, S. 232–251.
Dubnow, Simon M.: Weltgeschichte des jüdischen Volkes, Bd. 9: Die neueste Geschichte des jüdischen Volkes. Das Zeitalter der ersten Reaktion und der zweiten Emanzipation (1815–1881), Berlin 1929.
Duchhardt, Heinz: Frankfurt am Main im 18. Jahrhundert, in: Frankfurter Historische Kommission (Hrsg.): Frankfurt am Main. Die Geschichte der Stadt, Sigmaringen 1991, S. 261–302.
Düding, Dieter: Das deutsche Nationalfest von 1814. Matrix der deutschen Nationalfeste im 19. Jahrhundert, in: Dieter Düding, Peter Friedemann, Paul Münch (Hrsg.): Öffentliche Festkultur. Politische Feste in Deutschland von der Aufklärung bis zum Ersten Weltkrieg, Reinbek 1988, S. 67–88.
Dülmen, Andrea van (Hrsg.): Frauenleben im 18. Jahrhundert, Frankfurt am Main 1992.
Dülmen, Andrea van: Das irdische Paradies: bürgerliche Gartenkultur der Goethezeit, Köln 1999.
Dülmen, Richard van: Die Gesellschaft der Aufklärer, Frankfurt am Main 1986.
Dülmen, Richard van: Formierung der europäischen Gesellschaft in der frühen Neuzeit, in: Geschichte und Gesellschaft 7, 1981, S. 5–41.
Dusse, Ulrich: Deutsch Evangelisch-Reformierte Gemeinde Frankfurt am Main 1555–1980. Wegweiser durch die Gemeinde, Frankfurt am Main 1980.

Ebrard, Friedrich Clemens: Die französisch-reformierte Gemeinde in Frankfurt am Main 1554–1904, Frankfurt am Main 1906.
Ebrard, Friedrich Clemens, und Nathusius-Neinstedt, Heinrich von: Geschichte des uradligen Hauses Bary 1223–1903, Frankfurt am Main 1904.
Eckert, Christian: Rheinschiffahrt im 19. Jahrhundert. Staats- und socialwissenschaftliche Forschung, Bd. 18, Heft 5, Leipzig 1900.
Ehlers, Rudolph: Ein Kirchenverfassungsversuch für die vereinten evangelischen Gemeinden in Frankfurt am Main 1822–1826, Frankfurt am Main 1887.
Ehrlich, Wilfried: „... nach besten synnen und vernunften ...". Geschichte der Stadtvermessung in Frankfurt am Main, Frankfurt am Main 1987.
Eilers, Gerd: Meine Wanderung durchs Leben, 2 Bde., Leipzig 1856.
Eisfeld, Gerhard: Die Entstehung der liberalen Parteien in Deutschland 1858–1870. Studie zu den Organisationen und Programmen der Liberalen und Demokraten, Diss., Hannover 1969.

Emrich, Willi: Bildnisse Frankfurter Demokraten, Frankfurt am Main 1956.
Engelhardt, Hanns: Die anglikanische Gemeinde in Frankfurt. Vom Anfang des 19. Jahrhunderts bis zum Zweiten Weltkrieg, in: Archiv für Frankfiurts Geschichte und Kunst 53, 1973, S. 145–160.
Engelhardt, Ulrich: Bildungsbürgertum. Begriffs- und Dogmengeschichte eines Etiketts, Stuttgart 1986.
Engelmann, Alfred: Die Brentano am Comer See, München 1974.
Engelsing, Rolf: Das häusliche Personal in der Epoche der Industrialisierung, in: ders. (Hrsg.): Zur Sozialgeschichte deutscher Mittel- und Unterschichten, Göttingen 1978, S. 225–261.
Enzensberger, Hans-Magnus: Requiem für eine romantische Frau. Die Geschichte von Auguste Bussmann und Clemens Brentano. Nach gedruckten und ungedruckten Quellen überliefert, Berlin 1988.
Epstein, Klaus: Die Ursprünge des Konservativismus in Deutschland. Der Ausgangspunkt. Die Herausforderung durch die Französische Revolution 1770–1806, Frankfurt am Main 1973.
Erb, Rainer, und Bergmann, Werner: „Die Nachtseite der Judenemanzipation". Der Widerstand gegen die Integration der Juden in Deutschland 1780–1860, Berlin 1989.
Estermann, Alfred (Hrsg.): Ludwig Börne 1786–1837, Frankfurt am Main 1986.
Estermann, Alfred: Ich habe mit Frankfurt gelacht und getrauert. Werk und Leben des Schriftstellers Friedrich Stoltze, Frankfurt am Main 1988.
Eyck, Erich: Der Vereinstag deutscher Arbeitervereine 1863–1868. Ein Beitrag zur Entstehungsgeschichte der deutschen Arbeiterbewegung, Berlin 1904.
Eyll, Klara van: Stadtadreßbücher als Quelle für die wirtschafts- und sozialhistorische Forschung – das Beispiel Köln, in: Zeitschrift für Unternehmensgeschichte 24, 1979, H. 3, S. 12–26.

Färber, Konrad M., Klose, Albrecht, und Reidel, Hermann (Hrsg.): Carl von Dalberg. Erzbischof und Staatsmann (1744–182), Regensburg 1994.
Färber, Konrad M.: Der Rheinbund und Dalbergs Pläne für eine Rheinbund-Verfassung, in: Konrad M. Färber, Albrecht Klose und Hermann Reidel (Hrsg.): Carl von Dalberg. Erzbischof und Staatsmann (1744–182), Regensburg 1994, S. 146–150.
Fechner, Jörg-Ulrich: Johann Georg Schlossers Lesegesellschaft in Frankfurt. Hinweise auf eine Spurensuche, in: Johann Georg Schlosser. 1739–1799, Karlsruhe 1989, S. 91–102.
Fehrenbach, Elisabeth: Der Kampf um die Einführung des Code Napoléon in den Rheinbundstaaten, Wiesbaden 1973.
Fehrenbach, Elisabeth: Traditionale Gesellschaft und revolutionäres Recht. Die Einführung des Code Napoléon in den Rheinbundstaaten, Göttingen 1974.
Fehrenbach, Elisabeth: Verfassungs- und sozialpolitische Reformen und Reformprojekte in Deutschland unter dem Einfluß des napoleonischen Frankreichs, in: Historische Zeitschrift 228, 1979, S. 288–316.
Fehrenbach, Elisabeth: Vom Ancien Régime zum Wiener Kongreß, 2., überarb. Aufl., München 1986.
Feilchenfeldt, Konrad: Brentano Chronik. Daten zu Leben und Werk, München und Wien 1978.
Ferguson, Niall: Die Geschichte der Rothschilds. Propheten des Geldes, 2 Bde., München 2002.
Ferguson, Niall: The World's Banker. The History of the House of Rothschild, London 1998.
Fey, Anselm: Die Feier des 50jährigen Bestehens der Frankfurter Turngemeinde, Frankfurt am Main 1911.
Fichard, Johann Carl von (genannt Baur von Eyseneck): Vorrede, in: Wetteravia. Zeitschrift für teutsche Geschichte und Rechtsalterthümer 1, 1828, S. III–VIII.
Fichard, Johann Karl von: Die Entstehung der Reichsstadt Frankfurt am Main und die Verhältnisse ihrer Bewohner, Frankfurt am Main 1819.
Finger, F. A.: Der Weinbrunnen auf dem Römerberg, in: Mittheilungen an die Mitglieder des Vereins für Geschichte und Alterthumskunde in Frankfurt am Main 6, 1881, S. 169–174.
Finger, Lorenz Friedrich: Frankfurt unter Carl von Dalberg. Vortrag gehalten im christlichen Verein junger Kaufleute am 13. November 1876, Frankfurt am Main 1876.
Fischer, Christian August: Katzensprung von Frankfurt nach München, Leipzig 1821.
Fischer, Ilse, und Krause, Werner: August Bebel 1840–1913. Ein Großer der deutschen Arbeiterbewegung. Ausstellungskatalog, 2. Aufl., Köln 1989.
Fischer, Joachim: Die Notizen des Adolph Harnier 1866, in: Archiv für Frankfurts Geschichte und Kunst 51, 1968, S. 101–106.

Fischer, Roman: Die Säkularisation in Frankfurt 1803 und ihre Auswirkungen, in: Jahrbuch der Hessischen Kirchengeschichtlichen Vereinigung 55, 2004, S. 111–118.
Fischer, Wolfram: Der deutsche Zollverein. Fallstudie einer Zollunion, in: ders.: Wirtschaft und Gesellschaft im Zeitalter der Industrialisierung. Göttingen, 1972, S. 114–123.
Flehr, Helmut: Geschichte des Ärztlichen Vereins in Frankfurt am Main und sein standespolitisches Wirken, Diss., Mainz 1982.
Flick, Karl Emil: Festschrift zur 140-Jahrfeier der Frankfurter Geographischen Gesellschaft, Frankfurt am Main 1980.
Flora, Peter: Modernisierungsforschung. Zur empirischen Analyse der gesellschaftlichen Entwicklung, Opladen 1974.
Florian, Ludwig: 95 Jahre Mitteldeutsche Creditbank 1856–1951. Ein Rückblick, Frankfurt am Main 1951.
Flöter, Jonas, und Wartenberg, Günther: Die Dresdener Konferenz 1850/51. Föderalisierung des Deutschen Bundes versus Machtinteressen der Einzelstaaten, Leipzig 2002.
Flührer, Wilhelm: Der Frankfurter Liederkranz 1828–1928. Ein Ausschnitt aus der Frankfurter und der deutschen Kulturgeschichte, Frankfurt am Main 1928.
Flührer, Wilhelm, Frankfurt und Eisenbahnen 1835–1888, Ms., Frankfurt am Main 1940.
Foerster, Cornelia: Das Hambacher Fest 1832. Volksfest und Nationalfest einer oppositionellen Massenbewegung, in: Dieter Düding, Peter Friedemann, Paul Münch (Hrsg.): Öffentliche Festkultur. Politische Feste in Deutschland von der Aufklärung bis zum Ersten Weltkrieg, Reinbek 1988, S. 113–131.
Foerster, Cornelia: Der Preß- und Vaterlandsverein von 1832/33. Sozialstruktur und Organisationsformen der bürgerlichen Bewegung in der Zeit des Hambacher Festes, Trier 1982.
Foltz-Eberle u. a.: Frankfurt am Main in topographischer und statistischer Hinsicht. Ein Führer für Fremde und Einheimische. Neue Ausgabe mit Zusätzen und Verbesserungen in einem Anhang und einem vermehrten und verbesserten Situationsplan, Frankfurt am Main 1860.
Fontane, Theodor: Der deutsche Krieg von 1866, 2 Bde., Bad Langensalza 1871 (ND Berlin 2006).
Forster, Georg: Darstellung der Revolution in Mainz, in: Forsters Werke in zwei Bänden, Berlin und Weimar 1979, S. 152–214.
Forstmann, Wilfried: Ein Dokument zur wirtschaftlichen Lage Frankfurts im Jahr 1803, in: Archiv für Frankfurts Geschichte und Kunst 53, 1973, S. 109–115
Forstmann, Wilfried: Frankfurt am Main in wilhelminischer Zeit, in: Frankfurter Historische Kommission (Hrsg.): Frankfurt am Main. Die Geschichte der Stadt, Sigmaringen 1991, S. 349–422.
Forstmann, Wilfried: Simon Moritz von Bethmann 1768–1826, Bankier, Diplomat und politischer Beobachter, Frankfurt am Main 1973.
Forstmann, Wilfried: Die Frankfurter Wirtschaft am Ende des Alten Reiches und die Gründung der Handelskammer 1750–1834, in: Werner Plumpe und Dieter Rebentisch (Hrsg.): „Dem Flor der hiesigen Handlung“. 200 Jahre Industrie- und Handelskammer Frankfurt am Main, Frankfurt am Main 2008, S. 14–43.
Forstmann, Wilfried: Die Zusammenarbeit der Geldinstitute in Konsortien vor 1870. Zur Entstehungsgeschichte des Emmissionskonsortiums für die österreichiche Métalliques-Anleihe von 1818, in: Bankhistorisches Archiv, Beihefte 15, 1989, S. 18–27.
Frank, Bernhard: Die Frankfurter Theater AG (1792–1842) in ihrer Entwicklung von der „Nationalbühne“ zur „Frankfurter Volksbühne“. Ein Beitrag zur Erforschung von Schauspiel-Stil und -Regie des 19. Jahrhunderts, Frankfurt am Main 1967.
Frank, Ernst M.: Lyrik der Romantik, München 1986.
Franke, Hanny: Hundert Jahre Frankfurter Künstlergesellschaft 1857–1957. Ein Rückblick, Frankfurt am Main 1957.
Frankfurter Historische Kommission (Hrsg.): Frankfurt am Main. Die Geschichte der Stadt, Sigmaringen 1991.
Franz, Eckhart G.: Der Finanzplatz Frankfurt und die Hof- und Staatsfinanzen der hessischen Fürstenstaaten, in: Blätter für deutsche Landesgeschichte 125, 1989, S. 43–62.
Freidel, Frank: A German-American Observer at the Frankfurt Parliament of 1848, in: The American German Review 15, 1949, S. 7–9.
Freitag, Sabine: Friedrich Hecker. Biographie eines Republikaners, Stuttgart 1998.

Fresenius, Philipp Joseph: An die hohe deutsche Bundesversammlung. Beurkundete Vertheidigung der Rechte der Bürgerschaft zu Frankfurt am Main gegen die Ansprüche der Judengemeinde daselbst auf völlige bürgerliche und politische Gleichstellung mit den Bürgern, Frankfurt am Main 1817.
Frevert, Ute: „Tatenarm und gedankenvoll?“ Bürgertum in Deutschland 1780–1820, in: Helmut Berding u. a. (Hrsg.): Deutschland und Frankreich im Zeitalter der Französischen Revolution, Frankfurt am Main 1989, S. 263–292.
Freyh, Antje: Karl Theodor von Dalberg. Ein Beitrag zum Verhältnis von politischer Theorie und Regierungspraxis in der Endphase des aufgeklärten Absolutismus, Frankfurt am Main u. a. 1978.
Freytag, Rudolf: Verzeichnis geschriebener und gedruckter Postberichte, Posttarife und ähnlicher Dokumente des fürstlichen Zentralarchivs Regensburg, in: Archiv für Postgeschichte in Bayern 1931, S. 15–48.
Fricke, Heinz: 150 Jahre Physikalischer Verein Frankfurt a. M., Frankfurt am Main 1974.
Friederichs, Heinz-Friedrich: Das „Schwarze Buch“ der Bundes-Zentralbehörde über revolutionäre Umtriebe 1838–42, in: Hessische Familienkunde 1, 1948, S. 30–54.
Friedjung, Heinrich: Der Kampf um die Vorherrschaft in Deutschland 1859 bis 1866, 2 Bde., 5. Aufl., Stuttgart und Berlin 1901.
Friedleben, Julius: Die Nothwendigkeit der Revision der Frankfurter Verfassung, Frankfurt am Main 1848.
Fröhlichsheim, Felix von (Pseudonym für Christian August Fischer): Katzensprung von Frankfurt a. M. nach München im Herbste 1820, Leipzig 1821, in: Robert Diehl (Hrsg.): Frankfurt am Main im Spiegel alter Reisebeschreibungen vom 15. bis zum 19. Jahrhundert, Frankfurt am Main 1939, S. 140.
Froning, Richard: Das Schützenwesen im alten Frankfurt, Frankfurt am Main o. J.
Fuchs, Friderun, und Friedrich, Magdalene: Frankfurt am Main zwischen 1836 und 1986. 150 Jahre Frankfurter Geographische Gesellschaft, Aus Anlaß der Jubiläumsausstellung der Frankfurter Geographischen Gesellschaft im Naturmuseum Senckenberg vom 6. Dezember 1986 bis 15. März 1987. Frankfurt am Main 1986.
Funck, Friedrich: Brief an die Hebräer, Frankfurt am Main 1848.

Gajek, Bernhard: „Das rechte Verhältniß der Selbständigkeit zur Hingebung“. Über Karoline von Günderrode (1780–1806), in: Christoph Jamme und Otto Pöggeler (Hrsg.): „Frankfurt aber ist der Nabel dieser Erde“. Das Schicksal einer Generation der Goethezeit, Stuttgart 1983, S. 206–226.
Gall, Lothar: Bismarck. Der weiße Revolutionär, Frankfurt am Main 1980.
Gall, Lothar: Bürgerliche Gesellschaften und Bürgerliche Gesellschaft, in: Jürgen Jeske, Lothar Gall und Ralf Roth (Hrsg.): Eine bürgerliche Institution. Die Frankfurter Gesellschaft für Handel, Industrie und Wissenschaft – Casino-Gesellschaft von 1802, Frankfurt am Main 2010, S. 11–32.
Gall, Lothar: Bürgertum in Deutschland, Berlin 1989.
Gall, Lothar (Hrsg.): Vom alten zum neuen Bürgertum. Die mitteleuropäische Stadt im Umbruch 1780–1820, München 1991.
Gall, Lothar: Die Deutsche Bank von ihrer Gründung bis zum Ersten Weltkrieg 1870–1914, in: Lothar Gall u. a. (Hrsg.): Die Deutsche Bank, München 1995, S. 1–135.
Gall, Lothar: Einleitung, in: ders. (Hrsg.): Liberalismus. 2., erw. Aufl., Königstein/Ts. 1980, S. 7–19.
Gall, Lothar (Hrsg.): FFM 1200. Traditionen und Perspektiven einer Stadt. Ausstellungskatalog. Bearb. v. Ralf Roth, Sigmaringen 1994.
Gall, Lothar: Die Germania als Symbol nationaler Identität im 19. und 20. Jahrhundert, in: Nachrichten der Akademie der Wissenschaften in Göttingen 2, 1993, S. 37–88.
Gall, Lothar: Europa auf dem Weg in die Moderne 1850–1890, München 1984.
Gall, Lothar: „Der hiesigen Stadt zu einer wahren Zierde und deren Bürgerschaft nützlich“. Städel und sein „Kunst-Institut“, Frankfurt am Main 1991.
Gall, Lothar: Frankfurt als Sitz des Paulskirchenparlaments. Deutschlands liberales und demokratisches Zentrum, in: Uwe Schultz (Hrsg.): Die Hauptstädte der Deutschen. Von der Kaiserpfalz in Aachen zum Regierungssitz Berlin, München 1993, S. 169–180.
Gall, Lothar: Von der ständischen zur bürgerlichen Gesellschaft, München 1993.
Gall, Lothar: Liberalismus und „bürgerliche Gesellschaft“. Zu Charakter und Entwicklung der liberalen Bewegung in Deutschland, in: ders. (Hrsg.): Liberalismus. 2., erw. Aufl. Königstein/Ts. 1980, S. 162–186.

Gall, Lothar: Das liberale Milieu. Die Bedeutung der Gemeinde für den deutschen Liberalismus, in: Liberalismus und Gemeinde. Dritte Rastatter Tagung zur Geschichte des Liberalismus am 10./11. November 1990, Sankt Augustin 1990, S. 17–34.
Gall, Lothar (Hrsg.): Stadt und Bürgertum im 19. Jahrhundert, München 1990.
Gall, Lothar (Hrsg.): Stadt und Bürgertum im Übergang von der traditionalen zur modernen Gesellschaft, München 1993.
Gall, Lothar: Vom Stand zur Klasse? Zur Entstehung und Struktur der modernen Gesellschaft, in: Historische Zeitschrift 261, 1995, S. 1–21.
Galliner, Arthur: The Philanthropin in Frankfurt its Educational and Cultural Significance for German Jewry, in: Leo Baeck Institute Yearbook 3, 1958, S. 169–186.
Gallwitz, Klaus (Hrsg.): Frankfurter Malerei zur Zeit des jungen Goethe, Frankfurt am Main 1982.
Gaudelius, Johann Elias: Beitrag zur Geschichte der älteren und neueren Verfassung der Reichs-Stadt Frankfurt, 2 Bde., Frankfurt am Main 1806.
Geiger, Ludwig: Die Erteilung des Bürgerrechts an die Juden in Frankfurt am Main, in: Zeitschrift für die Geschichte des Judentums 5, 1892, S. 54–74.
Gerber, Harry: Die Stadt Frankfurt am Main und ihr Gebiet, in: Heinrich Voelcker (Hrsg.): Die Stadt Goethes. Frankfurt am Main im 18. Jahrhundert, Frankfurt am Main 1932, ND Frankfurt am Main 1982, S. 17–50.
Gercken, Philipp Wilhelm: Historisch-statistische Beschreibung der freien Reichsstadt Frankfurt am Mayn und herum liegenden Gegend von Homberg, Darmstadt, Hanau, Aschaffenburg, Gelnhausen etc., Worms 1788.
Gerhard, Ernst Georg: Das Ende der katholischen Schulhoheit in der Reichsstadt Frankfurt am Main im Jahre 1802, in: Jahrbuch der Katholiken Groß Frankfurts 1933, S. 22–27.
Gerhard, Ernst Georg: Das katholische Schulwesen in Frankfurt unter dem Fürstprimas Dalberg, in: Jahrbuch der Katholiken Groß Frankfurts 1934, S. 19–26.
Gerhard, Ernst Georg: Die Säkularisation und ihre Folgen, in: Bilder aus dem Katholischen Leben der Stadt Frankfurt am Main. Hrsg. v. J. Herr, Frankfurt am Main 1939, S. 257–306.
Gerhard, Ernst Georg: Geschichte der Säkularisation in Frankfurt am Main, Paderborn 1935.
Gernhardt, Robert: „Das Frankfurter Karikaturenfieber von 1848. Rede aus Anlaß der Schenkung des ‚Bethmann Archivs' an die Stadt Frankfurt", in: Archiv für Frankfurts Geschichte und Kunst 64, 1998, S. 211–228.
Gerning, Isaac von: Skizze von Frankfurt am Main, o. O. 1800.
Gersdorff, Dagmar von (Hrsg.): Lebe der Liebe und liebe das Leben. Der Briefwechsel von Clemens Brentano und Sophie Mereau, Frankfurt am Main 1981.
Gerteis, Klaus: Bildung und Revolution. Die deutschen Lesegesellschaften am Ende des 18. Jahrhunderts, in: Archiv für Kulturgeschichte 53, 1971, S. 127–139.
Gerteis, Klaus: Die deutschen Städte in der frühen Neuzeit. Zur Vorgeschichte der „bürgerlichen Welt", Darmstadt 1986.
Gerteis, Klaus: Leopold Sonnemann. Ein Beitrag zur Geschichte des demokratischen Nationalstaatsgedankens in Deutschland, Frankfurt am Main 1970.
Gerteis, Klaus: Vorrevolutionäres Konfliktpotential und die Reaktion auf die Revolution in west- und südwestdeutschen Städten, in: Helmut Berding (Hrsg.): Soziale Unruhen in Deutschland während der Französischen Revolution, Göttingen 1988, S. 67–76.
Geschichte der Frankfurter Zeitung. Volksausgabe, Frankfurt am Main 1911.
Geschichte der Handelskammer zu Frankfurt am Main 1707–1908. Beiträge zur Frankfurter Handelsgeschichte, Frankfurt am Main 1908.
Gessner, Dieter: Zur Genesis der „bürgerlichen Gesellschaft" in Deutschland. Neuere Literatur zum Verhältnis von liberaler Bewegung, „bürgerlicher Gesellschaft" und Industrialisierung in der ersten Hälfte des 19. Jahrhunderts in Deutschland, in: Neue Politische Literatur 26, 1981, S. 281–291.
Gley, Werner: Die Hundertjahrfeier des Vereins für Geographie und Statistik zu Frankfurt am Main am 8. und 9. Dezember 1936, Frankfurt am Main 1937.
Glück, Kurt, und Görlich, Hermann: 150 Jahre Industrie- und Handelskammer Offenbach a. M. 1821–1971, Offenbach 1971.
Goering, Victor: Die Entwicklung des Zoologischen Gartens zu Frankfurt am Main von 1858 bis 1908, Frankfurt am Main 1908.

Goethe, Johann Wolfgang: Briefe aus dem Elternhaus. Hrsg. v. Ernst Beutler, Frankfurt am Main 1997.
Goethe, Johann Wolfgang: Dichtung und Wahrheit, Insel Taschenbuch, 3 Bde., Frankfurt am Main 1975.
Goethe, Johann Wolfgang: Goethes Werke, Sophienausgabe. Hrsg. im Auftrage der Großherzogin Sophie von Sachsen, 143 Bde., Weimar 1887–1919, Bd. I/33, Bd. I/34, Bd. IV/12, Bd. IV/1, und Bd. IV/40.
Goethe, Johann Wolfgang: Goethes Werke in Auswahl. Hrsg. v. Paul Wiegler, 6 Bde., Berlin 1949, Bd. 3.
Goethe, Johann Wolfgang: Goethes Werke, Hamburger Ausgabe. Hrsg. v. Erich Trunz, 14 Bde., 10. Aufl., München 1981/82, Bd. 4 und Bd. 9.
Goethe, Johann Wolfgang: Aus meinem Leben. Dichtung und Wahrheit. Erster Theil, Tübingen 1811.
Goethe, Johann Wolfgang: Werke, Insel Verlag, 6 Bde., Frankfurt am Main 1981.
Görlich, Hermann: Die Entwicklung der Industriestadt Offenbach a. M. und die hessische Zollpolitik in der Gründungszeit des Zollvereins, Diss., Frankfurt am Main 1922.
Grab, Walter: Der deutsche Weg der Judenemanzipation 1789–1938, München 1991.
Graetz, Heinrich: Geschichte der Juden von der ältesten Zeit bis auf die Gegenwart, 20 Bde., 2. Aufl., Leipzig 1900.
Graupe, Heinz Moshe: Die Entstehung des modernen Judentums. Geistesgeschichte der deutschen Juden 1650–1942, 2. Aufl., Hamburg 1977.
Gravenkamp, Curt: Rückblick auf Geschichte und Tätigkeit des Frankfurter Kunstvereins vom Jahre 1829 bis zum Jahre 1954. Zur Feier seines 125jährigen Bestehens hrsg. vom Frankfurter Kunstverein, Frankfurt 1954.
Grebing, Helga: Doris von der Brelie-Lewien und Hans-Joachim Franzen: Der deutsche Sonderweg in Europa 1806–1945. Eine Kritik, Stuttgart u. a. 1986.
Greuner, Hans: Rangverhältnisse im städtischen Bürgertum der Barockzeit unter besonderer Berücksichtigung der Freien Reichsstadt Frankfurt am Main, Diss., o. O. u. J. (1957).
Grün, Karl: Musik und Kultur. Festrede zur Jubelfeier der Mozartstiftung, Frankfurt am Main 1863.
Grunelius, E. M. von: Die Wiederbelebung des Frankfurter Privatbankgeschäfts, Freiburg 1925.
Gsell, Albert: Festschrift zur Erinnerung an das 100jährige Bestehen des Evangelischen Missionsvereins zu Frankfurt a. Main, gegr. am 17. November 1819, Frankfurt am Main 1919.
Günther, Karl Heinz: Geschichte der Erziehung, 7. Aufl., Berlin 1965.
Günzel, Klaus: Die Brentanos. Eine deutsche Familiengeschichte, Frankfurt am Main 1993.
Gunkel, F.: Die Frankfurter Stadtentwicklung vom Ende des Feudalismus bis zum Spätkapitalismus, Frankfurt am Main 1975.
Gut, Elias: Geschichte der Frankfurt-Loge, 1888–1928, Frankfurt am Main 1928.
Gutzkow, Karl: Börne's Leben, Hamburg 1840.
Gwinner, Philipp Friedrich: Kunst und Künstler in Frankfurt am Main vom 13. Jahrhundert bis zur Eröffnung des Städel'schen Kunstinstituts, Frankfurt am Main 1862–1867.

Haas, Fritz: Wachensturm 1833, Ms., Frankfurt am Main 1947.
Habermas, Jürgen: Strukturwandel der Öffentlichkeit, Frankfurt am Main 1990.
Hadermann, Nikolaus: Vortrag im Montagskränzchen zu Frankfurt am Main am 26. Oktober 1846 veranlaßt durch den Auftrag zur Begründung einer freien protestantischen Gemeinde, Frankfurt am Main 1846.
Hahn, Hans-Werner: Geschichte des Deutschen Zollvereins, Göttingen 1984.
Hahn, Hans-Werner: Altständisches Bürgertum zwischen Beharrung und Wandel. Wetzlar 1689–1870, München 1991.
Hale, Douglas: Ein Frankfurter Revolutionär im texanischen Unabhängigkeitskrieg, in: Archiv für Frankfurts Geschichte und Kunst 57, 1980, S. 151–166.
Hallgarten, Robert: Charles L. Hallgarten, Frankfurt am Main 1915.
Haltern, Utz: Entwicklungsprobleme der bürgerlichen Gesellschaft, in: Geschichte und Gesellschaft 5, 1979, S. 274–292.
Haltern, Utz: Bürgerliche Gesellschaft, Darmstadt 1985.
Hammerstein, Notker: Karl VII. und Frankfurt am Main, in: Archiv für Frankfurts Geschichte und Kunst 57, 1980, S. 19–48.
Hanauer, Wilhelm: Zur Statistik der jüdischen Bevölkerung in Frankfurt am Main, in: Zeitschrift für Demographie und Statistik 6, 1910, S. 137–159.

Hansert, Andreas: Bürgerkultur und Kulturpolitik in Frankfurt am Main. Eine historisch-soziologische Rekonstruktion, Frankfurt am Main 1992.
Hansert, Andreas: Zur Geschichte der Adeligen Ganerbschaft des Hauses Alten-Limpurg zu Frankfurt am Main im 19. und 20. Jahrhundert, in: Hans Körner: Frankfurter Patrizier. Historisch Genealogisches Handbuch der Adeligen Ganerbschaft Alten-Limpurg zu Frankfurt am Main. Neu bearbeitet und fortgesetzt durch Andreas Hansert, Neustadt/Aisch 2003, S. 12–25.
Hansert, Andreas: Städelscher Museums-Verein Frankfurt am Main, Frankfurt am Main 1994.
Hardtwig, Wolfgang: Der deutsche Weg in die Moderne. Die Gleichzeitigkeit des Ungleichzeitigen als Grundproblem der deutschen Geschichte 1789–1871, in: ders. (Hrsg.): Deutschlands Weg in die Moderne. Politik, Gesellschaft und Kultur im 19. Jahrhundert, München 1993, S. 9–31.
Hardtwig, Wolfgang: Großstadt und Bürgerlichkeit in der politischen Ordnung des Kaiserreichs, in: Lothar Gall (Hrsg.), Stadt und Bürgertum im 19. Jahrhundert, München 1990, S. 19–64.
Harlander, Tilman (Hrsg.): Stadtwohnen. Geschichte – Städtebau – Perspektiven, München 2007.
Harris, James F.: Arms and the People. The Bürgerwehr of Lower Franconia in 1848 and 1849, in: Konrad Jarausch und Larry Eugene Jones (eds.): Search of a Liberal Germany. Studies in the History of German Liberalism from 1789 to the Present, New York/Oxford/Munich 1990, S. 133–160.
Hartke, Wolfgang (Hrsg.): Festschrift zur Hundertjahrfeier des Vereins für Geschichte und Statistik zu Frankfurt am Main. Frankfurt am Main 1936.
Hartung, Georg Friedrich: Aus Alt-Frankfurt. Ein Reisebericht von 1808. Bearb. von Bernhard Hartung, in: Frankfurter Zeitung, Stadtblatt v. 13. Juli 1930.
Haupt, Hermann: Voltaire in Frankfurt 1753. Mit Benutzung von ungedruckten Akten und Briefen des Dichters, Berlin 1905.
Hauser, Christian: Anfänge bürgerlicher Organisation. Philhellenismus und Frühliberalismus in Südwestdeutschland, Göttingen 1990.
Haver, Ursula: Am Straßenkreuz Europas. Frankfurter Messen und Ausstellungen in Vergangenheit und Gegenwart, Frankfurt am Main 1957.
Heffter, Heinrich: Die deutsche Selbstverwaltung im 19. Jahrhundert. Geschichte der Ideen und Institutionen, Stuttgart 1950.
Hegel, Georg Friedrich Wilhelm: Die Verfassung Deutschlands, in: G. W. F. Hegel Werke in 20 Bänden, Bd. 1: Frühe Schriften, Frankfurt am Main 1971, S. 461–581.
Hegel, Georg Friedrich Wilhelm: Vorlesungen über die Philosophie der Geschichte. Theorie Werkausgabe, Bd. 12, Frankfurt am Main 1970.
Heilbrunn, Rudolf M.: Die Emanzipation der Frankfurter Juden. Vortrag, gehalten in der Gesellschaft für Christlich-Jüdische Zusammenarbeit am 28. Sept. 1958, Ms., Frankfurt am Main 1958.
Heilbrunn, Rudolf: Das Ende der freien Stadt Frankfurt, Frankfurt 1963.
Hein, Dieter: Das Stiftungswesen als Instrument bürgerlichen Handelns im 19. Jahrhundert, Ms., Frankfurt am Main 1994.
Hein, Dieter: Badisches Bürgertum. Soziale Struktur und kommunalpolitische Ziele im 19. Jahrhundert, in: Lothar Gall (Hrsg.): Stadt und Bürgertum im 19. Jahrhundert, München 1990, S. 65–96.
Hein, Dieter: Soziale Konstituierungsfaktoren des Bürgertums, in: Lothar Gall (Hrsg.): Stadt und Bürgertum im Übergang von der traditionalen zur modernen Gesellschaft, München 1993, S. 151–182.
Hein, Nils: Der Staat Karl Theodor von Dalbergs. Theoretischer Führungsanspruch und politische Ohnmacht im alten Reich und im Rheinbund (1802–1813), Diss. Frankfurt am Main 1996.
Heinemann, Isaac: Supplementary Remarks on the Secession from the Frankfurt Jewish Community Under Samson Raphael Hirsch, in: Historica Judaica 10, Nr. 2, 1948, S. 123–134.
Heinzberger, Martin: Die Entwicklung des öffentlichen Grüns in Frankfurt am Main 1804–1945, in: ders. u. a. (Hrsg.): Die Entwicklung der Gärten und Grünflächen in Frankfurt am Main, Frankfurt am Main 1988, S. 34–44.
Helbing, Claus: Die Bethmanns. Aus der Geschichte eines alten Handelshauses zu Frankfurt am Main, Wiesbaden 1948.
Hering, Robert: Nachlese zur Geschichte des Frankfurter Goethedenkmals, in: Archiv für Frankfurts Geschichte und Kunst 3, 4. F., 1932, S. 51–77.
Herold, Georg: Keine Gewerbefreiheit, Frankfurt am Main 1860.
Herre, Franz: Freiherr vom Stein. Sein Leben und seine Zeit, Köln 1973.

Herrenbrück, Ernst (Hrsg.): 400 Jahre Französisch-Reformierte Gemeinde, Frankfurt am Main, Frankfurt am Main 1954.

Herrenbrück, Ernst (Hrsg.): Die Französisch-reformierte Gemeinde Frankfurt. Ihr Bild in Vergangenheit und Gegenwart, Darmstadt und Frankfurt am Main 1961.

Herrmann, Ulrich (Hrsg.): „Die Bildung des Bürgers". Die Formierung der bürgerlichen Gesellschaft und die Gebildeten im 18. Jahrhundert, Weinheim 1982.

Hertel, Willy: Karl Theodor von Dalberg zwischen Reich und Rheinbund. Grundgedanken seiner Politik vom Regierungsantritt bis zur Gründung des Rheinbundes (1802–1806), Diss., Mainz 1953.

Herzfeld, Hans, und Engeli, Christian: Neue Forschungsansätze in der modernen Stadtgeschichte, in: Archiv für Kommunalwissenschaften 14, 1975, S. 1–21.

Herzig, Arno: Die politische Kultur der Unterschichten und ihre Bedeutung für die frühe Arbeiterbewegung, in: Arno Herzig und Günter Trautmann (Hrsg.): „Der kühnen Bahn nur folgen wir ...". Ursprünge, Erfolge und Grenzen der Arbeiterbewegung in Deutschland, 2 Bde., Hamburg 1989, Bd. 1, S. 83–100.

Hess, Martin: Die Geschichte des Frankfurter Armen-, Waisen- und Arbeitshauses von 1679–1810, Diss., Frankfurt am Main 1921.

Hess, Michael: Über die Bildung zur Humanität. Freundliche Worte an Lehrer in Bürger- und Volksschulen, Frankfurt am Main 1842.

Hess, Michael: Die Bürger- und Realschule der israelitischen Gemeinde von ihrer Entstehung im Jahre 1804 bis zu meinem Abtreten von derselben im Juli 1855, Frankfurt am Main 1857.

Hettling, Manfred: Reform ohne Revolution. Bürgertum, Bürokratie und kommunale Selbstverwaltung in Württemberg von 1800 bis 1850, Göttingen 1990.

Heuberger, Georg: Ludwig Börne Juif de Francfort, in: Alfred Estermann (Hrsg.): Ludwig Börne. Zum 200. Geburtstag des Frankfurter Schriftstellers, Frankfurt am Main 1986, S. 247–253.

Heuberger, Rachel, und Krohn, Helga: Hinaus aus Ghetto. Juden in Frankfurt am Main 1800–1950, Frankfurt am Main 1988.

Heyden, Eduard: Gallerie berühmter und merkwürdiger Frankfurter. Eine biographische Sammlung, Frankfurt am Main 1861.

Heym, Heinrich (Hrsg.): Frankfurts Pracht und Herrlichkeit. Kultur- und Sittenleben in vier Jahrhunderten, Frankfurt am Main 1971.

Heyn, Udo: Die Lehrjahre eines Bankherren. Philipp Heinrich Alexander Moritz von Bethmann, 1826–1845, in: Tradition 17, 1972, S. 209–232.

Heyn, Udo: Private Banking and Industrialization. The Case of Frankfurt am Main 1825–1875, New York 1981.

Hilger, Dietrich: Art. „Fabrik, Fabrikant", in: Otto Brunner u. a. (Hrsg.): Geschichtliche Grundbegriffe. Historisches Lexikon zur politisch-sozialen Sprache in Deutschland, 8 Bde., Stuttgart 1972–1997, Bd. 2, S. 229–252.

Hils, Evelyn: Johann Friedrich Christian Hess. Stadtbaumeister des Klassizismus in Frankfurt am Main von 1816–1845, Frankfurt am Main 1988.

Hirsch, Siegmund: Die Gedankenwelt Pestalozzis und die Anfänge des Frankfurter Philanthropins, in: Pestalozzi und Frankfurt am Main. Ein Gedenkbuch zum hundertsten Geburtstage Johann Heinrich Pestalozzis, Frankfurt am Main 1927, S. 219–230.

Hirschberg, Herbert Hermann: Der Frankfurter Fürstentag, Straßburg 1907.

Hock, Sabine: Der Verleger, in: Anna Schnädelbach, Michael Lennarz und Jürgen Steen (Hrsg.): Frankfurter Demokratische Moderne und Leopold Sonnemann. Jude – Verleger – Politiker – Mäzen Frankfurt am Main 2009, S. 100–135.

Hoede, Roland, und Bauer, Thomas: Heinrich Hoffmann. Ein Leben zwischen Wahn und Witz, Frankfurt am Main 1994.

Hoede, Roland: Die Heppenheimer Versammlung vom 10. Oktober 1847, Frankfurt am Main 1997.

Hoffmann, Heinrich: „Die 48er", in: Heinrich Hoffmann: Auf heiteren Pfaden. Gesammelte Gedichte, 2. sehr vermehrte Aufl., Frankfurt am Main 1873, S. 268.

Hoffmann, Heinrich: Lebenserinnerungen, Frankfurt am Main 1985.

Hofmann, Walter: Bilanz eines Jahrhunderts. Frankfurter Bank 1854–1954, Frankfurt am Main 1954.

Hofmann, Wolfgang: Die Entwicklung der kommunalen Selbstverwaltung von 1848 bis 1918, in: G. Püttner (Hrsg.): Handbuch der kommunalen Wissenschaften, Bd. 1: Grundlagen und Praxis, 2., neu bearb. Aufl., Berlin 1981, S. 71–85.
Hohenemser, Paul: Der Frankfurter Verfassungsstreit 1705–1732 und die kaiserlichen Kommissionen, Frankfurt am Main 1920.
Hohorst, Gerd u. a. (Hrsg.): Sozialgeschichtliches Arbeitsbuch, 2 Bde., 2., durchgesehene Aufl., München 1978.
Holl, Karl (Hrsg.): Frankfurter Musikpolitik, Frankfurt am Main 1928.
Hollerbach, Alexander: Katholische Kirche und Katholizismus vor dem Problem der Verfassungsstaatlichkeit, in: Anton Rauscher (Hrsg.): Der soziale und politische Katholizismus. Entwicklungslinien in Deutschland 1803–1963, Bd. 1, München und Wien 1981, S. 46–71.
Holthof, Ludwig: Zur Geschichte des Frankfurter Schauspielhauses, Frankfurt am Main 1878.
Hope, Nicholas Martin: The alternative to German unification. The anti-Prussian party, Frankfurt, Nassau, and the two Hessen 1859–1867, Diss., Wiesbaden 1973.
Hopp, Andrea: Jüdisches Bürgertum in Frankfurt am Main im 19. Jahrhundert, Stuttgart 1997.
Hroch, Miroslaw: Der soziale Charakter des Frankfurter Wachensturms 1833, in: Karl Obermann und Josef Polisensky (Hrsg.): Aus 500 Jahren deutsch-tschechoslowakischer Geschichte, Berlin 1958, S. 149–169.
Huber, Carl: Einfluß der reformierten Einwanderung auf Wirtschaft und Politik Frankfurts. Gemeindebuch der evangelisch-reformierten Gemeinde, Frankfurt am Main 1955.
Huber, Ernst Rudolf: Deutsche Verfassungsgeschichte seit 1789, 8 Bde., Stuttgart 1957–1991.
Huber, Rudolf Günter: Sozialer Wandel und politische Konflikte in einer südhessischen Industriestadt. Kommunalpolitik der SPD in Offenbach 1898–1914, Darmstadt und Marburg 1985.
Huch, Ricarda: Stein. Der Erwecker des Reichsgedankens, in: Gesammelte Werke, Bd. 9, Köln 1968, S. 919–1058
Huch, Ricarda: Stein. Der Erwecker des Reichsgedankens, Berlin 1932.
Hufnagel, Wilhelm Friedrich: Von der Nothwendigkeit guter Erziehungsanstalten, von dem Beginnen unserer Musterschule und von dem Segen aus einem Bürger-Kapital für die Bildung unserer Jugend zu guten Bürgern, Frankfurt am Main 1804.
Hugo, Victor: Rheinreise. Mit einem Nachwort von Friedrich Wolfzettel, Frankfurt am Main 1982.
Hundt, Wolfgang J.: Die Wandlung im deutschen Mess- und Ausstellungswesen im 19. Jahrhundert und seine Weiterentwicklung bis zum Jahre 1933 unter besonderer Berücksichtigung der Messen in Frankfurt und Leipzig, Diss., Frankfurt am Main 1957.
Huthmacher, Georg (Hrsg.): Blätter zur Erinnerung an die Feier der Enthüllung des Goethedenkmals zu Frankfurt am 22. Oktober 1844, Frankfurt am Main 1844.

Jakobi, Heinrich: Die Entwicklung des Frankfurter Zeitungswesens (bis 1850), Diss., Frankfurt am Main 1926.
Jamme, Christoph, und Pöggeler, Otto (Hrsg.): „Frankfurt aber ist der Nabel dieser Erde“. Schicksale einer Generation der Goethezeit, Stuttgart 1983.
Japhet, Saemy: The Secession from the Frankfurt Jewish Community under Samson Raphael Hirsch, in: Historica Judaica 10, Nr. 2, 1948, S. 123–134.
Jasper, Willi: Keinem Vaterland geboren. Ludwig Börne, Hamburg 1989.
Jassoy, August: Unsere Hugenottischen Vorfahren und anderes. Ein Beitrag zur Stammesgeschichte der Familie Jassoy, Frankfurt am Main 1908.
Jost, Isaak Markus: Die Einweihung des neuerbauten Hauses des israelitischen Frauenvereins in Frankfurt am Main, Theobaldstr. 9, am 8. September 1857, Frankfurt am Main 1857.
Jügel, Carl: Das Puppenhaus, ein Erbstück in der Gontardschen Familie. Bruchstücke aus den Erinnerungen eines Siebenzigers, Frankfurt am Main 1857.
Jung, Rudolf: Die Frankfurter Familie Gogel 1576–1918, Frankfurt am Main 1920.
Jung, Rudolf: Rückblick auf die Geschichte des Frankfurter Gymnasiums 1520–1853, Frankfurt am Main 1920.
Jung, Rudolf: Die Niederlegung der Festungswerke in Frankfurt am Main 1802–1807, in: Archiv für Frankfurts Geschichte und Kunst, 3. Folge, Bd. 11, 1913, S. 117–169.
Jung, Rudolf: Die Sachsenhäuser Klubbisten in der Franzosenzeit, in: Alt-Frankfurt 4, 1912, S. 69–84.

Jung, Rudolf: Die Frankfurter Schützen und die Errichtung der bürgerlichen Scharffschützen-Gesellschaft 1793, in: Alt-Frankfurt 4, 1912, S. 51–58.
Jung, Rudolf: Voltaires Verhaftung in Frankfurt am Main auf Befehl Friedrichs des Großen (1753), in: Archiv für Frankfurts Geschichte und Kunst 3, 3. F., 1907, S. 217–237.
Jungelmann, Marcus: Die Eisenbahn im Krieg. Militärische Theorie und Kriegsgeschehen bis zum Ausbruch des Ersten Weltkriegs, in: Zug der Zeit – Zeit der Züge. Hrsg. v. Eisenbahnjahr Ausstellungsgesellschaft, Nürnberg 1985, S. 233–245.

Kähler, Wilhelm: Gesindewesen und Gesinderecht in Deutschland, Jena 1896.
Kahn, Arnold: Die berufliche, soziale und wirtschaftliche Entwicklung der Juden in Frankfurt während der Emanzipationszeit (1808–1866), Diss., Frankfurt am Main 1923.
Kaltwasser, Inge: Gesindewanderung nach Frankfurt in freistädtischer Zeit, in: Hessische Blätter für Volks- und Kulturforschung 22, 1987, S. 85–99.
Kaltwasser, Inge: Häusliches Gesinde in der Freien Stadt Frankfurt am Main. Rechtsstellung, soziale Lage und Aspekte des sozialen Wandels 1815–1866, Frankfurt am Main 1989.
Kanngießer, Otto: Geschichte der Eroberung der freien Stadt Frankfurt durch Preußen im Jahre 1866, Frankfurt am Main 1877.
Kanter, Hugo: Die Entwicklung des Handels mit gebrauchsfertigen Waren von der Mitte des 18. Jahrhunderts bis 1866, Tübingen und Leipzig 1902.
Kantzenbach, Friedrich Wilhelm: Wilhelm Friedrich Hufnagel als Theologe in Frankfurt am Main und seine Beziehung zu Hegel, in: Christoph Jamme und Otto Pöggeler (Hrsg.): „Frankfurt aber ist der Nabel dieser Erde". Schicksale einer Generation der Goethezeit, Stuttgart 1983, S. 171–184.
Katz, Irving: August Belmont. A Political Biography, New York City 1968.
Katz, Jacob: Aus dem Ghetto in die bürgerliche Gesellschaft. Jüdische Emanzipation 1770–1870, Frankfurt am Main 1986.
Katz, Jacob: Die Hep-Hep-Verfolgungen des Jahres 1819, Berlin 1994.
Katz, Jacob: Jews and Freemasons in Europe 1723–1939, Cambridge 1970.
Katz, Jacob: The German-Jewish Utopia of Social Emancipation, New York 1967.
Katz, Jacob: Vom Vorurteil bis zur Vernichtung. Der Antisemitismus 1700 bis 1933, München 1989.
Kelchner, Ernst: „Emmel, Egenolph", in: Allgemeine Deutsche Biographie. Hrsg. v. d. Historischen Kommission bei der Bayerischen Akademie der Wissenschaften, Bd. 6, Leipzig 1877, S. 81–82.
Kellner. C. W.: Übersicht der in den Jahren 1849 bis 1858 in das Bürgerrecht der Stadt Frankfurt eingetretenen Personen, in: Beiträge zur Statistik der Freien Stadt 1, H. 2, 1859, S. 23.
Kern, Ursula: „Die schönsten Gärten und Landhäuser findet man an den beiden Main-Ufern ...". Bürgerlich-städtische Naturerfahrung und Lebenspraxis im Garten um 1800 in Frankfurt am Main, in: Archiv für Frankfurts Geschichte und Kunst 70, 2004, S. 147–166.
Kimpel, Dieter: Aufklärung, Bürgertum und Literatur in Deutschland, in: Propyläen Geschichte der Literatur. Literatur und Gesellschaft der westlichen Welt, 6 Bde., Berlin 1988, Bd. 4, S. 52–74.
Kirchgässner, Bernhard, und Naujoks, Eberhard (Hrsg.): Stadt und wirtschaftliche Selbstverwaltung, Sigmaringen 1987.
Kirchholtes, Hans-Dieter: Jüdische Privatbanken in Frankfurt am Main, 2. Aufl., Frankfurt am Main 1989.
Kirchner, Anton: Ansichten von Frankfurt am Main, der umliegenden Gegend und den benachbarten Heilquellen, 2 Bde., Frankfurt am Main 1818.
Kleinheyer, Gerd: Die kaiserlichen Wahlkapitulationen. Geschichte, Wesen und Funktion, Karlsruhe 1968.
Kleinschmidt, Arthur: Die Herren und Freiherren von Holzhausen in Frankfurt am Main, Dessau 1908.
Kleinstück, Erwin: 150 Jahre Frankfurter Bibelgesellschaft, in: Kirchliches Jahrbuch 1966, S. 9–17.
Kleinstück, Erwin: Frankfurt und Stein, in: Archiv für Frankfurts Geschichte und Kunst 41, 1953, S. 79–113.
Kleinstück, Erwin: Johann Friedrich Böhmer, Frankfurt am Main 1959.
Kleinstück, Erwin: Johann Friedrich Freiherr von und zum Stein, der Verfasser der Hessendenkmal-Schrift, in: Archiv für Frankfurts Geschichte und Kunst 47, 1960, S. 57–62.
Kleppel, Oliver: Das Ende der Freien Stadt Frankfurt am Main 1866–1869, unpubl. MS. Mag., Frankfurt am Main 2007.

Kloss, Georg: Annalen der Loge zur Einigkeit, der Englischen Provincial-Loge, so wie der Provincial- und Directorial-Loge des eclectischen Bundes zu Frankfurt am Main. 1742–1811. Eine Festgabe, ausgeteilt bei der Säcularfeier der Loge Zur Einigkeit am 27. Juni 1842, Frankfurt am Main 1842.

Klötzer, Wolfgang: Zur Annexion Frankfurts 1866, in: Blätter für deutsche Landesgeschichte 121, 1985, S. 317–321.

Klötzer, Wolfgang: Antwerpen und Frankfurt am Main. Begegnungen in der Geschichte, Antwerpen 1983.

Klötzer, Wolfgang: Die Ausstrahlung des Hambacher Festes auf den Mittelrheinischen Liberalismus mit besonderer Berücksichtigung Frankfurts, in: Johannes Bärmann (Hrsg.): Hambacher Gespräche 1962, Wiesbaden 1964, S. 56–72.

Klötzer, Wolfgang (Hrsg.): Frankfurter Biographie. Personengeschichtliches Lexikon, 2 Bde., Frankfurt am Main 1994–1996.

Klötzer, Wolfgang: Börne in seiner Vaterstadt Frankfurt, in: Alfred Estermann (Hrsg.): Ludwig Börne und Frankfurt am Main. Vorträge zur 200. Wiederkehr seines Geburtstages, Frankfurt am Main 1987, S. 70–80.

Klötzer, Wolfgang (Hrsg.): Clotilde Koch-Gontard an ihre Freunde. Briefe und Erinnerungen aus der Zeit der deutschen Einheitsbewegung 1843–1869, Frankfurt am Main 1969.

Klötzer, Wolfgang: Chronik des Frankfurter Geschichtsvereins, in: Archiv für Frankfurts Geschichte und Kunst 61, 1987, S. 9–16.

Klötzer, Wolfgang: Frankfurt am Main von der Französischen Revolution bis zur preußischen Okkupation 1789–1866, in: Frankfurter Historische Kommission (Hrsg.): Frankfurt am Main. Die Geschichte der Stadt, Sigmaringen 1991, S. 303–348.

Klötzer, Wolfgang: Frankfurt am Main zur Zeit des jungen Goethe, in: Klaus Gallwitz (Hrsg.): Frankfurter Malerei zur Zeit des jungen Goethe, Frankfurt am Main 1982, S. 7–19.

Klötzer, Wolfgang: Frankfurt, Das „Liberalennest". Eine schwarze Liste aus dem Vormärz, in: Günther Pflug (Hrsg.): Bibliothek – Buch – Geschichte. Kurt Köster zum 65. Geburtstag, Frankfurt am Main 1977, S. 483–492.

Klötzer, Wolfgang, und Kratz, Ernst: Frankfurt. Stadt- und Wirtschaftschronik, München 1966.

Klötzer, Wolfgang: Friedrich Funck. Führer der Frankfurter Abordnung zum Hambacher Fest 1832, in: Alois Gerlich (Hrsg.): Hambach 1832. Anstöße und Folgen, Wiesbaden 1984.

Klötzer, Wolfgang: Die Frankfurter Paulskirche – Symbol der deutschen Einheit, in: Archiv für Frankfurts Geschichte und Kunst 51, 1968, S. 5–22.

Klötzer, Wolfgang: Reichsstadt und Merkantilismus. Über die angebliche Industriefeindlichkeit von Frankfurt a. M., in: Volker Press (Hrsg.): Städtewesen und Merkantilismus in Mitteleuropa, Köln und Wien 1983, S. 135–155.

Klötzer, Wolfgang: Die Salons der alten Frankfurter Familien. Vortrag am 22. Oktober 1992 im Frankfurter Literaturhaus zur Konstituierung des Literarischen Salons der Schopenhauer Stiftung, Ms., Frankfurt am Main 1992.

Klötzer, Wolfgang: Vom Senat zum Magistrat. Eine Säkularbetrachtung zur Frankfurter Stadtverfassung, Frankfurt am Main 1968.

Klötzer, Wolfgang: Vom Stadtquartier zum Stadtteil. Eine topographisch-soziologische Untersuchung am Beispiel der Stadt Frankfurt am Main, in: Bernhard Kirchgässner und Heinz Schmitt (Hrsg.): Stadtkern und Stadtteile, Sigmaringen 1991, S. 45–67.

Klötzer, Wolfgang: Wandlungen der öffentlichen Meinung am Beispiel der Frankfurter Gesellschaft, in: Archiv für Frankfurts Geschichte und Kunst 54, 1974, S. 163–175.

Klötzer, Wolfgang: Das Willfahrensdekret für die reformierten Kirchen vom 15. November 1787, Frankfurt am Main 1987.

Klueting, Harm (Hrsg.): 200 Jahre Reichsdeputationshauptschluss. Säkularisation, Mediatisierung und Modernisierung zwischen Altem Reich und neuer Staatlichkeit, Münster 2005.

Kluke, Paul: Die Integration der Freien Stadt Frankfurt in das Königreich Preußen , in: Peter Baumgart (Hrsg.): Expansion und Integration. Zur Eingliederung neugewonnener Gebiete in den preußischen Staat, Köln und Wien 1984, S. 421–442.

Kluke, Paul: Frankfurt in Bismarcks Entscheidung 1866, in: Archiv für Frankfurts Geschichte und Kunst 51, 1968, S. 85–100.

Knecht, Karl (Bearb.): Rückblick auf die Geschichte der Mozartstiftung des Frankfurter Liederkranzes anlässlich der Feier zum 75jährigen Jubiläum am 30. November 1913, Frankfurt am Main 1913.
Knorr, Iwan: Festschrift zur Feier des hundertjährigen Bestehens der Frankfurter Museumsgesellschaft 1808 bis 1908, Frankfurt am Main 1908.
Koch, Rainer: Der Bürger und seine Stadt, in: Limpurger Brief 1990/91, S. 5–22.
Koch, Rainer: Der Freiherr von Stein und Frankfurt am Main. Vortrag gehalten am 9. März 1993 für die Polytechnische Gesellschaft, Frankfurt am Main 1993.
Koch, Rainer: Zum Gesindewesen in Frankfurt am Main (17. bis 19. Jahrhundert), in: Archiv für Frankfurts Geschichte und Kunst 59, 1985, S. 231–250.
Koch, Rainer: Grundlagen bürgerlicher Herrschaft. Studien zur bürgerlichen Gesellschaft in Frankfurt am Main 1612–1866, Wiesbaden 1983.
Koch, Rainer: „Industriesystem" oder „bürgerliche Gesellschaft". Der frühe Liberalismus und das Laisser-faire-Prinzip, in: Geschichte in Wissenschaft und Unterricht 29, 1978, S. 605–628.
Koch, Rainer: Liberalismus und soziale Frage im 19. Jahrhundert, in: Karl Holl u. a. (Hrsg.): Sozialer Liberalismus, Göttingen 1986, S. 17–33.
Koch, Rainer: Liberalismus, in: Wolfgang W. Mickel (Hrsg.): Handlexikon zur Politikwissenschaft, München 1983, S. 276–280.
Koch, Rainer: Staat oder Gemeinde? Zu einem politischen Zielkonflikt in der bürgerlichen Bewegung des 19. Jahrhunderts, in: Historische Zeitschrift 236, 1983, S. 73–96.
Koch, Rainer: Ständische Repräsentation oder liberale Repräsentativverfassung. Die C.E.A. der freien Stadt Frankfurt als historischer Kompromiß, in: Zeitschrift für historische Forschung 2, 1978, S. 187–214.
Koch, Rainer, und Stahl, Patricia (Hrsg.): Wahl und Krönung in Frankfurt am Main. Kaiser Karl VII. 1742–1745, 2 Bde., Frankfurt am Main 1986.
Kocka, Jürgen (Hrsg.): Arbeiter und Bürger im 19. Jahrhundert. Varianten ihres Verhältnisses im europäischen Vergleich, München 1986.
Kocka, Jürgen (Hrsg.): Bürger und Bürgerlichkeit im 19. Jahrhundert, Göttingen 1987.
Kocka, Jürgen (Hrsg.): Bürgertum im 19. Jahrhundert. Deutschland im europäischen Vergleich, 3 Bde., München 1988.
Kocka, Jürgen: Bürgertum und bürgerliche Gesellschaft im 19. Jahrhundert. Europäische Entwicklungen und deutsche Eigenarten, in: ders. (Hrsg.): Bürgertum im 19. Jahrhundert. Deutschland im europäischen Vergleich, Bd. 1, München 1988, S. 11–76.
Kocka, Jürgen: Ende des Deutschen Sonderwegs?, in: Wolfgang Ruppert (Hrsg.): „Deutschlands bleiche Mutter" – oder eine neue Lust an der nationalen Identität?, Berlin 1992, S. 9–31.
Kocka, Jürgen: German History before Hitler. The Debate about the German „Sonderweg", in: Journal of Contemporary History 23, 1988, S. 3–16.
Kocka, Jürgen: Lohnarbeit und Klassenbildung. Arbeiter und Arbeiterbewegung in Deutschland 1800–1875, Berlin und Bonn 1983.
Kocka, Jürgen: Der „deutsche Sonderweg" in der Diskussion, in: German Studies Review 5, 1982, S. 362–379.
Kocka, Jürgen: Traditionsbindung und Klassenbildung. Zum sozialhistorischen Ort der frühen deutschen Arbeiterbewegung, in: Historische Zeitschrift 243, 1986, S. 333–376.
Koelner, Paul: Die Basler Rheinschiffahrt vom Mittelalter zur Neuzeit, 2. erw. Aufl., Basel 1954.
Koenigsberger, Helmut (Hrsg.): Republiken oder Republikanismus im Europa der Frühen Neuzeit; München 1988.
Köhler, Manfred: Die nationale Petitionsbewegung zu Beginn der Revolution 1848 in Hessen. Eingaben an das Vorparlament und an den Fünfzigerausschuß aus Hessen, Darmstadt und Marburg 1985.
Köhler, Manfred: Ein Leben zwischen Revolution und Rückzug. Überlegungen zu einer neuen Reinganum-Biographie, in: Archiv für Frankfurts Geschichte und Kunst 61, 1987, S. 213–219.
Köllreuter, Sidney: Die Geschichte der katholischen Frankfurter Familien, insbesondere in der Nachreformationszeit sowie die Stifter, Frankfurt am Main o. J. [1930].
Köppel, Ferdinand: Biographie Dalberg, Ms., Frankfurt am Main 1950.
Korach, Ernst: Das deutsche Privatbankengeschäft, Berlin 1901.
Körner, Hans: Familie von Günderrode. 400 Jahre im Haus Limpurg, in: Limpurger Brief 1989, S. 37–42.

Körner, Hans: Frankfurter Patrizier. Historisch-genealogisches Handbuch der Adeligen Ganerbschaft des Hauses Alten-Limpurg zu Frankfurt am Main, München 1971.
Körner, Hans: Frankfurter Patrizier. Historisch Genealogisches Handbuch der Adeligen Ganerbschaft Alten-Limpurg zu Frankfurt am Main. Neu bearbeitet und fortgesetzt durch Andreas Hansert, Neustadt/Aisch 2003.
Koszyk, Kurt: Deutsche Presse im 19. Jahrhundert, Berlin 1966.
Köttelwesch, Clemens: Freies Deutsches Hochstift 1859–1879, Ms., Frankfurt am Main 1984.
Kowalski, Werner: Die Volksagitation in der Freien Stadt Frankfurt nach dem Wachensturm vom April 1833, in: H.-J. Bartmuss u. a. (Hrsg.): Die Volksmassen. Gestalter der Geschichte. Festgabe für Leo Stern zu seinem 60. Geburtstag, Frankfurt am Main 1962, S. 154–174.
Kracauer, Isidor: Frankfurt am Main und die Französische Revolution 1789–1792, in: Archiv für Frankfurts Geschichte und Kunst 9, 3. F., 1907, S. 211–298.
Kracauer, Isidor: Frankfurt am Main und die Französische Revolution 1795–1797, in: Archiv für Frankfurts Geschichte und Kunst 3, 3. F., 1891, S. 142–216.
Kracauer, Isidor: Frankfurt am Main und die Französische Revolution 1797–1802, in: Archiv für Frankfurts Geschichte und Kunst, 5, 3. F. 1896, S. 232–300.
Kracauer, Isidor: Frankfurt am Main und die Französische Republik 1802–1803, in: Archiv für Frankfurts Geschichte und Kunst, 6, 3. F., 1899, S. 253–313.
Kracauer, Isidor: Geschichte der Juden in Frankfurt am Main (1150–1824), 2 Bde., Frankfurt am Main 1925–1927.
Kracauer, Isidor: Die Geschichte der Judengasse in Frankfurt am Main, Frankfurt am Main 1906.
Kracauer, Isidor: Die letzten Jahre der reichsstädtischen Zeit Frankfurts (1803–1806), in: Archiv für Frankfurts Geschichte und Kunst 7, 3.F., 1901, S. 242–300.
Kracauer, Isidor: Das Militärwesen der Reichsstadt Frankfurt am Main im XVIII. Jahrhundert, in: Archiv für Frankfurts Geschichte und Kunst 12, 4. F., 1920, S. 1–180.
Kracauer, Isidor: Die Schicksale der Frankfurter Juden während des Fettmilchschen Aufstandes, 1612–1616, Frankfurt am Main 1892.
Kraemer, Willy: Die politische Wirksamkeit Karl Theodor Welckers, Diss., Frankfurt am Main 1909.
Kramer, Waldemar (Hrsg.): Frankfurt Chronik, 3. Aufl., Frankfurt am Main 1987.
Kramer, Waldemar: Chronik der Senckenbergischen Naturforschenden Gesellschaft 1817–1966, in: Wilhelm Schaefer (Hrsg.): Geschichte des Senckenberg-Museums im Grundriß, Frankfurt am Main 1967.
Kriegk, Georg Ludwig: Geschichte von Frankfurt am Main in ausgewählten Darstellungen. Nach Urkunden und Acten, Frankfurt am Main 1871.
Kriegk, Georg Ludwig: Die deutsche Kaiserkrönung, in: Zeitschrift für deutsche Kulturgeschichte, NF 1, 1872, S. 77–160.
Kriegk, Georg Ludwig: Über die Wirksamkeit in der Loge. Ein Vortrag, gehalten in der Loge Socrates zur Standhaftigkeit zu Frankfurt am Main am 13. September 1834, Frankfurt am Main 1834.
Kriegk, Georg Ludwig: Ueber den Zweck und die Einrichtung des Geographischen Vereins zu Frankfurt am Main, in: Frankfurter Jahrbücher 8, H. 32, 1836, S. 224–227.
Kropat, Wolf Arno: Frankfurt zwischen Provinzialismus und Nationalismus. Die Eingliederung der Freien Stadt in den preußischen Staat, Frankfurt am Main 1971.
Kuhn, Gerd: Um 1800 – Stadtwohnen im Aufbruch, in: Tilman Harlander (Hrsg.): Stadtwohnen. Geschichte – Städtebau – Perspektiven, München 2007, S. 70–91.
Kunisch, Johannes, und Sikora, Michael (Hrsg.): Gerhard von Scharnhorst. Private und dienstliche Schriften, Bd. 5: Leiter der Militärreorganisation (Preußen 1808–1809). Veröffentlichungen aus den Archiven Preußischer Kulturbesitz, Bd. 52.5. Bearb. v. Tilman Stieve, Köln, Weimar und Wien 2009.
Kunisch, Johannes: Absolutismus, Göttingen 1976.
Kusserow, Boto: Das gemeinschaftliche Oberappellationsgericht der vier freien Städte Deutschlands zu Lübeck und seine Rechtsprechung in Handelssachen, Diss., Düsseldorf 1964.
Kutter, Uli: Reisen – Reisehandbücher – Wissenschaft. Materialien zur Reisekultur im 18. Jahrhundert, Neuried 1996.

Lammel, Siegbert: Zur Entstehung von Handelsrecht. Die Beteiligung des Handelsstandes an der Handelsgesetzgebung in der Freien Stadt Frankfurt am Main, Frankfurt am Main 1987.

Lange-Kothe, Irmgard: Die naturwissenschaftlich-technische Gesellschaft in Frankfurt 1725–1739, in: Archiv für Frankfurts Geschichte und Kunst 47, 1960, S. 31–43.
Langewiesche, Dieter: Die Anfänge der deutschen Parteien. Partei, Fraktion und Verein in der deutschen Revolution von 1848/49, in: Geschichte und Gesellschaft 4, 1978, S. 324–361.
Langewiesche, Dieter: Europa zwischen Restauration und Revolution 1815–1848, 2. Aufl., München 1989.
Langewiesche, Dieter: Deutscher Liberalismus im europäischen Vergleich. Konzeption und Ergebnisse, in: ders. (Hrsg.): Liberalismus im 19. Jahrhundert. Deutschland im europäischen Vergleich, Göttingen 1988, S. 11–19.
Langewiesche, Dieter: Liberalismus in Deutschland, Frankfurt am Main 1988.
Langewiesche, Dieter: Liberalismus und Region, in: Historische Zeitschrift, Beiheft 19, 1995, S. 1–18.
Langewiesche, Dieter: Republik, Konstitutionelle Monarchie und „soziale Frage". Grundprobleme der deutschen Revolution von 1848/49, in: Historische Zeitschrift 230, 1980, S. 529–548.
Lassalle, Ferdinand: Arbeiterlesebuch. Rede Lassalles zu Frankfurt am Main am 17. und 19. Mai 1863. Nach dem stenographischen Bericht, 4. Aufl., Leipzig 1871.
Lassalle, Ferdinand: Arbeiterprogramm, Stuttgart 1973.
Lassalle, Ferdinand: Offenes Antwortschreiben an das Central-Comitée zur Berufung eines Allgemeinen Deutschen Arbeiter Congresses zu Leipzig. 4. Aufl., Leipzig 1869.
Lauf, Friedrich: Im Zeichen des Bienenkorbs. Chronik der Frankfurter Sparkasse von 1822 (Polytechnische Gesellschaft) 1822–1981, Frankfurt am Main 1984.
Lehmann, Dieter (Hrsg.): Bibliotheca Publica Francofurtensis. Fünfhundert Jahre Stadt- und Universitätsbibliothek Frankfurt am Main, Text- und Tafelbd., Frankfurt am Main 1985–1986.
Lenger, Friedrich: Bürgertum und Stadtverwaltung in rheinischen Großstädten des 19. Jahrhunderts. Zu einem vernachlässigten Aspekt bürgerlicher Herrschaft, in: Lothar Gall (Hrsg.): Stadt und Bürgertum im 19. Jahrhundert, München 1990, S. 97–169.
Lenger, Friedrich: Sozialgeschichte der deutschen Handwerker seit 1800, Frankfurt am Main 1988.
Lennarz, Michael: Der Jude, in: Anna Schnädelbach, Michael Lennarz und Jürgen Steen (Hrsg.): Frankfurter Demokratische Moderne und Leopold Sonnemann. Jude – Verleger – Politiker – Mäzen, Frankfurt am Main 2009, S. 14–57.
Lepsius, Rainer Maria: Soziologische Theoreme über die Sozialstruktur der „Moderne" und der Modernisierung, in: Reinhard Koselleck (Hrsg.): Studien zum Beginn der modernen Welt, Stuttgart 1977, S. 10–29.
Lepsius, Rainer Maria: Zur Soziologie des Bürgertums und der Bürgerlichkeit, in: Jürgen Kocka (Hrsg.): Bürger und Bürgerlichkeit im 19. Jahrhundert, Göttingen 1987, S. 79–100.
Lerner, Franz: Bürgersinn und Bürgertat. Geschichte der Frankfurter Polytechnischen Gesellschaft 1816–1966, Frankfurt am Main 1966.
Lerner, Franz: Ein Fahnentuch mit dem Frankfurter Adler in Basel. Ein Beitrag zur Verkehrsgeschichte auf Rhein und Main, in: Archiv für Frankfurts Geschichte und Kunst 51, 1968, S. 117–130.
Lerner, Franz: Die Ganerbschaft Alten-Limpurg und ihre Stiftungen in Vergangenheit und Gegenwart, Frankfurt am Main 1951.
Lerner, Franz: Gestalten aus der Geschichte des Frankfurter Patrizier-Geschlechtes von Holzhausen, Frankfurt am Main 1953.
Lerner, Franz: Von der Frankfurter Gewerbekasse zur Frankfurter Volksbank. Die hundertjährige Geschichte einer mittelständischen Bank, Frankfurt am Main 1962.
Lerner, Franz: Mit Gunst, Meister und Gesellen eines ehrbaren Handwerks. Gesammelte Beiträge zur Frankfurter Handwerksgeschichte, Frankfurt am Main 1987.
Lerner, Franz: Die ersten Mitglieder des Freien Deutschen Hochstifts. Eine biographisch-soziographische Studie, in: Archiv für Frankfurts Geschichte und Kunst 47, 1960, S. 63–76.
Lerner, Franz: Die Reichsstadt Frankfurt im Jahre 1798, in: Archiv für Frankfurts Geschichte und Kunst 48, 1962, S. 87–112.
Lerner, Franz: Eine Statistik der Handwerksgesellen zu Frankfurt am Main vom Jahre 1762, in: ders. (Hrsg.): Mit Gunst, Meister und Gesellen eines ehrbaren Handwerks. Gesammelte Beiträge zur Frankfurter Handwerksgeschichte, Frankfurt am Main 1987, S. 74–88.
Lersner, Achilles August von: Chronica der weitberühmten freyen Reichs- Wahl- und Handels-Stadt Frankfurt am Mayn, Frankfurt am Main 1734.

Liberles, Robert: Emancipation and the Structure of the Jewish Community in the Nineteenth Century, in: Leo Baeck Institute Yearbook 31, 1986, S. 51–67.
Liberles, Robert: Religious Conflict in Social Context. The resurgence of the orthodox Judaism in Frankfurt am Main 1838–1877, London 1985.
Liebeschütz, Hans, und Paucker, Arnold (Hrsg.): Das Judentum in der deutschen Umwelt 1800–1850, Tübingen 1977.
Liermann, Hans: Handbuch des Stiftungsrechts, Bd. 1: Geschichte des Stiftungsrechts, Tübingen 1963.
Lipinski, Richard: Die Sozialdemokratie von ihren Anfängen bis zur Gegenwart. Eine gedrängte Darstellung für Funktionäre und Lernende, Berlin 1927.
Lipp, Carola: Verein als politisches Handlungsmuster. Das Beispiel des württembergischen Vereinswesens von 1800 bis zur Revolution 1848–1849, in: Étienne François (Hrsg.): Sociabilité et société bourgeoise en France, en Allemagne et en Suisse, 1750–1850, Paris 1986, S. 275–296.
Lossow, Hubertus: Die Nazarener, in: Rudolf Zeitler (Hrsg.): Die Kunst des 19. Jahrhunderts, Frankfurt am Main und Berlin 1990, S. 200ff.
Loth, Wilfried: Katholiken im Kaiserreich. Der politische Katholizismus in der Krise des wilhelminischen Deutschlands, Düsseldorf 1984.
Lotz, Wolfgang (Hrsg.): Deutsche Postgeschichte. Essays und Bilder, Berlin 1989.
Lübbecke, Fried: Fünfhundert Jahre Buch und Druck in Frankfurt am Main, Frankfurt am Main 1948.
Lübbecke, Fried (Bearb.): Merians Frankfurt. Genaue Beschreibung von Frankfurt am Main, der kaiserlichen Stadt, geweiht der Wahl der römischen Könige und Kaiser, als Hochburg des Handels von Deutschland, ja von ganz Europa berühmt, Frankfurt am Main 1939.
Lübbecke, Fried: Das Antlitz der Stadt. Nach Frankfurts Plänen von Faber Merian und Delkeskamp 1552–1864, Frankfurt am Main 1952.
Lübbecke, Fried: Das Palais Thurn und Taxis zu Frankfurt am Main, Frankfurt am Main 1955.
Lübbecke, Fried: Der Saalbau, Frankfurt am Main 1958.
Lueder, August Ferdinand: Ueber die Veredelung der Menschen besonders der Juden durch die Regierung. Nebst einem Sendschreiben an den Verfasser der Bemerkungen ueber des Herrn Geheimen Finanzraths Israel Jakobsohn Vorstellungen an den Fürst Primas, Braunschweig 1808.
Lustiger, Arno (Hrsg.): Jüdische Stiftungen in Frankfurt am Main, Frankfurt am Main 1988.
Lustiger, Arno (Hrsg.): Charles Hallgarten. Leben und Wirken des Frankfurter Sozialreformers und Philantropen, Frankfurt am Main 2003.

Mac Naughton, James: The Wheels of the former machine. The Political Culture of Frankfurt am Main 1732–1816, Ann Arbor/Michigan 1985.
Mackenroth, Gerhard: Bevölkerungslehre. Theorie, Soziologie und Statistik der Bevölkerung, Berlin und Göttingen 1953.
Magenschab, Hans: Josef II. Österreichs Weg in die Moderne, Wien 2006.
Magenschab, Hans: Josef II. Revolutionär von Gottes Gnaden, Graz u. a. 1979.
Mager, Wolfgang: Respublica und Bürger. Überlegungen zur Begründung frühneuzeitlicher Verfassungsordnungen, in: Der Staat 8, Beihefte 3, 1988, S. 67–94.
Majer, Paul: Flüchtlingsschicksal unserer Vorfahren. Zum 375jährigen Jubiläum der Niederländischen Gemeinde Augsburger Confession in Frankfurt am Main, Frankfurt am Main 1960.
Majer-Leonhard, Hans: Wurzeln und Zweige. Altfrankfurter Abstammungen für die Gesellschaft Altfrankfurter in der Welt und die Genealogische Gesellschaft, 3 Bde., Frankfurt am Main 1933–36.
Maltausch, Roswitha: Kunst auf Aktien. Der Frankfurter Kunstverein von 1829–1905, Frankfurt am Main 1905.
Maly, Karl, und Tüffers, Bettina: Geschichte der Frankfurter Stadtverordnetenversammlung, 4 Bde., Frankfurt am Main 1992–2011.
Mann, Gunter, und Dumont, Franz (Hrsg.): Samuel Thomas Soemmerring und die Gelehrten der Goethezeit. Beiträge eines Symposiums in Mainz vom 19. bis 21. Mai 1983, Stuttgart und New York 1985.
Marcuse, Ludwig: Revolutionär und Patriot. Das Leben Ludwig Börnes, Leipzig 1929.
Matthäus, Michael: „Reichgrundgesetz“ oder nur „ein nichtsnütziges Stück Pergament“? Die Rezeption der Frankfurter Goldenen Bulle in Wissenschaft und Literatur, in: Evelyn Brockhoff und Michael Matthäus (Hrsg.): Die Kaisermacher. Frankfurt am Main und die Goldene Bulle. 1356–1806, Frankfurt am Main 2006, S. 170–196.

Matzerath, Horst (Hrsg.): Städtewachstum und innerstädtische Strukturveränderungen. Probleme des Urbanisierungsprozesses im 19. und 20. Jahrhundert, Stuttgart 1984.
Mauersberg, Hans: Die Währungspolitik der großen deutschen Handelsstädte und der fürstlichen Flächenstaaten Mitteleuropas im Zeitalter des Absolutismus, in: Volker Press (Hrsg.): Städtewesen und Merkantilismus in Mitteleuropa, Köln und Wien 1983, S. 15–29.
May, Martin: Die Arbeiterfrage, Frankfurt am Main 1848.
May, Martin: Das christliche Bürgerthum. Ein Wort des Friedens, Frankfurt am Main 1846.
May, Martin: Erwiederung auf das Zunftwesen andererseits in Nr. 12, in: Frankfurter Jahrbücher 1, H.13, 1832, S. 101.
May, Martin: Über das Innungswesen und die Verhältnisse der städtischen Handwerke überhaupt, Frankfurt am Main 1843.
May, Martin: Verhältnisse und Zustände der freien Stadt Frankfurt, Frankfurt am Main 1848.
May, Martin: Wegweiser auf dem Felde unserer Hilfstätigkeit, Frankfurt am Main 1846.
Mayer, Arno J.: Adelsmacht und Bürgertum. Die Krise der europäischen Gesellschaft 1848–1914, München 1988.
Mayer, E.: Die Unparteiische Kirchenzeitung, in: Archiv für Frankfurts Geschichte und Kunst 55, 1976, S. 119–126.
Mayer, Eugen: Die Frankfurter Juden. Blicke in die Vergangenheit, Frankfurt am Main 1966.
Mayer, Gustav: Bismarck und Lassalle – Ihr Briefwechsel und ihre Gespräche, Berlin 1928.
Mayer, Gustav: Radikalismus, Sozialismus und bürgerliche Demokratie, Frankfurt am Main 1969.
Mehs, Claus: Aufsätze zu Frankfurter klassizistischen Bauten, Manuskript 1944. IfSG Frankfurt a. M., Manuskripte S 6a/453.
Meidinger, Heinrich: Frankfurts gemeinnützige Anstalten. Eine historisch-statistische Darstellung der milden Stiftungen, Stipendien, Wittwen u. Waisen-, Hülfs- und Sparkassen, Vereine, Schulen etc., 2 Bde., Frankfurt am Main 1845/56.
Meidinger, Heinrich: Zur Statistik Frankfurts. Wohnplätze, Bevölkerung, Brod- und Fleischverbrauch, Gewerb- und Armenwesen, Frankfurt am Main 1848.
Meier, Ulrich, und Schreiner, Klaus (Hrsg.): Stadtregiment und Bürgerfreiheit, Göttingen 1994.
Meinert, Hermann: Der Frankfurter Verein für Geschichte und Alterthumskunde (Landeskunde) 1857–1957, in: Archiv für Frankfurts Geschichte und Kunst 45, 1957, S. 19–48.
Mendelssohn, Moses: Gesammelte Schriften. Jubiläumsausgabe, 25 Bde., Berlin 1929ff.
Menne, Paul: Die Stadt Frankfurt am Main und ihr Raum, Frankfurt am Main 1964.
Mentzel, Elisabeth: Geschichte der Schauspielkunst in Frankfurt am Main. Von ihren Anfängen bis zur Eröffnung des städtischen Komödienhauses. Ein Beitrag zur Deutschen Kultur- und Theatergeschichte, in: Archiv für Frankfurts Geschichte und Kunst 9, N. F., 1882, S. 1–544.
Mergel, Thomas: „Zwischen Klasse und Konfession". Katholisches Bürgertum im Rheinland 1794–1914, Göttingen 1994.
Mertens, Klaus, und Mohr, Christoph: Das Frankfurter Westend, München 1974.
Mettele, Gisela: Bürgerliche Frauen und das Vereinswesen im Vormärz, in: Jahrbuch der Liberalismus-Forschung 5, 1993, S. 23–46.
Metzler, Albert, und Beutler, Ernst von: Freies Deutsches Hochstift, Goethe Museum Frankfurt am Main. 10. November 1859–1959, Frankfurt am Main 1959.
Metzler, Friedrich: Hundert Jahre Rennen in Frankfurt am Main 1863–1963, Frankfurt am Main 1963.
Meyen, Matthias: Die Reichsstadt vor dem Bürgeraufstand von 1612–1614, Frankfurt am Main 1980.
Meyer, Arnold Oskar: Bismarcks Kampf mit Österreich am Bundestag zu Frankfurt (1851–1859), Berlin 1927.
Meyer, Johann Friedrich von: Das Rechts- und Gemeindeverhältnis der Judenschaft zu Frankfurt am Main, geschichtlich und rechtliche dargestellt, o. O. [Frankfurt am Main] 1817.
Meyer, Michael A.: Alienated Intellectuals in the Camp of Religious Reform. The Frankfurter Reformfreunde 1842–1845, in: Association for Jewish Studies Review 6, 1981, S. 61–86.
Meyer, Michael A.: Von Moses Mendelssohn zu Leopold Zunz. Jüdische Identität in Deutschland 1749–1824, München 1994.
Meyer, Petra: Dettmar Basse (1762–1836). Zum Leben eines Frankfurter Kaufmanns, in: Archiv für Frankfurts Geschichte und Kunst 61, 1987, S. 153–166.

Michel, Max Friedrich: Die Einverleibung Frankfurts in den preußischen Staat als Fall einer Staatensukzession, Frankfurt am Main 1910.
Mick, Günter: Die Paulskirche. Streiten für Einigkeit und Recht und Freiheit, Frankfurt am Main 1988.
Minder, Robert: Geist und Macht oder Einiges über die Familie Brentano, Mainz 1972.
Mohr, Albert Richard: Musik in der Kunst. Kostbarkeiten aus Frankfurter Sammlungen und Museen, Frankfurt am Main 1989.
Mohr, Albert Richard: Frankfurter Theater von der Wandertruppe zum Komödienhaus. Ein Beitrag zur Theatergeschichte des 18. Jahrhunderts, Frankfurt am Main 1967.
Mohr, Albert Richard: Zauberwelt. Bühnenbildentwürfe der Frankfurter Oper aus zwei Jahrhunderten, Nördlingen 1986.
Moldenhauer, Rüdiger: Die jüdischen Petitionen an die Deutsche Nationalversammlung in Frankfurt am Main 1848/49, in: Archiv für Frankfurts Geschichte und Kunst 54, 1974, 177–208.
Moldenhauer, Rüdiger: Die Petitionen aus der Freien Stadt Frankfurt an die Deutsche Nationalversammlung 1848/49, in: Archiv für Frankfurts Geschichte und Kunst 51, 1968, 23–64.
Möller, E. v.: Preußisches Stadtrecht, Breslau 1864.
Möller, Frank: Bürgerliche Herrschaft in Augsburg 1790–1880, Diss., München 1998.
Möller, Horst: Aufklärung, Judenemanzipation und Staat. Ursprung und Wirkung von Dohms Schrift über die bürgerliche Verbesserung der Juden, in: Jahrbuch des Instituts für Deutsche Geschichte, Tel Aviv, Beiheft 3, 1979, S. 119–150.
Möller, Horst: Fürstenstaat oder Bürgernation. Deutschland 1763–1815, Berlin 1989.
Möller, Horst: Vernunft und Kritik. Deutsche Aufklärung im 17. und 18. Jahrhundert, Frankfurt am Main 1986.
Möller, Norbert: Die Rolle der Eisenbahn in der Badischen Revolution von 1848/49, in: Badische Heimat 3, 1997, S. 359–364.
Mommsen, Wolfgang J.: Der deutsche Liberalismus zwischen „klassenloser Bürgergesellschaft" und „Organisiertem Kapitalismus", in: Geschichte und Gesellschaft 4, 1978, S. 77–90.
Montesquieu: Vom Geist der Gesetze. Übersetzt von Kurt Weigand, Stuttgart 1965.
Mori, Gustav: Brönner's Druckerei – 200 Jahre Frankfurter Druckgewerbe an Hand der Geschichte der H. L. Brönner's Buchdruckerei und Verlagsanstalt in Frankfurt am Main 1727–1927. Eine Erinnerungsgabe zum 1. Oktober 1927, Frankfurt am Main 1927.
Moritz, Johann Anton: Versuch einer Einleitung in die Staatsverfassung derer Oberrheinischen Reichsstädte, 2 Bde., Frankfurt am Main 1785/86.
Morsey, Rudolf: Der Kulturkampf, in: Anton Rauscher (Hrsg.): Der soziale und politische Katholizismus. Entwicklungslinien in Deutschland 1803–1963, Bd. 1, München und Wien 1981, S. 72–109.
Moses, Hedwig: Die Geschichte der Seylerschen Theatergesellschaft und ihre künstlerische Entwicklung, Diss., Frankfurt am Main 1921.
Mosse, Werner E.: Jews in the German Economy. The German-Jewish Economic Elite 1820–1935, Oxford 1987.
Mühlenbruch, Christian Friedrich: Rechtliche Beurteilung des Städelschen Erbfalles, Halle 1828.
Müller, Adolf: Johann Jakob von Willemer. Der Mensch und Bürger, Frankfurt am Main 1925.
Müller, Bernhard: Beschreibung des gegenwärtigen Zustandes der Freien Reichs-, Wahl- und Handelsstadt Frankfurt am Main, Frankfurt am Main 1747.
Müller, Bruno: Stiftungen für Frankfurt am Main, Frankfurt am Main 1958.
Müller, Jürgen: Der Deutsche Bund 1815–1866, München 2006.

Na'aman, Shlomo: Lassalle, Hannover 1970.
Na'aman, Shlomo: Der Deutsche Nationalverein. Die politische Konstituierung des deutschen Bürgertums 1859–1867, Düsseldorf 1987.
Na'aman, Shlomo (Hrsg.): Die Konstituierung der deutschen Arbeiterbewegung 1862/63. Darstellung und Dokumentation, Assen 1975.
Na'aman, Shlomo: Vom Nationalverein des Volkes zum Anti-Nationalverein der Arbeiter. Demokratie und Klassenverständnis bei Ferdinand Lassalle, in: Arno Herzig und Günter Trautmann (Hrsg.): „Der kühnen Bahn nur folgen wir ...". Ursprünge, Erfolge und Grenzen der Arbeiterbewegung in Deutschland, 2 Bde., Hamburg 1989,, Bd. 1, S. 63–82.

Nachama, Andreas: Ersatzbürgertum und Staatsbildung. Zur Zerstörung des Bürgertums in Brandenburg-Preußen, Frankfurt am Main, Bern und New York 1984.
Nathasius-Neinstedt, Heinrich von, und Ebrards, Friedrich Clemens: Geschichte des uradligen Hauses Bary 1223–1903, Frankfurt am Main 1904.
Nathasius-Neinstedt, Heinrich von, und Neufville, Alfred von: Beiträge zur Geschichte des Hauses Neufville seit der Einwanderung der Familie nach Deutschland bis zu Neuzeit 1558–1897, Frankfurt am Main 1897.
Naunin, Helmut (Hrsg.): Städteordnungen des 19. Jahrhunderts. Beiträge zur Kommunalgeschichte Mittel- und Westeuropas, Köln und Wien 1984.
Neugebauer-Wölk, Monika: Die alte und die neue Republik. Eine Reichsstadt im Mainzer Jakobinismus, in: Geschichte als Aufgabe. Festschrift für Otto Büsch zu seinem 60. Geburtstag. Hrsg. v. Wilhelm Treue, Berlin 1988, S. 101–144.
Neuhaus, Helmut: Das Ende des Alten Reiches, in: Helmut Altrichter und Helmut Neuhaus (Hrsg.), Das Ende von Großreichen, Erlangen u. a. 1996, S. 185–209.
Neuhoff, Klaus: Erfahrungen mit der Stiftung als Trägerin von Produktivvermögen, in: Hans Pohl und Wilhelm Treue (Hrsg.): Stiftung und Unternehmung. Erfahrungen und Zukunftsperspektiven, Wiesbaden 1979, S. 4–49.
Neumann, Rudolf, und Froning, Richard: Festschrift zur Hundertjahrfeier der Musterschule (Musterschule-Elisabethenschule) in Frankfurt am Main 1803–1903, Frankfurt am Main 1903.
Nicolay, Wilhelm Otto: Appellationsgerichtsrat Syndikus Dr. Ernst Danz ein Frankfurter Politiker vor hundert Jahren, in: Frankfurter Volkszeitung v. 28. Dezember 1922.
Nicolay, Wilhelm Otto: Die Beteiligung der freien Stadt Frankfurt an der Stiftung des Bistums Limburg. Nach den Manualakten des Syndikus Dr. Danz, Frankfurt am Main 1921.
Nicolay, Wilhelm Otto: Friedrich von Schlegels Beteiligung an den kirchenpolitischen Kämpfen der katholischen Gemeinde zu Frankfurt am Main in den Jahren 1814–1818, in: Frankfurter Volksblatt v. 30. September 1922.
Nipperdey, Thomas: Auf der Suche nach der Identität: Romantischer Nationalismus, in: ders.: Nachdenken über die deutsche Geschichte. Essays, München 1990, S. 132–150.
Nipperdey, Thomas: Deutsche Geschichte 1800–1866. Bürgerwelt und starker Staat, 2. Aufl., München 1984.
Nipperdey, Thomas: Probleme der Modernisierung in Deutschland, in: ders.: Nachdenken über die deutsche Geschichte. Essays, München 1990, S. 52–70.
Nipperdey, Thomas: Verein als soziale Struktur in Deutschland im späten 18. und frühen 19. Jahrhundert, in: Hermann Heimpel (Hrsg.): Geschichtswissenschaft und Vereinswesen im 19. Jahrhundert, Göttingen 1972, S. 1–44.
Nolte, Paul: Bürgerideal, Gemeinde und Republik. „Klassischer Republikanismus" im frühen deutschen Liberalismus, in: Historische Zeitschrift 254, 1991, S. 609–656.
Nolte, Paul: Gemeindeliberalismus. Zur lokalen Entstehung und sozialen Verankerung der liberalen Partei in Baden 1831–1853, in: Historische Zeitschrift 252, 1992, S. 57–91.
Nolte, Paul: Marktgesellschaft und Republik. Deutschland seit dem 17. Jahrhundert im internationalen Vergleich, in: Manfred Hettling (Hrsg.): Was ist Gesellschaftsgeschichte? Positionen, Themen, Analysen. Festschrift für Hans-Ulrich Wehler, München 1991, S. 289–300.
Nover, Lorenz, Verschwörungen und Revolutionen des 19. Jahrhunderts, Ms., Frankfurt am Main 1861.

Obermann, Karl: Die Wahlen zur Frankfurter Nationalversammlung im Frühjahr 1848. Die Wahlvorgänge in den Staaten des Deutschen Bundes im Spiegel zeitgenössischer Quellen, Berlin 1987.
Obser, Karl: Frankfurt und Baden 1805–1806, in: Archiv für Frankfurts Geschichte und Kunst, 3. Folge, 7, 1901, S. 317–322.
Oelsner, Ludwig: Historischer Überblick über die Bestrebungen der Gesellschaft, in: Neujahrsblatt den Mitgliedern des Vereins für Geschichte und Alterthumskunde zu Frankfurt am Main dargebracht im Jahre 1879, Frankfurt am Main 1879.
Offermann, Toni: Arbeiterbewegung und liberales Bürgertum in Deutschland 1850–1863, Bonn 1979.
Offermann, Toni: Das liberale Vereinsmodell als Organisationsform der frühen deutschen Arbeiterbewegung der 1860er Jahre, in: Arno Herzig und Günter Trautmann (Hrsg.): „Der kühnen Bahn nur

folgen wir ...“. Ursprünge, Erfolge und Grenzen der Arbeiterbewegung in Deutschland, 2 Bde., Hamburg 1989, Bd. 1, S. 39–62.
Offermann, Toni: Die regionale Ausbreitung der frühen deutschen Arbeiterbewegung 1848/49–1860/64, in: Geschichte und Gesellschaft 13, 1987, S. 419–447.
Ohmann, Fritz: Die Anfänge des Postwesens und die Taxis, Leipzig 1909.
Oncken, Hermann: Der Nationalverein und die Anfänge der deutschen Arbeiterbewegung 1862/63. Aus Papieren des Nationalvereins, in: Archiv für die Geschichte des Sozialismus und der Arbeiterbewegung 2, 1912, S. 120–128.
Oncken, Hermann: Lassalle. Zwischen Marx und Bismarck, Stuttgart 1904.
Orth, Peter: Die Kleinstaaterei im Rhein-Main Gebiet und die Eisenbahnpolitik 1830–1866, Limburg a. d. Lahn 1938.
Oven, Anton Heinrich Emil von: Baugesetze und Baupolizeiverordnungen für Frankfurt am Main 1809–1879, Frankfurt am Main 1879.
Oven, Anton Heinrich Emil von, und Oelsner, Ludwig: Die Entwicklung der Gesellschaft zur Beförderung der nützlichen Künste und deren Hülfswissenschaften (Polytechnische Gesellschaft) in Frankfurt am Main. Zwei Vorträge gehalten zur Einweihungsfeier des neuen Gesellschaftshauses des Vereins, Frankfurt am Main 1879.
Oven, Anton Heinrich Emil von: Die Kriegsleistungen der Stadt Frankfurt in den französischen Invasionskriegen 1792–1813, in: Mitteilungen des Vereins für Geschichte und Altertumskunde 4, 1871, 353–377.
Oven, Anton Heinrich Emil von: Das erste städtische Theater zu Frankfurt am Main. Ein Beitrag zur äusseren Geschichte des Frankfurter Theaters 1751–1872, in: Neujahrsblätter des Vereins für Geschichte und Altertumskunde zu Frankfurt am Main 14, 1879, S. 43f.

Padjera, Emil: Die bastionäre Befestigung von Frankfurt am Main, in: Archiv für Frankfurts Geschichte und Kunst 12, 3. F., 1920, S. 230–301.
Pahl, Benedikt: Abt Adalbert Graf von Neipperg (1890–1948) und die Gründungs- und Entwicklungsgeschichte der Benediktinerabtei Neuburg bei Heidelberg bis 1949, Münster 1997.
Pallmann, Heinrich: Simon Moritz Bethmann und seine Vorfahren, Frankfurt am Main 1898.
Paquet, Alfons: Die Frankfurterin, Frankfurt am Main 1946.
Passavant, Ernst: Betrachtungen über die Berechtigung zum Gewerbebetrieb in Frankfurt am Main, Frankfurt am Main 1860.
Pastor, L. Freiherr von (Hrsg.): Johannes Janssens Briefe, 2 Bde., Freiburg i. Br. 1920.
Pertz, Georg Heinrich: Das Leben des Ministers Freiherrn vom Stein, 6 Bde., Berlin 1850–1855.
Pfeiffer-Belli, Wolfgang: Clemens Brentano. Ein romantisches Dichterleben, Freiburg i. B. 1947.
Picard, Tobias: „Bürger-Kapital für Bürger-Erziehung“ – Die Frankfurter öffentlichen Schulen 1790–1824, in: Archiv für Frankfurts Geschichte und Kunst 64, 1998, S. 9–97.
Picard, Tobias: Wohnen, Leben und Arbeiten am Fluß. Die Mainufer im 19. und 20. Jahrhundert in Bildern und Fotografien, in: Archiv für Frankfurts Geschichte und Kunst 70, 2004, S. 289–325.
Pohl, Hans, und Treue, Wilhelm (Hrsg.): Stiftung und Unternehmung. Erfahrungen und Zukunftsperspektiven, Wiesbaden 1979.
Pohl, Manfred: Die Entwicklung des deutschen Bankwesens zwischen 1848 und 1870, in: Deutsche Bankengeschichte, 3 Bde. Frankfurt am Main 1982–1983, Bd. 2, S. 143–220.
Poppelbaum, Karl: 1816–1966. Johannisloge „Carl zum aufgehenden Licht“ im Orient Frankfurt am Main. Festschrift zur 150. Gründungsfeier, Frankfurt am Main 1966.
Prager, Felix: Häuser-Verzeichnis von Frankfurt, Sachsenhausen und Bornheim mit den in den Transcriptions- und Hypothekenbüchern eingetragenen amtlichen Bezeichnungen nach Litera und Nummer und Gewann, Frankfurt am Main 1890.
Press, Volker: Reichsstadt und Revolution, in: Bernhard Kirchgässner und Eberhard Naujoks (Hrsg.): Stadt und wirtschaftliche Selbstverwaltung, Sigmaringen 1987, S. 9–58.
Prinz, Arthur: Juden im deutschen Wirtschaftsleben. Soziale und wirtschaftliche Struktur im Wandel 1850–1914, Tübingen 1984.
Probst, Erwin: Das Zeitalter der Lehensposten im 19. Jahrhundert. Thurn und Taxis, in: Wolfgang Lotz (Hrsg.): Deutsche Postgeschichte. Essays und Bilder, Berlin 1989, S. 123–148.

Quarck, Max: Die erste deutsche Arbeiterbewegung, Leipzig 1924.

R., J. G.: Über die ehemalige und jetzige Verfassung der Stadt Frankfurt am Main im Allgemeinen und den ehemaligen reichsstädtischen und heutigen insbesondere, in: Der Rheinische Bund 3, H. 7, 1807, S. 3–30, und 8, 1807, S. 177–200.
Rausch, Wilhelm: Die Stadt an der Schwelle zur Neuzeit, Linz 1980.
Ravenstein, August: Die vierte Stadt-Erweiterung, Frankfurt am Main 1862.
Ravenstein, August: Die Turnkunst in ihrer Entwicklung zu Frankfurt am Main. Ein geschichtlicher Abriß, in: Frankfurter Gemeinnützige Chronik 2, H. 10, 1842, S. 99–112.
Ravenstein, August: Wegweiser durch Frankfurt am Main, Frankfurt am Main 1860.
Ravenstein, Ludwig: Frankfurt am Main und seine Umgebung. Ein Wegweiser für Einheimische und Fremde, Frankfurt am Main 1867.
Real, Willy: Österreich und Preußen im Vorfeld des Frankfurter Fürstentages. Ein Beitrag zur Geschichte der Bundesreform, in: Historisches Jahrbuch 86, 1966, S. 339–393.
Recke, Bruno: Die Casino-Gesellschaft von 1802, in: Stadt-Blatt v. 7. Juli 1927.
Reges, Benjamin: Geschichte der Loge Zur Einigkeit zu Frankfurt am Main. 1742–1892. Festgabe der Loge Zur Einigkeit bei der Feier ihres 150jährigen Bestehens am 16. Oktober 1892, Frankfurt am Main 1892.
Rehmann, Alfons: Die Geschichte der technischen Begriffe fabrica und machina in den romanischen Sprachen, Diss., Münster, Bochum und Langendreer 1935.
Reinalter, Helmut (Hrsg.): Demokratische und soziale Protestbewegungen im Mitteleuropa 1815–1848/49, Frankfurt am Main 1986.
Reinganum, Maximilian: Frankfurt am Main, in: Frankfurter Jahrbücher 11, Nr. 34, 1838, S. 235.
Rentschler, Petra: Lohnarbeit und Familienökonomie. Zur Frauenarbeit im Zeitalter der Französischen Revolution, in: Viktoria Schmidt-Linsenhoff (Hrsg.): Sklavin oder Bürgerin? Französische Revolution und Neue Weiblichkeit 1760–1830, Frankfurt am Main 1989, S. 223–246.
Reuff, Paul W.: 1865–1965. Hundert Jahre Statistisches Amt Frankfurt a. M. Aus der Geschichte der Frankfurter Statistik. Festschrift zum hundertjährigen Bestehen des Statistischen Amtes der Stadt Frankfurt am Main, Frankfurt am Main 1965.
Reuter, Dirk: Der Bürgeranteil und seine Bedeutung, in: Lothar Gall (Hrsg.): Stadt und Bürgertum im Übergang von der traditionalen zur modernen Gesellschaft, München 1993, S. 75–92.
Richarz, Monika (Hrsg.): Bürger auf Widerruf. Lebenszeugnisse deutscher Juden 1780–1945, München 1989.
Riedel, Manfred: Art. „Bürgerliche Gesellschaft“, in: Otto Brunner u. a. (Hrsg.): Geschichtliche Grundbegriffe. Historisches Lexikon zur politisch-sozialen Sprache in Deutschland, 8 Bde., Stuttgart 1972–1997, Bd. 2, S. 719–800.
Riese, Alexander: Rückblick auf die Entstehung und Entwicklung des Vereins für Geschichte und Altertumskunde in Frankfurt am Main 1857–1907, in: Archiv für Frankfurts Geschichte und Kunst 9, 3. F., 1907, S. 3–24.
Rippmann, Inge und Peter (Hrsg.): Ludwig Börne. Sämtliche Schriften, 5 Bde. Düsseldorf u. a. 1964–1977.
Ritter, Gerhard: Der Freiherr vom Stein und die Idee der Selbstverwaltung. Vortrag in der Paulskirche zum 200. Geburtstag Steins, in: Archiv für Frankfurts Geschichte und Kunst 47, 1960, S. 45–55.
Rittweger, Franz: Custine in Frankfurt und die Wiedereinnahme der Stadt durch die Deutschen 1792, Frankfurt am Main 1867.
Rittweger, Franz: Frankfurt am Main im Jahre 1848. Ein Beitrag zur Städtegeschichte, Frankfurt am Main 1898.
Rittweger, Franz: Rückblick auf die Thätigkeit des Frankfurter Kunstvereins anläßlich seines 75jährigen Bestehens, Frankfurt am Main o. J. [1904].
Rittweger, Franz: Die Schützengesellschaften und Schießplätze in Frankfurt am Main, in: Festzeitung für das IX. Bundes- und Jubiläumsschießen, Nr. 3, S. 42–46.
Rob, Klaus: Karl Theodor von Dalberg. Eine politische Biographie für die Jahre 1744–1806, Frankfurt am Main 1984.
Rochau, Ludwig August von: Grundsätze der Realpolitik. Angewendet auf die staatlichen Zustände Deutschlands, Frankfurt am Main u. a. 1972 (orig. 1853).

Rödel, Volker: Fabrikarchitektur in Frankfurt am Main 1774–1924, Frankfurt am Main 1984.
Rödel, Volker: Ingenieurbaukunst in Frankfurt am Main 1806–1914. Beiträge zur Stadtentwicklung, Frankfurt am Main 1983.
Rodenstein, Marianne: „Mehr Licht, mehr Luft". Gesundheitskonzepte im Städtebau seit 1750, Frankfurt am Main 1988.
Rohr, Donald G.: The Origins of Social Liberalism in Germany, Chicago und London 1963.
Römer-Büchner, Benedikt Jakob: Die Entwicklung der Stadtverfassung und die Bürgervereine der Stadt Frankfurt am Main, Frankfurt am Main 1855.
Römer-Büchner, Benedikt Jakob: Frankfurter Annalen. Ende der Reichsstadt. Aus den Papieren eines ehemaligen Rathsgliedes, in: Archiv für Frankfurts Geschichte und Kunst 5, 1853, S. 111–124.
Rössing, Johann Georg: Ueber die ehemalige und jetzige Verfassung der Stadt Frankfurt am Main im Allgemeinen, den ehemaligen reichsstädtischen und heutigen, durch die Organisation Sr. Hoheit des Fürsten Primas mediatisierten, Senat derselben, 2 Tle., in: Der Rheinische Bund 3, 1807, S. 3–30 und S. 177–200.
Roth, Ralf, and Beachy, Robert: Introduction: Who Ran the Cities?, in: Ralf Roth and Robert Beachy (eds.): Who Ran the Cities? City Elites and Urban Power Structures in Europe and North America, 1750–1940, Aldershot 2007, S. xvii–xxxii.
Roth, Ralf: „Bürger" and Workers. Liberalism and the Labor Movement in Germany, 1848 to 1914, in: David E. Barclay and Eric D. Weitz (eds.): Between Reform and Revolution. German Socialism and Communism from 1840 to 1990, Providence and Oxford 1998, S. 113–140.
Roth, Ralf: „Der Toten Nachruhm". Aspekte des Mäzenatentums in Frankfurt am Main (1750–1914), in: Jürgen Kocka und Manuel Frey (Hrsg.): Bürgerkultur und Mäzenatentum im 19. Jahrhundert, Berlin 1998, S. 99–127.
Roth, Ralf: American Civil War, Financial Support of Frankfurt Bankers for the United States, in: Thomas Adam (ed.): Germany and the Americas: Culture, Politics, and History, vol. 1: A–F, Santa Barbara, California, Denver, Colorado and Oxford, England 2005, S. 61–62.
Roth, Ralf: Amerika – Deutschland. Folgen einer transatlantischen Migration, in: Historische Zeitschrift 281, 2005, S. 621–657.
Roth, Ralf: Aufstieg und Krise des Stiftungswesens in Frankfurt am Main. Zur strukturellen Entwicklung eines kommunalen Stiftungsnetzwerkes im 19. und 20. Jahrhundert, in: Rainer Liedtke und Klaus Weber (Hrsg.): Religion und Philanthropie in den europäischen Zivilgesellschaften. Entwicklungen im 19. und 20. Jahrhundert, Paderborn 2009, S. 121–137.
Roth, Ralf: Das Casino und das Museum – die beiden ersten Vereine Frankfurts im 19. Jahrhundert, in: Christian Thorau, Andreas Odenkirchen und Peter Ackermann (Hrsg.): Musik – Bürger – Stadt. Konzertleben und musikalisches Hören im historischen Wandel. 200 Jahre Frankfurter Museumsgesellschaft, Frankfurt am Main 2011, S. 3–18.
Roth, Ralf: Das Jahrhundert der Eisenbahn. Die Herrschaft über Raum und Zeit 1800–1914, Ostfildern 2005.
Roth, Ralf: Das Vereinswesen in Frankfurt am Main als Beispiel einer nichtstaatlichen Bildungsstruktur, in: Archiv für Frankfurts Geschichte und Kunst 64, 1998, S. 143–211.
Roth, Ralf: Der Durchbruch der bürgerlichen Gesellschaft, in: Andreas Wirsching (Hrsg.): Oldenbourg Geschichte Lehrbuch. Neueste Zeit, München 2006, S. 17–32.
Roth, Ralf: Die Frankfurter Bürger auf der Suche nach ihrer Geschichte, in: Mitteilungen des Oberhessischen Geschichtsvereins 88, 2003, S. 159–180.
Roth, Ralf: Die Frankfurter Wirtschaft von der Gründung des Zollvereins bis zur Annexion der Stadt durch die Preußen, in: Werner Plumpe und Dieter Rebentisch (Hrsg.): „Dem Flor der hiesigen Handlung". 200 Jahre Industrie- und Handelskammer Frankfurt am Main, Frankfurt am Main 2008, S. 80–103.
Roth, Ralf: Die Villa Bonn – ein besonderer Erinnerungsort in Frankfurt am Main, in: Jürgen Jeske, Lothar Gall und Ralf Roth (Hrsg.): Ein Treffpunkt der Bürgergesellschaft. Die Frankfurter Gesellschaft für Handel, Industrie und Wissenschaft – Casinogesellschaft von 1802, Frankfurt am Main 2009, S. 117–142.
Roth, Ralf: Frankfurt am Main als Erinnerungsort des Liberalismus, in: Jahrbuch für Liberalismus-Forschung 21, 2009, S. 7–37.

Roth, Ralf: Frankfurt am Main Citizens in the United States, in: Thomas Adam (ed.): Germany and the Americas: Culture, Politics, and History, vol. 1: A–F, Santa Barbara, California, Denver, Colorado and Oxford, England 2005, S. 373–378.
Roth, Ralf: Gewerkschaftskartell und Sozialpolitik in Frankfurt am Main. Arbeiterbewegung vor dem Ersten Weltkrieg zwischen Restauration und liberaler Erneuerung, Frankfurt am Main 1991.
Roth, Ralf: Heinrich Hoffmann und die Politik, in: Wolfgang Cilleßen und Jan Willem Huntebrinker (Hrsg.): Heinrich Hoffmann – Peter Struwwel. Ein Frankfurter Leben, 1809–1894, Frankfurt am Main 2009, S. 129–147.
Roth, Ralf: Katholisches Bürgertum in Frankfurt am Main 1800–1914. Zwischen Emanzipation und Kulturkampf, in: Archiv für mittelrheinische Kirchengeschichte 46, 1994, S. 207–246.
Roth, Ralf: Leopold Sonnemann und seine Stadt. Kommunalliberalismus am Beispiel von Frankfurt am Main, in: Jahrbuch zur Liberalismus-Forschung 19, 2007, S. 83–99.
Roth, Ralf: Liberalismus in Frankfurt am Main 1814–1914. Probleme seiner Strukturgeschichte, in: Historische Zeitschrift, Beiheft 19, 1995, S. 41–86.
Roth, Ralf: List, Friedrich, in: Thomas Adam (ed.): Germany and the Americas: Culture, Politics, and History, vol. 2: G–N, Santa Barbara, California, Denver, Colorado und Oxford, England 2005, S. 672–674.
Roth, Ralf: Sozialräumliche Untersuchung des Hausbesitzes in Frankfurt am Main um 1850, in: Harald Bodenschatz u. a. (Hrsg.): Urbane Stadtentwicklung – Wohnen in der Stadt, Stuttgart 2007, S. 92–105.
Roth, Ralf: Sozialstrukturen von städtischer Bevölkerung und städtischem Bürgertum. Bevölkerungsentwicklung, Konfessionsgliederung und Haushaltsanteile, in: Lothar Gall (Hrsg.): Stadt und Bürgertum im Übergang von der traditionalen zur modernen Gesellschaft, München 1993, S. 17–50.
Roth, Ralf: Stadt und Bürgertum in Frankfurt am Main. Ein besonderer Weg von der ständischen zur modernen Bürgergesellschaft 1760 bis 1914, München 1996.
Roth, Ralf: Verein und bürgerliche Gesellschaft im 19. und beginnenden 20. Jahrhundert, in: Werner Plumpe (Hrsg.): Bürgertum und Bürgerlichkeit 1870–1930, München 2009, 121–135.
Roth, Ralf: Verflechtungen von Vereins- und Verwaltungstätigkeit als Form kommunaler Selbstregulierung, in: Peter Collin u. a. (Hrsg.): Selbstregulierung im 19. Jahrhundert. Zwischen Autonomie und staatlichen Steuerungsansprüchen, Frankfurt am Main 2011, S. 293–309.
Roth, Ralf: Von Brönners Druckerey zur Brönner-Umschau-Gruppe, in: Hans-Ulrich Pfeifer (Hrsg.): Im Fluss der Zeit. Festschrift zum 275. Jubiläum der Mediengruppe Breidenstein, Frankfurt am Main 2002, S. 42–88.
Roth, Ralf: Von der freien Republik zur preußischen Provinzstadt – Die Bürgermeister Carl Konstanz Victor Fellner und Daniel Heinrich Mumm, in: Archiv für Frankfurts Geschichte und Kunst, 74, 2012, S. 141–152.
Roth, Ralf: Von Wilhelm Meister zu Hans Castorp. Der Bildungsgedanke und das bürgerliche Assoziationswesen im 18. und 19. Jahrhundert, in: Dieter Hein und Andreas Schulz (Hrsg.): Bürgerkultur im 19. Jahrhundert. Bildung, Kunst und Lebenswelt, München 1996, S. 121–139.
Roth, Ralf: Weltausstellung und Eisenbahn – Versuchsfelder der Moderne, in: Damals 32, H. 6, 2000, S. 36–42.
Roth, Ralf: Wilhelm Merton. Ein Weltbürger gründet eine Universität, Frankfurt am Main 2010.
Rüb, Otto: Die chorischen Organisationen. Gesangvereine der bürgerlichen Mittel- und Unterschicht im Raum Frankfurt am Main von 1800 bis zur Gegenwart, Diss., Frankfurt am Main 1964.
Rübsam, Joseph: Aus der Urzeit der Taxisschen Posten, in: Fritz Ohmann (Hrsg.): Johann Baptista von Taxis. Ein Staatsmann und Militär unter Philipp II. und Philipp III. 1530–1610, Freiburg i. Br. 1889, S. 172–229.
Ruf, Otto: Das Adreßbuch. Eine geschichtliche und wirtschaftliche Untersuchung, Diss., Würzburg 1932.
Rumpf-Fleck, Josefine: Italienische Kultur in Frankfurt am Main im 18. Jahrhundert, Stuttgart 1936.
Runkel, Ferdinand: Geschichte der Freimaurerei in Deutschland, 3 Bde., Berlin 1931/32.
Ruppersberg, Otto: Familiengeschichte der von Holzhausen, Ms., Frankfurt am Main 1938.

Saalfeld, Dieter: Die Kontinentalsperre, in: Hans Pohl (Hrsg.): Die Auswirkungen von Zöllen und anderen Handelshemmnissen auf Wirtschaft und Gesellschaft vom Mittelalter bis zur Gegenwart, Stuttgart 1987, S. 121–139.
Saalfeld, Dieter: Die Ständische Gliederung der Gesellschaft Deutschlands im Zeitalter des Absolutismus. Ein Quantifizierungsversuch, in: Vierteljahrschrift für Sozial- und Wirtschaftsgeschichte 67, 1980, S. 457–483.
Saenger, Carl: 1845–1895. Geschichte der freireligiösen Bewegung und der deutschkatholischen (freien religiösen) Gemeinde zu Frankfurt am Main. Festschrift zur Feier des fünfzigjährigen Bestehens der Gemeinde zu Frankfurt am Main, Frankfurt am Main 1895.
Safranski, Rüdiger: Schopenhauer und die wilden Jahre der Philosophie. Eine Biographie, 2. Aufl., München und Wien 1988.
Sauerwein, Wilhelm: Frankfurt wie es leibt und lebt. Dritte Ansicht. Der 18. Octower vom Verfasser des Gräff, Frankfurt am Main 1840.
Sauerwein, Wilhelm: Beleuchtung der Judenemanzipation. Ein Wort ans deutsche Volk, Offenbach 1831.
Sauerwein, Wilhelm: Blicke auf die deutschen Lande. Eine Beilage zu jedem Volkskalender auf das Jahr 1834, Straßburg 1835.
Sauerwein, Wilhelm: Der Mittwoch der stillen Woche oder der Abend des 3. April 1833 zu Frankfurt am Main, Offenbach 1833.
Sauerwein, Wilhelm: Gefängnisse und die Gefangenen. Ein Wort zur Beförderung der Humanität, Offenbach 1833.
Sauerwein, Wilhelm: Pfeffernüsse, ausgeteilt von Wilhelm Sauerwein, Offenbach 1833.
Sauerwein, Wilhelm: Viertelstündige Wirthschaftsreden über die Frankfurter Literatur. Nichtgehalten im Saal des goldenen Rosses in Frankfurt am Main, Offenbach 1837.
Sauerwein, Wilhelm: Schicksale des Mittwochscollegs in Frankfurt am Main, Offenbach 1833.
Schaarschmidt, Ilse: Der Bedeutungswandel der Begriffe „Bildung" und „bilden" in der Literaturepoche von Gottsched bis Herder, in: Franz Rauhut und dies. (Hrsg.): Beiträge zur Geschichte des Bildungsbegriffs, Weinheim 1965, S. 24–87.
Schaefer, Wilhelm (Hrsg.): Geschichte des Senckenberg-Museums im Grundriß, Frankfurt am Main 1967.
Schäffle, Albert E.: Beiträge zu einer vergleichenden Darstellung der deutschen Gemeindeorganisation, in: Zeitschrift für die gesamte Staatswissenschaft 22, 1866, S. 68–86.
Schambach, Karin: Stadtbürgertum und industrieller Umbruch. Dortmund 1780–1870, Diss., München 1996.
Schatz, Klaus: Geschichte des Bistums Limburg, Mainz 1983.
Schaumberger, Hugo, und Galliner, Arthur: Aus der Geschichte des Philanthropins, in: Das Philanthropin zu Frankfurt am Main. Dokumente und Erinnerungen, Frankfurt am Main 1964, S. 11ff.
Scheidel, Sebastian Alexander (Hrsg.): Den Mitgliedern der Senckenbergischen naturforschenden Gesellschaft zum fünfzigjährigen Stiftungsfeste am 22. November 1867, Frankfurt am Main 1867.
Scheller, Hans: Der Frankfurter Fürstentag 1863, Diss. phil., Leipzig 1929.
Schembs, Hans Otto: Vor 175 Jahren. Aus der Festung in die Gärten. Erinnerung an das 1810 konstituierte Großherzogtum Frankfurt, Frankfurt am Main 1985.
Schembs, Hans-Otto: Dalberg, Carl Theodor Reichsfreiherr von, in: Wolfgang Klötzer (Hrsg.): Frankfurter Biographie. Personengeschichtliches Lexikon, 2 Bde., Frankfurt am Main 1994–1996, Bd. 1, S. 143f.
Schembs, Hans-Otto: Der Allgemeine Almosenkasten in Frankfurt am Main 1531–1981. 450 Jahre Geschichte und Wirken einer öffentlichen milden Stiftung, Frankfurt am Main 1981.
Schembs, Hans-Otto: Die Frankfurter Juden zur Zeit Ludwig Börnes, in: Alfred Estermann (Hrsg.): Ludwig Börne. Zum 200. Geburtstag des Frankfurter Schriftstellers, Frankfurt am Main 1986, S. 239–246.
Schembs, Hans-Otto: Die Geschichte der Frankfurter Messe, Frankfurt am Main 1985.
Schembs, Hans-Otto: Frankfurt wie es die Maler sahen, Frankfurt am Main 1989.
Schembs, Hans-Otto: Kaiserkrönungen im historischen Frankfurt. Hrsg. v. Heide Ringhand, Velbert 1987.
Schembs, Hans-Otto: Vom Saalbau zu den Bürgerhäusern. Die Geschichte der Saalbau-Aktiengesellschaft und der Saalbau GmbH in Frankfurt am Main, Frankfurt am Main 1989.

Scherg, Theodor Joseph: Das Schulwesen unter Karl Theodor von Dalberg besonders im Fürstentum Aschaffenburg 1803–1813 und im Großherzogtum Frankfurt 1810–1813, 2 Bde., München 1939.
Scherpner, Christoph: Von Bürgern für Bürger – 125 Jahre Zoologischer Garten Frankfurt am Main. Hrsg. v. Zoologischen Garten der Stadt Frankfurt am Main, Frankfurt am Main 1983.
Scheuermann, Siegfried: Der Kampf der Frankfurter Juden um ihre Gleichberechtigung, Kallmünz 1933.
Scheyrer, Ferdinand: Geschichte der Main-Neckar-Bahn. Denkschrift zum fünfzigsten Jahrestag der Eröffnung des Betriebs der Main-Neckar-Bahn am 1. August 1846, Darmstadt 1896.
Schiebler, Gerhard (Bearb.): Jüdische Stiftungen in Frankfurt am Main. Stiftungen, Schenkungen, Organisationen und Vereine mit Kurzbiographien jüdischer Bürger, Frankfurt am Main 1988.
Schieder, Theodor: Vom Deutschen Bund zum Deutschen Reich. 1815–1871. Gebhardt-Handbuch der deutschen Geschichte, Bd. 15, 6. Aufl., München 1981.
Schieder, Wolfgang (Hrsg.): Liberalismus in der Gesellschaft, Göttingen 1983.
Schieder, Wolfgang: Das Scheitern des bürgerlichen Radikalismus und die sozialistische Parteibildung in Deutschland, in: Hans Mommsen (Hrsg.): Sozialdemokratie zwischen Klassenbewegung und Volkspartei, Frankfurt am Main 1974, S. 17–34.
Schiff, Adelheid: Die Namen der Frankfurter Juden zu Anfang des 19. Jahrhunderts, Diss., Freiburg i. Br. 1917.
Schiller, Theo: Stiftungen im gesellschaftlichen Prozeß. Ein politikwissenschaftlicher Beitrag zu Recht, Soziologie und Sozialgeschichte der Stiftungen in Deutschland, Baden-Baden 1969.
Schilling, Heinz: Niederländische Exulanten im 16. Jahrhundert. Ihre Stellung im Sozialgefüge und im religiösen Leben deutscher und englischer Städte, Gütersloh 1972.
Schindling, Anton, und Ziegler, Walter (Hrsg.): Die Kaiser der Neuzeit 1519–1918. Heiliges Römisches Reich, Österreich, Deutschland, München 1990.
Schindling, Anton: Wachstum und Wandel vom Konfessionellen Zeitalter bis zum Zeitalter Ludwigs XIV. Frankfurt am Main 1555–1685, in: Frankfurter Historische Kommission (Hrsg.): Frankfurt am Main. Die Geschichte der Stadt, Sigmaringen 1991, S. 205–260.
Schivelbusch, Wolfgang: Eine wilhelminische Oper, Frankfurt am Main 1985.
Schivelbusch, Wolfgang: Das Paradies, der Geschmack und die Vernunft. Eine Geschichte der Genußmittel, Frankfurt am Main 1990.
Schlander, Otto: Aufbruch zur Freiheit und Demokratie. Die achtundvierziger Bewegung in Offenbach, Offenbach 1986.
Schlicht, Lothar: Der Frankfurter Wachensturm und die Neuhoffs, Frankfurt am Main 1957.
Johann Georg Schlossers Lesegesellschaft in Frankfurt, in: Johann Georg Schlosser 1739–1799. Katalog der Badischen Landesbibliothek, Karlsruhe 1989, S. 91–102.
Schlotzhauer, Inge: Das Philanthropin 1804–1942. Die Schule der Israelitischen Gemeinde in Frankfurt am Main, Frankfurt am Main 1990.
Schlotzhauer, Inge: Die bürgerliche Gleichstellung der Frankfurter Juden im Urteil der zeitgenössischen Schriften 1816/17, in: Hessisches Jahrbuch für Landesgeschichte 34, 1984, S. 129–161.
Schmeidel, Wolfgang: Die Entwicklung der Stadtverfassung von Frankfurt am Main seit 1372, Erbach 1967.
Schmidt, Isolde (Mitarb.): 125 Jahre Frankfurter Künstlergesellschaft e. V. 1857–1982, Frankfurt am Main 1982.
Schmidt-Scharff, Wolfgang: Geschichte des Frankfurter Frauenvereins 1813–1913, Frankfurt am Main 1913.
Schmidt-Scharff, Wolfgang: Geschichte des Frankfurter Verschönerungsvereins, Frankfurt am Main 1937.
Schmidt-Scharff, Wolfgang: Das Wallservitut in Frankfurt am Main, Frankfurt am Main 1894.
Schmitter, Anton: Die Wirkungen der Kontinentalsperre auf Frankfurt am Main. Ein Beitrag zur Geschichte des Kontinentalsystems in Deutschland, Frankfurt am Main 1910.
Schmuhl, Hans W.: Bürgerliche Eliten in städtischen Repräsentativorganen, in: Jürgen Puhle (Hrsg.): Bürger in der Gesellschaft der Neuzeit. Wirtschaft – Politik – Kultur, Göttingen 1991, S. 178–198.
Schnapper-Arndt, Gottlieb (Hrsg.): Studien zur Geschichte der Lebenshaltung in Frankfurt am Main während des 17. und 18. Jahrhunderts, 2 Bde., Frankfurt am Main 1915.

Schnee, Heinrich: Baruch Simon, Ludwig Börnes Großvater, als Hoffaktor an den Fürstenhöfen von Mergentheim und Bonn, in: Historisches Jahrbuch 84, 1964, S. 352–381.
Schnee, Heinrich: Die Nobilitierung der ersten Hoffaktoren. Zur Geschichte des Hofjudentums in Deutschland, in: Archiv für Kulturgeschichte 43, 1961, S. 62–99.
Schneider, Walter: Wirtschafts- und Sozialpolitik im Frankfurter Parlament 1848/49, Frankfurt am Main 1923.
Schnell, Philipp: Das Frankfurter Handwerk von 1816–1848. Ein Beitrag zur Wirtschaftsgeschichte, Diss., Frankfurt am Main 1936.
Schoeps, Hans Julius: Von Olmütz nach Dresden. Ein Beitrag zur Geschichte der Reformen am Deutschen Bund. Darstellung und Dokumente, Köln und Berlin 1972.
Schoeps, Hans-Joachim: Der Frankfurter Fürstentag und die öffentliche Meinung in Preußen, in: Geschichte in Wissenschaft und Unterricht 19, 1968, S. 73–90.
Schomann, Heinz: Das Frankfurter Bahnhofsviertel und die Kaiserstraße. Ein Beitrag zu Städtebau und Baukunst des Historismus, Stuttgart 1988.
Schuck, Gerhard: Rheinbundpatriotismus und politische Öffentlichkeit zwischen Aufklärung und Frühliberalismus. Kontinuitätsdenken und Diskontinuitätserfahrung in den Staatsrechts- und Verfassungsdebatten der Rheinbundzeit, Ms. Diss., Frankfurt am Main 1992.
Schulin, Philipp Friedrich: Die Frankfurter Landgemeinden, Frankfurt am Main 1895.
Schulin, Philipp Friedrich: Friedrich Creuzer und Karoline von Günderrode, Heidelberg 1895.
Schultz, Hartwig: „Unsre Lieb aber ist außerkohren". Die Geschichte der Geschwister Clemens und Bettine Brentano, Frankfurt am Main u. a. 2004.
Schulz, Andreas: Weltbürger und Geldaristokratie. Hanseatisches Bürgertum im 19. Jahrhundert, in: Historische Zeitschrift 259, 1994, S. 637–670.
Schulz, Andreas: Wirtschaftlicher Status und Einkommensverteilung – die ökonomische Oberschicht, in: Lothar Gall (Hrsg.): Stadt und Bürgertum im Übergang von der traditionalen zur modernen Gesellschaft, München 1993, S. 249–271.
Schulze, Winfried (Hrsg.): Ständische Gesellschaft und soziale Mobilität, München 1988.
Schwarz, Egon: Aus Wirklichkeit gerechte Träume: Utopische Kommunen in den Vereinigten Staaten von Amerika, in: Wilhelm Voßkamp (Hrsg.): Utopieforschung, 3 Bde., Frankfurt am Main 1985, Bd. 3, S. 411–431.
Schwarz, Konrad: Der Postzeitungsvertrieb in der deutschen Postgeschichte, Berlin 1936.
Schwarzschild, Emanuel: Die Gründung der Israelitischen Religionsgesellschaft, Frankfurt am Main 1896.
Schwarzschild, Heinrich: Unsere Pflichten der Freien Presse gegenüber. Ein Vortrag, gehalten im Montagskränzchen am 13. März 1848, Frankfurt am Main 1848.
Schwedhelm, Barbara Christine: Demagogenjagd. Frankfurt um 1830, Diss., Frankfurt am Main 1982.
Schweitzer, Johann Baptist von: Lucinde oder Capital und Arbeit. Ein socialpolitisches Zeitgemälde aus der Gegenwart, Frankfurt am Main 1863/64.
Schwemer, Richard: Geschichte der freien Stadt Frankfurt am Main (1814–1866), 3 Bde., Frankfurt am Main 1910–1915.
Segall, Jakob: Die beruflichen und sozialen Verhältnisse der Juden in Deutschland, Berlin 1912.
Seligmann, Caesar: Geschichte der jüdischen Reformbewegung von Mendelssohn bis zur Gegenwart, Frankfurt am Main 1922.
Sharlin, Allan N.: Social Structure and Politics. A Social History of Frankfurt am Main 1815–1864, Ph. D., Madison/Wisconsin 1976.
Sheehan, James: Der deutsche Liberalismus. Von den Anfängen im 18. Jahrhundert bis zum Ersten Weltkrieg 1770–1914, München 1983.
Sheehan, James: Liberalism and the City in Nineteenth-Century Germany, in: Past and Present 51, 1971, S. 116–137.
Sheehan, James: Deutscher Liberalismus im postliberalen Zeitalter 1890–1914, in: Geschichte und Gesellschaft 4, 1978, S. 29–48.
Showalter, Denis E.: Railroads and Rifles, Soldiers, Technology and the Unification of Germany, Hamden/Connecticut 1975.

Siemann, Wolfram: Soziale Protestbewegungen in der deutschen Revolution 1848/49, in: Helmut Reinalter (Hrsg.): Demokratische und soziale Protestbewegungen in Mitteleuropa 1815–1848/49, Frankfurt am Main 1986, S. 305–326.
Siemann, Wolfram: Die Frankfurter Nationalversammlung 1848/49 zwischen demokratischem Liberalismus und konservativer Reform, Frankfurt am Main 1976.
Sievers, Leo: Juden in Deutschland. Die Geschichte einer 2000jährigen Tragödie, Hamburg 1977.
Simon, Christian: Baseler Frieden 1795. Revolution und Krieg in Europa, Basel 1995.
Simon, Heinrich: Leopold Sonnemann. Seine Jugendgeschichte bis zur Entstehung der „Frankfurter Zeitung". Zum 29. Oktober 1931, Frankfurt am Main 1931.
Sobania, Michael: Rechtliche Konstituierungsfaktoren des Bürgertums, in: Lothar Gall (Hrsg.): Stadt und Bürgertum im Übergang von der traditionalen zur modernen Gesellschaft, München 1993, S. 131–150.
Soliday, Gerald Lyman: A Community in Conflict. Frankfurt Society in the Seventeenth and Early Eighteenth Century, Hannover 1974.
Sommer, Oskar: Die bauliche Entwicklung der Stadt von Frankfurt am Main. Fest-Vortrag gehalten bei Gelegenheit des Gedenktages des 25jährigen Bestehens des Frankfurter Architekten- und Ingenieurvereins am 9. Januar 1892, Frankfurt am Main 1892.
Sorkin, David: The Transformation of German Jewry 1780–1840, New York 1987.
Specht, Uwe: Reformierte Kirche im Vormärz. Die Frankfurter Deutsch-Reformierte Kirchengemeinde in den Jahren 1814–1848, Neukirch 1986.
Speyer, Otto: Die unblutige Revolution. Der Frankfurter Verfassungskampf im 18. Jahrhundert, Frankfurt am Main o. J. [1897].
Speyer, Otto: Erinnerungen aus meinem Leben 1866–1873, Ms., Frankfurt am Main o. J.
Speyer, Otto: Flüchtige Schriften über die Zustände in Frankfurt von 1866, Ms., Frankfurt am Main o. J.
Spiess, Alexander: Zum Andenken and Dr. Georg Varrentrapp. Nekrolog, Braunschweig 1886.
Spiess, Gustav Adolf: Festreden zum 25jährigen Jubiläum des Aerztlichen Vereins zu Frankfurt am Main, in: 50jähriges Jubiläum des Aerztlichen Vereins zu Frankfurt am Main, Frankfurt am Main 1895, S. 5–23.
Stage, Detlef: Frankfurt am Main und der Zollverein, Frankfurt am Main 1971.
Stahl, Patricia (Hrsg.): „Franckfurt bleibt das Nest". Johann Wolfgang Goethe und seine Vaterstadt, Frankfurt am Main 1999.
Starck, Carl Friedrich: Das Städelsche Kunstinstitut in Frankfurt am Main, Frankfurt am Main 1819.
Steefel, Lawrence D.: The Rothschilds and the Austrian Loan of 1865, in: Journal of Modern History 8, 1936. S. 27–39.
Steen, Jürgen: Der Abgeordnete, in: Anna Schnädelbach, Michael Lennarz und Jürgen Steen (Hrsg.): Frankfurter Demokratische Moderne und Leopold Sonnemann. Jude – Verleger – Politiker – Mäzen, Frankfurt am Main 2009, S. 136–167.
Steen, Jürgen: Der Demokrat in: Anna Schnädelbach, Michael Lennarz und Jürgen Steen (Hrsg.): Frankfurter Demokratische Moderne und Leopold Sonnemann. Jude – Verleger – Politiker – Mäzen, Frankfurt am Main 2009, S. 220–249.
Steen, Jürgen: Frankfurt am Main und die Elektrizität 1800–1914. Die zweite industrielle Revolution, Frankfurt am Main 1981.
Steen, Jürgen: Frankfurter Nationalfeste des 19. Jahrhunderts, in: Archiv für Frankfurts Geschichte und Kunst 64, 1998, S. 267–292.
Steen, Jürgen: Nationalfeste – Geschichte als reale Utopie 1838–1862, in: Historisches Museum Frankfurt (Hrsg.): Trophäe oder Leichenstein? Kulturgeschichtliche Aspekte des Geschichtsbewußtseins in Frankfurt im 19. Jahrhundert, Frankfurt am Main 1978, S. 135–179.
Steen, Jürgen: Vormärzliche Gutenbergfeste (1837 und 1840), in: Dieter Düding, Peter Friedemann und Paul Münch (Hrsg.): Öffentliche Festkultur. Politische Feste in Deutschland von der Aufklärung bis zum Ersten Weltkrieg, Reinbek 1988, S. 147–165.
Steen, Jürgen: „Eine neue Zeit …". Die Internationale Elektrotechnische Ausstellung 1891, Frankfurt am Main 1991.
Steinfeld, Elias: Zur Judenemanzipation in Frankfurt im 19. Jahrhundert. Triebkräfte und Widerstände, o. O. u. J [1980].

Steitz, Georg Eduard: Der Staatsrath Georg Steitz und der Fürst Primas Karl von Dalberg. Ein Blatt aus Frankfurts Geschichte im Anfange des 19. Jahrhunderts mit urkundlichen Beilagen, Frankfurt am Main 1869.
Sterik, Edita: Das Besucherbuch des Bethmannschen Ariadneums, 1812–1827. Versuch einer Analyse in: Archiv für Frankfurts Geschichte und Kunst 55, 1976, S. 101–117.
Sterling: Eleonore, Judenhaß. Die Anfänge des politischen Antisemitismus in Deutschland 1815–1850, 2. Aufl., Frankfurt am Main 1969.
Sterne, Margaret: Before the war of 1866, Ms., Frankfurt am Main 1966.
Sterne, Margaret: Ein Amateur wird Diplomat. Die politische Karriere von William Walton Murphy, amerikanischer Generalkonsul in Frankfurt am Main 1861–1869, in: Archiv für Frankfurts Geschichte und Kunst 48, 1962, S. 119–132.
Sterne, Margaret: Frankfurt am Main im Brennpunkt der preußisch-österreichischen Auseinandersetzung 1865/66, in: Archiv für Frankfurts Geschichte und Kunst 43, 1955, S. 7–23 und S. 23–86.
Stichtenoth, Friedrich: Der Frankfurter Cäcilien-Verein 1818–1968. Blätter zur Erinnerung an seine 150jährige Geschichte, Frankfurt am Main 1968.
Stoob, Heinz (Hrsg.): Altständisches Bürgertum, 3 Bde., Darmstadt 1978–1989.
Stoodt, Dieter: Bürgertugend – Bürgertat. 150 Jahre Frankfurter Sparkasse von 1822, Polytechnische Gesellschaft, Frankfurt am Main 1972.
Stricker, Wilhelm: Erinnerungsblätter an Hufnagel. Gesammelt und herausgegeben von seinem Enkel, Frankfurt am Main 1851.
Stricker, Wilhelm: Frankfurt am Main und die Franzosen 1759–1814, o. O. u. J. [1870].
Stricker, Wilhelm: Neuere Geschichte von Frankfurt am Main 1806–1866, 2 Bde., Frankfurt am Main 1874.
Stricker, Wilhelm: Samuel Thomas v. Soemmerring nach seinem Leben und Wirken geschildert, Frankfurt am Main 1862.
Stricker, Wilhelm: Die Auflösung des Großherzogtums Frankfurt. Ein geschichtlicher Rückblick, in: Archiv für Frankfurts Geschichte und Kunst 3, N. F., 1863, S. 512–521.
Struwwel, Peter – Demagog (Pseudonym für Heinrich Hoffmann): Handbüchlein für Wühler oder kurztgefaßte Anleitung in wenigen Tagen ein Volksmann zu werden, 2. Aufl., Leipzig 1848.

Telschow, Jürgen: Die evangelische Kirche von Frankfurt am Main in Geschichte und Gegenwart, Frankfurt am Main 1980.
Telschow, Jürgen, und Reiter, Elisabeth: Die evangelischen Pfarrer von Frankfurt am Main, 2. erw. Aufl., Frankfurt am Main 1985.
Tenfelde, Klaus, und Wehler, Hans-Ulrich (Hrsg.): Wege zur Geschichte des Bürgertums, Göttingen 1994.
Theis, Horst: Neeber-Schuler Chronik, Frankfurt am Main 1985.
Thissen, Eugen Theodor: Zur Frankfurter Schulfrage. Ein Wort an die Bürgerschaft Frankfurts jeglicher Confession, Frankfurt am Main 1869.
Tiessen, Heinrich: Industrielle Entwicklung, gesellschaftlicher Wandel und politische Bewegung in einer württembergischen Fabrikstadt des 19. Jahrhunderts. Esslingen 1848–1914, Sigmaringen 1982.
Todt, Elisabeth: Die gewerkschaftliche Bewegung in Deutschland von 1850 bis 1859, Berlin 1949.
Toury, Jacob: Soziale und politische Geschichte der Juden in Deutschland 1847–1871. Zwischen Revolution, Reaktion und Emanzipation, Düsseldorf 1978.
Toury, Jacob: Der Eintritt der Juden ins deutsche Bürgertum, in: Hans Liebeschütz und Arnold Paucker (Hrsg.): Das Judentum in der deutschen Umwelt, Tübingen 1977, S. 139–242.
Trautmann, Günter: Die industriegesellschaftliche Herausforderung des Liberalismus, in: Karl Holl u. a. (Hrsg.): Sozialer Liberalismus, Göttingen 1986, S. 34–56.
Treichel, Eckhardt: Der Primat der Bürokratie. Bürokratischer Staat und bürokratische Elite im Herzogtum Nassau 1806–1866, Stuttgart 1991.

Ullmann, Hans-Peter: Der Frankfurter Kapitalmarkt um 1800. Entstehung, Struktur und Wirken einer modernen Finanzierungsinstitution, in: Vierteljahresschrift für Sozial- und Wirtschaftsgeschichte 77, 1990, S. 75–92.

Ulrich, Herrmann (Hrsg.): „Die Bildung des Bürgers“. Die Formierung der bürgerlichen Gesellschaft und die Gebildeten im 18. Jahrhundert, Weinheim und Basel 1982.
Ungers, Friedrich E.: Frankfurts Anteil am deutschen Kapitalexport vom Ende des 18. Jahrhunderts bis nach dem Wiener Krach 1873, Diss., Gießen 1924.
Unna, Josef: Statistik der Frankfurter Juden bis zum Jahre 1866. Ein Versuch Historischer Bevölkerungsstatistik, Frankfurt am Main 1931.

Valentin, Caroline: Geschichte der Musik in Frankfurt am Main vom Anfang des 14. bis zum Anfang des 18. Jahrhunderts, Frankfurt am Main 1906.
Valentin, Caroline: Heinrich Düring der Begründer des ersten Frankfurter Gesangvereins, Ms., o. O. u. J.
Valentin, Veit: Frankfurter Akademiebestrebungen im 18. Jahrhundert. Ein Beitrag zur Geschichte der Kunst in Frankfurt, in: Archiv für Frankfurts Geschichte und Kunst, 2, 3. F., 1889, S. 290–319.
Valentin, Veit: Über Kunst, Künstler und Handwerker, Frankfurt am Main 1889.
Valentin, Veit: Das Hambacher Nationalfest, ND Frankfurt am Main 1982.
Valentin, Veit: Frankfurt am Main und die Revolution 1848/1849, Stuttgart und Berlin 1908.
Valentin, Veit: Geschichte der deutschen Revolution von 1848–1849, 2 Bde:, Köln 1970.
Valentin, Veit: Politisches, geistiges und wirtschaftliches Leben in Frankfurt am Main vor dem Beginn der Revolution von 1848/49, Diss., Heidelberg 1907.
Varrentrapp, Franz: Bemerkungen über des Herrn Geh. Finanzraths Israel Jacobsohn unterthänigste Vorstellung an Se. Hoheit den Fürst Primas der Rheinischen Konföderation dessen neue Stättigkeits- und Schutz-Ordnung für die Judenschaft in Frankfurt betreffend, Frankfurt am Main 1808.
Varrentrapp, Franz: Ueber die Rechtsgleichheit der verschiedenen Confessions-Verwandten. Frankfurt am Main 1817.
Varrentrapp, Georg: Aufforderung zur Gründung einer gemeinnützigen Baugesellschaft in Frankfurt am Main, Frankfurt am Main 1860.
Vierhaus, Rudolf, Art. „Bildung“, in: Otto Brunner u. a. (Hrsg.): Geschichtliche Grundbegriffe. Historisches Lexikon zur politisch-sozialen Sprache in Deutschland, 8 Bde., Stuttgart 1972–1997, Bd. 1, S. 508–551.
Vierhaus, Rudolf: Art. „Liberalismus“, in: Otto Brunner u. a. (Hrsg.): Geschichtliche Grundbegriffe. Historisches Lexikon zur politisch-sozialen Sprache in Deutschland, 8 Bde., Stuttgart 1972–1997, Bd. 3, S. 753–779.
Voelcker, Heinrich (Hrsg.): Die Stadt Goethes. Frankfurt am Main im 18. Jahrhundert, Frankfurt am Main 1932.
Voelcker, Heinrich: Geschichte der Familie Metzler und des Bankhauses B. Metzler seel. Sohn & Co. zu Frankfurt am Main, Frankfurt am Main 1924.
Vogel, Werner: Die Entwicklung der brandenburgischen Verwaltung bis zum Regierungsantritt Friedrich Wilhelms I., in: Kurt G. A. Jeserich, Christoph von Unruh und Hans Pohl (Hrsg.): Deutsche Verwaltungsgeschichte, Bd. 1: Vom Spätmittelalter bis zum Ende des Reichs, Stuttgart 1983, S. 858–890.
Vogt, Carl: Der achtzehnte September in Frankfurt. Im Auftrage der Clubbs der Linken vom Deutschen Hofe und vom Donnerberge, geschildert, Frankfurt am Main 1848.
Vogt, Günther: Frankfurter Bürgerhäuser des Neunzehnten Jahrhunderts. Ein Stadtbild des Klassizismus, Frankfurt am Main 1970.
Voigt, Andreas: Aus der Gewerbepolitik Alt-Frankfurts, Stuttgart 1908.
Volger, Georg Heinrich: Die seitherige Entwicklung und dermalige Nothlage des Freien Deutschen Hochstifts für Wissenschaften, Künste und Allgemeine Bildung in Goethes Vaterhause zu Frankfurt am Main, im Kampfe mit örtlichem Parteigetriebe, mit Engherzigkeit, Unbilden und Gewaltversuchen, Frankfurt am Main 1882.
Volkov, Shulamit: Die Juden in Deutschland 1780–1914, München 1994.
Volkov, Shulamit: Die Verbürgerlichung der Juden in Deutschland als Paradigma, in: dies. (Hrsg.): Jüdisches Leben und Antisemitismus im 19. und 20. Jahrhundert, München 1990, S. 111–130.
Volkov, Shulamit: Die Verbürgerlichung der Juden in Deutschland. Eigenart und Paradigma, in: Jürgen Kocka (Hrsg.): Bürgertum im 19. Jahrhundert. Deutschland im europäischen Vergleich, 3 Bde., München 1988, Bd. 2, S. 343–371.

Voltaire: Denkwürdigkeiten aus dem Leben des Herrn de Voltaire. Aufgezeichnet von ihm selbst, in: Voltaire: Sämtliche Romane und Erzählungen. Hrsg. v. Victor Klemperer, Frankfurt am Main 1978, S. 39–119.

Wagner, J.: Der Verein für Geographie und Statistik zu Frankfurt a. M. im ersten Viertel des zweiten Jahrhunderts seines Bestehens, in: Festschrift zur 125-Jahrfeier der Frankfurter Geographischen Gesellschaft (Verein für Geographie und Statistik) 1836–1961, Köln 1961, S. 7–30.

Waßmuth, Theodor: Festschrift des Frankfurter Turnvereins 1860 zur Feier des fünfundsiebzigjährigen Bestehens 1833–1860–1935, Frankfurt am Main 1935.

Wawro, Geoffrey: The Austro-Prussian War. Austria's war with Prussia and Italy in 1866, Cambridge 1996.

Weber, Hildegard: Das Museum. 150 Jahre Frankfurter Konzertleben 1808–1958, Frankfurt am Main 1958.

Weber, Johannes: „Unterthenige Suppliction Johann Caroli / Buchtruckers". Der Beginn gedruckter politischer Wochenzeitungen im Jahre 1605, in: Archiv für Geschichte des Buchwesens 38, 1992, S. 257–265.

Weber, Matthias: Die Revolution im Stadtstaat: die Freie Stadt Frankfurt am Main 1848–1850, in: Archiv für Frankfurts Geschichte und Kunst 64, 1998, S. 247–265.

Weber, Matthias: Verfassung und Reform in Vormärz und Revolutionszeit. Die konstituierende Versammlung des Freistaats Frankfurt 1848–1850, Diss., Frankfurt am Main 1996.

Weber, Max: Die nichtlegitime Herrschaft (Typologie der Städte), in: Johannes Winckelmann (Hrsg.), Wirtschaft und Gesellschaft. Grundriss der verstehenden Soziologie. Studienausgabe, Bd. 2, Köln und Berlin 1964, S. 923–1010.

Weber, Walter: Wasserversorgung, Stadtbeleuchtung, Ms., Frankfurt am Main 1946.

Wehler, Hans-Ulrich: Deutsche Gesellschaftsgeschichte, 5 Bde., Frankfurt am Main 1987–2008.

Wehler, Hans-Ulrich: Modernisierungstheorie und Geschichte, Göttingen 1975.

Wehler, Hans-Ulrich: Wie bürgerlich war das Deutsche Kaiserreich?, in: Jürgen Kocka (Hrsg.): Bürger und Bürgerlichkeit im 19. Jahrhundert, Göttingen 1987, S. 243–280.

Wehner, Norbert: Die deutschen Mittelstaaten auf dem Frankfurter Fürstentag, Frankfurt am Main u. a. 1993.

Weichel, Thomas: „Wenn dann der Kaiser nicht mehr kommt ...". Kommunalpolitik und Arbeiterbewegung in Wiesbaden 1890–1914, Wiesbaden 1991.

Weichel, Thomas: Die Berufsstruktur der Städte – erste Ergebnisse und Vergleiche, in: Lothar Gall (Hrsg.): Stadt und Bürgertum im Übergang von der traditionalen zur modernen Gesellschaft. München 1993, S. 51–73.

Weichel, Thomas: Die Kur- und Verwaltungsstadt Wiesbaden 1790–1822, in: Lothar Gall (Hrsg.): Vom alten zum neuen Bürgertum. Die mitteleuropäische Stadt im Umbruch 1780–1820, München 1993, S. 317–356.

Weigel, Christoff: Christoff Weigels Ständebuch, 1698, ND München 1936.

Weil, Hans: Die Entstehung des deutschen Bildungsprinzips, 2. Aufl., Bonn 1967.

Weis, Eberhard (Hrsg.): Reformen im rheinbündischen Deutschland, München 1983.

Weis, Eberhard: Absolute Monarchie und Reform im Deutschland des späten 18. und des frühen 19. Jahrhunderts, in: Friedrich Prinz u. a. (Hrsg.): Geschichte in der Gesellschaft. Festschrift für Karl Bosl, Stuttgart 1974, S. 436–461.

Weis, Eberhard: Der Durchbruch des Bürgertums 1776–1847. Propyläen Geschichte Europas, Bd. 4, Frankfurt am Main u. a. 1978.

Weis, Eberhard: Der Einfluß der französischen Revolution und des Empire auf die Reformen in den süddeutschen Staaten, in: Francia 1, 1973, S. 569–583.

Weiskirchner, Josef: Die Dresdener Konferenzen 1850/51, Diss. Ms., Wien 1928.

Weismann, Heinrich (Hrsg.): Blätter der Erinnerung an das erste deutsche Sängerfest in Frankfurt am Main 28. bis 30. Juli 1838 und an die Gründung der Mozartstiftung, Frankfurt am Main 1863.

Weismann, Wilhelm: Erinnerungen an das 1. Deutsche Sängerfest und die Gründung der Mozartstiftung, Frankfurt am Main 1861.

Weizsäcker, Heinrich, und Dessoff, Friedrich: Kunst und Künstler in Frankfurt am Main im 19. Jahrhundert, 2 Bde., Frankfurt am Main 1907–1909.

Welcker, Carl Theodor: Art. „Eigentum", in: Carl von Rotteck und ders. (Hrsg.): Staats-Lexikon oder Encyklopädie der Staatswissenschaft, 2. Suppl. Bd., Altona 1846, S. 51–52.
Wende, Peter: Der Revolutionsbegriff der radikalen Demokraten, in: Archiv für Frankfurts Geschichte und Kunst 54, 1974, S. 57–68.
Wendel, Hermann: 1813. Vortrag gehalten am 9. März 1913 im Kaufmännischen Vereinshaus zu Frankfurt am Main, Frankfurt am Main o. J. [1913].
Wendel, Hermann: Frankfurt am Main. Von der großen Revolution bis zur Revolution von oben 1789–1866, in: Zwei Beiträge zur Frankfurter Stadtgeschichte, Frankfurt am Main 1983, S. 51–240.
Wenner, Heinrich: Die Geschichte der Mozart-Stiftung, Frankfurt am Main 1938.
Wenzel, Werner: Die Stadtbibliothek von 1668–1884, in: Dieter Lehmann (Hrsg.): Bibliotheca Publica Francofurtensis. Fünfhundert Jahre Stadt- und Universitätsbibliothek Frankfurt am Main, Text- und Tafelbd., Frankfurt am Main 1985–1986, Textbd., S. 57–117.
Westerburg, Albert: Über die rechtliche Natur der Frankfurter sogenannten Wallservitute etc., Frankfurt am Main 1887.
Wettengel, Michael: Das demokratische Vereinswesen auf dem Lande im Herzogtum Nassau während der Revolution von 1848/49, in: Nassauische Annalen 98, 1987, S. 205–227.
Wettengel, Michael: Die Revolution von 1848/49 im Rhein-Main-Raum. Politische Vereine und Revolutionsalltag im Großherzogtum Hessen, Herzogtum Nassau und in der Freien Stadt Frankfurt, Wiesbaden 1989.
Wettengl, Kurt (Hrsg.): Christian Georg Schütz der Ältere. Ausstellungskatalog, Frankfurt am Main 1992.
Wiedemann, Ulrich, und Zekorn-von Bebenburg, Beate (Hrsg.): Struwwelpeter wird Revolutionär. Heinrich Hoffmann und 1848. Begleitheft zur Ausstellung des Heinrich-Hoffmann-Museums zum 150jährigen Jubiläum der deutschen Revolution, Frankfurt am Main 1998.
Wilbrand, Leopold: Die Kriegs-Lazarethe von 1792–1815, Frankfurt am Main 1883.
Wilfried Ehrlich: Frankfurt in der Kartographie, in: ders.: „nach besten synnen und vernunfften". Geschichte der Stadtvermessung in Frankfurt am Main, Frankfurt am Main o. J., S. 19–35.
Wilson, Derek: Die Rothschild Dynastie. Eine Geschichte von Ruhm und Macht, Wien und Darmstadt 1988.
Winkler, Heinrich August: 1866 und 1878. Der Liberalismus in der Krise, in: Carola Stern und ders. (Hrsg.): Wendepunkte deutscher Geschichte 1848–1990, Frankfurt am Main 1994, S. 43–70.
Winkler, Heinrich August: Liberalismus und Antiliberalismus. Studien zur politischen Sozialgeschichte des 19. und 20. Jahrhunderts, Göttingen 1979.
Winkopp, Peter Adolf: Geschichte der französischen Eroberungen und Revolution am Rheinstrome vorzüglich in Hinsicht auf die Stadt Mainz, 2 Bde., Frankfurt am Main 1794.
Winkopp, Peter Adolf: Versuch einer topographisch-statistischen Beschreibung des Großherzogthums Frankfurt, Weimar 1812.
Winter, Christian: Was mag Frankfurt übrig bleiben? Nach den Mittheilungen der ständigen Bürgerrepäsentation vom 15. März 1867 beurtheilt, Frankfurt am Main 1867.
Winter, Christian: Wer hat der Bank fl. 5,747,008.45 zu bezahlen? Nach den Mittheilungen der ständigen Bürgerrepräsentation vom 22. Februar 1867 beantwortet, Frankfurt am Main 1867.
Winterwerb, Rudolf: Die Frankfurter Bank 1854–1929, Frankfurt am Main o. J. [1929].
Wirsching, Andreas: Bürgertugend und Gemeininteresse. Zum Topos der „Mittelklasse" in England im späten 18. und frühen 19. Jahrhundert, in: Archiv für Kulturgeschichte 72, 1990, S. 173–199
Wolf, Christa (Hrsg.): Karoline von Günderrode. Der Schatten eines Traumes. Gedichte, Prosa, Briefe, Zeugnisse von Zeitgenossen, Darmstadt und Neuwied 1979.
Wolf, Siegbert: Liberalismus in Frankfurt am Main. Vom Ende der Freien Stadt bis zum Ersten Weltkrieg (1866–1914), Frankfurt am Main 1987.
Wolff, Carl, und Jung, Rudolf: Die Baudenkmäler in Frankfurt am Main, 3 Bde., Frankfurt am Main 1896–1898.
Wölk, Monika: Wahlbewußtsein und Wahlerfahrungen zwischen Tradition und Moderne, in: Historische Zeitschrift 238, 1984, S. 311–352.
Wolzogen, Wolf-Heinrich: „... einen Mann nach dem Herzen der Frankfurter Bürger". Pädagogischer Eros und Widerspruch, in: Adolph Diesterweg. Wissen im Aufbruch, Weinheim 1990, S. 127–134.

Zapf, Wolfgang: Die soziologische Theorie der Modernisierung, in: Soziale Welt 26, 1975, S. 212–252.
Zekorn-von Bebenburg, Beate: „Heuler, Wühler, Knackerkönig. Heinrich Hoffmann als Autor der Revolutionszeit", in: Ulrich Wiedemann und Beate Zekorn-von Bebenburg (Hrsg.): Struwwelpeter wird Revolutionär. Heinrich Hoffmann und 1848. Begleitheft zur Ausstellung des Heinrich-Hoffmann-Museums zum 150jährigen Jubiläum der deutschen Revolution, Frankfurt am Main 1998, S. 39–53.
Zerback, Ralf: München und sein Stadtbürgertum. Eine Residenzstadt als Bürgergemeinde 1780–1870, Diss., München 1997.
Zerres, Michael Peter: Die Wechselplätze. Eine Untersuchung der Organisation und Technik des interregionalen und internationalen Zahlungsverkehrs Deutschlands in der ersten Hälfte des 19. Jahrhunderts, Zürich u. a. 1977.
Zeuner, Erich: Schützengesellschaft „Tell", Frankfurt am Main-Sachsenhausen. Festbuch zum 60jährigen Jubiläum mit Fahnenweihe vom 14. bis 22. Mai 1955, Frankfurt am Main 1955.
Zieg, Peter: Nassau und der Mitteldeutsche Handelsverein. Ein Beitrag zur Vorgeschichte des Deutschen Zollvereins, in: Nassauische Annalen 100, 1989, S. 157–165.
Ziegler, Willi: Über die Entwicklung der Senckenbergischen Naturforschenden Gesellschaft. Vortrag beim Limpurger Tag am 13. Oktober 1984, in: Limpurger Brief 1986, S. 7–27.
Ziemke, Hans-Joachim: Frankfurter Malerei in der Zeit des jungen Goethe, Frankfurt am Main 1982.
Ziemke, Hans-Joachim: Das Städelsche Kunstinstitut. Die Geschichte einer Stiftung, Frankfurt am Main 1980.
Zimmer, Frank: Bismarcks Kampf gegen Kaiser Franz Joseph. Königgrätz und seine Folgen, Graz 1996.
Zöpfl, Heinrich: Fünf Fragen zur gutachterlichen Beantwortung vom Frankfurter Magistrat vorgelegt betr. die Trennung des Staats- und städtischen Haushalts der vormaligen Freien Stadt Frankfurt, Frankfurt am Main 1868.
Zucker, Stanley: Frauen in der Revolution von 1848. Das Frankfurter Beispiel, in: Archiv für Frankfurts Geschichte und Kunst 61, 1987, S. 221–236.
Zwahr, Hartmut: Das deutsche Stadtadreßbuch als orts- und sozialgeschichtliche Quelle, in: Jahrbuch für Regionalgeschichte 3, 1968, S. 204–229.

Abbildungsnachweise

Institut für Stadtgeschichte = Institut für Stadtgeschichte Frankfurt am Main, Historisches Museum = Historisches Museum Frankfurt am Main

Umschlag: Historisches Museum, C10768, **S. 11:** Klaus Meier-Ude/Institut für Stadtgeschichte, S7A1998/39623, **S. 12:** Historisches Museum, C04838, **S. 14:** Privatsammlung R. Roth, **S. 16:** Historisches Museum, C221, **S. 17:** Institut für Stadtgeschichte, S7A1998/38229, **S. 19:** Institut für Stadtgeschichte, S7A1998/38042, **S. 20:** Institut für Stadtgeschichte, S7A1998/38049, **S. 21:** Institut für Stadtgeschichte, S13/724, **S. 22:** Historisches Museum, C02949, **S. 24:** Lothar Gall (Hg.), FFM 1200. Traditionen und Perspektiven einer Stadt, Sigmaringen 1994, S. 245, **S. 25:** Kurt Röhrig/Institut für Stadtgeschichte, S7Z1948/53, **S. 26:** Wolfgang Kamberg/Institut für Stadtgeschichte, S14C2006/1273, **S. 44/45:** Institut für Stadtgeschichte, S8-1/204, **S. 47:** Institut für Stadtgeschichte, S 8-1/204, Detail, **S. 48:** Institut für Stadtgeschichte, S8-Stpl/1832, **S. 50/51:** Institut für Stadtgeschichte, S8-1/489, **S. 52:** Historisches Museum, B1286, **S. 53 o.:** Nach einer Vorlage von Anton Radl um 1800, Historisches Museum/Horst Ziegenfusz, C41829, **S. 53 u.:** Institut für Stadtgeschichte, S13/825, **S. 54/55:** Historisches Museum/Horst Ziegenfusz, C31076-9, **S. 56 o.:** Nach Jakob Dielmann, Institut für Stadtgeschichte, S13/775, **S. 56 u.:** Historisches Museum/Horst Ziegenfusz, C31076-9, **S. 57:** Aktenauszug Institut für Stadtgeschichte, Rechnei nach 1816, Nr. 303, **S. 58:** Historisches Museum/Horst Ziegenfusz, C31076-9, **S. 60/61:** Institut für Stadtgeschichte, S8-Stpl/1873, **S. 66:** Historisches Museum/Horst Ziegenfusz, B1528, **S. 68:** Neudruck München 1936, S. 53, **S. 73 o.:** Fried Lübbecke, Das Palais Thurn und Taxis zu Frankfurt am Main, Frankfurt am Main 1955, S. 444, **S. 73 u.:** Historisches Museum, N43231, **S. 75:** Institut für Stadtgeschichte, S7Z1622/4, **S. 76:** Institut für Stadtgeschichte, S7A1998/9748, **S. 80:** Historisches Museum, C31256, **S. 82:** Neudruck München 1936, S. 112, **S. 90:** Verfasser, **S. 92:** Institut für Stadtgeschichte, S7A1998/9114, **S. 93:** Historisches Museum, C22590, **S. 94** u. **S. 96:** Verfasser, **S. 99:** Historisches Museum/Horst Ziegenfusz, C31076-9, **S. 100:** Historisches Museum/Horst Ziegenfusz, C31076-9, **S. 105:** Neudruck München 1936, S. 11, **S. 128:** Historisches Museum/Horst Ziegenfusz, B662, **S. 129:** Freies Deutsches Hochstift, Frankfurt am Main, IV-01199, **S. 143:** Institut für Stadtgeschichte/Uwe Dettmar, Privilegien 107, **S. 149:** Historisches Museum, C1210, **S. 150:** Historisches Museum/Horst Ziegenfusz, B1804, **S. 151:** Kunsthistorisches Museum Wien, GG 7467, **S. 152**, Kunsthistorisches Museum Wien, GG 7466, **S. 153:** Kunsthistorisches Museum Wien, GG 7468, **S. 154:** Kunsthistorisches Museum Wien, GG 7470, **S. 156:** Kunsthistorisches Museum Wien, GG 7469, **S. 163:** Historisches Museum/Horst Ziegenfusz, B853, **S. 164:** Historisches Museum/Horst Ziegenfusz, C12746, **S. 167:** Dr. Senckenbergische Stiftung, Bürgerhospital, Frankfurt am Main/Institut für Stadtgeschichte, S7P, **S. 169:** Institut für Stadtgeschichte, S7A1998/10737, **S. 170:** Historisches Museum, C25956, **S. 172:** Ernst Benkard, Die Städelsche Kunstschule 1817-1942. Ein geschichtlicher Umriss, Frankfurt am Main 1952, **S. 179:** Institut für Stadtgeschichte, S7P, **S. 185:** Privatbesitz/Institut für Stadtgeschichte, S7Z1796/010116, **S. 186:** Einladungsschrift zu den öffentlichen Prüfungen an der Musterschule, Frankfurt am Main 1865, S. 121 (Institut für Stadtgeschichte, Schul 64/1865), **S. 187:** Historisches Museum, Usener 48306,11, **S. 188:** Institut für Stadtgeschichte, S7A1998/19627, **S. 198:** Historisches Museum/Horst Ziegenfusz, C15091, **S. 201:** Gemälde von Robert Lefèvre 1811 in einer Kopie von A. Galliner, Historisches Museum/Horst Ziegenfusz, B1986.147, **S. 203:** Institut für Stadtgeschichte, S8-1/3653, **S. 210:** Rachel Heuberger/Helga Krohn, „Hinaus aus dem Ghetto…“. Juden in Frankfurt am Main 1800-1950, Frankfurt am Main 1988, S. 36, **S. 217:** Historisches Museum, C15088, **S. 218:** Institut für Stadtgeschichte, S7P/Privatbesitz, S. **230:** Institut für Stadtgeschichte, S8-1/516, **S. 235:** Institut für Stadtgeschichte, S13/269, **S. 236:** Fürst Thurn und Taxis Zentralarchiv Regensburg, Graphische Sammlung, Handzeichnungen, **S. 237:** Historisches Museum, C19706, **S. 241:** Institut für Stadtgeschichte, S7P, **S. 248:** Historisches Museum/Horst Ziegenfusz, C230, **S. 254:** Historisches Museum/Horst Ziegenfusz, C10071, **S. 256:** Freies Deutsches Hochstift, Frankfurt am Main, III-13502, **S. 262:** Historisches Museum/Horst Ziegenfusz, C718, **S. 268:** Institut für Stadtgeschichte, S7A1998/12891, **S. 279:** Volker Rödel, Fabrikarchitektur in Frankfurt am Main 1774-1924, Frankfurt am Main 1984, S. 53, **S. 281:** Historisches Museum/Horst Ziegenfusz, C31076-9, **S. 287:** Institut für Stadtgeschichte, S7A1998/2426, **S. 288:** Institut für Stadtgeschichte, S7A1998/8949, **S. 289:** Library of Congress, Washington, D. C., Prints and Photographs Division, 3a28502, **S. 293:** Archiv für deutsche Postgeschichte, 1969, H. 2, Beilage (auch Institut für Stadtgeschichte, S8-1/119), **S. 294:** Haus der Stadtgeschichte Offenbach, Archiv, Zeitgeschichtliche Sammlung, M 670/7, **S. 296**: Institut für Stadtgeschichte, S7A1998/35701, **S. 301**: Historisches Museum, N42945,2, **S. 302**: Historisches Museum/Horst Ziegenfusz, C10944, **S. 306**: Roland Hoede, Werkstätten der Humanität. 250 Jahre Freimaurer in Frankfurt, Ausstellungskatalog Historisches Museum, Frankfurt am Main 1992, S. 21, **S. 310**: Institut für Stadtgeschichte, S7A1998/10748, **S. 313**: Institut für Stadtgeschichte, S7A1998/36881, **S. 321**: Historisches Museum/Horst Ziegenfusz, B187, **S. 334**: Institut für Stadtgeschichte, S7Z1838/010103, **S. 337**: Institut für Stadtgeschichte, S7A1998/37830, **S. 340**: Institut für Stadtgeschichte, S13/1865, **S. 343 l.**: Institut für Stadtgeschichte, S7P, **S. 343 r.**: Historisches Museum, C14266, **S. 345**: Institut für Stadtgeschichte, S7P/Sammlung Senckenbergmuseum, **S. 346**: Historisches Museum, C03861, **S. 353 l.**: Institut für Stadtgeschichte, S7P, **S. 353 r.**: Illustrierte Zeitung, Leipzig, 1865, Nr. 45, S. 296, **S. 354**: Historisches Museum, C7341a, **S. 355**: Institut für Stadtgeschichte, Depositum Frankfurter Turnverein von 1866, V33 Nr. 6, **S. 358**: Institut für Stadtgeschichte, S7Z1848/010102, **S. 359**: Historisches Museum/Horst Ziegenfusz, C3294, **S. 361**: Historisches Museum/Horst Ziegenfusz, C10171, **S. 362 o.**: Historisches Museum, C10472, **S. 362 u.**: Nach einer Zeichnung von Jakob Dielmann, Historisches Museum, C12705b, **S. 364**: Institut für Stadtgeschichte, S7P, **S. 368**: Institut für Stadtgeschichte, Eht 79, **S. 370**: Institut für Stadtgeschichte, S7Z1848/040103, **S. 373**: Nach einer Zeichnung von Jean Nicolas Ventadour, Historisches Museum/Horst Ziegenfusz, C10164d, **S. 374**: Historisches Museum/Horst Ziegenfusz, C8429, **S. 381**: Institut für Stadtgeschichte, S7A1849/080307, **S. 382**: Institut für Stadtgeschichte, Bethmann-Archiv, W1-9:ZGS/359/93, **S. 384**: Institut für Stadtgeschichte, S7Z1848/060113, **S. 388**: Institut für Stadtgeschichte, S7P/Stiftungsabteilung, **S. 392**: Institut für Stadtgeschichte, S7A1998/2629, **S. 393**: Historisches Museum, C12452, **S. 395**: Institut für Stadtgeschichte, S7P, **S. 396**: Institut für Stadtgeschichte, S7P, **S. 410 o.**: Historisches Museum, C3732a, **S. 410 u.**: Historisches Museum, 11388k, **S. S. 411**: Historisches Museum/Horst Ziegenfusz, C16883, **S. 412**: Historisches Museum, C11388i, **S. 413** u. **S. 415**: Institut für Stadtgeschichte, 2° Fst 36/6, **S. 416**: Institut für Stadtgeschichte, S7Z1862/010905, **S. 424**: Institut für Stadtgeschichte, S13/397, **S. 429**: Historisches Museum, C25682, **S. 431**: Institut für Stadtgeschichte, S7A1998/9487, **S. 432**: Institut für Stadtgeschichte, S7A1998/9479, **S. 433 o.**: Historisches Museum, C12000g, **S. 433 u.**: Institut für Stadtgeschichte, S7A1998/9482, **S. 435**: Historisches Museum, C40117a, **S. 436**: Institut für Stadtgeschichte, S7Z1863/010601, **S. 437**: Historisches Museum/Horst Ziegenfusz, B1546, **S. 438**: Historisches Museum, C22760, **S. 440**: Institut für Stadtgeschichte, S7Z1863/010401, **S. 441**: Institut für Stadtgeschichte, S7Z1862/020102, **S. 442**: Historisches Museum, C27633, **S. 443**: Institut für Stadtgeschichte, S7Z1863/010202, **S. 444**: Institut für Stadtgeschichte, S7Z1863/010502, **S. 452**: Historisches Museum, C10094, **S. 453**: Institut für Stadtgeschichte, S13/741, **S. 465**: Historisches Museum, N57748, **S. 469**: Institut für Stadtgeschichte, S7Z1866/010404, **S. 472**: Historisches Museum, C297, **S. 475**: Institut für Stadtgeschichte, S7Z1866/010504, **S. 480**: Naturmuseum und Forschungsinstitut Senckenberg Frankfurt am Main/Institut für Stadtgeschichte, S7Z1866/010408, **S. 481**: Historisches Museum, X1971:058, **S. 482**: Deutsches Historisches Museum, Berlin, Rep. VIII K. 34375, **S. 483**: Historisches Museum, B62:15, **S. 490**: Institut für Stadtgeschichte, S13/1532, **S. 491**: Historisches Museum, C26132e, **S. 495**: Institut für Stadtgeschichte, S7P.

Personenregister

Orts- und Sachregister